Civil Code
Application and Judicial Practice

《民 法 典》
适用与司法实务

第二版

茆荣华◎主编

法律出版社
LAW PRESS·CHINA

图书在版编目(CIP)数据

《民法典》适用与司法实务 / 茆荣华主编. -- 2版
. -- 北京：法律出版社，2021
ISBN 978-7-5197-5779-3

Ⅰ. ①民… Ⅱ. ①茆… Ⅲ. ①民法—法典—法律适用
—中国 Ⅳ. ①D923.05

中国版本图书馆CIP数据核字(2021)第143278号

《民法典》适用与司法实务(第二版)
《MINFADIAN》SHIYONG YU SIFA SHIWU (DI-ER BAN)

茆荣华 主编

策划编辑 冯雨春
责任编辑 朱海波 张 颖 谢瑞忠
装帧设计 李 瞻

出版发行 法律出版社
编辑统筹 法律应用出版分社
责任校对 郭艳萍 杨锦华
责任印制 吕亚莉
经 销 新华书店

开本 710毫米×1000毫米 1/16
印张 59 **字数** 1000千
版本 2021年7月第2版
印次 2021年7月第1次印刷
印刷 中煤(北京)印务有限公司

地址：北京市丰台区莲花池西里7号(100073)
网址：www.lawpress.com.cn
投稿邮箱：info@lawpress.com.cn
举报盗版邮箱：jbwq@lawpress.com.cn

销售电话：010-83938349
客服电话：010-83938350
咨询电话：010-63939796

书号：ISBN 978-7-5197-5779-3 **定价**：198.00元

凡购买本社图书，如有印装错误，我社负责退换。电话：010-83938349

本书编委会

本书撰稿人

茆荣华	上海市高级人民法院党组副书记、副院长	法学博士
潘云波	上海市高级人民法院商事审判庭庭长	法律硕士
顾　全	上海市高级人民法院研究室主任	法学博士
余冬爱	上海市高级人民法院民事审判庭副庭长	法学博士
金绍奇	上海市高级人民法院民事审判庭副庭长 复旦大学法学院博士研究生	法学硕士
毛海波	上海市高级人民法院商事审判庭副庭长	法学博士
陈树森	上海市高级人民法院研究室副主任	法学博士
戴　曙	上海市高级人民法院立案庭审判员	法学博士
周　量	上海市高级人民法院申诉审查庭审判员	法律硕士
傅伟芬	上海市高级人民法院申诉审查庭审判员	法学硕士
徐　驰	上海市高级人民法院申诉审查庭法官助理	法学硕士
洪　波	上海市高级人民法院民事审判庭审判长	法律硕士
赵　超	上海市高级人民法院民事审判庭审判员	法律硕士
陈　克	上海市高级人民法院民事审判庭审判员	法律硕士
张心全	上海市高级人民法院民事审判庭审判员	法学博士
程小勇	上海市高级人民法院民事审判庭审判员	法学博士
范　一	上海市高级人民法院民事审判庭审判员 上海财经大学法学院博士研究生	法学硕士
夏　青	上海市高级人民法院商事审判庭审判员	法学硕士
彭　浩	上海市高级人民法院商事审判庭审判员	法学硕士
孟高飞	上海市高级人民法院商事审判庭审判员	法学博士

徐卓斌	上海市高级人民法院知识产权审判庭审判员	法学博士
朱佳平	上海市高级人民法院知识产权审判庭审判员	法学硕士
张　莹	上海市高级人民法院知识产权审判庭审判员	法学硕士
孔立明	上海市高级人民法院知识产权审判庭审判员	法学硕士
陈健淋	上海市高级人民法院知识产权审判庭法官助理	公共管理硕士
张　俊	上海市高级人民法院海事及海商审判庭审判员	法学博士
高　琼	上海市高级人民法院金融审判庭审判员	法律硕士
黄　海	上海市高级人民法院金融审判庭审判员	法学硕士
许晓骁	上海市高级人民法院金融审判庭审判员 华东政法大学博士研究生	法学硕士
董　燕	上海市高级人民法院审判监督庭审判员	法学博士
徐文文	上海市高级人民法院审判管理办公室副科长	法学博士
蔡一博	上海市高级人民法院研究室法官助理 华东政法大学博士研究生	法学硕士
王　茜	上海市第一中级人民法院民事审判庭副庭长	法律硕士
李　兴	上海市第一中级人民法院民事审判庭审判长 上海财经大学法学院博士研究生	法学硕士
何　建	上海市第一中级人民法院民事审判庭审判长	法学博士
黄　白	上海市第一中级人民法院民事审判庭法官助理	法学硕士
须海波	上海市第一中级人民法院商事审判庭法官助理	法学硕士
邱　波	上海市第二中级人民法院立案庭原法官助理 中国社会科学院大学博士研究生	法学硕士
李迎昌	上海市第二中级人民法院民事审判庭审判员	法学硕士
唐墨华	上海市第二中级人民法院民事审判庭审判员	法学硕士
熊　燕	上海市第二中级人民法院未成年人与家事案件 综合审判庭审判员	法学硕士
李　彦	上海市第二中级人民法院未成年人与家事案件 综合审判庭审判员	法学硕士

荣学磊	上海市第二中级人民法院研究室主任助理 上海财经大学法学院博士研究生	法学硕士
黄贤华	上海市第三中级人民法院破产审判庭副庭长	法学博士
周　欣	上海金融法院立案庭审判员	法学硕士
盛宏观	上海金融法院综合审判一庭原审判员	法学硕士
张娜娜	上海金融法院综合审判二庭审判员	法学硕士
金殿军	上海金融法院执行局副局长	法学博士
孙建伟	上海市徐汇区人民法院商事审判庭审判员	法学硕士
安　泰	上海市徐汇区人民法院执行局审判长	法学硕士
邵宁宁	上海市黄浦区人民法院商事审判庭审判长	法学硕士
沈文宏	上海市虹口区人民法院商事审判庭副庭长	法学硕士
俞　巍	上海铁路运输法院副院长	法律硕士

序　一

编纂《民法典》是以习近平同志为核心的党中央作出的重大决策部署，是一个国家、一个民族走向繁荣强盛的象征和标志，也是保障社会公平正义和人民权利的重要立法项目。从2015年3月全国人大常委会法工委组织开展《民法典》编纂工作，到2020年5月28日第十三届全国人民代表大会第三次会议表决通过，历时五年，编纂民法典的重大立法任务得以顺利完成。作为新中国的第一部《民法典》，整个法典体例科学，内容全面，时代性强，是一部展现民族精神、时代精神和中国特色的《民法典》，对于全面推进依法治国，建设社会主义法治国家，推动国家治理体系和治理能力现代化具有重大意义。

民法是市场经济的基本法，涉及社会生活的方方面面，也是人民法院适用最广泛的法律之一。近年来，人民法院审理的案件中60%以上都是民商事案件。《民法典》的颁布实施，必将对人民法院民商事审判工作产生重大影响。一是将进一步促进民商事审判理念的转变。此次《民法典》的编纂，既坚持了民事法律制度的连续性、稳定性，又秉持了制度的前瞻性和开放性。比如，法典融入了社会主义核心价值观，新设了人格权编，在侵权责任编中增加了生态环境损害的惩罚性赔偿制度，在合同编中强化对债权实现的保护力度等。这些内容充分体现了法典以人民为中心的发展理念，切实回应了人民的法治需求，必将影响并促进民商事审判理念的改变。在民商事审判工作中，广大法官要秉持以人为本的理念，以保护民事权利为出发点和落脚点，在具体裁判中体现对个体权利的尊重，对个体尊严的维护以及对个体发展的保障；要始终重视培育和践行社会主义核心价值观，强化司法审判对社会道德观念和价值追求的教育引领作用，等等。二是将进一步促进民商事审判思维的调整。此次《民法典》的编纂，不是对现有民事法律规范的简单相加，而更注重内在关联性、结构逻辑性和内容体系化。在司法实践中，广大法官要运用体系化、系统化的思维来理解和把握法典的具体法律规定，通过对《民法典》内在关联性的梳理，掌握各个条文的内涵与功能，明确诸多概念、规则之间的逻辑关系，以实现对相关法律规定的一致性理解，在具体案件中作出契合公正要求、符合《民法典》精神实质的司法裁判，推动民商事审判工作再上一个新台阶。三是将进一步丰富民商事审判的工作内容。民法作为权利法，最基本的功能是确认和保护民事主体的民事权利。此次《民法典》编纂最重要的意义之一，是进一步丰富民事权利的类型，强化对民事权利的保护。比如，法典确立了"自甘风险"规则，规定了"自助行为"制度，完善了电子合同的订立履行规则，增加了居住权制度、离婚冷静期的规定、打印录像等新的遗嘱形式，强化了小区业主的权利保障以及新设一般人格权与具体人格权类型，等等。这些新制度、新规则、新的权利类型，在使得《民法典》内容更加系统完整的同时，也将催生新的民商事案件类型，相关民商事案件数量也会有所增加。这就需要广大法官加强对《民法典》新内容的学习理解，积极开展前瞻性研究思考，以更好地适应新的审判实践的需要。

一直以来，上海法院高度关注和积极参与《民法典》的编纂工作。《民法总则》颁布之后，2017年上海高院副院长茆荣华同志就组织成立了《民法总则》研究小组，带领一批年轻同志围绕《民法总则》的司法适用进行深入研究，形成了一批高质量的研究成果，受到民法理论界与实务界的关注。《民法典各分编（草案）》公布之后，荣华同志又在上海三级法院内成立了由70多名民商事审判业务骨干组成的《民法典分编》研究小组。一年多来，这个研究小组围绕《民法典分编》的编纂与理解适用，聚焦57项重点问题，开展了深入并富有成效的研讨活动；主办或协办了《民法典》合同编立法建议座谈会、人格权编和侵权责任编重点问题研讨会、合同编解释适用疑难问题研讨会等多场大型研讨会，与全国人大常委会法工委民法典编纂专班成员，与兄弟省市法院、民法学者以及其他实务工作者等进行深入交流，积极向立法机关传递上海法院声音，反映审判实务问题，为《民法典分编》编纂建言献策，受到了立法机关的高度重视与积极回应。

《民法典》颁布后，准确理解、正确适用这部法典将是广大法律、法学工作者尤其是人民法院的一项重要任务。为了认真贯彻落实好《民法典》的立法精神，准确理解适用《民法典》，研究小组在前期深入研讨的基础上，精心选择50项专题，汇集成书，在法律出版社出版。这50项专题，都立足于民商事审判中的重点难点问题，聚焦《民法典》的重要法律制度，对法典较之以往的新变化、实施后可能产生的新情况进行了前瞻性思考，提出相应的司法应对方案。这充分彰显了上海法院立足审判实际、敢于创新、勇于探索的传统，体现了上海法院狠抓执法办案的同时善于审判调研的特色，是上海法院集体智慧的结晶。在此，为研究小组取得的成绩表示祝贺！也祝愿这套书的出版，能够为《民法典》的理解适用和民商事审判工作提供有益帮助，为民法理论研究与民事司法实践的融合发展提供积极借鉴！

是为序。

刘晓云

中华人民共和国二级大法官

上海市高级人民法院党组书记、院长

2020年6月

序　二

民法被誉为“社会生活的百科全书”，是市场经济的基本法，也是保护公民权利的宣言书。作为我国民事法律的集大成者，《民法典》是中华人民共和国成立以来第一部以“法典”命名的法律。进入新时代，要建设中国特色社会主义法治体系，建设社会主义法治国家，实现中华民族伟大复兴的中国梦，迫切需要一部与国家繁荣、民族复兴相适应的民法典。在此背景下，党的十八届四中全会提出“编纂民法典”，2020年5月28日，第十三届全国人民代表大会第三次会议审议通过了《中华人民共和国民法典》，我国正式进入了民法典时代。

《民法典》既尊重我国民事立法的历史延续性，又适应当前经济社会发展的客观要求，集中展现了中华民族法治文明发展的新成果，达到了新高度。《民法典》体例先进，结构严谨，形成了具有中国特色社会主义民法典体例。《民法典》立足实践，增加制度供给，切实回应经济社会发展需求。《民法典》与时俱进、时代性强，具有较强的开放性和前瞻性。《民法典》以民为本，通篇闪耀着大写的“人”的光芒。它尊重人民的意愿，反映人民的需求，谋求人民的福祉，为实现人民美好幸福生活提供了重要的法律保障。因此，可以说《民法典》堪称一部良法。但“徒法不足以自行”，《民法典》的颁行使我们更进一步形成了法律制度的优势。此种制度优势如何转化为治理效能，还需要正确理解《民法典》，严格适用《民法典》，从而在民事法律领域迈向善治、实现善治，真正实现人民群众对良法善治的期盼。

《民法典》的颁布实施，既是对我国民事立法、法学研究的全面总结，更是民事司法的新起点。上海法院历来是全国法院民商事审判工作的重镇，更在民法实务研究方面领全国之先。2017年《民法总则》出台之际，上海市高级人民法院茆荣华副院长就带领一批高院法官围绕《民法总则》的理解与适用展开了深入研究，形成了一批研究成果，并由法律出版社出版了《〈民法总则〉司法适用与审判实务》一书，取得了较好的社会反响。2019年年初，又组织涵盖上海三级法院、由70多名法官组成的《民法典分编》研究小组，用整整一年的时间，先后召开25次研讨会，围绕“民事法律行为效力体系”“强制性规定的司法认定”“居住权的司法规制”“情势变更规则的适用”等50多项议题进行了持续探讨，形成了一批优秀的实务研究成果，并汇总成《〈民法典〉适用与司法实务》一书。荣华同志邀请我为该书作序，我欣然接受。仔细阅读了一下内容，我欣喜地看到这部研究成果具有以下特点：

一是坚持突出重点，科学编排体例结构。作为一部有关《民法典》理解和适用的作品，这部书并没有面面俱到，而是聚焦民法典总则以及物权、合同、人格权、婚姻家庭、继承和侵权等分编中的一些重要制度、重要理念，并将这些问题梳理成50个专题来深入研究，本身就体现出研讨的深入性、务实性。

二是秉持问题导向，注重成果的实践价值。在50个专题中，每个专题的研究并非泛泛而谈，而是坚持问题导向，以当前相关问题的司法现状为切入，注重对司法现状的类型化分析，并结合《民法典》的制度安排，深入分析问题背后的法理，进而对《民法典》相关制度的理解与适用提出相应的意见建议，具有较强的实践价值。

三是关注理论前沿，彰显作品的学术价值。作为一部司法实务研究作品，这部书并未简单停留在对司法实践的分析、梳理、论证上，而是很多内容都涉及对相关制度的国内外最新立法的梳理，对相关学术观点的分析评论以及对国内外司法判例的关注，体现了较高的学术水准。

四是发挥整体优势，凸显集体智慧水平。这部作品分为50个专题，由50多位法官单独撰写而成，但每个专题的内容都经过研究小组的集体讨论、认真锤炼和反复推敲，一定程度上每个专题的观点、意见都凝聚了研究小组的集体智慧，在司法实践中具有相当的代表性，更凸显了这套书的价值所在。

德沃金指出，“法律是一种不断完善的实践”[1]，法学也是一门实践之学，民法学的发展需要不断注入实践的“活水”。作为一名从事民法理论研究的学者，我很高兴看到上海法院的法官们对《民法典》的编纂与理解适用所倾注的思考和努力，也祝愿这部作品的出版，为新时代我国民法理论研究与民商事审判工作发挥出重要作用。

是为序。

中国人民大学常务副校长

中国法学会副会长，中国法学会民法学研究会会长

2020年6月

〔1〕 Ronald Dworkin，Law’ s Emipire，Harvard University Press，1986，p.44.

前　言

2020年5月28日，第十三届全国人民代表大会第三次会议审议通过了《中华人民共和国民法典》(以下简称《民法典》)。5月29日，习近平总书记在十九届中央政治局第二十次集体学习时强调，要充分认识颁布实施《民法典》的重大意义，依法更好保障人民合法权益。此次《民法典》编纂，历时五年，在继承发扬我国民事单行立法成果的基础上，总结提炼司法实践经验和规则，吸收近年民法学研究优秀成果，借鉴国际上民事立法经验、交易规则和习惯，构建了严密的民法逻辑体系，体现了浓郁的民族精神、时代精神和创新精神。《民法典》是国之大典，《民法典》的颁布意味着我国正式步入了民法典时代，在社会主义法治建设中具有划时代的意义。

一直以来，人民法院都是参与民事立法的重要力量，对《民法典》适用肩负着重要的职责使命。作为一名长期从事民商事审判和研究的法官，我一直关注着民法典编纂。2017年《民法总则》颁布时，牵头成立了上海高院《民法总则》研究兴趣小组，在四个月的时间里，和30余名法官一起围绕《民法总则》适用中的重点问题进行研讨，形成一批研究成果，在法律出版社出版了《〈民法总则〉司法适用与审判实务》一书，取得了较好的社会反响。2018年年底《民法典各分编(草案)》公布，意味着我国民法典编纂进入了关键时期。为了准确把握民法典分编的立法精神，积极为分编编纂建言献策，以及今后更好地理解适用《民法典》，2019年2月又牵头成立了涵盖上海三级法院、由70余名民商事法官和调研骨干组成的上海法院《民法典分编》研究兴趣小组。这个研究小组秉持自愿性、开放式、研究型特色，聚焦民法典较之以往新增加、新修订或尚未明确的内容作为研究议题。每项议题在完成初稿后，都要在小组中进行汇报、讨论，经过小组集体研讨，并根据小组多数意见进行修改完善。研究小组自成立以来，以每两周一次的频率持续开展研讨活动，从未中断；即使在新冠肺炎疫情防控期间，也通过线上与线下讨论相结合的形式坚持开展研讨活动。一年多时间里，研究小组共开展了25次研讨活动，形成57项研究成果，笔者有幸全程参加了全部的研讨活动，悉心听取同志们的研究心得，提出了相关意见、建议。小组成员在承担繁重审判任务的同时，利用业余时间，以高度认真负责的态度投入研究与写作，同志们的研究热情和钻研精神让我倍感欣慰、自豪。通过小组活动，也培养了一批热爱民法典、研究民法典的业务骨干。

除此之外，研究小组还积极参与《民法典》编纂相关的交流活动。例如，主办或协办了民法典合同编（草案）立法建议座谈会、人格权编和侵权责任编重点问题研讨会等大型研讨会，与全国人大常委会法工委民法典编纂专班成员、最高人民法院民法典编纂工作研究小组办公室成员、外省市法院、民法学者及其他实务工作者等进行深入交流，积极为民法典分编（草案）的补充、完善提供意见建议，受到了相关部门的高度重视与积极回应；结合《全国法院民商事审判工作会议纪要》的起草，就《会议纪要（征求意见稿）》形成详细意见，报送最高人民法院相关职能部门。2019年12月，受上海市法学会和民法学研究会全体成员的信任，笔者被推选为上海市法学会民法学研究会新一届会长。上海市民法学研究会带领上海民法理论界和实务界，召开了民法典合同编解释适用的疑难问题研讨会，取得了较好的效果，活跃了上海民法学研究的氛围。

《民法典》将于2021年1月1日起正式施行，正确适用《民法典》是人民法院的一项重要任务。为更好地服务审判实践，研究小组在前期深入研讨的基础上，精心选取50项研究成果汇编成《〈民法典〉适用与司法实务》一书，与大家分享交流。这些成果均立足司法实务，坚持问题导向，运用法学理论和法学研究方法，注重类型化分析，提出具有可操作性和指引性的实务解决方案，力图回答好、解决好《民法典》施行后的法律适用问题和审判难点问题。其中，既有对《民法典》具体制度的研究，也有对民事法律体系、司法参与社会治理的宏观思考；既有对民法规范适用的研究，也有针对法律供给不足时的创造性探索，都凝聚了司法实务智慧，体现了上海法官们的研究能力和学术水准。

研究小组的研讨活动，受到了法律出版社的关注与重视。法律出版社法律应用出版分社分社长、曾担任《〈民法总则〉司法适用与审判实务》一书策划编辑的冯雨春女士等人专程来沪商讨小组研究成果的出版事宜，并为本书的撰写提出了宝贵建议，付出了辛劳。在两个月的时间内，责任编辑加班加点完成了全部出版流程，确保了书籍出版的质量。在此特别向法律出版社和冯雨春女士等表示衷心的感谢！

研究小组的研讨活动和本书的编写出版，得到了上海高院领导的大力支持。上海高院党组书记、院长刘晓云大法官一直高度关注《民法典分编》研究小组工作，在百忙之中为本书作序予以肯定，让我们倍感鼓舞。中国法学会副会长、民法学研究会会长王利明教授为此次民法典编纂贡献卓著，应邀为本书作序，令本书顿增光彩。在此，谨代表研究小组向刘晓云院长和王利明教授表示崇高的敬意！

民法理论博大精深，《民法典》被誉为“社会生活的百科全书”，《民法典》施行后许多新情况、新问题还将不断显现。囿于时间、精力和水平局限，本书的适法建议和处理方案等难免会有疏漏和不足之处，仍有待实践的检验和法律界同仁的批评、切磋，也欢迎读者们给我们提出宝贵建议！

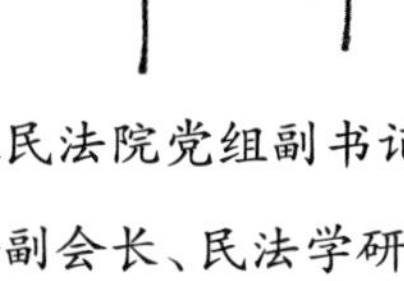

上海市高级人民法院党组副书记、副院长

上海市法学会副会长、民法学研究会会长

2020年6月

再版说明

《民法典》颁布后，最高人民法院开展了司法解释全面清理和新的配套司法解释制订工作。根据《民法典》和相关法律，废止、修改了部分司法解释及规范性文件，新制订了时间效力、担保、物权、婚姻家庭、继承等《民法典》配套司法解释。这不仅对推动《民法典》准确有效实施具有重要意义，对民法司法实务研究也带来一定影响。

本书自2020年7月出版后，受到读者广泛关注与好评，在法律实务类书籍中销量领先。鉴于与《民法典》相关的司法解释已作相应调整，为及时更新研究成果，应法律出版社要求，在本书出版一年之际，我们组织撰稿人，根据《民法典》最新司法解释对本书内容、表述等进行了修改；并结合《民法典》施行后出现的新情况、新问题，对本书部分内容予以完善，形成了本书第二版，以最新面貌呈现给读者，希望继续得到法律界同仁的关注与建议。

编者

2021年7月

简　　目

总　　则

物　　权

合　同

人 格 权

婚姻家庭

继　　承

侵权责任

目　　录

总　　则

合 同

人格权

婚姻家庭

总　　则

1．法益位阶对民事法律行为效力评价体系的影响及司法实证

2．影响合同效力的强制性规定的司法认定

3．请求权竞合的实体规制与程序塑造

1. 法益位阶对民事法律行为效力评价体系的影响及司法实证

导　言

民事法律行为是民事主体通过意思表示设立、变更、终止民事法律关系的行为。而《民法典》编制的价值趋向，正是减少公权力对市场的干预并扩张对私权的保护，同时加强对人格权和交易安全的保护。如何处理意思自治与公共利益、第三人利益之间的冲突，如何体现和平衡人身、财产、交易安全等不同法益的保护与救济需要，最大限度地平衡公平与效率的关系，不仅是立法需要通盘考虑和规划的问题（跨越公法与私法、债法与物权法的藩篱），也对司法实践的理念产生着深刻的影响（相对性与穿透性审查理念的协调）。审判实践中，法官不仅需要认定合同、决议、附有人格或身份属性的财产处分协议等是否有效，还要依法认定原告据此主张的履行请求权能否支持，有时甚至需要确定不同请求权的优先保护顺序。民事法律行为的效力体系研究，也不能单纯限于意思表示或者合同本身效力的范畴，而需以区分原则和不同权利的法益位阶为视角，扩展到债权、物权等法律行为产生效果的评价和救济。〔1〕本文将《民法典》、《全国法院民商事审判工作会议纪要》（以下简称《会议纪要》）、《最高人民法院关于人民法院办理执行异议和复议案件若干问题的规定》（以下简称《执行异议和复议规定》）等司法解释、最高人民法院及部分高级人民法院生效裁判作为主要论证依据，试图以区分原则与效力体系的维度为逻辑起点，分析不同层面法益位阶对限制性规范及其救济方式的影响，进而对公共利益和公序良俗、人格利益和身份利益、代表交易安全的第三人信赖利益在审判实践中对民事法律行为约束力、

〔1〕　顾全：《民事法律行为效力评价体系研究及司法实证——以区分原则和法益位阶为视角》，人民法院出版社2021年2月出版。

履行力乃至对抗力的影响作一纲要梳理。但限于篇幅和能力，很多问题只能点到为止，唯愿引发一些思考。[1]

一、区分原则与效力体系的维度

（一）约束力、履行力和对抗力

我国《民法典》未采德国民法关于物权行为独立性与无因性的理论，而是将物权变动作为债权行为的法律效果，明确了“原因行为与物权变动结果”的“区分原则”。同理，也可以推导出合同本身（负担行为、原因行为）与履行行为（处分行为、结果行为）相对分离的原则：前者的成立和生效是后者的原因和前提，但两者效力评价相对独立。前者有效，后者也可能因存在法律或事实上的阻碍而无法实现，这些阻碍可能源自监管规定、标的不具有可履行性等；反之，也不能以后者来否定前者的效力。[2]例如，在以合同方式转让有限责任公司股权的场合，合同的成立、生效与股权变动的生效是两种事实状态，表现为不同的法律关系。如果当事人之间仅仅签订合同，这时的权利变动关系已经设定，但尚未开始处分。这种情况下，仅仅产生股权变动的期待利益——履行请求权。至于能否支持其履行，还可能涉及《公司法》相关限制性规定的适用。而即使完成了生效要件行为（记载于股东名册）产生了物权效力，未取得对抗要件（工商登记）的，仍可能无法对抗善意第三人。

据此，民事法律行为的效力体系，从广义上可细分为相对约束力、履行力、对抗力三个维度，[3]分别对应具体案件中合同能否成立及生效、履行类诉请能否支持（法律上能否履行）、能否对抗善意第三人（可否排除执行异议）等问

---

〔1〕 本文讨论的范畴也仅限于对民事法律行为法定的限制性规定及救济规则，相对人之间约定改变效力状态或者排除限制的情况，如约定生效条件、约定解除合同、约定放弃法定限制利益等问题不作具体展开讨论。

〔2〕 以股权变动为例，参见最高人民法院案例：（2015）民四终字第15号博智资本基金公司与鸿元控股集团有限公司委托合同纠纷案，（2015）民申字第1342号张洪杰与中国城市建设控股集团有限公司股权转让合同纠纷再审申请案，（2014）民四终字第51号福州绿力健康产品有限公司等与青海正远贸易有限公司等股权转让纠纷上诉案。

〔3〕 江必新：《法律行为效力：公法与私法之异同》，载《法律适用》2019年第3期。

题。〔1〕约束力、履行力和对抗力状态的评价，既有联系又相区别：(1)约束力主要着眼于相对人之间意思真实性及合法性，是产生履行力和对抗力的基础，审查的重点是意思表示是否违反效力强制性规定、公共利益或公序良俗，评价上突出相对性，属于债法范畴；(2)履行力主要着眼于相对人之间的行为目的能否实现，是约束力在结果意义上的追求和体现，审查的重点是履行行为是否违反公权力的监管，是否具有正当性和可行性（经济性则属于法官合理酌定之范畴），即使原因行为有效仍可能构成“法律上”或“事实上”无法履行之障碍；(3)对抗力着眼于私权之间的法益位阶关系，重点审查行为后果对第三人利益是否具有排他性或优先性，可能涉及物权法、公司法等范畴。例如，原告依据房屋买卖合同请求交付房屋和变更登记，但根据限购规定，原告并不具备购房资格。此时，因限购规定并不属于效力性强制规定，如无其他导致无效的情形，合同在买卖双方之间有效，此即约束力层面之审查；但因为限购之公权力管控，原告要求履行之诉请可能无法给予支持，此即履行力层面之审查；即使不存在违反限购等监管规定之情形，如合同双方仅依据合意主张确认所有权的，也不能未经对抗力审查就直接给予支持；〔2〕而变更登记之诉请因具有物权效力，仍需以转让方具有房屋所有权适格登记（所有权排他公示力之证明）为前提。而且，如果（案外）第三人能够证明其对标的房屋拥有足以对抗买受人权利的，还可能提起救济之诉，如申请加入诉讼、撤销之诉、执行异议之诉等，此即涉及对抗力层面之审查。当合同的履行涉及财产的处分或其他可能涉及第三人利益时，对抗力与履行力的评价存在一定重合，后者在某种意义上涵盖了前者。因为“法律上”能否履行，既需要考量其公法意义上的合法性和可行性，也需要考量其是否因损害他人权益而无法直接给予支持。

（二）合同的效力（约束力）状态

民事法律行为的“成立”属于事实和形式判断范畴，也是“约束力”产生的

---

〔1〕 顾全：《民事法律行为效力评价维度》，载《东方法学》2021年第1期。

〔2〕 参见最高人民检察院发布的第52号指导性案例，即广州乙置业公司等骗取支付令执行虚假诉讼监督案。

前提，一般满足意思表示的实质一致性和形式要式性即可；“生效”则包含了价值判断，体现了对意思表示内容本身是否符合国家意志的评价。但成立并非必然生效，而是可能存在不同的效力状态，对应着不同的法律效果和救济路径。这里讨论的生效和效力状态，指向的是负担行为（典型如合同），属于狭义的相对人之间约束力层面。

1.当事人可以约定合同的生效条件，法律对一些特殊的合同也明确以报经批准为生效条件，因而存在合同已成立、未生效的状态。实践中的一个突出问题是，把未生效合同认定为无效合同，或者虽认定为未生效，却按无效合同处理。未生效并不意味着没有任何效力，其效力主要表现在以下几个方面：一是具有形式拘束力。任何一方当事人都不得擅自撤回、解除、变更。二是当事人负有报批义务。合同对报批义务有明确约定的，此时尽管整个合同未生效，但有关报批义务及违反该义务对应的违约责任的约定独立生效。三是不具有实质拘束力。合同未生效毕竟属于欠缺生效要件的合同，有别于生效合同，当事人不能直接请求履行合同或者承担违约责任。〔1〕

2.已经生效的民事法律行为，可能存在部分意思表示内容无效，但不影响其他部分整体效力的状态。〔2〕民事法律行为也可能存在表面意思表示内容无效，但不影响经法律评价“过滤”之后，按照实际意思表示确定效力的状态。例如，《民法典》第146条规定，“行为人与相对人以虚假的意思表示实施的民事法律行为无效。以虚假的意思表示隐藏的民事法律行为的效力，依照有关法律规定处理”。也有学者称之为“法律行为解释规则”和法律行为转换（Umdeutung，Konversion）。即指一项无效法律行为符合另一项有效法律行为的要件，使之发生后者之效力。又如，《民法典（草案）》二次审议稿曾规定，抵押权人或者质权人在债务履行期间届满前，不得事先与抵押人或者出质人约定不履行到期债务时抵押财产、质押财产归债权人所有。有的专家学者建议完善上述规定，明确当

---

〔1〕 当事人请求履行合同、承担违约责任的，法院应当向其释明，将诉讼请求变更为继续履行报批义务。

〔2〕 例如，违反国家价格管制的合同，一般仅判定约定的价格无效，并不代表整个合同都绝对无效。《民法典》第680条第1款就规定，禁止高利放贷，借款的利率不得违反国家有关规定。其后果是：高出的部分无效，而非借贷合同本身绝对无效。

事人事先作出此类约定的，仍享有担保权益，但只能依法就抵押财产或者质押财产优先受偿。最终《民法典》(第401条、第428条)采纳了这一意见。〔1〕《最高人民法院关于适用〈中华人民共和国民法典〉有关担保制度的解释》第68条第2款的规定，进一步印证了关于流质契约“无效意思效力转化”的逻辑。但是，我国《民法典》并未专门规定法律行为转换，所以，对于相关案件，只能借助于法律行为部分无效以及法律行为解释规则在一定程度上迂回地实现法律行为转换。即使相对人之间并非通谋，审判实践中法官也经常将相对人之间“名为××”的表面意思表示，“转换”认定为“实为××”性质的民事法律行为。笔者认为，对于这种“转换”，在没有法律明确规定的情况下，也关涉司法依职权介入和解释当事人意思的边界尺度。〔2〕

3.合同的效力还存在中间状态和终极状态。

(1)为了鼓励交易和保护善意方的利益，对于尚未损害公序良俗、公共利益的效力影响瑕疵，法律将评价控制权有条件地交予无过错方，从而产生了可撤销、效力待定等中间状态，根据善意方的选择(形成权)，最终仍然会归入确定生效(有效)或确定不生效(无效)的终极状态。因不涉及公共利益和公序良俗，撤销权只能由善意方向法院或仲裁机构以诉讼或抗辩方式行使，法院不能依职权撤销。效力待定状态下如获得法定代理人追认即生效，否则不生效。(2)民事法律行为绝对无效，主要因违反效力强制性规定所致，多涉及公共利益和公序良俗的保护，属于公权力干预的范畴，法院需要依职权认定，而民事法律行为确定不

---

〔1〕 背后的逻辑是：涉及的主要是财产性私益救济，从原先绝对无效评价转变为“依照法律规定处理”。即所有权变动约定无效，但担保权设定之意思有效。参见《关于〈民法典各分编(草案)〉修改情况和〈中华人民共和国民法典(草案)〉编纂情况的汇报》，载“中国人大网”，2019年12月29日。有学者认为，《民法典》第401条“流抵条款(即抵押物代偿条款)无效”之缓和是表象，本质上是法律行为无效转换的具体化(Einzelfall)(因民法典总则篇法律行为章当中没有对“无效转换”做出一般规定)。因此，流抵条款仍然是无效的。第401条不过是出于维持和鼓励交易的考虑，在隐藏的无效的基础上，往前多走了一步，而且是“两步并作一步”。

〔2〕 以《民法典》第401条为例，有学者认为，需要明确“一种非常重要、绝对不可忽视的限制”，即如果抵押权人和抵押人双方的真意，在于债务不履行等抵押权实现条件具备时，令抵押权人得以直接取得抵押物之所有权，为此约定抵押权人相应的请求权，此时，切不可以违反当事人意思的方式，实行硬性的转换，而只能按照“流抵条款”无效来办理因“流抵条款”和抵押合同其他部分，根据当事人的意思无法分割开来的，甚至整个抵押合同都应当无效。

生效，则主要适用于非公权力直接干预的救济，如善意方依法行使撤销权，对效力待定行为不予追认等。

4.关于效力的相对性。首先，合同的相对性，是就内部相对人之间的约束力，一般不及于非合同关系之第三人而言。但《民法典》第522条第2款规定的“利益第三人合同”、第524条规定的“第三人代位清偿权”，属于突破合同相对性的法定例外情况。其次，民事法律行为有效或（最终）确定生效，只是肯定其在行为相对人之间的约束力（体现为履行请求权），并不必然意味着支持其实际履行。有效状态产生的约束力，也可能转化为解除权或者违约损害赔偿等救济方式。最后，具有一定因果联系的民事法律行为之间，需要辩证区分效力（约束力）在相对人及第三人等不同对象之间的关联性和相对性。例如，委托代理中委托是内部（原因）行为，代理则是外部（结果）行为，两者产生的法律关系在不同主体之间的效力就具有相对性。区分原则下，负担（原因）行为与处分（结果）行为之效力所及对象也存在相对性。负担行为在合同双方之间“相对有效”的同时，处分行为对特定第三人（或权利人）仍可能“相对无效”。这里所谓的效力，前者即指约束力层面，后者则涉及对抗力层面，两者所及对象不同。

例如，过去，审判实践中经常将无权代理与无权处分合同均按照“效力待定”处理。有观点认为两者的区别即是否以本人的名义做出意思表示。但根据“区分原则”，两者涉及行为人与内部相对人、第三人（或权利人）不同主体之间关系的评价，属于效力体系不同的维度。（1）代理行为的目的就是使效力（约束力）及于被代理人与相对人之间，必然涉及三方主体之间的相对效力评价。根据《民法典》第171条、第172条规定，无权代理的原因行为（内部关系）属于效力待定范畴：原则上对被代理人“不发生效力”，但可经被代理人追认而确定生效；无权代理的结果行为（外部关系），对行为人具有约束力：善意第三人可以行使撤销权，或者请求行为人履行债务或者就其受到的损害请求行为人赔偿；无权代理行为（外部关系）之后果对被代理人原则上“不发生效力”，但如善意第三人“有理由相信”行为人有代理权的，可以通过主张“表见代理”约束被代理人。（2）如果相对人之间处分的标的涉及他人权利，但订立合同时又没有处分权的，根据区分原则，除非存在恶意串通（无效）或一方欺诈（可撤销）等法定情况外，合同在相对人之间的效力不受影响。但处分之结果能否实际履行，需要根据行为人最终是否获得处分权或该权利人的追认来确定，相对人构成“善意取得”的，也可以对抗权利人；否则，处分之结果无法对抗权利人的物上追及权。(3)实践中，无权代理与无权处分可能存在竞合。例如，(委托)代理的目的行为，既可能是与第三人设立债权债务，也可能是向第三人转让物权。因此，无权处分也可能是无权代理产生的后果之一；订立合同时没有获得或超越授权、侵犯优先购买权、未经共有人同意、隐名冒名处分等原因，都可能导致无权处分的结果。而《民法典》第311条“善意取得”适用的“无处分权”，应为结果意义上即包括无权代理在内的各种原因造成的“无权处分”。因此，两者存在竞合时，主张适用“表见代理”和“善意取得”并不矛盾，前者救济的是处分的原因行为——约束力问题，后者救济的是结果意义上的履行力或对抗力的问题。

(三)履行力和对抗力状态

1.一般情况下，合同有效即产生履行请求权。履行力状态，即指履行请求权能否予以支持的评价。导致履行力负面状态的原因，包括“法律上”或“事实上”无法履行，但下文仅讨论合同内容违反强制性规定所致的“法律上”无法履行。因履行行为及其他原因导致的“事实上”无法履行，[1]涉及当事人后续意思、法定事由和价值判断范畴，不作展开讨论。

2.相对人之间合意产生的履行请求权或确权诉请，如与第三人权利相冲突时，就需要就对抗力状态进行审查。根据不同情形，对抗力的负面状态也有所区分，主要立法例包括：(1)对第三人“不发生效力”，“不具有约束力”，“只约束相对人”，第三人因此实施交易行为产生的法律关系“不受影响”。此类表述意味着该行为对第三人无约束力。但其本身并不包含位阶关系之意，不能作为请求权冲突时确定优先保护顺序之依据。例如“一物多卖”，多个均有效的买卖合同的效力“互不影响”，但均请求履行物权变动义务而发生冲突；又如“连环买

〔1〕 例如，标的物灭失、债务的标的不适于强制履行或者履行费用过高，债权人在合理期限内未请求履行，以及各种法定的履行抗辩权(不安抗辩权、同时履行抗辩权、后履行抗辩权、不可抗力等)一旦成立，都会对履行力产生负面阻却，并导致相应之履行请求权无法支持。

卖”，前后合同之间效力也“互不约束”，但如前一合同履行完毕后被认定无效或撤销而产生返还原物请求权，与后一合同产生的履行请求权发生冲突。上述优先保护顺序都需要根据产生请求权基础的法益位阶关系另行判定（下文详细讨论）。(2)“不得对抗”特定主体/第三人，且通常都以“善意”为前提条件。对此可以借鉴德国民法所谓“相对无效”(relative Unwirksamkeit)制度来理解，指对受保护特定人而言无效，对特定人（类似善意第三人）以外的主体有效。[1]此状态意味着该行为对该主体视为不存在，而且包含了位阶关系，即优先保护该“善意”主体之信赖利益。比如，出卖人对标的物所有权的保留，出租人对租赁物享有的所有权、船舶、航空器和机动车等物权的设立、变更、转让和消灭，土地承包经营权互换、转让，流转期限为五年以上的土地经营权、地役权设立，动产抵押等法律行为，未经登记的，不得对抗“善意”第三人（相对人）；又如，法人章程或者法人权力机构对法定代表人代表权的限制，当事人约定非金钱不得转让的，法人的实际情况与登记事项不一致的，法人或者非法人组织对执行其工作任务的人员职权范围的限制，夫妻之间对一方可以实施的民事法律行为范围的限制等，不得对抗“善意”第三人（相对人）。

二、法益位阶对效力体系的影响

权利本身体现的就是利益，且二者可以相互转化。一些利益已经“权利化”，如《民法典》规定的各种人身权、财产权和债权；另一些则尚未被立法明确为“权利”，如个人信息；还有一些体现为民事法律行为中处分权利义务产生的法律效果——请求权，其主张内容涵盖了约束力、履行力和对抗力层面。现代

---

〔1〕 相对让与禁令系让与禁令之一种，专为保护特定人而设，故违反该禁令的行为仅对相对受保护特定人无效，预告登记、物权性先买权皆属此例。与之相对的绝对让与禁令则服务于整体利益，一经违反，行为绝对无效。在分离原则下，违反让与禁令的行为只能是处分行为而非负担行为，故上述禁令也被称作“处分禁止”(Verfügungsverbot)规则。德国法通过运用相对无效制度与分离原则，一方面使处分行为相对无效，从而保障先买权人可以取得相应权利；另一方面使先买权与负担行为隔离，从而维护义务人与第三人的意思自治。而在我国，通常认为上述“善意”第三人（相对人），是指不知道或不应知道物权在当事人之间发生了变动而对同一标的物享有物权的人。一般债权人、侵权人、连环转让中的前所有人、因法定物权变动而丧失物权的人、恶意第三人等，即使未经登记的特殊动产所有权，亦得以对抗。此立论中，较具争议的问题是，不得对抗之第三人的范围，是否应包含转让人之无物权担保的一般债权人，下文将详细讨论。

经济社会，利益的多元化程度正在加深，各种新型的利益与传统的利益类型之间也可能发生冲突，甚至在同一类型的利益之间，也可能会产生先后顺序。不同法益之间的位阶关系不仅存在于刑法、行政法、民法等不同领域，民法体系内对于不同法益的保护也有所区分。一方面，位阶关系体现在代表不同法益的权利义务处分之限制程度和方式上：法益位阶越高，相应的处分限制也更多。例如，对公共利益、人身利益的法定处分限制，就高于财产性私益。这也直接影响着对民事法律行为“约束力”和“履行力”的评价。另一方面，位阶关系体现在不同法益产生的处分后果（请求权）之保护顺位上：法益位阶越高，权利冲突时保护的顺位也优先。例如，对体现交易安全利益的“善意”第三人信赖利益的保护，就优先于内部意思自治之利益。这也直接影响着民事法律行为“对抗力”的评价。

（一）法益与限制性规范的关系

1.法益位阶对于效力体系的影响，一般通过限制性规范的方式来体现，因为权利和义务是对应的。例如，民事法律行为成立时生效，但“当事人另有约定或法律另有规定除外”，这些“除外”情况就是影响效力的限制性规范；〔1〕“未经登记，不得对抗善意第三人”也是通过对抗力的不利后果，来给行为人附加登记之义务限制。司法实践中，要做出效力（约束力）、履行力乃至对抗力评价，就必须准确找到、理解并适用包含这些限制要素的法律规范。此类规范一般包含“应当、不得、必须、禁止”等字眼，有些还通过附加但书或法定例外的方式，对法律后果的评价或救济进行进一步细分。但在条文本身未明确效力评价结论时，有时会存在不同理解。目前，对于是否构成无效的依据，“二分法”是通说和主要

〔1〕 一方面，当事人可以通过意思选择影响效力状态，包括约定的生效条件、生效期限等，这种效力评价体现的主要是当事人的意思自治，而非法律评价，多适用于私权处分领域，另一方面，很多法定要件会影响效力状态和维度；狭义上，既包括行为能力、意思表示等普遍适用于所有民事法律行为的生效要件，也包括违反公序良俗、恶意串通损害他人合法权益、效力强制性规定等无效要件；广义上，还包括影响履行力的管理性强制规定，以及可能影响第三人权益的，处分行为所需的身份权限与财产权限等方面的法定限制。

判决理论依据。[1]但也有学者对此提出批评，认为效力性和管理性规定的划分是法律解释的结果，无法成为法律适用时的推理前提，且只适合于公法领域，在私法领域就不宜将某些规范简单地解释为效力性或管理性规范，并提出了“私权限制性”规定的概念。[2]

2.笔者亦赞同根据法益保护之目的，结合区分原则，将影响效力评价的相关规范区分为效力强制性规定、管理性规定，以及私权限制（对抗）性规则。这样可以更好地应对民事法律行为效力体系不同维度的救济需要。《民法典》立法体系和很多规范变化都体现了这一趋势。效力性、管理性规定与私权限制规则的边界，集中在对特定法益位阶的理解：是进入了公权力管控的领域，还是限于财产性私益。（1）在需要公权力干预的领域，即使允许当事人进行约定，但一般会明确“法律另有规定的除外”。（2）反之，法规中“另有约定除外”“约定优先”类的表述，则意味着该领域一般属于限制相对人之间私益的类型。例如，承担了担保责任的担保人向其他担保人追偿的，法院不予支持，但担保人在担保合同中约定可以相互追偿的除外。这就是因为该法定限制涉及的是担保人之间的私益，所以可以约定处分。（3）在涉及财产性私益的领域，原先一些法律规范中“不得”为某些民事法律行为的表述，随着民法典的制定，调整为“可以”有条件为该特定行为，并通过增加例外变通情况或赋予善意相对方救济选择权，从而进一步鼓励交易和合同执行；[3]原先一些法律规范中实施某些民事法律行为“无效”的表述，则调整为对特定相对人“不发生效力”，而且“另有约定除外”。[4]而究竟采用“绝对无效”的评价方式，还是采用相对于特定第三人无效（“不得对抗”）的评价方式，代表着根据不同法益层面保护需要以及对冲突利益关系不同的协调策略，表达的是《民法典》的价值判断趋向。这些变化都体现了《民法典》编制“公权干预限缩”和“私权保护扩张”的价值趋向，其积极意义在于更好地保

---

〔1〕《最高人民法院关于当前形势下审理民商事合同纠纷案件若干问题的指导意见》以“合同行为”为中轴，前后延展“市场准入”资格与“合同的履行行为”两端，再以“是否绝对地损害国家利益或者社会公共利益”为判准，试图为效力性与管理性强制规定画出一道相对清晰的分界线。

〔2〕朱庆育：《〈合同法〉第52条第5项评注》，载《法学家》2016年第3期。

〔3〕参见原《物权法》第191条、《民法典》第406条。

〔4〕参见原《最高人民法院关于审理城镇房屋租赁合同纠纷案件具体应用法律若干问题的解释》第15条。

护诚信守约方的利益。[1]

（二）体现公权力干预的限制性规范

法律对公共利益和公序良俗的保护，主要通过公权力对意思自治及其效果进行干预，体现在效力性和管理性的强制性规定中。违反此类规定，一般会根据损害公共利益的程度和救济方式，直接影响民事法律行为效力或履行力。相对人无法通过约定排除适用，第三人亦不得以不知情为由主张"善意"。立法例包括以下几类。

1.生效管制类规定。典型如法律、法规明确规定的合同需行政审批生效。未经批准的合同因欠缺法律规定的特别生效条件，故属于未生效状态。如中外合资、合作经营合同，上市公司国有股转让合同，国有企业转让国有资产的合同，矿产资源转让合同等。实践中，很多合同当事人将报批义务约定为合同一方主体之义务，以此为由主张合同有效并追究对方违约责任。需要注意的是，此时的"违反之责任"只能限于报批义务本身，[2]不能以此反证合同"有效"，否则等于架空了公权力之管控。此外，要注意区分审批和登记这两个概念：不动产登记生效属于"物权法定"的设权要式条件，股权、特殊动产等登记则属于对抗"善意"的证权要式条件，均出于保护交易安全之目的，不同于行政审批体现的公权力管控之意志，也非合同生效的管控条件。

2.效力性强制规定。典型如法律、法规明确规定违反将产生无效后果，或者一旦违反规定将实质性损害公序良俗和公共利益。触发的负面效力状态一般是无效，不能通过约定排除适用。此类规范多为对特定行为本身的禁止或限制；也可能具体体现为对特许经营行为主体资质（准入资格）、行为涉及的

〔1〕 因为在否定合同效力情况下，第三人只能通过缔约过失的责任机制获得救济，在肯定合同效力情况下，第三人则可以凭借违约为由，追究转让股东方的责任。而合同有效下的违约责任与合同不生效或无效下的缔约过失责任，无论在归责要件上还是在追责力度上都不可同日而语。违约责任可以不以违约方的过错为要件，只要合同未能履行，就要承担违约责任，但缔约过失责任则必须以缔约当事人的过错为责任要件。违约责任不仅可以就守约方的实际损失请求赔偿，而且还可以就间接损失即合同履行后可得利益的损失请求赔偿，但缔约过失责任的赔偿范围则只能限于当事人实际遭受的损失。

〔2〕 参见《民法典》第502条。

客体(标的)、特定行为缔约或交易方式的限制。[1]需要注意的是,合同成立中的“履行治愈”原则,可以适用于效力待定合同,[2]但不能当然适用于无效合同。除非特定情况下符合条件“治愈”了效力性的瑕疵,否则原则上就不得通过当事人的事后履行行为,将违法的、无效的行为转化为有效。[3]无效情况下救济利益也不得优于有效情况下可得利益,不能使不诚信的当事人因合同无效而获益。[4]

3.管理性强制规定。典型为出于行政管理目的,对特定行为的准入资格或履行方面的特殊监管要求,也不能通过约定排除。如行政规章、地方性法规对于行为主体资质、客体标的转让的限制,以及对于一方当事人履行行为(关于经营范围、交易时间、交易数量等)而非缔约行为的特殊要求或限制。[5]此类规范,或非针对缔约行为(负担行为)本身的限制,或者损害公共利益的程度较轻,触发的负面效力状态并非绝对无效,而是可能构成履行障碍或其他行政处罚。[6]

---

〔1〕 如赌博、场外配资等违反特许经营的活动,交易人体器官、毒品、枪支等违禁品或违章建筑、小产权房等限制交易物;又如,违反招投标等竞争性缔约方式订立的合同,在批准的交易场所之外进行期货交易,欠缺建筑工程资质主体签订之合同。

〔2〕 参见《民法典》第503条。

〔3〕 但在不严重损害公共利益的情况下,出于利益平衡考量,司法也有特殊例外处理。如《最高人民法院关于审理农业承包合同纠纷案件若干问题的规定》第25条。此外,法律法规或司法解释规定无效治愈条件的部分例子如下:《关于审理涉及国有土地使用权合同纠纷案件适用法律问题的解释》对无房地产开发经营者资质的,允许在一审诉讼期间得到补正。《关于审理城镇房屋租赁合同纠纷案件具体应用法律若干问题的解释》第2条、第3条、第4条,《关于审理建设工程施工合同纠纷案件适用法律问题的解释(一)》第3条、第4条,《土地管理法》第63条、《城市房地产管理法》第45条,《关于审理商品房买卖合同纠纷案件适用法律若干问题的解释》第2条,《关于适用〈中华人民共和国民法典〉有关担保制度的解释》第49条。

〔4〕 如对于恶意串通违法无效所得的收缴。又如,《最高人民法院关于审理建设工程施工合同纠纷案件适用法律问题的解释(一)》规定,承包人未取得建筑施工企业资质或者超越资质等级的,“认定无效但参照有效支付工程价款”。

〔5〕 参见《会议纪要》第30条“强制性规定的识别”。

〔6〕 例如,《关于审理商品房买卖合同纠纷案件适用法律若干问题的解释》第6条针对《房地产管理法》对登记备案制度的要求作了限制解释,认为登记备案手续不影响预售合同效力。《商业银行法》第39条关于商业银行资产负债比例的规定,即属于管理性的强制规范。《城市房地产管理法》第54条有关租赁合同应签订书面合同的规定以及租赁合同需备案的规定。《证券法》第86条有关投资者持有一个上市公司已发行股份的5%应当公告,且公告期内不得买卖的规定等。《企业破产法》第24条有关管理人资格的规定;《城市房地产管理法》第58条有关房地产中介需取得营业执照的规定;《公务员法》第59条对公务员禁止从事营利性活动的限制;《彩票管理条例》第18条规定彩票发行机构、彩票销售机构、彩票代销者不得以赊销或者信用方式销售彩票;等等。

可以说，在法律没有明示效力影响的情况下，效力性和管理性规定的边界划分，集中在对规范所涉公共利益（或管理职权）保护程度及方式的理解上。随着《民法典》的颁布实施，通过公权力干预的领域和方式逐步趋于谨慎，不仅将效力性强制规定的来源严格限定在法律和行政法规范畴内，并且根据法益的细分和区分原则，将其中针对一方交易准入或履行方式的限制（尚未严重损害公共利益），更多归入管理性规定的规制范畴，进而限缩直接否定效力的强制性规定范畴。〔1〕

（三）体现财产性私益之间平衡的限制（对抗）性规范

民法对处分财产性私益的民事法律行为的保护和救济，主要体现在私权限制（对抗）规则中，私权限制（对抗）规则既可以通过法条明确表述，也可能需要结合立法目的进行解释。相较于公权力干预而言，此类规范虽然也常通过“不得”进行限制或以其他方式设定特定的义务，但违反该类规定的法律后果，不是绝对禁止或否定行为本身约束力，而是对其履行力和对抗力给予一定限制（如“不予支持”），并关注该行为对于善意方或第三人能否发生效力及其后果的救济，还可能将行为效力或者能否实际履行的救济选择权，有条件地赋予善意相对人或第三人（如追认权、撤销权、相对人选择权、同等条件优先履行请求权等）。笔者认为，管理性强制规定与私权限制（对抗）规范的立法目的与后果要件上均有所差别：管理性规定主要目的出于公权力管理需要，违反规定的后果在合同层面仍为有效，救济手段是行政监管，履行层面则需要根据该规定限制的方式或程度具体判断；而且管理性强制规定本身及救济方式均由法定，不得约定排除或通过意思选择调整。而私权限制类规则主要目的在于保护和平衡善意相对人或第三人的利益，违反规定的后果在合同层面一般体现为相对有效或者可撤销、效力待定，救济选择权赋予善意方（第三人），履行层面则需要根据法律规定或者善意方选择具体判断；相应的法定限制本身一般不得由相对人之间约定排除，但是关于第三人利益的救济方式，却可以根据其意思选择调整。随着民法典对公权干预进一步“限缩”，对私权处分限制进一步“松绑”，仅凭“管理性规定”从理

---

〔1〕 参见《民法典》第738条、《城市房地产管理法》第40条。

论上和立法技术上均已无法解释和满足经济生活乃至司法的需求。[1]

相对人之间私权的处分尊重意思自治，不得违背真实意思，亦不得损害他人合法权益。除了前文讨论过的可撤销合同等情形之外，民法典将除“恶意通谋”之外损害第三人财产性私益的行为，亦纳入私权限制之范畴。赋予利害关系第三人的救济方式也受到“区分原则”的影响，可以分为“效力介入式”和“效果对抗式”两大类。前者，第三人可以直接撤销或介入相对人之间的负担行为关系；后者，第三人可以选择确认或对抗相对人之间的处分行为后果。而在代理或涉及多方利益的财产交易（包括财产上附合之身份利益）法律关系中，还需要区分内部关系和外部关系并结合“善意”的判定，分别适用上述两类救济方式。

1.“效力介入式”救济方式。民法对法定财产或身份利益受到相对人之间行为直接影响的利害关系第三人，一般有条件赋予撤销权、代位权等对相对人之间约束力直接“介入式”的救济方式。（1）如《民法典》第539条规定，债务人以明显不合理的低价转让财产、以明显不合理的高价受让他人财产或者为他人的债务提供担保，影响债权人的债权实现，债务人的相对人知道或者应当知道该情形的，债权人可以请求撤销债务人的行为；类似情况还包括：内容违反法人章程的决议；农村集体经济组织、村民委员会或者其负责人作出的侵害集体成员合法权益的决定；业主大会或者业主委员会作出侵害业主合法权益的决定；损害债权人利益的“以物抵债”协议；债务人以放弃其债权、放弃债权担保、无偿转让财产等方式无偿处分财产权益，或者恶意延长其到期债权的履行期限，可能影响债权人债权实现等。[2]（2）又如，因债务人怠于行使其债权以及与该债权有关的从权利，影响债权人的到期债权实现的，债权人可行使代位权，但是该权利专属于

---

〔1〕 传统的强制性规定“两分法”，未在效力性强制规定之外区分管理性强制规定和私权限制类规范的原因之一，是违反两者的后果均不导致绝对无效，能否实际履行也都需要根据具体情况而定，立法目的理解有时存在分歧，但不影响在案件裁判中能否支持诉请的判断结果，故而进一步细分似无必要。当然，即使理论界和实务界就“私权限制类”规范的界定暂无法达成共识，其与管理性规定在“不影响对行为人约束力”和“可能阻碍履行”等效果原则方面的共通之处，在具体案件中可能并不妨碍做出同样的处理结果。

〔2〕 参见《民法典》第538条、第540条。

债务人自身的除外。[1]

2.“效果对抗式”救济方式。(1)基于“区分原则”，相对人之间的内部合意本身不能直接导致物权变动，也无法“直接”损害第三人的物权、股权等财产权利。因此，对于第三人(权利人)之救济，主要通过物上追及权、排除妨害等物权保护方式“对抗”(排除)即可，一般无须“穿透”干预相对人之间(原因)负担行为之效力。(2)除上述情形外，审判实践中，还会发生在同一特定物上，或者同一责任主体的特定责任财产范围内，各个相对独立的请求权或物权之间的优先保护顺序问题。例如，以金钱给付为内容的请求权之间不会发生排他性冲突，仅可能产生抵销或者优先受偿的顺位问题；以物权主张或保全执行为内容的请求权之间，则可能发生排他性冲突。此时的冲突规则或优先保护顺位，主要取决于不同权利之间的对抗力及位阶关系。因为在执行分配、企业法人破产清算等程序中，各种法定优先权及优先受偿的规则以及清偿顺序，正是不同权利法益位阶的具体体现；而案外人要排除对执行标的查封、扣押、冻结乃至拍卖等强制措施，其请求权的基础和保护顺位，也必须能够对抗(优于)请求权人。

3.代理行为及处分标的涉及他人权利时，可能发生三方关系，涉及不同私主体的利益冲突。此时，需要区分“内外”关系，分别适用上述两种救济方式，平衡保护“善意”方的利益。对于“直接”受到原因行为(内部关系)约束的善意相对人而言，采取“效力介入式”救济方式，也可对私权限制瑕疵进行补救；对于“间接”受到处分行为(外部关系)影响的善意第三人而言，一般只能选择决定及于自身之处分行为效力后果，不能随意否定相对人之间的负担行为(相对性)效力。以上方式，主要适用于涉及三方关系的无权(越权)代理、隐名代理、越权代表、无权处分等行为中，对善意方的平衡救济。[2]需要注意的是，此时善意第三

〔1〕 参见《民法典》第535条。

〔2〕 例如，无权(越权)代理行为中，代理人适时获得代理权而治愈效力瑕疵，以及善意第三人的撤销权或对合同关系相对人的选择权；又如，无权或权利瑕疵处分行为中，处分人适时获得处分权、消灭权利瑕疵而治愈履行力，以及第三人的善意取得或违约责任追究选择权等；另如，对外订立合同时未向第三人披露代理关系(受托人以自己的名义与第三人订立的合同)时，需要根据第三人在订立合同时是否“善意”——知道代理关系(分别构成间接代理或隐名代理)，来分析效力及于本人还是受托人，同时考虑对被代理人和第三人信赖利益的平衡保护；再如，无权处分中，权利人可在追认权或物上追及权之间进行选择。

人所谓的“撤销”权，针对的只是对其直接产生约束力的债的关系（如其与代理人、卖方之间的外部关系），且只能产生使该外部（代理或买卖合同）关系无效的后果；而欲使该外部关系有效，则需权利人或被代理人之追认，或者存在一定外观过失并使第三人“有理由相信”——构成善意信赖利益，从而得以对抗被代理人或权利人之利益。

4.以《公司法》为代表的商事组织行为法，亦会涉及内部和外部三方关系，需要区分适用上述两类救济方式，平衡组织及成员、债权人之间利益。公司法上的限制性规定，有些针对的是内部（股东之间）意思形成的关系，比如章程（代表全体股东在先合意）、决议的效力（代表股东意思多数决）、股东表决权、知情权的行使等；有些则涉及外部关系或第三人利益的保护，比如公司对外担保、股权转让、资本维持等限制性规定。核心精神就是在保障公司内部意思自治的同时，根据不同情况，解决好公司自治与司法介入，股东、公司及债权人等多方利益保护之间的关系。笔者认为，《公司法》限制性规范中既有（出于监管目的）需要公权力干预的效力性〔1〕和管理性强制规定〔2〕，但更多属于调整商事主体之间利益的私权限制（对抗）类规定。《会议纪要》关于公司纠纷的表决权行使、越权代表、股权转让等处理原则，进一步印证了这种逻辑思路。（1）比如，代表公司意志的表决权行使产生的法律关系，就需区分属于公司内部纠纷还是外部纠纷，适用相应的认定标准：〔3〕首先，表决权行使及决议本身效力，因属于公司内部股东之间关系，在不违反公权力监管的前提下，应当按照意思自治处理，且受

---

〔1〕 例如，《公司法》第51条规定中，有限责任公司“监事会应当包括股东代表和适当比例的公司职工代表，其中职工代表的比例不得低于三分之一，具体比例由公司章程规定。监事会中的职工代表由公司职工通过职工代表大会、职工大会或者其他形式民主选举产生”。违反上述规定的，该部分决议内容当属无效。参见（2017）沪02民终891号上海保翔冷藏有限公司与上海长翔冷藏物流有限公司决议效力确认案。

〔2〕 涉及资本维持制度的规定，规制的对象主要是公司和股东的行为而非禁止公司的对外缔约行为本身，故笔者倾向认为其属于管理性强制规定。参见《会议纪要》第5条“关于对赌协议的效力及履行”部分。

〔3〕 参见最高人民法院（2014）民四终字第20号大拇指环保科技集团（福建）有限公司与中华环保科技集团有限公司股东出资纠纷上诉案（《最高人民法院公报》2014年第8期）。

到股东在先共同意思——章程的限制。[1]内部股东享有的即“效力介入式”救济方式。[2]其次，若是涉及与公司以外第三人的关系，则应兼顾善意第三人的信赖利益（以工商登记为准），该第三人享有的即“效果对抗式”救济方式。例如，决议的撤销就不影响据此与善意相对人形成的民事法律关系。（2）又如，《公司法》第16条属于对法定代表人代表权的限制：法定代表人未经决议授权擅自为他人提供担保的，构成越权代表，应当区分订立合同时债权人是否善意，分别认定担保合同的效力状态。[3]此时，内部关系中的公司及外部关系中的债权人分别享有“效力介入式”和“效果对抗式”救济方式，而“善意”则是确定两者优先保护的法益判断标准。（3）另如，侵犯优先购买权的有限责任公司股权转让合同。就合同内部关系而言，“如无其他影响合同效力的事由，应当认定有效”；而就外部关系而言，公司和优先购买权受侵害的其他股东相对于对股权转让合同来说，虽均属于利害关系第三人，救济方式同属“效果对抗式”，但两者对股权转让效果的对抗（控制）力有别：未经公司认可（记载于股东名册），股权变动不生效；而侵害优先购买权的处分行为对于受侵害股东则属于“不得对抗”（相对无效）：“其他股东行使优先购买权的，虽然股东以外的股权受让人关于继续履行股权转让合同的请求不能得到支持，但不影响其依约请求转让股东承担相应的违约责

---

〔1〕 参见《会议纪要》第7条。

〔2〕 根据涉及法益的不同，瑕疵决议也区分不同情形，呈现出不成立、可撤销、无效三种负面评价状态。决议行为的特殊性在于：一是可以是“依多数决成立之行为”；二是需要依照法律或者章程规定的议事方式和表决程序；三是原则上仅适用于法人或者非法人组织内部的决议事项。关于公司决议行为，我国《公司法》第22条规定了确认决议无效和撤销决议之诉，均系针对已经成立的决议，未涵盖决议不成立的情形。《民法总则》明确将包括公司在内的法人的决议行为，规定在民事法律行为制度中，对此《最高人民法院关于适用〈中华人民共和国公司法〉若干问题的规定（四）》作了衔接规定：第5条规定了决议不成立之诉。“会议的表决结果未达到公司法或者公司章程规定的通过比例”就是不成立的情况，从而与决议无效之诉和撤销决议之诉一起，共同构成了“三分法”的格局。但除非内容违反效力强制性规定，公权力一般不直接否定效力。

〔3〕 参见《会议纪要》第17条“违反《公司法》第16条构成越权代表”和第23条“债务加入准用担保规则”、《关于适用〈中华人民共和国民法典〉有关担保制度的解释》第7条。此外，如担保合同双方均未主张无效，法院是否需要依职权审查公司内部存在决议授权？并据此判定效力？笔者认为无须主动依职权审查，因为并不涉及公共利益。利害关系人应当自行救济。

任”。[1]反之，其他股东放弃优先购买权的，则要求履行股权转让的请求就可以支持。违反上述几类《公司法》限制性规定的后果，均不导致绝对无效，而是影响行为的对抗力（相对效力），并区分“内外”关系（负担行为和处分行为）适用“效力介入式”和“效果对抗式”救济规则，符合私权限制类规范的特征。

三、影响效力体系的重点法益位阶之实证辨析

综上所述，法益位阶对民事法律行为效力评价体系的理解、适用具有重要影响。而讨论法益位阶的意义在于：首先，在立法论上，立法者在制定任何一部法律时都应当考虑利益之间的顺序，妥当确定各种利益的优先顺位，探求法律的“优先价值”（Superior Value）因素。其次，在解释论上，确定利益位阶实际上就是在探究立法的目的。从法律适用的层面来看，任何一部成文法都不可能清楚地界定各种利益的位阶关系，在很大程度上只能由法官根据具体的案情加以判断，并依据一定的价值考量来决定如何保护。在确定特定行为或权利义务的具体法益位阶时，“如果法有规定，应尊重立法者做出的价值选择；如果法无规定或存在漏洞，则需要司法以利益平衡为目的，综合考量系争利益与个人生命健康、人格尊严、社会其他成员以及社会经济秩序之间的关联度”。[2]然而，这些代表着民法基本价值趋向的位阶关系，源起于民法典的基本原则，却散落在各个部门法条文之中，有些甚至缺乏明文规定。为了在个案中更好地理解限制性规范的立法目的，妥善处理各方利益平衡，需要“提取公因式”，重点就公共利益及公序良俗、人身

---

〔1〕 参见《会议纪要》第9条“侵犯优先购买权的股权转让合同的效力”。审判实践中，部分人民法院对《最高人民法院关于适用〈中华人民共和国公司法〉若干问题的规定（四）》第21条规定的理解存在偏差，往往以保护其他股东的优先购买权为由认定股权转让合同无效。准确理解该条规定，既要注意保护其他股东的优先购买权，也要注意保护股东以外的股权受让人的合法权益，正确认定有限责任公司的股东与股东以外的股权受让人订立的股权转让合同的效力。一方面，其他股东依法享有优先购买权，在其主张按照股权转让合同约定的同等条件购买股权的情况下，应当支持其诉讼请求，除非出现该条第1款规定的情形。另一方面，为保护股东以外的股权受让人的合法权益，股权转让合同如无其他影响合同效力的事由，应当认定有效。其他股东行使优先购买权的，虽然股东以外的股权受让人关于继续履行股权转让合同的请求不能得到支持，但不影响其依约请求转让股东承担相应的违约责任。

〔2〕 王利明：《民法上的利益位阶及其考量》，载《法学家》2014年第1期。

利益、交易安全利益等法益对效力评价体系的影响进行系统梳理和实证辨析。[1]

（一）公共利益和公序良俗位阶之实证辨析

“民事主体从事民事活动，不得违反公共利益和公序良俗”是民法的基本原则，也是法益位阶的根本性原则。

1.公共利益和公序良俗在民事法律行为效力体系中的位阶优势，主要体现在两个方面：（1）对于处分及损害该类法益的民事法律行为的法定限制，以及对其后果——效力或履行力的否定。这种否定性评价，主要通过公权力干预，司法应当依职权进行主动甚至“穿透”性审查。如公法中针对国资、外资、土地、金融秩序等公权力重点监管领域，设置了大量生效审批条件以及效力性、管理性强制规定，就是因为公共利益的需要；我国参加国际条约时，也将公共利益作为特别保留。此外，公共利益和公序良俗，是法官在个案中进行利益衡量的重要标准和无效评价的“兜底条款”。虽然法律明确的效力性强制规定是认定合同无效的主要依据，行政规章、地方性法规被明确排除在合同效力裁判的规范依据之外，但还有一些当事人的“避法行为”尚无法完全归入已有的强制性规范之中，近年来越来越多的民商事裁判，也借助“公共利益”条款裁定违反行政规章的合同无效，其背后即“违反法律、行政法规强制性规定”实为抽象的“损害社会公共利益”之具体化的逻辑。[2]（2）与处分财产性私益的民事法律行为产生的请求权冲突时，代表公共利益和公序良俗之法益保护顺位一般具有优先性：很多法定优先受偿顺位或特殊保护的设定，都体现了对（未成年人、残疾人、消费者、劳动者等）[3]特殊群体、公共利益或基本人格利益的特别保护；这种保护还可以通过对相对人设定法定义务来体现：例如，金融机构的投资者适当性审查、信息披露（风险揭示）等义务，就源于法律对于金融消费者的特殊保护倾斜。但是，公共利益和公序良俗本身没有明确的定义，在审判实践中需要结合立法目的来理解。

2.关于公共利益及其位阶的理解与实证。（1）首先，公共利益与行政管理职

---

〔1〕 顾全：《民事法律行为效力评价体系中法益位阶的理解与实证分析》，载《法律适用》2020年第17期。

〔2〕 朱庆育：《〈合同法〉第52条第5项评注》，载《法学家》2016年第3期。

〔3〕 参见《民法典》第128条。

能的行使具有高度重合性。例如，很多带有公共利益属性的权利，都是通过划拨、分配、征收、征用等“行政行为”取得；国家对于涉及公共利益，需要公权力重点干预或监管的领域，通常会设置行政许可，可结合“设行政许可”的范围类型来理解公共利益。[1]而且，很多行政监管规定限制某些民事法律行为的目的，是维护代表“不特定多数人”利益的市场秩序。2018年以来，最高人民法院就以诉争的保险公司股权代持协议违反保监会《保险公司股权管理办法》这一行政规章的禁止性规定，或者违反证监会对上市公司监管规定为由，依据原《合同法》第52条第4项规定认定股权代持协议无效。其裁判逻辑即认为相关规章强制规定的立法目的，分别是维护“保险行业安全和金融秩序”及“资本市场安全和交易秩序”，属于社会公共利益。[2]北京互联网法院的判例认定双方“暗刷流量”的合同无效，其理由也是该交易行为同时侵害了不特定市场竞争者和广大不特定网络用户的利益，而上述不特定主体的利益均为社会公共利益的体现。[3]此外，纳入公益诉讼的范围，以及关于执行财产涉及非法集资刑事案件涉案财物时的处理原则，[4]也将损害不特定多数人的利益，作为涉及公共利益的参考标准。如果受益人的范围被特定化为某一些人，就不能称为公共利益。[5](2)但是，并非所有违背行政许可或管理权的行为都必然损害公共利益，也不是行政机关的所有行为都属于行政行为，更不能简单地将国有或国资控股企业的利益等同于公共利益。随着经济发展的需要，行政许可也正在逐步减少，很多属于特许经营的范畴越来越趋向民间资本开放，有些会逐步调出“负面清单”，并逐步向鼓励

---

〔1〕 参见《行政许可法》第11~13条的规定。在涉及相关监管领域的特别法中（仅限于法律和行政法规），可以作为判断效力强制性规定的参考依据。

〔2〕 参见最高人民法院案例：(2017)民终字第529号福建伟杰投资有限公司与福州天策实业有限公司营业信托纠纷上诉案、(2017)最高法民申2454号杨金国、林金坤股权转让纠纷再审案。

〔3〕 参见（2019）京0491民初2547号原告常某某与被告许某、第三人马某某网络服务合同纠纷案。

〔4〕 参见《最高人民法院、最高人民检察院、公安部关于办理非法集资刑事案件若干问题的意见》第9条规定，另参见《会议纪要》第129条“涉众型经济犯罪与民商事案件的程序处理”。

〔5〕 公共利益要求尊重的是不特定的多数人的利益，很多情况下与特定个体之间利益是冲突的。另外，社会成员数量规模越大，社会成员自发、主动地维护公共利益的可能性就越小。奥尔森的集体行动理论就深刻地说明了这一问题，即集体规模越大，集体行动越困难。换言之，社会成员数量规模越大，各成员之间共同分享的利益（公共利益）就越脆弱，越需要法律予以特殊关注和重视。参见王利明：《民法上的利益位阶及其考量 》，载《法学家》2014年第1期。

有条件治愈效力瑕疵的方向发展。例如，新《外商投资法》就明确了对外商投资实行“准入前国民待遇加负面清单”管理制度，取消逐案审批管理制度。而且，同样属于公权力管控或救济的范畴之内，公共利益、集体利益、一般行政管理职能在法益上仍有层级之分；即使同属公共利益，也可以进一步细分层次：“直接关系到社会全体成员的共同利益（如国防利益）和一般市政建设的利益就是不同层次的公共利益。与保护一般的不特定多数人的利益相比，维护国家主权、关系到全体社会成员的共同利益显然应当受到更大程度的保护”。〔1〕(3)为了鼓励诚信交易，需要减少行政权力对市场的干预，让市场更好发挥资源配置和利益平衡的作用。一方面，国家正在通过顶层设计，有偿“让渡”部分公共、集体利益并加以市场化利用。2020年4月9日，中共中央、国务院印发的《关于构建更加完善的要素市场化配置体制机制的意见》明确了要素市场制度建设的方向和重点改革任务，一是市场决定，有序流动；二是健全制度，创新监管。〔2〕另一方面，民法体系和审判实践正在对行政管理权的目的和方式进行区分，根据不同行为损害公共利益的层级、程度和方式，采取区别化的救济方式。将其中一部分出于行政管理需要，但违反尚不至绝对损害公共利益的监管规定归入“管理性规定”，限制民事法律行为的履行力而非效力：该类管控的目的通常并非禁止行为本身，而是针对经营范围和准入资质（非特许）、履行方式或条件方面的特殊要求或限制，可以通过报批、获得资质、填平公共投入或履行其他特定义务等方式，满足相应的生效或管控要求。

例如，国家对于房屋交易的限制，多与房屋及其所属土地性质有关。有些是出于安全的考虑，有些是土地管理的需要，还有些则是对房地产交易市场的调控政策。很多通过规章甚至地方性法规的方式实施，虽属于行政权力干预，但本身并不属于法律、行政法规的强制性规定。实践中，关于合同效力问题存在不同判例，其核心分歧正是对于“公共利益”的理解和把握。从总的趋势来看：首先，公共安全利益优先且绝对不得损害。例如，未取得规划许可、涉及违章建筑性质

---

〔1〕 王利明：《民法上的利益位阶及其考量》，载《法学家》2014年第1期。

〔2〕《关于构建更加完善的要素市场化配置体制机制的意见》指出，将推进土地要素的市场化配置。全面推开农村土地征收制度改革，扩大国有土地有偿使用范围。

的房屋买卖或租赁合同，一般均认定无效。其次，一般认定“限购令”属于调控市场的管理性规定，违反不导致合同无效。裁判理由是：“借用”他人购房资格不影响调控的市场总量，因而不损害公共利益。但如不符合管控要求，则不支持履行。〔1〕最后，具有公共利益属性的经济性保障或补偿，允许通过补足对价等方式“涤除”相应的处分限制。〔2〕例如，《经济适用住房管理办法》规定的经济适用房系保护城市低收入人群利益，以保障性为主。相关案例判定经适房租赁合同无效的裁判逻辑，就是经济适用房体现了国家对低收入群体的权益保护，关涉社会公共利益；〔3〕但是，各地对经济适用房或其他“福利房”转让的管控方式虽不尽相同，对于已经满足了（市场流通时间限制、土地出让金补偿、审批等）转让条件的买卖合同，因已对公共利益予以“补偿”且符合解除管控条件，一般判定有效并支持履行诉请。〔4〕又如，拆迁安置房系对被拆迁人的整体补偿，具有一定对价性，与经济适用房两者流通的政策目的及保护的法益也有所区别。审判实践中，对于拆迁安置房买卖合同的交易限制（如满一定年限）一般认定属于管理性规定，不影响合同效力，如已符合上市交易条件，即可支持履行诉请。〔5〕

3.关于公序良俗及其位阶的理解与实证。公序良俗的范围更为宽泛，法律对自然人基本人身利益的特别保护，对婚姻家庭伦理道德的普遍标准，以及《民法典》总则确立的公平、诚信、绿色等各项基本原则，都属于对实施民事法律行为的普遍限制性原则，因而从某种意义上来说，也已上升到公序良俗法益保护的层面。对于违反此类法益的行为，一般也通过公权力干预的方式否定其效力。例如，《民法典》第497条规定的“格式条款”无效的情形，就是维护公平原则的体现；《民法典》第992条规定“人格权不得放弃、转让、继承”，以及禁止买卖人体器官、性交易、买办婚姻等，实质本源的也是对公序良俗的遵循。

---

〔1〕 各地高院的指导意见多认为不直接导致无效，但多不支持履行。参见（2018）辽民终211号辽宁中集哈深冷气体液化设备有限公司、徐沛欣、曾塞外案外人执行异议之诉。

〔2〕 参见《北京市高级人民法院关于审理房屋买卖合同纠纷案件适用法律若干问题的指导意见（试行）》第6条第1款。

〔3〕 参见（2016）沪01民终5440号祁骥与张雪蓉、徐敏敏房屋租赁合同纠纷案。

〔4〕 参见（2016）津民申1745号赵建章、赵媛所有权确认纠纷案。

〔5〕 参见（2017）沪01民终6521号朱松、沈桂华诉金富林、沈爱花合同纠纷案。

(二)人身利益位阶之实证辨析

《民法典》明确了人身利益包括人格权和身份权。而人身利益优先保护原则,是贯穿民法典编制和司法实践的重要价值趋向,一定程度上也是公序良俗法益位阶的补充和延伸,因为如前文所述,对损害自然人基本人格和身份利益行为的禁止和否定,本身也是公序良俗的体现。〔1〕

1.人格权和身份权在民事法律行为效力体系中的位阶优势,主要体现在两个方面:(1)对于处分及损害该类法益的民事法律行为的法定限制,以及对其后果——效力或履行力的否定:包括不得“放弃、转让、继承”。又如,根据《民法典》第506条规定,对于造成人身伤害的,免责约定一律无效,而对于造成财产损失的免责约定,限于因故意或重大过失所致才无效。(2)与处分财产性利益的民事法律行为产生的请求权冲突时,人身权保护顺位一般具有优先性:首先,人身权和财产权同时受到损害,且二者难以得到同时全额赔偿时,人身损害赔偿优先于财产损害赔偿;其次,具有生存权法益的请求权可以产生优先权,优先于财产性利益产生的债权请求权和担保物权受偿。〔2〕具有生存权法益的他物权可以排除冲突性物权的行使。最后,基于身份权法益的法定代理权,以及对外处分财产之法定限制,对于外部交易第三人的信赖利益具有制约效果,第三人不得以“不知情”为由主张“善意”。

2.关于人格权位阶的理解与实证。(1)《民法典》不仅专设“人格权”编,而且呈现出鼓励部分人格利益可“合理利用”的趋势。例如,《民法典》关于人格权许可利用规则的规定(包括姓名、名称、肖像、个人信息的保护与利用关系的

---

〔1〕 此外,对于财产性权利的故意损害(包括相对人之间恶意串通损害第三人利益),也被纳入公权力救济的范畴,在私法中的救济体现为对该类民事法律行为效力的否定、侵权责任的追究等;在公法中的救济体现为对损害行政管理或社会秩序达到一定标准的行为,追究行政责任和刑事责任。因本文研究的对象是民事法律行为,故不作展开讨论。据此,不得恶意损害他人财产等合法权益,某种意义上也可纳入公序良俗的范畴,但区别于人身权利保护的特征是:以恶意为前提。从中仍体现出法律对人身性利益和财产性利益保护程度的区分。

〔2〕 因此,也有学者将优先权称为特殊债权、准物权或类担保物权。优先权可分为一般优先权和特别优先权。一般优先权是指优先权人基于法律的规定可就债务人全部财产(总财产)优先受偿;特别优先权则是指优先权人基于法律的规定可就债务人特定财产(包括动产或不动产)优先受偿,其特征是债权对特定财产存在“依附性”。

协调），既丰富和完善了人格权法内部的体系化，也使民法典各分编之间实现了体系上的协调，[1]而且可以据此对不同的人格利益位阶进一步细分，实现不同程度的保护及限制。其中，生命权、身体权、健康权、生存权、婚姻自主权、尊严与自由等具有高度人身依附性、不可"经济性利用"的基本人格利益，如前文所述，某种意义已经上升到公序良俗之法益层面。从更广阔的视角来看，必须要妥善处理好生存利益与商业利益之间的关系，协调好经济发展与生态环境的关系，[2]这也是民法确立"绿色原则"的目的。无论是从保护的顺位，还是法定的处分限制程度，都可以印证此类基本人格利益的位阶优于名称权、肖像权、个人信息等可"经济性利用"的人格利益。民法对前者的处分严格禁止，违反即通过公权力进行干预；对后者虽然同样规定不得转让、放弃、继承，但经许可可合理使用并产生财产性收益，违反限制一般也仅通过履行力层面进行阻却。（2）基于生存利益的他物权，典型就是《民法典》新增加的需要"登记"并"无偿"设立的居住权。而民法上确立的"买卖不破租赁"的规则，主要目的也是对承租人的生存利益予以保护。[3]其他具有类似"生存利益"的，还包括"因婚前购买、拆迁安置等原因单独享有房屋所有权，其配偶、其他亲属或被拆迁安置人因婚姻、亲属关系或拆迁政策规定有权居住该房屋并形成共居事实的情况"。[4]（3）基于生存利益产生的优先权，主要包括以下类型：①基于劳动者生存利益产生的职工工资报酬，不仅在破产程序中可以优先于普通债权、担保物权甚至税收受偿，司法判例甚至判定其可以对抗未届认缴期股东延后出资的权利。[5]其裁判逻辑是：劳动者获得劳动报酬的权利应优先于公司出资人可延后出资的权利。②《执行异议和复议规定》第29条规定的购房消费者的物权期待权，也是基于生存权至

---

〔1〕 参见王利明：《人格利益：立法许可使用极其必要》，载《北京日报》2020年3月9日。

〔2〕 王利明：《民法上的利益位阶及其考量》，载《法学家》2014年第1期。

〔3〕 但是，这种基于他物权的"生存利益"不存在优先受偿的问题，即使产生对标的物的优先购买权（如承租人的优先购买权），也只能作为私权限制（对抗）规则来对抗一般买受人的履行请求权，并不能对抗共有人优先购买权及近亲属之间转让。因为"购买"已超出了生存和居住的范畴，劣后于基于法定身份权产生的履行请求权。

〔4〕 参见《北京市高级人民法院关于审理房屋买卖合同纠纷案件适用法律若干问题的指导意见（试行）》第11条。

〔5〕 参见（2018）沪0113执5268号刘某申请执行异议案。

上的考虑，适用的标的也限于“登记在房地产开发企业名下但已销售给消费者的商品房”。[1]有观点进而认为，根据《执行异议和复议规定》第28条的规定，购房消费者的物权期待权优先于抵押权的原则，同样适用于一般买房人，只是得以对抗和排除强制执行的“善意”认定规则有所区别。但笔者认为，“一般买受人”得以排除“金钱债权”执行的特殊情形，应属于对交易安全——第三人信赖利益的保护，而非基于生存权优先之法益。其权利本质上仍为债权，仍应坚持物权优先于债权的基本原则，避免对传统民法权利秩序体系的破坏。[2]《会议纪要》第126条也持同样观点，逻辑依据正是“此情况是针对实践中存在的商品房预售不规范现象为保护消费者生存权而作出的例外规定”。③ 建设工程款优先受偿权，[3]优先保护的是建筑工人的劳动报酬（及建筑市场的秩序，从而将生存利益的优先保护扩展适用到自然人之外的特定行业）。《最高人民法院关于审理建设工程施工合同纠纷案件适用法律问题的解释（一）》第36条明确“承包人根据民法典第八百零七条规定享有的建设工程价款优先受偿权优于抵押权和其他债权”。一般情况下，建设工程价款优先受偿权的基础权源从本质上属于债权，只是相对于普通债权和担保物权而言具有优先受偿性而已，如对执行标的享有建设工程价款优先受偿权并在法定期间内主张，权利人可以申请参与到执行程序中并主张对拍卖价款优先分配，而不应以案外人身份提起执行异议之诉。[4]

---

〔1〕 参见（2018）最高法民申4875号交通银行股份有限公司陕西省分行、支晓微申请执行人执行异议之诉案。

〔2〕 参见（2019）最高法民申1684号李光红、中国农业银行股份有限公司重庆九龙坡支行申请执行人执行异议之诉案。

〔3〕 参见《民法典》第807条。

〔4〕 参见（2019）最高法民申3207号“贺红妙与河南国安建设集团有限公司案外人执行异议之诉一案”再审民事裁定书：最高院认为，建设工程价款优先受偿权的基础权源从本质上属于债权，只是相对于普通债权而言具有优先性而已，因此该权利并不足以排除强制执行，也不应作为当事人提起案外人执行异议之诉的权利基础。《最高人民法院关于适用〈中华人民共和国民事诉讼法〉的解释》第508条规定“被执行人为公民或者其他组织，在执行程序开始后，被执行人的其他已经取得执行依据的债权人发现被执行人的财产不能清偿所有债权的，可以向人民法院申请参与分配。对人民法院查封、扣押、冻结的财产有优先权、担保物权的债权人，可以直接申请参与分配，主张优先受偿权。”建设工程价款优先受偿权属于法定优先权，承包人可以申请参与到执行程序中，主张对执行标的物享有优先受偿权。本案中，裕丰公司拖欠国安建设公司的建设工程价款已经为生效判决所确认，如该公司对执行标的享有建设工程价款优先受偿权并在法定期间内主张，该公司可以申请参与到执行程序中并主张对标的物优先分配，而不应以案外人身份提起执行异议之诉。

但最高法院判例明确，如以房屋折价抵偿欠付工程款，案涉房屋系工程款优先债权的物化载体，即承包人与发包人签订以房抵债协议书，其实质是通过协商折价抵偿方式，实现承包人享有的建设工程价款优先受偿权，符合民法典第807条规定的工程价款优先受偿权实现方式，此时该“物化”权利能够排除开发商普通债权人对房屋的强制执行。[1]④船舶优先权，[2]是指船员工资、船舶吨税等各种具有优先位阶法益的请求权，对产生海事请求的船舶具有优先受偿的权利。这些优先法益请求权中，就包括了代表生存利益的船员工资、代表人身利益的船舶营运中发生的人身伤亡赔偿，以及代表船舶本身生存利益的海难救助款项。航空器优先权中，也包含了代表民用航空器本身“生存”利益的援救费用。(4)此外，产生优先权的法益并非只有人格利益，还包括公共利益和交易安全之法益。前者如税收优先权，后者如担保物权优先受偿。我国目前各法之间的优先权制度衔接性和协调性较差，缺乏统一的位阶标准，审判实践中不同优先权之间受偿顺序容易出现争议，也需要根据位阶理论进行梳理和解释。例如，根据《执行异议和复议规定》第27条、第29条，《最高人民法院关于建设工程价款优先受偿权问题的批复》的规定，符合特定条件的购房消费者的物权期待权，优先于建设工程

---

〔1〕 参见（2020）最高法民再352号“四川省建筑机械化工程有限公司、成都紫杰投资管理有限公司申请执行人执行异议之诉”再审民事判决书：本案的核心争议焦点是：建机工程公司通过协商抵偿方式获得案涉房屋，能否排除发包人大邑银都公司的普通债权人的强制执行。一审法院依据《执行异议和复议规定》第二十八条对本案进行审理，认为建机工程公司在签订商品房买卖合同成立后，由于自身过错未办理房屋权属登记，因此无权排除执行。二审法院认为建机公司虽然签订了《商品房买卖合同》，但是建机工程公司的本意并非购买案涉房屋，本案不能参照《执行异议和复议规定》第二十八条的规定进行处理。二审法院认为，建机公司仅享有债权，不享有所有权等实体权利，不能排除强制执行。最高院同样认为本案不适用《执行异议和复议规定》第二十八条，但认为建机公司能够排除强制执行，裁判思路如下：第一，建机工程公司以与大邑银都公司签订以房抵债《协议书》的方式，行使了建设工程价款优先受偿权。建机工程公司以冲抵工程款的方式购买案涉房屋，其实质是通过协商折价抵偿的方式，实现建机工程公司就案涉项目房屋所享有的建设工程价款优先受偿权，建机工程公司与大邑银都公司以案涉房屋折价抵偿欠付工程款，符合合同法第二百八十六条规定的工程价款优先受偿权实现方式。第二，建机工程公司享有的工程价款优先受偿权足以排除紫杰投资公司的强制执行。紫杰投资公司对大邑银都公司享有的是普通借贷债权，而建机工程公司作为案涉工程项目的承包人对案涉房屋享有建设工程价款优先受偿权，建机工程公司工程款债权优先于紫杰投资公司的普通债权得到受偿，案涉房屋系工程款债权的物化载体，本案不适用执行异议和复议规定第二十八条，建机工程公司就案涉房屋享有的权利足以排除紫杰投资公司的强制执行。

〔2〕 参见《海商法》第21条。

价款优先权（优先于抵押权和普通债权），这就体现了不同性质生存法益位阶的细分关系；再以执行分配为例，代表公共属性财产利益的税收，优先于无担保债权和发生在其后的担保物权，但劣后于在先设立之担保物权（代表交易安全利益），[1]而代表生存利益的劳动报酬请求权、建设工程款优先受偿权、购房消费者物权期待权，则都优先于在先设立的担保物权。另如，各种船舶优先权的受偿顺序，更是综合体现了不同属性优先法益以及不同性质人格利益之间的位阶关系。[2]

3.关于身份权位阶的理解与实证。法定的身份权主要由婚姻家庭等人身关系产生，也可以通过获得组织社员等资格而产生。一方面体现为代理、代管、受益、表决等权利，如夫妻关系产生的家事代理权和共同财产权，[3]监护关系产生的法定代理权、[4]财产代管权、[5]法定继承权，又如农村集体经济组织成员、业主、合伙人、股东等的共同事务参与权、表决权、利益分配请求权等；另一方面也相应体现为法定的义务，以及对外处分方面的法定限制。（1）家庭身份关系可能产生道德伦理层面的义务。比如法定的抚养义务、赡养义务、夫妻之间的忠诚义务等。对违反该类义务的处分行为的禁止可能也属于公序良俗之法益层面，但司法实践中存在一定争议。例如，配偶一方私自将大额财产赠与（或遗赠）情人，另一方配偶要求返还财产（或确认遗赠部分无效）。主流观点认为，配偶一方未经另一方同意处分共同财产的行为，属于无权处分，另一方配偶可以行使追及权；另有观点则认为，该行为还损害了婚姻忠诚义务和伦理道德，有悖公序良

---

〔1〕 参见《税收征收管理法》第45条。

〔2〕 根据《海商法》第22条、第23条规定，列入船舶优先权范围的具有人身利益属性的债权中，船员工资、其他劳动报酬、船员遣返费用和社会保险费用的给付请求，优先于在船舶营运中发生的人身伤亡的赔偿请求；以上两者均优先于船舶吨税、引航费、港务费和其他港口规费的缴付请求；而上述税费又优先于船舶在营运中因侵权行为产生的财产赔偿请求。比较特殊的是海难救助款项请求权，后于上述优先权发生的，应当优先受偿，而且后发生的先受偿。这是因为海难救助是船舶能够“生存”以及之前发生的其他优先权能够受偿的前提条件，必须通过位阶优势给予鼓励。

〔3〕 参见《民法典》第1062条。

〔4〕 参见《民法典》第23条。

〔5〕 参见《民法典》第42条。

俗，应认定赠与行为无效。[1]（2）身份权中的财产利益部分虽可以依法行使并收益，但不能单独流转。例如，《民法典》第975条规定“合伙人的债权人不得代位行使合伙人依照本章规定和合伙合同享有的权利，但是合伙人享有的利益分配请求权除外”。该代位权“区分”对待之法理，即分配请求权被视为与身份权相对独立的财产属性部分；另如，《最高人民法院关于适用〈中华人民共和国公司法〉若干问题的规定（三）》区分了有限责任公司股权的财产性投资权益和身份性权利，在隐名代持、离婚析产、继承等情况下，其中的财产性权利可以单独主张，但不能与身份利益分离独立流转；再如，向本集体经济组织成员以外的人转让宅基地房屋的合同，以往司法实践中一般认定无效，因为“房随地走”，农村集体土地宅基地使用权与享有者特定身份相联系，非本集体经济组织成员无权取得，而且受让第三人不得以对该限制不知情为由主张“善意”。[2]正在进行的“三权分置”试点，[3]也是在不违反流转限制的前提下，对其财产属性部分进行市场化的区分利用。同理，在兼具人身属性的协议中，身份利益和财产利益一般也不能割裂处分。例如，离婚协议中经常包含财产分割内容，还有将财产赠与子女的约定，但上述财产处分约定性质属于有关身份利益的协议，不同于一般财产处分或赠与合同，应适用《婚姻法》的有关规定。[4]有判例认为，可以把上述离婚协议与赠与协议割裂，因为子女不是离婚协议中合同相对人，所以不存在赠与合意，据此认定赠与关系不成立。[5]笔者并不赞同这种观点：首先，如子女未成

---

〔1〕 参见（2019）渝01民终10429号何某与罗某、周某确认合同无效案，（2019）粤03民终21725号杨某与陈某遗赠纠纷案。反对者则认为：婚姻制度设立之初，本旨在于促进或维护、巩固婚姻中的夫妻感情与有感情的夫妻婚姻。一旦社会离婚率居高不下，即意味着其初衷已难以实现，则制度设计宜改弦更张，减少感情与婚姻悖离情形下的利益冲突。如若不然，则制度可能蜕变为以维护制度自身为主要目标，并自觉不自觉地将婚姻制度之维护等同于公序良俗，反而将真感情视为丑恶，进而人为造就大量违背“公序良俗”的情形。

〔2〕 参见（2013）赣中民一终字第264号殷显伦与钟英通房屋买卖合同纠纷上诉案。

〔3〕 2020年1月1日，《农村土地经营权流转管理办法》正式施行，对农村土地承包经营权转让、互换和土地经营权流转（出租、转包、入股或其他方式）作出明确细分。

〔4〕 离婚中的财产分割及处分协议只有在签订时存在欺诈、胁迫等情况下，夫妻在签订离婚协议后一年内才可以主张变更或撤销赠与协议，因而区别于一般财产赠与合同中的撤销权。参见（2016）鲁民终1204号刘宝之、张淑云与刘某、刘昆第三人撤销之诉上诉案。

〔5〕 参见（2018）最高法民申6053号刘俊驰与王义珠、李海山、第三人迁安市马兰庄镇四方有限责任公司、刘计、迁安市马兰庄镇兴云铁选厂、陈国才案外人执行并议案。

年，其监护人即是协议当事人，可以视为作出了接受赠与之意思。其次，无论财产分割还是赠与，均以离婚之身份关系解除为前提，区别于普通的财产处分，具有不宜独立进行效力评价的人身"依附性"。因此，必须夫妻双方合意方可撤销对子女的赠与。当然还需要考虑未成年子女的身份利益，但因为赠与不能免除父母的监护和抚养未成年子女之义务，所以撤销赠与一般不会损害未成年子女的合法权益。但比较特殊的是，如果第三人以夫妻通过离婚析产恶意逃避债务，对其中的财产分割协议提出撤销之诉，或者确系"假离婚"情况下，一方对财产分割协议请求变更或撤销的，此时财产处分协议可以单独进行效力评价，因其所依附之人身协议属于虚伪意思表示（视为不存在）。〔1〕(3)因法定身份权产生对外处分的法定限制，法律上推定第三人对此"应当知道"，如内部相对人之间作出相反约定的，不得对抗善意第三人。例如，"家庭日常生活所需"就属于对配偶身份产生的家事代理权的法定限制。除此之外，婚姻关系存续期间处分共同财产利益原则上"共债共签"。《最高人民法院关于办理涉夫妻债务纠纷案件有关工作的通知》改变了《最高人民法院关于适用〈中华人民共和国婚姻法〉若干问题的解释（二）》第24条之规定，正是据此法理，《民法典》第1064条规定也予以确认。

（三）交易安全利益位阶之实证辨析

交易安全是围绕财产处分产生的法益位阶一般原则，一定程度上也是公共利益的补充和延伸，因为交易安全关乎市场秩序，某种意义上超越私益之范畴，"融入"一定的公共利益属性。按照"静态"和"动态"安全的需要，财产处分相关利益可以划分为物权与债权；也可以划分为内部相对人之间的意思自治利益与外部交易中的第三人信赖利益。但同时为了鼓励交易，相应的救济主要通过私权限制（对抗）规范来实现，在民事法律行为效力体系中的位阶优势也相应体现在两个层面：其中，物权优于债权应当作为财产性利益之间位阶关系的一般规则，而第三人信赖利益优于内部相对人之间的意思自治利益，则应当作为对上述一般规则进行限制的特殊规则。

---

〔1〕 参见（2016）闽民申2934号李某、余某离婚财产纠纷再审案。

1.物权优于债权。该原则不仅是对请求权抗辩审查的主要依据，在执行异议之诉中也是异议能否成立的主要裁判规则之一，《会议纪要》第123条、第124条“案外人依据另案生效裁判对非金钱/金钱债权的执行提起执行异议之诉”部分即以此为法理基础。（1）在某财产既为债权给付的标的物，又为物权的客体时，以物权优先于债权为原则。（2）体现为诉讼请求权时，亦以物权请求权优先于债权请求权为原则。需要注意的是，请求权的属性，并非依其主张标的和内容，而是产生基础来确定。因此，依据买卖合同主张的标的交付请求权仍然属于债权请求权，而因合同解除等原因主张的返还请求权则属于物权请求权。〔1〕另外，破产法所规定的取回权、别除权，法理基础也是物权优先于债权。（3）物权相对于债权的位阶优势，也体现为“物权法定”之限制原则，即对物权的生效和对抗力具有法定的外观公示要求，以此作为第三人物上信赖利益之初步证据。

2.相对人内部意思自治，不得对抗“善意”第三人信赖利益。该原则也是对上述“物权优于债权”一般原则的限制与补充，以实现财产处分“静的安全”与交易“动的安全”之平衡保护。善意取得、表见代理、不得对抗善意第三人（相对人）等制度均是典型代表。其中，“善意”的认定，是信赖利益位阶判定的关键，下文将详细讨论。

（四）信赖利益位阶之实证辨析

信赖利益优先保护作为位阶关系的原则，主要应用于交易行为。审判实践中用来判定第三人信赖利益——“善意”的事实标准，包括正反两个方面：一是“有理由相信”交易相对人对标的权利“有权处分”或对行为“有权代理”；二是对于上述财产或身份权利瑕疵不构成“知道或者应当知道”。相关私权限制（对抗）性规范中的外观公示规则——比如物权中的登记、交付，职务行为中的“履行职务的行为”、家事代理中的“日常生活所需”等等，就是判断第三人是否善意（能否对抗善意第三人）的初步标准。（1）从物权体系内部的对抗关系来看，

〔1〕（2019）黑民终506号新东升置业集团有限公司、黑龙江龙煤瑞隆能源有限责任公司案外人执行异议之诉上诉案。

法律对外观公示要件规定较为明确：其中不动产基本以登记为外观公示原则（与生效要件一致），故同类不动产物权之间冲突或竞存时一般无需再结合相关因素确定第三人是否“善意”；动产物权和股权等则可能存在外观公示对抗要件与生效要件不一致的情形，实践中遇到请求权冲突或竞存时仍需要结合相关因素确定第三人是否“善意”；但需要注意的是，《民法典》物权编的修订，已经在动产及权利担保体系内确立了以法定公示对抗要件作为清偿顺位的一般规则，不再需要考虑其他“善意”因素。但在同一动产或权利标的上，担保物权与用益物权、所有权转让等内部冲突或竞存时，因各自的法定外观公示对抗要件体系不一致，可能仍需要结合相关因素确定第三人是否“善意”。《民法典》第404条就规定“以动产抵押的，不得对抗正常经营活动中已经支付合理价款并取得抵押财产的买受人”。该条中“正常经营活动中已经支付合理价款并取得抵押财产”正是判断买受人（对于抵押关系而言的第三人）是否“善意”，从而得以对抗抵押权人的标准。（2）而且，未取得法定外观对抗要件的物权行为，在交易过程中均不得对抗善意第三人（包括物权和债权）。此类“隐形”物权相当于丧失了“优于债权”一般规则的适用条件，与债权请求权之间冲突或竞存时，仍需要结合相关因素确定第三人是否“善意”。（3）从债权请求权内部的对抗关系来看，除非该类债权具有法律优先保护的公共利益、人格（身份）利益等优先法益（从而上升到类物权法益保护位阶），否则均需要结合相关因素确定第三人是否“善意”。除了物权具有法定的外观公示对抗要件之外，债权性质的请求权中的“善意”判定，在法律上往往没有明确的证明要件标准，而是通过外观标识或行为来推定，并通过举证责任分配来平衡“善意”主张方与抗辩方的风险。“善意”外观推定的正面要件，举证责任由主张信赖利益方承担；足以推翻“善意”外观推定的负面要件，举证责任则由承担信赖利益不利后果方承担。例如，《最高人民法院关于适用〈中华人民共和国民法典〉物权编的解释（一）》第14条就规定，“受让人受让不动产或者动产时，不知道转让人无处分权，且无重大过失的，应当认定受让人为善意。真实权利人主张受让人不构成善意的，应当承担举证证明责任。此外，交易行为是否超出信赖利益范围也是重要的考量标准，但更多属于价值判断层面。关于认定“善意”的具体影响因素，包括法定外观公示规则、相对人之间关系类型、合理对价、做出意思表示和处分行为的时间、是否具有过错等，有些有明确的法律规定，有些则需要结合具体行为和事实来判断，通过裁判规则加以梳理总结。例如，《民法典》第172条、第311条分别规定了“表见代理”和“善意取得”中“善意”构成的标准；又如，《执行异议和复议规定》中排除各种执行依据之异议能够成立的要件，就是异议人得以对抗执行申请人权利之信赖利益的证明标准。

1.物上信赖利益的理解与实证。对于标的财产权属的信赖，是民事主体通过民事法律行为处分财产权利义务的基础。（1）为了维护诚信原则和交易安全，民法规定了各种财产权利的法定“生效要件”和“对抗要件”（公示要件）。不动产一般以登记薄之记载同时作为生效要件和外观公示对抗要件，第三人对权利外观之信赖利益判别已有明确标志；因此，需要着重讨论的主要是动产和无形财产权利的情形：因其生效要件与对抗要件可能分离，对抗要件则非物权生效的必要要件，而是判断受让财产权利方是否善意（有无重大过失）的要件，也是推定第三人“善意”信赖利益的初步证据。生效要件一旦成立，物权即生效，但未必产生对外公示公信力。例如，通过“占有改定”、抵押（不转移占有）等方式处分动产物权的，在相对人之间生效，但未经登记不得对抗善意第三人。除此之外，动产和无形财产权利的法定对抗要件，可以根据交易流通性从低到高进行类型化梳理。[1]（2）同一标的物上依法成立的多个竞存性担保物权之间，优先受偿顺

---

〔1〕 不动产和特殊动产以登记为外观对抗原则。（2）普通动产以交付占有为外观对抗原则，但不以转移占有为目的的他物权处分（如动产抵押），仍以登记为外观对抗。（3）无形财产也以登记为外观对抗原则，本身具有法定权利凭证属性（无因性）的，经合法转让即可对抗。（4）特定化的金钱给付之债，性质虽仍属于债权，但具有较强流通性，民法给予其“类担保物权”保护。例如，保理合同的应收账款，以登记为外观对抗要件；又如，金钱作为质押的标的，采取封金或存入专户的形式予以特定化，即可设立质押权。保证金账户质押（封金、特户）即以“特定化+账户控制”两个要素判断其生效要件，同时作为外观要件。（5）股权，则需要区分不同情况：一是有限责任公司（具有“人合性”）的股权，没有流通性的凭证载体，权利生效和对抗要件不一致。以记载于公司股东名册（获得出资证明）为权利生效要件，以工商登记为对抗要件。二是股份有限责任公司（具有“资合性”）中的上市公司股份，权利和变动外观对抗要件相对明确：即中央登记结算系统的电子登记。三是非上市股份有限公司的股票，其中无记名股权的转让，交付（无须背书）即可生效并产生对抗力；记名股票则“由股东以背书方式或者法律、行政法规规定的其他方式转让；转让后由公司将受让人的姓名或者名称及住所记载于股东名册”。也就是说，权利生效和对抗要件不一致：背书或无纸化的登记记载是股权变动生效的标志，股东名册的变更登记才是股权变动的对抗要件。

序一般取决于取得外观公示要件的时间，不再另行考虑权利人的善意或恶意（知情与否等），即“公示范围之所在，对抗效力之所及”，可视为外观主义在担保交易领域的统一适用。该规则不仅适用于竞存的不动产担保物权之间，也适用于竞存的动产担保物权之间。《民法典》就通过物权编基本实现了动产担保权设立、公示规则上的统一。但该一般规则主要适用于相对人之间通过协议约定并设立之担保物权之间的位阶关系，而法律为了保护某些特定法益，还设定了法定的优先级受偿顺序（位阶）。例如，《民法典》416条为优先保护购买动产之价金担保物权而新增的“购买价金担保权”；另如，为优先保护合法占有的债权人利益，而设定的法定留置权规则。（3）同一标的物上依法成立的多个不同种类竞存性物权之间，如法定生效要件与对抗要件不一致，或多个竞存性非金钱之债（债权性质）请求权之间，对抗要件就可能只是“善意”认定的初步证据，需要综合考虑其他因素来确定位阶关系。此时，取得外观对抗要件只是履行请求权得到优先保护的重要因素之一，上文提及的各项影响因素对于“善意”的影响程度有高低之分，多项因素的叠加还会提升证明力，这代表着民法及司法实践对第三人信赖利益相较于相对人内部意思的优先保护所拿捏的尺度和平衡。以一物多卖为例，买卖合同均有效，买受人均要求实际履行合同的，“善意”的一般外观推定优先顺序为：对抗要件成立在先—履行对价义务在先—合同成立时间在先。〔1〕又如，能够对抗物权所有人的“善意取得”构成，不全依赖外观公示要件以及对该公示要件有理由地信赖，而是附加价格合理（对价）等成立要件，并且限于交易引发的物权及股权变动。另如，有限责任公司股权作为“人合性”财产权利的代表，第三人构成“善意”的证明要素，就具有双重属性：不仅要考虑物上信赖利益中工商登记的外观公示性，还要考虑股东内部身份利益（对外转让否定表决权及优先购买权）与受让人信赖利益的平衡（下文将详细讨论）。（3）当事人依据生效判决或仲裁，就特定财产依法向法院申请执行的行为，也可以产生一定的物

---

〔1〕 参见2020年修订的《最高人民法院关于审理买卖合同纠纷案件适用法律问题的解释》第6条（普通动产）、第7条（特殊动产）、《江苏省高级人民法院关于审理房地产合同纠纷案件若干问题的解答（2017）》第26条（不动产—房屋），《北京市高级人民法院关于审理房屋买卖合同纠纷案件适用法律若干问题的指导意见（试行）》第13条第1款（不动产—房屋）。

上信赖利益。但其法益目的是督促当事人积极行使民事权利，维护生效裁判文书的权威与稳定性，防止被执行人恶意处分财产规避执行，因而不同于上述代表交易安全利益的信赖利益，也不能当然适用其位阶规则。执行申请人的物上信赖利益只产生两个法定效果：一是阻断之后产生“善意”处分行为或第三人信赖利益的可能性。例如，《执行异议和复议规定》明确的可以排除强制执行法定情形的“善意”判定，均以“在人民法院查封之前”为必要条件。二是确保申请人的执行依据在同位阶请求权中处于优势地位。〔1〕但并不能违反法益位阶的基本规则，具有优先位阶法益的权利人，仍可以通过第三人异议等方式进行救济。同时，为了防止被执行人与“异议人”恶意串通，通过对被执行财产合意处分等方式“制造”优先法益，从而损害申请执行人的信赖利益，《执行异议和复议规定》对于异议人规定了相对于申请人更高的举证责任。〔2〕对异议人“善意证明”的要求越高，代表着对申请执行人信赖利益的保护力度也越大（对实际权利人的限制也相应更高）。有观点甚至认为，应当确立“特殊不动产转让未经登记，不得对抗执行申请人”的规则，即将包括一般债权人在内的所有执行申请人，均视同“善意第三人”。但笔者对此并不赞同。因为按此观点，实际上将执行申请产生的物上信赖利益，等同于交易安全之信赖利益，不符合法益位阶体系之法理。

2.身份信赖利益的理解与实证。对于交易相对人的身份关系的信赖，也是第三人与之做出民事法律行为的基础。一旦认定第三人构成“善意”，则即使相对人之间的实际身份关系与外观表征不同，内部身份利益产生的对外处分的限制或不利影响，也不得约束或对抗据此交易的第三人。因此，该“善意”的成立，往往与相对人的“过失”存在一定关联。例如，超越相对人之间身份关系限制构成无权、越权代理甚至物权处分之后果的，“有理由相信”行为人有代理权的“善

〔1〕 参见《最高人民法院关于人民法院执行工作若干问题的规定（试行）》第88条第1款规定。另参见（2018）最高法执监848、847、845号神泉之源公司与赵五军、刘恒珠、王晓东、博易公司等执行异议申请再审案（最高人民法院指导性案例第122号）。

〔2〕 通过《关于审理执行异议之诉案件适用法律问题的解释（一）》（社会征求意见稿），可以观察到最高人民法院正在通过司法解释的方式，进一步强化对执行申请人物上信赖利益的保护。

意”第三人可以主张表见代理；[1]符合《民法典》第311条规定的还可以构成善意取得；而确属“冒名处分”的，如被冒名人完全没有过错，第三人的信赖利益就无法达到法律认可的“善意”程度。[2]

需要注意的是，相对人之间的身份关系既可以根据法定产生，也可以通过内部约定产生，两者对抗力也不同。相应地，第三人对此产生信赖利益——“善意”的构成要件和证明标准也有所区别：(1)法定的身份利益，既包括上文提及的通过婚姻家庭关系产生的身份权，也包括集体组织社员权（如衍生的土地承包经营权[3]、宅基地使用权[4]），聘任关系产生的法定代表权和职务行为代表权，还包括商事组织社员权（如有限责任公司股东权、合伙人权利及其衍生的各项身份利益等[5]）。其中，前三者因人身依附性更强而采取严格的限制（保护）方式，不可对外转让或继承；后者更具有商事财产属性而采取相对灵活的限制（保护）方式，允许有条件对外转让，但通常需要获得其他内部身份利益主体的授权或同意。同时，法律还赋予其他内部身份利益人优先购买权，可对抗同等条件下第三人的履行请求权。对于第三人而言，上述身份关系产生的法律后果，均属于法律承认的身份利益（相对亦体现为限制）所致。一方面，相对人内部做出与之相反约定的，不得对抗善意第三人；另一方面，第三人也不得以对此“不知

---

〔1〕 有学者认为，表见代理最重要的特征就是相对人有正当理由相信行为人有代理权，而不问被代理人是否有过错。但一般来说，表见代理的产生与被代理人的过错有关。比如，因为被代理人管理制度的混乱，导致其公章、介绍信等被他人借用或者冒用；被代理人在知道行为人以其名义与第三人实施民事法律行为而不作否认表示等。这些都表明被代理人是有过错的。但是，设立表见代理制度的目的是保护交易的安全性。因此，相对人只要证明自己和行为人实施民事法律行为时没有过失，至于被代理人在行为人实施民事法律行为时是否有过失，相对人有时难以证明。故法条规定，只要相对人有理由相信行为人有代理权的，代理行为就有效。而有理由相信，在举证中更注重外观信赖行为和事实（公示公信），某种意义上说，推定了被代理人存在某种疏忽的过错。“实践中，公司常以加盖的是假章、所盖之章与备案公章不一致等为由否定合同效力，此时关键要看盖章人在盖章时是否有代表权或代理权进而根据代表或代理规则确定合同效力，而不能将重点放在公章真伪上。迷失裁判方向。”

〔2〕 参见（2016）最高法执监245号河南省天伦实业（集团）有限公司与树文龙、深圳市中航星空间技术应用有限公司借款合同纠纷案。

〔3〕 参见《土地管理法》第13条。

〔4〕 参见《土地管理法》第62条第1款。

〔5〕 例如，合伙人对合伙企业的财产也基于身份利益产生共有权，有权要求在其持有的份额范围内排除一般债权人对合伙财产的强制执行申请。参见（2017）最高法民申4499号九江市长山实业发展有限公司、张胜华执行异议之诉再审案。

情”为由主张“善意”。例如,《公司法》第16条关于公司对外担保需根据公司章程规定经股东会或董事会决议授权的,属于对法定代表权的限制。〔1〕债权人主张不知道法定代表人超越权限订立担保合同的,根据对关联担保和非关联担保的决议机关的区别规定,对其“善意”的判断标准也相应有所区别。〔2〕又如,结合前文讨论,“家庭日常生活所需”属于第三人对夫妻身份产生的家事代理权的一般信赖利益范围。据此,超越“日常生活所需”之交易行为,或者离婚后双方仍共同“和谐”生活情况下一方实施的交易行为,如夫妻一方擅自出售(只登记了一方的名字的)共有房屋,对于第三人“善意”的判定标准就不适用家事代理规则,〔3〕而是适用表见代理规则,“有理由相信”其为夫妻双方共同意思表示。〔4〕(2)但需要注意的是,商事组织社员权产生的内部身份利益,可以对抗婚姻家庭关系身份权产生的身份利益以及股权受让人的信赖利益。这也体现了民法对商事组织社员权身份利益的优先保护。例如,登记在配偶一方名下的股权和合伙份额中的身份利益,另一方配偶就不能依据配偶身份权主张共有。非股东配偶所享有的是股权所带来的财产价值利益(如参与分配权),而非股权中的身份利益(如表决权)。未经过半数股东同意及其他股东明确表示放弃优先购买权的,因离婚析产等原因仍不能使身份利益人获得股东身份;〔5〕有限责任公司股东对外转让股权也非必须征得其配偶的同意。〔6〕又如,根据《公司法》第72条及《最高人民法院关于适用〈中华人民共和国公司法〉若干问题的规定(四)》第21条、《会议纪要》第8条、第9条之规定,可得出这样的逻辑:公司将受让人记载于股东名册的行为,即代表其确认股东资格之意思,受让人就可以获得股权并得向公

---

〔1〕 参见《会议纪要》第17条“违反《公司法》第16条构成越权代表”和第23条“债务加入准用担保规则”。

〔2〕 参见《会议纪要》第18~22条。

〔3〕 冉克平:《论夫妻共同债务的类型与清偿——兼析法释〔2018〕2号》,载《法学》2018年第6期。

〔4〕 此种情况本应由配偶双方共同协商办理或者取得另一方的明确授权,否则为无权代理,同时损害了对方基于身份利益的共同财产权。此时,“善意”买受人可以援引表见代理规则,符合《民法典》第311条规定的,可以构成“善意取得”。参见《北京市高级人民法院关于审理房屋买卖合同纠纷案件适用法律若干问题的指导意见(试行)》第5条。

〔5〕 参见《最高人民法院关于适用〈中华人民共和国民法典〉婚姻家庭编的解释(一)》第73条。

〔6〕 参见最高人民法院(2014)民二终字第48号艾梅、张新田与刘小平、王鲜、武丕雄、张宏珍、折奋刚股权转让纠纷上诉案。

司行使股东权利；但是，未向公司登记机关办理股权变更登记的，不得对抗善意第三人；而如果未就股权转让事项征求其他股东意见，或者以欺诈、恶意串通等手段，损害其他股东优先购买权，其他股东仍可在“股权变更登记之日起一年”内，主张按照同等条件购买该转让股权。也就是说，即使股权已经转让给受让人并完成登记，受让人仍可能因损害其他股东的优先购买权（法定身份利益）而无法构成“善意取得”。〔1〕这是因优先购买权体现的是法定的股东身份利益，股权受让人不能仅以不知情为由主张“善意”。（3）内部约定产生之身份利益，包括委托意思产生的代理（包括一般代理、间接代理、隐名代理、代持关系）等身份关系，则不同于上述身份权及社员权产生的法定身份利益（不属于法律承认的优先保护之法益），据此作出的限制约定，原则上仅具有内部约束力，不能对抗善意第三人。

四、法益位阶优先保护的边界与平衡

优先法益的保护是有边界的，对劣后法益的“牺牲”应当限制在适当前提和范畴之下。因为法益位阶确定的是优先保护的价值取向和顺位，并非根本否定劣后权利。例如，对公共利益的保护就不能随意侵害到私主体的合法权益。又如，被执行人名下的唯一住房能否执行的问题，也体现了对被执行人生存利益及申请执行人信赖利益保护的边界。〔2〕再如，基于社员权的优先购买权也不能滥用，必须有能力按同等条件履行，不能仅要求确认权利或者以此主张买卖合同无效。同样，信赖利益的保护也需严格把握“善意”的认定标准，防止“外观主义”滥用对实际利益人的伤害，在审判实践中需要平衡好其与实质主义的关系。

---

〔1〕 参见傅乐天：《〈纪要〉“关于股权转让”规定的解释论展开》，载微信公众号“天同诉讼圈”2020年3月11日。我国有限责任公司股东优先购买权之法理，与上述德国法物权编下之先买权类似。

〔2〕 既要完善执行前的评估，严格认定“唯一住房”，确定“生活所必需的居住房屋”标准；又要加强执行中的力度，符合条件的可以采用腾退置换等方式，并采用在房屋变价款中扣除相应租金，为被执行人及所扶养家属提供一定期限的“周转”住房等方式，落实对被执行人及所扶养家属的安置，平衡双方利益。

（一）外观主义的边界

外观主义,[1]最典型的适用场景就是商事交易。如信托（财产的独立性）[2]、票据（无因性）、信用证（形式性审查）、海运提单（初步证据）、独立保函、金融衍生品等。其“隔离”原因行为的外观效力规则已经被商事特别法所确认。我国虽是民商合一的立法模式,法律适用中仍要注意两者价值取向的差异,在一般民事法律行为效力体系下,适用外观主义还是应当“依法有据”,类推适用亦应当以法律规则设定的情形、条件为基础。[3]

1.现行法律规定的体现外观主义的具体规则,主要是为保护交易安全设置的例外规定,一般仅适用于因合理信赖财产或身份利益外观的交易行为。财产权利的外观公示公信原则,就不适用于直接交易的相对人之间,也不适用于登记名义人（占有人）与真实的物权人之间的关系。[4]已登记但未受领动产（取得权利）的人,相对于已经支付对价并占有而获得动产物权方而言,也不属于不得对抗的“善意”相对人（第三人）。同理,关于股权善意取得的精神也不适于股权代持人与实际出资人之间的关系。

2.只有有理由信赖权利外观内容者,其信赖利益才受法律保护,才能获得权利表象取代权利本身的效果。例如,根据法律文书、继承、遗赠等法定事由取得的物权,以及任何不包含对权利的处分而仅仅导致债法权利产生的变动过程（包括普通破产债权人、人身损害债权人等）,就不适用善意取得制度。主流观点认为,一般债权人如仅对特定标的主张清偿债务者,如“债权人系基于对作为债务人的转让人的整体清偿能力之信赖,而与其发生债权债务关系,并非对于债务人特定财产享有支配或优先受偿的权益”,并无交易安全保护之价值,也不能适用外观主义寻求保护。例如,《最高人民法院关于适用〈中华人民共和国民法

---

〔1〕 参见崔建远:《外观主义边界》,载《清华法学》2019年第5期。

〔2〕 参见《信托法》第16条、第17条。

〔3〕 例如,《民法总则》第65条（《民法典》第65条）把《公司法》第32条第3款规定的未经登记“不得对抗第三人”修正为“不得对抗善意相对人”,《会议纪要》第8条也明确“未向公司登记机关办理股权变更登记的,不得对抗善意相对人”。上述变化一定程度上正是这种考量的体现。

〔4〕 例如,登记原因无效或被撤销,在第三人未取得不动产权利前,真实的物权人对于登记名义人仍可主张其权利。占有的公信力在动产物权变动的直接当事人之间也是同理。上述情形应当适用实质主义,探寻相对人之间的真实意思。

典〉物权编的解释（一）》第6条就把特殊动产转让人的债权人排除在善意第三人之外。在隐名出资人依据股权代持关系对名义股东的债权人强制执行股权提出的异议之诉中，最高法院判例也明确：案外人有证据证明其系实际股东，与被执行人存在隐名持股关系，其他股东对隐名持股关系不表示反对的，执行的债权人又未“与名义股东之间就案涉股权建立任何信赖法律关系”的，法院可以判决排除执行。〔1〕对“借名买房”人提出的执行异议之诉，最高人民法院也持类似观点。〔2〕但是，关于“不得对抗善意第三人（相对人）”范围之理解，审判实践中仍存在分歧。仍有观点和判例认为登记产生的对外公示公信力，足以支持一般债权人作为申请执行人时的“善意”信赖利益（参见前文“申请执行产生的物上信赖利益”部分讨论）。〔3〕笔者认为，需要结合对执行行为的特殊保护来理解来平衡掌握：（1）申请执行人对于保全的财产一定意义上具有优先保护的物上利益，一是排除财产保全后该财产处分行为“善意”的可能性；二是确保保全依据的请求权优先于其他同类性质的请求权；三是光凭保全行为本身所起的作用，尚不能达到法定的交易安全之信赖利益——即可以突破物权优于债权之一般规则的的程度。（2）对被保全财产不具有与交易相关信赖利益的“一般债权人”，并不能当然成为“善意”相对人；但是，也不能将所有不具有物权或优先权的一般债权人均排除在善意第三人之外。如果第三人申请依据之债权产生，与该权利客体具有物上信赖利益之因果关系，比如买卖、租赁等交易行为，即应当推定其具有信赖利益，而不能绝对以已经设立物权等优先权为前提。（3）排除执行的依据，必须具有优先权属性；而且，同时也要防止被执行人与他人之间通过恶意的处分行为获得该种优先权来规避保全和执行。尤其是在执行异议之诉中，对以“隐形”优先权为由要求排除保全财产执行的，往往课以较重的举证责任来证明其并非恶意规避执行（类似“善意”的举证责任倒置）。比如在保全财产之前已经签订合同且支付合理对价，已经占有财产等等。如果产生优先权的行为发生在

---

〔1〕 参见（2018）最高人民法院民申5464号江志权与谢德平、钟瑞彤案外人执行异议之诉再审案。

〔2〕 参见张勇健：2018年4月18日“贯彻落实党的十九大精神　开创巡回区民商事审判工作新局面——在第一巡回法庭民商事审判工作座谈会上的讲话”。

〔3〕 参见最高人民法院（2017）民终100号百通材料公司申请排除强制执行案。

保全行为之后，或者仅凭内部约定而缺乏其他外观行为支持的，一般推定属于恶意规避执行，对排除执行的请求不予支持。例如，根据区分原则，仅凭代持协议本身，并不能直接产生物权效力，由此产生的履行请求权属于债权性质，不能直接排除执行。必须要完成了一定的物权行为（比如登记于股东名册、实际占有房屋），才能产生物权公示效力。又如，《最高人民法院关于适用〈中华人民共和国民法典〉物权编的解释（一）》第6条就把特殊动产转让人的一般债权人排除在善意第三人之外，但仅限于“虽未经登记，但受让人已经支付对价并取得占有”的情况。这是因为特殊动产与普通动产一样，仍以占有作为所有权转移的要件，而相比于其他难以知悉的“内部保留”，“占有”具有外观可知性，对第三人的信赖有一定的限制作用。要求“受让人已经支付对价并取得占有”，就是为了证明其获得所有权是正常的，并非恶意规避执行。据此才可以在“未经登记”的瑕疵条件下，对抗不具有物上“信赖利益”的一般债权人。再如，《执行异议复议规定》第28条规定“金钱债权执行中，买受人对登记在被执行人名下的不动产提出异议，符合下列情形且其权利能够排除执行的，人民法院应予支持：（一）在人民法院查封之前已签订合法有效的书面买卖合同；（二）在人民法院查封之前已合法占有该不动产；（三）已支付全部价款，或者已按照合同约定支付部分价款且将剩余价款按照人民法院的要求交付执行；（四）非因买受人自身原因未办理过户登记。”另如，《有关担保制度的解释》第54条、第67条规定，动产抵押合同以及所有权保留买卖、融资租赁等非典型“类担保”合同订立后未办理登记的，抵押人、出卖人、出租人的“其他债权人”向人民法院申请保全或者执行抵押财产，“人民法院已经作出财产保全裁定或者采取执行措施，抵押权人主张对抵押财产优先受偿的，人民法院不予支持”。这是因为此类“类担保”除了登记之外没有其他可以限制第三人信赖的外观标识（以“自证善意”），所以只要是在担保物被保全之后提出，均被推定为“无法证明非恶意规避行为”，对其物权对抗力不予保护。

（二）救济方式的平衡

优先保护的救济方式，一是体现为金钱之债的受偿顺位；二是体现为请求权冲突时，优先满足履行方式之请求。在保护优先法益的同时，也应当尽可能兼顾劣后利益的救济。

1.在平衡保护不同位阶法益时，需要合理运用代位性救济方式。(1)同一物上负担的多项请求权冲突时，一般可采用价金物上代位等补偿方式，兼顾劣后权利的救济。例如，为了公共利益的需要，可以依法征收集体所有的土地和单位、个人的房屋及其他不动产。但应当依法给予补偿，还应当保障被征收人的居住等基本生存条件；〔1〕同理，因金钱之债产生的对物执行中，该物原出卖人依据买卖合同被判定无效或应当解除之生效裁判提出执行异议，依据的虽属于物权(返还)请求权当优于普通债权之位阶原则，但只有在其已经返还价款的情况下，才能排除债权人的执行。〔2〕(2)代位性受偿同样可以适用于优先位阶法益的保护。例如，在执行异议之诉中排除担保物权优先受偿的金钱之债，并非否定担保物权的受偿，只是物权的客体已经从抵押物的支配转变为代位价金的优先受偿。因权利负担之标的物变卖、租赁、灭失或者毁损而应获得的对价，优先权利人仍可优先受偿。《民法典》第406条对原《物权法》第191条第1款的规定做了调整，抵押人转让抵押物不再以“抵押权人同意”为限制条件，也是采用价金物上代位主义模式。〔3〕这一变化对受让人“善意”信赖利益的认定也具有重要的影响。此外，《民法典》对于人身利益受到损害时的救济方式，也有从“重侵权制裁”向“兼顾经济补偿”发展的趋势。〔4〕

2.对于权利义务处分的法定限制程度，与法益位阶高低成正比，而在公、私权规制的不同领域，当事人意思排除其适用之规则有所区别。因公共利益或公序良俗(含人格利益)产生之法定限制，就不能约定排除，但财产性私益处分领域关于相对人(内部)之间的法定限制，立法一般明确“有约定的优先”或“另有

---

〔1〕 参见《民法典》第243条。

〔2〕 参见《会议纪要》第123条、第124条。

〔3〕 抵押物的转让制度通常有两种模式，一种是价金物上代位主义，另一种是抵押权追及效力主义。前者是通过牺牲抵押人对价金的支配来保障抵押权人，受让人可以获得完整的所有权。后者是牺牲受让人的所有权来保障抵押权人，受让人的损失则可向债务人追偿。《民法典》采取价金物上代位主义，正是体现交易安全中善意信赖利益优先保护的原则。

〔4〕 参见《民法典》第1216条。例如，道路交通事故社会救助基金垫付制度的目的，就在于缓解道路交通事故受害人救治的燃眉之急，保证受害人的基本生命安全和维护基本人权，其主要用于支付受害人的抢救费、丧葬费等必需的费用。

约定除外”；[1]但私该权处分之法定限制如涉第三人利益，相对人之间就不得约定排除，但第三人可以选择放弃。这也体现了民法在不违背基本位阶逻辑的前提下，对于特定私权领域意思自治和“善意”保护的最大化。《民法典》编制的突出特点，正是减少公权力对市场的干预，鼓励部分公共利益、人身利益的市场化许可利用，同时加强对人格权和交易安全的保护。对于这些法益位阶的保护与救济需要，对民事法律行为效力评价体系产生着深刻的影响。

审判实务精要

民事法律行为所处分的权利义务的法益位阶，不仅影响着效力强制性、管理性和私权限制（对抗）等不同性质限制性规定及其救济方式的理解与适用，也是解决不同履行请求权之间冲突规则的重要依据。而具体案件处理中，当事人请求权的基础往往是效力评价，但诉请或执行异议能否支持则涉及履行力及对抗力的评判。债权行为、物权行为等不同民事法律行为的效力、履行力乃至对抗力评价虽相对独立，但却是互相关联的完整体系：效力状态、维度与区分原则的关系，不同法益与限制性规范的对应关系以及互相之间的位阶关系，在立法和司法中应该是逻辑自洽的。在尊重和保护相对人之间意思自治的同时，应当准确理解公、私法益领域的划分及不同法益的位阶关系，把握好司法介入及利益平衡的尺度。

首先，民事法律行为涉及公权干预领域的，应当“穿透”审查相对人之间真实意思。其中损害公共利益或公序良俗的，依职权认定无效；仅仅违反管理性规定的，根据监管规定依法审查能否支持履行。其中，公共利益和公序良俗的界定，关系到公权干预与私权限制（对抗）规则适用的划分，基本的人身利益某种意义上“融入”公序良俗位阶；一般行政管理职能及可有偿“填平”的公共性经济利益保障，则可归入管理性规定之层面，以体现公权力对不同私权法益保护及干预的“进退”变化。其次，民事法律行为处分后果仅涉及相对人之间或第三人私益的，应按照“区分原则”处理，对于内部

〔1〕 参见《民法典》第67条。

意思自治约束力，司法原则上不主动干预，保护善意守约方的利益救济；但履行力、对抗力评判则涉及善意相对人或第三人利益救济及法益位阶之比较，需根据“内外”不同的法律（利害）关系适用“效力介入式”“效果对抗式”私权限制（对抗）规定救济，以及优先权和优先受偿规则。其中，体现交易安全的“善意”信赖利益的判定，是平衡内部相对人之间意思自治与外部第三人利益的考量标准；而意定或法定身份关系及其产生的内部或法定限制，对第三人的“善意”认定影响大相径庭。

上述裁判思路可以最大限度地维护私法自治与公共利益的平衡。在合同自治尚未超出法律允许的界限时，既有效维护意思自治，又不妨碍行政监管目的实现和人身利益的保护，同时兼顾对第三人合法权益的保护，促进鼓励交易的目的实现。这也需要法官在固定请求权基础、“找法”及适用法律的过程中，一旦发现某一裁判尺度可能有违体系逻辑时，及时进行反思和校正。

撰稿人：顾　全，上海市高级人民法院研究室主任，法学博士

2. 影响合同效力的强制性规定的司法认定

导　言

《民法典》第153条对违反法律、行政法规的强制性规定的民事法律行为的效力问题作出了规定。影响合同效力的强制性规定的认定是当前民商事纠纷审理中的难点问题。我国《民法典》、原《民法总则》、原《合同法》及最高人民法院的司法解释、司法文件等从不同角度对影响合同效力的强制性规定予以了明确，但实践中仍然有较大争议。目前存在的语义识别、位阶分析、类型化等分析识别路径，并未为司法实践提供较为清晰明确的有效指引。究竟违反什么类型的强制性规定会导致合同无效，违反哪些规定不影响合同效力？违反地方性法规、行政规章等低位阶法律文件的强制性规定是否会影响合同效力？违反了强制性规定是否必然会造成合同无效等都是我们不得不认真思考的重要课题，都需要我们探求更加科学合理的规则路径来识别、判断影响合同效力的强制性规定。

一、问题的提出

识别和判断影响合同效力的强制性规定，是各国都面对的法律难题。[1]强制性规定系相较于任意性规定而言，指其适用不以当事人的意志为转移，不能

---

〔1〕 美国关于强制性规定是否属于效力性的判断标准自1915 年兰开斯特海滨整治公司诉纽约市政府案讨论至今，参见方金刚：《美国法律强制性或管理性规定无绝对的判断标准》，载《人民法院报》2017年10月27日，第8版；日本民法学界历经100余年的认识、争论与反思，形成了“法令违反行为效力论”，参见孙鹏：《私法自治与公法强制——日本强制性法规违反行为效力论之展开》，载《环球法律评论》2007年第2期，等等。

通过约定予以排除或变更的规定。[1]我国原《合同法》第52条第5项明确规定，违反法律、行政法规的强制性规定的合同无效。继原《合同法》出台后，1999年《最高人民法院关于适用〈中华人民共和国合同法〉若干问题的解释（一）》、2009年《最高人民法院关于适用〈中华人民共和国合同法〉若干问题的解释（二）》对影响合同效力的强制性规定均作出了相应的规定；原《民法总则》第153条第1款又从法律行为的角度就强制性规定的效力问题作出了规定，即违反法律、行政法规的强制性规定的民事法律行为无效，但是该强制性规定不导致该民事法律行为无效的除外。《民法典》第153条全面继受了原《民法总则》第153条的规定，同时在"合同编"中并未就违反强制性规定的合同效力问题作出相应规定，而是在第508条规定："本篇对合同的效力没有规定的，适用本法第一编第六章的有关规定。"影响合同效力的强制性规定，看似简单，相关规定清晰，但实践情况又是千差万别，认识判断不一致的情况仍然较多。

情况一：违反政策[2]的强制性规定是否导致合同无效

以经济适用房为例，不仅原建设部等七部委联合发布了《经济适用住房管理办法》，各省市也都出台了相关管理规定，明令禁止购房人对外出租经济适用房。[3]经济适用房是具有社会保障性质的政策性住房，享受了建设用地划拨、免收行政事业性收费、减免相关税收等政策优惠，因此在分配、使用、交易等环节都受到不同程度的限制。而违反了经济适用房政策的合同是否无效，实践中就

---

〔1〕 对于强制性规定的概念，不仅学界存在诸多学说与争论，各国或地区在称谓上也不尽一致。比如，日本民法学界将强制性规范区分为义务性规范和禁止性规范；我国台湾地区"民法"第71条区分"强制规定"和"禁止规定"；有学者也提出，原《合同法》第52条第5项中的强制性规定调整为"禁止性规定"更准确，参见王轶：《民法原理与民法学方法》，法律出版社2009年版，第245~251页。但本文仍遵循我国原《合同法》、原《民法总则》以及《民法典》的正式表述，统称为强制性规定。

〔2〕 实践中，所谓"红头文件"等政策存在党中央的政策、国家政策、部门政策以及地方政策等不同类别。党中央的政策主要指党中央、中办等下发的各种"红头文件"；国家政策主要指国务院、国办以及各部委联合下发的各种"红头文件"。一般而言，违反党中央的政策、国家政策的合同，可以认定构成违背公序良俗；而违反部门政策、地方政策如违反各地有关"限购"政策的合同，一般不宜以违背善良风俗为由而认定合同无效，参见最高人民法院民事审判第二庭编著：《〈全国法院民商事审判工作会议纪要〉理解与适用》，人民法院出版社2019年版，第258页。

〔3〕《经济适用住房管理办法》第33条规定：个人购买的经济适用住房在取得完全产权以前不得用于出租经营。

存在一定的争议。在被称为上海首例以民事制裁方式“喊停”经济适用房出租的案件中[1]，张某将其所购的经济适用房出租给祁某，双方签订了房屋租赁合同。其后，祁某又将该房屋转租给他人。在发现转租行为后，张某向法院诉请解除租赁合同，并要求祁某支付房屋使用费。法院审理后认为，张某出租经济适用房的行为，违反了相关政策规定以及买卖合同的相关条款，系利用公共资源谋取个人利益，损害了社会公共利益。因此，法院判令涉案房屋租赁合同无效，并通过民事制裁对租金收益予以收缴。实践中，也有不少法院认为，《经济适用住房管理办法》系部门规章，不能作为判断租赁合同效力的法律依据，而应认定租赁合同合法有效。[2]

情况二：违反赋权性强制性规定是否导致合同无效

《城市房地产管理法》第38条第4项规定，共有房地产，未经其他共有人书面同意的，不得转让。实践中，针对共有人未经其他共有人的书面同意，将共有房产转让给他人的，存在两种处理路径：一种是根据原《合同法》第51条无权处分的规定，认定此时转让合同处于效力待定状态；另一种则认为转让行为违反了《城市房地产管理法》的强制性规定，应依据原《合同法》第52条第5项的规定认定转让合同无效。[3]

情况三：违反强制性规定是否必然产生合同无效的法律后果

强制性规定主要集中在建设工程、土地管理、房地产调控以及金融管控等领域，许多都涉及社会公共利益，违反强制性规定的合同是否绝对依照无效思路处理也非完全一致。比如，2004年《最高人民法院关于审理建设工程施工合同

---

〔1〕（2016）沪01民终第5440号。

〔2〕王蒙：《经适房违规出租的合同效力与法律效果》，载《华东政法大学学报》2019年第6期。

〔3〕对此，最高人民法院民事审判第二庭认为，原《民法总则》第153条第1款中的强制性规定不包括赋权性规定，违反了《城市房地产管理法》第38条第4项的规定，性质上属于无权处分，只能依据原《合同法》第51条的规定来认定合同效力，参见最高人民法院民事审判第二庭编著：《〈全国法院民商事审判工作会议纪要〉理解与适用》，人民法院出版社2019年版，第244页。

纠纷案件适用法律问题的解释》第1条[1]规定了承包人未取得建筑施工企业资质或者超越资质等级等三种违反强制性规定而认定合同无效的情形，但又在第2条明确规定“建设工程施工合同无效，但建设工程经竣工验收合格，承包人请求参照合同约定支付工程价款的，应予支持”。[2]当然，这种做法也受到一定的质疑。

以上仅仅列举了适用强制性规定认定合同效力较为突出的三种情况。实践中，究竟违反哪些类型的强制性规定会导致合同无效，违反哪些规定不影响合同效力；违反低位阶法律文件中的强制性规定是否影响合同效力；违反了强制性规定是否必然会造成合同无效，可否将合同效力交由当事人自行决定等，都是我们不得不认真思考的重要课题。尤其《民法典》第153条第1款规定了两种不同性质的“强制性规定”，更为裁判者结合具体个案进行强制性规定的性质识别提出了明确要求。

二、影响合同效力的强制性规定的制度规范及域外考察

（一）影响合同效力的强制性规定的制度变迁

违反强制性规定对于合同效力的影响，一直是立法者和司法者较为关注的问题。原《民法通则》第58条规定“违反法律或者社会公共利益的”民事行为无效，即“违法者无效”。原《合同法》第52条第5项则使用“强制性规定”来限定违法对合同效力的影响。1999年《最高人民法院关于适用〈中华人民共和国合同法〉若干问题的解释（一）》第4条将影响合同效力的强制性规定限定在“全国人大及其常委会制定的法律和国务院制定的行政法规”范围内，“不得以地方性法规、行政规章为依据。”2009年《最高人民法院关于适用〈中华人民共和国合同法〉若干问题的解释（二）》第14条则规定“合同法第五十二条第（五）项规定

〔1〕 2004年《最高人民法院关于审理建设工程施工合同纠纷案件适用法律问题的解释》第1条规定：建设工程施工合同具有下列情形之一的，应当根据合同法第五十二条第（五）项的规定，认定无效：（一）承包人未取得建筑施工企业资质或者超越资质等级的；（二）没有资质的实际施工人借用有资质的建筑施工企业名义的；（三）建设工程必须进行招标而未招标或者中标无效的。

〔2〕《民法典》第793条第1款基本吸纳了建设工程施工合同司法解释的精神，规定“建设工程施工合同无效，但是建设工程经验收合格的，可以参照合同有关工程价款的约定折价补偿承包人”。

的强制性规定，是指效力性强制性规定”，首次提出了“效力性强制性规定”的概念。《最高人民法院关于当前形势下审理民商事合同纠纷案件若干问题的指导意见》明确：人民法院应当根据《最高人民法院关于适用〈中华人民共和国合同法〉若干问题的解释（二）》第14条的规定，区分效力性强制规定和管理性强制规定。对于违反效力性强制规定的，应当认定合同无效；违反管理性强制规定的，应当根据具体情形认定其效力。该指导意见在2009年《最高人民法院关于适用〈中华人民共和国合同法〉若干问题的解释（二）》的基础上，提出了“管理性强制性规定”的概念，与“效力性强制性规定”相对应；并将“绝对地损害国家利益或者社会公共利益的”纳入效力性强制性规定范畴；将规制市场准入类、规制某种合同履行的强制性规定纳入到管理性强制性规定的范畴，对司法实践产生了重要影响。

原《民法总则》第153条第1款既延续了原《合同法》第52条的基本思路和2009年《最高人民法院关于适用〈中华人民共和国合同法〉若干问题的解释（二）》第14条的相关规定，以例外方式明确并非违反法律、行政法规的强制性规定都会导致合同无效，但并未吸纳2009年《最高人民法院关于适用〈中华人民共和国合同法〉若干问题的解释（二）》所提出的“效力性强制性规定”概念。〔1〕2019年《全国法院民商事审判工作会议纪要》强调：人民法院在审理合同纠纷案件时，要依据《民法总则》第153条第1款和《最高人民法院关于适用〈中华人民共和国合同法〉若干问题的解释（二）》第14条的规定慎重判断“强制性规定”的性质，特别是要在考量强制性规定所保护的法益类型、违法行为的法律后果以及交易安全保护等因素的基础上认定其性质，并在裁判文书中充分说明理由。《民法典》第153条继受了原《民法总则》第153条的规定。

从上述立法规范及司法解释、司法文件看，影响合同效力的强制性规定总

---

〔1〕 2016 年6月，全国人大常委会公布的《民法总则（草案）》第132条规定：“违反法律、行政法规的效力性强制性规定或者违背公序良俗的民事法律行为无效。”2016年11月18日，《民法总则（草案二次审议稿）》第147条延续了这一规定。2017年3月15日，第十二届全国人民代表大会第五次会议通过的《民法总则》第153 条删除了效力性强制性规定，重新改为违反法律、行政法规的强制性规定无效。其中原因系当时有意见认为“效力性强制性规定”的概念比较模糊，建议换一种更为明确的方式。参见杜涛主编：《〈民法总则〉的诞生——民法总则重要草稿及立法过程背景介绍》，北京大学出版社2017年版，第346页。

体上呈不断限缩的态势。这种限缩符合民法作为私法领域的基本法，尊重当事人意思自治，减少国家公权力干预的特质。合同无效是对当事人意思自治的彻底否定，会导致当事人合同利益的落空；大量、经常和不加控制地宣告合同无效，将使广大市场主体丧失对于交易安全的信任，市场将缺乏活力，整个社会资源也将大量浪费。〔1〕当然，这种限缩更多地只是代表了一种方向，上述立法规范、司法解释及文件并未为实践提供出一种识别强制性规定的清晰明确的操作指引。

（二）域外关于影响合同效力的强制性规定的规范

世界上许多国家和地区都将违反强制性规定的行为确定为无效。在实证法层面，《德国民法典》第134条规定，法律不另有规定的，违反法定禁止的法律行为无效。《法国民法典》第6条规定，任何人不得以特别约定违反有关公共秩序与善良风俗之法律。《日本民法典》第90条规定，以违反公共秩序或善良风俗的事项为目标的法律行为无效。《瑞士债务法》第20条规定，合同内容不能、违法或违背公序良俗的，无效。《荷兰新民法典》第3：40条规定：（1）法律行为的内容或目的违背公共秩序或善良风俗的，无效。（2）除从法律规定的目的中得出其他结论者以外，违反法律强制规定的法律行为无效。我国台湾地区"民法"第71条（违反强制或禁止规定之效力）规定："法律行为，违反强制或禁止之规定者，无效。但其规定并不以之为无效者，不在此限。"〔2〕

在理论层面，鉴于民法典原则上规定违反禁止性规范的法律行为无效，例外情形下发生的法律行为仍可有效，如何区分原则和例外，德国民法学界衍生出大量的学说，可概括为"规范说"和"法益衡量说"两种学说。规范说又根据考察对象或方法的不同，进一步分为"规范性质说""规范对象说""规范重心说""规范目的说"等。其中，作为目前德国通说的规范目的说认为，应考察禁止规范的立法目的，来具体考察法律行为的效力。"法益衡量说"则认为，判断

---

〔1〕 最高人民法院研究室编著：《最高人民法院关于合同法司法解释（二）理解与适用》，人民法院出版社2009年版，第106页。

〔2〕 李适时主编：《中华人民共和国民法总则释义》，法律出版社2017年版，第479~480页。

违反禁止性规范的法律行为是否无效，应权衡禁止性规范所欲保护的法益和法律行为所体现的法益，前者主要体现为生命、健康、财产、总体经济秩序等，后者则体现为契约自由。在法益衡量说看来，违法无效本质上属于一般条款，法官有权在综合考察所要保护的法益的基础上，对一般条款进行价值补充，具体确定合同的效力。〔1〕日本民法学界在对待违法合同的效力上，也经历了从认为“违法无效”至“违法不一定等于无效”的历程，〔2〕并强调法官的价值判断，其判断基准包括：(1)使违反行为无效是否为达到禁止目的所必需的手段；(2)违反禁止性规定的行为是否同时违反公序良俗；(3)在是否认定无效时，不仅要考虑是否违反强行法规或者公序良俗，还应该考虑无效是否导致当事人相互之间利益关系的不公正〔3〕。法国法上，造成合同违法的情形主要体现为标的违法和原因违法。违法合同又有两种结果：绝对无效和相对无效。二者区分的深层次依据在于前者对应于总体利益受到侵害，后者则对应于私人利益受到侵害。〔4〕

英美法系在违法合同处理规则的改革中，虽然存在一定的分歧，但在有些方面是基本一致的：一是在违法合同的效力判定上，普遍认为应拒绝字面解释和严格责任的做法，转而尽力去探究被违反之法律的目的所在。比如在美国，关于法律是强制性规定还是指导性规定或者是管理性规定，虽然目前仍未形成绝对的检验标准，但立法目的是主要的考量因素。〔5〕在英国一个判例中，法官科尔爵士也指出：“如果成文立法只是禁止一方当事人缔结合同……这并不必然意味着合同本身是被禁止的，进而使之违法和无效。成文立法是否具有这种效力，取决于对公共政策的考量，同时要考虑到设计成文立法时所要避免的模糊性，成文立法所用的语言、射程和目的，对善意一方当事人造成

---

〔1〕 刘贵祥：《合同效力研究》，人民法院出版社2012年版，第31~32页。

〔2〕 董万程、王继君：《民法总则中的效力性强制性规定立法问题研究》，载《法律适用》2017年第11期。

〔3〕 孙鹏：《论违反强制性规定行为之效力——兼析〈中华人民共和国合同法〉第52条第5项的理解与适用》，载《法商研究》2005年第6期。

〔4〕 叶名怡：《法国违法合同无效制度探析》，载《环球法律评论》2013年第1期。

〔5〕 方金刚：《美国法律强制性或管理性规定无绝对的判断标准》，载《人民法院报》2017年10月27日，第8版。

的后果以及其他相关的事情。"[1]二是在就违法合同的效力判断上，有必要赋予法官以自由裁量权，以使法官能够按照均衡性原则来权衡违法合同的最终命运。[2]

（三）对影响合同效力的强制性规定的内外考察的启示

综合分析我国现行法律、司法解释和文件，以及域外国家或地区的做法，可以看出各国或地区在处理违反强制性规定对合同效力的影响方面，总体上是一致的。

启示一：强制性规定并不都与合同效力有关。无论大陆法系还是英美法系都认为，如果将违反法律、行政法规的强制性规定的合同一概认定为无效，不但不能实现立法目的，反而会侵害弱小者的利益，造成新的社会不公。自罗马法以来，有关违反强制性规定的法律后果，就存在完全法律、次完全法律、不完全法律的区分：违反完全法律的，法律行为无效；违反次完全法律的，应受公法处罚，但不影响合同效力；违反不完全法律的，完全无制裁。后来普通法的理论中又加上了最完全法律这一情形，对最完全法律的违反，既招致公法处罚，又导致合同无效。[3]《德国民法典》第134条、我国台湾地区"民法"第71条以及我国《民法典》第153条，不仅在表述方式上较为类似，也都以例外方式认可了违反强制性规定不导致合同无效的存在。

启示二：规范目的是识别和判断强制性规定性质的关键性因素。在强制性规定的性质识别上，无论是作为德国通说的"规范目的"说和法益衡量说，还是从英美法系注重探究公共政策的目的来看，域外在评判违反强制性规定的合同效力时，都强调探究强制性规定的立法目的，从规范目的出发就强制性规定与合同效力之间的关系作出判断。

启示三：法官在强制性规定的识别和判断上发挥着重要作用。由于强制性规定与合同效力之间并非一一对应的关系，违反强制性规定是否产生合同无效

---

〔1〕 韩世远：《合同法总论》，法律出版社2004年版，第200页。

〔2〕 黄忠：《契约自由与国家干预——普通法上违法合同处理规则之改革》，载《华东政法大学学报》2010年第5期。

〔3〕 苏永钦：《私法自治中的经济理性》，中国人民大学出版社2004年版，第31~32页。

的法律后果，两大法系更多地是交由法官自由裁量，进而为司法者预辟再造法律的空间。尤其有关强制性规定效力的但书规定使得裁判者的解释结果不再局限于无效或有效的“非此即彼”，而是包括“无效到有效”的广阔空间，包括向后无效、一部无效、可撤销、相对无效、一方部分无效和效力未定等形式。〔1〕这些都为我们在司法实践中识别某一强制性规定的性质，认定违反强制性规定的法律后果等提供了参考借鉴。

三、影响合同效力的强制性规定的识别方法及评述

当前有关强制性规定性质的识别与判断，主要存在三种方式。

（一）对强制性规定进行语义识别

在我国法律规范中，对规范性质的描述，经常使用“可以”“应当”“必须”“不得”“禁止”等词语，来表示对行为的肯定或者否定态度。因此有学者提出，可以根据形式标准来识别某一规定是否属于强制性规定：凡带有“应当”“必须”“不得”“禁止”等字样即为强制性规定；反之，凡带有“可以”字样的都是任意性规定。〔2〕

实践中，通过语义分析来判断强制性规定对合同效力的影响存在相当的障碍。首先，采用语义分析方法，一般需要相关法律法规中存在“应当”“必须”“不得”“禁止”等词语，但实践中不少法律法规虽然未适用上述词语，并不影响规范的强制色彩。其次，采用语义分析方法，我们可以判断使用“可以”表述时不存在强制色彩，但无法通过“应当”“必须”“禁止”“不得”等词语，分析某一条款是否属于强制性规定。〔3〕以“应当”为例，“应当”一词在我国法律中出现的频率极高，仅在原《合同法》上就使用了314次，但“应当”经常被用来设定倡导式规范〔4〕。这种规范并不对当事人之间的权利义务关系产生实质性的影响，

---

〔1〕 苏永钦：《私法自治中的经济理性》，中国人民大学出版社2004年版，第39~41页。

〔2〕 刘贵祥：《合同效力研究》，人民法院出版社2012年版，第9页。

〔3〕 黄忠：《违法合同的效力判定路径之辨识》，载《法学家》2010年第5期。

〔4〕 耿林：《强制性规范与合同效力——以合同法第52条第5项为中心》，中国民主法制出版社2009年版，第189页。

仅仅诱导性地提倡一种立法者认为较佳的模式。[1]比如，《民法典》第707条规定："租赁期限六个月以上的，应当采用书面形式。当事人未采用书面形式的，无法确定租赁期限的，视为不定期租赁。"这里的"应当"就应视为一种倡导性规范，不存在违反规范就造成不利后果的问题。

有关"不得"一词的理解与使用同样如此。一般意义上，"不得"可以理解为强制意味较为明显、浓郁色彩，但"不得"还存在权能规范意义上的"不得"和行为规范意义上的"不得"两种情形，只有后者被违反时合同才会有无效的情形。[2]比如，前述《城市房地产管理法》第38条第4项规定共有房地产，未经其他共有人书面同意的，"不得转让"，这种"不得"系共有人之一对房屋处分权能的缺乏，该权能缺乏的瑕疵可以经其他共有人的追认而获得补正。对此，我国台湾地区学者苏永钦就认为，强行法中有非"命令"性质的赋权规范，民法中多数强行性规定属于赋权规范，即规制当事人处分权界限之规范。诸如有关代理人不得自己代理和双方代理、不得擅自处分他人之物或与他人共有之物的规范都是典型的赋权规范。[3]上述"不得"违反了并不产生合同无效的法律后果。

（二）对强制性规定进行位阶识别

1999年《最高人民法院关于适用〈中华人民共和国合同法〉若干问题的解释（一）》第4条规定："人民法院确认合同无效，应当以全国人大及其常委会制定的法律和国务院制定的行政法规为依据，不得以地方性法规、行政规章为依据。"从形式上看，似乎直接可以通过强制性规定的发布主体对影响合同效力的强制性规定进行识别，即通过法律法规的位阶进行区分。[4]但实践中，这种泾渭分明式的位阶识别方式也遇到一定的障碍。

---

〔1〕 王轶：《民法原理与民法学方法》，法律出版社2009年版，第236页。

〔2〕 应秀良：《违反行政法强制性规定的合同效力探讨——以〈房地产管理法〉为研究对象》，载《法律适用》2004年第3期。

〔3〕 苏永钦：《私法自治中的经济理性》，中国人民大学出版社2004年版，第44~46页。

〔4〕 德国、日本以及我国台湾地区对强制性规定的位阶都未作限制，参见黄凤龙：《论〈合同法〉中的强制性规定——兼谈〈合同法解释（二）〉第14条的功能》，载《烟台大学学报》2011年第1期。

强制性规定之所以能够影响合同的效力，往往基于这些规定代表着对国家利益和社会公共利益的维护。但社会公共利益并不完全体现在全国人大及其常委会制定的法律和国务院制定的行政法规中。“法律、行政法规不可能强制所有需要强制的事项，地方性法规、行政规章中的强制性规定也未必都背离正义和理性，简单地‘一刀切’不仅从根本上否定了地方性法规和行政规章的法源性，而且也难以使私法审判担当起匡扶社会正义的使命。”[1]实践中，如果合同违反了“法律、行政法规”之外的强制性规定，各地法院往往通过以原《合同法》第52条第4项“损害社会公共利益”作为请求权基础，迂回承认违反行政规章、地方性法规的强制性规定的合同无效。这种做法也得到了最高人民法院的认可。《最高人民法院关于为推进农村改革发展提供司法保障和法律服务的若干意见》就明确规定：“对违反法律、行政法规以及相关国家政策的宅基地转让行为，以及其他变相导致农民丧失宅基地使用权的行为，应当依法确认无效。”

当然，将地方性法规、行政规章等低位阶规范性文件中的强制性规定作为认定合同效力的依据，应当视为例外情形而谨慎运用，并且在裁判文书中要充分说理论证，否则操作口径过松，对强制性规定的理解过宽，就会使得公法规范进入私法领域的“管道”变粗，严重挫伤私法自治，导致当事人之间的利益失衡。

（三）对强制性规定进行类型化识别

在影响合同效力的强制性规定的识别上，当前较为流行的观点是将强制性规定区分为“效力性强制性规定”和“管理性强制性规定”。但不仅积极倡导强制性规定类型化的学者也承认，类型化方法存在迟延性、滞后性、不周延性、内部矛盾性等弱点，[2]这种类型化识别在实践中也受到一定的质疑。

一方面，效力性规定和管理性规定的识别标准有待进一步清晰。如何判断强制性规定是效力性规定抑或管理性规定，一直莫衷一是，众说纷纭。比如，王利明教授认为识别效力性强制性规定要分“三步走”：第一，法律法规规定违反

---

〔1〕 孙鹏：《论违反强制性规定行为之效力——兼析〈中华人民共和国合同法〉第52条第5项的理解与适用》，载《法商研究》2005年第6期。

〔2〕 王泽鉴：《民法总则》，中国政法大学出版社2001年版，第161页。

该规定，将导致合同无效或不成立的，为当然的效力性规定；第二，法律法规虽然没有规定违反该规定将导致合同无效或不成立，但若使合同继续有效将损害国家利益和社会公共利益，也应属效力性规定；第三，法律法规没有规定违反该规定，将导致合同无效或不成立，若使合同继续有效并不损害国家利益和社会公共利益，而只是损害当事人利益的，属于管理性规定。〔1〕王轶教授主张从形式和实质两个层面来识别效力性强制性规定：从形式上看，如果一项强制性规定是“禁止任何人，在任何实践、在任何地点、以任何方式从事某类交易行为”，该项规定即是效力性规定；相反，如果一项强制性规定仅仅是“禁止特定人，或者禁止在特定时间，或者禁止在特定地点，或者禁止以特定方式从事某类交易行为”，则该项规定是非效力性的。从实质上看，如果某项强制性规定的规范目的在于“直接维持或保护国家利益或社会公共利益”，则该项规定属于效力性规定；相反，如果某项强制规定的规范目的仅在于“直接维护特定的管理秩序，并不直接涉及国家利益或社会公共利益的维护或保护”，则该项规定属于非效力性规定。〔2〕上述观点和标准在强调影响合同效力的强制性规定与社会公共利益紧密关联的同时，仍然较为原则，实践中针对一些具体的强制性规定究竟属于效力性还是管理性，仍存在较大争议。〔3〕

另一方面，效力性规定和管理性规定二分法有待进一步科学合理。效力性规定源于我国台湾地区学者史尚宽提出的将强行法区分为效力规定和取缔规定。〔4〕但强制性规定是否只有两种形态：效力性和管理性？二者是否囊括了所

〔1〕 王利明：《合同法新问题研究》，中国社会科学出版社2003年版，第321~322页。

〔2〕 王轶：《民法原理与民法学方法》，法律出版社2009年版，第296~297页。

〔3〕 有学者曾就“抵押物未经抵押权人同意不得转让”“被查封房屋不得转让”“划拨土地使用权不得转让”等规定做过问卷调查，重庆、浙江、上海、甘肃、广州、成都等地法官在性质识别上并未形成共识，部分案件在合同效力上做出了不一致的判断。参见黄明耀：《合同无效认定路径之反思与重构》，载万鄂湘主编：《探索社会主义司法规律与完善民商事法律制度研究》，人民法院出版社2011年版，第931页。

〔4〕 史尚宽先生指出，强行法得为效力规定与取缔规定，前者着重违反行为之法律行为价值，以否认其法律效力为目的；后者着重违反行为之事实行为价值，以禁止其行为为目的。强行规定，是否为效力规定抑或为取缔规定，应探求其目的以定之。即可认为非以为违法行为之法律行为为无效，不能达其立法目的者，为效力规定，可认为仅在防止法律行为事实上之行为者，为取缔规定。参见史尚宽：《民法总论》，中国政法大学出版社2000年版，第330页。

有的强制性规定情形，是否存在中间地带？首先，从逻辑角度来看，管理性规定相对应的应当是非管理性规定，效力性规定相对应的应当是非效力性规定。非效力性规定与管理性规定之间是否可以画等号，值得斟酌。近年来，学界就在效力性规定、管理性规定之外，又归纳提出了权限性[1]、赋权性[2]等规定的类型。其次，效力性规定概念本身也存在同义反复之嫌。如果法律已经明确违反某一强制性规定的法律后果系导致合同无效，再去辨识该规范是效力性规定还是管理性规定，也就失去必要性和意义了。

四、影响合同效力的强制性规定的认定规则

影响合同效力的强制性规定，是沟通公法强制与私法自治的“管道”，关涉到国家公权力对私法领域的介入，意义重大，因此我们认为，就影响合同效力的强制性规定的识别，单纯地采取某一种方法可能存在不周延等诸多问题，需要多种方法手段的综合运用。

（一）类型化思维：影响合同效力的强制性规定认定的基本模式

类型化思维在认定影响合同效力的强制性规定方面具有较强的方法论指导作用。[3]一方面，从人们认识事物的方式以及司法实务中操作的便利来看，以类型化的方式识别强制性规定将使得裁决更简便，也更有利于建立统一识别体系，达成司法实务的统一。[4]实践中，将强制性规定进行类型化的归纳总结，对于抓住某类矛盾纠纷的共性问题，依法妥善矛盾纠纷具有重要指导意义。另一方面，

---

〔1〕 权限性规范是指法律要求当事人在实施法律行为时，不得超过法律所规定的权限的规范。《公司法》第16条属于典型的权限性规定。《全国法院民商事审判工作会议纪要》明确，该条既非效力性规定，也非管理性规定，而是有关法定代表人代表权限制的规定，因此不能直接适用《合同法》第52条第5项或者《民法总则》第153条第1款的规定认定合同无效，而应当适用《合同法》第50条的规定。

〔2〕 赋权性规范是指界定当事人处分权的规范（处分界限规范），参见苏永钦：《私法自治中的经济理性》，中国人民大学出版社2004年版，第35页。

〔3〕 最高人民法院民事审判第二庭编著：《〈全国法院民商事审判工作会议纪要〉理解与适用》，人民法院出版社2019年版，第242页。

〔4〕 石一峰：《效力性强制性规定的类型化分析》，载《武汉大学学报》2018年第2期。

伴随当前经济社会发展的客观形势，金融、房地产等领域强监管举措的推出，[1]大量涉及强制性规定的民商事纠纷涌入人民法院，客观上存在将强制性规定进行类型化处理的实践需求。基于此，我们认为，虽然将强制性规定划分为效力性、管理性规定的做法有待进一步优化和完善，但在识别和判断强制性规定的性质上，类型化的思维模式仍需要坚持，可以将实践中认识较为一致、认定规则相对成熟的强制性规定进行类型化处理；对当前存在较大争议的强制性规定进行个案判断，待经验积累、条件成熟后再进行类型化的归纳总结。

1.对于部分性质较容易判断、识别的强制性规定，可采取"类型化"处理，直接对其性质作出认定

司法实践中，有些强制性规定的性质比较容易被识别和认定，其效力已经得到社会认可，有的甚至已经被最高人民法院相关司法解释或司法文件所确认。[2]这些强制性规定可以通过类型化方式进行直接归类处理。

（1）影响合同效力的强制性规定的类型化。《全国法院民商事审判工作会议纪要》列举了涉及金融安全、市场秩序、国家宏观政策等公序良俗的强制性规定；交易标的禁止买卖的，如禁止人体器官、毒品、枪支等买卖；违反特许经营规定的，如场外配资合同；交易方式严重违法的，如违反招投标等竞争性缔约方式订立的合同；交易场所违法的，如在批准的交易场所之外进行期货交易。根据《全国法院民商事审判工作会议纪要》及审判实践的经验梳理，当前影响合同效力的强制性规定主要集中在以下几种情形：

一是涉及社会公共利益的资质管制类。首先，涉及金融秩序的特许经营。比如，违反《银行业监督管理法》第19条[3]进行职业放贷行为。其次，涉及公共安全领域的特许经营。比如，根据2020年《最高人民法院关于审理建设工程施

---

〔1〕 据不完全统计，2018年4月27日，中国人民银行、中国银行保险监督管理委员会、中国证券监督管理委员会、国家外汇管理局联合印发的《关于规范金融机构资产管理业务的指导意见》（银发〔2018〕106号，简称《大资管新规》）推出了45项强制性规范。

〔2〕 比如，2020年修订的《最高人民法院关于审理涉及农村土地承包纠纷案件适用法律问题的解释》第5条规定：承包合同中有关收回、调整承包地的约定违反农村土地承包法第二十七条、第二十八条、第三十一条规定的，应当认定该约定无效。

〔3〕 《银行业监督管理法》第19条规定：未经国务院银行业监督管理机构批准，任何单位或者个人不得设立银行业金融机构或者从事银行业金融机构的业务活动。

工合同纠纷案件适用法律问题的解释（一）》第1条第1款第1项、第2款[1]，违反《建筑法》签订建设工程施工合同的；违反《危险化学物品安全管理条例》，没有危化证的，等等。再次，违法移转特许资质的。比如，违反2020年《最高人民法院关于审理建设工程施工合同纠纷案件适用法律问题的解释（一）》第1条第1款第2项的规定出借建筑资质的。最后，违反限制经营类。比如，违反《邮政法》第5条、第55条[2]寄递公文效力；商业银行违反《商业银行法》第43条[3]进行投资的。当然，对于资格资质类的限制，如果合同本身并不损害国家利益或社会公共利益，通过行政管理即可实现某种秩序、实现规范的立法目的的，则违反资格限制并不影响合同的效力。

二是行为禁止类。比如，杀人、贩毒、赌博、洗钱；器官、毒品、枪支买卖等。又如，违反《土地管理法》之耕地保护和用途管制，让渡农地从事非农建设，等等。

三是缔约方式强制类。比如，违反《招标投标法》第3条、第4条[4]的规定签订合同的；违反2020年《最高人民法院关于审理建设工程施工合同纠纷案件适用法律问题的解释（一）》第1条第1款第3项的规定缔结合同的。

四是缔约场所强制类。比如，在批准的交易场所之外进行期货交易的。违反《证券法》第142条[5]进行场外配资行为的。

---

〔1〕 2020年《最高人民法院关于审理建设工程施工合同纠纷案件适用法律问题的解释（一）》第1条规定：建设工程施工合同具有下列情形之一的，应当依据民法典第一百五十三条第一款的规定，认定无效：（一）承包人未取得建筑业企业资质或者超越资质等级的；（二）没有资质的实际施工人借用有资质的建筑施工企业名义的；（三）建设工程必须进行招标而未招标或者中标无效的。承包人因转包、违法分包建设工程与他人签订的建设工程施工合同，应当依据民法典第一百五十三条第一款及第七百九十一条第二款、第三款的规定，认定无效。

〔2〕《邮政法》第5条规定：国务院规定范围内的信件寄递业务，由邮政企业专营。第55条规定：快递企业不得经营由邮政企业专营的信件寄递业务，不得寄递国家机关公文。

〔3〕《商业银行法》第43条规定：商业银行在中华人民共和国境内不得从事信托投资和证券经营业务，不得向非自用不动产投资或者向非银行金融机构和企业投资，但国家另有规定的除外。

〔4〕《招标投标法》第3条规定：在中华人民共和国境内进行下列工程建设项目包括项目的勘察、设计、施工、监理以及与工程建设有关的重要设备、材料等的采购，必须进行招标：（一）大型基础设施、公用事业等关系社会公共利益、公众安全的项目；（二）全部或者部分使用国有资金投资或者国家融资的项目；（三）使用国际组织或者外国政府贷款、援助资金的项目。第4条规定：任何单位和个人不得将依法必须进行招标的项目化整为零或者以其他任何方式规避招标。

〔5〕《证券法》第142条规定：除依法取得融资融券资格的证券公司外，其他任何单位或个人不得对用资人配资。

（2）不影响合同效力的强制性规定的类型化。《全国法院民商事审判工作会议纪要》提出，关于经营范围、交易时间、交易数量等行政管理性质的强制性规定，一般应认定为“管理性强制性规定”。目前，不影响合同效力的属于行政管理方面的强制性规定，大概可包括以下几种类型。

一是规范单方主体行为的。比如，违反《教育法》第44条第2项，[1]参加社会活动的；违反《公务员法》第59条第16项[2]进行经商活动的；又如，商业银行违反《商业银行法》第39条[3]规定进行贷款的。

二是违反经营范围、交易时间、交易数量类的。比如，违反《商业特许经营管理条例》第7条第2款[4]进行特许活动的。

2.对性质难以认定、存在较大争议的强制性规定，需要法官个案判断、综合衡量；待经验积累、条件成熟后再进行类型化归纳总结

《民法典》第153条第1款规定了影响或不影响民事法律行为效力的两种强制性规定。在评判违反强制性规定是否影响合同效力时，一方面，裁判者应当从鼓励交易行为、保护交易安全、避免社会资源浪费角度出发，秉持审慎态度，进一步缩小认定合同无效的强制性规定的范围；另一方面，某一强制性规定的性质识别属于个案判断的问题，系裁判者自由裁量的范畴，需要裁判者综合多种因素，慎重处理；待司法经验积累、条件成熟时，再将原本较难认定的强制性规定进行类型化归纳总结，形成新的认识规律。

---

〔1〕《教育法》第44条规定：受教育者应当履行下列义务：……（二）遵守学生行为规范，尊敬师长，养成良好的思想品德和行为习惯……

〔2〕《公务员法》第59条第16项规定：公务员应当遵纪守法，不得有下列行为：……（十六）违反有关规定从事或者参与营利性活动，在企业或者其他营利性组织中兼任职务……

〔3〕《商业银行法》第39条规定：商业银行贷款，应当遵守下列资产负债比例管理的规定：（一）资本充足率不得低于百分之八；（二）流动性资产余额与流动性负债余额的比例不得低于百分之二十五；（三）对同一借款人的贷款余额与商业银行资本余额的比例不得超过百分之十；（四）国务院银行业监督管理机构对资产负债比例管理的其他规定。本法施行前设立的商业银行，在本法施行后，其资产负债比例不符合前款规定的，应当在一定的期限内符合前款规定。具体办法由国务院规定。

〔4〕《商业特许经营管理条例》第7条第2款规定：特许人从事特许经营活动应当拥有至少2个直营店，并且经营时间超过1年。

(二)影响合同效力的强制性规定认定的基本思路

实践中，当某一强制性规定属于行政管理方面的抑或效力认定领域的判断不清时，不宜直接认定该强制性规定为效力性规定，而应认真探究该条款的立法目的[1]来评判合同效力，再借助利益衡量的方法对合同效力评判的结果进行校正。

1.合法性考察：探究强制性规定的规范目的

任何法律、行政法规都是为了实现特定目的而创设的。有些强制性规定旨在为当事人设定一般性义务，有些是为了保护特殊场合下一方当事人的利益；有些是为了法律制度上要求的需要（如物权法定主义）；有些则可能是纯粹出于民法以外的法律规范目的（如行政管理上的需要）等。因此，在判断违反某一强制性规定是否影响合同效力时，需要以规范的立法旨意作为判断依据，[2]作为德国通说的“规范目的说”即是如此。

一是考察法律法规相关规定的属性。从字面形式上看，法律法规规范存在强制性规定、倡导性规定及任意性规定等不同类型；即便是强制性规定，从实质内容上看，也存在针对民事法律行为的效力方面的，以及针对市场主体的权限性、赋权性等不同类型。因此，在识别影响合同效力的法律法规规范时，首先，应当排除任意性规定、倡导性规定，违反这些规定，不会对合同效力产生负面评

---

〔1〕 美国法院在确定某一成文法规定是强制性还是指导性时，主要考虑以下因素：(1)成文法语言是否清晰地规定这些未能遵守要求的行为无效，或者相反，成文法通过其条款施加了不同的处罚。(2)这一要求是否以肯定性术语表达，而没有包括否定性的语言。(3)争议中的要求是否与实质性的事项还是便利性的事项相关。(4)立法历史，围绕成文法颁布和修订的情形，以及整个立法计划是否表明有意向施加一项强制性的要求。(5)认为要求是强制性的，是否会导致要求对方实施这一义务的当事人获得不公正的意外之财，或者相反认为该规则是指导性的会剥夺当事人的救济权。(6)遵守法律规定的要求，是否合理地在负有义务当事人一方的控制范围内，或者对方当事人可以妨碍法律规定的遵守。每个因素都支持被告对成文法的解释。参见方金刚：《美国法律强制性或管理性规定无绝对的判断标准》，载《人民法院报》2017年10月27日，第8版。

〔2〕 有学者提出，对于违法合同的效力判定，探求所违反规定的规范意旨系唯一正确的途径。参见黄忠：《违法合同的效力判定路径之辨识》，载《法学家》2010年第5期。王泽鉴教授认为，在认定某项规范系我国台湾地区“民法”第71条所称强制或禁止规定之后，应检讨法律行为是否因违反此等规定而无效，或其规定并不以之为无效。法律有规定者，依其规定；法律未规定者，则应当探究法律强制或禁止的目的加以认定。参见王泽鉴：《民法总则》，中国政法大学出版社2001年版，第279页。瑞士同样如此。新的债法总则修改草案《瑞士债法 2020》第 30 条第 2 款被调整为“违反强行法或者公共秩序的法律，若依被违反之规定的目的，希望对违反之合同施加效力瑕疵，则该合同有效力瑕疵”，参见梁神宝：《违反强制性法规的合同效力——基于瑞士法的考察》，载《华东政法大学学报》2017年第1期。

价。其次，应当尽可能排除涉及市场主体的权限性规定、赋权性规定等。如上所述，违反了市场主体的权限性规定或者赋权性规定的，合同更多地处于效力待定状态，而非无效。

二是考察强制性规定是否直接关涉社会公共利益。在评判违反强制性规定是否影响合同效力时，社会公共利益是关键性因素。如果强制性规定与社会公共利益无直接或者重大关联，违反了亦不会对社会公共利益构成严重威胁的，则难以作为否定合同效力的依据。例如，合同登记备案等程序性规定，往往是国家对私人行为实施行政管理的手段，违反了不宜导致合同无效；相反，如果法律、行政法规虽然没有规定违反将导致合同无效，但违反该规定将使合同继续有效则损害国家利益和社会公共利益的，应当认定合同无效。比如，违反《建筑法》第28条、第29条[1]关于禁止非法转包和违法分包规定，以及违反《招标投标法》第3条关于强制招标和必须招标规定的，不仅仅涉及当事人合法权益的保护问题，还是维护公平竞争的市场经济秩序的重要环节，直接涉及社会公共利益，违反上述规定势必会影响合同效力。

《民法典》第153条第1款规定了违反强制性规定对民事法律行为的影响；第2款则规定“违背公序良俗的民事法律行为无效”。公序良俗实质上是对社会公共利益的法律表达，违反强制性规定和违背公序良俗之间实际上属于特别条款与一般条款的关系。强制性规定本身是公序良俗的体现，但并不是所有的公序良俗都体现为强制性规定；违反强制性规定的行为必定是违反公序良俗的行为，但违反公序良俗的行为不一定违反强制性规定。因此，在法律适用上，首先应考察行为是否违反了强制性规定；只有在不能找到强制性规定的情况下，才能以违反公序良俗为由宣告合同无效。

三是考察强制性规定的规范对象是否系法律行为。如前所述，强制性规定

---

〔1〕《建筑法》第28条规定：禁止承包单位将其承包的全部建筑工程转包给他人，禁止承包单位将其承包的全部建筑工程肢解以后以分包的名义分别转包给他人。第29条规定：建筑工程总承包单位可以将承包工程中的部分工程发包给具有相应资质条件的分包单位；但是，除总承包合同中约定的分包外，必须经建设单位认可。施工总承包的，建筑工程主体结构的施工必须由总承包单位自行完成。建筑工程总承包单位按照总承包合同的约定对建设单位负责；分包单位按照分包合同的约定对总承包单位负责。总承包单位和分包单位就分包工程对建设单位承担连带责任。禁止总承包单位将工程分包给不具备相应资质条件的单位。禁止分包单位将其承包的工程再分包。

的规范对象涉及缔结合同的主体、合同本身、缔结合同的方式以及缔结合同的场所等因素，但原则上只有当法律明确禁止的是法律行为本身时，才会导致合同无效。如果一项强制性规定的目的仅仅在于维护行政管理秩序，仅具有公法上的非难性，只需要承担公法上的责任，则该行为的私法价值应当受到保护，不应被认定为无效。比如，国务院《无证无照经营查处办法》的目的在于“为了维护社会主义市场经济秩序，促进公平竞争，保护经营者和消费者的合法权益”，禁止的对象是无照经营行为，而非禁止无照经营者所实施的买卖行为，基于无照经营行为所展开的买卖行为或者合同仍可认定为有效。相反，如果强制性规范不仅仅是规范行政管理或纪律管理，还在于阻却某种行为的法律后果的发生，则违反该条款就影响合同的效力。比如，《文物保护法》第44条规定：“禁止国有文物收藏单位将馆藏文物赠与、出租或者出售给其他单位、个人。”在这一条款中，不仅禁止赠与、出租或者出售行为，还在于一旦出现赠与、出租及出售行为，这些行为应当是无效的。实践中，对缔约场所等因素的强制也是如此，缔约场所原本属于合同的非关键因素，在场所之外缔结合同不影响合同效力，但法律对缔约场所的限制，其目的在于通过对场所的禁止（或限制）来禁止（或限制）当事人从事法律行为本身，违反了将导致合同无效。

四是考察强制性规定规范的是合同行为还是合同履行行为。如果强制性规定系对某种合同履行义务的规范，则不能倒果为因，基于当事人对合同履行义务的违反来否定合同本身的效力。比如《民法典》第620条规定：“买受人收到标的物时应当在约定的检验期限内检验。没有约定检验期限的，应当及时检验。”此时，买受人未及时履行验货义务的，就不影响买卖合同的效力。

2.合理性论证：强制性规定所涉法益之间的利益衡量

《最高人民法院关于当前形势下审理民商事合同纠纷案件若干问题的指导意见》指出，应当综合法律法规的意旨，权衡相互冲突的权益，诸如权益的种类、交易安全以及其所规制的对象等，综合认定强制性规定的类型，实际上就提出在适用强制性规定判断合同效力时，要进行实体层面的利益衡量。之所以在考察强制性规定的规范目的后仍要进行利益衡量，主要因为：首先，类型化操作在实践中容易造成固化理解、机械执法。对此，《全国法院民商事审判工作会议纪要》就指出，随着“管理性强制性规定”概念的提出，审判实践中出现了另一种倾向，有的法院认为凡是行政管理性质的强制性规定都属于管理性强制性规定，不影响合同效力。这种望文生义的认定方法，应予纠正。在司法实践中，原本就某一强制性规定是否属于效力性存在较大争议，一些法官又将效力性规定、管理性规定与合同效力的有无进行简单对接，造成在案件审理中对合同效力的评判完全寄希望于对某一条款是否属于效力性的认定，由此引发法律适用不统一、裁判结果欠缺均衡性，甚至完全相反。其次，违反强制性规定对合同效力的影响，并非一成不变的，而是一个动态发展的过程，是否影响合同效力往往要结合当时当地的经济社会发展状况等因素作出适时评判，而这种适时的、动态的评判与类型化模式的相对稳定性之间又会产生一定的抵牾。最后，违反强制性规定对合同效力的影响，如同对公共利益内涵外延的理解一样，虽然能够形成社会基本共识，但总体上属于法官自由裁量的范畴，更多情况下仍是个案判断的问题，完全地、“一刀切”式的认定，会产生与经济社会发展、社会公众认知不契合等不合理情形。

实践中，虽然两种不同利益之间难以确定绝对的高低大小，但不同利益之间的位阶还是存在一定的共识的，比如生命利益大于健康利益，健康利益大于财产利益，生命利益之间不分高低，财产利益之间按照价值大小区分高低；不同主体之间弱者利益应当获得制度性的特殊保护等也越来越得到社会认可〔1〕。在具体利益衡量时，需要考量以下几个方面：

一是衡量适用强制性规定认定合同无效与维护合同自由等市场经济基本价值之间的关系。合同是双方当事人自由意志的体现，意思自治是合同法的基本原则。否定合同效力本质上属于公权力出于维护公共利益的需要而对私人自由施加的干预与限制。因此，在判断强制性规定对合同效力的影响问题上，应当就强制性规定所保护的利益与合同自由等基本价值之间进行比较。如果履行原有的合同约定将侵犯到强制性规定所保护的人身和人格权利（包括生命健康利益、人格自由和人格尊严）、基本政治权利和民事权利（如选举权和被选举权、婚姻自由权、劳动权、休息权等）等权益时，应当认定合同无效；否则，应当保障合同

---

〔1〕 梁上上：《利益衡量论》，法律出版社2016年版，第87~92页。

自由等基本价值，维护合同有效性。比如，在房地产领域尤其当房屋价格上涨幅度较大时，不少开发商以出售商品房违反法律、行政法规规定的登记备案手续为由向法院申请宣告合同无效。在此类纠纷中，维持合同效力，既是对当事人自由合意的尊重，又不损害社会公共利益；相反认定合同无效会纵容不诚信的社会行为，损害交易主体的合理期待，不利于市场交易秩序的安全稳定，此时保障合同效力就是应然之选。

二是衡量适用强制性规定认定合同无效与避免社会资源浪费之间的关系。鼓励交易是社会资源财富创造的重要方式，因此对社会资源、经济成本的考量在强制性规定的识别、合同效力的评判上也发挥着重要影响。如果某一合同违反强制性规定，但并非具有严重瑕疵，在合同已履行的情况下，应适当考量履行要素，在一定程度上承认合同有效，否则会极大地浪费社会成本。〔1〕在这一问题上，许多国家都有类似的做法。在德国，联邦最高法院在一项双方当事人都违法且已经履行的黑工合同中，判决价格担保的约定有效。〔2〕在日本，最高裁判所的众多判例也坚持已经履行的契约有效，而在一则卖方已经履行、买方尚未付款的判例中，虽然判决认定契约无效，但同时认为卖方的履行不构成“不法原因给付”，卖方仍可基于不当得利要求买方返还其给付；若卖方给付之物已被消费，则该不当得利相当于买方应支付的价款，最终与判决有效并无实质差别。〔3〕这些都是考量合同履行、避免社会资源浪费对于合同效力的影响，同样对强制性规定的性质识别也具有借鉴意义。

三是衡量适用强制性规定认定合同无效与维护交易安全之间的关系。在合同效力的认定上，维持合同效力体现的是尊重交易安全、保障交易诚信，尤其对善意相对人利益的保护。实践中，很多情形下让合同完全无效，对合同当事人利益保护未必最为有利，有时会损害交易安全。尤其在认定违反资质类强制性规定的合同效力时，若合同有效对合同相对人更有利，完全可以认定合同有效或者

---

〔1〕 刘贵祥：《合同效力研究》，人民法院出版社2012年版，第41页。

〔2〕 苏永钦：《私法自治中的经济理性》，中国人民大学出版社2004年版，第39~45页。

〔3〕 孙鹏：《论违反强制性规定行为之效力——兼析〈中华人民共和国合同法〉第52条第5项的理解与适用》，载《法商研究》2006年第5期。

允许资质和资格的补正，而避免简单认定合同无效，让另一方当事人来承担不利后果。比如，违反了《商业特许经营管理条例》第7条第2款，[1]特许人与他人签订特许经营合同的，就不宜认定合同无效而由被特许人承担不利利益。

四是衡量适用强制性规定认定合同无效与违反强制性规定行为的严重性之间的关系。在适用强制性规定来评判合同效力时，要综合违反强制性规定的违法程度、行为人的主观恶意、是否影响诚实信用原则以及是否背离社会公众认知等因素，避免受强制性规定保护的正利益与合同无效为当事人带来的不利益之间比例严重失衡。司法实践中，如果当事人违反强制性规定的行为，通过行政处罚即可达到惩戒目的，而再否定合同效力则与当事人行为的违法性严重失当，将造成当事人利益的严重失衡，此时就不宜再否定合同的效力。

审判实务精要

《民法典》第153条第1款规定，为法官适用强制性规定来分析判断合同效力、进行价值补充提供了概括条款。实践中，针对影响合同效力的强制性规定的识别与判断，可以采用类型化的思维模式，对较易识别判断的强制性规定，在总结司法经验的基础上直接进行类型化处理；对较难识别、争议较大的强制性规定，应当个案判断、综合衡量。具体而言，在个案中，法官既要进行合法性考察，认真探究某一强制性规定的规范目的，来评判合同有效与否；又要进行合理性论证，综合考量适用强制性规定认定合同无效对维护缔约自由、对社会财富积累、对交易安全等的影响以及与当事人行为的违法性是否均衡等因素，对合同效力的判断进行检验校正，确保裁判结果的公正性、妥当性。

撰稿人：陈树森，上海市高级人民法院研究室副主任，法学博士

---

〔1〕《商业特许经营管理条例》第7条规定：特许人从事特许经营活动应当拥有成熟的经营模式，并具备为被特许人持续提供经营指导、技术支持和业务培训等服务的能力。特许人从事特许经营活动应当拥有至少2个直营店，并且经营时间超过1年。

3. 请求权竞合的实体规制与程序塑造

导　言

《民法典》第186条几乎完全沿用原《合同法》第122条的内容，打破了两种责任之间的藩篱。然而，侵权与违约毕竟存在重要区别。许多学者从归责原则、举证责任、义务内容、时效、责任构成、免责条件、责任形式、责任范围、对第三人的责任和诉讼管辖等不同角度探讨了两者的不同。[1]在今后的司法实践中，如何正确适用《民法典》第186条，进一步完善请求权竞合方面的法律制度，包括合理划定侵权与违约的界限，更有效地在诉讼程序中处理涉及请求权竞合的案件，将是十分重要的课题。

一、请求权竞合的概念和成因

（一）请求权竞合的概念和特征

民法上所谓竞合，是指同一法律事实同时满足两个以上民事责任的构成要件，从而导致多个民事责任均告成立的法律现象。从权利人角度，构成请求权竞合。[2]合同责任和侵权责任是请求权竞合最常见的情形。例如，医生因过失行为将病人的健康器官摘除。此时，医生的过失行为既违反医疗服务合同，构成违约责任，又符合侵权责任的构成要件。《民法典》第186条规定："因当事人一方的违约行为，损害对方人身权益、财产权益的，受损害方有权选择请求其承担违约责任或者侵权责任。"就文义而言，仅规定了违约和侵权的竞合。广义上的请求权竞合还包括所有权、形成权行使的问题。[3]

---

〔1〕 王利明：《民商法研究》（第4辑），法律出版社2001年版，第721~724页。

〔2〕 叶名怡：《合同法第122条（责任竞合）评注》，载《法学家》2019年第2期。

〔3〕 曾祥生：《论合同解除权与撤销权之竞合》，载《求索》2010年第1期。

请求权竞合具备以下特征：第一，只发生了一个生活事件；第二，这个生活事件符合复数的请求权的构成要件，因而可以支持复数的请求权；第三，这复数的请求权在目的上重合或者交叉。〔1〕由于损害赔偿原则上以填平损失为限，复数的请求权之间存在竞争关系，一个请求权目的实现，另一个请求权之目的即不能实现，故受害人不得同时获得多重赔偿，需要选择权利行使的方式。这是请求权竞合与"请求权聚合"的重要区别。后者系指权利人因义务人一个违反义务的行为，可能会产生复数的给付目的不同的请求权，而且这些请求权也可以同时主张。例如，根据原《合同法》第107条，对于同一违约行为，请求违约方继续履行、采取补救措施或者赔偿损失的权利可以同时主张。

（二）请求权竞合的成因和问题

请求权竞合是法律对社会生活进行类型化处理的必然结果，与大陆法系规范出发型的思维传统密切相关，是大陆法系内部必然产生的问题。由于法律对社会生活特征的高度抽象，法律概念、要件事实等社会生活的具体内容，彼此之间在边缘上是模糊的，在范围上是重叠交叉的。一个生活事实符合多个法律规范的构成要件，产生多个请求权，而这多个请求权又具有共同的目的，因此在各请求权之间发生竞合。现代社会，由于合同法和侵权法的双向扩张，竞合现象有日益增多的趋势。在合同法领域，由于以合同附随义务为代表的规则体系的更新，合同义务早已超越当事人明示约定的范畴。它以共同体思想为基础，即假定合同当事人是一个利益共同体，彼此福祸攸关，双方同为更高共同体（某行业、商界乃至整个社会）的成员。合同当事人共同处于以诚实信用原则为根本的抽象信任体系中，负有彼此保护的审慎义务。"保护义务崛起后，合同法不仅实现当事人的合同目的、维护交易秩序、确保交易安全，更是扩大到固有利益的保护，形成合同责任的扩张，合同法与侵权行为法固有的疆界，已不再牢不可破，鸿沟不再，界限开始变得模糊。"〔2〕而在侵权法领域，《民法典》第1165条第1款

〔1〕 参见段厚省：《请求权竞合要论——兼及对民法方法论的探讨》，中国法制出版社2013年版，第80页。

〔2〕 陈自强：《民法讲义Ⅱ：契约之内容与消灭》，法律出版社2004年版，第78页。

规定："行为人因过错侵害他人民事权益造成损害的，应当承担侵权责任。"结合《民法典》第186条，似乎任何违约案件均有演变为侵权案件的潜在可能。尽管合同法和侵权责任法分别是民法分则下各自独立的两个部分，但就语义涵盖范围而言，原《侵权责任法》具有天然的优势。

既然请求权竞合涉及多个领域，自然需要在这些不同的领域中进行取舍、选择，包括主体、客体和程序等各方面。有学者这样归纳：第一个问题是，面对复数的请求权，他是否只能依法主张其中某一特定请求权，或者可以在复数的请求权中任意选择其一来行使，或者可以同时或先后主张复数的请求权？第二个问题是，若是法律要求当事人必须依其中某一种请求权提出主张，那么法律这样规定的理由是什么？且法律这样安排是否给予当事人提供了最为合理的救济？第三个问题是，若依法律的规定，他只能选择其中一种请求权来行使，那么他应当选择哪一种请求权来提出主张；而且在他所选择的请求权未能获得法院支持时，是否还可以选择主张其他的请求权？第四个问题是，若他可以同时主张复数的请求权，这些请求权是否都应当获得支持，或者只有其中一个或者一部分请求权将会得到支持？若是只有其中一个或者一部分请求权能够获得支持，那么选择的自由是在当事人一侧还是在法院一侧？第五个问题是，当事人可否不在同时，而是先后主张不同的请求？〔1〕

二、请求权竞合的争论和现状

竞合理论之所以重要，首先在于违约责任和侵权责任在内容上往往相互冲突，适用不同的法律规则导致后果不同。关于这个问题，各国立法和法学理论上的观点并不统一，我国的责任竞合制度也是建立在对这些理论的比较、取舍基础之上的。

---

〔1〕 段厚省：《请求权竞合要论——兼及对民法方法论的探讨》，中国法制出版社2013年版，第137页。

（一）理论争议

1.法条竞合说

这种理论认为，同一事实符合数个规范的要件，这些规范之间存在位阶关系。债务不履行属于合同法范畴，而合同法是从侵权法中发展出来并独立于侵权法的，合同当事人不得将对方的违约行为视为侵权行为，依照特别法优先于一般法的原则，当事人仅可行使合同上的请求权，无主张侵权行为请求权的余地。法国民法学界和审判实践均认为应采合同责任和侵权责任不竞合的原则。〔1〕当事人原则上不得在合同责任和侵权责任之间进行选择，即债权人提起诉讼时无权选择对债务人所追究的民事责任的范围，以及当债权人追究债务人不履行合同义务的责任时，不得引用法律有关侵权责任的规定。但这一原则也存在例外。其中，某些例外是基于法律对第三人的规定，某些例外则是基于债务人不履行义务系因其欺诈的过错所产生，某些例外还可因债务人的刑事违法行为所引起。〔2〕

2.请求权竞合说

该学说认为，一法律事实同时具备侵权行为和债务不履行行为要件的，由此产生侵权行为的损害赔偿请求权与债务不履行的请求权，两者彼此独立并存。该理论在产生和发展过程中又形成两种不同的学说。一是请求权自由竞合说，认为对于两个不同的请求权，债权人不妨择一行使，当其中一个请求权已达目的而消灭时，另一请求权固随之消灭，但若其中一个请求权因已达目的以外之原因而无法行使（如因时效而消灭）时，另一请求权（时效较长者）仍然存在。二是请求权相互影响说，认为基于同一具体事实而产生的侵权行为与债务不履行的两项请求权虽然可以各自独立存在，但又相互影响、相互作用。当事人只可主张一个请求权，不得重复或同时主张复数的请求权。为克服不同请求权在管辖法院、诉讼时效、证明负担、证明标准、赔偿范围等方面的差异给原告带来的不便和不公，不同的请求权之间可以相互影响。在主张契约上的请求权时，可以适用侵权

〔1〕 韩世远：《违约损害赔偿研究》，法律出版社1999年版，第213页。

〔2〕 尹田：《法国现代合同法》，法律出版社1998年版，第294页。

法上的有关规定；反之亦然。此说为德国学者和判例所采的通说。[1]

3.请求权规范竞合说

在批评请求权竞合说的基础上，德国学者拉伦茨提出了请求权规范竞合说。拉伦茨认为，请求权竞合说主张可以保留一项请求权而转让另一项请求权，则必然会认为债权人与请求权的受让人均为连带债权人，都可以对债务人起诉，这对债务人来说显然是不合理的。一个具体事实符合债务不履行及侵权行为两个要件时，并非产生两个独立的请求权，而是一个单独的、建立在多种基础上的请求权，其法律基础一为合同关系，二为侵权关系。[2]换言之，竞合的不是请求权，而是请求权的基础。其理论基点是：当事人在合同中设立的特别义务是对不得侵害他人权利的一般义务的强化和具体化，并不导致两项义务产生，所以债务人基于违约或不法行为所侵害者，不是两个义务，而只是一个义务，因而产生一项请求权。

（二）立法现状和学术观点

从原《合同法》第122条和《民法典》第186条的内容来看，学界通说认为，我国立法采请求权竞合说，并且这种解释论的理解与法院的立场一致。[3]

关于上述三种学说，法条竞合说首先遭到我国法学界的一致否定，认为其“虽有助于违约责任和侵权责任的体系完善，但是却无法消除竞合现象，并且必然以牺牲受害人的利益为代价，是不符合立法宗旨的”，[4]“过于偏重逻辑推演，而忽视价值判断及当事人之间的利益衡量，其所得出的违约责任排斥侵权责任的结论，往往不利于受害人。而在这种场合，应该侧重保护的恰恰是受害人”。[5]

请求权规范竞合说同样没有被肯定。有学者认为，从原《合同法》第122条规定的“受损方有权选择依照本法要求其承担违约责任或者依照其他法律要求

〔1〕 段厚省：《请求权竞合要论——兼及对民法方法论的探讨》，中国法制出版社2013年版，第154页。

〔2〕 ［德］卡尔·拉伦茨：《德国民法通论》，王晓晔等译，法律出版社2003年版，第353~355页。

〔3〕 陈甦主编：《民法总则评注》（下），法律出版社2017年版，第1329页。

〔4〕 邢颖：《违约责任》，中国法制出版社1999年版，第280页。

〔5〕 韩世远：《违约损害赔偿研究》，法律出版社1999年版，第213页。

其承担侵权责任”来看，两次出现的“要求”即“请求”之谓，其实是承认受损害方可以有两个请求权。〔1〕关于原《合同法》第122条，1999年《最高人民法院关于适用〈中华人民共和国合同法〉若干问题的解释（一）》第30条明确以“请求权竞合”作为标题，也明白无误地表明了“请求权竞合说”的观点。

关于原《合同法》第122条系采纳请求权自由竞合说还是请求权相互影响说，杨立新教授认为，从两个请求权中只能择一行使，一个请求权行使后，另一个请求权自然归于消灭，不能使两个请求权一并行使或分别行使。〔2〕王利明教授也认为，依据民法的公平和平等原则，不得使债权人同时行使两项请求权，更不允许债权人保留一项请求权的情况下将另一项请求权随意转让。〔3〕这样的观点似乎更倾向于请求权相互影响说。但也有人对该学说提出质疑，例如，韩世远教授认为，在债务人不完全履行场合、特别是加害给付场合，债权人当然拥有对固有利益损害或瑕疵结果损害的赔偿请求权，此项请求权并非由侵权损害赔偿请求权影响而来，且相互影响说事实上已放弃了两个请求权独立并存的概念。〔4〕这些讨论，同样适用于《民法典》第186条。

三、请求权竞合的实体规制

在《民法典》第186条的大背景下，也有学者指出：“无论是对《合同法》第122条持大体支持论者，抑或对《合同法》第122条持彻底批判论、改良论者，最起码在一点上都达成了共识，《合同法》第122条关于责任竞合的规定过于粗犷，应有限制的必要。”〔5〕即使立法上采纳了请求权竞合说的观点，并不意味着对一切竞合现象均不加以限制。例如，拉伦茨就认为，至少部分要件事实重叠的法规范，彼此之间确实存在法条竞合的关系，当事人无权任意选择。〔6〕笔者认为，在

〔1〕 王利明：《合同法新问题研究》，中国社会科学出版社2003年版，第734页。全国人大常委会法制工作委员对于《合同法》第122条的观点同样如此：“两个请求权有重迭之处，形成请求权的竞合”，参见全国人大常委会法制工作委员会编：《中华人民共和国合同法释义》，法律出版社2009年版，第191页。

〔2〕 杨立新：《侵权法论》，吉林人民出版社2000年版，第264页。

〔3〕 王利明主编：《民商法研究》（第4辑），法律出版社2001年版，第731页。

〔4〕 韩世远：《违约损害赔偿研究》，法律出版社1999年版，第213页。

〔5〕 陈甦主编：《民法总则评注》，法律出版社2017年版，第1334页。

〔6〕 ［德］卡尔·拉伦茨：《法学方法论》，陈爱娥译，商务印书馆2003年版，第146~149页。

今后的司法实践中，实体法上合理的限制至少包括以下几个方面：

（一）法律特别规定的限制

在无偿合同关系中，根据《民法典》合同编的明确规定，债务人只在故意或重大过失的情形下才承担损害赔偿责任。此时，不应允许受害人依据《民法典》第186条的规定以存在一般过失为由追究对方责任。

例如，当甲将赠与物交付给乙，在乙因该物存在隐蔽瑕疵受到伤害的情况下，是符合《民法典》第1165条第1款所规定的侵权责任的构成。但是，按照《民法典》第662条规定，如果赠与人并未故意不告知瑕疵或者保证无瑕疵，则不应承担责任。显然，《民法典》关于赠与合同的规定采取了对赠与人相对宽容的态度，而侵权责任的一般构成要件则没有此等考虑。在该例中，如果允许当事人依据《民法典》第186条规定任意选择侵权责任作为请求权基础，《民法典》关于赠与合同的规则设计就形同虚设了。有学者提出，为了贯彻法律宽恕无偿奉献者的精神，于此场合，必须优先适用《民法典》第662条的规定，限制竞合。〔1〕

持请求权竞合说的德国民法学家梅迪库斯也认为，“通常来讲，发生竞合的请求权之间彼此互不影响，各请求权的成立要件范围以及限制，各依调整该请求权的规范而定。但也存在例外”。〔2〕在他看来，基于《德国民法典》第690条“（无偿寄托的责任）寄托被无偿地承担的，受寄人只须就其在自己的事务中通常所尽的注意承担责任”的规定，〔3〕即应认为构成请求权竞合的例外。

此外，《民法典》第897条“无偿保管人证明自己没有故意或是重大过失的，不承担赔偿责任”，第929条“无偿的委托合同，因受托人的故意或者重大过失给委托人造成损失的，委托人可以请求赔偿损失”，也与现行合同法规则基本相同。在这些情形下，相对于侵权法关于过错责任的概括规定，原《合同法》的相应条款应视为特别法予以优先适用，否则有违立法初衷。

---

〔1〕 参见崔建远：《民法总则：具体与抽象》，中国人民大学出版社2017年版，第327页。

〔2〕 ［德］迪特尔·梅迪库斯：《请求权基础》，陈卫佐等译，法律出版社2012年版，第166页。

〔3〕 《德国民法典》（第2版），陈卫佐译注，法律出版社2006年版，第275页。

（二）当事人有效约定的限制

即使受害人选择以侵权法规则为请求权基础，对方也可在侵权之诉中行使双方有效约定的合同抗辩权。

例如，原告与被告（某银行）下属的保管箱中心签订一份保管箱租箱合约，双方约定：被告将一保管箱租赁给原告使用，原告每年支付租金700元。同时约定：因被告方责任造成的损失，被告方承担责任的限额为不超过5000元。2003年1月，由于被告保管箱中心的空调给水管连接件接头脱落，致使位于底层原告租用的保险箱进水，原告存放在保险箱内的8幅祖传书画受损。原告起诉，要求被告赔偿原告财产损失费2，755，000元、书画修复费60，000元、精神损害赔偿金100，000元。被告认为原告并未告知保管箱用来存放名贵字画，且双方已对违约责任作出约定，不同意原告的诉讼请求。

一审法院认为，本案被告的行为构成违约与侵权的竞合。原告选择侵权之诉的请求，依法有据，故被告应承但相应的侵权责任。但原告作为被损书画的所有者，其应当知道书画的价值及保管要求明显高于一般物品，但他轻易将书画存放在底层保管箱内，也未将这一情况向被告说明。因此也存有一定过错。按照法律规定，受害人对于侵害的发生有过错的可以减轻侵害人的民事责任。因此被告应承担相应的民事赔偿责任。至于物损的价格认定，应依据实际情况及参照鉴定报告予以确定。据此，一审法院判决原告赔偿被告财产损失人民币768，185元，对原告的其他诉讼请求未予支持。二审法院维持了一审判决。

在该案中，经委托司法鉴定，8幅书画受损价格为人民币1，396，700元。通过与最终判决的赔偿金额比较，不难发现本案法官认为原、被告双方的过错比例为45∶55。由于原告明确选择侵权法作为请求权的基础，关于超出5000元的责任问题，从合同法规则的“全有或全无”，变成了侵权法规则的“与有过失”。双方关于违约责任限额的约定虽然并不符合合同无效或部分无效的任何规定，但实际上等同于无效，或者说就此失去了效力。

与之相对，上海法院司法智库此前刊登的一则案例，则采取了在笔者看来更为可取的策略。[1]该案中，二审法院认为，“货物运输合同履行过程中货物遭受损害，承运人存在侵权与合同责任竞合的情形下，托运人依据《中华人民共和国合同法》第122条选择侵权救济的，人民法院应予支持。该规定仅明确了责任竞合的情况下，当事人一方有权择一主张权利，但并未明确一方选择后，合同责任与侵权责任之间的关系，以及另一方抗辩权是否也必须择一主张。在法律并无明确规定的情况下，应当遵循自愿、公平、诚实信用的基本原则，合理平衡当事人利益。对于同一损害，当事人双方既存在合同关系又存在侵权法律关系的，不能完全割裂两者的联系，既要保护一方在请求权上的选择权，也要保护另一方依法享有的抗辩权。在责任竞合的情况下，如果允许一方选择侵权赔偿，并基于该选择排除对方基于生效合同享有的抗辩权，则不仅会导致双方合同关系形同虚设，有违诚实信用原则，也会导致市场主体无法通过合同制度合理防范、处理正常的商业经营风险。因此，无论一方以何种请求权向对方主张合同明确约定的事项，均不能排除对方依据合同享有的抗辩权”。

正如审理该案的二审法官所指出的，竞合不但涉及债权人对请求权基础的选择，也涉及债务人有效行使抗辩权的范围。《法国民法典》第1134条规定：“依法成立的契约，在缔结契约的当事人间有相当于法律的效力……”我国原《合同法》第8条也规定：“依法成立的合同，对当事人具有法律约束力。当事人应当按照约定履行自己的义务，不得擅自变更或者解除合同。依法成立的合同，受法律保护。”请求权与抗辩权同样应受保护。并且此处所谓“受法律保护”，绝不仅指受原《合同法》规则保护，也包括整个民法体系。承认当事人有效约定对双方均具约束效力，就必须避免因请求权人选择侵权法规则而使合同条款随意失去效力情况的发生。

类似观点在学界通说和法院均采请求权竞合说的德国也得到承认。梅迪库斯就认为，基于《德国民法典》第690条“寄托被无偿地承担的，受寄人只须就其在自己的事务中通常所尽的注意承担责任”的规定，即使受害人依据侵权行为

〔1〕《责任竞合裁判规则　侵权之诉可以援引合同抗辩》，载微信公众号上海审判研究，最后访问日期：2020年2月11日。

法行使请求权，受寄人也可以该条合同法上的规则主张减轻责任。[1]

（三）可预见规则的限制

原《合同法》第113条第1款规定："当事人一方不履行合同义务或者履行合同义务不符合约定，给对方造成损失的，损失赔偿额应当相当于因违约所造成的损失，包括合同履行后可以获得的利益，但不得超过违反合同一方订立合同时预见到或者应当预见到的因违反合同可能造成的损失。"《民法典》第584条的内容与之基本相同。就责任范围而言，可以认为这是原《合同法》规则赋予债务人的一项法定抗辩权。与前文讨论的约定抗辩权的援引类似，当债权人选择依据侵权法规则行使请求权时，也应当允许债务人援引可预见规则这一法定抗辩权。

例如，一位专业摄影师花了6个月时间为国家地理杂志在喜马拉雅山上拍摄照片，花费了10万美元。当他回家后，将胶卷交给了当地的沃林格冲印公司，而该公司把胶卷弄丢了，摄影师因此要求冲印公司赔偿10万美元。对此，从合同法规则的观点来看，"沃林格无法知道这些胶卷有什么特别之处。他们能够防止丢失发生的唯一方法就是增加对所有胶卷的保护措施。他们的选择是：或者对10卷胶卷加倍小心，或者对1000卷胶卷加倍小心，尽管程度不同，这两者都是无效率的。而摄影师确切地知道胶卷具有的特殊价值，并且能够通过把它们送到专业胶片工作室并确认工作室主人知道这些胶卷是什么而避免问题的发生。从道德风险的角度看，有效率的规定应该是要摄影师承担责任，因为他处于防止损失发生最有利的位置。过去这被称为哈德莱诉巴斯达利（Hadley v. Baxendale）规则，现在已经成为法律了"。[2]

和当事人的有效约定可能因为竞合而失去效力相类似，可预见规则也可能面临类似遭遇。这再次涉及合同法规则和侵权法规则在责任承担方面的一项重要差异：究竟是"全有或全无"，还是"与有过失"。前者通过将风险加诸处于防止损失发生最有利位置的当事人，希望有利于预防损害的发生；后者在损害已经

---

〔1〕 参见［德］迪特尔·梅迪库斯：《请求权基础》，陈卫佐等译，法律出版社2012年版，第166页。

〔2〕［美］大卫·D.弗里德曼：《经济学语境下的法律规则》，杨欣欣译，法律出版社2004年版，第191~192页。

现实发生的情况下，根据当事人的过错等因素，在当事人之间按照比例分摊损失。就个案而言，分摊损失固然可以在当事人之间实现一定程度的利益平衡，但如果无益于预防损害的规则塑造，最终很可能造成资源配置效率低下，波及包括个案债权人在内的广大社会群体。就此而言，合同法和侵权法规则无法彻底兼容，也无法彼此替代。如果违约人依据合同法上的可预见规则行使抗辩权是符合诚实信用原则的，则应当予以支持。

四、请求权竞合的程序塑造

实体规制以外，还存在如何通过合理塑造诉讼程序从而有效实现《民法典》第186条立法效果的问题。就此而言，当前法律、司法解释规定和审判实践尚有完善余地。

（一）请求权竞合的实践困境

1.请求权竞合容易导致一案多诉

例如，季某夫妇购买预售商品房，验收时发现墙面渗水，在收取钥匙的同时又以质量问题为由拒绝签字确认交房，数月后提起诉讼，要求对方修缮并按约定承担迟延交房的违约责任。被告表示愿意承担维修责任，但认为已经交房，不存在迟延履行。原告指出，房屋存在瑕疵必然影响装修和使用，经济损失客观存在。一审法院认为，被告有义务对房屋质量问题承担维修义务，原告也有义务防止损害无端扩大。在房屋的控制已经移交原告的情况下，被告无须承担迟延履行的违约责任。至于原告遭受的其他经济损失，可以另行起诉。〔1〕二审法院认为，由于房屋确实存在质量问题，一审原告的经济损失客观存在，因此依职权对同一地区类似商品房的租赁价格进行调查后，以避免讼累为由，在未组织双方当事人对调查结果进行质证的情况下径行作出改判。房地产公司对此申请再审，认为主要证据未经质证，原审生效判决超出当事人诉讼请求范围。〔2〕

当前审判实践中，法官业绩考核方案以结案数量为重。在审结案件和实际

---

〔1〕 参见（2009）嘉民三（民）初字第26号。

〔2〕 参见（2010）沪二中民二（民）终字第53号、（2010）沪高民一（民）申字第792号、（2010）沪高民一（民）再提字第27号。

解决纠纷之间，法官往往不得不更加注重前者。在旧实体法学说的诉讼标的理论占据主导地位的背景下，法官更易倾向于将个案诉讼标的范围尽量压缩，从而减轻个案工作压力、减少改判或发回重审的风险。[1]从一审判决的角度来看，存在约定违约救济权和法定违约救济权的竞合。其中之一被驳回后，由于目的并未实现，当事人不妨通过提起新诉行使另一请求权。二审法院减轻当事人讼累、案结事了的立场值得赞同，但未经当事人申请主动调查取证且不经质证即作为计算赔偿金额依据的做法，确实违反程序规定。如果不在诉讼程序方面作出特别规定，力争在同一案件中周全实现竞合请求权的保护，不但会无谓增加法院和当事人的诉讼成本，也会增加错误裁判的发生。

2.一次性解决纠纷要求未受足够重视

例如，在丸万公司诉湖石公司一案中，丸万公司诉称，湖石公司的员工欧某利用职务便利假借湖石公司名义与其签订虚假合同构成表见代理，要求湖石公司返还727，650美元并支付相应利息。一审法院以服务合同纠纷为案由作出判决，认为丸万公司在不符合双方交易习惯的情形下未尽核实义务而付款，显然存在过失，欧某的行为不构成表见代理，因此驳回丸万公司的诉讼请求。二审庭审中，法官就请求权基础问题向丸万公司发问，丸万公司明确答复是侵权关系。二审法院重新将双方的争议焦点归纳为欧某是否执行工作任务，并将案由确定为侵权责任纠纷。二审法院审理后认为，工作人员利用用人单位安排其工作任务所形成的职务便利实施犯罪行为，如果用人单位本可预见该等危险并加以防范，却未采取措施，增加了危险的可能性，则可以认定该行为与执行工作任务有内在联系，用人单位应承担此种危险所造成损害的赔偿责任。湖石公司长期委派欧某一人从事该项工作，缺少审核或监督环节，增加了危险发生的可能性。由此造成的损害后果，湖石公司应承担替代责任。考虑到丸万公司在签约过程中并未审慎核查，同样存在一定过失，故可减轻湖石公司相应责任。综合比较双方的过错程度及与损害后果之间的联系，认定湖石公司应对丸万公司的财产损失承担

〔1〕 关于旧实体法学说的诉讼标的理论，参见沈德咏主编：《最高人民法院民事诉讼法司法解释理解与适用》（上），人民法院出版社2015年版，第634~635页；王斌、李龙、李婵：《民事诉讼标的三大理论述评》，载《重庆大学学报》（社会科学版）2008年第2期。

70%的赔偿责任。[1]

1999年《最高人民法院关于适用〈中华人民共和国合同法〉若干问题的解释（一）》第30条规定："债权人依照合同法第一百二十二条的规定向人民法院起诉时作出选择后，在一审开庭以前又变更诉讼请求的，人民法院应当准许……"根据该条，深入思考，不难发现本案二审法官实际处于两难困境。如果认为丸万公司有权提起新诉，则通过两次诉讼解决当事人的同一纠纷，势必造成效率低下和资源浪费。如果认为丸万公司无权提起新诉，则不但与当前民事诉讼法理论的通说相悖，而且在有效保护当事人权利方面也难谓周全。就《民法典》第186条的表述来看，也很难得出这样的结论。[2]从二审判决来看，法官选择了实体公正，而忽略了1999年《最高人民法院关于适用〈中华人民共和国合同法〉若干问题的解释（一）》第30条的程序性要求。

（二）完善请求权竞合诉讼程序的建议

1.健全预备性合并之诉

在请求权竞合案件中引入预备性合并之诉，是兼顾实体正义和程序公正的有效方案。所谓预备性合并，是请求权人考虑主请求有可能不获得认可，于是提出备位请求，以主请求的认可作为备位请求解除条件，从而预先提出诉的客观合并的情形。当法院认可主请求时，对于备位请求的审判则变得不再必要。当驳回主请求时，法院将对备位请求予以审判。两个请求在诉讼进行及审理过程中具有极为密切的联系，以此为前提，在同一个诉讼程序内对两个请求进行审理，无论对于当事人还是对于法院，都属于合理的做法，也可以实现判断的统一。[3]

现行立法和司法解释缺少对预备性合并的明确规制，但存在关于预备性抗

---

〔1〕 参见（2017）沪0115民初11285号、（2018）沪01民终1049号。

〔2〕 对此存在反对意见。例如，有学者认为"一旦当事人选定某个请求权后，就不能再行使另一个请求权。即便被选择的请求权最终未能实现，也不能通过行使另一个请求权提起新的诉讼或上诉"。参见程啸：《侵权责任与违约责任的竞合》，载程啸：《侵权责任法》（第2版），法律出版社2015年版，转引自360个人图书馆网：http：//www.360doc.com/content/17/0316/08/35325546_637271327.shtml，最后访问日期：2020年2月11日。对此，笔者持不同观点，参见叶名怡：《合同法第122条（责任竞合）评注》，载《法学家》2019年第2期。

〔3〕 参见［日］新堂幸司：《新民事诉讼法》，林剑锋译，法律出版社2008年版，第521页。

辩的重要规定，颇具启发和借鉴意义。2020年修订的《最高人民法院关于审理买卖合同纠纷案件适用法律问题的解释》第21条第1款规定："买卖合同当事人一方以对方违约为由主张支付违约金，对方以合同不成立、合同未生效、合同无效或者不构成违约等为由进行免责抗辩而未主张调整过高的违约金的，人民法院应当就法院若不支持免责抗辩，当事人是否需要主张调整违约金进行释明。"这虽然是针对抗辩权人而非请求权人的规定，但原理如出一辙。抗辩人一方面主张不构成违约，另一方面又主张在法院认定违约的情况下调整违约金，表面上虽然存在矛盾，但由于存在主抗辩和备位抗辩的顺位关系，因此不但是明确的，也是合理的。正如该条司法解释的起草者所认为的，"（这两种抗辩主张）在性质、意义上并不相同，逻辑前提也不相同，不存在前者包容后者的可能，更不存在后者包容前者的可能"。〔1〕

以前述季某夫妇起诉的案件为例，如果一审法院能在审理过程中向原告释明，询问其在法院认为不构成延迟交付的情况下是否要求判决对方承担损害赔偿责任，给予原告提出预备性合并之诉的机会，将要求对方承担迟延履行责任作为主请求、承担损害赔偿责任作为备位请求，就能最大限度地兼顾公平与效率，避免再审资源的浪费，真正实现案结事了。

2.适时出台《民法典》配套解释

《民法典》第186条几乎完全沿用了原《合同法》第122条的内容。在《民法典》各分编制定的过程中，关于请求权竞合案件中债权人确定诉讼请求及选择法律依据的程序，实践中很可能仍将以1999年《最高人民法院关于适用〈中华人民共和国合同法〉若干问题的解释（一）》第30条的内容为准。如前所述，允许债权人以预备性合并之诉的方式在同一案件中主张权利，并不违反《民法典》第186条（包括原《合同法》第122条）的规定。因此，建议在就《民法典》第186条出台新的司法解释时，改变原来要求债权人必须在一审开庭前确定诉讼请求的方案。或者说，如果债权人以预备性合并之诉的方式主张多项诉讼请求的，其主张也应视为明确、合法。当事人就同一纠纷同时要求适用多项法律依据但拒

〔1〕　参见最高人民法院民事审判第二庭编著：《最高人民法院关于买卖合同司法解释理解与适用》，人民法院出版社2012年版，第438页。

绝选择先后顺序的，法官应当释明，要求当事人作出明确选择，以落实《民法典》第186条的规定。当事人拒绝选择的，不属于预备性合并之诉，原则上应认定为诉讼请求不明确。[1]当事人明确主张竞合请求权的顺序时，应当认为符合《民事诉讼法》第140条“原告增加诉讼请求，被告提出反诉，第三人提出与本案有关的诉讼请求，可以合并审理”的规定。同时，依据《最高人民法院关于适用〈中华人民共和国民事诉讼法〉的解释》第232条的规定，在案件受理后，法庭辩论结束前，原告增加诉讼请求，被告提出反诉，第三人提出与本案有关，人民法院应当合并审理。

以前述丸万公司起诉的案件为例，丸万公司之所以优先选择表见代理作为请求权基础，是因为一旦认定成立表见代理，对方将承担全部赔偿责任。其在二审期间又援引原《侵权责任法》第34条要求对方承担用人者责任，实际上是将此作为备位请求。笔者建议，应当作出明确司法解释，允许原告在一审中就依次顺序提出预备性合并之诉；同时，在当事人提出此等请求时，法院也有义务对此合并审理。如此，则可通过一审程序全面认定各项法律构成要件，避免二审重新确定争议焦点。

审判实务精要

民法上所谓竞合，是指同一法律事实同时满足两个以上民事责任的构成要件，从而导致多个民事责任均告成立的法律现象。请求权竞合是法律对社会生活进行类型化处理的必然结果，是大陆法系内部所必然产生的问题。由于法律对于社会生活特征的高度抽象，法律概念、要件事实等社会生活的具体内容，彼此之间在边缘上是模糊的，在范围上是重叠交叉的。一个生活事实，符合多个法律规范的构成要件，产生多个请求权，而这多个请求权又具有共同的目的，因此在各请求权间发生竞合。现代社会，由于合同法

〔1〕 当事人拒绝选择，法院对所有法律构成要件逐一审查并从有利于当事人的角度作出判决的案件并不少见，例如，李萍、龚念诉五月花人身损害赔偿纠纷（参见《最高人民法院公报》2002年第2期），陆红诉美国联合航空公司国际航空旅客运输损害赔偿纠纷（参见《最高人民法院公报》2002年第4期）。对此，有必要明确加以规制。

和侵权法的双向扩张，竞合现象有日益增多的趋势，必须加以重视。从比较法角度来看，各国存在法条竞合说、请求权竞合说和请求权规范竞合说等理论。原《合同法》第122条和《民法典》第186条均表明我国采请求权竞合说理论，但其他学说也具有重要的启发意义。在实体法领域，对权利人选择请求权基础并非毫无限制。具体而言，法律的特别规定（尤其是关于无偿合同责任）、当事人的有效约定以及违约责任领域的可预见规则，都是判断不同请求权实现效果时必须考虑的因素。在程序法领域，请求权竞合容易面临一案多诉的困境，且相关司法解释可能会加剧这一局面的缺陷。建议通过健全预备性合并之诉和适时出台《民法典》配套解释的方式，给予请求权竞合的权利人通过主请求和备位请求的方式在同一案件中主张所有请求权的机会，最大限度地兼顾公平与效率，同时避免矛盾裁判。

撰稿人：周　量，上海市高级人民法院申诉审查庭审判员，法律硕士
徐　驰，上海市高级人民法院申诉审查庭法官助理，法学硕士

物　权

4. 特殊动产登记对抗主义在民事执行中的适用

导　言

《民法典》第225条规定："船舶、航空器和机动车等的物权的设立、变更、转让和消灭，未经登记，不得对抗善意第三人。"这是我国关于特殊动产登记对抗主义的一般规定。对于有登记的物，就其物权变动是否需要登记而言，有登记生效主义和登记对抗主义之分。登记生效主义采物权变动未经登记不生效力的立场，故物权变动是与登记记载相一致的，一般不会滋生因物权的登记名义人与实际权利人不一致而可能产生的各种流弊。特殊动产因兼具动产和不动产两种特性，《民法典》规定其在物权变动模式上适用登记对抗主义，即其物权变动未经登记亦生效力，但不得对抗第三人，这就可能产生物权变动与登记记载不相一致的情形。由此也就使得对于特殊动产所有权的识别、物权变动能否对抗第三人以及第三人的范围等产生争议。就对特殊动产的民事执行而言，申请执行人、被执行人和案外人会因属于出卖人、买受人和第三人地位的不同而产生激烈的利益冲突。本文拟以登记对抗主义在民事执行适用中可能出现的若干实务问题为切入点，以考察登记对抗主义的效力为中心，在权衡对特殊动产进行扣押或者办理查封登记的申请执行人（查封债权人）和未经登记的特殊动产物权人利益的基础上力争就其可能引发的利益冲突作出比较合理的安排。

一、特殊动产登记对抗主义在民事执行中的适用情形

（一）《民法典》关于特殊动产登记对抗主义的规定

《民法典》关于特殊动产登记对抗主义的规定在沿袭原《物权法》规定的基础上作了一定的修改，主要包括以下规定：

第一,《民法典》第225条(原《物权法》第24条)规定:"船舶、航空器和机动车等的物权的设立、变更、转让和消灭,未经登记,不得对抗善意第三人。"这是特殊动产登记对抗主义的一般规定。

第二,《民法典》第403条规定:"以动产抵押的,抵押权自抵押合同生效时设立;未经登记,不得对抗善意第三人。"第404条规定:"以动产抵押的,不得对抗正常经营活动中已经支付合理价款并取得抵押财产的买受人。"这两条是关于动产抵押登记对抗主义的规定,是在原《物权法》第188条、第189条的基础上修改而成的,所作的修改主要是在企业、个体工商户、农业生产经营者等可以将现有和将有的生产设备、原材料、半成品、产品抵押设定浮动抵押,以及以交通运输工具或者正在建造中的船舶、航空器设定抵押之外,将动产抵押权自抵押合同生效时设立,未经登记不得对抗善意第三人的规定适用于一般主体和一般动产。

第三,《民法典》第641条规定:"当事人可以在买卖合同中约定买受人未履行支付价款或者其他义务的,标的物的所有权属于出卖人。出卖人对标的物保留的所有权,未经登记,不得对抗善意第三人。"这条是关于保留所有权买卖中登记对抗的规定,其中第1款沿袭了原《合同法》第134条的规定,第2款则是新增的内容,在保护出卖人所有权保留权益的同时为了保护交易安全科予出卖人以登记的义务,未经登记的,不得对抗善意第三人。

(二)特殊动产登记对抗主义在民事执行中的适用情形

结合《民法典》关于特殊动产登记对抗主义的规定,在民事执行中存在如下一些争议问题值得研析。

1.特殊动产所有权的识别

争议问题一:出卖人A与买受人B达成机动车买卖协议,在B尚未支付全部价款并尚未转移占有机动车的情况下,A将机动车转移登记到B名下,甲法院在以B为被执行人的案件中办理了该机动车查封登记,A依据《民事诉讼法》第227条提出案外人异议,称机动车尚未交付给B,其仍为所有权人,请求阻止执行。

一种观点认为，《民法典》第224条（原《物权法》第23条）规定："动产物权的设立和转让，自交付时发生效力，但是法律另有规定的除外。"机动车作为动产的一种，B作为买受人虽然已经办理了转移登记，但因未按规定进行交付，机动车的所有权尚未转移，A的案外人异议应当成立。另一种观点则认为，机动车已经登记在被执行人B名下，即应当是其可供执行的责任财产，如果认为A因未交付仍然享有所有权不仅可能因A与B之间恶意串通否认交付而侵害查封债权人的合法权益，而且对于尚未完成交易即办理机动车转移登记，存在一定过错的出卖人A进行保护，有违公正，因此A的案外人异议不能成立。

争议问题二：出卖人C与买受人D达成机动车买卖协议并交付机动车后，又与买受人E达成买卖协议并办理了机动车转移登记。乙法院在以D为被执行人的案件中扣押了该机动车，E提出案外人异议，主张其为机动车的所有权人，请求阻止执行。

一种观点认为，根据2020年修订的《最高人民法院关于审理买卖合同纠纷案件适用法律问题的解释》第7条第4项"出卖人将标的物交付给买受人之一，又为其他买受人办理所有权转移登记，已受领交付的买受人请求将标的物所有权登记在自己名下的，人民法院应予支持"的规定，机动车应当为D所有，E的案外人异议不能成立。另一种观点认为，依据《民法典》第225条的相反解释，机动车物权变动经登记的，能够对抗第三人，在C与E的买卖协议中，D是第三人，机动车已经转移登记到E名下，E能够对抗D，因此，E的案外人异议应当成立。

2. 查封债权人是否属于"善意第三人"

争议问题三：出卖人F与买受人G达成机动车买卖协议后G支付全部价款并实际占有机动车但未办理转移登记，丙法院在以F为被执行人的案件中办理了该机动车的查封登记，G提出案外人异议，主张其为机动车的所有权人，请求阻止执行。

一种观点认为，根据《最高人民法院关于适用〈中华人民共和国民法典〉物权编的解释（一）》第6条"转让人转让船舶、航空器和机动车等所有权，受让人已经支付合理价款并取得占有，虽未经登记，但转让人的债权人主张其为民法典

第二百二十五条所称的“善意第三人”的，不予支持，法律另有规定的除外”的规定，G的权利能够对抗查封债权人，其案外人异议应当成立。另一种观点则认为，机动车仍然登记在被执行人F名下，即应当是其可供执行的责任财产，如果认为G享有所有权不仅可能因F与G之间恶意串通虚构买卖并转移占有而侵害查封债权人的合法权益，而且对于购买机动车但未办理转移登记，存在一定过错的买受人G进行保护，有违公正，因此查封债权人属于善意第三人，G的权利不能与之相对抗，其案外人异议不能成立。

争议问题四：抵押人H与抵押权人I达成机动车抵押协议后未办理抵押登记，丁法院在以H为被执行人的案件中查封了该机动车，I申请就机动车变价款行使优先受偿权。

一种观点认为，《民法典》第403条中的“第三人”包括查封债权人，抵押权人I就机动车设定的抵押权未经登记不得向之对抗，不应享有优先受偿权。另一种观点则认为，“第三人”系指对动产享有物权的第三人，查封债权人作为一般债权人不属于“第三人”，抵押权人I享有的抵押权虽然未经登记但也能够向之对抗，仍然享有优先受偿权。

争议问题五：出卖人J与买受人K达成机动车买卖协议，在协议中约定在K支付一半价款后将机动车交付并转移登记到K名下，但在K未支付全部价款前，J仍然保留所有权，但对该约定未办理登记。戊法院在以K为被执行人的案件中查封了该机动车，J提出案外人异议，主张其仍为机动车的所有权人，请求阻止执行。

如果查封债权人属于“第三人”，则根据《民法典》第641条，因J未就保留所有权办理登记则不能向之对抗，其案外人异议不能成立。反之，如果认为查封债权人不属于“第三人”，则J能够向之对抗，其案外人异议应当成立。

二、特殊动产所有权变动的要件

（一）物权变动的立法主义

关于物权变动的立法主义主要有两种：一种是物权变动形式主义，另一种是物权变动意思主义。所谓物权变动形式主义是指物权变动不仅需要当事人之间达成合意，而且需要以登记或者交付等外在的形式予以公示。[1]所谓物权变动意思主义是指物权变动仅需要当事人之间达成合意即可，不需要以登记或者交付等任何外在的形式予以公示。[2]

1.物权变动形式主义

采物权变动形式主义的立法例主要有德国法、奥地利法和瑞士法等。物权变动形式主义因财产种类的不同而有所区别：就不动产而言，以登记作为公示的形式，如《德国民法典》第873条规定："为转让一项地产的所有权，为在地产上设定一项物权或者在该物权上更设定其他权利，如法律没有另行规定时，必须有权利人和因该权利变更而涉及的其他人的合意，以及权利变更在不动产登记簿上的登记。"就动产而言，以交付作为公示的形式，如《德国民法典》第929条第1款规定："为转让一项动产的所有权，必须由物的所有人将物交付与受让人，以及双方就所有权的移转达成合意。"物权变动形式主义要求物权变动必须以登记或者交付等一定的方式加以公示，未经公示不发生物权变动的效力，因此又被称为公示要件主义。

2.物权变动意思主义

采物权变动意思主义的立法例主要有法国法、日本法和英美法等。例如，《法国民法典》第711条规定："财产所有权，因继承、生前赠与、遗赠以及债的效果而取得或移转。"第1583条规定："当事人双方就标的物及价金相互同意时，即使标的物尚未交付，价金尚未支付，买卖即告成立，而标的物的所有权也于此时在法律上由出卖人移转于卖受人。"这种公示方式对于物权变动不具有任何意义的物权变动模式可以称之为绝对意思主义。但由于物权变动与物的占有或者登记等公示之间没有直接关系，随着社会经济的发展与物权交易的频繁，绝对意思主义对交易安全带来了巨大的隐患，《法国民法典》实施50年后，在1855年制定的《不动产登记法》中规定不动产物权变动未经登记不能对抗第三人。《日本民

---

〔1〕 参见孙鹏：《物权公示论——以物权变动为中心》，中国人民大学出版社2004年版，第13页。

〔2〕 参见谢在全：《民法物权论》（上册），中国政法大学出版社1999年版，第63页。

法典》则规定了较为完整的意思主义物权变动模式和未经公示不得对抗第三人的制度。《日本民法典》第176条规定："物权的设立及移转，只因当事人的意思表示而发生效力。"第177条规定："关于不动产物权的取得、丧失及变更，非依登记法所定，不得以之对抗第三人。"第178条规定："关于动产物权的转让，非有其动产的交付，不得以之对抗第三人。"物权变动意思主义只要求当事人意思表示即发生物权变动，但未经公示不产生对抗第三人的效力，因此又被称为公示对抗主义。

（二）我国特殊动产所有权变动的形式主义

登记对抗主义是与物权变动意思主义相对应的，因此有观点认为，在我国就特殊动产采登记对抗主义的情况下，其物权变动应当适用意思主义，〔1〕也只有将当事人之间的合意作为特殊动产物权变动的生效要件，才能符合《海商法》《民用航空法》所规定的登记对抗的立法本意。〔2〕对此，笔者认为值得商榷，在《民法典》的框架下，我国在特殊动产的所有权变动上仍然采取的是形式主义，〔3〕这主要是因为：《民法典》物权编通则"一般规定"第208条（原《物权法》第6条）规定："不动产物权的设立、变更、转让和消灭，应当依照法律规定登记。动产物权的设立和转让，应当依照法律规定交付。"这是我国物权变动所采立法主义的一般原则：就动产而言，物权变动须以交付或者占有作为公示；就不动产而言，物权变动须以登记作为公示，这是典型的物权变动形式主义的立法模式。在一般原则之外，《民法典》第224条（原《物权法》第23条）在"动产交付"中规

〔1〕 参见刘智慧主编：《中国物权法释解与应用》，人民法院出版社2007年版，第79页；最高人民法院物权法研究小组编：《〈中华人民共和国物权法〉条文理解与适用》，人民法院出版社2007年版，第114页；戴永盛：《论特殊动产的物权变动与对抗（下）——兼析〈最高人民法院关于审理买卖合同纠纷案件适用法律问题的解释〉第十条》，载《东方法学》2014年第6期等。还有一种观点认为，在特殊动产所有权转让中，交付仅是物权变动合意的表达，而非公示方式。参见汪志刚：《准不动产登记对抗主义的一般法理》，载《法商研究》2018年第2期。

〔2〕 参见王文军：《登记对抗主义挽歌——评〈最高人民法院关于审理买卖合同纠纷案件适用法律问题的解释〉第10条》，载《中国海商法研究》2015年第3期；赵俊劳：《我国物权法特殊动产物权变动生效要件的解释与完善》，载《法律科学》2017年第4期等。

〔3〕 更有观点认为，因为我国物权变动采形式主义，不宜再规定原《物权法》第24条。参见张淳：《〈物权法〉第24条之立法论检讨——以登记动产物权变动的登记对抗规则为对象》，载《东南大学学报》（哲学社会科学版）2019年第1期。

定："动产物权的设立和转让，自交付时发生效力，但是法律另有规定的除外。"这是在强调动产物权变动形式主义的同时增设了法律另有规定的除外条款，即在法律另有规定的情况下动产物权变动只需当事人达成合意即可。从法律另有规定来看，动产物权变动意思主义的规定仅体现在《民法典》第403条（原《物权法》第188条、第189条）中，即动产抵押权自抵押合同生效时设立，未经登记不得对抗善意第三人。也就是说，《民法典》对包括特殊动产在内的动产所有权变动没有设置例外规定，仍然要遵循形式主义的原则，需要以交付的方式加以公示，特殊动产在性质上仍然属于动产，交付是其所有权转移的必要条件之一。〔1〕易言之，如果特殊动产未交付买受人的，应当认定其所有权变动尚未完成；未受领的买受人即使办理了特殊动产登记的，也不能对抗已经受领但尚未办理登记的买受人。

至于登记和交付都是特殊动产物权变动的公示方法，并且登记对抗模式本身就包含了登记优先于交付的含义，登记的效力应当优先于交付的观点，〔2〕或者登记公示的所有权变动可以对抗交付公示的所有权变动，是完全的所有权转让合意和公示相结合的观点等，〔3〕由于《民法典》并没有赋予特殊动产登记产生物权变动的效力，在解释上缺乏说服力。此外，还有观点认为，交付虽然也是特殊动产物权变动的生效要件，但"未经登记，不得对抗善意第三人"说明登记后物权的效力要强于登记前、交付后物权的效力，在交付与登记发生冲突的时候，完成登记的权利人优先于仅受领交付的权利人，而不是相反。〔4〕该观点一方面认为交付是特殊动产物权变动的生效要件，另一方面又认为登记的效力强于交

---

〔1〕 参见崔建远：《再论动产物权变动的生效要件》，载《法学家》2010年第5期；汪志刚：《意思主义和形式主义对立的法理和历史根源》，载《法学研究》2010年第5期；全国人大常委会法制工作委员会民法室编：《中华人民共和国物权法条文说明、立法理由及相关规定》（第2版），北京大学出版社2017年版，第54页等。

〔2〕 参见杨代雄：《准不动产的物权变动要件——〈物权法〉第24条及相关条款的解释与完善》，载《法律科学》2010年第1期；王利明：《特殊动产物权变动的公示方法》，载《法学研究》2013年第4期。

〔3〕 参见汪志刚：《准不动产物权变动与对抗》，载《中外法学》2011年第5期。

〔4〕 参见程啸：《论动产多重买卖中标的物所有权归属——评最高法院买卖合同司法解释第9、10条》，载《清华法学》2012年第6期。

付的效力，在一定程度上存在自相矛盾之处，也是值得商榷的。[1]

三、特殊动产物权变动未经登记不得对抗第三人的范围

（一）“第三人”限制说的实质

1.“第三人”无限制说和限制说

对于“第三人”的范围应当采无限制说还是限制说，日本的学说对之有较为深入的研究，总体而言由无限制说逐渐发展成为限制说。一般认为，在《日本民法典》颁行后的一段时间内，学说界以第177条的文意解释为基础，并考察立法者的本意，[2]形成了占支配地位的“第三人”范围无限制说。判例所持的立场则有两种：一种与学说界同持无限制说，另一种则持限制说。[3]无限制说认为，物权变动未经登记的，不得对抗包括恶意第三人在内的一切第三人。在此立场下，所有权人只要未登记所有权，那么其对不享有任何权利的第三人都不能主张对抗，由此在第三人侵权的情况下，第三人便可以主张登记欠缺而对其所造成的损害拒绝予以赔偿。以此观之，登记对抗主义下对“第三人”范围采无限制说显然是不公正的。有鉴于此，日本大审院明治四十一年（1908年）十二月十五日联合部判决对此予以了统一，认为登记对抗主义“乃以交易安全为目的，不登记不对抗是为了保护就同一不动产有正当利益的人。如果对第三人给予过于宽泛的解释，则法律有对第三人保护过丰而薄于当事人之虞，从而助长不法行为，破坏维护正当交易的法律目标”。[4]由此，日本判例确立了“第三人”范围限制说，认为

---

〔1〕 还有观点认为，特殊动产未经登记不得对抗的效力问题可以转化为无权处分中受让人的善意取得问题，即特殊动产具有占有与登记两种公示方式，当两种公示外观一致且非明知转让人无处分权时才可认定第三人善意，当公示外观不一致时，除非第三人尽必要调查义务并有理由相信转让人为有权处分外不应认定第三人善意。参见郑永宽：《论机动车等特殊动产物权的登记对抗效力》，载《法学家》2019年第4期。也有观点认为，原《物权法》第24所规定的登记对抗主义与善意取得制度的功能有所重叠，宜予废止。参见庄加园：《登记对抗主义的反思与改造：〈物权法〉第24条解析》，载《中国法学》2018年第1期。

〔2〕 参见王茵：《不动产物权变动和交易安全——日德法三国物权变动模式德比较研究》，商务印书馆2004年版，第242页。

〔3〕 参见王茵：《不动产物权变动和交易安全——日德法三国物权变动模式德比较研究》，商务印书馆2004年版，第245页。

〔4〕 明治四十一年（1908年）十二月二十五日民录14辑第1276页。转引自王轶：《物权变动论》，中国人民大学出版社2001年版，第125页。

可以主张登记欠缺以对抗未经登记物权人的“第三人”仅限为“有正当利益的人”，学理上也将“第三人”范围限制说作为现今之通说。〔1〕在我国台湾地区，规定了动产抵押制度并采登记对抗主义，〔2〕多数学说也都主张对“第三人”的范围应予限制，即将“第三人”限定为对欠缺登记具有正当利益的利害关系人。〔3〕

2.“第三人”限制说的确定标准

在就“第三人”范围采限制说的前提下，对其具体确定标准亦有多种学说，主要有正当利益说、有效交易说、“或者吃掉或者被吃”说等。其中，正当利益说是指，“所谓第三人，非指当事人及其概括继承人，而指对不动产物权的得丧及变更有主张登记欠缺之正当利益者”。〔4〕有效交易说是指，“对于处在该不动产有效交易关系中的第三人来说，不具备登记便不得对抗，但是，该第三人在对其他第三人的关系中没有登记也可以对抗”。〔5〕“或者吃掉或者被吃”说是指，未经登记不得对抗的“第三人”应当“只限于处在相互争夺物的支配的关系中，被认为是因信赖登记而付诸行动者”。〔6〕

将没有正当利益的第三人排除在登记对抗主义下的“第三人”之外，无论是从登记对抗主义的立法目的旨在保护正当利益的第三人、维护交易安全来看，还是从实现公平正义、制裁不法行为来看都是妥当的，应予肯定和坚持。限制说的实质是通过对“第三人”范围进行限制，进而平衡未经登记的物权人与第三人之间的权益，第三人问题实质上就是互为第三人的利益衡量和价值取向的问题。

---

〔1〕 参见［日］铃木禄弥：《物权的变动与对抗》，渠涛译，社会科学文献出版社1999年版，第9页。

〔2〕 我国台湾地区“动产担保交易法”第15条规定：“称动产抵押者，谓抵押权人对债务人或第三人不移转占有而就供担保债权人之动产设定动产抵押权，于债务人不履行契约时，抵押权人得占有抵押物，并得出卖，就其卖得价金优先于其它债权而受清偿之交易。”第5条规定：“动产担保交易，应以书面订立契约。非经登记，不得对抗善意第三人。”

〔3〕 参见谢在全：《民法物权论》（下册），中国政法大学出版社1999年版，第701~702页。

〔4〕 ［日］近江幸治：《民法讲义Ⅱ·物权法》，王茵译，北京大学出版社2006年版，第55页。

〔5〕 ［日］我妻荣著，有泉亨修订：《新订物权法》，第154页。转引自［日］铃木禄弥：《物权的变动与对抗》，渠涛译，社会科学文献出版社1999年版，第11页。

〔6〕 ［日］舟桥谆一：《物权法》，第182页。转引自［日］铃木禄弥：《物权的变动与对抗》，渠涛译，社会科学文献出版社1999年版，第11页。

(二)"第三人"是否包括一般债权人之争

登记对抗主义下的"第三人"中争议最大的是所谓的"一般债权人"问题，主要有以下三种观点。

1."第三人"不包括一般债权人

在日本，判例坚持认为一般债权人不包含在能够主张登记欠缺的第三人之中。[1]在法国，有学者认为即使抵押权没有登录，一般债权人也没有权利因为登录缺陷而受有利益。[2]在我国台湾地区，也有学者认为"所谓第三人应指对同一标的物享有物权之人，债务人之一般债权人并不包括在内"。[3]根据2015年《最高人民法院关于适用〈中华人民共和国物权法〉若干问题的解释（一）》第6条，在特殊动产所有权的变动上，特殊动产转让人的债权人是被排除在"善意第三人"之外的。该司法解释的起草者认为虽未经登记，但受让人经交付成为特定动产的所有人地位不容置疑，将转让人之债权人排除于善意第三人范围之外，是贯彻物权优先效力的逻辑必然。[4]

支持上述观点的理由主要是：第一，就法律性质来看，采登记对抗主义的物权虽未经登记，但根据法律的规定，当事人之间设立物权的合同生效物权即设立，而物权在性质上具有排他性，其效力恒优于一般债权。第二，就文义来看，所谓对抗是指，根据权利的性质两者之间有竞存抗争关系的情况下才发生对抗。而物权依其本质即优先于债权，自不发生对抗问题。第三，就交易安全来看，一般债权人之借予金钱系信赖债务人之清偿能力，因未登记的物权而遭受不测损害是其应当承担的风险，与未登记物权之标的物无法律上之直接关系。一般债权人为避免遭受不测的风险，应当设立担保物权。[5]

---

〔1〕 参照大审院大正四年七月十二日判决，载大审院民事判决录第21辑第1126页。转引自［日］加贺山茂：《日本物权法中的对抗问题》，于敏译，载《外国法译评》2000年第2期。

〔2〕 参见于海涌：《法国不动产担保物权研究——兼论法国的物权变动模式》，法律出版社2004年版，第205页。

〔3〕 王泽鉴：《民法学说与判例研究》（第1册），中国政法大学出版社2005年版，第228页。

〔4〕 参见程新文、辛正郁、司伟：《〈关于适用物权法若干问题的解释（一）〉的理解与适用》，载《人民司法·应用》2016年第7期。

〔5〕 参见王泽鉴：《民法学说与判例研究》（第1册），中国政法大学出版社2005年版，第228~229页。

2.“第三人”包括一般债权人

在日本，有学者认为无登记而不得对抗之“第三人”主要包括已经取得物权之人、对该不动产享有租赁权以及其他特定债权之人、一般债权人等。〔1〕还有观点认为一般债权人即使进行扣押或者参与分配，也不会增强其债权，所以应肯定一般债权人也属于“第三人”。〔2〕在法国，法院的判决亦认为未登录的抵押权不仅不能对抗其他登录的权利人，而且也不能够对抗一般债权人。〔3〕在我国，有观点认为无论一般债权人属于善意还是恶意，未登记的物权人都不能对抗之。〔4〕在我国台湾地区，也有学者认为“所有善意第三人，不论是债权人或物权人皆属之，因法律并未限制第三人之范围”。〔5〕

支持上述观点的主要理由是：“第三人的利益是交易秩序的化身，保护第三人利益，就是保护交易的安全。”〔6〕根据“物权排他效力止于交易安全”的基本规则，〔7〕就登记对抗主义来看，若不予公示便承认其具有优先于一般债权的效力，则对于基于债务人的责任财产而与其交易的一般债权人是极为不公的。〔8〕而且一般债权人的债权除了通常意义上借与金钱而外，尚有侵权之债、不当得利返还等法定之债，在这些情况下苛责于一般债权人必须谋求担保不仅有失公允而且有违常情。即使是借与金钱的一般债权或者通常意义上的合同之债，如以从一般债权人处借得的金钱购买动产设立物权，以从一般债权人处购得的动产设立物权以及在合同无效时以应当返还给一般债权人的动产设立物权等，在这些情形下未经登记亦得对抗一般债权人显然厚于物权人而薄于一般债权人，有

---

〔1〕 参见［日］我妻荣著，有泉亨修订：《日本物权法》，李宜芬校订，五南图书出版有限公司1999年版，第143~155页。

〔2〕 参见［日］田山辉明：《物权法》（增订本），陆庆胜译，法律出版社2001年版，第50页。

〔3〕 参见于海涌：《法国不动产担保物权研究——兼论法国的物权变动模式》，法律出版社2004年版，第205页。

〔4〕 参见李国光主编：《最高人民法院〈关于适用中华人民共和国担保法若干问题的解释〉理解与适用》，吉林出版社2000年版，第228页。

〔5〕 吴鹤亭：《关于动产担保交易标的物强制执行之我见》（下），载《司法通讯》第791期。转引自谢在全：《民法物权论》（下册），中国政法大学出版社1999年版，第701页。

〔6〕 孙宪忠：《论物权法》，法律出版社2008年版，第52页。

〔7〕 参见张再芝、孟勤国：《一般动产抵押的可行性研究》，载《东华理工大学学报》（社会科学版）2008年第1期。

〔8〕 参见王磊：《论我国动产抵押制度的现存缺陷及其完善》，载《政治与法律》2001年第5期。

违公平正义之嫌。“真正决定第三人范围的是公示对其是否具有正当利益。如果第三人对公示有正当利益，不论是物权还是债权性质的第三人，都是不得对抗的第三人。”[1]一般债权人不能仅因其是债权人而当然排除在第三人之外。

3.“第三人”不包括查封、参与分配债权人之外的一般债权人

在日本，大审院明治四十一年（1908年）十二月十五日联合部判决认为“就同一不动产依正当权原取得所有权、抵押权等物权或租赁权的人，或对同一不动产实行查封的债权人，或就查封申请加入分配的债权，均为第三人”。[2]日本学者也认为扣押和申请参与分配使债权效力集中于该物，只有在这种情况下一般债权人才为“第三人”。[3]在我国，有学者认为“‘狭义的一般债权人’和‘特定物债权人’属于‘绝对可对抗的第三人’；破产债权人、扣押债权人、参与分配债权人则属于‘绝对不可对抗的第三人’”。[4]在我国台湾地区，也有学者认为，未经公示的动产抵押权不得对抗的“第三人”包括抵押物之受让人或其他物权取得人、查封抵押物之债权人或就此项强制执行声请参与分配之债权人等。[5]

支持该观点的主要理由是：第一，从采登记对抗主义甚至是登记生效主义的域外立法例来看，查封或者查封登记被赋予质权、抵押权的性质，从而取得优先效力。在德国，根据其民事诉讼法第804条、第866条、第867条，申请执行人因对被执行人的动产予以查封而取得对查封物的质权，对被执行人的不动产予以查封登记而取得对查封物的强制抵押权。根据第916条和第932条为确保判决得以履行的假扣押质权和假扣押抵押权，则随着债权人的胜诉和判决的生效而转化为扣押质权和强制抵押权而具有优先受偿的效力。在法国，虽然对于动产的执行实行彻底的平等主义，但对于不动产的执行则由于规定了“判决抵押权”也表现为查封优先主义。所谓“判决抵押权”是指，对于不动产，自债权人胜诉判决宣告始，债权人即取得对不动产的抵押权，经其向登记机关办理登记后享有

---

〔1〕张洪波：《特殊动产物权变动登记对抗之第三人范围》，载《山东社会科学》2016年第5期。
〔2〕［日］近江幸治：《民法讲义Ⅱ·物权法》，王茵译，北京大学出版社2006年版，第55页。
〔3〕参见［日］田山辉明：《物权法》（增订本），陆庆胜译，法律出版社2001年版，第50页。
〔4〕龙俊：《中国物权法上的登记对抗主义》，载《法学研究》2012年第5期。
〔5〕参见谢在全：《民法物权论》（下册），中国政法大学出版社1999年版，第700~702页。

优先受偿权。[1]此外，1991年7月9日民事执行程序法还创设了一种新的抵押权形态——保全性裁判抵押权，使得办理登记的保全措施亦取得了担保物权的优先效力。[2]在英美法系，查封或者查封登记也具有一定的优先性。在英国，优先主义按照债权人将执行令状交给执行官的时间先后予以确定。[3]在美国，确定优先主义的顺序则有判决前的财产扣押（Attachment）、债权扣押（Garnishment）和判决担保权益（Judgment Lien）三种。就《美国统一商法典》第九编所规定的动产担保交易法来看，未经登记或者占有等方式予以公示的不完善的动产担保权也不能够对抗通过查封扣押、没收等程序而在担保财产上获得留置权的债权人（Lien Creditors）。[4]第二，在我国，虽然法律和司法解释未规定查封为具有抵押权或者质权的效力，但根据《最高人民法院关于人民法院民事执行中查封、扣押、冻结财产的规定》第9条、第26条、第28条，在先查封也具有对抗效力和优先效力。[5]该司法解释第21条第1款还规定了禁止超标的查封制度，即查封被执行人的财产，以其价额足以清偿法律文书确定的债权额及执行费用为限，不得明显超标的额查封。登记对抗主义是一项为促进信赖保护而作的制度安排，[6]在对被执行人的特殊动产进行扣押或者办理查封登记的情况下，即意味着查封债权人在特殊动产价值范围内应当减少对被执行人其他财产的查封，而如果未经登记的特殊动产物权人能够对抗查封债权人则意味着查封的特殊动产需要解封，待解封后再查封被执行人的其他财产则有可能因被执行人已将其转让、转移等而丧失查封的时机。从这个意义上来说，查封债权人对于查封的特殊动产属于被执行人所有并用其清偿债务是存在一定的信赖利益的。

---

〔1〕 参见陈荣宗：《强制执行法》，三民书局2000年版，第266页。

〔2〕 参见于海涌：《法国保全性裁判抵押权制度研究——兼论我国不动产查封制度的完善》，载《清华大学学报》（哲学社会科学版）2006年第3期。

〔3〕 参见沈达明编：《比较强制执行法初论》，对外贸易教育出版社1994年版，第19~20页。

〔4〕 参见苏号朋主编：《美国商法——制度、判例与问题》，中国法制出版社2000年版，第293~295页。

〔5〕 参见于海涌：《法国保全性裁判抵押权制度研究——兼论我国不动产查封制度的完善》，载《清华大学学报》（哲学社会科学版）2006年第3期。

〔6〕 王稳：《登记对抗模式下的信赖保护问题研究》，载《江西社会科学》2018年第4期。

（三）查封债权人是否属于“第三人”的具体分析

上述三种观点基于不同的视角和理论基础都具有一定的合理性。在民事执行程序中，查封债权人是否属于特殊动产未经登记不得对抗的第三人的实质是对未经登记的物权人和查封债权人之间的利益进行权衡，这就需要在《民法典》的框架下综合考量不同主体的信赖利益和过错程度来确定优先保护的顺位。

1.未经登记的特殊动产买受人主张所有权以排除执行

未经登记的所有权人（买受人）没有办理登记的原因主要可以分为三种情形：其一，根据买卖合同全额支付价款并交付特殊动产，已经具备办理登记的条件但因买受人自身原因而怠于办理。其二，根据买卖合同全额支付价款并交付特殊动产，已经具备办理登记的条件但非因买受人自身原因而无法办理。其三，根据买卖合同，虽然已经交付特殊动产但因未全额支付价款而尚不具备办理登记的条件。

就第一种情形而言，一方面买受人对特殊动产未办理登记负有过错，另一方面在禁止超标的查封的情况下查封债权人对特殊动产的查封具有信赖利益，两者相较以优先保护查封债权人的权益为宜。就第二种情形而言，买受人对未能办理登记并无过错，根据“物权优先于债权”的基本法理，以优先保护买受人的权益为宜。非因买受人自身的原因未办理过户具体包括查封前买卖双方已经共同向特殊动产登记机构提交办理所有权转移登记的申请、买受人因办理所有权转移登记与出卖人发生纠纷并提起诉讼或者申请仲裁以及买受人生病、遭受自然灾害等其他合理客观理由。就第三种情形而言，虽然买受人已经占有特殊动产，但其价款尚未支付完毕，如果可以径行对抗查封债权人则显失公平。《最高人民法院关于适用〈中华人民共和国民法典〉物权编的解释（一）》第6条也规定买受人能够对抗出卖人的债权人须已经支付合理价款。因此，可以参照《最高人民法院关于人民法院办理执行异议和复议案件若干问题的规定》第28条，在其将剩余价款交付执行的情况下可以排除执行。要之，虽然查封债权人并不是物权意义上的“第三人”，但买受人以其购买特殊动产为由主张所有权请求排除执行，除查封债权人对特殊动产依法享有抵押权外，应当同时符合以下四个条件：其一，查封前买受人已与被执行人签订合法有效的特殊动产买卖合同；其二，查封前被执行人已经向买受人交付特殊动产；其三，买受人已经支付全部价款（合理价款的全部）或者将剩余价款交付执行；其四，非因买受人自身原因未办理特殊动产权属转移登记。

2.未经登记的特殊动产抵押权人主张优先受偿权

物权之所以具有对世性并优于一般债权，根本的原因就是以交付（占有）或者登记的方式对其进行了公示，公示是物权对世效力的源泉。〔1〕在《民法典》关于物权变动总体上采形式主义的立法主义下，特殊动产抵押权之所以未经登记即能够称为物权，其根本原因并不在于其具有对世性，而是其在债权与物权的分野上只能归属于物权的范畴。正因如此，《民法典》一方面在规定其是物权的同时，另一方面又规定未经登记不得对抗第三人，从而将登记作为此类物权产生对抗效力的必备条件。《民法典》第414条第1款第3项（原《物权法》第199条第3项）也规定，动产抵押权未登记的，按照债权比例清偿，而不是按照抵押合同生效先后确定优先顺位，也能说明未经登记的动产抵押权之间是平等的债权。就未经登记的特殊动产抵押权人与查封债权人而言，由于未经登记的动产抵押权的"债权化"本质，〔2〕其不应优先于作为一般债权人的查封债权人而享有优先受偿权。相反，如果认可未经登记的特殊动产抵押权相较于作为一般债权人的查封债权人具有优先受偿权，则可能会因被执行人与案外人恶意串通仅凭一纸倒签抵押权协议损害查封债权人利益的情形。从这个意义上来说，在特殊动产抵押权未经登记的情况下，查封债权人属于《民法典》第403条所规定的不得对抗的"善意第三人"。对此，《最高人民法院关于适用〈中华人民共和国民法典〉有关担保制度的解释》第54条第3项也规定："抵押人的其他债权人向人民法院申请保全或者执行抵押财产，人民法院已经作出财产保全裁定或者采取执行措施，抵押权人主张对抵押财产优先受偿的，人民法院不予支持"。此外，根据《最高人民法院关于适用〈中华人民共和国民事诉讼法〉的解释》第508条、第510条、第

〔1〕 参见高富平：《物权法原论》（中），中国法制出版社2001年版，第543页。

〔2〕 参见曹士兵：《中国担保制度与担保方法——根据物权法修订》，中国法制出版社2008年版，第240页。

516条，就被执行人为自然人和其他组织而言，未经登记的特殊动产抵押权人不仅需要取得执行依据后才能申请参与分配，而且在参与分配时只能作为普通债权受偿；就被执行人为法人而言，财产不足以清偿所有债务，当事人不同意移送破产或者被执行人住所地人民法院不受理破产案件的，未经登记的特殊动产抵押权在取得执行依据的前提下应当作为普通债权，按照财产保全和执行中查封、扣押、冻结财产的先后顺序清偿。至于有观点认为从传统的动产交付、不动产登记的公示原则出发，包括特殊动产在内的动产抵押权的登记实质上不足以公示、不应发生公示效力，其优先于一般债权存在不合理之处，〔1〕以及我国台湾地区和日本就动产抵押所规定的同一性识别制度（又称为补强公示制度）等，〔2〕我国立法显然与之不同，依据《民法典》第403条的反面解释，在我国特殊动产抵押权只要登记即产生对抗第三人的效力，具有优先受偿权。

（四）特殊动产抵押权未经登记时查封债权人善意的认定

在特殊动产抵押权未经登记的情况下，查封债权人属于“第三人”，但根据《民法典》第403条，“第三人”在主观上须为善意。考虑到以下两重因素，查封债权人主观上的善意应当作限缩解释，即除第三人与特殊动产的所有人恶意串通以损害未经登记的抵押权人的合法利益之外都应当视第三人在主观上是善意的。

第一，所谓善意无非是要求第三人对未经登记的登记对抗主义下的物权变动不知情，〔3〕或者是不知道也不应当知道。〔4〕为了鼓励和彰显诚实信用，在第三人明知争议标的物已为其他人设立尚未登记的物权的情况下，第三人仍与之进

---

〔1〕 参见姜战军：《动产抵押制度质疑——以质疑动产抵押的公示及效力为中心》，载《法律科学》2005年第6期。

〔2〕 如我国台湾地区“动产担保交易法施行细则”第16条规定：“登记机关应于业经登记之标的物之显著部份烙印或粘贴标签等，以资识别。”日本的特别法也认为，“因登记的公示力较弱，故对于汽车、飞机等只有通过所谓的打刻（一种明认方法）以补强其特性后，才能被视为具有了登记公示的手段。”[日]高木多喜男、曾田原：《民法讲义（3）· 担保物权》，第276~277页。转引自王闯：《动产抵押制度研究》，载梁慧星主编：《民商法论丛》（第3卷），法律出版社1995年版，第420页。

〔3〕 参见最高人民法院物权法研究小组编：《〈中华人民共和国物权法〉条文理解与适用》，人民法院出版社2007年版，第565页。

〔4〕 参见胡康生主编：《〈中华人民共和国物权法〉释义》，法律出版社2007年版，第69页。

行交易并主张享有物权，对该第三人认定其不具有善意而不予保护是恰当的。但在民事执行中，一般债权人在查封争议标的物时的情形与一般民事交易中的情形明显不同，一般债权人并不主张物权而对抗其他物权人，而仅是主张未经登记的抵押权并不享有优先受偿权。若要求执行程序中的一般债权人在主观上必须为不知情的善意，则可能出现查封债权人不知情则未经登记的特殊动产抵押权人不能享有优先受偿权，查封债权人知情或者应当知情则未经登记的特殊动产抵押权人便享有优先受偿权的逻辑悖论。此外，就执行法院依职权查封而言，无关乎查封债权人主观上的善恶，未经登记的特殊动产抵押权人应否享有优先受偿权也不无疑问。

第二，善意的判定标准难以界定。从国外的立法例来看，采登记对抗主义的《日本民法典》虽在立法上未有第三人须为善意的要求，但学说首先提出背信恶意者排除的理论，之后被判例采纳后又成为通说，但此通说又与纷繁复杂的多重学说理论并存，加之众说纷纭的对抗原理，使得将各种学说进行归纳和整理都是件很困难的事情，就其适用而言更是相当广泛地存在认识不清的问题。〔1〕在我国台湾地区，虽然立法上明确规定"第三人"在主观上须为善意，但至于如何判断何为善意却不无争议。〔2〕在我国，有学者认为未登记的动产抵押权仅能够对抗抵押物的恶意买受人，而不得对抗经依法公示的恶意抵押权人、质权人或者留置权人。〔3〕也有学者认为立法上将第三人限于善意是存在诸多弊端的，主张对善意的认定应当适用推定，即只要第三人主张没有登记就推定第三人善意，如果当事人能证明第三人恶意，则排除出第三人的范围。〔4〕准此以言，执行程序中的一般债权人虽明知特殊动产上有未经登记的抵押权，也可以对该特殊动产进行查封，且未经登记的抵押权人并不享有优先受偿权。

---

〔1〕 参见王茵：《不动产物权变动和交易安全——日德法三国物权变动模式德比较研究》，商务印书馆2004年版，第264页、第267页。

〔2〕 参见高圣平：《动产担保交易制度比较研究》，中国人民大学出版社2008年版，第288页。

〔3〕 参见王闯：《规则冲突与制度创新——以物权法与担保法及其解释的比较为中心而展开》（中），载《人民法院报》2007年6月27日，第6版。

〔4〕 参见郭志京：《也论中国物权法上的登记对抗主义》，载《比较法研究》2014年第3期。

四、争议问题分析结论

结合前文的分析，笔者试就最初提出的争议问题作出分析结论：

1.关于争议问题一

特殊动产所有权的转移除了需要当事人之间达成合意之外，还需要通过交付的方式予以公示，交付是特殊动产所有权转移的生效要件之一。因此，机动车虽然已经登记到被执行人B名下，但因其并没有受领机动车，尚未取得机动车的所有权，出卖人A的案外人异议应当成立。

2.关于争议问题二

在机动车“一物二卖”的情况下，D和E都是相对方的物权“第三人”，被执行人D受领了机动车，取得了所有权，案外人E虽然将机动车登记到其名下，但因未受领而未取得所有权，被执行人D可以对抗案外人E，E的案外人异议应当不成立。

3.关于争议问题三

对被执行人F名下机动车办理查封登记的申请执行人虽然不属于物权意义上的“善意第三人”，但其对机动车产生了一定的信赖利益，这就需要结合买受人G与被执行人F之间的买卖合同及其履行情况在优先保护查封债权人和优先保护买受人之间进行利益平衡。如果买受人G同时满足前文所述的四个条件的，其案外人异议成立；反之则不能成立。

4.关于争议问题四

I虽然是被执行人H名下机动车的抵押权人，但由于该抵押权未办理登记，本质上仍然是“债权化”的抵押权，其对机动车的变价款不享有优先受偿权。

5.关于争议问题五

出卖人J虽然在与买受人K达成的机动车买卖协议中保留了所有权，但由于该约定未办理登记，其显然存在过错，而对登记在被执行人K名下机动车办理查封登记的申请执行人对该查封具有一定的信赖利益，因此J提出的案外人异议不能成立。

审判实务精要

在民事执行中适用特殊动产登记对抗主义时应当遵循如下一般规则：

规则一——关于特殊动产所有权的识别和对抗

第一，特殊动产的所有权变动以交付为必要条件，同时特殊动产登记虽然不是所有权变动的要件但具有一定的公示效力。因此，被执行人占有特殊动产或者特殊动产登记在被执行人名下的，[1]执行法院都可以进行查封。

第二，特殊动产"一物二卖"的情形下，未办理登记但已受领的买受人具有对抗已办理登记但未受领的买受人的效力。因此，倘被执行人属于前者，后者提出案外人异议的，则应当认为理由不成立，裁定驳回。反之，倘被执行人属于后者，而前者提出案外人异议的，则应当认为理由成立，裁定中止对该特殊动产的执行。

第三，虽然查封债权人并不是物权意义上的"第三人"，但买受人以其购买特殊动产为由主张所有权请求排除执行，除查封债权人对特殊动产依法享有抵押权外，应当同时符合以下四个条件：其一，查封前买受人已与被执行人签订合法有效的特殊动产买卖合同；其二，查封前被执行人已经向买受人交付特殊动产；其三，买受人已经支付全部价款或者将剩余价款交付执行；其四，非因买受人自身原因未办理特殊动产权属转移登记。

规则二——关于特殊动产的查封措施

第一，由于未办理登记但已受领的买受人对特殊动产享有所有权，因此仅对特殊动产办理查封登记是不够的，为了防止被执行人与其他人在查封后恶意串通通过交付的方式转移财产，执行法院在查封时还应当尽可能地扣押被查封的特殊动产。

第二，经登记的特殊动产抵押权具有对抗第三人的效力，虽然扣押到

〔1〕 根据《最高人民法院关于人民法院民事执行中查封、扣押、冻结财产的规定》第2条第1款和《最高人民法院关于人民法院办理执行异议和复议案件若干问题的规定》第25条第1款第2项，人民法院可以查封登记在被执行人名下的特定动产，在案外人异议的审查中，对于特定动产按照相关管理部门的登记判断其权利人。

特殊动产，为了防止被执行人与其他人在扣押后恶意串通办理特殊动产抵押登记以主张优先受偿权，还应当及时办理特殊动产的查封登记。

规则三——关于未经登记的特殊动产抵押权

第一，查封债权人除与作为被执行人的特殊动产所有人恶意串通以损害未经登记的抵押权人合法利益之外，即使其明知特殊动产上有未经登记的抵押权也可以对该特殊动产进行查封，且未经登记的抵押权人并不享有优先受偿权。

第二，由于未经登记的特殊动产抵押权在执行程序中不享有优先受偿权，其抵押权人申请对特殊动产变价所得进行分配的，须以取得执行依据为前提。

撰稿人：金殿军，上海金融法院执行局副局长，法学博士

5. 无权处分制度的司法适用

导　言

《民法典》第143条规定了民事法律行为的有效条件，没有行为人“享有处分权”这一条件，而无权处分是现代社会生活中的常见现象，对无权处分进行研究和认定，不仅有深刻的理论意义，而且有重大的现实意义。以买卖合同为例，出卖人负有交付买卖标的物并移转其所有权的义务，因此，原则上出卖人应当对标的物享有所有权或处分权。然而，出卖人在出卖他人之物时，并无所有权或处分权，该买卖合同及物权变动的效力对于买卖合同当事人及标的物所有权人之间的权利义务关系影响甚巨。该问题触及无权处分之效力，关涉诸多民法制度及理论，如合同相对性、权利瑕疵担保责任、善意取得制度、物权变动的原因与结果的区分原则、不当得利和给付不能理论等，几乎牵动着整个民法体系。正因如此，无权处分问题被学界喻为“法学上的精灵”“法律思维的宝藏”，因其独特的魅力困扰且吸引着众多民法学者和司法实务者。[1]《民法典》颁布之际，如何正确认识区分原则下的无权处分并对其后果作出规范救济，愈加迫切。笔者旨在根据《民法典》对原《物权法》原《合同法》相关内容的取舍，梳理立法价值取向，探析无权处分合同的效力认定、存在意义，及无权处分与相关概念的厘清和后果的处理。

一、区分原则及合同效力认定要件

原《物权法》第15条规定：“当事人之间订立有关设立、变更、转让和消灭不动产物权的合同，除法律另有规定或者合同另有约定外，自合同成立时生效；未办理物权登记的，不影响合同效力。”这就是物权变动与合同效力的区分原则，

〔1〕 参见最高人民法院民事审判第二庭编著：《最高人民法院关于买卖合同司法解释理解与适用》，人民法院出版社2012年版，第70页。

强调的是物权变动与合同效力的区分，即合同效力不受物权变动的影响。〔1〕《民法典》第215条继续沿用了原《物权法》第15条的规定，对于无权处分合同未采取原《合同法》第51条所规定的无权处分合同效力待定的立场。

无权处分合同并不因出卖人无处分权而无效，这其实很早在《国际商事合同通则》(PICC)、《欧洲合同法原则》(PECL)等域外立法中已有明确规定。〔2〕2012年《最高人民法院关于审理买卖合同纠纷案件适用法律问题的解释》第3条规定："当事人一方以出卖人在缔约时对标的物没有所有权或者处分权为由主张合同无效的，人民法院不予支持。出卖人因未取得所有权或者处分权致使标的物所有权不能转移，买受人要求出卖人承担违约责任或者要求解除合同并主张损害赔偿的，人民法院应予支持。"(2020年修订时该条款因已被《民法典》吸收而删除）当时该司法解释在一定程度上可以说是突破了原《合同法》，有越权之嫌，但也从一个方面揭示了原《合同法》第51条效力待定原则与原《物权法》区分原则相冲突，严重落后社会生活，对其从一开始的争议到后来逐渐成为共识的客观状况。

《民法典》的立法取向应该说回应了这些现实冲突，把区分原则从总的法律体系层面上进行了厘清。根据合同归合同编调整，物权变动归物权编规制的原则，在买卖合同法律关系中，买卖合同是物权变动的原因行为，所有权转移是物权变动的结果。所以，区分原则包含两层含义：第一，当事人之间订立有关设立、变更、转让和消灭不动产物权的合同，除法律另有规定或者当事人另有约定外，自合同成立时生效；未办理物权登记的，不影响合同效力。这纠正原来未办理抵押权登记，反过来主张抵押合同无效，未完成买卖标的物过户，反过来主张买卖合同无效等一系列以合同未依约履行来否定合同效力的现象。第二，当事人在缔约时对标的物没有所有权或者处分权，不影响作为原因行为的买卖合同的效力，不导致合同无效。

《民法典》第143条明确规定了民事法律行为的有效条件：(1)行为人具有相应的民事行为能力；(2)意思表示真实；(3)不违反法律、行政法规的强制性规

---

〔1〕 房绍坤：《论民法典物权编与合同编的立法协调》，载《现代法学》2018年第6期。

〔2〕 房绍坤：《论民法典物权编与合同编的立法协调》，载《现代法学》2018年第6期。

定，不违背公序良俗。也即，法律行为只要具备上述条件就具有法律效力，从而产生行为人所预期的法律效果。[1]

“行为人应当具有相应的民事行为能力”，是法律行为的主体适格要件。法律行为以当事人的意思表示为基础，以产生一定的法律效果为目的，因此行为人必须具备正确理解自己的行为性质和后果，独立表达自己意思的能力，[2]自主地形成法律关系。行为人具有相应的行为能力，包括自然人实施法律行为应当具有与其年龄、智力或精神健康状况相适应的民事法律行为能力（纯获利益的法律行为除外），也包括法人、合伙等从事法律行为应当具有相应的民事行为能力。未经法定代理人的同意，限制民事行为能力人独立实施超出其年龄、智力或精神健康状况的法律行为的，该法律行为效力待定；无民事行为能力人不得独立实施法律行为，否则无效（纯获利益的法律行为除外）；法人或者合伙超出民事行为能力（目的事业范围）实施法律行为的，为了保护交易的安全，除违反法律、行政法规有关限制经营、特许经营或者禁止经营的规定外，不影响民事法律行为的效力。[3]

“意思表示真实”与“不得违反法律、行政法规的强制性规定，不违背公序良俗”是法律行为内容与形式的有效要件。意思表示是法律行为的核心，法律行为本质上是当事人的意志，意思表示与行为人的真实意思相符，意志符合法律规定，依法即可以产生法律拘束力。[4]

所谓意思表示真实，是指行为人表现于外部的意思与其内在意志相一致。若因虚伪表示或重大误解等原因使意思表示的形成自由受到不当干扰，或因欺诈、胁迫或趁人之危等原因使意思表示的形成自由受到不当干预，都导致效果意思的欠缺或称“意思表示瑕疵”，致使该法律行为成为可撤销或无效的民事法律行为。

违反强行法的法律行为无效是各国的共同规则，是法律行为生效的“适法

〔1〕 王利明主编：《中华人民共和国民法总则详解》，中国法制出版社2017年版，第610页。
〔2〕 王利明主编：《中华人民共和国民法总则详解》，中国法制出版社2017年版，第610页。
〔3〕 王利明主编：《中华人民共和国民法总则详解》，中国法制出版社2017年版，第611页。
〔4〕 王利明主编：《中华人民共和国民法总则详解》，中国法制出版社2017年版，第611页。

性要件”，可以从行为的目的、标的、条件和方式四方面考察。目的违法，指行为人主观上所要达到的法律效果违法。标的违法，通常指买卖、赠与等转移物的所有权的法律行为标的物为禁止流通物或限制流通物（如毒品、文物）；条件违法，指行为内容中与目的、标的有实质性关联的权利义务事项和其他事项违法，如附不法条件的遗嘱行为；方式违法，是指行为的方式将产生违法的后果，如不正当竞争和非法垄断行为。〔1〕

公序良俗是公共秩序和善良风俗的简称，是指社会公共利益或道德观念，公序良俗原则可以弥补强行性规范的不足，是法律行为生效的“妥当性要件”。“适法性要件”消极地划出一条“法律红线”，只要不逾越该红线，就会被认为属“合法”，而不是指法律行为的内容一定要有具体的法律行为依据。〔2〕而“妥当性要件”则是消极地划出一条“道德红线”，要求法律行为不得具有“反社会性”的内容，应就法律行为的内容、附随情况以及当事人的动机、目的和其他因素综合判断。行为人认识法律行为违反公序良俗的相关情况已足，不以具有“违反公序良俗的意识”为必要。〔3〕

综上所述，评价一个合同的效力，应该依法从上述几个方面进行考察。综观《民法典》第143条的规定，并没有行为人“享有处分权”这一条件。因此，从法律行为有效规则角度来看，处分权有否并非合同的生效要件，行为人在合同订立后没有取得权利人追认或没有取得处分权不能作为认定合同无效的依据。

二、无权处分合同的存在意义

《民法典》第597条摒弃原《合同法》第51条无权处分合同效力待定的规定，尤其是把草案一审稿第387条“出卖人应当对出卖的标的物享有处分权”删去，吸收了2012年《最高人民法院关于审理买卖合同纠纷案件适用法律问题的解释》第3条的规定，进一步明确“因出卖人未取得处分权致使标的物所有权不能转移

---

〔1〕 王利明主编：《中华人民共和国民法总则详解》，中国法制出版社2017年版，第612页。
〔2〕 王利明主编：《中华人民共和国民法总则详解》，中国法制出版社2017年版，第612页。
〔3〕 王利明主编：《中华人民共和国民法总则详解》，中国法制出版社2017年版，第613页。

的，买受人可以解除合同并请求出卖人承担违约责任”。这样，使区分原则从合同篇到物权篇得到了统一，即合同订立之后物权变动与否不反过来影响合同效力，反之，合同订立时是否享有物权也不影响所订合同的效力。

无权处分行为是现代社会生活中的常见现象，在买卖交易关系中更为普遍。尤其随着电子商务的迅猛发展，无库存交易日益成为交易的重要甚至主流方向。买卖合同标的物既可以是现实存在之物，也可以是将来产生之物。[1]出卖人在订立买卖合同时，出卖标的物可以是已经取得所有权的自己之物，也可以是尚未取得所有权或处分权的他人之物。实际经济生活中存在大量的期货买卖和以将来财产为标的的买卖合同。例如，甲与乙订立合同，约定购买一年后方可生产出的机器；而后，甲又与丙订立合同，约定将该机器出卖于丙。前一种情形意味着买卖合同缔约时，标的物尚不存在，因此无所谓出卖人已取得所有权或处分权的问题。后一种情形可能是标的物尚不存在，也可能是已经生产出来了但所有权或处分权尚未从乙转移到甲，对甲而言，尚属他人之物。显然，无论是哪种情形，以出卖人尚未取得所有权或处分权来认定买卖合同无效根据区分原则都是不合适的。

无权处分与民法理论上的“处分行为”和“负担行为”概念密切相关。其中，负担行为是指民事主体向一个或多个相对人承担某种作为或不作为义务的法律行为。它的直接法律后果就是给自己确定一个给付义务，从而与相对人建立起一种债权法律关系。处分行为指的是直接将某种既存的权利予以变更、出让、设置负担，或予以抛弃的行为。比如将所有权移转给他人或在所有权上设置负担的行为。[2]它们的区别可以简单概括为：负担行为是产生请求权的法律行为，表现为债权行为，发生的法律效果是债权的产生和变更，是原因行为；而处分行为是产生支配权变动的行为，表现为物权行为和准物权行为，发生的法律效果是财产权利的产生和变更，是结果行为。区分负担行为及处分行为的意义在于：处分行为之有效以处分人具有处分权为要件；反之，负担行为则不以负担义

〔1〕 参见最高人民法院民事审判第二庭编著：《最高人民法院关于买卖合同司法解释理解与适用》，人民法院出版社2012年版，第86页。

〔2〕 参见江平主编：《民法各论》，中国法制出版社2009年版，第18页。

务者有处分权为必要。[1]出卖他人之物合同属于负担行为，该合同的效力，不以处分人对标的物享有所有权或处分权为要件，也不当然地受双方主观上是否善意的影响，该处分合同就是确定有效的。[2]

一个合同的完成分为合同成立（合同效力）、合同履行以及合同消灭等阶段。在出卖他人之物合同中，无权处分合同仅仅涉及合同能否履行以及履行后相对人能否取得标的物所有权的问题，而与合同效力无关。传统民法理论原以处分权有否作为判断合同效力的标尺，是以“履行不能理论”为基础，尤其是针对自始履行不能的情况，但现在国内外的立法都朝着抛弃这种理论甚至取消自始客观履行不能和自始主观履行不能差别效力的趋势发展。[3]自始履行不能的情形，当事人自甘承担履行不能风险缔约，完全可以成立可能的对待给付债务，只要符合民事法律行为有效要件，合同就应当有效。《欧洲合同法原理》（PECL）第4.102条就明确规定：“仅仅由于合同成立时所负债务的履行不能或由于一方当事人无权处分合同关涉的财产，合同并不无效。”

2009年《最高人民法院关于适用〈中华人民共和国合同法〉若干问题的解释（二）》第15条规定：“出卖人就同一标的物订立多重买卖合同，合同均不具有合同法第五十二条规定的无效情形，买受人因不能按照合同约定取得标的物所有权，请求追究出卖人违约责任的，人民法院应予支持。”由于出卖人一物数卖，出卖人将标的物交付后，第二次出卖时属于无权处分行为；因此，该条规定实际上是已经承认出卖他人之物合同的有效性。[4]2012年《最高人民法院关于审理买卖合同纠纷案件适用法律问题的解释》第3条则第一次明确承认了出卖他人之物合同的效力。

---

〔1〕 参见最高人民法院民事审判第二庭编著：《最高人民法院关于买卖合同司法解释理解与适用》，人民法院出版社2012年版，第71页。

〔2〕 参见韩世远：《无权处分与合同效力》，载《人民法院报》1999年11月23日，第3版。

〔3〕 参见梁慧星：《民法学说判例与立法研究（一）》，中国政法大学出版社1993年版，第309页。

〔4〕 参见最高人民法院民事审判第二庭编著：《最高人民法院关于买卖合同司法解释理解与适用》，人民法院出版社2012年版，第86页。

三、无权处分与相关概念的厘清

（一）无权处分合同与无权处分行为的厘清

在思考民法理论、解决民法问题的过程中，跳出某些不合理的樊篱之缚，从另一个角度来分析问题，不仅相当必要，而且常使我们能有一个更开阔的视野。〔1〕原《合同法》制定通过于1999年，当时我国物权、债权的区分原则还未确立，原《合同法》第51条的规定符合当时的认识局限性。现在，如果我们将原《合同法》第51条中的“处分”定位为处分行为，而不包括负担行为，将原《合同法》第51条作如下限缩解释：原《合同法》第51条规定中“处分”和“合同”，仅指处分行为即标的物之物权的转移变更，而不包括负担行为即处分合同在内。即将原《合同法》第51条后半段修改为“……该处分行为有效”，就可以廓清债权和物权的区别，更合理并更妥当地理顺合同效力与物权变动的关系。也就是在出卖他人之物的情形下，处分合同（符合《民法典》第143条民事行为有效要件）的效力并非未确定，而是确定有效的；真正效力未定的是处分人履行合同的行为以及履行合同的结果，即无权处分行为效力未定。如此解释，不仅能够使民法基本理论的演绎获得自足，而且能够妥当地平衡所有权安全与交易安全。〔2〕当然，《民法典》已经摒弃原《合同法》第51条关于无权处分合同效力待定的规定，这个问题上的法律适用冲突已不复存在。

（二）擅自处分共有财产构成无权处分

出卖他人之物，是无权处分的典型类型，抵押他人之物等亦属无权处分。然而，就共有人未经其他共有人同意而处分共有财产，是否属于无权处分，有些不同观点。〔3〕

一种观点认为，未征得其他共有人同意而出卖共有物，出卖人为共有人之

---

〔1〕 参见最高人民法院民事审判第二庭编著：《最高人民法院关于买卖合同司法解释理解与适用》，人民法院出版社2012年版，第70页、第77页。

〔2〕 参见最高人民法院民事审判第二庭编著：《最高人民法院关于买卖合同司法解释理解与适用》，人民法院出版社2012年版，第79页。

〔3〕 参见最高人民法院民事审判第二庭编著：《最高人民法院关于买卖合同司法解释理解与适用》，人民法院出版社2012年版，第71页。

一，因此不属于无权处分。[1]另一种观点认为，在此共有情形中，共有人虽为财产所有人之一，但财产属于“共有”而非“区分所有”；对于共有财产的处分，其权利必须由全体共有人共同行使，而任何单个共有人均没有单独处分共有物的权利。因此，共有人之一擅自处分共有物，仍属于无权处分。[2]笔者同意第二种观点。回顾原《合同法》起草历史，可以看到《合同法建议草案》第46条并未明确该问题，及至《合同法（草案第三稿）》，起草者“考虑到实践中共有人未经其他共有人同意而处分共有财产的行为与其类似，因此合并规定为一条”。[3]《合同法草案（征求意见稿）》仍将两者合并规定。由此可以推断，原《合同法》第51条规定的“无权处分的人”可以涵盖未经其他共有人同意而擅自出卖共有物的单个共有人。[4]特别应当注意的是，《民法典》第301条规定：“处分共有的不动产或者动产以及对共有的不动产或者动产作重大修缮、变更性质或者用途的，应当经占份额三分之二以上的按份共有人或者全体共同共有人同意，但是共有人之间另有约定的除外。”据此，擅自处分共有财产是否构成无权处分，应区分两种情形：第一，在共同共有的场合下，部分共有人未经其他共有人同意处分共同共有财产的，皆构成无权处分。第二，在按份共有的情形下，占份额2/3以上的部分共有人未经其他共有人同意处分按份共有财产的，不构成无权处分，未达到2/3以上份额的部分共有人未经其他共有人同意处分按份共有财产的，构成无权处分。综上，部分共有人擅自处分共同共有财产或者未达到2/3以上份额的部分共有人擅自处分按份共有财产的行为也是无权处分的类型之一。[5]

（三）无权代理与无权处分

有观点认为，无权代理以本人（被代理人）名义与他人签订的合同是一种效

---

〔1〕 参见梁慧星：《如何理解合同法第五十一条》，载《人民法院报》2000年1月8日，第3版。

〔2〕 参见韩世远：《无权处分与合同效力》，载《人民法院报》1999年11月23日，第3版。

〔3〕 参见梁慧星：《民法学说判例与立法研究（二）》，国家行政学院出版社1999年版，第143页、第171~172页。

〔4〕 参见最高人民法院民事审判第二庭编著：《最高人民法院关于买卖合同司法解释理解与适用》，人民法院出版社2012年版，第71页。

〔5〕 参见最高人民法院民事审判第二庭编著：《最高人民法院关于买卖合同司法解释理解与适用》，人民法院出版社2012年版，第72页。

力待定的合同。无权代理人签订的合同尽管缺乏代理权，存在主体的瑕疵，但这种缺陷是可以通过本人的追认加以补正的。因此，本人进行了追认的，当然可以继续履行合同，而排除善意取得之适用。在本人不追认的情形下，无权代理人不仅存在缔约能力要件的欠缺，其亦构成无权处分，符合善意取得制度适用的前提条件，故应有善意取得制度之适用空间，至于最终能否构成善意取得，则需根据《民法典》第311条（原《物权法》第106条）的规定加以认定。笔者认为，这种认识是值得商榷的。

无权代理，系行为人未经本人授予代理权而以本人名义所为之法律行为，或经本人授予代理权而逾越代理权限所为之代理行为。而无权处分，乃无权利人以自己名义就他人权利标的物所为之处分。例如，甲在未获得授权的情况下，出卖乙的物品给丙，如果甲是以乙的名义出卖的，构成无权代理；如果甲是以自己的名义出卖的，则构成无权处分。无权代理和无权处分发生的基础不同，对前者关注的重点应该在代理是否成立，对后者关注的重点应该在处分权是否具备。此种区别导致了无权代理人、无权处分人与相对人所订立的合同中的主体是不同的。无权代理的合同主体是被代理人而不是行为人本人，而无权处分合同主体就是行为人本人。如果以被代理人名义发生了无权代理，根本不可能再发生无权处分，[1]而有可能构成表见代理。如果能构成表见代理，则合同对被代理人产生约束力，如果不能，则由代理人承担责任。

（四）冒名处分与无权处分

冒名处分是指假冒权利人处分权利人的财产，其表现形式往往是伪造身份证明等，使相对人误以为行为人即权利人本人而与之签订合同，甚至该假冒行为欺骗了交易机关导致不动产变更登记，但该行为不是以行为人的真实身份进行，不是民事上的无权处分，也不是以代理人的身份进行，也不构成无权代理。“合同”载明的一方当事人根本没有缔约或授权缔约的意思表示，甚至对“被缔约”毫不知情，其与“合同相对方”之间根本没有成立民事合同。冒名处分是行为人

---

〔1〕 参见赵秀梅：《〈物权法司法解释一〉第二十一条之评释》，载龙卫球、王文杰主编：《两岸民商法前沿》（第6辑），中国法制出版社2016年版，第589页。

的一种欺诈行为，不属于此处讨论的无权处分范畴。

四、无权处分合同后果的处理

（一）无权处分合同是否应该支持继续履行

如前所述，合同的效力根据《民法典》第143条所规定的民事法律行为效力要件予以判断，所有权或处分权的有无与合同效力无关，仅与合同的履行和物权的变动有关。一个依法成立并符合民事法律行为效力要件的合同，首先应该被全面履行。对此，《民法典》合同编和原《合同法》在“合同的履行”章中都在第一个条款率先作了规定，“当事人应当按照约定全面履行自己的义务”。所以，一个有效合同项下承担权利移转义务的一方，对履行标的取得所有权或处分权的，理应进一步完成后续的处分行为以完成合同。此时，合同相对方因另一方的履约行为获得交易标的的所有权或支配权，此为继受取得。

然，“债权行为（合同）”仅仅产生债权请求权，即《民法典》第118条所规定的“权利人请求特定义务人为或者不为一定行为的权利”。如果一个有效合同项下承担权利移转义务的一方，对履行标的没有取得所有权或处分权，则要求这样一个虽然有效但无权处分的合同继续履行的诉请是不应该得到支持的。因为《民法典》第119条规定：“依法成立的合同，对当事人具有法律约束力。”也就是合同的法律效力仅仅对于缔约当事人具有约束力，而对第三人没有约束力。以一个合同相对方对缔约另一方的债权请求权来要求合同之外的真正权利人配合办理权利的变更、处分权利人自己的权利，是没有法理依据的，也没有这样的立法例。但这在司法实践中存有一定范围的误解和有待商榷的判例，尤其是在处理夫妻共有房屋的案例中较为突出。在这类纠纷的处理中，裁判说理往往以因为交易相对方是善意的，合同是有效的，所以认为应该继续履行。其实，交易一方的善意不足以对抗合同之外权利人的物权，没有理由因为合同相对方是善意的就要求合同外的权利人放弃物权，这在法理上不能成立，无论是在原《物权法》原《合同法》，还是在《民法典》中也都找不到法条依据。“善意”作为一个专业的法律术语，在无权处分纠纷的处理中，系在后续对是否构成善意取得进行考察的要件，被用在这里作为合同是否应该得到继续履行的考察要件是法律适用不当。同样地，“合同有效”也不是合同必须继续履行的充分条件，任何合同成立后都有结果不能履行或没有必要履行的可能。对此，原《合同法》第110条即有规定，《民法典》第580条继续吸收了该规定，合同当事人可以请求对方当事人继续履行非金钱债务的除外情况包括：(1)法律上或者事实上不能履行；(2)债务的标的不适于强制履行或者履行费用过高；(3)债权人在合理期限内未请求履行。如前所述，所有权或处分权的有无不是合同或者说负担行为有效的必要要件，但它是处分行为的生效要件。无权处分人事后没有取得所有权或处分权，虽然不影响其之前订立合同的效力，但在完成物权变动时，因为欠缺处分权，却可以使这个合同义务成为法律上不能履行的非金钱债务，而不应该得到法院强制履行的司法支持。认为合同有效物权变动就必须发生的观点，也是对区分原则的不完全理解所致。当然，在某些案例中，其实有些共同财产的处理并不是真的无权处分，比如，处分人已经事实上得到共有人的授权，则应该按照前述有权处分合同的处理规则来进行说理和裁决。

（二）未发生物权变动的无权处分合同的违约救济

一个未发生物权变动的无权处分合同不应该被强制继续履行，但因为它是有效合同，所以合同相对方可以基于有效的合同主张违约救济，不能履行合同义务一方可以被追究违约责任。这是《民法典》抛弃原《合同法》第51条的进步之所在，也是对合同相对方的交易安全保障之所在。在原《合同法》第51条无权处分合同效力待定的立法模式下，权利人不追认，合同自始无效，合同相对方只能追究无权处分人的缔约过失责任，而缔约过失责任的赔偿远不及违约责任的赔偿范围。现在的立法模式承认大量无权处分合同的客观存在，引入区分原则，认可这类合同的有效性，明确处分权的缺失只是合同履行的障碍，而不影响合同的有效性，赋予了合同相对方在有效合同下寻求违约救济的可能，加强了对交易安全的保障。但对交易安全也就是“动的安全”的保护，还要与对所有权安全也就是“静的安全”的保护兼顾，现有立法并没有把对交易安全的保护扩张到可以完全超越对所有权安全的保护，也就是并不能得出无权处分合同有效，合同之外的真正权利人就得配合无权处分人去完成物权变动的结论。

所以，未发生物权变动的无权处分合同有效，物权变动不能完成，所有权人权利没有受损，无权处分人违约自然需要承担违约责任。买卖合同相对方可根据《民法典》第597条的规定，主张解除合同并请求无权处分人承担违约责任。其他合同也可以根据《民法典》合同编的相关规定主张违约救济，需要说明的是，违约救济是比违约责任外延更大的概念，解除合同难谓为违约责任，而属于违约救济的范畴。[1]

（三）已发生物权变动的无权处分行为的救济

无权处分合同有效，但物权变动因没有处分权而不应该变动。如果发生变动，该无权处分行为效力待定。现实生活中主要存在如下几种发展可能：第一，如果权利人追认或者无权处分人事后取得处分权的，该处分行为有效，受让人取得物权，此亦为继受取得；第二，如果权利人拒绝追认且无权处分人事后不能取得处分权的，则该处分行为无效，权利人有权追回物权；第三，如果权利人拒绝追认且无权处分人事后不能取得处分权，但受让人主张善意取得物权成立的，受让人取得物权，此为原始取得，原权利人的物权消灭，其有权向无权处分人主张救济；第四，如果权利人拒绝追认且无权处分人事后不能取得处分权，权利人证明无权处分人与受让人恶意串通、损害自己权利的，可以主张该无权处分合同无效，恢复物权，并要求无权处分人和受让人共同赔偿损失。

上述多种发展可能中，第一种情况最理想，各方相安无事。后面三种情况都可能诉至法院，我们应该根据不同的案件事实及诉辩意见，合理地释明和引导，正确、妥善解决纠纷。

1.善意取得

善意取得不是因为处分人有效的处分行为获得物权，而是因为符合法律关于善意取得制度的规定而直接即时取得物权，所以通说认为其与第一种情况的物权获得不同，是属于原始取得。

---

〔1〕 参见最高人民法院民事审判第二庭编著：《最高人民法院关于买卖合同司法解释理解与适用》，人民法院出版社2012年版，第81页。

善意取得作为一项重要的民事法律制度，是以日耳曼法为契机演绎发展而成的。传统的善意取得理论中，善意取得的财产仅限于动产，而我国为促进社会主义市场经济有序发展，将善意取得制度扩张适用于不动产交易领域，目的就在于鼓励交易、最大限度地保护善意第三人的利益，维护交易安全。善意取得制度是对所有权保护的限制，具有确定性和终局性，所以在各国都有严格的制度设计，尤其在我国，善意取得制度可以适用于不动产交易领域，更不能盲目地超越法律去扩张适用。

我国对善意取得的构成要件，《民法典》第311条完全吸收原《物权法》第106条规定，包括：（1）受让人受让该不动产或者动产时是善意的；（2）以合理的价格转让；（3）转让的不动产或者动产依照法律规定应当登记的已经登记，不需要登记的已经交付给受让人。善意取得制度是在已经完成了物权变动的情况下，虽然是因为一个没有处分权的无效处分行为完成的，立法基于保护交易安全，对原权利人和受让人之间的权利所作的一种强制性的物权配置，而不是在物权变动发生之前，明知是无权处分，还强制要求权利人去配合完成变动，这在我们审判实践中存有的少数误区应予纠正。

《最高人民法院关于适用〈中华人民共和国民法典〉物权编的解释（一）》（原《最高人民法院关于适用〈中华人民共和国物权法〉若干问题的解释（一）》）第17条对“善意”的判断标准时点明确限定为“依法完成不动产物权转移登记或者动产交付之时”，而不是订立合同之时或其他任何时点。签订合同与物权变动之间往往有时间差，“善意”作为一种主观状态，随着时间的发展也会变化。例如，在签订转让合同时，受让人确实不知道转让人不具有处分权，但签约后，完成交付或不动产物权变动登记之前，受让人对转让人无处分权或已明知。根据《民法典》和原《物权法》及其司法解释的规定，对“善意”判断时点的限制，反映了我国立法在善意取得制度扩张适用到不动产领域的同时，又对“善意”的制度保护提出了较为严格的条件。这里的“善意”根据《最高人民法院关于适用〈中华人民共和国民法典〉物权编的解释（一）》（原《最高人民法院关于适用〈中华人民共和国物权法〉若干问题的解释（一）》）第14条的规定，指的是“受让人受让不动产或者动产时，不知道转让人无处分权，且无重大过失”，对“善意”的举证,《最高人民法院关于适用〈中华人民共和国民法典〉物权编的解释(一)》(原《最高人民法院关于适用〈中华人民共和国物权法〉若干问题的解释(一)》)也明确了由原权利人对受让人的“非善意”承担举证责任。立法者认为,只有在“依法完成不动产转移登记或者动产交付之时”,仍对无权处分不知情且对不知情无重大过失的物权取得期待才可以超越原权利人的物权安全利益,值得得到国家法律的强制保护。这是立法者作出的价值选择,但在审判实践中,有些裁判者用自己的价值判断去取代立法的价值选择,笔者认为有超越审判权之嫌而有待商榷。

如前所述,虽无权处分但受让人构成善意取得的,受让人直接因法律规定而取得物权,原权利人的物权消灭,原权利人的救济可向无权处分人主张。若原权利人向受让人主张的,受让人可以善意取得为由对原权利人的请求权进行有效抗辩。原权利人的物权因善意取得而灭失,法律上为原权利人提供了一种债权上的救济,即原权利人可以基于债权上的请求权要求无权处分人承担合同责任(原权利人与无权处分人之间或存在租赁、保管等合同关系)、侵权责任或不当得利返还责任。

2.权利人追回

如前所述,无权处分人将他人财产转让给受让人的,该转让行为效力待定,权利人拒绝追认的,受让人并不能基于该无权处分行为取得标的物的所有权,所有权人有权追回被转让的标的物。

善意取得是在经济发展过程中,为鼓励交易、促进流通,保护交易安全,对物权保护作的一个限制,是在平衡对“静的安全”保护和“动的安全”保护中,为保护特定的“善意”期待而让物权绝对权作的部分牺牲,所以善意取得的适用被限制在一个相对较小的范围内的。相对地,大量的无权处分应该都不成立善意取得而可被权利人直接追回。体现在立法上,《民法典》第311条(原《物权法》第106条)对善意取得的规定也是作为所有权追及效力的例外进行设计的:“无权处分人将不动产或者动产转让给受让人的,所有权人有权追回”,然后才是“除法律另有规定外,符合下列情形的,受让人取得不动产或者动产的所有权……”也就是无权处分所有权人有权追回,除非成立善意取得。《最高人民法院关于适用〈中华人民共和国民法典〉物权编的解释（一）》（原《最高人民法院关于适用〈中华人民共和国物权法〉若干问题的解释（一）》）第14条规定真正权利人对受让人的非善意承担举证责任，证明受让人在特定时点对无权处分知道或对不知道有重大过失，也就是"知道或应当知道"的，善意取得不成立，所有权人的追及权就应该得以实现。这个过程是物权的追及效力，是物权作为绝对权对世效力的体现，与合同债权无关，不需要以确认无权处分人与受让人之间的合同无效为前提。〔1〕所以，权利人完全可以以无权处分为由直接诉请追回物权，法院也完全可以无权处分、受让人不构成善意取得，而作出物权应予以返还的判决，即便当事人诉请无权处分合同无效，法院也可以对该合同无效诉请不予支持，对该诉请的不支持与善意取得不成立物权应予返还不矛盾。这种情况其实才是现实生活中最多的，原《物权法》在2007年颁布实施时就在第106条明确给出了这条路径，但遗憾的是，这种权利主张和裁判路径在现阶段的审判实务中被用得还比较少，笔者主要在北京、上海和广东的案例中有少量看到。客观上和我们对无权处分、所有权对世效力、追及效力等的理解还停留在表面有关。无论当事人、律师还是很多裁判者长期以来对合同无效才返还物权的思维定势的依赖根深蒂固，对区分原则的理解也不透彻。如果当事人单独以无权处分为由诉请合同无效，法院会以原《物权法》区分原则予以驳回，但如果当事人以无权处分为由诉请合同无效并要求返还物权，而法院又确实觉得该物权应予返还时，就往往会出现仍依据原《合同法》第51条认定无权处分合同无效或者以恶意串通、损害他人合法权益为由认定合同无效，而后判决物权予以返还的矛盾情况。

无权处分善意取得不成立，权利人直接行使物权追及权追回物权后，受让人的救济可以向无权处分人主张。因为无权处分合同仍然有效，受让人可以依据有效合同的权利瑕疵担保义务向无权处分人主张违约救济。这也是区分原则的贡献，否则在原《合同法》第51条无权处分合同效力待定的立法模式下，权利人不追认，无权处分合同自始无效，受让人无法主张建立在有效合同上的瑕疵担保责任。这也是原《合同法》第51条和第150条之间所存在的体系矛盾。

---

〔1〕 参见杨代雄：《恶意串通行为的立法取舍——以恶意串通、脱法行为与通谋虚伪表示的关系为视角》，载《比较法研究》2014年第4期。

3.恶意串通

无权处分后还有一种情况是，权利人拒绝追认，并以无权处分人与受让人恶意串通、损害自己权利为由，主张合同无效而要求返还物权。这种情况在现实中成立的不多，但司法实践中却是看到最多的。说现实中成立的不多，是因为在这种情况下，权利人不仅要证明无权处分人和受让人损害他人的恶意，还要证明双方的“串通”，即损害权利人权利的“共谋”或者说“意思联络”。也就是“恶意串通”的构成要件里，至少包括故意和损害他人利益的意思串联。其实，我们现实生活中很少有案例事实真正能达到这种查明程度，权利人能证明受让人“非善意”就不错了。但审判实践中，很多律师、法官还是比较依赖合同无效而返还物权的解决路径，以前大量判例依据原《合同法》第51条认定无权处分合同无效而返还物权，在2012年《最高人民法院关于审理买卖合同纠纷案件适用法律问题的解释》颁布后，仍然沿用原《合同法》第51条判决无权处分合同无效还比较常见，也有部分裁判改向用恶意串通来认定合同无效，然后返还物权。

对无权处分多种救济路径的不充分了解，“合同无效物权才返还”单一解决路径的依赖，导致我们经常从结论倒找理由，舍近求远，为认定无效往恶意串通上强说理，实际上当事人的举证根本达不到恶意串通的证明程度，造成裁判文书说理牵强，公信力不强，当事人不息诉服判的现象突出。在这类判决的上诉或申诉中，当事人往往称原判认定的基本事实缺乏证据证明。真正构成恶意串通而导致合同无效的，则权利人主张物权返还同时，还可以主张无权处分人和受让人共同赔偿损失。

审判实务精要

《民法典》摒弃了无权处分合同效力待定的立法选择。《民法典》第143条明确规定了民事法律行为的有效条件包括：行为人具有相应的民事行为能力、意思表示真实和不违反法律、行政法规的强制性规定，不违背公序良俗。处分权有否不再是合同的生效要件，而仅涉及合同能否履行以及履行后相对人能否取得物权的问题。一个未发生物权变动的无权处分合同不应该被强制继续履行，但合同相对方可基于有效的合同主张违约救济。如果发生物权变动，该无权处分行为效力待定：第一，如果权利人追认或者无权处分人事后取得处分权的，该处分行为有效，受让人取得物权。第二，如果权利人拒绝追认且无权处分人事后不能取得处分权的，则该处分行为无效，权利人有权追回物权，受让人可以依据有效合同的权利瑕疵担保义务向无权处分人主张违约救济。第三，如果权利人拒绝追认且无权处分人事后不能取得处分权，但受让人主张善意取得物权成立的，受让人取得物权，原权利人的物权消灭，其有权向无权处分人主张合同、侵权或不当得利返还救济。第四，如果权利人拒绝追认且无权处分人事后不能取得处分权，权利人证明无权处分人与受让人恶意串通、损害自己权利的，可以主张该无权处分合同无效，恢复物权，并要求无权处分人和受让人共同赔偿损失。法院应该根据不同的案件事实及诉辩意见，合理地释明和引导，正确、妥善解决纠纷。

附：图5-1 思维导图

撰稿人：赵 超，上海市高级人民法院民事审判庭审判员，法律硕士

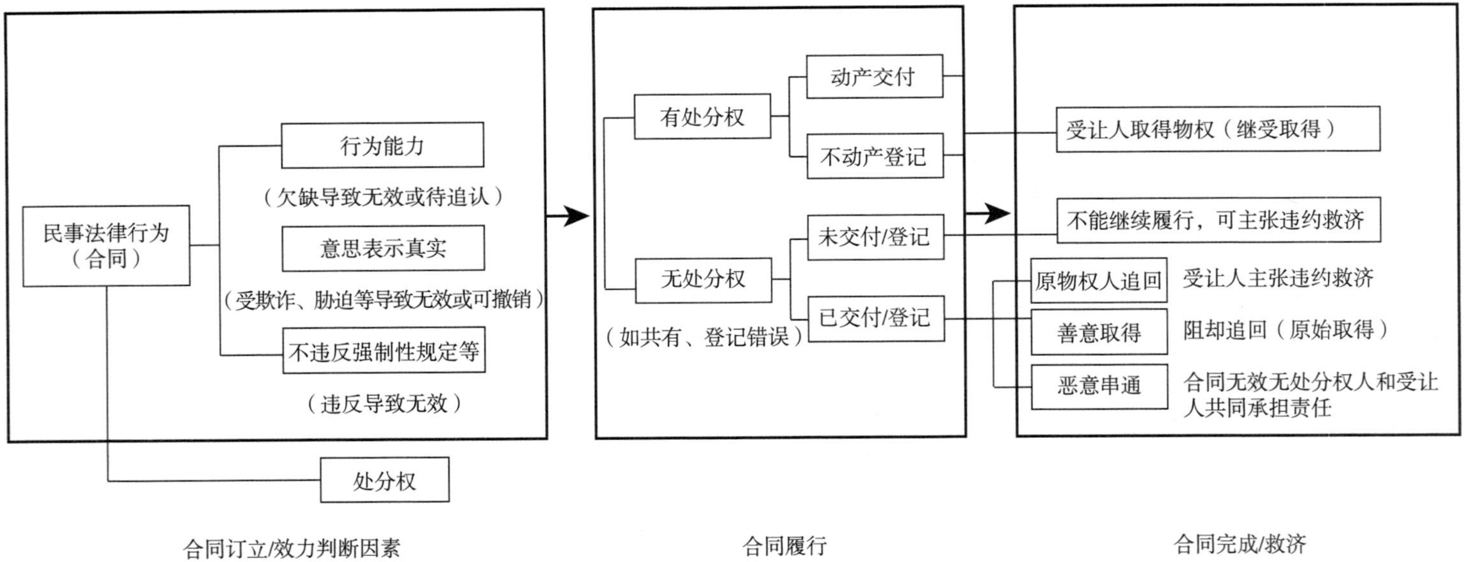

民事法律行为
（合同）
行为能力
（欠缺导致无效或待追认）
意思表示真实
（受欺诈、胁迫等导致无效或可撤销）
不违反强制性规定等
（违反导致无效）
处分权
有处分权
动产交付
不动产登记
无处分权
（如共有、登记错误）
未交付/登记
已交付/登记
受让人取得物权（继受取得）
不能继续履行，可主张违约救济
原物权人追回
受让人主张违约救济
善意取得
阻却追回（原始取得）
恶意串通
合同无效无处分权人和受让人共同承担责任
合同订立/效力判断因素
合同履行
合同完成/救济

图5-1　思维导图

6. 公司股权善意取得问题之司法认定

导　　言

现代商业社会交易频繁，交易安全已成为立法者和司法者不容忽视的利益，公司法作为典型的商法部门法，对于交易安全的追求和对权利外观的信赖较传统民法更甚。《民法典》第311条承继了原《物权法》第106条的法律内涵，规定了物权的善意取得制度，并在第3款中规定“当事人善意取得其他物权的，参照前两款规定”。关于股权善意取得制度，最早见于2020年修订的《最高人民法院关于适用〈中华人民共和国公司法〉若干问题的规定（三）》，该解释以保护第三人利益及保障交易安全为理念，参照原《物权法》第106条的规定引入了股权善意取得制度，该解释规定在出资人出资、股权转让中若发生解释中第7条、第25条、第27条所认定的情形，可参照适用原《物权法》第106条及物权善意取得的一般规定，但关于这一制度的讨论不充分，司法解释从司法政策层面为社会经济发展提供了指引，《民法典》颁布后对股权的善意取得制度亦延续了上述参照的规定，这一规定在立法目的和立法技术上符合社会发展趋势，但由于股权与物权在变动模式、公示范式及善意的认定等因素存在重大差异，学界对此亦存在较大争议。特别在纷繁复杂的司法实践中，以无权处分为前提的股权转让行为已经远远超过了上述司法解释规定的范围，法律体系上形成了一种违反计划性的不圆满状态，存在法律漏洞，需要加以填补和规制。因此，如何协调合同法规则、物权法规则、公司法规则，如何保证善意取得制度能够发挥预期的法律效果，一直以来都是值得重视的问题，《民法典》颁布后股权善意取得制度的适用范围及考量因素应如何界定，对司法实践中业已出现的突破司法解释规制的个案扩张应如何加以认定？上述问题均需在理解、适用《民法典》的过程中重新审视股权善意取得理论。[1]

---

〔1〕 为行文和讨论方便，本篇若无特别说明，“公司”系指有限责任公司，“股权”系指有限责任公司股权。

一、股权善意取得制度的现实困境检视

根据2020年修订的《最高人民法院关于适用〈中华人民共和国公司法〉若干问题的规定（三）》第25条第1款以及第27条第1款的规定，仅名义股东转让其名下股权和原登记股东二次转让股权两种情形可以参照适用《物权法》第106条，但股权善意取得参照的究竟是动产物权的善意取得制度，还是不动产物权的善意取得制度并不明确，由于《公司法》规定第三人凭借对既有登记内容的信赖，一般可以合理地相信登记的股东就是真实的股权人，据此应该认为2020年修订的《最高人民法院关于适用〈中华人民共和国公司法〉若干问题的规定（三）》规定的股权善意取得制度参照的是不动产善意取得制度，《民法典》第311条对原《物权法》第106条未做变动，故应推定股权善意取得制度的参照未发生变化。然而，由于物权与股权在诸多制度上有重大差异，简单地参照适用并不可行。《民法典》颁布后，股权善意取得制度面临的困境仍然存在，具体检视如下：

（一）股权变动模式与不动产物权变动模式的分歧

发生于公司法语境下的股权转让所涉利益多元，既包含交易双方，又关涉公司、其他股东甚至公司债权人，因此有关股权善意取得制度的变动模式与物权变动模式有较大不同，但关于股权变动应当采取何种模式，我国学界未取得一致意见。概括而言存在两种观点：债权形式主义说〔1〕和意思主义说。〔2〕债权形式主义说认为股权转让应与物权转让类似，除合同外还须“交付行为”（载入股东名册或进行工商登记），才能完成权利的转移，持“债权形式主义”主张的学者有叶金强、赵旭东、刘俊海等；意思主义说认为与债权让与相同，持“意思主义”主张的学者有施天涛、李建伟、姚明斌等，该观点认为股权基于合意即发生转移，载入股东名册及变更工商登记仅具对抗效力。也有学者进一步发展出了修正的

---

〔1〕 刘俊海：《现代公司法》，法律出版社2008年版，第85页。

〔2〕 施天涛：《公司法论》，法律出版社2006年版，第255页；赵秀梅：《股权转让效力问题研究》，载《国家检察官学院学报》2006年第4期；姚明斌：《有限公司股权善意取得的法律构成》，载《政治与法律》2012年第8期。

意思主义说,[1]原则上认为双方合意股权即告转移,排除了股权转让后对公司的通知制度。

究其根本,股权的变动模式之所以区别于物权的变动模式的原因在于:首先,股权表现出相对权的性质,与债权的部分品格相契合,股东是公司的成员,系与公司之间合同的相对方,股东权是股东地位上的权能和义务的集合体,股东地位随股权转让而转移,原股东的法律地位被受让人完全承继而退出其与公司之间的法律关系。其次,股权变动在程序上亦截然不同于物权变动,而表现出与债权转让相似的特性。股权变动涉及出让人、受让人、公司、其他股东等多个主体,需经历股东同意、股东优先购买、通知公司办理股东名册记载、工商登记等多道程序,这与物权人一般可以依其意思而径直处分其所有物的模式有相当大的差异,而股权转让中的通知程序则与债权转让程序相似。故股权变动原因采以通知和确认程序为核心的修正意思主义的解释路径具有一定的合理性。当事人仅依意思表示就可取得债权,然而,股权转让经通知后并不意味着受让人可以当然取得股权,办理股东名册记载所涉及的公司确认程序是公司法上的重要议题,公司确认程序的完成才能表征股东与公司之间法律关系的开始,依据《公司法》第32条第 3 款,工商登记是股权变动的外部对抗要件,据此,股权变动可以简单概括成"公司确认变动 + 登记对抗"模式。可见,股权与债权和物权的变动模式旨趣不同,简单参照物权善意取得规则将面临适用上的窘境。因此创立股权善意取得适用的一般规则须先就物权善意取得在股权转让领域中进行转化适用。

(二)股权登记对抗主义与善意取得制度的冲突

善意取得制度适用的前提系无权处分,股权转让中是否涉及无权处分,则有三类代表性的观点。肯定观点认为,根据《公司法》第73条的表述,股权在办理公司登记前已经发生变动,造成股权真实归属和外观的分离,从而使无权处分成其可能。否定观点认为,依《公司法》第32条第 3 款,未登记的股权对第三人

---

[1] 李建伟:《有限责任公司股权变动模式研究——以公司受通知与认可的程序构建为中心》,载《暨南学报》(哲学社会科学版)2012年第12期。

而言视为不存在，股权的第二次转让系有权处分。亦有基于适用角度的折中观点，认为登记对抗与善意取得规范可以发生竞合。〔1〕

从股权登记对抗主义与善意取得的制度性差异上来看，首先，2020年修订的《最高人民法院关于适用〈中华人民共和国公司法〉若干问题的规定（三）》第27条系直接建立在善意取得的制度框架上，实则忽略了股权登记对抗主义，旨在赋予第三人否定股权变动的权利，而非有权利取得的效果，其前提是从相对无权利人处取得权利，而不动产善意取得是法律规定的从绝对无权利人处直接取得权利的制度。登记对抗主义处理的多是怠于登记的效果问题，而不动产善意取得涉及的常见情形却是登记错误，故股权工商登记虽然具有一定的可信赖度，但与不动产善意取得制度下的可信赖性仍有差异，有限的形式审查难以保障股权外观的真实性，从《公司法》《公司登记管理条例》等可以看出，我国对股权登记并不进行实质审查，造成司法实践中股权工商登记的正确性及股东名册的真实性往往难以保证。其次，与物权的单一公示制度不同，依据《公司法》，股权变动需要同时办理股东名册变更与工商部门的登记，其中，股东名册是股东向公司主张行使股东权利的依据，而工商登记是对抗外部第三人的效力依据。这种双重公示制度非常独特，不同于不动产的登记生效主义，也与英国、德国、日本等“股东名册”制国家有甚大差异，难以找到匹配的域外法体系从比较法上加以研究，故股权工商登记和股东名册的双重公示一定程度上会造成权利外观上的混乱，进一步削弱了股权工商登记的可信赖度。显然，专为动产、不动产“量身定制”的善意取得制度，在股权变动上并非当然适用，需要结合股权自身的特性加以权衡取舍。

（三）善意时点判断上的无所适从

由于股权与债权的部分品格相契合，股权转让并非沿着物权变动的路径，而大体上是债权让与的轨道，这使股权的善意取得直接参照适用《民法典》第311条缺乏充分的理据，然而，若依2020年修订的《最高人民法院关于适用〈中

---

〔1〕 如尹田认为，受让人既可主张登记名义人为有权处分，亦可主张登记名义人系无权处分而适用善意取得规则。参见尹田：《物权法》，北京大学出版社2013年版，第115页。

华人民共和国公司法〉若干问题的规定(三)》第27条参照适用《民法典》第311条的逻辑，无法回避的问题是：股权善意取得应参照动产或特殊动产的“交付”规则，抑或不动产的“登记”规则，在善意判断的时点判断上究竟采何标准?

1.“交付”解释路径的缺陷

基于现有特殊动产物权变动模式的考虑，2016年《最高人民法院关于适用〈中华人民共和国物权法〉若干问题的解释(一)》第20条明确了奉行登记对抗主义的特殊动产以交付为善意取得时点。对于股份有限公司无记名股票可适用动产善意取得的交付规则，有学者甚至认为善意取得仅适用于股份有限公司。然而，就有限责任公司的股权而言，股权的逻辑起点不同于动产和特殊动产，则不能简单参照交付规则。事实上，股权无须交付或登记，股权的变动以股权转让合同的受让人或股权继承中的继承人在股权转让合同生效或继承发生后，向公司发出股权业已变动的告知通知为生效条件。当然，此处所称的“告知公司即发生股权变动”是以股权转让或股权继承符合法律规定或章程规定的程序和条件为前提的。股东名册或工商登记变更均是公司在得知股权变动后向新股东履行的一项法定义务而已。无论公司在收到股权变动的告知通知后是否履行这项义务，都不影响股权变动效力的实现。股东名册、工商登记等系股权变动的对抗要件，这与动产交付生效的规则亦相去甚远。

2.“登记”解释路径的疏漏

若依不动产登记规则予以参照适用，则会面临下列困境：首先，股权与不动产物权在变动时点和变动规则上有所差异。依《公司法》第32条第3款以及2020年修订的《最高人民法院关于适用〈中华人民共和国公司法〉若干问题的规定(三)》第23条，工商登记系股权变动的对抗要件，股权变动在工商登记变更之前。“用物权变动理论去套股权的善意取得似有草率，二者的前提条件——登记的公信力基础也不一样”。[1]其次，《民法典》第311条中登记的规则是以登记生效主义为前提的，而股权变动则是基于登记对抗主义，仅能对抗公司交易相对

〔1〕 程啸:《论不动产登记簿公信力与动产善意取得的区分》，载《中外法学》2010年第4期。

人等，且经工商登记的股权并不具有不动产登记那样的绝对效力。《公司法》第32条的逻辑前提是“未经登记或者变更登记的”，法效果是“不得对抗第三人”。由此可推理为可对抗第三人的股权必定经过登记或变更登记，而不可反面解释为“经登记或变更登记的股权一定具有对抗效力”。

尽管上文列举了股权善意取得与物权善意取得制度分歧或融合的障碍，但并非意味着股权变动参照《民法典》第311条适用善意取得制度全无意义，股权善意取得制度在维护商事活动的安全与效率、平衡真实权利人的保有利益与股权受让人的取得利益方面发挥着重要的功能，对其制度价值应予肯定。

二、股权善意取得制度的理论基础

善意取得制度源于日耳曼法的“以手护手”原则——基于前手产生的交易瑕疵不能及于后手，这也意味着原所有权人对第三人的返还请求权并不在所有情形下自然正当。随着权利的抽象化发展，所有权与占有发生分离，在效率与便捷成为商事交易诉求后，当事人仅凭合意就可以实现股权的转移，导致无权处分股权的现象时有发生。因此，法律设计股权善意取得制度，以平衡股权受让人的取得利益与真实权利人的保有利益。

现行《德国物权法》是善意取得制度的集大成者，2008年德国引入了股权善意取得制度。[1]传统德国有限公司的股份不发生善意取得，由受让人承担出让人无处分权的风险。为避免股份转让时受让方的审查负担过重，造成不必要的高交易成本和不确定性，德国立法者在2008年大幅提高股东名册的地位，引入股权善意取得制度，将其称为一种“信赖保护”的制度，并明确表示，股权善意取得的构成要件系依据“权利外观要件和信赖要件”得出。《德国有限责任公司法》修订后的第16条第3款第1~3句规定：当出让人作为股份的所有人被载入商事登记簿所收录的股东名册中时，受让人可以有效取得无权处分的股权。股东名册的不正确状态在受让发生时未满3年且该不正确状态不能归责于权利人时，不适用该条。受让人对于出让人的无权状态知情或者因重大过失而不知情，或股东名册中登记了异议的，也不发生善意取得。该三句内容分别规定了股权善

〔1〕 张双根：《德国法上股权善意取得制度之评析》，载《环球法律评论》2014年第2期。

意取得的权利外观、真实股东可归责性及第三人善意的判断标准。可以清晰地看出在德国法上土地登记簿、商事登记簿和股东名册三者的外观效力逐级递减，并以三者所记载内容为权利外观而适用权利外观原理，其要件层层趋向严格。三套法律体系背后贯穿的是同一个标准，即信赖保护取决于权利外观的可信程度。而这种“可信度”实质上是由公权力审查的深入程度、对登记内容正确性保障制度的强弱决定的。

我国在物权方面基本继受了德国法的相关制度，如公示公信原则及善意取得制度。德国股权善意取得依托于股东名册在商事登记簿中的公示效果，我国公司法上有类似的构造，且两国股权变动均采取意思主义模式，不以股东名册或商事登记的变更为生效要件。德国权利外观原理区别于其他信赖保护制度的特点在于，其信赖构成体现为某一具体的外观，如对动产的占有、土地登记簿和商事登记簿的记载，正因此权利外观原理尤其适用于权利表征较为明确的物权法与商法领域，用以解决真实权利状态与外观不符的情况下，真实权利人利益与交易安全和交易相对方利益的平衡问题，典型的制度包括表见代理、动产与股权善意取得等。信赖保护原则三要件在权利外观原理下表现为权利外观、可归责性与交易对方的善意。

我国现行法一直试图寻求善意取得制度与登记对抗制度的融合：从相关法律制度规定的沿革演变过程来看，原《物权法》规定了登记对抗下的第三人范围限于善意第三人，2016年《最高人民法院关于适用〈中华人民共和国物权法〉若干问题的解释（一）》第20条更明确将此处的善意第三人和善意取得制度相联系，2020年修订的《最高人民法院关于适用〈中华人民共和国公司法〉若干问题的规定（三）》第27条、《民法典》第311条亦是这种法律逻辑的延伸，也体现了我国法律应对第三人和股东不诚信行为的一贯思维，即从法感情上排斥恶意第三人，并强调善意第三人的调查义务。如上所述，名义股东转让股权，原登记股东二次转让股权等实践中大量存在的无权处分股权的行为，当第三人持善意信赖时，为保护交易安全和善意信赖，一定前提下得允许交易相对方依权利外观而进行判断，并应依此构建股权善意取得制度的适用范围及要件。

三、我国股权善意取得制度的适用范围及考量因素

股权善意取得制度在维护商事活动的安全与效率、平衡真实权利人的保有利益与股权受让人的取得利益方面发挥着重要的功能，因此对其制度价值应予以肯定，对其应当加以构建、修正并明确一般的适用标准。笔者认为在对股权善意取得制度适用范围及考量因素的研究上，应着重在股权变动模式、股权权利外观及“善意”等认定要素加以明确。对股权变动模式的认定，关涉2020年修订的《最高人民法院关于适用〈中华人民共和国公司法〉若干问题的规定（三）》第 27 条——“一股二卖”情形下准用“善意”取得的正当性；对股权权利外观的选择与认定，关涉股权受让人“善意”的认定；而对“善意”的认定，则最终关涉股权受让人能否取得股权。

（一）股权变动模式的选择适用

我国法律尚未对股权的变动模式作出明确规定，学界亦未形成统一意见，主要存在“债权形式主义”与“意思主义”两种观点之争。从德国立法的选择来看，德国法上的股权变动采取“意思主义”模式。德国股权转让延续了其传统民法中物权行为的独立性理论——区分负担行为与处分行为。股权转让由两个法律行为组成，一是转让股权的债权合意（负担行为），二是以股权变动为内容的物权性合意（处分行为）。在形成了股权转让的债权合意后，股权转让的履行表现为通过公证形式订立股权转让的物权性合意，而不以记载于股东名册或工商登记为生效要件。我国股权转让宜采取“意思主义”模式，实际上，在两种观点的评析和采纳上，关键在于对“股权”本质的把握，不容置疑的是，股权是一种兼具财产性与身份性的权利，具有一定的社员权属性。因此，若将股权限定于股东与公司之间的关系，股权更多的是体现出其属性中的身份性权利，即股东欲行使股权的内容，需要向公司主张，该股权内容能否实现也有赖于公司是否履行相应的义务。若将股权指向其在股权变动中的关系，所体现的则并非股东对股权内容的行使与主张，而是股东对自己私权利的处分，属于私法自治的范畴，原则

上对公司不产生影响,[1]且根据2020年修订的《最高人民法院关于适用〈中华人民共和国公司法〉若干问题的规定(三)》第23条规定,公司在股权受让人取得股权后未按规定签发出资证明书、变更股东名册及工商登记的,股权受让人可以请求公司履行上述义务。这意味着只要股权转让协议生效,即产生股权变动的法律效果,股东名册及工商登记的变更并非股权转让的生效要件。因此,"意思主义"变动模式更契合对我国实证法的解释。

(二)受让人应当以工商登记为权利表征

善意取得制度的适用除了处分权瑕疵之外,还有权利表征因素的存在。权利表象作为一种客观的可被人识别的外观事实,为善意第三人提供信赖对象。权利表征的确立对于善意取得制度的适用和第三人信赖利益的保护有着重要作用。一般而言,法律关系基于某一外观而非真实权利状态本身而定,必须建立在一定的正当性基础之上,这种正当性一般来自归责原则,特殊情况下来自由国家权力确保的权力外观的正确性。在2008年的修法中,德国立法者选择对股东名册进行技术改造,并与公证制度相结合,最终得以股东名册作为股权善意取得的"权利外观基础"。从我国的情况来看,司法实践中普遍的做法是以工商登记作为权利外观,尽管股东名册是对公司股东资格的确认,也具有使公司股东获知公司其他股东的功能,但毕竟是公司内部文件,其证据效力仅可以对抗公司及公司内部的其他股东,虽然股东名册对于股东人数较多且股东相对不稳定的大公司尤其是上市公司而言,具有显而易见的积极意义,[2]但在有限责任公司中股东名册作为权利外观基础表征的意义不是很大。

由于作为股权善意取得制度正当性基础之一的"权利外观基础",承担着对外公示权利归属、给予股权受让人以信赖的功能,故其与真实权利之间应具有高度的一致性。然而,由于我国工商登记机关对股东登记仅进行材料上的形式审查,同时股权转让合同与工商变更登记之间存在一定的时间差、办理工商变更登记的主体是公司而非股权交易当事人等,实践中存在大量工商记载与真实权利

---

〔1〕 张双根:《股权善意取得之质疑——基于解释论的分析》,载《法学家》2016年第1期。
〔2〕 朱江主编:《公司法前沿理论与实践》,法律出版社2009年版,第160页。

不一致的情形，要克服这一缺陷，可以借鉴德国法理论，从以下两种解决途径去完善及构建：

1.公司高级管理人员对公司工商变更登记错误承担连带责任

我国公司登记管理方面的漏洞导致实践中公司可能怠于办理工商变更登记，从而给以恶意第三人在原股东不知情的情况下篡改、造假的可乘之机。而根据《德国有限责任公司法》第40条的规定，公司执行人违反该变更义务造成相关股东或公司债权人损失的，应对此承担连带责任；对于公证人违反该义务的情形，同样需要依据《德联邦公证人条例》第19条的规定承担法律责任。我国立法可以根据实际需要，借鉴德国法的上述规定，选择以公司董事、监事或者其他高级管理人员来监督公司及时办理工商变更登记，并为相关材料的真实性进行审核，若负有该项义务的公司董事、监事或其他高级管理人员违反义务并造成相关股东、公司债权人利益受损的，则应当就此损失承担连带责任。

2.引入异议登记制度

由于股权变动生效与公示之间存在时间差，可以考虑在这一时间差内提供临时的救济措施，如引入德国法上的股权异议登记制度，这一制度与意思主义的股权变动模式、形式审查的工商登记制度和公司在股权变动的地位等基本制度并不冲突。在股权让与合同签订后，经出让人同意，受让人可对股权进行异议登记，防止在登记变更前，出让人再行无权或有权处分。这一保护作用，在负担行为意义上的“一股二卖”情况下同样有效。在制度设计上异议登记应当比正式登记简单便捷，申请的主体应为交易双方当事人而非公司。在登记条件上只需登记权利人同意即可，而无须证明异议人权利受到侵害。在技术上，应确保查阅者在查阅股东信息时能够看到股权上的异议登记。在效果上载有异议登记的股份，则不能发生善意取得。第三人在为股权交易前、查阅工商档案时，必然会看到该异议登记，即使股权出让人再行无权处分，第三人也难谓“善意”。

（三）善意的判断时点及标准

由于股权善意取得制度的正当性之一在于保护股权受让人对权利外观的合

理信赖，故“善意”在善意取得制度中居于核心地位。

首先，在判断善意的内涵及标准上，《德国民法典》对动产与不动产善意取得中“善意”的认定采取二分法的立法模式，但是我国原《物权法》并没有采纳这一认定标准，对动产与动产不作区分，统一以受让人“不知且无重大过失不知”作为认定标准，《民法典》亦未在善意的认定标准上作出区分。德国法之所以对动产与不动产的“善意”进行区分，一方面，两者的公示方法不同，进而导致公信力也不相同。详言之，不动产以登记作为公示方式，且不动产登记管理部门所示的不动产登记簿遵守“纯粹权利外观原则”，具有绝对的公信力，相较之下，动产仅以占有作为公示方式，其占有的状态与所有权的归属往往不一致，受让人应当负有一定注意义务，法律对于受让人的重大过失不予保护。另一方面，善意取得的适用前提是无权处分，无权处分的理论基础是诱因原则，则需要考虑原权利人在权利外观错误的引起上是否具有可归责性，而不动产登记簿的错误不一定是原权利人所造成的，所以不影响权利人受善意取得的保护。因此，在二分法的立法模式下，不动产的善意取得中，受让人“不知道不动产登记簿存在错误”即构成善意，除非不动产登记簿载有异议登记或者受让人明知不动产登记簿存在错误；动产的善意取得中，受让人有更强的注意义务，只有在“不知且无重大过失不知”时才构成善意。

其次，“善意”的判断时点上，《民法典》第311条并没有对善意的判断时点作出明确规定，有观点认为，原《物权法》第106条第1款第1项中的“受让”是指所有权的转移。笔者认为对于第三人善意的判断标准，可参考我国动产善意取得的相关学说及德国法上的股权善意取得制度，规定交易对方知情或因重大过失不知情的，不发生善意取得。选择该标准关键的考量有两方面，一方面，不能采取对于不动产登记簿的“不知情即构成信赖”标准，因工商登记的正确性无法与不动产登记簿相提并论；另一方面，一般过失或轻过失不应构成第三人的非善意，否则善意取得制度节约交易成本的功能将有被架空的危险。商事往来中第三人的注意义务又应较之民法上的注意义务更为严格，股东名册及出资证明书的记载、交易对价是否合理等，均可成为个案中的考量因素。

（四）对合理对价的认定

1.交易行为的认定

由于现代善意取得制度是为了适应商事交易中广泛存在的占有权与所有权相分离的现象而产生，其法理内核是以牺牲真实权利人静的利益为代价，进而达到社会交易动的安全。因此，维护交易安全便捷是善意取得制度存在的根本原因，而“若无权处分人和第三人欠缺交易行为的特征，则排除善意取得制度的适用”。[1]所谓交易行为，其性质乃属法律行为，强调交易双方在法律人格或经济上非属同一主体，《民法典》第311条虽未对此明示交易行为是成立善意取得的必要条件，但属应有之义。真实权利人无法实质证明第三人非善意的情况下，交易行为的特征在保护真实权利人方面亦能发挥一定价值。

2.合理价格的评估

股权转让的评估作价较一般交易行为更为重视当事人的意思自治，导致合理价格的判断标准极为模糊，作为指示参照性规范的《民法典》第311条也未予以明确。从公司法关于评估作价的精神来看，该作价权利应属于全体股东，实务中公司股权转让价格对应的标的是公司相应股权，因此注册资本的价值配比、交易对象的选择等都可能成为对交易价格产生影响的主要指标，往往不是评估机构能够评估的，而是通过交易双方协商所确定的，相对于物权善意取得而言，股权的交易价格往往很难以公开市场的价格作为参照，它产生于环境相对封闭的有限责任公司，显然其价格的合理性、客观性偏弱。

四、股权善意取得制度适用范围扩张的司法认定

由于规范层面的法律规定具有滞后性的特点，这就导致已有的法律规范不能及时调整司法实践中不断涌现的新鲜问题。司法的过程不仅是一个单纯或单向地将既有不变的实证法应用于社会生活的过程，它还蕴含着法律在应用过程

---

〔1〕 李辉：《无处分权人出资之股权善意取得之否定》，载王利明主编：《判解研究》2017年第2辑，人民法院出版社2017年版，第151~152页。

中丰富自身、发展的自身的意味。[1]除司法解释明确规制的情形外，通过以“股权善意取得”为关键词在中国裁判文书网进行搜索相关判决，共获取判决书样本34份，从中发现法官适用股权善意取得制度为依据（不代表法院均支持第三人取得股权）的情形有：第一，名义股东转让其名下股权的，[2]占比47%；第二，原登记股东二次转让股权的，[3]占比2%；第三，侵害其他股东优先购买权而转让股权的，[4]占比6%；第四，违反公司章程对外转让限制而对外转让股权的，[5]占比9%；第五，通过伪造签名而将其他股东的股权转让给自己，并继续转让股权的，[6]占比12%；第六，通过无效转让行为获得登记的登记股权人继续转让股权的，[7]占比6%；第七，擅自转让共有股权的，[8]占比15%。上述案例反映出司法实践中适用股权善意取得制度存在纷繁复杂的扩张情形，因此在理解与适用《民法典》物权编中规定的善意取得制度时，《公司法》等法律规制如何与其合理衔接，司法个案扩张的探索应如何结合前述善意取得的一般规则加以认定？笔者将结合股权善意取得制度的一般规则探讨部分扩张情形的司法适用问题。

（一）公司接受无权处分财产出资的扩张

2020年修订的《最高人民法院关于适用〈中华人民共和国公司法〉若干问

---

〔1〕 朱晓娟、姚篮：《论中国有限公司股权善意取得的一般结构》，载《北京航空航天大学学报》（社会科学版）2013年第5期。

〔2〕 例如，甲乙约定，由乙代理甲受让并持有A公司股权，受让股权并变更股权登记后，乙未经甲的许可，擅自将其名下股权转让与丙，甲得知后请求确认乙丙之间的股权转让协议无效。

〔3〕 例如，甲将其持有的A公司股权转让给乙，在尚未办理股权变更登记手续时，甲又将股权转让给了丙，乙得知后请求确认甲丙之间的股权转让协议无效。

〔4〕 例如，甲伪造股东会决议，将其持有的A公司股权转让给乙，A公司另一股东丙得知后请求确认甲乙之间的股权转让协议无效。

〔5〕 例如，A公司章程规定，股东因辞职而转让股权的，仅能内部转让或由公司回购，股东甲在递交辞职报告后未按章程规定处理股权，而是将股权转让给非股东乙，A公司得知后请求确认甲乙之间的股权转让协议无效。

〔6〕 例如，甲乙系A公司两股东，甲通过伪造乙的签名，将乙的股权转让给自己，随后甲又将涉案乙的股权转让给丙，乙得知后诉请确认甲丙之间的股权转让协议无效。

〔7〕 例如，甲将其持有的A公司股权转让给乙，在办理股权登记前，甲与丙串通转让于丙，并办理股权变更登记，丙随后将涉案股权转让与丁，法院确认甲丙之间的股权转让协议无效，乙请求确认丙丁之间股权转让协议无效。

〔8〕 例如，甲乙为夫妻，在夫妻关系存续期间，甲获得A公司50%的股权，并登记为股权人，后甲未经乙同意将其名下股权转让与丙，乙得知后请求确认甲丙之间股权转让协议无效。

题的规定（三）》第7条第1款规定："出资人以不享有处分权的财产出资，当事人之间对出资行为效力产生争议的，人民法院可以参照物权法第一百零六条的规定予以认定。"该条规定了公司股权原始取得的新类型，即对无处分权出资之股权善意取得作了突破性规定。概言之，《民法典》颁布后，当出资人以其不享有处分权的财产出资时，如果公司接受出资时不知道也不应当知道出资人为无权处分，将可以依据《民法典》第311条善意取得制度认定该出资行为有效，公司可获得相应资产。同时，无权处分人亦可获取与该出资财产相对应的公司股权。

由于2020年修订的《最高人民法院关于适用〈中华人民共和国公司法〉若干问题的规定（三）》关于法院应当采取拍卖或变卖的方式处置无处分权的财产出资设立公司所形成的股权的规定，与民法中遗失物、盗赃物不适用善意取得原则大相径庭，从《民法典》第312条、第314条、第318条、第319条等的规定中可以看出，所有人不明的埋藏物、隐藏物以及拾得遗失物、漂流物或者失散的饲养动物不适用善意取得。而司法实践中，即便出资人用贪污、挪用等犯罪手段所得货币出资，司法部门也未采取将出资财产直接从公司抽回的做法，而是采取将出资财产所认缴的股权折价补偿给受害人的方式予以救济。该规定的反对者认为物权法规定的善意取得制度系为维护交易安全创设的制度，其本身有严格的法定构成要件，强行法色彩浓郁，而公司法中的出资行为作为常见的商行为则在缴纳方式、出资方式、出资的评估作价上均体现明显的意思自治特征，二者之间存在巨大的理论鸿沟难以逾越。

相对于理论的分歧，司法实践中已不乏相关案例对无权处分财产出资的善意取得制度适用作出有益探索。如上海普联房地产开发有限公司与马生为股东资格确认案件中，判决理由认为："尽管生效刑事判决对李家东、沈求勇挪用公司资金的犯罪行为进行了刑事处罚，但是尚没有刑事判决认定马生为违法犯罪行为，故涉案340万元尚不能认定为马生为违法犯罪所得的资金，不符合上述条文关于取消马生为股东资格的前提要件。况且，即使有生效刑事判决认定马生为存在犯罪行为，其用犯罪所得出资后所得的股权亦是应采取拍卖或变卖的方式处置，而不能直接否定其股东身份。"笔者认为，研判无权处分人出资是否适用善意取得制度，需将该制度置于公司法语境之下，对诸如出资行为与交易行为之间的关系、公司善意的认定、无处分权人善意的认定以及该制度以何种权利表征作为建立信赖利益的基础等问题作出回应。首先，从交易行为与出资行为的对比来看，出资行为系投资者在投资时以出资换取股权，反映了商业社会交易关系的一般属性，故出资行为应属交易行为，进而可以从交易外观判断是否具有善意取得的法律构成。其次，从公司善意的判断来看，参照《民法典》第311条的规定，在原始设立公司的场合，善意与否的判断标准应以其他发起人是否知道出资人对其出资不享有处分权为标准，无处分权人以无权处分之财产出资，公司或股东即不能以所有权欠缺为由主张出资人未履行出资义务，所有权已经因为善意被转移至公司。最后，出资的财产按照法律规定应当登记的已经登记至公司名下，不需要登记的已经交付给公司。因此，应当认为上述情形符合股权善意取得的一般规则。

（二）侵犯其他股东优先购买权而转让股权的

优先购买权与善意取得制度的适用问题主要产生于股权对外转让过程中，在股权对外转让的过程中适用善意取得制度主要是指当转让股东向第三人转让股权，已完成股权转让的全部程序，此时其他股东想要收购该出让股权时，非股东受让人能否依据善意取得制度对抗股东优先购买权人。2020年修订的《最高人民法院关于适用〈中华人民共和国公司法〉若干问题的规定（四）》对此亦未作出明确规定，由于善意取得制度的正确适用对于股权对外转让过程中各方利益的平衡具有重大影响，故需结合其法律构成加以探讨论证。

1.适用说

支持在股权对外转让中适用善意取得制度学说的理论基础可总结为以下四种原因：其一，优先购买权的立法本意在于维护公司各股东之间的人合性，因为善意取得制度严格的适用条件，能够有效限制股权的对外转让，从而保护有限责任公司的人合性。其二，为平衡各方利益，非股东第三人依据善意取得制度取得了相应股权，优先购买权人仍可追究出让股东侵权责任。其三，适用善意取得制度，能够鼓励非股东第三人进行尽职调查，从而有效地提高注意义务。其四，只有在股权转让的过程中适用善意取得制度，才能够使受让股东对股权转让充满信心，从而实现促进股权流通的目的，才能够保障有限责任公司股东的正常加入和退出。

2. 不适用说

反对者认为上述适用善意取得制度的情形其实仅存在于“一股二卖”的情况下，而在其他股东主张优先购买权的情况下，转让股东的对外转让行为是否属于无权处分的范畴，非股东第三人是否能够基于善意取得制度取得该股权需严格加以限制。还有观点认为，即使没有善意取得制度的保护，当其利益受到侵害的情况下，仍然可以依据股权对外转让协议来维护自身利益（以股权对外转让协议效力与侵犯股东优先购买权没有直接关系为理论基础），故不应适用善意取得制度，否则势必会破坏公司内部的信任关系，损害公司和其他股东的利益，使先买权制度形同虚设，无法达到保护有限责任公司人合性的目的。

笔者同意善意取得制度在该种情形下有条件适用。有观点认为，2020年修订的《最高人民法院关于适用〈中华人民共和国公司法〉若干问题的规定（四）》第21条第1款关于“其他股东自知道或应当知道行使优先购买权的同等条件之日起三十日内没有主张，或者自股权变更登记之日起超过一年的除外”的规定，明确了善意取得的可能性，但此优先购买权除斥期间规定的目的，是促使其他股东及时行权，不应当拖延太长时间，使法律关系处于不稳定的状态，更为确切的依据是该条第2款关于“其他股东非因自身原因导致无法行使优先购买权，请求赔偿的除外”的规定，该条覆盖了因过了除斥期间，或系争股权已被他人善意取得的情形，可见该条规定实际上没有否定损害优先购买权情况下善意取得的可能性。外部人在足以相信转让股东已经获得了处分系争股权的完整权利的情况下，参照适用《民法典》第311条规定的条件。在判断是否“善意”的情况下，应当审查该转让股东是否形成了有权转让的信赖外观，实践中转让股东通常为登记股东，如果转让股东已经提供了其他股东放弃优先购买权的相关证明，如伪造的其他股东一致放弃优先购买权的股东会决议等，只要外部人在形式上进行了审查，该权利表征的证据没有明显瑕疵等值得怀疑之处，即应确认该善意成立，可以发生善意取得的法律效果。

（三）擅自转让共有股权

以夫妻共有财产出资，但是股权仅登记在一方名下，后登记的一方没有经过另一方同意而擅自将登记在自己名下的股权转让他人。对此，目前我国法律并没有作出明确规定，审判实践中亦存在两种对立观点，产生分歧的原因在于，对于夫妻一方擅自处分共有股权是否属于有权处分观点不一，进而引发参照适用善意取得的正当性问题。

一种观点认为，夫妻一方擅自转让股权系无权处分，可以适用善意取得。如北京市第三中级人民法院《以夫妻共同财产出资、登记在一方名下的股权的处理思路》第5条明确，股权受让人能否取得股权，应当参照2020年修订的《最高人民法院关于适用〈中华人民共和国公司法〉若干问题的规定（三）》第25条的规定处理，登记为股东的一方将登记于其名下的股权转让、质押或者以其他方式处分，未登记一方以其对于股权享有实际权利为由，请求认定处分股权行为无效的，应当参照《民法典》第311条的规定按善意取得制度处理，登记一方处分股权造成未登记一方损失的，未登记一方可以请求其赔偿财产利益损失。另一种观点认为，因夫妻一方擅自转让股权而产生纠纷应适用《公司法》的有关规定，股权不同于一般的财产所有权，与货币、普通动产等普通财产存在差异，《公司法》规定公司股东依法享有资产收益、参与重大决策和选择管理者等权利，其中资产收益权属于财产性权利，由夫妻双方共有，但未登记的配偶一方无权直接以自己名义向公司主张权利，因该项权利仅为股权的权能，权利本身属于股东，故而该种观点认为对于股权的处分无须取得配偶另一方的同意，属于有权处分。

股权作为一种成员权，其权利之形式与实现必须体现在股东与公司的相对法律关系之中，因而对股权与股东资格关系的理解属于一物之两面，不可割裂。〔1〕又根据外观主义法理和《公司法》关于股东显名主义的规定，只有登记为股东的夫或妻享有包括转让的股东权利。〔2〕因此，尽管股权是以夫妻共同财产出资获得，但若没有按照《公司法》的规定将股权登记为夫妻共同享有，则该夫

〔1〕 张双根：《股权善意取得之质疑——基于解释论的分析》，载《法学家》2016年第1期。
〔2〕 郭富青：《论股权善意取得的依据与法律适用》，载《甘肃政法学院学报》2013年第4期。

妻共有的“财产”仅应体现为股权收益或者是股权转让金。登记股权人擅自处分该夫妻共有股权的为无权处分，在保护善意第三人的利益时，应当厘清股权善意取得制度与夫妻表见代理制度之间的边界，明确二者的适用范围。因此审理未经一方同意，夫或妻擅自处分自己名下股权的案件时，人民法院需要区分第三人有无理由相信该处分是夫妻的共同意思表示，如果第三人确实有理由相信该处分为夫妻共同意思表示，如股权人出具了另一方的转让许可等，则适用夫妻表见代理制度进行处理，如果第三人没有理由相信处分为夫妻共同意思表示，才可以适用股权善意取得。

审判实务精要

2020年修订的《最高人民法院关于适用〈中华人民共和国公司法〉若干问题的规定（三）》规定了股权善意取得制度的有限情形，但实践中适用善意取得制度的情形已经对上述司法政策有所突破，由此引发的思考是股权善意取得的适用范围及考量因素问题，为保护交易安全和善意信赖、促进市场经济效率，应当建立股权善意取得制度司法适用的一般规则，并对司法实践中股权善意取得的扩张情形作出正确认定。

具体而言，股权善意取得在制度逻辑上应以登记对抗主义为法律适用的主线，在股权善意取得适用范围及考量因素中，股权宜采用“意思主义”变动模式，这关涉“一股二卖”情形下准用善意取得的正当性；股权权利外观宜选取工商登记簿，这关涉对股权受让人“善意”的认定；“善意”内涵应理解为“不知且无重大过失”，善意的时点应理解为至工商登记簿变更时始终应为善意。

由于司法实践中股权善意取得制度存在扩张情形，根据上述一般规则对其法律构成要件进行分析的同时，在利益衡量层面上又需要扩展善意取得制度的应用空间，同时注重可归责性、第三人主观状态和注意标准的考量。如在对无处分权出资之股权善意取得认定上，当出资人以其不享有处分权的财产出资时，如果公司接受出资时不知道也不应当知道出资人为无权处分，则可以依据善意取得制度认定该出资行为有效，公司可获得相应资产。同时，无权处分人亦可获取与该出资财产相对应的公司股权。使股权善意取得制度的司法适用既能符合各方利益，也能契合立法目的，同时对鼓励股权登记、遏制恶意交易也大有裨益。

撰稿人：潘云波，上海市高级人民法院商事审判庭庭长，法律硕士
夏　青，上海市高级人民法院商事审判庭审判员，法学硕士

7. 业主大会决议中“视为同意”条款的司法认定与适用规则

导　　言

《民法典》第278条对通过业主大会决议的投票比例进行了调整，降低了决议通过的门槛，但同时可能放大了“视为同意”条款的负面作用。“视为同意”条款本是作为打破“表决僵局”的措施出现，但由于条款本身的缺点，往往容易成为业主委员会操纵业主大会决议的工具，导致其越来越有被滥用的趋势。本文从现实案例入手，结合《民法典》第278条的新规定，对“视为同意”条款的起源、效力及被滥用的原因进行分析，力求正确理解、适用法律。在此基础上对现有的制度框架进行修改、增补，提出适用条件和补充规则的建议，以使“视为同意”条款回归其原有功能。

一、问题的由来

（一）汇豪天下业主委员会案〔1〕

2013年年初，上海市浦东新区汇豪天下业主委员会（以下简称汇豪天下业委会）向上海市第一中级人民法院提起建筑物区分所有权纠纷诉讼，要求判令被告上海市浦东新区房地产（集团）有限公司（以下简称浦房集团公司）向原告汇豪天下业委会交付符合规定的物业管理用房600平方米，若不能交付则赔偿原告物业管理用房市场价值3000万元。汇豪天下业委会认为，根据国家规定以及小区竣工时的相关文件，浦房集团公司应当交付600平方米的物业管理用房，但经多次催促未能交付，故汇豪天下业委会按照业主大会议事规则的规定，召开业主大会会议，表决通过提起本次诉讼。被告浦房集团公司不同意原告诉请，双方第

〔1〕 参见（2016）沪01民初1207号、（2018）沪民终385号。

一个争议焦点就是汇豪天下小区业主大会本次决议是否有效。

2009年6月通过的《××小区业主大会议事规则》第10条（业主大会表决形式）规定：“本业主大会采用以下第（二）、（五）种形式进行表决：（二）专人送达、回收意见：由业主委员会（换届工作小组）组织有关人员逐户派发、回收业主意见，经业主委员会（换届工作小组）统计汇总，公布表决结果。（五）房屋出租无联系方式的业主，采用投递信箱方式送达。已送达的表决票，业主在规定的时间内不反馈意见或者不提出同意、反对、弃权意见的，视为同意。视为同意或者反对的，不适用差额选举业主委员会委员或者差额选聘物业服务企业等情形。”

2012年9月，汇豪天下业委会公告启动业主大会会议，就起诉一事进行表决；10月，汇豪天下业委会向小区业主公告表决结果，载明：共发出表决票909份，其中，同意899份、不同意8份、弃权2份。小区业主大会决定授权业委会通过司法途径解决本小区的物业管理用房等公建配套问题。

本案历经一审、二审、重审、再次二审，法院均认定业主大会决议有效。

值得注意的是，汇豪天下业委会在审理中就表决票的构成提供了情况说明一份。（1）通过当面签署征询表发表意见的户数为285户（其中，同意的户数为253户，占总户数的27.83%，相应的专有部分建筑面积为37，025.77平方米，占总建筑面积的28.64%）。（2）通过电话发表意见的户数为173户（其中，同意的户数为162户，占总户数的17.82%，相应的专有部分建筑面积为21，120平方米，占总建筑面积的16.33%）。（3）通过信箱投送及回收表决票发表意见的户数为451户（其中，签署表决票表示同意的户数为26户，信函没回音视为同意的户数为419户，两者合计为445户，占总户数的48.95%，相应的专有部分建筑面积为64，166.04平方米，占总建筑面积的49.63%）（注：小区总户数为909户，小区专有部分总建筑面积为129，281.96平方米）。综上，同意通过司法途径解决物业管理用房的户数为860户，占总户数的94.6%，相应的专有部分建筑面积为122，311.81平方米，占总建筑面积的94.6%。

（二）从案例看“视为同意”条款的效果

如果只看汇豪天下业委会在业主大会决议公告中的陈述，总户数909户，获得赞成票899票，另有8票不同意，2票弃权，业主大会会议参会率100%，投票率100%，决议以98.9%的赞成率高票通过，这次业主大会会议无疑是成功的，相应比例远超法定门槛，在该小区并不存在"开会难""门槛高"的问题。但是，如果对投票组成再作审视，就能发现问题。在899张赞成票中，只有253户是通过签署表决票的正常方式进行表决的，占总户数的27.83%，另有电话同意的162户，占总户数的17.82%，视为同意的419户，占总户数的46.09%。也就是说，如果没有"视为同意"条款，那么赞成率将陡降至微弱过半。如果再考虑电话征求意见并不是约定的投票方式，既出现了程序瑕疵又无从查证，法院就有可能改变原有的态度。而业委会作为会议的发起者，在选择表决事项上具有天然优势，可有效掌握这46.09%的同意票，只需要另外争取4%的赞成票，大约37户，即可通过决议。也就是说，本次业主大会会议的决议事项能否获得通过，这37户的意见至关重要。本次诉讼涉及价值3000万元的不动产，系小区的重大事务，本应由多数业主决定，结果却变成由少数业主主导，"视为同意"条款的效果，由此可见一斑。

该案所展现的问题不是个案，在笔者随机抽取的10个记录表决票构成的案件中，可以看出"视为同意"条款的作用十分明显。（见表7-1）

表7-1　10个记录表决票构成的案件情况

案件名称	总票数（张）	视为同意票数（张）	视为同意占比（%）	真实同意票比例（%）
上海骏丰嘉房地产开发有限公司与上海市嘉定区骏丰嘉天下、嘉峰汇业主大会业主撤销权纠纷	1136	520	45.77	40.76
潘宪仲、顾志伟、朱关荣、黄全洲与上海市普陀区建德花园郁金香苑业委会业主撤销权纠纷	651	256	39.32	9.52
上海市普陀区锦美苑小区业主委员会与上海华欣物业管理有限公司物业服务合同纠纷	163	43	26.38	63.8
邹健平与上海市闵行区博雅苑业主委员会业主撤销权纠纷	1580	787	49.81	26.07
上海市浦东新区金桂小区业主委员会与丁辉业主撤销权纠纷	582	189	32.47	56.53

续表

案件名称	总票数（张）	视为同意票数（张）	视为同意占比（%）	真实同意票比例（%）
肖建、殷文涛、张东风与上海市闵行区好世凤凰城业主委员会业主撤销权纠纷	1688	1132	67.06	21.68
杭州卓盛物业管理有限公司与星星港湾花园业主委员会物业服务合同纠纷	5496	1219	22.17	41.96
上海市闸北区嘉里不夜城卓悦居（东区）小区业主委员会与张建荣业主撤销权纠纷	600	329	54.83	27.83
威海市洲际假日广场业主委员会与威海市百丰物业服务有限公司物业服务合同纠纷	4767	4197	88.04	9.1
邝焯荣与广州百脑汇科技大厦第二届业主委员会业主撤销权纠纷	880	533	60.56	19.09

从表7-1反映的情况看，80%的案件中视为同意票都足以左右投票结果，在40%的案件中甚至出现了视为同意票即“双过半”的现象。这说明，“视为同意”条款的运用，可能会令业主大会制度的基本原则“多数决”丧失表达多数业主真实意思的功能。

（三）“视为同意”条款的概念及类型

“视为同意”条款指的是《业主大会和业主委员会指导规则》第26条第2款规定的“未参与表决的业主，其投票权数是否可以计入已表决的多数票”中肯定的情形。对该定义的理解有几个要点，一是此处的“参与表决”与《民法典》第278条的“参与表决”不同，应当理解为实质投票，而非被送达表决票；二是“视为同意”条款有两个构成要件，一个是“视为同意”票都已被送达，未送达的情况不能适用，另一个是“视为同意”票在被送达后未获得任何有效投票，赞成、反对、弃权和另选其他方案都不能按照“视为同意”条款处理。

对“视为同意”条款的表述，在现实运用中又出现了多种变体，如上述汇豪天下业委会案件中表述的“已送达的表决票，业主在规定的时间内不反馈意见或者不提出同意、反对、弃权意见的，视为同意”。还有的规定，逾期不投票的，视为投弃权票。这几种变体，有的过于激进，有的对打破“表决僵局”并无帮助，且均无上位法支持，故缺乏实用价值，亦说明“视为同意”条款存在被滥用的情形。

二、问题折射出的困境及原因

“视为同意”条款之所以出现被滥用的局面，与业主大会决议难以有效通过的现实困境是分不开的。业主大会会议往往不是原地踏步做不出决议，就是违反原则盲目乱动，引发业主提起撤销权诉讼，致使业主大会陷入“想开开不了——开了过不了——过了又被撤销”的尴尬困境。

（一）决议难以通过

决议难通过包括不能有效召开会议和决议无法取得法定票数通过两种情形。如前所述，根据《物业管理条例》第12条、第14条的规定，业主大会开会的法定要求有二：一是业主大会会议必须要有专有部分占建筑物总面积过半数的业主且占总人数过半数的业主参加，否则会议不能成立；二是召开业主大会会议，应当于会议召开15日以前通知全体业主。

根据原《物权法》第76条[1]的规定，业主大会决议采绝对多数决的机制，决定一般事项的，应当经专有部分占建筑物总面积过半数的业主且占总人数过半数的业主同意，即“双过半”原则；决定动用维修资金、改建、重建等重大事项的，应当经专有部分占建筑物总面积2/3以上的业主且占总人数2/3以上的业主同意。此为通过业主大会决议的法定要求。除了法律、法规的要求外，各地方性法规还有其余的补充要求和特定程序。群众普遍反映业主大会开会难，决议通过难，动用维修资金更是难上加难。对于法定要求，业主普遍反映门槛过高，难以执行。

---

〔1〕 原《物权法》第76条：下列事项由业主共同决定：（一）制定和修改业主大会议事规则；（二）制定和修改建筑物及其附属设施的管理规约；（三）选举业主委员会或者更换业主委员会成员；（四）选聘和解聘物业服务企业或者其他管理人；（五）筹集和使用建筑物及其附属设施的维修资金；（六）改建、重建建筑物及其附属设施；（七）有关共有和共同管理权利的其他重大事项。决定前款第五项和第六项规定的事项，应当经专有部分占建筑物总面积三分之二以上的业主且占总人数三分之二以上的业主同意。决定前款其他事项，应当经专有部分占建筑物总面积过半数的业主且占总人数过半数的业主同意。

另外，满足开会人数只是召开会议的门槛之一，会议需要召集人进行召集，而这个召集人一般是业委会。业委会的成员从业主中选出，但业委会的成员不一定能够代表全体业主的利益，非委员业主与委员业主之间同样存在利益冲突。当非委员业主希望通过召开业主大会来解决这种冲突时，往往会受到委员业主的阻挠，其中一种常见的方式就是拒不召开业主大会，即使开会也不将相关议题提交大会表决。虽然《物业管理条例》中规定了如果有20%的业主提议的，业委会应当召开临时业主大会，但是规则中并未规定召开的时限，也没有简化开会的程序。〔1〕

即使业主大会成功召开，也并不代表能够通过决议。不同业主就同一个议题可能有十几种不同意见，而书面表决票往往只能承载2~3个选项。如果作为会议召集人的业委会在前期工作中不能把业主的意见统一到这2~3个选项中，那么投票结果就有可能出现没有一个候选项获得超过半数选票的情形，会议结果将会流产。为了避免这种情况出现，会议召集人往往需要与业主或业主代表反复酝酿表决选项。这个过程不仅漫长，而且往往会因各种矛盾的激化而无法达到预期效果。

（二）决议被撤销

业主大会存在诸多程序要求，开会困难重重。有的小区业委会为了让业主大会会议能够早日举行，以及顺利通过相关决议，在程序方面把握不够严格，或是对决议事项考虑不周全，侵犯了业主合法权益，导致通过的决议又被业主通过诉讼或其他方式撤销。据不完全统计，我国目前已公布的以判决结案的业主撤销权纠纷案件中，最后判决撤销业主大会决议的达26.04%。〔2〕这个比例虽然不高，但考虑到在漫长的诉讼过程中放弃的业主、法院认为瑕疵程度尚不足以撤销

---

〔1〕《物业管理条例》第13条：业主大会会议分为定期会议和临时会议。业主大会定期会议应当按照业主大会议事规则的规定召开。经20%以上的业主提议，业主委员会应当组织召开业主大会临时会议。

〔2〕相关数据来自中国裁判文书网，网址：http://wenshu.court.gov.cn/。

决议的情况，以及不可诉事项（如业委会选举纠纷）[1]，真正应当撤销的业主大会决议比例远高于这个数字。业主大会决议被撤销主要有以下几种情形。

1.违反法定程序

实践中，违反法定程序的情形主要包括两类：一类是导致业主大会决议不成立的程序性瑕疵，主要包括无召集权人召集[2]、没有实际召开业主大会即作出决议、召开了业主大会但没进行表决等；另一类是其他类型的程序性瑕疵，如通知内容不齐备、未提前15天通知、会议实际出席人数未达到法定标准、决议未能获得“双过半”赞成票或者在会议召集、表决等过程中的其他程序性瑕疵，此种决议瑕疵效力应当视为可撤销。但原《物权法》、2020年修订的《最高人民法院关于审理建筑物区分所有权纠纷案件适用法律若干问题的解释》中，关于程序违法的业主大会决议可撤销的规定，未考虑到作为业主大会成立的最基本性程序瑕疵问题即导致决议不成立的程序性瑕疵问题。

2.违反业主大会议事规则、管理规约约定的程序

管理规约的地位类似公司章程，但又与公司章程不同，其效力主要体现在程序方面。股东会或股东大会决议内容违反公司章程的，该决议可撤销。但管理规约并未获得如此高的效力位阶，从法定程序来看，原《物权法》规定的程序中，并未将修改管理规约列为特殊表决事项，不要求“双三分之二以上通过”，而是和一般表决事项一样，只要求“双过半”。因此，决议内容本身违反管理规约的，并不构成撤销理由。但是管理规约和业主大会议事规则中约定的程序，对即将召开的业主大会具有约束力，如果业主大会的召开程序或决议程序违反管理规约或业主大会议事规则的，其法律后果也应是可撤销。因为法律允许业主大会自治并自我管理，故其为履行自治义务而进行的自我管理行为，如果不与强行

---

〔1〕 关于该问题存在争议，《民事案件案由规定理解与适用》（2011年修订版）中认为，业委会选举纠纷非民事纠纷，但现实中存在相反案例，江苏省高院公报在2015年第5辑中曾刊登“于某以业主大会选举成立业委会程序违法为由行使业主撤销权纠纷案”，认为人民法院应当受理此类案件。

〔2〕 如《山东省物业管理条例》第29条规定：“符合首次业主大会会议召开条件的，街道办事处、乡（镇）人民政府应当在三十日内组建业主大会筹备组。”根据上述规定，首次业主大会应当由街道办事处、乡（镇）人民政府组织成立的业主大会筹备组负责召集。如果小区内的部分业主未经街道办、乡（镇）人民政府而擅自召开业主大会选举业主委员会，则构成程序上重大瑕疵，导致业主委员会的选举不合法。

法冲突，在法理层面上应当得到尊重，唯法律规定方面存在不足，还需要进一步完善。

3.侵害业主合法权益

根据《民法总则》的规定，民事法律行为若违反法律、行政法规的强制规定，又不存在例外情形的，应当无效。因此，决议内容违法多数会导致该决议的无效，无须适用撤销规则。但原《物权法》及《民法典》物权编均未设置确认业主大会决议无效的程序。虽然法院可以在业主撤销权诉讼中对法律进行扩大解释，将无效情形纳入处理范围之内，但依然无法回避此类决议的最终后果是判决撤销而非确认无效。判决撤销隐含了一个前提，即无人行使撤销权或超过一年除斥期间的，决议有效。这个结果将赋予违法行为以法律效力，与《民法典》关于民事法律行为效力的规定不符，未来需要进一步解释或调整，以保持《民法典》逻辑结构上的一致性。

（三）原因分析

导致业主大会决议困境的原因多种多样，主要有以下几种：

1.小区规模过大

近年来开发的住宅小区，为实现规模效应，往往体量庞大，普遍存在业主人数众多的问题。以上海市中远两湾城为例，规划占地49.5公顷，建筑面积160万平方米。建成后共有住宅楼97栋，房屋11，921套，居民人数超过3万人，人口规模已经超过了部分欧美城市。〔1〕瑟曼·奥尔森在他的集体行动理论中认为，在一个成员众多的集团中，有理性的、寻求自我利益的个人不会采取行动以实现他们共同的或集团的利益，小集团才具有凝聚力和有效性。因此，在一场参会者人数众多的会议中，典型的参会者多数会选择不关心议题、不发表意见，甚至有可能直接缺席会议而把他的会议成本降到零。根据《物业管理条例》，业主大会会议应当有物业管理区域内专有部分占建筑物总面积过半数的业主且占总人数过半数的业主参加。在类似中远两湾城这样的大型小区内，召集超过半数的业主，也

---

〔1〕 数据来源：链家网：https：//sh.lianjia.com/xiaoqu/5011000014141/，最后访问日期：2020年4月15日。

就是近6000人以上参加一场会议，即使是书面征求意见，其工作量和工作难度也可想而知。而如果无法召集超过半数业主参加会议，就意味着无法召开业主大会，更不用说通过决议。

2.业主组成成分复杂，存在“候鸟业主”“云业主”

近十年来，随着城市房地产价格的不断上升及旅游业的发展，业主成分逐渐从原有的社区居民改为多元化，其中非定居型业主不断增多。有的业主是“候鸟型”业主，每年从其他地区来小区住几个月，多出现在旅游型城市中。此类业主较为密集，甚至整个小区的大部分业主都是“候鸟型”业主，给业主大会会议召开带来较多的困难和障碍，[1]甚至还变成了一种社会问题。[2]有的业主是“云业主”，购买房产的目标是投资，平时并不居住，有的出租，有的空置。有的业主平时居住在外地或者国外，一年甚至几年才会出现一次，联系起来非常困难。如果要组织这些业主参加业主大会会议，对会议召集人的工作就提出了较大挑战。

3.业主权利意识和法制意识淡漠

业主大会制度的目的本来是解决业主间的分歧，维护共同生活秩序，协调彼此间的共同利益，乃需要超越个人的团体组织，以借该团体组织力量，妥订管理规约，设置管理机构，处理共同事务。但现实中，有的业主对公共事务的管理并不热心。比如前文提到的“云业主”，购买房产的目的是增值和收取租金，即使业委会工作人员联系到此类业主，往往也不会有所回应。有的业主对法律不了解，存在畏难情绪，认为如果发表意见，可能会因此承担法律义务，故不愿参与。有的业主将业主间的利益冲突发展为私人恩怨，以不参加会议的形式抵制业主大会会议。还有的业主存在“搭便车”心态，认为会有其他人去管理小区事务，只要坐享其成即可。

---

〔1〕 参见网易新闻《九年磨一剑 珠海最大候鸟型社区有了业主委员会》，载http://zh.house.163.com/12/0316/09/7SN4TTA5022100O9_3.html，最后访问日期：2020年4月15日。

〔2〕 参见新华网《海南琼海警方快速处置一起小区“候鸟”业主堵路事件》，载http://www.xinhuanet.com/politics/2016-01/29/c_128683776.htm，最后访问日期：2020年4月15日。

4.开会程序烦琐，难以执行

虽然原《物权法》第76条除表决比例外，未规定必须的程序。但出于规范会议形式，保护业主权利的目的，自原《物权法》以下的各级规范，对开会程序不断补充和完备，导致开会程序越来越冗长。以上海市的相关规定为例，就分为筹备工作、发布公告、投票表决、回收统计意见、通报大会议事决定五个环节，每个环节下又各有若干小环节，仅筹备工作就包含：收集业主提议，草拟议案、制作表决票、核实业主情况四部分工作，十分烦琐。按照规定，业委会应当在开会15日前通知全体业主，有的业主不住在小区内，联系困难，好不容易联系上，剩余时间已经不足15日，导致开会时间一变再变。表决票的送达，一般需要两人一同执行，在业主数量较多的小区中，成为业委会的沉重负担。于是有的业委会选择邮寄挂号信，但邮寄耗费时间较多，有时业主收信时已超过投票时间，结果引发纠纷。同时，为了防止决议因程序瑕疵被撤销，有的业委会不得不从通知业主开始就固定证据，也会造成会议的工作量显著上升。

三、对“视为同意”条款相关规定的梳理

为了突破上述表决困境，“视为同意”条款被引入，但从梳理的情况来看，发文机关对该条款的负面作用亦持警惕态度，故决定以自行选择的方式进行表述。《民法典》第278条施行后，与“视为同意”条款将相互影响，既放大其正面效果，也放大其负面效果。

（一）《民法典》出台前的相关规定

在法律层面，有原《物权法》为业主大会决议制度提供顶层支撑，其中第76条规定了业主表决权的决议范围和双重“多数决”的决议规则，为“视为同意”条款的适用基础。在行政法规层面，主要是国务院颁布的《物业管理条例》，对业主大会的开会方式及流程做了详细规定。[1]在部门规章层面，住房和城乡建设部于2010年颁布的《业主大会和业主委员会指导规则》起到了重要作用，该规

〔1〕《物业管理条例》明确了业主大会可以采用书面征求意见的形式；规定了召开业主大会会议应当提前15日通知全体业主；规定了业主大会会议的召集人为业委会；增加了物业所在地的区、县政府房产部门或街道、乡镇政府可成为业主大会决议的撤销机关。

定中首次出现了“视为同意”条款，同时还在《物业管理条例》的基础上对业主大会制度规定了更多的细节。〔1〕

由于原《物权法》和《物业管理条例》对业主表决权的规定比较笼统，2020年修订的《最高人民法院关于审理建筑物区分所有权纠纷案件适用法律若干问题的解释》和《业主大会和业主委员会指导规则》虽然在一定程度上将其细化，但仍然给予了地方性法规比较大的规定自由，各地方立法机关往往根据本地实际情况制定了相关地方性法规。对于“视为同意”条款，各地态度不一，有的视为同意，有的视为弃权，还有的要求先进行补充表决，表决不成才能适用“视为同意”条款。〔2〕

在法律法规之外，各地制定的管理规约和议事规则的示范文本对“视为同意”条款多数也做了约定。这些示范文本虽然不是法律法规，但经小区业主大会会议表决后，会成为最终落地的准则，在司法实践中占有重要地位。多数示范文本都将“视为同意”条款作为投票方式的一部分，加入了正文之中，并对整个决议机制进行了细化。〔3〕

(二)《民法典》第278条的影响与评价

《民法典》第278条对原《物权法》第76条的内容进行了修改和补充。

---

〔1〕 如该规则第9条明确了首次业主大会筹备组成立的时间点和组织者。第12条明确了筹备组的职责范围，其中需要特别注意的是，筹备组有权确定首次业主大会会议表决规则。第26条将是否采用“未参与表决票计入已表决多数票”条款的权力，交给了业主大会。

〔2〕 例如《苏州市住宅区物业管理条例》规定：“逾期不参加业主的投票是否计入已表决的多数票数，由大会议事规则确定”；《珠海市物业管理条例》则直接规定业主未进行投票或者未向业主代表提交书面意见的，推定该业主表示同意参与投票的多数人的意见；《包头市物业管理条例》规定未投票业主视为弃权；《贵州省物业管理条例》则规定：业主大会议事规则可以约定，参会业主就会议事项形成多数决议但未达到法定比例要求的，由缺席业主补充表决，经补充表决仍未达到要求的，则适用“视为同意”条款。

〔3〕 以上海市业主大会议事规则范本为例：1.定义了以书面征求意见方式召开业主大会会议时，“参加”的含义。按照该范本，业主大会会议采用书面征求意见形式召开的，与会业主以表决票送达的业主人数确定。2.定义了“送达”的方式和含义。按照该范本，业主本人领取、专人送达且业主签收、按照业主提供的通讯方式发送、投入该户信箱或房屋内，均作为送达。3.明确了表决方式的种类。一种是投入指定投票箱，另一种是由专人回收意见。4.可选择适用“视为同意”条款。5.限制对同一事项再次提议表决。按照该范本，业主大会可以禁止业主在指定时间范围内就同一内容再次提议召开业主大会会议进行表决。

1.文字内容比对

从文字表述上看,《民法典》第278条对原《物权法》第76条所统领的业主大会决议制度未做大幅度的改动,增加的决议事项只是对《业主大会和业主委员会指导规则》已有内容的吸收,以及将使用维修资金从特别表决事项降为一般表决事项。变动幅度最大的是明确了召开业主大会会议的业主比例条件,要求“双过三分之二”,并且将表决方式从绝对多数决改为简单多数决。具体对比可见表7-2。

表7-2 《民法典》第76条与原《物权法》第278条对比

	原《物权法》第76条	《民法典》第278条	对比分析
决定事项	(一)制定和修改业主大会议事规则;(二)制定和修改建筑物及其附属设施的管理规约;(三)选举业主委员会或者更换业主委员会成员;(四)选聘和解聘物业服务企业或者其他管理人;(五)筹集和使用建筑物及其附属设施的维修资金;(六)改建、重建建筑物及其附属设施;(七)有关共有和共同管理权利的其他重大事项	……(五)使用建筑物及其附属设施的维修资金;(六)筹集建筑物及其附属设施的维修资金……(八)改变共有部分的用途或者利用共有部分从事经营活动……	将原第(五)项拆成两项,增加了关于共有部分用途以及从事经营活动的事项
召开业主大会会议的业主比例条件		业主共同决定事项,应当由专有部分面积占比三分之二以上 的业主且人数占比三分之二以上的业主参与表决	新增
普通事项通过决议比例要求	决定前款其他事项,应当经专有部分占建筑物总面积过半数的业主且占总人数过半数的业主同意	决定前款其他事项,应当经参与表决专有部分面积过半数的业主且参与表决人数过半数的业主同意	从绝对多数决改为简单多数决
特别事项通过决议比例要求	决定前款第5项和第6项规定的事项,应当经专有部分占建筑物总面积三分之二以上的业主且占总人数三分之二以上的业主同意	决定前款第6项至第8项规定的事项,应当经参与表决专有部分面积四分之三以上的业主且参与表决人数四分之三以上的业主同意	从绝对多数决改为简单多数决

2.新增开会前提要件的意义与影响

从实践来看，新增的开会前提要件并不属于创新，主要是将《物业管理条例》中已有的内容放入了《民法典》中，并调整了比例。但对于整个业主大会决议制度而言，不亚于一场甘霖。首先，该条款第一次在法律中增加了真正意义上的业主大会会议程序。在此之前，法律所规定的是业主大会决议通过的实质要件，而非程序要件。当业主大会决议未获双过半赞成票却又被违规宣布通过时，究竟是该认定业主大会决议因程序违法被撤销还是认定业主大会决议不存在，学界一直争论不休。由于我国法律并未设置确认业主大会决议不成立、无效或不存在的制度，上述决议不得不借助程序违法的路径来解决，但也为学界所诟病，又容易误导后来者认定“双过半”为程序要件。[1]其次，提升了原有开会前提规则的效力层级，为业主撤销权诉讼提供了更为有力的法律支撑。根据2020年修订的《最高人民法院关于审理建筑物区分所有权纠纷案件适用法律若干问题的解释》第12条的规定，业主撤销权的行使以业主大会或业主委员会的决定侵害其合法权益或者违反法律规定的程序为条件。在《民法典》出台之前，业主大会决议制度体系中，真正属于法律的只有原《物权法》，而原《物权法》既没有规定需“双过半”参会，也没有规定提前15天通知全体业主，更没有规定诸如表决形式、公告程序等一系列内容。这导致司法实践在适用2020年修订的《最高人民法院关于审理建筑物区分所有权纠纷案件适用法律若干问题的解释》第12条时陷入了一种尴尬的境地。在大多数业主撤销权案件中，业主大会决议都只是违反了地方性法规甚至管理规约，难以满足司法解释关于违反法定程序的规定。这个结论与当前司法需求并不一致，因此司法实践只好对法律做更为宽泛的理解。《民法典》第278条将该前提明确为法律，则违反该前提的决议效力将无争议。

3.参会业主比例以及表决方式调整带来的影响

在《物业管理条例》及其之下的规范性文件中，参会业主比例一直都固定为“双过半”，而《民法典》第278条将其修改为“双过三分之二”，实质上增加了

〔1〕 参见徐银波：《决议行为效力规则之构造》，载《法学研究》2015年第4期。

开会的门槛，向业主委员会提出了更高的工作要求。从积极的方面来看，此举可能倒逼业主委员会主动尝试业主微信群、投票APP、微信小程序等新类型会议方式，从而让更多的业主真正参与到小区事务中来，鼓励更多的业主行使共同管理权；但也可能会让积极性不高的业主委员会转向“投入信箱”“投入房屋”等“视为送达”条款，以求用最少的资源实现100%的送达率。

表决方式从绝对多数决走向简单多数决，结合参会业主比例调整，实质上将通过普通事项的决议比例下限调整到全体业主的1/3，将筹集维修资金等特殊事项的决议比例下限调整到全体业主的1/2，有效降低了通过决议的门槛。一方面，这种变化使业主大会决议更容易通过，能够提高业主参与公共管理的积极性，减少小区事务无人问津的情形；另一方面，也要警惕，由于“视为同意”条款的存在，降低通过决议门槛的同时也给了业委会操控业主大会决议更多的机会。

4.从决议形成角度对《民法典》第278条的评价

在前文中的样本案件中可以看出，即使按照原来“双过半”的规定，“视为同意”条款也能够有效地控制决议通过。当《民法典》第278条将决议通过的门槛从绝对“双过半”调整为简单“双过半”时，“视为同意”条款将在更大程度上成为业委会操纵业主大会决议的工具。

在样本案件中，视为同意票占比超过1/3的达70%之多。也就说，业委会最多只要争取超过1/6的表决票，并把表决范围控制在全体业主的2/3，就足以控制“视为同意已表决的多数意见”情形下业主大会决议的通过；而如果是“视为同意”的情形下，只要业主委员会把表决范围控制在全体业主的2/3，则无论真正参会业主如何投票，决议都必然通过。至于业主委员会有意控制表决范围的情况，在司法实践中已屡见不鲜，诸如定向投放表决票、针对不同业主采用速度不同的投放方式等，都足以实现这个目标。而《民法典》第278条所设计的“双过三分之二业主参与表决规则”，原本是为了推动更广泛的业主参与小区管理，从而防止因决议门槛降低带来的失控风险。但由于“视为同意”表决票从逻辑上一定会计入参与表决的基数，所以上述风险防范机制对“视为同意”条款并没有起到作用，反而由于其他手段的匮乏造成召开业主大会会议会进一步依赖于“视为同意”条款。

《民法典》第278条降低决议门槛的比例，本意在于解决小区管理活动中业主大会通过决议难的问题，故对通过比例予以适当降低。[1]立法出发点是好的，但未注意到社会现实中业主大会活动的第一个难点在于召开一次合格的会议，争取到足够的赞成票反而并不是最大的问题。大多数无法召开业主大会会议的小区，连召集一半以上的业主都无法实现，更不用说满足第278条规定的“双三分之二业主参与表决规则”。同时，对该条的“参与表决”显然不能理解为实质性的投票，而是被送达表决票或出席会议，否则将彻底排除“视为同意”条款的适用，进一步增加召开会议的难度。《民法典》第278条实质上增加了召开业主大会会议的难度，相应的也就减少了决议形成的概率，背离了其立法初衷。

四、对策与建议

为了解决“视为同意”条款带来的问题及其折射的困境，需要对相关制度进行分析与重构，以更好地实现《民法典》第278条的立法目的。

（一）基本理念

1.国家干预主导与小区自治主导

在讨论“视为同意”条款之前，我们首先要明确国家与小区的关系是什么。是应该由国家直接干预小区事务，加强对小区的管理，还是推动小区自治，让业主自行管理。如果答案是前者，那么整个制度的设计目标就是国家管控能力的最大化，“视为同意”条款显然应当予以废除，由国家以行政强制手段保障每个业主的意见得到真实表达。如果是后者，那么“视为同意”条款如果是业主真实意思表示，就应当得到尊重，所讨论的目标是如何规范该条款。

从中央精神来看，党的十九大报告指出，要加强社区治理体系建设，强化城乡社区自治和服务功能，健全新型社区管理和服务体制。说明中央要求加强社区自治，将居民自治与精细化社会治理相结合，实现“共建共治共享”。从《民法典》及相关立法沿革来看，我国的小区治理走的是“自发—自治—共治”的道

---

〔1〕 参见《民法典物权编草案二审稿提请审议　降低公共维修资金使用门槛》，载中国人大网：http://www.npc.gov.cn/zgrdw/npc/cwhhy/13jcwh/2019-04/21/content_2085543.htm，最后访问日期：2020年4月15日。

路,《民法典》在原《物权法》规定的自治基础上,又强调了居委会代表国家对业主大会的指导和协助。因此,小区的管理应当是以业主自治为主,国家承担指导和协助义务。司法亦应当以保守为主,不轻易改变小区内部的规则,但应当充当小区管理的“平衡器”,在出现权利义务显著失衡且内部调节机制失灵时,动用公权力恢复小区秩序。

2.公平优先与效率优先

业主大会决议制度的核心在于对小区事务做出决定,而做出决定的过程必然伴随着公平和效率的矛盾。上述样本案件中业委会选择“视为同意”条款即为效率优先导向的体现,显著提高了业主大会的议事效率。但是如果离开适当程序的保障,业主大会决议已经不是多数业主的意志体现,法律制度被架空,公平很可能受损。如果国家为此频频介入小区管理并提供救济,则小区自治无从体现。如果选择公平优先,那么效率次之。烦琐的会议程序,较高的决议门槛,都是公平的程序保障。“业主开会难”“决议通过难”等社会热点将会继续下去,没有效率的公平,本身就是一种不公平。

公平和效率如此的密不可分,在制度构建过程中,不能完全倾向于任何一方,而是要在公平与效率中寻找合适的平衡点,但这个平衡点并不意味着在所有程序中对公平和效率进行平均分配。从《民法典》第278条的设计来看,小区需要业主大会开会决定的事项已经被分为两类,一种是一般表决事项,另一种是特殊表决事项。从表决比例的设计可以看出,前者是小区中发生频率较高的事项,更需要重视效率;后者是小区重大事件,但发生频率较低,体现公平更为重要。因此,在制度设计时,应当充分考虑这两种区别。

(二)制度构建

1.“视为同意”条款有其必要性,但应限制其负面作用

“视为同意”条款属于用沉默表达积极的意思表示的情形,对其效力认可应当更为保守。按照民法一般理论,同意作为一种意思表示需要借助积极的外部表示行为。如果行为人保持沉默,不用语言表示也不用积极行为表示,这种消极的不作为并不构成表示行为,也即不存在意思表示。只有在法律有特别规定或

行为人有约定的情况下，行为人的不作为才能被赋予一定的表示。《民法典》第140条第2款也明确规定，沉默只有在有法律规定、当事人约定或者符合当事人之间的交易习惯时，才可以视为意思表示。但从司法实践看，几乎未见推翻“视为同意”条款的情形，业主或物业服务企业对该条款的挑战均告失败。

如果说“视为同意”条款出现在业主大会议事规则中勉强可属于约定情形的话，那么该条款仅出现在表决票中就完全不具备当事人意思表示一致的前提了。在俞某与上海市徐汇区中虹汇之苑业委会业主撤销权纠纷上诉案中，上海市徐汇区中虹汇之苑小区业主大会筹备组向业主送达了《上海市徐汇区中虹汇之苑小区业主大会首次业主大会表决票》。〔1〕该表决票对《业主大会议事规则》《管理规约》《专项维修资金管理规约》以及业委会成员提供了表决项，并注明“已送达的征求表决意见单，业主在规定的时间内不反馈意见或者不提出同意、不同意、弃权意见的，视为同意”。俞某以表决票中的上述条款违法为由主张撤销。一审法院认为，这一表决形式，目前并无法律的禁止性规定，并且在《表决票》中也明示了这一条款，并未误导、影响业主的表决意向。同时，这一表决形式客观上也有利于促使业主积极行使投票的权利，故驳回俞某诉请。二审法院认为，该条款实为表决票的计票方法或规则，属小区业主自治范畴，相关物业管理法律法规对此并无明文规定，因此上诉人主张该条款违反法律规定，缺乏依据，维持了原判。

有观点认为，“未投票视为有效同意”条款不论其包含在表决票中，还是包含在业主大会议事规则中，其效力都存在种种问题，但法院却无一例外的支持这种条款的效力，这是基于中国区分所有建筑物社区业主不积极行使表决权现状的被迫选择。〔2〕但在最近，审判实践中出现了不同的声音。在广州宏富房地产有限公司与广州市番禺区大石街星河湾小区第一届业主委员会业主撤销权纠纷一案上诉过程中，二审法院推翻了一审法院的判决理由，认为投票行为应当以明示为之，默示投票的方式侵害了业主的合法权益，故判决对业主大会决议予以撤

---

〔1〕 参见(2010)沪一中民二(民)终字第2697号。

〔2〕 参见薛源:《对业主大会议事规则“未投票视为有效同意”条款的检讨》，载《华南师范大学学报》(社会科学版)2014年第4期。

销。[1]

“视为同意”条款的存在，对于小区治理而言是一把“双刃剑”。它会随着时间的推移，不断累积风险，有可能导致业主大会被业委会架空和操纵。但是对于保证小区治理的效率而言，在当前的制度框架下它又是不可或缺的工具，有着现实必要性。因此，既不能不分情形的一概认可“视为同意”条款，也不能放弃这个有效工具，而是要限制它的使用环境，设定它的使用步骤，还要给它加上一个保险阀，保证最大限度地防止业主大会决议失控。

2.“视为同意”条款不能成为首次会议的表决规则

“视为同意”条款应当是大多数业主真实选择的结果，而不是被“视为同意”而通过，即“视为同意”条款不能成为其自身的表决结果。讨论这个问题，需要回到《业主大会和业主委员会指导规则》，在住建部颁发的该规则中，第一次明确了首次业主大会会议由筹备组负责召开，而筹备组的职责之一就是确定首次业主大会会议表决规则。上述指导规则在此处的用词是“确定”，而另外两份重要文件——《管理规约》和《议事规则》，用词都是“草拟”。也就是说，首次业主大会会议的表决规则并非体现了大多数业主的意志，而是筹备组的意志。如果说，“视为同意”条款因为包含在大多数业主共同选择的《议事规则》内而具有一定的意志体现能力的话，那么因表决规则中的“视为同意”条款而成为《议事规则》一部分的“视为同意”条款就毫无多数业主意志体现的余地可言了。

3.“视为同意”条款的适用范围

制度设计时，应当根据情形的不同对效率和公平各有侧重。首先，“视为同意”条款的本来目的在于提高决议效率，而非改变或操纵决议结果，因此“视为同意”票的计入，无论在一般表决事项还是在特殊表决事项中，应当以满足开会最低人数、最低专有建筑面积为限。其次，对于一般表决事项，应当以效率为先，此时应当允许“视为同意”条款发挥作用，提高表决效率，将“视为同意”票既计入出席数，又计入表决数，且仍受前述第一点所限，仅计入为满足最低开会要求所增加的“视为同意”。但对于特殊表决事项，则应当从公平角度出发，切

〔1〕 参见（2018）粤01民终9963号。

实维护业主大会制度的根本原则，贯彻“多数决”，慎重认定“视为同意”条款的效力。

4.“视为同意”条款的适用程序

“视为同意”条款有较大的负面效果，为抑制其负面效果，应当设计相应的适用程序。首先，应当充分保障业主的知情权。业主大会会议召开前，应当用显著的方式公开会议议题以及备选方案，并充分对各方案进行说明。其次，应当使用多种送达手段对表决票进行送达，确保最大范围的业主收到了表决票并由业主亲自签收。在各种方式送达无效的前提下，才能使用“投入业主信箱或房内”这种“视为送达”手段。在回收表决票以及验票、计票环节时，应当有国家代表在场监督。再次，送达的表决票上应当显著标识出普通事项、特殊事项以及不表态的法律后果，并在表决票的空白处印刷投票时间、地点。最后，如果小区有微信群、手机APP等电子化业主大会会议平台的，应当优先使用该平台召开会议。如果尚不具备上述条件的，可以考虑以换取小礼物等方式，鼓励业主前来投票，以最大化减少“视为同意”条款的适用。

5.“视为同意”条款的效果限制

“视为同意”条款之所以能够起到控制业主大会决议的效果，在于其聚集了大量的表决权，而本身又较容易为人所控制。因此，有必要对此类表决权的效果进行限制。域外立法中不乏类似规定，如我国台湾地区“公寓大厦管理条例”中规定，区分所有权占全部区分所有权1/5以上者，或一区分所有人的专有部分个数超过全部专有部分个数1/5以上者，超过部分不予计算；受他人委托投票者，亦同。

将“视为同意”票的效果限制在多大比例内较为合适，仍需立法机关的进一步调研。本文提供以下思路供读者参考：从原《物权法》和《民法典》的设计来看，在最低参与人数的情形下，立法者的思路均是以一个群体中半数以上的意见来代表整个群体的意见，只不过一般表决事项用的是相对比例，即出席者人数的一半，而特别表决事项用的是绝对比例，即总人数的一半，此为通过决议的最小单元。那么在将“视为同意”票纳入表决票计算范围的情况下，亦应当保证法定的最小单元中真实意见占半数以上，这样最终的结果才与立法思路一脉相承，足以代表最小单元的真实意思。因此，在将“视为同意”票纳入表决票计算范围的情况下，可考虑将其限制设定为不得超过最低通过比例的一半，以防过低票数方案因数票之优势而侥幸通过。同时，“视为同意”票纳入参与人数计算时以满足法定最低标准为限，最终纳入表决票计算范围的“视为同意”票，首先应满足已被纳入参与人数计算的前提，即必须先“出席”，其次在“出席”的“视为同意”票中，纳入表决票计算的总数不能超过最低通过比例的一半。上述思路是否可行，尚有待实践的进一步检验。

（三）与《民法典》第278条的衔接

1.一般事项表决

对于一般事项的表决，在追求公平的前提下，应更注重效率的价值，坚持实事求是，解决实际问题。可考虑以满足开会最低人数、最低专有建筑面积为限，将“视为同意”票既计入参与业主数又计入最后的表决结果，但在计算结果时，“视为同意”票中超过最低通过比例的一半的部分不计入内。这样既可以有效支持显著相对多数的提案获得通过，又可避免“视为同意”票操纵决议结果的情况。

从一个虚构的模型中，可以测试这个规则的效果。假设A小区共有业主500户（为便于计算，假设每户面积相同），就某一般表决事项召开业主大会，实际投票率30%，即150人投票，其中，100张赞成票，50张反对票，另有350张“视为同意”票。按照上述规则，首先计算参与人数。法定参与人数要求为全体业主的，2/3以上，则该小区最低必须有334人参与业主大会会议。150人与334人相差184票，因此将184张“视为同意”票计入参与人数，业主大会会议有效，剩余“视为同意”票不再计入。然后计算投票结果，根据法律规定，一般表决事项的最低通过比例要求是参与人数的1/2以上，即167票。当前赞成票为100票，尚不满足法定要求。此时将184张“视为同意”票加入计算范围，按照上述规则，超过最低通过比例的一半的部分不计入内，能够加入表决的“视为同意”票为167的一半，即已经“出席”的184张“视为同意”票中，有84票可纳入表决票计算范围。100票加上84票，总数为184票，已经超过最低通过要求，决议可以通过。

2.特别事项表决

对于特别事项的表决，应更注重实现公平，兼顾效率。可考虑将视为同意票计入参与业主数（以满足最低开会人数、专有面积数为限），提高会议召开率，防止出现一半以上业主同意表决事项但却无法满足开会条件，导致难以通过决议的情况。但是由于特别事项系小区特别重大事项，探求业主真实意思表示的重要性远超过会议效率，因此“视为同意”票不计入计票结果。

在前文所引入的A小区模型中，再次测试该规则的效果。假设A小区就特别事项进行表决，投票情况与之前一致。那么按照特别事项的规则，法定参与人数要求为全体业主的2/3以上，与一般事项相同，则仍将184张“视为同意”票计入参与人数，会议有效。然后计算投票结果，根据法律规定，特别表决事项的最低通过比例要求是参与人数的3/4以上，即251票。当前赞成票为100票，“视为同意”票不计入表决票，决议不能通过。

经用上述规则对前文表格一中的10个样本案件进行测试后发现，在一般事项表决中，通过率仍为80%，未对表决效率造成严重影响，同时又将一些完全未体现业主意志的决议阻拦在门槛之外，发挥了过滤作用。在特别事项表决中，通过率为20%，充分体现了业主的真实意思，有效防止业主大会决议被操纵带来的隐患，倒逼业委会尽最大努力履行职责，穷尽手段提高业主投票率。

审判实务精要

在处理涉及“视为同意”条款的业主大会决议纠纷案件时，不宜一概肯定或否定其效力。而是应重点审查该条款适用的环境、程序、表决的事项性质、在结果中的占比情况等，根据不同的情况做出不同的判断。在首次业主大会会议表决规则中，“视为同意”条款的效力不应得到认定，因为其作为默示同意条款，本身并未获得业主大会会议的授权，不应具备法律效力。认可“视为同意”条款的效力，应当以业主知情权获得充分保障为前提，以表决票的送达已穷尽送达手段和国家代表的到场监督为程序要件，以印刷规范要素齐全的表决票为形式要件。在上述条件均满足的情况下方可认定

“视为同意”条款的效力。在决议过程中，对于一般事项的表决，以满足开会最低人数、最低专有建筑面积为限，“视为同意”票计入参加业主，但计入参加业主的“视为同意”票中超过最低通过比例的一半的部分不计入投票结果。对于特别事项的表决，“视为同意”票仅以满足开会最低人数、最低专有建筑面积为限，计入参加业主，使之满足“双三分之二”可以召开业主大会会议，但不计入投票结果。

撰稿人： 李　彦，上海市第二中级人民法院未成年人与家事案件综合审判庭审判员，法学硕士

8. 集体土地制度立法调整的司法适用

导　言

土生万物，地载万代，土地是中国农民的命根子，农村集体土地制度则是当下中国改革最关键的议题之一，也是《民法典》编纂的重点内容之一。此次《民法典》编纂吸纳了农村集体土地制度改革试点的成功经验，从法律层面放开了承包土地经营权，通过准用新修订的《土地管理法》，对农村的集体建设用地制度和宅基地制度进行了调整，不仅为增加农民财产性收入提供了法律支撑，更为城乡融合发展提供了法律保障。这些立法变化意味着审判思路和法律适用的重大变化，本文结合立法的变化展开研究和讨论，供审判实务参考。

一、《民法典》中农村集体土地制度的新变化

深入推进农村集体土地制度改革，是党中央做出的重大决策。2013年11月12日，党的十八届三中全会通过了《中共中央关于全面深化改革若干重大问题的决定》，开启了农村集体土地领域的改革。经过全国各地多年的试点探索，此次《民法典》编纂吸纳了改革的成功经验，将相关政策上升为法律制度，对农村集体土地制度做了相应的调整。主要集中在以下几个方面：

1.调整农村集体建设用地入市制度，彻底改变了城乡分治形成的土地二元结构。《民法典》第361条准用性规则将集体建设用地的法律适用指向《土地管理法》，而2019年《土地管理法》的修订，吸纳了农村集体经营性建设用地入市制度改革试点的经验，取消了长期以来对农村集体土地直接入市的限制，确立了农村集体经营性建设用地直接入市流转的制度，从而为推进城乡一体化发展扫清了制度障碍。

2.吸收农村土地承包“三权分置”改革的试点经验，完善了土地承包权利构

架。《民法典》第339条至第342条新增了土地经营权的规定，厘清了承包地流转形式、内容和土地经营权的性质；《民法典》第399条改变了以前耕地不得抵押的规定，放开了承包地担保融资的限制等，使农村集体土地所有权、承包权和经营权“三权分置”的改革完成了从政策到法律的转变，维护农民承包土地的权利，拓展农村利用土地的形式，促进农村土地的高效利用，为实施乡村振兴战略、加快农业农村现代化发展提供了制度保障。

3.明确农村土地征收制度，强化了对农民住房保障。《民法典》第243条明确规定，在原来的土地补偿费、安置补助费、地上附着物和青苗补偿费的基础上，增加农村村民住宅补偿费用的规定，从法律上为被征地农民构建了更加完善的保障机制。

《民法典》对于农村集体土地制度的重大调整，尤其是强制性法律规范的废止，对司法审判工作带来了较大影响，涉农村土地的审判思路和法律适用面临着重大变化。同时，我们不无遗憾地发现，关于农村宅基地制度改革相关内容没有在《民法典》中体现，尤其是农民自愿有偿退出宅基地、宅基地有偿使用等方面试点经验已经为《土地管理法》吸收的情况下，《民法典》宅基地使用权部分却未有任何调整，只能等待再次修法时进行调整。

二、集体建设用地制度调整的司法适用

（一）立法变化的沿革

长期以来，建设用地根据土地所有权主体的不同，分为国有建设用地和集体建设用地。根据2004年修订的《土地管理法》[1]第43条的规定，单位或者个人只有兴办乡镇企业、村民建造住宅以及公益性的基础设施方可使用集体土地，其他的建设行为必须使用国有土地。即农村集体建设用地除了少数自用外，禁止集体经济组织之外的单位或个人直接使用集体建设用地。集体土地只能通过政

---

〔1〕 该部法律于2019年8月26日再次修订，第十三届全国人民代表大会常务委员会第十二次会议通过了关于修改《中华人民共和国土地管理法》的决定，此决定自2020年1月1日起施行。

府征收，转变为国有土地后方能进入土地市场。[1]这种城乡分治形成二元土地制度，导致产生同地不同权、同地不同价的问题。

2014年12月31日，中共中央办公厅、国务院办公厅印发的《关于农村土地征收、集体经营性建设用地入市、宅基地制度改革试点工作的意见》拉开了集体经营性建设用地入市制度改革的序幕。该文件明确指出，要“完善农村集体经营性建设用地产权制度，赋予农村集体经营性建设用地出让、租赁、入股权能；明确农村集体经营性建设用地入市范围和途径；建立健全市场交易规则和服务监管制度”。2015年2月27日，第十二届全国人大常委会第十三次会议通过了《全国人民代表大会常务委员会关于授权国务院在北京市大兴区等三十三个试点县（市、区）行政区域暂时调整实施有关法律规定的决定》，授权国务院在试点地区暂时调整实施《土地管理法》、《城市房地产管理法》关于集体经营性建设用地入市等有关规定，并明确“在符合规划、用途管制和依法取得的前提下，允许存量农村集体经营性建设用地使用权出让、租赁、入股，实行与国有建设用地使用权同等入市、同权同价”。此后，相关试点地区实质性地推动集体建设用地的入市流转工作。至2018年12月，试点地区集体经营性建设用地已入市地块1万余宗，面积9万余亩，总价款约257亿元，收取调节金28.6亿元，办理集体经营性建设用地抵押贷款228宗、38.6亿元。[2]试点的不少成果最终被2019年修订《土地管理法》时所吸收。

新《土地管理法》删除了原法第43条关于“任何单位和个人进行建设，需要使用土地，必须使用国有土地”的规定，调整了第63条规定，允许集体经营性建设用地在符合规划、依法登记，并经本集体经济组织2/3以上成员或者村民代表

---

〔1〕 原《物权法》第135条规定：“建设用地使用权人依法对国家所有的土地享有占有、使用和收益的权利，有权利用该土地建造建筑物、构筑物及其附属设施。”该条仅规定了国有建设用地使用权，并未包括集体建设用地使用权。而原《物权法》第151条规定：“集体所有的土地作为建设用地的，应当依照土地管理法等法律规定办理。”此处援引的即是修订前的《土地管理法》第43条。需要指出的是，此处所说的入市流转，并不包括被动流转的情况。虽然在乡镇、村企业将厂房等建筑物抵押，而又不能清偿到期债务时，抵押权人实现抵押权时会出现乡镇、村企业的建设用地使用权对外流转给受让人的情形。

〔2〕《国务院关于农村土地征收、集体经营性建设用地入市、宅基地制度改革试点情况的总结报告》，载http://www.npc.gov.cn/npc/c12491/201812/3821c5a89c4a4a9d8cd10e8e2653bdde.shtml，最后访问日期：2020年2月15日。

同意的条件下，通过出让、出租等方式交由集体经济组织以外的单位或者个人直接使用。同时，使用者取得集体经营性建设用地使用权后可以进行转让、互换或者抵押等交易。这可以说是我国集体土地土地制度的重大突破。《民法典》第361条规定，集体所有的土地作为建设用地的，应当依照土地管理的法律规定办理。条文虽无变化，但其准用的法律已经发生重大变化，新《土地管理法》确立了农村建设用地直接入市流转的制度，结束了集体建设用地不能与国有建设用地同权同价同等入市的二元体制。

（二）审判实务面临的问题

随着工业化与城镇化的快速发展，城市近郊的集体土地价值日益凸显。农村集体经济组织作为理性经济人，自然希望通过农村土地的利用分享快速发展的红利。然而受制于我国农村集体建设用地制度的限制，理性的农村集体经济组织往往选择规避或突破现行法律进行集体建设用地的隐性交易。实务中较常见的形式为集体经济组织或是与开发商合作名义开发土地建设房屋，项目建成后，其不承担经营风险只收取部分房屋或租金；或是以招商引资的形式引入企业租赁土地开厂办企业；或是采用违章搭建形成某种行业市场（如建材、花卉等）进行房屋出租经营；或是以乡镇企业改制形式转让农村土地建设用地等。[1]名义形式虽各有差异，但究其本质实为违规的集体建设用地使用权的转让。从彼时的法律适用来审视，上述交易行为违反了原《土地管理法》的强制性规定，应为无效。

例如，上海中电工程技术设备股份有限公司（以下简称中电公司）与上海市浦东新区北蔡镇人民政府（以下简称北蔡镇政府）等建设用地使用权转让合同纠纷一案。2000年10月14日，北蔡镇政府（甲方）与中电公司（乙方）签订《土地补偿协议》，约定：乙方因建设中电绿色科技园的需要，来浦东新区北蔡镇工业园区落户，甲方向乙方转让坐落在北蔡工业园区内的土地281亩，乙方补偿土地价

---

〔1〕 参见罗湖平、唐禹、谢炳庚:《长沙市郊集体经营性建设用地隐形市场及其管控研究》，载http://kns.cnki.net/KXReader/Detail? TIMESTAMP=637171415136960000&DBCODE=CJFQ&TABLEName=CJFDLAST2018&FileName=CZSZ201801006&RESULT=1&SIGN=2qsVi77yKyBO1H0rzznDWpQRyN8%3d，最后访问日期：2020年2月15日。

每亩19.5万元，并约定办理土地批租手续等内容。后双方按约履行，2002年7月，上海市浦东新区建设局与中电科技公司签订《国有土地使用权出让合同》，由中电科技公司受让约45亩土地，并办理了土地使用权证。因其余土地无法取得，中电公司遂诉至法院，要求北蔡镇政府继续履行《土地补偿协议》、交付土地使用权，赔偿损失。法院经审理后认为，根据法律规定，土地使用权的受让方在起诉前未取得出让土地使用权证书或者有批准权的人民政府同意的，应当认定合同无效。〔1〕

该案所涉《补偿合同》名为土地补偿，实则土地使用权转让。因合同约定转让的土地系集体建设用地，人民法院根据原《土地管理法》、原《土地管理法实施条例》、原《城市房地产管理法》对于集体建设用地的限制，认定合同违反法律强制性而无效，这无疑是符合当时法律规定的。但随着《民法典》《土地管理法》等法律规定的实施，上述强制性规定已经废止，集体经营性建设用地进入市场的法律障碍已经消除，此类合同效力认定将随之调整。

（三）合同效力认定中需要注意的问题

通常，法律禁止性规定的调整意味着合同效力认定的变化。但是，司法实务中需要注意的是如何把握法律调整的范围，笔者进行分析阐述如下：

1.集体建设用地性质不同对合同效力的影响。集体公益性建设用地使用权转让合同的效力如何认定？农村集体建设用地根据设立目的，分为经营性建设用地和公益性建设用地。一般来说，乡镇企业建设取得的是经营性建设用地使用权，而乡（镇）村公共设施、公益事业建设取得是公益性建设用地使用权。虽然两者均是建设用地，但新《土地管理法》第63条规定，土地利用总体规划、城乡规划确定为工业、商业等经营性用途，并经依法登记的集体经营性建设用地，土地所有权人可以通过出让、出租等方式交由单位或者个人使用。可见，集体建设用地入市流转的客体范围仅包括集体经营性建设用地，而不包括公益性建设用地。

分析公益性建设用地转让的法律限制原因在于公益性集体建设用地系用于

---

〔1〕 详见（2013）沪高民一（民）终字第10号。

兴办公共设施、公益事业所需，是为了更好地履行集体经济组织的社会公共职能。一旦放开流转，集体公益性建设用地必将用于经营性建设，如此则不利于农村公益事业的发展和农民生活质量的保障。同时，这体现在国家对于土地用途的管控，《土地管理法》第4条规定国家实行土地用途管制制度。《民法典》第350条规定，建设用地使用权人应当合理利用土地，不得改变土地用途；需要改变土地用途的，应当依法经有关行政主管部门批准。因此，使用土地的单位和个人必须严格按照土地利用总体规划确定的用途使用土地。集体公益性建设用地用于经营性建设，显然不符合土地用途。而集体公益性建设用地使用权的转让，显然违反了《民法典》《土地管理法》等法律的强制性规定。此外，农村公益性建设用地的取得通常以划拨方式，可以类比的是，作为划拨土地的转让即便是在城市土地使用权转让领域，若未经有批准权的人民政府批准，该转让合同亦是无效。

2.集体经营性建设用地出让、出租程序瑕疵对合同效力的影响。集体经营性建设用地入市是对集体土地的一种有效配置方式，其入市的逻辑前提是：集体土地的所有权主体须对集体土地具有处分权能。集体经营性建设用地的出让、出租等主体是集体经济组织和代行权利的村民委员会，或村民小组。

根据《民法典》第261条规定，作为集体所有的不动产和动产，属于本集体成员集体所有。虽然立法没有将集体经营性建设用地入市确立为应当依照法定程序经本集体成员决定的事项，但笔者认为，根据该条第5款法律规定的其他事项的规定，可援引新《土地管理法》第63条的规定，集体所有的经营性建设用地的出让、出租等属于需要本集体成员经依照法定程序决定的事项，且须经本集体经济组织成员的村民会议2/3以上成员或者2/3以上村民代表同意。其实也唯有如此，才能充分体现集体成员的意志，才能使集体经济组织更好地代表并实现农民个体的权益。因此，从该条规定而言属于法律的强制性规定，就其保护的利益而言涉及广大农民群体的集体利益。若本集体经济组织违反该条规定，签订的集体经营性建设用地出让、出租等合同，应为无效。

3.“小产权房”买卖合同效力的认定。“小产权房”只是民间的一种约定俗成的说法，所谓“小产权房”是指在农村集体土地上建造的房屋，出售给非集体组织成员，因为其只有乡镇或村委会所发的产权证明，没有国家不动产管理部门颁发的合法产权证，因而被称为“小产权房”。此类房屋或因不符合城乡整体规划、土地利用总体规划，或未办理建设用地规划许可、建筑工程规划许可进行建设而处于不合法状态。

笔者认为，虽然随着立法调整，集体经营性建设用地进入市场的法律障碍已经消除，但土地利用仍应符合总体规划、城乡规划，符合法律规定工业、商业等经营性用途。但就居住用途而言，原国土资源部、住房城乡建设部制定了《利用集体建设用地建设租赁住房试点方案》，确定了北京市、上海市、沈阳市等13个城市开展利用集体建设用地建设租赁住房试点；在2017年和2019年，又分别确定了北京、上海、沈阳、南京、杭州、合肥、厦门、郑州、武汉、广州、佛山、肇庆、成都等13个城市和福州、南昌、青岛、海口、贵阳等5个城市开展利用集体建设用地建设租赁住房试点，〔1〕除上述地区外，利用集体建设用地建设租赁住房的限制尚未完全放开。审视试点项目的审批程序，这种限制主要通过集体建设用地规划许可制度来实现，即项目用地必须符合城乡规划、土地利用总体规划及农村土地利用规划，否则难以获得规划许可。因此，在缺乏规划许可的情况下，在农村集体建设用地上的建设行为则会构成违法建筑，进而影响买卖合同的效力，实为审判实践需要注意区别的情况。

三、土地承包制度调整的司法适用

（一）立法变化及其意义

2014年，中共中央、国务院印发《关于全面深化农村改革加快推进农业现代化的若干意见》（也称中央一号文件），首次明确提出：“在落实农村土地集体所有权的基础上，稳定农户承包权、放活土地经营权，允许承包土地的经营权向金融机构抵押融资。”农村承包土地“三权分置”的框架跃然纸上。2016年，中共中央办公厅、国务院办公厅出台了《关于完善农村土地所有权承包权经营权分置办法的意见》，进一步细化明确了“三权分置”的政策。2018年12月，第十三

〔1〕 参见《国土资源部、住房城乡建设部关于印发〈利用集体建设用地建设租赁住房试点方案〉的通知》（国土资发〔2017〕100号）、《自然资源部办公厅住房和城乡建设部办公厅关于福州等5个城市利用集体建设用地建设租赁住房试点实施方案意见的函》（自然资办函〔2019〕57号）。

届全国人大常委会通过了对《农村土地承包法》的修改，在立法层面回应了农村承包土地三权分置改革。此次，《民法典》在用益物权分编第11章土地承包经营权第339条至第342条对土地经营权的设立、登记、行使等进行规定，同时在担保物权分编第17章抵押权第399条对限制抵押范围进行调整，改变了以前耕地不得抵押的规定，更加契合土地经营权的性质，允许土地经营权提供担保融资。

“三权分置”入法的重要意义是通过集体所有权、农户承包权和土地经营权的分置对农村土地产权进行了丰富和细分。新的制度安排在坚持农村土地集体所有的基础上，对家庭承包土地在经营方式上发生转变，即由农户自己经营，转变为保留土地承包权，将承包地流转给他人经营，实现土地承包经营权和土地经营权的分离，顺应土地要素合理流转，促进农村土地高效利用，满足提升农业经营规模效益和竞争力的发展需求。

（二）土地经营权的性质及司法适用

1.土地经营权的法律性质。理论界对此存在不同观点，主要是物权说、债权说、区分性质说等，专家学者各执一词。〔1〕但实务部门对于土地经营权的观点是明确的。2017 年农业部在答复全国政协委员的提案中指出，虽然现阶段不宜明确规定土地经营权为物权，但应当对其关键权能内容如合理经营农地而不被违约收回、经承包权人同意抵押融资等，予以物权化保护，以稳定流入方经营预期，促进其放心投入发展现代农业。〔2〕

《民法典》在土地承包经营权章节之下对土地经营权有所规定，但其亦明确土地经营权是基于流转合同生效而设立的权利。当事人可以向登记机构申请土地经营权登记，但又将其限定于流转期限为五年以上的情况。比较第339条规定：“土地承包经营权人可以自主决定依法采取出租、入股或者其他方式向他人流转土地经营权。”第342条规定：“通过招标、拍卖、公开协商等方式承包农村土

〔1〕 杨叶、段思敏等：《浅议“三权分置”中承包土地经营权的法律性质》，载《法制与社会》2018年第5期；宋志红：《再论土地经营权的性质——基于对〈农村土地承包法〉的目的解释》，载《东方法学》2020年第2期（总第74期）（女性学者特刊）。

〔2〕 参见农业部2017年9月9日《关于政协十二届全国委员会第五次会议第 0133 号（农田水利类 003号）提案答复的函》（农办案〔2017〕155 号）。

地，经依法登记取得权属证书的，可以依法采取出租、入股、抵押或者其他方式流转土地经营权。”经比较不难发现后者明确了抵押的流转方式，而前者只能通过解读“其他方式”来适用土地经营权抵押的规则。上述种种似乎反映出立法者对土地经营权性质的纠结。但是，我们结合《农村土地承包法》第47条规定来审视可以发现，承包人或受让人可用土地经营权向金融机构融资担保，担保物权自融资担保合同生效时设立；实现担保物权时，担保物权人有权就土地经营权优先受偿。因此，实务中，就土地经营权的性质而言，笔者倾向于适用物权保护的相应规则处理土地经营权纠纷。

2.土地经营权对审判实践的影响及处理。长期以来，土地承包经营权流转纠纷一直以来是涉农案件的主要类型。〔1〕农村土地经营权作为《民法典》新增加的制度，将对以往承包经营权流转纠纷的审判实践将产生一定的影响。因此，司法实务中，应准确理解立法精神，准确把握“三权分置”改革下土地承包经营权、土地经营权的性质差异，注意立法调整带来的审判变化。尤其是要把握流转方式的调整，引发承包地流转合同效力认定等问题。

一是应对土地经营权与土地承包经营权流转的区别有清晰的认识。承包经营权流转〔2〕是在“土地所有权—土地承包经营权”物权二元结构的前提下形成的流转，承包经营权人可以转包、出租、互换、转让、入股等方式流转承包经营权。而“土地所有权—土地承包权—土地经营权”“三权分置”下，承包人以出租、入股、抵押等形式流转土地经营权。因此，司法实务中应在物权纠纷案由下增加”土地经营权纠纷”；在合同纠纷案由下涉及承包土地流转的四级案由“中增加土地经营权转让合同纠纷，如”土地经营权入股合同纠纷”、”土地经营权抵

---

〔1〕 由于农民的收入来源呈现多元化趋势，粮食蔬菜种植等农业收入不高，上海本地农民从事农业意愿不强，尤其是年轻一代的农民真正从事农业的人数已经大为减少，多数承包地以流转方式交给外地人从事农业生产。据不完全统计，上海有的区土地流转面积占耕地总面积的70%；有的乡镇农民除了保留少数口粮田外，全部进行流转，涉承包地纠纷随之增多。上海法院2019年受理涉农案件357件，其中涉承包土地的纠纷278件，占77.87%。

〔2〕 承包经营权存在两种方式取得：一是以家庭承包方式获得承包经营权；二是以招标、拍卖、公开协商等方式取得荒地等农村土地的承包经营权。后者的权利范围与前者存在根本性的区别，可以转让、入股、抵押，与无限制的用益物权并无差异，故不在本处讨论范围。本处主要指的是以家庭承包方式获得的承包经营权。

押合同纠纷”、”土地经营权出租合同纠纷”等，以适应立法变化。

二是关于土地经营权的出租、入股。此种方式在本质上是承包农户（承包经营权人）将承包地交由他人经营，其并不丧失土地承包经营权。这与原先土地承包经营权流转中转包、出租、入股方式流转的交易方式、当事人的权利等并无实质性的差异，只是明确了承包人流转的不再是承包经营权，而是承包经营权下的土地经营权，因而审判实务需要注意相关权利的表述而已。

三是关于土地经营权的抵押。原《担保法》、原《物权法》等立法均明文禁止农村耕地作为抵押范围，但对于是否放开承包地的抵押问题，争议较大。反对的主要理由是强调农地的保障功能，一旦放开失地农民将成为流民，危及农民生存和社会稳定。笔者认为随着农村社会保障体系日益完善，城乡一体化统筹发展及制度趋于融合统一，上述理由已经不能成为阻碍农民行使土地权利的借口。同时，“三权分置”下，承包农户抵押的是土地经营权。即便抵押权实现，承包人丧失的只是设置年限的土地使用利益，土地承包经营权并不丧失。〔1〕因此，《民法典》第339条和第342条规定，〔2〕分别对家庭承包和其他方式承包农村土地后，允许抵押等方式流转土地经营权。因此，承包方用承包地的土地经营权抵押融资的行为不再为法律所限制，相关融资担保合同应为有效。最高人民法院在《民法典》施行前对2005年《最高人民法院关于审理涉及农村土地承包纠纷案件适用法律问题的解释》进行了修改，删除原司法解释的第15条承包方以其土地承包经营权进行抵押或者抵偿债务应当认定无效的规定。〔3〕

四是以流转取得土地经营权的抵押问题。即受让人以出租、入股等方式流转取得土地经营权后是否可以抵押的问题，《民法典》对此没有规定。但按照《农村土地承包法》第47条规定，受让方经承包方书面同意并向发包方备案后可以向金融机构融资担保。笔者认为，对于未经承包农户同意，受让人擅自抵押的

〔1〕 当承包人流转土地经营权后，承包经营权呈现的是分离出土地经营权后的权利状态，即土地经营权构成承包经营权的权利负担。

〔2〕《民法典》第339条规定：土地承包经营权人可以自主决定依法采取出租，或者其他方式向他人流转土地经营权。第342条规定：通过招标、拍卖、公开协商等方式承包农村土地，经依法登记取得权属证书的，可以依法采取出租、入股、抵押或者其他方式流转土地经营权。

〔3〕《最高人民法院关于修改〈关于在民事审判工作中适用《中华人民共和国工会法》若干问题的解释〉等二十七件民事类司法解释的决定》。

行为应认定为无效。受让人基于流转取得土地经营权后对农村土地享有占有、使用、收益的权利，但其并没有处分的权利。根据第47条的规定担保物权自融资担保合同生效时设立，，合同主体必须要有相应的处分权，故承包方书面同意是受让人取得处分权利的基础，未经该程序的，担保物权无法设立。

（三）土地承包经营权的司法适用

“三权分置”改革中，对于土地承包经营权的性质有“成员权说”和“物权说”之争，民法典修纂时，也有意见将土地承包经营权改名为承包权。笔者认为，家庭承包方式的承包经营权，不仅要求承包农户须具备集体经济组织成员资格，而且也是农户从事农业生产的保障，所以承包权的表述无法全面涵盖其权利行使的界限。从《民法典》规定而言，立法仍采用土地承包经营权，坚持其用益物权的性质是符合其特征的。但需要指出的是，集体组织成员依成员资格获得承包经营权之外的其他方式承包土地，所获得权利不再是土地承包经营权，而是土地经营权，《民法典》正本溯源对此做了明确区分和修改。

土地承包经营权转让、互换原为承包地流转的方式，《民法典》对原《物权法》相关规定未作实质性修改。承包经营权转让、互换将导致原承包土地的农户丧失对原土地的承包经营权，即原承包农户与发包方在该土地上承包关系的终止，故此二者与土地经营权流转有着本质上的区别。土地承包经营权人依照法律规定，有权将土地承包经营权互换、转让。《农村土地承包法》在2018年修订中，〔1〕对承包经营权转让、互换做了相应调整。一是承包经营权转让、互换对象的限制，即交易仅限于本集体经济组织成员之间。二是转让土地承包经营权的，须经发包人同意；土地承包经营权互换的，则须向发包方备案。对于承包人违反上述限制签订土地承包经营权转让合同的情形，由于获得土地承包经营权的主体身份特定，且涉及农村集体经济组织成员权利的保障等因素，，2020年修订的《最高人民法院关于审理涉及农村土地承包纠纷案件适用法律问题的解释》

---

〔1〕 2018年12月29日第十三届全国人民代表大会常务委员会第七次会议《关于修改〈中华人民共和国农村土地承包法〉的决定》第二次修正。

仍坚持原来观点,[1]即承包方未经发包方同意,采取转让方式流转其土地承包经营权的,转让合同无效。对于土地承包经营权互换的情形,原司法解释有规定,[2]虽然修改后的司法解释删除了此情形的规定,但从土地承包经营权互换的主体而言,权利互换并未突破原有权利主体范围,且承包地的互换仅涉及两方农户利益的调整,备案也仅是发包人管理承包地的需要,并不涉及公共利益,故发包方仅以该土地承包经营权流转合同未报其备案为由,请求确认合同无效的,人民法院应不予支持。

四、宅基地制度的司法适用

(一)现状

我国长期以来把农村宅基地定位为承担农民基本住房社会保障功能。在城乡二元化体系下,现行农村宅基地制度形成了"集体所有、成员使用、一户一宅、限定面积、无偿分配、长期占有"的局面,这一制度在解决农民生活保障、公平分配住宅用地、推进节约集约用地、促进社会和谐稳定中发挥了基础作用。但随着城乡一体化发展的进程,农民代际特征明显,新一代农民与农村的黏合度减低,进城打工使村镇空心化现象凸显。[3]宅基地房屋对于外出农民而言居住保障功能不强,交易价值功能不显。

党的十八届三中全会决定提出:"要改革完善农村宅基地制度,选择若干试

---

〔1〕《最高人民法院关于修改〈关于在民事审判工作中适用《中华人民共和国工会法》若干问题的解释〉等二十七件民事类司法解释的决定》中涉及该司法解释第13条规定:"承包方未经发包方同意,转让其土地承包经营权的,转让合同无效。但发包方无法定理由不同意或者拖延表态的除外。"第14条规定:"承包方依法采取出租、入股或者其他方式流转土地经营权,发包方仅以该土地经营权流转合同未报其备案为由,请求确认合同无效的,不予支持。"

〔2〕 2005年《最高人民法院关于审理涉及农村土地承包纠纷案件适用法律问题的解释》第十四条:"承包方依法采取转包、出租、互换或者其他方式流转土地承包经营权,发包方仅以该土地承包经营权流转合同未报其备案为由,请求确认合同无效的,不予支持。"

〔3〕《2018年国民经济和社会发展统计公报》,到2018年全国农村户籍人口56,401万人,其中外出农民工多达17,266万人。因此多数宅基地处于空置状态。《农村绿皮书:中国农村经济形势分析与预测(2018~2019)》,2018年农村宅基地空置率为10.7%,空房率最高达70%。村庄宅基地的闲置率呈现东部最高、西部次之、东北第三、中部最低的格局。另据测算,全国约有360万亩农村宅基地空置,载http://finance.sina.com.cn/roll/2019-04-29/doc-ihvhiqax5759484.shtml,最后访问日期:2020年2月15日。

点、慎重稳妥推进农民住房财产权抵押、担保、转让，探索农民增加财产性收入渠道。”此后，2016年，国务院六部委联合印发《农民住房财产权抵押贷款试点暂行办法》；2018年中央一号文件提出，完善农民闲置宅基地和限制农房政策，探索宅基地所有权、资格权、使用权三权分置，即“宅基地三权分置改革”。然而，《民法典》没有吸纳改革试点经验，也未对原《物权法》宅基地使用权的相关规定进行调整，但在第243条征收条款中，对于征收集体所有的土地的补偿费用部分增加了对农村村民住宅的补偿费用，意在为被征地农民提供更完善保障。

（二）宅基地房屋纠纷涉及的法律问题分析

尽管宅基地房屋作为农民最基本生活保障的功能在逐渐退化，[1]但随着城乡经济社会发展一体化发展的推进，近郊农村宅基地房屋的价值逐渐被挖掘。宅基地房屋买卖合同纠纷便成了较为常见的案件类型。这些纠纷主要存在以下特点：

1.从买卖双方身份来看，出卖人为农村村民，购房人主要为城镇居民或外村村民。

2.从合同履行情况来看，大都已履行（出卖人交付了房屋，购房人给付了购房款并入住），但未办理房屋或宅基地使用权变更登记。有的合同履行完毕至当事人起诉的时间间隔较为久远。

3.从当事人的主张来看，出卖人的诉请及理由较为一致，往往以购房人无相关资格为由，主张宅基地房屋买卖合同无效，要求买受人返还房屋。

4.从诉讼成因来分析，此类纠纷往往多集中于近郊开发区域，存在土地增值、土地征用以及房屋拆迁等因素，房屋现值或拆迁补偿价格远远高于原房屋买卖价格，出卖人受利益驱动而起诉。

5.农村宅基地房屋权属复杂。农村自建房屋很多是一家几口人共同申请建

---

〔1〕 青壮年外出打工后，长期空置房屋的现象较为普遍，一些村委利用闲置房屋开展农家乐旅游住宿项目收到了很好收益。崇明区某村近70%的空置房屋由村委协调集中交给企业开发经营农舍度假租赁，农民不仅得到了一定的收益，而且空置房屋得到了相应的维护和保养。

造，此后又发生人员进出、房屋翻建等情况，权利归属认定困难。〔1〕

宅基地房屋买卖合同纠纷的主要争点在于合同效力。实务中，主流观点认为，中央政策对于城镇居民购买农村宅基地或房屋的行为是严格禁止的。对于城镇居民和农村居民签订的房屋买卖协议，应认定为无效合同。但也有不同观点认为，农民对于自己建造的房屋享有所有权，理所当然可以进行流转。从宅地分离的角度，宅基地房屋买卖合同有效。实务中，还有观点认为交易秩序和诚信原则应当遵循，但国家对于宅基地的管制政策也应予遵循，因此从实际解决问题的角度，对合同的效力认定予以回避，在后果处理上平衡买卖双方的利益。

从宅基地“三权分置”改革的目的来看，改革是为了有效激化农村闲置土地资源，让老百姓更多地享受改革红利，是在坚持宅基地所有权属于农民集体、资格权属于集体经济组织成员的基础上，适度放活宅基地的使用权，使得宅基地能够更好地得到利用，充分发挥其融资功能。从农村土地用途分类来看，宅基地属于建设用地范畴，建设用地直接入市的相关规则调整将对农村宅基地制度产生影响。就立法而言，新《土地管理法》已经就农民自愿有偿退出宅基地等进行了规定。但是宅基地“三权分置”改革后，是否意味着农村宅基地房屋买卖合同效力认定的改变呢？笔者认为，恐怕不能。宅基地仍不能违法违规买卖，其使用仍须严格遵循土地用途管制，如严格禁止利用农村宅基地建设别墅大院和私人会馆等。因此，宅基地房屋买卖合同的效力认定及处理问题，必须慎重对待。简单地认为宅基地“三权分置”改革后，宅基地房屋买卖合同有效的观点，恐不符合改革本意。

---

〔1〕 根据“房地合一”的原则，房屋权属往往取决于土地使用权的归属，但农村宅基地房屋具有其特殊性，导致房屋权利与宅基地使用权利的割裂。农户基于批准建造宅基地房屋而获得物权，取得资格建造房屋的户内成员可以成为房屋的共同权利人。实务中，农户经审批获得宅基地的使用权建造房屋后，由于我国农村房屋至今尚未建立统一的房屋所有权登记制度，没有房屋权利证书，唯有政府部门颁发的宅基地使用证。这就导致宅基地使用权证成为宅基地房屋所有权的代证凭证。而宅基地使用权又属于集体经济组织成员基于特定身份得以“户”的名义获得的权利，若是部分户内成员死亡或离户时，由于“户”尚存，仅产生其他成员的权利扩张问题，而不存在继承或权利转让的问题。人户一旦出现分离的情况，房屋权利与宅基地使用权主体的分离导致宅基地房屋的权利关系复杂。

五、溯及力问题

《民法典》第1260条仅规定了法律施行时间，同时废止了相关法律，并没有就法律溯及力问题进行规定。因此，农村土地纠纷案件就面临着《民法典》施行前签订的合同怎么处理的问题?

通常，法律作为社会的行为规范，通过对违反者的惩戒来促使人们遵守执行。而人们之所以对自己的违法行为承担不利后果，接受惩戒，就是因为事先已经知道或者应当知道哪些行为是法律允许的，哪些行为是法律不允许的。如果允许法律具有溯及力，人们就无法知道自己的哪些行为将要受到惩罚，就没有安全感，也没有行为的自由。因此，法律的可预见性，决定了法律不具有溯及力是一般原则，法律一般只能适用于生效后发生的事件和行为，不适用于生效前的事件和行为。如最高人民法院曾就原《合同法》的适用问题进行司法解释，明确合同法实施以后成立的合同发生纠纷起诉到人民法院的，适用合同法的规定。合同法实施以前成立的合同发生纠纷起诉到人民法院的，除本解释另有规定的以外，适用当时的法律规定。

但是，任何原则都是相对的，都可能有例外。在前述合同法的司法解释中，也开了口子，对于当时没有法律规定的，合同法实施以前成立的合同，可以适用合同法的有关规定，采用有限溯及既往的方法解决了司法实务中的法律适用难题。在刑事领域，如果法律的规定是减轻行为人的责任或增加公民的权利，也可以具有溯及力，我国刑法明确规定了"从旧兼从轻"的溯及力原则。《立法法》第93条规定，"法律、行政法规、地方性法规、自治条例、规章不溯及既往，但为了更好的保护公民、法人和其他组织的权利和利益而作的特别规定除外"。《最高人民法院关于适用〈中华人民共和国民法典〉时间效力的若干规定》第8条规定，民法典施行前成立的合同，适用当时的法律、司法解释的规定合同无效而适用民法典的规定合同有效的，适用民法典的相关规定。最高人民法院2019年发布的《全国法院民商事审判工作会议纪要》第4条，关于民法总则的时间效力中也明确，根据"法不溯及既往"的原则，民法总则原则上没有溯及力，故只能适用于施行后发生的法律事实。但要注意有例外情形，民法总则施行前成立的合同，根据当时的法律应当认定无效，而根据民法总则应当认定有效或者可撤销的，应当适用民法总则的规定。由此可见，符合一定条件，即新的法律能更好地保护当事人权利的，则法律可具有溯及力。

随着农村土地制度改革的深入，原先严格管控农村土地制度正在调整，农村集体经济组织和农民的权利得到了相应的扩展，因此，从这个意义上讲，虽然当事人签订合同时，违反当时法律的强制性规定，应认定无效，但《民法典》施行后，原法律的强制性规定已经修改或删除的，有利于保护当事人权利和利益的，应适用《民法典》，认定合同有效的。

审判实务精要

农村集体经营性建设用地入市限制的废止，改变了城乡分治形成的土地二元结构。法院在审理集体经营性建设用地使用权转让合同纠纷中应充分注意法律的变化，合同效力认定应法律发生变化而发生改变。但在具体使用中应严格把握集体建设用地性质，集体公益性建设用地使用权转让合同仍为无效。本集体经济组织成员的村民会议的表决程序是集体经营性建设用地出让、出租的必要程序，未经程序构成违反法律的强制性规定，合同无效。集体经营性建设用地利用仍应符合总体规划、城乡规划，在缺乏规划许可的情况下，在农村集体建设用地上的建设行为则会构成违法建筑，影响买卖合同的效力。

《民法典》吸收了农村土地承包制度“三权分置”改革试点经验，厘清完善了土地承包权利的构架。立法新增的土地经营权具有物权属性，审判实践中应准确把握立法精神，正确认定承包地流转合同的效力。要区分一手土地经营权抵押和流转取得土地经营权抵押在程序上的限制。《民法典》保留了土地承包经营权转让、互换的规定，但立法调整了交易的限制条件。违反规定转让、互换的，不涉及公共利益，如何认定转让合同效力，将来还需要视《民法典》实施后最高人民法院司法解释是否调整而定。目前，仍应按最高法院司法解释认定无效。

对于宅基地三权分置改革的做法,《民法典》没有予以吸纳,也未对原《物权法》相关规定进行调整。农村宅基地房屋使用仍须严格遵循土地用途管制,如严格禁止利用农村宅基地建设别墅大院和私人会馆等。目前,宅基地房屋买卖合同的效力认定仍应坚持原有司法标准。

对于《民法典》实施以前成立的合同,适用当时的法律应认定合同无效,而适用《民法典》认定合同有效的,则应当适用《民法典》。如果法律或司法解释有将来有具体规定的,以具体规定为准。

撰稿人:洪　波,上海市高级人民法院民事审判庭审判长,法律硕士

9.“三权分置”视野下土地经营权的理论困境与司法应对

导　　言

《民法典》第339~342条创设了土地经营权规则体系，但由于缺乏对土地经营权性质的统一认识，有关“三权分置”的法律条款并不明确，导致司法机关在审理土地经营权纠纷的工作中，对土地经营权作出了不同的认定。法学界对此也进行了深入研究，论述丰富，观点各有不同，但总体倾向于土地经营权应当物权化。通过对连续6年中央一号文件关于“三权分置”内容的分析，笔者发现中央政策举措越来越朝着土地经营权物权化方向发展。从我国农村土地政策法规的历史沿革和农村实践活动来看，为稳定土地经营者预期，推动农村土地市场化，土地经营权确有物权化的必要。在当前审判实务中，司法机关需要准确把握政策精神，明晰土地经营权的主体、客体、内容、期限、登记、权利变动等方面，为新时期农村土地改革提供有力的司法保障。

一、问题的提出：司法实践中土地经营权性质为何难辨

党的十八届三中全会开启新时期深化农村土地制度改革以来，2014~2019年中央连续6年发布的一号文件，对农村土地“三权分置”工作作出指导，表明顶层政策制定者对农村土地制度改革的高度关注。“三权分置”改革产生了一种新型的土地权利即土地经营权，由于对政策的理解与看待问题的角度不同，司法实践中出现了不同认识。笔者从中国裁判文书网选取三件案例，展示如下：

案例一：土地经营权属于物权。在蔡治其、金文明等与毛银生、刘荷叶土地承包经营权转让合同纠纷中，一审、二审及再审法院均认为，非本集体组织成员的毛银生与村民们签订土地流转合同，经村委会同意认可，又经原平市新原乡经营管理站加注意见并加盖合同鉴证章予以认证。此后，毛银生与第三人刘荷叶

签订土地流转使用协议，并实际履行，是对物权的一种处置，蔡治其、金文明等要求毛银生返还流转出的土地的请求不予支持。[1]

案例二：土地经营权属于债权性质的利用权。在王守志与淮南市洞山林场、淮南市山南新区土地储备中心合同纠纷中，一审、二审法院均认为，洞山林场经政府确权，并颁发山林权证，取得了合法经营权。王守志基于合同取得林地的"承包经营权"是基于合同约定产生的合同权利，属对承包土地的债权性质的利用权，不具有用益物权属性。对于王守志的地上附着物损失、改造林地池塘等费用，酌情认定洞山林场参照安置补助费标准的50%予以补偿。[2]

案例三：土地经营权属于物权化保护的合同债权。陈留汉与李存红恢复原状纠纷中，一审、二审法院均认为，在《土地承包协议书》到期后，双方未再续签合同，但李存红继续使用土地并已交纳相应租赁费，陈留汉对此未提出异议，因此双方间的土地流转合同继续有效，租赁期限转为不定期。现陈留汉要求李存红撤出案涉土地，并将土地恢复原状，系基于物权保护的一种物上请求权，其前提是基于物权而享有的法律权能必须完备。但现陈留汉通过签订《土地承包协议书》将案涉土地的占有、使用与收益的权利让渡给了李存红，因此在双方《土地承包协议书》的合同关系未作处理之前，陈留汉无权要求李存红拆除土地上的房屋及大棚。[3]

从上述三例可以看出，我国司法实践中对于土地承包经营权流转出的土地经营权的性质，存在物权、债权性质的利用权、采取物权化保护的债权三种认识，本质上属于物权与债权之争。司法机关如何认识土地经营权的性质，土地经营权如何定性最符合广大农民的根本利益，如何作出最契合国家政策意蕴的裁判，这些问题迫切需要得到进一步的解答。

二、土地经营权法律性质的学理思考与辨析：债权与物权之争

关于土地经营权的法律性质，法学界产生了多种观点如物权说、债权说、两

---

〔1〕 参见（2015）原商初字第212号、（2016）晋09民终1307号、（2017）晋民申2362号。

〔2〕 参见（2014）淮民一初字第00012号、（2014）皖民一终字第00156号。

〔3〕 参见（2014）昌民初字第05405号、（2014）一中民终字第07128号。

分说、二元说、不独立说，每种观点都从各自角度阐述其立论基础与理由，极大地充实了土地经营权的理论体系，但也带来了不少争议。

物权说认为土地经营权是一种物权，主要有下列理由：土地经营权是以农地为客体的不动产用益物权。〔1〕物权更能使融资便利、优化权利主体地位。〔2〕能满足中央确定的可抵押、可担保等政策要求。〔3〕物权的支配性、绝对性使土地经营权受到的保护更强。〔4〕从法理上来说也不存在障碍，土地承包经营权主体完全有权利在土地上设置限制性物权。〔5〕在土地承包经营权上设置的次级用益物权仍可以称为土地承包经营权。〔6〕土地经营权应当取代土地承包经营权，成为法定的用益物权。〔7〕土地经营权与我国台湾地区的“耕作权”类似，建议土地经营权在我国立法上命名为“耕作权”或者“耕作经营权”。〔8〕从《民法典》物权编可以管窥立法机关的基本立场，认为土地经营权应当定性为用益物权。〔9〕

债权说认为土地经营权是一种债权，主要有下列理由：在既存法制解释论下，土地经营权为债权并非物权，未来可以进行物权塑造。〔10〕定性为债权可以囊括全部流转关系，交易简便，节约成本。〔11〕与其他债权一样，土地经营权具有相

〔1〕 参见丁文：《论“三权分置”中的土地经营权》，载《清华法学》2018年第1期。

〔2〕 参见崔建远：《民法分则物权编立法研究》，载《中国法学》2017年第2期。

〔3〕 参见孙宪忠：《推进农地三权分置经营模式的立法研究》，载《中国社会科学》2016年第7期。

〔4〕 参见吴国喆：《“三权分置”背景下耕作权的法律规则设计》，载《行政管理改革》2018年第4期。

〔5〕 参见房绍坤：《民法典物权编用益物权的立法建议》，载《清华法学》2018年第2期。

〔6〕 参见朱广新：《土地承包权与经营权分离的政策意蕴与法制完善》，载《法学》2015年第11期。

〔7〕 参见肖鹏：《土地经营权的性质研究——基于土地经营权抵押贷款规范性文件的分析》，载《中国土地科学》2016年第9期。

〔8〕 参见孙宪忠：《推进我国农村土地权利制度改革若干问题的思考》，载《比较法研究》2018年第1期。

〔9〕《民法典》物权编用益物权部分第340条规定：“土地经营权人有权在合同约定的期限内占有农村土地，自主开展农业生产经营并取得收益。”

〔10〕 参见陶钟太朗、杨环：《农地“三权分置”实质——寻求政策在法律上的妥适表达》，载《中国土地科学》2017年第1期。

〔11〕 参见高圣平：《论农村土地权利结构的重构——以〈农村土地承包法〉的修改为中心》，载《法学》2018年第2期。

对性、期限性，是债权型利用权。[1]认为按照“一物一权”的理论，若土地经营权与土地承包经营权同为物权，且权能相近，会产生冲突。[2]

权利两分说认为民法典物权编对土地经营权物权化，应视情况而定，对于订立长期经营合同并且进行登记的，可以认为具有物权的效力；而短期的经营则不应当界定为物权，而应将之明确为债权，如临时借用、代耕代种、短期托管。[3]

权利二元说认为土地经营权在转让、互换时为物权性质，转包、出租时为债权性质。[4]除了出租，转让、互换、抵押、入股等方式流转的土地经营权为物权性质。[5]

权利不独立说认为土地经营权不是一项独立权利，仅仅是一种途径或方式。[6]

总体来说，上述观点体现了学者们对土地经营权的深度思考，虽然看待问题的视角不同，但对司法机关审判实践都有诸多有益启发。如何判断土地经营权的法律性质，既要通过政策分析与法理分析的方法，判断其法律特征，还需要通过土地流转实践的分析，判断何种定性最为广大农民所接受，何种方案最能有效解决农村实践中出现的问题。

三、基于历史文本的分析与考量：土地经营权的政策解读与立法变迁

（一）2014~2019年中央一号文件的政策分析与意蕴探寻

党的十八届三中全会提出“赋予农民对承包地占有、使用、收益、流转及承

---

〔1〕参见温世扬：《集体土地“三权分置”的法律意蕴与制度供给》，载《华东政法大学学报》2017年第3期。

〔2〕参见李伟伟、张云华：《第三方经营者土地经营权性质、权能与政策重点》，载《农村工作通讯》2016年。

〔3〕参见王利明：《我国民法典物权编的修改与完善》，载《清华法学》2018年第2期。

〔4〕参见孙中华：《关于农村土地“三权分置”有关政策法律性问题的思考》，载《农业部管理干部学院学报》2015年第1期。

〔5〕参见陈小君：《我国涉农民事权利入民法典物权编之思考》，载《广东社会科学》2018年第1期。

〔6〕参见陈华彬：《论我国民法典〈物权编（草案）〉的构造、创新与完善》，载《比较法研究》2018年第2期。

包经营权抵押、担保权能”，为农村土地制度改革指明了方向，即由所有权和承包经营权“两权并行分置”向所有权、承包权、经营权“三权并行分置”发展。〔1〕在农村土地集体所有制度和农村土地承包经营制度实施多年的情况下，如何认识新型的土地经营权是实施“三权分置”的关键。笔者将6年来的中央一号文件关于“三权分置”的内容进行对比，如表9-1所示：

表9-1　2014~2019年中央一号文件“三权分置”的内容对比

文件	名称	“三权分置”主要内容
2014年中央一号文件	中共中央、国务院关于全面深化农村改革加快推进农业现代化的若干意见	稳定农村土地承包关系并保持长久不变，在坚持和完善最严格的耕地保护制度前提下，赋予农民对承包地占有、使用、收益、流转及承包经营权抵押、担保权能。在落实农村土地集体所有权的基础上，稳定农户承包权、放活土地经营权，允许承包土地的经营权向金融机构抵押融资
2015年中央一号文件	中共中央、国务院关于加大改革创新力度加快农业现代化建设的若干意见	抓紧修改农村土地承包方面的法律，明确现有土地承包关系保持稳定并长久不变的具体实现形式，界定农村土地集体所有权、农户承包权、土地经营权之间的权利关系
2016年中央一号文件	中共中央、国务院关于落实发展新理念加快农业现代化实现全面小康目标的若干意见	稳定农村土地承包关系，落实集体所有权，稳定农户承包权，放活土地经营权，完善“三权分置”办法，明确农村土地承包关系长久不变的具体规定
2017年中央一号文件	中共中央、国务院关于深入推进农业供给侧结构性改革加快培育农业农村发展新动能的若干意见	落实农村土地集体所有权、农户承包权、土地经营权“三权分置”办法
2018年中央一号文件	中共中央、国务院关于实施乡村振兴战略的意见	完善农村承包地“三权分置”制度，在依法保护集体土地所有权和农户承包权前提下，平等保护土地经营权。农村承包土地经营权可以依法向金融机构融资担保入股从事农业产业化经营
2019年中央一号文件	中共中央、国务院关于坚持农业农村优先发展做好“三农”工作的若干意见	完善落实集体所有权、稳定农户承包权、放活土地经营权的法律法规和政策体系。健全土地流转规范管理制度，发展多种形式农业适度规模经营，允许承包土地的经营权担保融资

〔1〕参见冯海发：《为全面解决“三农”问题夯实基础——对十八届三中全会〈决定〉有关农村改革几个重大问题的理解》，载《中国农业信息》2014年第2期。

2014年可以称为新时期农村土地制度改革的元年，中央一号文件首次明确提出“三权分置”的含义，“稳定农村土地承包关系并保持长久不变”“承包经营权抵押、担保权能”“落实农村土地集体所有权、稳定农户承包权、放活土地经营权”“允许承包土地的经营权向金融机构抵押融资”。〔1〕对此，可以进行如下方面的理解：

第一，对承包关系“长久不变”的理解。我国土地承包权期限从两三年、十五年、三十年、三十年到期后继续承包，再到“长久不变”。〔2〕这意味着在我国农村土地集体所有与土地无法私有化的情况下，单一的农民家庭或者个人对于土地的支配性质的权利事实上是朝着类似所有权的方向发展。

第二，对“承包经营权抵押、担保权能”“允许承包土地的经营权向金融机构抵押融资”的理解。中央政策使用的是“承包经营权”与“承包土地的经营权”，前者包含“承包权”与“经营权”，后者仅包含“经营权”，其实后者是对前者的进一步说明，即赋予了土地承包经营权中的“经营权”具有抵押、担保权能，可以向金融机构抵押融资，土地承包经营权中的“承包权”无法具有上述权能。此外，“承包土地的经营权”可以抵押、担保融资，那么通过拍卖所得的“四荒地”的经营权或者通过再流转获得的“土地经营权”是否可以具有上述权能，政策并无明确说明，直到2018年的中央一号文件，对此才作出了肯定回答。

第三，对“落实农村土地集体所有权、稳定农户承包权、放活土地经营权”的理解。这是“三权分置”政策的核心，有四层含义：一是农村土地应坚持集体所有，在土地流转过程中，不允许搞私有化，不允许农村土地归某个人、某个家族、某个企业所有，这是坚持“三权分置”的底线；二是为保障广大农民群众的基本生计，农村土地承包权是整个农村土地政策的压舱石与稳定器，承包关系的稳定就是农民民心的稳定；三是土地经营权是本次土地改革的重点，当前在农村

〔1〕 参见《中共中央、国务院关于全面深化农村改革加快推进农业现代化的若干意见》第4部分“深化农村土地制度改革”。

〔2〕 参见高飞:《土地承包经营权流转的困境与对策探析》，载《烟台大学学报》(哲学社会科学版)2015年第4期。1984年中央一号文件《中共中央关于一九八四年农村工作的通知》。1993年《中共中央、国务院关于当前农业和农村经济发展的若干政策措施》。原《物权法》第126条。2013年11月12日，中国共产党第十八届中央委员会第三次全体会议《中共中央关于全面深化改革若干重大问题的决定》。

稳定、社会经济发展的前提下，需要向农民赋予更多的财产权利，让农民分享改革的红利，同时确保农地有效耕种，保障国家粮食安全；四是明确了土地政策的权利结构即“土地集体所有权—农户承包权—土地经营权”。

值得注意的是，中央并没有使用“土地承包经营权”这一长期使用的术语，而是用“农户承包权”表述，笔者认为缘由有二：

第一，原有的“土地承包经营权”本来就包含了“承包权”，而且承包权在过去近40年的农村土地改革实践中起到了主导作用，有力地保障了农民基本生存权利与生产的积极性，成为稳定农民预期与发展农业的基石。在新时期的农村土地政策中，承包权仍然应是农村土地经营体制的重中之重，是维系国计民生的最重要的权利，是坚持“土地承包经营权”的灵活运用。

第二，“土地承包经营权”中原本也应有包含“经营权”的本意，无论“包产到户”还是“包干到户”，意在代集体耕种、生产剩余的部分归农户所有，实则是一种经营行为。随着经济的发展，农民对自己承包的土地可以自己经营，也可以由他人支付对价经营，在20世纪80年代末已为政策所允许。〔1〕经营权在实践中已经演变为附着于承包权之上的附着权利，但是由于作为主权利的承包权具有明显的成员权利属性，所以附着权利在法律上并未完全取得独立资格的情况下，本身也无法脱离承包权。

2015年中央一号文件解决的是“三权分置”政策的法律化问题，因为“放活土地经营权”需要使附着于土地承包权的经营权取得独立的法律地位，摆脱集体成员资格限制。目前的土地改革需要突破现行法律，为了稳定土地市场经营者的预期，妥善解决相关法律纠纷，有必要加快法律修订。值得注意的是，该文件提出“界定农村土地集体所有权、农户承包权、土地经营权之间的权利关系”，系中央文件首次明确要求从立法高度界定三种权利之间的关系，笔者认为有两点需要说明：一是中央明确了农村土地集体所有权、农户承包权、土地经营权为三种彼此独立、可以区分的权利，否则就没有“界定”三种权利关系的可能或者必要，因而认为土地经营权并不独立存在的观点似乎还有进一步思考的

〔1〕 1988年《宪法》第10条规定：任何组织或个人不得侵占、买卖或者以其他形式非法转让土地。土地的使用权可以依照法律的规定转让。

空间。[1]二是明确了在立法上的土地权利结构为“土地集体所有权—农户承包权—土地经营权”。

2016年中央一号文件、2017年中央一号文件的要求分别是制定和落实“三权分置”具体实施办法。2016年10月印发的中共中央办公厅、国务院办公厅《关于完善农村土地所有权承包权经营权分置办法的意见》(以下简称《两办意见》)细化了“三权分置”的政策规定，明确“在土地流转中，农户承包经营权派生出土地经营权”“在依法保护集体所有权和农户承包权的前提下，平等保护经营主体依流转合同取得的土地经营权”。农业部部长韩长赋解读两办意见时指出，在2020年年底前基本完成“三权分置”，明确了“农户的承包权属于用益物权”。[2]这说明中央层面对于土地经营权的认识有三点突破，也是司法机关应该关注的内容：一是明确承认了承包经营权与土地经营权之间的“派生”关系；二是确认了土地承包权系用益物权；三是首次提出了土地经营权的“平等保护”原则。

2018年中央一号文件，相较于以往的一号文件，有一个新的提法，即“在依法保护集体土地所有权和农户承包权前提下，平等保护土地经营权”，该提法源自于2016年《两办意见》，最大的区别是2018年一号文件删除了“经营主体依流转合同取得的”，笔者认为，司法实践中需要理解：一是对2016年一号文件有所突破，表明中央决策层将“平等保护”对象从“依流转合同取得的土地经营权”，扩大至所有土地经营权，这一举措使通过拍卖、抵押、担保等非依合同方式取得的土地经营权纳入保护的范围。2016年一号文件认为土地经营权由农户承包经营权派生，对于非由农户承包经营权派生的土地经营权没有规定，如集体之外的人通过招标、拍卖、公开协商等方式取得“四荒地”的土地承包经营权是否可以享受担保、抵押、入股等权能，尚存疑问，2018年一号文件则解决了这个问题。二是提出土地经营权“平等保护”原则，这为进一步修订法律提供了方向指引。

---

〔1〕 参见陈华彬:《我国民法典物权编立法研究》，载《政法论坛》2017年第5期。

〔2〕 参见《农业部负责人解读完善农村土地所有权承包权经营权分置办法》，载中华人民共和国中央人民政府网：http://www.gov.cn/zhengce/2016-11/04/content_5128385.htm，最后访问日期：2019年4月1日。韩长赋:《新闻办就〈中共中央办公厅 国务院办公厅关于完善农村土地所有权承包权经营权分置办法的意见〉有关情况举行发布会》，载中华人民共和国中央人民政府网：http://www.gov.cn/xinwen/2016-11/03/content_5128080.htm，最后访问日期：2019年4月1日。

中央提出土地经营权与集体土地所有权、农户承包权“平等保护”，未来如果要实现“平等保护”，那么势必要解决土地经营权的物权塑造问题，否则，“平等保护”将会沦为政治上的宣言，土地经营权根本无法与作为物权的集体土地所有权、农户承包权相抗衡。〔1〕2018年中央一号文件的“平等保护”原则实则为土地经营权物权化埋下伏笔。

2019年中央一号文件强调完善落实“三权分置”的法律法规和政策体系，规范土地流转制度，允许土地经营权担保融资。这呼应了《民法典》和《农村土地承包法》中关于土地经营权的有关条款，对未来其他配套法律法规的修订提出了要求。这对司法机关的影响莫过于在中央层面再次确定了土地经营权“担保融资”的权能，为2018年修正的《农村土地承包法》第47条“担保物权”提供了政策解释依据，〔2〕那就是将土地经营权解释为可供担保的物权。

对2014~2019年连续6年中央一号文件分析，可以看出中央政策对土地经营权的思考更加深入、细致，明确了抵押、担保、入股等权能、土地权利结构、派生关系和平等保护等问题，为司法机关对土地经营权纠纷的裁判工作指明了方向。

（二）土地政策发展的历史脉络梳理

当前司法机关对土地经营权性质的分歧，根源于对我国土地制度变迁轨迹认识的模糊不清，同时，现代市场经济思维尚未完全融入思考。笔者认为，2014~2019年中央一号文件与中华人民共和国成立以来的土地政策是一脉相承的，厘清土地所有权、土地承包经营权与土地经营权的关系，理解土地经营权的法律性质，需要在清晰的历史背景下，结合市场经济思维，综合考虑。

第一，土地革命时期，“打土豪、分田地”的土地政策，实现了中国农民几千年来“耕者有其田”的梦想。作为临时宪法的1949年《中国人民政治协商会议共

〔1〕 可以参照物权法“一体承认，平等保护”的立法原则，处理土地经营权的物权化问题，否则，无法与作为物权的集体土地所有权、农户承包权平衡保护力度。

〔2〕《农村土地承包法》第47条中，明确规定了“担保物权自融资担保合同生效时设立。当事人可以向登记机构申请登记；未经登记，不得对抗善意第三人。实现担保物权时，担保物权人有权就土地经营权优先受偿”。

同纲领》、1950年《土地改革法》、1954年《宪法》等，也进一步确认保护农民的土地所有权。[1]此后，在国家经济恢复过程中，小农经济局限性逐步显现，才出现了部分农民自愿将土地入股农业生产合作社，农民成为合作社的社员。[2]到了经济建设后期，农业领域的社会主义改造运动和人民公社运动，农民所有的土地基本上转化为集体所有，但从根本上来说，集体由农民组成，农民仍然是土地的最终所有者，只是间接所有。

第二，改革开放之后，农村土地政策经历了从“包产到户”到“家庭联产承包责任制”，又在20世纪80年代末允许土地使用权有限制地流转，广大农民群众种粮积极性高涨，农村地区也出现了许多耕地流转活动，但是规模普遍较小。1992年确定社会主义市场经济体制之前，我国的经济发展仍然比较缓慢，计划经济思维禁锢了许多人，农村土地市场更是如此。这一时期，在广大的农村地区，开始出现流动的农民工群体。既然有大量的农村人口流动，就必然存在土地使用权的流转市场。由于政策与法律限制，土地使用权的流转仅限于集体经济组织成员内部之间，但私下里非本集体成员的亲属之间、朋友之间、家族之间，同样存在土地代耕代种的情况，如落户外村的出嫁女回娘家耕种土地。

第三，时过境迁，截至2014年年底，全国农民工数量达到27，395万人，约占农村劳动力总数的47%，其中外出6个月以上的农民工达到16，821万人，约占农村劳动力总数的28.8%。目前，我国有2.34亿名农民工及其家属处于“两栖”状态，既在城镇就业，又拥有一份承包地。到2020年，还要有约1亿农村人口进城。[3]第一代农民工与土地感情深厚，不忍弃耕，但他们已经渐渐老龄化，新时期农民工群体则与父辈们不同，所以近年来农村土地开始出现大量荒芜、无人耕种的情况，如果仍不通过市场化手段引入其他耕种者，农村土地利用情况还会恶化。新时代背景下，中央提出“三权分置”，土地承包经营权流转分离出土地

〔1〕 参见《中国人民政治协商会议共同纲领》（已失效）第3条、第27条。《土地改革法》（已失效）第1条。1954年《宪法》第8条。

〔2〕 参见1956年《高级农业生产合作社示范章程》（已失效）第13条。

〔3〕 参见孙中华：《关于深化农村土地制度改革的几个问题》，载《理论学刊》2016年第2期。

经营权，正好可以解决耕种问题。农村土地政策随着农村发展变化而一步步发展变化，从计划手段到市场手段，从单一权利到多元权利，从所有权能到使用权能，[1]不断解决着农村实践活动中的问题。

此外，尽管如今大量农民去城市打工，但是必须认识到，一方面，社会保障功能仍然是农村土地政策的主要导向，解决了土地问题，也就解决了农民生存的后顾之忧；另一方面，保证农民无失地之忧，安心在城市打工，促进年轻农民工专业技能的学习养成与职业发展，助力我国经济转型升级。中国历史上贵族阶层剥夺农民的基本生存权利，大量土地兼并造成社会动荡，历史的经验教训告诉我们，土地改革中必须坚持农民的主体地位。

综上可知，农村土地的所有者是作为集体经济组织成员农民的集合，农村土地集体所有类似于总有。[2]有学者认为，“三权分置”的农村土地权利结构实为集体土地所有权、成员权、农地使用权三权并立，这从另一个角度解释了农村集体土地所有权、土地承包经营权、土地经营权的关系，也表明了土地经营权实为农地用益物权的本质。[3]

（三）改革开放以来我国农村土地法律制度的变迁

我国土地政策在改革开放40多年来发生了诸多重大变化，取得了举世瞩目的成绩。在大量农业实践活动的基础上，为了巩固改革成果、稳定改革预期，顶层政策设计者制定了大量土地指导政策。从完全集体所有到“两权分离”再到“三权分置”，从严禁流转到有限制流转再到允许土地经营权流转，通过对我国土地政策变迁与法律变革的观察，发现政策变化之后，立法机关会通过制定、修改法律以回应中央政策，而立法总比社会生活迟延，使司法机关处理日常纠纷时必须清醒认识政策、法律的变迁，如图9-1所示。

---

〔1〕 参见朱广新：《土地承包权与经营权分离的政策意蕴与法制完善》，载《法学》2015年第11期。

〔2〕 参见王利明、周友军：《论我国农村土地权利制度的完善》，载《中国法学》2012年第1期。

〔3〕 参见高飞：《农村土地“三权分置”的法理阐释与制度意蕴》，载《法学研究》2016年第3期。

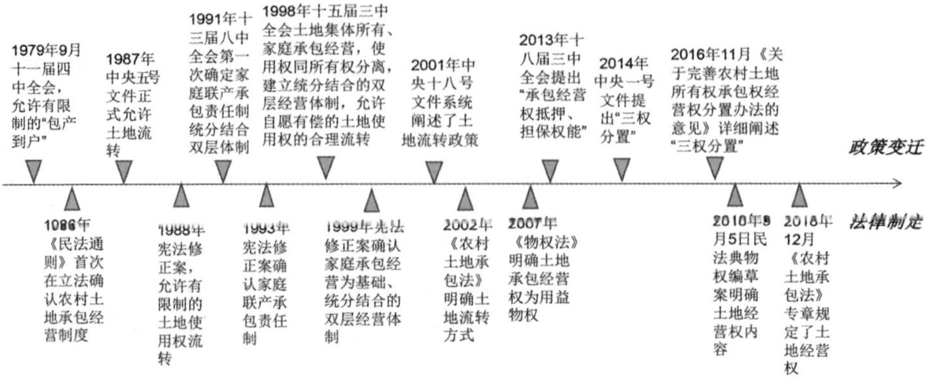

图9-1 法律对政策的回应

改革开放之后，我国农村土地立法大致分为三个阶段：

第一阶段（1979~1986年）：1979年我国刚刚从“文化大革命”的阴霾中走出，百废待兴，广大农村地区群众的温饱问题成为党中央要解决的首要问题。为了解放农村生产力，中央逐步放开对“包产到户”“包干到户”等生产方式的限制，极大调动了农民种粮积极性。1986年以前，关于农户承包耕地的规定仅仅停留在政策层面，直到《民法通则》确立“两权分离”之后，农村土地权利体系在立法上才真正建立起来。[1]

第二阶段（1987~2013年）：这一时期，中央政策围绕家庭承包责任制开展多种尝试，为了巩固既有的改革成果，立法机关连续三次在宪法修正案中对农村土地政策作出规定，明确了农村土地经营体制、土地流转等问题。2007年《物权法》进一步明确了土地承包经营权的承包期限和用益物权性质，稳定了农民种粮的预期。

第三阶段（2014年至今）：新时期我国经济发生巨大进步，农村发展日新月异，为了反映农村的新发展、新变化，中央及时调整农村土地政策，推出“三权分置”举措。2015年和2019年中央一号文件要求及时修订法律、制定规范，反映“三权分置”改革精神。

2017年修订的《行政诉讼法》受案范围增加“认为行政机关侵犯其经营自主权或者农村土地承包经营权、农村土地经营权的”，立法机关解释到，随

〔1〕 参见《民法通则》第80条。

着农村土地承包经营权流转改革的推进，侵犯农村土地经营权的行为也应当纳入可诉范围。法律委员会经研究，建议在这一规定中增加“农村土地经营权”。〔1〕土地经营权首次以独立权利在法律文件中正式出现，定性为“经营自主权”。

2017年修订的《农民专业合作社法》第13条规定：“农民专业合作社成员可以用货币出资，也可以用实物、知识产权、土地经营权、林权等可以用货币估价并可以依法转让的非货币财产，以及章程规定的其他方式作作出资……”立法机关的考虑是，随着农村家庭承包经营制度的进一步完善，以土地经营权出资参加专业合作社的现象会越来越普遍。立法者将土地经营权的性质定位为“可以用货币估价并可以依法转让的非货币财产”，与实物、知识产权、林权并列展示，说明立法机关认为这类财产权利属性相似。

2018年修正的《农村土地承包法》对土地经营权作出了更加明确的阐述，第47条规定“承包方可以用承包地的土地经营权向金融机构融资担保，并向发包方备案。受让方通过流转取得的土地经营权，经承包方书面同意并向发包方备案，可以向金融机构融资担保。担保物权自融资担保合同生效时设立。当事人可以向登记机构申请登记；未经登记，不得对抗善意第三人。实现担保物权时，担保物权人有权就土地经营权优先受偿……”值得一提的是，立法机关在2017年11月一审稿中明确回避了物权与债权之争，但在2018年10月的二审稿中对土地经营权以“担保物权”表述，可以明显看出，立法机关跟随国家政策的脚步，逐步体现出土地经营权物权化的考量。

《民法典》物权编明确了土地经营权的可转让性与基本内容，及时反映“三权分置”改革精神，〔2〕回应2015年中央一号文件对修法的要求。

---

〔1〕 参见2014年10月31日《全国人民代表大会法律委员会关于〈全国人民代表大会常务委员会关于修改《中华人民共和国行政诉讼法》的决定（草案）〉修改意见的报告》。

〔2〕 2018年的民法典物权编（草案）明确“实行家庭承包的土地承包经营权人有权出让土地经营权，并对土地经营权的内容作了规定”。参见朱宁宁：《六编1034条民法典各分编草案亮相》，载《法制日报》2018年8月28日。

四、正本清源：土地经营权的综合考察

（一）土地经营权本土资源的考察

对于土地经营权法律性质的争论，上文已经阐述。笔者认为，物权化的土地经营权被认定为用益物权，不存在理论和实践的障碍。债权化的土地经营权中，不论签订长期土地租赁合同，还是签订短期租赁合同，都表现出以合同的形式获得土地经营权。如果经登记实施物权化保护，赋予经营者一定的可对抗出租人的权利，有利于我国新型农业经营主体的培育和发展。[1]当事人之间的流转合同效力不受影响，仍然可以按照合同约定享有权利、履行义务、解决争议，这与土地经营权物权化并不矛盾。

对于股权化的土地经营权来说，入股之后的土地经营权主体由农户变为合作社等经济组织，实则土地经营权的转让，本质上与物权化的土地经营权是一样的，均应界定为物权。按照《农民专业合作社法》"入社"的规定，与土地经营权所一并列示的实物、知识产权、林权等，均为绝对权、对世权，入股的土地经营权不仅可以流转，更能解释土地经营权绝对性、独断性的物权特征，且与2018年中央一号文件"平等保护"原则相呼应。[2]

农业部门的态度也是明确的，对土地经营权予以物权化保护，有利于稳定流入方经营预期，促进其放心投入发展现代农业。[3]司法实践中也已出现相关案例，如赵某与沛县微西湖家庭农场土地承包经营权纠纷一案，一审、二审法院均认为，沛县微西湖家庭农场与沛县胡寨镇隍城村村民委员会签订的涉案土地承包经营流转合同有效，同时亦取得沛县人民政府向其颁发的涉案土地农村土地经营权证，故适用《物权法》第245条，支持沛县微西湖家庭农场要求赵某返还原物的请求并判决赵某归还案涉地块。[4]

---

〔1〕 参见孙中华：《关于农村土地"三权分置"有关政策法律性问题的思考》，载《农业部管理干部学院学报》2015年第1期。

〔2〕 参见《农民专业合作社法》第13条。

〔3〕 参见农业部2017年9月9日《关于政协十二届全国委员会第五次会议第0133号（农田水利类003号）提案答复的函》（农办案〔2017〕155号）。

〔4〕 （2015）沛魏民初字第00344号，（2015）徐民终字第4814号。

（二）土地经营权域外立法的考察

罗马法时期，国家、都市或宗教团体常将土地短期或长期出租于他人耕作，以土地供农业之使用，成立农地租赁契约，此种契约渐渐地由法务官予以物权之保护。〔1〕德国民法有在地上权设置“次地上权”或“下级地上权”的做法，日本民法中“永小作权”的规定，我国台湾地区“民法”物权编“农育权”的规定，均与我国“三权分置”中土地经营权的制度设计类似。〔2〕我国台湾地区“民法”物权编修订后，明定同一标的上多种用益物权的并存性，以期能物尽其用。〔3〕台湾地区农地利用权之取得虽有租赁或借贷之制，但终属债之关系，自不足达保护之效果，故遂另设农育权制度，继续传承农业使用之用益物权制度，俾对土地之农业利用权赋予物权效力，且使其具有让与性及担保性。农育权人之地位因而益形稳固，乃能努力从事耕稼。〔4〕此外，参考英国租佃制农场与德国农地租赁权物权化的经验，〔5〕为扩大农村土地市场化的规模和程度，稳定经营者预期，将债权化的土地经营权予以物权资格，似乎更加具有合理性。

综上所述，以农村集体土地所有权为基础派生的土地承包经营权，虽然以承包经营合同形式出现，但经过多年的争论，业已在法律上明确为用益物权。同样的历史背景，同样以合同形式出现的土地经营权，是否遵循土地承包经营权的先例，明确为用益物权，也有待立法机关明确。当年在讨论土地承包经营权的性质时，也存在债权性和物权性的争论，立法最终从保护承包经营权人的角度，将其界定为物权。当下的情形与此非常类似，应当采用同样的方案。〔6〕在“三权分

---

〔1〕 参见谢在全：《民法物权论》，中国政法大学出版社2011年版，第488页。

〔2〕 参见孙宪忠：《推进我国农村土地权利制度改革若干问题的思考》，载《比较法研究》2018年第1期。另外，“日本永小作权系指支付佃租，而在他人之土地为耕作或畜牧的权利。此种永小作权有一定存续期间，不同于台湾地区民法的永佃权。”参见王泽鉴：《民法物权》，北京大学出版社2009年版，第270页。我国台湾地区“民法”物权编第850条规定：“称农育权者，谓在他人土地为农作、森林、养殖、畜牧、种植竹木或保育之权。”

〔3〕 参见王泽鉴：《物权法上的自由与限制》，载蔡耀忠主编《中国房地产法研究》（第1卷），法律出版社2002年版，第38~39页。

〔4〕 参见谢在全：《民法物权论》，中国政法大学出版社2011年版，第488页。

〔5〕 参见孙中华：《关于农村土地“三权分置”有关政策法律性问题的思考》，载《农业部管理干部学院学报》2015年第1期。

〔6〕 参见吴国喆：《“三权分置”背景下耕作权的法律规则设计》，载《行政管理改革》2018年第4期。

置”之下，土地经营权是土地承包经营权派生出来的一类权利，土地承包经营权是“母权”，土地经营权是“子权”。[1]就土地承包经营权而言，权利人完全有权就自己承包的土地为他人设定土地经营权，法律所要作的就是承认这种权利为用益物权。[2]

（三）土地经营权物权化的现实需要

1.符合我国农地利用需要

从集体所有权到“两权分离”，再到“三权分置”，实质是在我国土地所有权无法直接交易的社会背景下，土地使用权发挥着土地利用的作用，而且随着农村经济活动的活跃，未来从农村土地集体所有权中将逐步衍生出更多用益物权。市场经济的发达，在某种程度上，不是物权所有权的发达，而是物尽其用，是使用权利意义上的发达，尤其是我国土地市场。[3]物需要利用，才能体现它的价值。在小农经济时代，交易不甚发达，社会没有太多的需求，对物的所有，完全可以满足社会发展的需要；到了工业时代、电气化时代、计算机时代等，所有的生产要素都流动起来，市场在资源配置中起基础性的支配作用，此时，便需要考虑对物的充分利用。我国存在土地权利形态单一、权利效力弱等问题。[4]为了解决这个问题，原《物权法》作出了巨大改进，以立法形式确定了“土地承包经营权”“地役权”等多种用益物权，但仍不能满足农村发展的需要，土地经营权物权化为解决该问题提供了可能性。

2.提升农村土地权利融资能力

“三权分置”是我国农村土地政策的又一次重大创新。[5]沉睡的土地市场

---

〔1〕 参见高圣平：《论农村土地权利结构的重构——以〈农村土地承包法〉的修改为中心》，载《法学》2018年第2期。

〔2〕 参见房绍坤：《民法典物权编用益物权的立法建议》，载《清华法学》2018年第2期。

〔3〕 孙宪忠认为，“中国立法中关于土地的用益物权，从市场经济实践的角度看，在民法上的意义反而比土地所有权重要，因为土地所有权被法律强制不能进入市场，而土地使用权的市场却是普遍开放的。”参见孙宪忠：《中国物权法总论》，法律出版社2009年版，第134页。

〔4〕 参见朱广新：《土地承包权与经营权分离的政策意蕴与法制完善》，载《法学》2015年第11期。

〔5〕 参见韩长赋：《土地“三权分置”是中国农村改革的又一次重大创新》，载《农村工作通讯》2016年第3期。

再一次活跃起来，新的改革释放体量巨大的市场要素，农民将获得土地使用权抵押、担保等融资权利。从融资的角度来说，将土地经营权定位为物权，经营者持有物权证照，流通性更好，能够加快土地经营权流转，贷款风险相较于债权更低，金融机构融资贷款意愿更为强烈。如果土地经营权定性为债权，金融机构要考虑流转合同存在的违约风险成本，审批更加严格，土地经营权的市场价格更低，不利于激发市场主体的积极性。相对于农户、经营者来说，将土地经营权定性为物权，且5年以上经营期限的土地经营权可依登记而获得对抗效力，得到的经济价值更高，物权证照比合同更加安全稳定，这也符合中央政策的要求。最初土地承包经营权法律性质未定，使权利人对土地地表的支配缺乏足够的法律上之力，难以有效地抵御第三人的不法侵害。《民法通则》赋予承包经营权物权效力，《农村土地承包法》将“四荒”土地使用权确认为物权，情况大为改观，即为明证。〔1〕

3. 排除土地经营者的经营障碍

土地经营权的经营者如果属于本集体成员或者集体经济组织，那么利用集体经济组织的耕作、水利、交通等设施，自不待言；如果非集体成员或者集体经济组织，土地经营者是否享有上述权利，这在实践中已经成为问题。目前新型农业经营主体贷款难、一些地方农田基础配套设施不完善、农业附属设施用地落实难等问题还没有完全得到解决。〔2〕在一些地方，特别是耕种条件差的“空壳村”，因为土地流转难而出现耕地闲置现象。〔3〕司法实践中，也出现了此类纠纷，如在王守中诉上海青浦区朱家角镇小江村村民委员会、上海市青浦区朱家角镇人民政府、上海市青浦区水务局、上海青浦区朱家角镇小江村第十四村民小组财产损害赔偿纠纷一案中，由于土地经营权受让人与出让人并没有在土地经营权流转合同中约定排涝义务，致使经营者种植的农作物被淹，一审、二审法院均认为，

---

〔1〕 参见崔建远：《民法分则物权编立法研究》，载《中国法学》2017年第2期。

〔2〕《江苏省人民代表大会常务委员会对省政府办公厅关于全省新型农业经营主体发展情况报告审议意见办理情况的函》，载江苏省人民代表大会常务委员会网：http://www.jsrd.gov.cn/zyfb/hygb/1215/201506/t20150603_177817.shtml，最后访问日期：2019年4月1日。

〔3〕 参见2015年8月27日《农业部关于政协十二届全国委员会第三次会议第0368号（农业水利045号）提案答复摘要》。

由于流转合同并未约定土地排涝义务，农作物被淹损失属于经营风险，由土地经营权受让人自行承担损失。[1]

实践中，经过流转、仅享有承包权的农户，许多系外出务工的农民，流转后的农地经营者请求使用农村集体所有的水利设施、交通设施、采光便利、耕作改良便利等，务工的农民往往无法在外地解决，而合同的相对性也无法让新的农地经营者请求集体经济组织履行合同义务，最有可能的是经营者为此再支付额外费用，无形中增加了合同纠纷的可能性，加重了土地经营者的经营成本与农户的负担。如果土地经营权定性为物权，按照物权的绝对性、独断性、排他性，那么就可以顺理成章地解决这个问题，即物权主体行使权利，可以绝对地排除他人妨害，享有采光、灌溉、通行等固有权利，只要不妨碍他人权利行使，集体经济组织作为土地所有权的主体，有义务保障土地物权所有者行使权利。

五、司法如何应对：土地经营权纠纷的法律适用与认定要素

（一）土地经营权纠纷的法律适用

司法实践中，在2014年中央提出“三权分置”以前，我国农村土地承包经营权的流转活动，基本上遵循有偿自愿的原则，一般都以双方当事人意思自治为主，通过转让、互换等方式在本集体组织内部流转，也有通过代耕、出租、转包等市场化方式流转，不改变原有的承包关系。流转双方按照自愿原则订立流转合同，涉及流转活动中的纠纷、动拆迁补偿等，司法机关一般按照《农村土地承包法》、原《合同法》及有关司法解释的规定进行事实认定和法律适用，并没有提出物权化的法律适用问题。

2014年之后，我国的农村土地权利体系发生变化，土地承包经营权在流转中派生出土地承包权与土地经营权，现有法律并未规定土地经营权性质。当前司法实践中已经出现了有关土地经营权纠纷，如前述的三则案例，法官对审理此类案件如何适用法律，出现了许多争论。案例一将土地经营权认定为一种用益物权，案例二将土地经营权视为一种普通的债权，案例三将土地经营权认定为可

---

〔1〕 参见（2017）沪0118民初3050号、（2018）沪02民终1132号。

以实施物权化保护的债权。

为了统一认识，最高人民法院于2018年下发了《关于认真学习贯彻〈中共中央、国务院关于实施乡村振兴战略的意见〉的通知》（法〔2018〕52号），文件要求“贯彻落实中央战略部署，更加充分地发挥人民法院职能作用，为实施乡村振兴战略提供有力的司法服务和司法保障”，强调“妥善审理涉及农村承包地、宅基地‘三权分置’案件，完善农村基本经营制度，促进农村土地制度改革”。简言之，司法机关应当准确把握中央政策精神，在审理涉及土地经营权的案件时，正确理解政策和适用法律。

2016年的《两办意见》认为“在土地流转中，农户承包经营权派生出土地经营权”，“土地经营权人对流转土地依法享有在一定期限内占有、耕作并取得相应收益的权利”。2018年修正的《农村土地承包法》明确了“土地经营权”在融资担保中“担保物权”的地位，〔1〕《民法典》物权编第340条也是类似规定。可以明显看出，中央文件和立法是按照“用益物权”的法律概念来定义“土地经营权”的。上述立法工作完全贯彻了土地经营权物权化这一总基调，法院在审理此类案件进行法律适用时，应当对土地经营权的性质予以准确理解。

（二）土地经营权纠纷的司法认定要素

回到前述的三则案例，征收补偿、承包人解除流转合同、经营者正当权利保护等法律问题，都需要司法机关对土地经营权的性质有着清晰的认识，笔者认为法官在审理土地经营权纠纷案件时，需要明确以下几个内容：

1.土地经营权的主体

土地经营权由享有农村集体土地承包经营权的农户，通过转让、入股、合作等形式，将其承包土地的经营权有偿转让给他人一定期限内享有，由受让人负责耕作经营，集体经济组织与承包权人负责对经营活动进行监督，严禁受让人从事非农化、非耕化的经营活动。根据《农村土地承包法》等法律要求，农村土地承包经营权的主体只能是本集体成员或者通过拍卖等方式获得“四荒地”承包

〔1〕《农村土地承包法》第47条规定：“……担保物权自融资担保合同生效时设立……实现担保物权时，担保物权人有权就土地经营权优先受偿……”

权的主体，这也是坚持《宪法》的基本要求。土地经营权的主体一方为耕地或者“四荒地”的承包权人，主体另一方可以是集体成员，如本集体组织的种粮大户、果蔬能手，也可以是集体成员之外的第三人，如粮食加工企业、农业合作社、有技术特长的个人或家庭。

2.土地经营权的客体

通说认为所有权、用益物权的客体是物，债权的客体是债务人的行为即给付。〔1〕如果对土地经营权进行物权塑造，必须要弄清权利客体的问题。从物权塑造的角度出发，毫无疑问，土地经营权的客体必须是物即农村集体土地。从农民的需求、农业现代化、农村发展来看，以物权为内涵的土地经营权，其流通价值更容易得到金融机构融资担保的认可，一个稳定、安全、高效的用益物权，更加具有可行性、优越性，所以土地经营权客体的最佳定位应该是农村用于耕作的土地，而非给付行为。

3.土地经营权的内容

分离土地经营权作为党中央确定“三权分置”的创新之举，在确定之初，即已确定占有、使用、收益、流转及承包经营权抵押、担保等权能，目的在于解决我国农村土地流转困难、效率低下的问题。〔2〕《民法典》物权编第340条确定的土地经营权内容为“占有”“经营”“收益”，并无“处分”内容，对于土地经营权的再次“转让”“让与”等流转活动与经营活动是否可行，立法也已明确。〔3〕笔者认为，应适当照顾土地经营权人对正常经营活动的关切，土地经营权再次流转只要不涉及非农化、非耕化等原则性问题，基于其物权属性、生产要素市场化流通等考虑，应予以肯定。司法实践中已经存在相关案例，如惠州市惠城区马安镇××村村民委员会与惠州市财兴实业有限公司、惠州市能大太阳能电力有限公司农村土地承包合同纠纷一案，一审、二审法院均认为，土地经营者在不改变农地用途的情况下，承包期间为兼营附加业务，将案涉鱼塘的水面上空出租给第三人惠

〔1〕 参见梁慧星：《民法总论》，法律出版社2017年版，第151页。

〔2〕 参见2013年11月12日中国共产党第十八届中央委员会第三次全体会议《中共中央关于全面深化改革若干重大问题的决定》。

〔3〕《农村土地承包法》第46条规定：“经承包方书面同意，并向本集体经济组织备案，受让方可以再流转土地经营权。”

州市能大太阳能电力有限公司安装太阳能板进行光伏发电，实现对土地的最大限度合理利用，既符合国家政策，也不违反民法的绿色原则。〔1〕

4.土地经营权的期限

按照《农村土地承包法》的规定，土地经营权“流转期限不得超过承包期的剩余期限”。〔2〕针对集体成员之外第三人的土地经营权流转活动，在中央关于“三权分置”的改革中，均提出土地经营权的期限不得超过土地承包经营权的剩余期限。由于土地经营权是建立在土地承包经营权之上的衍生权利，由土地承包经营权流转时分离出来，并非基于土地所有权直接产生，这进一步印证了土地经营权次级权利的性质。如果土地承包经营权不存在，土地经营权也将不存在。换言之，如果土地承包经营权到期，土地经营权也将到期。中央提出土地承包经营权的“长久不变”，不仅说明了土地承包经营权的物权属性中的稳定性，也为土地经营权的物权塑造提供了可能性。

5.土地经营权的登记

对于土地经营权流转，依据《两办意见》的要求，“提倡通过流转合同鉴证、交易鉴证等多种方式对土地经营权予以确认，促进土地经营权功能更好实现”。〔3〕对于土地经营权流转期限为5年以上的，《民法典》《农村土地承包法》均规定了“登记对抗主义”。〔4〕目前在农村实践中基本上执行的是土地经营权备案制，即向发包方备案即可，至于合同鉴定方式也逐步在推广，但是设立土地经营权是否需要行政许可，政策层面并无明确规定。最高人民法院2018年6月作出的裁判中认为，政府不具有针对土地流转颁发农村土地经营权证的法定职责。农村土地承包经营流转合同只需向发包方备案即可，无须政府作出颁证行为。〔5〕简言之，从司法机关的角度来说，土地经营权的设立并无行政许可的必要。所以，按照相关法律要求，仅提出流转期限为5年以上的土地经营权，自流转合同生效时设立，当事人可以向登记机构申请土地经营权登记，未经登记，不得对抗

---

〔1〕 参见（2017）粤1302民初6895号、（2017）粤13民终4218号。

〔2〕 参见《农村土地承包法》第38条。

〔3〕 《两办意见》第4条“确保‘三权分置’有序实施”第1项。

〔4〕 参见《民法典》第341条、《农村土地承包法》第41条。

〔5〕 参见（2017）最高法行申6132号。

善意第三人，对流转期限为5年以下的土地经营权并没有登记规定，故司法实践中可以理解为凡5年以下经营期限的土地经营权自流转合同生效时设立，仅合同备案即可，并不需要向登记机构登记。

6.土地经营权的权利变动

“三权分置”试点中普遍以经营合同的形式取得土地经营权，农业部门也在加快土地登记平台建设，土地经营权备案登记成为权利设立、变更、转让和消灭的必要形式。按照《民法典》的规定，不动产物权权利变动需登记才发生物权效力，土地经营权如果要进行物权塑造，自然需要登记，才能发生权利变动的效果。不过，依《民法典》的规定，采取了“登记对抗”模式，并未规定必须以登记为变更要件。有学者总结，物权变动发生法律效果的根据，必须要物、必须要处分权、必须公示。〔1〕新颁布的《最高人民法院关于适用〈中华人民共和国民法典〉物权编的解释（一）》也再次重申了不动产物权转移的时间节点是登记之时。〔2〕如果认定土地经营权的不动产物权性质，则建议将登记作为土地经营权变动要件，即采债权形式主义的变动模式以保护土地经营权的交易安全，土地经营权采用债权形式主义的物权变动模式完全可行。〔3〕这与中央提出土地经营权流转需要登记的要求一致，也是土地经营权物权化的一个表现。

审判实务精要

对土地经营权性质的司法认定，往往是解决土地经营权纠纷的前提，权利属性的认定是绕不过去的问题。随着“三权分置”试点的扩大，土地经营权纠纷也会成为摆在司法机关面前的问题，由于债权与物权的制度设计明显不同，权利登记、抵押、融资、回收等配套措施也亟待立法回应。笔者通过对部分中央文件的分析，梳理土地权利体系的政策及法律变迁，试图理解中央政策的意蕴，把握土地经营权物权化方向，准确适用法律，妥善解决土地经营权纠纷。从近期中央政策以及《民法典》物权编来研判，立法机关

〔1〕 参见孙宪忠：《中国物权法总论》，法律出版社2009年版，第134页。

〔2〕 《最高人民法院关于适用〈中华人民共和国民法典〉物权编的解释（一）》第17条。

〔3〕 参见丁文：《论“三权分置”中的土地经营权》，载《清华法学》2018年第1期。

已经将土地经营权置于用益物权部分，故在司法实践中，如遇到有关纠纷，宜根据传统的用益物权理论做释法明理工作，着重从物权的角度进行裁判文书说理。笔者对土地经营权的主体、客体、内容、期限、登记、权利变动等从司法实践的角度，进行了详细阐述，以期对土地经营权形成清醒的认识，准确把握政策与立法精神。

撰稿人：邱　波，上海市第二中级人民法院立案庭原法官助理，法学硕士，
中国社会科学院大学博士研究生

10. 居住权与其他物权的冲突和协调

导　　言

居住权的法律属性是限制性人役权，用于保障权利人的生活居住需求，居住权人对特定的房屋部位享有独立的用益物权，也应当承受已经在先设立的各类负担。本文是针对《民法典》第366条至第371条的研究，居住权是《民法典》新设立的重要制度，将会对整个住房市场产生系统性影响。在具体规则条文较为单薄的情况下，司法实践应当基于居住权的法律属性，主动寻求法典体系的制度供给，重点分析居住权纠纷适用其他相关条文的合理性与差异性，处理好居住权与其他物权的冲突、协调问题，逐步完善居住权纠纷的裁判规则。

一、《民法典》中居住权规则的解读

居住权属于用益物权，起源于罗马法，是大陆法系民法典中的常见制度。〔1〕《德国民法典》将用益物权分为两大类：地上权与役权，役权具体分为地役权、用益权、限制人役权三种。居住权属于限制人役权，并准用用益权的一般规定。〔2〕《法国民法典》第625条与第626条、《意大利民法典》第1026条亦对居住权进行了规定。〔3〕限制人役权是介于地役权与用益权的中间权利状态，与地役权相比，它们有内容上的共同性，即均以特定方面的使用为内容；而与用益权比较，其共同

---

〔1〕 参见［意］桑德罗·斯奇巴尼选编：《物与物权》，范怀俊译，中国政法大学出版社1999年版，第148页。

〔2〕 《德国民法典》第1093条规定，排除所有人而将建筑物或建筑物的一部分作为住房使用的权利，也可以设定为限制人役权。参见《德国民法典》，杜景林、卢谌译，中国政法大学出版社1999年版，第259页。

〔3〕 参见《法国民法典》，罗结珍译，北京大学出版社2010年版。《意大利民法典》，费安玲、丁玫译，中国政法大学出版社1997年版。

点为，权利由特定人享有，即原则上权利不得转让与继承。[1]一般而言，居住权的权能不包括对房屋的收益，而是以满足居住需求为核心。用益权包括全面的使用收益，使用权可以对客体整体进行使用，而居住权只能对房屋进行满足个人需求的使用。[2]

《民法典》物权编以6个条文（第366~371条）新设置了“居住权”一章，主要内容可分为三部分：(1)权利属性与定义（第366条），居住权是一种以满足权利人必要生活居住需要为目的的权利，核心权能是占有、使用，而不包括收益、处分；[3](2)权利的设立与产生（第367条、第368条、第371条），居住权应当以书面合同或遗嘱方式形式设立，以无偿设立为典型，但可以另有约定外，权利自登记起设立；(3)权利的行使与消灭（第369条、第370条），居住权不得继承、转让，除另有约定，权利人不得出租房屋，居住权因期限届满或权利人死亡而消灭。

《德国民法典》虽然形式上只有1个条文直接针对居住权，但体系化来看，实际上从第1031条至第1062条存在系统的用益权规定准用于居住权问题，主要涉及权利范围、权利人义务、权利消灭等。《民法典》关于用益物权的一般规定较为笼统，缺乏更为具体的规定。同属于用益物权的其他权利，如建设用地使用权、宅基地使用权、土地承包经营权，均有相应的单行法律予以具体规制，相比之下，居住权面临成文法律规则供给不足的问题。因此，笔者立足于现有法律条文的规定，同时结合一般民法原理，就居住权可能引发的各类纠纷的法律适用路径进行概括性分析。需要说明的是，《民法典》所规定的居住权来自当事人之间的合意，而不是行政指令，房屋类型是普通住宅，而不局限于计划经济时代的分配公房。当前民事审判实践中还广泛存在关于福利公房“居住权”的纠纷，政府保障类住房所涉及的居住权利也缺乏民法规范。此外，婚姻家庭领域因亲属身份关系而产生的居住利益保护问题也需要规则供给。这些问题虽然不是《民法典》物权编所针对的典型情况，但对上述纠纷的处理也可以在一定范围内进行

---

[1] [德]鲍尔·施蒂尔纳：《德国物权法》（上册），张双根译，法律出版社2004年版，第657页。

[2] 肖俊：《“居住”如何成为一种物权——从罗马法传统到当代中国居住权立法》，载《法律科学》2019年第3期。

[3] 《民法典》第366条规定：居住权人有权按照合同约定，对他人的住宅享有占有、使用的用益物权，以满足生活居住的需要。

类推法律适用，笔者对此不再专门展开论述。

二、居住权的产生方式与合同关系分析

《民法典》规定居住权依照约定产生，并且自完成登记产生效力，但未就具体的约定形态进行区别规定，笔者以三项标准分析设立居住权的合同关系，以梳理相对应的纠纷处理方式。

（一）有偿设立与无偿设立

《民法典》第368条规定居住权无偿设立，但是当事人另有约定除外。该条文既将无偿设立作为典型形态，也不禁止有偿设立。《民法典》这种表述的价值取向是值得重视的，至少说明立法者担忧居住权的完全市场化可能使那些只能无偿取得居住权的弱势群体面临竞争压力，但又不能否定居住权作为市场交易的商品价值。

1.无偿设立居住权应准用赠与合同规则

如果居住权是无偿设立的，其基础合同关系就涉及一个无法回避的法律适用问题：是否应当准用赠与合同的规定？按照《民法典》第657条关于赠与合同的规定，将“自己的财产无偿给予受赠人”就属于赠与。所谓财产并不局限于所有权，各类可以转让的财产性权利都可以进行赠与，如股权、知识产权中的财产权、可转让债权。居住权属于用益物权，也是财产权，权利内涵来自所有权的权能剥离，无偿设立居住权是所有权人无偿给予财产的行为。因此，无偿设立的居住权应当准用《民法典》“合同”编第十一章“赠与合同”的规定。《民法典》第368条明确规定，设立居住权的，应当向登记机关申请居住权登记。居住权自登记时设立。也就说明居住权产生是登记生效主义，与不动产所有权一致。因此，对于无偿设立居住权，在合同签订后，完成登记前，所有权人是可以撤销居住权赠与的。对于家庭成员间因负有道德义务而设立的居住权（子女为父母设立的居住权），“赠与合同”一章中也有对应性的约束条款，不会产生消极影响。同时，“赠与合同”一章对受赠人的行为约束有详尽的规定，均适合用于规范无偿取得居住权人的行为（比如，不得侵害赠与人或赠与人近亲属的利益；赠与人

经济状况显著恶化，严重影响其生产经营或家庭生活的，可以不再履行赠与义务）。〔1〕

建立无偿设立居住权准用赠与的规则在司法实践中还有一项重要意义，就是防范所有权人恶意设置居住权以损害债权人的利益，因为房屋往往是个人债务清偿最重要的基础。无偿设立居住权的行为导致房屋交易价格贬损，影响债权人受偿的，债权人可以依照《民法典》第538条的规定在法定期限内行使撤销权。此外，《民法典》第371条规定，可以以遗嘱方式设立居住权。根据《民法典》第1161条之规定，继承人以所得遗产实际价值为限清偿被继承人依法应当缴纳的税款和债务，超过遗产实际价值部分，继承人自愿偿还的不在此限。实践中，继承人如果仅仅通过遗嘱取得了居住权，是否还需要承担上述债务清偿义务？答案是不需要的，因为居住权为限制人役权，不可对外转让，不具备交换价值，不能视为一般的遗产，虽然形式上属于遗嘱处分的内容，但实际上并没有给该继承人带来财产所有权。同时，通过遗嘱取得居住权的前提是遗产房屋的所有权能够正常分配，如果该房屋因被继承人的债务清偿而被拍卖处置，则遗嘱居住权自然消灭，不能对抗买受人。此外，在处理无偿设立的居住权问题时，尤其应当注意当事人间是否存在抚养、扶助、赡养义务，毕竟居住权制度设置的重要目的在于保障弱势群体。对于此类居住权的认定不仅应当适用《民法典》物权编的规定，还应当适用《民法典》婚姻家庭编的亲属法规定，在具体案件中综合衡量。

2.有偿设立居住权应准用双务合同规则

居住权合同的主体并没有法定范围，因此，通过市场交易有偿设立居住权会是一种普遍现象。当前社会舆论最关注的“以房养老”的居住权设立方式，在法律上应界定为居住权保留的房屋买卖，属于有偿设立居住权。因为，在现实生活中，如果为出让人保留居住权，受让人将在一定期限内无法完整享有房屋的权利，必然会造成房屋出售价款的降低，即使合同中不单独写明居住权的价格，出让人实际上也要通过降低房屋出让价格来体现保留居住权的对价。此外，将前述模式认定为有偿设立居住权，才能在交易中更充分地保护居住权需求者的期

〔1〕《民法典》第660条第1款规定：经过公证的赠与合同或者依法不得撤销的具有救灾、扶贫、助残等公益、道德义务性质的赠与合同，赠与人不交付赠与的财产的，受赠人可以要求交付。

待利益。因为，有偿民事法律行为不能单方撤销，需求者能够根据约定要求强制履行居住权设立义务，并且在双务合同构架下行使合同履行抗辩权与解除权。

实践中，还可能出现一类居住权设立合同并没有明确体现对价，但房屋来源中存在居住权人的经济贡献的情况。

案例一：甲乙二人为同胞兄弟，甲在农村宅基地上建房，乙也为此出资投入。房屋建成后，双方约定所有权归甲，但甲承诺为乙在部分房屋设立居住权，后甲反悔，不同意为乙设立居住权。乙诉请甲为其办理居住权登记，甲则抗辩乙没有支付价款，其可以撤销赠与。本案例中，甲乙双方不仅具有亲属关系，而且乙对房屋建造有明显的财产性贡献，此类案件中不应当适用赠与合同的规定，而应当结合房屋的来源综合考量，将其认定为有偿双务合同更符合当事人的真实意思。甲不能撤销其设立居住权的承诺。应当支持乙的诉讼请求。

（二）伴随所有权转让的设立与不伴随所有权转让的设立

1.“以房养老”相关模式的合同关系认定

居住权的设立往往伴随着所有权转让，所谓“以房养老”，就是先行出让所有权，但为自己保留居住权的典型模式。在这类情形中，又可以分为所有权出让人为自己设立与为第三人设立两种情况。如果是为第三人设立居住权，第三人未作为合同当事人的，还涉及第三人利益的问题。具体行为方式主要有：(1)伴随赠与的设立，比如所有权人将房屋赠与给儿子，但同时为自己或女儿保留居住权；(2)伴随买卖的设立，比如所有权人将房屋卖给他人，但同时为自己或子女保留居住权；(3)遗嘱设立，比如所有权人通过遗嘱确定房屋所有权由儿子继承，但同时指定女儿或保姆对房屋享有居住权。

居住权保留的买卖与赠与的共同点在于一个原因行为（包含了居住权设立内容的房屋买卖、赠与合同）对应了两个方向相反的处分行为，虽然从登记时间上看，所有权转让与居住权设立完全可能是同时完成的，但这两项权利的处分人是不同的。因为，就民法理论角度而言，所有权人不得为自己设立用益物权，法律逻辑应当是所有权先完成移转，然后由受让人为出让人或出让人指定的第三人设立居住权。居住权设立合同与担保物权设立合同不同，其与所有权转让合同之间并不是当然属于主从合同关系，而应当根据具体交易方式来分析义务构造：在居住权保留买卖中，卖房人的所有权转让义务与购房人的房款支付、居住权设立义务构成双务关系，也就是卖房人转让房屋所有权所换取的不仅有现实的房款，还有所期望的居住权，双方签约后均不能随意解除合同。二者的不同之处在于：所有权赠与行为与居住权设立之间没有双务关系，赠与人可以在履行完成前撤销赠与，受赠人为赠与人或第三人设立居住权是赠与所附的义务，根据《民法典》第663条规定，受赠人不履行义务的，赠与人也可以撤销赠与。

案例二：A将房屋出售给B，合同约定，B应付总房款为100万元，并在房屋所有权过户当日为A办理居住权登记。B签约后实际支付了100万元，但拒绝为A办理居住权登记，故A拒绝为B办理房屋所有权过户登记。后B以已履行了全部付款义务为由，诉请主张A向其履行房屋所有权过户义务。本案中，B在售房合同中的主给付义务不仅有支付房款，还包括协助为A设立居住权。在B未完全履行合同主义务的情况下，A可以行使同时履行抗辩权拒绝B的过户主张，并在符合法定或约定条件下，向B主张承担迟延履行及合同解除的违约责任。

2.保留所有权的居住权设立

不伴随所有权转让的居住权设立就是指所有人直接将自己住宅的一部分使用功能让渡给居住权人，这种方式的原因关系相对比较简单，可能是有偿或无偿，此处不再展开论述。

（三）完整设立与非完整性设立

居住权以满足权利人的实际居住需要为核心，在以《德国民法典》为代表的立法模式中，居住权人与所有权人，甚至其他居住权人都不是绝对互相排斥的。居住权可以突破一物一权原则，居住权的范围可以是整个房屋，也可以是具有独立居住功能的一部分。[1]以是否针对房屋整体进行设立为标准，居住权可以分为完整设立的单一居住权与非完整性的居住权。在居住权设立时，关键要审查

---

〔1〕 参见［德］鲍尔·施蒂尔纳：《德国物权法》（上册），张双根译，法律出版社2004年版，第657页。

住宅本身的使用功能与居住权人的实际需求是否匹配。从《民法典》的条文来看，也没有规定一项居住权必须以整个房屋为权利范围。现实中，具体住宅的面积、功能也有很大区别（比如，别墅房屋可能有众多房间，适合居住多人；而小户型则仅适合一人居住）。因此，实践中就可能出现在一套房屋内，所有权人与居住权人共同居住，或者多个居住权人共同居住的情况。由于2019年修订的《不动产登记暂行条例》还没有为居住权增加配套规定，一旦实践中关于居住权的范围约定与登记不明，就涉及居住权人是否能够对房屋整体享有占有使用权利或排斥后续居住权的问题。

共同居住，尤其是长期共同居住的稳定和谐是很难保障的，即使是亲属之间也可能因各种矛盾而导致感情破裂，所以应当尽量避免房屋内存在众多居住权人，引发社会矛盾，背离居住权制度的初衷。登记机关也应当对房屋内是否适合登记多项居住权，一项居住权是否适合由多个主体共有进行合理性审查（比如，参照群租认定标准，各居住人享有的平均生活面积不得低于最低标准）。《民法典》第367条虽然规定“居住权合同一般包括下列条款：当事人的姓名或者名称和住所、住宅的位置、居住的条件和要求、解决争议的方法”，但并没有要求注明居住权对应的核心居住区域。实践中，如果当事人约定了居住权针对的具体房屋范围，又符合房屋的实际状况，登记机关完成登记后，就应当按照登记事项确定居住权范围；而如果关于居住权范围的约定登记不明确的，从保护居住权人利益的角度出发，应当建立相应的推定规则：结合各项事实能够推断居住权范围的，以此为限；如无法推断，则原则上居住权人对整个房屋享有完整的居住权，非经该居住权人同意，不得再设立后续居住权。所有权人能够证明双方另有约定，且房屋事实上能够满足多个主体同时居住的除外。

所有权人与居住权人，或多个居住权人共同居住的，各方对自己的专用区域享有独立的使用权，对于公共区域（如客厅、厨房、非专属卧室的卫生间）则应当根据互助原则合理分配。如果所有权人与居住权人、各居住权人之间就公共区域的使用发生争议，可参照《民法典》物权编第7章“相邻关系”的规则进行处理。

三、居住权的行使与救济规则

居住权的权能比较单一，主要是满足权利人生活所需的占有、使用。作为用益物权的一种，居住权也当然适用《民法典》物权编第3章“物权的保护”之一般规定，居住权人可以行使物上请求权，排除包括所有权人在内的其他人对其权利行使的妨害。同时，境外立法与理论通说认为，居住权人可以要求必要的生活照顾人员共同入住，但陪同人员没有独立的居住权，只能是帮助居住权人的居住生活，居住权消灭，陪同人也就失去居住资格。比如，未成年居住权人的监护人，缺乏自主生活能力的居住权人的保姆、护工，而且随着居住权人自身年龄的变化，陪同的具体人员与数量可随之变化，但不得允许超出合理范围的人员入住房屋。[1]比如，未成年人的居住权所保障的必要陪同人员，从未成年到结婚，就可以从其监护人变更到配偶。虽然《民法典》对此没有明确规定，但是从“满足生活居住的需要”这一表述是可以解释出上述权利的，所有权人不得拒绝与居住权人基本生活相关的陪护人员进入房屋居住。《民法典》中还规定居住权不能转让、继承，故居住权人向他人转让居住权的，应认定为无效合同，以遗嘱处分自身居住权的，也属于无效内容。

《民法典》中最缺失的内容就是居住权的行使与救济规则，任何权利都需要正当救济，也都有合理限度，尤其是涉及居住权与其他权利的冲突协调问题，最容易在实践中引发纠纷。司法实践应当根据《民法典》总则编、物权编的一般规定进行合理谨慎的漏洞填补，引导居住权制度的良性发展。笔者就几类可能出现的常见问题分析如下。

（一）居住权与所有权处分

在设立了居住权的前提下，所有权人仍然可以处分房屋所有权，无须经居住权人同意，但受让人应当继续承受居住权的限制，不得改变居住权状态。关于居住权人是否有优先购买权的问题，优先权是法定权利，《民法典》中对此没有规定，从境外立法与理论来看，也没有类似的传统，因此不应当认定居住权人有

---

〔1〕 德国法律界关于是否应当接纳居住权人的“非婚伴侣”就有争议。参见［德］鲍尔·施蒂尔纳：《德国物权法》（上册），法律出版社2004年版，第657页。

优先购买权。

居住权设立与所有权转让最可能出现冲突的情形应当发生在房屋买卖合同签订后，所有权转移登记完成前的阶段，如果所有人此时为他人设立了居住权，则会让受让人处于非常被动的地位。虽然这种行为与“一房二卖”有所差别，理论上买受人依然可以获得房屋所有权，但是该所有权已经“空虚化”，买受人对房屋的预期占有、使用权实际上被剥夺了，交易基础也不复存在。因此，该种情形下的纠纷，应当参照“一房二卖”的规则进行处理，赋予买受人解除权及追究出卖人根本违约责任的权利，以保护交易安全。

（二）居住权与出租行为

在未经所有人同意的情况下，居住权人不得将房屋出租获益，这是各国居住权制度最大的共同点之一。《民法典》第369条也规定“……设立居住权的住宅不得出租，但是当事人另有约定的除外”。关于该条文在司法实践中的适用问题，重点在于如何认识“当事人另有约定”。因为，法律所要规制的只是居住权人的不当收益行为，确保居住权处于保障生活所需的范围。实践中，当事人的约定可能是明示的也可能是默示的（如应当知晓出租而在6个月内未提出异议），可能是事先的也可能是事后的。总之，不宜将该规定作为直接认定出租合同无效的依据。如果居住权人擅自出租房屋，所有权人可主张其停止出租行为，承租人的占有状态应当认定为无权占有，所有权人可直接请求承租人搬离，居住权人收取的租金也属于不当得利，应当转交给所有权人。

所有权人与居住权人在均明知房屋已经出租的情况下，是否能够设立居住权？是可以的，根据“买卖不破租赁”的法律规则举重以明轻，应当认定居住权人不能直接请求排除在先承租人的居住占有，但这只是延后了居住权的权利行使时间，居住权人对此有预见即可。

需要说明的是，房屋空置本身是居住权人占有使用的一种方式，一般而言，在没有明确约定的情况下，所有权人不得以房屋空置，居住权事实上无价值为由收回房屋。当然，在司法实践中，当事人有可能虚假设立居住权以逃避债务清偿，在此类请求确认居住权设立合同无效之诉中，居住权人是否实际居住就是需要重点审查的事实，这一问题比较复杂，也不属于居住权所特有的属性，笔者不再展开论述。

（三）居住权与抵押权、司法查封

居住权是长期存在并且排斥所有权人占有、使用的物权，房屋一旦受到居住权的限制，就会对其市场交换产生不利影响，其作为责任财产的价值也就大大降低了。因此，抵押权、司法查封与居住权的效力优先性是一个需要明确的重要问题，《民法典》并不禁止已经设立居住权的房屋抵押、查封，也不禁止已抵押、查封的房屋设立居住权。

对此，可以参照2020年修订的《最高人民法院关于审理城镇房屋租赁合同纠纷案件具体应用法律若干问题的解释》第14条及《民法典》第399条的规定处理，该司法解释第14条规定，“租赁房屋在租赁期间发生所有权变动，承租人请求房屋受让人继续履行原租赁合同的，人民法院应予支持。但租赁房屋具有下列情形或者当事人另有约定的除外：（一）房屋在出租前已设立抵押权，因抵押权人实现抵押权发生所有权变动的；（二）房屋在出租前已被人民法院依法查封的”。《民法典》第399条规定：“下列财产不得抵押……（五）依法被查封、扣押、监管的财产……”上述规定具有保护当事人合理预期的一般原理，明确了司法查封的物权处分限制效力，可同等适用于居住权问题：第一，如果抵押权存在于居住权之前，则居住权不能对抗抵押权，房屋被依法处分后，居住权将自然消灭。第二，司法查封具有限制物权变动的效果，房屋被查封后，不能再设立担保物权，也不能再设立用益物权，即使完成登记也不能产生合法的居住权。第三，如果居住权在先产生，则抵押权与司法查封不能对抗居住权，房屋被依法处分后，居住权不受影响。

（四）居住权的侵权救济

《民法典》第327条规定，因不动产或者动产被征收、征用致使用益物权消灭或者影响用益物权行使的，用益物权人有权依照本法第243条、第245条的规定获得相应补偿。由此可见，当标的物的使用受到影响或标的物毁损时，用益物权人是具有独立的赔偿请求权的。虽然该条款规定的是征收、征用，但原理也适用于一般侵权行为。比如，设立居住权的房屋因发生火灾而受损，居住权人为此可能在一定期间内无法居住，又或是因房屋彻底毁坏而导致居住权消灭，居住权人可独立主张侵权损害赔偿请求权。《民法典》第1164条规定，本编调整因侵害民事权益产生的民事关系，该“民事权益”中应该包含居住权。

（五）居住权人与所有权人的房屋维护义务

《德国民法典》第1041~1047条详细规定了用益权人的义务，主要可归纳总结为对住房的通常维持义务，这与承租人是类似的。[1]我国《民法典》对此没有规定，司法实践应该类推适用《民法典》第709~711条之规定，认定居住权人负有合理使用房屋的义务。同时，当事人在居住权设立合同中对此有明确约定的，则应从其约定。一般而言，居住权人应当以善良管理人的标准在力所能及的范围内保管维护房屋及附属设施，除有必要生活需求外，未经所有权人同意，也不得擅自改造装修房屋。房屋遭受损害和危险时，应当及时通知所有权人。一般而言，只有因日常生活所需而支出的必要维修费用才由居住权人承担，但所有权人仍然负有保障房屋整体适合居住的义务，如房屋墙体、重要管线等仍然属于所有人的维修义务范围。所有权人出于保护房屋而进行必要的维修，居住权人应当配合，不得排斥必要的维修活动。根据“谁使用，谁负担”的基本原则，除当事人另有约定外，因使用住宅而产生的必要费用如物业费也应当由居住权人适当承担。

（六）所有权人对居住权人的请求权

居住权人并不是只有权利而不承担义务，所有权人虽然让渡了占有、使用的权能，但并不意味着所有权的自我保护权能完全被冻结了。如果居住权人违反义务，则所有权人也应当有相应的救济途径。居住权人违反义务的情况主要有：(1)擅自出租房屋，容纳非必要人员居住。(2)擅自装修，改变房屋结构，损坏房屋。(3)改变房屋的居住用途，主要利用房屋进行经营活动。(4)限于房屋

---

〔1〕 参见［德］鲍尔·施蒂尔纳：《德国物权法》（上册），法律出版社2004年版，第658页。

特定部位的居住权人使用不属于其权利范围的空间与设施，妨害他人对非居住权范围的正常使用。针对上述行为，所有人有权请求居住权人停止侵害，排除妨害，造成实际财产损失的，居住权人应当承担侵权责任，以保护所有权。在比较法上，《德国民法典》也有相应规定，比如第1051条规定，因用益权人的行为而使所有人的权利可能受到显著侵害的，所有人可以请求提供担保。第1053条规定，用益权人使用其无权使用的物，并且不顾所有人的警告继续使用的，所有人可以提起不作为之诉。第1054条规定，用益权人显著侵害所有人的权利，并且不顾所有人的警告继续侵害行为的，所有人可以依第1052条请求命令管理。

（七）居住权的消灭与续期

《民法典》第370条规定，居住权期间届满或者居住权人死亡的，居住权消灭。居住权消灭的，应当及时办理注销登记。实践中，如果居住权由多人共有，就应当以最后死亡的共有人的死亡时间作为居住权彻底消灭的时间。

在比较法上，《法国民法典》（第618条），《意大利民法典》（第 1015条、第1016条）都在物权法部分直接规定，如果用益权（居住权）人严重违反义务，滥用权利，居住权是可以因此被确认消灭的。我国《民法典》中没有设置此类条款，出于保障弱势居住权人的目的，不能轻易支持此类诉请，但是如果当事人之间有具体约定，又或是居住权人滥用权利，违反义务的情形非常严重，且居住权人与所有权人之间也没有亲属抚养、赡养义务，也不能绝对排除所有权人直接依据《民法典》第132条关于权利不得滥用的规定请求消灭居住权。

居住权设立的原因行为是当事人之间的合同或单方遗嘱，如果合同解除、被撤销或无效，居住权也应当消灭。

此外，如果房屋完全损毁，居住权也当然消灭，不能认定居住权当然及于所有权人另外取得的房屋。至于因房屋损毁而取得的侵权赔偿金、保险理赔款，居住权人有权享有相应的份额。

审判实务精要

无偿设立居住权的行为应当适用赠与合同的法律规定。“以房养老”

属于居住权保留买卖，卖房人的所有权转让义务与购房人的房款支付、居住权设立义务构成双务关系，买受人不履行居住权设立义务，出卖人可抗辩履行所有权过户义务。居住权保留赠与行为中，赠与人可以在履行完成前撤销赠与，受赠人为赠与人或第三人设立居住权是赠与所附的义务，受赠人不履行义务的，赠与人可以撤销赠与。各居住权人之间就公共区域的使用发生争议，可参照“相邻关系”的规则进行处理。所有权人不得拒绝与居住权人基本生活相关的陪护人员进入房屋居住。居住权人向他人转让居住权，以遗嘱处分自身居住权的，均属于无效。居住权人擅自出租房屋，所有人可主张其停止出租行为，并请求承租人搬离，居住权人收取的租金应转交给所有权人。如果抵押权存在于居住权之前，则居住权不能对抗抵押权，房屋被依法处分后，居住权将自然消灭。居住权在先产生，则抵押权与司法查封不能对抗居住权，房屋被依法处分后，居住权不受影响。居住权人负有合理使用房屋的义务，因不当使用造成房屋损坏，应承担赔偿责任。因使用住宅而产生的必要费用如物业费应当由居住权人适当承担。

撰稿人：李　兴，上海市第一中级人民法院民事审判庭审判长，法学硕士，
上海财经大学法学院博士研究生

11. 居住权制度的本土化适用

导　言

《民法典》第366~371条第一次以立法的方式设立了居住权制度。根据物权法定原则，这意味着之前以“有权居住”“居住权益”等方式描述的居住权，正式作为一种用益物权为法律所认可。在我国，住宅为人民安身立命之本，政府为了解决普通百姓的民生问题，除了依赖商品房市场外，还建设了较多的廉租房、经济适用房，并健全各种具有公有住房性质的住房保障体系，我国出现了多种性质住房并存的情况。居住权制度本为舶来品，并非我国固有的制度，该制度如何进行本土化，与我国社会现实相融合，是司法实践的一项重大任务和挑战，亟须进一步的分析与研究。《民法典》居住权制度总计仅有6个条文，却要应对全社会形形色色的居住权纠纷，对司法实践提出了很高的要求。如何解读居住权制度才符合我国国情？居住权人的范围如何把握？居住权的来源有哪些？未登记的居住权是否无效？居住权消灭的条件有哪些？这些问题，笔者将进行分析。

一、我国审判实践中涉及居住权益的案例

本次《民法典》立法工作启动后，围绕居住权制度的争议再度升级，成为《民法典》立法工作的热点问题之一。但法学家的争议往往围绕法学理论以及《民法典》框架展开，对于居住权的现实依据以及居住权的实际操作讨论甚少。笔者在审判工作中收集了大量涉居住权利纠纷案例，以下选择若干有代表性的案例进行分析。

（一）基于公有住房制度而产生的纠纷

公有住房是指由国家以及国有企业、事业单位投资兴建的房屋，房屋的产

权归国家所有，个人只有承租权。承租人在法律允许范围内，对公有房屋享有占有、使用、部分收益和有限制处分的权利。在原《物权法》颁布之后，因公有住房内的居住权益而发生纠纷并诉到法院的案件，依然占有相当的比例，主要有以下情形：

1.要求确认享有居住权导致的纠纷

案例一：原告肖甲是某公房的承租人，被告肖乙是原告的侄子。原告原居住在该公房内，后因工作原因，在20世纪70年代迁往他地，该房由其母亲（已故）居住，被告肖乙在此期间住进了该公房，并将户口迁入了该房屋。现原告退休，为了生活便利要迁回该公房，却遭到被告拒绝，故原告肖甲将被告肖乙诉至法院，要求确认在该公房内享有居住权。[1]

2.要求确认他人不享有居住权导致的纠纷

案例二：张某云与曾某吉系母子关系，母亲张某云承租有康定路×号公房一套。20世纪60年代，曾某吉响应国家号召，作为知青到四川插队落户，户籍亦随之迁出。到20世纪90年代末，曾某吉因病内退，与妻子共同回到上海。因无处居住，曾某吉与妻子住到了母亲承租的公房内，一家三口挤在12平方米的老房子里，居住条件十分紧张。时间一长，曾某吉的妻子与母亲之间就产生了矛盾，随着矛盾不断升级，张某云最终选择向法院起诉，要求法院确认曾某吉及其妻子在康定路房屋内无居住权，应当立即迁出。[2]

（二）基于对房屋产生贡献的纠纷

此类案件常见于涉售后公房的居住权纠纷，原配房人口之一将房屋购买为产权房，但仍与其他配房人口共同生活在该房屋内，后产权人要求其他配房人口迁出，遂引发诉讼。

案例三：余甲与其叔叔余乙共同居住在本市共和新路×号公房内，余乙为承租人。2004年，余乙将该公房购买为产权房。2006年，余甲外出一段时间后突然发现余乙已将房屋出租给他人，余甲遂与余乙交涉。余乙认为自己是产权人，

---

〔1〕 参见（2003）黄民一（民）初字第5759号。

〔2〕 参见（2008）静民三（民）初字第137号。

有权将房屋出租。余甲于是向法院提起诉讼，要求保护其居住权。[1]

（三）因传统习惯引发的纠纷

按照传统，我国国人喜欢聚族而居。在没有分家之前，家族的不动产均由长房掌握，但不影响未分家的各支按照习惯在家族大宅中居住。新中国成立后，家族成员之间的财产联系虽然不那么紧密，但仍有相当数量的房屋处于这种状态。一旦长房根据物权法提出权利主张，则会引发涉及居住权益的纠纷。

案例四：黎家在新中国成立前系一个大家族，在上海核心地段拥有一套独立三层洋房。按照习惯，该房地契办到长房名下。新中国成立后，在土地改革过程中，政府颁发了房产证，依然按照习惯颁发给长房长子黎甲，其余各支均无异议。但根据当时的社会习惯，其他兄弟在该房内居住也无任何异议。黎甲离开上海到香港生活，将兄弟黎乙留在上海老宅内。黎乙以翻译身份随志愿军入朝作战，后回到国内，在上海老宅内居住至今。黎甲到香港后，生有一女黎丙。黎甲过世前，立下遗嘱，将该幢房屋留给其女儿黎丙继承，对其他事项未作出处理。黎丙在黎甲过世后，持遗嘱诉至法院完成了房屋的继承。房屋过户后，黎丙将黎乙告上法庭，要求排除妨害，判令黎乙搬离该房屋。[2]

（四）基于亲属关系而产生的纠纷

案例五：原告王甲、李某与被告高某原系公婆媳妇关系，高某与王甲、李某之子王小甲于1996年结婚，结婚时住在王甲承租的延平路房屋内，该房屋为公房，高某与王小甲之户籍均迁入该房屋，并一直居住至今。2000年，因听闻高某娘家的房屋要动迁，高某与王小甲户口均迁往该处，再未迁回延平路房屋，但并仍居住在内。2001年，王甲将延平路房屋购买为产权房。2017年，经法院判决，高某与王小甲离婚。但高某拒绝迁出延平路房屋，声称王甲、李某在其结婚时就表示延平路房屋交由小夫妻使用，虽然两人已经离婚，但高某依然享有居住权。原告王甲、李某遂诉至法院，请求排除妨害。

---

〔1〕 参见（2007）沪一中民二终字第1507号。
〔2〕 参见（2012）静民一（民）初字第2898号。

案例六：原告李某与被告顾乙系继母女关系，被告的父亲顾甲与原告李某于1990年登记结婚，1992年生育原告顾丙。1992年，顾甲的母亲顾某原承租的上海市徐汇区永康路房屋以置换的形式取得的上海市浦东新区齐河路房屋、永康路房屋和齐河路房屋均系公房，承租人均为顾某。被告顾乙、被告父亲顾甲与被告奶奶顾某户籍均迁入齐河路房屋，两原告户籍迁入原告李某娘家上海市虹口区中山北一路房屋。但齐河路房屋由原、被告共同居住。直到20世纪90年代末期，原告李某为照顾原告顾丙读书，两人一同居住于中山北一路房屋，偶回齐河路房屋居住。2003年，顾某将齐河路房屋购买为产权房，产权登记于顾某一人名下，后于2009年，顾某将齐河路房屋出售给被告顾乙，产权登记于顾乙一人名下。2013年，被告顾乙将齐河路房屋门锁更换，拒绝两原告入内，双方发生纠纷，故两原告起诉至法院，要求确认两原告在齐河路房屋内享有居住权。〔1〕

（五）由于协议引发的纠纷

案例七：原告朱甲与胡甲系夫妻关系，被告朱乙系两原告的长子，两原告原一直居住在上海市浦东新区张杨路房屋，该房屋系动迁所得，动迁时，两原告与被告签订《房屋分配协议》，约定张杨路房屋登记在被告名下，两原告对张杨路房屋享有永久居住权。现被告拒绝两原告居住张杨路房屋，致两原告在外借住，故两原告现起诉要求被告支付在外借房的租金。〔2〕

案例八：原告顾某系陈某的外孙女，户籍原在上海市静安区天目中路房屋内。1993年天目中路房屋动迁，顾某与陈某一同被安置到泗塘七村房屋内。2003年，陈某及其4名子女与顾某签下协议一份，约定泗塘七村房屋内顾某有其中6平方米的使用权。2004年，陈某将泗塘七村房屋购买为产权房。2017年，陈某过世，其子女将泗塘七村房屋变卖，顾某遂起诉主张其居住权对应的售房款。〔3〕

---

〔1〕 参见（2013）浦民一（民）初字第12828号。
〔2〕 参见（2013）浦民一（民）初字第16895号。
〔3〕 参见（2019）沪0106民初18190号。

（六）由于法定义务引发的居住权纠纷

案例九：甲乙二人原系夫妻关系，甲名下承租威海路公房一套，系婚前取得。婚后乙的户籍未迁入该房屋。后甲乙离婚，离婚时法院判决乙居住于威海路房屋内，甲自行解决居住问题。现威海路房屋即将动迁，甲诉至法院，请求判令乙迁出。

案例十：原告吴某系被告朱某的母亲。2003年，吴某与朱某所居住的公房动迁，获得莲园路安置房一套，登记为二人共有。后吴某经不住朱某游说，将产权份额过户给朱某。多年后，吴某因年龄较大、疾病缠身，被朱某送入养老院。吴某不愿意在养老院居住，自行返回莲园路房屋，突然发现该房屋已经被朱某更换钥匙。吴某遂提起诉讼，要求确认其在莲园路房屋的居住权。[1]

（七）由遗嘱设定的居住权

案例十一：被继承人甲知其时日无多，遂立下遗嘱一份，将其名下财产罗列，价值约1400万元。甲在遗嘱中决定，将所有罗列财产成立信托，受托人为其兄弟姐妹四人。受托人应当将所有动产及不动产变现，用其中600万元在上海购买住房一套，其以及与前妻所生之女在该房中均享有终生居住权，但无权处分房屋。其余信托财产由受托人管理，现任妻子以及与现任妻子所生之女可根据遗嘱按月领取固定收益。法院判决确认遗嘱有效，信托成立，由遗嘱执行人执行遗嘱。

二、居住权法律属性的本土化分析

要解决居住权纠纷的问题，首先应当明确什么是中国法语境下的居住权和居住权的性质。

居住权即居住权人对他人的住房及其附属设施享有占有、使用的权利。我国本无居住权制度，其与物权法同样属于舶来品，仅与古代中国法中的典权有部分类似。但是，居住权是一项古老的权利，早在古罗马法中就已经存在了，罗马法中规定了役权，分为地役权和人役权。地役权是最早出现的一种役权，人役

---

〔1〕 参见（2015）浦民一（民）初字第23393号。

权的出现晚于地役权。并且，“从发生学上观察，人役权在某种程度上源于地役权”。[1]“在查士丁尼法中，役权这个词是从总体上指对他人物的最古老的古典权利。”[2]居住权制度源起于古罗马的婚姻家庭关系中，是罗马法中人役权的一种。设立该制度乃因“无夫权婚姻和奴隶的解放日多，每遇家长亡故，那些没有继承权又缺乏或丧失劳动能力的人的生活就成了问题，因此，丈夫和家主就把一部分家产的使用权、收益权等遗赠给妻或被解放的奴隶，使他们生有所靠，老有所养”。[3]近代大陆法系各国都继承了罗马法的传统，在各自的民法典中均规定了居住权制度。以德国为例，1951年通过的《德国住宅所有权及长期居住权法》则发展了罗马法关于居住权的内容，设立了长期居住权，规定这一权利可以转让和继承，而且居住权人可以从事出租等用益活动。这就使居住权制度摆脱了人身专属性的束缚，超出了婚姻家庭领域，甚至发展成了一种商业投资手段，极大地促进了不动产权利的市场流通。[4]但由于社会、政治、文化背景的不同，对居住权制度的理解与运用，不能照搬国外的做法。

从《民法典》之前的法律制度来看，对居住权以及如何保护该种权利尚缺乏明确且系统化的规定，我国历史上亦无此种制度。据笔者检索，相关法律及司法解释中仅2001年《最高人民法院关于适用〈中华人民共和国婚姻法〉若干问题的解释（一）》第27条明确提出了“居住权”的概念。[5]对于如何理解中国的居住权，应当服务于现实需求，立足于我国特有的社会、文化、风俗，机械移植国外制度往往会导致水土不服。以下根据收集的案例对《民法典》颁布之前我国的居住权特征进行分析，为便于阅读，与《民法典》颁布后的居住权制度相区别，简称为“居住权利”。

---

〔1〕 屈茂辉：《论人役权的现代意义》，载《金陵法律评论》2002年第1期。

〔2〕 [意]彼德罗·彭梵得：《罗马法教科书》，黄风译，中国政法大学出版社1992年版，第251页。

〔3〕 周枏：《罗马法原论》（上册），商务印书馆2002年版，第360页。

〔4〕 滕晓春：《〈物权法的一大缺憾〉——居住权制度的删除》，载《研究生法学》2007年第3期。

〔5〕 参见2001年《最高人民法院关于适用〈中华人民共和国婚姻法〉若干问题的解释（一）》第27条规定：“……离婚时，一方以个人财产中的住房对生活困难者进行帮助的形式，可以是房屋的居住权或者房屋的所有权。”

（一）居住权利属于用益物权，在特定条件下有相对性特征

从收集的案例来看，我国的居住权利具备如下特点：以他人的住宅为权利客体；以占有住宅、居住为权利内容；对于任何妨碍权利行使的行为居住权利人都可以直接向其请求排除妨害。由此可见，居住权利体现出高度的用益物权特征。如果权利客体仅仅包括个人所有的住宅的话，那么居住权利就是一种以对他人的物的占有为前提、由特定人对他人所有的物进行使用的对世权，是一种纯粹的用益物权。但是，我国的特殊国情决定了住宅并不限于私人所有，存在多种性质的住宅，其中公有住房占据了较多份额。关于公房承租权的性质有不同认识。有观点认为，公房承租权就是一种债法上的合同关系，即产权单位为出租人，居住职工是承租人，就是租金标准与市场房屋租赁有所不同。也有观点认为，公房承租权是一种物权，甚至还可以类似为所有权，如公房承租人享有购买请求权。而《人民法院报》刊登的案例认为，公房承租权是一种复合型的权利，不仅仅是承租关系这一债权关系中的权利，同时也包含了物权的内容，受人身关系的限制，〔1〕从一定程度上代表了审判实务界的看法。因此，现实中的居住权利如果基于公有住房承租权产生，那么也就受制于其源权利，不一定具有对世效力。

（二）我国的居住权利的主体多为特定身份的自然人

从所有收集的案例来看，居住权利的主体都是自然人。学者的观点也认为，居住权利的享有者只能是特定自然人，法人或其他组织不能享有居住权利。〔2〕这反映了居住权利所具有的维系家庭和谐的情感关怀功能。居住权利是为了特定自然人的生活用房需要而设，享有居住权利的主体只能是自然人而不能是法人或其他组织。而且居住权利一般是基于婚姻、家庭关系而产生，是源于赡养、抚养和扶养的需要，往往涉及家庭成员的利益，因而居住权利的主体还具有一定的身份性。从我国目前的情况来看，居住权利主要解决家庭成员、离婚妇女、未

---

〔1〕 谭红、张琴：《公房承租权的性质认定——重庆五中院判决杨合碧等诉王友萍等法定继承纠纷案》，载《人民法院报》2013年1月24日。

〔2〕 钱明星：《关于在我国物权法中设置居住权的几个问题》，载《中国法学》2001年第5期。

成年人、需要赡养的老人以及对房屋取得有特殊贡献人的居住问题。因此，居住权利的主体应当是与所有权人或公房承租人存在特定关系的自然人。

（三）我国的居住权利不具备流转性

从收集的案例来看，未发现因居住权利的转让和继承发生的诉讼。从案件中当事人的主张来看，也没有转让居住权利或者是要把居住权利留给下一代的意思表示。这说明当前社会大众对居住权利的普遍认识是特定个人基于特定身份取得，不能转让也不能继承。居住权利具有人役权性质，用来供居住权利人居住，是用来确保其生存利益的，所以居住权利仅限于对他人房屋的占有和使用，而不包括对房屋的收益和处分，故而居住权利也不可转让、继承。但由于社会生活的千差万别，在某些特殊情况下，允许居住权利人将权利以货币方式体现。比如，居住权利人居住的房屋面积足够大，突然因疾病、车祸、灾难等意外事件陷入经济困境，应允许其出租部分房屋以解决居住权利人的生活困难，经济情况好转后可予取消。又如，居住权利人与所有权人的关系急剧恶化，无法共同生活，居住权利人可另寻住处搬出后主张所有权人折价补偿。

（四）我国的居住权利一般具有无偿性，但可接受利益交换

从收集的案例来看，并无支付对价取得居住权利的情形，即使有居住权利人向所有权人提供了一定利益的情况，居住权利的取得与这种利益之间也并不存在等价交换。我国学者也普遍认为，居住权利人无须向房屋所有人支付对价，即使有也只是象征性的，是一种“恩惠行为”。[1]这也和居住权利扶助救济的性质相关，设定居住权利的目的是解决特定主体的生活问题。如果居住权利人也和租赁一样需要支付对价，居住权的设定便脱离了其原始目的。但考虑到新兴的“以房养老”模式，居住权制度的目的较其原始目的会发生一定的改变，这种改变会支持居住权的有偿取得，而且目前我国社会对因养老而有偿取得居住权也未见较强的反对意见。

---

〔1〕 王利明：《物权法论》，中国政法大学出版社2003年版，第533页。

（五）我国的居住权利一般具有长期性，但允许约定的例外

在收集的案例中，除因离婚判决而获得居住权利的情形外，目前尚未看到明确附期限的居住权利。但是离婚判决所确定的居住权利，有附条件或者附期限的情况存在。这一点也与租赁制度有别，法律限制租赁期最长为20年，超过20年之后即改为不定期租赁。而居住权利制度是为没有房屋的人提供住房保障而设立的法律制度，因其具有人身专属性，一般就理解为终身居住的权利。而且居住权利的这种长期性、终生性无须在合同、遗嘱、遗赠中规定。没有出现房屋灭失、居住权利人放弃等特殊情况，只有权利人死亡，居住权利才消失。但是既然当事人可以以约定的方式设立居住权利，则从逻辑层面来说，可以用明示的方式来推翻默认的条款，如在合同或遗嘱中对所设立的居住权利附条件或者是附期限。

（六）我国的居住权利不具有排他性和区域限定性

从收集的案例来看，我国的居住权利人往往不认为其权利具有排他性，尤其是对所有权人的排他性。如无特别约定，即使居住权利人在房屋内正常居住，也不会主张所有权人不得入内。居住权利人对“排除妨害”的理解一般是“保障居住权利人合理使用住宅”，而不是“判令所有权人迁出”。甚至，即使在房屋面积不足的情况下，同时存在多个居住权利人也是可以被大多数人接受的。一般情况下，我国的居住权利人同样不认为其居住权利具有区域限定性，居住权利人的权利范围一般及于除他人专用房间以外的所有区域和设施。即使像案例八这样，指定了居住权利的权利范围为“6 平方米”的情况，无论是原告还是被告，均认为这6 平方米只是为了对原告的权利进行模拟量化，便于计算，并不是指房屋中具体哪6 平方米由原告使用。

三、《民法典》居住权制度的本土化理解

（一）居住权主体的理解

《民法典》第366条前段未对居住权人进行限定，如何把握居住权人的范围成为一个难点。首先，未能将主体限定为自然人，是否意味着法人也能成为居住

权人？法人包括有限责任公司、股份有限公司、事业单位、社会团体、基金会、社会服务机构、其他企业法人等。其中，有限责任公司、股份有限公司等企业法人为营利法人，其设立的目的为让股东获取利润。如果法人能够成为居住权的主体，就意味着居住权的设立是为法人牟取利润服务，这就背离了居住权帮助生活困难人士的初衷。而法人营利的本质也会和居住权不可转让的特性发生冲突，法人会本能地开发种种措施来规避居住权不得转让的规定，这会大大增加社会的监管成本，得不偿失。其次，未将居住权的主体限定为特定身份的自然人，是否意味着一些既与房屋来源无关，又与所有权人或承租人无关的人能够取得房屋的居住权？从审判实践来看，主张居住权的人员都是与所有权人或承租人有特定关系的人员，未发现既与房屋来源无关，又与所有权人或承租人无关的人有主张居住权的实际需要。而将居住权的主体扩张到任意的自然人，与居住权帮助生活困难人士的特性不符，而且可能会异化为被执行人架空判决的新方法，得不偿失。居住权应当首先为所有权人或承租人有较为亲密关系的人提供帮助，较为符合人的本性和社会的普遍认知。另外，将居住权主体扩张到任意的自然人，容易诱发家庭矛盾和社会治安隐患。居住权人是很有可能要与所有权人、承租权人以及他们的家庭共同生活的，这就意味着居住权人应当是能够为家庭成员所接受和信赖的人。如果一个素不相识的人能够成为居住权人，并住到这个家庭中来，很容易就会出现各种难以调和的矛盾，甚至出现暴力冲突和犯罪。

（二）居住权来源的理解

根据《民法典》第366条前段的规定，居住权的来源仅列举了合同。另外，根据《民法典》第371条的规定，补充了遗嘱可参照处理。那是不是意味着应当理解为《民法典》将居住权来源限制在合同和遗嘱这两种的范围内。从收集的案例可知，居住权利的来源远远不止这两种，至少还包括配房贡献、传统习惯、公房管理、亲属关系、离婚判决、赡养判决，而且根据合同所设立的居住权利只占很少的一部分。如果对法条规定做狭义的理解，不仅不能解决已存在的居住权利问题，反而可能会因为所有权人或承租人不配合办理签约和登记手续而提前爆发矛盾。同时，在过往的法院判决中，已经有判决直接（判决设立居住权）

或间接（判决排除妨害）地设立了居住权，如果做狭义的理解将会使已有的居住权判决陷入尴尬的境地。另外，此类判决的有效期往往会与居住权人的生存期保持一致。在此过程中，由于法律理解的不同，很有可能会发生相关诉讼，届时权利冲突会处于法律制度设计的框架之外，给审判带来难题。

（三）居住权成立要件的理解

根据《民法典》第368条的规定，居住权自登记时设立。也就是说，法律设计居住权的成立要件为办理登记。但是，未办理登记的居住权并不代表一概不发生效力。居住权制度是物权制度，其应当服从于物权编的通则规定，其登记生效的规定源于《民法典》第209条，而该条在确定物权登记生效原则的同时，设置了一个但书条款，“但是法律另有规定的除外”。根据《民法典》第229条，因人民法院的法律文书，导致物权设立的，自法律文书生效时发生效力，这条规定符合上述但书条款，应当认定构成居住权登记生效的例外情形。而从收集到的实际案例来看，认可登记生效存在例外情形是十分有必要性的。除案例七、案例八外，其他案例中的居住权人都没有办理登记的主观意愿，客观上往往也实现不了。比如，案例六中的居住权是因为再婚，本身家庭关系就紧张，又如，何能提出办理居住权登记？如果没办，将来发生诉讼，本意是用来保护居住权人的登记制度反而要否认他的居住权。再如，案例十一中的妻子，因离婚判决获得居住权，根本不具备依据合同办理登记手续的条件。更何况法院判决的居住权如果还要登记才能成立，那法院生效判决的效力又如何体现？这同时也从另一个角度验证了将法院判决理解为居住权来源之一的必要性和合理性。

（四）居住权消灭条件的理解

《民法典》第370条规定了居住权消灭的两种情形，即居住权期间届满和居住权人死亡，但不意味着居住权消灭的情形仅限这两种。居住权既然可以根据当事人的主观意志所设立，自然也可以根据双方或单方的主观意志所消灭。前者如双方协商一致解除居住权合同并消灭居住权，后者如居住权人明确表示抛弃居住权。如果我们对居住权消灭条件做狭义的理解，那么得出的结论显然是荒谬的，也违反了民法的意思自治原则。同时居住权也应当受到物权编一般规定的制约，标的物灭失、所有权人与居住权人的混同都应当构成居住权的消灭条件。另外，从社会的一般认知来说，既然合同和遗嘱能够设立居住权，那么在合同和遗嘱中可以为居住权设定消灭条件也是为社会所认同的逻辑，比如爷爷自知命不久矣，在遗嘱中为孙子设立居住权，同时附加孙子应当为奶奶养老送终的条件，符合一般大众的认知。《民法典》并未明文禁止约定这种约定，应当理解为是不违反法律规定的。

审判实务精要

1.以现实情况为出发点，对居住权主体的范围先作狭义理解

由于居住权属于新设制度，在没有详细的配套制度的情况下，居住权主体宜从严把握，待进一步的操作细则明确后再逐步放开。首先，应当将居住权人的主体理解为自然人，法人不能成为居住权的主体。其次，居住权人应当与所有权人存在一定的关系，这种关系应当符合居住权制度的设立目的，如亲属关系或是养老服务关系。建议先从严把握，待居住权制度经过充分的实践运行后，根据实际运行情况通过法律法规或司法解释对居住权人进行定义较为稳妥。

2.结合已经客观存在的居住权利，对居住权来源作广义理解

如果将居住权来源只限于合同和遗嘱，还不能完全满足现实需求。在理解时应当结合《民法典》第229条，即人民法院的法律文书，可以设立包括居住权在内的物权。这样既符合现实需要，又可能通过法院严把居住权关，避免居住权的滥用。

3.人民法院法律文书所设立的居住权，不以登记为生效要件

如前所述，客观上存在相当一批居住权是难以完成登记的，而如果仅仅因为未登记就不对这些居住权人加以保护，将违反居住权制度的本来目的。但是直接进行保护，又与《民法典》的规定不符。毕竟法律规定了登记要件，应当予以贯彻。此时将人民法院法律文书所设立的居住权作为例外

情形，既符合法律规定，又满足了居住权制度的本来目的。

4.居住权的消灭条件包括抛弃、混同，也可以由当事人另行约定

对居住权消灭条件的理解应当符合民法以及物权法的一般原则，既可以另行约定，也可以单方抛弃，不以期限届满和居住权人死亡为限。

撰稿人：李　彦，上海市第二中级人民法院未成年人与家事案件综合审判庭审判员，法学硕士

12. 最高额抵押权相关问题的司法适用

导　言

最高额抵押权可以避免每次交易及信用授予必须分别设立抵押的繁琐程序，具有简化手续、方便当事人，促进资金融通，更好地发挥抵押担保的功能，《民法典》在第17章第2节对该制度进行了规定。最高额抵押权作为一种特殊的抵押权，除具备抵押权共有的特征外，还有其独有特征和司法适用规则。相较于原《物权法》，《民法典》第423条将作为抵押权人债权确定事由之一的“抵押财产被查封、扣押”修改为“抵押权人知道或者应当知道抵押财产被查封、扣押”，对于厘清抵押财产被查封、扣押时被担保债权确定的时点问题具有积极意义。但该制度在司法实践中仍面临最高额抵押权的识别、最高额抵押权所担保债权的范围、债权最高额的认定等争议问题。需结合该制度相关理论以及立法目的等进行分析从而准确适用法律。

一、最高额抵押权的特征

最高额抵押制度于我国正式确立于1995年制定的《担保法》，[1]而后2007年《物权法》第203条重新对其概念作了界定，即最高额抵押权是指为担保债务的履行，债务人或者第三人对一定期间内将要连续发生的债权提供担保财产的，债务人不履行到期债务或者发生当事人约定的实现抵押权的情形，抵押权人有权在最高债权额限度内就该担保财产优先受偿。最高额抵押权作为一种特殊的抵押权，除具备抵押权共有的特征外，还具有以下特征：

1.特殊从属性

就最高额抵押与所担保的债权之间关系而言，最高额抵押权设定时，不以

---

〔1〕 原《担保法》第59条规定：“本法所称最高额抵押，是指抵押人与抵押权人协议，在最高债权额限度内，以抵押物对一定期间内连续发生的债权作担保。”

有债权发生为必要，即无成立上的从属性；最高额抵押权在所担保的债权确定前，原在担保范围内之债权让与时，最高额抵押权不随同转移，被让与之债权脱离担保债权的范围，即无移转上的从属性；最高额抵押所担保的债权确定前，在担保范围内的任何一特定债权清偿，最高额抵押权仍为担保将来可能发生的债权而继续存在，并不消灭，即无消灭上的从属性。

2.所担保的债权为将来不特定债权

不特定债权并非指债权本身不特定，而是指所担保的债权自该抵押权设定时起至于确定时为不特定。最高额抵押权是为将来债权提供担保，但为将来债权设定抵押权并不都是最高额抵押权，为将来债权设定抵押权有两种：一是为将来特定债权担保所设定的抵押权，这种抵押权所担保的债权虽属将来发生，但其数额已预先确定，故这种抵押权仍属于普通抵押权，如为附条件债权所设定的抵押权；二是为将来不特定债权担保所设定的抵押权，这就是所谓的最高额抵押权。〔1〕

3.所担保的债权有最高限额

最高额抵押权所担保的债权生、灭、增、减无定，不是特定的债权，所以必须约定最高限额来限定担保的范围，同时这也是物权公示原则的要求，以确定抵押权人对于担保标的物交换价值的支配范围。〔2〕

二、最高额抵押权所担保债权的范围

（一）比较法上的概括最高额抵押权

针对最高额抵押所担保的债权人和债务人之间不特定的债权债务关系是否应从发生原因即基础关系的角度对被担保债权债务进行限定，各国主要存在两种立法例。第一种为限制主义，认为最高额抵押所担保的债权，必须是基于一定基础关系而发生的债权，不承认概括最高额抵押。例如，我国台湾地区“民法”第881条之一第2项将最高额抵押权所担保的债权，限定为“以由一定法律关系

〔1〕 郑玉波：《民法物权》，台北，台湾三民书局印行1988年版，第286页。
〔2〕 胡大展：《最高额抵押的法律沿革和特征》，载《台湾研究集刊》1997年第2期。

所生之债权或基于票据所生之权利”；又如，《日本民法典》第398条之二明确规定：最高额抵押权应担保的不特定债权的范围，应限于因与债务人的特定的继续交易契约所发生的债权及其他因与债务人为一定种类交易而发生的债权；基于特定原因，与债务人间继续发生的债权或者票据、支票上的请求权，也可以作为最高额抵押权应担保的债权。第二种为不限制主义，即认为最高额抵押担保的债权，为债权人和债务人之间的一切不特定债权，无须受特定的基础关系制约，此即形成概括的最高额抵押，如德国、瑞士民法典即采该观点。[1]认可概括最高额抵押权的观点主要包括：其一，概括性最高额抵押权所担保之债权虽“无限”，但担保债权既有最高额之限制，又有登记公示，不会造成第三人之损害；其二，概括性最高额抵押权人虽然可能堵塞抵押人就抵押物再获融资的途径，但这是抵押人自己的选择，基于契约自由的原则，不能主张概括性最高额抵押权无效。

（二）我国现行立法解读

原《担保法》第59条规定：“本法所称最高额抵押，是指抵押人与抵押权人协议，在最高债权额限度内，以抵押物对一定期间内连续发生的债权作担保”。同时，原《担保法》第60条规定：“借款合同可以附最高额抵押合同。债权人与债务人就某项商品在一定期间内连续发生交易而签订的合同，可以附最高额抵押合同。”对该立法，普遍认为属于严格限制主义，实践中会造成最高额抵押制度适用范围过于狭窄。原《物权法》制定时，考虑到不仅当事人之间的借贷关系、商品交易关系可以采用最高额抵押权的形式，其他交易关系也可能需要以最高额抵押权做担保，如票据关系、商业服务关系，因此没有保留原《担保法》的上述规定，不再对最高额抵押权的适用范围进行限制，为实际发展留出空间，故对于最高额抵押权所担保的债权，采用的是“一定期间内将要连续发生的债权”这一表述。[2]对于原《物权法》该规定是否承认了概括最高额抵押权存在争议。就其文义观察，“一定期间连续发生”限定词不能对不特定债权的基础法律关系予

---

〔1〕 许明月：《抵押权制度研究》（下），法律出版社1998年版，第714页。

〔2〕 胡康生主编，全国人大常委会法工委编：《中华人民共和国物权法释义》，法律出版社2007年版，第443页。

以限定，因为在一定期间内连续发生的债权可能是一切债权，不能排除概括最高额抵押的成立，故仅就语义而言，侵权行为引发的债权、不当得利债权等偶发的债权等也被涵盖其中。有学者认为，根据立法机关的释义，该条文的规范意旨没有超出交易关系的领域，所以宜得出原《物权法》没有承认概括最高额抵押权的结论。〔1〕但实际上上述立法机关的释义并不明确，根据该释义将原《物权法》规定的最高额抵押权所担保的债权范围仅限于交易关系依据也尚不充分。《民法典》第420条对于最高额抵押权的定义完全沿用了原《物权法》的规定，未作修改，故在立法机关未作出权威解释的情况下，关于我国立法是否承认概括最高额抵押权可能仍存在争议。

（三）司法实践的应对

由于存在前述立法争议，司法实践中将继续面临以下两个问题：一是若双方当事人没有限定最高额抵押权所担保的基础法律关系时，对于最高额抵押权是否设定以及最高额抵押权担保的债权范围如何认定？如当事人约定以抵押财产对于一定期间内双方当事人间发生的一切债权在最高额限度内进行担保是否可以？二是如果认可我国不承认概括最高额抵押权，哪些债权可以作为最高额抵押权担保的范围？

笔者认为，不宜承认概括最高额抵押权，理由如下：其一，将担保债权视为当事人之间发生的一切债权将致使抵押物负担不可期之债务。且因担保债权未划定一定范围，抵押物在最高额范围内受无限制的约束，尤其在最高额约定过高之情形，将使实际担保债权额与抵押物价值相差过大，妨碍抵押人再就该抵押物设定抵押，影响抵押物交换价值最大化的利用。其二，因未约定一定范围之债权为担保权，抵押人可能以不当方法将各类债权纳入担保的债权之中，这对于后顺位的抵押权人或一般债权人是不利的。其三，因为概括性最高额抵押权人经常是经济上的优势者，使经济上弱势之债务人不得已加以接受，抵押权人利用抵押物交换价值之独占，使抵押人处于抵押权人的控制之下，形成不公平的结果。

---

〔1〕 参见崔建远：《最高额抵押权的争议问题及其解决》，载《国家检察官学院学报》2017年第25卷第4期。

司法实践中，可将法律规定的最高额抵押权所担保的“一定期间内将要连续发生的债权”，通过限缩解释的方式解释为“一定期间内依据一定法律关系将要连续发生的债权”，从而明确最高额抵押权担保的债权是依据一定法律关系而连续发生，从而将偶发的不当得利、侵权等债权排除在担保范围之外。在此基础上，通过对“连续发生”进行解释的方式界定最高额抵押权所担保的债权范围。目前，司法实务中“连续发生”的法律关系主要表现为以下两种类型：

（1）特定的继续交易合同，即债权人与债务人之间为将来继续反复为一定交易而订立的契约。

（2）基于特定原因，债权人与债务人间继续发生债权的法律关系。这里所指特定原因不包括合同，故该法律关系并非因当事人合意而产生，如甲工厂排放的废物可能损害乙的财产，乙基于甲的侵权行为所生之债权。

三、最高额抵押权中“最高额”的认定

（一）司法实践中的不同观点

原《物权法》第203条规定抵押权人有权在最高债权额限度内就担保财产优先受偿。2000年《最高人民法院关于适用〈中华人民共和国担保法〉若干问题的解释》第83条第2款规定，抵押权人实现最高额抵押权时，如果实际发生的债权余额高于最高限额的，以最高额为限，超过部分不具有优先受偿的效力。关于上述两个规定中的“最高债权额”“最高限额”如何理解存在争议。司法实践中，根据最高额抵押合同中的不同约定，对于“最高额”的认定亦有不同。

1.最高额抵押合同约定债权最高额或约定不明确。此种约定争议相对较小，裁判多适用“债权最高限额说”，认为债权最高额中的“债权”均包括债权本金、利息、违约金及实现债权的费用等附随债权，因此抵押权人对于原债权、利息费用等合并计算所得不超过最高限额的债权得以优先受偿。如最高人民法院审理的海口明光大酒店有限公司、海口农村商业银行股份有限公司龙昆支行金融借款合同纠纷案中，双方当事人约定最高额抵押所担保的为“最高额贷款余额19，000万元”，关于银行可优先受偿的范围，最高人民法院认为，虽然《最高

额抵押合同》约定抵押担保的范围包括主合同项下全部借款本金、利息、复利、罚息、违约金、赔偿金、实现抵押权的费用和所有其他应付的费用，但该担保范围内本金、利息、复利、罚息、违约金等合计已超过最高限额19，000万元。若依此，将使抵押权所担保的债权突破最高债权额，事实上成为无限额。这与抵押人签订《最高额抵押合同》的合同预期不符，亦与《物权法》《担保法》的立法本意相悖，故认为银行在最高额19，000万元限额内享有优先受偿权。〔1〕

但实践中亦有不同观点，如（2015）闽民初字第58号案件中，最高额抵押合同约定抵押人在最高额14，711万元的额度内提供最高额抵押担保，担保范围包括借款本金、利息、罚息等。福建省高级人民法院认为，债权人有权在最高额抵押合同约定担保主债权的最高限额14，711万元以及相应利息（含罚息、复利）的范围内，就抵押物折价、拍卖或变卖的价款优先受偿。〔2〕

2.最高额抵押合同约定本金最高额，同时约定担保债权范围包括利息、违约金、损害赔偿金等所有费用。在此情况下，债权人优先受偿的范围如何确定存在重大争议，执法并不统一。

（1）否认合同约定，采“债权最高限额说”。例如，湖北省高级人民法院在（2016）鄂民终第234号案件中认为，最高额抵押合同重要法律特征和构成要件就是抵押人与抵押权人之间必须要有明确的最高抵押限额，否则将不发生最高额抵押的效力。虽然当事人约定被担保的最高债权额包括最高本金余额2500万元以及利息、违约金等全部费用，但如果将上述债权总和均纳入最高额担保的优先受偿范围内，将发生增加担保人合同履行的不确定性和风险的情形，与当事人订立《最高额抵押合同》的初衷不符，亦与《担保法》及其司法解释规定的最高额抵押合同立法本意相悖，故2500万元是最高债权限额，当事人约定借款本金、利息、实现债权的费用虽属于最高额抵押担保的债权范围，但担保人仅以2500万元为限对所发生的债权承担担保责任，对超出部分不承担担保责任。〔3〕又如，四川

---

〔1〕（2017）最高法民终230号，本案中最高额抵押登记的债权数额也为19，000万元，根据两级法院判决书登记的数额亦是确定最高额抵押优先受偿范围的重要因素。

〔2〕参见（2015）闽民初字第58号。

〔3〕参见（2016）鄂民终第234号。

省高级人民法院在招商银行股份有限公司绵阳分行、四川中油天能科技有限公司金融借款纠纷再审案中认为，当事人意思自治应符合法律、法规的相关规定，不能违背法律、法规的立法本意，故最高额抵押合同的担保范围中对最高限额为本金最高限额的约定无效。

（2）认可合同约定，采“本金最高限额说”。该司法观点认为，法律对最高额担保的债权限额约束没有明确规定，基于法无禁止即自由的原则，从保护当事人合意角度出发，应尊重当事人约定。在当事人约定本金最高限额的情况下，只要本金不超过最高限额，依照合同中约定的担保范围，无论本金和基于该本金而产生的利息、罚息、复利、违约金、实现债权的费用等总金额是否超过最高限额，担保人仍要承担全部担保责任。

持该观点的典型案例为最高人民法院审理的兰州银行股份有限公司科技支行与甘肃华宁东方贸易有限公司、鞍山乐雪（集团）有限公司等金融借款合同纠纷案。该案中，最高人民法院认为，根据合同约定，抵押财产限额5000万元只针对本金，而利息、违约金、损害赔偿金、实现债权的费用、债务人应支付的其他款项均属于被担保债权的约定是具体、明确的，在查明涉案欠款本金数额在5000万元以内的情况下，应就抵押财产折价或者以拍卖、变卖该抵押财产所得的价款优先受偿合同所约定的全部债权。遂撤销一审法院关于银行有权对抵押财产变价后所得价款在5000万元限额内优先受偿的判决，改判银行有权就抵押财产折价或者以拍卖、变卖该抵押财产所得的价款优先受偿。〔1〕

（二）“最高债权额”之司法认定

对于“最高债权额”的认定直接决定抵押权人对抵押财产优先受偿的范围，且对存在多重抵押情况下的次顺位抵押权人实现抵押权、抵押人的其他债权人对抵押物余值的期待利益等均产生影响，故很多国家和地区在民法典中均

〔1〕 参见（2016）最高法民终595号。该案中借款人与银行签订最高额抵押合同，约定：“一、合同所担保债权之最高本金余额为5000万元；二、在合同所确定的主债权发生期间届满之日，被确定属于本合同之被担保主债权的，包括但不限于全部主债权之本金所发生的利息、违约金、损害赔偿金、实现债权的费用、债务人支付的其他款项等，也属于被担保债权。”双方办理抵押登记，他项权利证书记载的债权数额为5000万元。

对该问题予以明确规定。大陆法系中的日本和德国均以债权最高限额说为主流学说，立法也均采纳前述观点。《德国民法典》规定最高额抵押的债权若包括利息，则利息包含于最高额中。《日本民法典》第398条规定，经过设立抵押而担保一定范围的不特定债权，该抵押有最高限额，该限额包括债权本金、利息及违约金。我国台湾地区“民法”第881条之二规定：“最高限额抵押权人就已确定之原债权，仅得于其约定自最高限额范围内，行使其权利。前者债权之利息、迟延利息、违约金，与前项债权合计不逾最高限额范围者，亦同。”

《民法典》并未对最高额抵押的最高债权额范围进行明确界定。《全国法院民商事审判工作会议纪要（征求意见稿）》曾规定“最高额抵押、最高额保证中的最高债权额，是指包括主债权、利息、违约金、损害赔偿金、保管担保财产、实现债权费用等在内的全部债权”，似采纳了“债权最高限额说”。但该条款在会议纪要正式发布时予以删除，同时新增如下规定：“以登记为公示方式的不动产担保物权的担保范围，一般应当以登记的范围为准。但是，我国目前不动产担保物权登记，不同地区的系统设置及登记规则并不一致，人民法院在审理案件时应当充分注意制度设计上的差别，作出符合实际的判断：一是多数省区市的登记系统未设置“担保范围”栏目，仅有“被担保主债权数额（最高债权数额）”的表述，且只能填写固定数字。而当事人在合同中又往往约定担保物权的担保范围包括主债权及其利息、违约金等附属债权，致使合同约定的担保范围与登记不一致。显然，这种不一致是由于该地区登记系统设置及登记规则造成的该地区的普遍现象。人民法院以合同约定认定担保物权的担保范围，是符合实际的妥当选择。二是一些省区市不动产登记系统设置与登记规则比较规范，担保物权登记范围与合同约定一致在该地区是常态或者普遍现象，人民法院在审理案件时，应当以登记的担保范围为准。”对于该条规定是否适用于最高额抵押权最高债权额的确定，司法实践中再次产生重大分歧。直至《最高人民法院关于适用〈中华人民共和国民法典〉有关担保制度的解释》出台，方对前述争议作出明确回应，对此本文认为可作如下理解：

1.《最高人民法院关于适用〈中华人民共和国民法典〉有关担保制度的解释》第15条第1款规定：“最高额担保中的最高债权额，是指包括主债权及其利息、违约金、损害赔偿金、保管担保财产的费用、实现债权或者实现担保物权的费用等在内的全部债权，但是当事人另有约定的除外。”据此，在当事人没有明确约定或约定不明的情况下应采纳“债权最高限额说”。其依据包括如下几方面：首先，债权是一个集合名词，无论是本金还是利息、迟延利息、违约金、损害赔偿金等均应属于债权范畴，应被纳入最高限额范围内；其次，最高额抵押合同的重要法律特征和构成要件就是抵押人与抵押权人之间必须要有明确的最高抵押限额，若抵押人所担保的范围不以最高额为限，可能导致抵押人的担保责任因债权人怠于行使债权或者债务人恶意逃避债务而无限扩大，不利于抵押人利益的维护。但在当事人明确约定债权最高额为债权本金数额和相应的利息、迟延利息、违约金、损害赔偿金等费用之和的情况下，因该约定系当事人的真实意思表示、且不违反国家法律、行政法规的强制性规定，应为合法有效，故应采纳“本金最高限额说”。

2.《最高人民法院关于适用〈中华人民共和国民法典〉有关担保制度的解释》第15条第2款规定：“登记的最高债权额与当事人约定的最高债权额不一致的，人民法院应当依据登记的最高债权额确定债权人优先受偿的范围。”因最高额抵押涉及登记公示，故当事人之间就最高债权额的约定仅具相对效力，应以登记的最高债权额确定债权人优先受偿的范围。该条的落实仍有待不动产登记簿样式的修改。因最高债权额与担保范围系不同概念，仅在登记簿上增设担保范围的登记事项而不能明确登记本金最高额情况下，是否可产生以当事人约定作为确定债权人优先受偿范围的效果，实践中仍存有争议。

四、抵押财产被查封、扣押时被担保债权的确定

（一）司法实践中的争议：查封说VS.通知说

原《物权法》第206条明确了最高额抵押权所担保债权确定的6种事由，其中争议较大的为“抵押财产被查封、扣押”事由。根据该条规定，抵押财产被查封、扣押，最高额抵押权人受抵押担保的债权即确定。但同时《最高人民法院关于人民法院民事执行中查封、扣押、冻结财产的规定》（以下简称《查扣冻规定》）第

27条规定："人民法院查封、扣押被执行人设定最高额抵押权的抵押物的，应当通知抵押权人。抵押权人受抵押担保的债权数额自收到人民法院通知起不再增加。人民法院虽然没有通知抵押权人，但有证据证明抵押权人知道查封、扣押事实的，受抵押担保的债权数额从其知道该事实时起不再增加。"司法实践中，基于对上述两规定的不同理解，对于抵押财产被查封、扣押后，最高额抵押所担保的债权确定时点，存在两种不同观点：

1.查封、扣押说

该观点认为，最高额抵押权所担保的债权自抵押财产被查封或扣押时确定。持该观点的裁判理由包括：《物权法》位阶高，应适用《物权法》的规定；将抵押财产被查封、扣押作为最高额抵押担保债权确定的法定事由之一，目的在于保护查封、扣押申请人的利益，若已以有证据证明抵押权人知晓抵押物被采取强制措施作为债权确定的前提条件，可能导致抵押人与抵押权人恶意串通，制造虚假债权纳入最高额抵押权担保范围，损害查封、扣押申请人利益；抵押权人设定债权时有审查抵押物状况的义务，若抵押权人在设定债权时未尽到审查抵押财产状况的义务，导致债权未被纳入最高额抵押担保范围的，抵押权人应自行承担责任等。〔1〕

2.通知说

该观点认为，最高额抵押权所担保的债权自人民法院通知债权人或者债权人知道抵押财产被查封时确定。持该观点的裁判理由包括：《物权法》第206条为原则性规定，《查扣冻规定》与其并不冲突，且《物权法》颁布后《查扣冻规定》并未被废止，应当予以适用；在债权人不知情的情况下不让其行使抵押权，有悖《担保法》初衷，也会削弱最高额抵押权的功能，同时有悖抵押权的绝对权属性。〔2〕

---

〔1〕 参见（2015）浙民申字第214号、（2014）锡商申字第0008号、（2015）通中民二终字第259号、（2015）浙温商终字第582号。

〔2〕 参见（2015）鲁商终字第154号、（2015）岩民撤字第4号、（2015）淮中商再终字第00001号、（2012）浙杭商终字第723号。

（二）立法回应及其司法适用

比较上述两种观点，“通知说”更具合理性。首先，从文义解释角度考虑，原《物权法》第206条与《查扣冻规定》第27条的规定并不冲突，原《物权法》第206条是对最高额抵押权所担保债权确定事由的规定，即出现该条规定的几项事由时，最高额抵押权所担保债权数额的确定就满足了实体要件；而《查扣冻规定》第27条则是对最高额抵押权所担保债权数额的确定明确了具体的时间节点，即最高额抵押权担保的债权数额自抵押权人收到人民法院通知时或从抵押权人知悉抵押物被查封的事实时起不再增加，可以理解为最高额抵押权所担保债权数额确定的程序要件。两者相结合方可确定最高额抵押权因何原因、于何时确定。其次，从目的解释角度考虑，设定最高额抵押权主要目的是连续性融资交易提供担保，提高交易效率，若在贷款还款没有异常情况下，要求最高额抵押权人在每次发放贷款时都要对借款人或抵押物的状态进行重复实质审查，则有违最高额抵押权设立的立法目的，因此，最高额抵押权所担保债权数额的确定应当以人民法院查封抵押物且抵押权人收到人民法院通知时，或者最高额抵押权人知道人民法院对抵押物查封的事实时确定。

《民法典》第423条第1款第4项将作为抵押权人债权确定事由之一的“抵押财产被查封、扣押”修改为“抵押权人知道或者应当知道抵押财产被查封、扣押”，这是《民法典》在最高额抵押制度部分唯一有实质变动的地方。该规定吸收了《查扣冻规定》的精神，同时又考虑到实践中法院一般不会就抵押财产的保全通知案外抵押权人的实际情况，以抵押权人知道或者应当知道抵押财产被查封、扣押作为债权确定的时点，对于厘清司法实践中的争议具有积极意义。但该规定在具体适用中可能仍面临以下两个问题：

1.对“应当知道”的理解存疑

立法上经常采用“知道或应当知道”这一表述，其中知道是指有直接证据证明当事人知道某种状态，而“应当知道”可能存在两种含义：一种是指按一般人的普通认知能力推断出当事人知道某种状态；另一种是指只要客观上存在着知道的条件和可能即认为当事人对某种状态是知道。对于“应当知道”的理解不同会影响对案件的判断。如果既没有直接证据证明债权人知道抵押财产被查封，也没有间接证据可推断债权人知道该事实，但若债权人在借款人已有还款异常的情况下仍然继续发放新的贷款，其是否因负有查询抵押物有无查封或扣押状态的注意义务而被认定为“应当知道抵押财产被查封、扣押”？其“应当知道抵押财产被查封、扣押”的时间点又如何具体确定？笔者认为，抵押人对于抵押财产的状况更为熟悉，其应在抵押财产因他案被查封或扣押后及时将相关情况告知抵押权人，否则有违诚信原则，抵押权人在签订最高额抵押合同时已履行了相应的审查义务，让其在发放贷款前再负有相应的注意义务不符合最高额抵押权设立目的，故将“应当知道”的含义限缩于第一种含义较为合理。据此，抵押权人“知道或者应当知道”抵押财产被查封可包括两种情况：有直接证据证明抵押权人知道和有间接证据可推断抵押权人知道两种情形。关于是否有间接证据可推断抵押权人知道，宜根据案件具体情形进行个案判断。

2.对于抵押财产被查封、扣押后又被解封情况应如何认定尚不明确

司法实践中，对于抵押财产被解除查封、扣押后，最高额抵押权是否恢复原来效力存在争议。一种观点认为，最高额抵押权担保的债权确定后，最高额抵押权即转变为一般抵押权，即使抵押财产被解封亦不导致最高额抵押权恢复；另一种观点认为，在最高额抵押期间，抵押物被查封，后查封又解除，因查封、扣押之事由而致使最高额抵押权确定效力则自始归于消灭，该抵押物恢复至原先未确定状态，其上所设最高额抵押权得以恢复。笔者认为，应当区分抵押财产因债权人申请而被查封或扣押和因案外其他债权人申请而被查封或扣押。前种情形，因系债权人自己提出申请，其与债务人中止交易关系的意图明确，最高额抵押所担保的债权自抵押财产被查封或扣押时即确定，无须考虑抵押物后续被解封等情形。而在因其他债权人申请而致最高额抵押物被查封或扣押情形，因该事项并非由债权人自己提出，则为保护债权人利益，若此后抵押物又被解除查封或扣押的，应认定债权确定事由消灭，被担保债权范围视为未确定，最高额抵押权恢复原来效力，可以继续发挥对不特定债权的担保作用。

审判实务精要

关于当事人之间是否成立概括最高额抵押，从目前立法的文义中难以得出明确结论，但从保护处于经济弱势地位的抵押人、保证抵押物交换价值最大利用化以及保护后顺位抵押权人利益等角度出发，不宜承认概括性最高额抵押权。司法实践中，可通过限缩解释的方式，明确最高额抵押权担保的债权是依据一定法律关系而连续发生，从而将偶发的不当得利、侵权等债权排除在担保范围之外。

关于最高额抵押权中的“最高债权额”，在当事人没有明确约定或约定不明的情况下应采纳“债权最高限额说”，认定最高债权额包括主债权及其利息、违约金、损害赔偿金、保管担保财产的费用、实现债权或者实现担保物权的费用等在内的全部债权。但若当事人明确约定债权最高额为债权本金数额和相应的利息、迟延利息、违约金、损害赔偿金等费用之和的情况下，应采纳“本金最高限额说”。因最高额抵押涉及登记公示，故当事人之间就最高债权额的约定仅具相对效力，应以登记的最高债权额确定债权人优先受偿的范围。关于作为债权确定事由之一的“抵押权人知道或者应当知道抵押财产被查封、扣押”，包括有直接证据证明抵押权人知道和有间接证据可推断抵押权人知道两种情形，宜根据个案情况具体分析。抵押财产被查封、扣押后又被解封的，应当区分抵押财产因债权人申请而被查封或扣押和因案外其他债权人申请而被查封或扣押两种情形，前者最高额抵押所担保的债权自抵押财产被查封或扣押时即确定，无须考虑抵押物后续被解封等情形；后者，为保护债权人利益，若此后抵押物又被解除查封或扣押的，应认定债权确定事由消灭，被担保债权范围视为未确定，最高额抵押权恢复原来效力，可以继续发挥对不特定债权的担保作用。

撰稿人：周　欣，上海金融法院立案庭审判员，法学硕士

13. 司法实务中流动质押问题研究

导　言

担保交易受经济影响新类型层出不穷，而制度立法上高度技术化的种类固定、内容固定，使法律上的担保与市场渐行渐远。一方面是新融资方式激发出无穷的担保方式；另一方面是实定法中担保制度的僵化，非典型担保就顺势而生了，通过柔化法律规定，实现经济目的。虽然新颁布的《民法典》对实践中多见的动产的流动质押没有作出规定，但最高人民法院对非典型担保采取了开放的态度，在《全国法院民商事审判工作会议纪要》第四章第四节中单列非典型担保一节，肯定其担保功能，功能主义的立场明显。流动质押是指债务人或第三人为担保债务的履行，将其有权处分的动产向债权人设定为担保标的，双方委托第三方占有并监管该担保财产，该担保财产被控制在一定数量或价值范围内进行动态更换的一种担保方式。〔1〕担保物范围、设立、公示等方面均与传统质权有异。本文将其定位于非典型担保，重点以民法典对意定担保的规定精神为基础，就司法实务中的流动质押问题进行探讨。

一、非典型担保的定义及调整策略

所涉非典型担保系学术上分类，非法律上的概念。本文采用近江幸治教授的观点，以该担保类型民法或其他法律是否有明确担保属性的规定为区分标准，规定的保证、抵押权、质权及留置权均为典型担保；反之，民法或其他法律未规定者，则为非典型担保，〔2〕其中未明确其担保属性的所有权保留、融资租赁、保

〔1〕 参见最高人民法院民事审判第二庭编：《担保案件审判指导》，法律出版社 2014年版，第31页。

〔2〕［日］近江幸治：《担保物权法》，祝娅等译，法律出版社2000年版，第9~10页。

理、让与担保等也归入非典型担保。本文重点考察的是定位于非典型担保“流动质押”（其到底是对质押制度的扩张，还是非典型担保还存有争议），着眼对担保诸原则的弹性解释。

虽然非典型担保的重点体现事前信息提供，事后履约保障，分别解决了缔约前的逆向选择，与缔约后的投机风险，〔1〕功能主义特征明显。但它亦是要在法律背景下运作，更直接地说，非典型担保的合同保障条款之激励约束要经由法院形成裁决效力，强调法教义学的立场是必然的。因此，需要关注《民法典》第641条第2款、第745条、第768条登记对抗的整体认识，对此不应停留于此为单项规则的细碎调整，“合同+登记”产生事实上的担保功能，是对合同登记产生物权效力的确认，意义深刻。先有《民法典》第388条“其他具有担保功能的合同”表述，再结合《民法典》第399条、第426条、第440条对原《物权法》抵押、质押标的范围开放的继受，从大陆法向英美法的迈进是明显的。到底是立法者的有心为之，还是世行营商指标的推动。但更重要的还是经济需求使然，比如不把原材料、半成品、贸易库存留给债务人，生产和贸易就不能推进，就迫切需要非占有性质的担保制度的发展。〔2〕无论如何法律不能阻止经济的需求，要为“以担保为目的的实践”找出路，其中对非典型担保承认，以及通过司法实践在实定法层面落实是重要工作之一。

明确了对非典型担保的肯定态度之后，下一步就要明确非典型担保调整策略。但首先要秉持的观念是：就担保功能而言，非典型担保亦是一种交易选择，跨过公示，就多了对抗第三人的优先和追及效力，对于公示成本是当事人的选择，〔3〕其应归入意定担保的序列，通过对持续性债权关系加了登记实现担保的对世性。于此对应的就非典型担保的调整策略就是：对新创制的非典型担保由事后的个别承认转变为事前的有前提的一般承认，物权法定的内涵由种类固定收缩到程序固定。此又包含四层意思：其一，引入意思自治，不轻易否定非典型

〔1〕［美］威廉姆森：《可信的承诺：用抵押品支持贸易》，载［美］威廉姆森等编：《交易成本经济学经典名篇选读》，李自杰等译，人民出版社2008年版。

〔2〕参见［德］巴尔等主编：《欧洲私法的原则、定义与示范规则：欧洲示范民法典草案》（第9卷、第10卷），徐强胜等译，法律出版社2014年版，第1~7页。

〔3〕苏永钦：《寻找新民法》，北京大学出版社2012年版，第542~543页。

担保的合同效力；[1]其二，通过程序要求反制私法自治的弊端，明确协议创设的动产担保采取适宜的公示方法就具有类物权效力；其三，实定法下创设、公示、执行等程序上强制规定，系非典型担保发生物权效力必须予以参照适用的程序性要件；[2]其四，区分非典型担保财产类型，按举轻以明重，参照适用最类似实定法之担保规定，如流动质押对动产浮动抵押规定。[3]

二、流动质押的非典型担保属性

《民法典》沿袭了原《物权法》的浮动抵押，[4]对实践中多见的动产的流动质押（以下简称流动质押）却没有规定。为解决司法实务中的诸多争议，《全国法院民商事审判工作会议纪要》第63条对流动质押的效力、设立认定、监管人责任进行了明确。[5]另外，该纪要第68条至第70条保兑仓交易的规定中也有涉及。从上述规定中明确了三件事：流动质押的债权效力按《合同法》确定，物权效力取决于较宽泛的公示形式，以及除最高人民法院之外各级法院不得创设非法定担保物权类型等。[6]

就此出发，在对交易模式梳理法律关系的基础上，就流动质押所反映担保财产特定的缓和、占有公示的柔化两问题再作阐述。先予亮明的态度还是，法律理论要为经济需求让出一条路，若法律不能理想的解决担保财产特定和公示，就有必要对原有理论进行调整。

或有观点提出，流动质押的担保标的于设立时通过约定种类、规格、数量等约定，以及再固定场所的存放实然状况而特定化，设立后的标的变化本身就是约定内容，不影响权利实现，既然设立前后的担保标的同一性没有变化，就还属于

---

〔1〕 最高人民法院民事审判第二庭：《〈全国法院民商事审判工作会议纪要〉理解与适用》，人民法院出版社2019年版，第387~388页。

〔2〕 ［美］ALL（美国法学会）等：《美国统一商法典及其正式评述》（第3卷），高圣平译，中国人民大学出版社2006年版，第45页。

〔3〕 又如，动产让与担保对动产质押规定等参照。

〔4〕 分别于原《物权法》第181条、第189条、第196 条规定了该制度内容、登记、担保财产的确定，《民法典》第396条、第412条延续了浮动抵押制度，仅将登记与对抗的内容统合于第403条之下。

〔5〕 参见最高人民法院民事审判第二庭：《〈全国法院民商事审判工作会议纪要〉理解与适用》，人民法院出版社2019年版，第374~379页。

〔6〕 参见最高人民法院民事审判第二庭：《〈全国法院民商事审判工作会议纪要〉理解与适用》，人民法院出版社2019年版，第393~394页。

动产质押。[1]而且,《全国法院民商事审判工作会议纪要》也将流动质押规定于动产担保一节。不过流动质押最突出的是按照各方约定的方案,实现原担保物的流出以及新担保物的补入,而解除担保的货物,同时又将新担保物交由担保权人或监管人的控制,创设了一种担保权设立和消灭交替进行的交易框架,其对担保标的的限定性价值标准的限制,对原担保物数量、性质、规格等差异均不过问,明显不同于强调特定客体负载质权的静态质押;同时流动质押的担保标的都为动产,又有异于仓单质押等以权利为客体的权利质押;若再强调流动质押要严格适用质押制度,有削足适履之嫌。更何况立法和司法上浮动抵押制度来调整流动质押已成通说,[2]一定程度上反映了法律与交易实践的契合,不宜无视。还不如将其定位于非典型担保,从实际控制来把握设立、公示及法律后果,便于更好地协调流动质押交易实际和司法实践。同时,也应注意到《最高人民法院关于适用〈中华人民共和国民法典〉有关担保制度的解释》第55条,相较于上述纪要,更关注流动质押于监管人实际控制担保物之日设立,仅是解释民法典第429条,并不是对浮动质押的承认。[3]

三、流动质押的交易模式及对应之法律关系

流动质押的产业离不开市场需求。如本节实践中具体的流动质押为例,阐叙交易模式并分析其中的法律关系。电子商务催生的物流供应链中,物流企业介绍债权人(多为金融机构)向有融资需求的供货企业提供资金支持,供货企业以存货动产作为担保,物流企业从中提供担保物评估、监管、资金结算等系列服务获益,各方协作发展出了存货动产质押融资业务。该业务中的担保交易又分为两大类:一是动产静态质押,物流公司作为监管人,代债权人对融资企业(出质人)的存货动产进行监管,存货动产形态固定且不能流动,出质人依据债权人指令提货。二是动产流动质押,债权人与出质人依据债权约定存货的价值控制

〔1〕 常鹏翱:《论存货质押设立的法理》,载《中外法学》2019年第12期。

〔2〕 2017年8月2日中国人民大学等主办的“中国民法典担保物权法立法研讨会”上,全国人大法工委的扈纪华女士持这种见解;最高人民法院(2017)最高法民终891号。

〔3〕 高圣平著:《担保法前沿问题与判解研究》,人民法院出版社2021年版,第393页。

线，监管人以此为限控制保持存货动产，此界限下存货动产可以出旧补新。〔1〕实践中前者为辅后者为主，本节也以后者流动质押为讨论重点。

为表述便利起，已将提供“流动性担保财产”的担保人称为出质人，接受该担保的债权人称为质权人。从上述流动质押归中可纳出的较为常见的流程是：(1)债权人与出质人订立商品融资合同，依据债权数额确定质物的价值控制线；(2)出质人、债权人(质权人)与监管人订立质押监管合同，质权人委托监管人占有、监管质物；(3)出质人向监管人交付质物转移占有，出质范围以核对后质物清单列明为准；(4)担保期间，质物价值高于双方约定的价值控制线时，出质人可依据质权人放货单申请提货，监管人凭单放货；(5)如提取后质物价值低于最低限额，提货前出质人补交相应保证金或归还融资，或补充质物；(6)到期债务人不能按时还本付息，债权人就担保物变价款优先受偿。

就该流程可分解为三层法律关系：融资合同是主合同，流动质押合同是该融资合同的从合同，监管协议则是依附于该两者的再次级合同。〔2〕根据担保物权从属性原理，主债权债务因清偿等原因归于消灭，相应地质押担保也应当消灭，而旨在确保质权实现的监管协议也随之消灭。其中，监管人以约定限额为限控制保持质物，出质人依营业常规为处分时，质物不断流入又不断流出，故范围边界并不清晰，〔3〕此为该类质押中的“流动”意义之所在，而质押要素体现于债权人与出质人的合意和公示。

若在流动质押的质物上再负载一层买卖关系，将买卖双方理解为一个整体，并将出卖人支付保证金获得买受人为收款人的承兑汇票，理解为买卖双方与贷款人的融资合同履行，就构成了常见中的保兑仓交易。〔4〕融资金额是“汇票面值—保证金”，同时据此也确定了出卖人提供流动质押的价值控制线。

---

〔1〕 李毅学等：《物流金融中季节性存货质押融资质押率决策》，载《管理科学学报》2011年第11期。

〔2〕 陈本寒：《企业存货动态质押的裁判分歧与规范建构》，载《政治与法律》2019年第9期。

〔3〕 ［日］小山泰史：《流动财产担保论》，成文堂2009年版，第14页；转引自谢在全：《浮动资产担保权之建立——以台湾地区企业资产担保法草案为中心》，载《交大法学》2017年第4期。

〔4〕 参见最高人民法院民事审判第二庭：《〈全国法院民商事审判工作会议纪要〉理解与适用》，人民法院出版社2019年版，第394~397页。

四、流动质押中担保财产特定性原则的缓和

担保制度中的特定性原则源于识别可能实行担保财产的需要，只有保证特定性，才能清晰财产。同时担保财产的公示又要求债权人持有该财产，就意味着除非担保财产得到特定化，否则就无非公示。公示取决于特定性，特定性又依托公示保障担保质权的优先受偿性。

本节先就流动质押讨论担保财产的特定性，又可具体为，最低价值控制线下的流动质物能否满足担保财产特定化要件？争议的源头是担保财产的特定化要求，即尚未特定的物，或尚未单一化的物如聚合物、混合物等，均不能成为物权的客体。[1]但该中古的观念早已被翻页了，多个质物联合出质没有坏处，担保财产的价值特定取代形态固定是现代融资担保的普遍共识，此本身就是占有价值担保向收益价值担保变迁的必然产物。[2]就流动质押而言，只要质物价值处于最低价值线之上，出质人便可对质物进行流动循环销售；而一旦质物价值接近抑或达到最低价值控制线时，出质人应事先向质权人提出提货申请，并追加或补充保证金或打款赎货，或向以货换货，否则质物便停止流动。该安排并无损于质权人的担保利益，且加快存货流转增益偿债能力，应将担保财产特定性解读为可特定性。另外，实定法也没有否定规定，而且《民法典》第396条肯定了浮动抵押，同类事物应同样对待，对质押亦应允许。德国法上就物之可能变化的存量，如变化存量的仓库可被出质，值得借鉴。[3]

说得更直接一点，现阶段流动质押多见于贸易融资，担保财产作为贸易商品川流不息的流转，是出质人经营必须进行的财产处分。相反担保财产特定对质权人意义不大，其更关心此方式下出资人的持续经营实现资金保障。法律以特定性生硬的介入，还不如允许就特定财产进行种类性描述，甚至可像英国法上那样超种类型描述，[4]避免对概括性担保造成阻碍。特别是就未来获得的资产，

---

〔1〕 孙宪忠：《德国当代物权法》，法律出版社1997年版，第 86页。

〔2〕 ［日］近江幸治：《担保法理念的变迁》，渠涛译，载《中日民商法研究》（第3卷），法律出版社2005年版。

〔3〕 ［德］施蒂尔纳：《德国物权法》（下册），申卫星等译，法律出版社2006年版，第542页。

〔4〕 比如公司现在和将来的所有资产等。

若要求列入担保财产清单更是不现实的。

至于部分裁判中坚持流动质押应当成立于特定质押财产之上，且质押期间质押财产不能变动，强调要根据具体参数锁定质押财产范围、固化质押财产形态，并不足取。〔1〕《全国法院民商事审判工作会议纪要》第63条、《最高人民法院关于适用〈中华人民共和国民法典〉有关担保制度的解释》第55条就机械理解"特定性"问题进行了纠正，并特别指出，在流动质押中，权利人借由仓库的独立性、货物的区隔化以及最低价值或数量控制等兼有实体特定与价值特定的方式已实现存货的明确化、可识别性，就已有效划定质权的支配范围。〔2〕需要点出的是"特定≠固定"！

五、占有公示的柔化操作

诚如上言，担保财产的特定性与公示紧密相连。担保公示的功能是保护市场免受秘密担保的影响，若是购买的动产有担保负担，交易安全就受影响。而每次交易都要查实动产权利状况，是市场经济的不能承受之重，权利状态公示就成为必需。但反过来说，按照法律规定的担保公示难以操作，或者成本很高，而不实施公示就让质押归于无效，作出这样强制性规定法律必须有压倒一切的政策依据，否则就需要进行调整。比如，公示方式上的柔性调整，美国商法典、中国台湾地区"企业资产担保法草案"第15条等，采声明登录制，舍文件登记制。由当事人一方在线登录，按格式事项提供担保权存在之信息，市场监督机构不再做审核，确有便捷及低成本之功效。因公示信息之有限性，潜在债权人欲深入了解，可向担保当事人继续查询。〔3〕

再回到流动质押，质权以占有为成立和公示对抗第三人之条件，采取此构成的理由是，不以占有为前提，可能危及其他债权人利益。〔4〕由此大陆法系的通说进一步推进到，为了彻底贯彻物权公示，确保质权之留置功能，促使债务人从

---

〔1〕（2013）沪二中民六（商）终字第247号。

〔2〕最高人民法院民事审判第二庭：《〈全国法院民商事审判工作会议纪要〉理解与适用》，人民法院出版社2019年版，第375页。

〔3〕谢在全：《浮动资产担保权之建立》，载《交大法学》2017年第4期。

〔4〕［日］我妻荣：《新订担保物权论》，申政武等译，中国法制出版社2008年版，第123页。

速清偿债务，都直接或间接的禁止以占有改定来设立动产质权。就引出了流动质押中质权人委托监管人租赁出质人仓库占有并监控质物时，出质人未完全丧失对质物的支配力，能否以属于占有改定方式设定质权为由，认定无效？〔1〕

《全国法院民商事审判工作会议纪要》的回答是，监管人是否为质权人监管质物是确定质权成立与否的依据。《最高人民法院关于适用〈中华人民共和国民法典〉有关担保制度的解释》第55条进一步明确，如果监管人系受出质人委托监管质物，表明质物并未交付债权人，应当认定质权未有效设立。尽管监管协议约定监管人系受债权人的委托监管质物，但有证据证明其并未履行监管职责，质物实际上仍由出质人管领控制的，也应当认定质物并未实际交付，质权未有效设立。也就是说，应立足于监管人的监控实际管理情况判断其是否为质权人之履行辅助人，对担保财产进行了有效占有，简单地说，管理 + 监管，行；只是监管，不行。

最高人民法院对流动质押的公示退却到概括性公示，但是没有再放松到占有改定。既然占有可表明权利状态，且有概括占有的便利管道，再允许出质人继续占有担保财产，不足对外显示担保权存在，也不利于后续通过留置状态约束履行，从速清偿之质权功能制度的实现，应予禁止。〔2〕质言之，上一个问题实质不是占有改定下的质权成立与否，而是该状态是否有效设定了质权。

可能的问题是，出质人与监管人共同监管质物是否影响质权的效力呢？最高人民法院的意见是监管人受质权人委托监管质物，且实行了实质监管，如质物出库时要征得其同意，就有效设立了质权，〔3〕要求排除了出质人对质物的独立控制。该问题还可以追问下去，质物还是存放于出质人仓库是否影响质权成立？有法院认为动产质权时不能简单以质物存放地点来确定质物是否完成交付，对于大宗金额借款，通常涉及的质物数量多、体积大，质物不仅有极强的流动需求，而且对存放地点要求高并须方便出质人使用、补足，在监管措施合理情

〔1〕 陈本寒：《企业存货动态质押的裁判分歧与规范建构》，载《政治与法律》2019年第9期。

〔2〕 谢在全：《民法物权论》，中国政法大学出版社2011年版，第973页。

〔3〕 最高人民法院民事审判第二庭：《〈全国法院民商事审判工作会议纪要〉理解与适用》，人民法院出版社2019年版，第377页。

形下，尽可能利用出质人仓库既可解决上述困惑，又有利于降低成本、方便生产。应对当事人所采取的动态质押方式予以认可。[1]上述两个回答可能还有继续讨论之必要，其立足于市场实践理解适用法律，值得借鉴。但可能要把制度本身放到市场中再进行分析。担保人释放担保信号激励债权人（担保权人）与之缔约，同时也不能造成负的外部性，若单纯赋予担保权人就变价款的优先受偿地位，没有以公示透明担保信息，损及利害关系人的交易安全，也是得不偿失的，故透明且查询便利的公示亦是担保制度的基石。如利用出质人的仓库监管质物。常见的是4S店将库存车辆质押的情形下，通常所质押并待售的车辆通常也仍存放在 4S 店的仓库内，债权银行委派第三方公司加以监管。[2]此种情况下不能当然得出占有“公示”状态，已经使利害关系人对流动质押设定成立，获得了合理程度的确定性。然而，若银行又控制车辆“一车一证”生产销售合格证，就可能得出相似判断。可见我们需要关注个案中的具体情况考量，才能实现制度层面上社会整体效益的最大化，而不是局限于交易一方成本的减少。[3]

如果达成了社会整体效益最大化来评判公示效能此种标准后，最大化关注重点就要落实在质权人与相关利害关系人间的利益协调上，并据此来解决质权人与出质人共同占有质物是否完成了设立，是否完成了公示。流动质押通说多参照质押制度规定，其设立依据为第429条“质权自出质人交付质押财产时设立”，那交付就兼具了设立和公示两个含义。反观否定占有改定的观念交付核心理由在于质权隐含在出质人与质权人之间，赋予其排他性对其他债权人不利，是质物无法与出质人其他财产隔离导致此种低效能的公示不被承认。既然出质人独自占有质物不能视为交付，非占有改定之其他形式交付可能形成“共同占有”该共同占有中质权人的牵制，至少出质人不能单独控制质物，而且质权人也没理由允许出质人为处分质物，其保护自己优先受偿权的出发点客观上保护了债权

---

〔1〕（2017）赣0302民初801号。

〔2〕刘保玉:《完善我国质权制度的建议》，载《现代法学》2017年第6期。

〔3〕支持质权的成立理由是，出质人之所以要委托监管质物，而且监管费用实质也由出质人承担也为常态。背后理由在于经济效益，异地监管能有效降低质物转库、存储等物流成本，进而减少融资成本，法律也应从善如流。

落实，这也构成了其他立法例[1]承认共同占有为质权设立要件的理由。另一补强理由是节省出质人移交质物、质权人保管质物等交易成本。

循此思路，前面4S店的例子中流动质权的设立，第三人监管状态应达到其他债权人若审查可获知质权存在的程度，更可借鉴的操作是：即便监管人租赁出质人的仓库，标的物范围限于质物所在的部分区域，并设置设施或派专人看守，像在监管区域门口悬挂有质权人的牌子，将该部分区域变成仓库内的独立空间，只供监管人掌控，在此情况下，监管人就代表质权人与出质人共同占有质物。[2]监管人是否通过出质人掌控的其他区域才能进入质物所在的区域并不是重点。

六、流动质押公示方式是占有而不是登记

本文将流动质押定位于非典型担保，并提出放宽担保物权的法定性，不过指向的是类型法定，而不是否定程序法定，而且以公示为中心的法定程序要求恰恰是赋予其公信力的前提，[3]那么“公示”自然应是法律明定的形式，流动质押亦不例外。

有观点提出中国人民银行征信中心的动产融资统一登记公示系统，可为包括流动质押在内的动产担保提供登记公示。但是我国担保物权制度位于物权编，物权变动当然不能采用法律没有规定的公示方式，流动质押设立也是物权变动。参照质权制度对应的公示方式是占有而非登记，前述流动质押登记是为满足实际交易需要所创设的信息公开机制，不是法定的公示方式。在法律没有创设统一的动产担保登记系统之前，该形式登记不能作为质押公示的方式，否则将引发法律适用的混乱。[4]虽然依据《国务院关于实施动产和权利担保统一登记的决定》，2021年1月1日起，当事人同中国人民银行征信中心的动产融资统一登

---

〔1〕《德国民法典》第1206条前半句、《意大利民法典》第2786条第 2 款、《葡萄牙民法典》第669条第 2 款、《欧洲示范民法典草案》第Ⅸ－3：102条。

〔2〕参见（2016）最高法民终266号。

〔3〕吴光明：《新物权法论》，三民书局2009年版，第654页。

〔4〕不过天津市高级人民法院的观点值得探讨，该院2013年《关于审理动产权属争议案件涉及登记公示问题的指导意见（试行）》第 4 条规定：“法定登记机关依据《天津市动产权属登记公示查询办法（试行）》第三章规定委托登记机构对动产抵押、权利质押信息公示的，当事人签订抵押、质押合同后应依法向法定登记机关办理登记。人民法院依照相关法律规定对登记行为的效力予以确认。”

记公示系统自主办理动产和权利担保登记，考虑到担保的持续性，之前的相关登记及产生的问题仍有讨论之必要。

举例来说，甲公司的同一批货物先作为流动质押交付给乙，又将丙登记为质权人，为实现质物变价款的优先受偿，乙丙二人谁应优先保护？若承认登记公示的效力，就可能产生法律适用上的错误。即便是适用《全国法院民商事审判工作会议纪要》第65条"按公示与否以及公示先后情况来确定清偿顺序……"此规范下，有登记但未交付的丙之质押，可能要归入动产抵押，〔1〕按照顺位规范，交付设立在先的乙之质权自然优先于公示在后的丙之质权。在此情况下登记公示就消失了法律上的意义。若此时还强调说流动质押登记产生物权的排他性效力，绝对排斥以交付设立的流动质押，只是掩耳盗铃而已。

对此问题值得重视的是，北京市和上海市为回应世行营商问卷，于2019年4月启动动产担保统一登记系统试点工作，当事人在动产融资统一登记公示系统办理动产抵押登记。同年8月《国务院办公厅全国深化"放管服"改革优化营商环境电视电话会议重点任务分工方案》提出，试点建立统一的现代动产担保系统，2020年年底前力争整合各类动产登记和权利担保登记系统，实现企业担保在一个平台上登记，各相关部门按职责分别实施后台监管。此行政措施如何与将出台的民法典担保制度协调是非常引入注目的。

七、流动质押物再行设定质权的可能性与合法性

流动质押的设立要遵循动产质押的公示要求，应要求质权人广义上的控制质物。那么质权人控制质物情况下，若出质人想要设立质权是否具有可能性？通常情况下，现质权人一旦丧失对质物控制质权消灭，现实交付或简易交付不具可能性，第三人为现质权人利益占有质物，自然也不可能指示交付，再行设立质权可能性不大。法院多持此观点，而该认识背后的理由是，一旦出质，出质人就丧失了对质物的处分权。〔2〕

然而，质权无非是担保物变价款的优先受偿权，质权人享有的是质物交换

〔1〕 参见原《物权法》第188条、《民法典》第403条。

〔2〕 参见（2015）吉民二终字第67号、（2016）京02民终1288号。

价值，不是也不关注对质物的实际支配。一方面，质权是对债权的担保是或然性的权利，而债权将来是否要借助质物变价来实现，具有不确定，质权可能是设而不用。另一方面，《民法典》第415条已经确定了时间优先权利优先的担保物权实现原则，也就承认设立时间先后安排质权的顺位，后顺位质权就不会损及先顺位质权。[1]既然如此，就没有限制出质人再设质权的道理，应允许出质人就同一质物多次出质，这既能实现了意思自治，也有利于最大限度地发挥质物的价值。[2]

解决了质物再次出质的合法性之后，还要解决设定多个质权的可行性问题。比如依托付条件的指示交付进行设立，流动质权人甲直接占有质物，出质人清偿债务后，就出质人对质权人享有返还质物请求权，出质人可事先将该请求权转让给第三人，通知质权人，其若将债务清偿，要将该质物交付给第三人。由此在同一标的物上分别为质权人和第三人设立了有先后序位的两个质权。相同的情况还有乙，出质人也可能通过对占有人甲的指示交付，为乙设立先顺位质权，在质权人尚未直接占有质物前，出质人还可通过简易交付为甲设立后顺位质权。

再如，更为复杂的情况是，监管人为第一质权人占有质物的，出质人就该质物又为第二质权人设立质权，该第二质权人同样委托该监管人为其监管同一批质物。监管人没有告知第二质权人实际情况的，第二质权人善意取得质权，因善意取得是原始取得，在第二质权的范围内排除第一质权的适用，第一质权人可就其质物实现的损失向出质人、监管人求偿。若是第二质权人于设立质权时知道第一质权已经设立的，监管人并不是同时为两位质权人占有质物，只是在第一质权消灭后，才为第二质权人占有质物，此时第二质权才因占有而告设立。

审判实务精要

流动质押是目前动产质押的主要形态，对其问题的分析具有一般化意义，本篇尝试整合流动质押的法理、调整规范以及与该类型质押有关的交易

〔1〕参见《德国民法典》第1209条、《瑞士民法典》第893条、《日本民法典》第355条。

〔2〕参见王泽鉴：《民法思维》，北京大学出版社2009年版，第293~294页。

模式、司法实践，以求理论、规范和实践的统一。在此落脚点之上，本篇主要阐述了流动质押的非典型担保属性、常见交易安排与匹配之法律关系、担保财产特定性原则的缓和、占有公示的柔化、公示方式的弹性、流动质押物再行设定质权的可能性与合法性六个问题。

需要补充的是，经济类型决定担保类型，担保财产都是就地取材。创新型公司通过风投进行股权结构上安排估价不论。大型综合型上市公司因有强大的财务能力，可通过股票债券发行获得长期无担保融资。生产型公司都选择可在自己资产上设定最大限度的抵押，由银行提供授信额度，随时的借新还旧，实际上拉长了融资期限，而且政府出于多种原因也很关心此类公司，债务人保护政策体系的较为充分。营业型公司高速发展期的资金需求比较强烈，向公众发行股票又不具备条件，倾向产权融资，保理、证券化交易，特别是后者通过设立特色目的主体SPV为载体，把自己稳定未来收益以资产证券化，转换成中等期限低成本资金。〔1〕贸易型公司则以持有货物为担保财产，涉及进出口的利用信用证，国内的利用银行汇票获得短期融资，通常不会涉及过多资金和过大的资产，流动质押就是此类担保的典型代表。不同经济类型有不同融资需求，借助自身资产确定担保类型进而降低资金成本。随之而来的问题，就是让担保的职能根据不同的担保类型有所调整，让法律的刚性为实现担保的价值，在不损及原则前提下做少许柔化解释。

撰稿人：陈　克，上海市高级人民法院民事审判庭审判员，法律硕士

〔1〕 参见［英］伍德：《国际金融的法律与实务》，姜丽勇等译，法律出版社2011年版，第577~588页。

14. 让与担保的司法适用

导　　言

担保物权作为“经济界自治的法律”，集中反映了生活优于法律的基本命题。[1]让与担保突出反映了这一论断。让与担保作为一种非典型担保，其交易模式和裁判规则符合契约自由原则、合同效力与物权效力区分原则等民法学说，但与刚性的物权法定原则确有冲突之处。让与担保未被纳入《民法典》。《民法典》第208条承继了原《物权法》确立的物权设立、变动规则，第215条沿袭了原《物权法》第15条确立的区分原则。《民法典》合同编并未规定特别的合同无效情形，关于合同效力的评判仍应适用《民法典》总则编关于合同效力的规定。《民法典》框架下，如何认定让与担保的对内效力即合同效力？在让与担保合同有效情况下，人民法院又应当如何把握让与担保的对外效力即物权效力？股权让与担保中，标的股权已变更登记至股权受让人名下，股权受让人是否系实际股东？应当如何认定股权受让人、股权移转人之间的法律关系，以及股权受让人与公司、债权人之间的法律关系？笔者就上述问题进行研究探讨。

一、问题的提出

（一）典型案例

案例一[2]：原告陈萍与第三人汪伦永系夫妻。汪伦永在婚前分两次向汪宝亮借款合计15万元，2009年12月19日汪伦永打一借条，约定2010年4月还清。陈萍当天出具担保协议，表示如汪伦永到期不还，由陈萍偿还。陈萍还与债权人汪

〔1〕 朱岩：《物权法草案中“权利质权”规定内容评析》，载《中外法学》2006年第2期。

〔2〕 参见（2011）港民初字第0765号。

宝亮的妻子杨慧签订了房屋买卖协议一份，约定陈萍自愿将其婚前私房一套售与杨慧，成交价格10万元，并办理了过户手续。后陈萍诉至法院，要求撤销陈萍与杨慧之间的房屋买卖协议。法院经审理认为，陈萍与杨慧之间签订的房屋买卖协议实为债权的让与担保，违反了物权法定原则，遂判定无效。

案例二〔1〕：亿仁集团公司、深圳亿仁公司原为珠海亿仁公司股东，分别持有珠海亿仁公司14.29%和85.71%的股权；珠海亿仁公司注册资本为14，000万元。无锡亿仁公司同为亿仁集团关联企业。2009年9月26日，无锡亿仁公司通过委托贷款方式向安鼎公司贷款6000万元。珠海亿仁公司以其名下房地产抵押为无锡亿仁公司提供担保，但是其与安鼎公司签订《抵押合同》后，并未成功办理抵押登记手续。此后，亿仁集团负责人孙明与安鼎公司负责人曹建华，通过书面函件的方式协商同意将珠海亿仁公司100%的股权以转让形式为无锡亿仁公司借款提供担保，关于回购问题双方后续具体协商。2009年10月9日，亿仁集团公司和深圳亿仁公司分别与曹建华和安鼎公司签订《股权转让协议书》，约定各自将14.29%和85.71%的股权，均以1元的价格转让给曹建华和安鼎公司。合同签订后，各方向工商机关办理了股东变更登记手续，珠海亿仁公司的股东变更为安鼎公司和曹建华，珠海亿仁公司的印鉴、证照等资料也移交给安鼎公司。无锡亿仁公司未能依约偿还贷款本息，珠海亿仁公司也未承担担保还款义务。安鼎公司和曹建华又将各自股权协议转让给匠心公司和禾盛公司，其中禾盛公司已办理工商变更登记，而匠心公司并未完成工商变更登记，其中安鼎公司与禾盛公司为关联公司。后亿仁集团公司和珠海亿仁公司向法院主张《股权转让协议书》无效。一审法院以股权质押违反流质条款的规定为由，认定《股权转让协议书》无效，并依照原《合同法》第52条第2项规定，认定安鼎公司和曹建华分别与匠心公司和禾盛公司的股权转让合同均无效。二审法院认为当事人以让渡股权的方式来设定担保，认可其合同效力，并确认曹建华与禾盛公司签订的股权转让合同无效。

案例三〔2〕：原告中国建设银行股份有限公司上海徐汇支行（贷款人）与被告曹辉（借款人）、被告上海徐汇区住房保障中心（回购人）等签订《个人经济适

〔1〕 参见（2013）珠中法民二终字第400号。

〔2〕 参见（2014）徐民二（商）初字第1045号。

用住房抵押借款合同》，约定：被告曹辉向原告借款114，000元，用于购买案涉房产；借款人不按本合同约定按时足额偿还借款本息，贷款人有权宣布贷款立即到期，也有权根据关于回购条款的约定要求回购人进行回购；在权利人取得经济适用住房房地产权证满5年内，回购人按照该经济适用住房的原销售价格加银行存款利息进行回购，计息时段为《经济适用住房预（出）售合同》签订之日起至房屋转让合同签订之日，利率为签订房屋转让合同之日的银行定期存款利率；回购人所支付的回购款优先用于归还贷款项下的全部债务，包括贷款本金、利息（包括复利和罚息）、违约金、赔偿金、借款人应向贷款人支付的其他款项、贷款人为实现债权和抵押权而发生的相关费用，回购人应在收到贷款人书面申请后的2个月内办妥前述回购手续并将相当于贷款债权的资金直接划转至贷款人指定的账户以结清贷款；等等。2010年10月26日，曹辉将其所购上述经济适用住房抵押给原告，并办理了预告抵押登记手续，预告抵押登记的权利人为原告。2010年11月22日，原告按约向曹辉发放了贷款。2011年4月22日，曹辉取得上述经济适用住房的房地产权证。后原告诉至法院，要求曹辉归还借款本息，并要求住房保障中心履行回购义务。法院经审理认为，案涉《个人经济适用住房抵押借款合同》系缔约人的真实意思表示，合法有效，住房保障中心在曹辉不能归还借款本息时应履行回购义务。〔1〕

案例四〔2〕：2014年9月11日，黄玉忠以资金周转为由向中村林场、卢衍金借款50万元，并出具了借款收据，载明借款月利率1.6%。同日，双方又签订一份协

---

〔1〕 本案的判决主文如下：“一、被告曹辉于本判决生效之日起十日内归还原告中国建设银行股份有限公司上海徐汇支行借款本金人民币98，115.75元及至2014年6月15日止的利息人民币16，222.44元，并偿付自2014年6月16日起至实际清偿日止的利息（按《个人经济适用住房抵押借款合同》约定标准计付）；二、被告曹辉届期不履行本判决第一项付款义务的，被告曹辉于本判决生效之日起六十日内向被告上海市徐汇区住房保障中心返还上海市松江区泗泾镇新家园路128弄80号103室房屋，并配合被告上海市徐汇区住房保障中心向相关登记机构申请办理上述房屋抵押注销及产权过户至被告上海市徐汇区住房保障中心名下的登记手续；三、被告上海市徐汇区住房保障中心于被告曹辉履行本判决第二项时支付被告曹辉房屋回购款，其中，本判决第一项所确定的债务，由被告上海市徐汇区住房保障中心从回购款中代被告曹辉支付给原告中国建设银行股份有限公司上海徐汇支行，剩余部分由被告曹辉收取［注：回购款按照上述经济适用住房原销售价格加银行同期定期存款利息计付，计息时段为《经济适用住房预（出）售合同》签订之日（2010年8月31日）起至上述房屋回购合同签订之日，利率为签订房屋回购合同之日的银行同期定期存款利率］。”

〔2〕 参见（2018）闽0881民初108号、（2018）闽08民终2030号。

议书，约定：黄玉忠因资金周转之需要，向中村林场、卢衍金借款50万元，期限自2014年9月11日起；黄玉忠同意以其名下902亩山场作抵押担保并过户给中村林场、卢衍金；待黄玉忠还清上述借款后，中村林场、卢衍金将上述林场归还黄玉忠；山场过户在指定名下期限暂定3年，3年期满后另行约定；等等。同日，中村林场、卢衍金将借款50万元汇入指定账户。次日，黄玉忠、陈汝珍（夫妻关系）与中村林场签订转让协议，约定黄玉忠将其902亩山场以85万元价格转让给中村林场。2014年11月24日，黄玉忠、中村林场就上述林权办理了林权变更登记手续。借款期限届满后，黄玉忠未按约还款。中村林场、卢衍金将黄玉忠、陈汝珍诉至法院。黄玉忠主张中村林场未支付任何转让费，双方的债务实质上是以买卖抵借贷，即名为借贷，实为买卖，双方的民间借贷债权债务已经抵销。一审法院认为，双方签订的转让协议应认定为名为买卖实为借贷的担保行为。虽然双方签订的抵押协议有效，但抵押物未办理抵押登记，依法不享有优先受偿权。故判处黄玉忠、陈汝珍向中村林场、卢衍金偿还借款本息，驳回中村林场、卢衍金要求对902亩林场折价、拍卖、变卖，并就所得价款优先受偿的诉讼请求。二审法院判决驳回上诉，维持原判。

（二）启示与思考

让与担保未被我国民法所确认，但在社会经济生活中却经常出现，由此产生纠纷诉至法院，也因法律无明文规定导致裁判结果的不统一，甚至是相互矛盾。案例一的标的物是不动产，法院否定合同效力；案例二的标的物是股权，一审法院否定合同效力，二审法院认可合同效力。两个案例反映了让与担保的两种典型类型，裁判结果也不尽相同。案例三系以买卖合同的履行来担保借款债权实现的模式，是否属于让与担保值得关注。杨立新教授对照优先权、所有权保留以及典型担保进行比较后认为，案例三中的回购条款最接近于非典型担保物权中的让与担保。案例四确认让与担保的合同效力，但并未判决让与担保权利人的优先受偿权。[1]《民法典》颁布前，对于让与担保的判断主要存在以下三种

〔1〕 金丽娟等：《买卖型担保的法律辨析与司法对策》，载最高人民法院民事审判第二庭编：《商事审判指导》（第38辑），人民法院出版社2015年版。

观点：一是让与担保违反物权法定原则，与流质条款的禁止性规定相悖，应否定其合同效力；二是在不违反法律、行政法规强制性规定的情况下，让与担保合同有效，但不具有对抗第三人的物权担保效力；三是让与担保是当事人意思自治的体现，合同有效，且让与担保具有物权效力。让与担保作为一种新型担保方式，具有灵活、方便、成本低等特点，深受当事人的青睐，与此产生的纠纷也与日俱增。《民法典》框架下，让与担保的合同效力、物权效力应如何认定？笔者拟结合让与担保理论与审判实务问题进行研讨，以求教于大家。

二、让与担保及其价值

（一）让与担保的界定

让与担保是指债务人或第三人为担保债务的履行，将担保物的所有权移转予担保权人，债务清偿后，担保物应返还予债务人或第三人；债务不获清偿时，担保权人得就担保物受偿的一种担保形式。〔1〕在大陆法系国家，让与担保是继承罗马法上的“信托行为”理论并吸纳日耳曼法上的“信托行为”成分，经由判例学说所形成、发展起来的一种非典型担保制度，〔2〕它受制于不同的社会条件。将标的物转移给他人的债务人或第三人形式上是转让人，实质上是担保人；受领标的物的他人形式上是受让人，实质上是担保权人。根据标的物的不同，让与担保包括动产让与担保、不动产让与担保以及股权让与担保等类型。通常而言，动产让与担保须将标的物交付至担保权人，不动产让与担保、股权让与担保须完成相应变更登记。让与担保具备物权移转的要件，即动产完成交付，不动产、股权完成登记。让与担保本质上属于物权担保，而非债权担保。杨立新教授认为，让与担保的法律特征为：一是转移担保标的物权利的担保物权；二是在债权人与债务人之间的债权债务关系基础上成立的担保物权；三是保障债权实现的担保物权；四是在债务履行完毕之时须返还财产权利的担保物权。〔3〕

案例三中的回购条款是在出借人与借款人之间的债权债务关系基础上订立

〔1〕 高圣平：《动产让与担保的立法论》，载《中外法学》2017年第5期。
〔2〕 王闯：《让与担保法律制度研究》，法律出版社2000年版，第12页。
〔3〕 杨立新：《物权法》，高等教育出版社2007年版，第328页。

的，以保障出借人债权的实现，该条款具有从属性。这点同让与担保并无不同。但回购条款转移不动产所有权系在借款人不履行债务之后，并非如让与担保在基础债权债务关系成立时即转移不动产所有权，并在债务履行完毕之时须返还财产权利。杨立新教授将此种后转移所有权的非典型担保称作“后让与担保”，认为“后让与担保”与让与担保的根本区别仅在于：前者后转移不动产所有权，后者先转移不动产所有权，而在权利转移的性质、价值、功能以及归属定位等方面并无本质区别。[1]需要说明的是，这种“后让与担保”并不具备物权移转的要件，故并不能将这种后转移不动产所有权的担保模式认定为物的担保。

（二）让与担保的功能价值

1.扩大了债务人融资担保的可能性

让与担保作为一种权利转移型担保，其最大特征在于担保设定人将标的物权利转移予担保权人，凡是具有可让与性、具有财产价值的权利，均可称为让与担保之客体。又由于让与担保无须将担保标的物交付债权人占有，债务人或标的物的所有权人可以继续占有并使用标的物，如此显著扩充了担保标的物的使用功能。

2.节约交易成本

由于原《物权法》关于禁止流质流抵之规定和基于拍卖程序上的要求，法定担保物权如抵押权和质押权在实施方面，存在手续繁杂和费用较高的欠缺。归属清算型让与担保则基本上可以规避上述规定，其依据缔约当事人意思自治所定的简易方法实现优先受偿权，不但程序简便，标的物价值也可实现最大化。案例三即是节约交易成本的典型范例。

3.阻却或削减交易第三人出现的可能性

让与担保本质上是一种物的担保，但存在出现标的物的第三取得人或后位担保权人的可能。[2]由于让与担保标的物所有权在外观上已经转移给债权人，

---

〔1〕 参见杜万华主编、最高人民法院民事审判第一庭编著：《最高人民法院民间借贷司法解释理解与适用》，人民法院出版社2015年版，第414页。

〔2〕 杜万华主编、最高人民法院民事审判第一庭编著：《最高人民法院民间借贷司法解释理解与适用》，人民法院出版社2015年版，第416页。

加之让与担保合同中普遍存在禁止设定人处分标的物的条款，因此设定人处分标的物的情形相当稀少，这就极大地降低了标的物第三取得人或后位担保权人出现的可能性，从而确认担保权人的完全优先受偿。

三、让与担保裁判争议的追根溯源

关于让与担保的效力，主要受传统民法有关违反物权法定说、流质流抵说、通谋虚伪意思表示说的影响。

（一）让与担保与物权法定原则

原《物权法》第5条规定："物权的种类和内容，由法律规定。"该条文被称为物权法定原则的规定。《民法典》完全沿袭了物权法的刚性规定。《民法典》第116条规定："物权的种类和内容，由法律规定。"物权法定原则，是说物权不论种类还是内容，都是由法律规定的，个人不得创设新的物权，也不得在物权当中约定与法律规定不同的内容，包括物权的种类强制和物权的内容强制。物权法定并不包括也无须包括设立方式、效力、公示方法、保护方法的法定。[1]我国法律规定物权法定原则，却没有规定物权法定缓和，梁慧星教授认为物权法定缓和会导致"物权法定"变为"物权自由"。对此，杨立新教授持有不同意见。他认为，物权法定与物权自由并非截然对立，二者之间还存在一个中间地带，即物权法定缓和。没有物权法定缓和，物权法定原则就是僵化的、死板的，无法适应社会发展需要。[2]物权法定原则是让与担保等新型非典型担保制度发展和完善的"紧箍咒"，是原《民法总则》实施前否认让与担保效力的主要根源所在。2015年《最高人民法院关于审理民间借贷案件适用法律若干问题的规定》第24条规定肯定买卖合同的担保性质，却未赋予出借人对担保标的物享有优先受偿权。未区分担保标的物是否业已形式上移转至出借人名下，一概否认让与担保的物权效力，极有可能是碍于物权法定原则的刚性。

需要说明的是，原《民法总则》在沿袭物权法定原则的同时，又在规定民法

〔1〕 张志坡：《物权法定，定什么？定到哪》，载《比较法研究》2018年第1期。
〔2〕 杨立新：《后让与担保：一个正在形成的习惯法担保物权》，载《中国法学》2013年第3期。

法源中确认了习惯。[1]原《民法总则》第10条规定："处理民事纠纷，应当依照法律；法律没有规定的，可以适用习惯，但是不得违背公序良俗。"《民法典》第10条完全保留了上述规定。故此，当习惯中出现了让与担保，是认可其为习惯法呢？还是认为它违反物权法定原则呢？这种立法上的矛盾直接导致司法裁判时的困惑。但无论如何，《民法典》第10条规定还是为支持让与担保的司法裁判有了更多的理论支撑，并为我国规定物权法定缓和提供了可能。

此外，《民法典》物权编第215条规定："当事人之间订立有关设立、变更、转让和消灭不动产物权的合同，除法律另有规定或者合同另有约定外，自合同成立时生效；未办理物权登记的，不影响合同效力。"这就是不动产物权变动的合同效力与物权效力相区分原则。该区分原则的确立，不仅为物权法定主义与契约自由原则之间提供了足够的缓冲和腾挪余地，而且为以让与担保为代表的非典型担保的蓬勃发展提供了充分的空间。[2]该区分原则强调合同等原因行为的效力应受《民法典》合同编的调整，物权的设立、变更、转让和消灭等物权变动受《民法典》物权编的规制，原因行为的效力不受物权变动要件的影响。物权法定原则尽管属于强制性规定，但该规定并不指向合同效力。故不应以违反物权法定原则为由否定原因行为的效力。至于是否设立物权，应依照《民法典》物权编的规定予以评判。

（二）让与担保与流质、流抵

流质、流抵是指在担保物权设定时，担保人与担保权人关于当债务履行期限届满而债务人未能履行债务时，担保人便将质物或抵押物的所有权移转给质权人或抵押权人的约定。我国原《物权法》第186条规定了禁止流抵制度，第211条规定了禁止流质制度，共同构成我国流质流抵制度。立法之所以作出这种安排，主要理由在于避免债权人乘债务人之急迫而滥用其优势地位，通过压低担保物价值的方式获取暴利。通常认为，上述原《物权法》关于禁止流质、流抵的规

---

〔1〕《〈中华人民共和国民法总则〉条文理解与适用》一书中认为，习惯是指在某区域范围内，基于长期的生产生活实践而为社会公众所知悉并普遍遵守的生活和交易习惯。

〔2〕王闯：《关于让与担保的司法态度及实务问题之解决》，载《人民司法·案例》2014年第16期。

定属于效力性强制性规定。司法实践中，有法院将让与担保条款认定为抵押、质押条款，且以违反禁止流抵、流质为由，认定让与担保的合同无效。案例二的一审判决即是典型。

关于让与担保与流质、流抵的关系，有学者认为，让与担保与流质、流抵是两种不同的担保方式，存在较大差别，因为“让与担保是先移转所有权，流担保则是后移转所有权”。〔1〕也有学者认为，让与担保与流质、流抵本质上并无不同，都是“在债务人不能清偿债务时，特定的担保物要归债权人所有”。〔2〕笔者认为，让与担保是不同于抵押担保、质押担保的非典型担保，其有归属清算型让与担保和处分清算型让与担保两种类型。处分清算型让与担保显然不存在违反禁止流质、流抵规定的问题，即便单纯的归属型让与担保合同中“流质流抵”条款无效，也不影响让与担保的合同效力，让与担保权人要实现其担保权，仍须履行强制清算义务。遑论让与担保权利人实质上并不享有标的物所有权或股权，因而不存在流质、流抵的问题。且需要说明的是，《民法典》吸纳了上述理念，《民法典》第401条〔3〕、第428条〔4〕不再直接规定“不得”约定流质流抵条款，而是“只能依法就抵押质押财产优先受偿”。

（三）让与担保与通谋虚伪意思表示

通谋虚伪行为是指行为人与相对人以虚假的意思表示实施的民事法律行为。通谋虚伪行为包括两个行为：一是伪装行为，即行为人和相对人通谋表示虚假意思的行为；二是隐藏行为，即被伪装行为所掩盖的，代表行为人和相对人真实意思的行为。有学者认为，让与担保设立之时，设定人将标的物的所有权移转于债权人仅仅只是形式，实质上双方并没有移转标的物所有权的意思，因此，让

〔1〕 黄健彰：《流担保契约应否禁止？——兼评“民法物权编”第二次修正草案相关规定》，载《台湾本土法学杂志》2006年第11期。

〔2〕 孟强：《〈民法典物权篇〉应允许流质流抵》，载《当代法学》2018年第4期。

〔3〕 《民法典》第401条规定：抵押权人在债务履行期限届满前，与抵押人约定债务人不履行到期债务时抵押财产归债权人所有的，只能依法就抵押财产优先受偿。

〔4〕 《民法典》第428条规定：质权人在债务履行期限届满前，与出质人约定债务人不履行到期债务时质押财产归债权人所有的，只能依法就质押财产优先受偿。

与担保属于当事人通谋而虚伪移转所有权的意思表示。〔1〕也有学者认为，让与担保当事人恰恰希望其所表示的行为成立并生效，借此当事人才可据以转移标的物所有权来担保债权的实现，与通谋虚伪表示存在根本差异。〔2〕

从虚伪意思表示的角度，确实可以将让与担保理解为名为转让实为让与担保，即转让是假，让与担保是真。根据《民法典》总则编第146条第2款有关“以虚假的意思表示隐藏的民事法律行为的效力，依照有关法律规定处理”之规定，虚假的意思表示即买卖合同因系伪装行为而无效，而隐藏的行为即让与担保行为要依照《民法典》合同编的相关规定来认定其效力。让与担保行为本身并不存在《民法典》总则编、合同编所规定的无效情形，依法应当认定为有效。故此，以通谋虚伪表示为由认定让与担保无效欠缺法律依据。

四、《民法典》颁布后让与担保的司法处理

让与担保未被纳入《民法典》。《民法典》物权编第208条承继了原《物权法》确立的物权设立、变动规则，第215条沿袭了原《物权法》第15条确立的区分原则。《民法典》合同编并未规定特别的合同无效情形，关于合同效力的评判仍应适用《民法典》总则编关于民事行为效力的规定。更为重要的是，《民法典》第388条第1款规定更加缓和让与担保与物权法定主义的冲突，《民法典》401条、428条完全消除流押流质条款无效对让与担保的影响。故《民法典》框架下，应当如何解释让与担保的对内、对外效力以及与其他担保物权的冲突与融合？

（一）让与担保的对内效力

当事人通过合同设立让与担保，关于让与担保的对内效力，也即对缔约当事人的效力，需且仅需依照民事行为效力规范予以评判。当事人订立的让与担保合同，只要不违反法律、行政法规的效力性强制性规定，不损害社会公共利益，该合同即合法有效，并对缔约当事人有约束力。2015年《最高人民法院关于审理民间借贷案件适用法律若干问题的规定》颁布以来，理论界和实务界对此

---

〔1〕 王利明：《抵押权若干问题的探讨》，载《法学》2000年第11期。

〔2〕 姚辉、李付雷：《“理性他者”的依归——让与担保实践争议探源与启示》，载《中国人民大学学报》2018年第6期。

几乎已无争议，均认为让与担保合同有效。即使让与担保合同中含有流质、流抵条款，也不影响法院认定让与担保合同整体有效。债务人如到期不能清偿债务，债权人与债务人可以依照协议约定或债权人履行清算义务，就该让与担保标的物拍卖所得的价款优先受偿。2019年《全国法院民商事审判工作会议纪要》再次肯定了上述司法观点。该纪要第71条第1款规定："债务人或者第三人与债权人订立合同，约定将财产形式上转让至债权人名下，债务人到期清偿债务，债权人将该财产返还给债务人或第三人，债务人到期没有清偿债务，债权人可以对财产拍卖、变卖、折价偿还债权的，人民法院应当认定合同有效。合同如果约定债务人到期没有清偿债务，财产归债权人所有的，人民法院应当认定该部分约定无效，但不影响合同其他部分的效力。"《最高人民法院关于〈中华人民共和国民法典〉有关担保制度的解释》延续了《全国法院民商事审判工作会议纪要》关于让与担保合同效力的规定。

（二）让与担保对外效力的一般规则

1.让与担保权利人享有优先受偿权

如果在债务人没有其他债权人的情形下，将因交易所产生的权利认定为物权还是债权在实体处理结果上并无差别。因为只要担保合同有效，债权人就物本身执行的法律效果并无不同，是否具备优先性在单一债权人下并无意义。〔1〕但若存在多个债权人情形下，这须评判让与担保的对外效力。当事人订立的让与担保是否具有对外效力，则须依照物权公示和善意取得制度予以认定。对于动产，须以交付为物权效力的判断原则。关于动产让与担保的交付，包括现实交付、交易交付、指示交付和占有改定。占有改定不能作为设立动产质权或权利质权的交付方式，也不能作为动产善意取得的交付方式。但是，占有改定作为让与担保模式中最适合的一种交付方式，在法律并没有明确排除的情况下，应当予以肯定其作为物权变动的原因。但以占有改定方式设立的让与担保具有隐蔽性，其对抗效力比较弱。对于不动产和法律规定以登记为对抗要件的特殊动产和权利，须以登记为判断原则。对于不动产，这里的登记不包括预告登记和备案登

〔1〕 高圣平：《担保物权司法解释起草中的重大争议问题》，载《中国法学》2016年第1期。

记。完成交付或登记的让与担保系非典型担保物权，具有从属性、不可分性及物上代位性，让与担保权人对标的物拍卖、变卖、折价款项优于一般债权人、恶意第三人受偿。2015年《最高人民法院关于审理民间借贷案件适用法律若干问题的规定》第24条仅仅确立了买卖合同从属性原则、基础法律关系审理原则、强制清算义务原则，在未区分所有权变动与否的情况下，一概未予肯定让与担保的物权效力，有违让与担保这一非典型物权担保的机理。案例四，缔约当事人完成了不动产登记，法院在认定让与担保合同有效的情况下，却未判处让与担保权利人对标的物享有优先受偿权，极有可能受2015年《最高人民法院关于审理民间借贷案件适用法律若干问题的规定》第24条规定的影响。

《全国法院民商事审判工作会议纪要》的出台使让与担保回归物权担保范畴，并遵循物权变动区分原则下的效力认定，对于未进行物权公示的让与担保约定肯定其负担行为之效力；对已进行物权公示的让与担保肯定了其处分行为之效力。《民法典》将具有担保功能的非典型担保纳入其中，体现了两大法系的融合、典型担保和非典型担保的融合、体系主义和功能主义的融合，这也是《民法典》担保物权分编最大的亮点和特色。〔1〕《民法典》实施以后，人民法院对此应当进一步强化。对于《最高人民法院关于〈中华人民共和国民法典〉有关担保制度的解释》第68条“参照民法典关于担保物权的有关规定”的理解，笔者认为，上述规定指的是完成权利变动的不动产让与担保参照不动产抵押、股权让与担保参照股权质押规定处理，动产让与担保参照已登记的动产抵押处理，以占有改定方式完成交付的动产让与担保参照未登记的动产抵押处理。让与担保若未办理专门让与担保登记，不宜参照适用《民法典》414条规定。

2.权利受让人与善意第三人的冲突

对于完成所有权移转的让与担保，权利受让人仅是名义上的所有权人，并非真正意义上的所有权人。故对于权利受让人的权利支配应当予以限制。权利受让人对受让权利支配的一般性限制在于不得随意处分，其目的性限制在于仅

---

〔1〕 最高人民法院民法典贯彻实施工作领导小组：《〈中华人民共和国民法典〉物权编理解与适用（下）》，人民法院出版社2020年版，第995页。

能在担保的范围内优先受偿。[1]对于善意第三人与权利受让人的利益冲突，具体分析以下几种情形：其一，权利受让人处分让与担保标的物，或者设定法定担保物权的，构成无权处分。交易相对人能否取得所有权或担保物权，按照善意取得制度予以处理。无权处分造成权利移转人损失的，应当承担违约责任或侵权赔偿责任。设定让与担保并完成权利变动公示的，权利受让人又同意以标的物为善意第三人对债务人的债权设定抵押并办理抵押登记的，善意第三人对该标的物应优于让与担保权人受偿。对此，人民法院不能根据《民法典》第414条确定的规则，按照是否登记以及登记先后顺序确定清偿顺序，也不能根据《民法典》第415条确定的规则，按照登记、公示的顺序受偿。换言之，仅仅完成权利变动公示的让与担保权人并不能对抗善意第三人。其二，权利移转人的其他普通债权人申请人民法院对让与担保标的物强制执行，权利受让人提起的案外人执行异议，不足以排除人民法院的强制执行。若权利受让人的债务到期的，可以申请就让与担保标的物拍卖价款优先受偿。其三，权利受让人的债权人申请强制执行让与担保标的物，权利移转人的案外人执行异议，能否阻却强制执行，须评判权利受让人的债权人是否基于权利外观产生合理信赖。对于善意的债权人，应当保护其合法权利。

3.破产取回权与别除权的区分

让与人破产时，关于让与担保权人对标的物是享有破产取回权还是别除权，是“所有权构造说”与“担保权构造说”的主要分歧。根据让与担保的担保权构成理论，在破产程序中应赋予让与担保权人别除权而非取回权。以担保物权为基础的别除权在破产法上的具体表现，就是别除权人就债务人的特定财产即别除权标的物享有排他的优先受偿的权利。[2]《税收征收管理法》第45条规定：“税务机关征收税款，税收优先于无担保债权，法律另有规定的除外；纳税人欠缴的税款发生在纳税人以其财产设定抵押、质押或者纳税人的财产被留置之前的，税收应当先于抵押权、质权、留置权执行。”故让与担保权人在破产程序中对标的

---

〔1〕 杨立新、李怡雯：《让与担保的权利受让人对受让权利支配的限制》，载《中国应用法学》2018年第4期。

〔2〕 冉克平：《破产程序中让与担保权利人的权利实现路径》，载《东方法学》2018年第2期。

物拍卖、变卖、折价款项优于职工债权人、社保债权人、普通债权人受偿，但特定情形下国家税收权优先于让与担保权人受偿。

（三）股权让与担保对外效力的特殊规则

股权让与担保，要区分股权受让人与公司的法律关系以及与外部第三人的法律关系，其对外对抗效力更为复杂。笔者认为，股权受让人与股权移转人之间以及两者与标的公司债权人之间的法律关系，不能完全类推适用名义股东与实际出资人的法律关系。股权受让人仅仅是名义上受让公司股权，通常不具有股东身份，仅为担保权人，不享有与股东身份有关的出席、表决、知情等权利。根据权利义务对等原则及让与担保的法律构造，股权受让人不负有出资义务和清算义务，也不应对公司债务承担法律责任。2020年修订的《最高人民法院关于适用〈中华人民共和国公司法〉若干问题的规定（三）》第26条有关名义股东的法律责任并不能适用于股权受让人。《公司法》及其司法解释有关股东清算义务以及2020年修订的《最高人民法院关于适用〈中华人民共和国公司法〉若干问题的规定（三）》中有关股东出资义务及其法律责任的规定也不能适用于股权受让人。

需要特别阐述的是，若股权移转人向其他股东隐瞒让与担保的实情，而是告知其他股东是股权转让，其他股东据此放弃了优先购买权，且股权受让人在公司股东名册上作了相应记载，法律要保护这种信赖。如此，该股权受让人可以行使股权权利，包括财产权和成员权。股权受让人与股权移转人订立合同本欲仅取得债权的担保，却因股权移转人的单方让予可以行使股东权利。若该股权受让人并未基于上述事实积极行使股东权利，当然也无须承担出资义务和清算义务。但若该股权受让人积极行使股东权利，是否应当承担股东出资义务和清算义务？笔者认为，若该股权受让人并未对公司或债权人作出替代股权移转人履行股东义务的意思表示，其对公司或债权人基于出资义务承担法律责任的上限，应为其实际获得的公司分红。该股权受让人未实际获得公司分红，就无须基于股东出资义务承担任何民事责任。因该股权受让人积极行使了股东成员权，如参与股东会表决等，该股东受让人应对公司负有清算义务。

（四）让与担保的实现方式

《民法典》第401条、第428条并非直接规定流押流质条款的效力，但从条文表述看，流押流质条款仍然是无效的，因为如果流押流质条款是有效的，抵押权人、质权人可以直接根据约定享有抵押、质押财产的所有权，而不是只能依法就抵押、质押财产优先受偿。但另一方面，《民法典》第401条、第428条并未沿袭原《物权法》关于禁止流押流质的表述，而是认为流押流质条款仍会产生"依法优先受偿"的法律效果，而非归于无效。从解释论上说，应当认为无效的流押流质条款已经转化为有效的清算型担保。法定担保物权的实现方式包括拍卖、变卖、折价等，作为禁止流押流质柔化的产物，《民法典》第401条、第428条规定为归属型清算或者处分型清算留下了空间。《民法典》框架下，让与担保合同中订有流押流质条款，或者缔约当事人未约定任何清算条款，人民法院均应当将让与担保推定为清算型让与担保，赋予担保权人清算义务，就拍卖、变卖、折价款项优先受偿。让与担保协议事先约定在债务人不履行到期债务时，标的物归受让人所有并约定了标的物折价计算方式，或者在债务人不履行到期债务时，受让人主张标的物归其所有，并与转让人事后达成折价协议，此为归属型清算。归属型清算在动产、上市公司股份让与担保中极具应用价值。若受让人与转让人无法达成折价协议，受让人就拍卖、变卖后的价款优先受偿，并实行多退少补，此为处分型清算。就但若缔约当事人在让与担保合同中约定，债务人不能如期偿还债务时，担保权人取得标的物的所有权，但该所有权的取得须以履行清算义务为前提。案例三，借款人、出借人、回购人签订三方合同，约定借款人不如期还款达到一定条件，出借人有权要求回购人回购房产，并以受让款直接优先偿付贷款债务的回购条款，本质上是一种房产所有权转移及清算变价程序合二为一的"后让与担保"，属于非典型的归属清算型让与担保。

审判实务精要

在合同效力和物权变动效力相区分原则的指引下，让与担保相关案件首先应区分其纠纷类型。如仅涉及让与担保的合同效力，应主要适用《民法典》总则编、合同编所规定的法律行为效力判断规则，不能仅因物权编没有明确规定让与担保这一交易类型而认定合同无效。让与担保合同只要不违反导致合同无效的强制性规定，也不损害社会公共利益，应属有效。如涉及让与担保的对外效力，在对让与担保的合同效力认定之后，应进一步查明缔约当事人是否基于让与担保合同办理了权利移转手续——动产以交付为要件，不动产、股权以登记为要件。如未办理，让与担保合同的效力仅在缔约当事人之间发生；如已办理，应把握其担保的本质，认定担保权人对标的物拍卖、变卖所得价款具有优先受偿权，该优先受偿权系基于物权担保而产生的，可以对抗其他普通债权人和恶意第三人。就物权效力而言，让与担保权人仅是标的物名义上的所有权人，其对标的物的处分应受目的性限制。对于善意第三人与权利受让人的利益冲突，以保护善意第三人的利益为先。让与担保的实现方式是归属清算还是处分清算，要视合同约定而定。股权让与担保有不同于让与担保的一般情形，股权受让人通常不具有股东的真实身份，也不应承担股东的出资义务和清算义务。

撰稿人：孙建伟，上海市徐汇区人民法院商事审判庭审判员，法学硕士

合　同

15. 房地产买卖合同的法律适用

导　言

《民法典》第495条、第533条分别新增了预约合同和情势变更的规定，第153条、第597条调整了无权处分和合同效力认定规则。这些规定的增加与调整，回应了社会关注、契合了实务之需，有助于平息长期以来的法律适用争议。本篇以房地产审判为视角，结合审判实务中的问题，诸如预约合同责任承担方式及赔偿范围的确定，违法建筑、经济适用房、小产权房屋的买卖效力，无权处分的识别与善意取得制度衔接的完善，宏观调控下房屋买卖的处理等，对上述条款的适用进行分析论述，以便明晰《民法典》施行后的法律适用。

一、预约合同的适用问题

在房屋交易过程中，买卖双方在签订正式合同前，往往先签订一份房屋买卖预订书（有的也称认购书、意向书、订房协议、居间购房协议等），约定双方在确定的期限内，以约定的价格购买某一房屋，订立正式房屋买卖合同、办理手续等，同时购房人向出卖人支付定金，以担保双方履行该预订书。因预约这种交易形式引发的纠纷是房屋买卖纠纷的主要类型之一。对于此类预约的性质、效力等问题，原《合同法》没有规定，但最高人民法院根据实务需求通过2003年《最高人民法院关于审理商品房买卖合同纠纷案件适用法律若干问题的解释》、2012年《最高人民法院关于审理买卖合同纠纷案件适用法律问题的解释》[1]等司法

---

〔1〕《最高人民法院关于审理商品房买卖合同纠纷案件适用法律若干问题的解释》第4条规定："出卖人通过认购、订购、预订等方式向买受人收受定金作为订立商品房买卖合同担保的，如果因当事人一方原因未能订立商品房买卖合同，应当按照法律关于定金的规定处理；因不可归责于当事人双方的事由，导致商品房买卖合同未能订立的，出卖人应当将定金返还买受人。"《最高人民法院关于审理买卖合同纠纷案件适用法律问题的解释》第2条规定："当事人签订认购书、订购书、预订书、意向书、备忘录等预约合同，约定在将来一定期限内订立买卖合同，一方不履行订立买卖合同的义务，对方请求其承担预约合同违约责任或者要求解除预约合同并主张损害赔偿的，人民法院应予支持。"

解释予以明确。此次《民法典》第495条规定则是第一次在立法层面界定了预约合同及其效力。

（一）预约合同及其效力

如前所述的房屋买卖预订书是否成为独立的合同，属于何种性质的合同，对此，理论界虽有不同观点，[1]但随着2003年《最高人民法院关于审理商品房买卖合同纠纷案件适用法律若干问题的解释》的颁布，司法实务界采纳了独立契约说，[2]新颁布的《民法典》以立法的形式予以了确认。因此，当事人为将来订立本约的约定如房屋买卖预订书，构成预约合同，具有独立的法律效力。

审判实务中需要注意的是，并非所有的房屋买卖预订书均具有预约合同性质，我们应从合同成立生效的角度进行审查。一般认为预约合同成立生效应具备以下要件：一是当事人要有订立本约的合意。预约合同是为了将来订立本约合同而签订的，是当事人以未来订立合同为内容的合意，意向书、预订书、认购书、备忘录等预约是当事人订立本约合意的外在表现形式。二是当事人须有受协议约束的意思，否则意向性协议不能发生合同的效力。若意向书、预订书、认购书、备忘录等文书，只是表达了当事人愿意订立合同的意向，而没有对当事人产生相应约束力的话，则预约只能是订约的意向，而非形成合同关系。三是预约合同的内容应具有一定的确定性。[3]预约合同是向本约的过渡阶段，只有当对本约内容具有一定确定性的预约才具有效力，否则难以想象没有任何确定内容

---

〔1〕 预约合同的法律性质主要有四种观点：第一，前契约说。该说认为，预约处于本约成立前的前契约阶段，是本约成立的一个过程，因此不构成合同。第二，从合同说。该说认为，预约是本约之铺垫，本约的成立不以预约的存在为条件，故预约是本约的从合同。第三，附停止条件本约说。该说认为，预约实质为附停止条件的本约。如预约中规定以开发商取得商品房销售许可证为签订本约的条件，条件成就时商品房买卖合同成立并生效。第四，独立契约说。该说认为，预约为独立的合同，其既有预设的本约合同中的民事权利义务关系，同时也有预约合同本身中的标的即双方负有订立本约合同的权利义务。其在合同法中虽系无名合同，但完全符合合同法的规范并受其调整，故预约合同和本约合同均为各具效力之独立契约。

〔2〕 最高人民法院民事审判第二庭编著：《最高人民法院关于买卖合同司法解释理解与适用》，人民法院出版社2012年版，第53页。

〔3〕 刘俊臣：《合同预约若干法律问题初探》，载《法律适用》2002年第4期。最高人民法院民事审判第一庭编著：《最高人民法院关于审理商品房买卖合同纠纷案件司法解释的理解与适用》，人民法院出版社2003年版，第56页。

的、空泛的邀约承诺对当事人订立本约有何意义。

（二）预约合同违约行为的认定

预约合同与本约之间虽然各自独立，但又相互关联。预约合同的目的在于订立本约，预约合同一经成立生效，即在当事人之间产生了按照预约合同约定的条款签订本约的权利义务。而预约合同如房屋买卖预订书，对双方当事人有一定约束力，主要体现在两方面：一是对预约合同中已有明确约定，如标的、价款等，当事人应直接订入本约；二是对预约合同中没有约定的条款，当事人应遵守诚实信用原则进行磋商后，订立本约。若因当事人一方原因未能订立本约的，其就应当承担违约责任。若因不可归责于当事人双方的事由，导致本约未能订立的，不构成对预约合同的违约。

审判实务中，我们需要全面分析当事人未订立本约的原因。在房地产领域较为常见的是宏观调控政策后签订预约合同的当事人不愿签订本约的情况。近年来，国家对房地产市场的调控，如房贷、税收政策的变化，限购范围的调整，行政备案登记规定等对当事人履行预约合同、签订房屋买卖合同产生影响。但是已签订预约合同的当事人并非就此可以不签订合同，而是应当遵守诚实信用原则进行磋商，不能进行恶意磋商。具体而言，第一，对于预约合同已有约定，且宏观调控政策变化对此约定无影响的，当事人要求再次磋商变化，不愿签订正式房屋买卖合同的，构成违约。例如，预约合同约定了房屋价格，宏观调控政策对此没有限制，若出卖人要求调整房价，则构成违约。又如，宏观调控政策对购房资格的限制，若买受人不属于受限范围，而出卖人拒绝签订本约或要求调整价格的，则构成违约。第二，对于预约合同虽有约定，但宏观调控政策对此约定有影响或者预约合同未约定，宏观调控政策新增内容的，当事人可以要求变更或磋商，若当事人不能协商一致的，预约合同可以解除。但一方当事人愿意承担宏观调控带来的不利后果，相对方不能以此来拒绝订立本约，否则构成违约。例如，宏观调控后新增的营业税是新增加的交易成本，双方可以协商，若购房人愿意补偿该笔费用的，出卖人不得以此拒绝签订本约。又如，取消转按揭、房贷变化后，原来的合同履行方式无法实现，若购房人愿意以现金或其他优于原履行方式的形式履行合同的，出卖人不得拒绝签订本约。

（三）预约合同的违约责任

根据《民法典》第495条第2款的规定，当事人不履行预约合同约定的订立合同义务的，应承担预约合同的违约责任。但同时，预约合同又是订立本约的过程（缔约过程），当事人违反诚实信用原则进行恶意磋商或违反预约约定，不愿签订本约，属于违反先契约义务，应当按照《民法典》第500条第3项的规定，承担订立本约的缔约过失责任。因此，因一方当事人原因未签订本约的行为构成违约责任和缔约过失责任的竞合，相对方有权选择要求对方承担责任的方式。

1.违约责任

审判实践中，对赔偿损失是否包含房屋市场差价存有一定分歧意见。第一种观点认为，一方当事人不履约的，违约方应赔偿守约方的实际损失（订约费用、准备履行所需费用等），不能赔偿房屋差价损失。第二种观点则认为，守约方的损失应包含房屋差价损失。第三种观点认为，守约方的损失应包含实际损失和一部分房屋差价损失，具体数额由法院在房屋差价损失以下酌定。我们认为，赔偿损失是违约方因不履行或者不完全履行合同义务给对方造成损失时，依法或者根据合同约定应赔偿对方当事人所受损失的行为。赔偿金具有补偿性，赔偿乃填补他人所受损害之谓。赔偿的目的在于补偿守约方所遭受的损失，通过补偿使受损一方的利益达到合同履行的状态，包括所受损害和所失利益。所受损害，是实际发生的利益减少；所失利益，是当事人的期待利益，即不存在违约的条件下所能取得的利益。就违反预约合同而言，当事人的期待利益是本约的签订，而本约的订立意味着房屋差价归属于受损方。要使受损方的利益达到合同履行的状态，房屋差价的损失应由违约方承担。当然，房屋差价是本约的履行利益，是守约方按约履行才能获得利益，而其履约势必会产生一定履约费用的成本支出。因此，法院在房屋差价以下酌定守约方损失应为适宜之举。法官酌定损失时，应综合考虑违约方的过错程度、可能的成本支出及违约的时间点等因素。

2.缔约过失责任

缔约过失责任是一方当事人在订立房屋买卖合同过程中，因过错给对方造成损失时，应承担的责任。其损害的是当事人的信赖利益，通常包括订约费用、准备履行所需费用、合理的间接损失等。一般认为，信赖利益以不超出合同的履行利益为原则，即受害人所应获得的信赖利益的赔偿数额不应该超过合同有效且得到实际履行的情况下所应获得的全部利益。就房屋买卖合同的缔约过失责任而言，房屋差价是房屋买卖合同的履行利益，在房屋买卖合同未订立的情况下，当事人基于缔约过失要求加害方赔偿的损失不能超过房屋差价，由法官依据诚实信用和公平原则，结合案件的实际情况，综合考虑守约方的履约情况、违约方的过错程度、合理的成本支出等因素，酌情自由裁量。

此外，还有观点认为可适用强制缔约，以合同解释、合同漏洞填补等途径完善本约来解决违约方的责任承担问题。〔1〕我们认为，根据《民法典》第580条的规定，并非所有合同都可以适用强制履行。债务人拒不签订本约合同的违约行为，属于合同法规定不适用继续履行的情形。同时，预约仅对将来缔结本约为意思表示，强制缔约有违合同意思自治原则。人民法院虽可补足本约缺失条款，但此有悖于预约当事人的意思表示。

二、特殊类型房屋买卖合同的效力认定

随着我国房地产市场的高速发展，商品房价格不断攀升，住房需求与高房价之间的矛盾催生了违章建筑房屋、农村宅基地房、经济适用房等买卖，如近年来炒得沸沸扬扬的所谓“小产权房”买卖、北京宋庄画家房屋买卖等案例在各地也不鲜见。如何认定不动产领域特殊类型的房屋买卖合同效力是审判实务中的重大问题。《民法典》第153条规定，违反法律、行政法规的强制性规定的民事法律行为无效。但是，该强制性规定不导致该民事法律行为无效的除外。违背公序良俗的民事法律行为无效。在《民法典》第597条涉及买卖合同标的规定中，第2款明确规定，法律、行政法规禁止或者限制转让的标的物，依照其规定。然而审视禁止或者限制转让的标的物的规定，不仅多出现于地方性法规、部门规章、政府规章及规范性文件中，而且法律、行政法规的强制性规定也尚需区分

---

〔1〕 彭插三、杨璐:《预约合同效力分析争议问题——商品房买卖合同效力》，载《判解研究》2005年第1期。

“效力性强制性规定”和“管理性强制性规定”。司法实务中如何把握，我们就以下几类房屋买卖合同予以分析阐述。

（一）违法建筑的房屋买卖合同

违法建筑房屋，是指不符合城乡整体规划、土地利用总体规划，或者未办理建设用地规划许可、建筑工程规划许可进行建设而处于不合法状态的房屋。有观点认为目前我国并无具体法律、行政法规禁止违法建筑转让或规定转让违法建筑物的合同无效，且从负担行为和处分行为的区分原则出发，违法建筑房屋买卖的债权效力能否生效，取决于订立该买卖合同的负担行为的效力，违法建筑的违法性不能阻却买卖合同的有效成立。

我们认为上述观点偏颇。违法建筑买卖合同不同于一般买卖合同的特殊之处就在于其标的物的违法性，主要表现在两个方面：一是建筑物的违法性，即违反相关法律法规中的义务性或者禁止性规定。违法建筑违反了《土地管理法》《城乡规划法》《建筑法》等法律法规中的禁止性规定，如违反土地利用总体规划、城乡规划的实施等。二是建设行为的违法性，即违法建筑的建设行为未获得相关行政主管部门的审批、许可，或未严格按照主管部门的审批、许可进行建设。因此，建造者不能取得违法建筑的合法权属。因此，人民法院在审理此类案件时，要依据《民法典》第153条第1款等规定慎重判断“强制性规定”的性质，特别是要在考量强制性规定所保护的法益类型、违法行为的法律后果以及交易安全保护等因素的基础上认定其性质。违法建筑本就属于交易标的禁止买卖的，应当认定违法建筑的房屋买卖合同违反了法律、行政法规的效力性强制性规定。同时，实务中应避免通过民事审判变相为违法建筑确权。若认可买卖合同有效，则在一定程度上认定了违法建筑转让的合法性，从而使当事人得以规避相关法律规制。〔1〕

---

〔1〕 最高人民法院在2019年发布的《全国法院民商事审判工作会议纪要》在“30.强制性规定的识别”条文的第2款中明确规定：“人民法院在审理合同纠纷案件时，要依据《民法总则》第一百五十三条第一款和合同法司法解释（二）第十四条的规定慎重判断‘强制性规定’的性质，特别是要在考量强制性规定所保护的法益类型、违法行为的法律后果以及交易安全保护等因素的基础上认定其性质，并在裁判文书中充分说明理由。下列强制性规定，应当认定为‘效力性强制性规定’：强制性规定涉及金融安全、市场秩序、国家宏观政策等公序良俗的；交易标的禁止买卖的，如禁止人体器官、毒品、枪支等买卖；违反特许经营规定的，如场外配资合同；交易方式严重违法的，如违反招投标等竞争性缔约方式订立的合同；交易场所违法的，如在批准的交易场所之外进行期货交易。关于经营范围、交易时间、交易数量等行政管理性质的强制性规定，一般应当认定为‘管理性强制性规定’”。

(二)经济适用房买卖合同

经济适用房，是指政府提供政策优惠，限定建设标准、供应对象和销售价格，具有保障性质的政策性商品住房。实务中，经济适用房买卖纠纷主要表现在：(1)符合购买经济适用房条件的人将其购房指标有偿转让给他人，由他人出资并实际占有所购房屋，但产权一直登记在转让购房指标人名下，因房屋权属归属引发纠纷；(2)当事人将经济适用房在限售期内出售，约定限售期满后办理过户手续，在履行过程中引发纠纷。有观点认为经济适用房购买后5年内不得上市交易的限制性规定并非国家法律、行政法规的强制性规定，不符合合同无效的构成要件，但鉴于该限制性规定，当事人要求办理房屋产权过户手续的，人民法院可以不支持。

我们认为，经济适用房作为列入国家计划、由政府组织房地产开发企业或者集资建房单位建造、以保本微利价出售的住房，是国家在房价较高、住房结构性矛盾突出的形势下为解决城镇中低收入家庭住房困难做出的政策性安排，对保障群众基本居住权利有重要影响。鉴于经济适用房具有较强的公共利益属性，系由国家财政负担的带有社会福利的特殊性质，国家及地方政府对其建设、购买、使用、交易均有着严格的管理制度。

建设部、国家发展和改革委员会、监察部、财政部、国土资源部、中国人民银行、国家税务总局等七部门联合发布《经济适用住房管理办法》及《国务院关于解决城市低收入家庭住房困难的若干意见》规定："购买经济适用住房不满5年，不得直接上市交易，购房人因各种原因确需转让经济适用住房的，由政府按照原价格并考虑折旧和物价水平等因素进行回购……政府回购的经济适用住房，继续向符合条件的低收入住房困难家庭出售。"虽然前者属于部门规章，后者属于国务院规范性文件，并非效力性强制性行政法规，一般情况下不足以直接据此认定转让合同无效，但我们在审判实务中应充分考量该规章保护的利益。经济适用房有其自身房源循环规定，低收入家庭经济收入情况改善或又购买了其他住房的，原经济适用房由政府按规定回购。允许购房指标有偿转让、经济适用房随意转让将导致整体房源供应量减少，延长其他申请人的轮候时间，干扰经济适用房管理秩序，有损社会诚信和公平正义。因此，经济适用房买卖构成对国家宏观政策等公序良俗保护利益的损害，应适用《民法典》第153条的规定，认定合同无效。〔1〕

（三）农村宅基地房屋的买卖

涉及宅基地房屋买卖案件，由于政策性强、涉及面广，相关法律制度不尽完善，司法实践中历来争议较大。实务中，对于房屋建造行为合法，且买卖主体属于同一集体组织成员，认定合同有效已是通行做法，并无争议。但对于将房屋卖给本集体组织之外的成员尤其是城镇居民的，则有不同观点。有的观点认为《国务院办公厅关于加强土地转让严禁炒卖土地的通知》"农村房屋不得向城市居民出售"和《国务院关于深化改革严格土地管理的决定》"加强农村宅基地管理，禁止城镇居民在农村购置宅基地"的规定，尚不符合合同无效的构成要件。

我们认为，诚如之前所述，法律没有对是否允许城镇居民在农村购买宅基地或房屋作出明确规定，司法实务中就需要考虑国家政策及其制度的目的。鉴于之前我国农村社会保障体系尚未全面建立，宅基地使用权和房屋是农民安身立命之本，放开宅基地使用权和房屋转让的条件尚不成熟，国家政策禁止城镇居民在农村购买宅基地或房屋，故而农村宅基地房屋买卖合同违反了国家政策的禁止性规定，应认定无效。但需要指出的是，上述情况正在发生变化，农村宅基地三权分置改革正在推进之中，审判实务应密切关注这一改革进程所带来的政策或立法变化，及时根据相关政策、立法的变化确定司法政策的调整。

（四）"小产权房"的买卖合同

"小产权房"只是民间的一种约定俗成的说法，所谓"小产权房"是指在农

---

〔1〕 最高人民法院在2019年发布的《全国法院民商事审判工作会议纪要》"31.违反规章的合同效力"中明确规定："违反规章一般情况下不影响合同效力，但该规章的内容涉及金融安全、市场秩序、国家宏观政策等公序良俗的，应当认定合同无效。人民法院在认定规章是否涉及公序良俗时，要在考察规范对象基础上，兼顾监管强度、交易安全保护以及社会影响等方面进行慎重考量，并在裁判文书中进行充分说理"。最高人民法院在2009年发布的《关于当前形势下审理民商事合同纠纷案件若干问题的指导意见》中指出："如果强制性规范规制的是合同行为本身即只要该合同行为发生即绝对地损害国家利益或者社会公共利益的，人民法院应当认定合同无效。"

村集体土地上建造的房屋，出售给非集体组织成员，因为其只有乡镇或村委会所发的产权证明，没有国家房管部门颁发的合法产权证，因而被称为“小产权房”。此类房屋或因不符合城乡整体规划、土地利用总体规划，或未办理建设用地规划许可、建筑工程规划许可进行建设而处于不合法状态。

我们认为，随着城乡经济社会一体化发展的推进，农村土地管理制度改革是重要的突破口，目前农村集体建设用地总量较大，粗放低效、闲置浪费现象将得以改变。目前农村集体土地制度改革正在推进，农村土地只能经依法征收为国有后出让使用的局面正在改变，农地直接入市已为立法允许，但农村集体建设用地上的建设行为应符合相关规定，即用地限制的取消并不能忽视建设行为的合法性。若小产权房的建设行为未获得相关行政主管部门的审批、许可，其仍可能是违法建筑。司法实务中应当予以注意，区分情况依法处理。

三、无权处分规则的适用

原《合同法》第51条规定混淆了物权变动的原因（负担行为）和结果（处分行为）的关系，自法律颁布以来一直争议不断，最高人民法院曾通过2012年《最高人民法院关于审理买卖合同纠纷案件适用法律问题的解释》对此予以明确。《民法典》第597条采纳了上述司法解释第3条的规定，并与原《合同法》第132条的内容进行了糅合，形成了第2款规定。应当说，立法层面解决了实务中亟待解决的处分行为与负担行为之间关系的争议。目前，在房地产审判领域最为突出的问题是无权处分的识别、善意取得制度的适用以及夫妻共有产买卖合同的处理，需要结合《民法典》的规定进行分析论述。

（一）无权处分的识别

无权处分，是指无处分权人以自己的名义，对没有所有权或处分权的标的物进行处分的行为。处分权反映的是处分人与被处分标的物的关系，是直接导致民事权利发生、消灭、负担或变更的权利。实务中，有人将无权处分、无权代理、冒名处分行为混为一谈，虽三者均有一定虚假表象，但三者在缔约主体、合同效力、买受人救济途径等方面均有较大差异，实有区分之必要。（见表15-1）

表15-1 无权处分、无权代理与冒名处分的区别

	行为人与所有权人关系	合同主体	虚假表象	约定的法律效果	合同效力	买受人救济途径
无权处分	未经所有权人同意或授权	自己（无权处分人）	登记权利人与实际权利人不符	自己承担	有效	善意取得制度
无权代理	未经所有权人授权	他人（被代理人、权利人）	伪造授权书等	被代理人承担	无效	表见代理制度
冒名处分	未经所有权人同意	他人（被冒名人、权利人）	伪造产权人身份证明等	被冒名人承担	无效	赔偿

由表15-1可知，无权代理是行为人未获得他人授权（包括没有代理权、超越代理权、代理权终止），以他人名义实施法律行为。无权代理经被代理人追认后，行为效果直接归属于被代理人。未被追认的，则对被代理人不发生法律效力。因此，无权代理与无权处分区别在于，合同对象的差异，两者所导致的合同效力是截然相反的。

冒名处分则往往是行为人冒用特定他人的名义（伪造身份证件，或找相像之人冒充真实所有权人，使相对人误信为权利人）而实施的法律行为。因被冒名人并无相应意思表示，故冒名处分行为对被冒名人不发生法律效力。冒名处分与无权处分区别在于，前者是用真实权利人的名义签订合同、处分房屋，往往伴有伪造身份证明、产权证书等行为；后者是以自己的名义处分，而非以真实权利人签订合同。在买受人救济途径上，无权处分中买受人基于虚假权利外观的信赖，故善意取得制度提供适度保护，以保障交易秩序的安全。但在冒名处分房屋交易过程中，买受人是基于行为人的欺骗行为，误以为是权利人出售房屋，故买受人是对交易主体身份的误信而不存在对虚假权利外观的信赖保护的基础事实，因而不能适用不动产善意取得制度。

（二）善意取得制度的适用

《民法典》第311条善意取得制度沿用了原《物权法》第106条规定，无处分权人将不动产或者动产转让给受让人的，受让人可依据《民法典》第311条取得该不动产或者动产的所有权。一般说来，善意取得制度是防御性质的，其对抗的是所有权人追回权，保护买让人已经对标的物的公开且平稳的权利宣示。然而在房地产审判实务中出现了买受人基于善意取得制度取得房屋登记后，再诉讼要求房屋实际居住人迁让的案例。〔1〕

产生这一现象的原因在于：在房屋买卖合同案件中，法官在适用善意取得制度时，通常以不动产登记簿上记载事项作为认定善意的标准，同时结合交易常态进行考虑。而迁让案件中，法官又考虑房屋实际居住人的权利及居住利益的保护，又从房屋转移占有角度进行处理，从而导致出现了买受人取得房屋登记的产权，但又不能行使物权占有使用房屋的逻辑矛盾。这一现象反映出在不动产善意取得制度适用中存在对善意判断标准的不同认识。有观点认为，在进行不动产交易时，除非不动产登记簿上存在异议登记，只要买受人基于对不动产登记簿记载事项的信任，则可以认定买受人为“善意”。

我们认为，单纯将“第三人信任不动产登记簿上记载事项”作为认定善意的唯一标准，是不尽合理的。若仅依理论来完美适用善意取得制度，不利于解决不断发展变化的社会实践。一些当事人正是利用前述观点构建“完美交易”抢先登记权利，进而对抗在先交易且已经转移占有房屋的买受人。这种情况有违诚实信用原则，但往往由于交易的隐秘性，第三人往往难以举证证明买受人的非善意。审视房屋交易的过程，完整房屋权利的取得要历经房屋的转移占有和房屋权利的登记两个阶段。若买受人以获得物权为目的进行房屋买卖交易，应对房屋的权利登记和占有使用情况持有必要的谨慎，充分注意到房屋占有与权利登记不一致的原因及在交易中对此做出合理的安排，否则难谓之善意。同时，我们也认为，善意取得制度旨在保护已经完成的交易，该交易状态应是公开且平稳时，需要法律保护其不被他人干扰。从这个意义上来讲，不动产平稳转移占有是买受人善意取得权利的应有之义。

---

〔1〕 上海市第一中级人民法院审理的连成贤诉臧树林排除妨害纠纷案中，法院认为连成贤已取得系争房屋的房地产权证，但其自始未曾取得过系争房屋的占有、使用权，故连成贤应向合同相对方主张违约责任，而未支持其主张占有人迁让的主张。该案入选最高人民法院公报案例。

（三）夫妻共有房屋买卖合同的处理

夫妻共有房屋主要存在两种权利登记形式：一种是房屋登记在夫妻双方名下共有。若夫妻中一人与买受人签订房屋买卖合同，则夫妻一方对于共有房屋无处分权，买受人要求办理产权登记的，人民法院不予支持。这在实务中应没有争议。另一种是夫妻共有房屋登记在一方名下。即显名人未经隐名人的同意擅自以自己名义，将共有房屋出售给第三人，由此引发的显名人擅自处分夫妻共有房屋纠纷在实务中争议极大。着重于常态下夫妻财产制度的立法规则，与物权公示原则及交易规则产生了激烈的冲突，我们以民法典无权处分与买卖合同、处分规则、善意取得等制度进行分析。

1.无权处分与房屋买卖合同的效力

显名权利人擅自处分夫妻共有房屋，夫妻另一方往往会提起诉讼，要求确认房屋买卖合同无效，返还房屋。分析共有房屋买卖的过程，我们可以发现这一过程存在两个法律事实：一是作为物权变动原因的买卖合同。订立买卖合同属于负担行为，给双方当事人设定了负担，设立债权债务关系，是物权变动的原因行为。二是作为这一原因的结果的所有权转移。转移所有权属于处分行为，是直接处分所有权的行为，是物权变动的结果行为。因此，当事人对标的物的处分权并不构成合同成立生效的要件，合同成立生效的判断依据在于当事人具有相应的民事行为能力、意思表示真实、不违反法律、行政法规的强制性规定，不违背公序良俗即可，当事人以夫妻一方无权处分主张合同无效（以结果否定原因）的理由不能成立。换言之，当事人签订合同属于当事人负担行为范畴，负担行为仅是产生债权债务法律关系，使其负有取得标的物处分权履行合同的义务。当事人对标的物无处分权的情况不能否定其负担行为的效力，仅对其所为处分行为产生影响。

2.无权处分与合同履行行为（处分他人财产）的效力

房屋买卖合同有效并不意味着买受人即可根据合同取得合同标的物的所有权。基于无权处分人对标的物没有处分权，故其作出的处分行为无效。除非无权处分人的处分行为得到权利人的追认，或取得处分权。换言之，无权处分人的处分行为未经权利人追认或无权处分人未取得标的物的处分权的，则该处分行为无效，买受人不能取得该标的物的所有权。

3.无权处分与善意取得

如之前论述，在显名权利人擅自处分的情形下，如果买受人为善意、支付了合理的对价并且已经办理了产权登记手续，则可依据《民法典》第311条善意取得制度获得房屋权利。

四、情势变更规则的适用

原《合同法》立法时，草案第76条曾规定情势变更规则，但最终未获通过。〔1〕而实务中屡屡发生情势变化影响合同履行的情况，最高人民法院先后在2005年《最高人民法院关于审理涉及农村土地承包纠纷案件适用法律问题的解释》、2009年《最高人民法院关于适用〈中华人民共和国合同法〉若干问题的解释（二）》等司法解释中予以规定，以应对审判实务之需。可喜的是此次《民法典》历经多轮修改，最终增加了情势变更规则，第533条的规定是立法回应社会关注、契合实务需求之举。

（一）情势变更规则立法的必要性

合同必须信守，一方当事人没有按约履行，就应承担相应的责任。但合同签订后出现了当事人订约时所不能预见的情势，导致合同无法履行，或合同虽能履行，双方权利义务发生较大变化等情况，若坚持合同必须信守的原则，法律未免过于苛刻。因而英美法系在采用无过错责任后，又实践性地创设形成了契约

〔1〕《合同法（草案）》第76条规定："由于客观情势发生异常变化，致使履行合同将对一方当事人没有意义或者造成重大损害，而这种变化是当事人在订立合同时不能预见并且不能克服的，该当事人可以要求对方就合同的内容重新协商；协商不成的，可以请求人民法院或者仲裁机构变更或者解除合同。"但在《合同法》审议时，考虑到"根据现有的经验，对情势变更难以作出科学的界定，而且和商业风险的界限也难以划清，执行时更难以操作，实际上只有在非常特殊的情况下才能适用情势变更制度。现在在《合同法》中做出规定条件尚不成熟"，《合同法（草案）》第76条最终未获通过。

受挫制度，[1]缓和了普通法严格履行绝对允诺的苛刻性质，避免不公正的结果。同样的情况也发生在德国等大陆法系国家，最终形成了交易基础理论，[2]这一立法发展趋势反映了各国对于合同信守原则在一定条件下的调整。

就上海房屋买卖合同纠纷案件审判为言，2006年上海法院受理房屋买卖合同案件5137件，至2018年案件数量上升为10，494件，上升104.28%，年均增幅近10%。案件快速上升原因除了房地产市场的日趋繁荣外，宏观调控政策的实施对案件数量的影响是重要原因之一。[3]例如，2009年中央和上海市相继出台一系列房地产调控政策后，上海房屋买卖合同案件数量出现跳跃式增长。案件数量从2008年的6569件上升至9337件，同比上升27.92%。因宏观调控政策变化引

---

〔1〕 契约受挫制度是在合同有效期间，如果发生某种事件造成合同的履行成为不可能或不合法，或者已经履行的义务与合同规定的义务有本质上的不同，而事件的发生并不是由于合同当事人的过失，使合同履行受挫。在英国上诉法院审理的“克雷尔诉亨利”的著名判例中，该案被告为观看英王加冕典礼后的游行而租用了原告的临街房屋，后游行因故取消，被告拒付租金金额，英国上诉法院认为，合同目的在于观看游行，此为双方缔结合同的基础，那么取消加冕典礼的后果就使当事人无法达到合同的实际目的，因此合同应被解除。美国称为合同目的落空，美国《合同法重述》第288条对其概念作如下表述：“凡以任何一方应取得某种预见的目标效力的假设的可能性作为对方订立合同的基础时，如这种目标或效力已落空或肯定会落空，对于这种落空没有过失而受落空损害的一方，得解除其履行合同的责任。”参见王利明：《合同法研究》（第2卷），中国人民大学出版社2003年版，第464页。

〔2〕 大陆法系的德国在20世纪20年代对未能预见的异常发生后给予合同债务人解除或修订权，确立了交易基础制度。交易基础制度，是德国针对未能预见的异常发生后给予合同债务人解除或修订权而确立的制度。德国哥廷根大学教授奥特曼认为，所谓交易基础指的是“一方当事人在缔约时显露出来的对特定环境之存在或发生的预想，相对人明知该预想的重要性且未作反对表示；或多数当事人对特定环境之存在或发生所具有的共同预想”德国法交易基础理论诞生之时引发了学说上长期的争议，持肯定态度的学者提出各种修正意见。最终拉伦茨修正说逐渐为多数人接受，其将交易基础区分为主观交易基础和客观交易基础，不仅解决履约基础情事的变化问题，也解决了双方订约错误的情况。德国交易基础理论经多年争论，终于在2001年被纳入德国债法现代化的范围，以立法形式确定下来。修正案于《德国民法典》第313条以“交易基础障碍”为标题规定：“（1）缔约后如果契约赖以缔结之基础情事发生了重大变化，而契约双方如果预见到这种变化，就不会缔结该契约，或者会以不同的内容缔约，在考虑个案的所有情况，尤其是契约约定的或法定的风险分配情况后，不能合理地期待一方当事人遵守原契约的，可以调整契约。（2）如果已经成为契约基础的重要假定后来发现是错误的，视为情事发生变化。（3）如果契约调整不可能，或者不能合理期待地期待一方当事人接受这种调整的，不利方当事人可以解除契约。如果系继续性债务关系契约，解约权为契约终止告知权所取代。”

〔3〕 房地产业是国民经济支柱产业，与解决居民住房问题关系密切，既是经济问题，也是社会问题。近年来，一些地方房地产市场发展过程中，出现了投资规模过大、商品住房价格上涨过快、供应结构不合理、市场秩序比较混乱等突出问题，一系列行政、金融等宏观调控政策应时而生。随着房价快速上涨有效抑制，房地产市场趋于规范的同时，房地产买卖合同案件数量也随之变化。

发的房屋买卖合同纠纷如何处理一直是审判实务的难点，由于我国合同立法采无过错责任为唯一的归责原则，但仅规定不可抗力等极个别的免责条件。实务中，法官审理面临的难题是案件处理无法适用不可抗力规则。若不适用情势变更规则，则结果有失公允；若适用情势变更规则，又缺乏法律依据。因而，情势变更规则的确立将弥补这一法律漏洞，[1]有助于避免无过错责任带来的不公正结果，实现合同正义。同样的情况还曾出现在国家实施取消农业税后承包经营权流转费纠纷案件中。[2]

因此，从各国立法及我国司法实践来看，确立情势变更规则的必要性是得到普遍认可的。[3]这一立法有助于通过对合同的调整或解除，修正了特殊情况下的契约必须信守的原则，调整因缔约后客观情况的变化造成合同履行中当事人权利义务严重失衡等情况，重新分配交易双方在交易中应当获得的利益和风险，以实现公平和公正的价值目标。

（二）情势变更原则之构成要件

就《民法典》第533条规定而言，该原则的适用应具有以下几个构成要件：第一，须有情势之变更；第二，情势变更须发生于法律行为成立后、法律效果消灭前；第三，情势变更须未为当事人所预见，且不可归责于当事人；第四，须因情势变更使原有法律效果显失公平。[4]具体如下：

第一，在客观上发生了重大的情势变更。所谓“情势”，是指合同订立所依据的基础和环境等一切客观事实，包括政治、经济、法律及商业上的种种客观情况。情势变更原则是考量情势变更因素给履行合同带来或者可能带来显失公平

---

〔1〕 合同立法采无过错责任为唯一的归责原则，但仅规定不可抗力等极个别的免责条件，构成法律漏洞。参见李国光主编：《合同法解释与适用》，新华出版社1999年版，第424页。

〔2〕 针对国家实施取消农业税等一系列惠农政策情况后，承包方原来以不收取流转价款或者向对方支付费用的形式流转土地承包经营权出现显失公平的情况，《最高人民法院关于审理涉及农村土地承包纠纷案件适用法律问题的解释》（法释〔2005〕6号）第16条规定：“因承包方不收取流转价款或者向对方支付费用的约定产生纠纷，当事人协商变更无法达成一致，且继续履行又显失公平的，人民法院可以根据发生变更的客观情况，按照公平原则处理。”

〔3〕 在国际上，情势变更制度早已被确认。《国际商事合同通则》第397条规定：“法律行为成立后，因不可归责于当事人之事由，致情势变更非当时所得预料，而依其原有效果显失公平者，法院应依职权公平衡量为增、减给付，或变更其他原有效果之判决”，实为例证。

〔4〕 林诚二：《民法理论与问题研究》，中国政法大学出版社2000年版，第35~40页。

的程度作出的调整。因此，情势变更是适用情势变更原则的前提，但并非所有情势变更引起合同履行艰难、履行不便或存有损失就能适用情势变更原则。《民法典》第533条中明确，合同的基础条件发生了当事人在订立合同时无法预见的、不属于商业风险的重大变化。该条立法鉴于市场交易本身伴随着风险而存在的，正常的商业风险应当自负，故将商业风险做了明确的排除。当然，在异常的市场风险情形下，情势变更原则应可适用。以价格变化为例，如价格正常浮动，则属于商业风险，如价格暴涨暴跌，使当事人履行合同遭受"经济废墟"或"生存毁灭"时，则属于情势变更。〔1〕在房地产审判领域，贷款利率的调整属于商业风险，一般不属于情势变更，但限购政策的变化，不属于商业风险，则可构成情势变更。

第二，情势变更须发生于法律行为成立后、法律效果消灭前。这是一个重要的时间要件，如果在订立合同时就已经发生情势变更，当事人仍愿意签订合同，这表明当事人在认识到合同基础发生变化的情况下，自愿承担这一变化可能带来的风险。这一点与德国交易基础制度存在一定差异，德国交易基础制度认为，如果已经成为契约基础的重要假定后来发现是错误的，也视为情势发生变更，称为"交易基础自始欠缺"。我国对于这种主观认知上的错误，则应适用《民法典》第147条重大误解制度来调整。同理，如果在合同履行完毕后发生情势变更，因为合同关系已经消灭，也没有情势变更制度适用的余地。

第三，情势变更须当事人所不能预见，不可归责于当事人。所谓不可预见，是指当事人对于情势的变动，在合同订立时无法预见。如果当事人在订约时已经预见到情势变更而仍然订立合同，或者在履行中能终止而不终止，则表明当事人自愿承担了情势变更所发生的风险，自然不能运用情势变更制度。衡量不可预见的标准，我们不仅应以一般常识、普遍经验加以判断，也要结合交易者的特殊身份来衡量。通常如当事人经验不足、市场信息不灵等情况造成的当事人未预见的情况，不属于不可预见的范围；对于投机商，则应有更高的预见要求。如果当事人对情势的变更无法预见，其行为就不具有法律上的可责性，这也是其与

---

〔1〕 韩世远：《情势变更原则研究》，载《中外法学》2000年第4期。

商业风险的区别。情势变更的不可预见性，不可归责于双方当事人；而商业风险则是可预见性，若未能预见，只能归咎于当事人的过失。

第四，情势变更使原有法律效果显失公平。合同继续履行是否显失公平是构成情势变更原则的实质要件。当缔约后的重大情势变化，使双方权利发生了根本性的变化，方有法律适用的基础。对于根本性的变化，须按理性人的看法加以判断，包括债务人履行特别困难，债权人受领严重不足、履行对债权人无利益。〔1〕这也是区分情势变更与商业风险的核心所在，商业风险往往是当事人在合同缔结之时就已将风险合理地计算在内并形成相应的合同价格，由一方当事人自行承担并不会发生显失公平的结果。

（三）情势变更原则的效力

情势变更原则的目的，在于排除已成立的合同因情势变更所导致的不公平结果。其效力分为两个层次，旨在维持原合同关系能否消除不公平的结果。〔2〕第一层次的效力是维持原合同关系，只变更某些内容；第二层次的效力是指依据第一层次的效力不能排除不公平的结果时，应当采取消灭原合同关系的方法以恢复公平。

具体而言，第一层次的效力：变更合同，当事人仍负继续履行之责。因情势变更而使原合同的继续履行显失公平时，当事人应当首先依据诚实信用原则进行协商，协商不成时，可以请求法院变更合同，使相互之间的给付达到公平合理。如2005年房地产宏观调控时，上海地区取消了转按揭贷款方式，导致交易双方无法以此方式履行合同。若双方协商变更合同履行方式的，当事人仍应继续履行；或者一方自愿承担履行不便的后果，如出卖方愿意先行还清贷款，解决了对方按揭贷款困难的；或如买受人愿意先行付款，消除出卖人之按揭的，对方就

---

〔1〕 崔建远主编：《合同法》，法律出版社2003年版，第93页。

〔2〕 我国台湾地区学者林诚二对此曾有精辟的阐述：基于契约神圣，情势变更原则之适用，应注意尽量维持原有的基本法律关系，使其能继续存在，必也至此一方法确不能排除不公平之结果时，方得采取解除或终止法律关系之方法。盖原有法律关系本为双方当事人所欲期望达成之关系，自应先予尊重之。参见林诚二：《民法理论与问题研究》，中国政法大学出版社2000年版，第46页。

必须继续履行原合同的义务。[1]

第二层次的效力：如果合同变更无法排除不公平的结果，或者合同履行已无意义，那么当事人之间的合同将被解除。因情势变更而解除合同的，一方当事人不得请求因合同不履行的损害赔偿，即免除当事人不履行合同的违约责任。至于解除合同造成损失的，应由双方当事人合理分担损失或一方当事人给予对方一定的补偿。盖因情势变更原则的适用，法律赋予了受到不利影响的当事人解除合同的权利，但其不能因行使解除权而独占解除合同之利益。作为解除合同的受害者有权获得相应的补偿，这也是情势更原则之精神——公平原则之体现。

（四）新冠肺炎疫情防控期间情势变更原则的适用

2020年春节前，湖北省武汉市暴发新冠肺炎疫情。[2]随着交通管制、人员隔离等疫情防控措施的实施，对合同的履行不可避免地产生了影响，尤其是消费合同和房屋租赁合同。那么是否意味着合同一方可以主张不可抗力或情势变更？我们认为，新冠肺炎疫情具有不能预见、不能避免并不能克服的属性。因疫情影响，当事人不能履约或履约对当事人权益造成重大影响的，应依照公平、诚实信用等原则，综合考量当事人之间的约定、疫情的发展阶段、疫情及防控措施与履约不能或履约困难之间的因果关系以及疫情影响的程度等因素，根据不可抗力或情势变更等相关规定，并结合案件具体情况，妥善处理。在具体适用中应注意：

第一，不可抗力与情势变更的适用差异。《民法典》在合同履行部分第533条规定了情势变更，针对的是履行合同导致显失公平的情形；而不可抗力则是在违约责任部分第590条规定，解决的是合同不能履行情形下的全部或部分责任的免除。两者均是对合同信守原则的突破，但在适用中存在一定差异。若因政府

〔1〕 详见《上海市高级人民法院关于宏观政策调控后房屋买卖纠纷若干问题的解答》（沪高法民一〔2006〕15号）第3条的规定。

〔2〕 2020年1月21日，国家卫健委根据疫情发布了1号公告，将“新型冠状病毒”感染的肺炎纳入《传染病防治法》规定的“乙类传染病”，采取“甲类传染病”的预防、控制措施。1月31日，世界卫生组织（WHO）宣布将“新型冠状病毒疫情”列为“国际关注的突发公共卫生事件”（PHEIC）。上海及全国其他省市先后启动了重大“突发公共卫生事件一级响应”。

及有关部门为防治疫情而采取行政措施直接导致合同不能履行，或者由于疫情的影响致使当事人根本不能履行合同的，法院可以按照《民法典》第590条不可抗力的规则进行处理。若仅由于疫情原因，按原合同履行对一方当事人的权益有重大影响的，法院可以根据具体情况，参照情势变更原则予以公平处理。

第二，把握好“与合同有关”这个限制。〔1〕客观事实与合同的关联性是规则适用的关键。若合同履行未受该客观事实影响的，一方可以履行而拒绝履行的；另一方有权要求其承担相应违约责任。新冠肺炎疫情对合同履行造成实际影响的判断，需结合疫情防控情况、不同业态和个案等具体情形加以甄别。以房屋租赁为例，商用房屋租赁和居住房屋租赁因履行目的不同，与疫情发展的关联度，或者说影响程度存在一定差异。为避免人群聚集引发的交叉感染，有些地区限制餐饮服务单位提供堂食服务，禁止聚集性用餐活动。〔2〕这些措施直接导致承租人无法使用租赁的商用房屋从事经营活动，有些地区虽没有限制，但承租人因客流减少等原因难以开展经营，面临生存危机，则可认为疫情的发展对承租人履行租赁合同从事商业经营产生较大影响，承租人主张减免疫情期间房屋租金的，法院可依据情势变更原则处理。居住用房的情况则有所差异，司法实务中更多的应从合同约定的租期及履行方式、房屋实际占有使用情况、疫情影响程度等综合考量。若是出租人主动限制或房屋所在地采取疫情防控措施等导致承租人无法使用房屋，承租人提出减免租金的，一般可予支持。若是疫情措施不影响承租人居住使用房屋，且承租人不存在感染新冠肺炎住院治疗或被隔离等无法使用房屋的客观情形，承租人提出减免租金的，一般不予支持。换言之，承租人若要主张减免租金，就需要证明疫情影响其居住使用房屋履行合同，否则其请求难以得到支持。

第三，审慎选择解决途径。《民法典》第533条第2款规定，人民法院或者仲

---

〔1〕 沈德咏主编：《最高人民法院关于合同法司法解释（二）理解与适用》，人民法院出版社2009年版，第190页。

〔2〕 广州番禺、南沙、花都、从化、黄埔、海珠等六区先后发布通告，均明确规定：全区所有社会餐饮服务单位（含饮品店、小吃店、早餐店等）暂停堂食服务，可提供到店自取、网络或电话等外卖订餐服务；并且禁止一切聚集性用餐活动（含自办宴席），禁止餐饮单位或个人承接或为聚集性用餐提供服务。参见《严防人群集聚广州多区宣布暂停餐饮堂食服务》，载中国新闻网：http://www.chinanews.com/sh/2020/02-10/9086128.shtml，最后访问日期：2020年2月15日。

裁机构应当结合案件的实际情况，根据公平原则变更或者解除合同。变更合同和解除合同，两种的解决途径均是为了消除不公平的结果，但法院决定解决途径时除了根据当事人主张和抗辩，还应遵循一定顺序。按照合同严守的原则，法律优先考虑在最大限度范围内维持原有合同关系。[1]我们认为疫情终将会过去，人们的正常生活亦将恢复，对于房屋租赁等持续性合同而言，若疫情只是影响了合同履行期间的一段时间，减免租金、延期履行等变更合同足以排除不公平的结果的，则人民法院应秉持合同信守的原则，维持原有基本法律关系，使其能继续存在，不轻易采取解除合同的解决方案。

审判实务精要

在房屋交易过程中，买卖双方为将来订立本约而签订的房屋买卖预订书，构成预约合同的，应具备将来订立本约的合意、当事人须有受协议约束且内容应具有一定的确定性等构成要件。当事人签订本约时，预约合同有明确约定的，应直接订入本约；没有约定的，应遵循诚实信用原则进行磋商。因一方当事人原因未签订本约的，构成预约合同违约责任和本约缔约过失责任的竞合，相对方有选择权。赔偿范围应包含房屋差价，数额可由法官根据过错程度、成本、损失等因素酌定。

特殊类型房屋买卖合同的效力认定，应准确把握“强制性规定”的性质。要在全面考量强制性规定保护的法益类型、违法行为的法律后果等因素的基础上，审慎认定合同性质。违法建筑房屋、经济适用房的买卖合同一般认定无效，农村宅基地房屋、“小产权房”的买卖合同，应充分注意农地改革和相关法律法规的调整，区分情况依法处理。

房地产审判实务中应注意无权处分、无权代理、冒名处分行为的区别和法律效果的差异。无权处分人签订的房屋买卖合同有效，但买受人无法据此合同取得房屋的物权，可依善意取得制度获得保护。善意取得制度旨

〔1〕 沈德咏主编：《最高人民法院关于合同法司法解释（二）理解与适用》，人民法院出版社2009年版，第193页。

在保护公开且平稳、已完成的交易不被他人干扰。法律适用中，应强化对买受人“善意”的审查、正视占有在不动产交易中的重要性。

情势变更规则的立法是对合同信守原则在一定条件下的调整，适用时要把握好情势存在变更，且使原有法律效果显失公平等构成要件，以及变更合同和解除合同在解决途径上的适用层次。新冠肺炎疫情防控期间，当事人不能履约或履约对当事人权益造成重大影响的，应依照公平、诚实信用等原则，综合考量当事人之间的约定、疫情的发展阶段、疫情与履约不能或履约困难之间的因果关系以及疫情影响的程度等因素，根据不可抗力或情势变更等相关规定，并结合案件具体情况，妥善处理。

撰稿人： 茆荣华，上海市高级人民法院党组副书记、副院长，法学博士
洪　波，上海市高级人民法院民事审判庭审判长，法律硕士

16. 格式条款相关规则的司法适用

导　言

《民法典》第496~498条在继承和完善原《合同法》第39~41条的基础上，分别规定了格式条款的定义、订入、效力和解释规则，确立了格式条款的规制体系。与原《合同法》及相关司法解释相比，《民法典》对格式条款的规定主要存在如下变化：一是扩大了格式条款提供方的提示说明义务的范围，即将提示说明义务的范围从“免除或者限制其责任的条款”扩展为“免除或者减轻其责任等与对方有重大利害关系的条款”；二是明确了格式条款提供方违反提示说明义务的法律后果，即格式条款提供方未履行提示或者说明义务的，导致相对方没有注意或者理解该条款的，相对方可以主张该条款不成为合同的内容，该规定被称为订入规则；三是完善了格式条款的无效情形，即将格式条款的特有无效情形从格式条款提供方“免除其责任、加重对方责任、排除对方主要权利”更改为“不合理地免除或者减轻其责任、加重对方责任、限制对方主要权利，排除对方主要权利”。本文主要围绕立法变化较大的订入规则、效力规则以及实践中争议较大的解释规则三个问题，结合法理和案例进行详细的梳理和分析，以期对格式条款的司法适用提供参考。

一、格式条款订入合同的审查标准

通常的合同无论内容有多复杂，在法律技术上都被看作由两个相反意思表示的合致而构成的单一法律行为。[1]按照合意的方式分类，可以分为个别磋商条款和格式条款。个别磋商条款是指经过合同双方当事人具体磋商才确立的条款；而格式条款是由一方当事人提供的，不容对方当事人磋商，对方当事人只能

〔1〕 解亘：《格式条款内容规制的规范体系》，载《法学研究》2013年第2期。

在订立合同时概括地接受的条款。格式条款的双方只需基于合同整体的合意，而无须就格式条款单独达成合意。〔1〕但有些格式条款被一方当事人隐藏在复杂的专业合同条款中，对方当事人不易发现或理解，有些格式条款以合同文本之外的通知、告知等方式存在，对方当事人在订约时不能看到。如果格式条款在对方当事人根本不知情或完全无法理解的情况下就成为对其有法律约束力的合同内容，则有违合同依合意成立的基本原则，也有违合同正义。因此，法律应赋予格式条款提供方对相对方的提示说明义务，使相对方能有机会在知悉并理解格式条款的基础上，作出缔约的意思表示。《民法典》第496条第2款在继承原《合同法》第39条第1款关于格式条款提供方的提示说明义务的基础上，明确了格式条款提供方未尽提示说明义务的，相对方可以主张该条款不成为合同的内容，即格式条款不订入合同。因此订入规制是格式条款规制的第一道门槛，其核心是从订立程序上排除不公平条款成为合同内容的机会。格式条款订入合同的核心要件是格式条款提供方已尽到提示说明义务。实践中提示说明义务的范围、履行方式、履行标准均为难点，应予以厘清。

（一）提示说明义务的范围

1.一般情形：重大利害关系条款的限制解释

《民法典》第496条等2款采用了“一般条款与法定示例”的立法技术，把格式条款提供方提示说明义务的范围拓展到“与相对方有重大利害关系的条款”，同时将“免除或者减轻其责任等”作为示例予以列举。该规定在性质上不仅是裁判规范，也是行为规范，具有事先规制交易者行为的效果。〔2〕因此应对“与相对方有重大利害关系的条款”的范围予以明确，以避免交易实践中格式条款提供方无所适从。笔者认为，“与相对方有重大利害关系的条款”在内涵上应指对相对方的合同权利义务有实质影响的条款。具体范围应根据合同类型做相应的解释。对于普通民商事合同，法律予以倾斜保护的正当性并不存在，如将格式条

〔1〕 也有国家和地区规定格式条款订入合同“需经相对方同意”，如《德国民法典》第305条、我国台湾地区“消费者保护法”第12条等均有此规定。我国未将“经相对方同意”作为订入要件。参见苏号朋：《格式条合同条款研究》，中国人民大学出版社2004年版，第155页。

〔2〕 李宇：《民法典草案分则修改建议》，载《法治研究》2019年第4期。

款提供方的提示说明义务的范围设定的很宽泛，将大大增加格式条款提供方的缔约成本，也会使格式条款原有的便捷性大打折扣，使格式条款制度丧失活力。因此，“与相对方有重大利害关系的条款”应被限定在一个合理的范围之内。法律对格式条款进行特别规制的目的在于防止格式条款提供方利用优势地位将不公平的格式条款强加于相对方，以保障合同实质公平。法律为此设置了两重过滤机制，第一重是提示说明义务，第二重是公平性审查。两重过滤机制所要筛除的目标是一致的，即对相对方显失公平的格式条款。因此，提示说明义务的范围与效力评价的范围应基本一致。本条采取“一般条款+法定示例”的结构，法定示例的作用往往是对一般条款的具体化和示范。因此对“与相对方有重大利害关系的条款”的理解应参照该条列举的“免除或者减轻其责任”予以确定。也就是说，在“重大”的程度上，应与“免除或者减轻其责任”大致相当。鉴于上述考量，“与相对方有重大利害关系的条款”原则上指免除或者减轻其责任、加重对方责任、限制对方主要权利、排除对方主要权利等情形，除非法律另有规定。当然，现实生活中格式条款的类型多样，并且随着社会经济生活的发展而呈现出新的内容，因此对于其他情形是否属于本条规定的需要进行提示说明义务的条款，应结合法律精神、立法目的和社会需要等因素在个案中具体衡量。

2.例外情形：法律另有规定除外

此处法律另有规定应做广义解释，法律、行政法规和部门规章、司法解释等均应包括在内。例如，《消费者权益保护法》第26条规定，经营者使用格式条款的提示说明义务的范围为商品或者服务的数量和质量、价款或者费用、履行期限和方式、安全注意事项和风险警示、售后服务、民事责任等与消费者有重大利害关系的内容。消费合同中，“与消费者有重大利害关系”的解释要比普通民商事合同宽泛的多，几乎涵盖了消费合同的所有基本条款。这是法律基于消费者相对于经营者在经济、信息、缔约能力上的弱势地位而给予的特别保护。在金融消费领域，金融产品交易比普通商品或服务的交易更具专业性、技术性和复杂性，因此法律对提供卖方服务的金融机构赋予更为严格的提示和说明义务，金融机构不仅需对金融产品的基本信息和消费者的权利义务做更为具体的提示说明，还需要对金融产品的预期和亏损情况、投资的潜在风险作出明确的说明。〔1〕金融机构对上述事项未尽提示说明义务的，金融消费者可以基于缔约过失要求金融机构赔偿损失，〔2〕但金融机构对投资风险、预期收益或亏损等未尽提示说明义务的，金融消费者可以主张该条款未生效，并要求金融机构支付投资本金和利息。〔3〕

《保险法》第17条规定了保险人使用格式条款的，应对免除保险人责任的条款尽到明确提示说明义务，否则不发生效力。《最高人民法院关于适用〈中华人民共和国保险法〉若干问题的解释（二）》第9条将免除保险人责任的条款解释为责任免除条款、免赔额、免赔率、比例赔付或者给付等免除或者减轻保险人责任的条款。因此在保险合同中，保险人负有明确提示说明义务的范围是免除或者减轻保险人责任的条款。保险人负有明确说明义务之外，还负有一般提示说明义务，对象是所有的格式条款。法律和司法解释未明确违反一般提示说明义务的法律后果。笔者认为，保险人违反一般提示说明义务，并不产生该条款不生效的法律后果，但基于保险人违反了先合同义务，投保人可以根据保险人的过错要求其承担赔偿责任。

（二）提示说明义务的履行方式

1.传统线下交易中的提示说明义务

《民法典》第496条第2款规定格式条款提示方应采取“合理方式”对相对方进行提示。原《合同法》及相关司法解释规定“合理方式”指“在合同订立时采用足以引起对方注意的文字、符号、字体等特别标识”。因此合理方式可以理解

〔1〕《中国银监会关于规范商业银行销售业务的通知》第26条规定：商业银行应当告知客户代销业务流程和收费标准、代销产品的发行机构、产品属性、主要风险和风险评级情况以及商业银行与合作各自的责任和义务等信息。司法实践中，法院也认定理财产品的类型、特点、分红条款、运作方式、风险情况等均为金融机构主动提示说明的义务。参见（2018）鄂01民初6900号、（2018）京0108民初21776号。

〔2〕 提示说明义务的性质为先合同义务，违反先合同义务的民事责任为缔约过失责任。参见最高人民法院民事审判第二庭编著：《〈全国法院民商事审判工作会议纪要〉理解与使用》，人民法院出版社2019年版，第413页。

〔3〕 如在崔某某与中国工商银行委托理财合同纠纷中，法院认为涉案基金为非保本型理财产品、存在净值下滑的可能性。现无证据证明被告已经向原告进行风险提示，原告不承担本金及利息损失，被告应向原告返回本金并支付利息。参见（2015）朝民初字3365号。

为是“足以引起相对人注意”的方式或者说是“醒目”的方式。《保险法》第17条使用的“足以引起投保人注意”和《消费者权益保护法》第26条使用的“显著方式”均为同一含义。司法实践中，合理提示应考虑以下要点：一是外观的醒目性。在外观上具有使相对方产生该文件载有足以影响当事人权益的条款的印象，否则相对人收到该文件根本不予阅读，或者即使阅读也并未将其作为合同条款予以认真对待。二是特殊标识的醒目性。如格式条款采用字体加粗、字体或颜色变化、内容增加下划线等方式进行特别标识，法院一般倾向于认定格式条款提供方尽到了“合理方式”的提示义务。三是内容的醒目性。有的格式条款的内容过于笼统抽象，没有详细的列举及解释，即使格式条款提供方对于相关条款进行了显著的标识，相对方也有签字或者盖章予以确认，也还是不能为认定格式条款提供方采用了合理方式进行提示。如拍卖合同中约定，拍卖标的权属变更等手续所涉及的双方应缴纳的所有税费一律由买受人承担。该条款仅用黑色加粗字体标记，并未明确列明买卖双方应承担的税费种类、名称、税率等，导致买受人对于承担税费的具体种类和金额不知情，该条款应认为缺少内容上的醒目性而不能订入合同。〔1〕

2.网络交易中的提示说明义务

互联网交易的业务模式和线下的不同，其提示说明义务的履行方式也与线下存在较大差异。网络交易中，所有的信息都展示在网页上，用户多为自行上网浏览交易的相关内容并在网上完成订约，缺乏面对面的交流和书面的确认。因此交易程序的设置和销售页面的设置对用户而言至关重要。网络交易页面相较于线下书面合同存在两个主要的特点：一是合同条款置于“超链接”中；二是内容通过卷轴方式展示。针对上述特点，如何认定格式条款提供方是否尽到了提示说明义务应予以新的考量。

3.以超链接方式提示说明的标准

经营者为了简化页面，往往不对合同条款进行直接显示，需用户点击相应的“链接”之后才能进入合同条款的页面进行浏览。实践中，对于如何设置链

---

〔1〕 参见徐某与湖南某公司房屋买卖合同纠纷案，(2019)湘0821民初1000号。

接才能认定尽到了提示说明义务的标准意见不一，如在两起案情基本相同的网络保险案件中，法院作出了相反的认定。在两案中保险公司在网页上均将保险条款设置为链接，投保人可以点击链接参看，然后在“我已查看并同意”选项前打钩即可。但投保人点击打开保险条款界面并非投保流程的必经程序，不点击打开链接也可进入投保的下一步流程。对此网络设置，刘某某与某保险公司保险合同纠纷案件中，法院认为保险公司在投保书、投保人声明和责任免除栏目中已经明确了责任免责条款，并采用了足以引起投保人注意的黑体字和专门的章节的形式对免责条款予以了特别标识，已经履行了应尽的提示说明义务。〔1〕而在某保险公司与严某某人身保险合同纠纷案中，法院则认为保险人仅仅在投保网页上提供了免责条款的地址链接，投保人如果不点击进入则不能了解到相关格式条款。保险人未主动向投保人提示和提供免责条款，未尽到提示说明义务。〔2〕

笔者认为，网络格式条款的提供方比普通用户具有更专业的知识和技术。相比于传统的书面形式，网页上的内容更容易被用户忽视，或者被经营者隐藏，因此网络交易中的经营者对于格式条款的提示和说明除了醒目的要求外，应充分体现主动性、便于获取性。2014年颁布的《网络交易平台合同格式条款规范指引》第9条对网络交易平台经营者的提示说明义务予以规定，网络交易平台经营者应当在其网站主页面显著位置展示合同格式条款或者其电子链接，并从技术上保证平台内经营者或消费者能够便利、完整地阅览和保存，不得以技术手段对合同格式条款设置不方便链接或者隐藏格式条款内容，不得仅以提示进一步阅读的方式履行提示义务。上述规定包含三层含义：首先，以链接方式呈现格式条款应在显著的位置以显著的方式展示电子链接，不能将链接放置在用户不易发现的位置；其次，通过点击链接进入合同文本的操作应简单、直接，能够通过链接直接进入合同文本，不能将合同文本置于多重链接之下；最后，格式条款应主动向用户提示链接下的内容与缔约之间的关系，应将点击阅读链接下的合同内容设置为完成缔约流程的必经程序，不点击阅读并同意则无法完成缔约，不能

〔1〕 参见（2017）粤01民终2437号。
〔2〕 参见（2015）沪二中民六（商）终字第52号。

仅是提示用户需进一步阅读。北京某公司与宁某的买卖合同纠纷案中，法院的判决理由即体现了上述判断标准。[1]

4.以卷轴展示方式提示说明的标准

受限于电脑屏幕特别是手机屏幕的有限界域，网络格式条款的提供者不可能一次性将所有格式条款均展示在一张固定页面上，其会采取在文本框中卷轴展示的方式，由相对方通过滑动鼠标的动作，滚动浏览完整条款。这样的文本往往冗长繁杂、充满专业术语且字体较小，相对方往往只能关注到有限的条款，即对整个格式合同做出概括同意。这种冗长复杂的电子合同在各类网络服务协议中最为常见。虽然线下的书面协议也会存在合同内容冗长复杂的问题，但网络上卷轴展示的方式使用户更容易放弃阅读或者获得有效信息，并且网络缔约方式缺少了面对面交流说明的机会，故网络环境对格式条款提供方特殊标识的醒目性要求更高，手段也可以更丰富。实践中，如果格式条款提供方未采取显著的字体或颜色变化、弹出单独条款等方式对于重要的格式条款进行特别提示，客观上导致格式条款夹杂在繁多的条款中，使相对方无法注意到，则应认定格式条款提供方未尽到合理提示说明义务。在崔某某诉浙江某公司买卖合同纠纷案件中，法院认为“淘宝服务协议”选项不但字体较小且夹杂在大量烦琐的资讯中，淘宝平台服务协议内容篇幅冗长，其中关于协议管辖条款夹杂在繁多的条款中，尽管协议管辖已经用下划线注明，但该提醒方式显然不能达到提醒淘宝用户合理注意该管辖条款的需要。[2]

（三）提示说明义务的履行标准

格式条款提供方提示说明义务的履行，应达到实质标准还是形式标准历来存在争议。形式说指从格式条款提供方行为的外观来界定其是否履行了说明义务，格式条款提供方实施了关于提示说明的相关法律行为之后即可视为其履行

〔1〕 法院认为原告并未要求注册用户必须阅读并同意其“使用条件”，“使用条件”的相关链接位于网站最下端，且需点击链接方能查看，不易被消费者辨识，原告以加粗的字体显示产品型号、订购数量等，却仅以普通字体提示“使用条件”，且页面下方以色度较暗的字体显示，不易被消费者注意，故消费者在亚马逊网站无须阅读“使用条件”即可完成商品购买的全过程。原告未尽到提请注意义务。参见（2014）三中民终字第09381号。

〔2〕 参见（2016）苏12民辖124号。

了义务。形式说主要从行为外观来界定义务的履行，又称为外观说。〔1〕实质说主要关注相对人对格式条款的理解程度，即格式条款提供方的提示说明行为是否达到了法律义务所预设的目的，使相对人能够充分认识和理解格式条款的内容和法律后果。〔2〕《民法典》第496条第2款后半段规定，提供格式条款的一方未履行提示或者说明义务，致使对方没有注意或者理解与其有重大利害关系的条款的，对方可以主张该条款不成为合同的内容。该法条以是否引起对方的注意或者理解作为是否尽到提示说明义务，采实质标准。也就是说，格式条款提供方不仅形式上应以合理的方式实施提示说明行为，而且实质上要能够引起对方注意或能够使对方理解。那么判断相对方是否实际注意到或理解应采取什么标准？对此亦存在两种观点，一种观点认为应采社会一般人的标准；另一种观点认为应采特定相对人的标准。前者称为客观标准，后者称为主观标准。笔者认为，格式条款的适用对象是不特定地相对方，其制度价值在于保证便捷和效率的情况下兼顾公平。如果将主观标准作为一般原则，则将过分增加格式条款提供方的交易成本，丧失格式条款的制度优势。但如果一律使用客观标准，则又会使特殊个体的合法权益无法保证。因此，应采取主客观相结合的标准，即以社会一般人的标准为原则，如果格式条款提供方订约时明知或应当明知相对方存在低于社会一般人的理解能力的特殊情况的，应以特定相对方的理解能力予以衡量。同时主客观相结合标准中，主观和客观各自的幅度应根据不同类型的合同予以调整。如在一般商业合同中，采用主观标准为一般情况，采用客观标准只是例外，但在金融消费领域，因为金融产品的专业性和高风险性，主观标准所发挥的余地就要大的多，金融机构应根据特定客户的专业程度、交易历史与经验、交易产品的复杂程度等作出综合判断。〔3〕

---

〔1〕 参见潘红艳：《论保险人的免责条款明确说明义务——以对保险行业的实践考察为基础》，载《当代法学》2013年第2期。

〔2〕 参见武长海、郭文姝：《互联网保险人说明义务履行标准司法判例实证研究》，载《法律适用》2018年第8期。

〔3〕 参见最高人民法院民事审判第二庭编著：《〈全国法院民商事审判工作会议纪要〉理解与使用》，人民法院出版社2019年版，第426~427页。

二、格式条款效力评价的类型化

格式条款订入合同后，法官进入第二层级即效力审查。效力审查的核心是内容控制，即排除不公平、不合理的条款对相对方的法律约束力，实现实质正义。《民法典》第497条了规定格式条款的法定无效情形，包括一般合同无效情形和特殊无效情形。前者规定在该条文第1项，其适用于所有合同，在法律适用上与一般合同条款没有区别。该法条第2项、第3项是针对格式条款无效情形的特别规定，包括：提供格式条款一方不合理地免除或者减轻其责任、加重对方责任、限制对方主要权利；提供格式条款一方排除对方主要权利。结合体系解释和目的解释，此处“不合理”应该是“免除或者减轻其责任、加重对方责任、限制对方主要权利”整体的限制。故第2项在理解适用上，应分解为：不合理地免除或者减轻其责任、不合理地加重对方责任、不合理地限制对方主要权利。立法将第2项和第3项分开规定，系基于主要权利的排除将直接导致合同目的的无法实现和利益的严重失衡，故该种情形不需要再进行合理性审查。而减轻其责任、加重对方责任。限制对方主要权利三种情形是否导致无效则取决于是否合理的判断。对于合理性的标准立法并未明确，可结合民法基本原则和实践案例予以解读。

（一）违反任意性规范的格式条款

格式条款的效力审查应进行是否违背法律规定的审查。民法规范可以分为强制性规范和任意性规范。违反强制性规范的效力属于《民法典》总则编第六章第三节规制的范围，在格式条款中不具有特殊性，不再赘述。在格式条款需要特别考量的是违反任意性规范的格式条款的效力问题。任意性规范是旨在推定当事人的意思，并可以通过当事人的约定予以排除或者变更的法律规范。任意性规范一般情况可以被当事人之间的约定排除，但通说认为该规则只适用于当事人完全意思自治的约定，任意性规范不能在格式条款中被当事人随意排除，除非格式条款中设定的权利、义务或法律责任较任意法的规定对条款相对人来说更为有利。[1]任意性规范同样体现着法律规定的基本思想，这种基本思

---

〔1〕 参见［德］卡尔·拉伦茨：《德国民法通论》（上册），王晓晔等译，法律出版社 2013 年版，第44页。

想是立法者于制定法律前综合比较衡量当事人所涉之利益，以条文表现的价值判断。〔1〕格式条款与所涉任意性规范的基本原则相违背时，除非格式条款的提供方能够阐释正当化理由，否则该格式条款无效。正当化的理由一般指相对方的利益在其他约定中受到了补偿，或者该约定并未使相对方受到重大的利益减损。〔2〕司法实践中，违反任意性规范的格式条款较为常见。例如，在商品房销售合同中约定，开发商承担逾期交房责任后，可免除逾期办证的违约责任。该条款偏离了《民法典》第577条的立法目的，使相对方因开发商的违约行为获得补偿的合理期待落空，造成了相对方利益的重大减损，也使督促开发商依约履行交付房地产权属证书之法定义务的功能价值落空。该格式条款应认定为无效。〔3〕当格式条款涉及对任意性规范的排除时，应探究任意性规范的立法目的和价值取向，并在此基础上从合同内容的整体衡量格式条款是否使立法所欲保护利益严重减损，如造成了相对方的严重不利益，则该格式条款的效力应予以否定，否则并不导致无效。

（二）妨碍合同目的达成的格式条款

法律不可能对所有的法律事实设立相应的调整规范。当订立的格式条款没有纳入任意性规范规制范围的，格式条款的效力审查应诉诸该合同订立时所包含之目的。〔4〕如格式条款并不违背合同设立时所欲达到的主要目的则该条款的效力应得到承认，否则应给予否定性评价。合同目的指当事人根据合同内容所欲达成的经济上的效果。合同目的首先看当事人的约定，如果当事人之间未约定的，或者从当事人的约定中无法明确合同目的，可探究当事人为追求何种利益而订立合同。例如，在房产独家出售居间协议中约定，房产经纪公司接受房屋产权人的委托，独家委托期限至出售止。该条款排除了产权人委托其他经纪公司出售房屋的权利，如该经纪公司未能居间介绍合适的买家，则产权人意欲出售房

---

〔1〕 贺栩栩：《〈合同法〉第40条后段（格式条款效力审查）评注》，载《法学家》2018年第6期。

〔2〕 詹森林：《民事法理与判决研究》，北京大学出版社2005年版，第275页。

〔3〕 参见周某等与余姚某公司商品房销售合同纠纷案，载《最高人民法院公报》2016年第11期。

〔4〕 参见［德］卡尔·拉伦茨：《德国民法通论》（上册），王晓晔等译，法律出版社 2013 年版，第795页。

屋的目的将无法实现，该条款应认定为无效。[1]又如，货运合同中约定，未投保的货物如有货损、货失、二手货物以及发生交通事故所造成的一切责任，承运方不负一切责任和赔付。[2]该约定限制了承运人将货物安全运输到约定的目的地的义务，使托运人签订运输合同的目的无法实现，也应认定无效。因此，格式条款存在限制相对人的主要权利、加重相对人的责任、减免格式条款提供方的责任和义务时，如导致了双方订约时追求的合同目的或利益落空，则该条款无效；如不影响合同目的实现的，该条款有效。

（三）利益失衡的格式条款

在格式条款效力的判定上，仅以格式条款是否排除了法律规范或者妨碍了合同目的为逻辑主线展开尚不周延，还需要对其条款本身的正当性进行审查。基于格式条款的特点，条款正当性的审查应侧重于相对方的整体利益有无因格式条款的存在而受到较大程度的削减。双务合同的基本原则是给付和对待给付均衡原则，如格式条款导致对待性质的权利义务严重失衡，则应认定为无效。相反格式条款虽对相对人的权利进行了排除或限制，对提供方的责任和义务进行了减免，但权衡双方的利益，从整体上并未使相对人利益严重减损，则应认定为有效。此外，格式条款内容的利益衡量还包括风险的负担是否过分不利于相对方。风险的分配一般应考虑最低成本规则。如格式条款将价金损失的风险约定为由不具有风险预防和控制便利或能力的相对方负担，则应认定为不合理地加重了相对方的责任，该格式条款无效。格式条款的利益权衡，是公平原则的具体化，在审查时应做整体评价，综合考虑所有可能影响双方利益之因素，如合同当事人的类型、合同的性质、格式条款订入的目的、是否存在替代给付、商业习惯等，根据个案的具体情况作出裁量。

1.格式条款订入目的之考量

格式条款提供方将格式条款订入合同的目的是否正当，是利益衡量的一个

---

〔1〕 参见上海某公司与姚某商品房买卖居间合同纠纷，(2009)松民三（民）初字第1949号。

〔2〕 参见平湖市当湖街道速铁货运站与上海丰恒物流有限公司运输合同纠纷，(2019)沪7101民初54号。

重要因素。法官结合个案事实通过客观解释，如发现格式条款提供方预先拟定该格式条款的目的符合诚信原则，主要基于促进合同的履行、合理分配合同风险等需要，且未侵犯对方合法利益的，该格式条款即便存在限制对方权利、加重对方责任的情形，也不影响格式条款的效力。但如发现设定该格式条款意在恶意逃避责任、逃脱合同主要义务，则有违诚实信用，应给予否定性评价。格式条款的设定意图与条款内容往往具有关联性。例如，货物运输行业是高风险行业，运输公司收取运费的金额和其承担的货物灭失的风险并不对等。因此运输公司为了平衡了低廉快递费与巨大风险之间的矛盾，约定未保价和保价的不同赔偿限额，此系合理分散货运公司的运输风险和交易责任，又未排除托运人通过对价值较高物品进行特别申明并支付金额较低的保价费用，从而获得比一般货物更安全的货物运输服务的权利。因此，在货运公司对该条款进行合理提示说明的情况下应认定为有效。[1]但同样是运输合同中的限额赔偿条款，如约定未投保的货物发生交通事故所造成的一切责任，承运方不负一切责任和赔付，则具有恶意逃避责任的嫌疑，且排除了托运人的主要权利，应认定为无效。

2.当事人的类型之考量

格式条款对责任的免除或对权利的排除是否公平，应考虑合同双方的交涉能力，包括：格式条款提供方是否处于垄断地位或市场支配地位、本次交易是纯粹的商人之间的商事合同抑或商人和消费者之间的消费合同。缔约能力的是否强弱悬殊影响当事人意思自治的程度，从而影响法律效果的是否公平。例如，山煤国际能源集团阳泉有限公司与山西煤炭运销集团吕梁孝义有限公司买卖合同再审案中，原告应被告要求出具付款同意书，承诺因第三方生产企业资金困难，作为买方的原告预付购煤款，如因生产企业未能供货导致的一切责任由作为买方的原告自负。法院认为，被告既具有平等市场主体资格，同时又依政府授权具有对所在市煤炭运销进行监管之职能，具有利用自身优势地位强加格式条款于合同相对方的便利条件，付款同意书是被告与原告签订并履行合同的先决条件，其明确免除了被告的主合同义务，保障被告在煤炭买卖中稳获交易差价却无须

---

〔1〕 参见张某诉顺丰公司运输合同纠纷，(2018)沪7101民初188号；莱贝公司与圆通公司货物运输合同纠纷，(2017)沪02民终9155号。

承担交易风险，属于无效格式条款。〔1〕该案中，原告、被告均为商事主体，具有较强的缔约能力，如果被告不具有特殊的优势地位，则原告不一定会出具对其明显不利的付款同意书，即使原告出具了付款同意书也是基于平等市场主体的意思自治，是双方对于交易风险的自行安排，该条款不一定无效。但正是因为被告具有特殊的优势地位，其利用该优势地位使该条款在原告不自愿的情况下订入合同，该条款才违背了公平原则，应认定为无效。因此，合同当事人的类型对于合同内容正当性的判定具有重要影响。

3.合同性质之考量

合同当事人利益关系的均衡性应考虑合同性质，区分有偿合同和无偿合同，单务合同和双务合同。例如，来某诉北京四通利方信息技术有限公司服务合同纠纷案中，网站的用户协议约定网站有权对服务协议条款进行变动，只要在重要页面上对修改内容进行提示，网站保留随时修改或中断服务的权利，不需要对用户负责。网站根据该协议将免费邮箱的空间从50兆容量调整为5兆容量。原告认为上述格式条款无效，并要求网站恢复容量。法院认为原告选择使用的是被告提供的免费邮箱服务，该服务系被告免费提供给用户，用户不需要支付费用，也不需要承担其他义务，故被告有权根据用户协议的约定对这项服务进行合理的变更，只要该变更不损害用户的有偿服务以及不违反法律的强制性规定和社会公共利益。〔2〕又如，蒋某诉东方航空公司航空旅客运输合同纠纷案中，法院认定航空公司积分有效期的格式条款有效，理由在于会员积分属于会员履行航空运输特定义务之后，航空公司对会员作出的奖励行为，其目的是激发会员的消费热情。旅客在享受会员服务时享受权利较多，负担义务较少，故航空公司对积分使用设定有效期并未导致双方权利义务失衡。〔3〕由此可见，格式条款效力的判定应遵循双方的权利和义务保持基本对等，风险和收益基本均衡的原则，根据个案中合同双方承担的义务区别对待。

〔1〕 参见（2018）最高法民再275号。
〔2〕 参见《中华人民共和国最高人民法院公报》2002年第6期。
〔3〕 参见（2017）沪0115民初64822号。

4.替代给付之考量

当格式条款存在限制或排除相对方权利或减免格式条款提供方义务时，是否同时存在替代性补偿判断合同双方利益是否均衡的条件。当相对方的合法权益因格式条款受到妨碍时，该妨碍所带来的不利后果如果能够通过其他替代补偿予以填补的，致使客观上相对人的整体利益未受消减的，该条款并不一定无效。如在蔡某与上海携程商务有限公司网络服务合同纠纷中，法院认为，蔡某在携程公司网站提供了同一家酒店的多种预订模式及取消政策的情况下，选择了需要提前预付房费且不可取消的产品。该类产品较之于可以随时取消或附条件取消的产品具有一定的价格优惠。根据双方预设的规则，该模式对于消费者而言，此种选择使其获得一定利益，但需以让渡出相应权利为条件。对于经营者而言，其通过该种模式获得相对稳定可期的收益，但需以减少部分经营利润为代价。该条款难谓不公平、不合理，不应认定无效。〔1〕从该案中可以看出，格式条款的内容是否公平合理应综合考量双方缔约时相关权利义务的分配是否整体均衡，而非孤立或片面地选取合同履行过程中的某一时点或者某种情境下某一方是否承受了较重的义务负担。

三、格式条款解释规则的适用位阶及方法

针对已经生效的格式条款，在履行或者责任承担过程中还可能产生一个问题，即当事人对格式条款内涵的理解不一致。针对格式条款疑义的解释，《民法典》第498条沿用了原《合同法》第41条，规定了“对格式条款的理解发生争议的，应当按照通常理解予以解释，对格式条款有两种以上的解释的，应作出不利于提供格式条款一方的解释。格式条款和非格式条款不一致，应当采用非格式条款”的解释规则。该法条针对格式条款分别规定了通常解释、不利解释和非格式条款优先解释三种解释原则及各自的适用条件，但规定较为原则，作为通常解释的适用条件的“理解发生争议”和作为对格式条款提供方作不利解释的适用条件的“有两种以上解释”如何区分并不清晰，“按照通常理解”的标准和方法又是什么也不甚明确。在司法实践中对于上述问题的适用也是较为混乱，有必要予以厘清。

〔1〕 参见（2018）沪01民终11267号。

（一）格式条款解释规则的适用位阶

《民法典》第498条针对疑义条款规定了三种的解释原则，其中非格式条款优先原则较为明确，当合同当事人通过个别约定的方式变更格式条款中相应的内容，其约定当然更能体现合同双方的自由意志，故格式条款和非格式条款不一致时，应采用非格式条款的约定。实践中争议比较大的是通常解释和不利解释如何适用问题。通常解释的适用条件为“对格式条款的理解发生争议的”，而不利解释的适用条件为“对格式条款有两种以上的解释的”。但实际案件中凡是合同双方对格式条款的理解存在争议的，均是因为双方对格式条款存在两种以上的解释。实践中法官跳过通常解释而直接适用不利解释的做法也比较普遍。因此，两者在适用范围上如何区分不无疑问。笔者认为，两种解释的适用范围并不相同，且具有先后顺序。首先，格式条款因约定模糊或存在歧义导致合同双方各持对己有利的解释时，属于通常解释的适用范围。其次，不利解释的适用范围并非只是合同双方对于格式条款存在争议，还包括这个争议构成客观争议，即争议格式条款经过通常解释仍然无法得出唯一的解释，争议并非当事人主观的分歧，而是客观存在的。因此，通常解释是不利解释的前置程序，只有经过通常解释仍无法得出唯一结论理解时，才可适用不利解释，认可对格式条款提供方不利的解释。从这个意义上说，不利解释是格式条款疑义时的兜底解释原则，即只有在穷尽了通常解释的所有方法之后仍无法得出唯一合理理解的，可作出不利于格式条款提供一方的解释。

（二）通常解释原则的适用方法

何为通常解释原则，如何按照通常理解进行解释，法律条文并未明确。实践中对于通常解释的内涵存在两种观点：一种观点认为，通常解释指以该格式条款预定适用的特定或不特定对象的平均的合理的理解来阐析合同条款。〔1〕即应当以可能订约者平均的、合理的理解为标准进行解释。〔2〕另一种观点认为，通常解释可参照适用合同一般解释规则（文义解释、历史解释、体系解释、目的解

〔1〕 马俊驹、余延满:《民法原论》(第3版)，法律出版社2007年版，第 534 页。

〔2〕 王利明等:《民法学》(第2版)，法律出版社2008年版，第 525~526页。

释)。〔1〕笔者认为,通常解释原则是解释的标准,并不是解释的方法,在法律没有规定解释方法的情况下,可以适用《民法典》第142条和第466条的规定,即按照所使用的语句,结合相关条款、行为的性质和目的、习惯以及诚信原则,确定争议条款的含义。理由为:首先,学者的通说认为通常解释是指在格式条款发生争议时,以拟订约者的平均的、合理的理解能力进行解释,即一般理性人标准。〔2〕从通常解释的内涵来看,该规则给出的指引是按照一般理性人的标准去解释争议条款,但具体如何按照一般理性人的标准去解释并未规定。因此通常原则是关于解释标准的规定,并非能够单独适用的解释规则,司法实践中必须另行借助解释方法才可能对争议条款作出解释。如钱某与紫金财产股份有限公司财产保险合同纠纷中,法院在对"遗留火种是否属于车损险中的火灾"进行常理解释时适用了文义解释和体系解释的解释方法。其次,《民法典》第142条和第466条规定了合同一般解释规则,该规则适用于所有合同条款。格式条款是特殊的合同条款,对格式条款有特殊规定的当然适用特殊规定,对于没有规定的,仍应适用合同法的一般规定。通常解释原则指规定了格式条款的解释原则,对于解释方法未涉及,则当然应适用合同一般解释规则。由此,通常解释原则在司法适用中应包含两个层次:一是运用合同一般规则对争议条款进行解释;二是解释的标准应遵循客观合理性标准(一般理性人标准)。一般理性人标准就是指应根据订约时相对方的平均的合理的理解能力作出解释,即以一般人的理解为标准。不应以条款提供方的理解进行,也不应以相对方的个体的特殊意思为理解。如果某个条款所涉的专业术语或知识不能被合同相对方理解,则应按照订约时社会上普通人在该合同类型中所能理解的含义为基础进行解释。当然如果合同存在个别协商的条款,在对个别条款进行解释时应联系个别协商的条款予以解释。

---

〔1〕 参见安邦公司与管某财产保险合同纠纷,(2017)浙05民终677号;平安公司与李某机动车交通事故责任纠纷,(2018)冀09民终4643号;钱某与紫金公司财产保险合同纠纷,(2017)苏02民终250号。

〔2〕 参见王利明:《对〈合同法〉格式条款规定的评析》,载《政法论坛》1999年第6期;崔建远:《论格式条款的解释》,载《经贸法律评论》2019年第3期。

审判实务精要

格式条款的司法规制通过格式条款的订入审查、效力评价和疑义解释三大规则实现。格式条款提供方的提示说明义务是格式条款订入规则的核心要件。提示说明义务的范围一般情况下指免除或者减轻其责任、加重对方责任、限制对方主要权利、排除对方主要权利等情形，除非法律另有规定。该提示说明义务的履行方式在网络交易中不仅包括特殊标识的醒目性，还包括对格式条款的“主动呈现”和“易于获取”。当格式条款以链接方式呈现而未将点击阅读该链接作为完成交易的必经程序的，应认定未尽提示说明义务。提示说明义务的履行程度应采主客观相一致的标准，并主客观因素所占的比重可根据合同类型的不同而有所区别。格式条款的效力评价应关注“合理性”的判定，包括是否违反任意性规范、是否妨碍合同目的、是否导致利益严重失衡，其中利益是否失衡的判定应结合格式条款订入的目的、合同当事人的类型、合同的性质以及是否存在替代给付等因素综合考量。当合同当事人就格式条款的理解发生疑义时，应优先适用通常解释原则，只有经通常解释仍无法得出唯一合理解释时，才可作出不利于提供格式条款提供方的解释。通常解释原则只明确了解释的标准为一般理性人标准，未明确解释方法，在解释方法上应适用合同一般解释规则。

撰稿人：唐墨华，上海市第二中级人民法院民事审判庭审判员，法学硕士

17. 不真正连带债务的司法适用

导　　言

《民法典》合同编第四章规定了连带债务的发生和效力，其中第518条规定了连带债务由法律规定或者当事人约定，与原《民法通则》第87条的规定保持一致。由于我国立法未明确规定不真正连带债务，司法实务中处理此类纠纷时，对不真正连带债务的理解和适用较为混乱：有的简单套用连带债务予以处理，难以在法理上自圆其说；有的刻意回避问题，要求债权人只能选择一个债务关系起诉，不适当地限制了债权人的诉权。本文从一则案例出发，探讨不真正连带债务在民事诉讼中的实体规则和程序规则。

一、问题的提出——从A证券公司诉相某等追偿权纠纷案谈起

（一）案情概要

张某在A证券公司开立资金账户，并委托其朋友相某代为进行证券买卖。相某擅自将张某在A证券公司资金账户下的三个证券账户转移至C公司在B证券公司开立的资金账户下，并以这三个证券账户中的股票为C公司对B证券公司的债务作担保。张某得知三个证券账户及其中的股票被相某擅自转移后，至B证券公司试图追回，却发现账户中的股票已被B证券公司抛售，所得款项用于归还C公司对B证券公司的债务。张某遂向M法院起诉相某和A证券公司，要求两被告赔偿其经济损失。M法院判决相某赔偿张某经济损失，A证券公司承担连带责任。A证券公司履行了M法院的生效判决后，向X法院起诉相某、B证券公司和C公司，要求三被告对其损失承担责任。

（二）法律分析

本案中，相某擅自转移张某的股票为他人债务作担保，既违反了双方委托合同的约定，又属故意侵害张某的财产权，构成违约与侵权的竞合；A证券公司在张某名下的三个证券账户被转出时未履行监管职责，造成张某损失，应承担违约责任；B证券公司和C公司与张某之间均无合同关系，且无证据显示两公司对张某的财产损害有过错，故两公司对张某的损失不承担违约责任或侵权责任；然而相某为C公司的债务提供的担保财产（股票）为其违法取得，且C公司对相某的该担保未支付对价，故C公司债务的消灭系无合法根据而受益，属不当得利。综上所述，相某应对张某承担竞合的违约责任与侵权责任，A证券公司应对张某承担违约责任，C公司应对张某承担不当得利的返还责任，B证券公司无责任。

（三）存在的问题

既然相某、A证券公司和C公司与张某之间分别构成不同且相互独立的债务关系，那么相某、A证券公司和C公司之间又是何种责任关系？张某应如何请求三者承担责任？一方（如本案中的A证券公司）承担责任后能否以及如何向其他方追偿？欲解答上述问题，就需要引入不真正连带债务概念。

二、不真正连带债务理论及其研究价值

不真正连带债务（Unechte Solidarität），又称不真正连带责任，是指数个债务人基于不同发生原因而偶然产生同一内容的给付，各负全部履行的义务，并因一债务人完全履行而使全体债务归于消灭的债务。〔1〕

（一）学术史简考

不真正连带债务最初由德国学者艾斯勒（Eisele）在1891年撰写的论文《共同连带与单纯连带》中提出。艾斯勒认为，区分连带之债与不真正连带之债

〔1〕 参见王泽鉴：《民法债编通则》，台北，三民书局1993年版，第431页；刘春堂：《民商法论集（二）》，台北，三民书局1990年版，第124页；孔祥俊：《论不真正连带债务》，载《中外法学》1994年第3期。须注意的是，责任与债务实属不同法律范畴，为表述上的方便，本文对责任和债务未作严格区分。

的标准是债发生原因的同一性，不真正连带债务是偶然地服务于满足同一利益。[1]正如上述案例中，由于缺乏债发生原因的同一性，数个债务人之间不是真正的连带责任人，数个债务只是偶然地产生了同一内容的给付，从而产生了连带责任的外部效力。继艾斯勒的文章之后，不真正连带债务的内涵在德国产生了争议，出现了同一发生原因说、目的共同说、清偿共同说、履行共同说和同一层次说等多种学说，试图厘清不真正连带债务的判断标准，区分连带债务与不真正连带债务，并对《德国民法典》第421条所规定的连带债务的成立要件进行限定。

20世纪20年代，不真正连带债务理论传入我国，史尚宽、郑玉波等学者均在著述中做了系统阐述，并得到了我国台湾地区法院判例的支持。[2]尽管我国台湾地区没有明确规定不真正连带债务，但判例与学说的互动促进了不真正连带债务理论的生长。我国大陆地区学界直到20世纪90年代讨论原《民法通则》第87条的适用问题时，开始研究不真正连带债务理论。[3]2009年原《侵权责任法》颁布施行后，不真正连带债务问题受到学界的关注，学者试图运用不真正连带债务理论对原《侵权责任法》第43条规定的生产者和销售者因产品缺陷致人损害的责任、第59条规定的医疗产品或制品致人损害责任、《海商法》第252条和《保险法》第60条规定的保险人代位请求赔偿权等法律条款进行解释。[4]

可以说，不真正连带债务是大陆法系国家通过学说和法院判例发展起来的民法制度，尽管各国民法对不真正连带债务并无一般条款的规定，但主要国家"学说及判例皆承认之"，[5]由此形成处理数个请求权偶然具有同一给付内容的案件的"成熟的精巧的科学方法"。[6]

---

〔1〕 参见张定军：《论不真正连带债务》，载《中外法学》2010年第4期。

〔2〕 1983年我国台湾地区"最高法院"台上字第3558号判决采用了史尚宽先生对不真正连带债务的定义。

〔3〕 参见孔祥俊：《论不真正连带债务》，载《中外法学》1994年第3期。

〔4〕 参见杨立新：《侵权法论》，人民法院出版社2005年版，第638页；张新宝：《我国侵权责任法中的补充责任》，载《法学杂志》2010年第6期；李永军：《论〈侵权责任法〉关于多数加害人的责任承担方式》，载《法学论坛》2010年第2期。

〔5〕 史尚宽：《债法总论》，中国政法大学出版社2000年版，第672页。

〔6〕 孔祥俊：《论不真正连带债务》，载《中外法学》1994年第3期。

（二）不真正连带债务的研究价值

传统民法理论认为，多数人之债可以区分为按份之债和连带之债。其中，连带之债是对债务人最为苛刻的债务形式，系为满足债权人受偿利益而牺牲连带债务人的求偿利益，故我国学者大多主张连带债务的成立应以法律明文规定或当事人明确约定为前提。目前，我国《民法典》在“合同编”第一分编第四章规定了多数人之债，其中第518条规定了连带债务由法律规定或者当事人约定。而《德国民法典》《意大利民法典》《荷兰民法典》《日本民法典》等均采用准则主义立法例，对连带债务的成立并不以法律明文规定或当事人明确约定为前提条件，使连带债务的发生更为灵活，从而将现实生活中各种情形复杂的不真正连带债务纳入其中。因此，在德国法上，不真正连带债务已经包含在连带债务的概念之中，更准确地说是一种非典型的连带之债，其非典型性体现在艾斯勒所说的“偶然结合”，即不真正连带债务的发生是不同法律关系偶然竞合所致，区别于其他基于法定或约定而产生的连带债务。在我国，由于采用了与德国法不同的立法例，很多情形下发生的不真正连带债务尚未被纳入连带债务范畴，故不真正连带债务理论在我国更具有研究价值。

笔者认为，关于连带债务的发生，无论是否采准则主义立法模式，都无法阻止司法实践中因法律关系竞合而产生指向同一内容给付的多数人之债。当这种非典型的多数人之债产生时，法律必须给出妥善的解决方案，一方面给予债权人最全面的权利保障；另一方面便于债务人之间的追偿，这就是我国学界研究不真正连带债务的现实意义和实践需要，它是“复杂社会生活对利益平衡在司法解决方法上提出的需要和挑战”。〔1〕从这个意义上来说，司法实务界比法学理论界对不真正连带债务研究成果的需求更为迫切。

之所以各国民法对不真正连带债务均未作出一般条款规定，主要原因是不真正连带债务理论尚存在诸多争议而未能形成通说。通过对不真正连带债务研究成果的梳理可知，该理论主要存在两大争议问题：一是不真正连带债务的概念界定问题，从中衍生出诸如不真正连带债务与连带债务的关系究竟是包含关系

〔1〕 朱川：《不真正连带债务的司法适用》，载《上海审判实践》2006年第12期。

抑或并列关系、不真正连带债务与一般连带债务的分界、不真正连带债务的构成要件等问题；二是非终局责任人清偿债务后向终局责任人进行追偿的请求权基础问题，如上述案例中A证券公司承担责任后能否以及如何向其他方追偿的问题。本文中，笔者并不期冀从理论研究出发论证和解答上述两个问题，而是希望从实践需求出发寻求一种较为妥善的问题解决之道。

三、不真正连带债务的实体法规则

（一）不真正连带债务的特征

1.债务主体

不真正连带债务中，数个债务人基于不同的请求权基础对同一债权人负有同一个债务。这一特征区别于请求权竞合，后者是一债权人与一债务人之间"一对一"的关系。在不真正连带债务的数个债务人中往往还存在"终局责任人"，亦称终极责任人或直接责任人，是指数个债务人中对债权人的损害负有最终之全部给付义务的人。甄别终局责任人的意义在于，就数个债务人间的内部责任进行分配，即已向债权人进行偿付的非终局债务人有权向终局责任人追偿。关于终局责任人以及对终局责任人的追偿，将在后文关于不真正连带债务内部效力部分进行论述。

2.产生原因

不真正连带债务中数个债务发生的原因各不相同，由此产生数个彼此独立的法律关系。各不相同的法律关系，既包括性质不同的法律关系，如侵权和违约；也包括性质相同的不同法律关系，如数个违约责任关系或数个侵权责任关系。这一特征区别于普通连带债务，普通连带债务中各债务的发生通常基于同一原因，因此债权人请求的根据也通常为同一事实，且连带债务的数个债务具有确保债权的同一目的，因此在诉讼法上构成必要的共同诉讼；而不真正连带债务的数个债务产生于不同的法律关系，各具其目的，债务关系各自独立，法院无须作出同胜同败的判决。

3.给付内容

首先，在不真正连带债务中，各个债务人给付的内容是同一的或者基本上是相同的。其次，对于该给付，每个债务人均负有全部清偿的义务，而不区分比例或份额。给付内容的相同纯粹是因为各个债务人的债务偶然指向了同一内容，使本无连带关系的数个债务在外部关系上产生了一定的联系。因此，不真正连带债务不是请求权的竞合，而是给付内容的竞合，属于一种广义的竞合。

4.法律效果

在不真正连带债务中，由于给付内容是同一的，因此一旦一个债务人清偿了其全部的债务后，债权人的债权就在客观上得以全部实现。从民法公平原则及损失填平原则出发，为避免债权人重复得利，此时债权人无权再向其他债务人求偿，其余债务人得以免除对债权人再为给付的义务。不真正连带债务的这一法律效果与普通连带债务有相似之处，但发生这一效果的法律原因不同：普通连带债务的各债务之间相互牵连，故一债务人的清偿导致他债务人的债务消灭；不真正连带债务的各债务之间本为相互独立，但法律为避免债权人重复得利，而使一人履行发生他债务人债务消灭的效果。

综上所述，不真正连带债务的实质就是数个独立的法律关系因给付内容同一而在事实上产生偶然联系的债的集合，其与普通连带债务的核心区分要素在于各债务人与债权人之间发生独立的法律关系。其独立性体现在，就债权人的损失，各债务人独立负担全部清偿之责，债权人对各债务人享有独立的请求权。在前述的案例中，相某、A证券公司和C公司对张某构成的债务即属于不真正连带债务。

（二）不真正连带债务的效力

1.对外效力——债权人请求权的行使

关于不真正连带债务对外效力，通说认为，债权人对于债务人之一人或数人或全体，得同时或先后为全部或一部之请求，被请求的债务人不得以债权人未向其他债务人请求为由拒绝履行，此点与连带债务并无不同。[1]

由于不真正连带债务实质上是数个独立的债的集合，债权人请求权发生的

---

〔1〕 参见刘春堂：《民商法论集（二）》，台北，三民书局1990年版，第132页；张广兴：《债法总论》，法律出版社1997年版，第155页。

基础事实互不干扰，数个债务人与债权人间的法律关系相互无涉，故债权人可向任何债务人行使请求权；同时，各债务人也可基于各自的法律事实享有对债权人的各类法定或约定抗辩权，此类抗辩效力一般不及于其他债务人。但是，某一债务人履行债务会导致债的消灭，因此，清偿、代物清偿、抵销、混同、提存、免除等导致债务消灭的法律事实具有总括效力（Gesamtwirkung）或绝对效力，这也同连带债务的整体性特征一致。

前述案例中，相某、A证券公司和C公司对张某构成不真正连带债务，故张某可向三者之一人或数人或全体同时或先后请求履行。

2.对内效力——债务人追偿权的行使

不真正连带债务的内部效力是指债务人之一在清偿债务后能否以及如何向其他债务人追偿的问题。追偿权的前提条件是存在终局责任人。不真正连带债务内部不存在债务份额，各债务人履行全部债务均是在自身行为所致损失范围内的履行，因而也就没有普通连带债务那样的内部分担关系。但如果债权人的损失最终是因归责于某一债务人的事由而产生，则该债务人理应承担最终意义上的赔偿责任，该债务人即为终局责任人。允许其他债务人在履行债务后向终局责任人进行追偿，符合法律的公平正义原则。因此，不真正连带债务中的追偿权系建立于终局责任，而非基于内部分担关系。〔1〕终局责任人的确定“一般言之，应以损害事故之肇事行为人为最终赔偿义务人，以此理念为中心而定其彼此间之位阶关系”。〔2〕如终局责任人无法确定或不存在时，则无追偿权的行使。但也有学者认为，在无终局责任人的情况下，应按照造成损害的原因力的强弱决定各债务人之间的分担额，故不真正连带责任也有内部分担关系。〔3〕

债务人行使追偿权，意味着其取代了原债权人的地位，成为新的债权人，在法律效果上有以下几个要点：一是追偿的方向仅指向终局责任人；二是追偿的范围仅限于该债务人向原债权人已为赔偿给付的范围以及终局责任人应承担的责任范围；三是终局责任人对于原债权人的抗辩同样适用于代位的新债权人。

---

〔1〕 参见孔祥俊：《论不真正连带债务》，载《中外法学》1994年第3期。

〔2〕 曾世雄：《损害赔偿原理》，中国政法大学出版社2001年版，第37页。

〔3〕 王泽鉴：《民法学说与判例研究》（第3册），中国政法大学出版社2005年版，第263页。

在前述案例中，相某作为侵权方，C公司作为不当得利方，均为终局责任人，A证券公司在履行了对张某的赔偿义务后，可以向相某和C公司进行追偿。进一步而言，C公司作为最终获益方，相对相某而言则是终局责任人，故相某履行了赔偿义务后，还可以向C公司进行追偿。

（三）不真正连带债务的类型

不真正连带债务在实践中类型较为丰富，不仅有同种类债务的连带，也有不同种类债务的连带。同种类债务的连带包括合同之债的不真正连带、侵权之债的不真正连带等，不同种类债务的连带包括合同之债与侵权之债的不真正连带、合同之债与不当得利之债的不真正连带以及侵权之债与不当得利之债的不真正连带等。此外，不真正连带不仅可能在两个债务之间产生，也可能在三个以上债务之间产生。以下就常见的不真正连带债务进行列举和分析。

1.合同之债的不真正连带

财产保险合同与运输、仓储、租赁、保管等合同之间可产生不真正连带债务。如运输过程中发生财产损害，且就运输标的已投保的，权利人既可以依据运输合同向承运人主张相应损害赔偿责任，也可以依据保险合同向保险人请求赔偿，此时承运人和保险人之间为不真正连带债务关系。根据《保险法》第60条的规定，财产保险合同的保险人在赔偿保险金后可以向终局责任人追偿。

2.侵权之债的不真正连带

《民法典》侵权责任编规定了以下几种类型的不真正连带责任：

（1）雇主与第三人之间的不真正连带责任。第1192条第2款规定，提供劳务期间，因第三人的行为造成提供劳务一方损害的，提供劳务一方有权请求第三人承担侵权责任，也有权请求接受劳务一方承担侵权责任。接受劳务一方承担侵权责任后，可以向第三人追偿。

（2）安全保障义务人、教育机构与第三人之间的不真正连带责任。第1198条第2款规定，因第三人的行为造成他人损害的，由第三人承担侵权责任；经营者、管理者或者组织者未尽到安全保障义务的，承担相应的补充责任。经营者、管理者或者组织者承担补充责任后，可以向第三人追偿。第1201条规定，第三人造成的人身损害由第三人承担侵权责任；教育机构未尽到管理职责的，承担补充责任；教育机构承担补充责任后，可以向第三人追偿。

（3）产品责任中的不真正连带责任。第1203条、第1204条规定，因产品存在缺陷造成他人损害的，被侵权人可以向产品的生产者请求赔偿，也可以向产品的销售者请求赔偿；产品缺陷由生产者、销售者、运输者或仓储者等的过错造成的，生产者、销售者赔偿后，有权向过错方追偿。

（4）医疗损害责任中的不真正连带责任。第1223条规定，因药品、消毒产品、医疗器械的缺陷，或者输入不合格的血液造成患者损害的，患者可以向药品上市许可持有人、生产者、血液提供机构请求赔偿，也可以向医疗机构请求赔偿；医疗机构赔偿后，有权向有责任的药品上市许可持有人、生产者、血液提供机构追偿。

（5）环境污染和生态破坏责任中的不真正连带责任。第1233条规定，因第三人的过错污染环境、破坏生态的，被侵权人可以向侵权人请求赔偿，也可以向第三人请求赔偿；侵权人赔偿后，有权向第三人追偿。

（6）动物饲养人或管理人与第三人之间的不真正连带责任。第1250条规定，因第三人的过错致使动物造成他人损害的，被侵权人可以向动物饲养人或者管理人请求赔偿，也可以向第三人请求赔偿；动物饲养人或者管理人赔偿后，有权向第三人追偿。

3.合同之债与侵权之债的不真正连带

如财产保险合同标的被侵害时，保险人与侵权人之间成立不真正连带债务关系；运输、仓储、租赁、保管等合同标的被侵害时，运输人、仓储人、租赁人、保管人等与侵权人之间可能成立不真正连带债务关系。上述情形下，侵权人为终局责任人，合同债务人履行赔偿责任后，有权向侵权人追偿。

4.合同之债、侵权之债与不当得利之债的不真正连带

如第三人对合同标的或侵权标的有不当得利的，合同债务人或侵权人与不当得利人之间可能成立不真正连带债务关系。其中，不当得利人为终局责任人，合同债务人或侵权人履行赔偿责任后，有权向不当得利人追偿。

四、不真正连带债务诉讼的程序规则

实体法上，不真正连带债务的数个债务人均独立地对债权人负有履行全部债务的义务，故债权人对数债务人均有实体上的请求权。但不真正连带债务的债权人如何在诉讼程序上行使其请求权，理论上和实务上都存有争议。

（一）不真正连带债务纠纷能否进行诉的合并

第一种观点认为，债权人在一次诉讼中只能择一债务人请求给付，而不能同时起诉数个债务人。在债权无法全部满足时，债权人享有补充请求权，可以另案向其他债务人诉请给付。因此不真正连带债务纠纷不应合并审理，其依据在于避免债权人得到重复给付的不当利益，也符合我国民事诉讼法关于共同诉讼的规定。〔1〕

第二种观点认为，当债权人同时起诉几个债务人时，对于权利义务属于同一种类的不真正连带债务，可按普通的共同诉讼合并审理；而对于权利义务不属同一种类的，则不能将各债务人列为共同被告，应告知债权人分别起诉，其依据在于民事诉讼法关于共同诉讼的规定。〔2〕

第三种观点认为，如果债权人同时起诉几个债务人，各诉讼的目的在客观上相同，为了简便程序，减少诉累，可按普通共同诉讼来处理。但诉讼标的无论是否属于同种类，法院均应分别判决。〔3〕

笔者认为，首先，合并审理并不会导致债权人重复得利，这一问题可以通过分别判决的审理技术予以解决。第一种观点要求债权人只能先起诉一个债务人，在债权无法全部满足时，方能另案向其他债务人诉请给付，那么如何判断其债权无法全部满足，是未得到生效判决支持还是判决后无法执行，无法执行的判断标准又是什么？这些问题表明，是否合并审理并不是导致债权人重复得利的原因。其次，司法实践中已有允许不真正连带债务诉讼合并审理的做法，如2003年《最高人民法院关于审理人身损害赔偿案件适用法律若干问题的解释》第6条

〔1〕 参见李晓斌：《刍议不真正连带债务》，载《人民司法》2003年第12期；刘克毅：《论不真正连带债务—— 一种方法论的思考》，载《法律科学》2003年第6期。

〔2〕 参见王磊：《不真正连带债务若干问题探讨》，载《社会科学》2001年第8期。

〔3〕 参见陈建云、陆代刚：《由案例研究不真正连带债务的确认与承担》，载《济南大学学报》2004年第3期。

第2款规定，赔偿权利人起诉安全保障义务人的，应当将（侵权的）第三人作为共同被告，但第三人不能确定的除外。〔1〕该条中安全保障义务人与直接侵权人之间系不真正连带债务关系，第2款的程序规定正是从追究可能的终局责任人的社会政策出发，将权利人对安全保障义务人与直接侵权人的诉进行合并审理。最后，诉的主要作用之一就是赋予实体请求权以程序上的保护和救济途径，如果合并审理可以对债权人的权益给予更充分的保护，并减少当事人的讼累，那么适当突破民事诉讼法关于共同诉讼的规定也并无不可。综上所述，笔者认为，应当允许当事人选择采取共同诉讼或者先后诉讼的方式主张权利，其中按普通共同诉讼来处理不真正连带债务纠纷是更为妥当的做法。

（二）不真正连带债务纠纷的诉讼程序

不真正连带债务诉讼的程序设计应当建立在正确认定不真正连带债务的法律性质及其对外效力的基础上，综合平衡诉讼公正和诉讼效益两大价值。分别起诉或者合并审理能否达到简便程序、减少诉累的效果，在普遍意义上是无法考量的，只能在个案中进行考虑。因此，不真正连带债务纠纷的诉讼程序，应当在以尊重当事人诉讼程序选择权利为原则，适当考虑个案的审理需要的基础上，遵循以下规则：

第一，允许债权人先后起诉数个债务人。在后诉讼应当审查在先判决中的债务清偿情况，当前一个判决未能完全实现债权人债权时，债权人可就其未补偿完全的债权部分向其他债务人主张权利；当在先判决已完全实现债权人债权时，债权人对其他债务人的债权即消灭，不得重复主张权利。

第二，允许债权人同时起诉数个债务人。法院宜在一个案件中合并审理，作为普通的共同诉讼对待，数个债务人为共同被告，并对各个债务人分别作出判决。

第三，在案件审理的过程中，允许债权人申请追加其他债务人为共同被告。法官应向当事人释明相应的法律后果，如不允许债权人重复得利、债务人在已履行范围内免责、不追加时债权人诉权的保留问题等。

第四，债权人未起诉终局责任人，而只起诉其他债务人的，为了查清事实和

---

〔1〕 由于《民法典》规定了安全保障义务人与直接侵权人之间的不真正连带责任，2020年修订的《最高人民法院关于审理人身损害赔偿案件适用法律若干问题的解释》将原第6条整条删除。

便于追究终局责任，法官可以释明原告追加终局责任人为共同被告，终局责任人不能确定或下落不明的除外。

（三）诉讼中的其他问题

1.案由的确定

不真正连带债务案件在合并审理时往往涉及多个法律关系，以其中某一法律关系来确定案由，都难免以偏概全。因此，在确定不真正连带债务案件的案由时，既要讲求原则性，也要讲究灵活性，依照具体案件所涉及的不同法律关系综合予以确定。具体而言，如果债权人起诉多个债务人的法律关系属于同一种类的，则以该种法律关系确定案由，如“财产损害赔偿纠纷”；如果债权人起诉多个债务人的法律关系属于不同种类的，则应分别列出各个法律关系，如“财产损害赔偿及租赁合同纠纷”。

2.判决主文表述

在债权人先后起诉数个债务人的情形下，在先判决中应注意保留债权人“补充”请求的诉权，如“原告未获赔偿的损失可另行起诉”；在后判决中应注意限制债权人获赔范围，避免其重复得利，如“原告同一损失在另案某某号判决中已获赔偿的，在该获赔范围内，被告免予承担赔偿责任”。

在债权人同时起诉数个债务人或诉讼中追加其他债务人为共同被告的情形下，判决主文应分别明确各债务人的赔偿数额，并注意避免产生债权人重复得利的歧义。如原告甲全部损失为10万元，不宜表述为“被告乙、被告丙共同赔偿原告甲人民币10万元”，也不宜表述为“被告乙或被告丙赔偿原告甲人民币10万元”。应当表述为“被告乙、被告丙赔偿原告人民币10万元，在一被告已履行赔偿义务的范围内，另一被告免除赔偿责任”。如两被告应赔偿的数额各不相同，则分开表述为“由被告乙赔偿原告甲人民币7万元，被告丙赔偿原告甲人民币10万元，在一被告已履行赔偿义务的范围内，另一被告免除赔偿责任”。〔1〕

---

〔1〕 参见马强：《试论不真正连带债务》，载中国人民大学民商事法律科学研究中心、最高人民法院《人民司法》编辑部编：《判解研究》2000年第1辑，人民法院出版社2002年版，第146～147页；王新平、夏群佩：《不真正连带债务案例与法理研究》，载中国民商法律网：http：//www.civillaw.com.cn/weizhang/default.asp？ id=10123，最后访问日期：2019年6月10日。

关于判决主文中是否应当明确各债务人之间的追偿关系，笔者认为，从减少诉累的角度出发，对于追偿关系能够明确的不真正连带债务，可以在判决主文部分予以载明。判决主文中载明了部分被告对于终局责任人享有追偿权的，其追偿的数额应当根据其实际履行的情况加以确定。判决主文未载明各债务人之间的追偿关系的，在终局责任人不履行其清偿责任时，其他债务人仍需要通过另行起诉进行追偿。

3.执行问题

与其他连带责任的判决执行相类似，不真正连带债务判决的执行需要考虑到避免债权人获得多重赔偿，即在一债务人履行给付后，其他债务人应履行的债务相应削减，当债权人的债权满足后，其他债务人即无须再为履行，应终结执行。较为特殊的是，当债权人分别起诉各个债务人时，执行中应当关注在先判决与在后判决的履行情况，避免债权人重复获赔。

审判实务精要

不真正连带债务理论的意义不仅在于法律规范的体系化，其对于审判实践尤其有着积极的作用，通过法官的审判活动在诉讼实务中予以充分运用，既能全面保护债权人的权益，充分发挥司法救济功能，又有助于方便当事人诉讼，减少讼累，彻底及时地解决纠纷。

民事诉讼中，首先，应甄别各债务人与债权人之间的法律关系，判断各债务是否具有同一给付内容，从而确定是否属于不真正连带债务；其次，各债务人之间成立不真正连带债务关系的，在对外效力上与连带债务并无二致，在法院释明的基础上允许当事人选择是否在一个诉讼中同时起诉数个债务人；再次，此类案件判决和执行的特殊性在于，在多个债务人分别向债权人承担各自责任时，一人履行将导致其他债务相应消灭；最后，不真正连带债务中存在终局责任人的，债务人在清偿债务后可以向终局责任人追偿。

撰稿人：朱佳平，上海市高级人民法院知识产权审判庭审判员，法学硕士

18. 第三人利益合同中第三人与当事人之权利冲突与协调

导　言

《民法典》第522条在原《合同法》第64条规定的向第三人履行合同的基础上，规定了第三人向债务人的直接请求权。[1]这使原来的涉第三人合同即不真正的第三人利益合同转变为真正的第三人利益合同，[2]并成为我国在立法上正式确立第三人在合同项下权利的标志。第三人请求权的引入，既是对长期以来坚持的合同相对性原则的突破，同时也是对既有的合同法原理和司法实践的重大挑战。在传统的合同“债权人—债务人”二元结构中，第三人利益合同引入了新的第三方主体，构成更为复杂的涉及三方的合同模式，在合同的履行、变更与撤销、合同解除等多个方面，第三人请求权可能和当事人既有的合同权利发生冲突，但《民法典》并未对两者的关系如何协调作出规定，而法律一旦实施后，权利冲突的情形极有可能在诉讼中发生，亟待进行研究并明确相关的协调规则。

一、审判实践中第三人利益合同实例

第三人利益合同，指双方当事人约定，由一方当事人向第三人为给付，第三人可依该合同而取得对债务人的直接请求权的合同，即直接发生第三人享有独

---

〔1〕《民法典》第522条第2款规定：“法律规定或者当事人约定第三人可以直接请求债务人向其履行债务，第三人未在合理期限内明确拒绝，债务人未向第三人履行债务或者履行债务不符合约定的，第三人可以请求债务人承担违约责任；债务人对债权人的抗辩，可以向第三人主张。”

〔2〕也有学者认为，第三人利益合同不一定赋予第三人直接的给付请求权，原《合同法》第64条规定的仍然属于第三人利益合同。参见崔建远：《为第三人利益合同的规格论——以我国〈合同法〉第64条的规定为中心》，载《政治与法律》2008年第1期。

立债权效力的合同。〔1〕第三人利益合同与代理行为、债权转让行为有一定相似之处，但又有明显的区别。在代理关系中，代理人以被代理人的名义签订合同，代理行为的法律后果由被代理人承担，代理人不是合同的当事人。而在为第三人利益合同中，债权人是以自己名义订立合同的，而不是以第三人的名义订立合同，债权人是合同的当事人，订立合同后并不退出合同关系。债权转让是合同当事人与第三人约定把原合同中的全部或部分权益转让给第三人，转让的法律效果是把第三人转化为合同的当事人，合同债权的转让涉及合同主体的变化，第三人参与了转让合同的签订。第三人利益合同中的第三人不参与合同的订立，合同履行完毕之前，合同双方的主体地位不发生变化。

我国之前在合同法的一般规则中虽尚未明确规定第三人利益合同，但在保险、货物运输等领域，由于特别法的规定，法院承认在某些特殊情况下存在第三人利益合同，以及由此产生的第三人独立请求权。

(一)保险领域第三人利益合同实例

以第三人为受益人的保险合同为典型的第三人利益合同。“第三人利益契约多用于保险契约”，〔2〕在第三人利益合同的发展过程中，保险业的发展曾大力推动了第三人利益合同制度在各国的确立。各国的保险法及保险业实践几乎都明示或默示的给予了受益人保险金的给付请求权。《保险法》承认了人身保险受益人的法律地位，赋予其受益权。另外《保险法》第65条还规定了责任保险下第三人的权利。

案例一：何某某诉中联财险徐州公司财产保险合同纠纷案。

沈丘邵忠运输公司就涉案车辆在中联财险徐州公司处投保了金额为100万元的机动车辆综合保险。保险期间，案外人吴某驾驶涉案车辆发生交通事故，造成他车内何某某等人伤亡。何某某向吴某及沈丘邵忠运输公司请求赔偿损失，

〔1〕 第三人利益合同的概念有广义、狭义两种理解。广义第三人利益合同，包括一切双方当事人约定，由一方当事人向第三人为给付的合同。至于第三人是否因该合同而取得对合同当事人的直接请求权，则在所不问。通说认为，狭义第三人利益合同，为真正第三人利益合同。本文所指的第三人利益合同是指真正第三人利益合同，即狭义第三人利益合同。

〔2〕 王泽鉴：《债法原理》(第2册)，中国政法大学出版社2002年版，第86页。

但未获足额受偿，得知涉案车辆存在上述保险后，遂起诉中联财险徐州公司，请求该公司支付保险理赔款。中联财险徐州公司辩称，根据《保险法》第65条规定，在侵权案件中何某某可向保险公司主张，本案是合同纠纷，何某某无权向保险公司主张保险合同权利。法院认为，《保险法》第65条规定，保险人对责任保险的被保险人给第三者造成的损害，可以依照法律的规定或者合同的约定，直接向该第三者赔偿保险金；被保险人怠于请求的，第三者有权就其应获赔偿部分直接向保险人请求赔偿保险金。本案中，涉案车辆发生保险事故后，沈丘邵忠运输公司一直未向中联财险徐州公司请求支付保险金，何某某作为受害人，在未得到足额赔偿的前提下，有权直接向中联财险徐州公司主张理赔。〔1〕

本案涉及的责任保险合同是实践中典型的第三人利益合同。在保险人与被保险人达成的保险合同中，约定因被保险人责任对第三者造成的损害，由保险人进行赔偿，在该合同中，第三者即为利益第三人。保险法赋予被保险人（债权人）与第三者的双重请求权，且两者的请求权有先后顺位，第三者直接向保险人行使请求权的前提是“被保险人怠于请求”。

（二）货运领域第三人利益合同实例

货运合同也明显具有第三人利益合同的特征。《海商法》第42条将“收货人”定义为有权提取货物的人，收货人享有提货权，即请求承运人交付运输货物的权利，即使收货人并非合同当事人。〔2〕《铁路法》第16条第2款规定，铁路运输企业逾期30日仍未将货物、包裹、行李交付收货人或者旅客的，托运人、收货人或者旅客有权按货物、包裹、行李灭失向铁路运输企业要求赔偿。

案例二：金阳公司诉古瑞发公司等海上货物运输合同纠纷案。

金阳公司与红叶公司签订买卖合同，约定金阳公司从红叶公司进口红土镍矿，支付方式为即期信用证项下的CFR条款，目的港为连云港。合同签订后，红叶公司租用古瑞发公司的船舶装运涉案货物，古瑞发公司作为承运人签发了提

---

〔1〕 参见（2016）沪0113民初1658号、（2017）沪02民终1095号。

〔2〕 在承运人签发提单的情况下，作为提单持有人的收货人，与承运人之间存在提单债权债务关系，严格来说是依据独立的提单关系主张权利，但鉴于提单同时也是承、托双方运输合同的证明，本文将收货人视为承、托双方运输合同中的利益第三人。

单，提单上载明托运人为红叶公司，收货人凭指示，运费预付。金阳公司通过信用证议付取得涉案货物全套正本提单，涉案货物到港后，金阳公司办理清关提货手续时，古瑞发公司以海运费尚未付清为由拒绝交货。金阳公司认为其通过支付价款取得涉案货物的全套正本提单，理应享有涉案货物的提货权，遂起诉要求古瑞发公司等准予金阳公司提取涉案货物，否则应赔偿损失。法院认为，《海商法》第71条规定，提单是指用以证明海上货物运输合同和货物已经由承运人接收或者装船，以及承运人保证据以交付货物的单证。提单中载明的向记名人交付货物，或者按照指示人的指示交付货物，或者向提单持有人交付货物的条款，构成承运人据以交付货物的保证。金阳公司向承运人古瑞发公司提交该套提单并据此要求其履行交货义务，古瑞发公司对该提单未提出异议。古瑞发公司作为承运人，应依约履行交付货物的义务，若未能履行涉案货物的交付义务，应对由此给收货人金阳公司造成的损失承担相应赔偿责任。〔1〕

该案中，法院虽然是依据提单法律关系判决承运人向收货人交付货物或承担赔偿责任，但从提单制度的起源和历史来看，提单就是为了解决海上货物运输合同中的收货人向承运人的请求权而创设的，在CIF贸易合同中，买方或买方指定的收货人，即卖方（托运人）与承运人运输合同关系的第三人，通过持有承运人签发的提单取得向承运人的请求权，而承托双方的运输合同，通常也是通过提单的形式得以证明的。因此，也可以说海上货物运输合同属于第三人利益合同，收货人只要合法持有提单就可向承运人主张货权，并且可以排除不持有提单的托运人的交货请求。

（三）其他领域第三人利益合同实例

在保险、货运等领域外，尽管法院一般以原《合同法》第64条为依据否认第三人的独立请求权，但在实践中有的法院也曾作出判决，承认第三人的独立请求权。〔2〕也有法院通过将合同第三人列为诉讼第三人的方式，间接实现第三人利

〔1〕 参见（2015）沪海法商初字第237号、（2016）沪民终112号。

〔2〕 参见（2005）海民初字第14040号、（2010）都商初字第0246号、（2005）宿中民二终字第0187号、（2010）二中民终字第712号，转引自傅彤：《第三人利益合同的实证考察与反思》，载《司法改革论评》（第19辑），厦门大学出版社2015年版，第213页。

益合同中第三人的独立请求权。

案例三：李家某诉陈某某、第三人李春某房屋买卖合同纠纷案。

买方李家某（乙方）与卖方陈某某（甲方）签订涉案房屋买卖合同，合同中约定，“在甲、乙双方产权过户时，乙方有权变更、增加、减少买受人，甲方无偿配合”，合同签订后，李家某按约支付了部分购房款，双方完成涉案房屋交接手续。因政策原因李家某无涉案房屋购房资格，李家某要求陈某某配合将涉案房屋登记在具备购房资格的第三人李春某名下，陈某某不予配合办理产权过户手续，李家某遂起诉要求陈某某继续履行合同，协助李家某将涉案房屋登记在第三人李春某名下。陈某某辩称，李家某要求将房屋转让给第三人，系对合同权利义务的概括性转让，而权利义务的概括性转让，需要取得合同相对方即陈某某的同意，本案中陈某某并不同意将涉案合同权利义务概括性转让给第三人。法院认为，上述合同条款实际赋予了买受人在办理过户时可以指定第三人作为房屋登记产权人的权利，该条款符合利他合同的性质，该项争议条款的订立是双方为了防范购房政策发生变化导致房屋无法过户的风险而预先设定，双方在合同中特别约定的该利他合同条款符合双方当事人立约之本意，且无法律规定的无效情形，更不损害陈某某的合法利益，现涉案房屋的转让合同能够继续履行，仍应继续履行，陈某某应协助第三人李春某办理涉案房屋产权变更登记手续。〔1〕

本案中，法院明确认为涉案合同中买受人指定第三人作为房屋登记产权人的约定为利他合同条款，即第三人利益合同约款，虽然李春某没有作为原告直接请求卖方陈某某将房屋过户给自己，而是仍由买方李家某起诉，但李春某作为第三人参加诉讼，法院判决陈某某直接向第三人李春某过户房屋，在当时尚未修法承认第三人利益合同中第三人独立请求权的情况下，通过诉讼程序间接实现了第三人的请求权。

二、第三人与当事人权利冲突的具体表现

《民法典》规定第三人利益合同后，该种合同双方当事人通过设置“第三人约款”，使第三人获得向债务人直接请求履行债务的权利。第三人的该请求权与

---

〔1〕 参见（2018）沪0112民初24963号。该案一审判决后陈某某提起上诉，二审调解结案。

债权人（或与债务人共同）在合同中的既有权利可能在以下几个方面产生冲突。

（一）第三人请求权与债权人请求权之冲突

从内容上讲，传统合同模式下的债权给付请求权是指权利人有权要求相对的义务人履行一定给付义务，一般情况下，权利人大多要求义务人向其自身履行给付义务。第三人利益合同不同于债权转让，合同赋予第三人请求权后，债权人与债务人之间基于合同的债权债务关系仍然存在。只是在第三人利益合同中，债权人请求权的行使方式发生了变化，例如，债权人行使给付请求权不能要求债务人向其自身为给付，只能要求债务人向第三人为给付。因为法律规定第三人利益合同制度的核心就在于使得第三人可以直接从合同中获益，如果仍要求债务人向原合同债权人直接为给付，就难以实现第三人直接获益的根本宗旨了。

从诉讼程序的角度来看，一般债权债务关系中，当债务人不履行给付义务或给付不符合约定时，债权人自然有权寻求公力救济，即债权人享有诉权，有权向法院提起诉讼要求债务人履行义务。然而在第三人利益合同中，第三人享有对于债务人的直接给付请求权，当债务人拒绝履行或者履行义务不符合约定时，第三人有权直接向法院提起诉讼要求履行。那么，作为原合同当事人的债权人，正如上文所探讨的债权人仍享有给付请求权，有权要求债务人向第三人为给付，但归根结底这种给付利益并非直接针对债权人本人，其享有的是因给付带来的间接利益，那么债权人是否仍享有诉权，是否有权直接向法院提起诉讼要求债务人履行义务，以及是否有权起诉要求债务人承担违约责任？

简言之，此种情况下第三人与债权人权利冲突的主要表现为：（1）第三人与债权人向法院分别起诉请求债务人履行债务；（2）债权人请求债务人实际履行，第三人请求债务人承担赔偿损失的违约责任；（3）第三人与债权人同时要求债务人承担赔偿损失的违约责任。

（二）第三人请求权与当事人撤销、变更权之冲突

第三人利益合同中，当事人双方享有的变更、撤销合同的权利是随着合同的成立生效而固有的。只要没有排除或限制该权利产生的事由的存在，就应推

定合同当事人享有此权利。这也是大多数国家立法和学术上的通说。根据我国法律规定，合同当事人撤销权主要有两种情形（不包括债的保全中的撤销权）：一种是因合同主体资格瑕疵所生之撤销权，根据《民法典》第145条、第171条的规定，主要涉及限制民事行为能力人订立的合同，以及行为人没有代理权、超越代理权或者代理权终止后以被代理人名义订立的合同，善意相对人有撤销的权利。另一种是因意思表示瑕疵所生之撤销权，根据《民法典》第147~151条的规定，主要包括重大误解、显失公平订立的合同，以及当事人一方或第三方的欺诈、胁迫。在合同变更方面，《民法典》第543条规定："当事人协商一致，可以变更合同。"

就合同当事人变更、撤销合同权利的性质而言，属于形成权，一旦行使，具有变更或撤销合同内容的效力，包括对合同中第三人约款和其他未涉第三人权利条款的变更或撤销等。只有对合同中第三人约款进行变更等才会触及第三人的利益，法律才会对此加以限制，而未涉及第三人权利和利益部分条款的变更或撤销，因只关系到当事人双方的利益和自由，故法律没有限制的必要。

此种情况下第三人与当事人权利冲突的主要表现为：（1）第三人请求债务人履行债务，当事人主张合同存在可撤销事由要求撤销合同；（2）第三人请求债务人履行债务，当事人主张合同存在可撤销事由并已撤销合同；（3）第三人请求债务人履行债务，当事人主张合同已经协商一致变更。

（三）第三人请求权与当事人解除权之冲突

合同有效成立后，因某些事由的发生而解除合同，是当事人基于意思自治或法律规定所享有的权利。这种权利仅为当事人所享有，即使是在第三人利益合同中，通说也认为第三人并不能获得合同的解除权。但是，法律规定了第三人有向债务人直接请求履约的权利，那么这一请求权就会和当事人的合同解除权发生冲突。

按照合同解除的一般原理和我国《民法典》的相关内容，合同的解除主要有四类事由：一是约定解除权，当事人可以约定一方解除合同的条件。解除合同的条件成就时，解除权人可以行使解除权解除合同。二是协商解除，当事人协商一致，可以解除合同。三是当事人根本违约解除，主要包括在履行期限届满之前，当事人一方明确表示或者以自己的行为表明不履行主要义务；当事人一方迟延履行主要债务，经催告在合理期限内仍未履行；当事人一方迟延履行债务或者有其他违约行为致使不能实现合同目的。四是因不可抗力、情势变更而解除。

其中，约定解除权的情形下，约定的条件由于是在债权人与债务人的合同中订立的，第三人在表示接受利益前就已经知悉其存在，对后来发生的不确定条件成就，有承担风险的准备，因此，当事人的约定解除权不因该合同附有第三人约款而受限制。所以，无论何方当事人行使均无须经第三人同意。在此情形下，当事人合同解除权的行使不受第三人请求权之影响，两者不会发生冲突问题。除此之外，其他三种合同解除的场合，当事人的合同解除权与第三人的履约请求权均有可能发生冲突。具体情形可能有：(1)第三人请求债务人履行债务，当事人主张合同履行中存在根本违约要求解除合同；(2)第三人请求债务人履行债务，当事人主张存在不可抗力、情势变更事由要求解除合同；(3)第三人请求债务人履行债务，当事人主张合同已经协商一致解除。

三、第三人与当事人权利冲突的原因分析

从原《合同法》第64条规定的向第三人履行合同到现今《民法典》第522条的第三人利益合同，合同关系结构发生了变化。第三人利益合同的法律关系结构整体上体现为债权人与债务人之间的补偿关系、债务人与第三人之间的履行关系、债权人与第三人之间的对价关系。〔1〕

(一)补偿关系重合于第三人利益合同

第三人利益合同本身为债权人与债务人之间的合同。对于债权人与债务人这一层的关系，德国学者梅迪库斯称为“抵偿关系”。这一称谓源自约定人对于自己应当履行的给付必须具有抵偿。这种抵偿大多表现为有偿合同，如房屋的买卖、保险合同、租赁合同。对于无偿的赠与，他认为也应该在考虑范围之

〔1〕 史尚宽：《债法总论》，中国政法大学出版社2001年版，第633页。

内。〔1〕日本及台湾学者通常将债权人与债务人之关系称为“补偿关系”。邱聪智、林诚二认为债务人依第三人的约款向第三人为给付，依其基本行为取得补偿，故称补偿关系。〔2〕

（二）履行关系依附于第三人利益合同

由于第三人利益合同的内容是使第三人取得对债务人的直接请求权，而该项请求权往往是根据债权人与债务人之间关于某项债权的合同所产生的。所以，此种合同通常表现为当事人在订立该合同时，以一项附加的“第三人约款”使第三人取得该合同设定的权利，也就是在形式上，向第三人给付的合同通常表现为某个合同中的一个约款，它体现了债务人向受益第三人的履行关系，可称为“履行关系”或“给付关系”。它在法律上可被视为相对独立的行为，不过其必须依赖于补偿关系的存在而存在，从属于补偿关系。

（三）原因关系游离于第三人利益合同

第三人利益合同，债权人自己不受给付，而约定使第三人取得权利的第三人与债权人之间的关系为原因关系或对价关系。梅迪库斯将这两者之间的关系称之为“对价关系”。〔3〕这一关系表明的是为什么债权人通过抵偿关系向第三人给与一定的利益。也有学者认为，“原因关系”比“对价关系”更具有包容性，可以涵盖债权人与第三人之间可能出现的有偿合同关系、无偿赠与关系、侵权关系和法定的抚养、赡养关系等。〔4〕

从上述第三人利益合同关系结构来看，由于第三人请求权的存在，打通了第三人到债务人的交易“捷径”，在债务人违约时第三人不必通过债权人向债务人请求，而是可以直接向债务人请求。从表面上看，权利冲突起因于第三人、债

---

〔1〕［德］迪特尔·梅迪库斯：《德国债法总论》，杜景林、卢谌译，法律出版社2004年版，第582~583页。

〔2〕邱聪智：《新订民法债编通则》，中国人民大学出版社2003年版，第404页；林诚二：《民法债编总论——体系化解说》，中国人民大学出版社2003年版，第493页。

〔3〕［德］迪特尔·梅迪库斯：《德国债法总论》，杜景林、卢谌译，法律出版社2004年版，第582~583页。

〔4〕孙森焱：《民法债编总论》，法律出版社2006年版，第707页。

权人分享了原属债权人独享的请求权，有两个主体可以向债务人主张权利。但是，三对关系并非对称的，履行关系与补偿关系、原因关系与第三人利益合同的关系明显不同，并且后两者建立的基础就是关系主体之间的合同或者其他法律关系，而履行关系建立的基础并非第三人与债务人之间的合同，而是债权人、债务人之间的合同，请求权主体与合同法律关系主体发生了错位。第三人享有要求债务人履行债务的请求权，但其请求权本身却是由第三人之外的补偿关系来决定的。与补偿关系中的当事人相比，第三人明显处于信息和权利上的弱势，当事人很容易通过行使合同权利，改变补偿关系，从而改变甚至消灭脆弱的第三人请求权。这可以说是第三人利益合同中，第三人和当事人权利冲突的根源和本质。

四、第三人与当事人权利冲突的协调原则

在第三人利益合同中，虽然对第三人信赖利益、期待利益的保护具有正当性基础，但第三人毕竟不是当事人，其请求权是基于当事人之间订立合同的行为而产生，不能脱离当事人之间合同关系而独立存在。作为当事人而言，其享有基于意思自治而产生的固有合同权利，包括双方约定的权利和法定的权利，其权利保护的价值取向主要是自由。而对第三人保护的价值取向主要是利益安全，第三人的合理期待不应受到其意志以外的因素而受到损害。在合同顺利得到履行的场合，上述两者是统一的，但在某些情况下，当事人的合同自由与第三人的安全需求会产生一定的紧张关系，必须对其中一方的利益予以适当限制。总体而言，由于第三人并不处于合同当事人地位，具有天然的信息劣势，在权利实现环节应当予以适当倾斜；当事人合同自由是第三人权利产生的基础，应当在权利产生环节予以更多考虑。具体而言，在处理第三人与当事人权利冲突的协调中，可以采取以下原则：

（一）第三人请求权尽量有效

正如合同应尽量使之有效，在第三人利益合同中，第三人的请求权也应尽量使之有效，这是尊重当事人意思自治的必然结果。这其中涉及两个方面：一是

合同中的第三人约款尽量有效。《民法典》第522条表述“当事人约定第三人可以直接请求债务人向其履行债务”，对此应作从宽理解，当事人在合同中未必严格按照规格进行表述，只要能从文义合理推断出当事人具有向第三人履行的意思，该第三人又是确定的或者在行使权利时能够确定的，即应作为有效的第三人约款。二是第三人的受益表示尽量有效。《民法典》第522条的规定是“第三人未在合理期限内明确拒绝”，即可反推第三人具有受益表示。

（二）当事人不得任意变动合同

第三人利益合同中，第三人的利益是当事人间合同履行的结果，从第三人的安全需求出发，第三人取得权利后，不应允许当事人对合同涉及第三人利益的部分作任意变动，包括合同的变更、撤销、解除、权利放弃等，特别是无法定特殊事由，纯因当事人双方自由协商的合同变动。否则，如果允许当事人事后任意变动合同，将使第三人请求权成为完全依赖当事人道德诚信、缺乏确定性与可期待性的一种承诺，也就失去了其作为权利的可救济性本质。但是，如果当事人在第三人权利发生前已明确约定一方或双方有变动合同权利的，则第三人权利应受当事人这一约定的限制。

（三）第三人权利对当事人最小限制

虽然第三人的利益安全需要对当事人的合同自由权利施加一定的限制，但契约自由、意思自治毕竟是合同法的基石，合同法所保护的交易安全、交易效率更是现代社会赖以运行的基本准则，第三人请求权作为合同相对性的例外，应当选择对当事人权利限制最小的方式为之。一方面，只有第三人接受合同设定的利益不表示反对，且信赖和期待到达一定程度，具有保护的必要，才能对当事人的权利形成限制；另一方面，第三人权利只限于请求权，不包括形成权，一般只能限制当事人双方事后约定的合同变动，不能限制当事人依法固有的合同变动权利。

五、第三人与当事人权利冲突的协调路径

根据上述对第三人利益合同关系的分析和与债权人权利冲突协调的原则，在具体权利冲突中试述以下协调方法。

(一)关于债务履行请求权的协调

在第三人利益合同中,第三人享有直接请求债务人履行债务的权利,债权人只享有请求债务人向第三人为给付的权利,不能请求债务人向自己为给付。但债权人可否要求债务人承担违约责任,不无疑问。反对意见主张,赋予债权人债权保护请求权将使债务人面临双重给付的风险,即"虽有主张约定人原来惟对第三人一人负有为给付义务,万无因债务不履行之结果,致使其于二人负为给付义务之理由"。〔1〕肯定意见则认为,债权人对于债务人的给付不无利益,得请求债务人承担相应的违约责任。我国台湾地区1977年台上字第1204号判例认为,"债权人因债务人不履行向第三人为给付义务,致其受有损害时(如债权人与第三人约定,债务人不履行给付时,对第三人支付违约金),自亦得请求债务人赔偿"。〔2〕德国也有持支持的观点,"受约人(债权人)应当享有以向第三人给付为内容的独立债权。此项权利亦及于不履行的损害赔偿和迟延损害。然而,受约人也可以请求赔偿自己发生的损害"。〔3〕英美法的实践也持类似观点,如英国《1999年合同法(第三人权利)》第4条〔4〕即规定,无论第三人是否提起诉讼,债权人均可提起诉讼。在我国目前个别承认第三人请求权的实践中,有的法院认为,第三人的请求可分为两类:一类是直接依据利益第三人合同产生的利益,也就是请求债务人继续履行的权利;另一类是其他请求,如请求债务人支付违约金等。针对第一类诉请,法院肯定了第三人依法享有这一请求权,且第三人是适格的原告,而针对第二类诉请,法院认为,只有债权人有请求债务人履行的权利。〔5〕

考察我国特别法领域,在海商法下提单流转后,提单持有人作为托运人与

---

〔1〕 史尚宽:《债法总论》,中国政法大学出版社2000年版,第618页。

〔2〕 胡文涛:《论为第三人利益合同的效力》,载《华东师范大学学报》(社会科学版)2000年第4期。

〔3〕 [德]迪特尔·梅迪库斯:《德国债法总论》,杜景林、卢谌译,法律出版社2004年版,第587页。

〔4〕 英国《1999年合同法(第三人权利)》第4条规定:"受诺人执行合同任何条款的任何权利不受本法第1条影响。"

〔5〕 参见(2017)京03民终8507号,转引自钱仁伟:《第三人利益合同中第三人请求权问题研究》,载北大法律信息网:http://article.chinalawinfo.com/ArticleFullText.aspx? ArticleId=102487,最后访问日期:2019年4月16日。

承运人之间运输合同的第三人，其与托运人谁享有针对承运人就货物灭失损坏的索赔权也存在竞合问题。我国《海商法》规定了提单持有人的诉权，但就托运人的诉权并无明文规定。目前一般认为应以提单为基础，即托运人在合法持有提单的情况下具有对承运人索赔的权利，在其转让提单后就丧失索赔权。在责任保险中，被保险人对第三者的赔偿责任确定后，被保险人作为债权人、第三者作为第三人，均享有针对保险人的赔偿金请求权，但两者的请求权均受到一定限制。根据我国《保险法》第65条的规定，被保险人请求的，保险人应当直接向第三者赔偿保险金，而第三者向保险人的直接请求权必须以被保险人怠于请求为前提。

笔者认为，海商法下将请求权赋予提单持有人是与海上货物贸易和运输实践相适应的一种特殊的制度安排，难以推及普遍领域；保险法下将责任保险被保险人即债权人作为优先顺位请求权人，有利于被保险人，但增加了第三人行使权利的成本。既然当事人订约意图使第三人享有直接请求债务人履行债务的权利，“无救济则无权利”，那么在债务不履行时请求债务人承担违约责任的权利也应由第三人享有，否则第三人利益合同的制度目的将极大受限，程序上只要是因第三人请求权所生之诉讼，第三人均应有诉权。且在无特别法规定的普通领域，债权人与第三人请求债务人履行不宜设置先后顺序。但考虑到债权人也可能因债务人的违约而蒙受损失，如根据对价关系的约定债权人应向受益人支付违约金等，该部分损失应由债权人向债务人主张。因此，根据上述第三人请求权应尽量有效之原则，原则上应由第三人请求债务人向其承担违约责任，但债务人不履行或不当履行给债权人造成损害的，债权人可对该部分要求债务人承担违约责任。另一方面，第三人如果“懈怠”行使其权利，也不利于保护债权人利益和交易关系的及时稳定，债权人有证据证明第三人经催告，在合理期限内表示放弃向债务人行使请求权，或者未作明确意思表示的，债权人可以向债务人主张第三人放弃的权利由债权人享有。

（二）关于合同撤销、变更的协调

第三人利益合同存在主体瑕疵、重大误解、显失公平或者债权人在债务人的欺诈、胁迫等在违背真实意思的情况下订立合同的，特别是第三人直接请求权利确定之后，债权人可否行使撤销权，存在争议。王泽鉴先生对该问题的态度发生了从否定到肯定的转变，原认为应经第三人的同意，〔1〕后认为“无论何方当事人行使撤销权，均不必得第三人同意”。〔2〕现在通说认为，应当优先保护当事人的意思形成的自由，债权人行使法定撤销权无须经第三人的同意。〔3〕笔者认为，当事人均可行使法定撤销权：其一，为第三人利益合同有效成立的基础在当事人主体适格、真实意思一致，第三人取得权利的基础存在瑕疵，其权利也必然存在瑕疵，甚至无法取得权利；其二，当事人行使法定撤销权造成第三人损失的，第三人可根据其与债权人之间的原因关系进行主张；其三，在第三人欺诈、胁迫的情况下，当事人也可以行使法定撤销权。因此，根据上文所述之第三人权利对当事人最小限制原则，在未损害第三人利益的前提下，第三人请求权不应影响当事人法定撤销权的行使，这也维护了当事人的意思形成的自由价值。

在第三人利益合同的协商变更方面，特别是涉及第三人利益部分的变更，大多数观点认为第三人在合同中的利益一般应当予以优先考虑，在特定情形下可以对抗当事人双方合同变更权的行使。但至于具体在何种情形下当事人可以变更合同，何种情形下当事人不得变更，涉及对当事人权利与第三人权利平衡点的把握，各国理论和实践中也有不同做法。大部分大陆法系国家规定，在第三人表示接受利益前，债权人得行使变更或撤销利益第三人约款之权利；第三人接受之后，债权人的此项权利即被限制。〔4〕但《德国民法典》对债权人权利的限缩有所不同，较为灵活。根据该法第328条第2项，确定债权人权利是否被限缩

---

〔1〕 叶金强：《第三人利益合同研究》，载《比较法研究》2001年第4期。

〔2〕 王泽鉴：《民法学说与判例研究》（第7册），北京大学出版社2005年版，第115页。

〔3〕 王利明、郭明瑞、潘维大主编：《中国民法典基本理论问题研究》，人民法院出版社2004年版，第617页。

〔4〕 例如，《法国民法典》第1121条规定，债权人的撤销权随第三人为接受之意思表示而消灭，第三人的权利具有不可撤销性。《瑞士债法》第112条规定，第三人为接受利益的意思表示时，债权人即不得撤销第三人的权利。《日本民法典》第537条、第538条规定，第三人接受的意思表示虽为第三人权利的取得要件，但对债权人权利的限缩具有同样的效果，债权人不得变更或撤销此权利。我国台湾地区“民法”虽未明确规定第三人取得权利的时间，但是第269条规定，债权人可于第三人为接受之意思表示前撤销或变更合同，换言之，第三人表示享受其利益之后，债权人即不得撤销或变更第三人的权利。

时，有约定的从约定，无约定的根据契约的目的等情况推定。英美法系国家则较多采取第三人“信赖”标准，即第三人信赖合同能够履行而采取了行动后，合同中涉及第三人权利的内容就不能被变更或撤销。〔1〕笔者认为，考虑《民法典》第522条的表述是“第三人未在合理期限内明确拒绝”，即可反推第三人具有受益表示，立法不要求第三人有明示的“接受”意思表示，如采取大陆法系较普遍的“接受”标准存在适用上的困难。但如认为合同订立之时当事人即不可变更合同，对债权人未免不公，因为此时第三人未必在意合同为其设定的利益，甚至未必知晓合同的存在。因此，建议一般情况下可采“信赖”标准，同时考虑到实践中情况可能复杂多样，可借鉴德国法的规定，赋予法官一定的自由裁量权，根据合同的具体情况确定。

（三）关于合同解除的协调

合同的解除分为法定解除、约定解除和协商解除。前文已述第三人请求权的存在不影响当事人在合同中事先约定解除权，第三人权利并应受到约定解除权的限制。那么当事人的法定解除权和合同的协商解除如何与第三人请求履行权相协调？

债权人行使法定解除权是否需要第三人的同意，存在三种观点：一是否定说，即无论何方当事人行使法定解除权，均无须第三人同意。〔2〕二是应当根据合同解除的原因而定，如因不可抗力致合同目的不能实现的，则不需要第三人同意；如债务人存在预期违约、迟延履行和根本违约时，应征得第三人的同意。〔3〕三是肯定说，第三人权利确定后因要约人的解除权而消灭，对第三人影响很大，

---

〔1〕 例如，英国《1999 合同法（第三人权利）》第2条第1项规定，第三人已对缔约方及合同条款表示同意，缔约方意识到第三人已信赖该条款或者缔约方可以合理预见到第三人将信赖且实际上第三人已信赖该条款时，债权人不得未经第三人同意而变更或撤销其权利。美国《第二次合同法重述》第311条规定，在没有相反协议的情况下，第三人的权利可以被撤销或变更，但是在接到撤销或变更的通知前，第三人知道了这种权利且基于对此信赖而改变了其立场，或第三人基于此种权利已经起诉，则债权人就不得撤销第三人的权利。

〔2〕 王利明、郭明瑞、潘维大主编：《中国民法典基本理论问题研究》，人民法院出版社2004年版，第617页。

〔3〕 胡文涛：《论第三人利益合同的效力》，载《华东师范大学学报》（社会科学版）2000年第4期。

应顾及第三人的利益，征得第三人同意。[1]笔者倾向否定说，当事人法定解除权的行使无须第三人的同意，但根据解除原因的不同，后果有所不同。其一，在因不可抗力等客观原因引起解除权行使的情况下，解除原因不可归责于任何一方，此时若不允许解除合同对当事人殊不公平，也会造成不必要的损失扩大，根据不可抗力的影响，债务人免除相应的履行责任，就该部分给付第三人一般也不能再向债权人主张；其二，在债权人根本违约的情况下，对债务人的利益造成直接影响，债务人可解除合同，第三人的损失可在原因关系下向债权人主张；其三，在债务人根本违约的情况下，对第三人和债权人的利益都会造成直接影响，第三人在请求债务人承担违约责任方面具有优先性，而合同解除权则是专属于当事人的权利，两者可通过以下方式协调：债权人在解除合同时应同时通知第三人，第三人在合理期限内向债权人表示不向债务人请求赔偿损失的，或者就损失赔偿未作明确意思表示的，债权人可以请求债务人赔偿因违约造成的损失。

至于当事人之间协商解除合同，与协商变更合同类似，为保护第三人安全利益，应给予一定限制，在具体限制节点标准的确定上，建议同样可采上文所述之“信赖”标准，即第三人信赖合同能够履行并实施准备行为、支付相应成本后，合同就不能被任意解除。同时考虑到实践中情况可能复杂多样，可赋予法官一定的自由裁量权，根据案件的具体情况判断。

审判实务精要

在第三人利益合同中，法院应平衡保护当事人的意思自治、合同固有权利与第三人的信赖利益、期待利益。应当在权利产生环节更多考虑当事人的合同自由，而在权利实现环节对第三人利益予以适当倾斜。在合同当事人权利与第三人权利的冲突协调中，一方面应遵循第三人请求权尽量有效、当事人不得任意变动合同的原则，确保第三人权利在实现中得到切实保障；另一方面也应遵循第三人权利对当事人最小限制的原则，避免动摇市场交易秩序基础。

---

〔1〕 王泽鉴：《民法学说与判例研究》（第7册），北京大学出版社2005年版，第115~116页。

具体而言，在债权人与第三人对债务人的履行请求权发生冲突时，原则上应由第三人向债务人请求履行，但债务人不履行或不当履行给债权人造成损害的，债权人可就该部分损害要求债务人承担违约责任。第三人请求权一般不应影响当事人法定撤销权和法定解除权的行使，但根据法定解除原因的不同，解除后果应有所不同：因不可抗力等客观原因解除的，债务人免除相应的履行责任，第三人也不能再向债权人主张；债权人根本违约的，债务人可解除合同，第三人可在原因关系下向债权人主张损失；债务人根本违约的，债权人在解除合同时应同时通知第三人，第三人在合理期限内向债权人表示不向债务人请求赔偿损失的，或者未作明确意思表示的，债权人可以请求债务人赔偿因违约造成的损失。第三人利益合同成立后，第三人信赖合同能够履行并实施了准备接受履行的行为后，合同中涉及第三人利益的部分就不应被协商变更或解除，但第三人同意除外。

撰稿人：张　俊，上海市高级人民法院海事及海商审判庭审判员，法学博士

19. 情势变更规则之适用

导 言

《民法典》第533条[1]批判性地吸纳2009年《最高人民法院关于适用〈中华人民共和国合同法〉若干问题的解释（二）》第26条[2]的规定，创设我国法中的情势变更规则[3]，为司法裁判提供了明确的法律指引。但《民法典》第533条删去上述司法解释规定的“非不可抗力造成”的限制条件，删除“不能实现合同目的”的适用情形，引入重新协商机制，对情势变更规则的适用作出了重大调整，在审判实践中应予注意。

一、前提：“情势”的界分

（一）从删除“非不可抗力造成”说起

论者习惯上以“不可抗力”指代“不可抗力规则”，本文严格区分二者。依《民法典》第180条，[4]前者指不能预见、不能避免且不能克服的客观情况；依《民法典》其他条文，后者是关于这一客观情况对合同履行（第563条、第590条、第832条、第835条）、侵权发生（第1239条、第1240条）、诉讼进程（第194条）等所生影响的一系列处置规则。不可抗力的客体即不可抗之“力”，为自然力量和社

---

〔1〕 即“合同成立后，合同的基础条件发生了当事人在订立合同时无法预见的、不属于商业风险的重大变化，继续履行合同对于当事人一方明显不公平的，受不利影响的当事人可以与对方重新协商；在合理期限内协商不成的，当事人可以请求人民法院或者仲裁机构变更或者解除合同。人民法院或者仲裁机构应当结合案件的实际情况，根据公平原则确定变更或者解除合同”。

〔2〕 即“合同成立以后客观情况发生了当事人在订立合同时无法预见的、非不可抗力造成的不属于商业风险的重大变化，继续履行合同对于一方当事人明显不公平或者不能实现合同目的，当事人请求人民法院变更或者解除合同的，人民法院应当根据公平原则，并结合案件的实际情况确定是否变更或者解除”。

〔3〕 本文区分情势变更与情势变更规则（制度），前者是订立合同的客观基础发生重大变化，后者指应对这一重大变化的一系列处置规则。

〔4〕 沿袭自原《民法通则》第153条、原《合同法》第117条、原《民法总则》第180条。

会力量这一客观现象，而不包括这一现象引致的损失。[1]不可抗力限于客观情况，三“不”构成要件中，不能预见是不可抗力的主观要件，强调客观情况的不能预见性。该不能预见，是一般观念上的事先无法预见，是善良的谨慎人无法预见。不能避免与不能克服，是不可抗力的客观要件，突出不可抗力的必然性与客观性，当事人无法对这种客观现象的发生、发展与演变作出有效的安排或处置。

之前原《合同法》语境下，同样关注不可抗力规则，即为应对不可抗力对合同履行所生影响而设置的一系列法律规则。该规则主要集中在第94条第1项和第117条第1款。前者规定，因不可抗力致使不能实现合同目的，当事人可以解除合同。后者规定，当事人一方因不可抗力不能履行合同的，根据不可抗力的影响，部分或者全部免除责任，但是法律另有规定的除外。前者讲不可抗力导致的合同解除，但限定在“不能实现合同目的”时；后者讲不可抗力导致的责任减免，但限定在“不能履行合同”[2]时。该两个条文应结合起来理解，当因不可抗力不能履行合同，但尚未达到不能实现合同目的时，当事人可主张减免未履行合同的责任；当因不可抗力不能履行合同，达到不能实现合同目的时，当事人可以解除合同，并可主张减免解除合同的责任。

梳理不可抗力规则发现，当因不可抗力合同履行变得艰难时，当事人并不能依据不可抗力规则而减免责任。当因不可抗力不能履行合同，但未达到不能实现合同目的时，当事人亦不能依据不可抗力规则而解除合同。但是，因2009年《最高人民法院关于适用〈中华人民共和国合同法〉若干问题的解释（二）》第26条将不可抗力造成的客观情况变化，排除在情势变更规则之外，前述情形下当事人亦不能援引情势变更规则而变更或解除合同，不可抗力规则与情势变更规则未能无缝衔接。为弥补这一法律规则体系之间的漏洞，《民法典》第533条删除之前司法解释中“非不可抗力造成”的条件限制。删除后，上述情形即可纳入情势变更规则之中。

---

〔1〕参见刘凯湘、张海峡：《论不可抗力》，载《法学研究》2000年第6期。

〔2〕该“不能履行”应从严解释成绝对不能履行，详见后文分析。

（二）情势变更之“情势”范围

适用情势变更规则的前提，是发生情势变更的事实，而认定情势变更事实的发生，需先明确何为“情势”。一般认为，情势是指合同成立所依据的客观基础或事实，一般包括在合同缔结之际存在的法秩序、经济秩序、货币的特定购买力、通常的交易条件等。〔1〕这种客观情势，是当事人在订立合同时不能预见，并未存在于头脑中或没有被明确地提出，但客观上构成合同缔结基础的那些情势。〔2〕在相关规范性文件中有“客观情况”“客观情势”“客观变化”“基础条件”等不同称谓，但其内涵均指向大致相同的对象。这种客观事实的范围非常广泛，诸如经济事变（如经济危机导致的币值变动）、军事事变（如战争）、政治事变、政策事变（如法律、政策的调整）、社会事变（如罢工、公共卫生事件）等，但并不限于上述类型。根据学者的梳理，因政府行政行为、市场经济环境变化、纯粹第三人原因等，导致合同基础丧失或履行困难，也可能构成情势变更。〔3〕因此，“情势”的内涵相对确定，但其外延保持开放。情势变更之“情势”包含了不能预见、不能避免且不能克服的客观情况，不可抗力是情势变更的情形之一种。〔4〕但是，情势变更规则与不可抗力规则并不存在交叉或冲突，只有当发生不可抗力，但尚不符合适用不可抗力规则的条件时，才存在适用情势变更规则的可能。

有观点认为，《民法典》第590条中“不能履行”包括履行不能和履行艰难，当不可抗力导致合同履行困难时，应当允许当事人选择适用不可抗力规则或情势变更规则。〔5〕笔者认为，不应将合同履行艰难包括在“不能履行”之内。不可抗力规则提供给债务人的救济是合同义务与违约责任的全部或部分免除，是对合同至上原则更为严重的背离，对债权人是极度不公平的，故应严格限制其适用范围。若仅导致合同履行变得艰难，即赋予其不可抗力的法律效果，将导致不可

〔1〕 参见韩世远：《履行障碍法的体系》，法律出版社2006年版，第44页。

〔2〕 参见崔文星：《论情事变更原则的适用》，载《河北法学》2013年第4期。

〔3〕 参见韩强：《情势变更原则的类型化研究》，载《法学研究》2010年第4期。

〔4〕 《劳动法》第26条第3项规定的因情势变更而解除劳动合同之“情势”，即包括不可抗力和致使劳动合同全部或部分条款无法履行的其他情况。参见原劳动部《关于〈劳动法〉若干条文的说明》（劳办发〔1994〕289号）。

〔5〕 参见王利明：《情事变更制度若干问题探讨——兼评〈民法典合同编（草案）〉（二审稿）第323条》，载《法商研究》2019年第3期。

抗力规则的扩大甚至泛化。相反，导致履行艰难时，直接适用情势变更规则，由法院变更或解除合同，更能实现双方权益的平衡。另外，司法实践中，对“不能履行”的认定已经形成相对成熟的认识，一般不把合同履行艰难包括在内。如2003年《最高人民法院关于在防治传染性非典型肺炎期间依法做好人民法院相关审判、执行工作的通知》（已失效）将原《合同法》不可抗力条款中“不能履行”解释成两种情形：一是“因政府及有关部门为防治‘非典’疫情而采取行政措施直接导致合同不能履行”；二是“由于‘非典’疫情的影响致使合同当事人根本不能履行”。2020年《浙江省高级人民法院民事审判第一庭关于规范涉新冠肺炎疫情相关民事法律纠纷的实施意见（试行）》等亦采类似解释。

（三）情势变更规则的基础

本质上，情势变更规则是在情势发生重大变化后，如何在合同当事人之间分配或分摊损失，以维护最低限度的实质性合同正义。它突破契约至上原则，是危险的例外，必须有着充足、坚实的理由，并且只能处于候补性位置。

在德国法上，情势变更制度的上位依据是诚实信用原则，是诚信原则的具体体现。[1]认为合同权利义务关系得以持续，根源于产生这种权利义务关系的交易基础不变。双方的合意包括对缔约时的合同基础有共同的认知，并默示接受，诚实信用原则要求他们对该合同基础予以承认并不得反悔。若订立合同之后，该合同基础完全丧失，继续履行合同将有违公平。若当事人执意要求履行原合同，则被认为有违诚信、有违忠实义务。[2]在2001年《债法现代化法》引入情势变更制度之前，德国法院是通过诚实信用原则这个一般条款来达到规范情势变更情形的目的。[3]亦有学者指出，“诚实信用原则，系道德规范，乃法律道德化之表征，学者乃立之为法律之最高指导原则。易言之，诚信衡平原则系一种领导

---

〔1〕 参见杜景林：《德国新债法法律行为基础障碍制度的法典化及其借鉴》，载《比较法研究》2005年第3期。

〔2〕 参见［德］莱茵哈德·齐默曼、［英］西蒙·惠特克：《欧洲合同法中的诚信原则》，丁广宇等译，法律出版社2000年版，第390页。

〔3〕 参见［德］卡斯腾·海尔斯特尔、许德风：《情事变更原则研究》，载《中外法学》2004年第4期。

性规范，情事变更原则系诚信衡平原则之一适用耳”。〔1〕但是，从我国情势变更规则的立法沿革来看，相关规范性文件中出现“显失公平”“致使履行……没有意义或者造成重大损害”“适用公平原则”“明显不公平”等措辞，而未出现包含诚信意蕴的用语，显然是从公平原则而非诚信原则出发来设置该制度。亦有学者指出应运用公平原则来处理情势变更问题。〔2〕

之所以产生如此分歧，是对概念内涵的不同界定进而选择不同的路径及制度所致。在本初意义上，“契约必须严守”“合同为当事人之间的法律”，才是诚实信用原则的体现，但为解决情势变化后的利益失衡问题，又不能直接废弃诚实信用原则，才发展出交易基础理论，认为诚实信用原则本身隐含着合同基础不变的内涵，若基础变更，按诚实信用原则的要求，合同的内容也应随之变更。它本身是在某种程度上“背弃”诚信，是对诚信原则的扩张解释。之所以如此，目的还是在于解决情势变化之后如何处理利益失衡的公平问题，是为裁判权干预当事人意思自治提供正当性的问题。“在大陆法系和英美法系，公平和正义体现为一种法律精神和目标追求，而不是一项法律原则。在其民法中，只有诚信原则而无公平原则之规定，有关公平的内容被归入诚信原则之内。”〔3〕而《民法典》第6条、第7条将公平原则、诚信原则分列条文，并行设置，故我国法语境下，应当称情势变更规则的理论基础为公平原则。若亦称为诚信原则，则与我国法上诚信原则的内涵不符。

二、条件：“变更”的判定

“情势”与“变更”的认定不能截然分隔，界定“情势”本身往往包括了“变更”的因素。从《民法典》第533条的规定来看，认定情势变更之“变更”，需要认定发生的变更是“无法预见”的，是“重大变化”，重大到“继续履行合同对于当事人一方明显不公平”程度。核心要素为“无法预见”与“重大变化”。

〔1〕 林荣耀：《民事个案研究》，台北，汉林出版社1981年版，第87页。转引自林诚二：《民法理论与问题研究》，中国政法大学出版社1999年版，第26页。

〔2〕 参见胡启忠：《情势变更案件处理的路径与策略》，载《现代法学》2003年第5期。

〔3〕 杨秋林、马仕鹏：《对“情势变更原则”的检讨》，载《理论探索》2008年第1期。

（一）“无法预见”的限定

1.无法预见的谨慎人标准

可预见性是当事人在缔约时对未来偶发风险的预见程度。认定可预见性，应当采取主客观相统一标准，注意衡量风险类型是否属于社会一般观念上的事先无法预见、风险程度是否远远超出正常人的合理预期、风险是否可以防范和控制、交易性质是否属于通常的“高风险高收益”范围等因素，作个案判断。〔1〕所在行业的一般人在通常谨慎程度下不能够预见的，为“无法预见”。若按该行业内一般谨慎人标准可以预见而未预见，或合同当事人中的一方已经预见，则不能认定为无法预见。对预见的程度，“在内容上不仅要求预见风险的类型（如价格波动），也要衡量变故的剧烈程度（正常抑或超常）”〔2〕，若实际变化的剧烈程度超出一般谨慎人的预见范围，仍应认定为无法预见。如此严格限定可预见性，强调“合理”预见，是因为在“事后分析”的情况下，人们可以从容的反复推演、仔细论证，但在合同签订过程中的常态是“缔约人压力不轻、信息不见得全面详细，急促决断甚至被对方欺诈、误导，‘当事者迷’，有些事件、现象未能预见”，〔3〕对缔约中的当事人预见能力不宜要求过高。

2.有约定或法定的风险分配规则视为已预见

基于对合同效力的破坏，情势变更规则应当处于候补位置。该候补性的表现之一就是法定优先与约定优先，若对未来情势变化的风险负担已由法律作出规定，或已由当事人作出约定，则不能适用情势变更规则。〔4〕立法者预先作出的风险分配规则必须遵从，当事人对风险后果的预先分配也必须得到尊重。合同中的风险，是一种与合同履行、合同标的的价值相联系的客观不确定性，其本身也有价值，可以成为交易的客体。如某些类型的合同就以特定风险的发生与否为标的，常见的约定合同附条件、约定合同解除权、设定担保或变更条款亦

---

〔1〕 这涉及与商业风险的区分。参见《最高人民法院关于当前形势下审理民商事合同纠纷案件若干问题的指导意见》（法发〔2009〕40号）第3条。

〔2〕 韩世远：《合同法总论》，法律出版社2011年版，第386页。

〔3〕 崔建远：《不可抗力条款及其解释》，载《环球法律评论》2019年第1期。

〔4〕 参见王洪、张伟：《情势变更规则适用要件的探究——以法释［2009］5号第26条为中心的解释论》，载《云南民族大学学报》（哲学社会科学版）2014年第1期。

是。当约定某方当事人承担风险，其可能已经在获取的对价中获得了补偿。这是因为“这时某些情事的存续实际上已经不再是合同的基础，而是合同的标的了”，〔1〕不能再适用情势变更规则。

但当事人在合同中对风险分配的约定是否应当一概尊重，是否需要考虑相关风险事件的发生概率？“当发生的事件具有可预见时，依据现代的规则，免责的主张并非必然被排除。可预见性最多是解决如下问题时被考虑的一个事实：首先，该事件发生的可能性有多大；其次，基于以往的经验，事件的发生是否具有合理的可能性，以至于债务人不仅仅应当预见到这一风险，而且由于事件发生可能性的程度，债务人本应当采取防范措施或者约定相应的免责条款。”〔2〕当事人未对某一可以预见的风险作出约定，可能是他们认为该风险尚未严重到需要双方明示处理的程度；当事人对某一极低概率的风险作出了约定，可能是另一方当事人处于弱势地位而不敢提出异议。当风险最终发生时，也不能一概排除情势变更规则适用的可能性。〔3〕

（二）“重大变化”的认定

按《民法典》第533条，“重大变化”需要重大到“继续履行合同对于当事人一方明显不公平”的程度，“明显不公平”需要不公平到虽能继续履行，但履行的难度或成本极高，高到利益显著失衡。故“重大变化”“明显不公平”“履行艰难”具有类似蕴含，仅是从不同角度或阶段认识而已。

1.变化需重大到“明显不公平”程度

“明显不公平”本身较为模糊而富有弹性，从类型学角度看，可按照将民法

---

〔1〕［德］卡斯腾·海尔斯特尔、许德风：《情事变更原则研究》，载《中外法学》2004年第4期。

〔2〕See Opera Co.v.Wolf Trap Found.817 F.2d1094（4thCir.1987）.转引自王洪、张伟：《情势变更规则适用要件的探究——以法释［2009］5号第26条为中心的解释论》，载《云南民族大学学报》（哲学社会科学版）2014年第1期。

〔3〕在德国法上，可根据可苛求性标准，衡量是否构成交易基础障碍。参见杜景林、卢谌：《德国新债法研究》，中国政法大学出版社2004年版，第111页。在我国法上，典型事例是建筑工程领域的固定合同价格（闭口价），一般认为是对建筑材料价格涨跌风险已有预见后的约定，应予尊重，但最近有观点认为，这种“预见”是推定事实而非客观事实，仍须借助客观外在情势的变化导致利益失衡的程度进行个案判断。参见靳羽：《情事变更约定排除条款的法律效果——聚焦于是否“预见”的裁判逻辑解析》，载刘云生主编：《中国不动产法研究》（2018年第1辑·总第17卷），法律出版社2018年版，第238~247页。

原则规则化的方式，[1]将实践中发生的判例进行类型化分析。根据学者的梳理，情势的“重大变化”主要集中在三大类型之上，即对价关系障碍、目的障碍、共同动机障碍。[2]对价关系障碍，表现为对价关系不平衡、不对等，到了动摇合同基础的程度，若执行该对价关系，则明显不公平。

其一，这种不公平主要存在于双务合同中，有别于原《合同法》第54条、《民法典》第151条规定的显失公平，二者在起因、发生时间、当事人主观过错等方面，存在明显区别。[3]

其二，这种不公平主要是债务人的履行成本与其履行收益之间的显著不对等。有学者总结为以正负零为评判基准，主要看债务人经济上是否严重亏损，需要情势发生变化之后，额外增加了债务人的履行成本，核算入该成本之后，债务人发生了严重亏损。[4]若履行成本尚未显著高于履行收益，则为商业风险所致的风险自担。

其三，这种不公平既可能是对收款方而言，亦可能是对付款方而言。额外增加的履行成本与履行收益，一般是对收款方而言的，如买卖合同的出卖人、承揽合同的承揽人、服务合同的服务提供者。因合同成立时价款已经确定，付款方支付的钱款数额通常不受影响。这是基于近几十年来缓慢通货膨胀的背景形成的固定认识，但若经济形势转入通货紧缩，如标的物市场价格严重下跌，买方作为钱款支付方，其履行成本与履行收益严重不对等，亦有适用情势变更规则的可能。因为这两种情形下，继续履行合同对受不利影响的当事人这方都明显不公平。

2.重大变化一般应发生在履行完毕前

判断无法预见的时间节点为合同成立之时，相应地，重大变化应当发生在合同成立后。条文中“继续履行合同对于当事人一方明显不公平”的限定，预示

〔1〕 对情势变更原则的规则化分析，可参见杨明：《论民法原则的规则化——以诚信原则与情势变更原则为例》，载《法商研究》2008年第5期。

〔2〕 参见韩强：《情势变更原则的类型化研究》，载《法学研究》2010年第4期。这里主要分析对价关系障碍。对目的障碍，下文另述。对共同动机障碍，可通过改造现行的重大误解制度来解决，本文不作详述。

〔3〕 参见王德山：《论情势变更制度的适用要件》，载《法学杂志》2008年第1期。

〔4〕 参见王德山：《情势变更原则中显失公平认定研究》，载《法律适用》2010年第11期。

着情势变更须发生在合同履行完毕前。但若发生在履行完毕后，是否一概排除情势变更规则适用的可能？在德国法上，仍可适用情势变更规则，思路为："交易基础制度，乃自法律行为之成立及效力理论上，解决所谓情势变更问题。因此，法律行为虽已消灭，但该法律行为之基础曾欠缺或丧失者，当事人不妨嗣后主张基于法律行为基础制度之权利。"〔1〕如甲男与乙女婚后定居A市，欲购房，乙母将B市老屋出售，得款100万元，交给甲乙，言：待退休后，或至A市与尔等同住。甲乙用该款及二人共有200万元购买房屋一套，登记甲乙名下。不久，甲乙离婚，乙母诉，要求甲乙返还100万元。实践中一般认定系乙母对甲乙的赠与，〔2〕且履行完毕，仅在分割新购房屋这一甲乙共有财产时对乙方略作多分甚或不作多分。换个角度，乙母赠与购房款是以甲乙婚姻存续为基础的，赠与合同履行完毕后，甲乙很快离婚，赠与的基础已经丧失，适用情势变更规则而返还乙母赠与的购房款，逻辑上、效果上、与婚恋习俗契合度上，似更好。故一般情况下，合同履行完毕即不能再适用情势变更原则，但特殊情况下，仍有适用空间。〔3〕

（三）删除"不能实现合同目的"后的弥补

德国法上无目的落空制度，但实践中一直将目的不达作为情势变更情形之一种，如"冲击钻头案"。英国法上，合同目的落空的范围很广，包括特定事件未发生、重大法律变化、成本增加等情形，目的落空的法律后果是解除合同和双方相互返还，特定情形亦可变更合同，如"国王加冕案"。〔4〕原《合同法》第94条将"因不可抗力致使不能实现合同目的"作为法定解除之一种，因对不可抗力作三"不"条件的限制，导致我国法上合同目的落空制度的适用范围非常有限。因

〔1〕 彭凤至：《情势变更原则之研究》，台北，五南图书出版股份有限公司1986年版，第266页。转引自王洪、张伟：《情势变更规则适用要件的探究——以法释［2009］5号第26条为中心的解释论》，载《云南民族大学学报》（哲学社会科学版）2014年第1期。

〔2〕 参见2003年《最高人民法院关于适用〈中华人民共和国婚姻法〉若干问题的解释（二）》第22条"当事人结婚后，父母为双方购置房屋出资的，该出资应当认定为对夫妻双方的赠与，但父母明确表示赠与一方的除外"等。

〔3〕 在彩礼返还纠纷中，亦有适用可能，详见后文评析。

〔4〕 参见［德］卡斯腾·海尔斯特尔、许德风：《情事变更原则研究》，载《中外法学》2004年第4期。

情势变更导致合同目的不能实现，不能归入不可抗力规则之中，出现立法上的空缺。故此，2009年《最高人民法院关于适用〈中华人民共和国合同法〉若干问题的解释（二）》第26条规定情势变更包含两种情形，除继续履行对一方当事人有失公平之外，还包括继续履行对一方当事人来说不能实现合同目的，填补了上述立法漏洞。根据学者的梳理，该处目的应当与动机相区分，〔1〕对目的作狭义理解，即合同目的应指当事人通过订立并履行合同所要实现的法律关系变动的后果。除此之外，皆不能作为合同目的看待。〔2〕

现《民法典》第533条删除上述司法解释第26条中“不能实现合同目的”的情形，导致该情形出现时相应处置规则的缺失。对此，权宜之计是扩大解释“继续履行合同对于当事人一方明显不公平”中的“明显不公平”，将因情势变更所致的合同目的障碍纳入进来。将合同目的的达成理解为债务人的履行利益，现目的落空，债务人未获得期待的履行利益，但仍需支付履行成本，存在严重经济亏损，故对其明显有失公平，仍适用现行情势变更规则处理。

将情势变更导致目的落空纳入情势变更规则后，对婚姻法上彩礼返还问题，可重新进行解释。依中华传统习俗，男女结婚存在明示或默示婚约，婚约的体现载体之一是彩礼。若未结婚或离婚，对彩礼返还的处理，按2003年《最高人民法院关于适用〈中华人民共和国婚姻法〉若干问题的解释（二）》第10条，若（1）双方未办理结婚登记手续，或（2）双方办理结婚登记手续但确未共同生活，或（3）婚前给付并导致给付人生活困难，应支持当事人返还彩礼的请求。该规定背后的学理基础被解释为附解除条件的赠与。〔3〕但这种所附的条件只是基于习俗与常理所作的推定，是否符合当事人的真实意思并不能完全确定，因为至少在部分地区，有相当比例的民众认为，彩礼并不是一种赠与，而是“保证结婚的定

---

〔1〕 比如租赁合同的目的，通常是承租人获得对租赁物的占有、使用，出租人获取租金。租赁房屋之后作何使用，属于承租人的动机问题。合同动机不能实现，不能适用情势变更规则而解除合同。当然，租赁用途若已经写入合同条款，则已转化为合同目的。至于租赁房屋之后能否获取收益，更是属于动机，与目的无涉。

〔2〕 参见［德］卡尔·拉伦茨：《德国民法通论》（下册），王晓晔等译，法律出版社2003年版，第426页。

〔3〕 参见最高人民法院民事审判第一庭编：《最高人民法院婚姻法司法解释（二）的理解与适用》，人民法院出版社2004年版，第100~101页。

金”[1]。并且，无论将婚约的履行解释成结婚登记还是共同生活，至少第（3）种情形下婚约已经履行完毕，再返还彩礼与赠与合同、定金合同的法理均不相符。其实，婚约仅具备赠与或定金合同的部分特征，是一种非典型的混合合同。给付彩礼有一个明确的目的即与对方组建家庭、共同生活。从情势变更规则角度看，离婚的情形发生，导致给付彩礼的合同目的落空，则给付方可请求解除合同而返还彩礼。

三、程序："再协商"的蕴含

（一）引入再协商的依据

发生情势变更，并非合同绝对不能履行，是直接启动变更或解除程序，还是要求双方继续谈判，学说与立法例多持后者，[2]但亦有反对意见。[3]《民法典》第533条规定“受不利影响的当事人可以与对方重新协商”，引入再协商程序。

其一，鼓励交易。合同法的目标之一为“鼓励交易”原则，[4]在合同效力认定、合同履行及权利义务终止等方面，均应贯彻该原则。发生情势变更后，合同的履行遇到了障碍，此时应当尽力维护合同关系稳定、推动合同向前发展，鼓励当事人继续谈判。尤其是在一些长期性契约、关系性契约中，当事人需要通过契约形式频繁的开展分工与合作，只有尽可能维护相互信任、相互团结的关系，才能相互成就。[5]再交涉程序，因此被认为是克服长期合同的僵硬性而添加灵活性的“润滑剂”。[6]

其二，尊重自治。当事人是自身利益的最佳判断者，设定再交涉机制，从程序上保障意思自治，给予自行熨平交易障碍的机会，增加就合同纠纷处理达成一

---

〔1〕 参见康娜：《婚约彩礼习惯与制定法的冲突与协调——以山东省为例》，载《民俗研究》2013年第1期。

〔2〕 参见张素华、宁园：《论情势变更原则中的再交涉权利》，载《清华法学》2019年第3期。

〔3〕 参见［德］英格博格·施文策尔：《国际货物销售合同中的不可抗力与艰难情势》，杨娟译，载《清华法学》2010年第3期。

〔4〕 参见王利明：《合同法研究》（第1卷），中国人民大学出版社2011年版，第200页以下。

〔5〕 参见［美］Ian R.麦克尼尔：《新社会契约论》，雷喜宁、潘勤译，中国政法大学出版社2004年版，第83页以下。

〔6〕 参见韩世远：《情事变更若干问题研究》，载《中外法学》2014年第3期。

致的可能性。相比于直接由法官主导合同的变更或解除，自行谈判时当事人自由意愿的表达和实现更为充分。[1]

（二）再协商的性质

就再协商的性质，存在权利型、义务型与中立型三种立法例，《民法典》第533条采中立型表述，规定“可以请求与对方重新协商”，未明确其性质。从应然与解释层面，均宜定性为一种权利。首先，权利与义务一般成双、对应配置，条文使用“可以”的表述，且未规定未重新协商的后果，故不应认定是受不利影响一方的义务。其次，若定性为义务，必须设置义务的具体内容以及相应的损害赔偿责任。[2]但复杂的程序及义务设计，给法院对义务违反程度、损害后果大小、因果关系强弱等的判断带来极大的难度与裁量空间，并且损害赔偿的基础是违约责任还是缔约过失责任也难以确定，只会让本就充满不确定性的情势变更规则更加充满不确定性；让追求尽快解脱合同枷锁的当事人继续缠陷其中。[3]再次，许多论者认为是一种义务，但也认为应是不真正义务，是手段性、程序性义务[4]，违反后并不导致损害赔偿责任的产生[5]。如此定性，已与权利无异。最后，定性为权利，其可以行使也可以放弃，但并非不产生作用。面对法院将来裁决结果的不确定性，尤其是可能解除或大幅度调整合同甚或相反，与其任由法院事后“宰割”，不如事先直接协商，争取更为有利的结果，从而形成倒逼的压

---

〔1〕 参见张素华、宁园：《论情势变更原则中的再交涉权利》，载《清华法学》2019年第3期。

〔2〕 如Horn教授将再交涉义务内容归纳为：（1）应该响应对方提出的交涉请求。（2）针对对方提出的交涉请求提供必要的资料信息。（3）针对对方的交涉请求自己也应提出方案，并认真研究对方的方案。（4）不违反诚信拖延交涉（包括因自己提出虚假的应对方案而导致的不履行）。（5）不在交涉中制造不必要的既成事实，并因此使本应可能的合同内容变得不可能。参见刘善华：《日本和德国法上的再交涉义务及对我国合同法的启示》，载《山东大学学报》（哲学社会科学版）2013年第6期。

〔3〕 2009年6月19日比利时最高法院维持一份买受人拒绝再交涉而赔偿对方45万欧元损失的判决，引发争议。参见韩世远：《情事变更若干问题研究》，载《中外法学》2014年第3期。

〔4〕 参见刘骥荣、陈琳：《情势变更原则适用的合理性分析——基于重新协商义务为方向》，载胡云腾主编：《法院改革与民商事审判问题研究》，人民法院出版社2018年版，第946页以下。

〔5〕 参见王利明：《情事变更制度若干问题探讨——兼评〈民法典合同编（草案）〉（二审稿）第323条》，载《法商研究》2019年第3期。

力。[1]

四、结果:“变更或解除”的适用

(一)变更或解除权的行使

1.行使方式的多样

情势变更规则下的变更或解除权必须以诉讼或仲裁的方式行使,不同于不可抗力规则下的解除权可由当事人直接通知行使。该诉讼方式可以是直接起诉,是否也包括在对方起诉的案件中提起反诉或提出抗辩?发生情势变更后,受不利影响一方可能已经中止了履行,受有利影响一方完全可能先行起诉要求继续履行或承担违约责任。若不能以反诉或抗辩方式提出,受不利影响一方将失去主张适用情势变更规则的机会。2019年《全国法院民商事审判工作会议纪要》第42条规定,当事人行使撤销权可以起诉、反诉方式行使,亦可以抗辩方式提出。[2]与此相类似,情势变更规则下的变更或解除权行使也应有这三种方式。

2.是变更还是解除

情势变更的法律效果,就是赋权法院根据公平原则和案件实际情况,确定变更或解除合同。应当遵循如下顺序:首先,变更合同。变更合同就是变更合同的具体条款,包括履行标的、履行期限、合同价款、履行方式等的变更。从鼓励交易、平衡双方利益角度出发,应当先要求当事人通过协商调整合同条款,协商不成时再通过判决来调整合同条款。其次,解除合同。当仅变更合同仍然对受不利影响的当事人一方明显不公平时,或者继续履行合同已不符合合同目的时,应当通过解除合同来消除这种后果。[3]判决解除合同,应当一并处理解除

---

〔1〕《最高人民法院关于当前形势下审理民商事合同纠纷案件若干问题的指导意见》(法发〔2009〕40号)要求法院“积极引导当事人重新协商,改订合同;重新协商不成的,争取调解解决”,该规定在实践中发挥着重要作用。

〔2〕理由是,合同效力是解决合同纠纷的基础,若以当事人未提起撤销之诉为由,对是否具有可撤销事由的抗辩不予审查,则在审理后,若当事人另案起诉撤销了合同,前案判决只能通过审判监督程序纠正,不利于一揽子解决纠纷,亦有损裁判权威。参见最高人民法院民事审判第二庭编著:《〈全国法院民商事审判工作会议纪要〉理解与适用》,人民法院出版社2019年版,第294页。

〔3〕参见最高人民法院研究室编著:《关于合同法司法解释(二)理解与适用》,人民法院出版社2012年版,第193页。

的后果。最后，若当事人仅要求解除合同，法院也可根据实际情况，判决变更合同。[1]实践中，当事人可能并不单独提出一项变更或解除的请求，而是将变更或解除的效果隐含于某一诉讼请求之中，如房屋租赁合同纠纷中，基于"非典"疫情而主张减少租金，实质上即主张变更租赁合同的价款条款。无论是变更还是解除，均是对当事人意思自治的干涉，但这正是情势变更制度追求的法律效果，通过高悬并且可能随时落下的变更或解除之剑，警示当事人尽量自行协商，达成解决方案。[2]

3. 变更或解除日期

解除时间点是合同终了后清算关系的基准点，直接影响恢复原状、采取其他补救措施及赔偿损失。法院在判令合同解决时，确定合同于哪个时间点解除？经梳理已有判例，一般认定合同于判决生效之日解除。但无论是一时性合同还是继续性合同，凡适用情势变更规则的案件，一审、二审的审理周期可能很长，待一审判决生效，合同可能已经履行完毕。对此，可供选择的时间点有情势发生变更之日、继续协商不成之日、起诉之日、判决生效之日等。考虑到适用情势变更规则的起因与后果，不宜规定一个确定的时间点；同时，解除合同的判决，是形成判决，并非确认判决，即并非是对已经发生的解除事实的确认，而是法院判令合同于某日解除，故该日应在一审的审判程序之内，根据公平原则与个案情况，进行合理确定。[3]合同的变更之日可在情势发生变更之后的某个时点确定，但该变更可以是永久性变更，之后均按该变更后的内容履行，也可以是阶段性变更，如仅减免"非典"疫情暴发期间的租金，之后的租金仍按原约定履行。

在判决解除或变更之前，原合同条款对双方当事人仍具拘束力，应当按约定履行。若将来法院判决合同于某日解除，在解除之日之后的履行内容，可在处理解除的法律后果时一并处理。《国际商事合同通则》第 6.2.3（2）条规定，"重

〔1〕 对此，1988年《最高人民法院关于贯彻执行〈中华人民共和国民法通则〉若干问题的意见（试行）》第73条规定可资借鉴。该条规定，对于重大误解或者显失公平的民事行为，当事人请求变更的，人民法院应当予以变更；当事人请求撤销的，人民法院可以酌情予以变更或者撤销。

〔2〕 参见王利明：《民法分则合同编立法研究》，载《中国法学》2017年第2期。

〔3〕 《国际商事合同通则》第6.2.3（4）条即如此规定，亦有学者持该观点。参见韩世远：《情事变更若干问题研究》，载《中外法学》2014年第3期。

新谈判的要求本身并不能使处于不利地位的当事人有权停止履约”。

（二）变更或解除的后果

根据《民法典》第563条、第590条等的规定，不可抗力规则要解决的是履行不能的义务解除与责任豁免，而情势变更规则看似解决的是继续履行的不公平即义务解除问题，但最根本的仍是义务解除后的责任豁免，并非属于“责任不构成”。法律未规定适用情势变更规则后可以豁免责任，但学理上认为不应再承担违约责任。对继续性合同，解除日期之后尚未履行的，则终止履行；解除日期之前应当履行而尚未履行，则继续履行至解除之日或赔偿相应损失；解除日期之后已经履行的，要根据履行情况和合同性质，判处返还原物、返还价款、恢复原状、采取其他补救措施并补偿损失。争议在于，前述解除日期之后的不再履行，已履行的则返还，受不利影响一方是否因此给对方赔偿或补偿？我们认为，应当根据公平与诚信原则，由受不利影响一方补偿对方就此遭受的直接损失，而不包括履行利益损失。“此赔偿责任非基于信任损害之责任，而是直接根据情事变更之基本观念，即诚实信用原则，因而与其说是损害赔偿，不如称之为‘损害的均分或补偿’，而其范围应以相对人受损为限，无须填补相对人就合同之存续所应得之利益。”〔1〕

（三）其他相关事项

其一，审慎适用。情势变更规则纳入《民法典》中，并不意味着就此有了更大适用空间。作为对契约严守的例外，本身是把“双刃剑”，从严控制适用仍是基本原则。“在调整尺度的价值取向把握上，人民法院仍应遵循侧重于保护守约方的原则。适用情势变更原则并非简单地豁免债务人的义务而使债权人承受不利后果，而是要充分注意利益均衡，公平合理地调整双方利益关系。”〔2〕

其二，积极调解。在合同纠纷处理中也要发挥调解机制的功能，在诉讼程序中也可进行“再协商”，这自不待言。此处主要是要强调适用情势变更规则的

〔1〕 史尚宽：《债法总论》，中国政法大学出版社2000年版，第442页。

〔2〕《最高人民法院关于当前形势下审理民商事合同纠纷案件若干问题的指导意见》（法发〔2009〕40号）第4条。

可能结果之一是变更合同，变更后可能仍需继续履行，通过调解解决纠纷，更利于后续履行。

其三，内部把控。情势变更规则是合同至上的危险例外，构成要件本身又充满概括性，适用时内部要严格把关。规定情势变更规则的2009年《最高人民法院关于适用〈中华人民共和国合同法〉若干问题的解释（二）》公布后的数日，最高人民法院即发出《关于正确适用〈中华人民共和国合同法〉若干问题的解释（二）服务党和国家的工作大局的通知》，要求确需在个案中适用时，至少应由高级人民法院审核。考虑到近些年相关研究和实践判例的积累，各界的认识日趋统一，今后适用该规则一般可以不再上报高级人民法院审核，但应当适用普通程序审理，并经专业法官会议讨论，必要时应提交审判委员会决定。

审判实务精要

《民法典》第533条调整了2009年《最高人民法院关于适用〈中华人民共和国合同法〉若干问题的解释（二）》第26条规定的情势变更规则，实务中应予注意。一是删除“非不可抗力造成”的条件限制，将不可抗力引发的某些合同订立基础的变化，也纳入情势变更规则之中。情势变更之“情势”的内涵相对确定，但外延具有开放性，只要是在合同订立时不能预见、履行完毕前发生、不属于商业风险的重大客观变化，均可成为该“情势”。二是认定情势之“变更”，重点在于判断“无法预见”与“重大变化”，前者要求按一般谨慎人标准，无法定或约定的风险分配规则；后者要求变化重大到“继续履行合同对于一方当事人明显不公平”的程度。删除上述司法解释第26条“不能实现合同目的”的适用情形，应通过法律解释方式弥补。三是基于鼓励交易、尊重意思自治的考虑，引入了再协商程序，但再协商是当事人的权利而非义务。四是由法院根据公平原则和个案情况，选择变更还是解除合同，并处理变更或解除后的法律后果。

撰稿人：孟高飞，上海市高级人民法院商事审判庭审判员，法学博士

20. 代位权制度的发展与适用

导　言

《民法典》第537条代位权制度继承并发展了原《合同法》及其司法解释的有关规定，对代位权行使的条件、对象及其效力进行丰富和完善。代位权行使的条件放弃了“债务人无资力”的要件，并且确立“影响债权实现”作为代位权必要性的判断标准。同时立法吸收了司法实践的有益尝试，将代位权行使的对象从债务人的到期债权扩大到了债务人债权及其从属权利，事实上将部分担保物权及保证债权也纳入了代位权行使的范围。同时，立法者坚持了代位权行使效力上的“直接清偿规则”，放弃了“入库规则”，并且明确了直接清偿规则的三种例外情形。从司法适用的角度，有必要澄清代位权制度上述发展变化对法律适用的影响，特别是代位权直接清偿规则与债务人的债权保全制度、强制执行制度以及债务人破产制度的关系。

一、代位权行使的条件：从“债务人无资力”到“影响债权实现”

关于代位权行使的前提条件，《法国民法典》并无明文规定，《日本民法典》及我国台湾地区“民法”均规定，“债权人有必要保全自己的债权时”，方可代位行使债务人权利。原《合同法》第73条规定的代位权行使条件为：因债务人怠于行使其到期债权，对债权人造成损害。从立法文义来看，我国代位权行使的条件似乎不同于域外规定，但学理上均认为代位权系对债务人财产自由的干涉，此种干涉应当具备必要性和正当性理由。

（一）债务人无资力说的要义及其缺陷

传统代位权理论将代位权行使的条件归结为债权人有保全其债权的必

要，〔1〕且通常认为债务人的责任财产不足以清偿其全部债务（债务人无资力说）时，代位权行使才有必要性和正当性。只有在债务人已陷于无资力，其不当减少财产的行为才会危及到债权的实现，此时根据利益权衡，才应赋予债权人代位权。〔2〕依传统代位权理论，对于无担保债权而言，是否能够得到充分清偿取决于债务人是否具有充足的财产，因而债务人的财产便成为债权的一般担保，成为责任财产。〔3〕在责任财产远超过其全部债务的情况下，债务人怠于甚至是放弃回收其享有的债权或其他财产，根本无害于债权人实现其债权，债权人自然无权干涉债务人支配、处分其财产的自由。而一旦债务人的责任财产不足以清偿其全部债务，继续听任债务人随意放弃其债权或财产，必然危及债权人的债权时，允许债权人通过代位权制度影响债务人的财产自由，具有法理上的正当性。债务人"无资力说"将代位权的行使条件与债务人破产的条件无限拉近，事实上在破产制度之外，创造了一种与之并行的集体清偿制度，其理论合理性和可行性值得探讨。

债务人"无资力说"很大程度上是对代位权制度的误读和以讹传讹，忽视了代位权制度本质上是债的个别清偿制度而非集体清偿制度，混淆了代位权制度与破产制度的边界。在代位权制度的母国法国，代位权制度与破产制度构成衔接关系，而非平行关系。一旦债务人进入破产程序，凡涉及债务人总财产（包括资产与负债）的权利与诉权，均由清算人行使，任何债权人都不能取代清算人收取债务人的债权；即使代位行使其权利，亦同。〔4〕从我国《破产法》与原《合同法》的规定来看，代位权制度与破产制度同样是一种衔接关系，而非平行关系。代位权制度属于债的个别清偿制度，而破产制度属于债的集体清偿程序，债权人行使代位权的过程中，一旦债务人陷入破产程序，则未审结的代位权诉讼应当中止审理，并在破产宣告后驳回债权人的诉讼请求；已经审结并作出代位权成立的生效判决但尚未执行完毕的，应当中止执行，由债权人依法向破产管理人申报债

〔1〕 参见《日本民法典》，刘士国、牟宪魁、杨瑞贺译，中国法制出版社2018年版，第92页。
〔2〕 参见娄正涛：《债权人代位权制度之检讨》，载《比较法研究》2003年第1期。
〔3〕 参见韩世远：《合同法总论》，法律出版社2008年版，第281页。
〔4〕 参见《法国民法典》，罗结珍译，法律出版社2004年版，第908页。

权。[1]

从判例来看，法国最高法院对债权人代位权的行使条件，只要求债务人的懈怠危害到了债权人的权益，债权人即可行使代位权，具体以债务人迟延履行债务作为债权人具有“诉的利益”的标准，并不要求债务人陷于“无资力”。而对于撤销权，法国最高法院则明确要求债务人无支付能力，即债权人起诉之日仍然属于债务人的财产价值不足，不足以使债权人获得清偿，债权人才能行使撤销权。[2]其实不难理解，虽然我国台湾地区民法及学说将代位权与撤销权同样归类为债权保全制度，但两者对债务人及次债务人的影响程度大不相同。代位权的行使，与债权让与类似，无论是向何人履行债务均不会对次债务人利益构成实质影响，仅需考量债务人与债权人之利益平衡。与此不同，撤销权则从根本上颠覆了债务人与次债务人之间民事行为的效力，不仅影响到债务人之财产自由，而且也严重干涉了次债务人之契约自由。因此，对撤销权的行使理应采取不同于代位权的标准，非到万不得已，不应允许债权人撤销他人之合同，因此撤销权要求债务人“无资力”当属合理。但是若不考虑撤销权与代位权对第三人（次债务人）权益的效力差异，仅以二者同属债的保全制度，即要求代位权制度也必须遵守债务人“无资力”的要件，则有“削足适履”之嫌——毕竟将撤销权与代位权归为“债的保全”之下，并非世界各国立法及学说的普遍通例。

从责任财产的角度来看，代位权所行使之债权原本就属于债务人的责任财产之一，该财产与债务人动产、不动产并无本质区别（仅财产的变现方式有异于债券、动产或不动产），理应无差别的用于清偿债权人的债权，完全不必过度考量债务人总财产状况及其支付能力。事实上，在并无代位权制度的德国，债权人通过“收取之诉”强制执行债务人的到期债权时，同样并不要求债务人限于无资力的状态。

不仅如此，在代位权制度中引入债务人无资力说，也缺乏实践可行性。从债权人举证的角度来看，无资力要件以债务人责任财产（也即总财产）小于全部

---

〔1〕 参见《最高人民法院关于适用〈中华人民共和国企业破产法〉若干问题的规定（二）》第21条、第22条。

〔2〕 参见《法国民法典》，罗结珍译，法律出版社2004年版，第908~910页。

债务为判断标准，但债权人主张代位权时，既无权利更无能力全面掌握债务人责任财产的总量，无从判断债务人是否处于“无资力”状态。从法官裁判角度来看，代位权制度并未提供类似“破产债权申报”机制，债务人即使存在其他债权人，是否主张债权仍属债权人之自由，法官作为裁判者，也难以判断债务人是否陷于“无资力”。

（二）影响债权实现说的提出

依据原《合同法》第73条的规定，代位权行使的条件为：因债务人怠于行使其到期债权，对债权人造成损害。该规定文义上暗含了“债务人怠于行使其到期债权”与“对债权人造成损害”两者之间的因果关系，但该因果关系在代位权行使之时难以加以证明。债务人怠于行使权利的行为是否必然会对债权造成实际的损害，只有经过强制执行的情况下，才能够得出最终结论。即使债务人账面上具有大于债权人债权金额的不动产、动产等财产，但是在上述资产在拍卖变价过程中仍然存在较大的不确定性，可能难以变价，也可能变价之后所得款项严重低于账面价值，难以完全清偿债务。要求债权人在行使代位权之时证明上述不确定事实，实属困难。

依据《最高人民法院关于适用〈中华人民共和国合同法〉若干问题的解释（一）》第20条的规定，是指债务人不履行其对债权人的到期债务，又不以诉讼方式或者仲裁方式向其债务人主张其享有的具有金钱给付内容的到期债权，致使债权人的到期债权未能实现。可见，我国司法实践并未照搬代位权“无资力”说，实践中对代位权行使的必要性判断标准是：债务人怠于行使其到期债权，对债权人造成损害的。而“对债权人造成损害”中的“损害”不同于一般损害赔偿中的赔偿，如果要求行使代位权的债权人举证证明自己的债权受到了具体的、实质性的损害，则于债权人殊为不公，故规定只要债务人未履行其对债权人的债务，债权人的债权未能实现，便可视为对债权人造成了损害。[1]也即只要债务人满足“怠于行使到期债权”+“迟延履行债务”，债权人即可主张行使代位权。《民法典》第535条则对原《合同法》代位权行使的条件进行修改：不再要求“债

---

〔1〕 参见曹守晔：《代位权的解释与适用》，载《法律适用》2000年第3期。

务人怠于行使其到期债权，对债权人造成损害”，只要求“债务人怠于行使其债权以及与该债权有关的从权利，影响债权人的到期债权实现”，这一修改意义重大，事实上扬弃了“债务人无资力说”，确立了“影响债权实现说”。该修改无疑大大降低了债权人的举证责任，并且会导致举证责任转移给债务人。因为“影响”不等于“实害”，只要债务人的怠于行为增大了债权不能实现的风险，即可认定对债权实现造成了影响。在债务人已经迟延履行债务的情况下，债务人继续怠于行使其债权，势必影响其“一般担保”的能力，凭社会常识即可推定会对债权人实现债权会产生不利影响，债权人即具备行使代位权的必要性和正当性。

（三）代位权行使是否应遵从补充性原则

司法实践中，有观点认为：如果债务人怠于行使权利的行为并不具备给债权人造成损害的可能，债权人尚可就其他责任财产实现其债权时，仍允许债权人行使代位权则明显有违代位权制度的立法初衷。基于代位权制度运作的内在逻辑，应该认为当主债权存在担保时，债权人必须首先诉诸这些担保所提供的保障。只有当这些担保所提供的保障仍不足以使债权得到满足时，才可以行使债权人代位权。也即债权存有担保时，债权人代位权行使具有补充性。〔1〕笔者认为，关于代位权具有补充性的观点并不可取：一方面，债权即使存在担保，在担保权未经强制执行之前，债权能否得到充分清偿，仍然存在不确定性；若之后才允许债权人主张代位权，则很可能导致债务人为逃避债务而处分其债权。另一方面，在债务人已经陷于迟延的情况下，债权人之债权已经遭受现实危害，行使何种权利对债权实现更有保障，应由债权人自主决定。债务人若欲阻止债权人行使代位权干涉其财产自由，完全可以通过主动清偿的方法消灭债权人的债权。

二、代位权行使的对象：从到期金钱债权到债权

关于代位权行使的对象，原《合同法》第73条规定为债务人的到期债权，《最高人民法院关于适用〈中华人民共和国合同法〉若干问题的解释（一）》第20

〔1〕 参见薛军、张志刚：《担保前提下债权人代位权的补充性兼议债的相对性原则的坚守与突破》，载《人民司法》2012年第5期。

条又将其限缩于“到期金钱债权”。司法实践中，绝大多数裁判均恪守“到期金钱债权”的限制，原则上不承认非债权以及非金钱债权可以作为代位权行使的对象。[1]也有个别裁判认为，特定非金钱债权可以作为代位权行使的对象。[2]与司法实践的严格限制相反，理论界倡导扩展代位权的行使对象，应使其涵盖非专属于债务人的一切财产权利，如非金钱债权、担保物权、物上请求权、具有财产利益的形成权，等等。[3]为了回应理论界的呼声，《民法典合同编草案（一审稿）》《民法典合同编草案（二审稿）》均将代位权行使的对象从原《合同法》规定的债务人“到期债权”扩展到债务人的“权利”，即凡是债务人怠于行使的“权利”，债权人均可代位行使。但从《民法典》的规定来看，又退回到限制代位权行使对象的立场上，规定代位权的对象为债务人的“债权”，但删除了“到期”二字；同时明确与“债务人债权相关的从权利”，也可以作为代位权行使的对象，实际上将债务人享有的“担保物权”和“保证债权”纳入了代位权的行使范围。

其实，不难理解立法的选择以及有限的突破。代位权制度是一套制度体系，其中最为关键的是代位权的行使条件、行使对象和行使效力，三者相互影响，必须协调一致才能减少制度体系的内部冲突，发挥其制度效用。由于我国代位权行使效力不同于传统理论上的“入库规则”，而是采取直接清偿规则，这种情况下，如果将代位权行使的对象扩大到物权，在直接清偿规则之下，债权人与债务人，债务人与次债务人之间面临相当烦琐、复杂的债务清算过程，反倒不利于债权人债权的及时清偿。相反，将代位权行使对象限缩于债权甚至是金钱债权，上述双重债权债务关系的清算将极为简便。

正是因为考虑到立法的可操作性，《民法典》仅对代位权行使对象作出了有限的突破。即代位权行使的对象仍围绕债务人的债权展开，但是扩展到上述债权的从权利，即通常的担保物权和保证债权。应当说，立法者的这一有限突破是非常慎重的，既避免与直接清偿规则的冲突，也吸收了司法实践的有益经验。虽

---

〔1〕 参见（2005）最高法民四他字第31号、（2012）最高法民申字第604号。

〔2〕 参见陈林、贾宏斌：《孙某与沈阳沈铁房地产开发集团有限公司房屋拆迁安置补偿合同纠纷案——特定债权可以作为代位权行使的对象》，载《人民司法·案例》2011年第8期。

〔3〕 参见史尚宽：《债法总论》，中国政法大学出版社2000年版，第466~468页。

然原《合同法》规定代位权行使的对象仅为债务人的债权，但司法实践从债权与担保物权的从属关系出发，事实上认可了对从属于债权的担保物权可以行使代位权。〔1〕实践中，债权人行使代位权向债务人的担保物或保证人主张清偿责任的，担保人或保证人有权行使相应的抗辩权。根据《民法典》第535条第3款的规定，这种抗辩权不仅包括次债务人对债务人享有的抗辩权，而且包括保证人对次债务人享有的抗辩权，如一般保证人对债权人享有的先诉抗辩权等。不仅如此，一旦法院认定此种代位权成立，在直接清偿规则之下，债权人与次债务人、保证人或担保人应当进行债权债务的清算，不得因直接清偿导致债权人不当获利，更不能损害次债务人、保证人或担保人的财产权益。

三、代位权行使效力：从入库规则到直接清偿规则

原《合同法》立法过程中，数次提出要按照“入库规则”来设置代位权行使的效力归属，但最终并未明确代位权行使的效力归属。代位权直接清偿规则系由最高人民法院通过司法解释创设，我国学者通常将之称为“优先受偿规则”。在对《最高人民法院关于适用〈中华人民共和国合同法〉若干问题的解释（一）》创设权限提出质疑的同时，理论界对所谓的“优先受偿规则”提出了广泛的批评，但从比较法的角度，直接清偿规则并非我国首创，也不应当被贴上优先受偿的标签。《日本民法典》第423条之三亦有类似规定：“债权人行使被代位权利的情形，被代位权以金钱的支付或者动产的交付位标的时，可请求相对人向自己支付或者交付。在此情形，相对人向债权人支付或者支付时，被代位权利因此消灭。”〔2〕该规定与《民法典》第537条高度一致，较之《最高人民法院关于适用〈中华人民共和国合同法〉若干问题的解释（一）》第20条的规定，层次更加清晰，含义更加明确。该司法解释第20条规定仅指明“法院审理后认定代位权成立的，由次债务人向债权人履行清偿义务”，至于“债权人与债务人、债务人与次债务人之间相应的债权债务关系消灭”是否要求以次债务人实际履行清偿义务为条件，并不明确，其文义应为：只有当次债务人向债权人实际履行清偿义务时，才

〔1〕 参见（2002）沪二中民三（商）终字第430号。

〔2〕《日本民法典》，刘士国、牟宪魁、杨瑞贺译，中国法制出版社2018年版，第92页。

发生相应两组债权债务消灭的法律后果。从这个角度来看，《民法典》第537条的立法更加科学，有助于减少法律适用分歧。

（一）直接清偿规则的解释论

一种观点以入库规则为理论依据，将直接清偿规则解释为：债权人直接接受次债务人清偿，乃是代债务人收取债权，债务人有权要求债权人返还，仅在金钱债权场合，债权人借助抵销制度，以其债权抵销对债务返还之债，由此可以保有次债务人之给付成果。[1]另一种观点以债权转移为理论依据，将直接清偿规则解释为：因法院审理认定债权人代位权成立，就标志着债务人将其对次债务人的债权转移给了债权人。其实际结果是，债务人以向债权人让与其对次债务人的债权而替代债务履行，消灭了债权人与债务人之间的债权债务关系。[2]

笔者认为，第一种观点为了满足入库规则的理论预设，否认债权人独立获得次债务人清偿的权利，又借助抵销制度事实上承认债权人直接取得清偿的效果。这种观点论证过于迂回繁杂，而最终效果却与承认债权人有直接受偿权相同，按照"奥卡姆剃刀原理"，[3]这一解释逻辑缺乏理论竞争力。且一旦债权人与债务人有约在先，双方所负债权债务不得抵销，则"入库规则"即丧失解释力。日本学者之所以坚持"入库规则"，多半与《日本民法典》代位权制度特殊规定有关。《日本民法典》第423条之五规定，债权人行使代位权时，不妨碍债务人自行收取被代位权利或者进行处分。在此情况下，也不妨碍相对人就被代位权利向债务人履行。[4]从该规定来看，债权人的代位权依附于债务人，债权人并无独立的清偿请求权。而我国则采取了与《日本民法典》第423条之五截然相反的做

〔1〕 参见段匡：《日本债权人代位权的运用》，载梁慧星主编：《民商法论丛》（总第16卷），金桥文化出版（香港）有限公司2000年版，第532~533页。

〔2〕 参见徐澜波：《合同债权人代位权行使的效力归属及相关规则辨析》，载《法学》2011年第7期。

〔3〕 "奥卡姆剃刀原理"又称"简单有效原理"，其要义在于"如无必要，勿增实体"：当有两个处于竞争地位的理论能得出同样的结论时，简单的那个理论更好。

〔4〕 参见《日本民法典》，刘士国、牟宪魁、杨瑞贺译，中国法制出版社2018年版，第92页。

法：债权人代位权成立的，次债务人不得向债务人履行，[1]因此并不妨碍解释论上承认债权人具有独立的清偿请求权。第二种观点将代位权成立视为债的法定转移，并将次债务人不能清偿的风险完全转嫁给债权人，导致债权之保障并无实质增强。因此上述两种观点均不可取。

考虑到债权人代位权制度实乃为弥补民事诉讼法强制执行制度之不足——"盖法国民事诉讼法并无如德国民事诉讼法设有债权人得依强制执行程序，对于其债务人之债权予以强制执行之规定"，[2]因此在理解代位权行使的法律效果时，应当与《德国民事诉讼法》相关制度作同等法效果考量。由于我国当前缺乏收取诉讼的立法，相关学理研究还较为薄弱，收取诉讼的行使只能借助原《合同法》第73条代位权。[3]《德国民法典》并无代位权制度，但对于债务人之债权，《德国民事诉讼法》设置了"对金钱债权的扣押"和"收取之诉"，其中前者系向次债务人发出，发生禁止次债务人向债务人支付，同时也禁止债务人对债权进行任何处分或自行收取；而后者使债权人有权为了本人债权的实现，直接向次债人主张给付，次债人之给付发生清偿的法律后果，而并非债权人代债务人收取，亦无须以抵销来获得清偿。[4]

因此，对1999年《最高人民法院关于适用〈中华人民共和国合同法〉若干问题的解释（一）》第20条以及《民法典》第537条的解释应立足两点：其一，债权人自身有权向次债务人主张清偿，无须主张抵销即可直接取得清偿的权利；其二，法院认定代位权成立，判令次债务人向债权人给付的，则发生禁止次债务人向债人履行的法律后果，也发生禁止债务人处分和收取的法律效果，但是并不发生债务人债权转移的法律后果。详言之，一旦法院认定代位权成立，债权人即取得债务人对次债人的债权，但在次债务人实际清偿之前，债权人对债务人之债权，并

---

〔1〕 参见《最高人民法院关于适用〈中华人民共和国合同法〉若干问题的解释（一）》第21条：债务人在代位权诉讼中，对超过债权人代位请求额的债权部分起诉次债务人的，人民法院应当告知其向有管辖权的人民法院另行起诉。

〔2〕 马维麟：《民法债编注释书》（三），台北，五南图书出版股份有限公司1985年版，第4页。

〔3〕 庄佳园：《初探债权执行程序的理论基础——执行名义欠缺的质疑与收取诉讼的构造尝试》，载《现代法学》2017年第3期。

〔4〕 参见《德意志联邦共和国民事诉讼法》第829条、第835条，谢怀栻译，中国法制出版社2001年版，第222~223页。

不消灭；次债务人仅在其债务范围内，加入对债权人之清偿，以此保障债权人债权的实现。债权人对债务人之债权，与债权人对次债务人之债权形成连带债务关系，任一债务获实际履行，则另一债务视为消灭。同时债务人对次债务人之债权，发生诉讼法上“债权冻结”的法律效果，一旦债务人自己清偿了债权人之债权，则可以解除冻结，继续向次债务人主张其债权；而一旦次债务人向债权人清偿，则发生实体法上消灭“冻结债权”的效果。

（二）直接清偿规则不同于债权人享有优先权

理论界对直接清偿规则的批评主要集中在该规则为代位权人设置了“优先权”，而该优先权却无相应的制定法依据，也违背了债的平等性原则。上文已经论证代位权制度与债的平等性原则并无直接关联，以此原则批评代位权直接清偿规则有“无端指责”的嫌疑。即便如此，仍有必要澄清直接清偿规则是否构成代位权人的清偿优先权。笔者认为，将直接清偿规则认定为一项优先权，是强加给直接清偿规则的一个错误标签，应当予以澄清。

除担保物权外，我国并未明确规定严格意义上的债权优先权制度，这点与法国、日本有所不同。《法国民法典》和《日本民法典》中均设置了专门的优先权制度，作为与担保物权相并列的制度设置，来保障特殊债权的清偿。依《法国民法典》第2095条规定：优先权，是指依据债权的性质，给予某一债权人先于其他债权人，甚至是先于抵押权人，受清偿的权利。[1]《日本民法典》中的先取特权制度也与法国类似。不少学者在讨论特殊债权人的优先权时，往往缺少对该制度适用时空条件的介绍和考证，容易造成理论误用。法国法的优先权制度是在债的集体清偿程序（也即破产程序）中需要加以适用的制度，均是针对债务人总财产（也即一般责任财产）的清偿，赋予特定债权人优先获得清偿的权利，而不是像普通债权人一样按照比例分配。因此如果认为代位权的直接清偿规则赋予了债权人优先权，应当将债权人代位权“置入”债务人的集体清偿程序中加以考量，如果在集体程序中债权人可以优先于债务人的其他债权人，则可以认定行使代位权的债权人享有优先权。反之，并不能得出债权人享有优先权的结论。显

〔1〕 参见《法国民法典》，罗结珍译，法律出版社2004年版，第1515页。

然，无论是法国、日本还是我国，债权人行使代位权时，一旦债务人进入集体清偿程序，则代位权必须让位于破产程序，债权人根本不可能取得对次债务人的胜诉判决，也即无法取得对次债务人的债权，何来取得优先权。即使债权人对次债务人取得胜诉判决在前，只有次债务人尚未履行完毕，一旦债务人事后陷于破产，债务人之管理人即可要求中止履行。因此，即使按照直接清偿规则，行使代位权的债权人并不能取得任何优先受偿权。

此外，就作为非法人组织的债务人而言，虽然不能进入破产程序，行使代位权的债权人也未必能够获得实际清偿，更谈不上具有优先权。其一，其他债权人同样有权向次债务人主张直接清偿，这种情况下数个行使代位权的债权人最终将通过执行程序中参与分配的方式，实现债权的平等清偿。其二，即使债务人的其他债权人未主张代位权，而仅仅是向债务人主张清偿，在取得胜诉判决后，依然有权通过“到期债权执行程序”，向次债务人发出履行通知，从而取得对次债务人的强制执行权，这种情况下，数个债权人无论是否通过代位权，均可以通过执行程序中参与分配程序，实现平等清偿。

至于债务人无其他债权人参与债权清偿的竞争，或者虽事后发现债务人无资力清偿全部债权，但又无法通过保全、执行措施或者破产程序阻止次债务人向行使代位权的债权人清偿的，债权将获得事实上被完全清偿的效果，相比于事后发起主张的债权人，形成清偿上的优先地位，则属于一般债务应当承担的不能清偿风险，其根源在于债的平等原则以及以此为基础的债的任意性清偿原则。对于债的任意性清偿导致的债的不平等清偿后果，现有民法制度只能提供破产程序和执行参与分配程序加以救济，与债权的代位行使或直接行使并无必然关联，正如不能以不平等清偿后果来否定债的任意性清偿原则一样，也不能以此结果不公平为由来否定代位权直接清偿规则。

（三）直接清偿规则的例外情形

相较于原《合同法》规定的直接清偿规则，《民法典》第537条增加规定了例外情形，即“债务人对相对人的债权或者与该债权有关的权利被采取保全、执行措施，或者债务人破产的，依照相关法律的规定处理”。这种情形下，即使代位权成立，也不应再由次债人直接向债权人清偿，而应按照相关法律的规定处理。需要首先说明的是，这三种情形对直接清偿规则的影响程度是不同的，债务人破产的情形，会阻止直接清偿判决的做出，如上文所述，代位权诉讼过程中，一旦债务人进入破产程序，则代位权诉讼应中止审理，应由债权人向债务人的管理人申报债权，债务人对次债务人的债权也只能由管理人收取，而不应再由债权人主张直接向自己清偿。

对于“债务人对相对人的权利被采取保全措施”，由于可以作为代位权行使对象的“债务人对相对人的权利”只能是债权及其从权利，因此保全措施只能是行为保全，即禁止相对人对债务人进行给付或清偿。这种行为保全措施实践中又分为两种：一种行为保全措施是诉讼中的行为保全，多个债权人同时向次债务人主张代位权时，其中一个债权人对“债务人对次债务人享有的权利”采取了保全措施，即禁止次债务人向债务人给付。另一种行为保全措施是执行中的保全，即在代位执行程序中，执行法院依据“履行到期债务通知书”禁止次债人向债务人清偿，从而对债务人的权利采取保全措施，这种情况下，次债务人承认对债务人负有债务的，执行法院可以强制执行次债人财产来清偿债权人的债权。上述两种保全措施均会影响债权人在代位权诉讼中能否取得针对次债务人的胜诉判决，因此属于直接清偿规则的例外情形。

与保全措施密切相关的是强制执行措施，在多个债权人的代位权胜诉判决进入对次债务人的强制执行环节时，若次债务人对债务人负有的债务不足以清偿多个债权人的债权或次债务人的财产不足以清偿多个债权人的债权时，多个债权人应当通过执行参与分配或者执行转破产程序获得平等清偿，并不能发生次债务人对某一债权人的个别清偿，会发生阻止直接清偿规则适用的效力，属于直接清偿规则的例外情形。

审判实务精要

代位权成立后，债权人即取得债务人对次债人的债权，但在次债务人实际清偿之前，债权人对债务人之债权，并不消灭；次债务人仅在其债务范围内，加入对债权人之清偿。债权人对债务人之债权，与债权人对次债务人之债权形成连带债务关系，任一债务获实际履行，则另一债务视为消灭。同时债务人对次债务人之债权，发生诉讼法上"债权保全"的法律效果，一旦债务人自己清偿了债权人之债权，则可以解除"保全"，继续向次债务人主张其债权；而一旦次债务人向债权人清偿，则发生实体法上消灭"冻结债权"的效果。在多个债权人的代位权胜诉判决进入对次债务人的强制执行程序时，若次债务人对债务人负有的债务不足以清偿多个债权人的债权或次债人的财产不足以清偿多个债权人的债权时，多个债权人应当通过破产或执行参与分配程序获得平等比例的公平清偿。

撰稿人：荣学磊，上海市第二中级人民法院研究室主任助理，法学硕士，
上海财经大学法学院博士研究生

21. 商事合同法定解除的审判实务

导　言

商事审判实践中，因法定解除发生的合同争议比较常见，但长期以来，对法定解除争议的审查认定存在适用法律思路各异、尺度把握宽严不一、操作欠缺统一规范等现象。《民法典》沿用原《合同法》的相关规定，第563条第1款涉及合同法定解除事由，第2款涉及解除合同的时间控制要件，第564条增加了解除权行使的期限，第565条对解除方式和解除时间点进行了明确，第566条规定的是合同解除后的法律后果，第580条第2款则增加了“破解长期合同僵局的规则”。但上述规定的理解与适用仍需进一步明确。

合同运行的理想状态下，合同权利义务因债务得以履行而终止，或者因发生了能够拟制为债务履行效果的行为或者事件而终止，[1]合同履行完毕，当事人签订合同的目的得以实现。但由于合同签订后的主客观情况变化，或者一方当事人严重违反合同义务等情况，致使合同的履行成为不可能或者不必要，合同不但不能继续为当事人带来经济利益，反而成为限制当事人的羁绊。对此，各国合同法都将合同解除作为当事人提前终结合同关系、摆脱合同束缚的制度安排。

为了尽快就法定解除问题形成成熟的审判思路和统一的适法标准，亟须加强审判思路梳理，明确法定解除权的性质、行使方式和法律后果，统一对法定解除条件的要件分析和要素判断标准。

---

〔1〕 如债的抵销、提存、免除、混同等情形。

一、合同法定解除制度相关法理分析

（一）合同解除的法律属性

合同解除，指合同成立并生效后，因一方或双方当事人的意思表示，使合同关系终了，未履行的部分不必继续履行，已经履行的部分予以清算。〔1〕根据上述定义，合同解除的构成要件包括：

1.须已成立生效。尚未成立的合同，本身没有约束力，谈不上解除；已经成立而尚未生效的合同，还没有对当事人产生合同效力，故一般不会遇到解除问题。〔2〕

2.须具备解除的条件。合同解除适用于特殊情况，只有具备了解除条件，才产生解除的可能。解除条件可以由当事人双方在订立合同时自行约定，也可由法律予以规定。〔3〕

3.须有解除行为。解除行为是一种明确的意思表示：当事人双方协商一致解除合同的，双方共同的意思表示就是解除行为；依解除权人一方意思表示解除合同的，该当事人发出解除通知的行为是解除行为。

（二）合同法定解除的类型和特征

法定解除基于解除条件适用对象不同，可分为一般法定解除和特殊法定解除。一般法定解除，是指法律所规定的解除条件适用于各种类型的合同，具有一般性、通用性，如原《合同法》第94条和《民法典》第563条第1款。特殊法定解除，则是指法律规定的解除条件仅针对特定类型合同才适用，具有特殊性、专属性，其他类型合同即使出现相同情形也不构成合同解除的条件。

---

〔1〕 韩世远：《合同法总论》（第3版），法律出版社2011年版，第503页。

〔2〕 需要注意的是，成立但尚未生效合同如遭遇不可抗力，或者使该合同生效是一方的义务而其拒绝履行，这些情况下一概排除合同解除的适用，也可能产生双方合同关系迟迟不能确定、等待生效的无过错方难以救济等现实问题。对此，韩世远、崔建远等相关著述中有所论及。因不属于本课题研究方向，不再展开。

〔3〕 除原《合同法》总则部分第94条，分则部分第268条、第410条等规定外，一些部门法（如《保险法》第15条、第16条、第27条等）也有有关类型的合同解除的规定。

（三）合同法定解除权的权利属性

合同解除权是形成权。从诉的基本原理角度来说，解除合同的请求为确认之诉。如当事人未提出解除合同的诉请，法院可否依职权直接判决合同的解除？根据“相同情况相同处理”的法律适用理念，当事人直接请求人民法院判决解除合同，应理解为是当事人的一种意思表示方式，与以通知方式行使解除权并无本质的差别。因此，如当事人未提出解除合同的诉讼请求的，人民法院不能依职权径行裁判解除合同。

（四）合同法定解除权的相关法条

关于合同法定解除的相关规定详见原《合同法》及2009年《最高人民法院关于适用〈中华人民共和国合同法〉若干问题的解释（二）》、《民法典草案二审稿》。《民法典》追随原《合同法》的相关规定，也对法定解除事由、解除权行使期限、解除通知规则等进行了规定。

关于法定解除事由，《民法典》第563条增加任意解除须“在合理期限之前通知”这一时间控制要件，同时将二审稿中“违约方解除权”的相关条款删除，改成第580条第2款的“破解长期合同僵局的规则”，该款相较于二审稿删除了“违约方行使解除权”构成要件，同时也对接了《民法典》第557条规定的终止事由。

关于解除权的行使期间，原《合同法》第95条规定若无法定或约定的除斥期间，须经对方催告后消灭，从而将此问题交给当事人来决定。《民法典》第564条第2款增加：法律没有规定或者当事人没有约定解除权行使期限，自解除权人知道或者应当知道解除事由之日起一年内不行使，或者经对方催告后在合理期限内不行使的，该权利消灭。《民法典》采用合同解除权法定一年的除斥期间制度。

关于解除通知的规则，《民法典》第565条第1款沿用了原《合同法》第96条解除通知的规则，即行使解除权的通知到达对方时解除。但也考虑到解除权人仍然给予对方恢复履约的机会，因此增加规定：通知载明债务人在一定期限内不履行债务则合同自动解除，债务人在该期限内仍未履行债务的，合同自通知载明的期限届满时解除。同时增加了第2款起诉或申请仲裁解除何时发生解除效力，从而解决司法实践中长期困惑的问题。（见表21-1）

表21-1　合同法定解除权的相关规定

原《合同法》	2009年《最高人民法院关于适用〈中华人民共和国合同法〉若干问题的解释（二）》	《民法典草案二审稿》	《民法典》
第94条　有下列情形之一的，当事人可以解除合同： （一）因不可抗力致使不能实现合同目的； （二）在履行期限届满之前，当事人一方明确表示或者以自己的行为表明不履行主要债务； （三）当事人一方迟延履行主要债务，经催告后在合理期限内仍未履行； （四）当事人一方迟延履行债务或者有其他违约行为致使不能实现合同目的； （五）法律规定的其他情形。	第24条　当事人对合同法第九十六条、第九十九条规定的合同解除或者债务抵销虽有异议，但在约定的异议期限届满后才提出异议并向人民法院起诉的，人民法院不予支持；当事人没有约定异议期间，在解除合同或者债务抵销通知到达之日起三个月以后才向人民法院起诉的，人民法院不予支持。	第353条　有下列情形之一的，当事人可以解除合同： （一）因不可抗力致使不能实现合同目的； （二）在履行期限届满之前，当事人一方明确表示或者以自己的行为表明不履行主要债务； （三）当事人一方迟延履行主要债务，经催告后在合理期限内仍未履行； （四）当事人一方迟延履行债务或者有其他违约行为致使不能实现合同目的； （五）法律规定的其他情形。 以持续履行的债务为内容的不定期合同，当事人在合理期限之前通知对方后可以解除。 合同不能履行致使不能实现合同目的，有解除权的当事人不行使解除权，构成滥用权利对对方显失公平的，人民法院或者仲裁机构可以根据对方的请求解除合同，但是不影响违约责任的承担。 第354条　法律规定或者当事人约定解除权行使期限，期限届满当事人不行使的，该权利消灭。 法律没有规定或者当事人没有约定解除权行使期限，自解除权人知道或者应当知道解除事由之日起一年内不行使，或者经对方催告后在合理期限内不行使的，该权利消灭。	第563条　有下列情形之一的，当事人可以解除合同： （一）因不可抗力致使不能实现合同目的； （二）在履行期限届满前，当事人一方明确表示或者以自己的行为表明不履行主要债务； （三）当事人一方迟延履行主要债务，经催告后在合理期限内仍未履行； （四）当事人一方迟延履行债务或者有其他违约行为致使不能实现合同目的； （五）法律规定的其他情形。 以持续履行的债务为内容的不定期合同，当事人可以随时解除合同，但是应当在合理期限之前通知对方。 第564条　法律规定或者当事人约定解除权行使期限，期限届满当事人不行使的，该权利消灭。 法律没有规定或者当事人没有约定解除权行使期限，自解除权人知道或者应当知道解除事由之日起一年内不行使，或者经对方催告后在合理期限内不行使的，该权利消灭。

续表

原《合同法》	2009年《最高人民法院关于适用〈中华人民共和国合同法〉若干问题的解释（二）》	《民法典草案二审稿》	《民法典》
第96条　当事人一方依照本法第九十三条第二款、第九十四条的规定主张解除合同的，应当通知对方。合同自通知到达对方时解除。对方有异议的，可以请求人民法院或者仲裁机构确认解除合同的效力。 法律、行政法规规定解除合同应当办理批准、登记等手续的，依照其规定。		第355条　当事人一方依法主张解除合同的，应当通知对方。合同自通知到达对方时解除；通知载明债务人在一定期限内不履行债务则合同自动解除，债务人在该期限内未履行债务的，合同自通知载明的期限届满时解除。对方对解除合同有异议的，任何一方当事人均可以请求人民法院或者仲裁机构确认解除行为的效力。 当事人一方未通知对方而直接以诉讼或者仲裁方式主张解除合同，人民法院或者仲裁机构确认该主张的，合同自起诉状副本或者仲裁申请书副本送达对方时解除。	第565条　当事人一方依法主张解除合同的，应当通知对方。合同自通知到达对方时解除；通知载明债务人在一定期限内不履行债务则合同自动解除，债务人在该期限内未履行债务的，合同自通知载明的期限届满时解除。对方对解除合同有异议的，任何一方当事人均可以请求人民法院或者仲裁机构确认解除行为的效力。 当事人一方未通知对方，直接以提起诉讼或者申请仲裁的方式依法主张解除合同，人民法院或者仲裁机构确认该主张的，合同自起诉状副本或者仲裁申请书副本送达对方时解除。

续表

原《合同法》	2009年《最高人民法院关于适用〈中华人民共和国合同法〉若干问题的解释（二）》	《民法典草案二审稿》	《民法典》
		第356条　合同解除后，尚未履行的，终止履行；已经履行的，根据履行情况和合同性质，当事人可以要求恢复原状或者采取其他补救措施，并有权要求赔偿损失。 合同因违约解除的，当事人可以请求违约方承担违约责任，但是当事人另有约定的除外。 主合同解除后，担保人对债务人应当承担的民事责任仍应承担担保责任，但是担保合同另有约定的除外。	第566条　合同解除后，尚未履行的，终止履行；已经履行的，根据履行情况和合同性质，当事人可以请求恢复原状或者采取其他补救措施，并有权请求赔偿损失。 合同因违约解除的，解除权人可以请求违约方承担违约责任，但是当事人另有约定的除外。 主合同解除后，担保人对债务人应当承担的民事责任仍应当承担担保责任，但是担保合同另有约定的除外。 第580条　当事人一方不履行非金钱债务或者履行非金钱债务不符合约定的，对方可以请求履行，但是有下列情形之一的除外： （一）法律上或者事实上不能履行； （二）债务的标的不适于强制履行或者履行费用过高； （三）债权人在合理期限内未请求履行。 有前款规定的除外情形之一，致使不能实现合同目的的，人民法院或者仲裁机构可以根据当事人的请求终止合同权利义务关系，但是不影响违约责任的承担。

二、商事合同法定解除审判实践的困境及实证表现

审判实践中对于合同法定解除的争议，主要集中在以下几个方面：

（一）法院判决合同解除的理由与原告主张的解除理由不对应

审判实践中，有些案件的判决与当事人主张的请求权基础缺乏对应性，没有体现正确的审判思路。如有的案件原告请求确认合同无效、返还已给付价款，法院却认为合同符合法定解除条件遂判决原告基于合同解除而获价款返还（见案例一）。又如有的案件原告以合同约定解除条件成就为由主张解除合同，法院认为约定的解除条件不成就，但符合法定解除条件，并直接认定案件应按法定解除处理（见案例二）。再如，承揽合同纠纷中原告定作人依据原《合同法》第94条第3项主张解除合同，法院却依据原《合同法》分则第268条关于定作人任意解除权的规定判决合同解除，这样处理虽然表面上看支持了原告解除合同的请求，但带来的责任后果却完全不同（见案例三）。

案例一：原告黄某诉被告闵某股权转让纠纷案。原告诉称，被告未经公司其它股东同意将名下股权转让给原告，故双方间的股权转让协议无效，请求被告返还定金。被告辩称协议应属有效。法院认为，股权转让合同有效，但由于标的公司对应的资产已整体转让，原告即使获得的股权也无资产价值，其合同目的不能实现，故认定合同符合法定解除条件，判决被告返还定金。

案例二：原告食品公司诉被告冷藏公司服务合同纠纷案。原告诉称，被告为其提供冷饮的仓储配送服务，双方约定若被告KPI考核指标不达标且不能有效补救，原告即有权解除合同。后原告以KPI指标持续不达标为由发函解除合同，并起诉请求确认合同解除，判令被告返还冷饮、赔偿损失。被告辩称，合同约定解除条件未成就。一审法院认为被告抗辩成立，驳回原告诉请。二审法院审理认为，冷饮为特殊季节性商品，现被告迟迟不返还冷饮，导致销售季节已过，原告合同目的无法实现，故符合法定解除条件，遂裁定发回重审。

案例三：原告南重公司与被告海华公司承揽合同纠纷案。原告诉称，原告委托被告制作数控机床1台，但被告严重逾期交货并经多次交涉未果，原告遂发函要求解除合同，并诉请确认合同解除，请求被告返还预付款、赔偿违约金和损

失。被告答辩并反诉称，原告单方解除合同构成重大违约，反诉赔偿各类损失。一审法院认为，原告作为定作人有权依据原《合同法》第268条规定随时解除合同，但应承担因此造成的被告承揽人的损失。二审法院则认为，被告迟延交货，经催告后未能在合理期限内履行，导致原告合同目的无法实现，依据原《合同法》第94条第3项的规定，原告有权解除合同，并要求被告赔偿损失。

（二）合同法定解除的要件识别不全、尺度把握宽严不一

原《合同法》第94条对解除合同的法定条件罗列了4种具体情形，但司法实践中部分案件的审理中存在对事实要件识别不全的情况，对具体要件事实的尺度把握宽严不一的现象也较为突出。如案例四，法院根据原告的主张，适用原《合同法》第94条第4项对是否应当解除合同做出判断，但在对“合同目的”的解释上，以及对被告是否存在“其他违约行为”且该行为严重到影响合同目的实现的问题上，一审把握较为宽松，二审的把握则比较严格，导致判决结果相反。又如案例五，法院依据第94条第3项进行审查，在对合同的“主要债务”“合理期限”等的具体标准对法官自由裁量权依赖较大，对支付20%的首付款是否为被告的主要债务，被告逾期8个多月仍未支付该款是否属于超过“合理期限”认定上有一定争议。

案例四：原告爱发公司诉被告东驰公司买卖合同纠纷案。原告向被告购买的进口奔驰轿车先后出现蓄电池亏电、悬挂故障灯常亮等问题，车辆停放至被告指定地点待检测的过程中，又遭第三方车辆碰撞受损，故诉请解除合同、退还车辆、返还相关购置款项。被告辩称，原告主张的问题属售后维修范围，不符合退货条件。一审法院认为，原告斥巨资购买名车的目的在于树立企业形象，但该车多次发生故障且在被告控制期间再次受损，已超出保修范围，且客观上车辆不能经修复到原状，原告合同目的无法实现，遂判决支持原告全部诉讼请求。二审法院认为，车辆悬挂故障可通过售后维修解决，碰撞受损亦可通过维修理赔解决，原告认为合同目的无法实现依据不足，遂改判驳回其诉讼请求。

案例五：原告某照明公司诉被告某商贸公司承揽合同纠纷案。原告诉称，其接受被告委托进行安装工程施工，约定进场7日内支付20%工程首付款，但原

告进场施工已超过8个月，被告经多次催告一再拖欠，故诉请解除合同。被告辩称，因工程量未核定，其一直与原告协商延期付款，20%首付款也不属于主要债务，故不同意解除合同。法院认为，被告行为符合经催告仍迟延履行主要债务的情形，构成根本违约，故判决解除合同。

（三）合同法定解除的通知方式认定存在争议

通知行为是行使解除合同权利的要件，决定合同解除的具体时间，对通知行为的审查认定十分重要。但原《合同法》第96条对解除通知的具体形式未作明确限定。实践中当事人履行解除通知行为的形式多种多样，一般以有通知外观的积极方式做出，常见的如信件、传真等书面方式，其他还包括诸如电子邮件、即时聊天记录等电子信息形式以及口头方式等。对这些通知形式，法院基本均确认其通知效力。此外，部分案件诉前解除权人并未发出通知，而是在诉状中首次提出解除（如案例五），实践中这种以诉讼方式提出合同解除的商事案件越来越多；也有个别案件中，一方当事人的消极行为也被认定为合同解除的通知形式，引起了一定的争议（见案例六）。

案例六：原告某实业公司诉被告某实验小学定作合同纠纷案。原告诉称，双方订有为期5年的校服定作合同，其按被告定期下达的订单生产校服。合同履行2年后，被告拒绝继续履行合同，不再下达订单，导致原告原材料积压、预期利益受损，故诉请被告赔偿损失。被告辩称，因原告交付的校服质量存在问题且不作整改，故被告有权终止合同。法院认为，被告作为定作人有权随时解除合同，被告虽未书面通知解除，但其在合同期内停止了订单的下达，应视为以其行为向原告主张解除合同，据此认定合同已经解除，但被告应当酌情赔偿因此给原告造成的损失。

（四）对于合同法定解除的生效时间点认定不一

在合同法定解除案件中，准确认定合同解除的时间点，不但能够直接反映合同解除的事实依据，而且对解除后果的正确处理（如利息的起算点、扩大损失的责任划分等）至关重要，应该是此类案件审理中需要重点关注的内容。但审判实践中对合同解除时间点关注不够，有相当一部分案件并未明确合同解除的时间点，或者认定的合同解除时间点依据不明。还有部分案件反映，对解除时间点的认定标准各异，如案例七中，法院认定合同解除时间为解除通知发出之日；案例八中，法院认定合同解除时间为第一次庭审之日；案例九中，法院认定合同解除时间为判决生效之日，等等。

案例七：原告张某、岳某与被告某服装公司承揽合同纠纷案。各方签订服装定作合同，两原告诉称其支付定金后被告未按约交货，并擅自变更合同内容，两原告于2012年9月6日发函要求解除合同，并诉请解除合同、双倍返还定金。被告辩称，因两原告要求更改服装印花而导致交货迟延，现服装已制作完成，故要求继续履行合同。法院认为，原告有权解除合同，判决确认合同于2012年9月6日解除。

案例八：原告苏州公司与被告上海公司定作合同纠纷案。原告诉称，原告按约交付定作物，但被告未按期付款，故诉请支付剩余定作价款。被告辩称，原告交付的定作物无法达到相关质量标准，也不符合行政部门规定的要求，故被告无须支付货款，并反诉要求解除合同并返还已付货款。法院认为，因原告交付的涉案设备不合格，被告合同的目的已无法实现，其有权解除合同，遂判决确认双方间的合同于2011年12月13日（第一次庭审日）解除，但并未阐明理由。

案例九：原告某农业委员会与被告顾某租赁经营合同纠纷案。原告诉称，原告将其种羊场租赁给被告经营，但被告在合同履行期间造成白山羊保种指标严重不达标，后又丧失种羊生产经营资格，故诉请解除合同。被告则辩称，双方间仅是租赁关系，原告解除合同没有依据。法院认为，种羊场在丧失种畜禽生产经营许可证后，已无种羊的经营资质，无法承担继续保种之义务，合同目的已难实现，原告有权解除合同，判决确认合同于“本判决生效之日”解除。

（五）法定解除争议诉讼中双方均同意解除时，处理方式不当

一些案件当事人以对方违约为由，主张行使法定解除权、提出解除合同的诉讼请求，由于对方往往提出不违约抗辩，双方对法定解除条件是否成立争议很大，处理解除争议首先涉及对违约问题的判断。有些情况下，当事人双方在诉讼

中出于各自原因，又都同意将合同作解除处理。对此类情况，有些法院简单地放弃了对争议的违约事实的审查，直接认定当事人协商一致解除合同，导致对合同解除的后果处理不当（见案例十）。

案例十：原告上海公司与被告丹阳公司、第三人无锡公司承揽合同纠纷案。原告诉称，双方存在长期定作合同，原告按约交付数批定作物，但被告拖欠大部分加工款，最长达2年之久，故诉请解除合同，请求被告支付剩余款项、赔偿模具费等。被告辩称，未付款系因双方未就价款、税收等问题达成一致，其不构成违约，原告所主张的法定解除条件并未成就。审理中被告又表示，因原告已拒绝履行订单，双方合同实际上已经中止履行，同意解除。一审法院认为，因被告在诉讼中明确表述同意解除合同，故确认合同自被告同意解除之时解除，并判决被告支付剩余款项。二审法院认为，虽然双方对解除合同的结果意思表示一致，但对于解除合同的原因并未达成一致，故不属于协商一致解除合同；本案中，被告的违约行为已经致使原告合同目的不能实现，故原告享有法定解除权，遂裁定发回重审。

三、破解法定解除审判困境的路径思考——《民法典》相关条款的理解与适用

此次《民法典》增加了解除合同的时效控制要件、解除权行使的期限及对解除方式和解除时间点等规定，但上述规定在司法实践中适用时仍需进一步明确。

（一）树立符合商业社会诚信发展和合同运行特征的审判理念

1.合同神圣原则。严格遵照合同约定，任何一方不得擅自变更和解除，不轻易打破有效合同的约束力，这是合同神圣原则的要求。合同神圣原则在合同解除纠纷的处理中应当作为必须考虑的一项原则。

2.诚实信用原则。实践中，绝大多数法定解除提出的理由是一方当事人违约，在判断合同解除条件成就与否的过程中离不开对违约事实的审查和认定，解除原因的认定还将直接影响责任归属及合同利益清算的后果，诚实信用原则自然应贯穿始终。例如，判断合同是否解除，应主要考虑守约方的态度和意思表

示。当解除条件成就与否争议较大时，在尊重合同神圣原则的前提下，适当向守约方倾斜就是诚实信用原则的一种体现。

3.务实经济原则。如果事实表明合同继续履行下去已经不可能取得比解除更好的经济效果，甚至可能给当事人利益或者社会整体财富带来更大的减损，则需要以合同经济高效的原则为考虑，评估解除合同后果对各方的益处，妥善平衡效率与公平的关系，采取务实的态度果断认定合同解除。

（二）规范掌握以请求权基础为出发点的审查思路

请求权基础是支持当事人提出主张的法律规范，直接关系当事人权利是否成立、能否获得保护。司法裁判的过程，是适用法律规范解决具体纠纷的过程，需培养以请求权基础为核心的重要思考方法和逻辑路径，以确保裁判依法有据。

1.注重引导当事人明确诉讼请求。由于诉讼能力的差异或者对法律理解的不同，当事人在法定解除争议中所提出的诉讼请求有时并不明确。如同样以解除合同为目的，一些当事人简单地请求否定合同效力，但未明确请求确认的是合同无效、撤销还是解除；一些当事人的诉讼请求虽然仅涉及财产利益的给付，但给付的依据实质上是合同解除的后果处理，但其并未提出确认合同解除的诉讼请求，等等。审判过程中发现诉讼请求不清晰、不明确的，应当通过与原告的有效沟通，了解其提起诉讼的真实目的，通过必要的释明，引导其将诉讼请求明确并且固定下来。

2.注重引导解除权人明确其解除合同的法律依据。当事人行使法定解除权，应当符合《民法典》第563条中具体的法定解除条件。开展具体审理工作之前，法官应当通过对解除方诉讼主张的事实和理由的分析，准确判断其所依据的具体法律规范，并要求其做出确认。如当事人表述不清，或同时涉及一个以上的条件，而其适用理由又存在矛盾的，应通过对法律规范和具体法律关系的释明，引导其予以明确。只有这样，案件争议所应当依据的法律规范才能得以明确，所需查清的事实要件才能得以固定，审判工作才具备展开的条件。如案例三中，原告的诉讼主张表明，其依据法律依据是原《合同法》第94条第3项（对应《民法典》第563条第1款第3项）行使一般法定解除权，但由于法院未要求其明确并固定，而是自行选择了原《合同法》第268条，适用特殊法定解除权的法律规范进行审查处理，审判思路发生偏差。

3.全面解析法律规范中的要件事实。确定案件审查所应当适用的法定解除具体条件后，对该条件所对应的法律规范进行准确的解析，明确适用该条件所应当查明的所有要件事实，避免错误和遗漏。《民法典》第563条虽然语言原则精炼，但所确立的法律规范均涉及多个要件事实，适用如有遗漏，将造成合同解除条件标准的降低。如第4项中的“其他违约行为致使不能实现合同目的”，这一法律规范包含的要件事实包括：“其他违约行为”包括哪些违约行为，当事人的合同目的是什么，违约行为的哪些后果从根本上阻碍了其合同目的的实现等。

（三）审查分析合同一般法定解除条件时所需考察的要素

《民法典》第563条所规定的一般法定解除条件，法律条文比较原则，只有定性化的表述，缺乏量化的标准。因此，适用该条很大程度上需要借助法官的主观判断，行使必要的自由裁量权予以裁断。如能对该条所列的解除条件中，适用裁量权空间较大、争议多发的主要事实要件充分分析梳理，能够帮助审查判断的事实要素和掌握标准，将极大地有利于法定解除争议的适法统一和裁判规范。

1.关于合同目的

《民法典》第563条第1款第1项、第4项均涉及“不能实现合同目的”的判断。合同目的是合同当事人通过合同的订立和履行所期望得到的东西或者达到的状态。[1]法律允许当事人单方解除合同，使有效合同不再继续产生约束力，一个根本的原因是考虑到某些情境下订立合同的目的已经无法达到，合同继续履行下去已经失去意义。因此，《民法典》第563条第1项、第4项均明确将“不能实现合同目的”作为支持法定解除的必要条件，而其他解除条件的规定虽未直接使用这一表述，但实际也隐含着合同目的实现受阻的情境。合同目的不同于订立合同的动机。合同目的比合同动机更为外在、直接和具体，具有实实在在的法律上的意义。[2]

---

〔1〕 吴庭刚：《论合同目的的查明》，载《山东社会科学》2006年第9期。

〔2〕 顾瑞：《论〈合同法〉中的合同目的》，载《辽宁师范大学学报》2006年第1期。

（1）慎重认定合同目的。首先，要防止将一方合同动机判断成为合同目的。只要合同目的能够实现，即使一方订立合同的动机无法进一步满足，合同也不能发生解除的条件。如在前述案例四奔驰轿车买卖合同纠纷中，车辆买受人的合同目的应该是取得合格车辆，至于其在诉讼中所提出的“树立企业形象”，不属于合同目的，应该属于其购买豪车的合同动机。其次，要防止将合同部分履行效果判断为合同目的。合同目的的实现一般是合同主给付义务完全履行的后果，而合同目的不能实现，往往是主给付义务不能履行、或者履行的效果遭受影响所引发的结果。

（2）谨慎认定合同目的已不能实现。影响合同目的实现的事件和行为可能多种多样，《民法典》第563条第1款第1项、第4项罗列了不可抗力、迟延履行债务、其他违约行为等事件或行为，但显然上述事件或者行为出现本身并不是解除权发生的充分理由，而是必须因此发生了导致合同目的落空的后果，两个事实要件齐备，结合起来构成解除条件的成就。对于合同目的能否实现，需要根据个案具体事实，对相关事件和行为对合同目的所可能产生的影响结果进行甄别判断。

以不可抗力为例，假如合同履行期间发生了不可抗力事件，合同的履行过程也受到了该事件的影响，但根据同等交易的通常形态判断，合同目的的达成受该事件的影响很小，或者事件过后还可能通过低成本的方法予以补救，就不宜认定合同目的已不能实现。例如，承揽人加工精密设备期间发生超强台风，但其工厂厂房坚固，工人集中居住在厂区宿舍，正常生产受台风影响很小，即使工期有所延误也可以通过组织加班迅速赶工完成，这种情况就不能认为合同目的不能实现。《民法典》第563条第1项依然沿用了原《合同法》的规定，建议明确为“因不可抗力导致合同不能履行”，否则无法构成不可抗力的解除权要件。

再以一方违约的情况为例，多数情况下违约行为发生并不当然影响合同目的，合理确定违约损失赔偿比解除合同更公平、更经济。例如，案例五中虽然逾期付款确属违约，但工程款及拖欠利息均可通过追究违约责任的方式确保实现，合同目的因该违约行为导致不能实现的依据还有所欠缺。

在迟延履行情形下，时间因素对合同目的实现的影响程度。一般来说，时间因素不是合同中的决定性要素，但在定期债务中，依照合同性质或当事人的特殊合同目的，不在特定时日或期间履行，即不能达到合同目的的，当事人一方迟延履行时，可以认定为相对人的合同目的无法实现，相对人可以不经催告而直接解除合同。例如，在中秋节前订购的一批月饼，出卖方迟延交货，致使买受人在中秋节销售的商业目的无法实现，应认定为根本违约，买受人可以直接解除合同。

2.关于主要债务

《民法典》第563条第1款第2项、第3项均涉及“主要债务”履行瑕疵的判断。

（1）主要债务的判断依据。一般认为，合同的主要债务应该是指双务合同中构成对价关系的债务，即主给付义务。[1]在主给付义务以外，合同中往往还会存在从给付义务（如开具发票）或者附随义务（如保密义务），均属一方当事人的约定义务，如不能适当履行也将产生违约责任，但这些不是相应合同关系所固有的、必备的，均不构成主要债务。

（2）主要债务履行瑕疵作为解除条件的判断。《民法典》第563条第1款第2项、第3项均是因主要债务履行瑕疵而构成解除条件的规定，其共同的特征在于，法律规范并未将“不能实现合同目的”作为要件事实，解除条件的要件事实仅涉及主要债务及其瑕疵履行。

3.关于迟延履行

《民法典》第563条第1款第3项、第4项均涉及“迟延履行”的判断。

（1）对迟延履行的判断。双方当事人在合同中明确约定了债务履行期限的，该期限届满之日即为债务履行之日。双方未明确约定债务履行期限的，债权人可以随时请求履行，但应该给债务人留有必要的准备时间，逾期仍未履行的，构成迟延履行。

（2）迟延履行成为合同解除条件的判断。《民法典》第563条关于迟延履行主要债务解除条件的规定，与迟延履行一般债务做了明确区分。对于主要债务，只要是在时间上超过债务履行期限，债权人即可行使催告权，不必等待迟延状态达到一定的严重程度（主要是时间长短）再行催告。对于催告后的合理期限，法

〔1〕崔建远：《合同一般法定解除条件探微》，载《法律科学》（西北政法大学学报）2011年第6期。

律和司法解释均未规定统一的标准，需要根据具体合同性质、债务特征、迟延时间长短所产生的结果差异等要素酌情确定。如在合同主给付义务对于履行期限要求十分严格的场合（如鲜活商品、季节性商品的交付等），对合理期限的把握就相对严格。

关于迟延履行一般债务。在一些特殊情况下，从给付义务的迟延履行可能拖累主给付义务效果的达成，以致成为足以阻碍合同目的的严重违约，产生合同解除条件，例如，买方向卖方购买进口红酒用于销售，虽然卖方如期交付了产品，但迟迟未能交付原产地证明、海关及商检资料等证明文件，买方因此要求解除合同。这种情形下，合同主要债务已经履行，证明文件的交付仅是从给付义务，但买方的合同目的是取得适销商品，证明文件的缺乏直接影响红酒作为特殊商品的适销性，迟延交付将造成合同目的不能实现。合同的附随义务，实践中多以消极不作为为特征，如注意义务、照顾义务、保密义务、忠实义务等，极少产生迟延履行的问题，在此不再展开讨论。

（四）准确认定解除权的行使规则

《民法典》第565条规定，解除权人"主张解除合同的，应当通知对方"，此通知即为解除行为。审判实践中有以下问题应该予以重视。

1.解除通知一般应当以积极明示的方式作出。常见的明示通知包括书面形式（如信函、传真、短信、电子邮件、即时通讯文字记录等）、口头形式（如当面陈述、电话、语音信箱留言、即时通信语音等）。不论采取哪一种明示行为发出解除通知，均应具备：一是体现解除权人的真实意思；二是应由解除权人以积极的行为方式明确表达；三是该通知作出的方式按一般常理和社会经验能为相对人所感知。

2.诉讼、仲裁中的意思表示可以作为解除通知。涉及法定解除的纠纷案件中，许多当事人在诉讼中首次作出解除合同的意思表示，诉讼之前从未以任何方式发出过解除通知。对于这种情况能否认为解除权人的行为已经满足了法律规定的构成要件，实践中存在争议。我们认为：(1)虽然解除权作为形成权的行使方式并无争议，但因当事人对解除权是否发生往往存在重大争议，权利人仅靠自身行使权利既难以取得合同解除的效果，更难以取得解除后财产清算的效果，故解除权人选择直接起诉的方式行使解除权有其现实合理性。(2)通知作为解除行为是发生解除合同后果的要件，但法律并未要求将通知作为在诉讼中要求解除合同的必备前置条件，并未限定解除通知行为必须在诉讼外行使。(3)在诉讼中以起诉、反诉、答辩甚至法庭陈述等方式提出解除合同的，只要意思表示真实、明确，完全符合明示通知的一切要求，完全可以视为行使解除权的通知行为。对于一些当事人在诉讼中仅请求处理解除合同的财产后果，未直接明确表达解除合同意思的，通过释明引导其作出明确的意思表示，同样能够取得解除通知的效果。(4)与诉前事先通知的解除诉讼一样，此种形态的诉讼如经审查认定解除条件成立，即可作出确认发生解除合同效果的裁判。这一点在《民法典》第565条也予以了确认。

3.认定消极默示行为作为解除通知宜慎重。学理上并未要求通知必须以明示行为作出，通说认为，通知为非要式行为，书面、口头或者行为(默示)均可。[1]不过，如将默示行为作为解除通知予以认定，在审判中会带来诸多困惑，应慎重对待。如案例六中，法院将学校未发订单的行为认定为默示的解除通知，但该不作为状态贯穿整个订货季，该“意思表示”具体哪一天在学校方面形成，又在哪一天到达服装公司，均不可考。合同解除后，因此产生给付义务发生时间难以确定、违反此给付义务的利息难以计算等问题。

4.解除合同方未向对方提出而是在其他合同中与他人约定解除前述合同的，不发生合同解除的效果。合同一经成立即具有法律效力。当事人订立合同后，一方要解除合同应当向对方当事人提出。合同订立并生效后，合同一方当事人与他人另行订立合同，并在该合同中约定解除前述合同或约定前述合同自动失效的，若前述合同的对方当事人否认该约定，则即使后合同真实有效，该合同中有关解除前述合同或前述合同自动失效的约定也不能发生前述合同解除或失效的效果。前后两个合同分属不同的法律关系，不宜并案审理。

5.完善通知解除的规则。《民法典》第564条第2款增加任意解除须“在合理

---

〔1〕 孙瑞玺：《论合同解除权行使的方式》，载《苏州大学学报》2012年第2期。

期限之前通知”，这一要件控制了交易成本，使得交易相对方对于解除合同有一定合理预期，避免损失的进一步扩大，同时将“合理期限”的认定留待法院自由裁量也有可操作性。

（五）解除合同的适当裁判方式和内容

法定解除权的行使方式，决定着合同解除时间的准确认定；其形成权的属性，要求法院在判决解除合同时采取适当的裁判方式。

1.关于解除合同时间节点的认定。合同解除的时间决定于解除行为的认定，并且影响解除后果的处理，因此判决合同解除的案件，对解除的具体时间应当明确作出认定，不能含糊其辞。《民法典》第565条明确了实践中争议的合同解除时间点确认的问题，非常具有可操作性，有利于解决实践中各自认定解除时间的做法。在具体案件中，不论解除通知是诉前明示行为、诉前默示行为抑或诉讼中的意思表示，只要确定了该行为的解除通知性质，就应当以该通知到达相对方的时间作为依据，明确认定合同解除的时间。如解除通知电子邮件到达对方邮箱服务器的时间、原告解除合同的诉状送达被告的时间、被告当庭反诉要求解除合同的庭审时间，等等。案例九中，法院判令合同于“判决生效之日起解除”，不符合解除权行使的效果。

（1）当事人以法定解除情形向对方发出解除合同的通知函。如对方在异议期内未提异议，符合法定解除条件的，当事人行使了法定解除权解除合同，则以解除通知到达对方时合同解除。但如当事人要求解除合同的法定条件并不成就，并不能产生合同解除的后果，则合同继续有效。如果对方在异议期内提起异议，法院认为符合法定解除条件的，异议不成立，则以通知到达对方时合同解除。但如法院认为不符合法定解除条件的，对方当事人的异议成立，则解除通知并不能产生解除合同的后果，合同并未解除，应当继续履行。

（2）当事人未发解除通知而以诉讼或仲裁的方式要求解除合同。这种情况下，如法院认定符合法定解除条件，则该合同解除的时间以起诉状副本送达对方时，如不符合法定解除条件的，则合同未解除，继续有效。

（3）当事人发出解除通知后又起诉要求解除合同。根据法定解除条件成就的时间认定合同解除时间，即如果当事人在发出解除通知时已经符合法定解除条件，则通知到达对方时合同即已解除。

2.关于解除合同判决方式的选择。如前所述，合同法定解除的原因是解除权人行使权利，虽然有些权利人选择通过诉讼方式行使解除权，但引起合同解除后果的并非法院的判决，仍然是解除权的行使。无论解除行为是在诉讼外还是诉讼中作出，也不论当事人诉讼请求中是请求“解除合同”还是“确认合同已解除”，此类诉讼的性质并非形成之诉，而应当明确为确认之诉，即确认形成权效力发生之诉，其效果在于确认合同于解除通知到达之日起予以解除。〔1〕正因如此，法院判决合同解除的裁判内容，不是“判令”合同予以解除，也不是判令“合同终止履行”，而应该是对解除权人行使权利效果的一个确认，该确认不但应当包括合同是否解除的结果，还须包括判决确认的解除时间。因此，案例七中的判决主文表述方式是比较恰当的。

（六）合同法定解除权行使的除斥期间

为了督促解除权的及时行使，使合同关系得到尽快的确定和稳定，法律为解除权设立期间限制，规定当事人的合同解除权必须在合理期间内行使，否则将可能面临合同解除权失效的情形。现行法律对于法律没有规定或当事人没有约定时，解除权的除斥期间如何确定，尚无明确规定。在《民法典》之前，仅有2020年修订的《最高人民法院关于审理商品房买卖合同纠纷案件适用法律若干问题的解释》第11条规定：法律没有规定或者当事人没有约定，经对方当事人催告后，解除权行使的合理期限为三个月。对方当事人没有催告的，解除权人自知道或者应当知道解除事由之日起一年内行使。逾期不行使的，解除权消灭。

合同解除权的失权，是指按照正常交易人的判断标准，如果相对方有理由相信享有合同解除权一方不会行使其权利，并据此作出相应的交易安排，在此情况下解除合同违背诚实信用原则，损害合同相对方合理的信赖利益，就不应支持享有合同解除权一方行使其解除权。《民法典》第564条明确了解除权的除斥期

〔1〕 刘军华：《小议合同解除纠纷案件审理中的一个误区》，载《上海审判实践》2005年第11期。

间为1年。

需要注意的是，除斥期间与诉讼时效不同，在诉讼过程中，一方当事人未提出诉讼时效抗辩的，法院对此问题不予审查。但在合同解除权的问题上，法院应当主动审查合同解除权的除斥期间是否届满。

审判实务精要

关于合同的法定解除，审判实践中存在的主要问题包括：判决解除理由与原告主张理由不一致，合同法定解除要件的识别和把握尺度不一致，合同法定解除的通知方式认定不一致，对合同法定解除生效时间点认定不一致，以及法定解除争议诉讼中双方均同意解除时，处理方式不当等问题。《民法典》对合同法定解除的事由、解除权行使期间、解除通知规则等进行了明确。对此，有必要结合实践中的常见问题对其适用进行进一步明确。首先，要树立符合商业社会诚信发展和合同运行特征的审判理念，坚持合同神圣、诚实信用、务实经济的原则。其次，要规范掌握以请求权基础为出发点的审查思路，注重引导当事人明确诉讼请求、引导解除权人明确其解除合同的法律依据、全面解析法律规范中的要件事实、审慎处理合同僵局问题。再次，要审查分析合同一般法定解除条件时所需考察的要素，如合同目的认定、主要债务的判断、迟延履行的认定等。同时，要准确认定解除权的行使规则，如解除通知的方式（明示、到达）、诉讼中的解除意思表示、解除意思表示的形式等。最后，在判决解除合同时要采取适当的裁判方式，如准确认定法定解除的具体时间点、法定解除权的行使期限等。

撰稿人：潘云波，上海市高级人民法院商事审判庭庭长，法律硕士

傅伟芬，上海市高级人民法院申诉审查庭审判员，法学硕士

22. 合作经营类继续性合同解除后损害赔偿的性质及范围认定

导　言

《民法典》第563条第2款首次提及继续性合同，对无固定期限继续性合同任意解除作出规定。审判实践中，因合作协议、合伙协议等合作经营类合同引发的纠纷往往案情琐碎、争议繁多，而此类继续性合同争议多集中于合同解除后损害赔偿的认定。原《合同法》系以一时性合同作为主要规范对象而构建，未能很好兼顾实践中大量存在的继续性合同。《民法典》在此方面基本沿袭原《合同法》的规定，尽管《民法典》在合同解除条件部分对无固定期限继续性合同任意解除作出规制，但对继续性合同着墨依旧有限。而对继续性合同解除后损害赔偿性质以及范围的认定，应当也只能在现行法律框架下寻求解决路径。[1]《民法典》施行后，因继续性合同任意解除产生的纠纷及损害赔偿争议亦会增加，对此情形下的损害赔偿与基于违约提出的损害赔偿的性质与范围是否存在差异，也是审判实践不得不面对的问题。笔者以合作经营类继续性合同为切入点试对上述问题予以分析。

一、问题的提出

案例一：赤峰市某管委会与阮某合伙纠纷案[2]。赤峰市某管委会与阮某于1996年签订合同约定，双方共同投资，合伙经营，把宝峰商厦营业厅开办成宝

---

〔1〕 依合同解除权产生原因的差异，解除分为约定解除和法定解除。约定解除权的产生是依据当事人的合意，而非法律的规定，但在基于解除权使合同归于终了这点上，约定解除与法定解除具有一致性，本文主要就法定解除权行使的情形进行讨论。此外，原《合同法》及《民法典》对合同解除采取广义理解，合意解除与单方行使解除权两种情形均包括在内。合意解除可视为当事人达成了一个新的合意结束既有的合同关系，与单方行使解除权存在相当的差异，该情形不在本文讨论范围内。

〔2〕 参见（2006）最高法民一提字第9号。

峰小商品批发市场，经营期限3年，赤峰市某管委会负责支付发生的各项经费，阮某负责招商、租赁工作，并承担招商费用和批发市场格局改造费用。合同签订后，阮某投入14万元完成设施改造。第一年度合同履行完毕，阮某分得利润33.44万元。此后，赤峰市某管委会未经阮某同意，将宝峰商厦经营权转让给案外人，致使阮某无法参与商厦的经营管理。此后，双方当事人就案涉合同效力、损害赔偿等发生纠纷，并诉至法院。该案件的争议之一即赤峰市某管委会根本违约导致合同解除后，阮某的可得利益损失如何认定。

案例二：原告嵇某某与被告上海某公司合同纠纷案〔1〕。原告、被告2011年4月30日签署《合作协议》，协议约定：（1）①原、被告共同负责市场开发、拓展管理；②原告加入被告担任执行总经理职务；③原告负责甲方战略发展规划、营销包装、标准化质量管理等各项工作总策划、总执行。（2）①原告以管理、技术形式投入，享有被告30%的收益；②原告的年薪以递增方式分阶段实现：第一阶段（第一年、第二年）年薪为20万元……《合作协议》签订后，双方另行签署劳动合同，原告至被告处任职。2016年3月22日，被告为原告办理了退工手续，后原告不再至被告处任职、工作。此后，原告提起劳动仲裁，要求被告支付违法解除劳动合同的赔偿金。该劳动争议案件生效裁判文书认定，双方当事人签订的《合作协议》具备劳动合同的基本形式要件，被告于2016年3月22日为原告办理退工，终止双方的劳动合同，缺乏法律依据，故判令被告应向原告支付违法终止劳动合同的赔偿金178，170元。原告在劳动争议案件获得支持后，又起诉要求被告赔偿损失100万元，其理由包括：（1）原告为合作而放弃原待遇优厚的工作，损失巨大。（2）原告加入合作后，被告业务迅速扩大，可见原告价值之高。协议因被告违约解除后，被告应当返还原告投入技术对应的价值。（3）被告经营状况良好，若双方继续履行合同，原告未来可获取年薪及收益将远超100万元。

上述案件反映了合伙协议、合作协议等合同纠纷案件中当事人争议较大的合同解除后损害赔偿认定问题，特别是对可得利益的认定，也反映了主张损害赔偿一方当事人惯常提出的损害赔偿理由。

---

〔1〕 参见（2017）沪0101民初17409号。

以时间因素是否对合同给付义务的内容及范围发生影响为标准，上述合同可归类为继续性合同，与其相对应的为一时的合同，如买卖合同、赠与合同等。合作协议、合伙协议等继续性合同又不同于以交换给付为主要义务的继续性合同，其合同目的在于建立某种形式的经济联盟关系，当事人各方共同谋求同一目标利益，实现利益最大化，各方当事人利益关联更为紧密。还有部分继续性合同，双方当事人虽然形式上并未共同经营，但任何一方履行合同的行为关乎另一方利益的获取，双方当事人权利义务息息相关，如承包合同，就利益获取的关联程度而言，两类合同并无差别，损害认定考量因素亦无差别，笔者一并予以讨论。商人的创造力往往超越法律工作者的预期，其为了获得利益而拟定的合同仅是从自身实际情况出发，从不考虑合同属于哪类典型合同，上述合同通常表现为非典型合同或混合合同。[1]为论述方便，笔者在论及上述合同时，统一简称为合作经营类继续性合同。以实现利益最大化为目标的合作经营类继续性合同显然属于商事合同，笔者就此类商事继续性合同中的相关问题进行探讨。另在论及合作经营类继续性合同与其他继续性合同共同特征等时，统称继续性合同。

《民法典》第563条第2款对无固定期限继续性合同任意解除作出规定[2]，对此情形下的损害赔偿请求与基于违约提出的损害赔偿请求是否有共同之处、该请求能否支持、损失如何审查是审判实践不得不面对的问题，笔者对此问题一并论述。

二、继续性合同概述

合作经营类继续性合同属于继续性合同，故有必要对继续性合同的概念、特点及继续性合同解除相关法律规定作简要论述。

（一）继续性合同的概念及特征

继续性合同，是指合同的内容非一次给付可以完成，而是继续性地实现合

---

〔1〕 尽管《民法典》将合伙合同列为典型合同，但“第二十七章　合伙合同”部分12条条文主要从组织法的角度对合伙合同予以规制，对于合伙合同解除后损害赔偿的认定并未涉及，故本文不做区分，一并讨论。

〔2〕《民法典》第563条第2款规定，以持续履行的债务为内容的不定期合同，当事人可以随时解除合同，但是应当在合理期限之前通知对方。

同，其基本特色系时间因素在债的履行上居于重要的地位，总给付之内容系于应给付时间的长度。[1]对于商事继续性合同，除了文章开篇所列举的几类，实践中较常见的还包括委托合同、一定时期的具有买卖合同性质的销售代理合同、租赁合同等。现代企业交易中，继续性合同成为一种典型的交易方式，有学者甚至称为继续性合同的原则化。[2]

理论界对继续性合同的概念存在很多分歧，认为继续性合同的类型还处于不断生成的过程之中，继续性合同的概念还处于变动的状态，[3]笔者试归纳继续性合同特点如下：

第一，以不间断的作为或不作为为内容，自始欠缺确定的总给付内容。在合同成立之初，并不存在一个数量上业已确定的总给付内容，合同解除或到期之前给付义务持续存在，合同的履行给付范围只有在时间延展过程中逐步确定。因此，不论继续性合同是否附有期限，其内容自始不能确定。此点也是区别继续性供给合同与分期交付合同的重要标准。

第二，具有不可耗损性。继续性合同总的给付内容随着时间延续不断增加，合同内容也不断实现，给付的过程、合同内容的实现与时间的延续三者是同步的。对于无固定期限的继续性合同，合同的给付可以随着时间延续无限延续下去，当事人所完成的给付仅是无限合同内容中的一个有限部分，合同已履行的部分并不能对继续性合同关系产生影响，因此，形象地说继续性合同具有不可耗损性。[4]即使是固定期限的继续性合同，其内容在合同履行过程中根据各种因素调整，随着合同履行时间的推移，当事人之间亦不断地产生新的权利义务。[5]因此，除非合同解除或已到期，否则合同关系同样不因合同的履行而有所影响。

第三，合同的成立和维系往往基于极强的信赖关系。相较于一时的合同，继续性合同双方当事人更需要维持一种稳定良好的信赖关系，商事继续性合同中，信赖关系包括对对方商誉及经营能力的信任。在继续性合同成立之初，合同

---

〔1〕 参见王泽鉴：《债法原理》，北京大学出版社2009年版，第132页。
〔2〕 参见韩世远：《合同法总论》（第4版），法律出版社2018年版，第90页。
〔3〕 参见张红：《继续性合同终止制度研究》，湖南大学2011年博士学位论文，第19页。
〔4〕 参见张红：《继续性合同终止制度研究》，湖南大学2011年博士学位论文，第20页。
〔5〕 参见王泽鉴：《债法原理》，北京大学出版社2009年版，第103页。

的内容和范围并不能确定，双方当事人基于信赖，在合同履行过程中不断交涉或协商，以将合同关系维持下去。

（二）继续性合同解除的现行法律规定

合同解除是指在合同有效成立后，因一方或双方当事人的意思表示，使合同关系终了，未履行的部分不必继续履行，既已履行的部分依具体情形进行清算的制度。[1]在我国的法律框架下，解除是合同终止的原因之一。[2]

对于法定解除，现行法律采取的是一般性条款与特殊性条款相结合的方式。《民法典》基本延续原《合同法》关于合同解除的规定。《民法典》第563条第1款确定了一般法定解除的情形。第563条第2款还规定，“以持续履行的债务内容的不定期合同，当事人可以随时解除合同，但是应当在合理期限之前通知对方”，该条文系针对继续性合同作出的规定，区别于一时的合同解除条件的特别规定。继续性合同具有无时限性及不可耗损性的特征，一个在时间上不可解消的合同，将过分限制当事人的行为自由与人身自由，[3]因此，解除的可能性乃继续性合同的标志性特征。[4]《民法典》的该项规定，符合继续性合同的特征，也契合了实践中大量继续性合同的需求。除了第563条第2款的规定，《民法典》在“合同编通则”部分就合同解除的一般规定没有区别一时的合同与继续性合同，其中关于合同解除条件及解除效果的规定，同样适用于继续性合同。此外，“合同编典型合同”部分以及部分部门法、司法解释等规定了特殊类型合同法定解除的情形，并针对不同合同的性质作出了关于合同解除的特殊规定。

根据继续性合同的解除是否需要法定条件，继续性合同的法定解除可以分为两类：

一类为非任意解除，包括《民法典》第563条第1款规定的一般法定解除，以

---

〔1〕 参见韩世远：《合同法总论》（第4版），法律出版社2018年版，第644页。

〔2〕 值得注意的是，德国民法中的“解除”与“终止”与我国的法律规定中相关概念的含义并不相同。德国民法中的合同解除主要适用于一时的合同，合同终止则多适用于继续性合同。

〔3〕 参见王泽鉴：《债法原理》，北京大学出版社2009年版，第103页。

〔4〕 参见张红：《继续性合同终止制度研究》，湖南大学2011年博士学位论文，第21页。

及《民法典》在“合同编典型合同”的部分规定。后者关于继续性合同解除的规定系基于前者确立的原则、结合合同特征作出的延伸规定，是“合同编通则”相关规定在继续性合同中的具体化。另外，部分部门法及司法解释也针对继续性合同的非任意解除作出特别规定。

另一类为任意解除，包括《民法典》第563条第2款针对无固定期限继续性合同任意解除的一般规定，以及《民法典》在“合同编典型合同”针对部分典型继续性合同任意解除作出的特别规定。相较于原《合同法》，《民法典》在“合同编典型合同”部分增加的合伙合同亦对任意解除作出规定。

三、继续性合同解除后损害赔偿性质及范围

（一）继续性合同解除后的损害赔偿性质

1.继续性合同违约解除情形下的损害赔偿性质为违约损害赔偿

在基于非任意解除权而解除的合同中，对因不可抗力而解除合同的场合，当事人通常无须承担损害赔偿责任〔1〕，故笔者不讨论此种情形。

在因违约而解除合同的场合，解除系违约的补救手段，其功能在于对非违约方“（未履行部分）合同义务解放”、“交易自由的回复”及对违约方“合同利益的剥夺”。〔2〕继续性合同的解除使债之关系向将来解消，与一时的合同解除相比，其返还清算难以落实，〔3〕解除本身不足以保障非违约方的利益。《民法典》第566条第1款规定，“合同解除后，尚未履行的，终止履行；已经履行的，根据履行情况和合同性质，当事人可以请求恢复原状或者采取其他补救措施，并有权请求赔偿损失”。根据上述法律规定，继续性合同解除后，当事人仍有权要求损害赔偿，解除合同与损害赔偿可以同时主张。此种赔偿的性质则需要结合解除的效力进行探讨。

---

〔1〕《民法典》第180条第1款规定，因不可抗力不能履行民事义务的，不承担民事责任。法律另有规定的，依照其规定。

〔2〕参见韩世远：《合同法总论》（第4版），法律出版社2018年版，第649页。

〔3〕参见崔建远主编：《合同法》，法律出版社2010年版，第448页。

关于解除的效力，理论界一直存在直接效果说〔1〕、间接效果说〔2〕、折中说〔3〕、债务关系转换说〔4〕等争论。根据《民法典》第566条第1款、第567条〔5〕的文义，难以得出我国法律采取直接效果说或间接效果说立场的结论，笔者更倾向于折中说的观点。既然合同解除对于已经履行部分的合同并无溯及力，合同解除后的损害赔偿系基于已经存续的合同而提出，其性质应为违约责任。《民法典》未对一时的合同与继续性合同解除的效力予以区分，可以认为，一时的合同及继续性合同解除的效力相同，继续性合同因违约解除后的损害赔偿为违约损害赔偿。《民法典》第566条第2款规定，"合同因违约解除的，解除权人可以请求违约方承担违约责任，但是当事人另有约定的除外"。该规定亦对此争议予以回应。

2.继续性合同任意解除情形下的损害赔偿性质与违约解除情形下的违约责任无异

任意解除权人作为依法享有合同解除权的人，在行使解除权后，是否要赔偿对方的损失？任意解除权系基于继续性合同的特征而赋予合同当事人，避免基于信任而签订、履行的继续性合同在信任丧失情形下形成的合同僵局。但另一方当事人所产生的损失不能被忽略，由另一方当事人自行负担显然有悖公平

---

〔1〕 该说认为，合同因解除而溯及地归于消灭，尚未履行的债务免于履行，已经履行的部分发生返还请求权。最高人民法院在（2009）民一终字第23号广西桂冠电力股份有限公司与广西泳臣房地产开发有限公司房屋买卖合同纠纷（最高人民法院公报案例2010年第5期）民事判决中认为，合同解除导致合同关系归于消灭，故合同解除的法律后果不表现为违约责任，而是返还不当得利、赔偿损失等形式的民事责任。笔者认为，该判决对合同解除的效力采纳的便是"直接效果说"的观点。《德国民法典》原第325条、原第326条也正是基于该观点规定合同解除与损害赔偿二者择一。《德国债务法现代化法》已经抛弃了这一立场，明确规定，在双务合同中，请求损害赔偿的权利，不因合同解除而被排除。参见韩世远:《合同法总论》(第4版)，法律出版社2018年版，第685页。

〔2〕 该说认为，合同本身并不因解除而归于消灭，只不过是使合同的作用受到阻止，其结果对于尚未履行的债务发生拒绝履行的抗辩权，对于已经履行的债务发生新的返还债务。

〔3〕 该说认为，对于尚未履行的债务自解除时归于消灭，对于已经履行的债务并不消灭，而是发生新的返还债务。

〔4〕 该说认为，由于解除使原合同债权关系变形，转换为原状恢复债权关系，原合同上的未履行债务转化为原状恢复债权关系的既履行债务而归于消灭，原合同上的既履行债务转化为原状恢复债权关系的未履行债务，经过履行后始行消灭。

〔5〕 《民法典》第567条规定，合同的权利义务关系终止，不影响合同中结算和清理条款的效力。该条款基本沿袭原《合同法》第98条的规定。

诚信原则，其因合同解除而遭受的损害应当由行使任意解除权的一方当事人赔偿。此种情形下的损害赔偿与解约定金的适用情形相似。解约定金并非担保合同的履行，而是削弱合同的约束力，解消合同，在约定解约定金的情况下，合同双方均可通过对定金的放弃而任意解除合同。与此相同，任意解除权人亦系以赔偿换取“人身自由”或“缔约自由”。

《民法典》第465条规定，“依法成立的合同，受法律保护。依法成立的合同，仅对当事人具有法律约束力，但是法律另有规定的除外”。当事人应当按照约定履行自己的义务，不得擅自变更或者解除合同，任意解除权的行使实质上也是对于合同严守原则的违反，其效果及性质与因违约而致使合同解除并无二致。

有观点认为，对任意解除权行使导致合同解除所造成的损失使用“损害赔偿”的表述并不妥当，为体现法律对合法行为的评判，应选择使用“损失补偿”的术语。〔1〕值得注意的是，2020年修订的《最高人民法院关于适用〈中华人民共和国公司法〉若干问题的规定（五）》第3条〔2〕系基于公司与董事之间存在委托合同关系，公司可任意解除其间委托合同，进而针对公司对董事解职的后果作出规定，该条对公司无因解除董事职务可能造成的损失使用了“补偿”表述。笔者认为，尽管任意解除情形下的“损害赔偿”是对基于合法行使权利所导致的损失之赔偿，但对于对方当事人，合同解除的后果与因违约致使合同解除无异，因此，“损害赔偿”亦与违约损害赔偿无异，故笔者统一以“赔偿”表述。

（二）继续性合同解除后的损害赔偿范围：当事人有权选择信赖损害或履行损害

信赖损害（又称信赖利益或消极利益），是一方当事人由于信赖法律行为的

〔1〕 参见张红：《继续性合同终止制度研究》，湖南大学2011年博士学位论文，第21页。

〔2〕《最高人民法院关于适用〈中华人民共和国公司法〉若干问题的规定（五）》第3条规定，董事任期届满前被股东会或者股东大会有效决议解除职务，其主张解除不发生法律效力的，人民法院不予支持。董事职务被解除后，因补偿与公司发生纠纷提起诉讼的，人民法院应当依据法律、行政法规、公司章程的规定或者合同的约定，综合考虑解除的原因、剩余任期、董事薪酬等因素，确定是否补偿以及补偿的合理数额。

有效性而遭受的损害，《民法典》第157条[1]所规定的便属于信赖损害。履行损害（又称履行利益或积极利益），是一方当事人因另一方没有履行而遭受的损害，《民法典》第584条[2]所规定的便属于履行损害。前者需使被害人处于如同他未曾闻知该行为时所会处的状态，后者需使被害人处于如同债务被履行场合他所会处的状态。[3]对于继续性合同解除后的损害赔偿范围应为信赖损害抑或履行损害的问题，理论与实务中一直存在争议。

有观点认为，为保证逻辑上的一致性，在合同解除具有溯及力的情况下，应仅对信赖损害予以赔偿；反之，则应仅对履行损害予以赔偿。[4]那么，合同解除的溯及力与损害赔偿范围是否具有关联？依上述观点，继续性合同解除不具有溯及力，权利人可否主张信赖损害赔偿？笔者赞同以下观点，合同解除的溯及力与损害赔偿范围无关，信赖利益的赔偿并非仅限于合同无效、被撤销，在违约损害赔偿场合，亦得由债权人主张选择，以代替履行损害的赔偿。[5]

还有观点认为，继续性合同任意解除情形下的损害赔偿范围应为信赖损害，理由为当事人相信该合同有效且存续到终期届满之时或者履行完毕之时，但因当事人一方行使任意解除权而使合同终止，由此给相对人造成的损失应为信赖损害。[6]该观点从继续性合同信赖基础的角度来论证损害赔偿范围。但即便继续性合同因违约解除，亦会对因信赖合同将长期存续的当事人造成损失。更何况，无论何种债权债务关系，均有信任原理作用的空间。[7]尽管不同种类的合同可能存在信赖程度上的差别，但信赖程度并无判断标准，难以衡量，以此为标准

---

〔1〕《民法典》第157条规定，民事法律行为无效、被撤销或者确定不发生效力后，行为人因该行为取得的财产，应当予以返还；不能返还或者没有必要返还的，应当折价补偿。有过错的一方应当赔偿对方由此所受到的损失；各方都有过错的，应当各自承担相应的责任。法律另有规定的，依照其规定。

〔2〕《民法典》第584条规定，当事人一方不履行合同义务或者履行合同义务不符合约定，造成对方损失的，损失赔偿额应当相当于因违约所造成的损失，包括合同履行后可以获得的利益；但是，不得超过违约一方订立合同时预见到或者应当预见到的因违约可能造成的损失。

〔3〕参见韩世远：《合同法总论》(第4版)，法律出版社2018年版，第784页。

〔4〕参见蔡立东：《论合同解除制度的重构》，载《法制与社会发展》2001年第5期。

〔5〕参见韩世远：《合同法总论》(第4版)，法律出版社2018年版，第784页。

〔6〕参见张红：《继续性合同终止制度研究》，湖南大学2011年博士学位论文，第145页。

〔7〕参见周江洪：《委托合同任意解除的损害赔偿》，载《法学研究》2017年第3期。

划分损害赔偿范围恐难操作，也将会造成实践中损害赔偿认定的混乱。

损害赔偿的计算既是个事实问题，又是个法律问题，如果说履行损害中的直接损害可以较为精确地计算，可得利益损失等则无法精确计算，在案件审理中，需要借助一定的法律原则、方法进行裁量。当事人基于对合同的信赖而进行的投入则相对较为明确，当事人以此确定其损失并无不合理。而且，对于继续性合同而言，合同内容尚难以确定，无论选择信赖损害抑或履行损害，实际均是在合同关系归于终了情形下对损失的拟制计算，信赖损害与履行损害只是对损害范围着眼角度不同，应当允许当事人选择更有利于确定其损失的计算标准，此计算标准与合同解除的溯及力无关，亦与继续性合同是否为任意解除无关。损害赔偿应当以弥补当事人损失为最终目的，否则，一切理论探讨均会失去其现实意义。从现行法律分析，《民法典》第577条〔1〕中的“赔偿损失”，并未以履行损害赔偿为限，尚可包括《民法典》第583条〔2〕提到的其他损失，如信赖损害。

当然，对两类损害的赔偿旨在恢复的状态不同，二者显然只能择其一，而不可同时主张。下文笔者试就合作经营类继续性合同的信赖损害赔偿及履行损害赔偿进行分析。

四、合作经营类继续性合同解除后之信赖损害赔偿

（一）合作经营类继续性合同解除后之信赖损害赔偿的赔偿范围分析

信赖损害包括直接损失与间接损失，前者是指因损害事故的发生赔偿权利人现有财产所减少的额数，后者是指因损害事故的发生赔偿权利人财产应增加而未增加的额数。〔3〕对于信赖者基于信赖而受到直接损失的赔偿基本无争议，此类损失包括：(1)缔约支出费用。主要是指为订立契约而支出的必要费用，如

〔1〕《民法典》第577条规定，当事人一方不履行合同义务或者履行合同义务不符合约定的，应当承担继续履行、采取补救措施或者赔偿损失等违约责任。该条款与原《合同法》第107条规定相同。

〔2〕《民法典》第583条规定，当事人一方不履行合同义务或者履行合同义务不符合约定的，在履行义务或者采取补救措施后，对方还有其他损失的，应当赔偿损失。该条款与原《合同法》第112条规定相同。

〔3〕参见韩世远：《合同法总论》(第4版)，法律出版社2018年版，第785页。

通讯费、邮寄费、住宿费等。(2)履约支出费用。主要是指为履行契约而支付的必要准备费用或为实际履行契约而支付的必要费用。(3)信赖者业已支付的必要缔约费用与履约费用所对应的利息。[1]若当事人选择信赖损害，上述损失应当予以赔偿。

对于是否应将间接损失，即缔约机会的丧失纳入信赖损害赔偿范围，各国立法与理论研究态度尚未达成一致。[2]笔者认为，尽管缔约机会损失存在举证、审查困难的情况，但将缔约机会损失纳入信赖损害赔偿范围系恢复信赖者缔约之初法律状态之应然选择。

在认定缔约机会损失时应严格把握，此类损失不宜超过履行利益，即当事人不能在因信赖合同发生损失的诉讼中获得比合同完全履行更有利的位置，否则，风险负担将不合理的由守约方转移到违约方，违约方将成为守约方经营活动的保险人。[3]

此外，在主张信赖利益损失的场合，还应注意因果关系的认定。若违约方或任意解除权行使方能够证明，即使合同得到履行，对方当事人亦会遭受损失的，相应的金额应当从信赖损害中扣除。《美国合同法重述》(第2版)及2002年新修订后的《德国民法典》均有相似的规定。[4]

(二)案件审理中应注意区分信赖损害与履行损害

在笔者审理的合作经营类继续性合同纠纷案件中，鲜有当事人在合同解除情形下选择主张信赖损害赔偿，但并不等于对信赖损害的探讨没有意义。

继续性合同的解除不具有溯及力，当事人基于合同投入的金钱、人力均应为

---

〔1〕 参见于德江:《信赖利益保护研究》，大连海事大学2015年博士学位论文，第106~107页。

〔2〕 参见于德江:《信赖利益保护研究》，大连海事大学2015年博士学位论文，第109页。

〔3〕 杨良宜:《预期利益损失与信赖利益损失》，载《中国海商法年刊》2011年第1期。

〔4〕《美国合同法重述》(第2版)第349条(基于信赖利益的损害赔偿)规定，作为第347条中所述损害赔偿计算标准的另一替换选择，受害方有权基于其信赖利益请求损害赔偿，包括为准备履行或在履行中支出的费用，扣除违约方能以相当之肯定性予以证明的假如合同得到了履行受害方会遭受的损失。转引自韩世远:《合同法总论》(第4版)，法律出版社2018年版，第784~785页。《德国民法典》第284条规定，代之替代给付的损害赔偿，债权人可以请求偿还自己因信赖可以获得给付所支出的并且从正当角度看可以支出的费用，但即使债务人不违反义务，仍然不会达到支出费用之目的的，不在此限。

履行利益所吸收，换言之，当事人为实现合同目的，获得履行利益，要以放弃相应的信赖利益为前提或代价，合同履行过程中，信赖利益转化为履行利益。[1]审判实践中，应注意区别信赖损害与履行损害，避免出现权利人重复受偿的情形，在权利人请求赔偿履行损害的场合，不应再允许其请求信赖损害赔偿。如在开篇所引案例二中，原告主张的系履行损害赔偿，但在陈述具体损失时，则通过强调其为签署系争《合作协议》放弃其他机会以说明其损失之大，不可否认该陈述具有迷惑性，但若明确区分信赖损害与履行损害的关系，该问题就会迎刃而解。

另外，有观点认为，若当事人的合同利益取决于其他法律行为是否成立、生效履行，例如，某《商品房销售代理合同》针对代理商的收益约定，销售代理商有权按约定比例提取房款额，即销售代理商的受益与房屋销售情况息息相关，此类合同的履行利益，不单纯是《商品房销售代理合同》本身履行所带来的利益，还包括基于《商品房销售代理合同》而签署的其他合同及合同履行带来的利益，受多方因素影响，该利益应为信赖利益。[2]但笔者认为，根据上述论述，所谓的“信赖利益”是指受害人因信赖合同能够持续履行而期待可以获得的利益，换言之，仅是从继续性合同所具有的信赖基础角度来论证，笔者认为，就合同争议而言，该损失还应当属于履行损害中的可得利益损失。

五、合作经营类继续性合同解除后之履行损害赔偿

根据《民法典》第584条[3]的规定，履行损害亦包括直接损失（又称所受损害或积极损害）与间接损失（又称所失利益、消极损害或可得利益损失）。对于直接损失的赔偿及认定通常争议不大，本部分主要针对可得利益损失进行讨论。

（一）合作经营类继续性合同解除后的履行损害赔偿应当包括可得利益损失

因违约而解除的合作经营类继续性合同，若权利人选择主张履行损害赔偿，

〔1〕 参见万挺：《继续性合同解除若干实务问题探讨》，载《人民司法》2008年第22期。

〔2〕 参见崔建远、龙俊：《委托合同的任意解除权及其限制“上海盘起诉盘起工业案”判决的评释》，载《法学研究》2008年第6期。

〔3〕 该条款基本沿袭原《合同法》第113条第1款的规定。

因解除合同本身并没有涵盖可得利益，出于对解除权人的周全保护，还应有对可得利益损失的赔偿。〔1〕

因任意解除权的行使而解除的合作经营类继续性合同是否应对可得利益损失予以赔偿？笔者认为，当事人系在对日后收益、风险予以充分考虑的基础上，决定是否签署合同，并对权利义务作出约定。在合同任意解除的情形下，理应对相对人的可得利益损失予以赔偿。围绕有偿委托合同的案例、相关司法解释以及《民法典》的内容等对此问题的观点发展变化对于笔者所讨论的合作经营性继续性合同损害赔偿的范围亦可予参考。最高人民法院在“上海盘起贸易有限公司与盘起工业（大连）有限公司委托合同纠纷案”中，针对委托合同任意解除后的损害赔偿范围问题认为，“这种赔偿责任的性质、程度和后果不能等同于当事人故意违约应承担的违约责任，根据系争案件法律关系的性质和实际情况，不宜对赔偿损失做扩大解释。责任范围仅限于给对方当事人造成的直接损失，不包括对方的预期利益”。但笔者认为，根据原《合同法》第410条的表述并不能得出对委托合同任意解除后的赔偿范围进行限缩性解释的结论。笔者注意到，2020年修订的《最高人民法院关于适用〈中华人民共和国公司法〉若干问题的规定（五）》第3条规定，董事职务被解除后，因补偿与公司发生纠纷提起诉讼的，法院应当综合考虑解除的原因、剩余任期、董事薪酬等因素，确定是否补偿以及补偿的合理数额，公司与董事之间存在委托合同关系，上述因素中的“董事剩余任期”显然是在认定可得利益损失时应当考虑的内容。《民法典》第933条则明确规定，“委托人或者受托人可以随时解除委托合同。因解除合同造成对方损失的，除不可归责于该当事人的事由外，无偿委托合同的解除方应当赔偿因解除时间不当造成的直接损失，有偿委托合同的解除方应当赔偿对方的直接损失和合同履行后可以获得的利益”。

〔1〕 笔者注意到，对此问题，多篇文章引用王利明教授的观点。王利明教授曾认为，因违约发生解除的情况下，合同已被解除，要求违约方承担履行利益的损害赔偿不公平。但其观点后来也发生了变化，认为合同解除作为一种补救手段，只是使受害人摆脱了合同关系的束缚，从而使其可以选择新的订约伙伴，其因对方违约遭受的损害并没有得到补救，应当赔偿履行利益。参见王利明：《合同法研究》（第2卷），中国人民大学出版社2011年版，第326~327页。

(二)可得利益损失认定的基本规则

《最高人民法院印发关于当前形势下审理民商事合同纠纷案件若干问题的指导意见的通知》对可得利益损失的类型及认定规则予以明确。笔者所讨论的合作经营类继续性合同可得利益损失主要为《最高人民法院印发关于当前形势下审理民商事合同纠纷案件若干问题的指导意见的通知》第9条[1]所称的经营利润损失。根据《最高人民法院印发关于当前形势下审理民商事合同纠纷案件若干问题的指导意见的通知》第10条[2]的规定，参照2020年修订的《最高人民法院关于审理买卖合同纠纷案件适用法律问题的解释》第22条[3]的规定，继续性合同可得利益损失的认定通常需综合运用可预见规则、减损规则、损益相抵规则。

1.可预见规则中预见时间及预见内容

根据《民法典》第584条的规定，可预见规则的构成主要包括预见的主体、时间、内容及判断标准四个方面。在因继续性合同解除而引发损害赔偿纠纷中，预见主体应为合同违约方或任意解除权行使方，判断标准则以"理性人"标准进行判断，此两点争议不大，但关于预见的时间及内容的认定标准则有不同观点。

预见的时间存在"合同缔约时说"与"债务不履行时说"的对立。《民法典》第584条沿袭原《合同法》第113条第1款的规定，其确立的标准为前者，该说的合理性在于，合同的缔结是以当事人当时了解的情况对日后的风险所作的一种分

---

〔1〕《最高人民法院印发关于当前形势下审理民商事合同纠纷案件若干问题的指导意见的通知》第9条规定，根据交易的性质、合同的目的等因素，可得利益损失主要分为生产利润损失、经营利润损失和转售利润损失等类型。

〔2〕《最高人民法院印发关于当前形势下审理民商事合同纠纷案件若干问题的指导意见的通知》第10条规定，人民法院在计算和认定可得利益损失时，应当综合运用可预见规则、减损规则、损益相抵规则以及过失相抵规则等，从非违约方主张的可得利益赔偿总额中扣除违约方不可预见的损失、非违约方不当扩大的损失、非违约方因违约获得的利益、非违约方亦有过失所造成的损失以及必要的交易成本。存在合同法第一百一十三条第二款规定的欺诈经营、合同法第一百一十四条第一款规定的当事人约定损害赔偿的计算方法以及因违约导致人身伤亡、精神损害等情形的，不宜适用可得利益损失赔偿规则。

〔3〕2020年修订的《最高人民法院关于审理买卖合同纠纷案件适用法律问题的解释》第22条规定，买卖合同当事人一方违约造成对方损失，对方主张赔偿可得利益损失的，人民法院在确定违约责任范围时，应当根据当事人的主张，依据民法典第五百八十四条、第五百九十一条、第五百九十二条、本解释第二十三条等规定进行认定。

配，在这种分配的基础上讨价还价形成了合同的对价关系。关于预见的内容，亦有两种不同的主张，一种主张认为只要预见到损害的种类即可，另一种主张则认为要预见到损害的类型及程度。不同于对“预见的时间”的明确态度，关于此问题，《民法典》第584条尚存解释空间。审判实践中存在选择后一种主张的情形，即以当事人在合同签订时无法预见损害程度为由，对当事人关于可得利益损失的主张不予支持。对于合作经营类继续性合同而言，合同双方当事人在合同缔结时并不能明确知晓合同的履行情况及合同内容，更难以预见违约或任意解除合同时可能存在的损失，若要求违约方或任意解除权行使方预见到损害的类型及程度，则绝大部分合作经营类继续性合同的可得利益损失赔偿主张难以支持，这明显有违可得利益损失赔偿的立法本意。合作经营类继续性合同的合同内容是在合同履行中逐渐展开并明晰，违约方或者任意解除权行使方，特别是后者，通常在合同解除前方可预见合同解除所造成的对方损失。笔者认为，鉴于现行法律对预见的时间采取“合同缔约时说”，预见的内容宜扩张解释为损害类型。

2.损益相抵规则及减损规则之适用

在合作经营类继续性合同解除后可得利益损失的认定中，还应充分注意损益相抵规则及减损规则的适用。

可得利益并不等同于所得收入，而应当是一方预期的因合同完全履行而可获得的利润，认定可得利益损失时应当扣除为取得利润而应当支出的费用。若将守约方在部分履行合同义务情形下获得的利益与假定其已履行全部合同义务情形下应当获得的利益等而视之，其实质是令守约方无须支付后续对价、无须承担后续履约风险而获得合同全部收益。尽管合同解除系违约方或任意解除权行使方造成，但其承担的赔偿责任应以其造成的损失为限，不应无限扩大。同理，若守约方的合同义务还包括人力或劳务的投入，因合同解除而未付出的人力或劳务，亦应当酌情折合为一定款项而予以扣除。此种情形即为损益相抵原则的适用。〔1〕

---

〔1〕 对此，可参照2020年修订的《最高人民法院关于审理买卖合同纠纷案件适用法律问题的解释》第23条之规定，该条规定，买卖合同当事人一方因对方违约而获有利益，违约方主张从损失赔偿额中扣除该部分利益的，人民法院应予支持。

此外，根据《民法典》第591条[1]规定的减损规则，合同解除后，若守约方有能力将人力或劳力用于他处而怠于采取替代的安排，可视为其未采取适当措施减少损失，对其相应损失的主张，不应支持。减损规则的适用从守约方角度或者个案角度，似乎对违约方或任意解除权行使方有利，对后者过于宽容，而似乎在鼓励违约或任意解除合同，但对于社会整体而言是有益的。

（三）认定可得利益损失的具体考量因素

1.合同履行时间、剩余时间及以往的经营情况

合作经营类继续性合同签订后履行期间的经营情况，往往能最直观地反映出当事人的收益情况，此为认定可得利益损失之基础。

对于固定期限的合作经营类继续性合同，当事人对合同未来的剩余时间明确知晓，能充分预期合同提前解除给对方造成的损失，可以参考以往经营情况认定合同解除给对方当事人造成的剩余期间的损失。

对于无固定期限的合作经营类继续性合同，尽管若无人解除合同，可能发生合同无限期履行的情况，但是，当事人应当知晓根据法律规定此类合同存在随时被解除的可能，双方当事人的利益处于不稳定的状态，因此，较固定期限的继续性合同，双方当事人在订立合同时能预见到对方当事人可能因某种理由，甚至无须理由从合同的束缚中解脱出来，即其面临着对方任意解除合同的风险。鉴于此，合同解除后可获赔偿的期间不宜过长。对此，他国立法例关于商事代理合同任意解除后损害赔偿的规定值得借鉴。《瑞士债法典》第418u条第2款规定："该请求权不得超过依照近五年中年平均收入计算，或者合同关系不足五年的，按照合同持续期间的平均收入计算，从合同关系中取得一年的纯收入。"《意大利民法典》第1751条第3款规定："补偿费的总额不得超过代理人在最后5年内依为被代理人获取的年平均收益额估算的补偿费的公平数额；契约不足5年的，则按照所涉期间进行上述计算。补偿费的支付不影响代理人享有的损害赔偿权。"

---

〔1〕《民法典》第591条规定，当事人一方违约后，对方应当采取适当措施防止损失的扩大；没有采取适当措施致使损失扩大的，不得就扩大的损失请求赔偿。当事人因防止损失扩大而支出的合理费用，由违约方负担。该条款与原《合同法》第119条规定相同。

《德国商法典》第89b条第2款规定："补偿至多为依商事代理人活动的最后5年的平均数计算的年度佣金，或者为其他的年度报酬；合同关系存续期间较短的，依活动期间的平均数额来确定。"[1]上述规定均将合同任意解除后的损害赔偿限制在按以往利益为标准计算的年度收益。在认定无固定期限继续性合同损失的时候，可获得赔偿的期间应当根据具体案情控制在适当的范围内。

2.当事人的投入情况

所谓投入，应当包括金钱、实物的投入及人力、劳务的投入。合同履行过程中，投入是获得收益的基础，因此，当事人的投入情况是考虑其可得利益损失的不可忽略的因素，亦为认定损失之基础。

不同内容的合作经营类继续性合同的投入方式存在差异。部分合同当事人需较为均衡地持续性投入。部分合同当事人则需在合同履行伊始投入大量物力、精力，以搭建"经营框架"，从而为今后的合同履行打下基础，如在酒店承包合同中，承包人在合同签订后即投入大量财力及精力装修酒店、广告宣传等，尽管在酒店经营步入正轨后，其仍需投入管理工作及其他运营成本，但投入较此前明显降低。对于前者，当事人的投入在计算可得利益损失时的意义在于以此确定合同正常履行情况下的成本，从而准确的适用损益相抵原则，避免当事人获得的赔偿高于合同正常履行情形下所能获得的收益。对于后者，当事人的投入是判断其可否获得可得利益损失赔偿的前提。

3.提前告知的期间

《民法典》第563条第2款规定，"以持续履行的债务为内容的不定期合同，当事人可以随时解除合同，但是应当在合理期限之前通知对方"。随之而来的问题便是，依法提前通知行使任意解除权情形下，任意解除权行使方是否仍然需要赔偿对方当事人损失。笔者认为，对于民事继续性合同，法律设置提前通知期限的目的在于保障当事人人身基本权益。比如，不定期房屋租赁合同中，出租人解除

---

[1] 《瑞士债法典》，吴兆祥等译，法律出版社2002年版，第134页。《意大利民法典》，费安玲等译，中国政法大学出版社2004年版，第417页。《德国商法典》，杜景林、卢谌译，法律出版社2000年版，第39页。转引自张红：《继续性合同终止制度研究》，湖南大学2011年博士学位论文，第147~148页。

合同之前应当给予承租人寻找新的房屋的时间，以避免承租人居无定所；又如，不定期物业合同中，物业服务人应当提前通知业主寻找新的物业公司，以避免因为新的物业公司不到位致使业主基本生活受到影响。对于商事继续性合同，任意解除权行使前的提前通知，一方面为了给对方当事人合理的时间寻找可替代的解决方案以应对合同解除后的新情况；另一方面则是减少当事人的损失。至于合同解除后对方当事人是否存在损失，还须具体审查，即便任意解除权行使方提前通知合同解除，亦不能当然免除其对对方当事人损失的赔偿责任。

若享有任意解除权的当事人未提前通知而直接要求解除合同，又是否发生合同解除的效力？笔者认为，对于继续性合同，当事人之间的互相信赖显得尤为重要，当双方当事人的信任破裂，无意进一步合作，以未提前通知解除合同而使合同双方当事人依然束缚于合同的框架下，只能使双方的矛盾加剧，不符合效率、经济原则。更何况，若一方行使任意解除权，对方存在异议诉至法院，则往往耗时颇久，对方当事人在此期间寻找可代替的物品或服务不存障碍。在此种情形下，笔者倾向于允许任意解除权人行使解除权，但可酌情增加其应承担的损害赔偿的金额。

合作经营类继续性合同履行过程中，当事人持续投入以期获得持续的收益。若任意解除权行使方依法提前通知，自通知到达之日起至合同解除之日止的特殊期间，对方当事人通常会停止为扩大经营而进行的投入以避免损失扩大。若任意解除权行使方未提前通知，则该期间为扩大经营的投入难以迅速转化为收益，故在计算其可得利益损失时，该部分难以直观的反映在历年收益中的投入，应由任意解除权行使方直接予以赔偿。若对方当事人在收到通知后仍盲目投入，因此产生的损失应自行承担。

4.违约金的约定

根据当事人意思自治原则，约定的违约金优于法律规定的违约赔偿责任。合作经营类继续性合同中，违约金的数额在一定程度上反映了当事人对双方未来经营情况及违约可能造成损失的预见程度。因违约而解除的继续性合同，若当事人对违约金作出约定，应当优先适用。对于因当事人行使任意解除权而解除的继续性合同，尽管其系基于法律赋予的权利而行使解除权，但效果与合同因违约而解除并无明显差别，因此，认定损害赔偿时亦可适用当事人关于违约金的约定。

《民法典》第585条第2款规定，“约定的违约金低于造成的损失的，人民法院或者仲裁机构可以根据当事人的请求予以增加；约定的违约金过分高于造成的损失的，人民法院或者仲裁机构可以根据当事人的请求予以适当减少”。〔1〕合作经营类继续性合同中，法院依法亦可根据当事人的请求对违约金进行调整。2009年《最高人民法院关于适用〈中华人民共和国合同法〉若干问题的解释（二）》第29条第1款规定的违约金调整考量因素可予参考，该款规定，“当事人主张约定的违约金过高请求予以适当减少的，人民法院应当以实际损失为基础，兼顾合同的履行情况、当事人的过错程度以及预期利益等综合因素，根据公平原则和诚实信用原则予以衡量，并作出裁决”。因此，在当事人未作明确约定的情况下，违约金应当涵盖实际损失及可得利益损失，在认定违约金是否过高的基础不仅仅为实际损失，还应包括可得利益损失。〔2〕

5.对方当事人在合同履行过程中是否存在过错

合作经营类继续性合同持续时间长，双方当事人在合同履行过程中均可能存在过失或者履行瑕疵。若请求赔偿的一方当事人在合同履行过程中对损害的发生存在过失，其所获得的赔偿亦应相应减少，此系《民法典》第592条第2款〔3〕关于与有过失原则规定的适用。

若请求赔偿的一方当事人亦存在违约，根据《民法典》第592条第1款〔4〕的规定，双方当事人应当各自承担责任，此情形有别于与有过失的情形。

如上文多次提及的2020年修订的《最高人民法院关于适用〈中华人民共和国公司法〉若干问题的规定（五）》第3条，根据该规定，在确定公司是否补偿及补偿数额时候需考虑解除的原因。尽管公司有权任意解除其与董事之间的委托

〔1〕 该条款系在原《合同法》第114条第2款的基础上予以完善。

〔2〕 参见（2018）最高法民终355号民事判决，中国信达资产管理股份有限公司甘肃省分公司与庆阳市智霖房地产开发有限公司等债权债务概括转移合同纠纷案。

〔3〕《民法典》第592条第2款规定，当事人一方违约造成对方损失，对方对损失的发生有过错的，可以减少相应的损失赔偿额。

〔4〕《民法典》第592条第1款规定，当事人都违反合同的，应当各自承担相应的责任。该条款基本沿袭原《合同法》第120条的规定。

合同，但在认定赔偿数额时，仍需考虑解除原因，该解除原因应当包括双方当事人在合同履行中是否存在过失或违约。

6.经营的风险

在合同领域，因果关系的意义更多地反映在责任范围上。计算合作经营类继续性合同可得利益损失时应当注意因果关系的认定。

即使合同未因违约或一方行使任意解除权而解除，合作经营类继续性合同履行期间仍存在多种经营风险导致一方无法完全履行或预期收益降低，在认定可得利益损失时应当充分考虑上述经营风险的存在及利润实现的可能并扣除相应金额。

（四）文首案例之简要分析

基于上述分析，笔者试就文章开头所引案例简要论述。

对于案例一，法院认定，由于阮某未参与第二年、第三年的经营管理活动，根据阮某第一年度分得利润33.43万元的实际情况，按60%的比例认定阮某应得利润40.12万元。该案中，阮某获得第二年、第三年可得利益损失赔偿的前提是其依约投入完成商厦改造，且第一年分得了利润，该利润可作为合同剩余期限内损失的判定标准，又由于其第二年、第三年未参与经营管理，未投入人力、精力，相应金额应予扣除，其可得利益损失应当适当下调。

对于案例二，案涉《合作协议》系无固定期限继续性合同，协议履行过程中，原告需持续投入精力、劳力。被告违法终止与原告之间的劳动合同关系，进而导致《合作协议》解除，其行为构成违约，应当承担违约责任。对于原告主张的可得利益损失，尽管双方合作的5年期间，被告年平均利润为6.5万元，但考虑到，其一，已生效的劳动争议裁判文书已认定被告应向原告支付违法终止劳动合同的赔偿金178，170元，虽然该判决系依据《劳动合同法》的相关规定作出，但劳动合同亦系继续性合同，该赔偿金亦兼顾对劳动者可得利益损失的补偿。而且，该案中，双方当事人之间并非单纯的劳动合同关系，而是存在商业合作因素，原告亦非单纯的劳动者，应将其所获得的上述赔偿金放置于《合作协议》解除后的赔偿范围统一考量。其二，《合作协议》解除后，原告不再至被告处工作，更未再为被告提供总策划、总执行的管理工作，而且，根据原告对自己资历的评价，其有能力寻找可替代方式通过人力投入获得其他收益，以减少《合作协议》解除所造成的损失。因此，此案最终未支持原告关于可得利益损失的主张。该案一审判决后，原告、被告均未上诉，判决已生效。

审判实务精要

继续性合同违约解除情形下的损害赔偿性质为违约损害赔偿。任意解除权系基于继续性合同的特征而赋予合同当事人，任意解除权的行使实质上也是对于合同严守原则的违反，该情形下损害赔偿的效果及性质与因违约而致使合同解除并无不同。

针对继续性合同的损害赔偿范围，信赖损害与履行损害只是对损害范围着眼的角度不同，应当允许当事人选择更有利于确定其损失的计算标准，但二者只能择其一。

合作经营类继续性合同解除后，信赖损害应包括直接损失与间接损失，但不应超过履行利益。当事人为实现合同目的，为获得履行利益，要以放弃相应的信赖利益为前提或代价，故应区分信赖损害与履行损害，避免出现权利人重复受偿的情形。

合作经营类继续性合同解除后的履行损害赔偿应当包括可得利益损失。可得利益损失的预见内容应以损害类型为宜。对于可得利益损失的认定，要在认定合同履行时间、剩余时间、以往的经营情况以及当事人的投入情况的基础上，综合权衡各方面的因素对损失进行考量。需要注意的是，对于无固定期限的合作经营类继续性合同，当事人在订立合同时能预见到对方当事人可能因某种理由甚至无须理由，从合同的束缚中解脱出来，在认定损失时，可获得赔偿的期间应当根据具体案情控制在适当的范围内。

撰稿人：邵宁宁，上海市黄浦区人民法院商事审判庭审判长，法学硕士

23. 待履行合同破产解除权的法律适用

导　言

企业进入破产程序后，所涉及的待履行合同是继续履行还是解除，既关系该破产企业能否继续营业及破产财产价值最大化，同时也关系合同相对方权利的保障，各国破产法对此都有特殊安排。我国《企业破产法》第18条赋予破产管理人对待履行合同的选择权，使管理人有权选择继续履行有利于破产财产价值提升的合同，或是选择解除继续履行成本超过可从中获益的合同。由于这种安排突破了《民法典》所确立的合同履行及解除的一般规则，《企业破产法》第18条本身的规定也失于简陋，加之理解歧义，随着破产案件增多，待履行合同的争议也增多。实务界亟须对待履行合同破产解除权的法律原理、法律规定进行认识及研究，并在法律适用方面形成相对统一的规则。

一、问题的提出——据以讨论的案例

2002年2月7日，许某与汉峰公司签订购房协议，约定汉峰公司将约100平方米商铺以39万元出售给许某，交房时先付款50%，办妥个人产权证后，支付尾款。后许某交付50%的房款，汉峰公司交房给许某，但房屋仍登记在汉峰公司名下。2006年12月，汉峰公司在该房屋上设定抵押并办理抵押登记。2008年5月，许某诉至法院，要求判令汉峰公司结清抵押，并将系争房屋过户至其名下。法院判决汉峰公司在涤除抵押权后协助许某将系争房屋产权过户登记至许某名下，该判决已生效。

2013年5月10日，法院裁定受理汉峰公司破产清算并指定管理人。此时前述生效判决并未得到履行，商铺仍登记在许某名下，许某也未付清另50%余款。汉峰公司管理人提起诉讼，要求确认购房协议已根据《企业破产法》第18条的规定，于2013年7月10日解除，许某向汉峰公司返还房屋。许某辩称，前案生效判决已判令汉峰公司将房屋交付许某，可见前案判决结果是合同继续履行，现汉峰公司却又重新起诉要求解除合同，这是对前案生效判决结果的否定，违反“一事不再理”原则，请求法院驳回起诉。

对于本案如何处理，存在两种观点：第一种观点认为，本案所涉购房协议属破产受理前成立而双方均未履行完毕的合同，管理人自破产申请受理之日起二个月内未通知许某继续履行合同，根据《企业破产法》第18条的规定，[1]购房协议于破产申请受理之日起二个月满即2013年7月10日已经解除，许某继续占有房屋丧失依据，应予返还。第二种观点认为，本案与前案当事人相同、诉讼标的相同，管理人代表汉峰公司诉请解除合同意在实质否定前案判决结果。《企业破产法》第18条赋予管理人对待履行合同继续履行或解除合同的选择权，但未明文规定已有另案生效判决确定权利义务的情形下，管理人亦享有选择权。因此，汉峰公司进入破产程序并不构成“新的事实”，管理人要求解除购房协议实质上否定了已生效的另案裁判结果，构成重复起诉，应驳回汉峰公司的起诉。

本案主要争议是前案判决继续履行合同后，一方进入破产程序的，管理人能否依《企业破产法》第18条的规定解除合同。所涉及的问题有两方面，一是实体方面，待履行合同破产解除权的法律适用；二是程序方面，前案判决后一方破产的，是否构成《最高人民法院关于适用〈中华人民共和国民事诉讼法〉的解释》第248条“新的事实”。

二、待履行合同破产解除权法理基础

（一）什么是待履行合同

待履行合同译自美国破产法“executory contract”一词，但该法对待履行合同的概念并没有明确界定。学理上对什么是待履行合同存在“实质违约”、“结

〔1〕《企业破产法》第18条：人民法院受理破产申请后，管理人对破产申请受理前成立而债务人和对方当事人均未履行完毕的合同有权决定解除或者继续履行，并通知对方当事人。管理人自破产申请受理之日起二个月内未通知对方当事人，或者自收到对方当事人催告之日起三十日内未答复的，视为解除合同。管理人决定继续履行合同的，对方当事人应当履行；但是，对方当事人有权要求管理人提供担保。管理人不提供担保的，视为解除合同。

果导向”和“未履行完毕”三种判断标准。实质违约说以Vern Countryman教授的定义为代表，指的是破产人与合同相对人的合同义务均未履行，以至于任何一方的不完全履行都会构成一个实质性违约，对方可以此为由拒绝履行其合同义务；结果导向说将对合同本身的考量转化为对破产财产价值的评估，认为判断合同是否待履行的关键是检查承担或拒绝合同的目标是否会对破产财产有利，如果这些目标已经实现或者无论选择拒绝还是承担合同，这些目标都不能实现，那么就被认定是待履行合同；“未履行完毕”是以合同状态是否未履行完毕作为判断标准，相比“实质违约”和“结果导向”这两种较抽象的标准，“未履行完毕”的表述更加平铺直叙，表达更直接，理解更容易，因此，德国、法国、日本、韩国等大陆法系国家破产法都不约而同地采用了这种表述，即破产程序开始后，双方均未履行完毕的合同。[1]我国《企业破产法》也不例外，没有出现“待履行合同”一词，而采用了大陆法系国家通常所用的第三种表述。《企业破产法》第18条规定：“人民法院受理破产申请后，管理人对破产申请受理前成立而债务人和对方当事人均未履行完毕的合同有权决定解除或者继续履行，并通知对方当事人……”学界也是基于法律条文本身的表述，称为“未履行合同”[2]或“尚未履行完毕的合同”[3]，但也有借鉴美国破产法的表述，称为待履行合同[4]。本文采待履行合同的表述。

按照《企业破产法》上述规定，待履行合同成立的时间在“破产申请受理前”，履行的状态是“双方均未履行完毕”。因此，待履行合同是双务合同而非单务合同，包括双方均未履行的合同及双方虽部分履行但未全部履行完毕的合同。只要有一方已经履行完毕，如买卖合同买受方虽未付款，但出卖人已将货物交付的情形，就不属于《企业破产法》第18条所规定的待履行合同，如表23-1所示。

---

〔1〕 兰晓为：《破产法上的待履行合同研究》，武汉大学2010年博士学位论文，第10~11页。

〔2〕 韩长印：《破产宣告对未履行合同的效力初探》，载《法商研究》1997年第3期。

〔3〕 许德风：《论破产中尚未履行完毕的合同》，载《法学家》2009年第6期。

〔4〕 王欣新、余艳萍：《论破产程序中待履行合同的处理方式及法律效果》，载《法学杂志》2010年第6期。

表23-1

甲方	乙方	是否待履行合同
已全部履行	已全部履行	否
已全部履行	未履行/未全部履行	否
未履行/未全部履行	已全部履行	否
未履行/未全部履行	未履行/未全部履行	是

（二）何为破产解除权

破产解除权与破产选择权相伴相随。《企业破产法》第18条规定“管理人对双方均未履行完毕的合同有权决定解除或者继续履行”，即赋予破产管理人对待履行合同在继续履行和解除之间进行自由选择的权利。管理人进行自由选择的题中之义便是其在破产程序开始后，当然地享有破产解除权。管理人为何享有选择权？对此，德国联邦最高法院（BGH）从合同的“自动消灭”理论转向了“性质转变”理论。“自动消灭”理论认为在破产程序开始后，合同即视为消灭，等待管理人的选择。“性质转变”理论则认为破产程序的开始并不导致合同自动消灭，而只是暂时失去执行力，双方暂时不能请求对方履行，等待管理人行使选择权。合同执行力的丧失是暂时的，为此法律须设定合理的期限，给予管理人考虑与准备时间的同时，不让合同相对方陷入无期限的合同不确定状态。〔1〕

赋予管理人选择权同时包含两层意思：一是排除了相对方的选择权，因为如果允许相对方行使选择权，相当于对管理人不再赋予选择权，这与破产法力图使合同相对方与其他破产债权人整体公平清偿的初衷不相符。二是排除了相对方的解除权。破产解除权是在《民法典》第563条规定的法定解除权之外通过破产法另行规定的权利。《民法典》第563条规定了迟延履行主要债务经催告后仍不履行、有违约行为致使不能实现合同目的等情形时，相对方享有法定解除权。但如果承认相对方的法定解除权，就意味着管理人不再享有选择权，因此，赋予管理人选择权就意味着排除了相对方依《民法典》所享的解除权。事实上，两者并不矛盾。原因在于：如果相对方希望解除合同而管理人亦选择解除合同，两者

〔1〕 许德风：《论破产中尚未履行完毕的合同》，载《法学家》2009年第6期。

不谋而合；如果相对方希望解除合同而管理人选择履行合同，则破产法赋予相对方要求管理人提供担保的权利，不提供担保，合同同样视为解除。

（三）为何设立破产解除权

待履行合同破产解除权的设立本身是为了化解一方进入破产程序后适用《民法典》合同履行一般规则而产生的“胶着”状态，也是为了实现破产程序的效率原则。

一方面，破产解除权对《民法典》上履行抗辩权的行使结果具有“破冰”功能。首先，《民法典》第525条至第527条分别规定了同时履行抗辩权（第525条）、先履行抗辩权（第526条）和不安履行抗辩权（第527条）。在待履行合同系双方同时履行或破产企业属于先履行一方时，合同相对方要求破产企业继续履行合同，则破产企业可以依照《企业破产法》第16条[1]所规定的禁止个别清偿进行抗辩；如果破产企业要求相对方履行，则相对方可以主张同时履行或先履行抗辩，这样，合同履行便陷入僵局。在待履行合同系非破产方作为先履行一方时，破产程序的启动意味着破产方经营状况严重恶化，丧失履行债务能力，如果破产企业要求相对方履行合同，相对方可依《民法典》第527条规定主张行使不安履行抗辩权而中止合同履行，并可依《民法典》第528条要求破产企业提供担保后才恢复履行，但按照《企业破产法》第31条的规定，企业进入破产程序后，为原本无担保的合同再提供担保的，属无效行为。这样，合同履行同样陷入僵局。具体情形如下：

情形一：双方同时履行（或破产方先履行）

非破产方要求破产方履行—破产方主张禁止个别清偿—合同履行僵局

情形二：非破产方先履行而破产方后履行

破产方要求非破产方履行—非破产方行使不安抗辩要求提供担保—破产方提供担保无效—合同履行僵局

〔1〕《企业破产法》第16条：人民法院受理破产申请后，债务人对个别债权人的债务清偿无效。

另外，合同履行抗辩制度本身并没有规定如何进行进一步救济。只有等到履行障碍累积到致使不能实现合同目的时，《民法典》第563条所规定的法定解除方得以触发，但履行抗辩与法定解除之间存在的时间差并不符合破产法上的效率原则。破产法赋予破产管理人对待履行合同的选择权和破产解除权，既对当事人行使履行抗辩所形成的合同僵局实现了"破冰"，同时也提高了企业进入破产程序后处理合同后果的效率。

另一方面，破产法赋予破产管理人选择权和破产解除权，源于破产法的特殊政策目标和价值考量。破产程序是对全体债权人的集中清偿程序，破产法保护的是全体债权人利益而非个别债权人利益，故而通过破产财产价值最大化实现对全体债权人的公平保护是破产法追求的重要目标和价值。对破产企业财产保值增值目标的实现贯穿于破产法立法与法律实施的始终，破产解除权的立法规定同样遵循破产财产最大化原则。这一原则要求管理人行使选择权，决定待履行合同是继续履行还是解除时的最主要考量因素就是是否有利于破产企业价值最大化。理想状态是，当合同的履行所获利益高于解除时，管理人应当选择履行。反之，当履行成本高于解除合同时，管理人应当选择解除。

三、待履行合同破产解除权行使规范及法律效果

（一）如何行使破产解除权

《企业破产法》第18条对破产解除权行使规范及法律效果作了规定。首先，《企业破产法》第18条规定管理人享有选择权及其行使期间，即管理人对待履行合同有权决定解除还是继续履行，并且自破产申请受理之日起二个月内通知相对方，如果没有通知的，视为解除。其次，《企业破产法》第18条同时还就对方当事人的催告权作出规定，如管理人未在30日内答复的，也视为解除合同。最后，《企业破产法》第18条还规定当管理人选择了继续履行合同，对方有权要求提供担保，不提供担保的，也同样视为解除。可见，除了管理人主动选择解除合同之外，另有三种情形也可"视为解除"。具体情形如下：

相对方催告——管理人30日内未答复——视为解除

管理人选择继续履行——二个月内未通知相对方——视为解除

管理人选择继续履行——未提供担保——视为解除

最高人民法院发布的第73号指导性案例适用了前述“二个月未通知则视为解除”规则。该案主要案情是，2006年3月，安徽天宇公司与通州建总公司签订建设工程施工合同，安徽天宇公司将其厂区土建、安装工程发包给通州建总公司。合同约定2006年4月28日开工，2007年3月1日竣工，并对支付工程款及违约责任等作了约定。因安徽天宇公司未按约定支付工程款，致使工程停工并且未竣工。2011年7月30日，双方在仲裁期间约定如处置土地及建筑物偿债时，通州建总公司的工程款可优先受偿。后安徽省滁州市中级人民法院于2011年8月26日作出民事裁定，受理某债权人对安徽天宇公司提出的破产申请。2011年10月10日，通州建总公司向管理人申报债权并主张对该工程享有优先权，并据此提起诉讼。滁州市中级人民法院经审查认为，根据《企业破产法》第18条的规定，涉案建设工程施工合同在法院受理破产申请后已实际解除。因发包人的原因，合同解除或终止履行时间超出合同约定的竣工日期的，承包人行使优先受偿权的期限自合同解除之日起计算，判决确认通州建总公司对申报的债权就其施工工程享有优先受偿权。安徽天宇公司不服上诉后，安徽省高级人民法院驳回上诉，维持原判。

本案涉及建设工程款优先受偿权的起算时间，该起算时间与《企业破产法》第18条“未通知则视为解除”有关。根据2002年《最高人民法院关于建设工程价款优先受偿权问题的批复》之规定，建设工程承包人行使优先权的期限为六个月，自建设工程竣工之日或者建设工程合同约定的竣工之日起计算。按照最高人民法院全国民事审判工作会议纪要精神，因发包人的原因，合同解除或终止履行时已经超出合同约定的竣工日期的，承包人行使优先受偿权的期限自合同解除之日起计算。本案系争建设工程虽约定了竣工日期，但因安徽天宇公司未支付工程款而停工，属双方均未履行完毕的合同。在安徽天宇公司于2011年8月26日被裁定受理破产清算后，管理人并未通知通州建总公司对系争合同继续履行还是解除，因而按照《企业破产法》第18条“管理人自破产申请受理之日起二个月内未通知对方当事人……视为解除合同”之规定，建设工程施工合同实际已经解除。通州建总公司于2011年10月10日向管理人主张行使优先受偿权未过法定期限。

（二）破产解除权行使后的法律效果

管理人选择行使解除权，或者管理人虽未主动选择解除合同，但因未答复、未通知或未担保，则待履行合同同样视为解除。然而，《企业破产法》虽规定了管理人的选择权与解除权，但对管理人行使破产解除权后的法律效果并未作出特别规定。《民法典》第566条规定：“合同解除后，尚未履行的，终止履行；已经履行的，根据履行情况和合同性质，当事人可以要求恢复原状、采取其他补救措施，并有权要求赔偿损失。”与《民法典》合同解除规则一样，待履行合同经破产解除权解除后，同样存在已履行与未履行两部分。按照《民法典》第566条的规定，待履行合同解除后，未履行部分终止履行；已经履行部分产生恢复原状、赔偿损失的法律效力。对于已履行部分恢复原状请求权在破产程序中的行使方式，我国破产法未作明确规定。《日本破产法》第54条规定，管理人解除合同的，若在破产财团之中现存破产人取得的对待给付的，合同的对方当事人可以请求将其返还。其不存在的，就其价额可以行使作为财团债权人的利益。〔1〕对此，学者认为日本破产法上待履行合同解除后产生的恢复原状请求权为取回权或共益债权。〔2〕有学者以民法学说的主流观点认为合同解除后的相互返还给付以不当得利为前提，进而指出相对方恢复原状请求权应属《企业破产法》第42条第1款第3项所规定“因债务人不当得利所产生的债务”，为共益债权，优先于普通债权清偿。然而，我国《企业破产法》第53条仅笼统规定“管理人或者债务人依照本法规定解除合同的，对方当事人以因合同解除所产生的损害赔偿请求权申报债权”。该条文似乎将破产解除权行使后合同已履行的部分与未履行的部分一起

---

〔1〕 李飞：《当代外国破产法》，中国法制出版社2006年版，第739页。

〔2〕 许德风：《论破产法尚未履行完毕的合同》，载《法学家》2009年第6期；刘颖：《反思〈破产法〉对合同的处理》，载《现代法学》2016年5月。

转化为损害赔偿请求权，作为普通债权处理。以下案例即反映了这一处理思路。

2012年12月10日，二十冶公司与关东公司订立股权转让协议及补充协议，约定二十冶公司将其持有的某房产公司100%的股权和某投资公司52%的股权及债权出让给关东公司。双方按照有关国有产权转让监管的特殊规定，通过上海联合产权交易所挂牌的方式签订产权交易合同。按照产权交易合同，二十冶公司持有的房产公司100%的股权转让价款1.9亿元，关东公司支付0.57亿元，余款1.33亿元未付；二十冶公司持有的投资公司股权和债权转让价款2.76亿元，关东公司支付1.63亿元，余款1.13亿元未付。关东公司合计欠付二十冶公司转让价款2.46亿元，作为转让标的物的房产公司及投资公司股权及债权均未变更给关东公司。二十冶公司起诉要求关东公司支付两笔欠款合计2.46亿元。对此，上海市第二中级人民法院予以判决支持〔1〕。关东公司不服提起上诉。上诉期间，关东公司被山东省运城市中级人民法院依法裁定进入破产程序并指定管理人。管理人向二十冶公司发函，主张根据《企业破产法》第18条的规定，解除系争产权交易合同。上海市高级人民法院审理后认为，本案管理人已依《企业破产法》第18条解除系争产权交易合同，二十冶公司因管理人行使破产解除权而产生的损害赔偿请求权，可以另行向管理人申报债权，因二十冶公司要求继续履行合同的事实基础不存在，改判驳回二十冶公司的诉讼请求〔2〕。

四、待履行合同破产解除权的法律适用——回到案例讨论

本文开头介绍的案例涉及的主要争议焦点是前案判决购房协议继续履行后一方破产，管理人能否再依《企业破产法》第18条规定行使破产解除权？笔者认为，管理人依据《企业破产法》第18条仍享有破产解除权。

（一）本案不构成重复诉讼

《最高人民法院关于适用〈中华人民共和国民事诉讼法〉的解释》第248条规定："裁判发生法律效力后，发生新的事实，当事人再次提起诉讼的，人民法院

〔1〕（2015）沪二中民四（商）初字第15号。
〔2〕（2017）沪民终208号。

应当依法受理。”何为“新的事实”，上述条文未作具体规定，笔者认为，应当具备两项基本特征：一是发生的时间方面，应当在裁判发生效力后。原审中原本就存在的事实，只是当事人未提及或原生效裁判未查明，不属新的事实。二是产生的影响方面，应当构成对原生效裁判所确认的当事人权利义务产生重大影响。本案中，前案虽判决汉峰公司在涤除抵押权后将房屋过户给许某，但在判决生效后，汉峰公司被法院裁定受理破产，这一事实属于《最高人民法院关于适用〈中华人民共和国民事诉讼法〉的解释》第248条“新的事实”。汉峰公司进入破产程序，对双方权利义务产生重大影响。就债务人而言，管理人取代原公司执行机构而接收其财产、印章、账簿等，并管理和处分汉峰公司的财产，公司决策机构由债权人会议取代原股东会；对债权人而言，原生效判决中止执行，个别清偿无效，全体债权人按破产法确立的债权先后顺位在债务人财产中进行分配。因汉峰公司破产属于“新的事实”，管理人依《企业破产法》第18条的要求解除合同不应构成重复诉讼。

（二）继续履行违反破产法不得个别清偿规则

首先，未过户的房屋仍属出卖人财产。对于房地产企业进入破产程序后，已支付部分价款但未完成过户的房屋是否属于债务人财产，存在不同观点。第一种观点认为，破产法对上述情形未作规定，但2002年《最高人民法院关于审理企业破产案件若干问题的规定》第71条第6项规定“尚未办理产权过户手续但已向买方交付的财产”不属于破产财产。该规定虽然颁布于1986年《企业破产法（试行）》期间，但在现行破产法及司法解释颁布后，并未被明令禁止，相关内容与现行规定也不直接冲突，应当继续适用。第二种观点认为，原《物权法》及《民法典》物权编采用不动产物权登记生效原则，除法律另有规定外，不动产登记是不动产权利变动的生效要件，在房屋未过户情形下，房屋所有权属于出卖人。2002年《最高人民法院关于审理企业破产案件若干问题的规定》系针对已失效的1986年《企业破产法（试行）》的司法解释，该规定第71条所列不属于破产财产的情形，其实已被现行《企业破产法》下的《最高人民法院关于适用〈中华人民共和国企业破产法〉若干问题的规定（二）》所取代。后者第2条关于“不应认定为债务人财产”的规定删除了2002年《最高人民法院关于审理企业破产案件若干问题的规定》下原有的六项情形，包括“尚未办理产权过户手续但已向买方交付的财产”，同时规定“本规定施行前本院发布的有关企业破产的司法解释，与本规定相抵触的，自本规定施行之日起不再适用。”可见，2002年《最高人民法院关于审理企业破产案件若干问题的规定》第71条与《最高人民法院关于适用〈中华人民共和国企业破产法〉若干问题的规定（二）》第2条规定不一致的内容，已经不再适用。故而买受方虽交付部分房款，但仍登记在出卖方名下尚未过户的房屋应属于出卖人的财产。笔者同意第二种观点。

其次，关于系争房屋过户之请求属于债权，且不具优先性。既然未完成过户的房屋仍属于出卖人的财产，在本案中属于汉峰公司的破产财产，那么许某不能依《破产法》第38条行使取回权，其关于汉峰公司将房屋过户至名下的请求系债权。按照2002年《最高人民法院关于建设工程价款优先受偿权问题的批复》第2条的规定，支付了全部或者大部分购房款的消费者权利得到特殊保护（优先于建设工程价款优先受偿权），但本案系争房屋系商铺非许某自住的住宅，按照《最高人民法院关于办理执行异议和复议案件若干问题规定》第29条之规定，许某并不属于需要特殊保护的消费者。易言之，其在本案中主张请求过户之债权并不具有优先性。

最后，不具优先性的普通债权应按照比例分配。由于破产财产不足以满足所有债权的清偿要求，故而破产财产分配需遵循顺位法定原则和平等清偿原则。前者指的是破产分配中不同类型的债权，其清偿顺序由法律明确规定，不允许当事人自行决定；后者指的是同一顺位的债权获得的清偿额是平等的，即按照债权额比例清偿。《企业破产法》第113条的规定体现了上述两项分配原则。破产财产不足以清偿同一顺序的清偿要求的，按照比例分配。举例而言，丙公司现有破产财产100万元，甲对丙公司享有债权300万元，乙对丙公司享有债权100万元，则丙公司对甲清偿75万元，对乙清偿25万元。丙公司不得对甲清偿100万元或对乙清偿100万元。回到本案，汉峰公司对包括许某在内的债权人都应平等地按比例清偿，将房屋过户给许某的实质是违反《企业破产法》第16条规定，在破产程序中给予许某个别清偿，损害了其他债权人利益。

笔者认为，解决本案纠纷的出路在于，管理人有权依照《企业破产法》第18条的规定解除合同，许某对于解除合同后的损害赔偿请求权在破产程序中申报债权。赔偿额可以房屋上涨后的现价值减去尚未支付的一半房款，与其他普通债权一样，在汉峰公司破产清算程序中按比例清偿。正如一审判决指出的："企业破产可能导致债权得不到全部清偿，系债权人应当承担的市场交易风险，法律关于破产管理人有权决定是否履行合同之规定旨在保障包括被告在内的全体债权人的公平受偿权，亦在保障破产程序有序进行进而维护市场经济秩序。"

审判实务精要

处理破产程序必然涉及大量的合同，对合同的处理直接关系破产企业和合同相对方的利益。破产解除权是各国对待履行合同处理的通行规则，《企业破产法》第18条本身就是法律移植的结果。赋予管理人选择权和破产解除权，其目的是增进破产企业的财产，从而使全体债权人受益。增强合同处理的时效性，《企业破产法》第18条规定了管理人行使选择权的期限为破产受理后的两个月。在管理人以作为或不作为选择解除合同时，由此产生的损害赔偿请求权应作为合同相对方的破产债权进行申报。即便先前曾有判决继续履行合同，但因企业进入破产构成"新的事实"，不受"一事不再理"的限制，管理人同样享有破产解除权。

撰稿人：黄贤华，上海市第三中级人民法院破产审判庭副庭长，法学博士

24. 自然人合同之债的破产免责

导　言

合同之债是民事主体之间动态的财产性权利义务关系，债的终止是保持财产流转关系顺畅的必要环节。关于债的终止情形，《民法典》第557条以列举加兜底的方式进行了规定。作为债务人的自然人在客观上偿债不能时，破产免责是终止债的重要方式，其制度价值包括公平保障债权、促进经济康复、优化经济结构、完善社会保障等。我国尚未建立自然人破产法律制度，《民法典》也未直接涉及自然人破产。但破产免责制度缺失，不良债务引发的经济运转及社会发展领域的诸多问题日益凸显，司法领域涉自然人债务人执行不能案件的退出难就是一个缩影。在此背景下，司法实践领域的先行探索不仅可解决一部分现实纠纷，而且对积累自然人破产实践经验、推动自然人破产立法具有重要意义。

一、合同之债的消灭原因与破产

合同是平等的民事主体之间设立、变更、终止民事法律关系的协议，民事主体通过协议订立合同，设定债权债务；通过合同变更和转让等对债权债务的内容进行调整；通过履行等方式终止债权债务关系，推动合同目的的实现。债的产生、变更、消灭是合同民事法律关系的基本环节，构成了民事主体之间经济交往的基本流程。通过债的不断产生和消灭，民事主体之间构建起动态的财产关系，不断推进经济的发展，完善社会经济结构，增加社会财富。而为保证合同之债的动态循环的顺畅性，民事法律应为合同之债建立完备、科学的退出机制。

（一）法律对合同之债消灭原因的规定

关于合同之债的消灭原因，《民法典》第557条进行了规定，包括债务已经履行、债务相互抵销、债务人依法将标的物提存、债权人免除债务、债权债务同归于一人以及法律规定或者当事人约定终止的其他情形。上述情形实质上可分为三类。第一类是债的实现，包括债务履行、提存、抵销、混同（债权债务同归于一人）。债务履行是典型的债的实现方式，而提存、抵销、混同虽不是直接地清偿了债务，但是从本质上讲，均是债务人支付了相应对价（如提存）、或是债权人获得了相应对价（如抵销、混同），与债务的直接履行无实质性差异。债务被清偿完毕，债的关系自然消灭。第二类是债权人处分债权。作为权利主体，债权人可以自行决定免除债务、放弃债权，以单方行为消灭债，债的关系当然消灭。第三类是强制终止。即法律设定一定的条件，当符合这些条件时，强制终止债务人的债务。上述第一类和第二类情形，《民法典》中的规定明确而具体。第三类情形，《民法典》未直接明确其具体内涵，只是使用了“法律规定或者当事人约定终止的其他情形”这种开放性的措辞。而能够符合此规定的典型方式便是破产。

（二）破产具备终止债权债务的功能

破产，是指当债务人不能清偿到期债务，并且其资产不足以清偿全部债务或者明显缺乏清偿能力时，依照一定的程序集中清理其资产，公平清偿其对所有债权人的债务，并促进债务终止的法律制度。破产是为了应对资不抵债、清偿不能这一客观经济现象而设定的法律程序，其通过一系列实体规范和程序规范的交融组合，以达到概括调整债权债务关系的效果。作为拟定的概念和制度，不同国家的法律对破产的内涵和外延的界定有所不同，但破产的核心功能均包括：一是清算，即对债务人资产进行集中、全面的核算及分配，确立存在多个债权人时的债务清偿秩序，公平合理地保障全体债权人的债权；二是债务终止，即结束未了的债权债务，使债的关系终结。通过债务终止切断债务膨胀，避免债务膨胀造成实质的交易不公和利益失衡，并及时稳定财产流转关系，维护良好的动态交易秩序。

根据破产主体的不同，破产分为企业法人破产和自然人破产。企业法人以其全部资产独立承担民事责任，当其全部资产不足以清偿债务时，通过企业破产程序集中彻底清理其全部资产，以其全部资产公平清偿其债务，破产清算终结后进行法人注销登记。企业法人经破产清算并完成注销登记后，丧失民事权利能力和民事行为能力，其民事主体资格不复存在。且其破产清算后已无剩余资产，故未能履行的债务自然终止。与企业法人不同，自然人破产清算后并不导致债务人民事主体身份的消亡，故未能得到履行的债务并不当然终止。自然人破产程序要实现债务终止的功能，则需建立清算后剩余债务强制免除制度。

二、自然人破产免责的价值和免责的条件

（一）自然人破产免责的正当性

破产免责是指对自然人债务人在经过破产清算程序后仍未履行完毕的债务强制免于清偿的法律制度。其最直接的功能是帮助“诚实但不幸”的债务人实现经济康复，但对债务的强制免除意味着在债权人非自愿的情况下强制消灭其债权，这是对债权人权益的限制和剥夺。用限制或者牺牲一方民事主体的利益来帮助和拯救另一方民事主体，这必须要有足够的正当性。

1.合同债权风险的可预测性和可选择性

合同之债多为金钱给付关系，或最终转化为金钱给付关系。金钱债权是权利人请求特定义务人支付金钱的权利，该权利具有相对性，属于对人权。该权利与具有绝对性、对世性的物权不同，其实现需要依赖特定的义务方具有履行能力。当义务方客观上没有履行能力时，债权便无法实现。因此，金钱债权的实现具有风险性、不确定性。而这种风险一概由债务人承担本身就缺乏合理性、公平性。另外，合同之债系意定之债，产生于民事主体一致的意思表示。当民事主体通过合同设定债权债务关系时，本身应预见到债权不能实现的风险，其可以权衡后自由做出是否设立的决定。当其决定设立债时，可推定其愿意承担债权实现不能的风险。这是合同之债可强制免责的法理基础，也正是因为侵权之债、基于人身关系的债务、税款债务不具备这些基础，多数国家的法律不允许此类债务通过破产免责（或设置更为严苛的免责条件）。当债务人客观上不能履行债务，且明显缺乏清偿预期时，有必要通过法定程序终止该债务，使债权不能实现的现实状态法定化、确定化，完成债的关系的退出，以保持社会经济关系的稳定。也正

是从这一角度讲，破产免责是自然人债务人的一项民事权利，而不应被视为一种单纯的对债务人的施舍。在市场资源配置方面，免责制度要求债权人一方承担更多的交易风险评估和风险预防职责，债务人一方则在一定程度上减轻后顾之忧而被激发出更多的创新动力。

2.社会保障

现代破产法的价值追求不再偏执于强调维护债权人的权益，而是越来越关注在保护债权人基本利益的前提下，给予陷入经济困境的债务人重新开始的机会。其基础价值理念是，对于诚实的债务人，遭遇财务破产已属不幸，无限追责将降低其重新发展的希望，抑制其经济创造力，损害其基本人权，[1]最终有损社会整理利益。故有必要兼顾债务人资不抵债情况下的生存权保障，以及给予其了结债务、重新获取发展机遇的空间。自然人破产免责实际上是在财产权利及财产法律关系领域，对自然人这一民事主体最低的、基础性的法律保障。通过破产免责这一风险分摊机制，可以构建债务人的经济危机应对方案，平衡经济交往中的风险冲突，实现社会整体利益。这是法律文明与社会文化进步的体现。

3.与民法其他法律关系的平衡

自然人债务清偿不能时，对其无限追责会引发合同之债与其他民事法律关系的对立冲突，可能影响其他民事法律关系的稳定以及损害其他民事主体的正当权益。例如，在继承法领域，继承人背负合同债务且清偿困难的，其往往对继承遗产不持积极态度，甚至会选择放弃继承。被继承人也可能因此调整自身的遗产处置方案，以避免遗产被用于偿还继承人的债务；在婚姻法领域，夫妻关系存续期间所得财产属于共同所有是一般性、基础性规则，但一旦一方出现债务清偿危机，夫妻往往会出于利益保护而对婚姻财产的分配秩序进行调整；在亲属法领域，被抚养人与抚养人的抚养费给付请求权与合同债权产生利益冲突时，对债务人无限追责势必影响到其履行抚养义务的能力；在劳动法领域，倡导多劳多得、按劳分配的精神，旨在调动劳动者的工作积极性、创造性，但是，如果劳动者出现债务清偿危机，其工资收入将主要被用于偿还债务，其积极劳动的主观意愿

---

〔1〕 参见刘静：《个人破产制度研究》，中国检察出版社2010年版，第225页。

将会受到抑制。[1]相比合同之债相对纯粹的财产属性，其他民事法律关系还涉及人身权利、公序良俗等位阶更高的非金钱因素，当发生价值冲突时，有必要设定合同债务追索的限度。

（二）自然人破产免责的基本条件

1.破产原因

破产原因是指导致破产程序开始的原因，是破产程序的实质性基础，是当事人得以提出破产申请，法院据以启动破产程序、作出破产清算决定的民事法律事实。破产原因是破产准入的门槛，决定破产申请的难易。《企业破产法》规定的破产原因是债务人不能清偿到期债务，并且其资产不足以清偿全部债务，或者是债务人不能清偿到期债务，并且明显缺乏清偿能力。一言以蔽之，破产原因是客观上的债务履行不能，这一点上企业法人与自然人并无实质区别。但在判断债务人资产方面和履行能力方面，自然人与企业法人有所不同。企业破产清算后的结果是被注销法人登记，其民事主体资格终止。故企业破产清算时，债务人所有的资产均应被清理分配。但是在自然人破产中，债务人的民事主体资格在破产清算后依然存在。为保障其基本生存和发展权益，有必要为债务人留存一定的财产供其个人使用。该部分被隔离出的财产被称作自由财产。自由财产在破产程序中不属于破产财产范围，不受破产程序执行，能够由债务人自由支配。自由财产是社会保障观念在破产制度中的体现，主要包括三类：第一类是维持债务人及其抚（扶）养亲属生活需要的财产，第二类是债务人职业需要的财产，第三类是与债务人具有特定人身关系的财产。[2]自然人“资产不能清偿全部债务”是指扣除自由财产后的资产，故即使自然人总资产大于总负债，只要其扣除自由财产后资不抵债的，仍然可申请破产保护。

2.公平保障全体债权人的利益

债务人具备破产原因后，债务的个别清偿可能造成债权人之间的利益失衡。

---

〔1〕 参见自然人破产处理工作小组起草：《世界银行自然人破产问题处理报告》，殷慧芬、张达译，中国政法大学出版社2016年版，第28页。

〔2〕 参见刘静：《个人破产制度研究》，中国检察出版社2010年版，第211页。

因此，需要通过破产清算对债务人的资产集中清理、概括执行。公平清偿债务、充分保障全体债权人的利益是债务人获得免责的前提和价值基础。为实现集中的、公平的债务清理和债权保护，破产清算应具备以下机制和功能：[1]

（1）债务加速到期。破产程序开始后，所有的债权即视为到期。债务利息一律停止计算，阻断债务膨胀。

（2）禁止个别清偿。破产程序开始后，债务人不得再对债权人为个别清偿，而是依靠破产程序对所有债权人进行概括的公平清偿。

（3）债权人自治。为公平保障全体债权人利益，破产程序应建立破产债权人会议，债权人会议由全体债权人组成，破产程序中涉及债权人利益的重大事项如和解、破产财产管理、变价及分配等均由债权人会议讨论决定。只要这些决定不违反法律或者债权人的一般利益，即具有法律效力。法院只扮演消极监督的角色。

（4）管理人中心主义。由专业人士担任破产管理人，一来可以替代债务人管理、处分其财产，以避免债务人损害债权人的利益。二来通过专业人士操作破产程序中的具体程序实务，进行财产清理、保管、估价、债权登记等，可以保证破产程序顺畅高效地进行，使法院可以超脱于繁冗的具体事务，专注于监督和司法确认的职责。

3.债务人不存在不诚信行为

破产免责是法律对债务人生存和将来发展给予的关怀和帮助，这必然要求债务人须是诚实守信的。即债务人须不存在破产不诚信行为，包括对破产的发生不存在主观过错，以及在破产程序中不存在过错行为。对破产发生的主观过错包括：第一，债务人在明知自己无力清偿的情况下，仍然订立合同设立债务的；第二，债务人过度挥霍、赌博等草率行为致使自己失去偿债能力的；第三，债务人在破产前的一段时间内存在恶意转让、隐匿财产行为的；第四，债务人存在以欺诈方式负担债务行为的；第五，债务人在破产前一段时间内曾经有过破产经历的。在破产程序中的过错行为包括：第一，债务人未如实申报财产或未全面

[1] 参见李永军：《重申破产法的私法精神》，载《政法论坛》2002年第3期。

申报财产；第二，债务人未如实提交债权人名单；第三，债务人隐匿、毁损破产财产；第四，债务人偏颇清偿债务；第五，债务人无法对其财产损失或减少做出合理解释；第六，债务人违反破产程序设定的配合义务，情节严重的。

三、自然人破产免责的司法需求

根据《民事诉讼法》规定，法院强制执行的结果分为三种：第一种是执行完毕，即生效法律文书确定的权利得以实现。第二种是终结执行，即生效法律文书确定的权利没有实现，但因特定原因，不再执行。第三种是中止执行，即因特定原因执行程序暂停，待条件满足时再行恢复执行。前两种情形均属于实质性结果，而第三种情形则是暂时性结果，生效法律文书确定的债权债务关系并未终止。在司法实践中，有相当一部分案件的被执行人确无履行能力，经法院核查无财产可供执行，即使法院穷尽一切措施，客观上也无法执行到位。就此类案件，依照法律规定只能中止执行，等待有新的财产线索时再恢复执行。这种中止执行，从司法技术层面被以"终结本次执行程序"的方式结案。但因既未执行完毕，又未终结执行，案件并未实际终了，无法真正实现定分止争。法院、债权人、债务人三方长期被此类案件困扰，形成僵局。一方面，债权长期不能实现，债权人往往质疑法院执行力度和权威。另一方面，债务人长期背负债务负担，生活、工作、发展等遭受巨大影响，对无休止的执行和限制措施十分抵触。而法院对长期未结案件，受困于重复调查、核实线索，耗费大量司法资源，实践中不堪重负。根据全国法院相关数据统计，全国执行案件接近半数以"终结本次执行程序"方式结案。〔1〕即使扣除有财产但暂时不具备处置条件的案件，占比仍高达约18%。〔2〕这些案件的债务人如果是企业的，可以通过企业破产程序完成退出。但债务人是自然人的，由于债务退出机制的缺失，执行纠纷往往长期得不到解决。

进一步来讲，法院执行领域的困境仅仅是破产免责制度缺失下相关社会问题的一个缩影。更值得关注的是，在经济领域，不良债务造成的消极系统性影响

---

〔1〕 根据2016年全国法院司法统计公报，当年全国法院执行案件结案480万余件，其中以"终结本次执行程序"结案的230万余件，占比47.92%。

〔2〕 最高人民法院院长周强：《推动建立个人破产制度，完善现行破产法》，载https://xw.qq.com/c/finance/20181102007249，最后访问日期：2018年11月2日。

如何消除，如抑制创业精神、放纵过度扩张性的信贷、资源分配方式僵化等，以及在社会领域，永久债务困境加剧的疾病、失业、犯罪等问题同样不容忽视。

四、自然人破产免责相关的法律规定

我国尚未建立自然人破产法律制度，破产免责并无直接的法律渊源，甚至间接相关的法律规定也十分有限。虽然理论界已认识到自然人破产制度的现实必要性，2019年6月22日国家发展和改革委员会等部门联合印发的《加快完善市场主体退出制度改革方案》也明确提出研究建立自然人破产制度，但自然人破产法尚未被列入立法计划。此外，自然人破产制度的建立还有赖于民众观念、社会文化、法律传统、经济背景等领域的接受程度。基于上述背景，司法实践领域的探索尝试，宜尽可能利用及借鉴现有的具备破产因子的制度，在现行法律框架内，通过对现有相关规定的创新组合来实现。

（一）民事诉讼程序中的参与分配制度可作为自然人破产清算的雏形

《最高人民法院关于适用〈中华人民共和国民事诉讼法〉的解释》第508条规定，被执行人为公民或者其他组织，在执行程序开始后，被执行人的其他已经取得执行依据的债权人发现被执行人的财产不能清偿所有债权的，可以向人民法院申请参与分配。参与分配制度被看作与现行破产制度相配合的、补充性的制度安排。〔1〕当债务人的财产不足以满足全体债权人的债权时，完全按照执行措施的先后顺序清偿，则可能出现受偿不公的情况。那些优先获取债务人财产信息的债权人和债务人偏向的债权人将获得优先受偿的地位。〔2〕参与分配制度着眼于债权的平等受偿，其债权平等理念、比例受偿原则等具有破产清算的性质。依托参与分配制度构建自然人破产程序，可以解决自然人破产申请、受理、债权人会议、债务人财产核查、财产分配等环节的法律依据问题。

当然，参与分配制度与标准破产清算程序相比有很大的局限性，主要表现在：一是只能在执行程序中进行，不能脱离执行个案；二是能够参与的债权限于

---

〔1〕 参见沈志先主编：《破产案件审理实务》，法律出版社2013年版，第253页。

〔2〕 参见刘静：《个人破产制度研究》，中国检察出版社2010年版，第13页。

已经取得执行依据的债权和对债务人财产享有优先受偿权的债权，未被生效法律文书确认的普通债权不包括在内；三是缺少主动通知申报债权的环节，而破产清算要求尽可能覆盖所有债权人；四是分配财产的范围有限，仅针对执行程序中已经强制执行到的财产，而破产清算要求针对债务人所有的财产进行核算处理。在司法实践中，上述第一点和第二点局限性涉及法律强制性规定和基本秩序，是无法逾越的。就第三点债权范围和第四点债务人财产范围，法律并未禁止其外延，实务操作中可作一定的扩大解释，以使其尽可能符合破产清算的特征。

（二）民事诉讼程序中的执行和解制度可作为自然人破产免责的切入点

和解是当事人就相互间权利义务关系妥协后达成的一致意见，《民事诉讼法》第466条、第467条规定了执行程序中的和解制度。执行和解是民法意思自治原则和民事程序法处分原则在执行领域的体现。执行程序中，当事人可以根据意思自治原则处分自己的民事权利义务，也可以根据处分原则就纠纷的司法处理程序和方式进行协商。执行和解为破产免责司法实践提供了一种可能性：若债权人团体与债务人协商一致同意通过清算程序解决债务危机，并愿意在清算程序后免除债务人剩余债务的，则程序进行的后果可达到破产免责的功效。

值得注意的是，和解是当事人相互妥协后的合意，而相互妥协的前提是各自有一定的利益筹码。相对于诉讼阶段的和解，执行阶段的和解空间一般较为狭小，原因是此时当事人之间的权利义务已经生效法律文书确定，债权人占据相对优势的地位。但这并非意味着以免责为目标的执行和解纯粹是债权人的单方退让，债权人可从和解中获得的利益至少包括：一是能从更全面的债务人财产中获得受偿，因为债务人须充分披露个人财产和收入；二是在债务人积极主动的配合下实现财产变现和受偿，降低追偿的成本；三是避免因债务人个别地向其他债权人偏颇清偿而导致的不利；四是缓解与债务人之间的对立关系。

（三）民事诉讼程序中的终结执行制度具有强制免责的属性

终结执行，是指强制执行过程中，因特定原因导致执行依据确定的权利无须执行（如债权人撤销执行申请）或客观上无法实现时，法院裁定结束执行程序。《民事诉讼法》第257条规定，作为被执行人的公民因生活困难无力偿还借款，无收入来源，又丧失劳动能力的，法院应裁定终结执行。该条同时还就终结执行的情形设置了兜底性规定“法院认为应当终结执行的其他情形”。终结执行意味着执行依据失去了执行力，法院不再就执行依据确定的债权进行强制保护，债权人不得再就债权的实现寻求强制执行。终结执行虽为诉讼法领域的制度，不具有私法领域直接消灭债权的效力，但其使生效法律文书确定的债权失去了国家强制力的保护，事实上产生了免责的效果。

（四）《企业破产法》的相关规定为自然人破产提供了制度参考

自然人破产程序与企业破产程序有诸多相似之处，如破产管理人制度、债权人会议流程及职权、破产财产的变现、破产分配等。《企业破产法》已实施多年，积累了丰富的操作经验，很多制度历经实践已经成熟，可以作为自然人破产程序的参考。

（五）有关拒不履行生效法律文书的处罚性规定可以作为自然人破产保障性措施的依据

《刑法》中有关非法处置查封、扣押、冻结财产罪，妨害公务罪，拒不执行判决、裁定罪的规定，以及《民事诉讼法》中有关执行强制惩戒措施的规定，司法实践中已成为纠正违法行为、维护执行秩序的重要制度保障。自然人破产程序中发生的不诚信行为符合上述法律规定的违法行为构成要件的，可据以进行规制。

五、自然人破产免责的司法实践路径

（一）初级尝试方案——基于债权人同意的免责

在司法实践中，可尝试依托执行参与分配以及执行和解的规定，构建一套与现行法律规定相容的自然人债务清理程序，通过适度的法律解释扩充程序的内容，尽可能使该程序具备破产的各项功能。债务清理程序的核心至少要包括：一是扩大参与分配的债权范围，传统参与分配的债权限于债权人主动提出，债务清理程序可参照企业破产程序扩大债权人范围，尽可能使符合条件的债权人一并参与。二是扩大参与分配的财产范围，传统参与分配的标的为单一执行案件执行到的特定财产，债务清理程序应尽可能囊括债务人的全部财产。三是引入禁止个别清偿制度。自然人为债务人的执行案件，法律目前并不禁止个别清偿行为。但作为保障债权公平受偿的基本规则，破产程序不应缺少该项规定。实践中可要求债务人作出禁止个别清偿的承诺，并规定违反承诺的相关责任（包括失去免责的机会），从民事责任层面对其进行一定的限制。四是引入管理人制度，规范债权债务以及财产清理的流程。五是将债权人接受清理程序终结后免除未清偿债务作为债权人参与债务清理程序的条件。

1.申请和受理

当已经进入执行程序的自然人债务人不能清偿债务且其资产不足以清偿全部债务或者明显缺乏清偿能力的，债务人或债权人可向执行法院申请启动针对债务人的债务清理程序。法院收到申请后，组织债务人及已知债权人进行协商，将通过债务清理程序处理的利弊充分向当事人释明。如果债权人及债务人一致同意启动债务清理程序，同时债权人一致同意债务清理程序终结后，对债务人尚未履行的债务予以免除的，法院可据此裁定受理债务清理程序。

2.公告通知债权人

法院应就受理债务清理的相关事项进行公告，以便未知的债权人申报参与。公告后申请参与的债权须符合两个条件，一是债权已经被生效法律文书确认；二是债权人须同意债务清理程序终结后，对债务人尚未履行的债务予以免除。

3.债务人的财产

债务人应按时提交财产状况说明、债务清册、债权清册、收入状况等，协助完成财产的变现和分配。对于已被其他法院采取控制措施的财产，受理债务清理程序的法院可与采取控制措施的法院协商取得财产处置权。

4.禁止个别清偿

债务人必须积极和诚信地参加债务清理程序，其应当书面承诺在清理程序启动后不得有个别清偿行为，并愿意承担违反该承诺的一系列法律责任。

5.参照适用企业破产相关制度

清算管理人制度、债权人会议权限和表决程序、财产变现及分配等均可参照企业破产程序中的模式办理。

6.免责

债务清理程序终结后，除债务人有前述的不诚信破产行为的，各债权所依据的生效法律文书视为执行完毕。债权人不得再就未清偿债务要求强制执行。

（二）发展方案——以终结执行为免责的权力渊源

前述债务清理方案以债权人接受免责为前提，适用范围难免十分狭窄。若前述方案得以在司法实践中顺利开展，并逐步获得认同的，可考虑在其基础上推行第二阶段方案。《民事诉讼法》第257条第5项规定，作为被执行人的公民因生活困难无力偿还借款，无收入来源，又丧失劳动能力的，法院应裁定终结执行。该规定赋予了法院强制免除债务清偿的权力，与破产免责的法意更为接近。若将该条规定纳入前述债务清理方案中，则受理环节可不必征得债权人同意免除剩余债务。法院可在债务清理程序终结后，对符合“生活困难、无收入来源、又丧失劳动能力”条件的债务人，以裁定终结执行的方式免除对其剩余债务的强制执行。

至于“生活困难”“无收入来源”“丧失劳动能力”三个免责条件，司法实践中可作一定的扩大解释，对“生活困难”，不应仅仅局限于衣食保障这一基本生存层面，还应将债务人工作机会成本、健康医疗开支、进修学习、婚姻生育、基本的社交支出等因素纳入考量范围。对“无收入来源”，不应机械解释为无任何收入，对于维持基本生活的养老金、伤残赔偿金等，可不纳入收入来源。对于“丧失劳动能力”，可以放宽认定标准，如债务人已过退休年龄的，一般可视为其已基本不再以劳动为主要经济来源。

（三）深化方案——以经济重生为价值引导的免责

第三种方案是在前述第二种方案的基础上进一步拓宽免责的适用范围。《民事诉讼法》第257条第6项规定的“人民法院认为应当终结执行的其他情形”，这是立法者针对现实情况的复杂多样性预留的弹性空间。司法实践中可进一步解释为赋予了法院在免责认定方面的裁量权。法院强制执行的对象应是有履行能力但拒不履行的债务人，而对于客观上缺乏履行能力的债务人，法院理应在债务人经济康复和债权人财产追索两者之间进行价值取舍。如果“资不抵债是市场经济下的必然现象”“偿债不能是无关道德的经济状况”这一观点被接受，那么经过债务集中清理程序后，法院认定债务人属于“诚实而不幸”的人，对其在正常交易过程中发生的风险持宽容态度，免除其财产承受范围外的债务便具有了正当性和合法性。

（四）司法实践中的其他相关问题

1.关于非合同类债务

非合同类债务，如侵权引发的赔偿责任、基于婚姻家庭关系产生的债务、刑事罚金、政府税款，各国破产法普遍将其排除在破产免责范围之外。实践中，上述债务可一并纳入参与分配，但在债务清理程序终结后对其未获清偿的部分不予免责。

2.关于自由财产保留

标准破产程序中，自由财产的范围十分宽泛，诸如一定面积的住房、一定价值范围内的机动车、家居用品、从业工具，以及公共补助、养老金等财产。而现行法律中的类似规定为《民事诉讼法》第243条和第244条“保留被执行人及其所扶养家属的生活必需费用”及“生活必需品”，范围被限缩在“生活必需”之内。实践中，考虑到探索初期的社会接受程度，宜立足现行执行标准，仅作适度扩展。

3.关于终结执行裁定的效力范围

标准破产程序中，法院免责裁定的效力及于已申报和未申报的债权人。而终结执行裁定的效力是终结了本案生效法律文书的执行力，本案债权人失去了请求法院强制实现其债权的程序权利。但其效力范围限于个案，对裁定外的债权人不具有法律效力。因此，未参与债务清理程序的债权人，其债权及申请执行权的行使不受影响。

4.关于免责的撤销

道德风险是破产免责制度必须考虑的反面因素，破产免责制度的实施可能会给一些债务人恶意逃废债务提供机会。鼓励守信、惩治欺诈是破产实践中应贯穿始终的基本理念。实践中，对于免责后查明债务人以欺诈方式获得免责的，应通过审判监督程序撤销终结执行的裁定，恢复对其债务的追索。同时，就其不诚信破产行为，应纳入信用系统。

审判实务精要

破产免责并无直接的法律渊源，但《民法典》合同编有关债权债务终止原因的规定中包含了“法律规定终止的其他情形”这一高度概括性的内容，可理解为是为破产免责的适用留下了空间。司法实践中，可根据执行参与分配、执行和解、终结执行等具有破产清算和破产免责因子的法律规定，组合设计一套类似破产清算的概括执行程序，尝试推动自然人破产免责的实行。具体而言，可依托执行参与分配以及执行和解的规定，构建一套与现行法律规定相容的自然人债务清理程序，通过扩展参与分配主体范围促进债权集中申报，通过免责鼓励债务人积极参与从而实现债务人财产的整体清理，通过借鉴《企业破产法》的成熟制度规范清算流程，通过和解和终结执行制度实现债务免责。此外，自然人破产制度的实施还有赖于民众观念、社会文化、法律传统、经济背景等领域的接受程度，司法实践中，宜按照先易后难、分步推进的模式，选择矛盾争议相对较小的案件进行尝试。同时，根据个案具体情况，充分预估可能产生的影响，确保达到较好的社会效果。

撰稿人：安　泰，上海市徐汇区人民法院执行局审判长，法学硕士

25. 司法治理“合同僵局”的路径选择与法理分析

导　言

司法实践对“合同僵局”的处理应当秉持维护合同约束力与权利行使自由的基本理念，在审理中具体分析“合同僵局”的类型与成因，综合运用情势变更、减损义务、履行不能等民法体系的规则资源。笔者就《民法典》第132条与第580条第2款内容进行研究，既要遏制怠于行使解除权的获利空间，引导当事人及时清算履行障碍合同的后果，促进社会财富的高效利用，也要防止一方故意制造虚假履行障碍，不应过度干预非紧迫性的“轻微僵局”。只有对于其他手段均无法有效治理且又具有重大紧迫性的“重症僵局”，才能在明确法理基础与审查标准前提下，采取最终的司法解除途径。

一、“合同僵局”的实务困境与立法、理论探索

不同于英美法的“效率违约”理念，大陆法系的合同法基本都强调严守合同约束力，[1]以继续履行作为违约责任承担方式的首要选项，将根本违约作为解除权产生的典型形态。解除权被视为是典型的形成权，解除权行使是有相对人的单方意思表示，符合法定或约定条件的解除通知达到即生效。既然解除权是一种私权，其行使原则上也就不能被干涉，法院通常只是对当事人的解除通知效力进行评价，而非依职权认定合同是否应当解除。不仅如此，《民法典》还在第564条[2]增加规定了解除权的除斥期间，认定解除权人不及时发出解除通知会产生权利消灭的效果。

---

〔1〕 参见蔡睿:《吸收还是摒弃:违约方合同解除权之反思》，载《现代法学》2019年第3期。

〔2〕《民法典》第564条规定:法律规定或者当事人约定解除权行使期限，期限届满当事人不行使的，该权利消灭。法律没有规定或者当事人没有约定解除权行使期限，自解除权人知道或者应当知道解除事由之日起一年内不行使，或者经对方催告后在合理期限内不行使的，该权利消灭。

2019年11月8日发布的《全国法院民商事审判工作会议纪要》第47条[1]也认为，如果违约程度显著轻微，即使符合约定的解除条件，法院也可以不确认解除权人的解除通知效力。由此可见，加强对解除权这种对合同关系具有根本破坏力的形成权约束，不鼓励轻易行使解除权，防止交易预期彻底落空造成经济资源浪费，是法律的基本立场。但是，并不是任何义务都适合强制履行，在一时性合同或持续性合同中，均有可能出现一方不愿继续履行义务，如果该义务事实或法律上不能履行，又或者履行成本过高，不利于经济社会发展，解除权人又不愿意提出解除，合同履行就会陷入停滞，但债务约束依然存在，表面上造成了既无法实现原合同目的，又不能自由寻找新缔约机会的"合同僵局"状态。

所谓"合同僵局"并不是严谨统一的概念，从诉讼经济高效的角度来看，司法裁判一般会追求在一案中完整处理双方的纠纷后果，既然继续履行的方式不可取，那么合同解除这种具有"毁灭性"效果的方式反而会被认为是最佳诉讼方案。在过往的司法实践中，当有解除权人坚持不主张解除合同，而法院认为合同解除对双方均有实质合理性，就会出现一些依职权判决合同解除的案例。此类判决的实际效果并非都不合理，其中一些还成为典型案例（如《最高人民法院公报》2006年第5期刊载的"新宇公司诉冯玉梅商铺买卖合同纠纷案"），但无论是将此类判决理解为违约方也具有解除权，还是不认为违约方具有解除权，而是法院依职权作出了变更判决，都缺乏法律、司法解释的规则依据，形成了法律适用困境。过往的判例中，法院多有援引原《合同法》第110条关于履行不能的规定作出解除判决，而实际上该条文的规则效果主要是赋予义务人对继续履行的抗辩权，从未赋予过任何一方解除合同的权利。即使在《德国民法典》关于履行不能的规定中，[2]解除权也属于债权人，并没有赋予给履行不能的债务人一方。

---

〔1〕 合同约定的解除条件成就时，守约方以此为由请求解除合同的，人民法院应当审查违约方的违约程度是否显著轻微，是否影响守约方合同目的的实现，根据诚实信用原则，确定合同应否解除。违约方的违约程度显著轻微，不影响守约方合同目的实现，守约方请求解除合同的，人民法院不予支持；反之，则依法予以支持。

〔2〕《德国民法典》第275条第1款规定，只要给付对于债务人或者对于任何人是不可能的，给付请求权就被排除。第326条第1款规定，债务人根据第275条无须履行给付的，对待给付请求权消灭。第5款规定，债务人根据第275条无须履行给付的，债权人可以解除合同。参见《德国民法典》，陈卫佐译注，法律出版社2015年版，第92页、第123页、第124页。

为了回应实践中这种需求，《民法典》合同编（草案）二审稿第353条第3款曾规定，合同不能履行致使不能实现合同目的，有解除权的当事人不行使解除权，构成滥用权利对对方显失公平的，人民法院或者仲裁机构可以根据对方的请求解除合同，但是不影响违约责任的承担。该条文公布后，在理论界引起了激烈争议，《民法典》（草案）三审稿最终删除了该条规定。全国人大常委会法制工作委员会在说明中称，有的专家学者提出，〔1〕这一规定的出发点在于解决实践中存在的由于合同不能履行而导致的僵局问题，但规定违约方可以申请解除合同，与严守合同的要求不符，建议删去，对个别合同僵局问题，可以考虑通过适用情势变更规则或者其他途径解决。全国人大宪法和法律委员会经研究，建议采纳这一意见，删去该规定。《全国法院民商事审判工作会议纪要》（法〔2019〕254号）第48条规定：违约方不享有单方解除合同的权利。但是，在一些长期性合同如房屋租赁合同履行过程中，双方形成“合同僵局”，一概不允许违约方通过起诉的方式解除合同，有时对双方都不利。在此前提下，符合下列条件，违约方起诉请求解除合同的，人民法院依法予以支持：（1）违约方不存在恶意违约的情形；（2）违约方继续履行合同，对其显失公平；（3）守约方拒绝解除合同，违反诚实信用原则。人民法院判决解除合同的，违约方本应当承担的违约责任不能因解除合同而减少或免除。

《全国法院民商事审判工作会议纪要》试图以典型特征描述加排除要件限定的方式为实践操作寻找出路。相较于《民法典》合同编（草案）二审稿中的条文，《全国法院民商事审判工作会议纪要》的表述放弃了“履行不能”“权利滥用”这些基本概念推演，转向“恶意违约”“显失公平”“诚实信用”的抽象原则，带有强烈的追求实质公平的问题意识，却又难以在民法典的逻辑体系中找到容身之处。在理论界，代表性的观点认为，《德国民法典》第314条关于持续性合同的重大事由终止规则是值得借鉴的，在我国法律存在漏洞的情况下，可以类推适用保管合同中的“特别事由”规则，甚至婚姻法的离婚规则作为判决合同解除的

〔1〕 比较有代表性的观点参见韩世远：《继续性合同的解除：违约方解除抑或重大事由解除》，载《中外法学》2020年第1期；蔡睿：《吸收还是摒弃：违约方合同解除权之反思》，载《现代法学》2019年第3期。

法律适用路径。〔1〕值得注意的是，在当前的学说争论与主流司法实践中，赞同根据违约方的诉请判决合同解除的观点也都认识到，这一判决后果并非是违约方享有法定的解除权，而是一种不同于传统解除权行使方式的“司法解除”，即这种判决并不是确认违约方享有解除权，而是由法院依据职权认定是否需要判决解除合同。〔2〕最终审议通过的《民法典》在第580条加入了一款补充规定：有前款规定的除外情形之一，致使不能实现合同目的的，人民法院或者仲裁机构可以根据当事人的请求终止合同权利义务关系，但是不影响违约责任的承担。该条文赋予了司法机关在合同履行不能，且无法实现合同目的的情况下，根据具体情况认定合同关系终止的权力，而这种判决形式实质上也应当视为是司法解除。但是，这一条款在司法实践中究竟应当如何适用，依然有待研究探索。

从《民法典》(草案)、《全国法院民商事审判工作会议纪要》到《民法典》第580条第2款的曲折过程看，针对“合同僵局”作出统一的规则表述是非常困难的，或许这也为我们提供了另一种思考路径：治理“合同僵局”并不存在一劳永逸的“特效药”，由法院判决合同解除看似最为直接有效，但实际并不是解除困境的唯一途径，法官在个案中应当具体分析合同类型与背景成因，从民法体系资源中寻找缓解实质矛盾的规则工具，引导、倒逼当事人理性行使权利，通过分类施策筛除、分流那些虚假、轻度僵局，只有对于其他手段均无法有效治理又具有重大紧迫性的“重症”僵局，才能在明确法理基础与审查标准的前提下，采取最终的司法解除途径。

二、“合同僵局”的典型特征与虚假类型分析

(一)“合同僵局”的三项典型特征

并非所有存在履行障碍的合同都会产生诉讼纠纷，比如，租赁合同签订后，承租人擅自提前搬离，出租人自行收回房屋另行出租，双方并没有达成解除合意，出租人也没有另行通知解除合同，不主张后续租金或违约责任，此类情况没

〔1〕 参见韩世远：《继续性合同的解除：违约方解除抑或重大事由解除》，载《中外法学》2020年第1期。

〔2〕 参见王利明：《论合同僵局中的违约方申请解约》，载《法学评论》2020年第1期。

有对当事人造成困扰，实际上也不存在“一房二租”的法律风险。比如，农村集体经济组织内部成员对宅基地房屋的一部分进行买卖，虽然该房屋不能分割进行部分所有权转让，但双方已经完成了交付，也愿意维持使用现状，不要求过户，也就不存在引发纠纷的僵局问题。法院处理纠纷所遇到的“合同僵局”有不同的类型，背景原因也各不相同，但隐含不变的是当事人之间的利益平衡问题。具体而言，在合同有效的前提下，“合同僵局”主要有几方面的特征：

第一，无解除权人已明确表示不愿意继续履行合同主要义务，主张解除合同是典型的形式。比如，承租人不愿意再支付租金，希望将标的物交还给出租人，又或者房屋出卖人不愿意继续履行过户，希望收回已交付的标的物。如果仅仅是从义务、附随义务不履行，一般不会对合同目的实现构成实质影响。如果不愿履行一方已享有法定或约定的解除权，包括特殊合同中存在随时解除权规定，又或者存在不可抗力因素，也不会造成“合同僵局”。审判实践中还应当注意当事人是否已经符合破产标准，如果其虽然不具有合同法上的解除权，但已经符合破产特征，也应当释明其通过破产程序行使特别法的解除权。

第二，未完成的合同义务不能或者不适合持续强制履行，且这种履行不能状态已经确定，从一般意义上已经失去了消除障碍的可能。如果适宜继续履行，又或者仅仅处于暂时不能履行的状态，也就不存在确定的僵局问题。根据《民法典》第579条、第580条的规定，金钱给付义务并不存在履行不能的问题，非金钱债务在法律上或事实上不能履行、债务的标的不适于强制履行或者履行费用过高、债权人在合理期限内未请求履行这三类情形下，债权人不能请求履行。是否构成履行不能应当结合社会经济形势，进行综合的判断。〔1〕

需要说明的是，金钱给付义务原则上不属于履行不能范围，但是持续性的金钱债务与资产利用率直接相关，比如，承租人因经营不善不愿意继续承租房屋，出租人则诉请承租人支付剩余租期的全部租金。以当前主流司法实践观点而言，这也是有失公允的，不应当全部支持这样的诉请。因为资产财富的长期空置，既不利于经济社会发展的效率需求，也会对承租人造成过于沉重的经济

---

〔1〕 参见王泽鉴：《民法学说与判例研究》(第1册)，中国政法大学出版社2005年版，第373页。

负担。笔者赞同这种务实的态度，认为此类情形也属于需要司法治理的“合同僵局”。但是，一时性合同中的金钱给付义务，一般不能认定为不适合履行。比如，买卖合同中，在买受人拒绝付款，要求解约的情况下，出卖人也可以提存货物，诉请买受人支付货款。

如前所述，履行不能规则是司法解除判决中经常援引的条文，《民法典》合同编（草案）二审稿中也出现了这一概念。由此可见，履行不能却又长期无法清理法律后果，导致当事人陷入不合理的束缚，妨碍经济资源重新利用的合同现象，是“合同僵局”的核心特征。从立法选择的角度来看，如果立法机关最终决定为司法实践设立一项特殊的司法解除规则，又尽量不触及严守合同的基本立场，笔者也赞同在《民法典》第580条后进行相应的补充规定，既指明司法解除规则针对的合同类型，也严格限缩其适用条件，不破坏《民法典》第563条解除权一般规则的逻辑连续性。

需要说明的是，《民法典》第533条增设了情势变更的规定，当合同的基础条件发生了当事人在订立合同时无法预见的、不属于商业风险的重大变化，受不利影响的当事人也可以请求法院解除合同。情势变更与履行不能没有必然联系，而且前提在于出现了不属于商业风险的重大变化，适用范围有严格的限制。“合同僵局”与情势变更在产生原因、对当事人利益影响、法律效果方面均不相同。[1]因此，司法实践中，如果合同情况符合情势变更的法定条件，则不需要再适用“合同僵局”的特别处理规则。笔者为了叙述方便，对此不再专门展开论述。

第三，有解除权人坚持不行使解除权。根据《民法典》第563条第1款第2项的规定，在履行期限届满之前，当事人一方明确表示或者以自己的行为表明不履行主要债务，对方当事人可以解除合同。因此，无论之前的行为是否构成违约，无解除权人主张解除合同，是典型的明示不履行合同义务，相对人当然获得解除权，但其坚持要求继续履行合同，不行使合同解除权。

符合上述三个条件的合同，如果简单地适用合同法一般规则，则无解除权

---

〔1〕 参见王利明：《论合同僵局中的违约方申请解约》，载《法学评论》2020年第1期。

人将继续受到合同义务约束，就一时性合同而言，其会持续产生迟延履行的违约责任，就持续性合同而言，其应当继续履行租金此类付款义务，对于无解除权人而言，这种损失往往是难以承受的。把握利益平衡，追求实质公平从来都是民商事审判的基本精神，笔者也赞同对此类情形予以必要的司法规制。

（二）真假“合同僵局”之辨

但在探讨法院作出解除判决及其他规制措施的合理性之前，首先有必要澄清司法实践中的部分误区，辨析合同僵局的不同类型。因为，即使相应规制措施是合理存在的，也并非立刻适用于所有形态的“合同僵局”，更应警惕一方主张虚假的“合同僵局”。

案例一：〔1〕2002年1月，万某与江某签约，约定万某将某处房屋以2万元出售给江某，首付1万元，两年后完成过户手续再付1万元。后江某按约支付了1万元房款，万某也交付了房屋。2006年，万某之妻李某将房屋出售给案外人刘某，并将房屋过户至刘某名下。后江某曾起诉请求万某继续履行合同，完成房屋过户，由于房屋已过户至刘某名下，其诉请被法院驳回。2018年，万某起诉请求解除其与江某的房屋买卖合同，江某返还房屋。在此期间，案外人刘某从未直接向江某主张过权利，江某始终占有系争房屋。

该案似乎具备“合同僵局”的表面特征，万某已经把房屋过户给刘某，房屋过户义务构成履行不能，江某诉请继续履行也被驳回。但是从该案案情中能够发现，万某与刘某的交易存在很大疑点，一个正常的已经取得物权的买受人应当会主张对标的物的占有，否则所有权就没有实际意义。可是在该案中，名义所有权人刘某却从未主张过权利，江某也没有对万某主张迟延过户违约金，不存在恶意扩大损失的情况，其仅仅是继续占有使用系争房屋，而万某也没有提供证据证明刘某对其主张过逾期交付的违约责任。综合上述情况，万某与刘某的交易很有可能存在虚假意思表示的情况，如果最终认定虚假意思表示成立，刘某就并非合法的物权人，江某与万某的合同状态也就不属于“合同僵局”。退一步而言，即使刘某是真实的买受人，系争房屋是否需要返还，也应当由刘某行使权利。万

---

〔1〕（2018）沪0120民初23174号。

某直接主张解除其与江某的合同，要求江某对其返还房屋，既没有法律依据，也没有进行特别衡平的现实必要性。因此，审判实践中，应注意防止一方故意制造虚假履行障碍，然后利用所谓的“违约方解除权”主张解除合同，借以逃避合同债务履行。

三、司法治理“合同僵局”的双重路径与法理分析

合同解除并不是免除给付义务的唯一路径，应当充分利用体系规则资源综合施策，根据“合同僵局”的严重程度，建立双重路径的司法治理思维。

（一）类推“减损义务”在“合同僵局”治理中的效果

案例二：[1]2015年，游某与A公司签订商铺租赁合同，由A公司将某商铺出租给游某，租期届满日为2019年12月31日。2018年12月，游某向A公司发出解除函，称其需要转移经营地，故提前解除合同。发函当日，游某实际搬离了商铺。2019年4月，A公司起诉要求游某支付2019年全年租金及延期付款违约金。游某则反诉主张解除租赁合同。

该案反映了当前“合同僵局”的一种典型形态，商铺租赁合同履行过程中，承租人常常因自身经营不善，希望提前退租，在与出租人无法达成解约合意的情况下，许多承租人就选择了单方搬离，并起诉解除合同。《全国法院民商事审判工作会议纪要》第48条也将此作为可以根据违约方诉请作出司法解除判决的典型情况。

由于此类纠纷在房地产领域多发，上海与北京两地的高级人民法院均有类似的解答意见。上海市高级人民法院《2010年租赁纠纷案件疑难问题研讨会综述（一）》第1条指出，由于非金钱义务无法强制履行，因此在承租人不愿继续履行租赁合同的情形下，合同已确实无法履行，法院可以判决合同解除。基于承租人违约造成出租人损失，应由承租方承担，该损失一般以三个月的租金为宜。出租人也负有减损义务，应及时寻找其他承租人，否则对扩大的损失部分不予支持。《北京市高级人民法院关于审理房屋租赁合同纠纷案件若干疑难问题的解

---

〔1〕（2019）沪0117民初5607号案。

答》第24条指出，考虑到承租人不愿继续履行租赁合同，该义务性质又不宜强制履行，租赁合同目的已无法实现，法院可以直接判决解除租赁合同……出租人作为守约方也负有减少损失扩大的义务，具体损失数额由法院根据合同的剩余租期、租赁房屋是否易于再行租赁、出租人另行出租的差价，承租人的过错程度等因素予以酌定，一般以合同约定的三个月至六个月的租金为宜。

上述意见都体现了务实的态度，施行以来的实践效果客观上也起到了利益平衡的作用，但说理方式与权利自由的逻辑相悖，也难以实现完全充分的利益平衡。因为，从承租人提起合同解除之诉，到法院下达终审判决，还有很长的期限，以解除判决生效时间作为租金支付义务截止点的现实意义往往已经不足。比如，上述案件在发生诉讼时已经临近合同期限届满，再认定合同解除已经几乎没有实际意义。司法实践中，也有判决是以出租人实际收回房屋的时间认定为双方“事实上解除合同”的时间。除非这种行为是双方同时进行的互相交接，否则就是对合同解除行为的曲解，因为收回房屋是事实行为，与同意解除的意思表示通知不同，协议解除只有在双方有合意的情况下才能认定。承租人自行搬离、出租人后续自行收回，这两项事实行为之间没有合意可言。出租人实际收回房屋的法律效果应当是在合同关系存续情况下，认定出租人已经不再实际履行提供租赁物的给付义务，但这种行为是基于承租人拒绝支付租金而产生的同时履行抗辩权，是有法律依据的，出租人另外出租也不构成违约。

《民法典》第591条第1款规定，当事人一方违约后，对方应当采取适当措施防止损失的扩大；没有采取适当措施致使损失扩大的，不得就扩大的损失请求赔偿。该条规定是基于诚实信用原则，要求守约方积极作为，防止违约导致的损失扩大。上述两个法院的意见或解答其实都已经论述了这一点。对“合同僵局”的司法治理首先应当扩展适用该减损义务规则，遏制恶意扩大违约损失的获利空间，引导、倒逼有解除权人主动解约。减损义务不以合同解除为前提而存在，很大程度上已经可以替代合同解除的功能。

就民法原理而言，违约损失请求权是合同的次给付义务，并不包括合同原给付义务。[1]租金债务是持续性的金钱给付义务，本不属于合同违约造成的损失。在合同期限内，承租人即使搬离房屋，在出租人不同意接收房屋的情况下，也不能认定出租人不再履行提供房屋的义务，出租人依然享有继续主张租金的权利。

由于金钱给付义务并不属于履行不能的范围，要实现使承租人免受不合理的负担，引导、倒逼出租人及时收回房屋，促进经济资源高效利用的效果，应当类推适用减损义务规则，将“损失”的认定范围扩大到债务人已经实际放弃债权人给付义务后的持续性金钱给付义务。因为，减损义务是在维护合同关系前提下的利益平衡规则，这与司法实践在此类案件中所追求的价值取向是一致的，承租人的金钱债务被限定后，事实上一般也就不需要再解除合同了。即使承租人已经支付的租金超出了其可能需要承担的全部责任，也不必然产生解除合同的紧迫性。因为，租赁期限到期后，当事人可以另行结算。如果出租人在合理期限内没有主张解除，则其解除权也会消灭，承租人反而不需要再承担导致解约的违约责任，这些问题都可以在法律的正常框架内由当事人自行权衡选择，不需要法院主动干预。

在比较法上，美国财产法的发展思路也值得关注。“如果承租人恶意离弃承租的不动产，原先的规则是，出租人既不可以主张预期违约，也不可以将不动产再行租赁。因为租赁地产权是一种物权关系，在其终止前一直约束着双方当事人。但现在的很多判决引入了合同法的预期违约制度，即当发生前述事实时，出租人可以要求承租人作出赔偿。同时，将不动产另行出租不但是可以的，而且是应该的，因为出租人在这种情况下应通过合理的行为来减轻因承租人离弃所造成的损害，否则扩大部分的损失将从损害赔偿的数额中扣除。”[2]美国法律的传统规则允许所有权人在承租人提前抛弃租约（abandons the leased premises）的情况下，继续维持房屋空置状态，并请求承租人按约支付剩余费用（The landlord can allow the premises to remain vacant and look to the abandoning tenant for the full measure of rents agreed to in the lease），所有权人所负有的义务仅仅只是防

〔1〕 参见王泽鉴：《债法原理》（第1册），中国政法大学出版社2001年版，第38页。
〔2〕 吴一鸣：《英美物权法》，上海人民出版社2011年版，第252页。

止房屋出现被毁损或盗窃（Secure the abandoned premises against vandalism and theft），而且不能过度控制租赁物（Be careful not to assert too much control over the premises），否则就不能再向承租人主张剩余租金。但是，现代法律发展中出现了确认出租人应负有更为积极的减损义务（duty to mitigate losses）的趋势，履行这种义务的主要方式就是寻找新的租赁机会，防止房屋空置（A landlord is required to mitigate damages by taking reasonable efforts to relet the premises and not allow the premises to stand vacant）。各州法院逐渐确立了相应的裁判规则，并已成为主流司法观点（Majority of American Jurisdictions now recognize Some Duty to Mitigate by Landlord）。在标志性案例Sommer v.Kridel案中，新泽西州最高法院认为，土地所有人负有减少住房租约损失的义务，如果其不履行该义务，将失去对抛弃租约的承租人主张补偿的权利（The landlord has a duty to mitigate losses in a residential lease，and that upon failure to do so，the landlord loses his or her right to seek any recovery from the abandoning tenant）。该法院认定的减损义务甚至比合同法中更为严苛，因为其并不区分所有权人可以寻找到的替代租约租金是否低于原有租约标准，只要所有权人不积极寻找替代租约，减少损失，就对承租人丧失了全部补偿权利。部分州法院对住房租赁与商业租赁进行了区别，认为住房租赁的出租人负有积极减损义务，而商业租赁出租人并没有这样的义务。并且一般认为，应当允许所有权人按照自己的特殊需求寻找替代承租人，并不苛求其接受所有潜在的替代承租人。〔1〕

从上述美国法院的裁判规则发展中也能看出，解除合同并不是治理“合同僵局”的唯一方法，尤其对于承租人放弃租赁这种当前我国实践中存在的典型困境，类推适用合同法中的减损义务规则是必要且可行的方法。而且，这一路径在一时性合同的“合同僵局”中也可以适用。比如，在房屋买卖合同中，买方由于无法办理贷款，无力再支付剩余房款，已经构成违约，提出不再购买房屋、解除合同。卖方如果不同意解除，也不诉至法院主张强制履行付款义务，而是持续性主张买方支付逾期付款违约金，则属于故意扩大损失，造成严重的利益不平

〔1〕 See Michael Allan Wolf（general editor），Powell on Real Property，Matthew Bender&Company，Inc.，2009，§ 17.05.

衡，需要对出卖人恶意扩大损失的行为予以遏制，将该项违约责任数额限定在一定范围内，不再使之持续增加。如果是出卖人一房二卖，造成房屋所有权已经真实有效地转移给第三人，则第三人可以根据物权主张占有标的房屋。买受人一般就没有理由不主张解除合同，如果其始终坚持不主张解除合同，在减损义务规则的调节下，其也不可能无限制地获得迟延履行违约金。由于主观履行不能，出卖人可以直接依据《民法典》第580条抗辩买受人的过户请求权，即使合同不解除也不会对其造成不利后果。

减损义务规则的适用，要综合考虑守约方的后续行为是否有合理性。比如，在房屋买卖合同中，有的标的房屋被另案查封，买受人在一定期间内还可以合理的期待出卖人清偿另案债务，实践中，也有许多买受人自己替出卖人清偿债务，最终实现了过户，在此情况下，就没有适用减损义务的合理性了。又如在租赁合同中，出租人也可以在一定合理期间内与承租人协商、催告，减损义务也不是承租人违约行为发生后就立即产生的，〔1〕需要法院根据具体案情对当事人的过错进行合理的界定。针对案例二的情况，不应当支持游某主张合同解除的诉请，根据A公司何时知晓游某搬离，是否曾经催告过游某继续履行等因素，如果A公司存在放任商铺空置的行为，则可以将游某支付租金及违约金的义务截至游某搬离后的一段合理期间终点。

（二）"禁止权利滥用原则"是司法解除判决的法理基础

有学者认为，减损义务的适用并不能完全解决"合同僵局"的问题，〔2〕某些情形只有解除合同才能达到治理效果。《民法典》第580条第2款也确认了司法解除方式。〔3〕笔者同意这种观点，也认为此类司法解除判决，是一种变更判决，其法理基础已经存在于总则体系中。通过梳理典型案例可以发现，凡是扩展适用减损义务也解决不了的问题，便已存在深层次的权利冲突与重大的利益失衡，而

---

〔1〕 参见王俐智、孙学致：《论违约方解除合同的条件》，载《交大法学》2020年第1期。

〔2〕 参见石佳友、高郦梅：《违约方申请解除合同权：争议与回应》，载《比较法研究》2019年第6期。

〔3〕 《法国民法典》2016年修订后增设1228条规定，任何情况下，都可以通过司法途径解除。参见王利明：《论合同僵局中的违约方申请解约》，载《法学评论》2020年第1期。

解决这些问题的法理基础在于“禁止权利滥用”原则。

《民法典》第132条规定，民事主体不得滥用民事权利损害国家利益、社会公共利益或者他人合法权益。该规定的表述是一种抽象的原则宣示，并未明确具体的构成要件与行为后果，对法律适用带来了困难，同时也为审判实践的探索预留了较大空间。民法一方面鼓励权利主体正当行使权利，另一方面为权利的行使划定了明确的界限。〔1〕权利滥用制度是用于制约权利人不正当的积极行使权利，一般不会包括消极的不行使。滥用解除权的典型形态是当事人有违背诚实信用原则的矛盾行为，如有解除权人在相当长的时间内不行使权利，造成了相对人的善意信赖，却在接受后续履行后又主张解除合同。〔2〕因此，不行使解除权并不能视为是解除权本身的滥用。〔3〕但是，当事人不行使解除权的目的是维护合同约束力，也就是有继续行使合同债权的行为，这种行为既包括主张履行未清偿的债务，也可以是继续保有已履行的利益，而合同债权在特定条件下继续行使可能会构成权利滥用。

在比较法上，对权利滥用的描述有的采用主观要素，有的采用客观要素，我国立法没有采用《德国民法典》“专以加损害于他人为目的”的表述，〔4〕是比较典型的客观要素类型。代表性的理论学说认为，权利滥用的鉴别无统一标准，除原《民法总则》第132条明确的必要条件外，还需结合权利人的主观意思、滥用权利的客观行为、对本人无益或获利远小于致他人受损、行为违反权利的客观目的四项要素对权利滥用加以认定。〔5〕主观意思不能以损害他人为目的，“于己无益而于他人有害，或自己所得利益极小而对于他人损害莫大者，通常可视为有加害于他人之目的”〔6〕。客观要素方面最重要的实际上也是利益鉴别，即将权利人行

〔1〕 李适时主编：《中华人民共和国民法总则释义》，法律出版社2017年版，第407页。

〔2〕 最高人民法院（2013）民二终字第54号判决：三岔湖公司、刘贵良在享有合同解除权的情况下，未行使合同解除权，并接受了京龙公司逾期支付的价款而未提出异议，表明其已经接受京龙公司继续履行合同的事实。……三岔湖公司、刘贵良在京龙公司提起本案及（2011）川民初字第3号案件的诉讼过程中行使合同解除权，以对抗京龙公司要求其继续履行合同的诉讼请求，有违诚信原则。

〔3〕 参见王俐智、孙学致：《论违约方解除合同的条件》，载《交大法学》2020年第1期。

〔4〕 《德国民法典》（第4版），陈卫佐译注，法律出版社2015年版，第78页。

〔5〕 参见彭诚信：《论禁止权利滥用原则的法律适用》，载《中国法学》2018年第3期。

〔6〕 史尚宽：《民法总论》，中国政法大学出版社2000 年版，第718页。

使权利所得利益与被损害利益进行衡量，当事人间的利益失衡，不仅是权利人主观过错的客观表现，更是滥用权利行为最为显著的后果。〔1〕理论通说认为，权利滥用的后果包括“权利失效”，〔2〕也就是剥夺其权利的情形，这是禁止权利滥用原则发挥作用所产生的最为强烈的效果，“必须斟酌权利的性质、法律行为的种类、当事人之间的关系、经济社会状态，及其他主观客观情况而决定”。〔3〕剥夺权利需具备手段上的必要性，即唯有剥夺权利方能充分保护相对人权益。〔4〕

根据禁止权利滥用的法律规定与理论学说，符合以下两项条件的“合同僵局”，不行使解除权的当事人行为已经满足了“损害国家利益、社会公共利益或者他人合法权益”的条件，属于性质特别严重的合同债权滥用：(1)相对人可以在取得损害赔偿的前提下寻求到替代的合同履行利益，如可以寻找替代承租人。(2)相对人即使放弃主张未履行义务，仅保有已履行的利益，也会损害社会公共或善意第三人利益或是使无解除权人陷入严重的利益缺失状态。

首先，履行不能当然导致义务人免除该给付义务，这一点无须解除合同就能够认定。其次，许多合同虽然某些主义务无法履行，如房屋买卖合同的过户义务由于非出卖人已不享有处分权的原因不能履行（如同一出让地块的独栋厂房不能分割办理产权证），但合同并不违反禁止性法律规定，买受人愿意放弃过户权利，也不主张出卖人承担违约责任，仅保有房屋占有使用的利益，没有给出卖人造成任何实际损失，〔5〕在不损害第三人和公共利益的情况下，就没有必要进行司法干预。

如果符合上述条件，减损义务扩展适用也已经无法起到充分的衡平作用，不认定合同债权滥用行为产生权利失效的后果，就已经无法保护相对人利益，可以适用《民法典》第580条第2款的规定。在另一方主张解除的情况下，有解除权人的合同义务可以消灭，故这种后果的合并也就是双方义务均消灭，即合同债权

〔1〕 参见彭诚信：《论禁止权利滥用原则的法律适用》，载《中国法学》2018年第3期。

〔2〕 参见王泽鉴：《民法总则》，中国政法大学出版社2001年版，第560~561页；黄立：《民法总则》，中国政法大学出版社2002年版，第513页。

〔3〕 钱玉林：《禁止权利滥用的法理分析》，载《现代法学》2002年第1期。

〔4〕 彭诚信：《论禁止权利滥用原则的法律适用》，载《中国法学》2018年第3期。

〔5〕 在限购政策背景下，买受人被限购导致房屋无法过户，会影响出卖人另行购房，过户不仅是买受人的权利，也是义务，故此类情况有所不同。

债务整体终止，而对此进行司法确认的最佳形式就是判决解除合同。因此，此类解除判决本质上是对一方主张免除对方义务，而另一方滥用债权被确认失权，两项法律后果的合并认定。由于权利滥用的后果只能由法院审查认定，故其性质依然属于变更判决，这也就是司法解除的法理基础，也符合《民法典》第580条中“终止合同权利义务关系”的表述原理。《民法典》合同编（草案）二审稿中原有表述所使用的“滥用权利”概念是具有重要意义的，只不过其含义并不应当是理解为解除权滥用，而是指合同债权的滥用，该规定虽然已经删除，但在法律适用中仍然具有重要意义。而且，禁止权利滥用原则与《全国法院民商事审判工作会议纪要》第58条强调的诚实信用原则有着紧密的联系，〔1〕其客观要素判断标准也与“显示公平”概念有着共同的价值取向。

以“新宇公司诉冯玉梅商铺买卖合同纠纷案”〔2〕为例，原告新宇公司与被告冯玉梅签订商铺买卖合同，约定将南京某广场内20余平方米的商铺出售给冯玉梅，后冯玉梅支付了全部价款，新宇公司交付了商铺，但一直未办理产权过户手续。后该广场经营不善，引发两次停业，无法正常取得经营收入。新宇公司的新股东拟对广场的全部经营面积进行调整，并与大部分小业主协商解除了商铺买卖合同，取回了大部分广场面积，并开始在广场内施工。新宇公司曾多次致函冯玉梅要求解除合同，但被冯玉梅拒绝。由于冯玉梅与另一户购买商铺的邵姓业主坚持不退商铺，施工不能继续，6万平方米建筑闲置，同时冯、邵两家业主也不在他们约70平方米的商铺内经营。原告新宇公司提起诉讼，请求判令解除其与被告签订的商铺买卖合同，被告返还所购商铺，以便原告能够完成对广场的重新调整。原告除向被告退还购房款外，愿给予合理的经济补偿。该案裁判摘要为：当违约方履约所需的财力、物力超过合同双方基于合同履行所能获得的利益，合同已具备不继续履行条件时，为衡平双方当事人利益，可以允许违约方解除合同。以分割商铺为标的物的买卖合同中，为保证物业整体功能的发挥，买方行使的权利必须受到其他商铺业主整体意志的限制。

该案中冯玉梅的行为已经符合严重的债权滥用特征，理由在于：冯玉梅虽

---

〔1〕 参见王泽鉴：《民法总则》，中国政法大学出版社2001年版，第555~561页。

〔2〕 《最高人民法院公报》2006年第5期。

然还享有请求过户的债权，但在其他大多数商铺已经被新宇公司收回改造的情况下，继续履行该义务将造成商场整体的经营困境，属于履行费用成本多高，不适合继续履行。即使冯玉梅不主张过户，仅维持占有商铺，不但不能取得经营收入，还会阻碍商场整体改造，而冯玉梅本人又完全可以得到相应的替代利益。因此，冯玉梅不行使解除权，继续主张合同债权，主观有明显的恶意，客观上也严重损害了新宇公司及其他多数相关业主，甚至区域经济社会利益。

（三）司法解除判决的适用应当坚持谦抑原则

虽然《全国法院民商事审判工作会议纪要》肯定了解除变更判决的适用空间，《民法典》在第580条中也加入了特别的司法解除规则。但是，司法机关在实际适用这一特别规定时都应当秉持理性克制的谦抑原则，只有遵循“权利不得滥用”原则的要素衡量方法，才能有效防止此类判决的滥用，《民法典》第580条第2款应当与第132条结合适用。司法实践中，还有许多合同履行产生障碍会牵涉地方政府政策制度的理解与落实等具体问题，当这种外部因素内化反映到合同内部，如果一方以此为由主张解除合同，法院是否需要立刻主动介入？对于此类情况应当非常慎重，合同义务是否能够履行，不应当仅根据当事人陈述和表面事实进行认定，还要审查其基础原因，尤其是涉及群体性案件，应当充分评估衡量后果风险，而不是将司法解除作为一种可以简单适用的常规路径。实践证明，在不违反法律的禁止性规定的前提下，许多政策性因素也可能随着实际情况发展而变化。因此，法院在“合同僵局”问题的处理中应当保持必要的理性谦抑，尊重市场自我调节与政府能动行政的合理空间。

反观租赁合同中承租人擅自搬离的问题，如果已经用减损义务把承租人的后续负担控制在合理范围内，出租人不解除合同，也不会对承租人构成不利影响，不构成债权滥用，不需要强制解除合同。除非承租人预付的租金等费用显著超出其可能承担的责任义务，而合同剩余租期又过于漫长，导致严重的利益失衡。出租人在已经丧失后续租金主张权利的情况下，依然不解除合同才有可能被认定是为了恶意截留承租人预付的费用，从而构成债权滥用。如果是一时性合同，有解除权人故意不解除合同，导致无解除权人一方已经支付的款项无法返还，也需要进行利益衡量，即该金额是否超出了违约方需要承担的违约责任。如果已付款并不会高于违约方应当承担的违约责任，也没有必要进行司法解除。因为，守约方占有已履行的利益，并不会出现明显的实质利益失衡。总而言之，不能仅仅将履行不能作为司法解除唯一的判断标准，关键是要审查在合同存续的情况下，一方即使排除了违约方的给付义务，另一方保有已履行的利益是否也会产生严重的利益失衡。在司法解除合同前，就应当为守约方的救济提供充分的保障，否则就达不到衡平双方利益的实际效果，导致守约方丧失合同履行利益后又难以实际取得违约赔偿。因此，在诉讼过程中，法院认为无解除权人主张解除合同的诉请能够成立，应当责令其为可能承担的违约责任提供相应的财产担保，拒不提供担保的，对其诉请不予支持。

审判实务精要

“合同僵局”的主要特征有3项：无解除权人已明确表示不愿意继续履行合同主要义务，未完成的合同义务不能或者不适合持续强制履行，有解除权人不行使解除权。治理“合同僵局”应当综合运用情势变更、减损义务、履行不能等规则，建立减损义务扩展适用与“禁止权利滥用”原则适用的双重治理路径。减损义务适用具有优先性，而且应当将损失范围适当扩展到持续性合同的金钱给付义务。只有当有解除权人滥用合同债权，损害社会公共利益或善意第三人利益或是使无解除权人陷入严重的利益缺失状态，减损义务已经无法充分平衡权利冲突时，法院才能结合《民法典》第132条的原理与第580条第2款的规则判决解除合同。司法解除判决本质上是对一方主张免除对方义务，而另一方滥用债权被确认权利失效，两项法律后果的合并认定，其适用应当坚持谦抑原则。在诉讼过程中，法院认为无解除权人主张解除合同的诉请能够成立，应当责令其为可能承担的违约责任提供相应的财产担保，拒不提供担保的，对其诉请不予支持。

撰稿人：李　兴，上海市第一中级人民法院民事审判庭审判长，法学硕士，上海财经大学法学院博士研究生

26. 受领迟延制度的理解与司法适用

导　言

《民法典》第589条系《民法典》编纂中的新增条款。该条主要明确债务人按照约定履行债务，但债权人无正当理由拒绝受领情形下的法律责任和后果，推动解决上述情形造成的“债务履行僵局”问题。在《民法典》颁布前，我国民事法律对上述问题未做明确规定，学理认识上存在较大分歧，相关司法裁判也不尽统一。《民法典》第589条对上述问题作了较为清晰的规定，为妥善解决相关争议提供了基本遵循。本文结合《民法典》相关规定和域外的法制经验及学说，对与债权人受领迟延相关的问题做一梳理，希望能为司法实务提供一些参考。

一、“受领”在民法上的含义及法律性质

“受领”，按其字面为接受、领取之意。《民法典》及原《合同法》都在多个条款中采用了“受领”一词，但均未对“受领”的具体含义作准确定义。

（一）“受领”在法律上的意义

“受领”是相对于给付或者债务履行的提出而言的。一般认为，“受领”是指债权人对债务人提供的债务履行予以接受或给予必要协助，使债务人能够完成债务履行，使债务关系归于消灭的行为或者过程。[1]债务履行并非都需要债权人受领或者给予协助。比如，不作为的债务，只要债务人在约定期间内不为某事，即可完成其履行，而无须债权人特别实施接受或者协助行为。但对于绝大多数的作为类的债务来说，通常需要债权人给予必要的协助。特别是在债务标的

〔1〕 参见郑玉波：《民法债编总论》（修订二版），陈荣隆修订，中国政法大学出版社2004年版，第285页。

为交付标的物或者提供服务的债务关系中，大多需要债权人予以受领，方可完成债务履行。比如，买卖合同中对于标的物的接收（对于不动产买卖，尚包括接受标的物的所有权移转[1]）；承揽合同中对于劳动成果的接收；服务合同中对于债务人提供服务的配合与接受；借款合同中对于债务人返还借款的接收等。可见，“受领”既可以表现为事实行为，如接受标的物或者服务，也可以表现为法律行为，如接受不动产的所有权移转等；既可以表现为积极的作为，也可以表现为消极的不作为，如允许债务人做某事而不予干涉。

从外延上看，“受领”不仅包括在债务关系发展临近终点时对债务履行结果的接收，而且内在地包含了债权人在债务履行过程中对于债务人履行债务相关行为给予必要的配合与协助。[2]这种理解不仅是德国等大陆法系国家学理上的通说，也是不少国际条约、公约明确采纳的制度规定。比如，我国台湾地区学者通常将“受领”定义为为完成债务之履行，债权人应给予的必要协力，[3]而接收履行结果仅为其中的表现形式之一。又如，《联合国国际货物销售合同公约》第60条规定，买方收取货物的义务包括：(1)为了能够使卖方交付货物，应采取一切人们期待他所能进行的、合理的行动；(2)提取货物。[4]从上述条文的表述也可以看出，提取货物只是债务人所应实施的多种协助行为中的一种而已。

“受领”在法律上的重要意义主要表现在，“受领”是债务履行完整流程中的“最后一公里”，是决定合同义务能否顺利履行完毕、合同目的能否最终实现的最后一个环节。通常而言，债权人订立合同的目的，就是为了获得债务人提供

---

〔1〕《德国民法典》第433条第2项明确规定买卖合同的买受人负有受领标的物的义务，但未明确买受人是否同时负有获得标的物物权的义务。德国联邦最高法院在一项判决（BGHZ58，246，249）中明确，无论移转不动产所有权是否属于第433条第2项规定的受领义务，在不动产买卖中，仅仅移转占有并没有完全履行合同，通过不动产转让合意完成所有权的转移，从而免除出卖人附着于不动产上的责任，是买受人当然的义务。参见Larenz，Lehrbuch des Schuldrechts，Bd. Ⅱ 12.Aufl.，1981，1 § 42 Ⅰb)，S.81.转引自齐晓琨：《解读德国〈民法典〉中的债权人迟延制度》，载《南京大学学报》（哲学·人文科学·社会科学版）2010年第2期。

〔2〕参见齐晓琨：《解读德国〈民法典〉中的债权人迟延制度》，载《南京大学学报》（哲学·人文科学·社会科学版）2010年第2期。

〔3〕参见郑玉波：《民法债编总论》（修订二版），陈荣隆修订，中国政法大学出版社2004年版，第285页。

〔4〕参见高旭军：《〈联合国国际货物销售合同公约〉适用评释》，中国人民大学出版社2017年版，第341页。

的某种特定的履行结果（包括特定标的物或者行为）。因此，在绝大多数的债务关系中，只有债权人受领了债务人提供的债务履行，合同目的才能得到最终实现，债权债务关系才能因此而归于消灭。即，受领是债务清偿及债务消灭构成要件中必不可少的要素之一。这既是大陆法系关于债务清偿和债务消灭的基本观点，[1]也应当成为我们理解适用《民法典》规定的受领迟延制度时所秉持的基础理念。基于上述分析，《民法典》第557条第1款第1项规定的“债务已经履行”（作为导致合同权利义务终止的情形之一），通常应当包括两个方面的要件：一是债务人按照合同约定履行了债务；二是债权人受领了债务人提供的履行。

（二）内涵辨析：“受领”是否包含对履行质量的认可？

对于“受领”内在含义的准确理解，还要明确“受领”究竟只是对于债务履行在事实上（物理意义上）的接收，还是同时包含了对债务履行在法律上的认可或者接受。[2]按照大陆法系的通说，“受领”仅指债权人对于债务履行进行事实上的接受或者领取的行为状态，而并不包含对于债务履行质量的主观认可。[3]即债权人受领债务人提供的履行，并不等于其认可了债务人履行债务符合合同约定。只有在债权人对履行质量明确表示认可（“以为清偿而为受领”），或者在受领时负有检验义务，但未作检验或者未提异议即予受领的情况下，“受领”才同时包含债权人对于债务履行质量的认可。[4]可见，对于履行质量的认可，本身并非“受领”制度内在包涵的内容，而是要以债权人的明示或者默示的意思表示作为根据。

虽然《民法典》及相关法律对于“受领”的具体含义未作明确规定，但结合相关条款的规定来看，我国民法上对于“受领”的含义应与上述通说作相同的理解。根据《民法典》第570条第1款第1项的规定，债权人无正当理由拒绝受领的，

---

〔1〕 参见郑玉波：《民法债编总论》（修订二版），陈荣隆修订，中国政法大学出版社2004年版，第462页。

〔2〕 按照韩世远教授的观点，“受领”可以分为事实上的受领和法律上的受领（参见韩世远：《合同法总论》（第3版），法律出版社2011年版，第317页）。对此，笔者不予认同并将在下文做相应分析。

〔3〕 这也是目前国际商事交易中通行的规则和惯例。可参见邓旭、陈晶莹主编：《国际贸易术语解释与国际货物买卖合同——以INCOTERMS®2010和CISG为视角》，经济管理出版社2012年版，第60页。

〔4〕 参见史尚宽：《债法各论》，中国政法大学出版社2000年版，第58~59页。

债务人可以将标的物予以提存。这里的拒绝受领显然就是指物理意义上的拒绝接收。同时，根据《民法典》第589条的规定，债权人受领迟延的，债务人无须支付利息，并有权请求债权人赔偿因受领迟延增加的费用。显然，在债权人已完成物理接收、仅对履行质量存在异议的情况下，并不会发生利息支付、费用增加等问题。因此，此处的“受领”应当也是仅指物理意义上的接收。另外，无论是从社会现实还是相关法律规定来看，买受人接收了出卖人交付的标的物，通常并不意味着其对于标的物质量已经完全认可。实际上，不少标的物必须经过测试甚至一段时间的使用，才能准确判断其是否存在质量问题。同时，根据2020年修订的《最高人民法院关于审理买卖合同纠纷案件适用法律问题的解释》第12条、第13条等规定，即使双方明确约定买受人在受领时应对标的物质量是否符合合同约定进行验收，也只能解释为买受人负有对标的物表面质量的验收义务；受领后发现标的物存在隐蔽瑕疵的，仍然可以根据合同约定或者法律规定请求出卖人承担相应责任；出卖人不能以买受人已受领标的物为由抗辩其不承担质量瑕疵责任。综上分析，只有将民法上的“受领”限定于事实意义上的接收，而不包括履行质量上的认可，才能维系“受领”制度与其他制度之间的合理分工和有机衔接关系。

（三）性质辨析：“受领”是否为合同义务？

对于“受领”相关法律制度的理解适用，最为重要的是要准确把握“受领”在民法上的法律定位或者法律性质。即受领究竟只是债权人的一项权利，还是同时也作为一项义务。在《民法典》颁布前，国内实务界和学术界对此长期存在不同认识。[1]《民法典》第589条规定对该问题作了原则规定，有望从法律规范层面终结上述争论。

1.关于“受领”性质的不同学说

对于“受领”法律性质的认识，在大陆法系的学说和制度实践上一直并不统一。概括来看，对该问题存在义务说、权利说、不真正义务说等观点。

（1）义务说。法国学说和判例多以受领为债权人的义务，债权人违反该义务的，应当依照民法关于债务不履行的规定承担相应责任。在英美法上也没有债

---

〔1〕 参见韩世远：《合同法总论》（第4版），法律出版社2018年版，第570页。

务人迟延与债权人迟延的区分，如果债权人应当受领而未予受领的，当然构成违约。[1]王利明教授在其早年的专著中也将受领作为债权人的一种法定义务，认为债权人受领迟延的，应当承担违约责任。[2]

（2）绝对权利说。在德国普通法时代，旧学派也大多倾向义务说。但在《德国民法典》产生和讨论过程中，新学派更多地倾向于权利说，[3]并产生了认为受领仅为权利而绝非义务的“权利定式”理论。按照德国法学家科勒的观点，受领应当并且只能是债权人的权利，而非任何义务；受领债务履行与财产的自由使用具有相同的法律意义，债权人有权拒绝受领债务的履行，正如其有权将其自有的金钱加以抛弃一样。因此，债权人无论基于何种理由拒绝受领，都不会产生（债权人的）义务违反与权利侵害的问题。[4]尽管存在过度强调债权人的权利而忽视对债务人利益合理关注的问题，绝对权利说的最大意义在于将债权人的不适当受领行为与债务人的义务违反行为（“违约”）在性质上非常清晰和明确地区分开来，使债权人受领迟延的法律后果与债务人履行迟延的违约责任成为两种泾渭分明、绝无混同的制度。

（3）权利—“不真正义务”说。显而易见，如果按照绝对权利说建构与债权人受领相关的责任制度，将会造成难以妥适保护债务人正当利益的问题，造成法律上的不公正。为弥补上述弊端，《德国民法典》颁布前后，德国形成了独具特色的“不真正义务”理论。该理论认为，受领原则上并非债权人应当承担的合同债务，而只是按照诚实信用原则应予承担的“obligenheit”，即有别于传统债务体系中的“真正义务”的非真正的义务。目前，国内通常将其翻译为“不真正义务”，或者“负担”。[5]按照德国学者通说，“obligenheit”并非严格上的法律义务，

---

〔1〕 王利明：《合同法研究（第二卷）》（第3版），中国人民大学出版社2015年版，第485页。

〔2〕 王利明：《违约责任论》（修订版），中国政法大学出版社2000年版，第191页。但需要注意的是，这是王利明教授早年的观点。此后，王利明教授已在其专著中修正了上述观点，明确受领应为债权人的不真正义务，并参考德国法体系论证了受领迟延的构成要件和法律后果。参见王利明：《合同法研究（第二卷）》（第3版），中国人民大学出版社2015年版，第485页。

〔3〕 韩世远：《合同法总论》（第3版），法律出版社2011年版，第433页。

〔4〕 吴逸宁：《民法典编纂视野下的债权人不履行受领行为的责任规范整合》，载《法治研究》2018年第5期。

〔5〕 关于“obligenheit”的词源考证，可参见齐晓琨：《解读德国〈民法典〉中的债权人迟延制度》，载《南京大学学报》（哲学·人文科学·社会科学版）2010年第2期。

或者说是一种强度较弱的义务，其主要特征在于相对人通常不得请求对方履行，其违反并不引发合同解除、继续履行、损害赔偿等违约责任，而仅导致债务人责任减轻，最终使债权人遭受权利丧失或者利益减损的不利益而已。〔1〕按照上述理论，《德国民法典》对债权人受领迟延的责任作了有别于传统意义上债务不履行责任的制度设计，〔2〕并成为意大利、日本、韩国等诸国及我国台湾地区进行相应制度设计的范本。“不真正义务”理论及上述“德国模式”的最大优点在于，其既坚守了债权—债务关系中权利本位的法律价值和债权—债务严格区分的体系化立场，又通过增加在债权人不适当受领时减轻债务人责任的制度设计，保护了诚信债务人的正当利益。也正因如此，我国民法学界的几位重要专家，如梁慧星教授、王利明教授等都主张借鉴德国模式来构建我国的债权人迟延制度。

（4）“不真正义务”与附随义务辨析。原《合同法》第60条第2款（《民法典》第509条第2款）规定了合同当事人的附随义务，并明确规定当事人按诚信原则负有相应“协助义务”。〔3〕因此，国内有不少学者将受领定位为债权人的附随义务。〔4〕韩世远教授则认为，受领义务与附随义务很相似，但因附随义务的义务人为债务人，而受领义务的义务人为债权人，故受领不宜归入附随义务，而应当归入“不真正义务”的范畴。〔5〕笔者认为，韩世远教授的上述论证逻辑值得商榷，〔6〕但对其所提的准确辨析附随义务与“不真正义务”的观点予以认同。笔者认为，对于“不真正义务”与附随义务之间的异同，可以从两个方面加以把握。

---

〔1〕 王泽鉴：《债法原理》（第1册），中国政法大学出版社2001年版，第47页。

〔2〕 《德国民法典》第八编第一章将“债务关系的内容”分为两节，其中关于债务人履行债务不符合约定的责任规定在第一节：“给付义务”，而有关债权人拒绝受领的责任则规定为单独的一节（第二节：“债权人迟延”）。

〔3〕 原《合同法》第60条第2款规定：“当事人应当遵循诚实信用原则，根据合同的性质、目的和交易习惯履行通知、协助、保密等义务。”

〔4〕 王家福主编：《中国民法学——民法债权》，法律出版社1991年版，第171~172页；隋彭生：《合同法论》，法律出版社1997年版，第363页。

〔5〕 韩世远：《合同法总论》（第4版），法律出版社2018年版，第571页。

〔6〕 其一，原《合同法》第60条第2款规定的对象为“合同当事人”，因此，从原《合同法》得不出附随义务的义务人应为债务人的结论，而应当同时包括债权人和债务人。其二，双务合同中的债权人、债务人的概念本身就是相对的，从“受领”概念出发，其如果作为一种义务，其义务人只能是（特征义务的）债权人。对此，亦可参见吴逸宁：《民法典编纂视野下的债权人不履行受领行为的责任规范整合》，载《法治研究》2018年第5期，相关观点见该文注释⑥。

一方面,“不真正义务”与附随义务在本质上是一致的。与“不真正义务”一样,我国原《合同法》上的附随义务也是基于诚实信用原则对合同当事人义务的扩张和发展。即为了全面履行合同的需要,当事人除应当按照合同约定履行相应义务外,还应当承担一些合同未作约定但依照诚实信用原则也应当承受的义务。[1]按此理解,受领当然应当是一种附随义务。

另一方面,从对相应义务的法律属性、法律后果和责任体系等方面的规定性来看,“不真正义务”更加具体明确,便于实务操作。总体上看,“附随义务”涵盖的类型较广,关于其法律属性、履行方式、法律后果及相应责任等,理论上都存在较多争议。相比较而言,“不真正义务”理论已在德国法上转化为定型化的制度范式,在义务属性、责任体系等方面都更加具体明确,并已经发展得较为成熟完善。按照相关理论,“不真正义务”与传统意义上的“真正义务”存在三个方面的显著区别:第一,从性质上看,“不真正义务”指向的内容在本质上是一种权利而非义务,即强调相应内容的权利属性。第二,从法律关系的构造上看,“不真正义务”没有相对应的权利人。即虽然在理论上或者法律上为债权人设定了某种行为要求,但如果债权人未按照该行为要求行动,相对方(债务人)不能请求其强制履行。[2]这是“不真正义务”区别于一般的义务的最重要特征。[3]第三,从义务违反的法律后果看,违反“不真正义务”并不发生债务违反的责任,即继续履行、解除合同、损害赔偿等典型的违约责任,而仅依法承担法律上的不利益而已。总而言之,将相关行为要求(如“受领”)定位为权利而非义务,不将相应行为纳入债务违反责任(违约责任)体系加以规范,[4]是“不真正义务”理论有别于其他学说的最大区别。

2.《民法典》中的“受领”原则上为不真正义务

《民法典》第589条新增了关于受领迟延或曰债权人迟延制度的规定,使“受领”在我国民法上的性质和定位变得清晰起来。从总体上看,《民法典》关于受

---

〔1〕 胡康生主编:《中华人民共和国合同法释义》,法律出版社1999年版,第109页。
〔2〕 王洪亮:《债法总论》,北京大学出版社2016年版,第27页。
〔3〕 韩世远:《合同法总论》(第3版),法律出版社2011年版,第437页。
〔4〕 王洪亮:《债法总论》,北京大学出版社2016年版,第327页。

领迟延制度的规定与德国法模式基本相同，即“受领”原则上只是债权人的权利而非其合同义务，债权人未适当受领的，仅依法承担相应的不利法律后果，而不能按照通常的违约责任体系追究其责任。

（1）从体系上看，《民法典》在原《合同法》债务人违约责任体系的基础上，专门增加了关于债权人受领迟延责任的特别规定，显示了立法者将“债权人无正当理由拒绝受领”这种情形与典型意义上的“债务人违约”区别开来的立法意图。应当将其与《德国民法典》上将“债权人迟延”与“给付义务违反”分离开来作性质类似的理解。因此，今后关于债权人受领迟延法律后果的探究，原则上不能再直接从有关债务人违约责任的规范条款中寻找裁判依据。

（2）从具体规定来看，“债权人无正当理由拒绝受领”的法律后果也不同于一般的债务人违约责任，而与德国法上违反“不真正义务”的法律后果相同。首先，《民法典》第589条并未对债权人不适当受领的责任作一般性的规定（如《民法典》第577条至第588条对债务人违约责任予以详尽罗列的规定那样）。这也就意味着，债权人原则上并不负有受领债务履行的义务；债权受领迟延的，债务人原则上不能请求其强制履行，也不能一般地请求其赔偿损失。其次，由于受领原则上并非主要合同债务，因此，债权人受领迟延的，除非因受领迟延导致了合同目的不能实现，债务人不能基于《民法典》第563条第1款第2项、第3项、第4项的规定主张解除合同。〔1〕最后，《民法典》第589条仅规定受领迟延情形下，债务人无须支付利息，并有权要求债权人赔偿增加的费用这两项法律后果。对于债权人来说，前者属于对方责任的减轻，以及由此给债权人自身利益带来的不利益；后者的赔偿范围仅包括因受领迟延在客观上给对方增加的必要费用，而不包括可得利益损失等，因而不同于债务人违约时应当承担的损害赔偿责任。〔2〕除上述规定外，《民法典》合同编第二分编（典型合同）还有多个关于债权人受领迟延法律后果的规定。整体来看，在《民法典》规定的合同责任体系下，债权人受领迟延的法律后果主要限于债务人责任的减轻，以及由此给债权人带来的不利益，

---

〔1〕 合同或者法律有特别规定的除外，如《合同法》第259条即明确规定，定作人不履行合同义务，经催告后在合理期限内仍不履行的，承揽人即有权解除合同。

〔2〕 相关分析参见本文第三部分，“（五）债务人可以请求赔偿增加的费用”。

在制度设计上与德国法上违反“不真正义务”的法律后果基本相同。

值得注意的是，《民法典》第589条不仅具有直接的规范意义，更具有体系建构的意义。借助该条规定，《民法典》对与债权人受领相关的制度框架作了较为清晰的界定（尽管在规范密度上较为原则和概括）。根据上述规定，受领债务履行原则上仅为债权人的权利，而非其负担的合同义务。因此，债权人受领迟延原则上不构成对合同义务的违反，不应按照原有的违约责任体系承担民事责任，而仅依照法律规定发生债务人责任减轻、债权人遭受不利益的法律后果。据此，原《合同法》构建起来的一元化的合同责任体系已经被打破，我国民法上构建起了分别规范债权人和债务人履行合同不适当行为法律后果（责任）的“二元化”的合同责任体系。这是对原有合同责任体系的重大调整。当然，由于《民法典》上关于债权人责任的专门规定仅此一条，规范的内容和体系都还很不完备。因此，今后关于债权人不适当受领法律责任的司法裁判，应当在以第589条规定蕴含的内在逻辑作为基本指引的基础上，积极参考借鉴域外的学说和判例，对该条规定不够周延详备之处作相应的体系推演和漏洞填补，以妥善应对司法实践的需求。

3.法律规定、合同约定或者交易习惯可以将受领确立为合同义务

虽然《民法典》第589条没有将受领确立为债权人的一般合同义务，但这并不排斥立法者或者当事人通过法律规定、合同约定或者交易习惯将其确立为合同义务，甚至确立为主要的合同义务。在司法实践中，应当注意下列三种情形：

（1）法律规定债权人负有受领义务。实际上，《民法典》合同编第二分编部分已在多个有名合同中将受领确立为债权人的合同义务。比如，承揽合同第780条、建设工程合同第799条、货运合同第830条、保管合同第899条第2款、行纪合同第957条等。对于上述类型的合同，债权人未按照合同约定或者未在合理期限内受领标的物的，债务人可以诉请其及时受领，并可主张债权人承担相应违约责任。

（2）合同约定债权人负有受领义务。这又包括两种情形：一是合同明确约定债权人承担受领义务的，或者合同对标的物受领的方式、时限等作了明确约定的，一般应认定为债权人负担相应的受领义务。二是按照合同的性质或者目的，应当将受领认定为债权人合同义务的。比如，在批量买卖合同关系中，出卖人

通常会基于合同订立而对库存出清和下一步的生产、进货等安排产生合理预期。因此，出卖人对于买受人的及时受领具有相应利益，买受人对此通常也应当是明知的。因此，在此类情形中，买受人即应当负担及时受领标的物的义务。

（3）交易习惯认为债权人负有受领义务。虽然《民法典》未明确规定买卖合同的买受人一般性地负有受领标的物的义务，但在一般的商事买卖合同（特别是批量买卖、跨境货物买卖）中，由于出卖人在交货时通常需要对下一步生产、进货等作出同步安排，如果买受人不能及时受领，往往会给出卖人造成巨大损失。因此，在长期的交易过程中，买受人负有及时受领义务，已经成为一种通行的交易习惯。在国际商事交易中，这甚至已经成为了通行的国际规则。比如，《联合国国际货物销售合同公约》第53条就将收取货物和支付货款共同确定为买受人的基本义务。〔1〕国际商会颁布的《国际贸易术语解释通则》也一直将收取货物作为各类国际贸易贸易中买方应当担的义务之一。〔2〕因此，在商事买卖合同关系，特别是跨境买卖合同关系中，买受人通常应当负有及时领取标的物的义务；买受人违反上述义务的，应当按照合同约定或者交易习惯承担相应的违约责任。

二、受领迟延的构成要件

相比《德国民法典》对债权人迟延作一整节的规定，《民法典》仅有一个专门条文作出规定，而且规定得较为概括。因此，本文将结合德国和我国台湾地区关于受领迟延制度的规定和学理通说，对受领迟延的构成要件和法律后果作相对更为细致的解析。根据《民法典》第589条之规定，结合相关学说来看，受领迟延应包括三个构成要件：

（一）债务履行需要债权人受领或者提供必要协助

如前所述，债务履行并非都需要债权人予以受领或者提供协助。比如，不作为的债务，只要债务人按照约定不为某事，即可履行完毕，无须债权人特为受

〔1〕 参见高旭军：《〈联合国国际货物销售合同公约〉适用评释》，中国人民大学出版社2017年版，第313页。

〔2〕 参见邓旭、陈晶莹主编：《国际贸易术语解释与国际货物买卖合同——以INCOTERMS®2010和CISG为视角》，经济管理出版社2012年版，第60页、第83页、第102页等。

领或者提供协助；合同约定了具体履行方式或途径，能够确保债务履行可以直接发生债务清偿效果的，也不存在债权人受领迟延的空间。只有在债务履行需要债权人接收或者提供必要协助的债务关系中，才有适用债权人受领迟延制度的前提。

（二）债务人按照约定履行债务或者提出履行债务的请求

在传统的大陆法系理论中，通常称为"依债之本旨提出给付"。即债务人应当按照合同约定完成履行债务所需要的一切行为，使债务关系进入债权人一旦受领即可完成清偿的状态。〔1〕债务人"按照约定履行债务"，是指债务履行应在所有方面符合合同的约定，包括履行的时间、地点、标的、方式等均符合适当履行的要求（瑕疵显著轻微的除外）。〔2〕依照《民法典》第589条之规定，原则上债务人应当按约实际履行债务，方可成立债权人受领迟延。但根据合同约定和履行方式的不同，债务人履行债务既可以是实际的提出，也有可能仅以言词提出履行债务的请求即可。在一些特殊的情况下，债务人甚至无须言词提出，只要按照约定做好履约的准备即可，债权人不予受领的，即构成受领迟延。

1.实际履行。又称"给付的现实提出"，是指债务人已按照约定完成了履行债务所需要的一切行为，使债权人处于可以立即受领的状态。〔3〕在债务人承担标的物送货或者运输义务的情况下，债务人必须实际履行，方可成立受领迟延。比如，承担送货义务的债务人需将标的物运送给债权人。在债务人承担运输义务的债务中，债务人将标的物交给承运人时，尚未完成实际履行的全部要求；只有待标的物到达债权人或者约定的交货地点时，才达到实际履行的完整状态。此时债权人拒绝受领，方可构成受领迟延。〔4〕同时，因运输延误导致债权人受领

〔1〕 郑玉波：《民法债编总论》（修订二版），陈荣隆修订，中国政法大学出版社2004年版，第285页。

〔2〕 齐晓琨：《解读德国〈民法典〉中的债权人迟延制度》，载《南京大学学报》（哲学·人文科学·社会科学版）2010年第2期。

〔3〕 郑玉波：《民法债编总论》（修订二版），陈荣隆修订，中国政法大学出版社2004年版，第286页。

〔4〕 王洪亮：《债法总论》，北京大学出版社2016年版，第329页。

标的物时间延后的，也不构成受领迟延，[1]而需根据合同约定确定相应的责任承担。

2.提出履行债务的请求。《德国民法典》第295条规定，“如果债权人已向债务人表示不受领给付，或者给付需要债权人的协助行为时，特别是债权人应领取债务标的物时，债务人只需言词提出给付即已足。向债权人发出需要其协助行为的催告，与给付具有同等效力。”日本和我国台湾地区也有类似的规定。此类规定符合民商事交易的常理，有利于减少债务人不必要的负担，值得借鉴。按照前述的域外经验，言词提出履行债务请求主要适用于两类情形，一是债权人已明确表示对于债务人提出的债务履行将不予受领；二是债务人履行债务需要债权人给予必要协助，特别是债务人交付标的物需要债权人配合接收的。在上述情形中，债务人无须直接地实际履行，无谓地等待债权人拒绝接收，而只需将准备履行债务的意思表示通知债权人，要求其受领或者提供必要协助即可。债权人仍然拒绝受领或者不予正面回应的，即构成受领迟延。债务人提出履行债务的言词请求，既可以是口头形式，也可以是书面形式。[2]需要注意的是，在上述情形下，债务人虽然并不需要实际履行债务，但也必须实际地做好了必要的履约准备，确保债务履行具有现实性；否则徒托空言，也不能发生言词提出的效力。[3]当然，此时的举证责任应当由债权人负担。[4]

3.按约定做好履行债务的准备。《德国民法典》第296条规定，“对应由债权人实施的行为已按日历指定时间的，仅在债权人及时实施行为时，始需要提出给付。在行为之前应当发生一定时间，并且已经以自该事件发生时起可以按日历计算时间的方式，为行为指定适当时间的，适用相同规定。”也就是说，在双方约定了债权人受领或者给予协助的具体时间，或者该时间可以通过计算予以准确确定的情形下，债务人只需按照约定做好履行债务的准备即可。届时债权人如

〔1〕 Vgl.Medicus, Schuldrecht I, Allgemeiner Teil, 17.Aufl., 2006, S.161.转引自韩世远：《合同法总论》(第4版)，法律出版社2018年版，第574页。

〔2〕 韩世远：《合同法总论》(第4版)，法律出版社2018年版，第576页。

〔3〕《德国民法典》第277条规定，债务人在提出给付之时或者应为给付之时，无给付能力的，债权人不负迟延责任。另可参见郑玉波：《民法债编总论》(修订二版)，陈荣隆修订，中国政法大学出版社2004年版，第286页。

〔4〕 梅仲协：《民法要义》，中国政法大学出版社1998年版，第241页。

未在约定时间前来受领的，即构成受领迟延。〔1〕比如，钢琴教师甲与学生乙约定某日几点在其住所上钢琴课，届时乙未按约前往的，乙即构成受领迟延。在此种情形中，甲既无须实际履行，也不需要提前发出言词的请求或者催告。〔2〕

（三）债权人无正当理由拒绝受领或者因自身原因不能受领

考虑到受领迟延并非对合同义务的违反，也不会导致合同解除和损害赔偿等严重的法律后果，而仅对债权人产生法律上的不利益，德国法上对于受领迟延的认定并不考虑债权人的可归责性。不仅债权人患病、遭遇无过错的车祸等“客观事由”不能导致受领迟延的免责，即使在不可抗力作用下导致受领不能，也不影响受领迟延的构成。〔3〕因此，在德国法上，受领迟延是一种严格的不以行为人过错或者可归责性为要件的民事责任。〔4〕但我国《民法典》第589条规定，只有“债权人无正当理由拒绝受领”的，才能构成受领迟延。因此，我国民法上对于受领迟延的认定必须考虑到债权人拒绝受领的主观方面或者其可归责性。对于“债权人无正当理由拒绝受领”的理解，尽可能保持上述规定与法律原有相关规定之间的延续性。比如，原《合同法》第101条即将“债权人无正当理由拒绝受领”作为债务人提存的情形之一。理论和实务上对于“无正当理由拒绝受领”有相对统一认识的，应当作为理解本条的既有资源。〔5〕又如，因不可抗力造成债权人受领不能的，通常认为可以作为债权人拒绝受领的正当理由。而《民法典》也对因不可抗力导致债务履行不能的责任分配作了相应规定。因此，不可抗力应当被纳入债权人拒绝受领的“正当理由”。另外，考虑到受领迟延毕竟不同于违反合同特征债务的违约，其法律后果相对较轻，因此，对于“无正当理

---

〔1〕 根据《德国民法典》第277条规定，如果债务人在此时无给付能力的，债权人不负迟延责任。

〔2〕 王洪亮：《债法总论》，北京大学出版社2016年版，第329页。

〔3〕 王洪亮：《债法总论》，北京大学出版社2016年版，第327页、第330页。

〔4〕 《德国民法典》第293条的表述为：“债权人不受领向自己提出之给付的，其陷于迟延。”

〔5〕 全国人民代表大会常务委员会法制工作委员会编写的法律释义书提出，构成拒绝受领的正当理由可以是：(1)债权人受到了不可抗力的影响；(2)债权人遇到了难以克服的意外情况，无法受领；(3)债务人交付的标的物存在严重质量问题，甚至与合同约定根本不符；(4)债务人迟延交付致使不能实现合同目的；(5)合同被解除、被确认无效等。可参见胡康生主编：《中华人民共和国合同法释义》，法律出版社1999年版，第170页。

由拒绝受领”有必要作适当的扩张解释。比如，考虑到受领迟延和提存制度之间存在逻辑上的一致性以及适用上的前后衔接关系，〔1〕有必要将原《合同法》第101条规定的因债权人自身原因导致受领不能（债务人据此可以提存）的情形也纳入“无正当理由拒绝受领”的范畴。〔2〕综合考虑上述因素，本文认为，在债权人方面，受领迟延的构成要件包括以下三种情形：

1.无正当理由拒绝受领或者拒绝给予必要协助。无正当理由拒绝受领，是指债务人按照约定履行债务或者提出履行债务的请求，债权人能够接受却无理由地拒绝接受，或者拒绝给予必要协助。根据上述分析，构成拒绝受领的正当理由主要包括以下几类情况：一是遭遇不可抗力的影响。二是债务履行不符合合同约定（轻微瑕疵除外），包括履行的时间、地点、标的、方式等不符合约定的情形。参照《德国民法典》第299条之规定，因债务履行时间未确定或者债务人提前履行，导致债权人暂时不能受领的，并不构成受领迟延。除非债务人在履行前已作通知或者催告，并给予债权人以合理的准备时间。三是因合同被撤销、解除或者确认无效等情况，导致债权人不再负担受领义务。拒绝受领无须明确的意思表示，单纯的不作为即不予受领或者不予协助即已足够。〔3〕

2.拒绝履行对待给付义务。在双务合同中，债权人虽然愿意受领债务人提供的债务履行，但却拒绝其本应同时履行的对待给付义务的，也应视为其拒绝受领。〔4〕之所以应作上述认定，是因为既然合同约定债务人履行债务时债权人应当同时履行对待给付义务，则债务人在履行债务时要求债权人同时履行对待义务，符合合同的约定，故应当认定为其履行债务适当。在此情形下，债权人不履行对待给付义务而仅要求对方履行债务的，不符合合同约定。相应地，此种情形下的受领不能是债权人自身原因所导致，由其负担受领迟延的法律后果是公平

〔1〕《德国民法典》（第372条）和《瑞士债务法》（第92条）都将受领迟延作为提存的前提，日本判例也持相同见解。可参见韩世远：《合同法总论》（第4版），法律出版社2018年版，第717页。

〔2〕包括债权人下落不明，债权人死亡未确定继承人或者丧失民事行为能力未确定监护人等情形。

〔3〕杜景林、卢谌：《德国民法典——全条文注释》（上册），中国政法大学出版社2015年版，第194页。

〔4〕《德国民法典》第298条对此有明确规定，可供参考。我国《民法典》对此虽未作明确规定，但第574条第1款但书的规定，可视为此原理在提存制度中的具体运用。

和合理的。[1]应当注意的是，在上述情形中，债权人同时构成了对待给付义务的违约。因此，债权人应当在负担受领迟延责任的同时，按照合同约定承担相应的违约责任；债务人则无须承担履行迟延的责任。[2]

3.因自身原因不能受领。根据前文分析，受领迟延的法律效果主要是减轻债务人的义务，以及对于债权人的不利益。同时，《民法典》第570条沿袭了原《合同法》第101条的规定，明确规定因债权人下落不明，债权人死亡未确定继承人，或者债权人丧失民事行为能力未确定监护人等情形导致不能履行债务的，债务人也可以将标的物提存。可见，在因债权人方面的非主观过错原因导致受领不能的情况下，《民法典》仍然将相应的不利后果规定由债权人方面负担。法律之所以作上述规定，主要是考虑到债权人不能受领虽非其主观因素所导致，但这更非债务人的原因，如果让不能履行的状态无限期地持续下去，将不公平地加重债务人的负担。[3]上述规定既延续了原《合同法》的原有做法，也符合公平合理的原则。同时，考虑到受领迟延和提存制度之间在逻辑上的一致性以及适用上的前后衔接关系，在因债权人自身原因导致不能受领的情形下，也应由债权人承担受领迟延的责任。"债权人自身原因"是指债权人方面的造成受领不能的各种原因，包括患病、遭遇车祸等非主观恶意的"客观原因"，但不可抗力除外。所谓"不能受领"，既包括"事实上的不能受领"，也包括"法律上的不能受领"。[4]前者如债权人下落不明、住所不明（债权人分立、合并或者变更住所没有通知债务人，导致履行债务发生困难的），以及因罹患疾病、遭遇车祸不能受领等情形；后者包括债权人死亡未确定继承人、丧失民事行为能力未确定监护人，以及因债权让与、合同效力争议等原因导致孰为真正的债权人不明确，债务人无法履行等情形。

---

〔1〕 史尚宽：《债法总论》，中国政法大学出版社2000年版，第435页。

〔2〕 齐晓琨：《解读德国〈民法典〉中的债权人迟延制度》，载《南京大学学报》（哲学·人文科学·社会科学版）2010年第2期。

〔3〕 胡康生主编：《中华人民共和国合同法释义》，法律出版社1999年版，第169~170页。

〔4〕 本部分参见韩世远：《合同法总论》（第4版），法律出版社2018年版，第717~718页。

三、受领迟延的法律后果

《民法典》第589条仅明确债权人受领迟延后，债务人可以请求债权人赔偿增加的费用、无须支付利息等两项法律后果。除该条规定外，合同编特别是合同分则部分还有多个条款对受领迟延的其他法律后果作了具体规定。应当说明的是，由于受领迟延形成原因的特殊性，法律规定的“法律后果”主要是对欲摆脱不能履行债务窘境的债务人给予的救济。至于债权人在此情形下的救济，由于受领迟延状态本身就是由于其不适当行为造成的，因此，只要债权人及时终了不予受领的状态，即可终止因受领迟延带来的不利益后果，使其债权得到完整的实现。〔1〕概括地看，受领迟延的法律后果主要包括以下几个方面：

（一）债务人享有依法自行消灭债务的权利

如前所述，债务人提出实际履行或者履行债务的言词请求后，在债权人受领其债务履行前，债权债务关系并不消灭。因此，债权人构成受领迟延后，原则上并不导致其负担的合同债务消灭，同时也不引发合同解除权的产生。即债权人受领迟延后，债务人仍负有履行债务的义务。〔2〕但如果让债务人无期限地等待履行，承担债权人不受领的后果，对于债务人来说明显过于加重了其负担。〔3〕为此，各国民法大多规定在债权人受领迟延的情况下，债务人即享有法律所承认的自行消灭债务的权利。我国《民法典》第570条第1款也明确规定，债权人无正当理由拒绝受领的，债务人可以将标的物提存；该条第2款规定，标的物不适于提存或者提存费用过高的，债务人依法可以拍卖或者变卖标的物，提存所得的价款。此外，德国民法和我国台湾地区“民法”还规定，标的物为不动产的，债权人可以抛弃占有，以消灭债务。〔4〕我国《民法典》对于抛弃占有制度未作规定。

---

〔1〕 除了债权人主动受领终了迟延状态外，受领迟延也可能因为债权消灭、债务人免除、迟延涤除等原因而终了。对此，可参见韩世远：《合同法总论》（第3版），法律出版社2011年版，第445~446页。

〔2〕 对于债务人来说，依照合同约定履行债务或者提出履行债务的请求的，其主要法律意义在于，由于债务人按照约定履行了其相应债务或者表明愿意按约定履行的意愿，从而不产生债务人违约特别是迟延履行的责任。

〔3〕 胡康生主编：《中华人民共和国合同法释义》，法律出版社1999年版，第169页。

〔4〕 参见《德国民法典》第303条；我国台湾地区“民法”第241条。

实践中，房屋租赁合同到期或者解除后，出租人拒绝接收承租人返还的租赁房屋时，部分承租人会将房屋钥匙通过快递或者邮寄方式返还出租人，并明确告知从即日起返还租赁房屋。审判中，对于承租人返还房屋符合合同或者法律规定的，法院通常也会认定其适当履行了原《合同法》第235条规定的返还租赁物的义务。从实质上看，此种情形也可以视为抛弃占有标的物的一种表现形式。

（二）不实际受领将导致债务人重大损失的，债务人可以请求债权人强制受领

如前所述，按照德国和我国台湾地区的主流观点，受领迟延并非合同义务的违反，而只是违反了以保护债权人利益为目的的“不真正义务”。因此，在债权人受领迟延的情况下，债务人原则上不得请求债权人必须受领其债务履行。但如果不分具体情况一律适用上述观点，很有可能导致不公平的结果。主要表现在，部分标的物不能提存或者不便提存，且不实际交付就会导致债务人利益遭受重大损失的情况下，如果仍然不赋予债务人以受领请求权，将使债务关系长期无法消灭，并导致双方当事人之间利益的严重失衡。比如，在房地产买卖合同纠纷中，如果买受人已实际接收房地产，却迟迟不配合办理产权变更登记，就有可能导致出卖人持续承担相关税费，并导致出卖人因政府“限购”无法买进其他房地产——而这往往是“改善型”出卖人订立房屋买卖合同的主要目的。在此类情形中，只要运用“利益平衡”的方法，也应该得出债务人享有受领请求权的结论。同时，《民法典》第509条关于诚信原则和当事人协助义务的规定，在此情形中也有适用的空间。正如有学者所言，既然法律已经确立了包括履行协助义务在内的“协助义务”，举轻以明重，当然应该认为债权人负有受领义务。这种受领、协助义务，对于实现合同债之关系的最终目的，限制债权的滥用，平衡当事人的利益关系，是非常重要的。〔1〕另外，判断一项义务是否具有诉求力或者强制履行力，应主要根据法律上保护相应当事人的现实必要性进行价值判断，在技术上并不存在难题。如果权利人有提起诉讼请求履行的正当利益，且在诉讼上能

〔1〕 韩世远：《合同法总论》（第4版），法律出版社2018年版，第571页。

够具体化，即没有不准许的道理。[1]综上分析，在不实际履行可能导致债务人利益遭受重大损失的情形中，债务人起诉要求债权人履行受领义务的，人民法院应当予以支持。

（三）债务人的义务和责任减轻

债权人违反“不真正义务”主要的直接后果，就是债务人原来负担的义务和责任减轻。根据《民法典》第589条之规定，并结合域外相关国家和地区的制度经验来看，债务人责任减轻主要体现在三个方面：

1.注意义务减轻。德国和我国台湾地区均规定，债权人受领迟延的，债务人仅就故意或者重大过失承担履行不能的责任。[2]《民法典》对此未作明确规定，但理论上应作相同的理解。原因在于，债务人按照合同约定履行债务或者提出履行债务的请求后，债权人本应及时受领；其拒绝受领或者受领迟延的，债务人仍需继续持有和保管标的物，这本身已经加重了债务人的负担。如果要求债务人对其轻微过失承担责任，对于债务人而言明显责任过重。[3]因此，按照公平合理的原则，受领迟延后，债务人维持给付能力（主要是保管标的物）的注意义务应予减轻，仅对故意或者重大过失承担履行不能的责任。[4]

2.停止支付利息。《民法典》第589条第2款对此作了明确规定。适用此项规定需要注意几个方面：一是该款的适用范围。该款规定原则上应仅适用于需要支付利息的金钱之债，[5]对于本身不负有利息的金钱债务或者其他债务，该项规定没有适用的空间。二是停止付息的期间。该款明确规定，“在债权人受领迟延期间，债务人无需支付利息”。这也就意味着，如果债权人迟延终了后，债务

---

〔1〕 陈自强：《契约之内容与消灭》，台北新学林出版股份有限公司2013年版，第104页以下。

〔2〕《德国民法典》第300条第1项；我国台湾地区“民法”第237条。

〔3〕 Emmerrich, Leistungstoetungsrecht, § 26, Rn.5, S.398，转引自王洪亮：《债法总论》，北京大学出版社2016年版，第331页。

〔4〕 根据《民法典》关于受领迟延后风险移转的规定，也应得出相同的结论。依照《民法典》第605条和第608条规定，债权人受领迟延后，标的物毁损、灭失的风险原则上应由债权人负担。反向推理的结果就是，除非标的物毁损、灭失是由于债权人的故意或者重大过失所导致，债务人即不承担责任。

〔5〕《德国民法典》第301条对此作了明确规定，即“对于支付利息的金钱债务，债务人在债权人迟延期间，不应当支付利息。”

人应当履行而未履行的，应当重新计算利息。三是利息的种类。该款对此未作明确，理论上应当包括全部种类的利息，既包括合同约定的利息，也包括依照法律规定应当负担的利息。[1]至于此处的“停止支付利息”能否包括因债务人先前履行迟延引发的迟延利息，理论上存在一定争议。我们认为，债务人迟延履行特征债务在先，债权人受领迟延在后的情形在现实生活中并不少见。在此类情形中，迟延利息应自债务人迟延履行债务之日起开始计算，至债权人受领迟延之日停止计算。

3.孳息返还范围缩小。德国和我国台湾地区均规定，债务人应返还由标的物所生之孳息或偿还其价金的，在债权人受领迟延的情形下，债务人仅就已实际收取的孳息为限，负返还责任。[2]我国《民法典》对此未作明确规定，但理论上也应作相同的理解。原因在于，如果债权人及时受领，债务人本已无须负担任何义务。根据受领迟延制度，在债权人受领迟延的情形下，法律已让债务人负担了其本已无须承担的义务（照管标的物的注意义务，虽然已经较弱）。因此，法律上不能再令债务人负担收取孳息的义务。[3]

（四）给付不能的风险移转至债权人

针对买卖合同，《民法典》第605条规定：“因买受人的原因致使标的物未按照约定期限交付的，买受人应当自违反约定时起承担标的物毁损、灭失的风险。”《民法典》第608条进一步规定在特定地点交付的买卖合同，买受人逾期收取的，自违约之日起承担相应风险。考虑到《民法典》买卖合同相关规定具有可供其他有偿合同参照适用的规范属性，[4]上述规定应当在各类有偿合同中得到普遍适用。

需要讨论的问题是，如果合同约定的标的物为种类物的，是否需要在债务人将相关标的物予以特定化以后，方才发生标的物的风险移转？对此，我国《民

---

〔1〕 参见杜景林、卢谌关于《德国民法典》第301条的注释。杜景林、卢谌：《德国民法典——全条文注释》（上册），中国政法大学出版社2015年版，第197页。

〔2〕《德国民法典》第302条；我国台湾地区“民法”第239条。

〔3〕 郑玉波：《民法债编总论》（修订二版），陈荣隆修订，中国政法大学出版社2004年版，第289页。

〔4〕 参见《合同法》第174条之规定。

法典》未作明确规定。按照大陆法系的传统观点，在正常情况下，债务人对种类之债的给付能力负有保证义务；在种类物未作特定化之前，不发生给付不能的问题。即在种类之债中，只要债务人未按约履行债务，即应承担契约违反的责任。最典型的情形是，负有付款义务的债务人不能主张给付不能，只要未按约付款，即应承担违约责任。那么，在债务人按照约定履行债务或者提出履行债务的请求，而债权人无正当理由拒绝受领的情况下，作为种类物的标的物发生毁损、灭失的，债权人能否主张因债务人尚未履行债务（交付标的物）而拒绝支付对价呢？对于此种情形，《德国民法典》第300条第2项作了明确规定，即在债务标的为种类物的情况下，债权人自受领迟延时起承担给付风险。〔1〕即受领迟延后，标的物毁损灭失的风险由债权人承担，同时债权人仍需履行对待给付义务。按照上述规定，在前述的给付金钱之债的案例中，如果债务人提出给付所欠金钱债款，债权人无正当理由不为受领，债务人在回家路上因轻微过失被盗或者被抢劫的，债务人无须再承担给付义务，给付不能的风险由债权人承担。〔2〕作出上述规定的根据在于，在债权人受领迟延的情况下，债务人原则上应当处于已经履行的责任状态；〔3〕之后因为意外事件导致标的物毁损、灭失的，债务人并无“可归责性”，而可归责的主体正是债权人。以此来看，《民法典》第605条的含义其实已经非常明确，由于债权人受领迟延完全符合“因债权人（买受人）的原因致使标的物未按照约定期限交付”的条件，故其相应的法律后果就是，债权人自违反约定时起承担标的物毁损、灭失的风险。即在《民法典》的规则体系下，种类之债的给付风险亦自受领迟延时移转至债权人。

（五）债务人可以请求赔偿增加的费用

由于债权人原则上不负有受领债务履行的合同义务，故受领迟延原则上不涉及对合同义务的违反，不存在债权人承担违约责任的可能；由于受领迟延原则

---

〔1〕《德国民法典》第300条第2项规定：“负担一个仅依种类指定之物的，风险自债权人因不能受领所提出之物而陷入迟延时起，移转于债权人。”

〔2〕参见Emmerich，Das Recht der Leistungssturungen，S.401，402，Rn.16；Erman-BGB，11Aufl.2004，Bd. Ⅰ，§300 Rn.8.转引自齐晓琨：《解读德国〈民法典〉中的债权人迟延制度》，载《南京大学学报》（哲学·人文科学·社会科学版）2010年第2期。

〔3〕王洪亮：《债法总论》，北京大学出版社2016年版，第332页。

上亦不存在违反法律的问题，故在受领迟延情形下亦不可能构成侵权损害赔偿责任。但如果因为债权人受领迟延的事实，在客观上使债务人发生了增加的费用，从公平合理的角度出发，债权人也应当对相应的费用承担赔偿责任。但从法理上看，债权人赔偿因其迟延受领导致债务人增加的费用，不属于损害赔偿责任，而属于一种客观责任。〔1〕从实践和域外经验来看，债务人因债权人受领迟延增加的费用主要包括两大类：〔2〕一是因无效履行增加的费用，如货物往返运送、因履行债务所支出的路费、通知费用等；二是因保管和处理标的物所支出的费用，包括仓储费、保管费、提存费用，以及对不宜保存的标的物进行处理而增加的费用等。基于法律规定的文义分析，债务人请求赔偿的费用应当以已经实际发生且在客观上必要的为限，至于"预期收益"（如假设债权人实际受领了债务履行，债务人有可能增加的收益），原则上不属于《民法典》第589条第1款规定的"必要费用"。

（六）债权人依法承担其他不利后果

在债权人受领迟延的情况下，债务人原则上已经处于已经履行的责任状态。因此，对于因未及时受领引发的不利后果，原则上均应由债权人自行承担。比如《民法典》第513条规定："执行政府定价或者政府指导价的……逾期提取标的物或者逾期付款的，遇价格上涨时，按照新价格执行；价格下降时，按照原价格执行。"

审判实务精要

《民法典》第589条在总体上借鉴了德国法上债权人受领迟延制度的逻辑体系。由于对债权人履行合同不适当行为的法律后果作了有别于债务人

〔1〕 基于上述原因，德国法上对债权人承担相应责任的表述不用"赔偿"和"损失"的字眼，而是使用了"偿还""费用"的表述。参见齐晓琨：《解读德国〈民法典〉中的债权人迟延制度》，载《南京大学学报》（哲学·人文科学·社会科学版）2010年第2期。另可参见《德国民法典》第304条规定："债务人在债权人迟延的情形，可以请求偿还自己为无效果提出之给付，以及为保管和维持所负担之标的物，而不得不支出的额外费用。"

〔2〕 参见史尚宽：《债法总论》，中国政法大学出版社2000年版，第441页。

违约责任的特别规定,该条款不仅具有直接的规范意义,而且对我国原有的合同义务和责任体系作出了重要调整,在很大程度上具有体系建构的意义。在新的合同义务和责任体系下,受领债务人提供的债务履行,原则上并非债权人的合同义务,而是基于诚实信用原则所应当承受的一种负担,在性质和法律后果上近似于德国法上的“不真正义务”。因此,除非有相应的法律规定、合同约定或者交易习惯,债权人受领迟延不构成对合同义务的违反,不按照违约责任体系承担民事责任,而仅依照法律规定发生债务人责任减轻、债权人遭受不利益的法律后果。受领迟延仅适用于债务履行需要债权人受领或者提供必要协助的债务关系中。其构成要件主要包括两个方面:一方面,债务人按照合同约定履行债务或者提出履行债务的请求,或者按照约定做好了履行债务的准备;另一方面,债权人无正当理由拒绝受领或者拒绝履行对待给付义务,或者由于不可抗力以外的自身原因,在事实上或者法律上不能受领。受领迟延的法律后果主要包括:债务人享有依法自行消灭债务的权利;债务人的注意义务和责任减轻;给付不能的风险移转至债权人;债务人对增加的费用享有赔偿请求权等。如果债权人不实际受领将给债务人利益造成重大损失的,依据诚实信用和利益平衡的原则,债务人有权提起诉讼,请求强制债权人受领其债务履行。

撰稿人:彭　浩,上海市高级人民法院商事审判庭审判员,法学硕士

27. 民间借贷主体与利息相关疑难问题的司法认定

导　言

《民法典》充分考量目前民间借贷市场乱象频发的情况，在第680条第1款规定“禁止高利放贷，借贷的利率不得违反国家有关规定”，明确了民间借贷“发展”和“规制”并存的司法导向，为民间借贷纠纷司法审判提供了方向。而主体和利息是民间借贷的两类最基本问题。一方面，民间借贷主体是否具有开放性决定着民间借贷资金的供给量大小，从而影响利率的水平高低；另一方面，不同的借贷类型或借贷主体对利率有不同的市场预期，从而形成不同的利率类型或水平。〔1〕事实上，司法实践中民间借贷纠纷的疑难问题也主要集中在主体和利息两方面。民间借贷主体方面，主要在于非法放贷主体的认定以及“刑民交叉”民间借贷案件处理问题；而利息方面，主要在于规避利率限制的行为认定、超额利息的冲抵方式、复利的司法认定，以及利息约定不明时的司法认定等问题。鉴于《民法典》的法典特性，其对于民间借贷实务中的具体问题涉及较少。在法典颁布实施的背景下，如何理解和适用各项民间借贷法律规定，对司法实践中存在的疑难问题予以准确认定，亟待研究。

一、现状概述：民间借贷主体与利息的立法情况

（一）民间借贷的主体立法概述

1.关于民间借贷主体范围

我国学界对民间借贷并无确定的概念描述，学者们基本认为民间借贷就是民间金融，有的甚至认为民间借贷是“地下金融”“民间投资”，不仅包括违法、

〔1〕 袁春湘：《民间借贷法律规制研究——以利率为中心》，法律出版社2015年版，第2页。

犯罪的金融，还包括未被正规金融或法律法规所认可的金融创新。[1]有学者认为，从参与借贷的主体看，参与民间借贷的主体具有非官方性，尤其是作为放贷的主体一般是非国有性质的机构、公司、企业或其他组织[2]。

1991年8月《最高人民法院关于人民法院审理借贷案件的若干意见》及原《合同法》借款合同一章中，对民间借贷概念均未涉及，这与当时民间借贷形式较为传统，且不认可企业间借贷的立法背景相关。2020年12月23日修订的《最高人民法院关于审理民间借贷案件适用法律若干问题的规定》对民间借贷阐述为："本规定所称的民间借贷，是指自然人、法人、其他组织之间及其相互之间进行资金融通的行为。经金融监管部门批准设立的从事贷款业务的金融机构及其分支机构，因发放贷款等相关金融业务引发的纠纷，不适用本规定"。这一规定包含了三层信息：首先，将民间借贷的主体从自然人扩展到企业法人和其他组织，其实是认可了企业间借贷的合法性；其次，确定了资金融通的性质，不仅包括生活消费的资金融通，也包含生产性资金融通；最后，该规定第2款将金融贷款业务引发的纠纷排除在外。但司法实践中，关于民间借贷的主体类型、地位，仍存在模糊、矛盾之处。

2.关于套路贷主体和非法放贷主体界定

因民间借贷游离于正规金融体系之外，在逐利动机的驱使下容易产生混乱和无序的负面效应，并进而滋生各类犯罪现象，如非法吸收公众存款犯罪、诈骗罪、黑社会类犯罪、非法经营罪等，为了应对近几年民间借贷市场失范，犯罪行为频发的现象，政府出台了大量法规和司法解释：(1)《最高人民法院关于依法妥善审理民间借贷案件的通知》于2018年8月1日由最高人民法院发布，该规定提出"加大对借贷事实和证据的审查力度；严格区分民间借贷行为与诈骗等犯罪行为；依法严守法定利率红线；建立民间借贷纠纷防范和解决机制"等审理要求；(2)最高人民法院、最高人民检察院、公安部、司法部联合发布《关于办理"套路贷"刑事案件若干问题的意见》于2019年4月9日施行，该规定明确提出"套路贷"概念，要求区分"套路贷"与民间借贷，严惩"套路贷"犯罪行为；

---

〔1〕 袁春湘：《民间借贷法律规制研究——以利率为中心》，法律出版社2015年版，第3页。
〔2〕 张书清：《民间借贷的制度性压制及其解决途径》，载《法学》2008年第9期。

(3)上述“两高两部”联合发布《关于办理非法放贷刑事案件若干问题的意见》，该规定于2019年10月21日施行，明确对“违反国家规定，未经监管部门批准，或者超越经营范围，以营利为目的，经常性地向社会不特定对象发放贷款，扰乱金融市场秩序，情节严重的，依照刑法第二百三十五条第(四)项的规定，以非法经营罪定罪处罚”，并具体规定认定非法放贷主体的要件。此外，2019年11月发布的《全国法院民商事审判工作会议纪要》对禁止民间借贷中“高利转贷”行为，以及“职业放贷人的民间借贷行为依法应认定为无效”等也作出规定。

(二)民间借贷利息立法概述

1.“两线三区”向“一线两区”的债务类型划分转变

《民法典》第680条第1款规定“借款的利率不得违反国家有关规定”，其中的“有关规定”主要是指2015年《最高人民法院关于审理民间借贷案件适用法律若干问题的规定》对于利率有“两线三区”的规定，第26条规定：“借贷双方的利率未超过24%，出借人请求借款人按照约定的利率支付利息的，人民法院应予支持。”并规定超过年利率36%的，超过部分的利息无效，借款人有权请求返还超过部分的利息；第31条明确：“没有约定利息但借款人自愿支付，或者超过约定的利率自愿支付利息或违约金，且没有损害国家、集体和第三人利益，借款人又以不当得利为由要求出借人返还的，人民法院不予支持，但借款人要求返还超过年利率36%部分的利息除外。”这两条规定确定了我国“两线三区”利息管制规则：两条线是年利率24%和36%；三个区分别是合法债务区、自然债务区、违法债务区。即利率最高限额为24%，在该限额以下的，为合法债务；利率在24%至36%的，为自然债务；利率在36%以上的，属于违法债务，不受法律保护。但是，2020年8月19日、2020年12月23日，最高人民法院对该解释进行了两次修订，两次修订的《最高人民法院关于审理民间借贷案件适用法律若干问题的规定》对于利率划分均确定了“一线两区”的债务类型，“一线”是指合同成立时一年期贷款市场报价利率四倍，“两区”即指超出该利率上限的属于违法债务，不受法律保护，低于该利率上限的，则为合法债务，应当受到法律保护。

2.关于利息约定不明的规定

《民法典》第680条第3款和2020年12月23日修订的《最高人民法院关于审理民间借贷案件适用法律若干问题的规定》第24条第2款均规定，自然人之间对利息约定不明的，出借人主张利息不予支持。对非自然人之间的借贷没有约定利息，或者约定不明的，由法院结合具体情况酌定。换言之，将自然人之间和非自然人之间对于利息约定不明的情况，分为两种不同的处理方式，自然人之间如果利息约定不明，应视为没有利息，不能在司法认定中再酌情定之；而非自然人之间如果利息约定不明，可以按照交易方式、交易习惯、市场利率等因素确定利息。

3.关于预扣利息和复利的规定

《民法典》第670条和《最高人民法院关于审理民间借贷案件适用法律若干问题的规定》第27条均规定了借款利息不得预先在本金中扣除，若有扣除，应按照实际交付本金认定。但对于复利的规定，《民法典》没有直接涉及，2020年12月23日修订的《最高人民法院关于审理民间借贷案件适用法律若干问题的规定》第27条明确了复利的合法地位，同时以年利率不超过合同成立时一年期贷款市场报价利率四倍予以限制，规定“借款人在借款期间届满后应当支付的本息之和，超过以最初借款本金与以最初借款本金为基数、以合同成立时一年期贷款市场报价利率四倍计算的整个借款期间的利息之和的，人民法院不予支持”。

4.关于超额还款的抵扣问题

《民法典》在合同编总则第561条对债务履行的一般冲抵顺序作出了规定，根据该条规定，对债务人支付的款项不足以清偿全部债务时，当事人又没有约定，抵扣顺序为：(一)实现债权的有关费用；(二)利息；(三)主债务。虽然并非针对借款合同作出，但因是合同债务的一般性规定，关于借款人超出还款金额的多余款项的冲抵顺序，2020年12月23日修订的《最高人民法院关于审理民间借贷案件适用法律若干问题的规定》没有具体涉及，从法律位阶上来说，适用《民法典》合同编总则规定的抵扣顺序没有问题。

但民间借贷司法实践中出现的问题在于，超出合同成立时一年期贷款市场报价利率四倍的超额利息（以下简称超额利息）的抵扣问题，在存在多笔超额利息的情况下，处理程序和抵扣处理容易出现争议，而且在司法实务中也存在类案异判的情况。

二、对民间借贷法律规制体系司法适用的原则总结

（一）对现行民间借贷法律规制体系的简要评述

原《合同法》中的借款合同一章，主要以金融借款合同为蓝本。其中大部分条文都是针对金融借款规定的，从第457条至第470条的规定，除第469条规定了“自然人之间的借款合同，自贷款人提供借款时成立”，其他条文随处可见针对金融借款的痕迹。如第459条对借款人提供业务活动和财务状况要求的规定；第463条对借款人借款用途的规定；第462条对贷款人检查、监督借款使用情况，借款人定期提供财务会计报表的规定等，均系金融机构放贷的基本要求，而民间借贷关系中对借款用途的审查极为随意，甚至基本不予干涉，只是审查还款能力。

事实上，较之于金融借款纠纷，民间借贷案件在审判实务中争议更多。因为金融机构出于对金融监管部门的回应，以及对自身利益的维护，加之有专业法务团队合规，对借款合同条款审查、借款人征信审查均较为严格，有效地减少了争议。而民间借贷已经从传统意义上的个人之间为满足生活需要而发生的借贷关系扩展至因生产需要而发生的借贷关系，在主体方面，其更多地体现为发生在企业之间或企业与个人之间的借贷关系。〔1〕这类主体对借贷形式的创新能力很强，却对合同的条款以及借款人的资质审查，事后争议的处理等各方面均不够专业，更容易出现争议，引起社会矛盾激化。

原《合同法》借款合同通篇对民间借贷的规定少之又少，导致司法实践中金融借款纠纷审判适用原《合同法》，民间借贷纠纷审判主要适用2015年《最高人民法院关于审理民间借贷案件适用法律若干问题的规定》，但仅有司法解释，缺乏上位法支撑，必然存在空白，难以形成完备的法律体系。《民法典》作为法典

---

〔1〕 罗东川、吴兆祥、陈龙业：《〈关于依法妥善处理民间借贷纠纷案件促进经济发展维护社会稳定的通知〉的理解》，载《人民司法》2012年第7期。

性质的上位法，些许条款变动在司法实践中均体现了政府对于行业发展的倾向，对于司法实践有重大指导意义。《民法典》分则借款合同一章最大的亮点在于明确提出“禁止高利放贷”以及“严格利率限制”，指明了民间借贷法律规制的方向，《民法典》的颁布，意味着上位法和下位法相辅相成的民间借贷法律规制体系已初步形成。但作为一部法典，《民法典》具有概括性和稳定性的特质，导致其对一些过于操作性的实务问题，难以面面俱到，如何理解和适用民间借贷法律规制体系，是司法审判工作的重点。

（二）司法实务适用民间借贷法律规制体系的原则及方法

1.“保护”与“规制”并行

《民法典》借款合同一章虽然改动不多，但其在第667条延续借款合同的定义：“借款合同是借款人向贷款人借款，到期返还借款并支付利息的合同”，并在第680条第1款作出新的明确规定：“禁止高利放贷，借款的利率不得违反国家有关规定”，表明了一方面保障民间借贷主体的合法权益，另一方面禁止高利放贷，维护市场健康发展的思路。“保护”与“规制”并行，已经为审判实务对于下位法的各项法规及司法解释的适用明确了方向，司法实务应把握这一方向，认清法律关系和法律事实的本质。

2.严守利率红线

关于是否设置最高利率限制，一直在学界有争论，有观点认为，资金市场应市场化、自由化，尽量让市场决定利率，国家不宜设置最高利率限制，而且即便设置最高利率限制，也可以通过多种方式予以规避，故而意义不大；另有观点认为，资本的逐利性有可能引起市场混乱，如果没有最高利率限制，极易引起金融市场混乱，引发诸多社会矛盾。但从不同国家和地区的实践来看，基本都设置了最高利率限制，只是设置的方式不同〔1〕。《民法典》规定了“借款的利率不得违反国家有关规定”，2020年12月23日修订的《最高人民法院关于审理民间借贷案

---

〔1〕 例如，美国针对借贷利率没有统一的规定，由各州自行规定，但大部分州对利率仍然设定上限；日本最高法院2006年出台新规定，消费贷款公司的年利率以后不得超过20%，2007年立法将放贷年利率上限由29.2%下降至20%。我国台湾地区“民法”第205条规定：“约定利率，超过周年20%者，债权人对于超过部分之利息，无请求权。”

件适用法律若干问题的规定》中划分了“一线两区”的利率规制范围，《最高人民法院关于依法妥善审理民间借贷案件的通知》中强调了“严守利率红线”，《关于办理非法放贷刑事案件若干问题的意见》将年利率36%作为认定“情节严重”的一个条件，由上至下的法律法规无不体现了我国对于利率限制的决心。所以在审理民间借贷案件时，应谨慎识别各类规避利率限制的行为，形成良好司法导向。

3.树立“穿透式”审判思维

在《全国法院民商事审判工作会议纪要》解读的培训会中，最高人民法院刘贵祥专委提出“穿透式审判思维”的概念，其举例称商事交易较为复杂，且当事人有时为了规避监管，采取多层嵌套、循环交易、虚伪意思表示等模式，人为增加查明事实、认定真实法律关系的难度，需要树立“穿透式审判思维”，在准确揭示交易模式的基础上，探究当事人的真实交易目的。笔者认为，在民间借贷纠纷审判实务中，同样需要树立“穿透式审判思维”，以确定各类主体行为的真实意思表示，并进而做出合法准确的司法认定。比如，民间借贷主体采用多种模式规避利率管制，无论是通过传统的收取复利、预扣本金的形式，还是通过关联第三方收取管理费、服务费等形式，或其他“创新”形式，在审理中都应揭示其背后的真实交易目的，准确认定是否超出利息上限。而对于涉及“套路贷”和“非法放贷”以及“非法吸收公众存款”的犯罪行为，也应保持警醒，防止仅考虑个案，对于其他关联案件视而不见的情况。

三、民间借贷司法实践中主体与利息疑难问题总结

（一）关于民间借贷主体的疑难问题

1.与“非法放贷”主体的区分

司法实践对于以借贷为常业的民间借贷合同效力持否定意见，如最高人民法院曾在判决中明确：某公司贷款对象主体众多，通过向社会不特定对象提供资金以赚取高额利息，出借行为具有反复性、经常性、借款目的也具有营业性，未经批准，擅自从事经常性的贷款业务，属于从事非法金融业务活动，违反《银行

业监督管理法》强制性规定[1]，所以涉案借款合同无效。[2]2020年12月23日修订的《最高人民法院关于审理民间借贷案件适用法律若干问题的规定》第13条新增了第（三）项认定民间借贷合同无效的规定：”未依法取得放贷资格的出借人，以营利为目的向社会不特定对象提供借款的”，确定了非法放贷所订立的民间借贷合同无效，但对于民间借贷中职业放贷人的认定，并无明确规定。实践中不少职业放贷人多次涉案，制造高额利息，仍然存在因无法可依，法院只能按照普通民间借贷纠纷进行审理的情形。

前述《关于办理非法放贷刑事案件若干问题的意见》对于“经常性”作出“2年内出借资金10次以上”的定量次数规定，对“不特定对象”也进行了解释，对“情节严重”的一般标准和特别标准均有表述。这对刑事案件定罪量刑有直接而准确的指导意义，但对民事案件中识别非法放贷主体仍力所不逮。

其一，因涉嫌非法放贷行为而移送公安处理的条件难以确定或查明。具体而言，在民间借贷案件中，需要调查非法放贷行为到何种程度可以移送公安机关处理，是必须满足非法放贷的所有认定条件，还是只要满足一项条件即可移送，情节严重的裁量标准如何把握等；因为民事案件审判主要在于双方当事人的诉称、抗辩和举证，案件审理的调查手段和调查程度有限，如果非法放贷主体以多人名义，在10次以内的定量范围内进行放贷，民事案件中如何识别？再如，如果非法放贷主体事实上已经超过10次放贷行为，民事案件中又如何发现？

其二，对于民、刑案件的程序交接如何处理。若前案中尚未累计到定量的放贷次数；或者情节尚不足以认定非法放贷，法院作出的民事判决已经生效，后续刑事案件认定非法放贷主体构成非法经营罪，此前已经生效的民事判决又当如何处理？这些问题均为实践中最为棘手的问题。

2.涉及犯罪行为的“刑民交叉”民间借贷案件处理

在司法实践中，通过各类P2P平台撮合的个人借款甚至通过“高利贷组织”而达成的借款协议等情形并不鲜见，其中难免有一些个人和组织涉嫌犯罪，其

---

〔1〕《银行业监督管理法》第19条规定：未经国务院银行业监督管理机构批准，任何单位和个人不得设立银行金融机构或者从事银行业金融机构的业务活动。

〔2〕参见（2017）最高法民终647号。

中最为常见的就是非法吸收公众存款类犯罪。对于民间借贷行为涉及刑事犯罪时，善意的出借人是否可以通过民事案件主张权利，民间借贷合同的效力如何认定等问题，也在司法实践中存有争议。有的法院认为民间借贷一旦构成非法吸收公众存款罪的犯罪事实，则合同无效〔1〕；故此时民间借贷案件的审理，应“先刑后民”中止审理，待刑事案件处理完毕再行审理；也有法院认为，即便涉及犯罪，对于善意的出借人而言，民间借贷合同的效力仍应予以肯定，出借人可以选择通过民事案件主张权利，但具体本金和利息的数额，需要具体分析。

（二）关于民间借贷利息的疑难问题

1.多种形式规避利率限制的情况频发

2020年12月23日修订的《最高人民法院关于审理民间借贷案件适用法律若干问题的规定》对利率进行了限制，确认当事人约定的利率不得超过合同成立时一年期贷款市场报价利率的4倍，但实践中却频发规避利率限制的情形，其中最为突出形式有三种：

（1）通过预扣高额利息计收高息

《民法典》及2020年12月23日修订的《最高人民法院关于审理民间借贷案件适用法律若干问题的规定》对预扣利息有明确约定，但实践中遇到的难题并非法律适用问题，而是事实认定问题。出借人并非以银行转账方式预扣利息，而是通常由银行转账足额支付本金，借款人再以现金方式转交出借方。或者出借人直接少支付部分本金，要求借款人另外出具剩余部分以现金形式交付的收据，以此达到预扣利息的目的。但因借款人难以证明，法院对预扣利息的事实认定较难。

（2）通过复利计收高息

2020年12月23日修订的《最高人民法院关于审理民间借贷案件适用法律若干问题的规定》第27条规定了将之前利息重新出具债权凭证计入本金的情形，本质是对复利的规定，法律保护的本息之和限度是以最初的本金为基数，以合同成立时一年期贷款市场报价利率四倍计算整个期间的利息和最初的本金之和。

---

〔1〕 韩彦斌主编：《民间借贷案件裁判要点与观点》，法律出版社2016年版，第322页。

通常而言，在只是重新出具一次债权凭证或者几次的情况下，按照该条规范，尚容易认定本金和利息；如果当事人多次结算重新出具债权凭证，应如何认定本息？如果债务人偿还部分款项后，又重新出具债权凭证，本息又如何认定？这些问题均在实践中存在不少争议。

（3）以收取中介费、服务费、管理费等名义收取高息

有些民间借贷不仅有借贷双方，还存在居间的第三方。通常而言，第三方收取一定服务费用符合法律规定，不涉嫌利息的问题，但实践中有些中介人与出借人有关联关系，比如，有些中介公司与出借公司系关联公司，有些中介个人与出借人有亲属关系或合作关系等，中介方名义上收取服务费用，其实是变相收取高额利息的一种形式，但借款人举证非常困难，而且法律上对于关联方收取服务费用，是否应抵扣借款本息也未明确，导致不同法院的裁判思路有所差别。

2.超额利息的处理问题存有争议

民间借贷司法实践中出现的问题在于，超出合同成立时一年期贷款市场报价利率四倍的的超额利息抵扣。在存在多笔超额利息的情况下，其处理程序和冲抵方式均存在争议。

（1）超额利息的处理程序

2020年12月23日修订的《最高人民法院关于审理民间借贷案件适用法律若干问题的规定》第25条规定了“出借人请求借款人按照合同约定利率支付利息的，人民法院应予支持，但是双方约定的利率超过合同成立时一年期贷款市场报价利率四倍的除外”，但该条未明确超额利息的具体处理程序，导致实践中存在不同处理方式。有的法院直接将超额还款部分用于冲抵本金或利息；有的法院认为应依据借款人选择是否在一案中予以处理，还有法院认为按照第25条的文义，超出部分利息属于借款人不当得利，应另案处理。

（2）超额利息的冲抵方式

实践中，存在两种不同的计算方式，第一种是冲抵超额利息产生时的剩余本金；第二种是冲抵超额利息产生之后的利息。第一种冲抵本金的方式，是指将借款人支付的超额利息直接冲抵本金，之后的利息以冲抵后的本金为基数继续计算。第二种超额利息冲抵利息的方式，即从借款人支付超额利息开始，往后顺

延计算利息，计算出将超额利息冲抵完毕的日期，作为新的利息起算点。显然，第一种计算方式对借款人较为有利，第二种对出借人较为有利。

3.利息约定“不明”时的裁判情况多有差异

如前所述，《民法典》和2020年12月23日修订的《最高人民法院关于审理民间借贷案件适用法律若干问题的规定》对于利息约定不明的情况，均规定对自然人之间的借贷和非自然人之间的借贷有两种不同处理方式。但实践中存在一定误读，认为只要当事人对于借款利息的约定存在争议，不论事实如何，“一刀切”地不支持借款利息。比如，双方约定“支付借款数额利息20%”，法院认为，双方未明确20%是年利率还是月利率，约定不明，利息不予支持〔1〕。或者双方对利率表述不准确，约定“借款月息×”，但未在数字后明确货币单位是“分”还是“厘”还是“元”，约定“借款利息按照银行同期利率计算”，未明确具体何种银行利率等〔2〕，多被认定为约定不明，不予支持利息。

笔者认为，之所以产生这种“简单处理”的审判倾向，主要是对于相关规定的误读：（1）对于自然人借贷和非自然借贷人借贷不作区分，只要利息约定不明，即视为没有利息。（2）对于自然人借贷关系中的利息“约定不规范”与“约定不明”不作区分，条款上存在瑕疵，即视为没有利息。

四、民间借贷主体与利息疑难问题的司法应对

（一）涉“非法放贷”行为的民间借贷案件处理

首先，涉嫌“非法放贷”而移送公安处理的条件不宜过高。如前所述，民事诉讼程序的特点决定了民事案件对事实的调查，尤其对涉及犯罪事实的调查，难以达到刑事侦查的程度，若要求民间借贷案件准确判断是否构成犯罪，确定构成犯罪的方可移送公安处理，不具有现实可能性。但原则上来讲，亦不可对仅满足某个条件的案件，就直接移送公安处理，不利于当事人合法权益的保护。笔者认为，在民事案件审理中应着重关注次数和利率的条件。上述规定明确了“2年内

〔1〕 参见（2017）沪0120民初6191号。

〔2〕 余文唐：《利率约定不规范的司法处置——以自然人之间借贷为视角》，载《山东审判》第34卷。

向不特定多人（包括单位和个人）以借款或其他名义出借资金10次以上”；同时，还规定“以超过36%的实际年利率”实施上述行为的，才构成“非法经营罪”规定中的“情节严重”标准，这与民间借贷行业中非法放贷的特点较为吻合。“多次”是放贷活动职业性的特点，而超过年利率36%的高利贷款行为，已经超过国家规定的最高利率上限，如果多次放贷，同时又采用高利率，往往又伴随着违法催收等情况。所以如果民间借贷案件中，遇到出借人有10次以上，并且利率高于36%的放贷行为，即可移送至公安机关处理，至于具体罪与非罪、犯罪数额等问题应由侦查机关调查。

其次，后续认定为非法经营罪，不影响已生效的民事判决效力。如前所述，非法放贷犯罪行为是放贷次数、放贷金额等各项条件累计而最终认定的。换言之，在没有认定之前，之前的单次放贷行为仅仅是引起民间借贷法关系的民事法律事实，法院因此而作出的生效民事判决，也应予以尊重。否则，不但在程序上会让司法既判力受到动摇，在实体上也不尽合理。

最后，在民事案件中识别“非法放贷”行为，并非个案或者某个法院能够单独完成的。笔者建议，在法院系统内部建立疑似非法放贷人名录，对超过两次的提起民间借贷诉讼，且约定利率高于36%的出借人及其实际控制的关联人应列入名录，但应排除同一笔借款重复起诉的情形，在保护当事人隐私权益的同时，该名录可通过大数据网络在全国法院系统内部共享查询，同时实行动态管理，定期更新名录。

（二）涉及刑事犯罪的民间借贷案件处理

对于该问题，最高人民法院公报2011年第11期刊登的吴国军诉陈晓富、王克祥及德清县中建房地产开发有限公司民间借贷纠纷一案判决，其处理思路具有重要示范意义。该案例确定了两个处理原则：

其一，涉嫌或构成非法吸收公众存款罪，合同一方当事人可能被追究刑事责任的，并不当然影响民间借贷合同的效力，其效力判断仍应以法律规定的合同无效条件进行判断。单个的借款行为并不构成非法吸收公众存款的刑事法律事实，因为非法吸收公众存款的刑事法律事实是数个“向不特定人借款”行为的总和，从而实现了从量变到质变。当事人在订立民间借贷合同时，不存在违反法律、法规的强制性规定或以合法形式掩盖非法目的。善意的出借人对犯罪事实并不清楚，不能因为借款人的犯罪行为，而侵害到出借人的正当权益，犯罪行为与合同行为不重合，故民间借贷合同依然有效，其从合同担保合同也同样有效。

其二，涉嫌犯罪的民间借贷民事案件的审理，并不必须"先刑后民"。既然如前所述，即便涉嫌犯罪行为，民间借贷合同的效力也不受影响，那么"先刑后民"就不是必需的处理方式。但值得注意的是，为了避免出借人在刑事案件以及民事案件中双重获利的可能性，在审理民间借贷案件时，应向出借人查明在刑事案件中是否已获退赔，以及向出借人确认"后续如果双重获赔，应予以返还"的意思表示。

（三）关于民间借贷中的利率规避问题

1.关于在本金中预扣利息的处理

"不得在本金中预扣利息"已在民间借贷审判实践中达成共识，而实务中出现的问题往往在于事实认定方面，如借款人抗辩，其虽然在银行转账中实足收到借款本金，但随即又取出交予出借人。考虑到出借人往往是自然人主体，且法律意识薄弱，举证能力有限，若借款人能够提供充分的证人证言，或者当时的录像、录音，或者事后出借人对此予以认可的明确意思表示，法院仍应认定为预扣利息的行为，将预扣部分从本金中予以扣除。

此外，还有一种情形，借款人向同一个出借人以"借新还旧"的方式，将借款本金中的全部或者部分金额用于折抵之前借款积欠的利息，此时是否构成"预扣利息"行为？笔者认为，此种情况下，不应认定为预扣利息，因为所借新的款项是用于归还已经产生的利息，并不存在预扣的情况。但以之前借款的利息，计入新的本金再继续计算利息，会产生复利的问题，应考虑是否违反有关复利计算的法律规定。

2.关于复利计算问题的处理

2020年12月23日修订的《最高人民法院关于审理民间借贷案件适用法律若干问题的规定》第27条明确了复利的合法地位，同时以合同成立时一年期贷款市场报价利率四倍予以限制，该条规定分为两款：第1款确定前期利息是否可以计入本金；第2款是确定利息计入后期本金继续计算复利时，受到保护的利息上限。所以在实务中具体认定含有复利的借贷本金及利息，可以将本金和利息的认定分开考虑，先认定本金，再确定利率上限，更具有可操作性。针对前述实践中常见的两个问题，试分析如下：

其一，在连续多次重新出具新的债权凭证的情形下，本金和利息如何认定？该情形应分两步计算：第一步，逐期认定各期本金，计算出最后一期的本息之和；第二步，判断最后一期的本息之和是否超过各期最初本金为基数，按年利率24%计算的整个借款期间的利息和最初本金之和。假设甲向乙出借借款本金100万元，约定年利率为20%，借款期限为1年。1年期满，乙无力偿还利息，向甲重新出具了债权凭证，将前期利息计入本金，约定本金为120万元，年利率和借款期限不变。此后，每年按照该方式连续出具三份债权凭证，约定本金为144万元、172.8万元、207.36万元。现甲要求乙偿还本金207.36万元及利息41.472万元共248.832万元。先确定本金。因每一期利息的利率均未超出24%，故均可以计入后期本金之中，所以最后一期的本金为207.36万元，由此计算出的本息和即为甲主张的金额248.832万元；再比较是否超出本息和上限。因最初的本金数额为100万元，经过了5期，故本息和的上限为220万元，两项相较，已经超出上限，故法院仅应支持220万元。

其二，债务人偿还部分款项后，又重新出具债权凭证的情形下，后期本金小于最初本金时，如何认定？对此，实践中有不同观点：有观点认为，如果债务人已经偿还部分款项，致使后期借款本金小于最初借款本金，则不再适用本息和上限的规定，只要双方当事人约定的年利率不高于24%，即可全部支持；还有观点认为，如果债务人已经偿还部分款项，致使后期借款本金小于最初借款本金，仍应以最初借款本金为基数，计算出一个本息和上限，债权人请求的数额与债务人已经偿还的数额之和不应超过此上限。但该两种观点均有失偏颇，第一种观点没有考虑到实际超出利率上限的情况；第二种观点虽然计算简单，但忽视了债务人的还款行为对其利益的直接影响，尤其是在债务人已经偿还了大部分款项的情形下，这种计算方式对债务人极其不利。

还有一种观点认为，2020年12月23日修订的《最高人民法院关于审理民间借贷案件适用法律若干问题的规定》第27条第2款中规定的“最初本金”的概念，是针对不存在借款金额变动的情况下，以第一期的本金作为计算基数来计算利息上限，但如果债务人已经偿还部分款项，致使后期借款本金小于最初借款本金，则本息和上限的计算方式就应该发生相应变化，应以小于最初借款本金的那一期借款本金作为计算基数，计算之后的期间所产生的利息，并进而计算本息和，来确定利率上限。笔者认同这种观点，不仅对本息和上限仍有规制，也体现了债务人还款行为对减少其后期债务的直接影响，较为公允。

3.关于超额利息的处理

针对超额利息的处理程序，应赋予法院主动在案件中将超额利息直接抵扣的权利。首先，如果通过借款人提起反诉或者另案提起不当得利诉讼去追索超额利息，对于借款人是一种诉累，对出借人也有失公允。其次，在一案中将超额利息予以抵扣，符合现行法规定。借贷双方等于互负同类型债务，按照合同法关于债务抵消的规定，完全可以在一案中直接抵扣。最后，应由法院决定是否在一案中予以处理，建议在相关法律规定中进一步明确。

针对超额利息的抵扣方式，笔者认为，超额利息应用于冲抵本金。超额利息直接用于冲抵当时尚未产生的利息，有预扣利息之嫌，不符合法律规定；而且，出借人提前收取的超额利息，无论后期用于抵扣本金或是利息，这部分款项都有一定时间收益，对于债权人也相对公平。

4.以各种名目收取费用规避利率限制的处理

实践中不乏当事人通过收取违约金、服务费、咨询费、管理费等各种名目费用的行为。在认定这些费用的合法性时，应注意区分金融借款合同和民间借贷合同的差别。《全国民商事审判工作会议纪要》第51条意见明确：金融借款合同纠纷中，借款人认为金融机构以服务费、咨询费、顾问费、管理费等为名变相收取利息，金融机构或者由其指定的人收取的相关费用不合理的，人民法院可以根据提供服务的实际情况确定借款人应否支付或者酌减相关费用。该条意见系针对金融借款合同纠纷，而且是针对金融机构收取相关费用的情形，考虑到金融机构均经过国家相关部门批准，开展的业务经过审核和合规，所以对于金融机构的相关行为，应根据金融机构提供服务的实际情况予以认定。而在普通民间借贷纠纷中，应适用2020年12月23日修订的《最高人民法院关于审理民间借贷案件适用法律若干问题的规定》中对逾期利息、违约金、其他费用并存时，总计超过利率上限部分不予保护的规定精神，如果证实中介人与出借人有关联关系，中介人名义上收取服务费用，其实是变相收取高额利息的，严格按照总计不超过合同成立时一年期贷款市场报价利率四倍的规定来处理。

5.对利息“约定不明”案件的处理

根据《民法典》第680条第3款之规定，借款合同对支利利息约定不明确，当事人不能达成补充协议的，针对非自然人之间借款和自然人之间借款分为两种处理方式，非自然人借款应按照实际情况确定利息；自然人之间的借款，视为没有利息。如果逾期，则适用2020年12月23日修订的《最高人民法院关于审理民间借贷案件适用法律若干问题的规定》第28条第（一）项规定“参照当时一年期贷款市场报价利率标准计算的利息承担逾期还款违约责任”。对于此类问题，首要的是探求当事人的真实意思表示。此处的“约定不明”并不排斥合同解释的适用，应该是在运用合同解释方法仍无法确定利息的，方可认定为“约定不明”。如果仅仅是条款约定不甚规范，但通过合同解释可以推导出利息计算方式的，应支持利息诉请。而针对非自然人之间的借贷，如果借贷双方确实利息约定不明确，更应首先运用合同解释的方法，探求当事人的真实意思表示，若合同解释无法确定利息，尚可以按照规定以“交易习惯、交易方式、市场利率等因素”确定利息。

审判实务精要

《民法典》合同编借款合同一章除吸收了原《合同法》及其司法解释的相关条款外，还明确了禁止高利放贷、强调了利率限制。作为法典性质的上位法，其条款的变动和表述均对下位法产生重大指导意义，《民法典》与2020年12月23日修订的《最高人民法院关于审理民间借贷案件适用法律若干问题的规定》等各项涉及民间借贷的法规及司法解释共同构筑了民间借贷法律规制体系。对这一法律规制体系的司法适用，注意坚持对民间借贷“保护”和“规制”并行的司法导向，运用“穿透式”审判思维方法，严守利率红线的原则。在原则和方法指导下，对民间借贷中相关疑难问题作出合法而准确的司法认定，具体而言：对非法放贷主体的识别问题，一方面移送公安机关处理的条件不宜过高，另一方面法院系统内部可协同建立“疑似放贷人名录”，此外，后认定构成非法放贷犯罪的，不应影响已生效民事判决的效力；对“刑民交叉”的民间借贷合同效力认定应严格按照合同无效的规定予以判断，并不必须“先刑后民”处理，以保障善意出借人的合法权利；对利率规避的各项行为认定，应探究其本质，不能超过利率上限，而对于复利和超额利息的计算问题，也应紧扣最终标准是保证收取的利息不超过法定上限；对利息约定不明的司法裁判防止“僵化”处理，应充分尊重当事人的意思表示，保障其合法权益。

撰稿人：张娜娜，上海金融法院综合审判二庭审判员，法学硕士

28. 保证制度的若干变化及司法适用

导　言

《民法典》就保证制度作出若干重要变革，保证制度从原《担保法》转移至《民法典》合同编（第681条至第702条），作为一种有名合同予以规范，并对保证责任的从属性、默认保证方式等规则作了修订，体现了尊重当事人意思自治、合理采纳国际通例、吸取司法实践经验等立法取向。为进一步明确相关法律适用问题，最高人民法院制定发布了《关于适用〈中华人民共和国民法典〉有关担保制度的解释》。司法实践中，如何理解上述立法变化，正确把握保证责任的从属性、独立保证的适用范围和判断标准、一般保证与连带责任保证的区别、保证债务诉讼时效以及保证期间的相关规则等，均是保证合同纠纷案件审判中面临的重要课题。特别是在当前金融交易高度发达、商事担保的重要性日益突出、新型担保方式层出不穷的情况下，如何把握好保证制度的发展趋势，正确适用相关法律规则，以适应社会生活的变化并满足市场交易的需求，显得尤为重要。

一、关于保证制度的立法体例

《民法典》制定后，保证制度在民事立法体系中的地位发生了重大变化。相较原来的立法方式，《民法典》对于担保体系的立法选择更具逻辑性和合理性。但随着市场中各类非典型担保方式的发展，关于“人保”与“物保”的二分法不断面临挑战，需在司法实践中务实灵活地加以应对。

（一）保证制度立法体例的变化

从比较法上看，保证制度的立法方式有多种模式。一是集中规定各种债权担保方式。如《俄罗斯民法典》将保证与抵押、留置、定金、违约金等集中规定在“债务履行的担保”当中。二是将保证作为一种多数人之债，规定于债法总则部分。如《日本民法典》在债权总则“多数当事人的债权”中规定了保证债务。三是将保证作为一种典型合同规定在民法典债编分则，如德国、瑞士以及我国台湾地区。

《民法典》出台之前，我国通过单行的原《担保法》，集中规定了保证、抵押、质押、留置、定金等各类典型担保方式。《民法典》则转变立法方式，根据法律性质将上述担保方式分别规定于《民法典》的物权编、合同编的相应章节。保证作为一种典型合同，置于《民法典》合同编的第13章，共设22个条文予以规范。

（二）立法变化的缘由

在《民法典》制定之前，我国保证法律制度体系主要由原《民法通则》、原《担保法》及2000年《最高人民法院关于适用〈中华人民共和国担保法〉若干问题的解释》等构成。此种立法模式选择具有一定合理性。一方面，就立法目的而言，将多种典型担保方式集中规定，共同保障债的履行，体现了较强的功能性和鲜明的目的性。另一方面，在经济生活中，特别是对于银行等金融机构的金融债权而言，债权人具有较强的风险防范意识和议价能力，同一债权上往往附有保证、抵押、质押等多种担保方式。将不同担保方式规定于同一部法律，可以直观简便地检索相关法律，便于当事人理解和掌握，也有利于司法机关的法律适用。

随着我国市场经济的快速发展以及法律体系的不断完善，集中式的担保立法模式存在的缺陷也日益显现。就法律体系而言，我国采纳了大陆法系“物”“债”区分的理论，并以此作为民事立法的基本框架。典型担保方式中抵押、质押、留置等均属于物权范畴，即所谓“物的担保”；而保证制度则属于债权范畴，即所谓“人的担保”。原《担保法》所采取的混合杂糅的立法方式，显然与我国民事立法的框架和体系不符。就法律适用的角度而言，保证合同与担保物权具有完全不同的法律理论、法律原则和适用规则。例如，保证作为一种合同类型，通常情况下无须过多考量保护第三人利益、保障交易安全等因素，应当贯彻当事人意思自治的原则，允许当事人对相关法律规定作出改变，根据交易需要创设权利义务，不断产生新型的保证方式，具有很强的适应性和延展性。与之相对，抵押、质押等担保物权具有绝对权、对世权的属性，重在保护交易安全和信赖利益，依据“物权法定”的原则，需要遵循登记、交付等形式要求，亦不允许当事人对权利种类、权利变动方式等重要内容随意作出改变。将保证与担保物权“熔于一炉”，无法体现上述差异，容易导致对相关制度的理解发生偏差，给正确适用法律增加了难度。这也正是《民法典》调整保证制度框架的意旨所在。

（三）司法实践中面临的课题

值得注意的是，尽管《民法典》“分解”了担保制度，依其法律属性分别归入相应篇章，但就司法实践的角度而言，仍有不少问题需引起重视。尽管保证合同与担保物权在立法上实现分离，但由于交易行为的复杂性，两者之间仍然不可避免地产生千丝万缕的联系。例如，在同一债权上多种担保方式并存的情况下，如何确定担保的优先次序、如何妥善处理担保人与债务人之间以及担保人之间的追偿关系等，仍是需要进一步厘清的法律课题。更重要的是，实践中“人的担保”与“物的担保”界限日益模糊，给司法实践带来新的挑战。当前，融资活动中的新型担保方式层出不穷，如收费权质押、租赁权质押、应收账款质押、动产浮动抵押、账户质押、让与担保等。由于相应法律规定尚不健全，各类新型担保方式的法律效力、公示方式、执行路径等还有待进一步明确。关于非典型担保，最高人民法院2019年11月发布的《全国法院民商事审判工作会议纪要》第66条规定：“当事人订立的具有担保功能的合同，不存在法定无效情形的，应当认定有效。虽然合同约定的权利义务关系不属于物权法规定的典型担保类型，但是其担保功能应予肯定。”第67条规定：“债权人与担保人订立担保合同，约定以法律、行政法规未禁止抵押或者质押的财产设定以登记作为公示方法的担保，因无法定的登记机构而未能进行登记的，不具有物权效力。当事人请求按照担保合同的约定就该财产折价、变卖或者拍卖所得价款等方式清偿债务的，人民法院依法予以支持，但对其他权利人不具有对抗效力和优先性。”由此可见，“人的担保”与“物的担保”并非全然泾渭分明。在司法实践中，仍需根据实际情况，遵循尊重当事人意思自治、保护交易安全、充分发挥担保融资功能的原则，区分对内关系与对外关系，具体地加以认定。

二、关于保证合同的从属性

依据合同能否独立存在为区分标准，合同可分为主合同与从合同。主合同系指能够独立存在的合同，而从合同系指以其他合同的存在为前提的合同。通常而言，保证合同系典型的从合同，作为保证对象的债权债务合同系主合同。依据主从合同的相关法理，主合同的无效或者终止将导致从合同的无效或者终止。但在保证制度的实践中，保证合同的从属性特征不断受到挑战，出现越来越多的例外情形。《民法典》对此也作出了回应。

（一）独立保证的相关实践

实践中，独立保证主要表现为独立保函与备用信用证两种基本形式。以独立保函为例，实务中独立保函表现形式多样，名称也不统一，但实质都是独立于基础合同的保证。我国对于独立保函的认知首先源于国际贸易。按照国际商会《见索即付保函统一规则》，独立保函可被定义为：由银行、保险公司或者其他机构或个人以书面形式出具的，无论其名称或描述如何，表示在收到符合承诺条款的书面付款要求以及保函可能规定的其他单据时即予以付款的担保书、保证书或其他付款承诺。英国的丹宁（Denning）法官认为这种履约担保几乎是见票即付本票。〔1〕1996年人民银行《境内机构对外担保管理办法》及1998年国家外汇管理局《境内对外担保管理办法实施细则》规定："对外担保合同另有约定的，按照约定。"有观点认为，我国法律允许独立担保的有效存在，不仅是见索即付保函，而且包括广义的独立担保。〔2〕

在司法实践中，最高人民法院早已承认独立保证在对外担保以及外国金融机构对国内担保中具有法律效力，但对于国内金融机构和企业之间的独立保证采取保守态度。〔3〕但根据2020年《最高人民法院关于审理独立保函纠纷案件若干问题的规定》，独立保证的范围获得大幅扩展，不再局限于对外贸易领域。

〔1〕 白彦：《独立担保制度探析》，载《北京大学学报》（哲学社会科学版）2003年第40卷第2期。
〔2〕 曹士兵：《中国担保制度与担保方法》，中国法制出版社2015年版，第47页。
〔3〕 程啸：《保证合同》，法律出版社2006年版，第224页。

（二）《民法典》中有关独立保证的规定

根据《民法典》第681条的规定，保证人履行债务或者承担责任的情形，不仅包括债务人不履行到期债务，也包括“发生当事人约定的情形”。第682条第1款规定：“保证合同是主债权债务合同的从合同。主债权债务合同无效，保证合同无效，但是法律另有规定的除外。”相较于原《担保法》第5条“担保合同是主合同的从合同，主合同无效，担保合同无效。担保合同另有约定的，按照约定”，《民法典》将突破保证合同效力从属性的情形从“担保合同另有约定”改为“法律另有规定”，立法取向似更为严格和保守。究其立法目的而言，可能是出于独立保证存在容易引发欺诈和滥用权利的弊端，导致更多的纠纷的考虑。

（三）关于独立保证的法律适用

首先，在我国扩大对外开放的背景下，独立保证的现实需求日益强烈，对于独立保证的有效性宜采取相对灵活和宽容的司法取向。对《民法典》第682条“法律另有规定”中的“法律”应作相对广义的理解。2020年《最高人民法院关于审理独立保函纠纷案件若干问题的规定》将独立保函的范围限于“银行或非银行金融机构作为开立人，以书面形式向受益人出具的，同意在受益人请求付款并提交符合保函要求的单据时，向其支付特定款项或在保函最高金额内付款的承诺。”《全国法院民商事审判工作会议纪要》第54条规定：“……独立保函纠纷案件依据《最高人民法院关于审理独立保函纠纷案件若干问题的规定》处理。……凡是由银行或者非银行金融机构开立的符合该司法解释第1条、第3条规定情形的保函，无论是用于国际商事交易还是用于国内商事交易，均不影响保函的效力。银行或者非银行金融机构之外的当事人开立的独立保函，以及当事人有关排除担保从属性的约定，应当认定无效。……”

其次，需准确把握独立保证的法律特征。通常而言，独立保证具有以下特征：一是以第三人的信用作为债权实现的担保，属于人的担保的范畴。由于当事人大多信赖银行等金融机构的信用，故实务中多由金融机构出具。二是具有担保债权和融通资金的双重功能。付款义务发生后，保证人根据保函的规定先向受益人付款，然后主债务人再向保证人偿付相应款项，既保证了债权的及时实现，又解决了债务人资金周转的问题。三是具有独立性。这是独立保证最为本质的特征，体现在：独立于申请人与受益人之间的基础合同关系，不因基础合同的变更、解除或无效而受影响；保证人的保证责任是基于独立保函本身的规定，是第一位的、独立的，不依赖于主合同或任何其他法律关系或事实；保证人不享有先诉抗辩权，也不能援引基于基础合同关系的抗辩事由，除非存在欺诈或滥用权利的情况；独立保证还独立于申请人与保证人之间的委托关系和可能存在的反担保关系。四是具有单据化特征。受益人只要按照保函的要求提交相应文件或单据，保证人就应付款。保证人负有合理谨慎的表面审查义务，只需审查文件或单据在表面上是否与保函的要求相符，对其内容的真实性不负责任，且对单据传递中的遗失或延误、受益人与委托人或申请人之间的纠纷概不负责。

最后，要准确识别独立保证。由于实务中独立保证的名称多样，在案件审理中首先需要判断某一保函或保证是否构成独立保证，继而才能确定应当适用的法律和当事人的权利义务等。识别独立保证应当兼顾两个要件。一是实质要件。由于我国原《担保法》规定的担保合同以从属性为立足点，对当事人来说从属性并不需要在合同中特别约定，而是因法律的规定而当然成为合同的组成部分，因此，一份保函要成为独立保函，其内容必须明确地反映出承担独立保证的意思，排除了一般担保的从属性。保函的名称是否为"独立保函"则并不重要。依据《最高人民法院关于适用〈中华人民共和国民法典〉有关担保制度的解释》第二条，独立保证可以表现为当事人约定担保合同的效力独立于主合同，也可以表现为约定担保人对主合同无效的法律后果承担保证责任。二是形式要件。即从表现形式上看，独立保证中主要有以下几种约定：在保函中写明保证人是第一位债务人（primary obligor），或写明见单即付、见索即付，或约定保函的效力不受主合同的影响，或保证人不享有先诉抗辩权和主合同的一切抗辩权。国际间的银行保函通常有"无条件与不可撤销"的表述，属于独立担保的典型表述之一。国际商会在其作出的裁决中指出，所谓"无条件"是指银行所提供的保证或担保不取决于担保交易以外的情势，"不可撤销"是指银行不得单方面地不经受益人的同意而解除自己的担保责任。但不能仅仅因保函约定"不可撤销"而认定为独立保证，许多从属性保函同样是不可撤销的。

三、默认保证方式的立法选择

按照保证方式的不同，可以将保证分为一般保证与连带责任保证，其区别在于债务人是否享有先诉抗辩权。《民法典》第686条规定："保证的方式包括一般保证和连带责任保证。当事人在保证合同中对保证方式没有约定或者约定不明确的，按照一般保证承担保证责任。"第687条第1款规定："当事人在保证合同中约定，债务人不能履行债务时，由保证人承担保证责任的，为一般保证。"该项法律设计完全颠覆了原《担保法》第19条"当事人对保证方式没有约定或者约定不明确的，按照连带责任保证承担保证责任"的规定。立法作出此种巨大变化，其原因和利弊值得探究。

（一）默认保证方式的历史演变

我国法律对以连带责任保证还是一般保证作为保证的默认方式经历过一个演变过程。1981年《经济合同法》第15条规定："经济合同当事人一方要求保证的，可由保证单位担保。保证单位是保证当事人一方履行合同的关系人。被保证的当事人不履行合同的时候，由保证单位连带承担赔偿损失的责任。"该规定只承认连带责任保证，不承认一般保证。1993年《经济合同法》第15条规定："经济合同当事人一方要求保证的，可由保证人担保。被担保的当事人不履行合同的，按照担保约定由保证人履行或者承担连带责任。"该规定承认了一般保证与连带责任保证两种保证方式，但没有明确当事人对保证方式未约定或约定不明时如何处理。1994年《最高人民法院关于审理经济合同纠纷案件有关保证的若干问题的规定》第7条规定："保证合同没有约定保证人承担何种保证责任，或者约定不明确的，视为保证人承担赔偿责任。当被保证人不履行合同时，债权人应当首先请求被保证人清偿债务。强制执行被保证人的财产仍不足以清偿其债务的，由保证人承担赔偿责任。"但是，在制定原《担保法》的过程中，立法机关改变了上述司法解释的立场，作出了完全相反的规定，即原《担保法》第19条。

（二）以一般保证作为默认保证方式的考量

从长期的法律实践来看，以连带责任作为默认保证方式存在诸多弊端，导致利益保护失衡，且不利于经济效率的提高及金融风险的防范。

首先是在立法取向上存在偏颇。从原《担保法》立法资料来看，以连带责任作为默认担保方式的立法理由在于，考虑到当时经济秩序尚不规范，为避免保证人逃避保证责任，加强保证人的责任意识。〔1〕原《担保法》颁布之后，有的理论界与实务界人士对于第19条的规定进行了批评，认为将“连带责任保证”置于常态而将一般保证作为例外不仅在逻辑上是混乱的，而且不适当地加重了保证人的责任，忽视了保证制度应当追求的其他价值目标，不利于信用经济的发展。〔2〕从其他法域经验来看，实行以一般保证为默认担保方式的立法模式并不会导致发生保证人逃避保证责任的问题，而单方面要求加强保证人的责任意识确在立法取向上有所偏颇。在一般经济交往特别是民间借贷中，担保人的法律意识普遍不足，动辄承担连带保证责任，造成过于沉重的经济负担。尤其在目前我国市场经济日渐成熟、社会信用体系不断完善的环境下，原《担保法》作出上述立法选择的社会基础已经不复存在。

其次是引发诸多实践问题。立法上以连带责任保证作为默示保证方式，导致实践中连带保证责任的适用比例远远超过一般保证。在连带责任保证中，债权人往往选择经济实力最为雄厚的保证人而非债务人作为索赔对象。保证人承担责任后，又将对债务人行使追偿权或要求其他共同保证人承担其相应份额，由此衍生大量纠纷案件，审理和执行程序久拖不决，不利于纠纷的彻底化解和经济秩序的及时恢复。此外，连带保证责任在金融领域中往往体现为企业间的“联保”“互保”模式，即金融机构将若干企业作为一个“集团”，对任一企业的贷款均要求“集团”内其他企业提供担保。在“联保”“互保”模式下，任何一家企业资金链断裂后，其他企业均可能被债权人起诉并直接执行财产，引发“火烧连营”的连锁反应。特别是金融机构利用其优势地位，在金融借款合同中约定一旦出现欠款未及时归还、借款人或保证人的财务状况恶化、借款人或保证人被诉等各种情形时，贷款人就有权要求借款人立即偿还借款（贷款加速到期条款），

〔1〕全国人大常委会法制工作委员会民法室编著：《中华人民共和国担保法释义》，法律出版社1995年版，第1页。

〔2〕郭明瑞：《担保法》（第2版），法律出版社2004年版，第40页。

造成金融风险加速蔓延。

最后是以连带责任保证作为默示保证方式也不符合大陆法系通例。从大陆法系主要国家的立法例来看，一般保证属于基本的保证类型，而连带责任保证属于特殊的保证形态。只有在保证人与债权人明确约定就主债务负连带履行责任或者保证人抛弃先诉抗辩权之时，该保证才属于连带责任保证。例如，《法国民法典》第2021条规定："保证人仅在债务人不履行其债务时，始对于债权人负履行债务的责任，债权人应先就债务人的财产进行追索，但保证人抛弃此种抗辩的利益，或保证人与债务人负担连带债务时，不在此限。"《德国民法典》第771条至第773条明确规定了保证的辅助性原则，即除非存在排除先诉抗辩权的情形，否则在当事人没有明确约定保证方式为连带责任保证时，该保证就属于一般保证。瑞士、日本等国的法律规定亦同。

值得注意的是，在实行民商分立法律体系的国家，作为商行为的保证通常被默认为连带责任保证。例如，《德国商法典》第349条规定："保证对保证人为商行为的，保证人不享有先诉抗辩权。"区分民事保证与商事保证的理由是商事担保通常是有对价的，且其具有预见保证风险的能力。相反，在普通的民事活动中，保证合同多为无偿行为，有些保证人仅仅是感情用事，保证人限于专业知识常常没有充分认识为他人提供保证的后果，因此以一般保证为基本类型对于维护保证人利益而言极为必要。〔1〕

综合以上分析，《民法典》将默认保证方式从连带责任保证转变为一般保证符合我国市场环境的变化，有利于衡平保护各方权益，确有合理之处。至于是否借鉴德、日等国立法例区分民事保证与商事保证的问题，考虑到我国实行民商合一的立法体系，相关法律中也缺乏有关"商人""商行为"的概念，故难以采用类似德国的区分性的立法方式。同时，商人的缔约能力较强，可在合同中约定保证方式以明确各方权利义务，故《民法典》立法仍应以规范一般民事活动为原则。如需就专业担保公司或其他金融机构从事的担保业务作出区分性规定，可进行特别立法。

---

〔1〕 程啸：《保证合同研究》，法律出版社2006年版，第43页。

（三）实务中保证合同的性质判断

基于以上立法变化，司法实践中对于当事人之间保证方式的判断标准也将随之调整。

首先，连带责任系一种严厉的责任形式，应由当事人明确约定，不能轻易以推定的方式加以认定。依据法律规定，当事人在保证合同中约定保证人和债务人对债务承担连带责任的，为连带责任保证。除此之外，均应认定为一般保证。在具体案件中，当事人对于保证责任的承担条件往往语义不明，需仔细甄别。例如，当事人约定债务届期“无法”或“不能”履行债务时，保证人承担保证，应认定为一般保证；如果当事人仅仅约定债务人未按期履行债务时，债权人有权请求保证人承担保证责任的，同样应认定为一般保证；对于保证人明确表示在债务人未按期履行债务时，保证人接到债权人通知后立即或在一定期限内无条件地承担债务的，则应认定为连带责任保证。此种理解亦符合《最高人民法院关于适用〈中华人民共和国民法典〉有关担保制度的解释》第25条的规定。

其次，对于先诉抗辩权应有正确的理解。先诉抗辩权系指保证人对于债权人未就主债务人的财产强制执行而无效果之前，对于债权人得拒绝清偿的权利。保证人凭借先诉抗辩权得以拒绝向债权人清偿债务的效力仅仅发生在债权实现的阶段。该权利的存在并非意味着债权人不能向保证人提出清偿的请求，而仅仅是当债权人无法证明其对于主债务人已为强制执行而无效果时，保证人可据此提出拒绝清偿的抗辩。如台湾地区学者邱聪智先生所言，债权人未经强制执行主债务人之财产，即径向保证人为诉讼上请求，而保证人行使先索抗辩权者，亦不生否认债权人请求之效果，法院亦不得对债权人径为驳回之败诉判决，但亦不得为保证人应当然为给付之败诉判决。换言之，于此情形，亦有如同时履行抗辩权之援用，法院应依先索抗辩权行使，对原告为限制胜诉之判决。司法实践中，债权人也完全可以将一般保证中的保证人与债务人作为共同被告提起诉讼。此外，为充分保护一般保证人权益，《最高人民法院关于适用〈中华人民共和国民法典〉有关担保制度的解释》就债权人对一般保证人申请采取财产保全措施作出一定限制。

再次，要注意一般保证与“安慰函”的区别。部分案件中，债务人的股东等向债权人出具函件，对债务人的经营状况、清偿能力等作出确认，或承诺给予债务人资金支持等。典型的措辞如"给予债务人资金支持""督促债务人清偿债务"等。此等具有"安慰"性质的函件,不足以证明承担保证责任的意思表示,并不具有法律上的拘束力,不应认定为一般保证。

最后,要准确识别金融交易中的"隐性担保"的性质。例如,在资产收益权营业信托业务中,受益人被区分为优先级受益人和劣后级受益人,且后者向前者承诺,当优先级受益人的投资收益不能达到预期目标时,劣后级受益人承担"资金补足"义务。又如,在保理业务中,保理项下的应收账款的债务人往往向保理商作出承诺,表明其已经收到应收账款对应的货物并声明其将履行付款义务,放弃对债权人的所有抗辩。对于上述劣后级受益人及应收账款债务人的承诺,均可依当事人的真实意思,认定为保证合同。如果在此类合同中,当事人明确抛弃先诉抗辩权的,则可认定为连带责任保证。

四、保证期间与保证债务诉讼时效

保证期间和诉讼时效,无疑是我国保证制度中最为复杂的问题之一,引发诸多争论。《民法典》保留了法定保证期间,同时延续了保证期间与诉讼时效之间的"连接模式",但对于其中部分时间节点做了调整,主要涉及保证期间是否会发生中断、一般保证中保证债务诉讼时效的起算点等问题。

(一)保证期间的概念及性质

保证期间,系指按当事人约定或者法律规定,保证人承担保证责任的期限。关于保证期间的性质,学界众说纷纭,大致有诉讼时效说、除斥期间说、债务履行期限说及特殊期间说等。[1]从相关法律及司法解释规定来看,保证期间允许当事人自由约定,且保证期间届满的后果系保证债权消灭,而非形成权消灭或产生抗辩权,故其法律特征与诉讼时效或除斥期间均不相符,似将其理解为债务履行期限较为合理。

保证期间因其产生方式不同,可分为约定期间、催告期间和法定期间三种。

〔1〕 参见崔建远:《保证债务与诉讼时效》,载《人民法院报》2003年6月6日版;孔祥俊:《保证期间再探讨》,载《法学》2001年第5期。

约定保证期间系指当事人在保证合同中明确约定的保证期间。催告保证期间系指在主债务履行期届满后，保证人催告债权人对主债务人行使诉讼上的权利而确立的合理期限。法定保证期间是指当事人在保证合同中没有约定保证期间、约定不明确或约定无效的情况下，即依法律规定确定保证期间，如原《担保法》第25条第1款规定："一般保证的保证人与债权人未约定保证期间的，保证期间为主债务履行期届满之日起六个月。"第26条第1款规定："连带责任保证的保证人与债权人未约定保证期间的，债权人有权自主债务履行期届满之日起六个月内要求保证人承担保证责任。"《民法典》第692条第2款规定："债权人与保证人可以约定保证期间，但是约定的保证期间早于主债务履行期限或者与主债务履行期限同时届满的，视为没有约定；没有约定或者约定不明确的，保证期间为主债务履行期限届满之日起六个月。"由此可见，《民法典》基本延续了原《担保法》的立场，当不存在约定保证期间时，我国法律强制性地为保证债务的存续确定了一个期限。

（二）保证期间的起算

关于保证期间的起算，依据《民法典》第692条的规定，应从主债务履行期限届满开始起算。如果债权人与债务人对主债务履行期限没有约定或者约定不明确的，保证期间自债权人请求债务人履行债务的宽限期届满之日起计算。值得讨论的是，对于分期履行的债务，其保证期间应当如何起算。特别是在银行借贷、融资租赁、保理等金融纠纷中，债务人的债务履行期限往往长达数年甚至数十年，对上述问题的理解将对当事人的利益产生极大影响。对此，可参照《民法典》第189条关于"当事人约定同一债务分期履行的，诉讼时效期间自最后一期履行期限届满之日起计算"的规定，认定保证期间亦应从最后一期债务到期时开始起算。当然，区别于同一债务的分期履行，对于房屋租金等分期产生的独立债务，应根据每期债务的履行期限确定相应的保证期间。

（三）一般保证中保证期间与诉讼时效的连接关系

保证期间和保证债务诉讼时效之间关系，主要存在"择优模式""平行模式""连接模式"三种不同模式。支持"择优模式"的观点认为，无论诉讼时效还是保证期间，其指向的对象都是债权人对保证人的请求权，而诉讼时效和保证期间对待债权人请求权的处理方式并不相同，从而不可能发生两者并行的情形，只能选择其一。考虑到保证期间较之诉讼时效更能保护保证人利益，故择优选择保证期间，因而在保证债务问题中将不复存在保证债务诉讼时效问题。〔1〕支持"平行模式"的观点认为，保证期间和保证债务诉讼时效虽都是为保护保证人利益而设的法律上的期间，但属于两个并行的、互不相关、互不影响的期间。支持"连接模式"的观点认为，当债权人在保证期间内，根据法律规定的方式，向债务人（一般保证）或者保证人（连带保证）主张了权利，保证期间作用完结，诉讼时效制度开始起作用，保证期间与保证债务的诉讼时效相互衔接。"连接模式"为我国2000年《最高人民法院关于适用〈中华人民共和国担保法〉若干问题的解释》所采用，并被《民法典》沿用。2000年《最高人民法院关于适用〈中华人民共和国担保法〉若干问题的解释》第34条规定："一般保证的债权人在保证期间届满前对债务人提起诉讼或者申请仲裁的，从判决或者仲裁裁决生效之日起，开始计算保证合同的诉讼时效。连带责任保证的债权人在保证期间届满前要求保证人承担保证责任的，从债权人要求保证人承担保证责任之日起，开始计算保证合同的诉讼时效。"《民法典》第694条规定："一般保证的债权人在保证期间届满前对债务人提起诉讼或者申请仲裁的，从保证人拒绝承担保证责任的权利消灭之日起，开始计算保证债务的诉讼时效。连带责任保证的债权人在保证期间届满前请求保证人承担保证责任的，从债权人请求保证人承担保证责任之日起，开始计算保证债务的诉讼时效。"两项规定之间的区别主要在于一般保证中，一般保证诉讼时效的起算点从"从判决或者仲裁裁决生效之日"变为"保证人拒绝承担保证责任的权利消灭之日"。《最高人民法院关于适用〈中华人民共和国民法典〉有关担保制度的解释》第20条对此作出了细化规定。依据《民法典》第188条的规定，诉讼时效期间自权利人知道或者应当知道权利受到损害以及义务人之日起计算。与2000年《最高人民法院关于适用〈中华人民共和国担保法〉若干问题的解释》相比，《民法典》及其配套司法解释关于保证债务诉讼时效的立场显然更为接近诉讼时效的实质。

---

〔1〕 孔祥俊：《保证期间再探讨》，载《法学》2001年第7期。

(四)保证人放弃期限利益的判断

对于保证人在保证期间届满后或保证债务诉讼时效届满后，放弃期限利益的问题。根据《最高人民法院关于适用〈中华人民共和国民法典〉有关担保制度的解释》第34条第2款的规定，债权人在保证期间内未依法行使权利的，保证责任消灭。保证责任消灭后，债权人书面通知保证人要求承担保证责任，保证人在通知书上签字、盖章或者按指印，债权人请求保证人继续承担保证责任的，人民法院不予支持，但是债权人有证据证明成立了新的保证合同的除外。。依据该司法解释的精神，以及《民法典》对于承担保证责任相对严格的立场，应当认为在通常情况下，保证期间届满后，除非保证人以书面形式抛弃抗辩权，表明其具有重新提供保证的意思表示，否则均不应认定保证人需承担保证责任。

审判实务精要

实践中，收费权质押、租赁权质押、应收账款质押、动产浮动抵押、账户质押、让与担保等新型担保方式层出不穷，“人的担保”与“物的担保”界限日益模糊给司法实践带来新的挑战。审判中需根据实际情况，遵循尊重当事人意思自治、保护交易安全、充分发挥担保融资功能的原则，区分对内关系与对外关系，具体地加以认定。在独立保证的判断上，对于独立保证的有效性宜采取相对灵活和宽容的司法取向。对《民法典》第682条“法律另有规定”中的“法律”应作相对广义的理解。认定独立保证应当兼顾实质要件和形式要件。在保证形式的判断上，连带责任系一种严厉的责任形式，应由当事人明确约定，不能轻易以推定的方式加以认定，需正确区分保证与“安慰函”。在保理、融资租赁、资产收益权信托等金融交易中，需准确识别“隐性担保”的性质，依据其构成的实质法律关系适用法律。

撰稿人：许晓骁，上海市高级人民法院金融审判庭审判员，法学硕士，华东政法大学博士研究生

29. 一般保证人先诉抗辩权的除外责任

导言

根据原《担保法》的规定，保证方式无约定或者约定不明的，按连带责任保证承担保证责任。《民法典》第686条将约定不明的保证认定为一般保证，[1]重新回归1994年《最高人民法院关于审理经济合同纠纷案件有关保证的若干问题的规定》的立场，可谓重大转变，可以预计，有关一般保证的先诉抗辩权及除外责任问题的纠纷数量将有突破性增长。但对于《民法典》第687条第2款一般保证的先诉抗辩权和除外责任具体如何理解与适用、与相关法律如何衔接，是在法律实施后司法中必然面临的问题，亟待进行研究并明确相关认定和适用规则。

一、我国审判实践中一般保证实例

案例一：认定构成先诉抗辩权除外责任及其法律后果的确定。

原告中信实业银行向北京金辉灯饰工程有限公司（以下简称金辉公司）贷款50万美元，被告北京市京工房地产开发总公司系该笔贷款的一般保证人。借款期限届满后，金辉公司未按期偿还借款本金及利息，被告也未履行保证责任。现金辉公司已被吊销营业执照，其资产、人员均不知去向。故原告诉请被告偿还借款50万美元及利息等。一审法院认为，根据原《担保法》第17条第3款第1项的规定，债务人住所变更，致使债权人要求其履行债务发生重大困难的，属于一般保证先诉抗辩权的除外责任。由于借款人金辉公司已被吊销企业法人营业执照，其人员也不知去向，其中方投资者的营业执照也被注销，外方投资者的情况不明，致使原告要求其履行债务发生重大困难，故被告作为一般保证的保证人，

[1] 《民法典》第686条第2款规定："当事人在保证合同中对保证方式没有约定或者约定不明确的，按照一般保证承担保证责任。"

在这种情形下不得行使先诉抗辩权，原告有权直接请求被告承担保证责任。故一审法院判决被告偿还原告借款本金50万美元及利息。被告不服，提起上诉，二审判决驳回上诉，维持一审判决。〔1〕

该案属于为数不多的认定构成除外责任的案件，比较具有典型性。但该案在除外责任的认定上有一点缺憾：该案一审、二审审理均是在2001年，此时，2000年《最高人民法院关于适用〈中华人民共和国担保法〉若干问题的解释》已经生效。该解释第25条对"重大困难的情形"具体解释为包括债务人下落不明、移居境外，且无财产可供执行。然而，本案处理中对该"重大困难的情形"如何适用未有明确阐释。该案的另一典型意义在于对于构成先诉抗辩权除外责任的法律后果认定，从该案判决主文的表述可以看出，该案将丧失优先抗辩权的一般保证基本等同于连带责任担保，由一般保证人向债权人直接承担责任。这一点在理论界仍有争议。〔2〕

案例二：认定债权人对一般保证人无直接诉权、无生效判决不得适用除外责任。

原告陈某出借5万元给被告许某，被告张某表示如果许某到期无法偿还，由张某偿还。被告许某到期未还，原告起诉两被告。一审法院在审理中作出以下三点认定：第一，张某是一般保证人，有权行使先诉抗辩权。第二，不可在处理主债务同时处理一般保证债务。第三，因原告未曾向许某起诉，未有生效判决和执行裁定，故无法适用更换住址导致履行债务发生巨大困难的除外责任。〔3〕据此，一审法院判决驳回陈某对张某的诉请。二审维持原判。

关于该案的认定，第一点系已有法律明确规定作为依据。第二点认定与2000年《最高人民法院关于适用〈中华人民共和国担保法〉若干问题的解释》相左，根据该司法解释第125条的规定，为了减少债权人的诉累，一并起诉、一并处

---

〔1〕《保证人承担一般保证责任时虽享有先诉抗辩权，但在遇到法定情况使债权人向被保证人请求清偿债务发生困难时不得行使该抗辩权——中信实业银行诉北京市京工房地产开发总公司保证合同纠纷案》，载《最高人民法院公报》2002年第6期（总第80期）。

〔2〕参见孔祥俊：《民商法新问题与判解研究》，人民法院出版社1996年版，第122页；邹国华：《保证人抗辩权的司法适用与立法完善》，载《法学》1998年第4期。

〔3〕武大喜、杨国军：《民间借贷案中一般保证人先诉抗辩权的适用》，载《人民司法·案例版》2017年第26期。

理，只需在判令一般保证人承担责任的判决主文中设定条件即可。认定的偏差源于对先诉抗辩权的理解，一般保证人拥有的是不得被起诉的抗辩权。第三点确实可能在适用中存在自由裁量权没有统一标准的问题，但绝不应该将除外责任等同于须要原告单独起诉债务人，并取得生效判决和执行裁定。

案例三：债务人破产时对保证债权的处理。

1995年11月27日，中国建设银行某营业部与鹤壁市建筑陶瓷厂（以下简称陶瓷厂）签订借款合同，鹤壁市经济发展建设投资公司（以下简称投资公司）提供连带保证责任。合同签订后，中国建设银行某营业部按约发放了贷款。合同到期后，陶瓷厂未按约偿还借款。1999年12月，中国建设银行某营业部将上述债权转让给中国信达资产管理公司郑州办事处（以下简称信达公司），并将转让债权事宜通知了投资公司。此后，陶瓷厂破产清算一案被法院裁定受理。信达公司在向陶瓷厂管理人申报债权的同时，还起诉投资公司还本付息。河南省高级人民法院依据2000年《最高人民法院关于适用〈中华人民共和国担保法〉若干问题的解释》第44条第1款“保证期间，人民法院受理债务人破产案件的，债权人既可以向人民法院申报债权，也可以向保证人主张权利”的规定，一审判决支持原告诉请，并在判决主文中明确：投资公司承担债务后，取得信达公司在陶瓷厂破产程序中申报并被确认的份额；若本案债务履行前陶瓷厂破产程序已经终结，执行中应扣除信达公司在破产程序中得到清偿的部分。投资公司不服一审判决，提起上诉。最高人民法院认为：债权人信达公司在向人民法院申报了债权、参加了破产程序的同时，又诉请要求投资公司承担担保责任并无不当。但因债务人陶瓷厂破产案件尚未终结，债权人在破产程序中能否受偿，以及受偿的数额还无法确定；担保人投资公司应当承担责任的范围也不能确定。受理破产案件与审理担保纠纷案件的法院往往不同，如果没有协调好就会造成债权人双重受偿。因此，本案应当中止审理，待破产案件终结后再进行处理。遂二审裁定中止该案审理。[1]

---

〔1〕《破产债权与担保权并存时担保案应中止审理——中国信达资产管理公司诉鹤壁投资公司借款担保案》，载《人民法院报》2005年8月16日，第10版，涉及案件案号为（2005）民二终字第97号。

尽管本案涉及债务人破产情形下连带保证债务的处理，但根据2000年《最高人民法院关于适用〈中华人民共和国担保法〉若干问题的解释》第44条的规定，无论是一般保证人还是连带保证人，均面临同一问题。由于2019年出台的《最高人民法院关于适用〈中华人民共和国企业破产法〉的解释（三）》第4条已经明确在一般保证人破产的情形下，一般保证人不可享有先诉抗辩权，债权人可直接向一般保证人主张债权，那么同样面临一个问题：可以直接依据《最高人民法院关于适用〈中华人民共和国企业破产法〉的解释（三）》判决，还是需考虑主债务的处理情况而中止审理？是否需要考量几部法律之间的协调适用问题。

小结：从上述三起案例中仍可以看出，对于一般保证的先诉抗辩权和除外责任的理解与适用、与相关法律的衔接中均存在适法不统一的情形。因此，无论从新法的适用角度还是从回应司法实践需要的角度，均有必要探讨并确定适用标准，以此应对一般保证纠纷的法律问题。

二、先诉抗辩权及其除外责任溯源

（一）内涵与设立的目的

先诉抗辩权又称检索抗辩权，是指一般保证的保证人在主债权人向其请求履行保证责任时，有权要求债权人先就债务人财产诉请强制执行；在主合同债权债务纠纷未经审判或仲裁，并就债务人财产依法强制执行仍不能履行债务前，保证人可以对债权人拒绝承担保证责任。[1]从上述定义分析，先诉抗辩权包括以下要件：第一，行使主体为一般保证中的保证人；第二，权利行使的时间节点为主合同债权未经审判、仲裁，债务人财产未被强制执行，先诉抗辩权可以在诉讼外行使，可以在诉讼中行使，也可以在执行程序中行使；第三，受债务人客观财产状况的制约。先诉抗辩权就其权利属性而言属于一种抗辩权。诉讼上的抗辩

〔1〕 高圣平：《担保法论》，法律出版社2009年版，第154页。

权应包括权利未发生的抗辩、权利消灭的抗辩和权利妨碍的抗辩。[1]其中权利妨碍的抗辩，是指妨碍或阻止原告请求权发生效力的抗辩，该项诉讼上的权利依据与另两类抗辩权基础不同，另两类抗辩权系以事实为基础，而权利排除抗辩系依据法律赋予的权利。先诉抗辩权就属于权利排除的抗辩，其法律依据为原《担保法》、《民法典》有关一般保证人对主债务承担补充责任的规定，这也是一般保证制度的应有之义，因此，先诉抗辩权也可以称为一般保证人的专属抗辩权。

那么为何要给予一般保证人先诉抗辩权？保证制度设立的初衷在于维护合同交易的安全性。但我们也应看到在保证合同关系中，保证人同意为债务人提供保证，往往系基于与债务人的信任关系，一般不从债务人处受领报酬；保证人基于保证对债权人负有债务，而债权人对保证人则无对待给付义务。因此，如果过多地强调保证人的责任和义务，而在一定程度上忽视保证人的权利，这对原本就单方无偿地为债务人承担责任的保证人不公平。尤其对于一般保证而言，其补充性质较连带责任保证体现得更为明显，在债务人未用其财产等实现债权人需求前，从逻辑上讲绝无保证人补充之必要。先诉抗辩权就好比是为保证人提供了一个屏障，使保证人躲在债务人的背后，债权人必须先就债务人要求清偿，当债务人不能清偿时才能要求保证人清偿。[2]

先诉抗辩权除外责任的设置目的，则是在保护一般保证人补充责任的基础上，根据司法实践经验，将债务人的特定情形推定为构成法律所规定的“债务人不能履行债务”，避免债权人花费较多不必要的成本才可向一般保证人追究责任，确保商事交易的便捷性。

（二）域外保证人权利的相关法律规定

1.完全保护债权人主义

这一立法模式下，保证人有权拒绝债务人请求的前提只能是债权人对债务

---

〔1〕 依照作用时间和范围，抗辩权还可以分为永久的抗辩权、暂时的（延期的）抗辩权、限制请求权的抗辩权。先诉抗辩权属于暂时的抗辩权。参见［德］卡尔·拉伦茨：《德国民法通论》，王晓晔等译，法律出版社2013年版，第328~329页。

〔2〕 沈达明、冯大同主编：《国际资金融通的法律与实务》，对外贸易教育出版社1985年版，第11页。

人未催告。只要债权人已经催告，保证人应代为履行。保证人实质不具有后诉利益。典型代表为《奥地利民法典》，其第1355条规定，只要债权人对于债务人已为催告，无论是否通过诉讼形式，都可对保证人为请求，此催告系对于保证人请求的必备要件。

2.完全保护保证人主义

这一立法模式下，债权人受到先诉抗辩权的最大制约，在一般保证人行使此权利之前，债权人须先证明其已尽向债务人索偿的义务。典型代表为《瑞士债务法》，其第485条规定，债权人仅于保证合同成立后，因债务人破产、遗产缓期、债权人为必要注意之追索并做成损失证书、债务人将其住所迁移国外无法在瑞士为请求或因其将住所迁至外国，致权利诉追发生重大困难时，始得向保证人请求支付。

3.将催告与追索义务同时作为保证人的抗辩权加以规定

这一立法模式同时赋予保证人催告抗辩权和先诉抗辩权，而且既可以选择其一而行使，又可以二者均行使，最大限度地体现保证合同的补充性。[1]典型代表为《日本民法典》，其第452条规定，债权人请求保证人履行债务时，保证人得请求向债务人为催告，但债务人受破产宣告或行踪不明者，不在此限。第453条规定：债权人虽已依前条之规定催告债务人，若保证人证明债务人有清偿能力，而且容易执行时，则债权人应先就债务人的财产为执行。第454条规定：债权人怠于催告或执行，致事后不能由债务人为全部之清偿时，保证人于债权人即时可受清偿之限度内，免除其义务。

4.将附条件的追索义务作为保证人的抗辩权加以规定

债权人在未就债务人的财产申请执行时，亦可以向保证人请求履行。只有在保证人主张先诉抗辩时，债权人才须在一些特殊事由之外，先向债务人主张并就债务人的财产先为执行。例如，《德国民法典》第771条对先诉抗辩权的行使作出了规定，即保证人于债权人未对债务人为强制执行而无效果前，得拒绝向债务人为清偿。同时该法在第773条又规定了不得主张先诉抗辩权的情形：（1）保

---

〔1〕 史尚宽：《债法各论》，中国政法大学出版社2000年版，第910页。

证人抛弃此项抗辩权，即如保证人自居于债务人之地位而为保证者；（2）于保证后，因债务人之住所、营业所或居所有变更，致对债务人之诉讼，发生重大困难；（3）就债务人之财产，开始破产者；（4）有可认为对债务人之财产强制执行，不足使债权人受清偿之情形者。又如，《法国民法典》第2021条规定，保证人仅于债务人不履行债务时，对于债权人负履行责任，债务人之财产应先受检索；保证人抛弃先诉抗辩权利或与债务人连带负担债务时，不在此限。

小结：域外的相关法律规定各有其优劣。从具体规定可以看出，我国关于一般保证的相关规定，无论是原《担保法》的规定还是《民法典》的规定，均和《德国民法典》的规定较为相似，采用的系附条件的追索义务。为下文能更充分地阐释我国关于除外责任条款的适用问题，笔者认为，有必要对《德国民法典》中除外责任设置的逻辑性进行分析。其中“保证人抛弃此项抗辩权”，应系指保证人主观放弃先诉抗辩权，与债务人任何客观情况无关。其他几项系由于债务人的客观因素导致保证人丧失先诉抗辩权，具体分析如下：“债务人之住所、营业所或居所有变更，致对债务人之诉讼，发生重大困难”，应系指债务人下落不明，无法推进诉讼程序。这一客观情况与债务人的财产无直接关系，而是与债务人的存续状况、是否存在故意躲债嫌疑相关。“就债务人之财产，开始破产者”，系明确以债务人破产作为推定债务人不能履行债务的情形之一。“有可认为对债务人之财产强制执行，不足使债权人受清偿之情形者”，系以债务人财产状况作为推定债务人不能履行债务的兜底条款。从上述分析来看，《德国民法典》关于除外责任的规定周延、逻辑性强。

（三）我国相关立法沿革

我国最早的一般保证先诉抗辩权及除外责任规定于1995年10月开始实施的原《担保法》，其第17条第2款规定：“一般保证的保证人在主合同纠纷未经审判或者仲裁，并就债务人财产依法强制执行仍不能履行债务前，对债权人可以拒绝承担保证责任。”第3款规定：“有下列情形之一的，保证人不得行使前款规定的权利：（一）债务人住所变更，致使债权人要求其履行债务发生重大困难的；（二）人民法院受理债务人破产案件，中止执行程序的；（三）保证人以书面形式放弃前款规定的权利的。”2000年《最高人民法院关于适用〈中华人民共和国担保法〉若干问题的解释》对一般先诉抗辩权及除外责任的适用进一步制定了实施细则。如今的《民法典》在上述法律、司法解释的基础上根据实践情况对除外责任作出了更加完善的规定。《民法典》第687条第2款规定："一般保证的保证人在主合同纠纷未经审判或者仲裁，并就债务人财产依法强制执行仍不能履行债务前，有权拒绝向债权人承担保证责任，但是有下列情形之一的除外：（一）债务人下落不明，且无财产可供执行；（二）人民法院已经受理债务人破产案件；（三）债权人有证据证明债务人的财产不足以履行全部债务或者丧失履行债务能力；（四）保证人书面表示放弃本款规定的权利。"

具体分析除外责任的变革，原《担保法》中的第一项除外责任"债务人住所变更，致使债权人要求其履行债务发生重大困难"的规定与《德国民法典》第773条关于除外责任第2项"于保证后，因债务人之住所、营业所或居所有变更，致对债务人之诉讼，发生重大困难"类似。笔者认为，每个国家国情不同，在我国，自然人人户分离、法人实际经营地与注册地不一致的情形较多，债权人举证证明债务人住所在形成保证合意前后发生变更亦较为困难。篇首案例一中，法院认定债务人符合该项除外责任主要由于其处于吊销状态、履行债务困难，而并未涉及对于债务人住所是否变更。为此，2000年《最高人民法院关于适用〈中华人民共和国担保法〉若干问题的解释》将"重大困难"明确为"下落不明、移居境外，且无财产可供执行"以便于法律的适用。《民法典》注意到原《担保法》规定狭窄且较为含糊等问题，故结合原《担保法》和2000年《最高人民法院关于适用〈中华人民共和国担保法〉若干问题的解释》，将较为重要的条款内容予以融合，删除了不符合我国基本国情的规定，明确了债务人下落不明的前提并非仅有住所变更这一项，将下落不明作为一种现象，无财产可供执行作为结果条件，更为合理，也更便于适用。几经变化后，《民法典》第687条第2款中的第1项除外责任"债务人下落不明，且无财产可供执行"与《德国民法典》第773条关于除外责任第2项规定从内容上看已经完全没有关联性。

原《担保法》《民法典合同编草案二次审议稿》有关第二项除外责任，曾经表述为"人民法院受理债务人破产案件，中止执行程序"，《民法典》则规定为

“人民法院已经受理债务人破产案件”，该规定源于《德国民法典》第773条关于除外责任第三项“就债务人之财产，开始破产者”，两者内容实际完全相同。

《民法典》第687条第2款第3项除外责任“债权人有证据证明债务人的财产不足以履行全部债务或者丧失履行债务能力”在原《担保法》中未有相关规定，系新设的规定，源于《德国民法典》第773条关于除外责任第4项“有可认为对债务人之财产强制执行，不足使债权人受清偿之情形者”。

原《担保法》中的第3项除外责任“保证人以书面形式放弃前款规定的权利”的规定源于《德国民法典》第773条第1项除外责任“保证人抛弃此项抗辩权，即如保证人自居于债务人之地位而为保证者”。但原《担保法》限定放弃的方式仅为书面形式。《民法典》第687条第2款第4项沿用了原《担保法》的规定，未采纳《民法典合同编草案二次审议稿》中“明确放弃”的表示。

三、《民法典》先诉抗辩权除外责任的一般适用

《民法典》第687条第2款共规定了四项除外责任，下文逐一分析应如何理解和适用。

（一）“债务人下落不明，且无财产可供执行”

1.关于“下落不明”的认定。我国民事诉讼法对“下落不明”有多处规定，但关于下落不明的尺度把握，一般由法院根据案情行使自由裁量权。从“下落不明且无财产可供执行”的文义分析，应以债权人已经向法院提起诉讼，法院通过向债务人公告送达传票后开庭判决并且已经进入强制执行阶段，以法院出具终结执行裁定作为最佳实践，但如果存在这一情形，也就不存在除外责任的适用。

除了法院判决、裁定的认定外，在一般保证纠纷中应如何认定下落不明？对此，笔者认为，对于债务人为自然人的，应提供债权人曾向自然人户籍地、可以查实的实际居住地、合同（或其他相关文件）载明的联系地进行送达被退件的证据材料。对于债务人为公司的，应提供债权人向债务人公司登记地址、工商公示信息中显示的公司实际经营地地址、合同（或其他相关文件）载明的联系地进

行送达被退件的证据材料。鉴于公司具有法律拟制的人格，可提供债权人曾向公司法定代表人、董事、高管等进行送达退回的材料。

此外，对于电子送达方式，如合同所载明的或交易中曾多次使用并确认的电话号码、微信号码、电子邮箱，如果通过该媒介债务人仍有回复，但文件材料无法实际送达，是否可以认定为下落不明？笔者认为，电子送达是一种虚拟的送达方式，系基于债务人确认通过该方式其可以接收相关信息，故推定其已经接收，但并不能确认是否实际由其接收。在合同正常履行过程中，上述推定方式基于双方合意具有一定稳定性。但如果合同已经存在违约情形，合同的稳定性被打破，故电子送达与直接送达结果不一的，以直接送达结果为准较为合理，即认定为下落不明，这样也利于保护债权人权利。但法院在认定下落不明时还应查明以下事实：第一，通过该电子媒介，债权人是否已经询问债务人实际联系地址；第二，在债权人指定的期限内或者合理期限内债务人是否对实际地址给予回复，或者所回复的地址仍无法送达。

2.关于“无财产可供执行”的认定。结合2000年《最高人民法院关于适用〈中华人民共和国担保法〉若干问题的解释》第131条对“不能清偿”的定义，财产的范围应当包括：债务人的存款、现金、有价证券、成品、半成品、原材料、交通工具等动产和土地、建筑物等不动产。“无财产可供执行”可以根据上述财产范围作出判断。

3.关于“移居境外”的处理。《民法典》将2000年《最高人民法院关于适用〈中华人民共和国担保法〉若干问题的解释》中与“下落不明”并列的“移居境外”予以删除，但其实“移居境外”仍有其作为除外责任的适用空间。理由为：其一，“移居境外”一般指在境外有经常居住地，债务人移居境外面临的问题是在诉讼中需要通过司法途径或外交途径向其送达，送达周期较长，这样的送达难现状对债权人及时实现权利构成了较大障碍。其二，移居境外的债务人往往涉及域外财产的执行问题，民商事判决的域外承认与执行既是个重大的法律问题，也需要繁复的法律程序。从我国签署的《选择法院协议公约》到我国与其他国家签订的司法协助条约、协议以及互相给予互惠承诺的双边或多边条约，目前与我国形成承认与执行法院裁判的国家仅有三十多个，当然这一数量将随着不断的谈判磋商而增多，但在现阶段除上述已经确定的国家外，只能依据互惠原则让我国生效裁判产生域外效力。同时，基于我国“事实互惠”的做法，其他国家基于互惠原则承认、执行我国法院裁判的情形亦较少，无疑增加了我国法院裁判在国外的履行难度。一般保证先诉抗辩权制度构建的基础在于债权人能够从债务人的财产先予受偿，域外财产执行难的现状否定了这一基础。其三，借鉴域外法律，前文所提及的《瑞士债务法》尽管倾向于保护保证人利益，但仍将“债务人将其住所迁移国外无法在瑞士为请求或因其将住所迁至外国致权利追溯发生重大困难”作为除外责任的一种。当然，如果移居境外的债务人在境内有财产可供执行，那么一般保证先诉抗辩权的适用尚有一定空间。综上所述，笔者认为，如果在司法实践中允许将债务人“移居境外”且境内无可供执行财产的情形作为除外责任，那么即使债务人财产所在国未被纳入与我国建立承认与执行机制，也能有效保护债权人的合法权益。例如，是否可以在《民法典》基础上，通过司法解释的方式将债务人“移居境外”且境内无可供执行财产的情形参照适用“下落不明”的规定。

（二）“人民法院已经受理债务人破产案件”

与原《担保法》规定和《民法典合同编草案二次审议稿》相比，《民法典》删去了“中止执行程序”，主要是由于：如果债务人破产，债权人与债务人之间的诉讼状态是多种多样的。例如，债权人对债务人尚未提起诉讼，或者虽然经审理但尚未作出判决，或者已经判决尚未申请执行，这些情形下仅可能存在债权人申报破产债权，而不会进入对生效判决的中止执行程序。但这些情形与进入执行程序的案件所反映的债务人实质情况是一致的——债务人已经明显存在无法履行全部债务的情形。如果仍然允许一般保证人行使先诉抗辩权，显然对债权人是缺乏公平性的。由此，《德国民法典》第773条第3项的规定较为合理。

该条文在原《担保法》规定基础上融入2000年《最高人民法院关于适用〈中华人民共和国担保法〉若干问题的解释》第44条的规定。保证期间，人民法院受理债务人破产案件的，债权人既可以向人民法院申报债权，也可以向保证人主张权利。这一规定实际是对原《担保法》本项除外责任作了扩张性解释，即只要债务到期并且人民法院受理了债务人的破产案件，债权人就可以直接向保证人主张权利。也就是说，关于本条除外责任的理解应当为：一般保证的保证人在债务人破产时不得再主张先诉抗辩权。

（三）"债权人有证据证明债务人的财产不足以履行全部债务或者丧失履行债务能力"

根据我国《破产法》第2条的规定，企业法人不能清偿到期债务并且资产不足以清偿全部债务，或者企业法人不能清偿到期债务明显缺乏清偿能力的，上述两种情况构成我国所规定的破产原因。从本项与《破产法》第2条的对比可以发现，两者内容相似度很高。但本项针对的是债务人尚未进入破产程序的情形，即学理上所称"事实破产"。〔1〕这也正是本项与除外责任第2项在适用中的差异之处。那么，如何确定本项除外责任规定的内涵？试分析如下：

1."债务人的财产不足以履行全部债务"

基于法律体系构建的一致性，不同法律中相同或相近的文字表述应当具有类似的含义。与本款中"债务人的财产不足以履行全部债务"最为接近的为《破产法》第2条中的"债务人的财产不足以清偿全部债务"，故笔者将以上述《破产法》的相关规定为切入口进行解析。

债务人的财产不足以清偿全部债务，简言之资不抵债，着眼于资产和负债比例。其中，资产仅以债务人实有财产为限，与债务人信用、经营能力等无关；负债则不考虑债务是否到期均纳入其中。根据上述对资产与负债范围的确定，可以看出资不抵债不必然导致清偿不能，因此，有的国家将资不抵债作为破产的推定原因。根据《最高人民法院关于适用〈中华人民共和国企业破产法〉的解释（一）》第3条的规定，判断企业资产与负债比例关系的主要依据为资产负债表，此外还包括审计报告、资产评估报告。从上述内容可以看出，一般只有债务人才可能提供，故一般"债务人的财产不足以清偿全部债务"仅适用于债务人自愿申

〔1〕"事实破产"是指债务人出现破产原因但法院尚未受理破产申请的情形，其概念尚无明确法律定义，但实质内涵已经于相关司法解释等有所阐释，例如，《最高人民法院关于适用〈中华人民共和国公司法〉若干问题的规定（三）》第13条第2款中的"对公司债务不能清偿的部分"、《全国法院民商事审判工作会议纪要》第6条第1项规定的"……已具备破产原因，但不申请破产的"等。

请破产的情形。

参照《破产法》关于资不抵债的规定，本项中的“债务人的财产不足以履行全部债务”，同样应主要着眼于债务人的实有财产是否能覆盖全部债务。

其中，“财产”应是指财会意义上的资产，如流动资产、长期投资、固定资产、无形资产和其他资产。关于财产的范围，有学者认为，财产范围是否可以扩展包括债务人对第三人拥有的到期债权。[1]笔者持相反意见，先诉抗辩权的基础为债务人拥有一定财产，无论是流动资产，还是变现性较差的资产，但至少应当为债务人拥有所有权的物权。而债权不仅在权利是否成立、是否有效等方面可能存在疑问，而且在是否能变现上具有不确定性，如果要求债权人要在穷尽一切之后才可向保证人追究保证责任，无疑过多增加了债权人的责任，不利于商事交易的便捷性，商事保证将不具有其实用性。

关于“债务”的范围，笔者认为，应当仅包括已经发生争议的特定债权人的债务。理由在于：其一，从当事人距离证据远近分析。当事人距离证据的远近是法院分配举证责任的主要考量之一。本项规定中直接将资不抵债的举证责任分配给债权人，其暗含的含义应当包括债权人相较于债务人应当对债务人资不抵债的证据更加接近，至少是距离相同。从司法实践来看，特定案件的债权人了解债务人其他债务的可能性较小，与相关证据的距离理应大于债务人。综上所述，本项举证责任分配所针对的待证事实即“债务”应当不包括债务人其他债权，仅包括已经发生争议债权人的债务。其二，从事实破产的角度分析。鉴于本项规定的系事实破产情形，与正式进入破产程序稍有不同，尚不发生强制概括清偿的效力，仍允许个别清偿。因此，根据合同相对性原则分析，债权人提起的诉讼仅针对单笔债权，那么“全部债务”应当亦仅限于其本人的债权能否全部清偿。故“全部债务”在《民法典》中的范围与《破产法》不同。

2.“丧失履行债务能力”

“丧失履行债务能力”的表述，就其内涵而言，应和破产密切相关。破产原因就是指认定债务人丧失清偿能力，当事人得以提出破产申请，法院据以启动破

〔1〕 参见尹海峰：《论保证人先诉抗辩权》，中国政法大学2003年硕士学位论文，第22页。

产程序的法律事实。[1]也就是说，债务人丧失清偿能力是最为根本的破产原因。所谓清偿能力，是由债务人的财产、信用、技能等多项因素综合构成。只有当一个企业竭尽其资产、信用、技术力量、知识产权等综合因素仍不能清偿到期债务时，才构成丧失清偿能力。[2]为明确丧失清偿能力的外在表现形式，大陆法系国家在立法中大致有三种概括规定破产原因的方式：不能清偿/支付不能（现金流量标准）、资不抵债/债务超过（资产负债表标准）、停止支付。我国《破产法》一审草案采用上述国际通行的做法，将不能清偿作为普遍适用的破产原因，资不抵债作为辅助性破产原因，停止支付作为推定破产原因主要针对债权人提出破产申请时举证时使用。[3]由此可见，丧失清偿（履行）债务能力的含义应当为不能清偿到期债务，即对于任一已到期的债务，已经穷尽资产、信用、技术力量、知识产权等各种途径，但仍没有清偿，并且该未清偿的状态已经持续较长期间。从上述含义来看，债权人只要举证证明债务人存在不能清偿任一债务的情形，是特定债务还是债务人其他债务在所不论，就构成本项所称丧失履行债务能力，例如，关于债务人其他债务因无财产可供执行的终结执行裁定，均可以作为缺乏偿债能力的依据。

（四）“保证人书面表示放弃本款规定的权利”

对于该项中“书面”的认定，不应仅局限于诉讼法所规定的证据种类“书证”，而应根据科学技术在日常生活、商事交易的应用有所扩展。因此，“书面”应主要包括以下两种类型。第一，实体书面方式——书证。这是最为典型的表示放弃的方式。第二，虚拟书面方式——电子证据。如今通常使用的通讯方式亦应可以作为认定“明确放弃”的途径。例如，保证人使用的微信号、手机号、电子邮箱所发出的明确表示其无须要求债权人在确定债务人无法履行义务后才可向其主张的文字、通话录音、视频等。此外，关于保证人积极履行的方式，如

[1] 王欣新：《破产法》，中国人民大学出版社2007年版，第44页。

[2] 汤维建：《新企业破产法解读与适用》，中国法制出版社2006年版，第14页。

[3] 但由于对当时我国企业实际经营情况等种种原因的考量，《破产法》未采取上述立法模式，而将不能清偿到期债务作为与其他条件必须同时具备的条件，并且将“停止支付”删除，增加了未在其他国家破产法律规定中出现过的“明显缺乏清偿能力”。参见最高人民法院民事审判第二庭编著：《最高人民法院关于企业破产法司法解释理解与适用》，人民法院出版社2013年版，第45页。

保证人对于债权人催讨直接履行债务，在“书面表示放弃”的规定下无适用的可能性。但是，笔者认为，债权人可以通过文字方式要求保证人对其履行债务行为的含义进行说明，由此亦可以认定保证人放弃其先诉抗辩权。

四、除外责任的特殊适用——一般保证与破产法律制度的衔接

破产程序的概括性强制执行将对债权人、债务人、保证人的权利进行一定的限制或扩张，《民法典》关于保证责任的规定在破产程序中的适用可能存在局限性。下文中分情况对《民法典》与相关法律的衔接进行论述。

（一）债务人破产时一般保证人的权利义务

根据《民法典》先诉抗辩权第2项除外责任的规定，在债务人进入破产程序后，保证人不得行使先诉抗辩权。这一规定实际上首先隐含着“主债务未到期的视为到期”这一前提。根据上述规定，在债务人进入破产程序时，债权人有权向债务人申报债权并同时向保证人主张权利。

1.向债务人申报债权并同时向保证人求偿的情形

因一般保证在债务人破产时适用的为先诉抗辩除外责任，所以一般保证承担责任与连带保证相同。在债权范围上，债权人有权就全额债权同时进行债权申报和向保证人求偿。

如果债权人先从债务人破产程序中获偿，为避免当事人之间再次相互追偿，保证人仅对剩余未清偿债权承担支付责任。

如果保证人对债权人的清偿先于破产财产分配，那么根据《最高人民法院关于适用〈中华人民共和国民法典〉有关担保制度的解释》，债权人通过破产分配和实现担保债权等方式获得清偿总额超出债权的部分应返还保证人，保证人实际应承担的系差额。因此，对于前文案例三，笔者比较赞同一审法院的做法，区分不同情况对债务人与保证人的履行作出具体安排；二审法院提出的中止审理担保诉讼的做法尽管考虑到了处理破产案件和审理保证合同案件的不同法院之间不发生冲突，但实际排除了先诉抗辩权除外责任的适用，因为先诉抗辩权是在一定条件下有权拒绝承担责任，而不是在一定条件下有权拒绝被诉。上海法

院对此类案件的裁判思路也经历了演变，近年来的做法是，根据法律规定区分情况判决处理一般保证债权。〔1〕保证人清偿债权人全部债权后可以代替债权人在破产程序中受偿，未全部清偿前则保证人不得代替债权人。

2.债权人仅申报破产债权的情形

该种情形下，债权人有权就债务人破产程序中未获清偿部分要求保证人继续承担责任。关于债权人有权向保证人提出主张的期间，2000年《最高人民法院关于适用〈中华人民共和国担保法〉若干问题的解释》第44条第2款和2018年《全国法院破产审判工作会议纪要》第31条均指出，“破产程序终结后，债权人就破产程序中未受清偿部分要求保证人承担保证责任的，应在破产程序终结后六个月内提出”，结合最高人民法院（2002）民二他字第22号《关于如何适用〈关于适用〈中华人民共和国担保法〉若干问题的解释〉第44条及最高人民法院法函（2002）3号的答复》，从上述规定可见，债务人破产程序终结后债权人对保证人的保证期间尚未届满的，债权人应当在保证期间内向保证人主张权利；在债务人破产之时保证期间尚未届满而在债权人申报债权参加破产程序期间保证期间届满的，债权人在债务人破产终结后仍享有6个月的保证期间。〔2〕向保证人主张债权的范围应当为总债权扣除从债务人处实际取得款项的差额。

3.债权人仅向保证人求偿的情形

对于债权人仅向保证人求偿的情形，根据《破产法》之规定，保证人均可以通过申报债权行使追偿权或者预先行使追偿权。对此，2000年《最高人民法院关于适用〈中华人民共和国担保法〉若干问题的解释》第45条还作出了进一步规定，如果债权人知道或应当知道债务人破产，既未申报债权又未通知保证人，致使保证人不能预先行使追偿权的，保证人可在破产程序可受偿范围内免除保证责任。笔者认为，保证人免责的前提应当是债权人负有向保证人告知债务人破

〔1〕 上海市高级人民法院（2010）沪高民二（商）终字第60号案件中，对于债务人进入破产程序的，判决认为无须中止审理保证合同纠纷案件，但认为保证人应待债务人破产程序终结后才需根据破产受偿情况向债权人作出相应的清偿。近几年，对此问题的观点有所变化。在（2017）沪民初23号案件中，对于债务人进入破产程序的，判决认为保证人仍应依约承担相应的保证责任，承担保证责任后有权向债务人追偿；如债权人先从债务人破产程序中获偿，保证人的保证债务范围相应减少。

〔2〕 参见曹士兵：《中国担保制度与担保方法》（第四版），中国法制出版社2017年版，第183页。

产情形的义务。该义务的产生是基于破产程序的特殊性，债务人进入破产程序后，根据《破产法》第14条之规定，法院应当通知已知债权人并予以公告。《破产法》中并未规定法院应否通知具有或然性的担保权人。因此，基于债权人与保证人对于知晓债务人进入破产程序可能存在信息不对称，为债权人设定通知保证人的义务可以避免保证人由此陷入不能追偿的不利地位。《最高人民法院关于适用〈中华人民共和国民法典〉有关担保制度的解释》第24条在肯定上述规定的基础上增加但书“但是担保人因自身过错未行使追偿权的除外”。根据该规定，保证人免除责任以其没有过错为前提，如保证人因自身过错未行使追偿权，则不能免除保证责任。〔1〕

（二）一般保证人破产时的权利义务

1.区分债权申报与债务实质清偿——一般保证人未丧失先诉抗辩权中的实体权利

根据《最高人民法院关于适用〈中华人民共和国企业破产法〉的解释（三）》第4条第1款的规定，保证人进入破产程序的，无论主债务是否到期，债权人均有权申报其对保证人的保证债权。根据原《担保法》和《民法典》的规定，除外责任是通过列举的方式一一明确，既无兜底条款，也无授权其他法律作例外规定。那么，在这样的情形下，破产法司法解释是否可以作出如上规定？对此，有学者从对债权人保护的角度提出，如继续维持一般保证人的先诉抗辩权，可能待到债权人可以向保证人求偿时，保证人的破产财产已分配完毕，这无异于变相免除保证责任；先诉之抗辩蜕变为免责之抗辩，就与先诉抗辩权乃至一般保证担保设立之宗旨相违背了，故应当取消一般保证人的先诉抗辩权。〔2〕

笔者认为，从法理上分析，《最高人民法院关于适用〈中华人民共和国企业破产法〉的解释（三）》第4条第1款并不是担保法律意义上的除外责任，因此并不违背《民法典》的规定。该款中的破产债权申报与债权人从保证人处实际获得

〔1〕　高圣平：《担保法前沿问题与判解研究（第五卷）——最高人民法院新担保制度司法解释条文释评》，人民法院出版社2021年3月版，第192页。

〔2〕　王欣新：《论破产程序中一般保证人的责任》，载《人民法院报》2019年2月28日，第7版。

债务清偿并非同一含义。先诉抗辩权除外责任的实质是否定一般保证人在债务清偿上的期限利益及债务清偿范围的补充作用。因此，只有保证债务实际、直接清偿才是对除外责任的适用。相较而言，债权人对保证人的破产债权申报仅是从形式上让保证人早于债务人被追索，这样的做法是基于破产程序的特殊性可以避免保证人逃脱保证责任的现实问题，并不影响保证人享有拒绝先于债务人支付等先诉抗辩权之责任后果的实体权利。《最高人民法院关于适用〈中华人民共和国企业破产法〉的解释（三）》第4条第2款关于债权人在一般保证人破产程序中的分配额应予提存的规定，即是这种观点的体现。

2.债权人可以要求给付的对象

在主债务已经到期的情形下，债权人既可以向债务人追索，也可以向保证人申报债权，还可以上述两者同时进行。

在主债务未到期的情形下，仅有保证债务应加速到期，债权人仅可基于保证债务加速到期而申报保证债权。根据《最高人民法院关于适用〈中华人民共和国企业破产法〉的解释（三）》第4条第2款的规定，主债务未到期的，保证债权在保证人破产申请受理时视为到期。该款规定的法律依据为《破产法》第46条，未到期的债务在破产申请受理时视为到期。该款规定的合理性在于保证人不能因其破产而免除保证责任。

3.债权申报金额、破产清偿方式

因一般保证人破产时其保证责任在性质上仍属于补充责任，仅对债务人不能清偿部分承担责任，故债权人应就全部债权进行破产申报，并对债权人能获得的实际分配额先予提存。待债权人向债务人主张并且债务人清偿后，总债权额扣除债务人实际履行金额，再根据破产清偿比例，由一般保证人向债权人承担。

4.保证人的追偿权

《最高人民法院关于适用〈中华人民共和国企业破产法〉的解释（三）》第4条第3款赋予保证人就实际清偿的金额向债务人或其他债务人求偿的权利。但实际上，确定一般保证人应当承担的保证责任应以债权人已经向债务人主张过权利为前提。这种情形下，保证人向债务人追索实际获偿的可能性很低。可以说，《最高人民法院关于适用〈中华人民共和国企业破产法〉的解释（三）》更加倾向于保护债权人的利益。

（三）一般保证人与债务人均进入破产程序的权利义务

债务人与保证人同时破产的情形是最复杂的破产保证债权类型，其涉及的关系主体最多，其中包含的利益冲突最为复杂。〔1〕

1.债权人有权同时在债务人、一般保证人破产程序中均全额申报债权

与仅有债务人进入破产程序相同，一般保证人丧失先诉抗辩权。在此情形下，一般保证人承担法律责任的顺序和范围与连带保证责任相同。连带债务设立的本意就是通过扩大债务人范围、债务清偿执行对象保障债权人利益。基于此，各国和地区破产立法都规定，当负有连带义务的债务人全体或数人破产时，债权人可以将债权总额作为破产债权，同时或先后分别向每个破产人要求清偿。〔2〕因此，《最高人民法院关于适用〈中华人民共和国企业破产法〉的解释（三）》第5条亦作出相应规定，并且未区分一般保证还是连带保证。

2.破产受偿总额以债权总额为限

根据《最高人民法院关于适用〈中华人民共和国企业破产法〉的解释（三）》第5条第2款的规定，债权人同时向债务人、保证人进行债权申报的，对于债权人的破产受偿额仅有一个限制，即总额不超过债权总额。一般而言，破产程序中应当平等关注各个债权人的合法权益。而保证的从属性质决定其与主债务应最终以一个债务来确定。因此，上述规定仅对破产获偿总额作出限制可能会造成其他债权人不平等受偿的情况。但鉴于破产程序各自独立进行，在程序上不区分多个程序的先后顺序，允许多个破产程序管理人同时对同一债权人进行分配，不仅可以解决实务中管理人相互推诿不予清偿的实践难题，亦有助于增强债权人行权的便利性。〔3〕

---

〔1〕 最高人民法院民事审判第二庭编著：《最高人民法院关于企业破产法司法解释（三）理解与适用》，人民法院出版社2019年版，第106页。

〔2〕 王欣新：《破产法》（第3版），中国人民大学出版社2011年版，第182页。

〔3〕 最高人民法院民事审判第二庭编著：《最高人民法院关于企业破产法司法解释（三）理解与适用》，人民法院出版社2019年版，第112页。

3.一般保证人的追偿权

根据《最高人民法院关于适用〈中华人民共和国企业破产法〉的解释（三）》第5条第2款的规定，在债权人均申报债权的情形下，保证人履行保证责任后丧失追偿权。该规定是基于同一债权不得获得两次受偿的原理。换言之，只有在债权人未在债务人的破产程序中申报债权，仅在保证人的破产程序中申报债权的情况下，保证人才可以行使求偿权。

审判实务精要

《民法典》让一般保证制度重新回归担保制度的中心，先诉抗辩权的除外责任如何行使是一般保证制度的核心问题。原《担保法》退出了历史舞台，2000年《最高人民法院关于适用〈中华人民共和国担保法〉若干问题的解释》也随之废止。为更顺畅地从原《担保法》及其司法解释过渡到《民法典》的适用中，应进一步明确除外责任的适用标准及适用方式。具体如下：

第一，对于除外责任的一般适用。（1）在实体认定方面应注意："下落不明""财产不足以履行全部债务"相关概念，以及"丧失履行债务能力""保证人书面表示放弃权利"的表现形式，避免前文案例二中的裁判认识，认为只有主债务经过审判、执行才可以要求一般保证人担责的情形发生；在除外责任适用的情况下，应当明确保证人承担的责任形式为连带保证责任。（2）在司法程序方面应注意：对于2000年《最高人民法院关于适用〈中华人民共和国担保法〉若干问题的解释》第125条关于将债务人和保证人列为共同被告以及对判决主文表述的规定，其内容已被《最高人民法院关于适用〈中华人民共和国民法典〉有关担保制度的解释》第26条吸收并完善，即将债务人和一般保证人列为共同被告时，判决书中明确对债务人财产强制执行不能履行债务的部分，由保证人承担保证责任。

第二，对于除外责任在破产程序中的特殊适用。（1）在债务人进入破产程序的情形下，债权人先从债务人破产程序中获偿，保证人仅对剩余未清偿债权承担担保责任；如果保证人先于破产案件向债权人支付款项，应待确定从债务人处获偿比例并实际取得款项后，总的受偿金额超出债权金额的部分保证人有权要求债权人予以返还。债务人破产、债权人未完全受偿的，债权人应在破产程序终结后六个月内或保证期间届满前（以最晚到达的时间节点为准）向保证人主张。(2)在一般保证人进入破产程序的情形下，债权人有权向一般保证人申报债权，但保证债务的清偿应视主债务的履行情况。(3)债务人、一般保证人均进入破产程序的情形下，债权人有权同时在债务人、一般保证人破产程序中均全额申报债权，受偿总额以债权总额为限。

撰稿人：俞　巍，上海铁路运输法院副院长，法律硕士

沈文宏，上海市虹口区人民法院商事审判庭副庭长，法学硕士

30. 承租人擅自转租行为的司法认定

导　言

根据2009年《最高人民法院关于审理城镇房屋租赁合同纠纷案件具体应用法律若干问题的解释》的精神，司法实务中倾向于认定未经出租人同意的转租合同无效。《民法典》第718条规定："出租人知道或者应当知道承租人转租，但是在六个月内未提出异议的，视为出租人同意转租。"此与上述司法解释的规定存在一定差异，然而，如果出租人不同意转租，则转租合同的效力究竟属于有效还是无效，法典仍并未予以明确。《民法典》认可了区分原则，并未继承原《合同法》第51条关于无权处分合同效力待定的规则。此时如果再认定上述转租合同无效，明显与《民法典》的精神相悖。在区分原则已得到普遍认同的情形下，认定合同无效的司法实践无法与法理相圆融，由此引起的现实困惑亦值得反思。法院应契合转租合同属于负担行为的理论，明确上述转租合同属于有效，通过精准的裁判准则厘清理论困惑，为房屋租赁市场提供恰当的行为规范指引。

一、转租合同效力的司法认定：规则在维护"动"与"静"秩序中的艰难选择

在未经出租人同意的情形下，承租人与次承租人签订的转租合同是否有效，一直在司法实践中存在争议，对此的判决亦并不统一。原《合同法》第224条第2款规定："承租人未经出租人同意转租的，出租人可以解除合同。"然而，原《合同法》并未对转租合同的效力进一步进行表态。2009年9月1日施行的《最高人民法院关于审理城镇房屋租赁合同纠纷案件具体应用法律若干问题的解释》第16条第1款规定："出租人知道或者应当知道承租人转租，但在六个月内未提出异议，其以承租人未经同意为由请求解除合同或者认定转租合同无效的，人民法

院不予支持。”据此，法院基本倾向认定在未经出租人同意下的转租合同应为无效。然而，裁判标准虽然趋于统一，但由此引发的理论问题却并未随之海晏河清，实践争议亦随踵而来，值得进一步思辨与拓清。

分析上述司法解释条款可知，最高人民法院只明确出租人对于承租人的转租行为“六个月内未提出异议”时，无权主张转租合同无效，但并未正面规定“六个月内提出异议时”转租合同即属无效。最高人民法院民一庭对此进行说明时表示：“对于未经出租人同意之转租合同，只要出租人在规定的期限内提出的，应当认定为无效。”〔1〕鉴于当时各地较为混乱的租赁市场以及不同的司法裁判，租赁各方当事人缺乏明确的行为指引，亟须最高人民法院的规则向导。因此，最高人民法院的该项表态显然具有稳定市场预期的作用，对规范全国各地的转租行为起到了很好的引领作用。然而，理论上的困惑并未随之而解。根据法律的基本规则，既然未经出租人同意的转租合同应被认定为无效，则效力上应属自始无效，但上述司法解释又规定了出租人六个月的宣告期，那么在该六个月内转租合同是否属于有效？如果属于有效，则与自始无效的法理显然矛盾；如果属于无效，则在出租人超过六个月而未提出异议的情形下，司法解释又规定转租合同有效，这又作何解？

从常理分析，认定转租合同无效，显然出于更好保护出租人“静态”利益，因为未经出租人同意的转租行为破坏了原有的出租人与承租人的信任关系，减弱了出租人对于出租房屋的控制。〔2〕因此，出租人不但可基于原《合同法》的规定解除与承租人之间的租赁合同，还获得了宣告转租合同无效的权利。然而，最高人民法院对于鼓励转租即维护市场“动态”安全的意思却亦相当明确：为提高房屋的利用率，应当支持转租行为。〔3〕正因如此，司法解释才并未正面规定未经出租人同意的转租行为即属无效，以在一定程度上保护已然入住较长时间并可

〔1〕 参见最高人民法院民事审判第一庭编著：《最高人民法院关于审理城镇房屋租赁合同纠纷案件司法解释的理解与适用》，人民法院出版社2009年版，第217页。

〔2〕 参见最高人民法院民事审判第一庭编著：《最高人民法院关于审理城镇房屋租赁合同纠纷案件司法解释的理解与适用》，人民法院出版社2009年版，第217页。

〔3〕 参见最高人民法院民事审判第一庭编著：《最高人民法院关于审理城镇房屋租赁合同纠纷案件司法解释的理解与适用》，人民法院出版社2009年版，第217页。

能已对房屋进行装修的次承租人，且对不积极主张权利的出租人给予一定惩戒，将其“超过六个月”不表态的行为推定为“同意”转租。由此可见，最高人民法院对“静”与“动”的利益进行了艰难的平衡，但这在一定程度上造成了理论解释的困扰。

二、不同价值模式取舍：无权处分范围厘定与效力把握

（一）转租合同有效论：地方高院的探索与实践

事实上，在上述司法解释出台之前，一些地方高级人民法院规定未经出租人同意情形下转租人与次承租人签订的转租合同属于有效。比如，上海市高级人民法院于2005年印发的《关于处理房屋租赁纠纷若干法律适用问题的解答（一）的通知》中就未经出租人同意的房屋转租合同是否有效明确答复：“在没有其他无效原因存在的情况下，未经出租人同意的房屋转租合同有效。”江苏省高级人民法院《关于审理城镇房屋租赁合同纠纷案件若干问题的意见》第15条亦规定：“出租人以承租人未经其同意转租为由，要求确认承租人与次承租人之间的房屋租赁合同无效的，人民法院不予支持。”其基本理论在于，租赁合同属于确认债权、债务关系的合同，而不是以产生物权变动效果为目的的合同。出租人对租赁物是否享有所有权、处分权，不是租赁合同必须考虑的内容。租赁合同的内容是出租人将租赁物交由承租人占有、使用，承租人支付相应的租金。承租人将依照合同取得的对承租人占有、使用权移转给次承租人享有，并不构成对租赁物的处分。同时，对于承租人未经出租人同意转租的，原《合同法》第224条给予的救济是出租人可以解除原租赁合同，而非宣告转租合同无效。[1]显然，上述地方规定将转租行为认定为负担行为而非处分行为，故转租人是否具有转租权利并无关涉，转租合同应被认定为有效。

（二）转租无效的逻辑起点：与原《合同法》第51条的契合

当然，最高人民法院在制定上述司法解释条款时，亦注意到地方高级人民

---

〔1〕 参见上海市高级人民法院于2005年印发的《关于处理房屋租赁纠纷若干法律适用问题的解答（一）的通知》“（二）转租合同”中的第4个问答。

法院的不同规定，然而，经过深思熟虑之后，最终还是认定未经出租人同意情形下的转租合同无效，理由在于认为，所有权权能包括占有、使用、收益、处分权。承租人未经出租人同意签订转租合同，将房屋交付次承租人使用，实际上行使了承租房屋的处分权，必然损害所有权的权益。按照无权处分原则，应当认定未经出租人同意的转租合同无效。〔1〕由此可见，最高人民法院将上述情形下的转租行为认定为无权处分。原《合同法》第51条规定："无处分权的人处分他人财产，经权利人追认或者无处分权的人订立合同后取得处分权的，该合同有效。"显然，从该条规定的逻辑可推论出，无权处分人事后未取得处分权或者其处分行为未经权利人追认，则该合同无效。将其扩展到转租合同上，出租人如若不同意转租，则依据无权处分规则，转租合同当然无效。客观而言，最高人民法院的此种推理和解释确实符合原《合同法》第51条的精神。

（三）对"不彻底"限制主义模式的追问：是否足以支撑起合同无效论

当然，最高人民法院采用上述观点，与原《合同法》对转租行为采取的立法模式亦有一定关联。对转租行为而言，存在自由主义立法模式、限制主义立法模式、区别主义立法模式三种形式。所谓自由主义立法模式，是指除出租人与承租人之间存在不准转租的特别约定外，承租人可自由转租，无须征得出租人的同意。〔2〕法国和俄罗斯是这一立法模式的典型代表，如《法国民法典》第1717条规定："承租人有转租的权利，甚至有将其租约让与他人的权利，但如租约本身禁止其享有此种权利时，不在此限。"〔3〕限制主义立法模式是指承租人转租须经出租人同意，非经同意不得转租。〔4〕德国、日本是这一立法模式的典型代表。《德国民法典》第540条第1款规定："非经出租人许可，承租人无权将租赁物交给第三人使用，尤其无权

---

〔1〕 此系学术上的一种观点，但该观点经审委会讨论研究予以采用。具体参见最高人民法院民事审判第一庭编著：《最高人民法院关于审理城镇房屋租赁合同纠纷案件司法解释的理解与适用》，人民法院出版社2009年版，第207页。

〔2〕 朱巍：《论房屋转租——以〈关于审理城镇房屋租赁合同纠纷案件具体应用法律若干问题的解释〉为视角》，载《河北法学》2010年第5期。

〔3〕 李浩培、吴传颐、孙鸣岗译：《拿破仑民法典》，商务印书馆1979年版，第277页。

〔4〕 朱巍：《论房屋转租——以〈关于审理城镇房屋租赁合同纠纷案件具体应用法律若干问题的解释〉为视角》，载《河北法学》2010年第5期。

将租赁物转租。出租人拒绝许可的，除非重大原因存在于该第三人自身，承租人可以遵守法定期间，非常通知终止使用租赁关系。"〔1〕《日本民法典》第612条规定："承租人非经出租人承诺，不能将承租权让与或将租赁物转租。承租人违反前项的规定，让第三人对租赁物使用或收益时，出租人可以解除契约。"〔2〕区分主义立法模式是指针对转租的不同情形采取不同的立法态度，租赁物为动产时，采限制主义立法模式；租赁物为不动产时，则采自由主义立法模式。〔3〕

事实上，自由主义立法模式与限制主义立法模式都确认租赁并不产生所有权移转的后果，自由主义立法模式认为，承租人将其对出租物的使用、收益权授予他人，并未损及出租人的所有权，却可使租赁物获得充分的利用；而限制主义立法模式在认可承租权为债权的基础上，提出承租人如将租赁物转租于他人，则此承租人的租赁权未有充分的权源支持，无从对抗出租人的所有权。〔4〕由此可见，自由主义立法模式与限制主义立法模式之间并非泾渭分明，难道在自由主义立法模式下，承租人擅自转租的行为就不损害出租人的权利？只不过立法以限制甚至牺牲所有权人的"静态"利益而维护市场"动态"利益而已。同样，就限制主义立法模式而言，所谓"次承租权人的租赁权未有充分的权源支持"中的"权源支持"所指何物语焉不详，转租人的转租行为是否构成权源、是否能得到法理上的支撑等问题尚待回答。

同时，分析我国原《合同法》可知，其对于是否允许自由转租又采用了"不彻底"的限制主义立法模式。从前述《德国民法典》和《日本民法典》对于转租的规定来看，德国民法和日本民法在是否允许自由转租的问题上都是直接采用禁止性的规范，态度鲜明地规定：未经出租人同意，"不得"转租。而我国原《合同法》第224条第2款并未采用禁止性的规范，而是采用赋权规范的形式：一是赋予承租人在出租人同意出租的情况下，"可以"转租；二是赋予出租人在承租人

〔1〕《德国民法典》(第2版)，陈卫佐译注，法律出版社2005年版，第187页。

〔2〕《最新日本民法》，渠涛编译，法律出版社2006年版，第133页。

〔3〕朱巍：《论房屋转租——以〈关于审理城镇房屋租赁合同纠纷案件具体应用法律若干问题的解释〉为视角》，载《河北法学》2010年第5期。

〔4〕参见最高人民法院民事审判第一庭编著：《最高人民法院关于审理城镇房屋租赁合同纠纷案件司法解释的理解与适用》，人民法院出版社2009年版，第210页。

未经其同意擅自转租情况下解除原租赁合同的权利。原《合同法》的上述条款采用这种赋权规范的形式，似乎暗含有鼓励和引导转租的意思。〔1〕在这种情形下，未经出租人同意的转租合同有效与否显然更值得进一步探究与思考。

三、区分原则：认定转租合同效力的应然选项

基于上述分析可知，最高人民法院是基于原《合同法》关于无权处分的规则来认定未经出租人同意情形下转租合同的效力问题。最高人民法院的相关判决亦对此予以了确认，如（2017）最高法民终314号民事判决认定："王兵未提供证据证明达尔曼公司将涉案房产出租给王兵的行为得到权利人的追认，或者达尔曼公司取得了处分权，王兵请求确认涉案《房屋租赁协议》有效，缺乏事实与法律依据，本院不予支持。"〔2〕然而，最高人民法院又指出："对于转租合同效力认定的分歧的根源在于是否承认德国法上处分行为与负担行为的划分，是否将未经出租人同意的转租行为定性为无权处分。由于我国不承认德国法上处分行为与负担行为的划分，对于无权处分中的处分概念的理解也众说纷纭，因此，未经出租人同意的承租人的转租行为，不宜简单套用德国法上的规定，也不宜直接套用无权处分的规定。"〔3〕两者似乎存在矛盾之处，是由于不承认处分行为与负担行为的划分故而对于转租行为不适宜用无权处分的规定还是压根就不认可无权处分的适用性，尚属进一步明确。如果是后者，则与最高人民法院前述意见与相关判决相矛盾；如果是前者，则需分析处分行为与负担行为的区分问题。

（一）理论拓清：负担行为与处分行为的鉴别

所谓区分原则，是指将引起物权变动的原因行为（负担行为）和引起物权变动的结果行为（处分行为）予以区别的原则。负担行为者，系指发生债务关系（给付义务）之法律行为，又称为债权行为，如买卖契约，出卖人负有交付其物并移转其所有权之义务，而买受人负有给付价金及受领标的物之义务。处分行为

---

〔1〕 参见最高人民法院民事审判第一庭编著：《最高人民法院关于审理城镇房屋租赁合同纠纷案件司法解释的理解与适用》，人民法院出版社2009年版，第211页。

〔2〕 最高人民法院对该案的裁判要点中就引用了原《合同法》第51条的规定。

〔3〕 最高人民法院民事审判第一庭编著：《最高人民法院关于审理城镇房屋租赁合同纠纷案件司法解释的理解与适用》，人民法院出版社2009年版，第215页。

者，系指直接使标的物权利发生得丧变更之法律行为，例如，出卖人以移转所有权之意思，将动产交付于买受人或办理不动产所有权移转登记。〔1〕负担行为与处分行为最主要之区别，在于处分行为之生效，须以处分人有处分权为要件，而于负担行为，则不以负担义务者对给付标的物有处分权为必要。〔2〕其理由在于，其一，自概念言之，负担行为之作成只发生给付义务而已，并不直接引起权利变动，负担债务者对给付标的物有无处分权，在所不问；其二，自价值判断言之，倘负担行为之生效须以处分权为要件，则出卖他人之物、出租他人之物均不发生契约上之效力，与债务契约本质有违，不合交易之需要。〔3〕

（二）立场转变：我国立法和司法实践对区分原则的接纳

我国在制定原《合同法》时，并未接受上述区分原则，因此将无权处分合同认定为效力待定。然而，随着理论研究的不断深入，我国立法机构对区分原则的重要性认识在不断强化。2007年实施的原《物权法》第15条规定："当事人之间订立有关设立、变更、转让和消灭不动产物权的合同，除法律另有规定或者合同另有约定外，自合同成立时生效；未办理物权登记的，不影响合同效力。"显然，该条款虽然并未直接提及区分原则，但已认识到合同的效力并不取决于物权是否进行登记，相对于原《担保法》第41条关于抵押合同自登记之日起生效、第64条关于质押合同自质物移交于质权人占有时生效而言，显然是一个巨大的进步。然而，其并未进一步明确无权处分情形下合同的效力问题。

2012年《最高人民法院关于审理买卖合同纠纷案件适用法律问题的解释》第3条规定："当事人一方以出卖人在缔约时对标的物没有所有权或者处分权为由主张合同无效的，人民法院不予支持。出卖人因未取得所有权或者处分权致使标的物所有权不能移转，买受人要求出卖人承担违约责任或者要求解除合同并主张损害赔偿的，人民法院应予支持。"该条款具有极为重大的理论和现实意义，根据该条款可知，最高人民法院认可了区分原则，并承认了无权处分合同的

〔1〕 参见王泽鉴：《民法学说与判例研究》（第4册），中国政法大学出版社2005年版，第121~122页。

〔2〕 参见王泽鉴：《民法学说与判例研究》（第5册），中国政法大学出版社2005年版，第71页。

〔3〕 参见王泽鉴：《民法学说与判例研究》（第5册），中国政法大学出版社2005年版，第71页。

有效性。最高人民法院对此明确，应对原《合同法》第51条作限缩解释：该条规定中“处分”和“合同”，仅指处分行为即标的物之物权的转移变更，而不包括负担行为即处分合同在内。在出卖他人之物情形，处分合同的效力并非未定，而是确定有效的；真正效力未定的应当是处分人履行合同的行为以及履行合同的结果，即无权处分行为效力未定。[1]显然，将原《合同法》第51条中的“处分”定位为处分行为，而不包括负担行为，可以使我们廓清当前理论上对该问题的一些纠缠不清的纠纷和误解，更正确地认识债权和物权之区别，更合理并更清晰地解释原《合同法》第51条的真正含义，更有助于妥当地理顺出卖他人之物与无权处分之间的关系。[2]同时，最高人民法院进一步指出：“人民法院在理解和适用本条时应当注意，本条解释作出如此规定，主要是依据《物权法》第15条关于‘原因行为与物权变动结果’区分原则。”[3]

特别需要提及的是，原《合同法》第51条的规定并未出现在《民法典》之中。同时，原《物权法》第15条的内容亦被《民法典》第215条完全继承。由此可以推断出，《民法典》已然放弃了将债权行为与物权行为相互混淆的理论，贯彻了区分原则的相关精神。

（三）转租合同效力源泉：合同相对性基石上的行为归类

租赁本质上只是出租人与承租人之间的债权行为，租赁契约不过使“出租人”负有以物供承租人使用收益的“负担”而已，并不涉及“物”的“处分”，故纵使出租人非所有人而无处分权，契约仍然可以生效。[4]显然，租赁及买卖均属债之关系。债者，特定人（债权人）得向特定人（债务人）请求特定给付之法律关系，故债之关系外之第三人，除契约另有订定外（如第三人利益契约）不享有债

---

〔1〕 参见最高人民法院民事审判第二庭编著：《最高人民法院关于买卖合同司法解释理解与适用》，人民法院出版社2012年版，第79页。

〔2〕 参见最高人民法院民事审判第二庭编著：《最高人民法院关于买卖合同司法解释理解与适用》，人民法院出版社2012年版，第77页。

〔3〕 当然，此处最高人民法院是为了强调其不认可德国民法上的物权行为独立性理论，却明确指出其认可区分原则，且原《物权法》第15条即是对区分原则的规定，具体参见最高人民法院民事审判第二庭编著：《最高人民法院关于买卖合同司法解释理解与适用》，人民法院出版社2012年版，第87页。

〔4〕 苏永钦：《走入新世纪的司法自治》，中国政法大学出版社2002年版，第344页。

之关系上之权利，亦不负担债之关系上之义务。出卖他人之物，其租约的有效性无须所有人之“承认”，其理由有二：其一，此项“租售他人之物”之契约，本属有效，不发生“承认”之问题；其二，第三人不能依其单方之意思表示，使他人以自己名义订立之契约，对其（第三人）发生，而取得契约上之权利义务。〔1〕由此可知，租售他人之物，其契约之效力不因出租人或出卖人无处分权而受影响，故当事人之间互负给付义务。出租人或出卖人给付不能者，应依债务不履行规定负损害赔偿责任。〔2〕当然，转租显然归属于出租他人之物范畴，如若买卖以及租售他人之物属于有效，根据举重以明轻的法理，未经出租人同意情形下的转租合同显然亦属有效，且基于合同相对性的原理，出租人亦不享有决定转租人与次承租人所签合同效力的权利。

四、理论关切与价值考量：解决现实困境的必由之路

基于上述分析可知，区分原则目前已得到立法和司法实践的认可，无权处分合同有效性的观点亦获得《民法典》的肯定，原《合同法》第51条关于无权处分行为效力待定的规定已然被废弃。在此情形下，立足于该条认定未经出租人同意情形下转租合同无效的做法似应进行必要的修改，以契合区分原则的法理。

（一）鼓励抑或限制转租：与合同效力之间的应然性思索

事实上，即使是采用限制主义立法模式的德国和日本，亦并未认定在未经出租人同意下的转租合同就归属于无效。德国民法明确区分负担行为与处分行为，而根据《德国民法典》第535条的规定，租赁显然属于负担行为。〔3〕因此，转租无论是否取得出租人同意，皆不影响该行为的有效性。同时，德国对转租行为亦采取了放宽的态度，其于1942年制定的《租赁保护法》规定，在出租人无重要理由而拒绝转租时，承租人可经官署的同意而进行转租，还进而承认了承租人间

---

〔1〕参见王泽鉴：《民法学说与判例研究》（第5册），中国政法大学出版社2005年版，第81页。

〔2〕参见王泽鉴：《民法学说与判例研究》（第5册），中国政法大学出版社2005年版，第71页。

〔3〕《德国民法典》第535条规定：“因使用租赁合同，出租人有义务在适用租赁期间将租赁物的使用给予承租人。出租人必须将租赁物以适合于合同的使用状态交给承租人，并使租赁物在适用租赁期间保持这一状态。出租人必须承当存在与租赁物上的负担。”具体见《德国民法典》（第2版），陈卫佐译注，法律出版社2005年版，第185页。

交换的可能。[1]日本民法虽然并未如德国民法那样将法律行为区分为负担行为与处分行为，但根据《日本民法典》第601条的规定，其认为租赁合同的本质即是当事人之间产生的债权债务契约，此与买卖契约并无多大区别，只是内容有所不同而已。[2]显然，即使是不采用负担行为与处分行为区分原则的日本，租赁（包括转租）亦属于债的契约，转租合同当然亦属于有效。因此，以采取所谓的限制主义立法模式否定未经出租人同意的转租合同效力显然缺乏依据，更何况我国采取的是“不彻底”的限制主义立法模式。显然，认定未经出租人同意的转租合同无效，既无理论支撑，亦与立法精神相悖。

（二）合同无效引发的现实困惑：无效宣告权的归属之争

根据2009年《最高人民法院关于审理城镇房屋租赁合同纠纷案件具体应用法律若干问题的解释》第16条第1款的规定可推断出，在未经出租人同意情形下，转租合同是否归属于无效取决于出租人是否在六个月内进行追认。然而，司法审判中出现了在出租人尚未表态的情况下，转租人或者次承租人为了自身利益的考虑，起诉主张宣告此转租合同无效，甚至在转租合同双方当事人发生纠纷，一方或者双方向法院提起诉讼要求解除转租合同的情况下，法院经审查认定出租人与转租人之间有关于禁止转租的规定，进而主动认定该转租合同未经出租人同意，故应归属于无效。[3]然而，分析上述司法解释的条款可知，出租人与转租人签订的租赁合同中有关于禁止转租的规定并不必然等于出租人“在知道或者应当知道承租人转租时在六个月内提出异议”，如若此时出租人明确表态同意转租人转租，但转租人或者次承租人却要求认定转租合同无效，法院该如何处理？上述司法解释的目的在于保护出租人的利益，故而法院如果判决转租合同无效，是不是违背了该司法解释的初衷？同时，如若认定未经出租人同意情形下的转租合同无效，则根据无效规则，转租人或者次承租人进行宣告也符合法理，

---

〔1〕 邓基联主编:《房屋租赁合同纠纷》，法律出版社2010年版，第100页。

〔2〕《日本民法典》第601条规定：“租赁，因当事人一方对相对人约定提供某物供相对人使用及收益，相对人对此约定支付租金而发生效力。”参见《最新日本民法》，渠涛编译，法律出版社2006年版，第133页。

〔3〕 参见（2018）沪01民终4071号。本案次承租人起诉要求解除转租合同，一审法院认定转租合同无效。之后在转租人提出上诉后，次承租人又提出该转租合同无效。

只赋予出租人无效宣告权是否缺乏说服力？显然，认定该种转租合同无效不但在理论上遇到障碍，在实现中亦出现了种种问题，值得我们进一步反思。

（三）利益平衡：认定转租合同效力的价值标杆

不可否认，现实中确实存在转租现象频发、不规范进而导致出租人利益受损的情况，法院认定未经出租人同意的转租合同无效，也在一定程度上抑制了该种行为的泛滥。然而，市场主体本着利益多样化的考量，在实际中变动想法的情况亦比比皆是，出租人或许最初确实不同意承租人对房屋进行转租，但在某种条件成就或者其利益得到较好保障的情况下，也会转为同意该转租行为。在此情形下，法院显然不能根据其不断变化的想法而调整裁判的尺度。

同时，在鼓励房屋转租已逐渐成为共识的背景下，如若还认定转租合同无效，也会导致利益失衡。相对于次承租人而言，转租人较为强势，其基于利益最大化的考量，可能会实施损害次承租人的利益。此时，因该转租合同被认定无效，次承租人显然无法向出租人主张违约责任，而只能根据合同无效的规定主张缔约过失责任，这显然不利于保护次承租人的合法权益。

值得注意的是，2009年《最高人民法院关于审理城镇房屋租赁合同纠纷案件具体应用法律若干问题的解释》第15条规定："承租人经出租人同意将租赁房屋转租给第三人时，转租期限超过承租人剩余租赁期限的，人民法院应当认定超过部分的约定无效。但出租人与承租人另有约定的除外。"然而，《民法典》第717条则规定："承租人经出租人同意将租赁物转租给第三人，转租期限超过承租人剩余租赁期限的，超过部分的约定对出租人不具有法律约束力，但是出租人与承租人另有约定的除外。"显然，两者相比可知，《民法典》就经出租人同意的超期租赁不再认定为无效，而是仅认定对出租人不具有法律拘束力。这种立法思路的转变值得借鉴。2020年，最高法院对2009年《最高人民法院关于审理城镇房屋租赁合同纠纷案件具体应用法律若干问题的解释》进行修正，将15条与16条皆予以删除，这是一个重要的信号。当然，修订的司法解释并未对承租人擅自转租的合同效力进行表态，但至少表明了最高法院对此予以了关注。

事实上，赋予未经同意的出租人合同无效宣告权亦并非解决问题的根本出路，而且合同被宣告无效并不等于无须对相关的法律后果进行处理，反而使得租赁行为的效力处于不确定状态，不利于树立稳定的市场预期。相反，在认定上述合同有效情况下，出租人的权益亦有很好的保障措施：首先，《民法典》仍赋予了出租人相应的合同解除权，其第716条第2款规定："承租人未经出租人同意转租的，出租人可以解除合同。"显然，出租人此时可解除与转租人之间的租赁合同，并可向转租人主张违约或者侵权责任。如若出租人行使合同解除权，则有权要求次承租人返还承租房屋。其次，其还可就次承租人的过错向承租人甚至次承租人主张赔偿责任。显然，在未经出租人同意情形下，转租合同被认定有效，出租人的各项权利仍能取得很好的保障，因此，认为只有宣告合同无效才能有效保障出租人利益的观点并不合理。

审判实务精要

《民法典》就转租的问题，在第716条以及第718条作了明确规范。分析内容可知，《民法典》在原《合同法》第224条第2款规定的基础上，借鉴了2009年《最高人民法院关于审理城镇房屋租赁合同纠纷案件具体应用法律若干问题的解释》第16条第1款的规范，但又稍有不同。然而，未经出租人同意情形下的转租合同效力如何，《民法典》并未予以明确表态。事实上，原《合同法》第51条关于无权处分框架下合同效力待定的规则并未出现在《民法典》中。同时，《民法典》完整继受了原《物权法》以及相关司法解释关于区分原则的规则。2020年修订的《最高人民法院关于审理城镇房屋租赁合同纠纷案件具体应用法律若干问题的解释》则将司法实践中争议极大的第16条予以了删除。承租人在未经出租人同意情形下的转租行为因未涉及物权变动，属于典型的债权行为（负担行为）。既然《民法典》认可了区分原则，认定上述转租合同应为有效应为必然的逻辑论证结论。在此情形下，司法应契合《民法典》的上述立法精神，明晰转租合同属于债权合同，是否取得出租人同意皆不影响合同的效力。这既是实现法理上圆融与顺畅的必要，亦足以稳定租赁市场预期，更好地平衡各方当事人之间的合法权益。

撰稿人：毛海波，上海市高级人民法院商事审判庭副庭长，法学博士

31. 租赁物与融资租赁法律关系的司法认定

导　言

《民法典》第735条、第737条、第745条对融资租赁法律关系中的租赁物作了相应的规定。融资租赁合同是出租人根据承租人对出卖人、租赁物的选择，向出卖人购买租赁物，提供给承租人使用，承租人支付租金的合同。融资租赁兼具融资与融物的双重属性，融资是目的，是最根本的特征；融物是前提，是最基本的表象。租赁物是融资租赁法律关系成立必不可少的构成要件。融资租赁合同纠纷案件中，承租人往往以租赁物不存在、租赁物系消耗物、租赁物明显低值高估或高值低估、租赁物未变更产权登记等为由，抗辩双方之间名为融资租赁实为借贷法律关系或其他法律关系。租赁物是否存在以及是否适格，直接影响融资租赁法律关系的定性。若租赁物不存在或者不适格，则可能导致在司法实践中被认定为不构成融资租赁法律关系。《民法典》第735条[1]从权利义务的角度对融资租赁法律关系作出原则性认定，但并未涉及租赁物的范围，也未给出具体的限定。本文拟结合审判实践，对于哪些资产可以作为租赁物、适格租赁物的特点、虚构租赁物情形下融资租赁合同的效力以及租赁物登记中的法律问题进行探讨，以期有效防范租赁物的风险，促进融资租赁业的健康发展。

一、租赁物范围与融资租赁法律关系的认定

域外立法虽着眼于从权利义务的角度界定融资租赁法律关系，但不少域外立法同时也对租赁物的范围作出了限制。如《美国统一商法典》规定，融资租赁中的货物，是指符合合同要求的一切可移动的物，或不动产附着物，但不包括货

〔1〕《民法典》第735条规定：融资租赁合同是出租人根据承租人对出卖人、租赁物的选择，向出卖人购买租赁物，提供给承租人使用，承租人支付租金的合同。

币、资料、票据、账簿、动产契约、一般无形资产，以及包括未开采的石油天然气类的矿产等。国际统一私法协会《国际融资租赁公约》调整的融资租赁关系的标的物仅限于成套设备、资本货物及其他设备。〔1〕国际统一私法协会《租赁示范法》第1条规定，租赁物是指所有承租人用于生产、贸易及经营活动的财产，包括不动产、资本资产、设备、未来资产，特制资产、植物和活的以及未出生的动物。

我国的融资租赁行业监管部门对租赁物也做了一定的限制。我国融资租赁公司依照其性质可分为金融租赁公司、外商投资融资租赁公司以及内资融资租赁有限公司。融资租赁公司种类不同，其经营的租赁物范围也并不相同。如《金融租赁公司管理办法》第4条规定："适用融资租赁交易的租赁物为固定资产，银监会另有规定的除外。"《外商投资租赁业务管理办法》第6条规定："租赁财产包括：(一)生产设备、通信设备、医疗设备、科研设备、检验检测设备、工程机械设备、办公设备等各类动产；(二)飞机、汽车、船舶等各类交通工具；(三)本条(一)、(二)项所述动产和交通工具附带的软件、技术等无形资产，但附带的无形资产价值不得超过租赁财产价值的二分之一。"《商务部、国家税务总局关于从事融资租赁业务有关问题的通知》第3条规定，试点企业从事融资租赁的租赁物的范围包括"……各种先进或适用的生产、通信、医疗、环保、科研等设备，工程机械及交通运输工具(包括飞机、轮船、汽车等)……"也对租赁物的范围作出了一定的限制。

随着融资租赁业的发展和创新，越来越多的租赁物进入融资租赁交易中，租赁物实际上是一个发展的概念。我国初期的融资租赁交易主要以大型设备为主，后逐步发展为飞机、轮船等大型交通设备。近年来，出现了以房地产项目、城市地下管网、公路等不动产作为租赁物的融资租赁合同，对于此类合同是否构成融资租赁合同法律关系，是否属于违反国家金融政策，构成变相贷款业务？理论界及实务界均有不同认识。对于融资租赁交易中的租赁物范围问题，最高人

〔1〕 李树成：《融资租赁法律界定之比较研究》，载李鲁阳主编：《融资租赁若干问题研究和借鉴》，当代中国出版社2007年版，第32页。

民法院的态度是“应由融资租赁行业的行政监管部门予以认定和解决”[1]，并对以不动产为标的的融资租赁合同采取了比较开放的态度，即未明确否定房地产融资租赁，但仍以租赁物的性质作为认定是否构成融资租赁法律关系的因素之一，由人民法院结合具体个案予以认定。

二、适格租赁物与融资租赁法律关系的认定

通过上文对融资租赁物范围的分析，我们可以看到除了法律法规明令禁止持有、流通、交易以及限制流通的物（主要包括军火、毒品和文物）以外，并没有对特定物作为租赁物进行禁止性规定。根据“法不禁止即可为”的原则，没有禁止的物都可以成为租赁物。[2]融资租赁交易是融资与融物有机结合的一种新型交易，以融物的方式实现融资的功能，融资与融物两者缺一不可。租赁物贯穿了整个融资租赁交易。租赁物的性质、价值、权属等，是判断是否构成融资租赁法律关系的重要因素。

上海市第一中级人民法院、上海市第二中级人民法院发布的《2009—2013年融资租赁合同纠纷审判白皮书》阐明：“为防止出现以售后回租为名、行资金拆借之实的规避法律行为，应重点审查租赁物是否客观真实存在，租赁物转让价格与租赁物真实价值是否合理匹配，承租人与出租人是否办理了必要的租赁物所有权转让手续，买卖合同与租赁物之间是否有对应关系等，以此作为认定售后回租是否真实有效的判断依据。”2020年修订的《最高人民法院关于审理融资租赁合同纠纷案件适用法律问题的解释》第1条也规定：“人民法院应当根据民法典第七百三十五条的规定，结合标的物的性质、价值、租金的构成以及当事人的合同权利和义务，对是否构成融资租赁法律关系作出认定。”

笔者认为，从融资租赁的本质特征入手，结合融资租赁审判实践，融资租赁法律关系下适格的租赁物具有以下特征：(1)租赁物客观真实存在；(2)租赁物需特定化；(3)租赁物应为非消耗物；(4)租赁物不存在低值高估现象；(5)租赁物

---

〔1〕 最高人民法院民事审判第二庭编著：《最高人民法院关于融资租赁合同司法解释理解与适用》，人民法院出版社2014年版，第49页。

〔2〕 刘佳：《对融资租赁法规中不动产租赁物范围的理解》，载《中国房地产》2016年第12期。

权属明晰且所有权能够转移。以下分别展示论述。

（一）租赁物客观真实存在

融资租赁合同与借款合同的重要区别在于其融物的特性，如果没有确定的、客观存在的租赁物，租赁物的所有权没有发生转移，而仅有资金的融通时就不能构成融资租赁法律关系，而是属于纯粹的借款合同关系。

需要注意的是，对于是否真实存在租赁物的问题，实践中，法院应结合各方面的情况综合判断。例如，有的案件中，承租人将租赁物售回至出卖人、租赁物的价值明显低于买受价格、承租人租赁与其生产经营完全无关的租赁物等，这些情况都会影响法院对合同本身性质的判断。

案例一：〔1〕2015年1月22日，平安国际融资租赁有限公司（以下简称租赁公司）与中太建设集团股份有限公司（以下简称中太建设公司）签订《售后回租赁合同》，其中《租赁物清单》列明租赁物的详细信息，包括品名、型号、数量、原值、制造商和产地。同日，中太建设公司向租赁公司出具了《所有权说明函》，并向租赁公司确认，租赁合同项下的租赁物全部由中太建设公司占有、使用，所有权也由中太建设公司合法、独立、完整地享有。中太建设公司向租赁公司提交了所有租赁物的购入发票，并出具《关于权属文件真实性与一致性的确认函》，确认中太建设公司提供的证明权属关系的租赁物发票客观真实，与租赁合同附件四《租赁物清单》相一致。中太建设公司还出具了《租赁物接收证明》，确认中太建设公司已完整地接收了租赁合同项下的租赁物，租赁公司具有租赁物独立、完整的所有权，中太建设公司仅拥有使用权。

法院观点：虽然租赁公司与中太建设公司签订了《售后回租赁合同》，并列明了售后回租物的详细信息，但对合同所涉租赁物是否真实存在，租赁公司并未能充分举证证明，而仅凭中太建设公司出具的《所有权说明函》《关于权属文件真实性与一致性的确认函》等单方面承诺，并不能确认租赁物的真实存在。且微山县公安局在侦查阶段的相关询问笔录等材料显示，中太建设公司提供的租赁物设备发票，真实性存疑。租赁公司在二审审理中亦认可其相信租赁物的存

---

〔1〕（2017）沪民终221号平安融资租赁公司与中太建设公司、微山湖公司等借款合同纠纷案。

在，但并未予以核查。鉴于此，一审法院根据《最高人民法院关于审理融资租赁合同纠纷案件适用法律问题的解释》第1条第2款的规定，结合本案中租赁物不存在，在租赁公司实际向中太建设公司发放了融资款后，合同项下仅有资金空转的事实，涉讼《售后回租赁合同》系以融资租赁合同之名行借贷之实，故认定双方之间实际构成的应为借贷法律关系。〔1〕

（二）租赁物应当特定化

融资租赁法律关系中，租赁物特定化具有重要的法律意义，它既是出租人实际享有、行使租赁物所有权的必要条件，也是融资租赁合同具有法律效力的重要组成部分。鉴于融资租赁关系中，租赁物所有权和使用权的分离，作为权利载体的租赁物应当是客观存在的特定物，该特定物必须是自身具有独立特征或者被权利人指定而特定化，不能以其他物代替的物，通过载明租赁物的名称、数量、规格、坐落位置等基本信息进行特定化，与承租人的其他财产进行区分。从审判实践来看，租赁物特定化是售后回租交易模式下融资租赁公司的一个主要风险。有相当的售后回租交易中，虽然存在真实的租赁物，但由于交易时未将租赁物特定化，最终没有被认定为融资租赁法律关系。

案例二：〔2〕2011年6月20日，兴业金融租赁有限责任公司（以下简称兴业公司）与柳林县浩博煤焦有限责任公司（以下简称浩博公司）、山西联盛能源投资有限公司（以下简称联盛公司）签订了《融资租赁合同》，约定：浩博公司将其拥有真实所有权并有处分权的租赁物转让给兴业公司，兴业公司将租赁物出租给浩博公司和联盛公司使用，兴业方支付租赁物转让款后，依法取得租赁物所有权，租赁期限内由承租人占有和保管租赁物；租赁物的转让价款为人民币3亿元整，租赁期限为3年，租赁物起租日为兴业方向浩博方支付租赁物转让价款之日。

《融资租赁合同》同时约定：承租人连续2期或累计3期未按合同约定向兴业方支付到期租金视为承租人根本违约；若承租人发生预期违约或根本违约，兴业

〔1〕 类似案例：（2013）京一中民初字第10011号中国外贸金融租赁有限公司诉中铁十八局集团建筑安装工程有限公司青岛分公司、中铁十八局集团建筑安装工程有限公司企业借贷纠纷案。

〔2〕 （2016）最高法民终286号柳林县浩博煤焦有限责任公司与山西联盛能源投资有限公司等融资租赁合同纠纷案。

方除有权按照合同约定要求承租人承担违约责任、赔偿损失外，还有权采取多项措施，包括提前终止合同，向承租人追索合同项下承租人应付的所有到期未付租金、违约金、损害赔偿金、全部未到期租金和其他应付款项。后因浩博公司、联盛公司未按《融资租赁合同》约定按期支付租金，兴业公司向法院提起诉讼，要求浩博公司、联盛公司支付到期未付租金及按合同约定支付违约金。

法院观点：根据《合同法》第237条的规定，租赁物客观存在且所有权由出卖人转移给出租人系融资租赁合同区别于借款合同的重要特征。作为所有权的标的物，租赁物应当客观存在，并且为特定物。没有确定的、客观存在的租赁物，亦无租赁物的所有权转移，仅有资金的融通，不构成融资租赁合同关系。兴业公司、浩博公司与联盛公司签订的《融资租赁合同》，虽名为融资租赁合同，并就租赁物及租金等问题作出了明确约定，且附有《租赁物所有权转移证书》及《租赁物清单》，但《租赁物所有权转移证书》仅载明租赁物所有权转移而未载明具体的租赁物名称及型号，《租赁物清单》仅列明了租赁物的供货商、租赁物名称、入账金额、入账时间、已提折旧及账面净值。而入账金额、时间、折旧、账面净值系财务记账方式，供货商及设备名称尚不足以使租赁物特定化。该合同第3条“租赁物的购买与交付”第2款规定：浩博公司须在合同签订当日向兴业方提交租赁物所有权凭证原件、租赁物购货合同、销售发票原件、租赁物保险凭证原件（若有），兴业公司认为证明浩博公司拥有租赁物完整所有权所需的其他必要文件、资料。兴业公司在检查完毕上述材料后，留存租赁物所有权凭证原件、浩博公司加盖公章的租赁物购货合同、销售发票及其他材料的复印件。根据该条约定，兴业公司亦可通过提供上述书面文件，证明合同所约定的租赁物真实存在，并转移了所有权。但兴业公司在本案诉讼期间未提交上述书面文件，也未提供兴业公司取得租赁物所有权时对租赁物进行过实物检视、租赁物的现状及存放地点以及其他能够证明特定租赁物真实存在的证据。故仅凭《租赁物所有权转移证书》及《租赁物清单》尚不足以证明存在能与《租赁物清单》所列租赁物一一对应的特定租赁物，也不足以证明案涉《融资租赁合同》履行过程中存在租赁物的所有权转移，故现有证据不足以认定三方当事人之间系融资租赁合同关系，应当认定兴业公司与浩博公司、联盛公司之间系借款合同关系而非融资租赁合同关系。

(三)租赁物应为非消耗物

消耗物指不能重复使用，仅一次性有效使用就灭失或品质发生变化之物，如食物、煤炭、一次性针筒、杯、碗等用品。非消耗物是指经反复使用而不会改变其形态、性质之物，如机械设备、车辆、服装、房屋等。租赁物具有担保租金债权的功能，不能为消耗物。若租赁物为消耗物，则出租人的所有权就无法得到保障，且无法起到担保租金债权的作用。

案例三：[1]2011年8月25日，仲利国际租赁有限公司（以下简称仲利公司）、上海伊诺餐饮管理有限公司（以下简称伊诺公司）与案外人签订了3份《买卖合同》。合同中明确仲利公司应伊诺公司请求向案外人购买“装修材料”并出租给伊诺公司，伊诺公司就标的物已先与案外人进行买卖或签订买卖合同并已支付的货款视作仲利公司支付之价款并由仲利公司自应给付卖方的价款中相应扣除，伊诺公司同意该款项的全部或一部分作为《租赁合同》的首付租金而无须返还。租赁物交货地点均为伊诺公司指定地点，由卖方将标的物直接交付于伊诺公司，且经伊诺公司完成验收并将标的物《租赁物交付与验收证明书》交付于仲利公司时，视为仲利公司已将标的物交付予伊诺公司且验收完成，同时，标的物所有权视为转移予仲利公司，标的物风险视为转移予伊诺公司。同日，仲利公司与伊诺公司签订了《租赁合同》，约定仲利公司向伊诺公司出租“装修材料”。后因伊诺公司逾期支付租金，仲利公司诉至法院。

法院观点：融资租赁法律关系，系以融资为目的之租赁，其法律属性仍系租赁法律关系之一种，而租赁法律关系中，承租人合同主要义务之一为依约返还租赁物，故依融资租赁合同的法律性质，其标的物应具备适于租赁的特性，即合同期限届满时，具有返还原物的可能性。若按标的物的特性，正常使用情况下，其在期限届满时已经无返还可能性的，则客观上无法作为租赁关系的标的物，相应法律关系亦不得被认定为融资租赁关系。本案中的“装修材料”，依其属性，在

---

〔1〕(2014)沪一中民六(商)终字第469号仲利国际租赁有限公司诉上海伊诺餐饮管理有限公司等融资租赁合同纠纷案。

装修完毕后即附合于不动产，从而成为不动产的成分，丧失其独立作为物的资格。简言之，该等装修材料将因附合而灭失，不再具有返还之可能性，因此，无法作为租赁的标的物。

（四）租赁物价值不存在低值高估现象

融资租赁的法律特征是通过融物达到融资的目的，其融资目的必须通过融物来实现。从融资租赁行业惯例及司法实践认定看，租赁物的价值应能够保障租赁债权的实现。《金融租赁公司管理办法》第36条和《融资租赁企业监督管理办法》第21条均明确规定不得低值高买。根据《最高人民法院关于审理融资租赁合同纠纷案件适用法律问题的解释》第1条的规定，租赁物的价值是法院认定交易是否构成融资租赁法律关系的重要考量因素。最高人民法院在《关于融资租赁合同司法解释理解与适用》一书中也表示：租赁物价值明显偏低、无法起到担保租赁债权实现的，此类交易仅有融资之实，而无融物之实，该租赁物显然不足以作为出租人的物权保障，出租人以融资租赁合同的名义安排交易，实为在信贷制严格的客观条件下，以融资租赁合同的方式进行变相贷款。〔1〕

案例四：〔2〕2012年4月23日，工银金融租赁有限公司（以下简称工银公司）与华纳国际（铜陵）电子材料有限公司（以下简称华纳公司）签订《融资租赁合同》，约定：华纳公司以筹措资金为目的，以回租方式向工银公司转让租赁物，工银公司根据华纳公司上述目的融资受让租赁物，租赁物为《售后回租资产清单》中载明的铜箔生产线设备，转让价款为1.5亿元；工银公司购买华纳公司转让的租赁物并回租给华纳公司使用，华纳公司承租租赁物须向工银公司支付租金，租金支付按《租赁附表》（概算表）及《实际租金支付表》的规定办理；在租赁期内，华纳公司确保工银公司是租赁设备的唯一合法所有权人，保证不会利用其对标的物的占有而在租赁物上设置对出租人不利的权利负担；若华纳公司根本违约，工银公司有权向华纳公司追索合同项下应付所有到期未付租金、滞纳金、未

---

〔1〕 最高人民法院民事审判第二庭编著：《最高人民法院关于融资租赁合同司法解释理解与适用》，人民法院出版社2014年版，第53页。

〔2〕 （2018）最高法民再373号工银金融租赁有限公司与华纳国际（铜陵）电子材料有限公司等融资租赁合同纠纷案。

到期剩余租赁成本、留购价款或终止合同、取回租赁物，并要求赔偿损失等。上述合同附件一《售后回租资产清单》记载租赁资产包括造液系统设备等7大项共14套。

上述合同签订后，工银公司将14，400万元合同款（扣除了600万元手续费）通过网银汇入华纳公司账户。2013年4月15日，上述融资租赁业务在中国人民银行征信中心办理了租赁初始登记。

法院观点：本案争议焦点在于工银公司和华纳公司因案涉《融资租赁合同》形成的法律关系的性质及效力问题。就本案而言，从表面来看，案涉《融资租赁合同》系售后回租融资租赁合同关系，华纳公司是出卖人和承租人，但实际上，该合同中融物的事实难以认定，理由如下：

（1）工银公司所持有的是设备发票复印件，不是发票原件；《尽职调查法律意见书》中调查所依据多数是设备发票复印件及相关材料复印件；工银公司所提交的《售后回租资产清单》及增值税发票复印件所记载的租赁物与华纳公司实有机械设备严重不符，主张权利的发票与设备照片无法一一对应，其中两份发票复印件在华纳公司没有发票原件，另外，个别发票复印件所记载的名称和实际的设备名称不一致。二审法院认为法律意见书调查的只是设备发票复印件，租赁物保险单也仅是一种设立保障的形式，不能证明工银公司所主张设备客观存在，这一认定并无不当。因此，前述证据不能证明买卖交易关系真实存在，亦不能证明《售后回租资产清单》中所载明的租赁物由华纳公司真实拥有，更不能证明工银公司实际取得清单上所载明的租赁物的所有权。

（2）案涉《融资租赁合同》中租赁物的购买价远远高于案涉租赁物的实际价值，工银公司提交的发票复印件所载明的设备价款总额为179，512，567元，华纳公司与之相对应票号的发票原件所载明的设备价款总额为10，688，652元，合同约定的买卖价款为15，000万元，涉案租赁物的实际价值与约定的转让价款差异巨大。工银公司作为专业融资租赁机构，其提供的证据不能证明其主张的设备价值，其以高于市场价值十几倍的价格购买租赁物，显然背离买卖合同等价交换原则，其租金亦不体现租赁物的真正价值。

综上所述，工银公司和华纳公司所签订的《融资租赁合同》虽然形式上有售后回租融资租赁合同相关条款的约定，但实际上并不存在融物的事实，双方实际上仅是“借钱还钱”的借贷融资关系，华纳公司、大江公司、建行开发区支行对案涉合同系企业间的借款合同关系亦无异议，故对工银公司称案涉合同系融资租赁合同关系的主张不予支持。原审认定工银公司和华纳公司之间系企业间的借贷关系，并无不妥。

(五)租赁物权属明晰且所有权能够转移

融资租赁的交易结构是遵循出租人(融资租赁公司)享有标的物所有权(虽然这种所有权只是名义上的)，而承租人享有标的物的使用权(租赁权)的这一标准推演的。[1]特别是在售后回租业务中，承租人鉴于对租赁物事先现实的占有使用的外观原则，往往存在重复融资、无权处分等侵害其他权利人的情形，因而，在融资租赁业务中，租赁物所有权应当明晰，与处分权利归属必须明确，且在物权变动过程中，也应符合物权变动规则。

监管部门对租赁物的权属也有明确规定。《融资租赁企业监督管理办法》第10条第1款规定：“融资租赁企业开展融资租赁业务应当以权属清晰、真实存在且能够产生收益权的租赁物作为载体。”《金融租赁公司管理办法》第34条规定：售后回租的租赁物必须由承租人真实拥有并有处分权。金融租赁公司不得接受已设置任何抵押、权属存在争议或已被司法机关查封、扣押的财产或所有权存在瑕疵的财产作为售后回租业务的租赁物。以下分别从两方面阐明上述问题。

1.承租人不具有所有权的租赁物

案例五：[2]2016年3月15日，国蕴融资租赁(上海)有限公司(以下简称国蕴融资)与上海厚谷农产品发展有限公司(以下简称厚谷公司)签订《融资租赁合同(售后回租)》，合同约定，厚谷公司将其自有的资产出售给国蕴融资，国蕴融资向厚谷公司支付购买价款，同时厚谷公司再将该资产从国蕴融资处租回占有、使用，并向国蕴融资支付租金及其他应付款项。另查明，《融资租赁合同(售后

---

〔1〕 高圣平：《基础设施融资租赁交易：现实与法律困境》，载《中外法学》2014年第3期。

〔2〕 (2016)沪0115民初60513号国蕴融资租赁(上海)有限公司与上海厚谷农产品发展有限公司、黄迪等融资租赁合同纠纷案。

回租）》项下租赁物为机动车4辆，其中3辆登记在案外人名下，承租人以非其所有的车辆作为标的物。1辆登记在厚谷公司名下，但存在低值高估的情形。

法院观点：根据售后回租合同的性质，售后回租业务的标的物必须是由承租人真实拥有并有权处分的，本案中售后回租合同项下的租赁物为4辆车，但其中的3辆并非承租人所有，该3辆车不能作为售后回租业务的标的物，剩余的1辆车存在租赁物低值高估的情形，因此，法院认定，涉案《融资租赁合同（售后回租）》，名为融资租赁合同，实为借款合同。

2.租赁物所有权无法实际转移

案例六：[1]国泰租赁公司与三威置业公司签订《融资租赁合同》，约定：三威置业公司将其所有的 137 套商品房转让给国泰租赁公司，再由国泰租赁公司将其回租给三威置业公司。国泰租赁公司依约向三威置业公司支付了1亿元的购房款。因商品房系超规划建设的违章建筑，未取得预售许可证，房屋所有权未转移至国泰租赁公司名下。后三威置业公司逾期支付租金，国泰租赁公司提起诉讼要求支付租金。

法院观点：案涉《融资租赁合同》的效力是本案的焦点。根据《合同法》第237条的规定，融资租赁交易具有融资和融物的双重属性，缺一不可。如无实际租赁物或者租赁物所有权未从出卖人处转移至出租人或者租赁物的价值明显偏低无法起到对租赁债权的担保，应认定该类融资租赁合同没有融物属性，仅有资金空转，系以融资租赁之名行借贷之实，应属借款合同。

本案系房地产售后回租业务，签订融资租赁合同时，涉案租赁物137套商品房尚属违章建筑，也未取得预售许可证，该租赁物的所有权无法转移至出租人且事实上该租赁物所有权至纠纷发生时也未转移给国泰租赁公司。国泰租赁公司作为名义上的商品房买受人和出租人，并不享有租赁物的所有权，作为专业的融资租赁公司，其对案涉租赁物所有权无法过户亦应明知，故其真实意思表示并非融资租赁，而是出借款项；三威置业公司作为租赁物的所有权人，虽名为承租人，但实际上不可能与自己所有的房产发生租赁关系，其仅是以出卖人之名从国

[1] （2014）最高法民二终字第109号国泰租赁公司与三威置业公司等企业借贷纠纷案。

泰租赁公司获得1亿元款项，并按合同约定支付利息，其真实意思表示也并非售后回租，而是借款。由此可以看出，案涉融资租赁交易，只有融资，没有融物，双方之间的真实意思表示名为融资租赁，实为借款法律关系。

因国泰租赁公司作为内资融资租赁业务试点企业，虽未取得发放贷款资质，但并没有证据表明其以发放贷款为主要业务或主要利润来源。国泰租赁公司与三威置业公司的案涉企业间借款系双方的真实意思表示，且不违反法律、行政法规的禁止性规定，不存在合同无效情形。三威置业公司应向国泰租赁公司支付借款本金和利息。

三、虚构租赁物与融资租赁法律关系的认定

《民法典》第737条规定：当事人以虚构租赁物方式订立的融资租赁合同无效。

关于融资租赁合同无效的认定，审判实践有一个演变的过程。《最高人民法院关于审理融资租赁合同纠纷若干问题的规定》第6条规定了4类情形：(1)出租人不具有从事融资租赁经营范围的；(2)承租人与供货人恶意串通，骗取出租人资金的；(3)以融资租赁合同形式规避国家有关法律、法规的；(4)依照有关法律、法规规定应认定为无效的。在这4类情形中，第(1)类已被1999年《最高人民法院关于适用〈中华人民共和国合同法〉若干问题的解释(一)》(以下简称《合同法司法解释(一)》)第10条否定。在中水电北与裕邑公司借款合同纠纷案件中[最高人民法院(2017)最高法民申2175号]，法院经审理认为：根据《最高人民法院关于适用〈中华人民共和国合同法〉若干问题的解释(一)》第10条的规定：超越经营范围订立的合同，人民法院不因此认定合同无效。中水电北固虽不具有融资租赁业务的资质，但不影响融资租赁合同的法律性质和法律效力。第(2)类则被认为，仅因承租人与供货人恶意串通就认定融资租赁合同无效反而不利于保护出租人的利益。更何况对于承租人在欺诈出租人、骗取出租人资金的情形下所签署的融资租赁合同，也符合原《合同法》第54条第2款所规定的“一方以欺诈、胁迫的手段或者乘人之危，使对方在违背真实意思的情况下订立的合同”，出租人亦可以依据该规定选择请求撤销融资租赁合同，因此，该款规定在

某种程度上赋予出租人对该等情形下的融资租赁合同效力的选择权。至于剩余两类情形，本质上已涵盖于原《合同法》第52条的规定之中。

审判实践中，判断融资租赁合同是否有效，大多会依据原《合同法》第52条，判断是否存在该条规定的导致合同无效的情形。〔1〕如最高人民法院（2018）最高法民再373号工银金融租赁有限公司与华纳国际（铜陵）电子材料有限公司等融资租赁合同纠纷案，华纳公司起诉请求确认《融资租赁合同》无效。一审法院认为：根据《最高人民法院关于审理融资租赁合同纠纷案件适用问题的解释》第1条的规定，案涉《融资租赁合同》的性质是名为融资租赁实为企业间借贷，应认定《融资租赁合同》无效。二审法院予以维持。最高人民法院再审认为：关于案涉合同的效力问题。华纳公司、大江公司、建行开发区支行主张即使案涉法律关系的性质认定为企业间的借款合同关系，亦因为违反《民法总则》第146条及《合同法》第52条第2项、第3项、第5项的规定而无效。具体如下：

（1）关于案涉合同属于《民法总则》第146条规定的通谋虚伪的意思表示而无效的主张。《民法总则》第146条规定："行为人与相对人以虚假的意思表示实施的民事法律行为无效。以虚假的意思表示隐藏的民事法律行为的效力，依照有关法律规定处理。"根据上述规定，即使通谋虚伪意思表示认定为无效，对于其隐藏的民事法律行为的效力，仍应根据相关法律规定作出判断。本案中，即使工银公司与华纳公司在签订合同之时，融资租赁行为系其通谋虚伪的意思表示，但其隐藏的民间借贷法律行为，并不当然无效。

（2）案涉合同系企业间的借款合同关系，应当按照该性质认定合同的效力。《最高人民法院关于审理民间借贷案件适用法律若干问题的规定》第11条规定："法人之间、其他组织之间以及它们相互之间为生产、经营需要订立的民间借贷合同，除存在《合同法》第五十二条、本规定第十四条规定的情形外，当事人主张民间借贷合同有效的，人民法院应予支持。"《合同法》第52条规定："有下列情形之一的，合同无效……（二）恶意串通，损害国家、集体或者第三人利益；

〔1〕 原《合同法》第52条规定："（一）一方以欺诈、胁迫的手段订立合同，损害国家利益；（二）恶意串通，损害国家、集体或者第三人利益；（三）以合法形式掩盖非法目的；（四）损害社会公共利益；（五）违反法律、行政法规的强制性规定。"

（三）以合法形式掩盖非法目的……（五）违反法律、行政法规的强制性规定。”

①关于案涉《融资租赁合同》涉嫌恶意串通，损害国家和第三人利益的主张。本案中，没有充分的证据证明工银公司与华纳公司存在恶意串通的故意，且案涉法律关系性质定性为民间借贷合同关系，建行开发区支行如果享有合法有效的抵押权，对其权益并无任何影响。本案是审理华纳公司与工银公司之间主合同的效力问题，即使存在华纳公司与工银公司恶意串通，采取欺诈手段，骗取保证人大江公司提供保证的情形，也不影响本案主合同的效力。

②关于案涉合同是以合法形式掩盖非法目的的主张。工银公司及华纳公司均系企业法人，本案实际系企业法人之间的民间借贷合同关系。根据《最高人民法院关于审理民间借贷案件适用法律若干问题的规定》第11条的规定，法人之间为生产、经营需要订立的民间借贷合同，目的并非非法。

③关于案涉合同违反法律、行政法规的强制性规定而无效的主张。华纳公司、大江公司主张案涉合同无效所引用的均不是法律、行政法规的强制性规定，与《合同法》第52条第5项的规定不符。工银公司如果违反监管规定，其应承担相应的行政责任，并不当然影响案涉民事合同的效力。华纳公司、大江公司无证据证明案涉合同具有《最高人民法院关于审理民间借贷案件适用法律若干问题的解释》第14条规定的合同无效情形。因此，华纳公司、大江公司、建行开发区支行关于合同无效的理由不成立。原判决以本案系企业间民间借贷关系，确认《融资租赁合同》无效，适用法律确有错误，法院予以纠正。

此次《民法典》明确规定：当事人以虚构租赁物方式订立的融资租赁合同无效。对此，笔者认为：本条中的“当事人”应当包括出租人、承租人和出卖人，实践中最常见的是承租人虚构租赁物，特别是在售后回租业务中比较常见；有的是承租人和出卖人合谋虚构租赁物；有的则是出租人和承租人串通虚构租赁物。融资租赁业务中，虚构租赁物的方式多种多样，有的以虚假的增值税发票作为租赁物存在的依据，有的以不具有所有权的标的作为租赁物，法院在审理时，应当根据租赁物的真实情况予以综合判断。

笔者认为，在当事人虚构租赁物情形下，融资租赁法律关系的认定可区分以下三种情况：

1.承租人单方欺诈或者承租人与出卖人合谋欺诈出租人，虚构租赁物骗取出租人资金，此种情况符合《民法典》第148条的规定，出租人享有对融资租赁合同效力的撤销权。若出租人不行使撤销权，坚持按照融资租赁法律关系处理的，法院应认定融资租赁合同有效，以利于保护实际权益受损的出租人。

2.出租人和承租人虚构租赁物，掩盖的不是非法行为，如出租人和承租人之间开展融资租赁交易的目的是为了满足承租人融资的需要。根据《民法典》第146条：行为人与相对人以虚假的意思表示实施的民事法律行为无效。以虚假的意思表示隐藏的民事法律行为的效力，依照有关法律规定处理。此时，出租人与承租人之间的融资租赁合同效力应为无效，但出租人与承租人之间的借款合同效力并不必然无效，而是应当根据有关法律的规定作出认定。

3.出租人和承租人虚构租赁物，以合法形式掩盖非法目的的，法院可直接认定融资租赁合同无效。[1]此时融资租赁合同无效情形侧重于非法目的，要求该融资租赁合同背后的行为是违法的，同时要注意掩盖非法目的与规避法律的行为的差异：掩盖非法目的的行为强调采用一个合法行为隐藏本质上的违法行为，而规避法律行为则是采用违法行为去规避法律，前者具有合法形式的外衣，而后者则没有可以掩盖。

四、租赁物登记与融资租赁法律关系的认定

融资租赁纠纷中，由于租赁物为承租人占有使用，故实践中经常出现承租人未经出租人同意，擅自对外转让、抵押租赁物的情形。现行法律未就融资租赁合同中的租赁物登记问题作出明确规定，给出租人的物权保障带来较大风险。《民法典》第745条规定：出租人对租赁物享有的所有权，未经登记，不得对抗善意第三人。融资租赁登记公示制度的建立是融资制度重构时的主要一环。在我国目前融资租赁法尚未纳入立法规范的情况下，借由《民法典》编撰之机明定融

---

〔1〕 参见雷继平、原爽、李志刚：交易实践与司法回应：融资租赁合同若干法律问题——《最高人民法院关于审理融资租赁合同纠纷案件适用法律问题的解释》解读

资租赁登记公示制度，实为权宜之计。[1]

笔者认为，融资租赁租赁物所有权登记有其必要性：(1)起到公示的作用。租赁物登记的主要目的在于将物权设立和变更的事实予以公示。(2)起到权属证明的作用。设立融资租赁物的登记制度，明确融资租赁物的所有权，可以防止出租人的合法权益被侵害，保证融资租赁关系的稳定性。(3)起到对抗第三人的作用。租赁物所有权的登记效力在于，一经登记，即可产生对抗第三人的法律效力，交易第三人在承租人进行交易时即应当查询租赁物的登记情况，否则不得主张善意取得租赁物的所有权和其他物权。

关于融资租赁登记采登记生效主义还是登记对抗主义，理论界一直有不同的观点。此次《民法典》对融资租赁登记采用登记对抗主义，笔者认为，主要是基于以下几点：(1)参照国际公约和域外立法。通过域外法考察可以发现，《国际融资租赁公约》、《美国统一商法典》和《加拿大魁北克民法典》等采用的均为登记对抗主义。(2)更符合私法自治的精神。在登记对抗主义原则下，当事人可以自由选择是否进行登记，将交易的便捷效率和权益的高度保护之间的衡量交由市场主体自行做出。(3)给予当事人充分的物权保护。在租赁物的所有权与使用权相分离的情况下，登记对抗主义能给予出租人充分的物权保护。当然，登记对抗主义也能够保护第三人利益和交易安全，在租赁物经过登记后，第三人可以通过查阅登记部门的登记资料以避免自己的权利受损害。(4)符合我国动产统一登记的趋势要求。我国理论界和实践界一直致力于建立统一的动产登记系统。融资租赁物采取登记对抗主义符合我国动产统一登记的趋势要求。

案例七：[2] 2013年，云南东源煤电股份有限公司（以下简称东源煤电）向国家开发银行（以下简称国开行）贷款12.5亿元用于云南恩洪矿区煤矸石综合利用电厂（以下简称恩洪电厂）建设，并将恩洪电厂相关发电设备进行抵押，办理了抵押登记，后因未按期偿付利息，国开行遂宣布贷款提前到期并提起诉讼，请求

〔1〕 高圣平：《融资租赁登记公示制度的构建——以民法典合同编融资租赁合同章的修改为中心》，载《河南社会科学》2017年第6期。

〔2〕（2018）云民初88号国家开发银行与云南东源煤电股份有限公司、云南东源煤业集团有限公司金融借款合同纠纷案，二审最高院调解结案。

法院判令东源煤电偿还借款本金8.3亿元及利息、罚息、复利并支付违约金，同时，请求判令国开行对93项抵押设备享有优先受偿权。招银金融租赁公司（以下简称招银公司）作为第三人参加诉讼，认为其采用售后回租的方式对抵押设备中价值3亿多元的5项享有所有权，主张国开行因未尽到查询义务并且非善意取得抵押权，不应取得该5项设备的抵押权，请求驳回国开行对诉争设备享有抵押权的主张。

一审法院观点：招银公司在中国人民银行征信中心进行融资租赁登记的时间早于抵押登记时间，同时根据《最高人民法院关于审理融资租赁合同纠纷案件适用法律问题的解释》第9条第3项的规定〔1〕和《中国人民银行关于使用融资租赁登记公示系统进行融资租赁交易查询的通知》（银发〔2014〕93号）第3条的规定〔2〕，国开行作为抵押权人，在其后签订《抵押合同》并办理抵押登记时，应该进行融资租赁交易查询，而且也具备查询的客观条件，但国开行没有履行其应尽的审查义务，对已经在相关机构登记的租赁物进行抵押，该争议设备不能产生法律规定的抵押权。

关于融资租赁的登记，由于审批机构不同，原来在中国人民银行征信中心的动产融资统一登记公示系统和商务部的全国融资租赁企业管理信息系统均可进行动产租赁物登记。两个登记系统针对不同的登记主体，登记要求和审查程度不同。目前，国务院印发《关于实施动产和权利担保统一登记的决定》，将融资租赁纳入动产和权利担保统一登记范围，明确由当事人通过中国人民银行征信中心动产融资统一登记公示系统自主办理登记，并对登记内容的真实性、完整性和合法性负责。同时明确登记机构不对登记内容进行实质审查。该决定的出

---

〔1〕《最高人民法院关于审理融资租赁合同纠纷案件适用法律问题的解释》第9条规定："承租人或者租赁物的实际使用人，未经出租人同意转让租赁物或者在租赁物上设立其他物权，出租人依据物权法第一百零六条的规定取得租赁物的所有权或者其他物权，出租人主张第三人物权权利不成立的，人民法院不予支持，但有下列情形之一的除外：……（三）第三人与承租人交易时，未按照法律、行政法规、行业或者地区主管的规定在相应机构进行融资租赁交易查询的……"

〔2〕《中国人民银行关于使用融资租赁登记公示系统进行融资租赁交易查询的通知》第3条规定：银行等金融机构作为资金融出方在办理资产抵押、质押和受让等业务时，应当对抵押物、质物的权属和价值以及实现抵押权、质权的可行性进行严格审查，并登陆融资租赁登记公示系统查询相关标的物的权属状况，以避免抵押物、质物为承租人不具有所有权的租赁物而影响金融债权的实现。

台，解决了融资租赁多头登记的困局，使融资租赁中的出租人、善意第三人均可高效、便捷的进行对应的登记和查询，更好地保护当事人的权利和义务。

审判实务精要

人民法院在认定融资租赁法律关系时，不应简单地根据合同名称来认定合同的性质和效力，而是要结合合同中有关权利义务关系的约定、标的物的性质、价值及租金的构成因素，综合考量和认定融资租赁法律关系。

在《民法典》未对租赁物范围作出规定的情况下，对于融资租赁创新中出现的租赁物，应持开放的态度，结合《民法典》第735条的规定和个案情况来予以认定。对于适格的融资租赁物，应符合以下特征：(1)租赁物客观真实存在；(2)租赁物需特定化；(3)租赁物应为非消耗物；(4)租赁物不存在低值高估现象；(5)租赁物权属明晰且所有权能够转移。

《民法典》第737条明确规定：当事人以虚构租赁物方式订立的融资租赁合同无效。从该条表述看，更侧重强调租赁物的存在与否对融资租赁法律关系的影响，也对出租人对租赁物真实性的审核义务提出了更高的要求。

国务院印发的《关于实施动产和权利担保统一登记的决定》，将融资租赁纳入动产和权利担保统一登记范围，明确由当事人通过中国人民银行征信中心动产融资统一登记公示系统自主办理登记，解决了融资租赁多头登记的困局，使融资租赁中的当事人、善意第三人均可高效、便捷的进行对应的登记和查询，更好地保护当事人的权利和义务。

撰稿人：高　琼，上海市高级人民法院金融审判庭审判员，法律硕士

32. 保理合同相关问题的司法认知与规制

导　　言

当前，我国境内服务于全供应链的保理特别是作为新金融的商业保理大量涌现，与服务于国际贸易的传统保理差异巨大，且实践中境内商业保理的合同条款和交易构架设计日趋复杂，业务专业化及模式创新度日趋增强，交易体量及市场参与主体数量日趋庞大。《民法典》第16章实施前缺乏可直接规制或适用于保理的成文法律规范，保理合同既不属于原《合同法》下的有名合同，其他民事法律和一般商事规则也无法契合保理的金融商事特征，造成长期以来业界和学界对保理法律关系及法律适用的困惑和争论，并导致司法裁判依据严重供给不足，裁判标准和司法尺度不统一，难以有效引导和规范保理行业健康发展。《民法典》第16章对保理合同做出了规定，使其成为法定的有名合同，为司法裁判提供了直接法源。但《民法典》作为基本法律制度，因篇幅所限和不宜过细的立法态度，使第16章关于保理合同的九条规范仍难以满足审判实务需要，也不可能解决所有争议。对比《民法典合同编（草案）》二审稿，立法最终回避了诸如有追索权保理人是否具有选择（诉）权等争议较大的问题，为司法实践作进一步探索预留了空间。本文中，笔者将针对保理特别是新金融商业保理所涉的四个关键问题以及《民法典》相关规定的理解适用拾遗补阙，结合司法实践和相关案例进行研究，以期对保理实务及司法裁判有所裨益。

一、保理合同的混合合同特征及相应的法律适用问题

关于保理合同的混合合同特征问题。通说认为，保理的核心是债权转让，其具有多项功能（不必同时具备），包括：融资、应收账款管理、应收账款催收、坏账担保（笔者认为，称坏账担保不合适，易和担保法律关系混淆，应称为“坏账

风险承担”)。《民法典》第761条亦规定，保理合同是应收账款债权人将现有的或者将有的应收账款转让给保理人，保理人提供资金融通、应收账款管理或者催收、应收账款债务人付款担保等服务的合同。该规定凸显了保理以债权转让为核心，并具有多项功能的混合合同特性。一般认为，混合合同是由数个典型或非典型合同之特征或要素结合而成的合同。[1]保理虽以融资为核心功能，但其他各项功能是保理区别于其他金融服务的关键特征或要素。反言之，仅仅具有融资功能或特征的所谓保理，常被法院识别为金融借款或其他法律关系，司法实践中存在大量的“名为保理、实为借贷”的案例，如鑫晟保理有限公司、上海周贤房地产开发有限公司与中科建设开发总公司等合同纠纷案，[2]创普商业保理（深圳）有限公司与安徽省万达物流有限公司、安徽菲迈斯电气有限公司等其他合同纠纷案，[3]马威颖等与中信商业保理有限公司北京分公司合同纠纷案等。[4]由此可见，在现行法下，保理必须具备混合合同特征，否则很可能遭到司法否定及识别为其他法律关系。

关于保理合同的法律适用问题。《民法典》对混合合同的法律适用作出了规定，但过于原则和笼统，缺乏可操作性。司法实务中解决混合合同法律适用问题，主要有三种学说：(1)吸收说，即适用主要部分的典型合同的法律规定，非主要部分则由主要部分吸收。(2)类推适用说，其类推适用各相关典型合同的规定，而如何类推适用则交给法官。(3)先分解后统一的结合说。[5]按照该学说，第一步先分解混合合同的构成要素，分别适用各部分的典型合同规定；第二步再依据合同整体解释、合同目的解释，推知当事人的真实意思表示；第三步基于真意，探究缔约目的、整体利益状态，以此调和合同各要素之间的冲突、矛盾或歧义，并考虑交易习惯，做出统一的、合理的法律适用。正如王泽鉴先生认为，“惟倘数项给付构成经济上的一体性时，则应同其命运”，以统一为目的的结合说，更符合混合合同法律适用的需要。笔者认为，保理合同的法律适用也可遵循该

---

〔1〕　廖盛林：《混合合同法律适用问题的类型化研究》，载《福建法学》2012年第1期。
〔2〕　参见（2018）最高法民申1513号。
〔3〕　参见（2017）沪01民终13719号。
〔4〕　参见（2018）京02民终4693号。
〔5〕　廖盛林：《混合合同法律适用问题的类型化研究》，载《福建法学》2012年第1期。

结合说。《民法典》第769条规定，本章（保理合同）没有规定的，适用本编第6章债权转让的有关规定。笔者认为，该条规定尚不足以为保理合同的司法裁判提供充足的法源，在必要时可以基于保理合同的目的、整体利益平衡以及当事人的真意，参照适用《民法典》或其他法律最类似的规定。

二、保理合同项下应收账款的转让及担保双重属性问题

保理合同是以应收账款债权人（以下简称“债权人”）转让基础交易合同项下的应收账款于保理商为基础的合同。〔1〕可以说，债权转让是保理合同的首要属性。保理合同又是混合合同，具备应收账款债务人（以下简称“债务人”）付款担保的功能。但在传统法理下，作为合同法规则的债权转让与作为担保法规则的应收账款质押之间泾渭分明。联合国国际贸易法委员会起草的《担保交易立法指南》将保理定义为对债权的买断，并进一步区分了债权的转让和债权的担保，〔2〕也正说明担保和转让不宜混同。而在作为供应链金融模式的保理项下，应收账款竟然具有了转让加担保的双重属性，正因此导致了法理认知的极大混乱。目前，我国司法审判和解释中主要有六种观点：以让与债权为担保的借贷法律关系、以转让债权为间接给付的借贷法律关系、附有转换为借款合同约定的债权转让法律关系、附担保条件的债权转让法律关系、一种结算担保方式和系列组合合同。〔3〕最高人民法院则在珠海华润银行股份有限公司与江西省电力燃料有限公司合同纠纷一案（以下简称“华润案”）中认为，有追索权的保理业务所包含的债权转让合同的法律性质并非纯正的债权让与，而应认定为是具有担保债务履行功能的间接给付契约。〔4〕《民法典》立法并未解决这个理论困局，第761条的前半句体现了债权转让属性，后半句则体现出应收账款的担保属性。

---

〔1〕 关丽、丁俊峰、包晓丽：《保理合同纠纷中基础交易合同债务人拒绝付款的司法认定》，载《法律适用》2019年第23期。

〔2〕 参见联合国国际贸易法委员会第六工作组（担保权益）第十二届会议发布的《担保交易立法指南草案》。

〔3〕 汪其昌、许多奇：《对保理法律关系的法金融学解释》，载微信公共号“金融法界”，最后访问日期：2020年3月27日。

〔4〕 参见（2017）最高法民再164号。

笔者认为，应当分情况考量：

1.无追索权保理，属于单一的应收账款债权转让，由保理人独立承担应收账款的坏账风险，应收账款不具有任何担保属性，应当完全适用合同法债权转让的规则。与之相应，《民法典》第767条规定，当事人约定无追索权保理的……保理人取得超过保理融资款本息和相关费用的部分，无须向应收账款债权人返还。可见，无追索权保理项下的应收账款债权转让是真转让。

2.有追索权保理，转让给保理人的应收账款具有担保保理融资款债务的属性。按照合同法下债权转让的基本理论，保理人受让应收账款后即成为基础交易合同的债权人，本应独自承担坏账风险并完全享有应收账款债权收益。然而，《民法典》第766条却规定，当事人约定有追索权保理的……保理人向应收账款债务人主张应收账款债权，在扣除保理融资款本息和相关费用后有剩余的，剩余部分应当返还给应收账款债权人。结合第761条表述可见，《民法典》明确否定了有追索权保理具有合同法项下债权转让单一属性的观点，而采纳了具有转让和担保双重属性的观点。但这种立法模式，显然存在两个无法回避的问题：

（1）我国法律不存在兼具担保属性的债权转让规则。首先，《民法典》第761条和第769条均彰显出债权转让是保理合同法律关系的识别特征，但典型的债权转让并不具备担保的功能。第二，让与担保制度本质是担保而非转让，其标的是有形财产而非应收账款，并且我国只承认清算型让与担保，即禁止标的物未经担保物权实现程序而直接归属于债权人，故让与担保理论适用于有追索权保理存在明显的理论和程序障碍。第三而间接给付说能够兼顾转让和担保两种属性，是目前最好的理论选择，但其毕竟还是一种学说，缺乏立法的明确支撑。第四，《最高人民法院关于适用〈中华人民共和国民法典〉有关担保制度的解释》将有追索权保理纳入"非典型担保"规定于第66条第2款，但其依据的主要是源于英美法系的（担保）功能学说，尚难以与我国大陆法系的传统理论很好地实现衔接。综上可见，在我国现有的法学理论框架内，有追索权保理项下应收账款兼具转让和担保双重属性的理论困境，尚未得以妥善解决。故笔者建议，有必要进一步研究设立保理特有的债权转让规则。

（2）无论是物的担保还是债的担保，均包含一整套复杂制度，并需要通过特定程序实现担保权利，如债的担保下的先诉抗辩权、物的担保中的禁止流质等。一方面，所谓有追索权保理的担保属性，全然不同于物的担保及债的担保，其通过保理人向债权人直接主张追索权即可实现，而不需要通过特定程序实现担保权利，更因为本身具有的债权转让属性而完全不存在流质问题。另外，债的担保下本已存在成熟的应收账款质押制度，故在审理保理案件时，绝不能直接援引上述物的担保或债的担保的法律。但另一方面，承载保理担保属性的法律条文仅有《民法典》第761条和第766条两个法条，远不足支撑所谓的保理担保规则体系。而上述两个条文本身，与其说赋予了有追索权保理项下应收账款的担保属性，倒不如说是立法强制创设了保理人对债权人的追索权，并设立了这种新型请求权的求偿范围限于融资款本息。虽然目前立法机构及司法机关的释法，均将有追索权保理定性为具有担保功能的合同或曰非典型担保，但笔者仍然建议，或可换个角度考察有追索权保理，即通过设立法定请求权（追索权）并明确行权顺位、构成要件及权利范围的角度进行解释（类比票据追索权之法定），如果足以解决问题，则就不必过分强调有追索权保理项下应收账款的担保属性，以避免可能的理论泥潭。

3.回购型保理，《民法典》第766条将回购型保理纳入有追索权保理的范畴，对此笔者并不赞同，但在本文不作赘述。基于《民法典》的立法现状，回购型保理同样面临上述问题。

4.假保理的甄别。必须指出，正是由于保理具备混合合同特征，并导致要素组合极具灵活性，故保理在实务中形态多样，有限的法律规范难以涵盖所有保理、创新保理甚至类保理的交易模式。所以，保理纠纷案件尤其需要法官把握保理构成要件，运用司法智慧，在个案中准确甄别真假保理。比如，现实中存在一种所谓的保理业务模式：保理人先向债务人催收款项，等完成收款后，再向债权人支付价款，此时应收账款方才转让给保理人。即在应收账款最终转让给保理人之前，保理人提供的仅是代理债权人的催收服务。但保理商并非仅仅获取催收服务费，而是通过最终受让应收账款的方式，获得超过支付给债权人价款的差额部分，从而套利。这种情况下，应收账款先于转让完成催收，保理商也全然超脱于坏账风险承担，也就不存在有无追索权的问题，更不受《民法典》第766条有关剩余返还规则的制约(应收账款金额=向债权人支付的价款金额+保理人的利润)。故笔者认为,这种业务模式并非保理,而应定性为“附条件的应收账款转让”。

三、保理合同项下应收账款的范围限定问题

我国法律下发生的债原因众多,除合同以外,还包括不当得利、无因管理、侵权等,均可产生应收账款,这些应收账款是否具有可转让性,能否纳入保理标的之应收账款范围,不无疑问。虽然《民法典》未作规定,但该问题显然是识别保理法律关系的核心要件,司法实践中亟待明确。

国际统一私法协会1988年制定的《国际保理公约》是迄今为止最全面最权威的保理公约,其将国际保理的应收账款限定于:供应商和债务人订立的货物销售(包括货物和服务的买卖)合同所产生的应收账款,但主要债务人个人、家人或家庭使用的货物销售所产生的应收账款除外。联合国2001年第56届大会第85次会议正式通过的《国际贸易中应收账款转让公约》(该公约目前因缔约国不足尚未生效),[1]尽管该公约并非保理的专门公约,但解决了保理业务中最关键的法律问题,弥补了国际保理公约的不足,如隐蔽型保理、由设备或设施使用合同产生的应收账款保理、禁止转让条款的绝对无效等,其第4条“除外情况和其他限制”明确排除了多种交易项下的应收账款。[2]国际保理商联合会制定的《国际保理业务通用规则》(2010年版)第2条使用“供应商”而非《民法典》使用债权人措辞,并将供应商定义为“对所供应的货物或提供的服务出具发票的一方”;第3条将所涵盖的应收账款限定于以信用方式向债务人销售货物或提供服务所产生的应收账款,并明确排除了以信用证(备用信用证除外)凭单付现或任何种类现金交易为基础的销售。联合国国际贸易法委员会起草的《担保交易立法指南》,虽在内容上基本继承了《国际贸易中应收账款转让公约》,但突破性扩大了应收账款的范围,即可以转让的债权不仅包括因合同产生的,还包括非合同产生的债

[1] 程军、范洪业:《〈联合国国际贸易中应收账款转让公约〉评析》,载《中国经贸》2004年第7期。

[2] 杨国华:《〈国际贸易中应收账款转让公约〉评介》,载《国际贸易问题》2000年第2期。

权。[1]当然，上述的公约、通则、草案指南均针对国际保理，不必然适用于蓬勃发展的各类境内创新金融保理模式。银保监会2019年下发的规范性文件规定，商业保理企业不得基于不合法基础交易合同、寄售合同、权属不清的应收账款、因票据或其他有价证券而产生的付款请求权等开展保理融资业务。[2]

笔者建议，虽然《民法典》未作规定，但司法实践仍应根据境内新金融保理的现状、银保监会及地方金融监管政策，结合上述公约通则等的立法经验，对保理标的之应收账款范围，作如下限定：

1.理应限定于金钱债权。举例而言，提单、海运单、仓单等提货凭证表彰的提货请求权，因非金钱债权，故不能作为保理标的。

2. 是否但凡金钱债权皆可保理？从诸多开展国内保理业务的银行文件或网站对国内保理的规定看，均仅针对国内贸易中的信用销售，包括销售货物或提供服务所产生的应收账款转让。然而，一方面非银行主体的商业保理体量日益增长，另一方面《民法典》第761条对保理合同的定义中，未使用供应商措辞，而是使用了债权人的措辞，亦未限定可转让应收账款的范围，是否意味着立法允许保理标的之应收账款，不仅限于货物销售或服务提供，更扩大至不当得利、无因管理甚至侵权之债？举一案例而言，原告持有交通肇事损害赔偿纠纷案件的胜诉判决，即享有侵权之债的求偿权，如原告以该项应收账款向保理商做保理，可否？答案显然是否定的。另外，境内各类创新金融模式的标的物外延不断扩大、工具不断创新，增加了法院对其法律关系性质的识别难度。笔者就曾经审理过以限售股的股权收益权为转让及回购合同标的的案件（再审申请人王某某与被申请人上海中汇金玖三期创业投资基金合伙企业股票收益权转让及回购合同纠纷案），[3]以及以超市POS机未来一定期限内的流水作为保理合同标的的案件（再审申请人卡得万利商业保理有限公司与被申请人福建省佳兴农业有限公司等借款合同纠纷案）。[4]前一案件法院虽然认定了转让及回购合同的有效性，但

---

〔1〕 严婷:《国际保理业务中债权转让问题研究》，南昌大学国际法学专业2013年硕士学位论文。

〔2〕 参见中国银保监会《关于加强商业保理企业监督管理的通知》，2019年10月18日发布。

〔3〕 参见（2017）沪民申29号。

〔4〕 参见（2016）沪民申2374号。

仍然比照民间借贷利率上限对回购收益进行了调整，后一案件则被法院认定为“名为保理，实为借贷”。可见，审判实务中保理标的范围问题值得重视。

3.保理标的之应收账款范围，应限于买卖合同（此处不使用货物贸易合同概念，盖因《民法典》将买卖合同作为典型合同专章规定）、服务合同、设备或设施使用合同所产生的货币债权（仅限金钱债权，不包括以劳务折现），包括该债权产生的一切合法收益，以服务于产业供应链为限度，理由如下：保理合同始于跨国赊账销售，在商业实践中不断演变发展至今，带有浓厚商业操作色彩。如今的境内保理业务，尤其是大量有追索权的或带回购、回转条款的国内保理，已几乎脱离基础交易关系，演变为保理商和债权人之间的资金融通工具，且此类新金融保理业务体量巨大。如果司法实践和行政监管对保理标的之应收账款范围不加以必要的限制，后果必然是在促进保理行业蓬勃发展的同时，积聚起大量的金融风险。因为，放任等于变相鼓励境内商业乃至银行保理进一步异化为纯粹的借贷工具，既不符合金融行业分业经营的原则，还会推高社会整体融资利率，并可能形成以保理为通道的系统性金融风险。

4. 保理标的之应收账款，应具有可转让性，且不包括因股票、债券、票据，信用证（不含备用信用证）、保函或其他有价证券直接产生的付款请求权。因为这些请求权，或由特别法创设，或有特别制度安排，均不能转让或须按特殊制度方能转让。

笔者认为，法官在判断诉争交易是否构成保理合同法律关系时，除了应当审查主体是否适格、保理合同形式要件是否具备、基础交易关系是否真实存在、应收账款是否实际转让等因素外，[1]还应当审查应收账款的性质。对于超出前文所述应收账款范围的所谓保理合同，应否定其构成《民法典》第16章规定的保理合同法律关系，并根据查明事实重新识别定性。当然，司法实践中有关保理标的之应收账款范围的认定标准，应当注重与金融监管政策的衔接，并根据保理业态及时作出必要的调整。

---

〔1〕 关丽、丁俊峰、包晓丽：《保理合同纠纷中基础交易合同债务人拒绝付款的司法认定》，载《法律适用》2019年第23期。

四、有追索权保理项下向债务人求偿权与追索权之顺位问题

有追索权保理项下，当保理融资款本息未得清偿时，保理人有权依约向应收账款债权人行使追索权，保理人亦有权基于基础交易合同向债务人主张应收账款债权。该项追索权与向债务人求偿权两者之间是否存在顺位问题，争议较大。

（一）最高人民法院观点及《民法典》立法态度的变化

在华润案中，最高人民法院认为：珠海华润银行（保理人）本应先向江西燃料公司（债务人）求偿，在未获清偿时，才能够向广州大优公司（债权人）主张权利……江西燃料公司（债务人）应当就其所负债务承担第一顺位的清偿责任，对其不能清偿的部分，由广州大优公司（债权人）承担补充赔偿责任。[1]最高人民法院法官另撰文认为：保理人行使诉权没有先后顺序，保理人有权任意起诉应收账款债务人或者债权人，其顺位性特征仅体现在执行程序中。[2]《民法典》合同编（草案）二审稿第552条之四，赋予了保理人向应收账款债权人追索或向债务人求偿的（主动）选择权，具体表述为：当事人约定有追索权保理的，保理人有权选择向应收账款债权人主张返还保理融资款本息或者回购应收账款债权，或者向应收账款债务人主张应收账款债权。《民法典》第766条取消了保理人的选择权，改用两个"可以"的措辞，具体表述为：当事人约定有追索权保理的，保理人可以向应收账款债权人主张返还保理融资款本息或者回购应收账款债权，也可以向应收账款债务人主张应收账款债权。通过比较《民法典》合同编（草案）二审稿第552条之四与《民法典》第766条可见：第一，立法最终取消了保理人的选择权；第二，立法关注到了追索权与向债务人求偿权两者之间存在顺位的问题；第三，立法回避了争论，为实务和司法留出进一步实践探索的空间。

（二）规制向债务人求偿权与追索权之顺位问题的两种方案

鉴于《民法典》对向债务人求偿权、追索权的顺位问题未作规定，笔者设计

---

〔1〕 参见（2017）最高法民再164号。

〔2〕 关丽、丁俊峰、包晓丽：《保理合同纠纷中基础交易合同债务人拒绝付款的司法认定》，载《法律适用》2019年第23期。

了以下两种规制方案：

方案一，保理人必须首先基于受让之基础交易应收账款债权向债务人求偿，所得不足以清偿保理融资款本息的，才能就不足部分向债权人行使追索权，债权人承担补充责任。即创设法定的责任顺位，由债务人承担第一顺位责任，债权人则承担第二顺位责任，保理人一般不承担坏账风险。

笔者赞同最高人民法院在华润案中有关债务人承担第一顺位责任、债权人承担补充责任的观点，但认为其有关保理人向债权人追偿的不足部分仍可向债务人求偿的观点值得商榷，理由如下：

第一，考察学界对于有追索权保理定性问题的观点，有以转让债权为间接给付、让与（债权）担保、附转换（为借款合同）条件的债权转让、附担保条件的债权转让等。笔者认为，以最高人民法院在华润案中提出的间接给付项下债权转让说，最符合有追索权保理的特征。

第二，基于最高人民法院的上述观点，有追索权保理项下的应收账款转让是以实现间接给付为目的，而按照间接给付理论，保理人应当首先向债务人主张替代给付，只有当替代给付不能实现时，保理人才能向债权人主张原定给付。据此，保理人必须先行向债务人求偿，如此设计亦有利于督促保理人审慎审查基础交易及应收账款的真实性，也使有追索权保理符合应收账款真转让的保理基本特征，只有当发生了债务人清偿不足以支付保理融资款本息的情况，保理人才可就不足部分向债权人追索。

第三，债权人承担补充责任，是间接给付理论运用于有追索权保理的逻辑必然。除非债务人和债权人均破产或失去偿债能力，否则保理人一般不承担坏账风险。但该项补充责任，有别于担保责任，更不应定性为一般保证责任。从逻辑上讲，一般保证之保证人享有先诉抗辩权，故对主债务承担补充责任，但补充责任本身不能和一般保证责任画等号，援引补充责任的场景也不限于担保。最高人民法院在华润案中认为，间接给付项下的应收账款转让并非纯正的债权让与，而是具有了担保的属性；追索权的功能相当于担保，与放弃先诉抗辩权的一般保证相当。但笔者认为，最高人民法院的上述观点可得商榷。一方面，正因为间接给付理论的适用，使有追索权保理项下的应收账款转让有些类似于让与担保，具有了某些不同于无追索权保理项下应收账款转让以及一般债权转让的特征。另一方面，设立追索权使债权人对于债务人不能清偿之应收账款承担了补充责任，确实起到了类似一般保证的作用。但是，无论间接给付理论下的债权转让还是追索权，均有别于让与担保或者一般保证，不能直接适用典型担保的法律规范。正如《最高人民法院关于适用〈中华人民共和国民法典〉有关担保制度的解释》第1条开宗明义地指出的，保理涉及担保功能发生的纠纷，才适用该解释的规定。

第四，最高人民法院在华润案中认为，保理人向债权人追偿不足部分仍可向债务人求偿。对此笔者并不赞同，因为对于保理人享有的融资款本息债权而言，如根据最高法院上述观点，基础交易应收账款的债权人和债务人之间将互为补充责任，等于变相成立连带责任，这既不符合追索权的行权条件，也必然造成保理合同各方权利义务失衡。所以，笔者主张保理人应先向债务人求偿，未得清偿或清偿不足部分可向债权人追索，但不能倒过来允许保理人先向债权人追索并就追偿不足部分向债务人求偿。

第五，如采纳方案一，则可以使保理追索权与票据追索权在权利行使条件上达成基本一致。关于票据追索权的行使条件，最高人民法院认为需具备实质要件和形式要件，实质要件是持票人的付款请求权得不到实现，形式要件是指持票人应提供被拒绝承兑或被拒绝付款的证明。〔1〕《票据法》第61条也规定，汇票到期被拒绝付款的，持票人可以对背书人、出票人以及汇票的其他债务人行使追索权。《票据法》第62条规定，持票人行使追索权时，应当提供被拒绝承兑或者被拒绝付款的有关证明。可见，传统的追索权概念和行使条件，均以本权利（付款请求权）行使受阻为前提。笔者认为，既然保理在实务和立法中均援用了追索权之概念，则最好能和《票据法》保持基本一致，即规定当保理人的本权利（向债务人主张应收账款）可得行使时，其不得直接向债权人行使追索权。据此，笔者设计了上述方案一，供司法实践适用和检验。

方案二，保理人有权选择：或基于基础交易合同即受让的应收账款债权向

---

〔1〕 杨临萍：《关于当前商事审判工作中的若干具体问题》，载《人民司法（应用）》2016年第4期。

债务人求偿，或基于保理合同约定向债权人行使追索权，但只能择一行权，且一旦行权不得变更，所得不足以清偿保理融资款本息的，最终损失由保理人自行承担。即在应收账款债权人和债务人之间不设立责任顺位，而是赋予保理人选择权，保理人因此承担一定的坏账风险。另外，保理人行使追索权且债权人足额清偿保理融资款本息的，应收账款债权即归于债权人。

关于选择（诉）权问题，最高人民法院法官在《保理合同纠纷中基础交易合同债务人拒绝付款的司法认定》一文中的观点和《民法典》合同编（草案）二审稿第552条之四的规定是基本一致的，即保理人有权任意起诉应收账款债务人或者债权人，行使诉权没有先后顺序。〔1〕但在华润案中，最高人民法院则认为：应由债务人承担第一顺位责任，对其不能清偿部分，再由债权人承担补充赔偿责任。在华润案中，最高人民法院还设立了有追索权保理项下应收账款的反转让请求权，并将其区别于追索权，认为两项权利的行使均需要独立意思表示方能发生效力，且各自的法律效果也不相同，如保理人行使反转让请求权可导致债权人重新获得应收账款，而保理人仅行使追索权则应收账款债权的持有人仍然是保理人。〔2〕笔者认为，按照该观点的逻辑，保理人向债权人求偿的，存在两个行权途径：其一，保理人放弃行使追索权而选择行使反转让请求权。保理人将应收账款返还给债权人，所得充抵保理融资款本息，且该项所得性质上应为转让之对价，而非融资还款。此后，保理人不再持有应收账款债权，也就丧失了对债务人的求偿权。其二，保理人不行使反转让请求权而仅仅行使追索权。保理合同中有关追索权的约定条款，只要不违反法律禁止性规定的，应当有效。保理人主张追索权的，债权人依约应当向保理人返还保理融资款本息，该项所得应定性为融资还款。但问题是，即便保理人从债权人处已经足额受偿，但因保理人仍然持有应收账款债权，故并未丧失对债务人的求偿权，从法律上讲，除非援引公平原则，否则保理人双重受偿不存在法律障碍。另对于债权人而言，即便其完全支付了被追索的款项，概因保理人只主张追索而不主张反转让，故债权人将处于无法

---

〔1〕　关丽、丁俊峰、包晓丽：《保理合同纠纷中基础交易合同债务人拒绝付款的司法认定》，载《法律适用》2019年第23期。

〔2〕　参见（2017）最高法民再164号。

“赎回”应收账款债权的尴尬境地。债权人无法“赎回”应收账款债权，也就无权向债务人求偿，进而承担终局损失。债务人则被免除了本应承担的应收账款责任。综上可见，如按照最高人民法院在华润案中的观点演绎，当保理人仅主张追索权而不主张反转让请求权时，其法律效果竟然是基础交易项下债务人所负应收账款责任得以免除、相应损失尽由债权人承担、保理人可得合法双重受偿，这显然有悖公平原则和法律认知。另外，《保理合同纠纷中基础交易合同债务人拒绝付款的司法认定》一文中的观点，以及《民法典》合同编（草案）二审稿第552条之四规定，也同样面临上述利益失衡的逻辑困境，不再赘述。

《民法典》第766条仅规定了保理人可以向债权人和债务人分别求偿，但回避了保理人有无求偿选择权及债权人、债务人之间有无责任顺位的问题，为司法实践预留了空间。鉴于此，笔者提出上述方案二，在赋予保理人选择权的同时，规定其只能择一行权，且一旦行权产生两个法律后果：其一，行使此权利即放弃彼权利，不足受偿的损失由保理人自行承担；其二，保理人行使追索权且获足额清偿的，应收账款债权即归于债权人。理由如下：

第一，不必区分反转让请求权和追索权，或者说行使追索权本身即包含了将应收账款返还给债权人的意思表示。在华润案中，最高人民法院之所以区分反转让请求权和追索权，系将有追索权保理项下的应收账款转让视为了附追索权条款的债权转让合同，[1]即债权转让额外叠加一个约定的追索权，且债权转让和追索权相互独立、互不影响。该观点看似契合保理的债权转让性，但正如前所述，其无法避免保理人行使追索权却不主张反转让时，保理人可能的双重受偿、债务人基础交易债务不当免除、债权人权利落空的困局。为避免这个困局，笔者主张保理人行使追索权本身即包含了将应收账款返还给债权人的意思表示，不必区分反转让请求权和追索权，甚至没有必要人为制造出“反转让”这一概念。毕竟，“反转让”至多只是保理行业内缮制合同时可能采用的一种措辞而已，既缺乏法律明确定义，也远没有形成规则明确的行业惯例，其表达的意思不过是将应收账款债权返还给或者二次转让给债权人而已，已有的追索权及债

---

〔1〕 关丽、丁俊峰、包晓丽：《保理合同纠纷中基础交易合同债务人拒绝付款的司法认定》，载《法律适用》2019年第23期。

权转让规则完全可以对其定性，根据“如无必要，勿增实体”的奥卡姆剃刀定律，实无创设“反转让”及“反转让请求权”概念之必要。

第二，上述方案二，既规定了保理人具有附条件的选择权，又规定了保理人行使选择权的法律后果。保理人选择向债务人求偿的，系受让应收账款后当然享有的基础交易合同权利，强制规定保理人一旦行权即丧失保理合同项下的追索权，即可以避免保理人双重受偿。保理人选择向债权人追索的，系保理合同约定之权利，强制规定保理人一旦行使追索权即丧失对债务人的求偿权，而无论保理人是否放弃应收账款债权人身份，或者是否将应收账款返还给债权人，既避免了保理人双重受偿，也避免了债务人基础交易债务不当免除、债权人权利落空的困局。

第三，上述方案二项下，对于保理人而言，应收账款债务人和债权人之间的责任关系，不再是补充责任，而类似于不真正连带责任。不真正连带责任，是指各债务人基于不同的发生原因而对于同一债权人负有以同一给付为标的的数个债务，因一个债务人的履行而使全体债务均归于消灭。方案二项下，债务人基于基础交易合同对保理商承担清偿责任，债权人基于保理合同对保理商承担还款责任，且保理人有权选择，或向债权人追索，或向债务人求偿，保理人一旦选择并获偿后即消灭另一方的债务，这些都符合不真正连带责任的特征，但也存在差别，如保理人择一行权后未足额受偿的损失由保理人自担，而不能再向另一方主张等。不真正连带责任不同于担保，没有主债务人。可见，借鉴不真正连带责任理论审视有追偿权保理，不但有利于厘清各方之间的责任关系，更能够将有追索权保理拔出借款加担保的理论泥潭，从而避免了将有追索权保理异化为民间借贷的理论之觞。

第四，上述方案二规定，保理人在应收账款债权人和债务人之间只能择一行权，且一旦行使此权利即视为放弃彼权利，不足额受偿的损失由保理人自行承担。方案二通过不设立责任顺位，援引不真正连带责任而非补充责任，使保理人承担一定的坏账风险。坏账风险的存在，不但可以督促保理人对基础交易及应收账款的真实性尽到审慎审查义务，鼓励其事先调查债务人清偿能力及可能抗辩，而且可以防止有追索权保理在实务中异化为保底收益的民间借贷，进而防范保理行业系统性风险。

（三）两种方案的比较与评判

无论是方案一还是方案二，创设责任顺位抑或赋予保理人附条件选择权，目的具有一致性：其一，避免保理人双重受偿，哪怕是法理层面的双重受偿可能性；其二，督促保理人对基础交易及应收账款的真实性尽到审慎审查义务，尤其在《民法典》允许“将有的应收账款”作为保理合同标的的情况下，理应适当加重保理人的注意义务，防止各方以虚假应收账款实施“名为保理，实为借贷”的虚伪通谋行为；其三，让保理人承担与其业务模式和收益相匹配的责任及风险，防止有追索权保理异化为保底的借贷或者通道业务。

方案一通过创设责任顺位的方式，即要求保理人先向债务人求偿，而债权人仅承担补充责任，以期实现上述三项目的。方案二则通过创设保理人附条件选择权的方式，让保理人承担一定的坏账风险，以期实现上述三项目的。在应收账款债权真实有效且不被实质性抗辩的前提下，除非出现债权人及债务人均破产或者丧失清偿能力，方案一项下的保理人一般不承担坏账风险，考虑到保理的资金融通属性、保理法律关系三方之间的利益平衡以及保理行业整体的坏账风险控制等因素，笔者相对更倾向于采纳方案一。《最高人民法院关于适用〈中华人民共和国民法典〉有关担保制度的解释》相比较征求意见稿，删除了债权人和债务人承担连带责任的规定。其第66条第2款的规定，特别是“一并起诉，可以受理”措辞，既体现出认定债权人和债务人之间成立不真正连带责任的倾向，也同时反映出该问题尚存在重大争议需要进一步研究，一如《民法典》第766条使用“两个可以”措辞。总而言之，上述两方案均有待司法实践和保理实务检验。

审判实务精要

综上所述，虽然《民法典》第16章为保理合同“正了名”，也为司法裁判提供了适法依据，但其九条规范远不足以规制保理合同领域的诸多争议问题，本文择其四个重要问题，提出法律适用及规制建议，以期抛砖引玉：第一，保理合同必须具备混合合同特征。仅仅具有融资或其他单一功能或特征的所谓保理合同，应当被识别为“名为保理、实为借贷”或其他法律关系。正因为保理合同的混合合同特征，除了《民法典》第6章债权转让规定以外，法院审理保理纠纷案件必要时可以基于合同目的、整体利益平衡及当事人的真意，参照适用《民法典》或其他法律最相类似的规定。第二，正确看待保理项下应收账款所具有的转让及担保双重属性。第三，作为保理合同标的的应收账款，应当被限定范围。该范围的认定标准，应注重与金融监管政策的衔接。在识别保理合同关系时，应当审查应收账款的性质是否符合上述范围的要求。如果以不符合，则法院应否定其构成保理合同法律关系，并根据查明事实重新识别定性。第四，关于有追索权保理项下追索权与向债务人求偿权之顺位问题，本文提供了两个方案，以待司法实践选择适用和检验。包括：方案一，保理人必须首先基于受让之基础交易应收账款债权向债务人求偿，所得不足以清偿保理融资款本息的，才能就不足部分向债权人行使追索权，债权人承担补充责任。即创设法定的责任顺位，由债务人承担第一顺位责任，债权人则承担第二顺位责任，保理人一般不承担坏账风险。方案二，保理人有权选择：或基于基础交易合同即受让的应收账款债权向债务人求偿，或基于保理合同约定向债权人行使追索权，但只能择一行权，且一旦行权不得变更，所得不足以清偿保理融资款本息的，最终损失由保理人自行承担。即在应收账款债权人和债务人之间不设立责任顺位，而是赋予保理人选择权，保理人因此承担一定的坏账风险。另外，保理人行使追索权且债权人足额清偿保理融资款本息的，应收账款债权即归于债权人。

撰稿人：黄　海，上海市高级人民法院金融审判庭审判员，法学硕士

33. 建设工程价款优先受偿权的相关问题

导　　言

《民法典》第807条对建设工程价款优先受偿的问题作了规定。建设工程价款优先受偿制度最早出现在原《合同法》第286条，但仅有一条规定过于原则，给司法实践带来了很多困境。为此，最高人民法院在2002年、2004年就建设工程价款优先受偿权制度相继制定了批复和复函。长期以来，审判实践中主要以上述两个文件作为处理相关问题的依据。2018年《最高人民法院关于审理建设工程施工合同纠纷案件适用法律问题的解释（二）》出台，其中共有7个条文涉及建设工程价款优先受偿权问题，对该制度作了进一步的补充及完善。2020年12月29日，最高人民法院对此前涉及建设工程的司法解释作了一次整合和修订，出台了新《最高人民法院关于审理建设工程施工合同纠纷案件适用法律问题的解释（一）》，其中有8个条文涉及了建设工程价款优先权问题，多数沿用了此前解释二的内容，除将法律依据修改为民法典等文字上的调整外，也有实质性修改，还有对2002年批复确定的消费者的物权期待权优先的原则并未吸收。即使如此，审判实践中仍有一些问题存在一定的争议，亟待明确。例如，转包、违法分包的实际施工人是否享有建设工程价款优先受偿权？实现优先权的费用是否同样能优先受偿等。《民法典》第807条仍然沿用了原《合同法》第286条的规定，对权利顺位问题、追及效力问题等都没有做规定。本文对审判实践中有争议的问题做了分析，就部分问题还提出了应对方案。同时，对今后如何进一步完善该制度提出了相关建议。

一、建设工程价款优先受偿权制度的发展

原《合同法》第286条规定，发包人未按照约定支付价款的，承包人可以催告发包人在合理期限内支付价款。发包人逾期不支付的，除按照建设工程的性质不宜折价、拍卖的以外，承包人可以与发包人协议将该工程折价，也可以申请人民法院将该工程依法拍卖。建设工程的价款就该工程折价或者拍卖的价款优先受偿。

2002年，法释〔2002〕16号《最高人民法院关于建设工程价款优先受偿权问题的批复》，明确了建设工程价款优先受偿权的权利期限、工程价款范围、与担保物权及普通债权之间的受偿顺序等问题。

2004年，(2004)民一他字第14号《最高人民法院关于装修装饰工程款是否享有合同法第二百八十六条规定的优先受偿权的函复》，明确装修装饰工程适用优先受偿权的规定，但装修装饰工程的发包人不是该建筑物的所有权人或者承包人与该建筑物的所有权人之间没有合同关系的除外。享有优先权的承包人只能在建筑物因装修装饰而增加价值的范围内优先受偿。

2018年，法释〔2018〕20号《最高人民法院关于审理建设工程施工合同纠纷案件适用法律问题的解释(二)》，从第17条至第23条共计7个条文对建设工程价款优先受偿权制度予以修改与完善。

《民法典》第807条规定，发包人未按照约定支付价款的，承包人可以催告发包人在合理期限内支付价款。发包人逾期不支付的，除根据建设工程的性质不宜折价、拍卖外，承包人可以与发包人协议将该工程折价，也可以请求人民法院将该工程依法拍卖。建设工程的价款就该工程折价或者拍卖的价款优先受偿。

2020年底，法释〔2020〕25号《最高人民法院关于审理建设工程施工合同纠纷案件适用法律问题的解释(一)》，以2018年《最高人民法院关于审理建设工程施工合同纠纷案件适用法律问题的解释(二)》为基础，从第35条至第42条共计8个条文再次对建设工程价款优先受偿权制度予以修改。

二、建设工程价款优先受偿权制度的立法目的、功能和性质

（一）建设工程价款优先受偿权制度的立法目的、功能

建设工程价款优先受偿权是原《合同法》规定的一项制度，由于规定过于原则，在适用中需要作进一步的解释。准确掌握立法目的，正确界定其制度功能，才能准确的适用，妥善处理相关案件。对于建设工程价款优先受偿权的立法目的，从立法机关的解读来看：一是在于保护建筑企业的工程价款，解决普遍存在的工程价款拖欠问题，维护建筑市场的正常发展。二是具有保护建筑工人的劳动报酬的目的，因而具有比照《破产法》《民事诉讼法》有关职工工资优先的规定的正当基础。

（二）建设工程价款优先受偿权的性质

2002年《最高人民法院关于建设工程价款优先受偿权问题的批复》从建设工程价款优先受偿权的性质入手，以确定建设工程价款优先受偿权的范围、效力、行使期限。对比学界最主要的留置权说、法定抵押权说和优先权说的理由后，批复实际上采纳了优先权说。尽管梁慧星教授撰文指出，立法过程中对建筑工程价款优先受偿权为法定抵押权没有争议。王利明教授亦持法定抵押权说。《最高人民法院关于建设工程价款优先受偿权问题的批复》在综合各种观点之后，做出了取舍，采纳了优先权说，即以实现该制度功能为目标，采目的性解释和体系性解释方法，在现行法律规定下寻找最合适的结论。[1]

优先权说之所以为批复所采纳，最主要的理由在于优先权说能够满足建设工程价款优先受偿权的立法目的，同时在现行法律上不存在障碍。优先权并没有规定为物权类型，即不存在物权法定原则下增加新类型担保物权性权利的障碍；优先权在我国《海商法》《民用航空法》《破产法》等法律上均有规定。优先权说基本符合原《合同法》第286条的表述，也没有明显的法律上的障碍。

批复适用的十多年间，有很好的效果，但实践中遇到了一些问题和争议，主要集中在：权利的主体范围问题、权利的行使条件问题、权利的效力问题、权利

---

〔1〕 汪治平：《建设工程价款优先受偿权的若干问题》，载《人民司法》2002年第1期。

行使期间起算问题、优先受偿的债权范围问题。为此，2018年《最高人民法院关于审理建设工程施工合同纠纷案件适用法律问题的解释（二）》用了7个条文对上述问题作了进一步的修改和完善，但是仍有一些问题有待于明确，尤其是对于权利的效力问题基本未做规定。2020年《最高人民法院关于审理建设工程施工合同纠纷案件适用法律问题的解释（一）》吸收了批复第1条的规定，再次肯定了优先权说，并且确定了抵押权和其他债权劣后于建设工程价款优先权。除此以外，并未对上述问题做进一步的规定，实践中仍存在较多争议。

三、现行法律框架下的相关问题研究及应对

鉴于《民法典》及2020年《最高人民法院关于审理建设工程施工合同纠纷案件适用法律问题的解释（一）》已经实施，对于审判实践而言，就需要在现行的法律框架下，对于相关争议问题进行分析研究，并寻找切实可行的应对路径。

（一）转包、违法分包的实际施工人是否享有建设工程价款优先受偿权

对于建设工程价款优先受偿权的主体范围，2020年《最高人民法院关于审理建设工程施工合同纠纷案件适用法律问题的解释（一）》专门作出规定，限定为与发包人订立建设工程施工合同的承包人。同时该司法解释第37条沿用了2018年《最高人民法院关于审理建设工程施工合同纠纷案件适用法律问题的解释（二）》第18条的规定，将装修装饰工程的承包人纳入了建设工程价款优先受偿权的主体范畴。

实践中，对转包、违法分包的实际施工人是否享有建设工程价款优先受偿权仍存在较大争议。2020年《最高人民法院关于审理建设工程施工合同纠纷案件适用法律问题的解释（一）》第43条沿用2018年《最高人民法院关于审理建设工程施工合同纠纷案件适用法律问题的解释（二）》第24条的规定，即转包、违法分包的实际施工人按照可以同时起诉发包人、承包人等要求支付劳动报酬，发包人在欠付工程价款的范围内，对实际施工人承担责任。此规定给予了实际施工人有限地对发包人劳动报酬的直接诉权。实践中对其能否主张优先受偿权存有较大争议。

《最高人民法院建设工程施工合同司法解释（二）理解与适用》一书中明确排除了实际施工人直接主张优先受偿权的可能，主要考虑在于实际施工人只是主张一部分价款，建设工程价款的优先受偿权应当整体行使，否则会损害承包人及承包人其他债权人的利益，也不利于建设工程正常利用。笔者认为，此理由过于片面，尤其是对转包情形下，很难得出实际施工人主张的仅是小部分工程价款的结论。另外，即使排除实际施工人的直接优先受偿权的诉权，还要考虑建设工程价款优先受偿权的立法具有对施工劳动报酬特别保护的目的，要妥善处理拖欠工人工资的问题。

2020年《最高人民法院关于审理建设工程施工合同纠纷案件适用法律问题的解释（一）》沿用了2018年《最高人民法院关于审理建设工程施工合同纠纷案件适用法律问题的解释（二）》第25条的规定，第44条规定了“实际施工人依据民法典第五百三十五条规定，以转包人或者违法分包人怠于向发包人行使到期债权或者与该债权有关的从权利，影响其到期债权实现，提起代位权诉讼的，人民法院应予支持。”，重申了实际施工人依《民法典》享有代位权，其意即在为实际施工人以优先保护其劳动报酬提供救济路径。因代位权系以自己名义代为主张债务人的债权，该债权的性质并无变化，所以当然地就欠付部分在发包人的债务中优先受偿。另，代位权的履行由次债务人直接向债权人履行，如此规定也就等于在承包人债务中，就欠付部分，同样也享有了优先权。两层优先权结合也就使转包、违法分包的实际施工人享有同等的优先受偿权。

（二）实现建设工程价款优先受偿权的费用能否优先受偿

2020年《最高人民法院关于审理建设工程施工合同纠纷案件适用法律问题的解释（一）》沿用了2018年《最高人民法院关于审理建设工程施工合同纠纷案件适用法律问题的解释（二）》第21条规定，第40条规定了：“承包人建设工程价款优先受偿的范围依照国务院有关行政主管部门关于建设工程价款范围的规定确定。承包人就逾期支付建设工程价款的利息、违约金、损害赔偿金等主张优先受偿的，人民法院 不予支持。”司法解释采用正面界定和反面排除的方法对优先受偿权的范围进一步地予以明确。正面以建筑行业法律法规和规章对建设工程价款的规定为依据明确享有优先受偿权的建设工程价款的范围，回归建设工程造价的基本准则，有利于实践操作。从反面明确排除违约责任享有优先受偿权，此处的违约责任不局限于违约金，包括因发包人违约而造成承包人之损失而产生的请求权。

实践中对于实现建设工程价款优先受偿权的费用能否优先受偿问题仍有较大争议。

肯定说认为，建设工程价款优先受偿权应视为法定抵押权。《民法典》第389条规定："抵押担保的范围包括主债权及利息、违约金、损害赔偿金和实现抵押权的费用。抵押合同另有约定的，按照约定。"根据该条规定的精神，实现建设工程价款优先受偿权的费用也能就建设工程折价或者拍卖的价款优先受偿。《最高人民法院建设工程施工合同司法解释（二）理解与适用》一书中采纳否定说，理由有三：一是原《合同法》第286条规定建设工程的价款优先受偿，实现建设工程价款优先受偿权的费用不属于建设工程价款。二是2018年《最高人民法院关于审理建设工程施工合同纠纷案件适用法律问题的解释（二）》第21条规定："承包人建设工程价款优先受偿的范围依照国务院有关行政主管部门关于建设工程价款范围的规定确定。"国务院有关行政主管部门并未将实现建设工程价款优先受偿权的费用作为建设工程价款的部分。三是2018年《最高人民法院关于审理建设工程施工合同纠纷案件适用法律问题的解释（二）》将承包人的利润纳入优先保护的范围，利益的天平已经倾向于承包人一方，不宜将其保护范围再扩大，否则会损害抵押权人等第三人利益。〔1〕

笔者认为，否定说虽然有一定道理，但理由不充分。首先，实现优先受偿权的费用显然不是建设工程之价款，这点并无争议。但其恰恰是优先受偿权实现的必然成本，是担保物权当然之负担。虽然司法解释没有采纳法定抵押权之观点，但是建设工程价款优先受偿权优于担保物权的实现无争议，即使是担保物权也将实现费用纳入其中，作为更优先的权利，反而不能将实现费用一并予以纳入，显然逻辑不通。其次，给予实现费用优先受偿权并没有增加承包人的利益，

---

〔1〕 最高人民法院民事审判第一庭编著：《最高人民法院建设工程施工合同司法解释（二）理解与适用》，人民法院出版社2019年版，第442页。

反而是保证其建设工程价款的需求。最后，实现优先受偿权的费用可能被否定说误认为是给承包人的，实际上是支付给为建设工程优先受偿权的实现而新付出劳动的其他人的，即使是后顺位的其他债权人包括抵押权人其实现也必须付出这一费用，是共益费用，依其理必然要优先于其他所有债权人而优先受偿。当然从其性质上讲，显然该优先受偿并非建设工程价款之优先受偿，而是特殊之优先权。

（三）涉建设工程价款优先受偿权效力的相关问题

建设工程价款优先受偿权作为担保性的权利，如何界定其在各相关民事权利中的效力顺位至关重要，这既涉及建设工程价款的保护层级问题，也涉及建设工程价款优先受偿权与其他民事权利保护的先后问题，对各当事人利益关系甚大，需要法律和司法解释予以明确。问题之一为《民法典》第807条仅规定可以就建设工程变价优先受清偿，未涉及与其他民事权利效力顺位。《最高人民法院关于建设工程价款优先受偿权问题的批复》为适用该规定，于第1条和第2条明确规定，建筑工程的承包人的优先受偿权优于抵押权和其他债权；消费者交付购买商品房的全部或者大部分款项后，承包人就该商品房享有的工程价款优先受偿权不得对抗买受人，此即建设工程价款优先受偿权之效力顺位的一般规定。此后，《最高人民法院关于人民法院民事执行中查封、扣押、冻结财产的规定》第17条和《最高人民法院关于人民法院办理执行异议和复议案件若干问题的规定》第28条、第29条又作了一些相关规定，但也引发了实践中的一系列争论和疑问。2020年《最高人民法院关于审理建设工程施工合同纠纷案件适用法律问题的解释（一）》仅保留了《最高人民法院关于建设工程价款优先受偿权问题的批复》第1条的规定，即第36条规定了“承包人根据民法典第八百零七条规定享有的建设工程价款优先受偿权优于抵押权和其他债权”，但对于消费者交付购买商品房的全部或者大部分款项后，能否对抗建设工程价款优先受偿权并没有规定。之所以批复第2条没有被保留，一方面可能与上位法缺失有关，另一方面也可能将此问题留在执行程序中予以解决。遗留的另一个问题就是建设工程价款优先受偿权的物上追及效力的问题。第三个问题是预先放弃优先受偿权的效力问题，尽管2020年《最高人民法院关于审理建设工程施工合同纠纷案件适用法律问题的解释（一）》沿用了2018年《最高人民法院关于审理建设工程施工合同纠纷案件适用法律问题的解释（二）》的规定，对此作了明确，但甚为原则，在诉讼中如何适用程序，仍然值得进一步研究。

1.效力的顺位问题

依照2002年《最高人民法院关于建设工程价款优先受偿权问题的批复》的规定，建设工程价款优先于建设工程之抵押权，优先于其他普通债权，但劣于购买商品房且支付全部或者大部分价款的消费者权利。从法理上讲，建设工程价款优先受偿权优先于不具有优先受偿权的普通债权，自不待言；建设工程价款优先受偿权无论解释为优先权、留置权还是法定抵押权，依其权利性质应当优先于建设工程之抵押权，符合立法目的和各国立法例。

虽然此次新司法解释没有保留批复第2条的规定，但并非代表着态度的改变，留在执行程序中予以规定的可能性较大。笔者之所以仍然赞同批复第2条的规定，即对于购买商品房用于居住的消费者的权利应当予以优先保护。其依据在于，承包人利益与消费者利益，消费者的利益属于生存利益，应当优先，承包人的利益属于经营利益，应当退居其次。就批复之目的而言，是将购买商品房之消费者权利作为基本生存权而优先于报酬请求权而加以特别保护的，其实质上将消费者权利规定为法定的特别优先权，且优先于作为一般优先权的建设工程价款优先受偿权。这也与《最高人民法院关于人民法院办理执行异议和复议案件若干问题的规定》第28条的规定保持了一致。这里所称购买商品房的消费者权利包括两种：一种是未办理过户的购买人之债权；另一种是已经办理过户的购买人之所有权。于购买人之债权之情形，又分为两种：一种是购买人请求取得房屋所有权的请求权，也即建设工程价款优先受偿权不得对抗购买人请求交付房屋的债权，一旦购买人请求交付房屋，建设工程价款优先受偿权不得对该商品房行使，阻却了通过拍卖变卖商品房以对建设工程价款受偿的可能；另一种是购买人放弃交房请求权，而是要求返还购房款之请求权，于此亦应适用批复之规定，但建设工程价款优先受偿权仍得对该商品房予以行使，但受偿顺序劣后于购房价款返还请求权。〔1〕于购买人取得商品房之所有权情形，建设工程价款不得对抗购买人，即排除了建设工程价款优先受偿权对该商品房行使的可能，此涉及工程价款优先受偿权之追及效力问题，后文再论述。

在处理建设工程价款优先受偿权与购买商品房的消费者权利关系时，还应当注意：一是其前提条件是消费者已经签订了购买商品房的合同，且支付了全部或者大部分购房款。至于建设工程已经竣工还是正在建设中，不受影响，购房合同是否在房管部门进行备案亦无影响，但购买人必须是消费者。批复所称消费者与《消费者权益保护法》所称消费者相同。〔2〕《消费者权益保护法》第2条规定，“消费者为生活消费需要购买、使用商品或者接受服务，其权益受本法保护”，购买商品房的消费者应当限于以生活消费为目的，即居住性用房，而排除了办公、经营性用房。二是消费者之权利能够对抗建设工程价款优先受偿权，并不等于使建设工程价款优先受偿权消灭，该优先权在两种情况下仍得行使：一种情形是购房人放弃交付房屋请求权时，建设工程价款仍得对商品房变现之价款行使优先受偿权，但劣后于购房人之购房款返还请求权；另一种情形是购房人请求交付房屋或者已经取得房屋所有权，但尚未支付全部房款时，就剩余之购房款按照物上代位之效力，仍得优先受偿。

2.追及效力问题

建设工程价款优先受偿权不得对抗商品房消费购买者，举轻以明重，如果消费购房者已经取得商品房的所有权，优先受偿权自亦不得追及该房屋。以此推之，建设工程价款优先受偿权在消费购房领域不具有追及效力。但消费购房之外的建设工程所有权之转移，建设工程价款优先受偿权是否具有追及效力呢？最高人民法院的法官在解读中认为，商品房所有权已转移给消费者时，承包人的优先受偿权不可对抗消费者的房屋所有权。虽然根据《海商法》《民用航空法》的规定，船舶优先权和民用航空器的优先权随着船舶、民用航空器所有权的

〔1〕《最高人民法院关于人民法院办理执行异议和复议案件若干问题规定理解与适用》中认为，“购房人在本来可以排除执行的情况下，放弃物权期待权，转而就价款优先受偿，有利于执行，应予支持”。

〔2〕汪治平：《建设工程价款优先受偿权的若干问题》，载《人民司法》2002年第1期。

转移而转移。根据原《担保法》的规定，抵押权的效力不因抵押物所有权的转移而受到影响。虽以上规定如此，但是我们不能套用这3部法律的规定证明承包人的优先受偿权的效力。根据原《合同法》第286条的规定，承包人的优先受偿权仅限于建设工程折价或者拍卖所得价款，也就是说，承包人的优先权只能存在于属于发包人所有的建筑物或者建设工程上，如果商品房的所有权已转移，承包人的优先受偿权即不存在。[1]但此处依然语焉不详，如果仅指消费购房情形，则无须对此进行论证，因为交付房屋之请求权得对抗建设工程价款优先受偿权，则已经取得所有权的，自然更能对抗建设工程价款优先受偿权；如果是指商品房所有权只要转移，不限于消费购房，建设工程价款优先受偿权均不具有追及效力，由于消费购房以外的建设工程受让者不能适用批复规定而直接对抗建设工程价款优先受偿权，故此结论颇值得检讨。

有观点认为，应当有条件地承认建设工程价款优先受偿权的追及效力，“承包人因寻求公权力救济致建设工程价款优先受偿权已公示，或者受让人明知建筑物设定建设工程价款优先受偿权，承包人之建设工程价款优先受偿权具有追及力。受让人没有代为清偿工程价款致建设工程价款优先受偿权消灭的，即使已办理变更登记享有建筑物所有权，亦不得对抗承包人的建设工程价款优先受偿权”。[2]笔者认为对建设工程价款优先受偿权采优先权说的最大问题就是建设工程价款优先受偿权追及效力不明。

《海商法》第26条规定了船舶优先权具有物上追及效力，同时为平衡权利，特别设定了公告除权程序，公告期满后优先权因不行使而消灭，给予受让人特殊的保护。从其他主要国家的立法来看，即使承认建设工程价款优先受偿权或者法定抵押权因付出劳务和材料于建设工程而成立的，对其效力仍然强调要登记以保存或者生效；对其行使，均须有登记之公示，否则不具有优先性，当然亦无追及效力可言。由之检讨此次新司法解释第36条的规定即原批复第1条的规定，从其内容上来看，建设工程价款优先受偿权由于其欠缺公示，如果允许其具有追

〔1〕 汪治平：《建设工程价款优先受偿权的若干问题》，载《人民司法》2002年第1期。

〔2〕 万挺、冯小光、张闻：《论设定建设工程价款优先受偿权建筑物转让规则》，载《法律适用》2018年第21期。

及效力，对不知有工程价款优先受偿权之他人债权保护不力，有失公允。

故建设工程价款优先受偿权原则上不具追及效力，且扩张至不得对抗消费购房者未取得所有权之债权，而进一步限制了建设工程价款优先受偿权的效力。但如此一来，必将对建设工程承包人不利。故应于立法上进行修改，增加建设工程价款优先受偿权登记制度，以保全其优先效力，既更好保护承包人权益，又因有登记公示而不致损害交易安全。

当然，《海商法》关于船舶优先权的追及效力之规定并不要求登记，而是通过转让公告除权制度解决，允许受让人向法院提起诉讼，公告督促优先权人于一定期间申报优先权，逾期未申报的，优先权消灭。通过公告除权程序，《海商法》为平衡优先权和受让人权利之间设计了一条可行的路径。《海商法》之所以未采优先权登记制，而是公告除权制，除海商之传统习惯外，更主要原因在于船舶一直处于运动之中，有的在世界范围内运行，要求所有优先权人进行统一登记，难度大、成本高，而公告除权程序则更符合船舶优先权的实际。对于建设工程价款而言，建设工程属于不动产，既不会移动，也关系相对简单，登记亦很方便快捷，采登记制显然比公告除权程序更为可取。

在现行法律修改之前，笔者认为，司法实践中处理该问题至少应当肯定的是建设工程价款优先受偿权不得对抗已经取得所有权的受让人，但受让人受让时知道建设工程价款优先受偿权存在的除外。如此，尽管在法律依据上有所欠缺，但于利益衡量可称妥当。具体言之：第一，对于已办理过户和虽未办理过户但符合法定条件的商品房消费者不能追及。第二，在建筑物的权属变动前，承包人提起优先权之诉且采取查封的，承包人之建设工程优先权能够对抗购房人之债权。第三，对于已经办理了物权过户的建设工程受让人，原则上不得追及，但受让人明知建设工程价款优先受偿权的存在而受让的除外。

3.优先受偿权放弃的效力问题

对建设工程价款优先受偿权之放弃的法律效力问题，曾是实践中争议较大的问题，存在有效说、无效说和效力待定说3种主张。2020年《最高人民法院关于审理建设工程施工合同纠纷案件适用法律问题的解释（一）》沿用了2018年《最高人民法院关于审理建设工程施工合同纠纷案件适用法律问题的解释（二）》

的规定，即第42条规定："发包人与承包人约定放弃或者限制建设工程价款优先受偿权，损害建筑工人利益，发包人根据该约定主张承包人不享有建设工程价款优先受偿权的，人民法院不予支持。"2018年《最高人民法院关于审理建设工程施工合同纠纷案件适用法律问题的解释（二）》明确采用了有效说，并规定了因保护建筑工人利益之例外，主要理由为：一是尊重意思自治，承包人与发包人有权就包括建设工程价款优先受偿权在内的各项权利进行讨价还价。建设工程价款作为私权，原则上允许当事人依法处分。二是维护原《合同法》第286条的立法目的，即承包人与发包人有权就事先放弃或限制建设工程价款优先受偿权的约定不得损害农民工等建筑工人的合法权益，不能导致建筑工人的工资权益受到损害。〔1〕正如前文对建设工程价款优先受偿权的功能分析时所指出的，建设工程价款既有保护工人劳动报酬的立法目的，也有对建筑企业进行特别保护的立法目的。建设工程价款优先受偿权具有保护第三人利益的权利属性，故在适用契约自由原则由权利人处分时，应不损害权利上的第三人利益。

司法解释如此规定，确实有值得探讨的余地。一者不利于维护建筑市场秩序。我国目前仍然属于发包方市场，承包人处于弱势地位，实践中承包人放弃优先受偿权多数情况受到此种情势的不利影响。解释看似维护了契约自由，实质上损害了契约正义，反而破坏了真正的自由，不利于形成正常的建筑市场秩序。二者明显增加了工人获取报酬的成本和难度。工人劳动报酬能否受到放弃优先受偿权的损害，一是具有滞后性，需要在施工以后始得产生请求权，在承包人违约未支付时才受到损害；二是工人劳动报酬请求权依现行解释，很难直接行使优先受偿权，依据上述规定还得先行否定承包人放弃优先受偿权的效力。

2020年《最高人民法院关于审理建设工程施工合同纠纷案件适用法律问题的解释（一）》第42条的适用，无疑具有挑战性。法官要在尊重契约自由和维护建设工人利益之间进行平衡，正确把握"损害建筑工人利益，发包人根据该约定主张承包人不享有建设工程价款优先受偿权的，人民法院不予支持"内涵，以与《民法典》第807条的立法目的相符。具体要正确处理两个问题：一是准确确定

〔1〕 最高人民法院民事审判第一庭编著：《最高人民法院建设工程施工合同司法解释（二）理解与适用》，人民法院出版社2019年版，第471~472页。

"损害建筑工人利益"要件，界定好契约自由与建筑工人利益保护之间的界线；二是准确把握"发包人根据该约定主张承包人不享有建设工程价款优先受偿权的，人民法院不予支持"的法律后果，设定有效的诉讼路径。

关于"损害建筑工人利益"，《最高人民法院建设工程施工合同司法解释（二）理解与适用》一书中认为，"如果承包人与发包人约定放弃或者限制建设工程价款优先受偿权，导致其工程价款债权不能实现，进而造成其资产负债状况恶化，以至于不能支付建筑工人的工资，则该放弃或者限制建设工程价款优先受偿权的行为就违背了《合同法》第286条设立建设工程价款优先受偿权制度的本意"〔1〕。该理解将损害建筑工人利益进一步限定为"因为放弃优先受偿权而得不到建设工程价款的清偿，进而不能支付建筑工人的工资"之情形。从现行立法规定的损害他人债权而受法律规制的情形看，《民法典》第535条、第538条、第539条规定"对债权人造成损害的"，作为债权人行使代位权和撤销权的实体要件，据此理解，即"到期债权得不到清偿"。《民法典》第535条、第538条、第539条的规定，以"债权得不到清偿"作为建设工程价款优先受偿权放弃"损害建筑工人利益"的认定标准，具有合理性，也与司法解释保护建筑工人利益的目的相符合。

关于"发包人根据该约定主张承包人不享有建设工程价款优先受偿权的，人民法院不予支持"的法律后果，《最高人民法院建设工程施工合同司法解释（二）理解与适用》认为"在这种情况下，承包人与发包人关于放弃或者限制建设工程价款优先受偿权的约定就无效"〔2〕。从解释条文来看，"人民法院不予支持"，意指优先受偿权的放弃不能对抗优先受偿权的行使，其基础在于该放弃"损害了建筑工人的利益"，接近于原《民法总则》规定的"恶意串通"损害第三人利益的法律行为无效的规定，但无须恶意串通之主观要件。笔者认为，该规定既然目的在于保护建筑工人的利益，即第三人利益，故在规范结构上，更接近于债权人撤销权的规定，即因为实施了权利处分行为，致损害建筑工人到期债权

---

〔1〕 最高人民法院民事审判第一庭编著：《最高人民法院建设工程施工合同司法解释（二）理解与适用》，人民法院出版社2019年版，第475页。

〔2〕 最高人民法院民事审判第一庭编著：《最高人民法院建设工程施工合同司法解释（二）理解与适用》，人民法院出版社2019年版，第475页。

的，建筑工人可以请求撤销该行为。

按照目前无效说来处理此类案件，除涉及承包人与发包人之间的诉讼外，还往往涉及其他权利人的司法救济的问题。一是建筑工人如何来保护自己的利益，二是建设工程上的抵押权人等权利人如何保护自己的利益。对于建筑工人，如果承包人依法主张了优先受偿权，其权利即得到维护，无须另行予以单独救济；如果承包人未主张优先受偿权，建筑工人的利益就需要单独予以救济。首先应当允许建筑工人可以单独提起确认放弃或者限制优先受偿权的行为无效的确认之诉，以此来对抗其他权利人；如果抵押权人已经提起抵押权诉讼，应当允许受到损害的建筑工人作为第三人参加诉讼，并允许其主张确认放弃或者限制优先受偿权行为无效；如果承包人与发包人之间的建设工程价款诉讼或者抵押权与发包人之间的诉讼已经有生效判决，没有承认优先受偿权时，应当允许建筑工人提起第三人撤销之诉。关于在承包人拒不行使优先受偿权而又不支付建筑工人的劳动报酬时，建筑工人的权利如何保护的问题，是否可以参照2020年《最高人民法院关于审理建设工程施工合同纠纷案件适用法律问题的解释（一）》第44条规定，赋予建筑工人以代位权？

（四）建设工程价款优先受偿权行使的期限

2002年《最高人民法院关于建设工程价款优先受偿权问题的批复》第4条规定："建设工程承包人行使优先权的期限为6个月，自建设工程竣工之日或者建设工程合同约定的竣工之日起计算。"2008年2月29日，最高人民法院以（2007）执他字第11号函对广东高院关于对人民法院调解书中未写明建设工程款有优先受偿权应如何适用法律问题的请示答复指出："建设工程价款优先受偿权是一种法定优先权，无须当事人另行予以明示。《最高人民法院关于建设工程价款优先受偿权问题的批复》第四条明确规定，建设工程承包人行使优先权的期限为六个月，依据该条规定，建设工程承包人行使优先权的期限为六个月，且为不变期间，不存在中止、中断或延长的情形。"上述两个文件明确了建设工程价款优先受偿权的行使期限为6个月，自竣工之日或者约定的竣工之日起计算，且为不变期间。

2018年《最高人民法院关于审理建设工程施工合同纠纷案件适用法律问题的解释（二）》第22条对此问题作了重大调整，规定："承包人行使建设工程价款优先受偿权的期限为六个月，自发包人应当给付建设工程价款之日起算。"

2020年《最高人民法院关于审理建设工程施工合同纠纷案件适用法律问题的解释（一）》又对此问题做了进一步调整，即第41条的规定，"承包人应当在合理期限内行使建设工程价款优先受偿权，但最长不得超过十八个月，自发包人应当给付建设工程价款之日起算"。沿用了解释二的起算点，即以应当给付建设工程价款之日起算，但是期间做了大幅度的延长，至18个月。这也与实践中建设工程价款优先权实现期限过短，导致相当一部分承包人错失优先权有关。

对于起算点的问题，虽然司法解释将优先受偿权回归到担保物权属性上，其行使与主债权之履行期届满挂钩，有效解决了优先受偿权行使期间早于建设工程价款债权到期日的问题。但此种处理方式又导致了另一个棘手的难题：如何决定建设工程价款债权的履行期限？而这又成为既难界定又加大了交易风险的问题。

依据2020年《最高人民法院关于审理建设工程施工合同纠纷案件适用法律问题的解释（一）》之规定，建设工程价款优先受偿权行使的期限，分下列情况：首先，合同有约定的，应当遵从当事人约定。其次，在合同无效，但建设工程经竣工验收合格的情况下，可参照合同约定确定应付工程款的时间。再次，合同解除或者终止履行，应区分具体情况认定应付工程款之日。最后，当事人对付款时间没有约定或者约定不明的，参照2020年《最高人民法院关于审理建设工程施工合同纠纷案件适用法律问题的解释（一）》第27条的规定，"利息从应付工程价款之日开始计付。当事人对付款时间没有约定或者约定不明的，下列时间视为应付款时间：（一）建设工程已实际交付的，为交付之日；（二）建设工程没有交付的，为提交竣工结算文件之日；（三）建设工程未交付，工程价款也未结算的，为当事人起诉之日。"

2020年《最高人民法院关于审理建设工程施工合同纠纷案件适用法律问题的解释（一）》存在问题的是不当地将优先权行使时间，等同于优先权的实现时间。既然认为优先受偿权与债权同时产生，则不是以债权届期而产生。优先权一经成立，即得行使。因该权利为法定权利，无公示手段，这点与各国立法有重大不同，故有损害善意不知情债权人之利益的重大风险，而无论如何处理，都可能会损害一方的利益，因此应在较短的时间内去行使权利，主要通过一定手段去保全此种权利，从而产生公示效果，减少交易安全风险。

另外，将应当支付工程款之日作为行使期间的起算日，较竣工之日而言，客观性不强，主观可控因素较多。建设工程案件中普遍出现非闭口合同，往往需要进行事后的决算。即使当事人通过自力结算，与之合同约定的支付时间也会有较大差异。实践中，在此就会留有解释的空间。例如，当事人达成一致对合同约定的付款之日进行变更是否有效？能否起到变更行使期间起算点的法律效果？如果变更后侵害到了第三方例如抵押权人的利益的，抵押权人是否可得撤销？这些都是审判实践中遇到的问题，所以两种起算点都有瑕疵。以2020年《最高人民法院关于审理建设工程施工合同纠纷案件适用法律问题的解释（一）》的规定为例，审判实践中，就需要法官对应当付款之日作实质性审查，尤其是双方通过协议变更应付款之日，要对双方是否属于恶意串通损害他人利益进行判断。当然，这将会给法官带来一定的工作难度。所以，笔者建议在承包人与发包人的建设工程合同纠纷中，如承包人主张建设工程价款优先受偿权的，一是要慎用调解，无论是对工程价款金额还是是否享有建设工程价款优先受偿权的问题；二是原则上应当通知抵押权人参加诉讼，对建设工程价款优先受偿权问题进行表态，形成对抗，以防止承包人与发包人之间恶意串通。

四、进一步完善建设工程价款优先受偿权制度的建议

（一）废除“协议折价”行使建设工程价款优先受偿权路径

《民法典》第807条规定建设工程价款优先受偿权的行使方式为承包人与发包人协议将工程折价或者申请人民法院将该工程依法拍卖，建设工程价款就该工程折价或拍卖的价款优先受偿。这就给出了两条救济之路，一是协议折价，二是申请法院拍卖。比较与建设工程价款优先受偿权最为相似的船舶优先权、航空器优先权的实现方式，《海商法》第28条及《民用航空法》第24条，都只规定了通过人民法院扣押产生优先权的船舶、航空器来行使，而没有设定给当事人自力

救济的路径。

实践中对承包人向发包人单方发函的形式是否属于行使了建设工程价款优先受偿权争议较大。对此问题最高人民法院没有明确的意见，而地方高院的意见又呈现截然相反的两种观点。[1]两种观点均未能形成主流观点，实践中相反的判例均存在。如肯定发函系行使了建设工程价款优先受偿权，那不能解释的是如何体现条文中“协议”的意义。如否定发函系行使建设工程价款优先受偿权的方式，那按照《民法典》第807条的规定，自力救济行使优先权即协议折价应当通过何种方式行使？进而值得商榷的是协议折价的方式是否还有必要保留。笔者倾向于废除协议折价的方式，理由如下：

一是在建筑物上已经设定抵押权的前提下，协议折价并无适用空间。《民法典》规定的协议折价，其实质就是以物抵债，如果要通过这个路径去实现优先权的，则需要到产权登记机关做变更登记。所以虽然是承包人、发包人之间的协商，但是要实现并非易事。因为根据《民法典》第406条之规定，抵押权的效力不因抵押物所有权转移而受到影响。如此一来，在法律没有特别规定的前提下，当建筑物上设有抵押权时，即使承包人与发包人达成一致协议折价，也并不能自行办理产权变更登记。如要实现变更登记，仍需涤除抵押权方可实现。

二是即使建筑物上未设定抵押权，协议折价适用空间仍然有限。实践中，大多数的欠付工程款情形并非欠付所有工程款，而是欠付部分工程款，要折抵不可拆分的全部的建筑物，显然也没有实现的可能。这也是实践中非常罕见通过协议折价的方式行使建设工程价款优先受偿权的案例的原因。

鉴于上述理由，笔者建议废除协议折价这种自力救济的行使路径，使之与船舶优先权、航空器优先权的行使方式保持一致。而对于诉讼救济，以目前来看，并未对建设工程价款优先受偿权的实现做出特别规定，承包人往往通过诉讼，向发包人主张工程价款，同时一并主张建设工程价款优先受偿权，程序设计复杂。笔者建议可以从程序制度设计出发，参考《民事诉讼法》特别程序之担保

〔1〕 江苏省高级人民法院《关于审理建设工程施工合同纠纷案件若干问题的解答》第18条规定不认可单方发函的效力。广东省高级人民法院《关于审理建设工程合同纠纷案件疑难问题的解答》第17条规定认可单方发函的效力。

物权的实现，为建设工程价款优先受偿权的实现设计更为便利的诉讼救济路径。当然，此程序得以实现是以对建设工程价款优先受偿权及其债权数额通过一定方式加以事先明确为前提。

（二）建立建设工程价款优先受偿权登记制度

建设工程价款优先受偿权的登记，是各国立法规定的优先受偿权效力的不可或缺的制度，而我国立法并未规定登记制度，《民法典》合同编中，依旧未对此问题作制度化的设计，由此在解释优先受偿权之效力时，造成非此即彼的利益保护失衡问题。

建议在今后对《民法典》进行修订时，对建设工程价款优先受偿权增加登记制度。具体方案分为如下：第一种方案，借鉴我国台湾地区“民法”修改思路，直接规定于建设工程施工时或者施工前得对建设工程价款进行抵押权/优先权登记，经登记后具有优先于一般担保物权的效力。此为登记生效方案。第二种方案，借鉴《瑞士民法典》规定，明确于建设工程竣工后3个月内进行优先权登记，经登记取得优先于担保物权的效力。第三种方案，借鉴美国、加拿大等国家规定，明确建设工程价款优先受偿权必须在建设工程完工之日起3个月内向人民法院起诉确认优先受偿权以取得优先效力。

三种方案相较，第一种方案，对现行法律和司法解释规则改造得最为彻底，建设工程价款优先受偿权登记生效，可以进行预登记，并明定为法定抵押权。第二种方案，较接近目前法律和司法解释的规则，只是将3个月作为保全优先受偿权的期间，通过登记而不是诉讼公示优先权。第三种方案，最贴近我国现行法律和司法解释规定，是改动最小的方案，直接增加完工之日起3个月内向法院起诉确认的程序即可。但须同时明确规定，提起诉讼经法院确认的，建设工程价款优先受偿权可以对抗建设工程上的一切其他权利，当然也可以将消费买房者权利作为例外。笔者倾向于接受第一种方案，基于建设施工合同即可登记，并采登记生效主义，可以将建设工程价款优先受偿权纳入现行法律之民事权利体系中，建设工程价款优先受偿权之效力范围、公示方式、权利顺位、追及效力、行使期间等问题大致得以通常之担保权规则解决之，一般无须另行增加规则。

审判实务精要

建设工程价款优先受偿权制度的设定，意在保护承包人的工程价款得以实现，进而保护建筑工人获得劳动报酬的权利。然而，由于法律规定的过于原则，在审判实践中存在较多有争议的问题。而《民法典》沿用了原《合同法》的规定，这就需要我们一方面在现行法律框架下厘清相关有争议的问题，另一方面着眼于将来，提供切实可行的修法建议。

具体而言，争议问题中对于违法分包、转包的实际施工人，鉴于其可以通过代位权诉讼向发包人在欠付工程款范围内主张权利，也就变相享有了建设工程价款优先受偿权；对于实现优先权的相关费用，考虑到是实现优先权的必然成本，较之劣位的担保物权尚且将实现费用一并纳入，优先权的实现费用也应当优先予以保护；对于优先权的效力问题，尤其是追及效力问题，因相关的法律司法解释并未明确规定，鉴于建设工程价款优先受偿权并无登记要求，原则上不得追及，但受让人明知建设工程价款优先受偿权的存在而受让的除外；对于优先权的行使期限起算点，要加强对虚假诉讼的防范。建设工程价款优先受偿权制度之所以在实践中仍然有较大争议，与之制度设计不够完善有关。笔者建议：一是明确行使方式仅限通过法院进行拍卖，与船舶优先权、航空器优先权保持一致，同时在程序设计上参照担保物权的实现，可以通过特别程序予以实现。二是增加登记制度，以完善建设工程价款优先受偿权制度。

撰稿人：王　茜，上海市第一中级人民法院民事审判庭副庭长，法律硕士

人 格 权

34．违约精神损害赔偿立法解读与法律适用

35．“死者名誉”的民事司法保护

36．隐私权的民法保护

37．个人信息保护的民法基础与司法裁判

38．个人信息司法保护的难题与应对

34. 违约精神损害赔偿立法解读与法律适用

导　言

《民法典》施行前的法律和司法解释未明确规定违约精神损害赔偿，司法实践中出现了支持和不支持违约精神损害赔偿的不同案例。《民法典》第996条规定，因当事人一方的违约行为，损害对方人格权并造成严重精神损害，受损害方选择请求其承担违约责任的，不影响受损害方请求精神损害赔偿。该规定应当可以理解为，受损害方有权以违约为由主张精神损害赔偿。如有观点即认为，精神损害赔偿救济的是人格利益及身份利益的损害，如果违约行为造成了这种损害，当然可以主张精神损害赔偿，《民法典》人格权编第996条规定就与合同编第186条规定之间就这个问题形成了一个顺畅的逻辑关系，不仅补充了合同编存在的问题，而且也符合世界民法立法潮流，简化了诉讼关系，更加有利于保护债权人的民事权益。〔1〕但也有观点认为，此条中“受损害方选择请求其承担违约责任的，不影响受损害方请求精神损害赔偿”，也可以理解为，受损害方在提起违约之诉因受其他条款〔2〕之限制无法主张精神损害赔偿，但这不影响其另行提起侵权之诉主张精神损害赔偿。〔3〕因此，应以《民法典》颁行为契机，全面梳理分析我国违约精神损害赔偿的立法沿革和司法发展，并对《民法典》第996条等规定做出统一合理的解释与适用，促进违约精神损害赔偿的适法统一。

---

〔1〕 杨立新:《民法典人格权编草案逻辑结构的特点与问题》，载《东方法学》2019年第2期。

〔2〕《民法典各分编（草案）》第374条第1款规定：当事人一方不履行合同义务或者履行合同义务不符合约定，给对方造成损失的，损失赔偿额应当相当于因违约所造成的损失，包括合同履行后可以获得的利益，但不得超过违反合同一方订立合同时预见或者应当预见的因违反合同可能造成的损失。

〔3〕 柳经纬:《违约精神损害赔偿立法问题探讨——以〈民法典各分编（草案）〉第七百七十九条为对象》，载《暨南学报》（哲学社会科学版）2019年第7期。

一、违约精神损害赔偿的立法沿革

《民法典》颁布之前的法律、司法解释对精神损害赔偿均有规定，且明确支持侵权精神损害赔偿，但对是否支持违约精神损害赔偿态度不完全明确。《民法典》除第996条外，虽规定了精神损害赔偿，但也不够明确。

（一）原《民法通则》、原《民法总则》和《民法典》的相关规定

原《民法通则》对违约责任和精神损害都作了规定，但法律条文表述上未明确规定违约精神损害赔偿。原《民法通则》第106条[1]和原《民法总则》第176条[2]（《民法典》第176条）对违约责任作了最基础的规定。原《民法通则》第134条和原《民法总则》第179条（《民法典》第179条）都规定了承担民事责任的主要方式包括赔偿损失。原《民法通则》第111条和第112条规定，一方违约，另一方有权要求赔偿损失及赔偿责任的范围。但该两条均未明确损失是否既包括财产损失，也包括精神利益损失在内的非财产损失。原《民法通则》第120条[3]被认为首开了精神损害赔偿的先河，条文中的“赔偿损失”也被认为包括“精神损害”，但该条并未提及违约情况下的适用。

（二）原《合同法》和《民法典》的相关规定

原《合同法》第107条、第112条都规定了违约方应承担赔偿损失等违约责任，但这两条对“损失”的范围均未作规定。《民法典》第577条[4]、第583条[5]沿袭了原《合同法》上述规定。原《合同法》仅在第113条[6]对违约所造成的损失

---

〔1〕 原《民法通则》第106条规定：公民、法人违反合同或者不履行其他义务的，应当承担民事责任。

〔2〕 原《民法总则》第176条规定：民事主体依照法律规定或者按照当事人约定，履行民事义务，承担民事责任。

〔3〕 原《民法通则》第120条规定：公民的姓名权、肖像权、名誉权、荣誉权受到侵害的，有权要求停止侵害，恢复名誉，消除影响，赔礼道歉，并可以要求赔偿损失。

〔4〕《民法典》第577条规定：当事人一方不履行合同义务或者履行合同义务不符合约定的，应当承担继续履行、采取补救措施或者赔偿损失等违约责任。

〔5〕《民法典》第583条规定：当事人一方不履行合同义务或者履行合同义务不符合约定的，在履行义务或者采取补救措施后，对方还有其他损失的，应当赔偿损失。

〔6〕 原《合同法》第113条第1款规定：当事人一方不履行合同义务或者履行合同义务不符合约定，给对方造成损失的，损失赔偿额应当相当于因违约所造成的损失，包括合同履行后可以获得的利益，但不得超过违反合同一方订立合同时预见到或者应当预见到的因违反合同可能造成的损失。

范围作了规定，即“损失赔偿额应当相当于因违约所造成的损失，包括合同履行后可以获得的利益，但不得超过违反合同一方订立合同时预见或者应当预见的因违反合同可能造成的损失”。但该条对“损失”是否包含“精神损害”仍未明确。《民法典》第584条沿袭了该条第1款规定。原《合同法》第122条〔1〕规定了违约同时构成侵权的责任竞合问题，《民法典》第186条〔2〕对此作了基本相同的规定。从内在逻辑上看，该两条无疑表明了违约行为引起的民事责任中包含精神损害，但依然未明确可否通过违约之诉主张精神损害赔偿。

（三）原《侵权责任法》和《民法典》的相关规定

原《侵权责任法》第22条〔3〕规定了侵害人身权益，被侵权人的精神损害赔偿请求权。《民法典》侵权责任编第1183条第1款〔4〕作了基本相同的规定，只是把被侵权人明确限定为自然人。这两条肯定并明确了侵权领域的精神损害赔偿请求权，但依然未明确精神损害赔偿与违约责任之间的关系，即能否通过违约之诉主张精神损害赔偿仍然态度不明。《民法典》人格权编第996条规定〔5〕明确了在人格权受到损害的情况下，受损害方有权以违约为由主张精神损害赔偿，首次对违约精神损害赔偿予以立法明确。

二、《民法典》颁布前违约精神损害赔偿的司法状况

《民法典》之前的法律虽未明确支持违约精神损害赔偿，且相关司法解释基本持否定态度，但司法实践中，仍不乏支持违约精神损害赔偿的案例。笔者在“北大法宝”司法案例库中以“违约精神损害赔偿”为关键词进行全文检索，共检索到46个案例，剔除非合同纠纷和重复案例后共35个案例。35个案例中，对违

---

〔1〕 原《合同法》第122条规定：因当事人一方的违约行为，侵害对方人身、财产权益的，受损害方有权选择依照本法要求其承担违约责任或者依照其他法律要求其承担侵权责任。

〔2〕《民法典》第186条规定：因当事人一方的违约行为，损害对方人身权益、财产权益的，受损害方有权选择请求其承担违约责任或者侵权责任。

〔3〕 原《侵权责任法》第22条规定：侵害他人人身权益，造成他人严重精神损害的，被侵权人可以请求精神损害赔偿。

〔4〕《民法典》第1183条第1款规定：侵害自然人人身权益造成严重精神损害的，被侵权人有权请求精神损害赔偿。

〔5〕《民法典》第996条规定：因当事人一方的违约行为，损害对方人格权并造成严重精神损害，受损害方选择请求其承担违约责任的，不影响受损害方请求精神损害赔偿。

约精神损害赔偿既有支持的，也有不支持的，相关裁判理由也不尽统一。

（一）支持违约精神损害赔偿的案例

支持违约精神损害赔偿的有23个，其中一审案件10个（公路旅客运输合同纠纷7个、婚庆服务合同纠纷3个），二审案件13个（公路旅客运输合同纠纷10个，医疗服务合同纠纷2个，旅游服务合同纠纷1个）。二审案件中一审不支持、二审改判支持的1个，一审支持、二审维持的12个。对支持的裁判理由归纳如下：

1.直接以违约责任包含精神损害赔偿为由

如（2007）涧民二初字第63号赵某等诉李某婚庆服务合同纠纷案〔1〕，河南省洛阳市涧西区法院认为，李某没有向原告赵某提供婚庆场面的录像材料，其行为已经构成合同上的违约，应承担相应的违约责任。判决被告退还原告服务费并赔偿部分精神损失费。还如（2009）涪法民初字第470号冉某等诉袁某婚庆服务合同纠纷案〔2〕，重庆市涪陵区法院认为，婚庆服务是一种特殊服务，由于被告的违约行为给原告造成了无法弥补的损失，给原告造成了严重的精神损害，被告应适当赔偿原告精神抚慰金。

2.以法律未明确排除违约精神损害赔偿为由

如原告谭某与被告某客运分公司等公路旅客运输合同纠纷案〔3〕，法院认为，原《合同法》第107条规定的赔偿损失的违约责任规定，并没有排除精神损害。第113条规定也并未将违反合同所应赔偿的损失限定为物质损失，同时该法第112条规定亦并未排除违约精神损害赔偿。公路旅客运输合同是一种比较特殊的合同，它的履行关系到乘客的人身安全，客运方在订立合同时应当可以预见到其违约行为，如发生交通事故，将不但造成乘客的人身损害，同时也将造成乘客的精神损害。如果以不可预见到因违反合同可能造成的损失为由，否认客运合同精神损害赔偿显然不符合以人为本的司法原则，也不利于当事人合法权益

---

〔1〕 于风卫：《赵伟新等诉李北国侵权纠纷案——因违反具有人格象征意义的合同给他人造成的精神损害应予赔偿》，载《人民司法·案例》2008年第4期。

〔2〕 彭霞：《冉某等诉袁某婚庆服务合同纠纷案——违约之诉中精神损害赔偿的救济》，载《人民司法·案例》2012年第22期。

〔3〕 参见（2018）湘0224民初275号。

的保护。故对原告要求赔偿精神抚慰金的请求予以支持。以上述基本相同理由判决的案件还有（2018）川1622民初1851号、（2015）宝兴民初字第291号、（2017）豫1624民初464号等案件。

3.以构成违约责任和侵权责任竞合为由

如原告林某等人与被告某婚纱摄影中心侵权责任纠纷案[1]，法院认为，被告丢失摄像资料的行为既是违约行为，同时也是侵害原告人身权益的侵权行为，从而产生违约责任与侵权责任的竞合，现原告选择请求被告承担侵权责任，符合原《合同法》第120条及原《民法总则》第186条之规定。由于被告的违约行为，损害原告人身权益的同时，必定给原告造成极大的精神痛苦。根据原《侵权责任法》第22条和2001年《最高人民法院关于确定民事侵权精神损害赔偿责任若干问题的解释》第4条[2]规定，应支持原告精神损害抚慰金的诉讼请求。

4.以合同履行利益包含精神利益为由

如（1999）海中法民终字第302号林某等与某旅行社旅游合同纠纷上诉案[3]，北大法宝编写的裁判要点认为，对因旅行社违约造成游客精神愉悦受损，严重丧失旅游乐趣，在无法通过侵权诉讼得到保护时，在遵循严格限制条件的前提下，可给予有限的合同救济。但其不属精神损害范畴，而属于旅游合同的预期利益，归入履行利益加以保护。这样既能在某些严重违约但不构成侵权的案件中保护游客的特殊利益，又不与现行立法相抵触。[4]

（二）不支持违约精神损害赔偿的案例

不支持违约精神损害赔偿的有12个，均为二审案件。其中，运输合同纠纷10个、旅游服务合同纠纷1个，车辆租赁合同纠纷1个。一审支持、二审改判不

---

〔1〕 参见（2017）闽0322民初2815号。

〔2〕 2001年《最高人民法院关于确定民事侵权精神损害赔偿责任若干问题的解释》第4条，具有人格象征意义的特定纪念物品，因侵权行为而永久性灭失或者毁损，物品所有人以侵权为由，向人民法院起诉请求赔偿精神损害的，人民法院应当依法予以受理。该司法解释2020年修订时删除了该条规定。

〔3〕 黄勤武：《林绍煌等与海南中国青年旅行社旅游合同纠纷上诉案——旅游合同的精神损害赔偿》，载《人民司法·案例》2007年第8期。

〔4〕 黄勤武：《林绍煌等与海南中国青年旅行社旅游合同纠纷上诉案——旅游合同的精神损害赔偿》，载北大法宝数据库网，最后访问日期：2020年2月10日。

支持的6个，一审不支持、二审予以维持的6个。对不支持的裁判理由分类归纳如下：

1.以缺乏法律依据为由

如沈某与某电车公司等旅客运输合同纠纷上诉案[1]，一审法院认为，本案的诉因为客运合同纠纷，依合同法规定的违约规则，赔偿精神损害抚慰金并非承担违约责任的一种方式，故对原告的该主张不予确认。二审法院认为，因本案为违约损害赔偿，沈某该项请求缺乏法律依据，原审未予支持正确。以上述基本相同理由判决不予支持的还有（2017）浙01民终1064号[2]旅游合同纠纷等案件。

2.以精神损害赔偿只适用侵权之诉为由

如上诉人张某与被上诉人某巴士公司等运输合同纠纷案[3]，法院认为，由于张某是基于与巴士公司的公路旅客运输合同关系并以巴士公司存在未履行保障乘客人身和财产安全义务的违约行为为由而向一审法院提起违约之诉，并非侵权之诉。根据2001年《最高人民法院关于确定民事侵权精神损害赔偿责任若干问题的解释》第1条[4]规定，精神损害赔偿只适用于民事侵权纠纷，故对张某精神损害抚慰金的主张，不予支持。以上述基本相同理由判决不予支持的还有（2019）吉01民终4036号、（2017）皖05民终1278号、（2014）乌民终字第101号、102号、103号、（2014）海中法民二终字第129号等案件。

3.以旅客应向交通事故侵权人主张为由

如上诉人某运输公司与被上诉人夏某等人旅客运输合同纠纷案[5]，法院认为，在违约责任和侵权责任竞合的情况下，夏某等人作为原告有权依照原《合同

---

〔1〕 参见（2014）穗中法民一终字第1312号。

〔2〕 参见（2017）浙01民终1064号。

〔3〕 参见（2018）粤06民终1676号。

〔4〕 2001年《最高人民法院关于确定民事侵权精神损害赔偿责任若干问题的解释》第1条，自然人因下列人格权利遭受非法侵害，向人民法院起诉请求赔偿精神损害的，人民法院应当依法予以受理：（一）生命权、健康权、身体权；（二）姓名权、肖像权、名誉权、荣誉权；（三）人格尊严权、人身自由权。违反社会公共利益、社会公德侵害他人隐私或者其他人格利益，受害人以侵权为由向人民法院起诉请求赔偿精神损害的，人民法院应当依法予以受理。该司法解释2020年修订时将第1条修改为：因人身权益或者具有人身意义的特定物受到侵害，自然人或者其近亲属向人民法院提起诉讼请求精神损害赔偿的，人民法院应当依法予以受理。

〔5〕 参见（2018）苏07民终1741号。

法》第122条规定，以客运合同纠纷请求违约方承担违约责任。而旅客关于精神损害的赔偿请求，应向造成交通事故的侵权人主张。在旅客仅选择提起客运合同纠纷诉讼的情况下，人民法院不应支持其向违约责任人主张精神损害赔偿的诉讼请求。

三、违约精神损害赔偿的正当性基础和肯定性解释

司法实务对违约精神损害赔偿是否应予支持存在不同理解和态度，因此，需运用法律解释学原理和方法，对违约精神损害赔偿的正当性基础和相关规定等作出合理解释。

（一）违约精神损害赔偿的正当性基础

1.合同领域中违约行为造成的精神损害客观存在

生活经验表明，有些情况下违约导致精神损害是不可避免的，特别是如“当合同所关涉的不是商业和贸易而是生命和死亡，不是商业利润而是人格要素，不是金钱财富的增长而是精神上的焦虑和孤独时，就这样的合同而言对义务的违反将不可避免地导致精神上的烦恼、痛苦、苦楚”。〔1〕除了这些特殊标的合同外，在普通合同中对附随义务的违反也可能导致精神损害。如未遵守产品瑕疵告知的附随义务导致人身伤害，就可能产生精神损害。既然精神损害在一些合同中客观存在，根据民法的损害填补原则，就应当予以救济。如果违约责任请求精神损害赔偿不能得到支持，这对保护合同违约的相对人合法权益不利，应当予以改进。〔2〕

2.责任竞合制度不能为精神损害提供周延救济

《民法典》第186条规定了违约责任和侵权责任竞合制度，即当违约行为同时构成侵权，损害合同履行利益之外的人身、财产权益的，受损害方可以通过责任竞合制度提起侵权之诉予以救济。责任竞合制度看似为当事人提供了完美的救济方案，实则不然。一是单纯的违约行为（如钻石公主号邮轮上出现新冠肺炎

---

〔1〕 纳尔森·厄浓常：《违约与精神损害赔偿》，肖厚国译，载《民商法论丛》2000年第16卷，第500页。

〔2〕 杨立新：《民法典人格权编草案逻辑结构的特点与问题》，载《东方法学》2019年第2期。

疫情，未被感染的乘客被强制隔离）导致精神损害，但又不构成侵权，此时受害人无法通过责任竞合制度得到救济，则只能通过违约责任才能获得精神损害救济。二是在加害给付能够适用责任竞合制度的情形下，如选择违约之诉则受害方自身固有利益无法得到救济，如选择侵权之诉则合同履行利益无法得到救济。也即受害人的权益无法得到周延保护。三是违约责任与侵权责任在构成要件、诉讼时效、诉讼管辖、举证责任、赔偿范围等方面均存在不同，选择何种请求权主张权利直接影响到当事人的权利义务。相比较而言，由于合同责任采用无过错责任原则，当事人的举证责任较轻，更利于保护受害人的精神利益。此外，在诉讼管辖等方面，违约之诉也较侵权之诉更为宽松、灵活。〔1〕因此，责任竞合制度下，精神损害即使能够通过侵权之诉得到救济，仍不及通过违约之诉对受害人的保护更为有利。

（二）违约精神损害赔偿的肯定性解释

1.文义解释：《民法典》和《民法典》颁行前的法律规定未排除违约精神损害赔偿

首先，原《民法通则》第111条、第112条、第134条，《民法典》第179条（同原《民法总则》第179条）以及《民法典》第577条、第583条、第584条（同原《合同法》第107条、第112条、第113条）虽然没有明确使用“精神损害”的表述，但上述法条中的“赔偿损失”与“损失”如果不作限缩解释，即仅包含物质损失的话，也完全可以认为包含精神损失。而且《民法典》第584条关于“合同履行后可以获得的利益”的规定，虽未明确规定是否包含精神利益，如果不作限缩解释，也完全可以认为包含精神利益。对此，即有学者认为，该规定潜在地包含了精神利益，剔除违约方的违约行为，守约方的精神损害将无从谈起。〔2〕

其次，关于原《侵权责任法》第22条和2001年《最高人民法院关于确定民事

---

〔1〕 根据《民事诉讼法》第28条和第34条规定，合同纠纷可以约定管辖，侵权纠纷则不可以约定管辖。

〔2〕 杨显滨：《违约精神损害赔偿制度的中国式建构》，载《当代法学》2017年第1期。

侵权精神损害赔偿责任若干问题的解释》第1条[1]规定，崔建远教授认为，所谓“只有在因侵权造成他人严重精神损害时才能请求赔偿，因此，精神损害赔偿只是在侵权责任中发生，在合同责任中不能适用。”“只有在受害人以侵权为由向人民法院起诉请求赔偿精神损害的，人民法院才可以受理。因此，精神损害赔偿限于侵权的范畴，而排斥了在违约情况下的适用”，均为解释者的主观猜测，并不符合法解释学关于文义解释的规则。[2]

因此，从文义解释的角度来看，《民法典》和《民法典》颁行前的相关法律均未排除违约精神损害赔偿。

2.体系解释：整个民法体系规定包含违约精神损害赔偿

首先，从整个民法体系上看，侵权责任和违约责任属于民事责任的两大种类，在民事责任体系中应处于同等地位。侵权和违约只是引起损害后果的不同原因，且损害后果都包括物质损害和精神损害。财产损害赔偿既可以基于侵权来主张也可以基于违约来主张，精神损害赔偿理应也如此。《民法典》第176条规定，民事主体依照法律规定或者按照当事人约定，履行民事义务，承担民事责任。[3]既然当事人可以约定违约财产损害赔偿，也完全可以约定违约精神损害赔偿。对违约精神损害赔偿持否定说的学者王利明教授，也认可当事人在合同中约定了精神损害赔偿的，应当予以支持。[4]依原《合同法》第122条和《民法典》第186条，受害人根据责任竞合理论可在侵权之诉和违约之诉之中选择其一实现自己的权利救济，但谁也无法根据此条就因此得出精神损害只能在侵权之诉中提起，侵权责任既包含财产损害赔偿和精神损害赔偿，违约责任只包含财产损害则全无正当理由。[5]

---

〔1〕 2001年《最高人民法院关于确定民事侵权精神损害赔偿责任若干问题的解释》第1条，因下列人格权利遭受非法侵害，向人民法院起诉请求赔偿精神损害的，人民法院应当依法予以受理：(一)生命权、健康权、身体权；(二)姓名权、肖像权、名誉权、荣誉权；(三)人格尊严权、人身自由权。违反社会公共利益、社会公德侵害他人隐私或者其他人格利益，受害人以侵权为由向人民法院起诉请求赔偿精神损害的，人民法院应当依法予以受理。

〔2〕 崔建远：《精神损害赔偿绝非侵权法所独有》，载《法学杂志》2012年第8期。

〔3〕 《民法典》第582条也规定，履行不符合约定的，应当按照当事人的约定承担违约责任……

〔4〕 王利明：《合同法研究》(第2卷)，中国人民大学出版社2003年版，第670页。

〔5〕 胡艳春：《违约精神损害赔偿的法理思考》，载《求索》2005年第12期。

其次，关于原《侵权责任法》第22条和2001年《最高人民法院关于确定民事侵权精神损害赔偿责任若干问题的解释》第1条规定，崔建远教授认为，《侵权责任法》系侵权行为及其责任方面的专门法律，其第 22 条采取那样的表述为其本分，立法技术使然，纯属正常。它不宜直接规定侵权责任法以外的法律领域关于权利、义务及责任的规则，如不宜禁止违约场合的精神损害赔偿，除非立法法有明确的授权、存在迫不得已的情形。同理，法释〔2001〕7号司法解释系专门确定民事侵权精神损害赔偿责任的司法解释，其第1条采取那样的表述同样正常。按照立法技术，如此表述并无否定其他法律、司法解释规定相应的法律责任之意。〔1〕

最后，从整个民法体系规定来看，《民法典》第996条规定应理解为因当事人一方的违约行为，损害对方人格权并造成严重精神损害，受损害方可以在违约之诉中请求精神损害赔偿。如果将该条理解为受损害方在提起违约之诉时，不影响其另行提起侵权之诉主张精神损害赔偿或者两诉合并审理的话，则失去该条规定的必要性。因为删除该条规定的话，同样可以通过责任竞合制度来解决该种理解所出现的情形。此外，同上文道理，该条因属于《民法典》中的《人格权编》，虽只规定了违约损害人格权造成严重精神损害的赔偿责任，但并未否定其他类型的违约精神损害赔偿。〔2〕

因此，从体系解释的角度来看，民法体系虽未逐一明确违约精神损害赔偿的适用范围，但已明确包含违约精神损害赔偿。

3.比较法解释：域外法律对违约精神损害赔偿的认可

在比较法上，大陆法系和英美法系对违约精神损害赔偿都经历了从不予认可到逐步认可或例外认可的过程。从《德国民法典》原第253条〔3〕规定来看，德国早期不认可违约精神损害赔偿，认为精神损害赔偿仅适用于侵权场合。随着法院在实践中将非财产上的损害商业化之后，2002年德国修改损害赔偿法，删除

---

〔1〕 崔建远：《精神损害赔偿绝非侵权法所独有》，载《法学杂志》2012年第8期。

〔2〕 柳经纬：《违约精神损害赔偿立法问题探讨——以〈民法典各分编（草案）〉第七百七十九条为对象》，载《暨南学报》（哲学社会科学版）2019年第7期。

〔3〕《德国民法典》原第253条规定，对于非为财产损害的损害，仅在法律有规定的情形，始可以请求以金钱赔偿。

了《德国民法典》原第847条，将其内容作为原第253条第2款。[1]即将非财产损害赔偿请求权从原侵权行为法的位置转移到债法总则中，[2]对因侵害身体、健康、自由或者性自决造成的精神损害允许通过违约责任予以救济。同样地，起初法国的学说和判例亦不认可违约精神损害赔偿，后来随着司法判例对《法国民法典》第1382条[3]规定进行扩张解释，发展到目前广泛承认违约精神损害赔偿，即只要违约行为造成精神损害的，受损害方均可请求赔偿。后来的《欧洲合同法原则》《国际商事合同通则》[4]都吸收了法国的做法，确立了违约精神损害赔偿。

在英美法系国家，违约精神损害赔偿经历了从原则不予认可到例外承认的过程。在英国，根据判例，例外承认主要包括三种情形：一是以提供安宁、快乐的享受为合同订立的目的。二是合同的目的就是解除痛苦或麻烦。三是违反合同带来的生活上的不便直接造成的精神痛苦。[5]在美国，经过学说和判例的发展，最后两次《合同法重述》也确立了这种原则与例外模式。[6]

四、违约精神损害赔偿的司法适用

在坚持违约精神损害赔偿正当性的前提下，司法实务仍应注意采审慎态度，

---

〔1〕 修改后的《德国民法典》第253条第2款规定，因侵害身体、健康、自由或者性的自我决定而须赔偿损害的，也可以因非财产损害而请求公平的金钱赔偿。参见《德国民法典》（第2版），陈卫佐译，法律出版社2006年版，第86页。

〔2〕 杜景林、卢谌：《德国民法典评注》，法律出版社2011年版，第96页。

〔3〕 《法国民法典》第1382条规定，行为人因其过失之行为致他人受有损害，负赔偿责任。

〔4〕 《欧洲合同法原则》第9：501条规定："损害赔偿请求权：(一)受害方当事人有权对因对方当事人的不履行而造成的损失请求赔偿，只要该不履行没有依第8：108条免责；(二)可获取赔偿的损失包括：1.非金钱损失；和2.合情合理地易于发生的未来的损失。"《国际商事合同通则》第7.4.2条规定："1.受害方当事人对由于不履行而遭受的损害有权得到完全赔偿。此损害既包括该方当事人遭受的任何损失，也包括其被剥夺的任何收益，但应考虑受害方当事人由于避免发生的成本或损害而得到的任何收益。2.此损害可以是非金钱性质的，例如包括肉体或者精神生的痛苦。"参见梁慧星主编：《中国民法典草案建议稿附理由：合同编》，法律出版社2013年版，第230~231页。

〔5〕 何宝玉：《英国合同法》，中国政法大学出版社1999年版，第676~679页。

〔6〕 1933年美国《合同法重述》（第2版）第341条规定，在违反合同的行为中，精神损害赔偿不予支持，除非该违约行为极不负责或不顾后果并且造成了人身伤害，被告在订约时有理由预知这种行为将导致除金钱损失以外的精神损失。1981年美国《合同法重述》（第2版）第353条规定，不允许对情绪障碍产生的损害获取赔偿，除非违约同时造成了身体上的伤害，或者合同或违约是如此的特殊以至于严重的情绪障碍成为一种极易发生的结果。

对违约精神损害赔偿的适用范围、构成要件、适用原则、诉讼主体和救济程序等进行严格把握，准确适用，以更好地发挥制度功能。

（一）适用范围

根据上文分析，对违约精神损害赔偿的适用应包括法定适用和约定适用两类。

1.法定适用。根据《民法典》第996条规定，违约精神损害赔偿首先可以适用于人格权受到损害的场合。按照体系解释的方法，这里的人格权应指《民法典》第990条规定的人格权，即包括生命权、身体权、健康权、姓名权、名称权、肖像权、名誉权、荣誉权、隐私权等权利。此外，财产的取得主要系人们劳动的结晶，财产上同样也包含了人们的情感，对财产的侵害也系对主体人格的不尊重，就此而言，精神损害不仅可以因人身或人格利益受到损害而产生，也可以因财产利益受到侵害而产生。〔1〕对此，我国法律和司法实践均可印证，如从《民法典》第1183条第2款和2001年《最高人民法院关于确定民事侵权精神损害赔偿责任若干问题的解释》第3条第3项、第4条规定即可得知，侵害特定人格物也会产生精神损害。因此，违约精神损害赔偿的适用范围并不限于违约行为导致人格权受到损害的场合。从违约精神损害赔偿的内在逻辑来看，在不涉及损害人格权时，在特定情形下，只要违约行为导致对方当事人精神损害的，对方当事人也应有权主张精神损害赔偿。

根据《民法典》合同编第584条的规定，当事人一方违约给对方造成损失的，损失赔偿额应当相当于因违约所造成的损失，包括合同履行后可以获得的利益。因此，如果合同本身存在精神利益，合同履行后可以获得的利益自然包括精神利益，此类合同违约就有适用违约精神损害赔偿的必要。但如何判断合同是否存在精神利益，司法实践中，应持严格审慎之态度。有学者提出可从合同的目的、合同的标的、合同履行利益三个方面进行判断，值得参考。一是如果当事人订立合同的目的就是获得某种精神利益，那么违反合同势必影响合同目的的实现，此

〔1〕 尹志强：《论违约精神损害赔偿的正当性及适用范围》，载《中国政法大学学报》2014年第6期。

时适用违约精神损害赔偿旨在维护合同的目的利益。如旅游服务合同、观赏表演合同、宾馆服务合同、美容服务合同、婚庆服务合同、殡葬服务合同等。二是如果合同的标的物（如遗体、骨灰盒、祖传文物、珍贵照片等）承载着特定方当事人的精神利益，那么标的物因违约行为而毁损灭失，势必使特定方当事人的情感无以寄托而造成精神损失，此时适用违约精神损害赔偿旨在保护特定方当事人存在于合同标的物之上的精神利益。如对当事人具有纪念意义的物品之保管合同、租借合同、加工承揽合同等。三是在某些情况下，合同的目的不是为了精神利益，合同的标的也不承载当事人的精神利益，但合同的履行将给当事人一方带来精神上的利益或可以避免精神上的不利益，如不履行合同则会给当事人带来精神上的不利益，此时也应适用违约精神损害赔偿以保护合同履行带来的精神利益。在客运合同中，承运人延误导致旅客在长时间的等待中引发的焦虑心情，即属于这种情形。〔1〕

2.约定适用。约定适用的主要法律依据为《民法典》第176条和《民法典》合同编第582条，即当事人在合同中约定承担违约责任的内容包括精神损害赔偿。对此，有学者亦持肯定态度，认为即使法律没有承认违约场合的精神损害赔偿，当事人也可在合同中约定“违约行为致使守约方遭受精神损害时，违约方支付一笔违约金。”〔2〕

（二）适用原则

1.可预见性原则。《民法典》第584条〔3〕规定了可预见性原则。该规则作为违约损害赔偿制度的原则之一，违约精神损害赔偿作为违约损害赔偿制度的一部分，也理应受其约束。一是可预见的时间，应以订立合同时可预见为节点。二是可预见的标准，应采主客观相结合的标准，即订立合同时主观上预见到，客观上应当预见到。同时还应根据合同类型作具体分析，例如，以精神利益作为履行

---

〔1〕 柳经纬：《违约精神损害赔偿立法问题探讨——以〈民法典各分编（草案）〉第七百七十九条为对象》，载《暨南学报》（哲学社会科学版）2019年第7期。

〔2〕 崔建远：《精神损害赔偿绝非侵权法所独有》，载《法学杂志》2012年第8期。

〔3〕 《民法典》第584条规定：当事人一方不履行合同义务或者履行合同义务不符合约定，造成对方损失的，损失赔偿额应当相当于因违约所造成的损失，包括合同履行后可以获得的利益；但是，不得超过违约一方订立合同时预见到或者应当预见到的因违约可能造成的损失。

利益的旅游合同，违约方订立合同时能够预见到精神损害。但在有些合同中，如照片冲洗合同，如果胶卷所有人未告知冲洗人照片具有人格物的重要属性，则冲洗人不一定能预见到精神损害。

2.最高限额原则。为限制规范法官自由裁量范围，应为违约精神损害赔偿设置一个合理的最高限额。在目前法律和司法解释没有规定的情况下，各省级辖区可参照《国家赔偿法》第34条〔1〕规定，根据当地经济生活水平积极探索设置一个合理的最高限额，并制定统一的梯度档次标准。

3.其他原则。同可预见性原则一样，合同领域中的减轻损失原则〔2〕、过失相抵原则〔3〕、约定违约金及其增减原则〔4〕等作为违约损害赔偿制度的原则，也应同样适用于违约精神损害赔偿场合。

（三）构成要件

违约精神损害赔偿作为违约责任的一种形式，其构成要件自然应遵循违约责任的构成要件，即违约行为实际发生、精神损害事实、违约行为与精神损害事实之间存在因果关系以及严格责任归责原则。下面重点分析精神损害事实和归责原则。

1.精神损害事实

根据《民法典》第996条的规定，违约行为损害人格权造成严重精神损害的，方可主张精神损害赔偿。根据《民法典》第996条、第1183条第2款立法精神，从司法实践应审慎适用违约精神损害赔偿角度来看，无论是否涉及人格权受损害的场合，违约精神损害赔偿的构成要件之一都应是造成他人精神损害达到严重程度。就“严重”的标准界定问题，可具体分析把握：首先，身体、健康被侵害会

---

〔1〕《国家赔偿法》第34条规定，赔偿额最高不超过国家上年度职工平均工资的20倍。

〔2〕《民法典》第591条第1款规定：当事人一方违约后，对方应当采取适当措施防止损失的扩大；没有采取适当措施致使损失扩大的，不得就扩大的损失请求赔偿。

〔3〕《民法典》第592条第2款规定：当事人一方违约造成对方损失，对方对损失的发生有过错的，可以减少相应的损失赔偿额。

〔4〕《民法典》第585条第1款、第2款规定：当事人可以约定一方违约时应当根据违约情况向对方支付一定数额的违约金，也可以约定因违约产生的损失赔偿额的计算方法。约定的违约金低于造成的损失的，人民法院或者仲裁机构可以根据当事人的请求予以增加；约定的违约金过分高于造成的损失的，人民法院或者仲裁机构可以根据当事人的请求予以适当减少。

带来肉体的痛苦，属于精神损害的范畴。此时，是否构成严重精神损害，主要取决于身体、健康被损害的程度。在目前尚无司法解释进行统一规定的情形下，可考虑借鉴当前司法实践中的主要做法，以达到伤残标准作为构成严重精神损害的主要依据。即原则上只有达到伤残等级以上标准，才能提起精神损害赔偿。至于没有达到伤残等级标准的精神损害是否构成后果严重，则应视情况而定，从严把握。例如，可以结合受害人受到什么样的损害，是否住院，住院时间长短，是否影响受害人的饮食起居，病历记录等综合决定其遭受的精神损害是否属于“严重精神损害”的情形。其次，在精神性人格权益和其他精神利益被侵害的情形，鉴于该类人格权益或精神利益很难外化且存在个体差异性，因此，在确定是否达到严重标准时，应综合考虑侵害人的主观状态、侵害手段、场合、行为方式和被侵害人的精神状态等具体情节加以判断。

2.归责原则

有观点认为，鉴于精神损害的无形性、不可度量性、可预测性差等特点，如若采纳严格责任原则，只有违约行为引发精神损害，守约方就应获得赔偿，有鼓励滥诉之嫌。〔1〕笔者认为应适用严格责任原则，理由如下：一是违约精神损害赔偿属于违约损害赔偿的属概念，故违约精神损害赔偿之归责原则，可适用违约损害赔偿的规则原则，即严格责任原则。二是精神损害与其他损失同为期待利益的损失，由同一事实所生，适用同一规范，如适用不同的归责原则，则有失统一性。三是责任成立不同于责任范围，对精神损害赔偿责任范围的限制可通过可预见性等原则实现，无须再通过责任成立上的归责原则进行限制。而且让原告举证被告存在主观过错往往十分困难，如此违约精神损害则难以得到救济。

（四）诉讼主体

提起违约精神损害赔偿的主体包括自然人当无争议，但对是否包含法人和非法人组织则存在争议。

一种观点认为，应包含法人和非法人组织。该观点认为，精神损害包括精神痛苦与精神利益丧失，法人的精神损害不包括精神痛苦，但包括精神利益丧

〔1〕 杨显滨：《违约精神损害赔偿制度的中国式建构》，载《当代法学》2017年第1期。

失。精神利益包括人格利益和身份利益，是民事主体人格的基本利益所在，否认法人有精神损害，就等于否认法人的人格，其结果必然使法人本身失去了存在的依据。〔1〕

另一种观点认为，不包含法人和非法人组织。精神损害应当只属非财产损害之一种，是指具备意识机能之自然人因损害法律事实濒害行为或事件的发生而导致其精神利益受到损害，具体表现为精神或肉体上之痛苦。它与人格利益损害有别。人格利益是主体就社会对其评价所享有的利益，精神利益则是主体对其自身内在感受所享有的利益，前者是一种外在的社会评价，后者则是一种纯属内在的心理感受。故凡主体均可享有人格利益，而精神利益则只能由自然人享有，法人等组织体不具有内心感受机能，其不可能享有精神利益，从而不存在精神损害及其赔偿问题。〔2〕

笔者赞同第二种观点，虽然第一种观点也有一定道理，但从2001年《最高人民法院关于确定民事侵权精神损害赔偿责任若干问题的解释》第5条〔3〕和《民法典》第1183条〔4〕规定出发，司法实践和立法趋势已经将侵权精神损害赔偿的诉讼主体明确限定为自然人。同是精神损害赔偿，自然违约精神损害赔偿的诉讼主体也应限于自然人。

（五）救济程序

根据违约精神损害赔偿的理论基础分析和法律解释结论，违约精神损害的救济程序应允许当事人在违约之诉中直接主张精神损害赔偿。但违约精神损害包含两种情形，相应的救济程序也应区别处理：一是单纯的违约精神损害，即违约行为并未损害对方人格权或财产权，却造成了精神损害。此种情形不存在责

---

〔1〕 杨立新：《〈中华人民共和国侵权责任法〉条文释解与司法适用》，人民法院出版社2010年版，第115~116页。

〔2〕 王利明编：《侵权责任法条文释义》，人民法院出版社2010年版，第149页。

〔3〕 2001年《最高人民法院关于确定民事侵权精神损害赔偿责任若干问题的解释》第5条规定：法人和其他组织以人格权遭受侵害为由，向人民法院起诉请求赔偿精神损害的，人民法院不予受理。

〔4〕 《民法典》第1183条规定：侵害自然人人身权益造成严重精神损害的，被侵权人有权请求精神损害赔偿。因故意或者重大过失侵害自然人具有人身意义的特定物造成严重精神损害的，被侵权人有权请求精神损害赔偿。

任竞合的问题，因此，对违约精神损害的救济只能是通过违约之诉实现。二是构成责任竞合的违约精神损害，即违约行为同时损害对方人格权或财产权，进而造成精神损害。此种情况，受损害方有两种选择，一种是依据《民法典》第996条规定，仅提起违约之诉，并基于违约责任请求权主张精神损害赔偿。另一种是依据《民法典》第186条关于责任竞合的规定，选择提起侵权之诉主张精神损害赔偿。因为违约之诉和侵权之诉的诉讼风险不同，具体选择何种救济途径应由当事人自主决定。但参照2001年《最高人民法院关于确定民事侵权精神损害赔偿责任若干问题的解释》第6条〔1〕规定，无论当事人是选择违约之诉还是侵权之诉，如果当事人在违约之诉或者侵权之诉中没有提出赔偿精神损害的诉讼请求，诉讼终结后又基于同一违约事实或同一侵权事实另行起诉请求赔偿精神损害的，人民法院均不应受理。

审判实务精要

本文在分析违约精神损害赔偿的立法沿革、司法状况后，从理论基础和法律解释上对其作了肯定性论证和解释，最后落脚点放在《民法典》施行后违约精神损害赔偿的适用上。一是适用范围，包括法定适用和约定适用。关于法定适用，主要是指违约行为损害对方人格权、包含精神利益的财产权造成对方精神损害，以及单纯的违约行为造成对方精神损害三种情形，第二种、第三种情形的合同类型主要包括合同标的物承载着精神利益、合同目的或合同履行利益就是精神利益的合同。关于约定适用，即双方当事人可以合同中约定违约责任包括精神损害赔偿。二是适用原则。违约精神损害赔偿作为违约责任的一种形式，自然要适用合同领域中的可预见性原则、减轻损失原则、过失相抵原则、约定违约金及其增减原则、最高限度原则等。三是构成要件。违约精神损害赔偿作为违约责任的一种形式，其构成要件自然应遵循违约责任的构成要件，即违约行为实际发生、精神损害事实、违约

〔1〕《最高人民法院关于确定民事侵权精神损害赔偿责任若干问题的解释》第6条规定：当事人在侵权诉讼中没有提出赔偿精神损害的诉讼请求，诉讼终结后又基于同一侵权事实另行起诉请求赔偿精神损害的，人民法院不予受理。

行为与精神损害事实之间存在因果关系以及严格责任归责原则。四是诉讼主体。提起违约精神损害赔偿的主体应限于自然人。五是救济程序。当事人可以自主选择提起违约之诉主张精神损害赔偿违约责任，也可以根据责任竞合规定提起侵权之诉主张精神损害赔偿侵权责任。但无论当事人选择违约之诉还是侵权之诉，如果在违约之诉或侵权之诉中没有提出赔偿精神损害的诉讼请求，诉讼终结后均不得基于同一违约事实或同一侵权事实再另行起诉请求赔偿精神损害。

撰稿人：戴　曙，上海市高级人民法院立案庭审判员，法学博士

35. “死者名誉”的民事司法保护

导　　言

“死者名誉”是一个涉及法律与伦理的难题，《民法典》第185条、第994条体现了国家立法机关保护“死者名誉”的积极态度和坚定立场。“死者名誉”[1]，系指死者根据其生前的属性和特征而获得的有关品德、声望、才能、信用等方面的社会评价。死者在世时，如其名誉受到侵害，当可自行主张权利。然生者逝后，权利主体不复存在，依照我国民法基本原理，名誉权随之消灭，但因生前名誉尚在，其留给现世之人的印象、留在现实生活中的痕迹将逾越死亡而暂时或持续存在，也势必仍将对遗属及社会带来影响。

现实生活中，侮辱、诽谤逝者的行为屡见不鲜，遗属不胜其扰，个别事件有着极坏的社会影响。为此，有必要将“死者名誉”纳入民法保护范畴。当前，与保护“死者名誉”相关的民事法律法规主要有《民法典》总则编第185条、人格权编第994条，以及《英雄烈士保护法》第25条、第26条，这些法律法规共同构成了死者名誉的民法保护体系。通过解析相关法条，本文对“死者名誉”民事纠纷案件审理应把握的要点进行了梳理。

一、“死者名誉”保护的构造模式

（一）“死者名誉”保护的一般构造模式

日本学者五十岚清认为，死者名誉权（益）民法保护的构造可考虑3种模式[2]：一是以侵害遗属名誉权保护；二是以侵害遗属对死者的敬仰之情保护；三

---

〔1〕 死者不享有权益，故“死者名誉”并非“死者的名誉”简称，毋宁称之“死者生前名誉”为妥，但为行文习惯，暂以此指代。

〔2〕［日］五十岚清：《人格权法》，铃木贤、葛敏译，北京大学出版社2009年版，第33页。

是以侵害死者的名誉权（益）保护。第一种构造，是由遗属直接以自己名誉权受侵害为由请求司法救助；第二种构造，是由遗属以自己的人格权益受侵害为由请求司法救助；第三种构造，是由遗属代死者请求司法救助。第一种、第二种构造为间接保护，对应的学说为“近亲属权利保护说”。该学说认为，侵害“死者名誉”可视为对近亲属利益或权利的侵害。侵害死者名誉，包括三种情形：第一种，仅造成死者的社会评价降低，而与生者无关；第二种，因侵害死者名誉而导致死者遗属的名誉受损害；第三种，侵害死者名誉并不对死者遗属的名誉造成损害，但损及遗属对死者的追爱追慕之情。〔1〕第三种构造为直接保护，对应的学说为“死者权利保护说”“死者法益保护说”。前者认为人死亡后仍具有权利能力，享有名誉权。后者认为“死者名誉”系为法律保护的利益，该利益归属于死者。

（二）我国《民法典》的构造模式

从《民法典》来看，我国民法典系根据死者的身份以及是否侵害社会公共利益设立了双重保护模式。

1.赋予遗属诉权

依据《民法典》第994条，死者的名誉受到侵害的，其配偶、子女、父母有权依法请求行为人承担民事责任；死者没有配偶、子女并且父母已经死亡的，其他近亲属有权依法请求行为人承担民事责任。可见，我国民法典采取了间接保护的构造模式，即赋予遗属以诉权，在死者名誉受侵害时，可对侵权行为提起诉讼。

2.授予检察机关诉权

在遗属均已过世或不愿主动提起诉讼，死者名誉侵害事件又产生极坏的社会影响时，立法者又设立特殊身份死者保护模式，即以检察机关提起公益诉讼的方式保护英雄烈士的名誉。依据《民法典》第185条，侵害英雄烈士等的名誉，损害社会公共利益的，应当承担民事责任。《英雄烈士保护法》第25条授予检察机关在英雄烈士没有近亲属或者近亲属不提起诉讼时，可依法对侵害英雄烈士的名誉，损害社会公共利益的行为向人民法院提起诉讼。故在特定身份死者受侵

---

〔1〕 梁慧星：《民法总论》（第4版），法律出版社2011年版，第97页。

害时，检察机关可提起公益诉讼保护死者名誉。

在明确我国《民法典》关于死者名誉保护的构造后，即可根据不同的保护模式作进一步解析。

二、死者名誉相关权（益）辨析

“被害人权益”是审理侵害死者名誉案件时首要审查之内容。审查时应注意把握以下要点：

（一）案涉名誉权（益）不属于死者

死者名誉受侵害时，受侵害的并非死者的权（益），此应首要明确，在审理及文书撰写时应避免出现“死者权利”“死者名誉权”之类的表述。法官也不宜作出死者具备人格权（益）之类的解释，此举“可能造成使人格权发展失去方向性和原动力的危险”。〔1〕权利属于生者，死者不享有民事权利，此为我国民法基本法理。依据《民法典》总则第13条，自然人从出生时起到死亡时止，具有民事权利能力，依法享有民事权利，故自然人死亡时即失去民事权利能力，死者不享有权利。《民法典》第994条的表述为“死者的名誉”，亦未见“死者名誉权”之表述，故“死者名誉权”的说法缺乏现行法依据。

（二）所涉名誉权（益）的属性

“死者名誉”系表象性侵权对象，真正的被害人利益系“近亲属人格利益”与“社会公共利益”。

1.近亲属人格利益

我国民法典采取了间接构造模式，但未明确所涉权益是近亲属人格利益还是近亲属人格权。从效果来看，在理论上区分二者的意义不大，但案件审理系基于请求权展开，故在司法实践中仍有区分二者必要。《民法典》第990条明确，自然人基于人身自由、人格尊严产生的除具体人格权外的其他权益为人格权益。遗属对死者的敬仰之情并不属于具体人格权范畴，系基于人格尊严产生的权益，

---

〔1〕 马骏驹、刘卉：《论法律人格内涵的变迁和人格权的发展》，载《法学评论》2002年第1期。

属未类型化之人格利益，故可纳入一般人格权保护范畴。而从《民法典》体系看，遗属如以自身名誉权提起诉讼的，其请求权对应的法条系《民法典》第1024条，故基于体系解释，《民法典》第994条所涉权益也宜认定为近亲属的人格权益。保护“死者名誉”是手段，不是法律规范的最终目的。就实效而言，与其拟制死者的权益，毋宁将权益赋予生者更具操作性和现实意义。“对死者人格的侵害，实际上是对其活着的配偶、父母、子女和其他近亲属精神利益和人格尊严的直接侵害。……其真正的目的，应是保护生者的人格尊严和精神利益。”〔1〕是故，近亲属的人格权益是此类案件中的被害人利益，审理时应注意把握。司法实践中，还应注意分辨在死者名誉受侵害时，遗属以自身名誉权受侵害为由提起的诉讼，此二者在事实认定和法律适用上存在差别。

2.社会公共利益

在英雄烈士等名誉受侵害案件中，被侵害的权益可能有两类，一是遗属的人格权益；二是社会公共利益。遗属的人格权益受侵害一般较易识别，而社会公共利益是否受侵害，则需要法官根据普世的价值标准、当时的社会观念作综合判断，不能仅以近亲属或行为人的感观为参照。涉案社会公共利益，一般指的是以民族情感、民族精神等为内容的特定社会公共利益。“英雄烈士的人格利益往往与社会公共利益联系在一起，总是与一定的英雄事件、历史背景相关，与近现代中国历史紧密相关，更与我国社会共识和主流价值观相关，甚至在很大程度上已经成为中华民族共同记忆和民族感情的一部分，对现代中国具有不可替代的伟大意义，因此构成了我国社会主义核心价值观的重要组成部分。”〔2〕一般而言，“由于公共利益界定的抽象性，侵害英雄烈士的人格利益本身与侵害社会公共利益密切相连，可以说侵害英雄烈士的人格利益本身就可以构成侵害社会公共利益。”〔3〕

---

〔1〕 最高人民法院研究室编、沈德咏主编：《民事司法解释理解与适用》，法律出版社2009年版，第154页。

〔2〕 王利明：《〈中华人民共和国民法总则〉条文释义》，人民法院出版社2017年版，第464~465页。

〔3〕 最高人民法院民法典贯彻实施工作领导小组主编：《中华人民共和国民法典总则编理解与适用（下）》，人民法院出版社2020年版，第931页。

对于《民法典》第185条“英雄烈士等名誉”的理解，应注意以下几个要点：

（1）“英雄烈士”的解释。对于英雄烈士属于死者一般并无异议，理解的歧点在于“英雄”是作为名词“英雄+烈士”，还是作为定语“英雄般的烈士”。《中华人民共和国民法典总则编理解与适用（下）》认为，“英雄是重要的荣誉称号，烈士则有明确的评定标准”。因此，在彼时（立法）的社会政治等形态与此时（司法）并无巨大差异的情况下，司法机关较难突破基于立法原意作出的解释，故英雄烈士宜理解为“英雄+烈士”，但对英雄可作限缩解释，避免滥讼。“烈士”是法律用语，对其认定可参酌《烈士褒扬条例》第8条及《军人抚恤优待条例》第8条之规定。“英雄”非法律用语，并无具体认定标准，其词典文义为“不怕困难，不顾自己，为人民利益而英勇斗争，令人钦佩的人”，法条中其与“烈士”为并列之关系，故“英雄”可参照“烈士”认定，如狼牙山五壮士案中未牺牲的葛振林、宋学义系认定为抗日英雄。审判实践中，可以经中央或国务院及其部委认定的英雄模范人物为参照，如民政部颁布的《著名抗日英烈和英雄群体名录》。

（2）“等”的解释。“等”可解释为“与英雄烈士具有相同性质、同类贡献、同类影响的逝者”，不限于是否具备烈士称号，但需为政府确认并大力宣传的人物，其彰显之精神需为社会高度认可、为官方所确认、为国家所弘扬。

（3）“英雄烈士”的近现代历史属性。“烈士”本为古语今用，其古文含义已在使用中淡化，现有含义系在近代确立，并沿用至今，应认识到“近现代”是烈士一词的内在属性（“英雄”之理解参照“烈士”）。回溯《民法典》第185条的立法背景〔1〕，宜认为“英雄烈士等”系“中国近现代历史中为争取民族独立和人民自由幸福、国家繁荣富强做出突出贡献的历史人物、革命领袖或已经成为民族精神代表的人物。”〔2〕对于检察机关以近代史以外的历史人物名誉受侵害提起公益诉讼的，法院应慎重考量。

〔1〕 该条款即对应《民法总则》第185条。

〔2〕 沈德咏主编：《〈中华人民共和国民法总则〉条文理解与适用》（下），人民法院出版社2017年版，第1222页。

三、侵害死者名誉的主要表现形式

侵害死者名誉行为的认定可比照名誉权侵害行为，一般包括侮辱、诽谤等其他方式。近年来，侵权行为的表现形式随着新技术的发展呈现多样化的趋势。《最高人民法院关于当前民事审判工作中的若干具体问题》指出，在利用信息网络侵权案件的审理中，要注意及时充分了解互联网新技术的发展。〔1〕根据传播载体的技术水平，侵害死者名誉的行为可分为传统媒体下的侵害行为和新兴媒体下的侵害行为。

（一）传统媒体下的侵害死者名誉行为

传统媒体，系通过某种机械装置定期向社会公众发布信息或提供教育娱乐平台的媒体，主要包括报刊、广播、电视等传统意义上的媒体。就侵害死者名誉而言，具体为涉嫌侮辱、诽谤、丑化死者形象的影剧等电视节目、小说等报载作品，以及存在捏造事实、歪曲事实或对他人提供的失实内容未尽到合理审查义务或使用侮辱性言辞等贬损死者名誉的新闻报道。

【典型案例】

传统媒体下，侵害死者名誉的典型案例有“荷花女”名誉纠纷案、“彭家珍烈士”名誉纠纷案。

1.“荷花女”名誉纠纷案〔2〕

1985年起，魏锡林以吉文贞（已故艺人）为原型人物创作小说。《今晚报》副刊对小说配插图进行连载。小说在内容中使用了吉文贞的真实姓名和艺名（荷花女），内容除部分写实外，还虚构了部分有关生活作风、道德品质的情节。1987年6月，吉文贞之母陈秀琴向天津市中级人民法院起诉，以魏锡林未经其同意在创作发表的小说《荷花女》中故意歪曲并捏造事实，侵害了已故艺人吉文贞和自己的名誉权，《今晚报》未尽审查义务致使损害扩大为由，提起诉讼，要求停止侵害，恢复名誉，赔偿损失。

---

〔1〕 程新文:《最高人民法院关于当前民事审判工作中的若干具体问题》，最后访问日期：2020年2月5日。

〔2〕 最早发生并由此作出对死者名誉利益予以保护司法解释的案件。

2. “彭家珍烈士”名誉纠纷案[1]

《中国故事》杂志在1998年第4期登载了周簧创作的小说《祸祟》，小说虚构辛亥革命历史人物彭家珍的事迹，将彭家珍作为反面人物，描述其为“恶魔”。2001年7月下旬，彭家珍之妹彭家惠向成都市中级人民法院提起诉讼，以《中国故事》杂志刊载的《祸祟》篡改了其兄彭家珍烈士的事迹，在国内外造成了极其恶劣的影响为由，要求杂志社作出深刻、郑重的赔礼道歉，并在海内外消除恶劣影响，赔偿侵害彭家珍烈士名誉的精神损失费465，000元、物质损失38，590元。

（二）新兴媒体下的侵害死者名誉行为

新兴媒体是相对于报刊、广播、电视等传统媒体而言的新的媒体形态，是利用数字技术、网络技术、移动技术，通过互联网、无线通信网、有线网络等渠道以及电脑、手机、数字电视机等终端，向用户提供信息和娱乐的传播形态和媒体形态；如数字杂志、数字报纸、数字广播、手机短信、移动电视、网络、桌面视窗、数字电视、数字电影、触摸媒体等。[2]随着新媒体技术的发展，名誉侵权的具体表现形式呈现多样性，死者名誉的侵害行为也从以报纸、电视为主的传统媒体平台逐渐向新媒体平台过渡，传播速度更快、范围更广。因网络媒体的管理机构和审查机制远不如传统媒体严格、完善，故侵权成本低而影响大，新兴媒体已成为侵害死者名誉的主要平台。

【典型案例】

新兴媒体下，侵害死者名誉的典型案例有“谢晋导演”名誉纠纷案、“狼牙山五壮士”名誉纠纷案。

1. “谢晋导演”名誉纠纷案[3]

2008年10月19日至同年12月，宋祖德向其开设的新浪网博客、搜狐博客、腾讯网博客上分别上传了《千万别学谢晋这样死！》《谢晋和刘××在海外有个重度脑瘫的私生子谢××！》等多篇文章，称谢晋因性猝死而亡、谢晋与刘××在

[1] 《最高人民法院公报案例》2002年第6期。

[2] 马为公、罗青：《新媒体传播》，中国传媒大学出版社2011年版，第10~14页。

[3] （2009）静民一（民）初字第779号。

海外育有一个重度脑瘫的私生子等内容。2008年10月28日至2009年5月5日，刘信达向其开设的搜狐网博客、网易网博客分别上传了《刘信达愿出庭作证谢晋嫖妓死，不良网站何故黑箱操作撤博文？》《刘信达：美×确是李××女儿，照片确是我所拍》《宋祖德十五大预言件件应验！》《宋祖德的22大精准预言！》等文章，称谢晋事件是其亲眼目睹、其亲自到海外见到了“谢晋的私生子”等内容。2008年10月至11月间，齐鲁电视台、成都商报社、新京报社、华西都市报社、黑龙江日报报业集团生活报社、天府早报社的记者纷纷通过电话采访了宋祖德。宋祖德称前述文章其有确凿证据，齐鲁电视台及各报社纷纷予以了报道。成都商报社记者在追问宋祖德得知消息源于刘信达后，还通过电话采访了刘信达。刘信达对记者称系自己告诉了宋祖德，并作出了同其博客文章内容一致的描述。2009年2月23日，谢晋遗孀徐大雯以宋祖德、刘信达无中生有，连续发表博客文章恶意诋毁谢晋名誉为由诉至上海市静安区人民法院，请求判令宋祖德、刘信达立即停止侵害并撤销网络上的博客文章，消除影响、赔礼道歉；并判令宋祖德、刘信达共同赔偿徐大雯直接经济损失10万元及精神损害抚慰金40万元。

2.“狼牙山五壮士”名誉纠纷案[1]

2013年第11期《炎黄春秋》杂志刊发洪振快撰写、黄钟任责任编辑的《“狼牙山五壮士”的细节分歧》一文，2013年9月洪振快在财经网发表《小学课本“狼牙山五壮士”有多处不实》一文，对狼牙山五壮士英雄事迹的细节问题提出质疑。2014年3月，“狼牙山五壮士”中的葛振林之子葛长生、宋学义之子宋福宝向北京市西城区人民法院提起诉讼，认为文章意图抹黑“狼牙山五壮士”英雄形象和名誉，请求判令洪振快停止侵权、公开道歉、消除影响。

（三）自媒体下的侵害死者名誉行为

自媒体，是以个人传播为主，以现代化、电子化手段向不特定的大多数或者特定的单个人传递规范性及非规范性信息的媒介，是“普通大众经由数字科技强化、与全球知识体系相连之后，一种开始理解普通大众如何提供与分享他们本

---

〔1〕（2015）西民初字第27841号。

身的事实和新闻的途径”[1]，微博、微信、短视频是自媒体的典型代表。

自媒体是新兴媒体发展的最新阶段，除了开放性更广、传播速度更快以外，自媒体在平民化、个性化、自主化方面的特点尤为突出。“自媒体的出现，给侵害他人名誉权的侵权行为提供了一个新的平台。”[2]自媒体平台下，名誉侵害行为一旦发生一般无法停止或扭转，且因其交互性极强，产生的群体效应将导致损害结果的急速扩大和舆论的一边倒。基于上述特性，自媒体可能会发展成为侵害死者名誉的重灾区。在审理自媒体平台侵权案件时，有一点亟须注意：自媒体从业人员负有与传统媒体一般的为公众利益服务的社会责任，其道德责任是否失范是判断侵害死者名誉与否的重要考量因素。

【典型案例】

自媒体下，侵犯死者名誉较为典型的案例有“邱少云烈士”名誉纠纷案、“叶挺烈士”名誉纠纷案。

1.“邱少云烈士”名誉纠纷案[3]

2013年5月22日，孙杰在新浪微博通过用户名为“作业本”的账号发文称，“由于邱少云趴在火堆里一动不动最终食客们拒绝为半面熟埋单，他们纷纷表示还是赖宁的烤肉较好”。作为新浪微博知名博主，孙杰当时已有603万余个“粉丝”。该文发布后不久就被转发即达662次，点赞78次，评论884次。2013年5月23日凌晨，该篇微博博文被删除。

2015年4月，加多宝（中国）饮料有限公司在其举办的“加多宝凉茶2014年再次销量夺金”的“多谢”活动中，通过“加多宝活动”微博发布了近300条“多谢”海报，感谢对象包括新闻媒体、合作伙伴、消费者及部分知名人士。被告孙杰作为新浪微博知名博主也是加多宝公司感谢对象之一。加多宝公司于2015年4月16日以该公司新浪微博账号“加多宝活动”发博文称：“多谢@作业本，恭喜你与烧烤齐名。作为凉茶，我们力挺你成为烧烤摊CEO，开店十万罐，说到做到^_^#

---

〔1〕 梅夏英、杨晓娜：《自媒体平台网络权力的形成及规范路径》，载《河北法学》2017年第1期。

〔2〕 杨立新、刘欢：《自媒体自净规则保护名誉权的优势与不足》，载《甘肃社会科学》2013年第1期。

〔3〕 参见（2015）大民初字第10012号。

多谢行动#”，并配了一张与文字内容一致的图片。孙杰用“作业本”账号于2015年4月16日转发并公开回应：“多谢你这十万罐，我一定会开烧烤店，只是没定哪天，反正在此留言者，进店就是免费喝！！！”

该互动微博在短时间内被大量转发，在网络上引起较大反响。烈士邱少云之弟邱少华以孙杰的前述博文对邱少云烈士进行侮辱、丑化，加多宝公司以违背社会公德的方式贬损烈士形象，用于市场营销的低俗行为，在社会上造成了极其恶劣的影响为由，起诉至北京市大兴区人民法院，请求判令二被告立即停止侵害、消除影响、赔礼道歉，赔偿精神损失费1元。

2.“叶挺烈士”名誉侵权案〔1〕

2018年5月8日，西安摩摩信息技术有限公司通过其自媒体账号“暴走漫画”，在“今日头条”上发布了时长1分9秒的短视频。该视频的内容将叶挺烈士《囚歌》中“为人进出的门紧锁着，为狗爬出的洞敞开着，一个声音高叫着，爬出来吧，给你自由！”篡改为“为人进出的门紧锁着！为狗爬出的洞敞开着！一个声音高叫着！爬出来吧！无痛人流！”。叶挺烈士近亲属以对叶挺同志的《囚歌》一诗进行歪曲、丑化、亵渎，对革命先烈的亵渎，严重损害了革命先烈的荣誉，同时给遗属精神造成极大痛苦为由，起诉至西安市雁塔区人民法院，要求西安摩摩信息技术有限公司停止侵权、赔礼道歉；赔偿精神抚慰金100万元。

四、有权提起死者名誉保护侵权诉讼的主体范围

在死者名誉保护的民事诉讼制度方面，我国采取了私益诉讼、公益诉讼并行的模式。一般身份死者的名誉以及特殊身份死者的名誉（尚未达到公益受损程度）受侵害时，可以《民法典》第994条为法律依据，由死者近亲属提起私益诉讼寻求司法救济。达到公益受损程度的英雄烈士的名誉受侵害的，可以《民法典》第185条为法律依据，由检察机关提起公益诉讼予以保护。故有权提起侵权诉讼的主体因诉讼程序的不同而有所区别。

〔1〕 参见（2018）陕0113民初8937号。

（一）私益诉讼

依据《民法典》第994条，私益诉讼的诉权主体限于死者近亲属。又依据《民法典》第1045条，近亲属的范围包括：配偶、父母、子女、兄弟姐妹、祖父母、外祖父母、孙子女、外孙子女。

审理时应注意：

1.对原告的限制。《民法典》不仅将有权提起诉讼的遗属范围限定为近亲属，且对近亲属提起诉讼的顺序亦作了限定：死者的配偶、子女、父母为第一顺位；在死者没有配偶、子女并且父母已经死亡时，其他近亲属可作为第二顺位提起诉讼。法律作此设置，一是遵循常理，死者的追思敬仰之情与亲属亲疏远近呈反比，故应先由至亲之人提起诉讼；二是避免滥讼，保护死者名誉毕竟是对行为自由的约束，如死者的配偶、子女、父母尚且认为行为不构成对死者名誉的侵害，当然不必赋予其他近亲属诉权。

2.近亲属怠于行使诉权时的保护。现实生活中，难免有家庭不睦，如死者生前与配偶、子女、父母失和，而与其他近亲属感情甚笃。此时，如死者的配偶、子女、父母怠于依据《民法典》第994条行使诉权的，其他近亲属可以自身名誉权受损提起侵权之诉，其与近亲属以侵害死者名誉为名提起诉讼之效果是一致的。

（二）公益诉讼

《民法典》第185条未明确公共利益受损时的请求权者，依循我国民事诉讼制度设计，仅法律规定的机关和组织可提起公益诉讼。又依据《英雄烈士保护法》第25条第2款，在英雄烈士没有近亲属或者近亲属不提起诉讼的，检察机关可依法对侵害英雄烈士名誉，损害社会公共利益的行为向人民法院提起诉讼。因此，侵害英雄烈士名誉的行为达到损害社会公共利益的，仅检察机关可依法提起公益诉讼。至于未达到损害社会公共利益程度的，依据《英雄烈士保护法》第25条第1款，由英雄烈士近亲属提起人格权益侵害之诉或名誉权侵害之诉。还应注意到，依据《最高人民法院关于适用〈中华人民共和国民法典〉时间效力的若干规定》第6条的规定，《民法总则》施行前，侵害英雄烈士等的名誉，损害社会公共利益引起的民事纠纷案件，可适用《民法典》第185条的规定。

审理时应注意：

1.《民法典》第185条的表述为“侵害英雄烈士等的名誉”，其将与英雄烈士具有相同性质、同类贡献、同类影响的逝者一并列入保护范围，但依据《英雄烈士保护法》第25条，检察机关有权提起公益诉讼的侵权行为是“侵害英雄烈士名誉的行为”，并没有“等”字。基于公权力行为应遵守职权法定原则，宜认为仅在去世的英雄烈士的名誉受侵害并有损特定社会公益时，检察机关方可提起公益诉讼。

2.前置程序。依据《英雄烈士保护法》第25条第2款，在私益诉讼无法启动时，检察机关方能提起公益诉讼。考虑到公益诉讼消耗公共资源，私益诉讼在前也有助于判断是否涉嫌侵害公共利益。故检察机关在启动公益诉讼前，应当对英雄烈士有无近亲属以及其近亲属是否愿意提起私益诉讼进行核实，必要时可通过公告程序确认。对于近亲属怠于提起私益诉讼的，检察机关经明示后仍拒绝起诉的，可认为属于“近亲属不提起诉讼”的情形。

五、侵害死者名誉应承担的民事责任

依据《民法典》第179条、第995条、第998条、第1183条规定，人格权受到侵害的，受害人有权依法请求行为人承担民事责任。承担民事责任的方式主要有：停止侵害、消除影响、恢复名誉、赔礼道歉、赔偿损失。承担民事责任的方式，既可以单独适用，也可以合并适用。司法实践中，具体的裁判标准可参酌行为人和受害人的职业、影响范围、过错程度，以及行为的目的、方式、后果等因素而定。同时应注意的是：私益诉讼与公益诉讼间有着不同制度构造与价值取向，二者在民事责任的具体承担上有所差别。

（一）私益诉讼

就死者近亲属提起的私益诉讼而言，人民法院宜以支持被侵权人防御性诉请为主，确有必要的，可辅以合理的精神损害赔偿金。考虑因素有：（1）近亲属人格权益为法益，依法理，作为一种法律上的消极承认，其法律之力弱于权利，在保护力方面弱于权利。（2）近亲属人格权益是人格尊严的具现化，属于一般人格权范畴，较之具体人格权，一般人格权的法律适用处于人格权保护的补充地位。(3)近亲属人格权益是死者名誉在遗属身上的折射，属于间接保护，行为自由较受害者之一般人格权益具有价值优先性。(4)遗属对死者的敬仰之情一般随时间递减，“人们对一个已死的人，只有当脑海中还留有鲜明印象时，才会怀抱敬意……”〔1〕故损害后果还需参酌时间而定。

综上所述，人民法院对近亲属人格权益应持合理保护的态度，不宜将死者名誉权益视为与行为自由，或生者名誉权同一价值等级。是故，私益诉讼中的民事责任承担方式宜以停止侵害、恢复名誉、消除影响、赔礼道歉为主。对于被侵权人以精神严重受损为由要求承担精神损害赔偿金并予以充分举证的，法院可酌定损害赔偿金额。酌定的考虑因素可包括：侵权人的过错程度、侵权行为的具体情节、给受害人造成精神损害的后果，但总体应低于同类场景下名誉权受侵害时的精神损害赔偿金。

(二)公益诉讼

就检察机关提起的公益诉讼而言，因涉及公共利益侵害，加之财产损失金额难以估算，且精神损害赔偿仅限于自然人提出，故公益诉讼中的民事责任承担限于停止侵害、恢复名誉、消除影响、赔礼道歉为宜。同样因涉及社会公共利益，对于恢复名誉、消除影响、赔礼道歉一般宜采取书面公开方式。

审判实务精要

根据死者的身份以及是否侵害社会公共利益，我国民法典设立了双重保护模式。一是赋予遗属诉权，在死者名誉受侵害时，遗属可对侵害行为提起诉讼。二是授予检察机关诉权，在遗属均已过世或不愿主动提起诉讼，死者名誉侵害事件又产生极坏的社会影响时，由检察机关依法对侵害英雄烈士的名誉，损害社会公共利益的行为向人民法院提起诉讼。

在私益诉讼中，请求权基础为遗属的人格利益(包括英雄烈士近亲属)

〔1〕［英］坎南编著：《亚当·斯密关于法律、警察、岁入及军备的演讲》，陈福生译，商务印书馆1962年版，第15页。

受损，对应的法律依据为《民法典》第179条、第994条、第995条。法律对提起诉讼的遗属有两个限制：一是原告范围限于死者近亲属；二是起诉人的顺序限制，死者的配偶、子女、父母为第一顺位；在死者没有配偶、子女并且父母已经死亡时，其他近亲属可作为第二顺位提起诉讼。在责任承担方面，以停止侵害、恢复名誉、消除影响、赔礼道歉为主，以合理的精神损害赔偿为补充。

在公益诉讼中，请求权基础为以民族情感、民族精神等为内容的特定社会公共利益受损，对应的法律依据为《民法典》第179条、第185条，以及《英雄烈士保护法》第25条、第26条。原《民法总则》施行前，侵害英雄烈士等的名誉，损害社会公共利益引起的民事纠纷案件，同样适用《民法典》第185条的规定。提起公益诉讼的主体为检察机关，且仅限于英雄烈士名誉受侵害情形。在提起诉讼前，检察机关应履行必要的前置程序，在明确英雄烈士无近亲属或其近亲属不愿提起私益诉讼进行确认。在责任承担方面，以停止侵害、恢复名誉、消除影响、赔礼道歉为主。

撰稿人：须海波，上海市第一中级人民法院商事审判庭法官助理，法学硕士

36. 隐私权的民法保护

导　　言

我国在原《侵权责任法》中首次明确将隐私权列为受保护的民事权利，但该法并未对隐私权的概念和保护范围作出明确具体的规定。《民法典》人格权编设专章（第1032条至第1039条）对隐私权保护进行详细规定，对隐私权的理论和实务发展必将产生重大影响。本文尝试围绕《民法典》中有关隐私权的相关条文，参考国内外的判例和学说，对隐私权的概念、保护范围进行解读、研究，并在此基础上提出若干具有理论研究和司法实务价值的问题进行讨论和阐释，包括自然人死亡后的隐私权保护路径、保护期间，已公开过的事实是否仍受隐私权保护，隐私权保护与言论自由、媒体报道自由的冲突与利益衡量等。

一、隐私权的概念

我国立法和司法解释层面上与隐私相关的条文，最早出现在1988年《最高人民法院关于贯彻执行〈中华人民共和国民法通则〉若干问题的意见（试行）》[1]，该意见第140条第1款规定，以书面、口头等形式宣扬他人的隐私，或者捏造事实公然丑化他人人格，以及用侮辱、诽谤等方式损害他人名誉，造成一定影响的，应当认定为侵害公民名誉权的行为。该条文依托名誉权保护隐私，是因为当时《民法通则》第120条仅规定了姓名权、肖像权、名誉权和荣誉权，尚无关于隐私权的明确规定。这种将隐私纳入名誉权保护范围的做法，与古典罗马法中以侵辱之诉（actio iniuriarum）保护隐私的做法颇具相似性。

2001年《最高人民法院关于确定民事侵权精神损害赔偿责任若干问题的解

---

〔1〕　本部分旨在介绍隐私权保护在我国的发展历程，故所引之法律、司法解释条文内容均以《民法典》施行前之原状为准，《民法典》施行后若干条文内容已有相应变动，提请读者留意。

释》第1条第1款明定了各种人格权，包括生命权、健康权、身体权、姓名权、肖像权、名誉权、荣誉权、人格尊严权、人身自由权，未列入隐私权。但同条第2款规定，“违反社会公共利益、社会公德侵害他人隐私或者其他人格利益，受害人以侵权为由向人民法院起诉请求赔偿精神损害的，人民法院应当依法予以受理”。从该条内容显见，最高人民法院当时将隐私视为一种尚不能称为独立权利的“人格利益”，而且此种人格利益只有在受到“违反社会公共利益、社会公德”的侵害时，才能依侵权主张赔偿精神损害，而非依据一般的侵权行为理论，在侵害行为具有故意或过失时即有可归责性。就此意义上而言，隐私这种人格利益受到的保护较之其他被明确承认的人格权为窄。但是将隐私单列为人格利益的观点，比之前将隐私归入名誉权范围的观点，已经有所发展。

正式承认隐私权独立权利地位的是2009年的原《侵权责任法》，该法第2条中将隐私权与其他众多人格权、财产权等权利并列，纳入受该法保护的范围。对于此处的隐私权含义和范围，立法者未作进一步的界定，但在最高人民法院对原《侵权责任法》条文理解与适用一书中，将隐私权明确定义为“自然人享有的对其个人的、与公共利益无关的个人信息、私人活动和私有领域进行支配的一种人格权。它主要包括个人信息控制权，个人活动自由权，私有领域不受侵犯权、权利主体对其隐私的利用权”。〔1〕该定义中包含了个人对其私领域的广泛支配，信息自主，对抗侵害私领域的防御权，以及对隐私积极利用的权利，较之此前的司法解释有了飞跃式的发展。

从比较法的角度观察：在德国，法律未将隐私权规定为一种特别人格权，学说上与“隐私”相应的概念称为私领域（Privatsphäre），属于一般人格权的保护范围。〔2〕所谓私领域，其范围很广泛，内容涵盖一切可以理解为私人范围的事务和人格特征，包括关于身体、健康、家庭生活、财产状况、业余时间和度假，政治、哲学和宗教信仰、个人信息等，其核心在于“私人的”，而非“秘密的”。在

---

〔1〕 最高人民法院侵权责任法研究小组编著：《〈中华人民共和国侵权责任法〉条文理解与适用》，人民法院出版社2010年版，第23页。

〔2〕 关于德国法上的一般人格权和私领域，参见Severin Müller-Riemenschneider, Pressefreiheit und Persönlichkeitsschutz: Zur Rechtsprechung von Bundesverfassungsgericht und Europäischem Gerichtshof für Menschenrechte, Verlag Dr.Kovač, Hamburg, 2013, SS.30-58。

法国，《法国民法典》第9条规定“私生活受尊重的权利”，这里所谓的私生活，范围广泛，与德国学说中的私领域大致相当。美国法上的“Right to Privacy”，我国习惯译为“隐私权”，实则日常汉语中的“隐私”与英语中的“Privacy”语义有所区别，前者指“不愿告诉人的或不愿公开的个人的事”，[1]而后者在《牛津高阶英汉双解词典》中的两项英语释义分别为：1.the state of being alone and not watched or disturbed by other people; 2.the state of being free from the attention of the public。[2]前者指独处和不受他人注目、打扰的状态；后者则指不受公众关注的状态。从William L.Prosser归纳的4种侵犯隐私权的经典类型，以及美国联邦最高法院通过一系列判例创设的宪法上隐私权的各种保护领域来看，[3]与德法两国类似，同样涉及私生活的各个方面，包括对私领域事务的经济利用，而不仅限于“未公开的秘密”。

归纳言之，法律意义上的“隐私”概念，与汉语中的日常语义不同，应指一切私生活领域的事务和信息。隐私权非仅止于保护不愿被他人知晓的秘密不被公开，而是承认个人对其私领域广泛的自主决定或支配的权利，包括私生活不受侵扰，自主决定对私生活事务是否公开、以何种方式在多大范围内公开，如何向外界展示自我等，尤其在商品化的社会背景下，尚包括经济上排他的利用权。因此，其既具有消极防御的功能，也具有积极利用的功能，既存在人格的因素，也存在财产的因素。此外，私领域这一概念外延的不确定性，也使隐私权的保护范围具有弹性，可以因应社会和技术发展而赋予新的内涵。

二、《民法典》人格权编中的隐私权

（一）隐私权与个人信息保护

《民法典》第4编人格权编中设专章规定隐私权，并于第1032条对隐私权保

---

〔1〕 中国社会科学院语言研究所词典编辑室编：《现代汉语词典》（第7版），商务印书馆2016年版，第1567页。

〔2〕［英］霍恩比：《牛津高阶英汉双解词典》（第4版），赵翠莲译，商务印书馆、牛津大学出版社2014年版，第1626页。

〔3〕 王泽鉴：《人格权法：法释义学、比较法、案例研究》，北京大学出版社2013年版，第182~191页。

护进行较为详细的描述，该条第1款规定，自然人享有隐私权。任何组织或者个人不得以刺探、侵扰、泄露、公开等方式侵害他人的隐私权。第2款规定，隐私是自然人的私人生活安宁和不愿为他人知晓的私密空间、私密活动、私密信息。虽然该条文并未直接定义何为“隐私权”，但是通过对隐私的界定，使《民法典》人格权编中的隐私权较之原《侵权责任法》仅简单罗列“隐私权”的做法更为具体，有利于司法中与隐私权保护有关的法律适用。需说明的是，对第1032条第2款所称的“不愿为他人知晓”应作广义理解，首先，并非限于不愿任何人知晓或仅愿极个别人知晓的秘密，而是指权利人对其私生活事务，有权决定何人可以知晓、在多大范围内予以公开。举例言之，愿为某群体知晓的内容，不等于愿为所有人知晓，同样可以构成此处的“不愿为他人知晓”。其次，是否愿意为他人知晓，应从权利人主观上加以判断，而非抽象地将一般观念加之每一个个体，凡不涉及公共利益之私人事务，不得以社会多数人认为可以公开传播为由，即认定不属隐私权保护范围。

值得注意的是，人格权编第6章题为“隐私权和个人信息保护”，此涉及隐私权与信息自主权的关系问题。信息自主权，也有称为个人信息权，产生于信息技术高度发达，大数据分析普遍化，个人数据被过度采集、加工、利用、传播、买卖的背景之下，内容主要指个人对一切可资识别其身份的信息（如姓名、指纹、出生日期、家庭住址、联系方式、身份证号码、婚姻关系、教育、职业、健康、犯罪前科等）享有自主决定是否及如何利用的权利。虽然如德国、法国、美国、日本、我国台湾地区等地均已单独立法保护个人数据，规范数据的采集利用，保护体系渐趋完善，但对于隐私权与信息自主权的关系仍有颇多争议，有认为前者包含后者，有主张前者发展成为后者，亦有强调两者应予区分、互相独立。〔1〕笔者认为，个人对其私领域范围内的一切客体（包括私人事务、个人特征等）得以自主支配，是隐私权的核心内涵，如果将个人信息理解为私领域范畴内的事物，则信息

---

〔1〕 王利明:《论个人信息权的法律保护——以个人信息权与隐私权的界分为中心》，载《现代法学》2013年第4期；[日]五十岚清:《人格权法》，铃木贤、葛敏译，北京大学出版社2009年版，第161~172页；王泽鉴:《人格权法：法释义学、比较法、案例研究》，北京大学出版社2013年版，第190~191页、第207~221页。

自主属于隐私权的保护范围即为应有之义。第6章以“隐私权和个人信息保护”为题，考虑到人格权编其他章中均将独立的权利命名为“××权”，而且第990条第1款罗列的各种人格权中亦不包括信息自主权，故立法者应系认为信息自主并非一项独立的权利。将“个人信息保护”与“隐私权”并列作为第6章题名，可能是为回应大数据时代的社会关切，特别强调隐私权中个人信息保护的方面。实则，在当今各国立法和学说普遍认可个人对其信息得以自主决定的情况下，隐私权和信息自主权之间关系的争议，其实仅具有理论上的意义而已。

（二）隐私权的保护范围

一方面，人格权编第6章第1033条以明确列举加兜底条款的方式详细规定了侵害隐私权的各种行为，从另一方面看，也规定了隐私权受保护的范围。以下结合该条各项规定就《民法典》隐私权的保护范围进行论述。

第1项，“以电话、短信、即时通信工具、电子邮件、传单等方式侵扰他人的私人生活安宁”。个人得保有一个幽居独处、不受外界侵扰的私生活领域，使其得享有平静的生活和内心的安宁，即此处所说的“生活安宁”。侵犯生活安宁的形式，商业社会中最常见的即发送广告短信、拨打推销电话、派发商业传单等，均已在条文中列明。除该第1项明确列举的种类之外，常见的侵扰他人生活安宁的方式尚包括尾随跟踪以及扩音器造成的噪声侵扰等。

需注意的是，以电话、短信、即时通信工具、电子邮件、传单等方式侵扰私人生活安宁，常同时构成同条第2项所称的“进入私密空间”，因为私人信箱、电子邮箱、手机等均属私密空间范畴。与第2项相比，第1项更注重保护个人的主观体验，强调的是侵害行为对权利人内心平静造成的破坏。另需说明的是，“生活安宁”作为一个主观性很强的概念，虽然通常与“私密空间”相伴而生，但并非必须依赖于“私密空间”，即使在公众场合，仍有生活安宁的权利，如不被强行发放传单，不被跟追采访等。正因“生活安宁”这一概念与权利人的主观感受紧密结合，因此必须有合理的限制，尤其在公共场所，人群共处，任何人均难以享有绝对的“安宁”，此时是否侵犯权利人的“生活安宁”，应以社会通念为准，判断在系争的具体情况下对“安宁”是否有合理期待。举例言之，商场内的音乐、公交车移动电视播放节目，餐厅邻桌的正常谈话，按社会通念判断，并不侵害他人的“生活安宁”，但将商业宣传单强行塞入他人拎包、在图书馆阅览室播放音响的行为则显然侵害了他人可以合理期待的“生活安宁”，应构成该第1项规定的侵扰。

第2项，“进入、拍摄、窥视他人的住宅、宾馆房间等私密空间”。概言之，针对的是对私密空间的侵入。这里涉及两个概念的理解，何为“私密空间”以及“侵入”的形式，分别说明如下：

第一，条文中举例的住宅和宾馆房间属于私密空间固无疑问，但是私密空间并不止于此，此观条文中的“等”字即知。住宅和宾馆房间之外属私密空间者，尚包括私人信箱（包括电子邮箱），个人在其供职企业的更衣箱，电脑的存储介质，携带的箱包内部等空间，以及虽非住宅，但在空间性上与外界有所隔离，使权利人得以脱离外界视线，无拘束地从事私生活事务的场所，比如驾驶的私家车内、餐厅的包间、影剧院的私人包厢等均属之。第二，侵入的形式不止于物理上的进入，也包括从外界获取私密空间内的信息，比如条文举例的拍摄、窥视，或者通过技术手段获取电子信件内容等。另外，此处所谓“窥视”，应作广义理解，不仅指主观上以窥视他人为目的的行为，也包括客观上提供了窥视他人的可能性的行为，比如住户擅自在居民楼公共通道内安装摄像头，即使安装初衷系为保护自身住宅安全，仍因可能通过该摄像头观察四邻的私生活而构成侵犯他人隐私。

值得讨论的是企业对其员工的企业电子邮箱进行监看，是否侵犯私密空间。本文认为，此类电子邮箱虽系企业为工作目的所提供，但既然归员工个人使用，需凭私人密码始能进入，故原则上应属该第2项所称的私密空间，若企业与员工之间无特别约定，换言之，在未取得员工同意的情况下，企业不得监看其中的通信往来。在企业与员工特约有权监看的情况下，也应注意监看行为与保护企业合法权益之目的的合比例性，以对隐私侵害程度最小的方法为之，对于监看内容，也应及时通报员工知晓，避免监看权限被滥用。[1]

---

〔1〕 王泽鉴：《人格权法：法释义学、比较法、案例研究》，北京大学出版社2013年版，第235~237页。

第3项，“拍摄、窥视、窃听、公开他人的私密活动”。前述第2项从空间角度保护隐私，该第3项则从个人所从事活动的性质角度界定保护的范围，所谓私密活动，应指一切与公共职务行为无关的，属私人领域或私生活范畴的行为，而非仅限于权利人不愿让任何人知晓或仅愿使极个别人知晓的秘密行为。“私密活动”一词应作广义理解，不仅包括活动本身，也包括私人活动流露于外、固化于物的结果，比如日记本、私人信件等，均应属该条文保护的范围。需要特别说明的是，私密活动未必发生在私密空间内，也可能发生在公众场合，此时仍应受该第3项规定的保护，如商场购物、休闲逛街、亲子活动等，均应属隐私权保护范畴，他人不得任意报道公开。至于私密活动可否拍摄、公开、传播，应视公众是否有知情利益，将隐私权与公共利益进行个案衡量而定，而不仅仅因为其出现在公众场合，即不受隐私权保护。〔1〕

第4项，“拍摄、窥视他人身体的私密部位”。此处“私密部位”的判断标准，不能仅依社会一般观念而定，尚应顾及权利人的主观方面，权利人因疾病、受伤、残疾等各种原因不欲被他人看见的身体部位也应认定为该项所称的“私密部位”。至于如何认定权利人是否不欲被他人看见，可从外观上判断权利人是否有明示或可推知的意思，比如是否采取衣物掩盖等方式加以遮蔽等。

第5项，“处理他人的私密信息”。《民法典》人格权编第6章第1034条至第1039条详细规定了个人信息的保护，包括处理个人信息应遵循的规则（第1035条）、排除违法性的事由（第1036条）、信息主体的权利（第1037条）、信息处理者的义务（第1038条）、公务机关、机构及其工作人员的保密义务（第1039条），并于第1034条第3款明定“个人信息中的私密信息，适用有关隐私权的规定；没有规定的，适用有关个人信息保护的规定”。可见立法者认为个人信息是私密信息的上位概念，私密信息属于个人信息的子集。如何判断何种个人信息属于“私密”，立法未给出具体定义，但从概念用语上推断，私密信息相对于其他个人信

〔1〕 法国最高法院（Cour de Cassation）在判决中明确指出，单纯地出现在公众场合，不视为默认同意被报道公开，参见Stephan Balthasar, Der Schutz der Privatsphäre im Zivilrecht, Mohr Siebeck, Tübingen, 2006, S.132。王泽鉴先生在其著作中指出“个人纵于公共场域中亦应享有依社会通念得不受他人持续注视、监看、监听、接近等侵扰之私人活动及个人资料自主，并受法律保护。”王泽鉴：《人格权法：法释义学、比较法、案例研究》，北京大学出版社2013年版，第355页。

息而言，应属于私领域中更核心更具隐秘性的部分，应当受到更严密的保护。法律适用方面，第1034条第3款所称“有关隐私权的规定”，应系指第1033条而言。该第3款同时指出，第1033条未及规定的，适用有关个人信息保护的规定。因此可以理解为：就“私密信息”的保护，第1033条相比第1035条至第1039条具有优先适用性。值得注意的是，按照第1033条规定，处理私密信息的前提为“法律另有规定或者权利人明确同意”，而根据第1035条的规定，处理个人信息除需“征得该自然人或者其监护人同意（法律、行政法规另有规定的除外）”以外，尚需公开处理信息的规则、明示处理信息的目的、方式和范围，不违反法律、行政法规的规定和双方的约定并且应当“遵循合法、正当、必要原则，不得过度处理”。如是观之，似乎第1035条对个人信息的保护犹胜于第1033条对私密信息的保护程度。此外，第1035条至第1039条对个人信息保护的规定详尽具体，相对而言，第1033条对私密信息的保护则略显单薄。在此情况下，强调第1033条具有优先适用性，究竟能对“私密”信息给予何种更高程度的保护，仍有待司法实践的检验。

第6项，“以其他方式侵害他人的隐私权”。如前所述，隐私权不限于保护私人秘密不被揭露，而是赋予权利人对其私生活或私领域广泛的、全面的自主决定权，其外延富有弹性，可以因应时代进步而发展出新的内涵，正因如此，难以对侵犯隐私权的行为进行穷尽列举，所以第6项以兜底条款的形式对第1至5项未尽事宜进行保护。参考各国学说、判例以及隐私权的发展方向，本文认为，该第6项所称的“其他方式”至少应包括但不限于以下两方面：

其一，对他人的私生活事务加以商业上的利用。人格权蕴含经济利益，基本已成为各国学说的一致见解。虽然商业利用最普遍的是针对他人姓名、肖像等人格特征，但隐私权同样可能成为被侵犯的客体，常见的比如报道知名人士的私生活以提高报纸杂志销量。近年来各种电子社交平台高度发达，即使普通人亦可通过网络直播方式展现其私生活状态，并可能同时获取一定的经济利益，因此不能认为只有名人才对其私生活享有商业上利用的权利，任何人的私生活都可能成为被商业行为侵犯的对象。

其二，编造、传播与他人私生活有关的虚假消息。是否及如何向世人展现自己的私生活，如何在公众面前呈现自我，属于权利人对其私领域支配的一个方面。捏造事实、传播不实消息等行为将扭曲公众对权利人私生活状态的印象，妨碍权利人对其私领域自主展现的权利，构成侵犯隐私权。需说明的是，这种虚构事实的行为虽然可能同时构成侵犯名誉，但并非必然侵犯名誉，对他人私生活中部分事实的虚构，未必降低其社会评价，如传播绯闻、报道一次不存在的度假经历、捏造权利人接受采访等，在名誉权保护所不及覆盖的范围，承认此等行为侵犯隐私权，具有重要的实践意义。

三、隐私权保护中若干值得探讨问题

（一）隐私权的死后保护和时限

隐私权中既有精神利益部分，又有财产利益部分，其中的财产利益部分与民法上的其他财产权利相似，死后得为继承，应无疑问，亦已为多国学说和司法所认可。有疑问的是精神利益部分在权利人死后如何保护。精神利益的一身专属性以及权利能力止于死亡的传统理论对死后保护形成障碍，但如果认为权利人死后，其名誉、肖像、隐私等精神利益即不再受保护，任由他人侮辱诋毁、揭露传播，显然与最基本的社会正义观和道德法感情相悖，因此产生两种保护模式，分述如下〔1〕：

第一种为直接保护，即认为权利主体虽然死亡，权利能力终止，人格权不复存在，但仍留存一种受法律保护的人格法益，当该人格法益受侵害时，死者生前指定之人或死者的近亲属可以主张停止侵害。至于其理论基础，德国联邦法院指出“当个人能够信赖其生活形象于死亡后仍受维护，不被重大侵害，并在此种期待中生活，宪法所保障之人的尊严及个人在生存期间的自由发展始能获得充分保障”。在此模式下，受保护的是死者自身的人格法益，或者说是其人格权的一种延伸作用，死者生前指定之人或近亲属只是代为保护法益，而非基于自身权利有所主张。而权利人既已死亡，自无精神痛苦可言，故原告只能要求停止侵害，不得基于死者的人格利益主张精神损害抚慰金。

---

〔1〕 王泽鉴：《人格权法：法释义学、比较法、案例研究》，北京大学出版社2013年版，第284~287页、第298~301页。

第二种为间接保护，此模式一方面采纳传统的理论观点，认为权利主体死亡后，其人格权一并消灭，不存在尚留存的所谓人格法益；另一方面认为，对死者人格权的侵害，伤害了死者遗属思念先人的感情，故遗属得以自身的人格权受侵害为由，主张停止侵害，并得以自己遭受精神痛苦而请求抚慰金。简言之，此模式通过对遗属的人格权加以保护，间接实现对死者人格权的保护。我国台湾地区台北地方法院在“蒋孝严诉陈水扁诽谤蒋介石案”中，采间接保护模式，认为受侵害者非死者本人的人格利益，而是遗属“对故人敬虔追慕之情”。法国法院同样认为私生活受尊重权随权利人死亡而消灭，死者近亲属不得基于死者的权利而提出主张，至多只能以自身的感情或私领域受侵犯为由要求获得保护。〔1〕

2001年《最高人民法院关于确定民事侵权精神损害赔偿责任若干问题的解释》第3条规定：“自然人死亡后，其近亲属因下列侵权行为遭受精神痛苦，向人民法院起诉请求赔偿精神损害的，人民法院应当依法予以受理：（一）以侮辱、诽谤、贬损、丑化或者违反社会公共利益、社会公德的其他方式，侵害死者姓名、肖像、名誉、荣誉；（二）非法披露、利用死者隐私，或者以违反社会公共利益、社会公德的其他方式侵害死者隐私……”从文义解读，至少在精神损害抚慰金方面采纳了间接保护的观点，但未涉及死者近亲属可否以死者的人格利益受侵害为由诉请停止侵害。《民法典》人格权编第994条规定“死者的姓名、肖像、名誉、荣誉、隐私、遗体等受到侵害的，其配偶、子女、父母有权依法请求行为人承担民事责任；死者没有配偶、子女并且父母已经死亡的，其他近亲属有权依法请求行为人承担民事责任。”根据该条文表述，受到侵害的是死者的法益，即采直接保护说。值得注意的是，2020年12月，最高人民法院修订上述司法解释时，将第3条的内容变更为“死者的姓名、肖像、名誉、荣誉、隐私、遗体、遗骨等受到侵害，其近亲属向人民法院提起诉讼请求精神损害赔偿的，人民法院应当依法予以支持。”与《民法典》保持一致。

笔者认为，间接保护模式虽然与传统理论兼容性更强，但是认为权利主体

---

〔1〕 Stephan Balthasar, Der Schutz der Privatsphäre im Zivilrecht, Mohr Siebeck, Tübingen, 2006, SS.136-137.

死后，其名誉、肖像、隐私等利益即不再受法律保护，在伦理立论上终究有所欠缺。再者，纯粹依赖遗属对先人的追慕之情加以保护，将造成有无亲属成为死者利益可否受到保护的区别标准，然则何以认为有亲属者较之无亲属者可以享有更多的保护？而在直接保护模式下，即使死者无亲属，亦可于生前指定其死后的人格法益保护人，在理论和实践上均更为可取。至于死者遗属得否主张精神损害抚慰金的问题，本文认为，死者亲属一方面可以依据死者留存的人格利益主张停止侵害，另一方面也可同时依据自身对先人的追慕之情受到侵害，产生精神痛苦为由主张抚慰金，两者并行不悖，直接保护模式并不当然排除亲属自身享有的权利。但若死者无亲属，而是指定他人代为保护死后人格利益的，该他人是否因死者法益被侵害而受有精神痛苦，则需视具体情况而定，比如指定律师代为保护的，该律师自身似无精神痛苦可言。

关于死后保护的另一个问题是保护期限。如前所述，权利人死后，其人格权上的财产利益由继承人继承，精神利益则由亲属保护，问题在于，财产利益是否可以如同财产所有权般代代相传，精神利益的保护是否可在后代间无限延续？若采用肯定见解，则势必对历史研究、文学艺术创作造成重大限制，诸如影视剧、小说中描述历史人物生活、绘画雕塑使用历史人物肖像等均将受到严重影响。在台湾地区曾发生的“诽韩案”即其著例：1975年，有郭某发表文章，文中称“韩愈为人尚不脱古文人风流才子的怪习气，妻妾之外，不免消磨于风花雪月，曾在潮州染风流病，以至体力过度消耗，及后误信方士硫黄铅下补剂，离潮州不久，果卒于硫黄中毒”。韩愈第39代直系血亲韩某遂提起自诉，该案经二审判决郭某犯诽谤死人罪，罚金300元，此判决结果与社会一般认知明显相悖，招致多方批评。〔1〕对于人格权上的财产利益，存在同样的问题，若有影视作品描述宫闱秘史，是否第数十代继承人亦可以先人隐私被商业利用为由起诉要求赔偿？为合理限制此类问题，理论基础方面可以从利益衡量的角度出发，正如欧洲人权法院在一则判决中所指出，随着权利人死亡后时间的推移，在隐私权与言论自由的衡量中，后者逐渐获得更大的权重，若多年之后仍禁止公开私事，将

〔1〕 胡阿祥、武黎嵩：《法律与情理视阈中的台湾“诽韩案”分析》，载《社会科学战线》2016年第4期。

构成对言论自由的侵害；[1]法律适用方面，学说多认为，人格权兼具人身和财产属性，财产部分得为继承、人身部分由继承人保护的特征，与著作权具有类似性质，故著作权法中关于死后保护时限的规定得参照适用。[2]我国《著作权法》第22条、第23条规定，著作人身权中的署名权、修改权、保护作品完整权的保护期不受限制，发表权和著作财产权的保护期为死后50年，可作为隐私权死后保护的参考。但是署名权、修改权、保护作品完整权之所以不受时间限制，是基于该等权利本身的属性，若加以限制，反而与社会通念相悖。隐私权与此不同，隐私的公开在价值判断上更接近于著作的发表，因此本文认为关于隐私权的死后保护，无论其精神利益部分或财产利益部分，均以类推适用《著作权法》规定的50年时限为宜。

（二）已公开的事实是否仍受隐私权保护

从隐私权的历史发展和比较法的角度，19世纪前的德国以及同时期的法国，传播一项已经被公开的事实都并不违法。在日本，被称为奠定日本隐私权基础的《宴会之后》案中，法院确立的侵害隐私的构成要件之一即该被传播的事实尚未被一般公众所知晓。如果从保护个人秘密不被公开的角度理解隐私权，该观点实具有相当的说服力，因为一项已经公开的事实，从性质上已经不能被称为"秘密"，自无再作为隐私受保护的余地。但是随着社会发展和技术进步，隐私保护的概念已经从最初的保护个人秘密不被公开逐渐发展为承认个人对其私领域范围事务的广泛的自主决定权，不仅包括是否公开，如何公开、在多大范围内公开等亦涵盖在内。在此背景下，已经公开的事实不再受隐私保护这一传统观念受到冲击。

从德国各地法院20世纪80~90年代以后在多起案件中的司法实践来看，对于已经公开的事实必须满足两个条件才能再次公开或传播：其一，应当是为了

---

〔1〕 Stephan Balthasar, Der Schutz der Privatsphäre im Zivilrecht, Mohr Siebeck, Tübingen, 2006, SS.136-137.

〔2〕 关于著作权法对人格权保护的参考意义，参见［日］五十岚清：《人格权法》，铃木贤、葛敏译，北京大学出版社2009年版，第149页；王泽鉴：《人格权法：法释义学、比较法、案例研究》，北京大学出版社2013年版，第300~301页；Stephan Balthasar, Der Schutz der Privatsphäre im Zivilrecht, Mohr Siebeck, Tübingen, 2006, SS.226-227。

公众的信息知情利益，而非为商业目的；其二，不得对权利人的精神利益造成损害，因为权利人有权对其隐私事务进行有限的公开，以保持其对私领域的控制权。对诸如媒体的性质，公开的方式、范围、频率等，权利人均有决定权，超越其自主决定而进行的公开或再次公开，均可能对其精神利益造成伤害。例如，德国联邦法院在1985年的一则判决中指出，权利人同意将其裸照刊登在教科书上，不等于报道该教科书的电视节目有权播出该照片，因为这将使照片在另一种情境下、以另一种方式（更大范围地）被公开。因此，严格来讲，在其他地方进行再次公开需要权利人另行许可。法国法院同样认为，权利人同意公开某项内容，不等于同意在其他地点或以其他方式再次公开。即使在国外已经公开，也不等于在法国国内可以公开。持类似观点的还有英国法院，其认为已经在网上或在其他国家公开的个人信息，仍受法律保护。〔1〕

《民法典》人格权编第6章第1036条规定，处理个人信息，有下列情形之一的，行为人不承担民事责任：（一）在该自然人或者其监护人同意的范围内合理实施的行为；（二）合理处理该自然人自行公开的或者其他已经合法公开的信息，但是该自然人明确拒绝或者处理该信息侵害其重大利益的除外；（三）为维护公共利益或者该自然人合法权益，合理实施的其他行为。对该条文首先应说明的是，虽然文义规定的适用对象为“个人信息”，但是对其他个人隐私的公开和传播，亦应有类推适用余地。

另外，该条第2项将已经公开的信息分为权利人自行公开的和其他已合法公开的两类，以下对该两种情况下已公开内容是否仍受隐私保护进行分类讨论：

第一，权利人自行公开的情况，所称“自行公开”应作广义理解，不仅包括通过自身言行的公开，尚包括明确授权或默示同意由他人公开。根据第1036条第2项但书规定，并结合同条第1项的规定，应认为此情况下对隐私的公开、传播或利用原则上仅限于权利人明示或可推知的范围之内，超出范围的使用，如结合具体案情认定为侵害权利人重大利益的，为法所不许。此处所称“重大利益”分两点说明，其一，应包括精神利益和财产利益，侵害其中任一种的，即构成侵害。

〔1〕 Stephan Balthasar, Der Schutz der Privatsphäre im Zivilrecht, Mohr Siebeck, Tübingen, 2006, SS.123-125, 137-138, 161.

其二，何为“重大”，应从宽解释。对财产利益而言，因侵害人多为自身商业目的使用，故适用法律应尤为严格，凡不涉及公众知情利益而利用他人隐私侵害其财产利益的，均应构成“重大”。对精神利益而言，则需结合具体案情，从再次公开的范围、方式、被公开的隐私事务的性质、再次公开与首次公开之间时间的间隔等方面综合认定对权利人的侵害程度。

第二，非因权利人自行或同意他人公开，而系因其他原因已合法公开的情况，此情况下，不涉及权利人明示或可推知意思的限制，盖首次公开本非基于权利人之意思。但再次公开和传播应受首次公开所由之原因的限制，举例言之，基于法律规定已经公开某项私人事务的，再次公开和传播应限于该法律规定的立法意旨范围之内，并顾及手段与目的之间合比例性的要求。除此之外的法律适用，与上述第1种情况相同，不再赘言。另需说明的是，法律于此处特别强调是已“合法”公开，故对于已被非法公开的隐私事务，再次公开和传播仍应构成对隐私的侵害。

总之，在强调个人对其私领域事务具有全面支配权的语境下，某项隐私内容单纯的已经被公开过，并不导致其脱离隐私权的保护范围。权利人对公开范围、方式、时限等方面的自主决定权，以及对隐私的商业利用权，均对再次公开和传播形成限制。

（三）隐私权保护与言论自由、媒体报道自由之间的利益衡量

隐私权赋予权利人对其私领域范围事务的自主决定权，其中尤为重要者，即自主决定是否及如何公开私人事务。另外，言论和媒体报道自由赋予公众自由陈述事实、发表意见的权利。此两种权利原则上应具同等价值位阶，并无高下之分。某项公开、传播他人私生活事务的行为，是否具有违法性，须在个案中就不同的利益进行价值衡量。人格权编第999条、第1036条第3项中表述的“新闻报道”“舆论监督”“合理实施”“公共利益”等概念，实质均涉及言论、媒体自由与人格权或隐私权保护的衡量。利益衡量乃价值判断问题，须考虑的因素众多，难以穷尽列举，以下结合学说、案例就4类常见的考量因素加以说明。

1.权利人是否公众人物。关于公众人物的认定，德国立法和学说创建的规

则深具参考价值，即将公众人物分为绝对和相对两种，[1]绝对公众人物因其出身、职位，或者在政治、经济、文化、艺术、体育等方面的业绩显著较普通人突出而始终是公众关注的焦点，也因此对公众的行为以及社会价值观的形成具有引导作用，公众对其行为具有知情利益，故此类人物须忍受较高程度的公开。相对公众人物指因卷入一项涉及公共利益的事件，或者因与绝对公众人物发生关联而进入公众视野之人。对此类人物私事的报道，仅能在其涉及的事件或者与绝对公众人物发生交集的范围内进行。[2]

需特别说明者有六项：其一，判断是否公众人物，并非以其主观上是否有意进入公众视野为断，而应看其客观上是否被公众瞩目。其二，所谓公众，在地域、年龄、行业等方面应具有一定的广泛性，而非指社会中的某一特殊群体。因此，仅在某专业领域知名的专家，不构成公众人物。仅在某社交平台上享有高度关注的网络主播，亦非公众人物。其三，纯粹因职业原因而享有较高的公众知名度，除从事职业行为之外即脱离公众视野的人，不属于公众人物，比如电视台的新闻播报员。[3]其四，即使是绝对公众人物，亦非不享有隐私，只是其隐私受保护的范围较之其他人为窄。其五，对于导致普通人成为相对公众人物的两种原因需从严解释：对于事件，必须影响公共利益且达到一定程度的重要性，比如重大的犯罪行为，反之，对于仅关乎私德的轻微违法行为，不得以其出现在公共场合或引起公众讨论即认为具有公共利益，从而将行为人归入相对公众人物范围；对于与绝对公众人物产生的关联，应从该关联本身是否牵涉公共利益的角度观察，而不能仅以某人与绝对公众人物是否具有亲友关系为断，否则其亲友均成为公众人物，于隐私保护显不合理。其六，公众人物的资格可能具有时间上的限制

---

〔1〕 因“当代历史人物”（Personen der Zeitgeschichte）为德国法上的特定概念，其含义与公众对其具有知情利益的公众人物大致相当，此处为使文章内容具有普遍适用性及语言上的通俗性，故使用“公众人物”的概念取代“当代历史人物”一词。

〔2〕 Severin Müller-Riemenschneider, Pressefreiheit und Persönlichkeitsschutz: Zur Rechtsprechung von Bundesverfassungsgericht und Europäischem Gerichtshof für Menschenrechte, Verlag Dr.Kovač, Hamburg, 2013, SS.61-68.

〔3〕 Severin Müller-Riemenschneider, Pressefreiheit und Persönlichkeitsschutz: Zur Rechtsprechung von Bundesverfassungsgericht und Europäischem Gerichtshof für Menschenrechte, Verlag Dr.Kovač, Hamburg, 2013, S.66.

性，此对于相对公众人物自不待言，即使是绝对公众人物，也并非必然终身属于公众人物，设若某足球巨星退役之后过上普通人的生活，经过一定的时间，逐渐淡出公众视野，其言行举止也不再影响公众观点，即不再属于公众人物行列。

2.被报道内容的性质。从两方面加以说明：第一，私领域或私生活是一个相当广泛的概念，既包括家庭内部生活、性关系、疾病等被视为秘密的核心内容，也包括在公共场所的行为这样可以被外界直接观察到的内容，虽然均属于隐私保护的范围，但不同的私领域范围受保护的强度应有不同。关于此，德国学说上的领域理论颇具参考价值，即形象地以一组同心圆的方式描述个人的私领域，越靠近核心的部分享有的保护越强；反之，越外围部分隐私属性越弱，受到的保护强度也递减。虽然各同心圆之间的界限难以明确，而是以渐变方式过渡，导致精细区分上的困难，但该理论能够提供一种有益的思维模式，即私密性越强的内容在与言论、媒体自由衡量的天平上具有越大的权重，从而使天平更易向隐私保护的方向倾斜。第二，报道的内容是否与公共利益相关。如在著名的卡洛琳公主案中，欧洲人权法院认为，卡洛琳公主上街购物、乡间散步、河上泛舟、与友人用餐之类的行为属于纯粹私人性质的活动，与公共利益无涉，因此不得报道公开。〔1〕关于何种报道内容属于公共利益范畴，我国台湾地区“司法院”释字第689号解释理由书作有例示说明：犯罪或重大不当行为的揭发、公共卫生或设施安全的维护、政府施政之妥当性、公职人员之执行职务与适任性、政治人物言行之可信性、公众人物影响社会风气之言行等。〔2〕该等举例虽难以穷尽，但可资参照。

3.报道目的、功能以及方式。在报道的目的、功能方面，欧洲人权法院在卡洛琳公主案中将媒体报道分为两类：一类是发挥媒体舆论监督功能的、就公共议题提供思想、信息并促进公共讨论的，此类报道在利益衡量中具有更高的权重；另一类则是为满足公众猎奇心理的娱乐性报道，对于此类报道，欧洲人权法院的

---

〔1〕 具体案情参见王泽鉴：《人格权法：法释义学、比较法、案例研究》，北京大学出版社2013年版，第374~382页。

〔2〕 王泽鉴：《人格权法：法释义学、比较法、案例研究》，北京大学出版社2013年版，第358~359页。

判决虽未完全予以否定，但显然认为其重要性不及隐私保护。[1]笔者认为，专为实现舆论监督、讨论公众议题的报道和纯粹娱乐性的报道是两种极端情况，现实中存在大量介于两者之间或同时兼具两种功能的媒体报道，因此欧洲人权法院的上述分类难以涵盖全面，更完善的做法是将各种功能的媒体报道置于一个类似渐变色图表的序列之中，从图表一端的专为实现公共利益的报道，逐渐增加娱乐性、减少公益性，发展到另一端的纯娱乐性报道，与此相应，在与隐私保护的衡量中，媒体自由的权重比例也逐次递减。简言之，应在个案中根据系争媒体报道所实现的公益性和娱乐性功能的比例，对其保护位阶进行认定。

在报道的方式方面，应在满足公众知情利益这一目的的前提下，选择对隐私权人损害最小的方式为之，目的与手段之间应有合比例的要求。如英国的Campbell案中，法院认为原告（一名女模特）作为知名人士，在公众场合多次否认自己吸毒，被告作为媒体有权通过报道来更正事实。但关于原告治疗毒瘾的细节及相关图片，并非必要，不得报道。[2]该判决理由充分体现了比例原则，即报道目的限于更正事实、为公众提供正确的信息，是否报道治疗细节对此目的的达成并无影响，但是对权利人将造成重大伤害，故予禁止。再如，公众对社会上的重大犯罪事件有知情利益，媒体的相关报道应服务于此目的，集中于该事件本身，而非可对犯罪行为人的私生活进行无限制的报道。

4.时间的经过。隐私保护与言论、媒体自由之间的轻重关系，将会随时间的经过而出现变化。法国前总统Mitterand死后，其私人医生将其病史信息予以公开，欧洲人权法院在该案判决中认为，随着Mitterand死亡后时间的推移，公众知情利益逐渐获得更大的权重，若多年之后仍禁止公开其病情，将构成对言论自由的侵害。[3]该案中，时间的经过使利益衡量的天平向言论自由倾斜，但在另一些情况下，时间却可能导致隐私保护的加强：德国联邦法院认为，在报道他人可

---

〔1〕 Severin Müller-Riemenschneider, Pressefreiheit und Persönlichkeitsschutz: Zur Rechtsprechung von Bundesverfassungsgericht und Europäischem Gerichtshof für Menschenrechte, Verlag Dr.Kovač, Hamburg, 2013, SS.158-159.

〔2〕 Stephan Balthasar, Der Schutz der Privatsphäre im Zivilrecht, Mohr Siebeck, Tübingen, 2006, SS.158-160.

〔3〕 Stephan Balthasar, Der Schutz der Privatsphäre im Zivilrecht, Mohr Siebeck, Tübingen, 2006, SS.13-137.

受谴责的行为方面，随着时间的经过，公众知情利益的重要性退居于隐私保护之后。[1]法国刑法规定，以10年以前的事实毁损他人名誉时，不得以真实性主张免责，以明文肯定隐私权因时间的经过而得到更强的保护。[2]此外，法国有学说提出一种“被遗忘的权利”，强调权利人有权要求对发生在过去的令人不愉快的事情（比如曾经的犯罪行为）保密。[3]

上述判例和学说可以归纳为两类：（1）对公众人物私领域事务的公开。当此类事务属于私生活核心的私密领域时（比如病历），可能在利益衡量中重于言论、媒体自由，因此不得公开。但是经过相当一段时间之后，公众人物及其轶事成为历史的组成部分，公开报道对权利人或其遗属不再有强烈的精神伤害，因而公众对于公众人物私生活解密的知情利益逐渐获得更高的保护必要。（2）对普通人的犯罪行为的公开。普通人可能因参与某项犯罪行为而被媒体报道，此乃基于公众对具有现时性和新闻价值的犯罪事件的知情利益，但随着时间的经过，该事件逐渐淡出公众视野乃至被遗忘，公众知情的需求有所降低，相反，犯罪行为人回归社会，重新过上普通人生活的利益在增加，因此时间将导致隐私逐渐获得更高的保护必要。从上述归纳的两种类型可知，时间的经过究竟使处于天平两端的言论、媒体自由和隐私保护中的何者得以增强，并无确定结论，而需结合被报道者是否公众人物、报道事件的性质、权利人的人格发展需求等多方面进行综合判断。但肯定的是，时间确实可能导致利益衡量的结果发生变化。

审判实务精要

法律意义上的“隐私”概念，与汉语中的日常语义不同，应指一切私生活领域的事务和信息。隐私权非仅止于保护不愿被他人知晓的秘密不被公开，而是承认个人对其私领域广泛的自主决定或支配的权利，包括私生活

〔1〕 Stephan Balthasar, Der Schutz der Privatsphäre im Zivilrecht, Mohr Siebeck, Tübingen, 2006, SS.114–115.

〔2〕 王泽鉴：《人格权法：法释义学、比较法、案例研究》，北京大学出版社2013年版，第230~231页。

〔3〕 Stephan Balthasar, Der Schutz der Privatsphäre im Zivilrecht, Mohr Siebeck, Tübingen, 2006, SS.135–136.

不受侵扰，自主决定对私生活事务和信息是否公开、以何种方式在多大范围内公开，如何向外界展示自我等，尤其在商品化的社会背景下，尚包括经济上排他的利用权。自然人死亡之后，其隐私权的财产利益部分由继承人继承，精神利益部分由亲属或其生前指定之人加以保护，亲属亦可基于自身对先人的追思之情受损害而诉请精神损害抚慰金，死后保护期限可以参照《著作权法》的相关规定。某项隐私内容单纯的已经被公开过，并不导致其脱离隐私权的保护范围，权利人对公开范围、方式、时限等方面的自主决定权，以及对隐私的商业利用权，均对再次公开和传播形成限制。报道、公开他人私生活事务的行为是否具有违法性，应在个案中结合权利人是否公众人物、报道内容的性质、报道的目的、功能及方式、时间的经过等因素加以判断。

撰稿人：盛宏观，上海金融法院综合审判一庭原审判员，法学硕士

37. 个人信息保护的民法基础与司法裁判

导　　言

《民法典》总则编第111条规定："自然人的个人信息受法律保护。任何组织或者个人需要获取他人个人信息的，应当依法取得并确保信息安全，不得非法收集、使用、加工、传输他人个人信息，不得非法买卖、提供或者公开他人个人信息。"人格权编又专门在第6章作了具体的规定。个人信息的法律属性经历一般人格权、名誉权、隐私权等不同权利理论阐述，迄今尚无统一的定性，裁判者对个人信息权利性质缺少一致认识，因此导致适用不同法律条文进行审理，出现了严重的法律适用不统一现象。在民法典时代，涉个人信息纠纷的民事司法面临与刑事司法之间的协调、案由选择、侵权构成、责任承担等一系列涉及司法裁判上的问题。

一、个人信息保护的立法和司法实践

我国有关个人信息保护的规定体现在法律、行政法规、部门规章、地方性法规以及各类规范性文件等多层次、多领域的规范当中，形成了一个内容分散、体系庞杂的个人信息保护模式。个人信息的立法脚步要超前于法律适用，立法和实践之间未能形成有效互动。多头立法、多部司法解释加剧了法律适用难度的同时，使个人信息保护面临"权利不明、有法难依"的尴尬境地。

（一）个人信息保护的基本规范及发展

1.全国人大常委会的决定及立法

早在2000年12月28日，全国人大常委会首次以决定的形式保障互联网的运行安全和信息安全，其中，《关于维护互联网安全的决定》第4条第1款规定，为了保护个人、法人和其他组织的人身、财产等合法权利，对有下列行为之一，构成犯罪的，依照刑法有关规定追究刑事责任：……（二）非法截获、篡改、删除他人电子邮件或者其他数据资料，侵犯公民通信自由和通信秘密；第6条第2款规定，利用互联网侵犯他人合法权益，构成民事侵权的，依法承担民事责任。上述规定将个人电子邮件或其他数据资料作为保护的对象，虽在法益上未明确属于何种权利，但从立法目的上看，无疑归属于人身方面的权利。

几年后，全国人大常委会又通过刑法修正案的形式，加大了对涉个人信息犯罪的打击力度。2005年2月28日，全国人大常委会通过《刑法修正案（五）》，新增“窃取、收买、非法提供信用卡信息罪”；2009年2月28日，全国人大常委会通过《刑法修正案（七）》，新增“出售、非法提供公民个人信息罪”和“非法获取公民个人信息罪”。

2012年12月28日，全国人大常委会通过《关于加强网络信息保护的决定》，专门针对包括个人信息在内的网络信息安全进行规定，其中第1条明确规定“国家保护能够识别公民个人身份和涉及公民个人隐私的电子信息”。从该条文内容的阐述，是以隐私权学说理论为基础将信息作为个人隐私的一部分进行保护。

2.专门立法和行业规范

《个人信息保护法》已列入2020年全国人大常委会立法工作计划。我国1986年《民法通则》将人身权规定在第5章“民事权利”的第4节，仅规定了生命健康权、姓名权、名称权、肖像权、名誉权、荣誉权、婚姻自主权等人身权，并未就隐私权作出规定。直到2009年，原《侵权责任法》首次以法律条文的形式将隐私规定为与生命权、名誉权、肖像权等并列的一项具体人格权加以保护。

2013年10月25日修订的《消费者权益保护法》对消费者个人信息保护给予了重视；2017年6月1日施行的《网络安全法》从国家网络安全层面对个人信息内容和范围进行明确立法；2018年8月31日通过的《电子商务法》第23条规定电子商务经营者应当依照法律、行政法规的规定收集、使用用户的个人信息。较早之前颁布的《商业银行法》第29条规定银行对存款人信息的保护；《执业医师法》第22条规定医师对患者隐私的保护；《居民身份证法》第19条规定国家机关或者有关单位不得泄露公民的个人信息等，还有《护照法》《妇女权益保障法》《母婴保护法》《律师法》2020年修订的《档案法》《保险法》等法律中均有保护公民个人信息的规范。这些法律从不同角度对各自领域的自然人隐私权和个人信息进行保护。

3.司法解释

民事和刑事的司法解释均对个人信息做了规定，分别予以相应保护。在民事上，起初个人信息是间接地以一般人格权和隐私权的形式受到保护，直到2014年《最高人民法院关于审理利用信息网络侵害人身权益民事纠纷案件适用法律若干问题的规定》的出台，才有该方面的特别规定。但对于个人信息是否属于该司法解释直接保护的民事权利，或个人信息归属于隐私权进行保护，未作明确。实质意义上的个人信息保护法和形式意义上的个人信息保护法在适用范围上并非一直是互补关系，有时候会发生重复和冲突。

1988年《最高人民法院关于贯彻执行〈中华人民共和国民法通则〉若干问题的意见（试行）》认可了由于侵害他人隐私而造成的名誉权损害。2001年《最高人民法院关于确认民事侵权精神损害赔偿责任问题的解释》正式在民事司法中确立了隐私的法律地位，但它只能归于“其他人格利益”进行保护。2014年6月23日，在《最高人民法院关于审理利用信息网络侵害人身权益民事纠纷案件适用法律若干问题的规定》中，将一些本应属于个人信息的自然人基因信息、病历资料、健康检查资料、犯罪记录、家庭住址、私人活动等作为个人隐私与个人信息进行并列。诚如有学者所言，“以公开作为侵犯个人信息的加害行为，暗示着《最高人民法院关于审理利用信息网络侵害人身权益民事纠纷案件适用法律若干问题的规定》将个人信息保护等同于隐私保护”。〔1〕

2013年9月5日，最高人民法院、最高人民检察院发布《最高人民法院、最高人民检察院关于办理利用信息网络实施诽谤等刑事案件适用法律若干问题的解释》，对通过网络散布捏造损害他人名誉的事实的行为，将信息网络上涉及他人的原始信息内容篡改为损害他人名誉的事实并加以散布的行为认定为“捏造事实诽谤他人”。2017年5月8日，为依法惩治侵犯公民个人信息犯罪活动，保护公

〔1〕 高富平：《论个人信息保护的目的——以个人信息保护法益区分为核心》，载《法商研究》2019年第1期。

民个人信息安全和合法权益，“两高”〔1〕又发布《最高人民法院、最高人民检察院侵犯公民个人信息刑事案件适用法律的解释》，对个人信息进行了界定，明确了“公民个人信息”的范围。

现行个人信息保护法律之间缺少有效衔接，呈现“碎片化”，造成刑法和民法之间存在真空地带，不利于个人信息的全面保护。

（二）涉及个人信息案件的司法裁判

早期，由于对于个人信息法律性质认识不到位，法院大多是通过其他的具体人格权或一般人格权进行裁判，原《民法总则》确立个人信息受法律保护之后，司法才逐渐承认个人信息主体的权益，且围绕个人信息“可识别性”的特点展开审理。如表37-1所示梳理已有的典型案例可以发现，法院的审理正在经历从名誉权到一般人格权到隐私权再到隐私权和个人信息同步审查的逐步变化过程。

表37-1的9起案件发生在北京、上海、南京等地，均涉个人信息。总体上看，原《民法总则》出台前，我国对个人信息保护的民法理论基础偏弱，自然人遭遇民事侵权后的司法救济乏力。在民事领域侵犯个人信息纠纷的解决主要还是依靠2014年《最高人民法院关于审理利用信息网络侵害人身权益民事纠纷案件适用法律若干问题的规定》，特别是其中第12条的规定，但是该司法解释本身未对个人信息和隐私做区分。在法律效果上，该司法解释对个人信息的保护起到一定积极作用，但未确立独立的个人信息权。其以不完全列举的形式将大多数个人信息纳入隐私范畴，又以除隐私以外“其他”的方式表述“其他个人信息”，实质上完全没有明确“其他个人信息”的范畴与内涵，以致有学者认为，该司法解释指导着各级法院将个人信息权益视为隐私，在涉及他人社会评价时视为名誉权。〔2〕

---

〔1〕 最高人民法院、最高人民检察院。

〔2〕 张里安、韩旭至：《大数据时代下个人信息权的私法属性》，载《法学论坛》2016年第3期。

表37-1　个人信息保护典型案例

立案案由	涉案信息	主张权利类型	有无区分	法院裁判
名誉权纠纷	搜索引擎上检索名字“任某某”，出现该人职业相关的检索关键词	姓名权、名誉权及一般人格权中“被遗忘”的权利	审理了名誉权、姓名权；对于主张的应“被遗忘”（删除）信息的利益，认为不具有正当性和受法律保护的必要性，不应成为侵权保护的正当法益	未予支持
名誉权、隐私权纠纷	网站上将“王某”姓名、工作单位、家庭住址、照片及与他人有“婚外情”等王某不愿让不特定的社会公众知晓的私人信息在网站中向社会公众披露，并通过该网站与其他网站链接	隐私权和名誉权	对王某的批评和谴责应在法律允许的范围内进行，不应披露、宣扬其隐私，否则构成侵权。泄露王某个人隐私的行为，使王某的社会评价明显降低，已构成对王某名誉权的侵害	予以支持
隐私权、一般人格权纠纷	窃取身份证号、驾驶信息、交通银行储蓄卡号、航班信息、上海及日本东京的家庭住址、水电煤账单、保姆情况、外婆住院信息；获取原告出入境信息，在机场登机口围堵原告；开通与原告的支付宝亲密支付功能；网上搜索原告的信息并获取原告照片	隐私权等权益	被告无证据证明其合法取得原告的身份信息、家庭住址、亲属住址等信息，被告主观上存在侵害原告隐私权、一般人格利益的违法故意	予以支持
隐私权纠纷	移动公司以原告名义进行投保，向原告赠送了一份意外伤害险	隐私权	私人信息是隐私权益的主要内容，包括个人姓名、性别、职业、学历、联系 方式、家庭住址、婚姻状况等于个人及其家庭密切相关的信息，未经同意，不得披露给他人	予以支持
隐私权纠纷	标注提示他人手机号码信息为“某某公司”	个人隐私、个人信息	通过大数据比对确定该手机号码与某某公司相对应，并进行标记，其信息并无错误，且软件标记的企业信息，而非公民个人信息，被告已证实其获取手机号码对应的标记信息均来源于公开渠道，不能认定标记号码的行为侵犯了其隐私权	未予支持

续表

立案案由	涉案信息	主张权利类型	有无区分	法院裁判
侵权责任纠纷	工商银行向个人发送商业性信息	个人信息权	一审认为银行的行为属于侵犯一般人格权；二审认为属于银行卡申领时有关的信息，发送方不具有过错，亦未有造成损失；再审审查认为按照合同约定，个人拒绝接受信息需经银行同意，信息未造成财产贬损和违反社会公共利益和社会公德	未予支持
隐私权纠纷	在“去哪儿网”网站购买东航机票，庞某某主张趣拿公司和东航泄露包括姓名、尾号9949手机号、行程安排（包括起落时间、地点、航班信息）的隐私信息	隐私权	一审认为现无证据证明趣拿公司和东航将庞某某过往留存的手机号与本案机票信息匹配予以泄露，且趣拿公司和东航并非掌握庞某某个人信息的唯一介体，法院无法确认趣拿公司和东航存在泄露庞某某隐私信息的侵权行为。二审认为，其行程安排无疑属于私人活动信息，从而应该属于隐私信息，可以通过本案的隐私权纠纷主张救济。东航和趣拿公司存在泄露庞某某个人隐私信息的高度可能具有过错，理应承担侵权责任。再审审查认为，涉及的姓名、电话号码及行程安排等事项可以通过隐私权纠纷寻求救济，符合法律规定，并无不当。东航公司应当承担侵犯隐私权的相应侵权责任	予以支持
隐私权纠纷	业委会将含有业主身份证号、家庭住址等内容的起诉状发布在小区微信公众号	隐私权	个人信息与隐私进行区分，案涉个人信息难以归入隐私权范畴，应界定为个人信息，不存在侵犯隐私权的行为	未予支持
隐私权纠纷	利用搜索引擎检索关键词后，再进入其他网站会出现减肥、丰胸、人工流产等与检索词相关的广告	隐私权	网络活动轨迹和上网偏好与用户身份偏离后，无法确定具体的信息归属主体，不符合个人隐私和个人信息的可识别性要求，不构成侵犯隐私权	未予支持

从上述案件的审理过程看，法院已经对个人信息的“可识别性”提出要求，同时从双方举证能力的角度来分配举证责任。由于对个人信息的内涵和外延未得到明确，有的法院将此归入一般人格权进行审理，也有法院将之作为隐私权内容来对待。原《民法总则》第111条的规定比较概括，缺少假定条件和法律后果，无法直接作为请求权基础适用。简言之，个人信息保护缺少独立、完整的请求权基础规范。

二、个人信息的法律属性及定位

权利人通过民法寻求救济维护自身人格尊严，但民法给予救济的裁判规范基础变幻不定，个人信息法律属性不明直接影响侵权行为的认定和民事责任承担，通过梳理个人信息保护的民法理论基础和演变过程，以统一认识，更好地服务裁判。

（一）个人信息保护的理论渊源

个人信息保护主要存在两种模式或两个理论渊源：一种是采取统一立法的欧洲模式，其理论源头是基于对公民个人尊严与基本人权的保护；另一种是采取分散立法的美国模式，其理论源头是基于对公民个人隐私与自由的保护。

20世纪六七十年代，欧美国家纷纷针对个人信息进行立法，保护公民的人格权利。在美国，隐私权作为一种保持人格完整独立、人格不受侵犯的权利而存在，美国对公民个人信息的保护，无论是在宪法层面，还是侵权行为法领域，都是以隐私权理论为基础。而德国是以人格权为基础对公民个人信息进行保护，其《个人资料保护法》就是以民法上的一般人格权为立法基础。1983年，德国联邦宪法法院作出在个人信息保护史上具有里程碑意义的判决，确认公民对自己的信息享有决定权，即公民个人信息控制权。欧盟在1995年颁布的《个人数据保护指令》更是开宗明义地阐明，公民对个人信息享有的权利是人类的基本权利。

尽管这两个法域中个人信息保护的理论基础不同，但结论是相同的，即个人应当有权控制其个人信息的使用，以实现对个人自治（独立人格和自由意志）

等基本权利的保护。[1]诚然，“世界上多数国家以隐私权保护为原点展开对个人信息的法律保护”，尤其是美国，对于个人信息的保护直接采用隐私权保护的模式，认为个人信息本质上是一种隐私权，是对自己所有信息的控制。这对我国个人信息权理论与实践都产生了影响，由于隐私权的法律规则相对完善，法院往往采取隐私权的保护方法为个人信息受到侵害的权利人提供救济。[2]

无论是欧陆模式，还是美国模式，个人信息和隐私都属于民法保护的对象，同属于人格权范畴；保护个人信息或隐私的思想基础或共同价值取向都是维护个人宪法上的人格尊严和言论自由，保护人之所以为人的自由和发展的权利。

（二）个人信息与隐私的区分

自然人对个人信息享有权利的理论基础，学界主要有财产权说、隐私权说、人格权说和基本人权说等不同学说。[3]但随着科技进步和社会发展，人格权内容不断地得到丰富和完善，自然人对个人信息享有独立的权利，即个人信息控制权，该权利属于新生的人格权内容已成共识。

与美国扩展隐私权保护范围的做法不同，欧陆国家是通过制定个人数据保护法实现对个人信息的专门保护，个人数据保护法中明确了个人数据自决权，这是以独立权利的方式对个人信息自我控制权加以保护。

在日本，隐私权保护理论也逐步向个人信息控制权的理论发展，隐私权变成“个人自由地决定在何时、用何种方式、以何种程度向他人传递与自己有关的信息的权利主张”，从原先被动的依隐私权对个人信息进行保护，转变到根据个人信息控制权，积极主动进行自我防御，决定个人信息的利用。[4]

众所周知，自沃伦和布兰代斯将隐私作为现代社会的重要权利以来，隐私权主要由两类权利构成：“私人生活安宁权”和“信息控制权”。“信息性隐私权

---

〔1〕 高富平：《个人信息保护：从个人控制到社会控制》，载《法学研究》2018年第3期。

〔2〕 常健：《论人格权法（编）中的个人信息权的制度完善——评〈中华人民共和国民法人格权编（草案）·民法室室内稿〉相关规定》，载《四川大学学报》（哲学社会科学版）2018年第3期。

〔3〕 李伟民：《“个人信息权”性质之辨与立法模式研究——以互联网新型权利为视角》，载《上海师范大学学报》（哲学社会科学版）2018年第3期。

〔4〕 何建：《论公民个人信息保护的民事权利基础》，载《人民法院报》2014年10月22日，第7版。

并不是要求对个人信息完全保密，也不是简单地要求他人对我们的信息一无所知，而是要求信息主体、信息传递者、信息接收者承担不同的角色、享有权利和承担义务，从而在具体场景下，明确何种信息可以被披露，何种是期待被披露以及禁止披露的。”〔1〕毕竟隐私是个人生活安宁和生活秘密不受他人披露和干涉的状态，是一种抽象的存在，而个人信息则是具体的，隐私权人虽然有权决定隐私信息是否空开以及公开范围，但其无法涉及所有的个人信息。〔2〕

《民法典》第1032条第2款和第1034条第2款分别对隐私和个人信息进行了界定。“隐私是自然人的私人生活安宁和不愿为他人知晓的私密空间、私密活动、私密信息”。隐私权旨在维护人性尊严及人格自由发展，只有与特定主体相关联的个人隐私受到侵犯，司法才给予救济。因此，个人隐私兼具秘密性与身份识别性。个人信息的定义是“以电子或者其他方式记录的能够单独或者与其他信息结合识别特定自然人的各种信息，包括自然人的姓名、出生日期、身份证件号码、生物识别信息、住址、电话号码、电子邮箱、健康信息、行踪信息等”。《网络安全法》第76条第5项规定个人信息是指“……以电子或者其他方式记录的能够单独或者与其他信息结合识别自然人个人身份的各种信息，包括但不限于自然人的姓名、出生日期、身份证件号码、个人生物识别信息、住址、电话号码等”，强调的是可识别性，“包括但不限于”的列举式规定体现了外延上的广泛性。而《最高人民法院、最高人民检察院关于办理侵犯公民个人信息刑事案件适用法律若干问题的解释》第1条规定，“刑法第二百五十三条之一规定的‘公民个人信息’，是指以电子或者其他方式记录的能够单独或者与其他信息结合识别特定自然人身份或者反映特定自然人活动情况的各种信息，包括姓名、身份证件号码、通信通讯联系方式、住址、账号密码、财产状况、行踪轨迹等”，同样强调可识别性和相关性。

由此观之，隐私包括私的生活安宁和生活秘密两个方面，而个人信息强调

〔1〕 张新宝：《“普遍免费+个别付费”：个人信息保护的一个新思维》，载《比较法研究》2018年第5期。

〔2〕 谢远扬：《信息论视角下个人信息的价值兼对隐私权保护模式的检讨》，载《清华法学》2015年第3期。

公开的"可识别性",无论是已经被识别的直接识别,还是可以被识别的间接识别,凡是能够识别与特定个人相关的任何信息,均为个人信息。

不可否认,个人信息与个人隐私密切相关。从隐私的概念看,其与个人信息之间存在交叉,但个人隐私不等同于个人信息;个人信息是自愿公开、可知可识别的,只是由于未经权利人许可,不得被随意收集、利用等。正如有人认为,自然人的有些信息是隐私,有些信息本质上不是隐私,隐私的本质是不愿被他人知悉的个人生活秘密,强调的是"私密"。但事实上,信息主体对其个人信息享有的权利范围远远大于作为防御性人格权的隐私权。隐私难以涵盖信息财产价值的属性,而个人信息作为一种独立的新型权利(利益),可以有效体现对自然人人格利益以及财产利益的综合保护,个人信息权兼具精神利益和财产属性。

概言之,个人信息与隐私在客体上具有交错性,但是在"权利属性、权利客体、权利内容和保护方式上,个人信息权都与隐私权存在区别,应当成为独立的具体人格权,并建构以私法保护为中心的个人信息保护法。"〔1〕

(三)个人信息的私法定位

从立法上看,原《民法总则》将个人信息和隐私归属于民事权利一章。而"侵权责任编"改变了原《侵权责任法》的做法,以民事权益作为侵权保护对象;"人格权编"则在列举包括隐私权内在的具体人格权的同时,对其他人格权益做了兜底规定,并将隐私和个人信息并列为一章予以专门规定。2014年《最高人民法院关于审理利用信息网络侵害人身权益民事纠纷案件适用法律若干问题的规定》第12条第1项规定,网络用户或者网络服务提供者利用网络公开自然人基因信息、病历资料、健康检查资料、犯罪记录、家庭住址、私人活动等个人隐私和其他个人信息。该司法解释将本属于个人信息范畴的内容列为个人隐私并将之与其他个人信息并列。

对于个人信息究竟是从属于隐私权下的具体人格权,还是一般人格权,或个人信息为独立的具体人格权,学界仍存在不同看法。有的学者认为,个人信

---

〔1〕 王利明:《论个人信息权的法律保护——以个人信息权与隐私权的界分为中心》,载《现代法学》2013年第4期。

息有别于个人隐私，但不属于具体人格权，属于一般人格权，应当作为一般人格权加以保护，不宜直接视为一项具体人格权。〔1〕虽然原《民法总则》对个人信息做了规定，参与立法的人士认为，个人信息属于民事权益，"个人信息属于新型权利可能难以归纳入传统的民法典分则结构，为了更好地保障这些权益的实现，《民法总则》也直接就权利的具体内容作出规定"。〔2〕而王利明教授则主张"个人信息权应作为独立的民事权利，而且应该作为一种具体人格权予以保护"，呼吁在"人格权编"中确认个人信息权，将其规定为一种独立的具体人格权。〔3〕

在学理上，确认一项人格利益能否构成一个人格权，最重要的标准就是"这个人格利益是不是具有独立的属性，是不是能够被其他具体人格权所概括、所涵盖。如果一个具有独立意义的人格利益不能够被其他人格权所涵盖、所概括，并且与一般人格利益相比具有鲜明的特征和内容，就应当认为这个人格利益能够作为一个具体人格权"。〔4〕

隐私权，是指自然人享有的私人生活安宁与私人信息秘密依法受到保护，不被他人非法侵扰、知悉、收集、利用和公开的一种人格权；私人领域分为空间意义上的私人领域和非空间意义上的私人领域。〔5〕空间意义上的私人领域存在模糊地带，也可能是公共领域的一部分。因此，在社会交往过程中，每个人都有可能接触或获悉他人的个人信息，而一般人格权又缺乏具体的和外在可识别的客体，其保护范围无法确定；也正是由于其保护范围上的开放性，一般人格权不足以为这种社会交往的风险提供全面保障。〔6〕

随着信息技术的发展，保护个人信息安全的需求越发迫切，因此人们自然就要求新的理论来弥补领域理论的不足。数据化时代的个人信息具有广泛的商

〔1〕 高富平：《论个人信息保护的目的——以个人信息保护法益区分为核心》，载《法商研究》2019年第1期。

〔2〕 张鸣起：《〈中华人民共和国民法总则〉的制定》，载《中国法学》2017年第2期。

〔3〕 王利明：《论个人信息权在人格权法中的地位》，载《苏州大学学报》2012年第6期；王利明：《编纂一部网络时代的民法典》，载《暨南学报》（哲学社会科学版）2016年第7期。

〔4〕 杨立新、袁雪石：《论声音权及其民法保护》，载《法商研究》2005年第4期。

〔5〕 杨芳：《德国一般人格权中的隐私保护——信息自由原则下对"自决"观念的限制》，载《东方法学》2016年第6期。

〔6〕 杨芳：《德国一般人格权中的隐私保护——信息自由原则下对"自决"观念的限制》，载《东方法学》2016年第6期。

业价值，比如，可以将消费者的相关个人信息建立数据库，用于分析消费偏好、需求等，只要经过信息主体的同意，完全可以利用个人信息实现商业价值，这无疑构成人格权的商业化利用。也正由于个人信息承载着商业价值和体现人格利益，有必要给予它相应的权利保护。赋予自然人对个人信息享有控制权，对于保护个人信息安全、制裁尚未构成刑事犯罪的侵害行为具有积极意义。将个人信息纳入人格权范畴，不仅有利于保护自然人对个人信息所享有的人格利益，也有利于丰富人格权的内容及充分实现自然人的人身自由。虽然我国目前尚未形成完整的个人信息保护法律体系，但确立个人信息属于民法上具体而独立的人格权利，已显得十分必要。

三、个人信息保护的司法障碍和解决思路

《民法典》实施后，会有更多的个人信息侵权案件涌入法院。在涉个人信息纠纷中，人格权请求权与损害赔偿请求权交织，人格尊严的私权保护与商业价值、公共价值的维护之间会产生内在紧张关系。亟待采取多元化进路，梳理出对此类案件裁判具有指导价值的思路，以维护被侵权人的合法权益。

（一）民法和刑法的协调适用

尽管我国原《民法总则》确立了个人信息保护的基本原则，但是对于个人信息的权利属性未予明确。因此，无论是在民法领域，还是在刑法领域，目前面临的一个普遍问题就是基于何种属性、在何种范围内保护“个人信息”。例如，从合法渠道获取的个人信息，如不以违反社会公共利益、社会公德的方式公开或者公开该信息未侵害权利人值得保护的重大利益，行为人无须承担民事责任。

2014年《最高人民法院关于审理利用信息网络侵害人身权益民事纠纷案件适用法律若干问题的规定》第12条规定了一系列免责的情形，其中包括“自然人自行在网络上公开的信息或者其他已合法公开的个人信息、以合法渠道获取的个人信息”等。人格权编第1036条延续了前述司法解释的规定，处理自然人个人信息，行为人不承担民事责任的情形之一是“合理处理该自然人自行公开的或者其他已经合法公开的信息，但是该自然人明确拒绝或者处理该信息侵害

其重大利益的除外”。但是在刑法上，在未经收集者同意的情况下，即使该个人信息是合法收集的，如予以公开，仍受到刑法的打击。《最高人民法院、最高人民检察院关于办理侵犯公民个人信息刑事案件适用法律若干问题的解释》第3条规定，“向特定人提供公民个人信息，以及通过信息网络或者其他途径发布公民个人信息的，应当认定为刑法第二百五十三条之一规定的‘提供公民个人信息’。未经被收集者同意，将合法收集的公民个人信息向他人提供的，属于刑法第二百五十三条之一规定的‘提供公民个人信息’，但是经过处理无法识别特定个人且不能复原的除外”。

从前述两部司法解释来看，后者的保护标准要高于前者，突出信息主体的同意原则和匿名化处理要求；在刑法上已经构成犯罪，个人信息法益遭受侵害的情形下，民法上却不构成侵权，会造成法律适用的飘忽不定，影响法的价值实现。在个人信息专门立法出台之前，个人信息保护的民事司法解释为《个人信息保护法》预留接口的同时，应当统一协调相关刑事司法解释条文的内容，并与刑法规定相配套，从而全面、直接地保护信息主体的人格利益，最大限度发挥公法与私法协同保护公民个人信息的作用。

（二）个人信息侵权案由选择

民事案件案由反映案件所涉及的民事法律关系性质，是诉讼争议包含的法律关系的高度概括，应当依据当事人主张的民事法律关系的性质来确定。从现有民事案由看，人格权纠纷分为具体人格权纠纷和一般人格权纠纷，其中具体人格权纠纷包括了生命权、健康权、身体权纠纷等10种案由。

前已述及，个人信息难以归入隐私权纠纷案由之下，但也有别于一般人格权，其应作为一种区分于隐私权的新型具体人格权利（权益）。此前，《民法典（草案）》中规定用人单位预防制止性骚扰，最高人民法院在2018年12月12日发布了《关于增加民事案件案由的通知》，将“性骚扰责任纠纷”“平等就业权纠纷”列为新增案由。因此，《民法典》颁布实施后，应及时调整案由，在人格权纠纷的二级案由下，增加个人信息权纠纷，明确隐私和个人信息的区分，从而方便法官适用法律。

(三)个人信息侵权构成

在现有立法下,只能是自然人个人主张个人信息被侵权,即享有个人信息保护请求权的主体是自然人,而非法人或非法人组织,该自然人包括中国人、外国人和无国籍人等。个人信息保护的范围具有开放性。依据文义解释,人格权编未对个人信息做穷尽式列举,第1034条第2款规定的"行踪信息等",其中的"等"字属于等外,不是等内,故而像车牌号码、网络浏览记录、职业身份等具有可识别性的信息均属于保护对象。由于自然人的姓名也属于个人信息的一部分,在姓名权、肖像权、隐私权等人格权纠纷案件中,会出现个人信息与前述权利请求权基础规范竞合的现象。一方面,可按照既有法律规定,对照相应人格权的侵权构成要件进行判断,使个人信息在已被类型化的人格权中受到更全面周到的保护;另一方面,可向当事人进行释明,让其明确要求保护的权利或请求权基础。鉴于具体人格权在内容上的确定性,应沿着"先检索具体人格权,再审查一般人格权"的裁判逻辑使值得保护的权益尽量地包括进来。

对侵权行为与损害之间的因果关系认定,应遵循"谁主张,谁举证"原则,证明行为与损害之间具有相当因果关系。但从实践看,如对所有个人信息侵权案件不加区分,机械适用"法律要件分类"规则分配举证责任则可能会带来实质上的不公平。张新宝教授主张区分敏感信息与一般个人信息分别保护。〔1〕实际上,对隐私信息(敏感信息)和一般信息作区别对待是比较法上的通例,〔2〕人格权编也进行了区分,将个人信息中的私密信息纳入隐私权保护范畴。比如在"庞某某诉去哪儿、东方航空"隐私权纠纷案件中,法院将行踪信息归为隐私,根据举证能力的大小,分配举证责任给掌握个人信息一方,从而作出裁判。虽然也有人主张,对于敏感信息的侵权案例,采用过错推定原则,但过错推定必须基于法律的明确规定。因此,在当前立法暂无特别规定的情况下,法官可以根据公平原则和诚实信用原则,综合当事人的举证能力等因素,确定个人信息侵权案件的举证责任承担。毕竟以公平或诚实信用原则来分配举证责任,还体现在以证据

〔1〕 张新宝:《从隐私到个人信息:利益再衡量的理论与制度安排》,载《中国法学》2015年第3期。

〔2〕 叶名怡:《个人信息的侵权法保护》,载《法学研究》2018年第4期。

的距离、举证的难易来分配举证责任，即拥有待证事实证据，或易于获得的当事人就该事实之存否负举证责任。[1]

（四）个人信息侵权责任承担

侵权责任编采用“侵权责任”的表述，而人格权编则使用了“民事责任”的表述，两者共同指向总则编第179条规定的民事责任。客观来讲，任何权益遭受损害，都可能发生财产损害和非财产损害。由于人格权带有精神利益，对于财产部分的损害可以根据实际损失确定赔偿数额，而对于精神上的不愉快或苦痛，特别是诸如隐私权、名誉权、个人信息等人格权被侵害而遭受的损害，则难以用财产进行衡量。拉伦茨认为，“在认定非法侵害特别人格权时，任何情况下都无须权衡财产利益”。[2]在个人信息方面，有时财产损失非常小甚至没有，重点仍是在人身安全、人身权益方面，尤其是精神利益方面的损害。

侵权责任编第1183条规定，精神损害赔偿需以造成严重后果为条件。因人格权种类繁多，性质各异，如均以造成严重后果为限，则不利于人格权的全面保护，可借鉴我国台湾地区规定，[3]不宜对诸如姓名权、隐私权、个人信息权等精神性人格权作过于苛刻的严重后果的要求，以有违通常人具有的朴素正义感即可。

一直以来，损害赔偿计算是人格权侵权纠纷案件审理中的难点和重点。若人格权受侵害，发生损害系非财产上损害，则难以适用恢复原状，最终还需依赖金钱上之赔偿，该赔偿虽非理想，但相当实用。[4]填补损失是侵权损害赔偿的基本原则，需由被侵权人举证证明实际损失。从侵权方式上看，个人信息侵权分线上和线下。对于线上损害赔偿的确定，可参照已有司法解释确定的法定赔偿基数。当然，包括个人信息在内的人格权商业化利用已是不争的事实，而损害赔偿

---

〔1〕 程春华：《裁判思维与证明方法》，法律出版社2016年版，第164页。

〔2〕 [德]卡尔·拉伦茨：《德国民法通论》（上册），王晓晔、邵建东等译，法律出版社2013年版，第173页。

〔3〕 我国台湾地区“民法”债编第195条第1款规定：“不法侵害他人之身体、健康、名誉、自由、信用、隐私、贞操，或不法侵害其他人格法益而情节重大者，被害人虽非财产上之损害，亦得请求赔偿相当之金额。其名誉被侵害者，并得请求恢复名誉之适当处分。”

〔4〕 曾世雄：《损害赔偿法原理》，台北，新学林出版股份有限公司2016年版，第180～181页。

过低，难以填补损失也是当前侵权法面临的困境。诚如王利明教授所提，应扩张侵权责任编第1182条的适用范围，引入法定损害赔偿制度，以缓解受害人证明其财产损失的困难。〔1〕

审判实务精要

在科技飞速发展的今天，信息给人类生产生活带来便利的同时，让每个人变得透明，无不面临个人信息暴露的风险。虽然个人信息保护法的制定提上了立法日程，但其中的立法理念和价值取向，包括信息自由与私权保护之间的利益如何平衡，如何建立个人利益与社会整体利益协调、适应大数据时代的个人信息保护制度，是亟须解决的问题。

司法要在防止个人信息过度私权化的同时，为个人信息保护厘定请求权基础，有效保护信息主体的正当权益，避免在今后的个人信息侵权案件中重回依赖传统隐私权路径加以裁判的老路。要尽快协调民法和刑法的适用，确保两者对于个人信息保护妥适适用以及为未来个人信息保护单独立法预留接口，避免与现有法律、司法解释规范之间产生抵牾。要明确个人信息侵权案由选择，应在已有具体人格权案由项下增设个人信息权的子案由，便于法官检索和案件审理。要明晰个人信息侵权构成要件，既要遵循侵权的基本构成要件，也要注意人格权特有的不以过错为要件的绝对权的保护，注意举证证明责任的分配。要厘定个人信息侵权责任承担，需更多考量非财产性损害赔偿。

撰稿人：何　建，上海市第一中级人民法院民事审判庭审判长，法学博士

〔1〕 王利明：《编纂一部网络时代的民法典》，载《暨南学报》（哲学社会科学版）2016年第7期。

38. 个人信息司法保护的难题与应对

导　　言

在人工智能等现代科技迅猛发展的时代，个人信息正被大规模的不当采集与盗用，要全面加强个人信息的民法保护已经成为学界共识。[1]为此，《民法典》人格权编延续和细化了原《民法总则》的相关规定，不仅在该编第1章“一般规定”中就个人信息的合理使用（第999条之一）和第5章“名誉权”中就信用信息的收集（第1030条）等做出了规定，还专门在第6章“隐私权与个人信息保护”中规定了六个条文（第1034条至第1039条），对个人信息保护的范围、权能（收集、使用、删除、更正等）、责任承担方式（合法性豁免）、匿名化处理等做出了详细的规定。[2]目前，正在审议的《个人信息保护法（草案）》也有望进一步明确“个人信息”的内涵和外延，理顺相关主体之间的关系，覆盖对个人信息的收集、存储、使用、共享、跨境传输等多个方面的保护，并从公法与私法共筑的角度进一步辅助指导司法实践。

鉴于万物互联、信息科技、生物医学重构时代下的个人信息产生的渠道（算法算力）、收集存储的方式（“网络爬虫”、Cookie技术、电子探针技术、各种传感器）、利用的形态（定向推送、行踪轨迹跟踪）、类型模式（个人生物基因信息、网络交易信息）发生巨大变化，立法者和行业标准制定者应密切关注大数据、人工智能等现代科技发展的变化对个人尊严、自由的影响，及时通过法治手段规范数据产业的健康持续发展。鉴于传统的隐私权、名誉权等具体人格权的规定以及侵权法规范难以适应新科技下个人信息保护的新要求，虽然相关案件尚未大量涌现，案件类型并不丰富，但通过上述个人信息技术的背景描述可知，不久的将来个人信息案件可能如雨后春笋般涌现，

〔1〕丁晓东：《个人信息私法保护的困境与出路》，载《法学研究》2018年第6期。
〔2〕程啸：《民法典编纂视野下的个人信息保护》，载《中国法学》2019年第4期。

并具备手段方式隐蔽、类型复杂、影响波及面广的特点。司法工作人员应未雨绸缪，高度重视个人信息民法保护，转变传统方式手段保护个人信息的理念，树立个人信息保护的体系化思维模式，加强《民法典》中涉个人信息保护的条文和行业规范的理解与适用。本文正是在个人信息民事保护框架和条文规范基本成熟的背景下，在不破坏既有的立法体例框架下展开研究，通过检视现有规定下个人信息保护的司法实践情况发现问题并提出保留意见，立足解释学和比较学的方法体系化的解读个人信息相关条款，有助于个人信息保护的法理、条文与实践真正契合，有助于指导司法实践并妥善平衡民事基本法律规范与综合性的个人信息保护的立法、适法问题，既更好地保护自然人合法权益，又全面促进数据经济的发展与繁荣。

一、问题的提出

原《民法总则》第111条首次将个人信息保护纳入民事基本法律规范，经历了一个从无到有、从宽泛描述到精准表述的过程。其重要意义值得高度肯定，但在司法实践中暴露出法律规范指引不到位，欠缺操作细则等问题。下面先就原《民法总则》第111条的实践情况进行简要分析，再就学界关注《民法典》相关规范的适用问题进行简要归纳，利于相关问题的针对性研究，为《民法典》相关的内容完善及个人信息保护综合性立法聚焦关键问题提供指引和参考。

（一）原《民法总则》第111条和《民法典》涉个人信息条款援引率均不高

从近年的司法实践来看，国内的个人信息受保护的权利往往被视为是一般人格权或是具体人格权的一种。由于立法上欠缺个人信息保护的专门规定，消费者的个人信息保护通常借助于隐私侵权方式实现权利救济。〔1〕或者通过一般人格权来保护个人信息。〔2〕首先，从全国法院涉个人信息保护诉讼案件情况看，

〔1〕 参见夏某与北京电视台隐私权纠纷一审民事判决书，(2014)朝民初字28219号；赵某某与新丽传媒股份有限公司、山东影视传媒集团有限公司等隐私权一审民事判决书，(2014)临民初字2429号。

〔2〕 参见(2010)浦民一(民)初字第22483号。

在原《民法总则》实施前，涉及侵害个人敏感性信息案件，一般通过隐私侵权规则予以救济；涉及侵害个人的一般性信息案件，裁判规则通常根据隐私权及其他权利来对个人信息予以保护。[1]原《民法总则》实施后，鉴于第111条的规定存在局限和不完整表达等问题，只有个别案件援引该条文对相关主体进行司法救济。涉及个人信息保护的大部分案件的司法救济路径仍主要通过隐私权来救济，甚至一些案件将“个人信息”限缩至隐私权范畴来保护，导致原《民法总则》第111条规定的自然人个人信息权（权益）保护落空。[2]据不完全统计，自2010年以来，涉个人信息案件913件，主要分布在金融交易纠纷（49%左右）、人格权纠纷（38%左右）、征信错误纠纷（11%）、医疗损害等合同纠纷案件（2%）。原《民法总则》第111条实施后，虽然案件诉请部分援用该条文，但是实际案例中个人信息保护的问题未得到显著改善，判决主文中引用率依旧较低，支持个人信息保护的案例仅占5%左右。[3]

其次，从上海法院审理情况来看，据不完全统计，2010~2017年原《民法总则》施行之前，上海法院以隐私权案由受理的个人信息保护的案件94件，其中涉及“告知—选择”模式的案件占比80%，且败诉率较高。其他以肖像权、姓名权、名誉权等具体人格权保护个人信息的案件36件。2017年原《民法总则》第111条颁布实施以来，上海法院目前受理个人信息保护案件20余件。该规则受制于定义不清晰、未能权利明文化、权利内涵不完整、列举式的立法技术不周延等问题，导致个人信息保护缺乏完整请求权基础。[4]

据办案法官反映，涉及个人信息保护的案件大部分都面临3个主要问题：一是我国对个人信息保护的立法碎片化，涉个人信息保护的条文零散分布在不同

[1] 叶名怡：《个人信息的侵权法保护》，载《法学研究》2018年第4期。

[2] 陈晨、李思頔：《个人信息的司法救济——以1383份“APP越界索权”裁判文书为分析样本》，载《财经法学》2018年第6期。

[3] 按照“无讼阅读”数据库中“本院认为”部分含“个人信息”的民事判决书等重新检索，2010年1月1日至2017年9月30日，检索相关案件703件；2017年10月1日至2019年8月30日，检索相关案件210件。

[4] 杨翱宇：《我国个人信息保护的立法实践与路径走向》，载《重庆邮电大学学报》（社会科学版）2017年第5期。

门类的公法和私法。[1]散落的规范多以公法中的原则性或者禁止性条款出现，私法也没有明确地规范个人信息的权属、控制等问题。总体上欠缺规范指引，导致司法实践难。[2]

二是个人信息司法实践欠缺操作细则，导致应用形式化，其中同意规则是大部分案例中均涉及的问题，从实操层面看，场景多样化下的同意原则又面临无具体操作规范指引的困境。比如，同意视角下的概括式“一揽子”授权就是典型现象；过度获取主体权限的“强制索权”问题；二次流转中“同意”规则的延展问题和再授权的问题，所以单一的用户授权不足以有效地保证数据安全。[3]

三是个人信息权益损害的判断标准较难以掌握，法律规范缺乏对个人信息民事责任的具体规定。个人信息损害需要依靠实体判定的标准，侵权责任是对实体权利救济的处置方式。要做好侵权责任法与个人信息保护条文实践的有序衔接。虽然我们国家目前个人信息保护的司法实践类型较为单一，案件类型限定于特定范围，但是从域外的个人信息侵权发生的实践类型来看，除传统的个人信息主体因隐私泄露导致的精神痛苦这种典型损害之外，个人信息损害的新型案件已大量涌现，如数据泄露、信息侵害导致或促成下游犯罪发生、数据监控下的不安与自我审查、消费操纵和关系控制等，[4]所以在处理个人信息保护权利救济的方式上亟待在归责原则、信息分类、因果关系、责任承担方式上予以完善。

（二）人格权编中相关内容适法存在较大难度

历时近三年的涉个人信息保护的条文在制定过程中各方就相关焦点问题产生百家争鸣之效，本文主要从目前民法学者、司法实务者对于《民法典》编纂下

---

〔1〕 包括但不限于《全国人大常委会关于加强网络信息保护的决定》《民法总则》《网络安全法》《侵权责任法》《消费者权益保护法》《居民身份证法》等法律或决定，《征信业管理条例》《社会救助暂行办法》等行政法规以及《电信和互联网用户个人信息保护规定》《网络预约出租汽车经营服务管理暂行办法》等部门规章。

〔2〕 如庞理鹏与趣拿公司、东航公司隐私权纠纷一案，援引的法律规范为《最高人民法院关于审理利用信息网络侵害人身权益民事纠纷案件适用法律若干问题的规定》。参见（2017）京01民终509号。

〔3〕 参见（2016）京73民终588号。

〔4〕 叶名怡：《个人信息的侵权法保护》，载《法学研究》2018年第4期。

的个人信息保护体系安排和规则制定角度整理、选取、列举人格权编制定争议的焦点问题供参考：

一是个人信息私权保护在民事基本法律规范中制定路径的挑战，即涉个人信息保护的条文在有限的篇幅中如何确权和定位的问题，且在保护的范围上如何做好同公法规范、未来综合性立法保护的区别和衔接。从域外看，欧盟及美国个人信息保护方面立法的基本规则源于宪法中的尊严、自由等上位规范，再通过宪法性的重大事件确立保护规则。但我们与此不同，正经历从刑事法律规范保护为主到日益重视私法保护的过程，〔1〕当下私法保护范例较少，所以如何通过民事基本法律规范确立个人信息保护的规则值得进一步研究。

二是个人信息保护利益模式的确定存在争议。个人信息到底是多项受法律保护的民事利益的集合体还是仅仅为一项独立的"个人信息权"意义重大。〔2〕关系到防御性利益救济的时候，个人信息如作为绝对权的人格权请求权的保护效力与非绝对权保护的效力有所区别。〔3〕但这种争议只限于理论层面的讨论，就如何具体保护个人信息相关权利（权益）影响不大。〔4〕

三是个人信息的属性到底是纯粹的人格权，〔5〕还是单纯的财产权，〔6〕还是说两者兼而有之，对于个人信息保护的立法定位及司法实践中的损害赔偿具有重要影响。目前有些观点过于强调其具有财产权性质，可能是因将个人信息与企业的信息类财产属性相混淆所致，这样的认识不利于个人信息保护制度作为

---

〔1〕 2005年《刑法修正案（五）》增设"窃取、收买、非法提供信用卡信息罪"（第177条之一第2款），是我国法律上第一个关于侵害公民个人信息犯罪的规定。喻海松：《网络犯罪十二讲》，法律出版社2018年版，第203页。2009年《刑法修正案（九）》、2012年《全国人民代表大会常务委员会关于加强网络信息保护的决定》等都对个人信息保护作了规定。

〔2〕 高富平：《个人信息使用的合法性基础——数据上利益分析视角》，载《比较法研究》2019年第2期。

〔3〕 自然人对个人信息的权利属于绝对权的代表性论著，参见王利明：《人格权研究》，中国人民大学出版社2005年版，第636页；谢远扬：《个人信息的私法保护》，中国法制出版社2016年版，第209页。自然人享有民法上个人信息的权利，不必然享有绝对权与支配权，参见程啸：《民法典编纂视野下的个人信息保护》，载《中国法学》2019年第4期。

〔4〕 张新宝：《〈民法总则〉个人信息保护条文研究》，载《中外法学》2019年第1期。

〔5〕 代表性的论述参见罗坤：《个人信息权的私权属性与民法保护模式》，载《广西大学学报》（哲学社会科学版）2015年第3期。

〔6〕 代表性的论述参见刘德良：《个人信息的财产权保护》，载《法学研究》2007年第3期。

人格权编的重要组成部分在民法领域的确立和完善。[1]

四是探讨应否明确区分个人信息保护与隐私权之间界限，应否将个人信息保护与隐私权分章规定。并通过个人信息分类，破解个人信息保护相关司法实践较多援引肖像权、名誉权和隐私权等相关规定进行裁决的窘境。[2]

五是《民法典》中涉及的条文较原则，缺乏具体规则的设计。如“告知—选择”模式的同意规则表述较原则，此类规范、科学、有效的操作规则如何设计有待商榷。

六是《民法典》中就个人信息保护的条文规范缺乏对民事责任承担方式的规定。[3]有学者认为人格权编是权利法，侵权责任编是救济法，[4]两者存在立法体例安排上和功能定位上的冲突和重复，不宜在权利法中设置较多责任规范，并建议删掉人格权编中所有承担民事责任或不承担民事责任的条文，使人格权编变成纯粹的“人格权宣示法”。[5]这些不完全归纳的焦点问题既有宏观层面科学立法的理论问题，又涉及微观层面的实操规则应用问题，就上述问题本文后续会做回答，这些问题的有效研究有助于从体系上完善对个人信息的保护，为司法全面的兜底性保护提供法理依据。

二、相关条款的规范构成、法理及理解适用

《民法典》涉个人信息保护条款及《个人信息保护法（草案）》均秉承着“保护个人信息权益”和“保障个人信息依法有序自由流动”双重立法目的进行逻辑推演。在个人信息处理过程中，既要考虑对自然人人格尊严和自由的保护，又需要适应当前加快培育数据要素市场的发展趋势，在保护与加强数据驱动之间寻求平衡，这种立法价值所考虑的因素在司法保护中也应严格遵循和倡导。同时，将社会经济发展的目标与法律解释学有机融合也是为正在审议的《个人信息保护法（草案）》通过实施后的适用提供切实可行的保护新手段、新方法。

---

〔1〕 张新宝：《〈民法总则〉个人信息保护条文研究》，载《中外法学》2019年第1期。

〔2〕 张里安、韩旭至：《大数据时代下个人信息权的私法属性》，载《法学论坛》2016年第3期。

〔3〕 程啸：《民法典编纂视野下的个人信息保护》，载《中国法学》2019年第4期。

〔4〕 王利明：《论人格权请求权与侵权损害赔偿请求权的分离》，载《中国法学》2019年第1期。

〔5〕 梁慧星：《关于民法典分则草案的若干问题》，载《法治研究》2019年第4期。

（一）规范内容理解与评析

《民法典》第1034条第1款明确了个人信息受法律保护，第2款对个人信息的概念进行界定，第3款明确了个人信息中的私密信息适用隐私权的保护规则。具体言之，第2款从正面角度规定了个人信息保护的规则，并通过3个维度判断个人信息，完善个人信息的范围：一是采用描述性的方式，通过具体列举和抽象概括相结合的折中方式界定个人信息，可能更有利于司法实践的裁判。[1]二是个人信息的范围采用"以电子或者其他方式记录"的表述方式，参考域外立法例较多将个人信息界定为能够"电子化、自动化处理"的信息，同时通过"其他方式记录"的宽泛表述将未来可能出现的新的技术记录手段予以兜底保护，符合技术快速发展的特征及数据时代个人信息的特点。三是以识别性作为判断个人信息的核心要件，是个人信息区别于非个人信息、数据的主要特征，具体包括直接识别和间接识别。前者通过单一信息即可识别，后者要与其他信息结合识别，条文表述具有严谨性。《个人信息保护法（草案）》采取了与欧盟《通用数据保护条例》（General Data Protection Regulation）第4条相类似的界定标准，即"与已识别或者可识别的自然人有关的各种信息"。目前，《网络安全法》和《民法典》采取了"识别"的路径，但《个人信息保护法（草案）》采取了"识别+关联"的路径，一定程度上拓宽了个人信息的范围。

《民法典》第1035条就个人信息的源头处理行为进行了正面的规定，并明确了合法、正当、必要3个适用原则。[2]其第1款涉及合法、正当、必要的理解和判断标准，目前国内关于个人信息保护的规范除了高位阶的法律，亦有诸多低位阶的行政法规和规章，鉴于个人信息的保护架构上通过制定诸多的行业性法规和规章来分类分层保护，具体到司法实务中，涉及"合法"的理解与适用范围，建议将"合法"的范围理解为符合法律及行政法规的规范。建议将"正当"理解为

---

〔1〕《全国人民代表大会常务委员会关于加强网络信息保护的决定》、《最高人民法院、最高人民检察院关于办理侵犯公民个人信息刑事案件适用法律若干问题的解释》（法释〔2017〕10号）和《最高人民法院关于审理利用信息网络侵害人身权益民事纠纷案件适用法律若干问题的规定》（法释〔2014〕11号）分别采用"定义+列举式"或"定义+兜底式"规定。

〔2〕《全国人民代表大会常务委员会关于加强网络信息保护的决定》第2条、《消费者权益保护法》第29条等均有规定个人信息收集、使用三原则。

目的正当、方式正当，或者个人信息收集、使用的目的符合民法的诚实信用、公序良俗等基本原则。建议将“必要”理解为采取穷尽的“不得不”方式的严格标准，即不收集该信息就影响其他功能应用的情况下才能进行个人信息的收集或使用。同时，必要性的判断必然涉及尺度的把握，在民商事领域的必要性判断上引入行政法中比例原则的讨论是近年的重要话题，其所追求的目的是“禁止过度”，〔1〕即采取最小成本收集个人信息即可完成使用服务等行为，更有利于自然人个人信息利益的保护。〔2〕

在确定处理行为的基本原则后，又在该条第2款明确个人信息的处理是一项重要权能并对其作出规范。具体言之，要求“征得该自然人或者其监护人同意，但是法律、行政法规另有规定的除外”（第1项）。该项确立了个人信息收集、使用的“告知—选择”规则。鉴于未成年人并不具备完全行为能力，其个人信息允诺受到限制的情况下，增设了监护人同意的规定。知情同意作为个人信息保护的“帝王原则”在立法予以确立的同时，通过条文规定了告知事项要更明确，具体包括公开处理信息的规则（第2项），明示处理信息的目的、方式和范围（第3项）。这两项规则需要司法实践不断进行类型化总结和探索，后文也进行了初步研究。但“不违反法律、行政法规的规定”（第4项前段）与第1款合法性原则置于同一条文中有重复之嫌，但保留了“不违反双方的约定”。

《民法典》第1036条主要是对合法利益豁免规则的条文表达，规定了侵害个人信息权益的除外情形，即不承担民事责任的情形。本文认为该条要结合第1035条共同分析，两个条文分别从抗辩事由、责任豁免和合法性、正当性的角度对《民法典》第111条中“不得非法”的规定进行细化，两个条文相结合便于判断合法和非法的界限，但是这条规定有待进一步细化和完善。如“为维护公共利益或者该自然人合法权益，合理实施的其他行为”（第3项）中的“公共利益”在法律解释上是不确定性概念，它的内涵射程存在不确定性，如果公共利益不做准确界定，可能会使例外情况存在较大变数，如企业擅自利用数据服务国家行业发展或者社会经济建设，能否界定为公共利益是亟待解决的问题，此处的公共利益

〔1〕 郑晓剑：《比例原则在民法上的适用及展开》，载《中国法学》2016年第2期。

〔2〕 张红：《民法典之隐私权立法论》，载《社会科学家》2019年第1期。

的界定可参考其他相关法律意见。

《民法典》第1037条规定了个人信息权利人具有人格权请求权，其第1款明确了自然人作为信息主体依据规定可以行使的权能体系，如依法享有查阅、抄录或者复制其个人信息的权利。有学者认为此处将信息主体限定为自然人没有对未来将法人等作为个人信息权主体预留空间，[1]但笔者认为《民法典》第110条规定法人、非法人组织享有有限的人格权，且第111条明确将信息主体限定为自然人，为了保持体系的完整性，暂无必要将此条款的自然人更改为信息主体，此处做狭义理解。第1款后段规定了权利的行使方式，即只要发现有错误就可以提出异议。《个人信息保护法（草案）》在对个人的更正权予以重申的同时，区分了个人信息不准确或者不完整的情形，并针对个人信息不完整的情形规定了个人的补充权，旨在针对实践中用户无法更正、补充其个人信息的问题。第2款规定了删除权，即有权要求信息持有者及时删除其个人信息。这也说明被遗忘权作为删除权的一种情形被立法确定下来，但是被遗忘权具体的类型种类较多，不同的主体行为及信息类型会产生不同的处理效果，无法在《民法典》中全面列举，需要日后实践的不断丰富和完善，并补充到未来的相关法律解释、行业规范和个人信息综合性立法中。[2]上述两款均不需要证明有损害，所以更有利于强化对个人信息权利的保护，不过这里的请求权与一般的人格权请求权应有所区别。当人格权的权利人对人格利益的状态受到不当影响的时候，权利人可以提出人格权请求权来排除相关妨碍或者是消除危险。另外，《个人信息保护法（草案）》第47条对于删除权适用的情形予以了扩张，增加了本条第一款第（一）（二）（三）（五）项作为个人有权行使删除权的情形，为个人信息处理者留下匿名化处理个人信息留有通道。

《民法典》第1038条第1款延续了《网络安全法》第42条，划定了信息处理者对其所控制的他人信息的行为边界，要求除经过不可恢复性的去个人化处理的信息之外，所有买卖、提供个人信息的行为均要得到被收集者的同意。但没有明确“经被收集者同意”的时间点是指需要“事前同意”还是严格限定在“事后同

〔1〕 余筱兰：《民法典编纂视角下信息删除权建构》，载《政治与法律》2018年第4期。
〔2〕 张红：《民法典之隐私权立法论》，载《社会科学家》2019年第1期。

意”，本文认为原则上的时间点应为事前确需征求被收集者同意，再次转让时如有必要仍需征求，例外情况下可以事后追认同意。该条第1款后半段规定了匿名化处理方式，肯定了信息处理者对其所控制信息的“匿名化和模糊化”的权利，如果个人信息经过匿名化的脱敏处理，个人信息无法识别个人身份后转化为匿名化数据，但需要注意的是，因信息技术的快速更迭导致以往的信息匿名化处理可能无法达到目标，这时候就要求立法者关注技术手段的应用效果应符合《网络安全法》及《个人信息保护法（草案）》确立的标准，排除逆还原的过程。〔1〕同时司法裁判者也要询问清楚新技术在该条款适用的可能性，确保正当性利益豁免的科学性和有效性。该条第2款规定了信息处理者的安全保护义务，对于信息处理者的义务性规范，世界各国立法主要体现在两个方面。第一，要求信息处理者确保所收集的个人信息的安全，防止未经授权的公开、使用或泄露等。第二，要求信息处理者确保个人信息收集和使用符合法律规范，以保证个人信息收集和使用行为不侵犯个人权益。例如，欧盟《通用数据保护条例》的基本逻辑是通过对数据控制者（及数据处理者）课以复杂保护义务，以实现对数据主体基本权利和自由的保护。

《民法典》第1039条规定了国家机关及其工作人员对于履行职责过程中涉及自然人的隐私和个人信息的保密义务，该条款能否作为请求赔偿的基础性规范条款值得商榷，正如有的学者所讲，在履行职务过程中的保密义务，常常出现在公法中，如将民事责任制度引入国家责任之中，并在侵害隐私权和个人信息保护时产生责任的竞合，应如何适用，亟待立法者做进一步的说明。〔2〕

（二）规范构成的法理基础与实践要求

以上条款共同构成了《民法典》对个人信息保护的基本制度框架，总体来看，就个人信息的收集、使用等行为作出了全面的规定。通过制定个人信息收集、利用的规则及各项合法性事由，包括同意规则的设计，合理拓宽了个人信息

---

〔1〕 肖建华、柴芳墨:《论数据权利与交易规则》，载《中国高校社会科学》2019年第1期。

〔2〕 谢远扬:《〈民法典人格权编（草案）〉中“个人信息自觉”的规范建构及其反思》，载《现代法学》2009年第6期。

应用的主体范围，在保护个人信息的同时不会过度影响个人信息所具有的经济利益，回应了司法实践的需求，并且具有深厚的理论基础。具体来看：

一是个人信息保护确立在民事基本法律规范非常重要，奠定了个人信息私法保护的正当性基础。这充分说明最高立法机关关注个人信息与数据权属的区分，积极就自然人的个人信息民事权益保护与数据流动自由的价值权衡进行回应，并与公法的管制性规定形成"一体两翼"的保护模式，支撑起未来个人信息保护综合性立法。这种定位和愿景是美好的，但是目前《民法典》涉个人信息保护的条文是否完备，能否支撑起个人信息保护，这就需要逐渐完善对个人信息保护的司法指引功能，破局现在的隐私权保护效果优于个人信息保护救济的困境。我们也要厘定《民法典》中个人信息保护的规定在未来综合性立法中的地位。

从比较法上看，欧盟和美国对于个人信息保护的权利基础源于对宪法"尊严、自由"等相关权利的解释，我国在暂时无法做到确认个人信息权（权益）的宪法地位的情况下，通过明确个人信息民事基础法律地位，并结合未来综合性的立法应该能够起到保障个人信息相关权益的效果。即采用基本权利模式并不意味着一定要把个人信息权写入宪法也可做到全面保护。〔1〕我国《民法典》人格权编并非简单的6个条文对个人信息保护的规定，而是具有如同《欧盟基本权利宪章》第8条关于个人信息保护规定相同法律地位的规定。〔2〕所以目前采用"民事基本法律规范确权+侵权法律规范"指引保护的路径暂时具有可行性，起到权利属性宣示，方便民事救济方法固定请求权等作用。

二是个人信息保护应采权益论。个人信息保护是由一系列受法律保护的法益所组成的新型权利，在科技时代下相关的权利或权益的性质与边界暂不清晰的情况下，选择哪种模式保护更优暂不宜简单用传统权利观念裁剪。〔3〕否则可能会陷入无休止、暂无意义的理论争议之中，耗费大量精力。〔4〕仅就立法技术而

---

〔1〕 孙平：《系统构筑个人信息保护立法的基本权利模式》，载《法学》2016年第4期。

〔2〕 《欧盟基本权利宪章》第8条规定："任何人都有权保护与他/她有关的个人数据。此等数据须为特定目的并在当事人同意或法律规定的其他合法基础上被公正地处理。每个人都有权访问被收集的与他/她相关的数据并有权加以纠正。应由独立的机构对上述规则是否受到遵守加以控制。"程啸：《民法典编纂视野下的个人信息保护》，载《中国法学》2019年第4期。

〔3〕 Sinai Deutch, Are Consumer Rights Human Rights, Osgoode Hall L.J.32, 1994, p.537.

〔4〕 周汉华：《探索激励相容的个人数据治理之道》，载《法学研究》2018年第2期。

言，《民法典》第111条规定“自然人的个人信息受法律保护”，第109条规定的是一般人格尊严的相关内容，第110条规定的是具体人格权（名誉权、荣誉权、隐私权等），第112条规定的是人身权内容，根据这样的条文逻辑安排和体例结构来看，个人信息是否属于一项权利，该权利与人格权的关系，均存在很大的不确定性。〔1〕这种立法定位倾向于将个人信息纳入人格利益保护，以具有人格权性质的个人信息构建私法保护规范体系，并在此基础上通过侵权法律规范对侵害个人信息权益行为导致的各类损害赔偿作出具体规定。

目前而言，作为一般人格权的信息权益，其利益行使与保护有着强烈的自身特性。正如个人信息的识别功能决定的是个人信息本身的社会属性，个人对个人信息并不当然地享有支配性权利。〔2〕因此，对于个人信息保护而言，要明确权利属性的差异性，才能恰如其分的适用法律，准确固定请求权基础。需要指出的是，个人信息上的法益并不是单一性的，而是源自自然人主体地位的复杂体系，因而需要借助制定法将这些法益保护具体化、规则化，这便是个人信息通过民事保护立法的重要意义。在这一过程中，法益保护被转化成抽象的权利，比如知情权、更正权、删除权等，这些权利直接产生于法律规范，根基于个人信息上的主体权益。因为个人信息是一系列法益的集合体，兼顾一般人格权的特性和权利内容的不确定性、兜底性，以及具体人格权（主要为隐私权）保护模式的缺陷，所以没有简单以单纯民事权利来笼统规定，为未来个人信息在利益上可能兼顾财产化，并同数据经济的发展关系预留了解释空间。〔3〕总之，本文同意现行立法所采的态度，即采纳一般人格权的法益保护路径，在有限范围内保护个人信息上的法益，未将个人信息列为具体人格权，更符合我国目前个人信息保护的基本国情。〔4〕能够更加全面的保护个人信息，符合数据经济发展下加强个人信息保护的趋势，目前涉个人信息保护规则的主要救济对象是人身权益，限于人格权

〔1〕 周汉华：《探索激励相容的个人数据治理之道》，载《法学研究》2018年第2期。

〔2〕 高富平：《论个人信息保护的目的——以个人信息保护法益区分为核心》，载《法商研究》2019年第1期。

〔3〕 龙卫球、刘保玉主编：《中华人民共和国民法总则释义与适用指导》，中国法制出版社2017年版，第404页。

〔4〕 高富平、王苑：《被遗忘权在我国移植的法律障碍——以任甲玉与百度公司被遗忘权案为例》，载《法律适用》2017年第16期。

益，这样可以为侵害个人信息的权利人、受害人提供精神损害赔偿的依据。

三是个人信息为独立的人格权属性，暂不兼顾财产属性。[1]部分观点对此仍然存在较大争议，有些学者认为个人信息财产化理论的前提是人格权与财产权的交互发展，实际上个人信息之上的财产价值依附于人格权，[2]或者两者并存根据权利群理论择一，[3]甚至有学者过分强调个人信息的财产性质，个人对其个人信息所享有的权利在性质上应当属于信息财产权。[4]但个人信息保护条文被安排在原《民法总则》第110条具体人格权规则之后的第111条，并没有将个人信息保护条文放在第112条身份权和第113条以后的财产权之中，实际上明确了个人信息为独立的人格权属性，[5]与《民法典》第128条规定的数据定位为财产权进行区分。从《民法典》第1036条的规定内容看，虽然规定的均是人格权请求事项，而不涉及财产利益。但还附着一种应当受到保护的防御性利益，即个人信息主体或者持有者拥有防止因个人信息被非法收集、买卖等行为而导致的人身、财产权益遭受侵害的利益。[6]目前，从体系统一性看，个人信息为单独的人格权属性符合立法本意，而且不影响司法实践的赔偿请求权。但随着个人信息市场交易成本的大小可能随着社会经济技术条件的发展而有所变化，立法政策也可能会发生变化。[7]

三、个人信息场景理论下的应对方法

目前，个人信息保护存在"重刑、轻民""重隐私、轻其他""重立法、轻实践""重精神、轻财产""重条文、轻体系"等一系列的问题。特别是个人信息的

---

〔1〕 王利明:《论个人信息权在人格权法中的地位》，载《苏州大学学报》(哲学社会科学版) 2012年第6期。

〔2〕 代表性论述参见洪海林:《个人信息的民法保护》，法律出版社2010年版。

〔3〕 代表性论述参见郭明龙:《个人信息权利的侵权法保护》，中国法制出版社2012年版；刘金瑞:《个人信息与权利配置——个人信息自决权的反思与出路》，法律出版社2018年版。

〔4〕 代表性论述参见刘德良:《论个人信息的财产权保护》，人民法院出版社2008年版；孔令杰:《个人资料隐私的法律保护》，武汉大学出版社2009年版。

〔5〕 王叶刚:《人格权确权与人格权法独立成编——以个人信息权为例》，载《东方法学》2017年第6期。

〔6〕 程啸:《民法典编纂视野下的个人信息保护》，载《中国法学》2019年第4期。

〔7〕 刘金瑞:《个人信息与权利配置——个人信息自决权的反思与出路》，法律出版社2018年版，第198页。

民事立法保护起步晚，法律适用上较难，整体保护路径比较曲折复杂，所以准确理解《民法典》涉个人信息保护的体系与内涵是良好适法的前提和保障。目前，司法实践中涉个人信息保护的案件总体较少，可以直接总结的裁判经验不多。但我们能够预想互联网、人工智能等现代科技迅猛发展的时代，从传统隐私权分离出来的个人信息保护案件在某个特定时刻会大量涌现。当下无论是立法者、司法者，还是法律条文的设计都偏重于宣示功能，对具体问题的解决指引性不强，所以个人信息保护的相关规定在司法实践中亟待完善，急需弥补条文与实践的鸿沟。

（一）实践中应重点关注的三个问题

一是区分个人信息保护与隐私权，并将信息进行分类处理在司法实践中意义较大。人格权编隐私权中的私密性描述与个人信息识别性表述将两者进行基本区分，又因为两者部分客体确实存在重合，所以传统的隐私权保护有时将两者同一对待，如个人信息保护项下的敏感信息与隐私权存在交叉。《民法典》第1034条增加的第3款，解决了私密信息既受隐私权保护又作为个人信息保护的问题。基本思路是双重“加重”保护，即对自然人私密信息的保护，不仅要符合个人信息保护的一般要求，也应当遵循隐私保护的原则和规则。〔1〕传统意义上的个人信息呈现放射状扇形结构，从最核心的隐私信息（敏感信息）到大数据意义上的非敏感信息导致隐私权与个人信息始终交织在一起。所以个人信息的分类保护和界定，使个人信息保护与隐私权保护适度剥离非常必要。根据不同类别，采用不同尺度的保护标准和区分性保护机制，对明确个人信息控制者（政府、网络平台等民事主体）的区分性责任具有实践意义。同时，技术性手段可以解决一般信息和敏感信息的区分性保护，而且分散性个人信息单独来看，一般不会产生损害责任，但一旦与其他相关的个人信息（金融、医疗）相结合，可能会精确画像个人生活的全貌，使一般信息的集合异常敏感。因此，在法律适用上坚持领域理论的同时，要仔细评估应用场景对信息敏感性的影响，确定合理的隐私期待，并

---

〔1〕 张新宝：《关于〈民法典人格权编（草案）〉第六章部分条文的修改意见（条文及简要说明）》，载中国法学杂志社微信公众号，最后访问日期：2020年5月25日。

从技术手段完善一般信息与敏感信息的组合分类情形。

二是个人信息人格权属性不影响损害赔偿的请求权，具有完整的请求权基础。法律将个人信息确定为自然人的人身非财产性质的人格权且具有对个人信息项下的权益的控制权。原《民法总则》第111条实施以来，其作为保护个人信息的“帝王条款”和民事法律依据具有基础性指引作用，但是请求权尚不完整，难以适用到司法实践。《民法典》的相关规定为个人信息保护的司法救济提供了完整的请求权基础，并结合《民法典》第1165条第2款、第1183条，自然人除了可以提起行为请求外（删除、屏蔽、断开链接等），可以在个人信息受到侵害后提出损害赔偿请求，包括精神损害赔偿和附带的财产损失赔偿（《民法典》第1183条）。〔1〕具体而言，《民法典》第1183条规定了侵害人身权益的财产损害赔偿责任。第1184条规定了侵害财产权益的赔偿责任，其规则简单明了，司法实践操作较为直接，通过按照损害发生时的市场价格进行赔偿，方式采用传统的差额法来计算损失。假设个人信息兼顾财产权益属性，按照差额法就很难计算具体的损失，如因泄露个人信息被欺骗而遭受现金损失。〔2〕否则在仅是个人信息非法利用或泄露的场合下，照搬传统民法理论中的损害差额计算方式，受害人可能无法证明所遭受的损害具体是什么。假设按照人格权益保护模式，适用《民法典》第1183条以及《民法典》第959条的规定，实际上规定了不同于侵害财产权益的财产损害赔偿计算规则，包括按照实际损失赔偿、获利赔偿和法院酌定等多种财产损失赔偿作为计算方式，更有利于个人信息损害赔偿的救济。

三是要研究好侵权责任法与个人信息保护条文的衔接问题，防止破坏人格权编和侵权责任编的固有体系，并准确认定责任承担方式。从体系上看，人格权编和侵权责任编功能定位不同，前者是权利法，后者是救济法。从具体内容看，人格权编只有两条免责事由的规定（第1000条之一、第1036条），且我国的个人信息保护的相关规定最大的法律漏洞就是对信息控制者和处理者的责任义务

---

〔1〕 张新宝：《〈民法总则〉个人信息保护条文研究》，载《中外法学》2019年第1期。

〔2〕 参见（2017）京01民终509号。

规则不足。[1]由于原《侵权责任法》和《民法典》侵权责任编均没有采取民事权利与利益区分的侵权责任规则，故此无法通过侵权责任编引致性规范予以保护。但可以采取以下路径，《民法典》第1165条为个人信息权益属性的保护留下开放接入口，原则上通过侵权规则救济个人信息不存在法律适用上的障碍。[2]最高人民法院也遵循了权益保护的思路。[3]在此基础上，通过《民法典》第1194~1197条结合《最高人民法院关于审理侵害信息网络传播权民事纠纷案件适用法律若干问题的规定》规定的路径或者原《民法总则》第111条结合《民法典》第1165条的一般路径来救济相关权益。也就是说，个人信息的法益保护不是直接借助侵害救济来实现的（一般的法益保护并不需要立法），而是先通过立法将法益转化为具体的法律规范，赋予信息主体要求个人信息使用人履行或不履行特定义务来实现的。但是在大数据背景下的个人信息侵权存在特殊性，侵害个人信息的民事责任无法完全适用于侵权责任编的一般规定，如收集与使用等不同情况下的归责原则不同；因果关系证明比较复杂；损害赔偿范围难以认定等都是值得细致考虑的。

（二）亟待解决的问题——以同意规则为例

个人信息保护的体系化完善存在较多的细节需要打磨，特别是“告知—选择”的模式在难以重新“破立”的现实情况下，唯独通过不断对接市场化规则，提炼裁判规则，才能够更加适应日渐复杂的个人信息保护制度。大数据有多样化的应用场域，要走出大数据时代知情同意原则的困境，就必须面对大数据的特殊性，区分数据应用的场景，以分层同意和动态同意核心，进行同意的类型化分析。

一是要区分信息类别，根据不同情形制定同意分层策略。个人信息的类型众多，技术环境下的情况复杂，忽视个人信息的内容的多样性和复杂性而寻求

---

〔1〕 刘云：《欧洲个人信息保护法的发展历程及其改革创新》，载《暨南学报》（哲学社会科学版）2017年第2期。

〔2〕 张新宝：《〈民法总则〉个人信息保护条文研究》，载《中外法学》2019年第1期。

〔3〕 例如《最高人民法院关于审理利用信息网络侵害人身权益民事纠纷案件适用法律若干问题的规定》（法释〔2014〕11号）第12条规定了利用信息网络非法公开自然人个人信息的侵权责任。

统一的知情同意规则是不合理的，为此有必要分层分类的制定“告知—选择”模式。首先，要根据个人信息的重要性和敏感性等对知情同意规则进行分层设计。个人信息的范围界定和分类是先决条件，目前范围的界定已由人格权编规定，但在国内外皆对信息分级进行尝试性保护的情况下，未来个人信息立法或者司法解释中有必要增设个人信息分级条款。〔1〕通常的信息分类分为敏感信息（隐私信息）和非敏感信息，〔2〕对于一般信息采取有条件的宽泛同意的模式（概括性模式），将知情同意的标准和信息披露的尺度要求降低。非敏感的个人信息与人格尊严的关联度不大，其知情同意规则的设置可以淡化处理，保证数据的流动。对于敏感的个人信息我们要在完善个人信息的科学分类的基础上，参考域外规定，〔3〕结合本土化内涵作出明确列举，且采用更加严格的知情同意规则。其次，加强不同类型的个人信息的分类研究，如生物基因信息、金融信息、未成年人信息、信用信息等。最后，为了避免同意内容和广度的泛化，必须将个人信息同“与个人有关的信息”区分开来，与身份无关的信息（如消费习惯、上网记录、收入水平、年龄、位置等）不必受知情同意原则的约束。同时，相应的受保护的个人信息在内部实行差别性保护。目前采用“一刀切”方式区分敏感信息和非敏感信息存在问题，同时敏感信息与非敏感信息的界定是立法上难以科学标准化的新课题，需要通过司法实践提炼成熟规则，必要时通过个人信息保护的专门立法加强对于部分敏感信息的保护是大数据时代个人信息保护的重要策略。

二是要界定场景类型，根据场景风险评估情况制定同一分层策略。个人信息与现代科技的结合下的不同场景产生不同数据信息的集合是同一分层的重要考量因素。个人信息主体权利的实现需要过程，不同的权能不可能同时到位，

---

〔1〕 张红：《民法典之隐私权立法论》，载《社会科学家》2019年第1期。

〔2〕 例如，欧盟及其成员国个人数据保护法就采取这样的分类，对敏感信息给予更高水平保护。我国《最高人民法院、最高人民检察院关于办理侵犯公民个人信息刑事案件适用法律若干问题的解释》第5条将个人信息重要程度区分为敏感信息、重要信息和普通信息。

〔3〕 欧盟《通用数据保护条例》第9条敏感信息包括：揭示种族或民族出身，政治观点、宗教或哲学信仰，工会成员的个人数据，以及以唯一识别自然人为目的的基因数据、生物特征数据，健康、自然人的性生活或性取向的数据。《美国—欧盟隐私安全港原则》规定的敏感信息包括：医疗与健康、人种与种族、政治观点与宗教信仰、贸易组织的成员资格、个人性信息。

在具体执行中必然要有所区分，要根据不同场景设计不同机制。[1]由于个人信息收集和处理的方式、阶段不同，将同意原则作为合法性的唯一依据确实不妥，就需要积极引入场景原则。[2]但同样的信息在不同的大数据利用场景下（物联网进行自动化收集、自然人上传等非自动化收集）也会产生差异化的风险，立法应重点规范典型场景，以平衡消费者与企业在数据经济发展中的利益。2012年美国联邦贸易委员会提出了场景规则，并设置了两种需要消费者同意的基本原则。[3]在此基础上，2015年美国发布的《消费者隐私权利法案（草案）》，采用了美国联邦贸易委员会全新的隐私框架，场景规则进一步完善。从域外经验看，美国和欧盟个人信息保护法中均可窥见最新发展动向，个人信息保护正在从统一性综合立法转向以风险为导向的行业场景规则区别保护。[4]

三是要建立知情同意规则的长效机制，确保权利持续状态得到权利人知悉。传统的知情同意是一次性的，然而“一揽子”协议的变化、数据二次利用等问题的出现，导致这种僵化的模式难以适应大数据时代信息频繁处理和多次利用的需求。这就有必要将知情同意规则设计成长效机制，保持信息披露的持续性和实时更新性。目前，大部分情况下信息披露只发生在信息收集阶段，且只告知一次权利义务内容，要解决该困境。首先，信息披露应根据权利持续的时间决定再次提示，且应该是实质性消息的披露，即对同意的决定可能产生影响的相关信息。其次，信息披露要以足够明显而能引起个人注意的方式来解释专业性的条款。[5]最后，为了使个人方便跟踪信息的使用，需要对政策进行灵活调整，包括限制使用的范围、同意的撤回等。有些学者认为信息持续披露和动态同意可能带来运营维护成本增加的问题，但是实证数据表明通过高科技手段可以显著降

---

〔1〕 周汉华:《探索激励相容的个人数据治理之道》，载《法学研究》2018年第2期。

〔2〕 金耀:《消费者个人信息保护规则之检讨与重塑——以隐私控制理论为基础》，载《浙江社会科学》2017年第11期。

〔3〕 Federal Trade Commission, Date Broker, A Call for Transparency and Accountability, 2014, pp.46–47.

〔4〕 田野:《大数据时代知情同意原则的困境与出路——以生物资料库的个人信息保护为例》，载《法制与社会发展》2018年第6期。

〔5〕 2017年7月，中央网信办、工信部、公安部、国家标准委联合开展隐私条款专项工作后，同年9月起，包括京东在内的大量互联网企业纷纷修改、更新隐私政策，实施更高层级的持续性保护。

低成本，方便友好型的交流平台是落实知情同意原则的技术化方案。[1]

四、结语：为衔接个人信息保护立法奠定基础

数据资产时代面临“数据污染”的隐患，我们要立足于中国信息社会、数字经济和数据产业的长远发展，充分考虑个人权利保护、数据流通自由、市场经济发展、规制科技必要性等内容，分阶段实现个人信息法益项下的各项子权利的法定化与精细化，注重从民事基本法律和综合性立法两个层面实现个人信息保护的法制体系化，即“两头强化、三方平衡”思考下的体系，并以统一的执法方式实现个人信息保护行政监管专门化、职业化。

《民法典》弥补了个人信息保护私法上的不足，有力的坚持了保有某些公法特征的个人信息保护法亦不能掩盖肇端于人格权法的私法本质属性的观点，为个人信息保护的综合性立法奠定坚实的民事规范基础。但应当认识到既有研究成果未完全上升到立法层面，相互的对应关系并不明显，现有条文规定难以从民事实体和程序制度上全面保护个人信息，需要通过《个人信息保护法（草案）》对此专门规定。建议在《个人信息保护法（草案）》或者相关配套法规补缺外在规范和操作指引，实现个人信息保护的体系化。《个人信息保护法（草案）》应根据《民法典》中确立的基本理念，及时总结实践中的新情况新问题，针对不同类型的个人信息、不同的场景以及不同信息收集者和持有者的行为义务作出更为具体的规范。面对国家对个人信息权利的威胁，且具有公法特征的个人信息通过民法并不能提供全面的保护，要通过公法与私法中的管制性规范相结合予以规范，确定各种法定的个人信息保护义务，亟待从法律保留、正当程序和比例原则出发。特别是对技术规范下的收集、存储、分析、使用个人信息的行为予以充分理解和详细严格地管理，甚至通过科技手段将相关规定流程嵌入收集个人信息的程序之中。我国个人信息保护新征途刚起步，

如要行稳致远，在数据经济全球化的背景下个人信息保护原则实质趋同，

---

〔1〕 Alessandro Mantelero, Regulating Big Data.The Guidelines of the Council of Europe in the Context of the Europe-an Date Protection Framework, Computer Law&Security Review, Vol.33, No.5, 2017, pp.584, 587.

我们要善于借鉴和参考国际成文规则，对接国际标准做好相关法案的起草工作。要坚持探索激励相容的个人信息立法与治理之道，坚持突出重点、循序渐进、把握主线，以个人信息风险管理与防控为切入点，探寻个人信息保护与数据流通的最大公约数，梯度前进。唯其如此，才能在新一轮数据经济、现代科技的洪流中保持勇立潮头的态势。

审判实务精要

《民法典》全面规定了个人信息保护，具有重大的历史意义，奠定了个人信息保护的正当性基础，具体言之，从个人信息定义、合法性、删除权、责任承担方式等搭建其个人信息司法保护的原则性框架，为个人信息司法保护提供了依据。具体到司法实践的应对方式，首先，个人信息的保护要通过“可识别性”来界定个人信息保护的范围，司法实践中要注意从微观上具体甄别、提炼可识别性的标准。其次，个人信息的保护规则应采法益模式，通过一般人格权的保护方式，转介《民法典》侵权责任编的责任条款进行保护。同时实务处理中应注意与姓名权、隐私权等纠纷之间的关系，应准确理解数据、个人信息、隐私的客体分别为利益、法益、权利，从而准确适用法律规范。再次，如何判断敏感性和非敏感性信息、破解同意规则的滥用依然是个难题，前者建议采取个人信息是否直接涉及个人隐私核心领域、具有高度私密性、公开或利用会造成重大影响的标准，后者通过不同层级的动态场景理论来具体分析同意规则的适用。最后，关于损害赔偿的问题，建议综合参考实际损失赔偿、获利赔偿和法院酌定等多种财产损失赔偿计算方式作为依据，更有利于个人信息损害赔偿的救济。总体来看，个人信息实践案例的数量和质量尚未达到可以对个人信息保护进行准确分类的程度，这就要求我们体系化的理解立法本意，在今后的工作中加强司法实践的类型化整理，细化操作指引规则，为个人信息保护的综合性立法提供充足素材。

撰稿人：蔡一博，上海市高级人民法院研究室法官助理，法学硕士，华东政法大学博士研究生

婚姻家庭

39. 法定夫妻共同财产制规范的司法适用

导　言

《民法典》第1062~1064条是关于法定夫妻财产制的规范。基于“同居共财”的历史传统以及夫妻平等保护的立法理念，我国原《婚姻法》以婚后所得共同财产制作为法定夫妻财产制，并将夫妻对于夫妻共同财产所享有的权利表述为“共同所有”。原《婚姻法》颁布于原《物权法》出台之前，原《物权法》中确立了物的共有制度，并将共有区分为按份共有和共同共有。《民法典》婚姻家庭编基本继受了原《婚姻法》法定夫妻财产制的规定，在第1062条确立了婚后所得共同制的法定夫妻财产制，并沿用了共同财产“共同所有”的表述，物权编的共有制度则继受了原《物权法》的相关规定。司法实践的传统做法是将夫妻对于夫妻共同财产的“共同所有”等同于《民法典》物权编所规定的对物的共同共有，容易造成法律适用的冲突。在《民法典》的适用过程中，应特别注意婚姻家庭编与物权编不同的法律适用范围，对法定夫妻财产制规范进行正确解释，区分婚姻家庭编的共同所有与物权编的共同共有，针对不同的法律关系适用不同的法律规范，以实现静态的婚姻内部财产利益保护与动态交易安全保护的平衡。

一、传统的物权式夫妻财产关系纠纷解决思路的实例

传统的夫妻财产关系纠纷采用的是一种物权式的解决思路，即将法定夫妻财产制下夫妻对于婚后财产的“共同所有”等同于物权法上对物的“共同共有”，并且此种共同共有系法定共有，不受物权登记的限制。同时，基于物权的对世效力，夫妻对于夫妻共同财产的共有关系可以产生对抗外部交易相对人的法律效果。下面列举3个实例，并以物权式夫妻共同财产解决思路分析其可能的处理结果。

案例一：甲、乙二人于2001年登记结婚，并于2005年以300万元的价格购买了A房屋，登记在甲名下。A房屋的房屋买卖合同以甲一人的名义与开发商签订，首付款为100万元，另外200万元系贷款。甲与某银行签订了贷款合同，甲为主贷人，乙为参贷人，贷款期间20年。100万元首付款中，80万元的来源系甲另行出售其婚前购买的B房屋的售房款，20万元系甲、乙二人的积蓄。2015年，甲与案外人丙签订了房屋买卖合同，将A房屋以600万元的价格出售给了丙，并将房屋实际交付给了丙居住，合同约定丙首付款为400万元，另有200万元准备通过银行贷款的方式支付。此时甲为购买A房屋的贷款尚有100万元未归还，因此甲在收取丙400万元首付款后，先将其中100万元用于提前偿还了A房屋原先的抵押贷款。在甲、丙二人欲前往不动产登记机构办理房屋过户手续之时，乙向法院提起诉讼，以甲未征得其同意擅自处分共有房屋为由，要求确认甲、丙之间的房屋买卖合同无效。同时，乙还向法院提起了离婚诉讼，要求与甲离婚，并依法分割包括A房屋在内的夫妻共同财产。

案例二：甲、乙二人于2020年登记结婚，婚后甲以自己名义开立了证券投资账户，并开通了融资融券业务。在开通融资融券业务时，证券公司仅对甲进行了投资风险评估，认定甲系适格的投资者。账户开立后，甲利用该账户进行较为频繁的证券交易，资金来源大部分为甲、乙二人共同的工资收入。2021年3月，因甲决策失误，账户被证券公司强制平仓，但强制平仓后仍不足以偿还融资本金利息等。故证券公司依据融资融券合同，向甲追偿上述欠付的融资本金和利息，同时主张该债务系夫妻共同债务。乙则提出抗辩，根据《民法典》第1064条第1款的规定，“夫妻双方共同签字或者夫妻一方事后追认等共同意思表示所负的债务，以及夫妻一方在婚姻关系存续期间以个人名义为家庭日常生活需要所负的债务，属于夫妻共同债务”。该债务乙并未签字，而且并非用于家庭日常生活，因此不属于夫妻共同债务。

案例三：甲、乙二人于2001年登记结婚，二人均是职业投资人，名下资产丰富。经过十余年经营，甲、乙名下各有数十套房产，位于全国各地，并且还有不少位于境外。除房产外，甲、乙二人还分别持有多家公司股权，另分别开设有若干金融账户，持有大量的股票、债权、基金等金融资产。2020年，甲起诉至法院，要求与乙离婚，并就夫妻共同财产依法予以分割。通过当事人举证以及法院查明的财产数量多达300余项。

如果是采用传统的物权式夫妻财产关系的纠纷解决思路，对于上述案例一，A房屋系夫妻婚后购买，应当属于夫妻共同财产，虽然登记在甲一人名下，但仍由甲、乙共同共有，甲在未征得乙同意的情况下将A房屋出售给丙构成无权处分，无论丙是否为善意的交易相对人，由于房屋尚未办理过户登记，丙尚未取得房屋的所有权，也不能主张对房屋的善意取得，只能要求解除买卖合同并向乙提出损害赔偿。从理论上看，丙若提出解除合同、损害赔偿也能获得利益救济，但是在实践中，由于丙已经支付了400万元的购房款，一旦甲将该款项转移挥霍，丙很可能赢得了诉讼，但未必能够完全获得救济。对于这类案件而言，认定夫妻对于共同财产共同共有，实际是通过牺牲动态的交易安全来保护夫妻内部静态的交易安全。这种处理结果未必符合人们朴素的正义观，并且存在一定的道德风险。特别是就案例一而言，虽然该房屋为夫妻共同财产，但乙对房屋的贡献是比较少的，而且在乙提出离婚诉讼时，如果不是利用丙的房款提前还款的话，贷款尚有一半未归还，因此即便将该房屋作为共同财产予以分割，乙所能实际分得的利益也不可能达到房屋现有价值的一半即300万元，而丙实际支付给甲的购房款已高达400万元。也就是说即便认定丙可以获得房屋，乙在离婚诉讼中要求分割与甲的货币资产也能获得足额救济。因此，如果乙主张甲为无权处分的真实原因并非对甲出售房屋不知情，而就是为了阻却甲、丙合同的履行，那么认定该房屋属于甲、乙共同共有可能反倒为当事人的非正当目的提供了便利。

对于案例二，则会导致夫妻共同财产与夫妻共同债务的认定产生截然相反的结果，使当事人权利义务不一致。按照金融市场的交易惯例，实践中并不存在共同账户。无论是银行、证券、基金等金融理财产品的账户，自然人作为权利人都只能是一人，而不可能共有。但是如果认定夫妻共同财产共同共有，则婚姻存续期间金融账户内新增的资产显然属于夫妻共同共有。随着金融市场的发展，这些金融账户中的资产可能为负，如融资融券账户。但是根据账户实名制要求，融资融券账户开户时不可能同时给夫妻双方进行风险测评来判断是否均为合格投资者，不可能要求配偶另一方签署“共同债务同意函”。因此对于案例二而言，如果机械理解《民法典》第1064条关于“共债共签”的规定，则很可能导致当账户盈利时认定为夫妻共同财产，账户亏损时认定为夫妻一方的债务。

对于案例三，除了可能面临上述案例一和案例二的问题外，最大问题可能是诉讼成本和效率的问题。一旦认定夫妻共同财产共同所有为物权法上的共同共有，从理论上讲对于三百余项财产需要逐一进行价值评估和分割，法院需要逐一作出判决，这显然会耗费大量诉讼资源。虽然实践中有的法官也会说服当事人就资产进行整体的估值和分割，但这已经不是一种物权式的纠纷解决思路，恰恰能够证明物权式纠纷解决思路的弊端。

二、夫妻共同财产“共同共有说”缺陷的成因和表现

（一）夫妻共同财产“共同共有说”源于对法律的不当解释

我国法定夫妻财产制的确立经历了一个发展演变的过程，但都基本坚持了共同财产制的立法模式。1950 年《婚姻法》第10条规定：“夫妻双方对于家庭财产有平等的所有权和处理权。”该条款的家庭财产，既包括婚前财产也包括婚后财产，甚至可以包括未成年子女的财产，可见当时的立法采取的是一般共同制。〔1〕1980年《婚姻法》第13条规定：“夫妻在婚姻关系存续期间所得的财产，归夫妻共同所有，双方另有约定的除外。夫妻对共同所有的财产，有平等的处理权。”该条没有明确婚前财产的归属。最高人民法院1993年发布的《关于人民法院审理离婚案件处理财产分割问题的若干具体意见》第6条规定：“婚前夫妻一方的个人财产，婚后由双方共同使用、经营、管理的，房屋和其他较大的生产资料经过8年，贵重的生活资料经过4年，可视为夫妻共同财产。”据此规定，基本可以确定此时的夫妻财产制还是类似于一般共同制。“财产转化”的规定虽然存在合法性的争议，但确实方便离婚时夫妻财产的结算与分割。

一般认为，2001年《婚姻法》确立了“婚后所得共同制”的法定夫妻财产制。该法第17条规定了婚姻关系存续期间取得的工资、奖金等5类财产归夫妻共同所

---

〔1〕 也有学者认为该财产制为家庭财产制而非夫妻财产制。孙艳军：《我国夫妻财产制的发展趋势研究》，中国政法大学2012年博士学位论文，第69页。

有；第18条规定了婚前财产等5类财产为夫妻一方的个人财产。《民法典》基本延续了上述规定。2003年《最高人民法院关于适用〈中华人民共和国婚姻法〉若干问题的解释（二）》第11条、第14条、第19条就财产投资收益、住房补贴、住房公积金、养老保险金、破产安置费、军人复员费、自主择业费、售后公房等新类型财产的归属予以了明确。在夫妻共同财产的管理和处分方面，2001年《婚姻法》第17条规定夫妻对共同所有的财产有平等的处理权，但并未明确该"处理权"如何行使。2001年《最高人民法院关于适用〈中华人民共和国婚姻法〉若干问题的解释（一）》第1条规定，该处理权的理解为"（一）夫或妻在处理夫妻共同财产上的权利是平等的。因日常生活需要而处理夫妻共同财产的，任何一方均有权决定。（二）夫或妻非因日常生活需要对夫妻共同财产做重要处理决定，夫妻双方应当平等协商，取得一致意见。他人有理由相信其为夫妻双方共同意思表示的，另一方不得以不同意或不知道对抗善意第三人"。

从上述法律和司法解释的表述可以看出，一方面，从立法沿革看，我国在立法层面并没有直接将夫妻对于夫妻共同财产所拥有的权利规定为物权法上的"共同共有"。2011年《最高人民法院关于适用〈中华人民共和国婚姻法〉若干问题的解释（三）》第11条规定，"一方未经另一方同意出售夫妻共同共有的房屋，第三人善意购买、支付合理对价并办理产权登记手续，另一方主张追回该房屋的，人民法院不予支持。夫妻一方擅自处分共同共有的房屋造成另一方损失，离婚时另一方请求赔偿损失的，人民法院应予支持"。[1]但是，司法解释的该条规定从条文表述上并没有明确"共同共有"的房屋系指登记在夫妻一方名下的房屋还是登记在夫妻双方名下的房屋，难以就此推断出夫妻共同财产"共同所有"应该理解为物权法的"共同共有"。

另一方面，如果说2001年《婚姻法》由于出台于原《物权法》之前，就相关法律概念的表述可能存在不一致的情况，那么《民法典》中关于夫妻共同财产仍然沿用"共同所有"而非"共同共有"或者"共有"的表述，也能证明《民法典》婚姻家庭编关于夫妻财产共同所有与物权编的共同共有并非同一法律概念，两

---

〔1〕《最高人民法院关于适用〈中华人民共和国民法典〉婚姻家庭编的解释（一）》第28条继受了该条规定，但依照《民法典》的表述将"共同共有"改为"共同所有"。

者不能绝对等同。

（二）家庭私有财产结构变化放大了“共同共有说”的不利影响

根据我国《宪法》的有关规定，依所有人身份不同，可将财产区分为公共（国家、集体）财产和私有（个人、家庭）财产。[1]改革开放以来，随着市场经济体制的确立，经济迅速发展，我国私有财产的状况发生了巨大变化。这种变化主要表现在三个方面：

一是财产种类不断丰富。除了各类动产不动产等有形的物权性资产外，合同、票据等债权类资产以及各类公司企业的股权也成了重要的私人财产。特别是随着金融业发展，更多的私有财产开始以保险、理财、股票、信托、基金、信贷等金融产品的形式存在。对于有的家庭来说，金融资产已经是价值占比最大的财产，日常生活用品甚至劳动报酬的重要性已退居次要地位。此外，财产种类的丰富还体现在银行信贷、信用卡等“负资产”也就是债务种类和数量的增加，并成为私有财产的重要组成部分。例如，房产可能是绝大多数家庭最重要的财产，但这主要是住房市场化改革的产物，由于住房贷款等金融手段的普遍运用，这部分私有财产的净值往往低于房价，实际是不动产与金融负资产的混合。

二是财产来源日益多元。劳动报酬早已不是家庭私有财产的唯一来源，不仅通过继承、接受赠与（包括亲属之间的赠与）等方式成为私有财产的重要来源，因投资行为带来的货币增值成为私有财产的更重要来源。从法律层面来说，就是私有财产的债权属性不断增强，而所有权属性被削弱。这其实也是市场经济发展的必然趋势，因为在现代社会，“债权已不是取得对物权和物利用的手段，它本身就是法律生活的目的。”[2]

三是财产流动性不断增强。市场经济环境下，私人成为重要的市场主体，在参与经济活动中有更多的自由度，资产的货币化程度越来越高，私人既是劳动者、消费者，也是生产者、投资者，且需要在不同的经济活动中随时转换身份，买

---

〔1〕 参见《宪法》第12条、第13条。

〔2〕 ［日］我妻荣：《债权在近代法中的优越地位》，王书江等译，中国大百科全书出版社1999年版，第6~7页。

和卖都成为常态，财产的流动性增强，不同财产类型的相互转化也越来越频繁，“经济价值不是暂时静止地存在于物权，而是从一个债权向另一个债权不停地移动”。〔1〕

正是由于改革开放以来私有财产结构的上述变化，使法律在处理夫妻共同财产纠纷时，不可避免的涉及夫妻在对外经济交往中与案外人的纠纷，不仅要考虑静态的交易安全，同时要考虑动态的交易安全。“共同共有说”人为地造成财产权利的真实状况与公示状况的不一致，必然会导致婚姻法和财产法适用的冲突，使物权式夫妻财产纠纷解决思路的弊端被放大。例如，前述案例一和案例二中提到的夫妻共有房产的处分、金融资产的交易等，法院难以实现静态和动态交易安全的双重保护和各方当事人之间的利益平衡，可能导致案件处理的结果有悖于公众的朴素正义观，甚至引发道德风险。由此可见“共同共有”说已经不能适应当今社会夫妻共同财产结构的变化。

（三）“共同共有说”削弱了法定夫妻共同财产制的制度价值

传统观点认为，共同财产制相较于分别财产制更有利于保护夫妻关系中弱势一方，特别是没有直接赚取收入而主要从事家务，对于婚姻生活确有贡献的一方的权益。但是随着我国家庭私有财产结构的变化，如果将夫妻对于共同财产共同所有机械地理解为物权法上的共同共有，反倒可能造成夫妻财产关系的复杂化，甚至可能削弱共同财产制对于弱势一方特别保护的制度优势。

一是夫妻共同财产与个人财产的区分越发困难。2001年《婚姻法》和《民法典》婚姻家庭编就夫妻共同财产和个人财产均采取了列举式的立法技术。在社会生活相对简单、财产类型较少的时期，上述规定是比较明确的。随着社会的发展，新的财产类型不断出现，列举式规范的弊端就凸显出来，最高人民法院不断地出台司法解释来弥补上述法律漏洞便是最好的例证。不过这种通过司法解释来“打补丁”的做法不仅牺牲了法律的确定性，也难以跟得上财产结构的变化。因此如果完全按照物权式的思路对夫妻财产进行区分，将婚后形成的每项

〔1〕［日］我妻荣：《债权在近代法中的优越地位》，王书江等译，中国大百科全书出版社1999年版，第7页。

财产截然区分为共同财产或者个人财产，而不考虑财产形态的复杂性，既是不必要的也是不现实的。

二是夫妻财产关系中所有权的弱化与管理权的强化使共同财产中财产归属的意义削弱。就夫妻财产而言，虽然法律规定夫妻财产共同所有，但夫妻对外开展经济金融活动基本都是以个人名义进行，而且很多情况下只能以个人名义进行。无论是劳动报酬还是投资收益，最终大多是进入个人的金融账户，账户的实际控制人事实上可以任意处理。对于银行账户中的资金而言，重要的不是户名是谁，而是银行卡由谁来控制。然而在我国现行的法定夫妻财产制规范中，恰恰缺少财产管理权的规范，导致该制度的法律价值相应减弱。

三是不利于离婚时夫妻财产分割的高效处理和弱者保护。如果将夫妻对于共同财产的“共同所有”简单解释为物权法上的共同共有，则意味着离婚时对于夫妻财产的分割只需要进行共有物分割，而非类似于合伙组织解散时的财产集合的清算，因此法律也没有必要就法定财产制终结时的清算问题作出规定。20世纪90年代及以前的离婚财产的处置主要是针对一些家具家电等实物的共有物分割。随着私有财产结构的变化，债权属性的增强、物权属性的削弱，离婚时的财产处置更类似于合伙组织的清算，而非实物的分割。由于所有权与管理权的分离，实际管理财产的一方如果在婚姻存续期间挥霍财产，导致夫妻共同财产在离婚时不当减少，另一方也只能就剩余部分要求分割，而不能向另一方要求赔偿。

三、夫妻共同财产制规范与物权法规范协调的路径评析

夫妻共同财产“共同共有说”的关键问题在于混淆了婚姻家庭法与物权法不同的调整范围，解决夫妻共同财产制规范与物权法规范冲突的关键在于对夫妻财产制规范和物权法规范的适用范围进行区分。通过梳理相关文献和国外立法例，主要有以下三种路径尝试：

（一）事实物权和法律物权区分路径

在我国原《物权法》制定过程中，有一种观点认为，如果在物权法中贯彻公示原则，则必然会有事实物权和法律物权的区分。在建立不动产登记制度之后，

不动产的物权会有纳入登记的物权与未纳入登记而由真正权利人实际享有的物权之间的区分；而动产物权，也会有占有表示的物权与真正权利人享有的物权之间的区分。已经纳入登记的物权，以及由占有表示的物权，即由法定公示方式表征的物权，为法律物权；而真正权利人实际享有的物权，为事实物权。[1]在不涉及第三人利益的情况下，法律以保护事实物权为基本出发点，保护的基本措施是异议抗辩登记和更正登记等；在发生第三人物权取得的情况下，立法和司法保护的基本出发点是法律物权。[2]

如果按照这种思路，对于应当属于夫妻共同财产但是并未公示为夫妻共同共有的，可以认定该财产处于事实物权和法律物权相分离的状态。就夫妻双方而言，对于共同财产共同享有事实物权，但是法律物权由公示的权利人所享有。在处理夫妻离婚财产分割问题时，公示的权利人不能以法律物权来对抗事实物权，适用共有物分割的规则予以处理，不受权利公示的状况限制。如果涉及共同财产的对外交易时，善意的交易相对方通过与法律物权人的交易取得的财产受法律保护，事实物权人享有的事实物权不能对抗善意第三人。

事实物权和法律物权的区分理论能够在一定程度上解决婚姻法与财产法的法律适用冲突，但并不是目前可以选择的路径。主要有两方面的原因：一是事实物权和法律物权的区分只是在物权法立法过程中提出的一种理论，从相关文献的内容看，文章的目的旨在为物权法的制定提供某种立法建议。但是在原《物权法》和《民法典》物权编中并未予以采纳，也就是说所谓事实物权和法律物权的区分缺乏充分的法律依据。二是即便实践中承认了事实物权和法律物权的区分，如果将其套用与夫妻共同财产性质的认定，仍然是一种物权式的纠纷解决思路，不利于夫妻财产众多的情况下更高效地处理夫妻内部财产关系。

（二）“潜在共有”路径

“潜在共有”说认为我国法定夫妻共同财产制应该解释为潜在共有。该观点认为，我国实践中常常混淆婚姻关系正常存续期间的财产关系和离婚争议时

〔1〕 孙宪忠、常鹏翱：《论法律物权与事实物权的区分》，载《法学研究》2001年第5期。
〔2〕 孙宪忠、常鹏翱：《论法律物权与事实物权的区分》，载《法学研究》2001年第5期。

的财产关系，以及混淆基于物权关系的财产处分限制和基于婚姻关系的财产处分限制，在对共同财产进行解释时，将“财产”解释成为“财产权”，造成了夫妻财产制法律适用的混乱。〔1〕“潜在共有”是指在婚姻关系存续期间，尽管从取得该财产的贡献上考虑该财产实质上应该归属于夫妻“共有”，但是为了保护交易安全，这种“共有”并不显在化，只有在离婚或者夫妻一方死亡时这种“共有”才显在化，用以确定夫妻财产的清算。〔2〕依照该学说，我国婚姻法所确立的婚后所得共同制，指的是夫妻就婚后所得的财产或者说财产利益共同所有，而非财产权利的共有。在夫妻关系存续期间，这种“共同所有”只有宣示意义，只有在夫妻离婚等夫妻共同财产制终结的情况下，对于夫妻共同财产分割时，夫妻双方均可主张就全部婚后所得进行整体清算并以平均分配为原则进行处理，同时还需要考虑对财产的贡献、有无过错、子女抚养等因素进行矫正。在对夫妻共同财产进行处分时，适用财产法的规则，登记的权利人有完全的处分权，只要这种处分不会导致家庭经济陷入困境，就不会受到限制。

从结果上看，“潜在共有”比较好地体现了婚姻家庭法与财产法不同的价值取向，厘清了各自的调整范围，避免了婚姻法与财产法在法律适用的冲突。特别是其中所体现的夫妻共同财产分割实为清算的理念，将离婚时夫妻共同财产作为一个财产集合加以考虑，避免了物权式共同财产纠纷解决方法的僵化低效。不过该学说也存在两方面的不足。一方面，虽然作者将“潜在共有”作为一种解释论的规则，但“潜在共有”毕竟是一个新的法律概念，在法律适用中容易被误认为是一项新的法律制度，法官在判决中直接适用该概念的难度比较大。另一方面，“潜在共有”学说源自日本，而日本实行的是分别财产制，与我国的共同财产制系截然不同的两种夫妻财产制。“潜在共有”亦强调在对外关系上为分别财产制，而在内部关系上，为共同财产制，且在确定是否构成潜在共有财产时，只考虑实质因素，而不考虑形式因素。〔3〕从这个角度看，直接引入“潜在共有”概念也容易引发争议。

---

〔1〕 龙俊：《夫妻共同财产的潜在共有》，载《法学研究》2017年第4期。
〔2〕 龙俊：《夫妻共同财产的潜在共有》，载《法学研究》2017年第4期。
〔3〕 龙俊：《夫妻共同财产的潜在共有》，载《法学研究》2017年第4期。

(三)"净益共同财产制"路径

《德国民法典》依据1957年《男女平等法》对夫妻财产制一节予以修正,将法定财产制类型确立为"净益共同财产制"。[1]净益共同财产制本质上是分别财产制的一种。《德国民法典》规定,夫妻的财产无论是否于婚姻关系存续期间取得,均非夫妻共同财产,但是夫妻在婚姻关系存续期间所取得的净益,应该在净益共同财产制终了时分配。[2]分配的方式则是在净益共同财产制终结时,对夫妻双方的净益进行比较,一方净益超过另一方时,超过部分的一半为平衡债权,归属于另一方。[3]从该条规定可以看出,净益分配请求权的性质为债权。该法还对净益分配中所涉及的具体问题如:开始财产与终结财产的确定、[4]开始财产与终结财产价值的计算、[5]净益共同财产制终结时夫妻的财产申报义务、[6]净益的计算[7]、平衡债权的清偿、[8]与第三人的关系[9]等做出了详细的规定。其中针对夫妻一方下列致使终结财产不当减少的行为,法律特别规定减少的数额仍应算入终结财产之内,以防范道德风险:一是非基于履行道德上之义务,或不合礼仪上所为之考虑,而为无偿给予的;二是有浪费财产的情事的;三是故意以损害他方为目的所为的行为的。

净益共同财产制所体现的是一种"合伙式"的夫妻财产纠纷解决思路,从处理结果看,与前述"潜在共有"有很多相似之处,其中最重要的优势是解决了婚姻法与财产法的冲突,并且净益共同财产制对于这种冲突的化解更为彻底,因为此种制度下夫妻离婚时财产处理完全是一种债权债务关系的处理,而不涉及物的分割。夫妻离婚时通过对"净益"的计算,一方对另外一方形成平衡债权,

---

〔1〕《德国民法典》,台湾大学法律学院、台大法学基金会编译,北京大学出版社2017年版,第1070页。本文援引德国民法典法条均引自该译本。也有大陆学者将其翻译为"剩余共同财产制"。

〔2〕《德国民法典》第1363条。

〔3〕《德国民法典》第1378条。

〔4〕《德国民法典》第1374条、第1375条。

〔5〕《德国民法典》第1376条。

〔6〕《德国民法典》第1379条。

〔7〕《德国民法典》第1380条、第1384条。

〔8〕《德国民法典》第1382条、第1383条。

〔9〕《德国民法典》第1390条。

只能通过债权请求权向对方提出主张。而且按照净益财产制的制度设计，所谓“净益”既包括婚后夫妻双方共同劳动所获得的收入，也包括婚前财产在婚姻关系存续期内的增值，因此虽然其本质上是分别财产制，但实际上比婚后所得共同财产制更有利于对弱者的保护。不过从立法上看，德国法所规定的净益共同财产制有明确的法律规定和一系列的制度保障，与我国的婚后所得共同财产制的法律渊源和现行制度明显不同，因此我国难以通过法律解释的方法直接适用净益共同财产制的规则。

四、基于我国民法典规范的夫妻共同财产纠纷解决思路

通过以上分析，我们发现虽然不同的路径有着不同的制度设计或者是法律解释方法，但指向的问题是相同的，一是努力化解婚姻法在调整夫妻财产法律关系与财产法调整财产交易法律关系时法律适用的冲突，二是解决夫妻关系内部将夫妻财产关系物权化所造成的离婚时夫妻财产分割低效率和不公平。不同的路径所欲达到的目标或者趋势也是相似的，即区分夫妻内部财产关系的处理规则和外部的财产交易规则。在内部关系处理时应该充分考虑夫妻关系的伦理性，权衡多方价值，合理作出认定，在外部关系处理时应更多地考虑交易安全。不过上述路径在具体适用过程中也存在一定的困难，要么是缺乏明确的法律依据，要么是引入的概念比较生僻，要么是必须进行制度移植才能实现。在民法典已经出台的背景下，我们需要选择一条能够实现上述目标，同时又能够通过法律解释并且不需要太多的概念引入即能实现的改进路径，这就是合伙式的夫妻财产关系纠纷解决思路。

所谓合伙式的夫妻财产关系纠纷解决思路，是指对于夫妻共同财产的法律属性，类推适用《民法典》关于合伙财产的相关法律规范和制度理念，达到既能保护夫妻双方的合法权益，又能保护交易安全，同时便利于离婚夫妻财产分割案件处理的目的。具体而言，夫妻共同财产纠纷的处理应把握以下原则：

（一）夫妻共同财产“共同所有”不能等同于物权编的共同共有

《民法典》不同编调整不同的法律关系。《民法典》婚姻家庭编第1040条规

定，本编调整因婚姻家庭产生的民事关系，而非物的归属和流转关系，因此该编夫妻财产制的规范中并没有所有权、用益物权等“权利”的字样。《民法典》第1062条和第1063条关于共同财产和个人财产种类的表述用语均为财产或者收益，应当理解为对于利益的共有，而非权利共有，因此在法律解释时应该充分注意到《民法典》婚姻家庭编与物权编调整对象、法律用语表述的区别，不能将婚姻法规范与财产法规范混淆。

从结果上看，婚姻关系存续期限夫妻对于夫妻共同财产所享有的权利更类似于合伙合同中合伙人对于合伙财产的权利，虽然合伙财产为合伙人所共有，但在合伙解散前，均不得要求分割合伙财产。[1]婚姻关系存续期间夫妻共同财产依据《民法典》第1062条享有平等的处理权，但该“处理权”并不是《民法典》物权编所规定的处分财产的行为。对于夫妻共同财产处分所产生的争议，不能直接适用《民法典》物权编关于共同共有的相关规则。

（二）夫妻共同财产的处分等交易行为适用合同编和物权编规定

根据《民法典》物权编第205条规定：“本编调整因物的归属和利用而产生的民事关系。”因此，对于夫妻共同财产的处置，如果系物权性质的财产，应当适用《民法典》物权编的规定。认定行为人是否拥有处分权，亦应当根据物权编的规则加以认定。《民法典》物权编第209条规定：“不动产物权的设立、变更、转让和消灭，经依法登记，发生效力；未经登记，不发生效力，但是法律另有规定的除外。”因此本文开篇案例一中夫妻婚后购买但登记在夫妻一方名下的财产，登记的权利人单方处分时，依照《民法典》物权编的规定，应属于有权处分。

有观点认为，《民法典》物权编第209条同时规定了“法律另有规定的除外”，《民法典》婚姻家庭编第1062条关于夫妻共同财产共同所有的规定应该属于物权编第209条所说的“法律另有规定”。笔者认为，此种理解是对物权编第209条但书的错误解释。主要有两方面理由：其一，前面已经提到，不同的法律调整对象不同，法律的解释首先要考察其调整对象，因此物权编第209条但书中所说的“法律另有规定”的法律，显然应当是指调整对象为物的归属和利用的法

〔1〕 参见《民法典》第969条。

律，而《民法典》婚姻家庭编的调整对象并非物的归属和利用。其二，《民法典》婚姻家庭编第1062条的文义为界定夫妻共同财产利益的范围，而非财产权利的范围，该条和第1063条均不存在"权利"或者是"共同共有"的表述，将"共同所有"等同于物权编的"共同共有"缺乏依据。

同理，根据《民法典》合同编第463条规定："本编调整因合同产生的民事关系"。因此，对于夫妻债务等"负资产"的处理，应当以实际签订合同的当事人为债务人，并依照《民法典》合同编而非婚姻家庭编的相关规则来对债权债务关系是否成立、债务数额进行审查。例如，本文第1部分提及的案例二中，证券公司应当依照其与甲所签订投资交易合同向甲主张欠付的融资和利息。只有在债权已经明确，且债权人就该债务为夫妻共同债务提出主张，要求夫妻另一方来共同承担清偿责任时，才涉及将另一方追加为案件当事人，并依照婚姻家庭编的相关规则来进行审查是否属于夫妻共同债务的问题，当然这一程序也可以在执行阶段进行。

（三）夫妻共同财产分割适用婚姻家庭编并适当借鉴合伙清算的理念

离婚时夫妻共同财产分割问题应当适用婚姻法规则。根据《民法典》婚姻家庭编第1087条和第1089条分别就离婚时夫妻共同财产和共同债务的处理原则进行了规定。第1087条规定，"离婚时，夫妻的共同财产由双方协议处理；协议不成的，由人民法院根据财产的具体情况，按照照顾子女、女方和无过错方权益的原则判决。对夫或者妻在家庭土地承包经营中享有的权益等，应当依法予以保护"。第1089条规定，"离婚时，夫妻共同债务应当共同偿还。共同财产不足清偿或者财产归各自所有的，由双方协议清偿；协议不成的，由人民法院判决"。第1088条、第1090~1092条还就财产分割中的一些特殊情况的处理规则进行了规定。从这些条文的规定可以看出，我国立法关于离婚时夫妻共同财产的分割不同于《民法典》物权编所规定的共有物分割，而是将夫妻共同财产或者债务作为一个整体，依据一定的原则予以分配。按照物权编共有物分割规则，并不存在"多分"或者"少分"的问题，只有将全部财产作为一个整体才涉及"多分""少分"。因此在夫妻共有财产和债务处置时，完全可以借鉴合伙财产清算的理念和规则，对夫妻共同财产和债务进行整体结算，财产众多的甚至可以引入财务审计，以更为准确的确定共同财产和债务的总量。

针对前述案例一夫妻一方擅自处分登记在己方名下夫妻共同财产的情况，则可以依照《民法典》婚姻家庭编第1092条的规定，即“夫妻一方隐藏、转移、变卖、毁损、挥霍夫妻共同财产，或者伪造夫妻共同债务企图侵占另一方财产的，在离婚分割夫妻共同财产时，对该方可以少分或者不分”进行处理。对方可以主张该方的行为导致了夫妻共同财产的不当减少，因此该方应当少分或者不分财产，同样可以实现对夫妻另一方的救济，而没有必要否定外部财产交易合同的效力，以保护交易安全。当然，如果确实有证据证明系夫妻一方与案外人恶意串通转移财产损害夫妻另一方利益的，则发生请求权竞合，受损的一方既可以依照婚姻家庭编第1092条的规定主张对方少分或者不分财产，也可以依照《民法典》总则编第154条“行为人与相对人恶意串通，损害他人合法权益的民事法律行为无效”的规定主张转移财产的行为无效。

审判实务精要

婚姻家庭关系具有较强的伦理性，与一般的财产交易关系性质上有着本质区别。法院在处理涉及夫妻共同财产纠纷时，应当严格区分此类纠纷是婚姻家庭内部纠纷，还是一般的经济纠纷。如果是婚姻家庭内部纠纷，则应当优先适用婚姻家庭的法律规则，如果是一般的经济纠纷，则应当优先适用财产法规则。传统的物权式夫妻财产纠纷解决思路将夫妻就共同财产所形成的法律关系简单等同于物权法上的共同共有关系，导致夫妻共同财产分割案件处理的复杂化以及夫妻共同财产交易纠纷中婚姻法规则与财产法规则的冲突。

《民法典》将婚姻家庭法律规则和物权、合同等财产法规则编入同一法典，但是在法律用语上就夫妻对共同财产的权利仍然表述为“共同所有”，对于共同和个人财产的范围仍然使用“权益”而非“权利”的表述，应当理解为对于夫妻财产关系和一般经济交往中形成的财产关系性质的有意区分。夫妻对夫妻共同财产“共同所有”并非物权编所规定的共同共有，更不能将夫妻共同财产认定为物权法上物权取得方式的例外。夫妻对共同财产“共同所有”的主要价值在于离婚或者夫妻法定财产制终结时，有权就夫妻共同财产的整体利益要求分配。在当今社会夫妻财产结构日益复杂的背景下，这种分配更类似于合伙财产的清算。夫妻关系存续期间夫妻一方对于夫妻共同财产的处分，应该严格适用财产法规范。如果处分结果损害夫妻另一方合法权益的，夫妻另一方可根据实际情况选择依照《民法典》婚姻家庭编第1092条或者总则编第154条的规定提出主张。

撰稿人：余冬爱，上海市高级人民法院民事审判庭副庭长，法学博士

范　一，上海市高级人民法院民事审判庭审判员，法学硕士，上海财经大学法学院博士研究生

40. 夫妻共有房屋中显名权利人擅自出售但尚未过户的继续履行问题

导　言

对于属于夫妻双方共有的房屋，一方基于传统文化、夫妻感情稳固、办理手续烦琐等因素的考虑，可能只有一方在登记簿上进行了登记。根据《民法典》第1062条规定，婚姻关系存续期间取得的房屋，即使是登记在一方名下，除非双方约定，亦应认定为夫妻共有财产。也就是说，在房屋显名的登记人背后，房屋还可能存在隐名共有人，共有权的认定并不困难。但是，《民法典》着重常态下夫妻财产制度的立法规范，未关注到婚姻关系中诸如夫妻分居、一方擅自处理共有财产等特殊情况发生时夫妻财产关系的调整问题。当显名人擅自处分共有财产时，隐名共有人的权益便与第三人发生了冲突。

一、分歧缘起：静态物权保护与动态交易安全的取与舍

在显名共有人擅自处分售予第三人，且房屋已过户登记给第三人，在司法实践中往往依据善意取得制度，认定房屋产权由第三人所取得。《最高人民法院关于适用〈中华人民共和国民法典〉婚姻家庭编的解释（一）》第28条第1款规定：“一方未经另一方同意出售夫妻共同所有的房屋，第三人善意购买、支付合理对价并已办理不动产登记，另一方主张追回该房屋的，人民法院不予支持。”

但是，在房屋未过户登记的情形下，由于法律和有关司法解释没有明确规定，导致在司法实践中存在非常大的争议。也就是说，在显名共有人擅自处分，与第三人签订了房屋买卖合同，但房屋尚未过户登记给第三人，隐名共有人提出诉讼主张要阻却合同的继续履行，而第三人则认为其为善意，要求继续过户登记，对该类纠纷如何处理产生不同认识。有的观点侧重于保护交易安全，降低交易成本，促进市场交易和物的流转，支持第三人的主张；有的观点侧重婚姻家庭

关系和家庭财产共有制的稳定和保护，家庭财产共有法定性公示效力是其司法理念的落脚点，支持隐名共有人的主张。

这种争议的背后，是婚姻家庭法律制度中关于家庭重大财产处置规定及其法律价值取向，与合同法律制度中关于物的流转交易规则及其法律价值取向发生冲突，在协调二者之间的冲突时，基于不同司法理念而产生不同结论。

二、夫妻中的显名权利人擅自处分房屋的合同效力

在早期的司法实践中，在显名权利人擅自处分房屋时，隐名权利人往往会提起诉讼，要求确认房屋买卖合同无效。按照传统的审判思路，房屋买卖合同通常按照无效处理，其依据为原《合同法》第51条规定，即无处分权的人处分他人财产，经权利人追认或者无处分权的人订立合同后取得处分权的，该合同有效。

但是，2012年《最高人民法院关于审理买卖合同纠纷案件适用法律问题的解释》第3条第1款规定："当事人一方以出卖人在缔约时对标的物没有所有权或者处分权为由主张合同无效的，人民法院不予支持。"从而确立了在买卖合同中无处分权人订立的合同，不因其无处分权而无效的裁判规则。《民法典》第597条也规定，因出卖人未取得处分权致使标的物所有权不能转移的，买受人可以解除合同并请求出卖人承担违约责任。

需要注意的是，如果作为交易相对方明知显名权利人并非唯一权利人，仍与该显名权利人签订买卖合同，此时房屋买卖合同是否有效？有观点认为，虽然买卖合同属于负担行为，但基于法律不保护恶意的原则，若买卖合同的相对人明知出卖人为无权处分或恶意与出卖人签订买卖合同，则该买卖合同无效。因为相对人明知无权处分人无处分权而与之进行交易行为，其目的在于使自己通过交易获得本属于权利人的利益，而对于无权处分人无处分权不加理会，双方通过默示，在主观上达成了恶意串通，客观上损害了他人的利益。

笔者认为，上述观点存在偏颇之处，除非第三人与显名人恶意串通损害隐名权利人的利益，违反《民法典》关于恶意串通损害他人合法权益的民事法律行为无效的规定，否则第三人是否明知无权处分不影响房屋买卖合同的效力，其主要理由如下：

（一）法律规定无权处分的合同效力时，并没有区分相对人善意与否

《民法典》第597条的相关内容表明无权处分时签订的合同有效，买受人因不能按照合同约定取得标的物所有权，可以请求追究出卖人违约责任。第三人即便明知显名人无权处分，但其是真心实意地想签订买卖合同，意思表示真实、无瑕疵，没有欺诈、胁迫、乘人之危、重大误解等事由，也不违背公共利益和法律的强制性规定，这个买卖合同显然不是无效、可变更、可撤销法律行为。反过来，法律规定民事法律行为有效要件包括行为人具有相应的民事行为能力、意思表示真实、不违反法律或者社会公共利益，显然也没有将相对人善意作为法律行为的生效要件之一。相对人善意时无权处分的债权合同有效，恶意时则无效的观点本质上修正了法律行为的有效要件，与制定法和我国传统民法理论明显冲突。

（二）明知无权处分而进行交易的行为在实践中大量存在

市场交易中，很多出卖人在签订买卖合同时还没有取得标的物的所有权，因为此时标的物还没有生产出来或者还在上游批发商手中，对此买方是明知的，但是只要在合同的履行期届至时，卖方能及时交货，就没有问题，否则由卖方承担违约责任。如果仅仅因为买方签订买卖合同时明知卖方没有所有权就认定合同无效，则大量的交易将难以为继。这个问题根本上涉及债权、物权标的的不同。债权的标的是给付行为，而物权的标的一般是特定的物。这个“特定”的意义，首先就要求在发生物权变动时，物必须是现实存在的，是看得见、摸得着的；而债权只要求在履行期届至时，债务人依约作出相应的行为即可，至于行为指向的标的物，则不需要在合同成立生效当时就存在。

（三）通过“举重以明轻”的解释方法也可以推知善意并非合同有效要件之一

第三人明知显名人没有处分权或处分权受限，仍与其签订房屋买卖合同，固然难属善意之维；但是相比之下，显名人对自己没有处分权或处分权受限更加明知，且显名人有时确实存在故意隐瞒另一方，擅自出售房屋、转移夫妻共同财

产的主观恶意。如果在显名人具有恶意的情形下，可以认定相应的买卖合同有效，那么仅仅因为相对人恶意就认定买卖合同无效显然有失公允，将会导致第三人不能主张违约责任，而只能主张缔约过失责任，同样恶意的显名人几乎没有对应的合同否定评价的风险。

三、夫妻中显名权利人擅自处分房屋情形下，买受人是否可以主张合同继续履行

对于显名权利人与交易第三人之间所订立的房屋买卖合同，其法律效力原则上应局限在合同双方当事人之间，这也是合同相对性的根本精神所在。在该类纠纷中，关键在于第三人能否依据房屋买卖合同，要求继续履行合同，请求对方协助过户登记，如何平衡隐名权利人与善意第三人之间的利益。目前，在司法实践中基于不同的理念，存在较大的争议，做法并不完全一致。

第一种观点认为，根据物权的公示公信原则，第三人基于对产权登记状况的信赖而与登记名义人进行交易，其主观上应为善意，第三人合法权益应当受到保护，其可以要求继续履行合同。例如，在陈某、狄某与刘某房屋买卖合同纠纷一案中，[1]法院认为《商品房买卖合同》和房产证上载明的买受人和所有权人均只有陈某，根据物权公示原则，刘某有理由相信陈某是涉案房屋的唯一所有权人，有权处分房产，判决继续履行合同。

第二种观点认为，物权登记公信力的效力范围应有所限制，在婚姻关系存续期间，夫妻双方所取得的财产通常为夫妻共同财产，这是一种常识，交易第三人应当知道，所以当第三人与显名登记人进行交易时，就有义务了解隐名共有人的有无以及隐名共有人的意思，否则日后隐名共有人可以享有物权为由，抗辩第三人要求继续履行的主张。[2]另外，夫妻一方的物权也优先于第三人的履行诉求之债权。例如，在苏中公司与汪某等合同纠纷一案中，[3]法院认为因涉案房屋为马某与汪某的夫妻共同财产，现马某明确不同意让渡其对涉案房屋享有的

---

〔1〕 参见（2018）赣08终2002号。

〔2〕 参见陈丽：《夫妻财产隐名共有人权利保护的法律思考——一则妻子擅自卖房案例引发的思考》，载《云南大学学报》（法学版）2006年第5期。

〔3〕 参见（2016）京03民终4906号。

权利,且现也无证据证明汪某签署《转让协议》时有权代表马某处分涉案房屋或征得了马某的同意,故苏中公司要求汪某协助办理涉案房屋过户手续的诉讼请求,法院难以支持。

笔者赞同第一种观点,认为善意第三人应可依合同约定,要求继续履行房屋买卖合同,其理由如下:

(一)基于物权效力内外区分的视角,隐名人的支配力不得对抗第三人

内在关系上,物权的最大特征在于它是通过主体对物进行直接支配而实现其利益的。在物权为多人共有人时,便涉及对共同的管理和支配权利的协调行使问题。外在关系上,物权凸显的是权利状况,以彰显物权人对其他非物权人的直接排他的自由空间。换言之,通过物权宣示,划定物权边界,传递物权权利信息,既保护自己的物权不受任何第三人的擅自干涉,又促进物权交易安全便捷,避免了物权审查的烦琐程序。

显名权利人擅自处分共有房屋的行为,在内在关系方面,实际上侵害了隐名人的支配力,使隐名人对房屋共同管理的权利受到侵犯。在对外关系方面,其以名义权利人进行处分,让第三人充分相信其即为完全意义上的物权人。出于内外效力区分的考虑,显名人的擅自处分,虽然侵害了隐名人的共同管理权利,但不能以物权人之间内部的支配问题,来影响外部法律关系的存在。

(二)基于物权登记效力视角的分析,应确认登记对第三人的公示公信作用

所谓物权公示,是指物权享有与变动可取信于社会公众的外部表现方式。凡物权的享有与变动,均须进行公示。不动产物权以登记作为权利享有与变动的公示方法。所谓公信,是指物权的存在既然以登记或占有作表征,则信赖该表征而作为者,即使其表征与实质的权利不符,对信赖该表征的人也无任何影响。物权的变动尤其是由法律行为引起的物权变动,体现了当事人的意思自治。但是因物权变动的效果不仅与交易当事人有关,对社会其他人也可能产生影响。

因此法律必须以一定方法公示物权的变动，从而使第三人能够予以认识，防止对第三人产生“不测”。这也是物权对世权的必然要求。因此，无论公示还是公信均是对第三人而言，并非针对共有物权人之间的内部关系。无论夫妻共同共有房屋如何以夫妻中谁的名义登记，均不影响房屋是夫妻共同共有的法律性质，但这可能对第三人产生影响。

可以说，公示公信原则确立的目的在于保护以公示方式取得物权的善意第三人，从而维护正常的交易秩序。交易安全应当是静的安全与动的安全的统一，“法律上静的安全应有两个方面的要求始为完整：一是从安全享有人方面，当其固有利益被任意夺取时，加害人应回复到‘未受害状态’或负损害赔偿之责；二是从受利人方面，不保护其‘非法动态变化’，非法受利人应返还其利益，使之恢复于原来之法益状态。……动的安全：即对取得新利益之合法活动加以保护而得安全之谓”。〔1〕物权变动关系是社会生活中最普遍的财产关系，是商品交换正常进行的基石，每天都要发生大量的物权变动，要求受让人对出让人的处分权进行周密详尽地了解是不现实的。凡是按法定公示方式转让物权的，善意受让人基于对公示的信赖，当然应取得物权。若连法定的公示方式都无法保障善意受让人取得物权，则社会经济就失去了基本的法律保障，交易无法正常进行。

（三）基于合同法价值实现视角的分析，应通过裁判促进交易安全与效率

在合同法中，法律的价值目标主要体现为合同法对安全与效率的追求，即合同法在保护交易安全的同时又要提高交易效率。因为合同法亦即交易法，它是调整交易关系的。它所保护的权益和维护的秩序均与交易密不可分。在交易活动中，交易主体表现为趋利避害、精于计算、追求利益最大化的经济人。为实现其交易目的，他们一方面对交易安全满怀期待，另一方面又希望以最小交易成本实现最大交易效益。〔2〕因此，合同法必然以交易安全与交易效率作为其追求

---

〔1〕 谢在全：《民法物权论》，中国政法大学出版社1999年版，第56页。

〔2〕 参见［美］罗伯特·考特、［美］托马斯·尤伦：《法和经济学》，张军等译，上海三联书店1991年版，第314页。

的主要价值目标。安全是法律所追求的正义、效益、自由和秩序等价值的前提。效率作为合同法所追求的重要价值目标，取决于市场经济的本质需求，市场经济是以效率为本质的经济形态。提高交易效率，首先要鼓励交易，使交易便捷化，减少交易手续，并减少交易讼争。

对于婚后的夫妻共同共有房屋，虽然依据我国法律即使登记在一方名下，也可认定为夫妻共同财产，但是这种登记存在权利内容与权利外观之间的不一致性，造成第三人判断困难，不仅影响交易安全，而且大大影响交易效率。其实，夫妻双方完全可以将夫妻双方名字一并进行产权登记，彻底防范登记一方擅自处分的法律风险。并且，这种通过一并登记方式来防范风险的方法，非常便捷，不会对夫妻双方造成任何时间和金钱成本的压力。相反，作为交易的第三人，很难对交易相对方的婚姻、房屋共有等实质状况进行详查，特别是在我国房产登记信息与婚姻、户籍等信息尚未统合的情况下，更是难以辨别。如果市场交易成本过高而抑制交易，那么权利应赋予那些最珍视它们的人。用著名经济学家科斯的话说，“权利就应该让于那些能够最具生产性的使用权利并有激励他们这样使用的动力的人，而且要发现和维持这种权利分配，就应该通过法律的清楚规定，通过使权利让渡的法律要求不太繁重，而使权利让渡的成本比较低。”〔1〕

因此，如果将审查义务苛以第三人，不仅加重交易成本、影响交易安全与效率，还会产生一种不良的导向，即夫妻双方会怠于将双方名字共同登记，交易风险始终存在。如果不苛以第三人相应的审查义务，则通过支持其要求继续履行合同的判决，将促使夫妻双方积极地进行共同登记，确保权利外观与内容之间的一致性。

（四）基于法经济学视角的分析，应通过合理分配权利义务促进交易成本更趋节约

法律实质上就是一整套从静态到动态、从组织到行为以降低交易成本和促进经济发展的制度系统，在不同的法律和法律规范下，交易成本的高低也会不

---

〔1〕［美］罗纳德·高斯：《生产的制度结构》，银温泉译，载《经济社会体制比较》1992年第3期。

同。实践中，为避免由法律规定的某种既有权利义务模式或特权对发展中的社会交易产生阻碍，就要严格地按照交易成本是否降低的标准，推动法律创新或选择更合适的法律制度安排。比如，以票据的产生和发展为例，汇票最初的运用是交易中以一种便于携带和隐蔽的纸充当支付手段，代替运送和储备费用都较大的金属货币，免除直接携带大量金属货币交易的风险，从而节约交易成本。再如，以侵权行为归责制度为例，是采用民事赔偿的办法处理，还是采用政府管制和发布禁令的办法处理，其成本大小是不同的，显然前者由权利人自我关注侵权事实，将侵权的关注和制裁启动进行分散，而不是由行政机关统一规制，必然更有效率、更节约管理成本。同样，物权法实行物权法定原则、公示公信原则等，增加交易环境的透明度，可以降低交易成本，提高交易效率，便于确定交易中的风险值，降低交易成本。在夫妻一方擅自处分房屋的买卖合同纠纷中，参与交易行为的人，只需依公示方法所表现的物权状态从事交易即可，而不必花费巨大的时间和精力，详查标的物的权利状态的实际底细，可以有效节省交易成本和精力。交易人不再担忧有公示方法所表现以外的物权状态存在，而在交易面前踯躅不前，满足了市场交易之迅捷和安全的社会理想。

（五）基于质疑"物权优先债权"视角的分析，应正确理解法律制度的历史和发展

1."物权优先于债权"原则具有特定的适用范围

我国学者一般认为，所谓"物权优先于债权"，是指在债权的标的物上成立物权时，或者说在同一标的物之上既有物权又有债权时，无论物权成立于债权之前或者之后，物权都有优先于债权而实现的效力。但是，如何理解和适用"物权优先于债权"，实践中一直存在争议。有观点认为"物权优先于债权"原则主要适用于两类案件：一是"一房多卖"案件，二是企业破产和清产还债案件；[1]有观点认为，"物权优先于债权"包括三个方面：一是一物二卖中所有权优先于债

〔1〕 参见梁慧星：《对物权法草案（征求意见稿）的不同意见及建议》，载《河南省政法管理干部学院学报》2006年第1期。

权；二是限制物权优先于债权；三是破产程序中的物权优先于债权。[1]也有观点认为包括另三个方面：一是所有权的优先性，主要发生在一物数卖的场合；二是用益物权的优先性；三是担保物权的优先性。[2]通过以上分析看出，认为物权优先于债权的观点基本一致认为其适用范围受到明确的限制。而笔者所探讨的夫妻一方擅自处分的情形，并不在这些范围之内。

2.“物权优先于债权”原则处于不断动态发展之中，不宜机械理解和适用

其实，随着社会的发展，在某些场合下，物权的优先性受到了一定的限制，债权甚至可以用来对抗物权，出现债权物权化，物权债权化，债权与物权出现了融合的趋势。其中，最典型要属“买卖不破租赁”制度。最初，在罗马法奉行的是“买卖可破租赁”，租赁契约在法律性质上为债权契约，仅在当事人之间发生效力，不是对抗买受人。而在近现代各国立法中，却纷纷确立“买卖不破租赁”规则。这种变化的背后，有着深刻的社会背景。古罗马是一个商品经济、交换经济并不发达的奴隶制国家，立法者着眼保护的是物的“静态”利益，规定了物权的绝对优先效力，保护人们对物的支配权。而到了近现代社会，在商品经济高度发达的今天，人们更加重视物的“动态”利益，立法者越来越重视交易安全，物权优于债权的这种优先效力被越来越多的“例外”所限制，使这项原则存在的空间越来越小。如《民法典》第221条确立了预告登记制度，当事人签订房屋买卖合同协议，可以向登记机关申请预告登记，未经预告登记权的权利人同意，处分该不动产的，不发生物权效力。由此，由买卖合同而产生的债权经登记可以对抗物权，这显然就是物权效力受到限制的法例。

根据上述分析，可以看出物权优先效力在产生之初就是为了更好地保护物的支配力，这种静态的保护使物权优先效力有着绝对的、不容置疑的效力，容不得一点例外，而近现代社会商品经济的发展出现了物权债权相互融合、界限不再那么明显的趋势，原因是“动态”利益越来越占据着重要地位。当然，不是说“静态”利益不要保护了，物权的支配权不要保护了，只是说“动态”利益越来越

---

〔1〕 参见梁慧星主编：《中国物权法草案建议稿》，社会科学文献出版社2000年版，第115~116页。

〔2〕 参见王利明主编：《中国物权法草案建议稿及说明》，中国法制出版社2001年版，第169页。

受到立法者的重视，于是优先效力也就出现越来越多的例外情况。对于房屋登记在一方名下的情形，登记权利人擅自处分房屋时，同样涉及“静”的物权安全、“动”的交易安全之间平衡问题。对于这两种安全进行平衡时，需要充分考虑两种安全实现的经济性、便利性。如果每一次交易都先去了解清楚交易对方的个人婚姻情况、财产状况，那交易的效率可想而知，交易一方只有信赖公开登记在案的资料，依法进行交易，才能更好地体现交易效率。

（六）基于权利保障视角的分析，应通过裁判引导当事人合理地防范风险、救济权利

虽然支持第三人履行请求的处理方式，会影响隐名共有人的物权权利，但其仍存在合理的救济途径。《最高人民法院关于适用〈中华人民共和国民法典〉婚姻家庭编的解释（一）》第28条第2款规定，夫妻一方擅自处分共同共有的房屋造成另一方损失，离婚时另一方请求赔偿损失的，人民法院应予支持。夫妻中的隐名共有人在能够通过登记防范另一方擅自处分而怠于积极登记，其自身存在放任法律风险发生的过失，在保护第三人交易安全的前提下，由隐名共有人承担相应的物权灭失风险，并由其向夫妻另一方主张损害赔偿之责，相对较为公平合理。也就是说，支持了第三人履行房屋买卖合同的诉请，并不代表对夫妻中隐名权利人的权利就不保护，而是由物权转化为侵权之债，其权利仍然可以得到相应的救济。

当然，实践中也会存在双方未离婚，但隐名权利人出面反对出卖房屋，并继而在诉讼中阻却买卖合同继续履行的情形，此时房屋所售价款与房屋等价值交换，为房屋夫妻双方所共有，显然也并未损害隐名权利人的权益。相反，如果不支持第三人的履行诉请，可能会引发不诚信行为的多发。例如，在出现房价上涨、出卖方反悔等情形时，房屋出售者为悔约、终止房屋过户履行，夫妻双方有可能合谋让其中的隐名权利人提出诉讼，以便阻止房屋买卖合同的顺利履行。

现有法律对于夫妻共有房屋产权的初始登记和变更登记，并未强制共有人一并提出申请。共有房屋产权归属本质上是私权，以意思自治为基本原则。夫妻双方仍可以选择将共有房屋登记在一方名下，但此种情形下选择隐名的一方

需自愿承受由此带来的风险。长期以来，由于登记机关和当事人对隐名共有问题的重视不够，已经造成了大量隐名共有人的产生。近几年，国内许多省市都纷纷出台了相关规定，倡导共有房产的“联名登记制度”，用以避免因一方恶意转移财产（尤其是共有房产）导致另一方共有权益受到侵犯。如《广州市妇女权益保障规定》第24条规定：“夫妻在申请办理房地产权证、农村土地承包经营权证、林权证以及其他共有财产的所有权登记时，可以申请联名登记。夫妻申请联名登记的，登记机构应当依法予以登记。”《北京市实施〈中华人民共和国妇女权益保障法〉办法》第36条亦规定，夫妻在申请办理房屋所有权时，可以申请联名登记，登记机构应当予以登记。各地方的规定提供了很好的借鉴，可以将“夫妻联名登记”纳入立法规定，实现物权公示公信与夫妻婚后所得共有制的协调。可以预见，随着“夫妻联名登记”制度的广泛应用，夫妻双方作为共有人在不动产登记簿上都予以记载，法律物权人与事实物权人同一，隐名共有将大大减少，相关纠纷也将大大减少。

总而言之，夫妻共有房屋登记在一方名下时，显名人有时会未经隐名人的同意擅自处分，出售与第三人，从而产生相关纠纷。特别是在房屋尚未过户给第三人时，在司法实践中的争议较大。对于显名人进行无权处分房屋的合同效力，不以第三人善意为前提条件，除非双方恶意串通。从物权登记效力、合同法价值实现、法经济学、“物权优先债权”的质疑、权利保障等五个方面来看应当支持第三人关于继续履行的请求，体现物权公示公信原则，促进交易安全，提高交易效率，减少交易成本，并以此类裁判结果形成良好的规则导向。

审判实务精要

对于属于夫妻双方共有的房屋，由于传统文化等因素，经常出现登记一方名下的情况。家庭是社会的组成细胞，对社会的安定和谐具有重要作用，而财产是家庭的基础，需要对夫妻双方的财产权利进行充分保护。登记为房屋产权人的显名权利人在未取得另一方同意的情形下处分房屋，房屋尚未过户，买受人起诉要求履行买卖合同协助过户的，对其是否应支持的问题本质上涉及静态的物权保护与动态的交易安全的取舍，有效率的制度安排应当是引导当事人防范风险，降低交易成本。如果支持买受人的履行诉请，会形成裁判引领，激励未予产权登记的夫妻一方及时进行登记，该登记成本几乎可以忽略不计，但会大大增强物权登记的公示公信效力，降低房屋交易中的审查成本。当然，由于对该问题一直存在较大争议，需要在实践中不断探索，并在充分探索的基础上，通过法律予以固化。

撰稿人：张心全，上海市高级人民法院民事审判庭审判员，法学博士

41. 离婚协议约定给予子女财产的性质与法律适用

导　言

《民法典》第522条完整确立了第三人利益合同制度。夫妻双方在离婚时达成的离婚协议往往涉及婚姻关系的解除、子女抚养、共同财产分割等多项有关身份关系及财产关系的内容，其中双方约定将特定财产给予子女系一种较为常见的财产处理方式。夫妻双方婚姻关系解除后，一方反悔，拒绝向子女给付约定财产的情况，实践中亦不鲜见。尤其是在双方约定将不动产给予子女的情况下，由于近年来不动产价值波动较大，一方嗣后反悔，拒绝配合完成所有权移转的情形较为常见。此类案件中，一般系夫妻一方或子女起诉要求另一方按照离婚协议约定履行给付义务。相对方往往以该项约定系赠与性质，其享有任意撤销权为由作为抗辩。实际上，离婚协议约定给予子女特定财产，不仅涉及夫妻之间及夫妻与子女的内部关系，亦涉及负担给付义务一方外部债权人的利益。对于该约定性质上是否属于第三人利益条款，如何适用法律，存在较大争议，司法裁判思路亟待统一。

一、离婚协议约定给予子女财产的形式

离婚协议往往不会明确约定将特定财产“赠与”子女。从实践来看，此类约定主要有以下几种类型：

（一）给付型约定与确权型约定

依财产给予子女约定的具体表述方式，可以区分为给付型约定与确权型约定。

所谓给付型约定，是指双方约定将特定财产给付子女。如约定支付未成年子女教育费、医疗费，将特定房屋的租金或转让款支付子女，将特定房屋移转登记于子女名下。

所谓确权型约定，是指双方约定特定财产为子女所有。主要表现为双方约定特定房屋于双方离婚后属于未成年子女所有。

需要明确的是，无论是给付型约定，还是确权型约定，其实质内容均系父母负担的给付子女特定财产的义务。此种约定仅使财产权利人负有向子女给付特定财产的义务，并不直接发生物权变动的法律效果。因此，当财产权利人拒绝移转财产所有权时，当事人须提起给付之诉请求其履行离婚协议的约定义务。

（二）定期给付与不定期给付

依给予子女特定财产的时间，可以区分为不定期给付与定期给付。

定期给付表现为两种形式：一是定期持续给付，如定期给予子女抚养费、教育费的约定；二是定期一次性给付，如约定待子女成年时，将房屋移转登记子女名下。

不定期给付表现为，双方仅仅约定了给付子女特定财产，但未约定具体给付时间，或仅仅约定给予子女财产的条件。如约定离婚后特定财产归子女所有，一方承担子女未来可能发生的医疗费。对于此类不定期给付，未付条件的或所附条件成就的，子女可以随时请求履行，但应当给予父母必要的准备时间。[1]

（三）一方财产给付与双方财产给付

依给予子女财产的性质，可以区分为一方财产给付与双方财产给付。

离婚协议约定给予子女的财产，可能为夫妻共同财产，也可能为夫妻一方个人财产。只不过对于财产性质，离婚协议本身可能并不明确，如仅约定将一方名下的房产给付子女，该房产究竟为该方个人财产抑或夫妻共同财产，双方甚至存有争议。

二、离婚协议约定给予子女财产的性质之争

（一）赠与说

有观点认为，夫妻双方在离婚协议中约定将特定财产给予子女，系在父母

---

〔1〕 原《合同法》第62条第4项规定："履行期限不明确的，债务人可以随时履行，债权人也可以随时要求履行，但应当给对方必要的准备时间。"《民法典》第511条亦作相同规定。

与子女之间形成赠与合同关系。主要理由是：父母将特定财产给予子女，子女并不负担对待给付义务，因此具有无偿性特征；〔1〕父母签署离婚协议时同时亦作为未成年子女的法定代理人作出接受赠与的意思表示。〔2〕

对于负担给付义务的一方是否可基于赠与合同关系行使任意行使撤销权，又存在不同意见。第一种意见认为，父母可基于原《合同法》第186条第1款的规定，在赠与财产权利转移前任意撤销赠与。〔3〕第二种意见认为，赠与对象为未成年子女时，具有道德义务性质，依原《合同法》第186条第2款的规定，父母不能任意撤销。〔4〕第三种意见认为，离婚财产协议中的赠与条款是夫妻分割共同财产的一种方式，属于共同共有人对共同财产的共同处分行为，其中一个共有人不应享有单独撤销权利，除非共同共有人共同行使撤销权。〔5〕第四种意见认为，该赠与系附条件的赠与或具有特定目的，父母不能任意撤销。〔6〕

（二）整体说

有观点认为，夫妻双方在离婚协议中将共同财产赠与子女的约定与解除婚姻关系、子女抚养、共同财产分割等内容互为前提，允许一方反悔，离婚协议的整体性将被破坏，有违诚信，不利于保护未成年子女权益。〔7〕该观点实际系将夫妻双方达成的离婚协议视为一个不可分割的整体，并认为依据2011年《最高人民法院关于适用〈中华人民共和国婚姻法〉若干问题的解释（二）》第9条的规定，只有在夫妻双方订立财产分割协议时存在欺诈、胁迫等情形时，才允许一方

---

〔1〕 最高人民法院民事审判第一庭编：《民事审判指导与参考》，人民法院出版社2014年版，第103页。

〔2〕（2012）厦翔民初字第905号。

〔3〕 最高人民法院民事审判第一庭编：《民事审判指导与参考》，人民法院出版社2014年版，第102页。《民法典》第658条第1款亦规定："赠与人在赠与财产的权利转移之前可以撤销赠与。"

〔4〕 原《合同法》第186条第2款："具有救灾、扶贫等社会公益、道德义务性质的赠与合同或者经过公证的赠与合同，不适用前款规定。"《民法典》第658条第2款将其修正为："经过公证的赠与合同或者依法不得撤销的具有救灾、扶贫、助残等公益、道德义务性质的赠与合同，不适用前款规定。"

〔5〕（2009）浙金民终字第1794号。

〔6〕 陆青：《离婚协议中的"赠与子女财产"条款研究》，载《法学研究》2018年第1期。相关案例（2015）闵民五（民）初字第600号、（2016）赣0724民初598号。

〔7〕 参见于某某诉高某某离婚后财产纠纷案，最高人民法院于2015年12月4日公布的49起婚姻家庭典型案例之一，载最高人民法院网：http://www.court.gov.cn/zixun-xiangqing-16211.html，最后访问日期：2020年2月14日。

当事人申请人民法院予以撤销。

（三）向第三人履行说

有观点认为，夫妻双方在离婚协议中约定将特定财产给予子女，仅仅涉及向离婚协议以外的第三人即子女履行的问题，实质为一种夫妻之间关于履行方式的约定。[1]因此，在一方不履行给付义务时，只能相对方提起诉讼，子女并无直接请求给付的请求权。

三、离婚协议约定给予子女财产实质为第三人利益条款

（一）不成立赠与合同关系

首先，赠与合同是赠与人将自己的财产无偿给予受赠人，受赠人表示接受赠与的合同。赠与合同为诺成性合同、单务合同、无偿合同。离婚协议约定给予子女的财产，可能系一方个人财产，亦可能系夫妻共同财产。无论系哪种情形，夫妻双方或一方确实作出了将特定财产无偿给予子女的意思表示，但此种“无偿性”与典型赠与合同的“无偿性”存在根本不同。夫妻双方将特定财产给予子女，实际系以双方离婚及其他人身关系、财产关系的妥善处理为前提。某些时候，夫妻一方愿意将特定财产给予子女明确系以未成年子女由对方抚养，或者对方放弃分割其他夫妻共同财产，抑或在分割夫妻共同财产方面做出重大让步为条件。

其次，就主体而论，夫妻之间离婚协议的主体为夫妻双方，不言自明。离婚协议约定给予子女特定财产，系夫妻双方对夫妻共同财产的处分，或者夫妻一方对其个人财产的处分，无论如何，这种作出处分的意思表示相对方为夫妻一方，而非子女，所以谈不上未成年子女的父母作为法定代理人代为作出接受赠与的意思表示的问题。何况，若涉及成年子女，更无代理的适用空间。

据此，认定夫妻双方在离婚协议约定给予子女特定财产构成赠与，既不符合赠与合同无偿性的本质特征，亦有违合同相对性原理。实际上，该种观点先

---

〔1〕 孙国鸣主编：《离婚纠纷法律精解判例分析与诉讼指引》，中国法制出版社2012年版，第69页。

入为主地将财产移转的主体推定为合同相对方，从而得出财产“无偿”转让的结论，而忽视了离婚协议本身的相对方，即夫妻双方之间存在某种“对价”。如果将离婚协议约定给予子女财产认定为系在父母与子女之间建立赠与合同关系，又以该赠与具有道德义务性质，或者附有条件或目的为由不承认赠与人的任意撤销权，不仅逻辑上不能自洽，而且亦无法律依据。如果以构成夫妻共同赠与为由，认为一方不能单独撤销赠与，则不仅不能对给付财产为夫妻按份共有或为夫妻一方所有的情形作合理说明，而且不能解决双方复婚时是否可共同撤销赠与的问题。此外，在此种约定不构成赠与的情况下，财产权利人亦不得援引《民法典》第666条，以其经济状况显著恶化为由拒绝履行财产给付义务。

（二）整体说并未揭示法律关系的实质

离婚协议确实系一个关于人身关系与财产关系的“一揽子”协议，其中的权利义务关系亦确实互为关联，为一个不可分割的整体。但我们亦可以说任何一个包含复合权利义务关系的协议均具有整体性。因此，仅将离婚协议中给予子女财产的约定视为一个不可分割的整体性协议的一部分，并不足以揭示该约定的性质，及其不可任意撤销的根本原因。换言之，虽然整体说揭示了离婚协议的特征，但就给予子女财产条款的性质认定而言，在法理基础和规范建构上仍嫌不足。

另外，离婚协议的整体性或复合性，无法确立子女对父母享有直接请求权，仅夫妻一方有权要求对方向子女履行给付义务。从价值判断而言，此种安排无疑过分强调了夫妻双方的利益，不利于子女尤其是未成年子女的权益保护。例如，夫妻双方离婚后又复婚的，夫妻一方可能不会再要求对方履行给付财产予子女的义务，甚至双方可能合意变更原来离婚协议中关于给予子女财产的约定。

（三）“向第三人履行”说不符合双方当事人的效果意思

“向第三人履行”的观点实际将子女解释为代夫妻一方接受履行，子女并不独立享有合同上的权益。这种解释逻辑上虽能自恰，但有违夫妻双方的真实意思。子女如果仅为代为受领，那么这种夫妻财产的处理方式就显得多余而无必要，因为离婚协议直接约定将财产处分给夫妻一方即可。

同时，向第三人履行说直接否定了子女对父母享有直接请求权，如上文所述，对子女尤其是未成年子女的权益保护不足。如果将给予子女财产简单地视为向子女履行，则其父母基于各种原因，达成变更协议，取消子女受领财产的权利成为理所当然，这与离婚协议对子女尤其是未能年子女权益保障的初衷相悖。

（四）实质上为第三人利益条款

第三人利益契约者，指当事人一方（要约人）约定他方（债务人）向第三人给付，第三人因而取得直接请求给付权利之契约，又称第三人给付之契约，或利他契约。第三人利益契约，并非独立的契约类型，而是于任何契约均得为此第三人利益之约定。〔1〕第三人利益合同的结构涉及三个法律关系，即要约人与债务人之间的补偿关系，要约人与第三人之间的对价关系，债务人与第三人之间的第三关系。需要说明的是，要约人与第三人之间的对价关系，并非仅指要约人与第三人之间存在双务合同关系，还包括其他合同关系（如赠与合同、借用合同）、法定债之关系（如扶养义务、损害赔偿），其实质为要约人欲使债务人向第三人为给付之原因关系。

第三人利益契约，依其功能，可分为两个基本类型。第一个基本类型系以缩短给付为目的，旨在简化给付关系，例如，甲赠某画予乙，乙转赠予丙，乙（要约人）与甲（债务人）约定，丙（第三人）对甲有直接请求给付之权利。第二个类型系具有生计抚养照顾性质之第三人利益契约，以第三人利益之保险契约为典型，其特色系契约上之给付目的自始以归于第三人为目的。〔2〕

从概念分析出发，即可看出约定将特定财产给予子女的离婚协议系典型的第三人利益合同。将特定财产给予子女属于第三人利益合同中的第三人利益条款。夫妻双方之间的补偿关系指向双方关于婚姻关系解除、子女抚养、共同财产分割等“一揽子”协议；夫妻双方约定将特定财产给予子女的对价或者说原因除非存在明确约定，否则应解释为父母基于血缘亲情关系对子女所负的给付义务。

---

〔1〕 王泽鉴：《民法学说与判例研究》（第七册），北京大学出版社2009年版，第107~108页。
〔2〕 王泽鉴：《民法学说与判例研究》（第七册），北京大学出版社2009年版，第108页。

将离婚协议约定给予子女财产的性质界定为第三人利益条款，能够准确说明夫妻双方作出该约定的目的并周全地保护子女，尤其是未成年子女的合法权益。在负担给付义务的一方不履行该给付义务时，离婚协议相对方或子女均有权主张相应权利。

四、子女请求给付财产的请求权基础

请求权基础，是指支持一方当事人向他方当事人有所主张的法律规范。[1]子女起诉请求财产权利人按照离婚协议约定给付财产，在我国现行法律框架下的请求权基础亟须予以明确。

（一）我国婚姻家庭法对此无明确规定

离婚协议确实为一关于身份关系及财产关系调整的整体协议，约定将特定财产给予子女不过是其中内容之一。就离婚协议中的争议，自然可以适用原《婚姻法》及婚姻法司法解释的相关规定。但是，原《婚姻法》及婚姻法司法解释对于离婚协议约定给予子女财产的情形，并无明确规定。司法实务中，部分法院适用2011年《最高人民法院关于适用〈中华人民共和国婚姻法〉若干问题的解释（二）》第8条、第9条的规定予以处理。

2011年《最高人民法院关于适用〈中华人民共和国婚姻法〉若干问题的解释（二）》第8条规定，离婚协议中关于财产分割的条款或者当事人因离婚就财产分割达成的协议，对男女双方具有法律约束力。该规定实际仅系离婚协议有关财产分割约定的效力性规范，而非请求权基础规范或裁判规范。

该司法解释第9条规定，男女双方协议离婚后一年内就财产分割问题反悔，请求变更或撤销财产分割协议的，人民法院应当受理。人民法院审理后，未发现订立财产分割协议时存在欺诈、胁迫等情形的，应当依法驳回当事人的诉讼请求。该条规定系直接针对负担给付义务的一方提出诉讼，要求撤销离婚协议中的财产分割协议，相对方或者子女显然无法援引该规定要求负担给付义务的一

[1] 王泽鉴：《民法思维》，北京大学出版社2009年版，第46页。

方履行给付义务。〔1〕

实际上，原《婚姻法》及相关司法解释对于离婚协议的规定，在父母与子女的关系上，仅考虑了双方关于抚养、探望等身份权利义务；在财产关系上，仅就夫妻双方之间财产、债务问题作出规定。因此，对于本文讨论的父母与子女之间因离婚协议的特别约定所产生的财产问题，并未纳入我国婚姻家庭法的调整范围。《民法典》婚姻家庭编亦未作出相应规定。单独就离婚协议中的财产处理约定而言，合同法亦有适用空间。原《合同法》第2条第2款规定："婚姻、收养、监护等有关身份关系的协议，适用其他法律的规定。"在此基础上，《民法典》第464条第2款进一步明确："婚姻、收养、监护等有关身份关系的协议，适用有关该身份关系的法律规定；没有规定的，可以根据其性质参照适用本编规定。"由此可见，离婚协议中非身份关系的内容，可以参照适用合同法的相关规定。

（二）关于原《合同法》第64条的争议

原《合同法》是否存在第三人利益合同的规定，涉及对该法第64条的理解，向来存在争议。

原《合同法》第64条规定，当事人约定由债务人向第三人履行债务的，债务人未向第三人履行债务或者履行债务不符合约定，应当向债权人承担违约责任。该规定是否针对第三人利益合同，特别是第三人是否享有直接请求权，主要有四种观点。第一种观点认为，该条系规定向第三人履行的合同，这种合同是指双方当事人约定，由债务人向第三人履行债务，第三人直接取得请求权。〔2〕第二种观点认为，该规定未赋予第三人以任何法律地位，所谓"约定向第三人给付"，其性质只能认定为"经由被指令人而为交付"。〔3〕第三种观点认为，该条实际包括了两种情况：一是第三人利益合同，第三人取得直接请求给付的权利；二是第三人

---

〔1〕 上述两条规定已被2020年《最高人民法院关于适用〈中华人民共和国民法典〉婚姻家庭编的解释（一）》第69条、第70条吸收。

〔2〕 胡康生主编：《中华人民共和国合同法释义》，法律出版社2007年版，第36页。

〔3〕 尹田：《论涉他契约》，载《法学研究》2001年第1期，转引自韩世远：《合同法总论》，法律出版社2018年版，第365页。

代债权人接受履行，如果债务人不向第三人作出履行或履行不适当，则第三人无权要求债务向其继续履行或承担责任。〔1〕第四种观点认为，该条规定的就是为第三人利益的合同，此种合同是当事人为第三人设定了合同权利，由第三人取得利益。但该规定存在一些不足，从立法论角度讲，应当规定该第三人对于债务人享有直接的请求权。〔2〕

笔者同意上述第三种观点。实务中，依合同主体意思表示的不同，确实存在单纯的第三人代为受领的情形以及第三人直接取得履行利益的情形。因此，广义的向第三人履行合同应包括第三人利益合同及第三人代为受领的合同，二者从履行方式上看，并无二致，最主要的区别即在于第三人是否对债务人享有直接请求权。原《合同法》第64条规定，从条文内容来看，确实未明确第三人对债务人享有直接请求权，其关于债务人不履行债务或履行债务不符合约定，应当向债权人承担违约责任的规定，从逻辑上亦不能得出第三人可直接向债务人主张权利的结论。但该条规定亦未明文排除第三人利益合同。

从解释论的角度，可以认为该条规定是针对广义的向第三人履行合同，而未明确规定第三人利益合同中第三人的直接请求权，应属法律漏洞。〔3〕有法律依法律，无法律依习惯，无习惯依法理，为民事裁判的基本规则。第三人直接请求权系第三人利益合同的核心和本质，大陆法系主要国家和地区的民法典均对此作出明确规定。〔4〕依第三人利益合同的法理，在离婚协议约定给予子女特定

---

〔1〕 王利明：《合同法研究》（第2卷），中国人民大学出版社2003年版，第55页。韩世远：《合同法总论》，法律出版社2018年版，第365~366页。

〔2〕 崔建远主编：《合同法》（第3版），法律出版社2003年版，第30页。韩世远：《合同法总论》，法律出版社2018年版，第366页。

〔3〕 《最高人民法院关于适用〈中华人民共和国合同法〉若干问题的解释（二）》第16条规定："人民法院根据具体案情可以将合同法第六十四条、第六十五条规定的第三人列为无独立请求权的第三人，但不得依职权将其列为该合同诉讼案件的被告或者有独立请求权的第三人。"该规定针对的是合同一方依据合同法第64条、第65条的规定提起诉讼要求相对方承担违约责任的情况，并未否定第三人的直接请求权。

〔4〕 如《德国民法典》第328条规定："契约得约定对第三人为给付，而发生使第三人取得直接请求给付权之效力。"《瑞士债法典》第112条规定："以自己的名义，为第三人之利益而设定债务的债权人，有权为第三人之利益而请求履行债务。根据当事人的约定或习惯，第三人或其权利继受人也可以直接请求履行债务……"我国台湾地区"民法"第269条规定："以契约订定向第三人为给付者，要约人得请求债务人为给付，其第三人对于债务人，亦有直接请求给付之权。"

财产的情况下，子女可直接要求负担给付义务的一方承担合同责任。

（三）《民法典》第522条的规定及适用

《民法典》第522条第2款在原《合同法》第64条的基础上，增加了第三人直接请求权的明文规定——“法律规定或者当事人约定第三人可以直接请求债务人向其履行债务，第三人未在合理期限内明确拒绝，债务人未向第三人履行债务或者履行债务不符合约定的，第三人可以请求债务人承担违约责任……”，完整确立了我国的第三人利益合同制度。因此，在《民法典》生效实施后，离婚协议中享有给付请求权的子女一方自可依照该规定主张权利，人民法院亦可引用该规定作出裁判。[1]

值得注意的是，对于该条规定的“当事人约定第三人可以直接请求债务人向其履行债务”这一前提条件，应作从宽理解，即只要离婚协议未明确将履行义务的请求权人限定为夫妻一方，则应认为子女对于向其给付财产的内容可直接请求父母履行。同时，基于第三人利益合同的法理，从子女信赖利益的角度出发，子女依离婚协议取得权利后，夫妻双方对协议中涉及子女利益的部分不得随意变更或解除。

需要说明的是，子女享有的直接请求权，不仅包括请求履行的权利，还包括要求承担诸如赔偿损失等其他合同责任的权利。如离婚协议约定夫妻一方将登记于己方名下的房屋于双方离婚后移转登记于子女名下，嗣后，负担给付义务的一方未履行该义务，另行将该房屋出售，子女一方可要求其赔偿房屋差价损失等合同履行利益。

五、负有给付义务一方的债权人的利益保护

夫妻在离婚协议中约定将一方或双方财产给予子女，必然使一方或双方的责任财产减少，影响到清偿外部债务的能力，甚至当事人有可能以给予子女财产

〔1〕 对于《民法典》实施前已经发生的案件事实，由于原《合同法》第64条的规定不明确，人民法院可在裁判文书的说理部分将《民法典》第522条的内容作为解释原《合同法》第64条的参考。参见《全国法院民商事审判工作会议纪要》（法〔2019〕254号）第4条。

的方式逃避债务。因此，有必要考虑债权人的利益保护与权利救济的问题。[1]

（一）债权人请求确认离婚协议约定给予子女财产条款无效

前文所述给予子女财产的约定不得任意撤销，是针对案件中负有财产给付义务的一方往往主张赠与人的任意撤销权而言。此类约定不适用赠与条款的规定，但依然受原《民法总则》及原《合同法》关于法律行为及合同条款效力规定的约束。该约定仍可能基于其他事由而无效或可撤销，[2]权益受到侵害的债权人可据此请求救济。如果债权人可以提供充分证据证明债务人夫妻双方恶意串通，为逃避债务而将财产转移给子女，则可以依据《民法典》第154条主张该条款无效。[3]该合同无效之诉不受诉讼时效或除斥期间的限制。

（二）债权人请求撤销离婚协议约定给予子女财产的条款

原《合同法》第74条第1款对债权人撤销权的要件作了规定，采用了将债务人的诈害行为区分为无偿行为和有偿行为的立法模式。[4]《民法典》第538条、第539条在此基础上吸收了相关司法解释的规定，丰富了无偿及有偿的诈害行为的类型。在讨论夫妻一方债权人行使撤销权的要件时，首先要明确离婚协议中约定将财产给予子女系无偿行为抑或有偿行为。

如前所述，典型的离婚协议还包含了关于解除婚姻关系、子女抚养、财产分割等其他约定内容，且互为前提条件，将财产给予子女的安排往往是存在“对

---

〔1〕 相关案例见（2018）黔26民终1705号、（2017）浙0624民初2922号等。

〔2〕 虽然在三方关系架构中，离婚协议相对方与子女之间存在血缘亲情关系等“对价关系”，但其作为一种原因关系，并非严格意义上法定的抚养权利义务关系，仅为第三人利益合同提供了一定的正当性、合理性基础。因此，一方面，给付财产价值超出父母法定抚养义务范围，或父母对成年子女不负法定扶养义务等情形，并不当然否定该条款的有效性；另一方面，抚养关系的存在亦不意味着给予子女财产的约定必然不可被宣告无效或撤销。

〔3〕 《民法典》第154条规定：“行为人与相对人恶意串通，损害他人合法权益的民事法律行为无效。”

〔4〕 原《合同法》第74条第1款规定：“因债务人放弃其到期债权或者无偿转让财产，对债权人造成损害的，债权人可以请求人民法院撤销债务人的行为。债务人以明显不合理的低价转让财产，对债权人造成损害，并且受让人知道该情形的，债权人也可以请求人民法院撤销债务人的行为。”

价”的。故从性质上此类约定一般应纳入有偿行为的范畴。[1]值得注意的是，《民法典》第539条在对有偿诈害行为作出规定时，亦未纳入以第三人利益合同的形式转移财产的行为，因此在处理此类案件时，只能类推适用该条规定。[2]

关于债权人对离婚协议中给予子女财产条款行使撤销权的具体构成要件：首先，被保全的债权须为债务人签订离婚协议之前已成立的金钱债权；其次，须债务人向子女给付财产的行为应“影响债权人的债权实现”；最后，须债务人的相对人（离婚协议相对人）主观上知道或者应当知道该情形。至于债务人主观上是否应有诈害意思，我国原《合同法》第74条并未将其纳入构成要件，《民法典》第539条同样未作规定。从制度发展演变的历程来看，基本的趋势是弱化债务人的主观要件。[3]

值得注意的是，在具体判断是否构成诈害行为时，通常理论所说的客观要件与主观要件仅应作为一般论，不应机械套用；应当对行为的主观状态、客观状态以及行为效果等因素全面把握，进行有机的综合的判断。[4]在债权人请求撤销离婚协议中财产给予子女条款的案件中，宜结合债权的数额、给付财产的价值，以及夫妻双方对抚养子女、债务清偿等义务承担的约定，综合考量给予子女财产的合理性以及对债权实现的影响，在维护当事人意思自治、保护未成年子女权益以及保障债权实现之间找到最佳的利益平衡点。

审判实务精要

夫妻双方在离婚协议中约定给予子女财产，作为整体离婚协议的一部分，其本质是第三人利益条款，以夫妻双方关于解除婚姻关系、子女抚养、共同财产分割等约定（补偿关系），以及离婚协议相对方与子女之间的抚养

---

〔1〕 但亦可能出现夫妻双方在离婚协议中简单约定“所有夫妻共同财产归子女所有”等极端情形，可将该约定认定为无偿行为，此时债权人行使撤销权不以债务人的相对人的主观恶意为要件。参见（2018）黔26民终1705号。

〔2〕《民法典》第539条规定：“债务人以明显不合理的低价转让财产、以明显不合理的高价受让他人财产或者为他人的债务提供担保，影响债权人的债权实现，债务人的相对人知道或者应当知道该情形的，债权人可以请求人民法院撤销债务人的行为。”

〔3〕 韩世远：《合同法总论》，法律出版社2018年版，第468页。

〔4〕 韩世远：《合同法总论》，法律出版社2018年版，第459页。

等关系（对价关系）为基础，故性质上并非父母与子女之间的赠与合同关系，不存在适用赠与合同相关规定解决此类条款可撤销性的逻辑前提，父母一方或双方不得任意撤销该项约定而拒绝履行财产给付义务。在我国婚姻家庭法对此尚无明确规定的情况下，可适用合同法第三人利益合同的法理，赋予子女直接请求权。《民法典》第522条在原《合同法》第64条基础上，增加了第三人直接请求权的规定，完善了我国第三人利益合同制度。《民法典》施行后，离婚协议相对方或子女均有权依据该条规定直接请求负有财产给付义务的一方履行协议约定或承担违约责任。对于当事人可能通过在离婚协议中约定给予子女财产的形式逃避债务的情形，债权人可主张该条款系债务人与离婚协议相对人恶意串通损害其利益而无效，亦可就该条款提起债权人撤销权之诉。对于债权人请求撤销此类条款的，人民法院应结合案件事实进行综合考量，最大限度地实现维护当事人意思自治、保护未成年子女权益以及保障债权人的利益平衡。

撰稿人：金绍奇，上海市高级人民法院民事审判庭副庭长，法学硕士，复旦大学法学院博士研究生

黄　白，上海市第一中级人民法院民事审判庭法官助理，法学硕士

42. 虚假离婚的法律分析与司法应对

导　言

从行为表现看，虚假离婚符合《民法典》第146条第1款所规定的行为人与相对人以虚假意思表示实施的行为特征。由于《民法典》婚姻家庭编并未对虚假离婚的身份关系和财产关系的处理作出明确规定，因此虚假离婚涉及夫妻“假戏真做”后“假离婚”的法律效力认定及由此引起的双方身份关系、对内对外财产关系如何处理；或者“假戏不真做”情形下利用政策“漏洞”而取得财产、利益的行为性质及相应财产、利益应如何处理等诸多法律问题。而这些问题随着“假离婚”现象的日益普遍及其内生的“高风险性”和“不确定性”，已逐渐反映到司法领域，成为审判中不可回避的问题。因此，如何对其作出准确定性，表明正确的司法态度，既是司法审判有效应对近年来“假离婚”纠纷日益增长的必然要求，也是司法裁判实现净化社会风气，平复司法评判与人们朴素认知之间沟壑的应然选择。[1]但是，由于当前理论界对上述问题的态度和认识仍存在一定分歧，实务界的处理也不尽一致，在一定程度上削弱了对“假离婚”现象规制作用的有效发挥。鉴于此，笔者试以司法案例为基础，对虚假离婚的相关法律问题作一梳理探讨，以求能探寻出有效处理相关法律问题的司法路径。

---

〔1〕 根据作家刘震云小说改编的电影《我不是潘金莲》中，就是因女主人公为生育二胎而与丈夫“合谋”假离婚，后因丈夫假戏真做引发诉讼，并被法院以不存在假离婚为由判决驳回而引发信访的故事。电影正是以女主人公心中固有的“明明是假离婚，怎么就变成真的了”的认知为起点，逐步展开其为讨个说法而执念上访的故事情节。电影除了引发观众对社会转型期的政府管理、信访制度等问题的思考之外，如何缩小或消除司法评判与人们朴素认知之间的“差异”亦成为值得深思的问题。

一、虚假离婚的司法裁判解读

虚假离婚或假离婚并非法律概念，它是相对于我国原《婚姻法》及《婚姻登记条例》所规定的离婚而形成的社会俗称概念。依照原《婚姻法》第31条、第32条及《婚姻登记条例》第10条的规定，离婚是指具有合法夫妻关系的双方，因感情破裂而自愿到婚姻登记机关办理离婚登记或经法院判决、调解而解除夫妻双方婚姻关系的法律行为。而虚假离婚，是指具有合法夫妻关系的双方，内心并无真正离婚本意，但为了达到某目的而在婚姻登记机关办理了离婚登记手续或通过诉讼调解离婚的情形。与法律规定的离婚相比，虚假离婚的夫妻双方在形式上与法律规定的离婚一样，完成了到婚姻登记机关办理离婚登记或经法院调解离婚的程序，并取得了有效离婚证或生效离婚调解书；但在实质上，双方“离婚”并不是因为感情破裂，而是基于其他利益动机或目的，双方在办理离婚登记或达成离婚调解时，其内心并不存在真正追求双方夫妻关系解除的本意或目的。

虚假离婚虽然不是当今社会的特有现象，但它在社会利益格局调整不断加快、政府管理与社会治理日益强化以及婚姻自由理念逐步深入的当下增长迅速，一方面与规避房屋限购、限贷政策，获取更多征地拆迁补偿款，骗取低保金，规避计划生育政策，躲避债务，骗取公改房或享受购房优惠政策等〔1〕以“户”为基础的政策或法律制度设计有着密切联系，另一方面与婚姻自由理念泛化下登记离婚的形式审查机制也有着较强相关性。而受此影响，近年来因虚假离婚而引发的民事、行政争议，甚至刑事责任在司法裁判中也呈现增长态势。〔2〕为进一步增强分析的针对性，笔者在法信平台通过将搜索范围缩小至裁判文书的说理部分，共检索到与本文研究意旨相符的适格案例551件，其中民事案件537件，行政案件8件，刑事案件6件，现对上述案件裁判情况分析如下：

---

〔1〕 刘耀东：《虚假离婚若干法律问题研究》，载《云南大学学报》（法学版）2011年第2期。

〔2〕 截至2020年3月1日，笔者通过法信平台以“假离婚”和“虚假离婚”为关键词进行全文检索，共搜索到相关民事案件1088件、行政案件41件、刑事案件65件，而从案件分布年份看，案件主要集中在2013年至2018年，特别是2014年至2015年此类案件增长明显，这与2013年我国房地产调控政策“国五条”的颁布对虚假离婚所产生的影响具有一定相关性。此外，笔者对虚假离婚的司法裁判分析均以该搜索数据为基础。

（一）涉虚假离婚的民事案件

涉虚假离婚的民事案件案由主要集中在离婚后财产纠纷、民间借贷合同纠纷、所有权确认纠纷、撤销权纠纷、案外人执行异议之诉等。通过梳理，涉虚假离婚的民事案件在司法处理中呈现以下特点：

1. 虚假离婚被认定的案件比例较低。据笔者不完全统计，在上述537起案件中，仅有不足30件案件的虚假离婚主张被法院认可采纳。由此可以看出，司法裁判对于当事人在诉讼中主张虚假离婚或假离婚的认定持相对谨慎、保守态度。而且从被采纳的案件看，其中采纳离婚夫妻一方提出的虚假离婚主张的案件比例约七成，另三成案件系采纳了债权人或执行异议人的主张。在未认定虚假离婚的案件中，法院在本院认为中的理由主要有以下两类：

一是“法律上不存在假离婚”。如蒋某与应某离婚后财产纠纷案〔1〕（以下简称案例一）中，法院认为，法律上不存在“假离婚”概念，且原、被告均系完全民事行为能力人，应对其自身行为负责，故对应某关于双方所签订的离婚协议系“假离婚”的意见不予采纳。二是当事人无充分证据证明其虚假离婚的主张。如在陆某某与郑某某物权确认纠纷案〔2〕（以下简称案例二）中，男方针对女方起诉要求办理系争房屋过户手续的请求辩称，双方当时系为了给子女购买学区房而“假离婚”，且双方离婚后一直共同生活在系争房屋内，并提供了“假离婚”前购买学区房的交易合同、银行转账凭证等证据。虽然女方对上述证据的真实性无异议，也未否认双方离婚后仍共同居住在系争房屋内的事实，但法院仍以男方提供的上述证据不足以证明双方系“假离婚”的主张，并判决支持了女方的请求。通过分析，笔者发现，证据不足成为司法实践中不认定虚假离婚的主要理由。究其原因，一方面，虚假离婚的夫妻双方大多不会有较强的证据意识来收集或保留当时虚假离婚的依据，事后双方发生矛盾后由一方或第三方来证明其当时的内心意思，并让法官达到内心确信的高度盖然性证明标准并不容易。另一方面，在当事人就虚假离婚主张举证不充分而需借助法官结合社会常理进行逻辑推理综

〔1〕（2017）浙1024民初654号。
〔2〕（2016）苏0104民初12042号。

合判断时，法官出于对裁判安全性考虑，往往会依照“谁主张，谁举证”的证据规则来中规中矩地“规避”案件因自由裁量而被改判或再审的风险。

2. 有的法院对虚假离婚不作认定，而直接对当事人的财产协议效力予以处理。如孙某与顾某离婚后财产纠纷上诉案[1]（以下简称案例三），二审法院认为，离婚协议中关于财产分割的条款或者当事人因离婚财产分割达成的协议，对男女双方具有法律约束力；法律之所以如此规定，其目的之一就是让签订协议的双方认识到签订协议后果的严肃性，认真慎重地对待自己的行为；上诉人所主张双方是“假离婚”的情形，显然不能成为不遵守协议的理由，并据此驳回上诉人的上诉。从该案的裁判理由可知法官对虚假离婚而签订的财产分割协议所持的立场为，即使双方是虚假离婚，也不能不受其财产分割协议的法律约束。

3. 在少数虚假离婚被认定的案件中，法院大多确认当事人的夫妻关系（身份关系）已经解除，但对双方达成的离婚协议效力持否定态度。换言之，此类案件法官对虚假离婚的身份关系和财产关系分别采取了有效和无效的处理方式。而在认定虚假离婚的考量上，有的是依据当事人的主张及虚假离婚时一方签署的承诺书或保证书等直接证据来认定，如刘某某与高某某所有权确认纠纷案[2]（以下简称案例四），法院查明双方在登记离婚的当天，男方向女方书写《保证书》，载明双方离婚的原因是为生二胎，如双方不遵守复婚承诺，则房屋、孩子全归女方所有等。后法院依据该《保证书》，在认定双方虚假离婚的同时，对双方在婚姻登记机关签署的离婚协议效力不予认定。有的则是通过法官结合案件相关事实以及社会常理来进行综合认定，如李某与郭某离婚后财产纠纷[3]（以下简称案例五）中，法官就通过双方办理离婚前李某一直领取城镇最低生活保障金，后因郭某退休领取养老金而不再符合低保金领取条件，离婚后双方仍共同生活并对外以夫妻名义自称、郭某仍作为李某保险受益人等因素综合来判断当事人办理离婚的真正目的是为获取低保金，并认定双方属虚假离婚。

---

〔1〕（2016）沪02民终7569号。
〔2〕（2013）西民初字第690号。
〔3〕（2018）沪0115民初61409号。

（二）涉虚假离婚的行政及刑事案件

1.行政案件。涉虚假离婚的行政案件案由主要包括撤销离婚登记纠纷、民政行政确认纠纷等，此类纠纷大多是行政相对人主张行政机关离婚登记错误，要求撤销离婚登记或确认离婚登记行为违法。从提起诉讼的原告主体看，部分案件系离婚登记的当事人本人提起，并以其是虚假离婚为由要求行政机关撤销登记；部分案件系离婚登记人的债权人提起，请求行政机关撤销债务人（夫妻）虚假离婚的离婚登记，以使债务人可对其债务承担共同偿还责任的案件。[1]从行政机关的答辩意见看，行政机关针对原告提出离婚登记系虚假离婚，应予撤销的主张，均抗辩称其对登记离婚的当事人是否是虚假离婚“无权确定，也无权撤销”。而从法院的审查内容及裁判结果看，法院最终认定离婚登记应否撤销或被确认违法的依据，[2]主要在于审查行政机关在离婚登记时是否尽到了形式审查义务，即行政机关对当事人提交的登记离婚材料是否符合《婚姻登记条例》规定尽到了应有的审查义务，而对行政机关对申请人的离婚原因、真实意愿等内容是否进行了审查并不作为案件审理范围。

2.刑事案件。涉虚假离婚的刑事案件涉及的罪名主要有诈骗罪，拒不执行判决、裁定罪，重婚罪。其中两件系因被告人在房屋拆迁过程中通过虚假离婚方式非法获取房屋动迁安置补偿利益，而被认定构成诈骗罪；[3]一件系因被告人骗取低保款、住房租赁补贴款而构成诈骗罪；[4]两件系因被告人通过虚假离婚来逃避履行生效文书债务，构成拒不执行判决、裁定罪；[5]还有一件是原夫妻一方提起的重婚罪自诉案件，双方当时因逃避计划生育政策而假离婚，后因对方又与他人登记结婚，故追究对方的重婚罪。从法院对涉虚假离婚的刑事案件处理来看，其注重于当事人实施虚假离婚的目的事实，并通过该目的事实的实现程度来定罪量刑，因此判决中对当事人虚假离婚的身份效力大多不作表态。即使是

---

〔1〕（2017）粤1481行初38号、（2012）舞行初字第18号。

〔2〕（2017）粤71行终572号、（2018）湘13行终10号、（2015）嘉行初字第279号。

〔3〕（2012）一中刑终字第2639号、（2017）川10刑终122号。

〔4〕（2016）吉0112刑初106号。

〔5〕（2018）豫1502刑初282号、（2016）鲁0704刑初85号。

在需判断是否构成双重婚姻关系的重婚罪案件中，从判决理由中虽然可以感知法院对被告人“虚假离婚”的离婚效力持肯定态度，[1]但亦不予以直接表明。

（三）涉虚假离婚案件中司法裁判存在的问题

由于民事、行政、刑事审判的功能与性质不同，它们对涉虚假离婚的案件处理上有着不同的审查重点。刑事案件一般是以被告人是否实施了通过虚假离婚来达到其犯罪目的的行为作为审查内容，因此它往往以虚假离婚的证成为出发点。而行政案件审查的是婚姻登记机关登记离婚行为形式审查的合法性，因此行政审判不触及对虚假离婚的认定与判断，即使法官在审判中通过自由心证感知当事人存在虚假离婚的情况，如果婚姻登记机关进行离婚登记时并不存在形式审查违法的情况，法官也不会判决撤销该离婚登记行为或确认其违法。而民事案件中涉虚假离婚案件的当事人主要是以存在虚假离婚为由来否认此前的财产协议，并诉请对财产予以重新分配处理。因此民事案件的处理也存在需以虚假离婚证成为前提。但由于民事诉讼以当事人举证为主、法院调查取证为辅，加之法院调查取证手段的有限性以及法官对法律适用的不同理解，因此涉虚假离婚的民事诉讼中存在差异化处理的现象相对明显，问题也相对集中。

首先，民事裁判对虚假离婚身份效力与财产协议效力的关联性上存在分歧。部分观点认为，双方一经婚姻登记机关办理离婚登记领取离婚证书，其婚姻关系即解除。双方当事人因规避政策而“假离婚”的主观状况，并不影响系争离婚协议中财产分割内容的效力。如案例一和案例三中，法院对于被告所提出的离婚协议系基于“假离婚”而签订的主张不予采纳，认为婚姻关系解除不受假离婚的影响，财产分割协议同样不受假离婚的影响。而在虚假离婚被证成的案件中，“假离婚”在身份关系上虽然导致双方婚姻关系的解除，但虚假离婚在财产分割上会影响当事人真实意思表示的判断，因此离婚协议书的财产分割内容会因不具备当事人真实意思表示而无效。

其次，民事裁判对虚假离婚的证明标准缺乏统一认识。当前涉虚假离婚案

[1] 甘明秀主编：《新类型疑难刑事犯罪案件定罪量刑点评》，人民法院出版社2005年版，第200~203页。

件在司法中被认定的比例偏少，一方面与虚假离婚的真实意图难以被外界得知、当事人留存证据的意识差具有一定关联；另一方面也表明，司法裁判对虚假离婚的认定还没有形成较为明确具体的标准，导致法官在个案处理中对虚假离婚的认识和认定不一。如在案例二和案例五中，从当事人所提供证据以及法院查明的事实看，两案并无太大差异，但法院对虚假离婚的认定却出现不同结果。虽然这与法官的审判水平和能力有一定关联，但虚假离婚的司法认定标准缺失也不失为其原因。

最后，司法裁判对虚假离婚本身的效力多采取回避态度。无论是民事案件，还是刑事案件，法院尽管必须以认定虚假离婚为基础来处理当事人之间的财产关系或认定被告人的行为性质，但大多将当事人的虚假离婚作为事实认定，而对虚假离婚本身究竟是有效或无效很少在法律定性上作出直接表态，由此也可反映司法对该问题的认识还存在一定的模糊性。

对于涉虚假离婚民事案件来说，当事人争议的主要焦点在于对虚假离婚时所签订的离婚协议或财产分割协议的效力分歧。而其认定首先要厘清虚假离婚对该协议效力是否存在影响。如果虚假离婚对财产分割没有影响，则离婚协议或财产分割协议将是处理双方财产纠纷的主要依据。如果确认了虚假离婚对财产纠纷有影响，就需要在诉讼中对于当事人主张的虚假离婚进行事实认定。因此，审理涉虚假离婚的财产纠纷需要解决三个问题：首先是虚假离婚的效力问题，其次是虚假离婚的认定问题，最后再根据虚假离婚的效力影响来判断和认定离婚协议或财产分割协议的效力，并最终做出处理。据此，笔者在下文中将从法律和法理层面对上述问题作一分析。

二、虚假离婚的法律问题分析

（一）虚假离婚的法律效力

我国婚姻法律法规并未对虚假离婚作出过规定，我国民事法律在原《民法总则》颁布之前也未有通谋虚伪行为的规定。原《民法总则》第146条（该条款被《民法典》完全吸纳，且条目相同，为保持行文一致，故以下均使用《民法典》

第146条的表述。)首次对通谋虚伪表示做出了规定,但是对于该条款的解读在学理上还未统一,尤其是关于虚伪行为无效的范围仍认识不一,其中最为明显的分歧在于该条规定能否对虚假离婚的身份关系和财产关系同时适用。

1.通谋虚伪行为法律规定对虚假离婚身份关系适用上的学理分歧。虚假离婚的行为性质属于法律上所规定的通谋虚伪行为,由于民事法律行为作为民法的基本内容和总体规范,在大陆法系国家一般都将其规定在民法总则内容中。而虚假离婚作为婚姻法的范畴,在现行婚姻法律法规对虚假离婚没有规定的前提下,其能否适用民法总则中关于通谋虚伪行为的法律规定一直以来成为大陆法系学者们的争论焦点。赞成者认为,民法总则是一般的规则,当特别规则无明文规定时,应当适用总则一般规定;即使在婚姻领域,双方意思表示需一致,若意思表示存在通谋,则为无效。反对者则认为,民法总则的内容主要是针对财产法律关系的规定,婚姻等身份法律关系有其特殊的规则,特别是在涉及身份关系的认定和效力问题上,不宜绝对无条件地适用民法总则的内容。为此,笔者对大陆法系学理上的相关观点简述如下:

在我国台湾地区,王泽鉴教授指出,台湾地区“民法”第87条第1项规定了通谋虚伪意思表示不具有法律效力,“双方虚伪的意思表示,其适用对象包括契约、合同行为及有相对人的单独行为等,无论其为财产上行为,或身份行为,均有使用适用余地”。〔1〕如果夫妻双方通谋做出虚假离婚的意思表示,依照第87条第1项规定,应该是无效的;但是存在善意第三人的话,其无效不可与之对抗。史尚宽先生也认为:“为达其他目的而伪为离婚之合意者,为假装离婚,原则上应为无效。”〔2〕如果善意第三人相信其离婚有效而与当事人一方结婚的,理应保护此善意第三人,认定后者结婚有效。〔3〕而戴炎辉、戴东雄教授则认为:“总则编之规定,大率以财产交易为目标,不应将此内容作为亲属编总则之规定。惟总则之规定中,亦有适用于各编真正总则之规定。故应分别情形加以检讨。”〔4〕

---

〔1〕 王泽鉴:《民法总则》,中国政法大学出版社2001 年版,第360页。

〔2〕 史尚宽:《亲属法论》,中国政法大学出版社2000年版,第464页。

〔3〕 史尚宽:《亲属法论》,中国政法大学出版社2000年版,第466页。

〔4〕 戴炎辉、戴东雄:《亲属法》,台北,顺清文化事业有限公司2002年版,第6页。

余延满先生更直接的指出："虽身份上的行为亦有通谋虚伪表示之存在，但民法总则中有关的意思表示的瑕疵规定亦不能直接适用于身份上的行为，因其可撤销或无效的原因并非像总则编为保护意思表示的相对人和维护交易安全的目的使然，而是因为身份行为在本质上若无真实意思表示则不能成立身份关系。"〔1〕上述学理上的差异同样体现在我国台湾地区的司法判决中，如1965年台上字第3175号判决为：通谋所为虚伪身份行为，除财产上之法律关系外，若系因绝对尊重当事人之意思者，如虚伪离婚，依其本质在当事人与第三人之间，均因意思之欠缺而当然无效，并不得适用"民法"第87条第1项之规定，该判决对于虚假离婚持绝对无效立场。而在1971年台上字第3358号判决中，判决直指，查上诉人等既经证人订立离婚手续字据，离婚并办理登记，能否与上诉人等仍有同宿共同生活之事实，而谓其离婚系出于虚伪之意思表示，不无研酌之余地，似采虚假离婚因区别对待而不应适用我国台湾地区"民法"第87条认定为无效。

在日本，根据《日本民法典》第94条的规定，虚假离婚既属于双方串通的虚伪意思表示，则其不具有法律效力，但为了维护善意第三人的利益时不可否定其法律效力。但是日本学者我妻荣在上述条文的适用范围上有不同的看法，他认为，身份行为上的虚伪意思表示当然是无效的，如果按照第94条第2项针对善意第三人的关系上认定其有效，则不符合身份关系的本质。因此，关于身份上的行为，虚伪表示，不依据本条，从其行为的性质，应当在所有的关系上无效。〔2〕该观点曾一度成为日本学说的主流观点，并直接影响了日本的判例（如大判大正十一年二月二十五日）。但此后日本判例及学说一改此前观点，认为身份行为不宜完全适用第94条的规定。〔3〕如日本学者栗生武夫认为，婚姻关系不能适用民法总则，"于交易契约，许其为虚伪无效之抗辩；而于婚姻，则禁止虚伪无效之抗辩，与禁止心中保留之抗辩同。"从日本民法的规定看，民法总则"系特别限定无效及撤销之情形而此限定情事，不得搀入'心中保留'""一旦依方式表示婚姻意思

〔1〕 余延满：《亲属法原论》，法律出版社2007年版，第46页。

〔2〕［日］我妻荣：《新订民法总则》，于敏译，中国法制出版社2008年版，第276页。

〔3〕［日］久贵忠彦：《亲族法》，有斐阁1984年版，第102页，大判昭和十六年二月二日、最判昭和三十八年十一月二十八日。

以后，即无提出非真意抗辩之余地，纵令相对人为恶意，表意人亦不能不为表示所拘束”。[1]

而德国民法在立法时既已排除了通谋虚伪行为于离婚方面之适用。[2]德国法认为该行为通常发生在房地产交易中，在交易证书中当事人约定一个假的较低的价格，以期承担较少的公证费用及税费。且其明确指出该条款不适用于离婚，因法律对婚姻的无效和可撤销均做出了封闭式的规定，特别排除的是因失败的离婚动机而想要滥用这一法律条文的情形。[3]

我国大陆学者对此问题也同样存在上述分歧。如王利明教授认为："婚姻行为在本质上也属于一种民事行为。尽管我们不将婚姻看成合同，但不可否认，婚姻仍然是一种民事行为，因此可以适用民法通则中关于民事法律行为的某些规定。"[4]杨立新教授则更明确地表示："如果一方当事人主张经过登记的离婚是假离婚，依据《民法总则》第146条第1款规定而主张假离婚无效，证据确实的，应当认可其是虚假民事法律行为，确认其为无效的民事法律行为。在作出上述认定以后，应当撤销原来的虚假离婚登记，恢复原来的婚姻关系。"[5]同时他还指出："如果一方当事人在虚假离婚行为并进行了登记后，已经与他人再婚的，应当维持该身份行为的效力，他方不得再提出宣告该虚假离婚行为无效，也不得再请求撤销该离婚行为，以保持婚姻关系的稳定性。"[6]而王礼仁法官则翔实地分析了身份行为在适用原《民法总则》方面存在的问题。通过对德国、我国台湾地区各位学者的观点总结，他提出："民法总则对于纯粹的身份行为，所适用的部分很少，如关于意思表示虚假不能适用民法总则，特别是民法总则中关于无效民事行为的规定，对于身份行为应当排除适用，因为我国对于婚姻无效是采取列

---

〔1〕［日］栗生武夫：《婚姻法之近代化》，胡长清译，中国政法大学出版社2003年版，第58~59页。

〔2〕刘得宽：《民法总论》，中国政法大学出版社2000年版，第324页。

〔3〕Staudinger/Reinhard Singer, Kommentar, Berlin 2011，§ 117, Rn3.孔雨薇：《虚假离婚问题研究》，华东政法大学民商法专业2017年硕士学位论文，第21页。

〔4〕王利明：《婚姻法修改中的若干问题》，载《法学》2001年第3期。

〔5〕杨立新：《对修订民法典婚姻家庭编30个问题的立法建议》，载《财经法学》2017年第6期。

〔6〕杨立新：《〈民法总则〉规定的虚假民事法律行为的法律适用》，载《法律科学》2018年第1期。

举式的立法，对婚姻无效的情形采取了限制，因而我国婚姻无效的原因和效力，都不能适用民法总则。”[1]

基于原《民法总则》中通谋虚伪行为规定能否适用于身份行为的不同观点，学理上对于虚假离婚的法律效力也产生有两种不同的观点：

一是“实质意思说”，又称为“无效说”。该学说认为，在虚假离婚中，双方当事人间的协议离婚并非出自真意，双方没有真正想要离婚的意思。尽管当事人在程序上已办理了离婚登记，但离婚协议因不符合当事人内心真意应属无效，从而离婚登记也属无效，当事人间的婚姻关系仍在持续。[2]

二是“形式意思说”，又称为“有效说”。该观点则认为，离婚是具有要式性的特殊行为，“因其采用公然的方式缔结，故效力的判断应坚持依方式公然缔结之行为，不能因私的密约左右其效力”。[3]该学说认为，离婚行为中不仅包含了双方当事人的意思表示，还包含了婚姻登记机关具有公信力的登记形式，因此，为了保护第三人对行政登记公信力的信赖保护，虚假离婚行为带来的法律效果应同普通离婚行为一样，即婚姻关系自离婚登记办理完毕时终止。

2.本文的观点。通过上述阐述，不难看出，对于虚假离婚的身份行为能否直接适用原《民法总则》中的虚伪行为规定，或者说虚假离婚的效力究竟采实质意思说抑或形式意思说，均有所据，国外立法例和判例也不尽一致。但笔者认为，就虚假离婚的身份关系而言，应采形式意思说，即应认定为有效，理由如下：

首先，虚假离婚在离婚的意思表示上能实现意思表示理论自洽。意思表示是指当事人将他心中所追求的、想要发生法律效果的意思表示出来，从而使该意思表示为相对人可得知的行为。[4]因而一个法律行为是否有效应取决于当事人做出的意思表示是否符合他们的内心真意。在虚假离婚中，当事人双方或出于逃避债务的动机，或出于获取国家政策利益之动机，在一致同意的基础上达成了离婚合意并追求这个离婚合意发生的法律效果，至于当事人的行为动机，并不是

〔1〕 王礼仁：《婚姻诉讼前沿理论与审判实务》，人民法院出版社2009年版，第84页。

〔2〕 蔡立东、刘国栋：《司法视野下的“假离婚”》，载《国家检察官学院学报》2017年第5期。

〔3〕 [日]栗生武夫：《婚姻法之近代化》，胡长清译，中国政法大学出版社2003年版，第59页。

〔4〕 王泽鉴：《民法总则》，北京大学出版社2009 年版，第266页。

虚伪行为构成中的一部分。因此，从虚伪行为构成要件上来说，虚假离婚的双方当事人在向行政机关申请离婚登记时并不存在意思表示上的不真实，其意思表示符合意思表示的有效要件，即内心意思与表示意思的一致。

其次，身份行为重在身份事实和必要法律程式。离婚行为基于自身的特殊性，需要满足一定的形式要件方可生效。离婚登记作为离婚行为的生效要件，是一种行政确认行为。从上文中有关涉虚假离婚的行政案件处理情况可以看出，即使当事人向行政机关作出的是一个“虚假”的离婚意思表示，但只要该意思表示在外在形式上符合离婚登记的形式审查条件，行政机关的行政确认行为仍应确认为有效。而且离婚登记的行政确认行为一经作出即具有公示公信力，善意的第三人相信该公信力而做出的一系列财产性或身份性的行为则应受到法律的保护。法律应当维护这种国家机关的公信力，并维护该公信力之下形成的财产性的以及人身性的社会秩序。如因当事人的虚伪表示而随意破坏离婚登记的公示公信效力，将影响社会婚姻关系的稳定与秩序。

再次，对于双方通谋虚假离婚，我国民政部门和最高法院也不认为无效。民政部办公厅《关于能否撤销李某与张某离婚登记问题的复函》（民办函〔2003〕71号）指出：“李某与张某办理离婚登记时，离婚意思表示明确，证件证明齐全，程序合法。当事人李某以假离婚、离婚的目的是逃避债务为由，请求宣布其解除婚姻关系无效，没有法律依据。”《最高人民法院关于陈建英诉张海平“假离婚”案的请示报告的复函》也明确指出，“假离婚”具有法律效力。

最后，认定虚假离婚在身份关系上的无效，有违法律行为效力认定标准的同一性原则，也与限制虚假离婚行为的道德逻辑相悖。按“实质意思说”或“无效说”的观点，虚假离婚的一方离婚后与第三方结婚的，因保护善意第三人之需要，该虚假离婚行为应认定有效；如双方均未与第三方结婚的，则双方虚假离婚无效；换言之，当事人事后的结婚行为具有将之前虚伪离婚的无效“修正”为有效的功能。但是，对于当事人虚假离婚这同一行为，因当事人一方或双方事后结婚这一与虚假离婚行为并无关联的独立行为而产生不同效力判断，并无法律依据，也无法理基础，与法律行为效力认定标准的同一性原则相违背。此外，因虚假离婚行为的非正当性，其应受到政策和法律的规制。如虚假离婚行为在法律上认定无效，即使一方当事人在事后不愿复婚，只要其未再结婚，另一方均可主张无效而重新恢复双方的婚姻关系。按此逻辑，当事人在选择假离婚时并无“假戏真做”的后顾之忧，这反而更助长了当事人通过虚假离婚来实现其非正当目的的动机和愿望。因为即使事后双方被认定为虚假离婚，因该行为无效，当事人最坏的结果在身份关系和财产关系上无非是回复到与虚假离婚之前的状态，任何一方均无其他风险和损失。因此，相较于“形式意思说”或“有效说”情形下，当事人鉴于虚假离婚可能存在“人财两空”的假戏真做风险，“无效说”无疑有悖应对虚假离婚予以法律和道德规制的逻辑。

（二）虚假离婚的认定因素

司法实践中对虚假离婚的认定率低与涉虚假离婚案件中当事人的主张率高形成较大反差。一般来说，实践中在虚假离婚的当事人诉讼中，大多数当事人并没有能直接证明双方系虚假离婚的承诺书、协议书等证据，而且诉讼中很少有当事人承认对自己不利的事实，特别是在夫妻通过虚假离婚损害第三人利益的情形下，第三人更是无法掌握或提供证明当事人虚假离婚的直接或有力证据。于此情形，法官一方面应结合虚假离婚的特征以及表现，准确总结和归纳认定虚假离婚的证明标准；另一方面应充分行使释明权，指导当事人举证，以形成能证明虚假离婚这一待证事实存在的具有高度可能性的证据链。笔者认为，在涉一方当事人主张虚假离婚的民事案件中，司法实践中应指导当事人从以下方面举证，并结合证据证明的事实来综合判断和认定虚假离婚的存在与否。

1. 当事人离婚前后的生活状况变化因素。虽然双方离婚后仍共同生活并不能直接证成双方是虚假离婚，但判断当事人离婚后的生活密切程度对虚假离婚的证成却具有较大影响。一般来说，如果离婚后双方的生活密切程度与之前并无变化甚至更高，则虚假离婚的概率较高。而双方离婚后在生活中仍以夫妻身份从事家庭事务，或者以夫妻身份行使家事代理权等，都可作为判断双方是否为虚假离婚的有力参考。如上述案例五中，双方离婚后，双方仍对外以夫妻名义相称，且一方仍以另一方作为自己商业保险受益人等，都是法官判断双方构成虚假离婚的综合因素。因此如虚假离婚的一方或债权人等第三人能就此提供相应证据，可作为认定虚假离婚的因素之一。

2. 当事人主张的虚假离婚原因证据及与离婚时间的关联因素。即结合双方离婚的时间与所主张的离婚原因进行考量。一般虚离婚行为与离婚的原因行为具有关联性，在时间上紧密度也较高。如双方为了买房而虚假离婚，可以从离婚时间与签订购房合同、办理贷款的时间上的紧密程度为考量依据。而在虚假离婚逃避债务的场合，债务形成时间与当事人的离婚时间同样可作为虚假离婚的判断因素。按常理和逻辑，在虚假离婚逃债的场合下，一般来说债务成立在先，夫妻离婚在后是常态；而对于夫妻离婚在前，债务成立在后的例外，除非债权人有其他证据证明，否则难以与虚假离婚逃债逻辑相洽。

3. 离婚协议书对财产分割的明显失衡性因素。离婚协议书是男女双方综合考虑夫妻感情、对家庭贡献、孩子抚养、工作收入等多种因素自愿达成，除了纯粹的利益考虑外，不能仅以财产分配是否合理来判断协议的真实性及效力。即便在利益分配上有所失衡，也并不代表双方是假离婚。但在虚假离婚的场合，当事人为逃避债务、规避限购限贷等原因，往往需将夫妻财产的大部分或特定的房产等归于一方。因此在夫妻财产处分明显失衡场合，如果双方对此并无合理理由和充分证据予以证明，且在另一方或第三人主张虚假离婚时，该财产分割的明显失衡因素亦可作为虚假离婚的判断或认定因素。

当然，鉴于具体个案的差异，认定虚假离婚并不仅限于上述因素的考察。加之虚假离婚作为当事人的内心意思，在当事人有意隐瞒和回避的场合，更需要法官本着追求案件法律事实与客观事实高度一致的证据认定规则，并充分应用生活经验和社会常理，来对此作出综合判断。

三、虚假离婚的司法应对选择

（一）身份关系效力和财产关系效力相区分处理原则

根据我国《民法典》第1076条的规定，协议离婚首先必须要求夫妻双方就离婚达成一致，并对双方的财产关系和子女抚养达成一致意见。据此，离婚协议实质上是一个复合型协议，其内容涵盖了婚姻身份关系终止、财产关系处分以及子女抚养关系的确定等。在自愿离婚的场合，婚姻关系的终止和财产关系的处分是两个完整且独立的意思表示，两者可以各自独立生效，它们的效力应该分别评价。

首先，离婚协议中财产关系的内容可以独立于身份关系解除而独立发生效力。在司法实践中，夫妻之间离婚前便可达成相应的财产分割协议，该协议效力法院也予以认可。其次，离婚协议中关于财产分割的内容，就其本质而言，属于附条件的协议，以协议离婚作为生效条件，二者可以而且应该予以分别评价，只是财产协议的生效受制于协议离婚。财产分割的内容要发生效力，其前提是财产分割协议的内容为有效。据此，离婚协议中财产分割的协议效力先应满足意思表示真实的条件，即为有效，待到办理离婚登记时，则现实地产生对当事人的约束力，其与婚姻关系是相互独立的，而非绑定关系。如果其本身存在意思表示瑕疵的效力障碍，即使离婚这一生效条件成就，也不发生法律效力。最后，关于离婚协议中财产分割的意思表示瑕疵也不影响离婚的效力。依照2003年《最高人民法院关于适用〈中华人民共和国婚姻法〉若干问题的解释（二）》第9条的规定，男女双方协议离婚后1年内就财产分割问题反悔，请求变更或者撤销财产分割协议的，人民法院应当受理。换言之，当事人对于财产分割内容如存在欺诈、胁迫等意思表示不真实的情况，可以申请法院变更或撤销，但其并不影响协议离婚身份层面上的效力。由此，司法实践中对于离婚协议的人身关系和财产关系也一直采取相互分离的处理态度。

在处理涉虚假离婚的案件时，亦应坚持身份关系效力和财产关系效力相区分处理原则，即在肯定当事人协议离婚的身份法效力有效的基础上，仍需要对离婚协议中财产处分的意思进行重新审查，如果虚假离婚的当事人关于财产的分割亦为虚伪意思表示，则法院应根据《民法典》第146条第1款的规定，否定该意思表示的效力，认定该财产分割协议无效。

（二）虚假离婚中夫妻对内财产的处理路径

基于上述区分处理的原则，在虚假离婚且被认定的案件中，对于当事人之间的财产争议仍应根据《民法典》第146条第1款的规定来审查当事人在虚假离婚过程中所签订的相关财产协议效力。实践中，由于当事人虚假离婚时的财产争议存在不同情形，笔者试对不同情形下的财产纠纷处理分析如下：

1. 虚假离婚时双方仅签订离婚协议书的情形。在此情形下，虽然双方婚姻关系解除的效力不会因虚假离婚而受到影响，但如双方基于其他目的而签署的财产分割协议并没有体现双方真实分配财产的意愿，则应根据《民法典》第146条第1款的规定，确定该财产分割协议属意思表示瑕疵的行为，认定为无效。由此，当事人主张按照该离婚协议书约定分割财产的，不应得到法院支持。法院仍应根据《民法典》第1087条、第1089条的规定，依法处理共同财产和共同债务。

2. 虚假离婚时除签订离婚协议外还存在其他协议的情形。实践中，存在其他协议包括两种情况，一种情形是“假离婚”协议，它是指双方在婚姻登记机关签署离婚协议书之外，出于安全性的考虑，私下通过签订补充协议的方式，明确双方为“假离婚”并对一方不复婚后的财产处理作出约定。和离婚登记的离婚协议书相比，假离婚协议书往往更能体现虚假离婚双方的真实意思表示，当然双方约定复婚的条款从法律上来看不符合婚姻自由的要求，其涉及身份关系的条款对于双方不具有约束力，但其关于财产分割的内容从合同角度分析应为有效。因此，可将当事人另行签订的“假离婚”协议作为处理双方财产的依据。另一种情形是双方在虚假离婚之后，重新协商达成了新的财产分配协议。根据意思自治原则，双方可以协商达成新的协议，如该协议并不存在意思表示瑕疵的情形，则财产归属应以该新达成的协议约定为准。

3. 虚假离婚复婚后又离婚的情形。实践中存在双方虚假离婚后复婚，复婚后双方感情破裂又真离婚；或者虚假离婚后复婚，双方又因其他目的再次虚假离婚，第二次虚假离婚后双方感情破裂导致真离婚的情况。这两种情形的共同点是第一次离婚均为虚假离婚，双方会根据虚假离婚的目的要求将财产集中分配到一方名下的情况。待双方复婚后，夫妻之间的财产属性是否发生变化，原本夫妻的共同财产是否变成某一方的个人婚前财产是个值得考虑的问题。

笔者认为，离婚时夫妻的共同财产应当经过双方协议处理。在真实离婚的情况下，夫妻双方在离婚时会对财产做谨慎细致的分配，离婚协议书的签订代表了双方的合意，因此财产分配是能够充分体现公平性的。所以除了有离婚时未予分配的财产外，一方对于离婚时的财产分配反悔的，只能以存在欺诈或胁迫为理由要求撤销。在这种情况下，双方离婚后对共同财产分配的后果就是共同财产转化为一方的个人财产，并且这种分配不会因为双方复婚产生逆转。这种法律效果在双方登记离婚或者判决离婚之时得到确定。复婚的时候，之前财产分配的效果依然存在，分配给某一方的财产就是其复婚时的婚前个人财产。若双方复婚后再次离婚，个人财产同样不会成为夫妻共同财产的分配对象。

而虚假离婚场合下，夫妻离婚协议书的签订一般不会将公平性纳入财产分配的考虑之中，财产分配中考虑的主要因素是虚假离婚的动机行为在外观上需要满足的条件。比如，为了获得买首套房的资格，会将房产转移到另一方名下；为了规避卖房时的个人所得税，也会将房产转移到一方名下；为了骗取拆迁征地补偿款将房产转移到一方名下；为了规避债务，将存款房产等财产悉数分配给一方，另一方净身出户等。这些财产分配均不代表双方分割财产的真实意思。双方的真实意思是将财产先“假意”分配给一方，待目的实现双方复婚后，上述财产的归属仍不发生变化，即仍属双方共同财产。因此，虚假离婚场合的财产协议对财产的分配并不足以产生使共同财产变成个人财产的法律效果。双方复婚后，夫妻共同财产和个人财产的区分仍以离婚前为标准。

复婚后的再次离婚，则要分为两种情况。如果第二次离婚仍然是虚假离婚，其财产分配仍不代表双方真实意思表示，法院应根据《民法典》婚姻家庭编的相关的规定依法分割双方财产和债务。如果第二次离婚是基于双方感情破裂的真实离婚并签订了意思表示真实的离婚协议，如此后一方反悔，并以虚假离婚时的离婚协议主张财产分配的，法院则不应当采纳，而应按照第二次真实离婚时的离婚协议来处理双方的财产纠纷。

（三）虚假离婚中对外财产关系的处理思路

当然，涉虚假离婚案件的财产关系除涉及夫妻之间财产的处理之外，同时也涉及与第三人财产关系的处理。特别是在夫妻双方通过虚假离婚而逃避对外债务的情况下，第三人权益的保护应得到重视。虽然夫妻共同债务的证明从“婚内推定”规则向“日常生活所需”规则转变后，第三人的证明责任有所加重。

但一方面，在虚假离婚被证成的场合，第三人可根据《民法典》第146条第1款的规定主张夫妻双方的虚假离婚协议无效来实现其债权的有效保护；另一方面，在虚假离婚难以被证明的情况下，第三人也可根据《民法典》第538条、第539条有关债务人无偿或明显低价转让财产等给债权人造成损害的规定，来行使撤销权，撤销夫妻之间明显利益失衡的财产分割协议以保障自身合法权益的实现。

此外，对于非直接涉及夫妻虚假离婚的诉讼，如家庭成员因动迁安置利益分割而引发的分家析产纠纷，因当事人规避限购限贷政策购房后而产生的房屋买卖合同纠纷，涉低保金等特定政策补助款项遗产继承纠纷等，如案件审理中发现存在当事人通过虚假离婚获得非法财产利益的情况，法院应强化监督与司法建议职能，积极建议相关部门予以更正处理；如当事人虚假离婚行为涉嫌刑事犯罪的，应依法将案件移送公安处理。唯有如此，才能防止当事人的上述非法财产利益通过诉讼而“正当化”“合法化”，才能构筑司法应对虚假离婚的全方位、立体化体系，实现对虚假离婚的有效规制，并建立正确的司法导向。

审判实务精要

涉虚假离婚的纠纷一般系因夫妻一方或债权人等第三人在夫妻离婚后以双方系“假离婚”为由而对离婚协议中的财产分割内容持有异议而引发，因此该纠纷中的当事人大多以虚假离婚无效为基础，来进一步主张双方分割财产的协议无效为诉讼进路。为此，审判实践先要对当事人是否属虚假离婚作出认定，并在认定的基础上对离婚双方的身份关系和财产关系的效力问题作出处理。对于虚假离婚的认定，在无直接证据证明的情况下，法院应根据双方离婚后的生活状态、离婚原因行为与离婚时间的关联度、财产分割的明显失衡性等因素，并结合生活常理和逻辑综合予以认定。

而对于虚假离婚的身份关系与财产关系效力，应坚持两者相区分处理的原则：身份关系基于其特殊性，应排除适用《民法典》第146条第1款的规定，仍确定为有效；而财产关系因欠缺意思表示真实的要件则应根据上述规定确定为无效。并以上述原则为基础，依法处理虚假离婚的夫妻对内财产关系和对外财产关系。如夫妻离婚时的财产分割协议系因虚伪通谋而形成，应以其不具备真实意思表示等有效要件来否定其效力，并依我国《民法典》婚姻家庭编和合同编中的相关规定来依法重新处理双方的对内财产或对外债务。同时，对于当事人假借离婚而取得的不当利益或财产，应积极建议有关部门予以处理，以加强对虚假离婚的规制。

撰稿人：程小勇，上海市高级人民法院民事审判庭审判员，法学博士

继　　承

43. 非法定形式遗嘱的效力认定

导　言

《民法典》第1136条、第1137条在原有遗嘱类型的基础上增设了打印遗嘱和录像遗嘱，在一定程度上满足了社会对遗嘱类型多元化的需求，也解决了司法实践中遇到的诸如打印遗嘱效力如何认定的问题。随着信息化技术的不断进步，依托新技术而产生的遗嘱类型层出不穷，《民法典》中列举的遗嘱类型未涵盖目前已出现的电子数据遗嘱等类型，立法既定的遗嘱法定形式要件对涵盖将来新出现的遗嘱类型存在适用难度。同时，由于社会民众对于遗嘱形式的认知仍然不够充分，即使采用了自书遗嘱等法定的遗嘱类型，也可能在签名等形式要件上存在瑕疵。以上两个因素造成了现实中非法定形式遗嘱的存在〔1〕。关于非法定形式遗嘱的效力问题，有的国家明确规定以非法定形式设立的遗嘱无效，但也有国家逐步建立了遗嘱形式的豁免制度。《民法典》、《最高人民法院关于适用〈中华人民共和国民法典〉继承编的解释（一）》对于非法定形式遗嘱的效力没有明确规定，学理上对此没有统一的意见，而司法实践中也有着不同的做法，这使非法定形式遗嘱的效力问题仍然具有讨论的现实意义。

一、问题形成：遗嘱形式法定引发的必然困局

大陆法系国家中公证遗嘱和密封遗嘱对遗嘱通过何种方式呈现没有要求，英美法系国家对遗嘱类型的关注点也侧重于是否有人见证而非遗嘱本身是否由当事人书写等因素。上述立法模式得以在保持法律条文稳定的同时应对实践中

---

〔1〕 本文所称的非法定形式遗嘱包括两种情况：第一，遗嘱的类型不符合法律规定；第二，遗嘱虽属于法定的遗嘱类型但诸如签名等形式要件存在瑕疵。

不断丰富的技术手段对遗嘱效力带来的挑战（见表43-1、表43-2[1]）。不同于此，《民法典》规定了6种遗嘱类型，且对每种遗嘱的形式要件有明确规定。两种立法模式各有优劣，遗嘱类型和形式法定化，易于遗嘱人以法定的遗嘱类型贯彻自己的遗嘱意图，同时有利于司法机关对遗嘱效力进行认定。但缺陷在于其不周延性，无法涵盖已存在以及可能出现的“遗嘱”类型。例如，当下区块链技术特有的不可篡改性对保证遗嘱的真实性而言作用显著，遗嘱与区块链技术的融合对于遗嘱人而言可能有较大吸引力。然而在区块链上保存的遗嘱属于电子数据，无法与法定的遗嘱形式相对应。如此便对司法实践中遗嘱效力的认定产生了挑战，故而存有对《民法典》关于遗嘱类型立法进行理解适用的必要。

表43-1 大陆法系国家遗嘱类型

法国	公证遗嘱	自书遗嘱	密封遗嘱
德国	公证遗嘱	自书遗嘱	
瑞士	公证遗嘱	自书遗嘱	
日本	公证遗嘱	自书遗嘱	密封遗嘱
意大利	公证遗嘱	自书遗嘱	
俄罗斯	公证遗嘱		密封遗嘱

表43-2 英美法系国家遗嘱类型

英国	在两名证人的见证下，凡是以书面形式订立的遗嘱均有效。而通过打字、印刷和其他可视的表现文字的方式都可以称为书写
美国	（1）自书遗嘱　　（2）见证遗嘱
澳大利亚	遗嘱需要符合以下条件方有效：（1）必须采用书面形式；（2）必须由遗嘱人在遗嘱的结尾处或底部签字；（3）必须由两名或两名以上的见证人同时在场见证；（4）每位见证人必须在遗嘱人在场的情况下证实并签名

二、思路梳理：遗嘱效力问题的分歧与统一

（一）理论和实践争议

对于遗嘱形式产生的效力争议，有观点认为，根据《民法典》第1133条的规

〔1〕 表43-1和表43-2内容来源参见陈苇主编：《外国继承法比较与中国民法典继承编制定研究》，北京大学出版社2011年版，第261~331页。

定，遗嘱人应当依照《民法典》规定的遗嘱形式设立遗嘱，否则无效。《最高人民法院关于适用〈中华人民共和国民法典〉继承编的解释（一）》第27条在界定遗书是否属于遗嘱时，亦强调遗书应当满足相应的形式要件及真实意思方能认定为自书遗嘱。持相反观点者认为，《民法典》第1133条的用词为“可以”而非“应当”，根据一般的用法，“可以”并不具有强制性，因此未按照《民法典》规定设立的遗嘱并不一定无效。同时，《民法典》在第1143条关于无效遗嘱的规定中并未规定非法定形式的遗嘱无效。《民法典》作此安排是认为非法定形式遗嘱的效力已由第1133条作出正面规定而无须再一次强调还是另有其他意图并不能轻易下定论。可供参考的是关于违反公序良俗合同的效力问题。《民法典》第143条规定，“具备下列条件的民事法律行为有效：（一）行为人具有相应的民事行为能力；（二）意思表示真实；（三）不违反法律、行政法规的强制性规定，不违背公序良俗”。而第153条第2款又规定，“违背公序良俗的民事法律行为无效”。可见，为了明确违背公序良俗合同的效力，立法上是作出了正反两次规定的，因此仅从正面要求遗嘱符合法律规定的要求并不必然可以推导出非法定形式遗嘱无效的结论。

在司法实践中，对于非法定形式遗嘱的效力问题的争议由来已久。在《民法典》未将打印遗嘱正式确定为法定的遗嘱形式之前，打印遗嘱的效力问题一直存在争议。本文以打印遗嘱为例对司法实践中的做法进行说明。

打印遗嘱，顾名思义即通过打印形成的遗嘱。由于近年来电子设备的普及，涉及打印遗嘱的纠纷案件数量逐渐增多。（见图43-1）

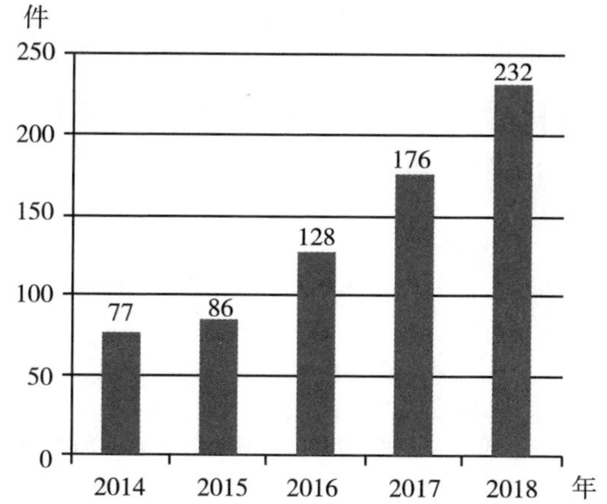

图43-1　2014~2018年全国涉打印遗嘱案件数量统计

对于打印遗嘱的效力问题，有的法院将打印遗嘱视为新类型的遗嘱，认为其因不具备法定的遗嘱形式而无效。[1]但是大多数法院并未采取这种做法，具体而言有以下两种思路：

第一种思路是通过扩张解释原《继承法》规定的法定遗嘱类型的内涵，使打印遗嘱成为法定遗嘱类型的一种进而认定其效力。有的法院认为打印遗嘱属于代书遗嘱，有的法院认为打印遗嘱属于自书遗嘱。同时，也有的法院先将打印遗嘱划分入自书遗嘱或代书遗嘱的范围之内，通过举证责任的分配最终认定打印遗嘱的效力。若有证据可以证明遗嘱是遗嘱人亲自打印或口述，则认为属于自书遗嘱，反之则属于代书遗嘱。[2]

第二种思路是将打印遗嘱作为新的遗嘱类型对待，但对打印遗嘱的效力进行区分认定。原《继承法》明确规定自书遗嘱或代书遗嘱应当满足"用笔书写"的要求[3]，因此打印的方式在一般情况下难以通过扩张解释纳入自书遗嘱或代书遗嘱的文意范畴。但一些法院认为，打印遗嘱虽非法定类型的遗嘱，但也不能一味否定其效力，应当探求当事人真实的意思表示从而判断遗嘱是否有效。[4]

（二）域外考据

关于非法定形式遗嘱的效力问题，各国立法的态度也并不相同。甚至在一些联邦制国家中，不同的州对于非法定形式遗嘱的效力也有不同的规定。

大陆法系国家和地区对非法定形式遗嘱的效力并无统一的规定。《法国民法典》第1001条规定，"违反民法典第二编第五章第一、二节规定的普通遗嘱和特别遗嘱形式的，所立遗嘱无效"。《意大利民法典》第606条规定，"关于方式的一切其他瑕疵，遗嘱得基于与其有利害关系的任何人请求作为无效"。我国台湾地区在司法判例中也否认了非法定形式遗嘱的效力。在台上字第2293号判例

---

〔1〕（2018）渝05民终5878号。

〔2〕（2018）鄂民申3039号。

〔3〕原《继承法》第17条："自书遗嘱由遗嘱人亲笔书写，签名，注明年、月、日。代书遗嘱应当有两个以上见证人在场见证，由其中一人代书，注明年、月、日，并由代书人、其他见证人和遗嘱人签名"。代书遗嘱虽未明确规定代书人代书的方式，但基于上下文规范的一致性，代书人代书的方式应当为代书人亲笔书写。

〔4〕（2017）鲁07民终6409号。

中，法官认为自书遗嘱必须由遗嘱人手书，采用印刷排版、电脑打印等方式设立的遗嘱均无效。〔1〕但《德国民法典》并未采取上述观点，其第2247条规定，“被继承人以其他方式签名，且这一签名足以确认被继承人的签名人身份及其表示的认真性的，此种签名与遗嘱的有效性不相抵触。”

英美法系国家对非法定形式遗嘱的效力问题的态度呈现转变的趋势，一些国家或地区正在逐渐接纳遗嘱形式的豁免制度〔2〕。美国过去的立法和判例均认为有效的遗嘱必须建立在符合法律规定的形式要件的基础之上，但这样的做法对形式的要求太高，甚至在遗嘱人签名时有一个见证人临时走出房间的情况下遗嘱也会被认定为无效。批评者认为对遗嘱形式的要求目的是保证遗嘱的真实性，但对遗嘱形式过分地强调反而侵犯了遗嘱人的遗嘱自由。因此在后来的判决中，法官逐渐倾向于认定如果有确切的且可以排除合理怀疑的证据表明遗嘱人希望将某一文件视为遗嘱，即使该文件不符合法定的遗嘱形式要件，也应当认定其有效。《统一遗嘱检验法》中关于遗嘱可以由遗嘱人委托的其他人签名的规定也体现了美国对非法定形式遗嘱的效力观点的转变。〔3〕《魁北克民法典》第714条也规定，“自书遗嘱或当着证人订立的遗嘱不符合此种遗嘱的全部形式要件但符合实质要件，且无可争议和明确地包含被继承人的最后意愿时，仍然有效”。

虽然国内外的立法、司法和学理对于非法定形式遗嘱的效力问题存在分歧，但对各种观点进行梳理后仍然可以发现一些共性的存在。一方面，非法定形式遗嘱的效力问题并没有占绝对多数的通说。在能够直接处理当事人权利义务纠纷的司法实践中，各种观点均有适用的空间。另一方面，各类观点均以保证遗嘱人的真实意思表示为最终的目的。分歧在于是应当根据形式要件还是实质要件对当事人的真实意思表示进行判断。综上所述，单纯从逻辑上论证哪一种观

〔1〕 刘耀东：《民法典编纂视野下遗嘱形式要件的完善与形式瑕疵遗嘱的效力》，载《上海政法学院学报》2019年第5期。

〔2〕 遗嘱形式的豁免制度，指的是只要有充分的证据证明遗嘱确实为遗嘱人最终的遗愿，即使是通过非法定形式设立的遗嘱也仍然有效。

〔3〕 ［美］约翰·G.斯普兰克林：《美国财产法精解》，钟书峰译，北京大学出版社2009年版，第454~455页。

点更具合理性非常困难，因此需要对该问题背后所涉及的价值冲突进行分析和讨论。

三、价值判断：遗嘱形式强制与遗嘱自由的冲突和协调

非法定形式遗嘱的效力问题之所以存在较大的争议，是因为不同的人在遗嘱形式强制和遗嘱自由之间有不同的选择。遗嘱形式强制由两个部分组成：一是遗嘱类型的法定；二是遗嘱形式要符合法律规定的要件。[1]遗嘱自由则是在保证遗嘱真实性的前提下由遗嘱人自行确定遗嘱的形式。前者希望通过对遗嘱形式的规定保证遗嘱的真实性，反映了公权力对私人意思领域的介入。后者则体现了个人对私法自治的要求，个人有权利根据自己的意思对私有财产进行处分。通过时间的纵向观察，可以发现遗嘱形式强制与遗嘱自由之间存在三次冲突。在遗嘱领域，社会对安全要素的考量逐渐让位于对自由意志的尊重，遗嘱形式强制正朝着缓和主义方向发展。

（一）第一阶段

遗嘱形式强制与遗嘱自由冲突的第一阶段源起自古罗马时期。这段时期形成了遗嘱形式强制的传统，立法上对遗嘱形式有相当严格的规定。首先是民会遗嘱和武装遗嘱。民会遗嘱是指遗嘱人在定期召开的公民大会上，以口头的方式向参加公民大会的公民宣读遗嘱的遗嘱形式。武装遗嘱是指在战争准备或进行的过程中，由于无法按时召开公民大会，遗嘱人可以在武装公民军团面前宣读遗嘱的遗嘱形式。这两种遗嘱虽然适用的场合不同，但均需满足公开性、口头性以及众多公民见证这三个要求，否则遗嘱无效。

其次是铜衡遗嘱，由于民会遗嘱和武装遗嘱对遗嘱形式过于严格，罗马法在之后规定了铜衡遗嘱。铜衡遗嘱又称为要式买卖遗嘱，是一种在5个见证人面前，将财产通过假装买卖转移给家庭买主的形式设立的遗嘱。

最后是裁判官遗嘱。裁判官遗嘱需要满足三个要件：一是遗嘱内容需要被

---

〔1〕 孙毅：《论遗嘱方式的缓和主义进路——以〈继承法〉修改的相关理念变革为中心》，载《求是学刊》2012年第4期。

固定；二是要有七名或以上证人的盖章确认；三是要提交裁判官备案。

以上三类遗嘱在形式上虽逐渐简化但与现在的遗嘱形式相比仍然较为烦琐，体现出了法律对遗嘱形式强制的重视。正因如此，是因为遗嘱的设立在古罗马时期涉及家族及公共利益。遗嘱人通过遗嘱传承的不仅是个人的财产，还有遗嘱人的公民地位和作为家父的权力。〔1〕由于公民是罗马社会的基石，家庭又与家族和社会紧密联系，罗马人的遗嘱也具有公法性质〔2〕。因此为了维护社会的安全，罗马法在遗嘱自由和遗嘱形式强制之间选择了体现安全的后者。

（二）第二阶段

遗嘱形式强制与遗嘱自由冲突的第二阶段在近代展开。随着文艺复兴以后个人主义精神的出现，遗嘱形式强制对于遗嘱自由有了一定的让步。立法逐渐规定了更多遗嘱的种类以满足民众多元化的设立遗嘱需求。

法国不仅在民法典中对自书遗嘱进行了规定，又在调和地区之间习惯法的基础上设立了公证遗嘱。德国逐渐引入了公证遗嘱并规定了成本较低的自书遗嘱。〔3〕但不可否认的是，遗嘱形式强制对各国仍然具有较强的影响力，英国1837年制定的遗嘱法就明确坚持非法定形式的遗嘱无效的观点。〔4〕这是因为遗嘱形式强制在遗嘱自由背景下获得了全新的功能定位。首先，一般情况下从遗嘱成立到生效需要经过较长的时间，为了保证遗嘱人的意思表示不因时间经过而灭失或难以确认，需要对遗嘱形式有较为严格的要求。其次，近代以来遗嘱虽然没有了公法上的意义，但仍涉及公民个人财产的最终分配。要求遗嘱人严格按照形式的要求设立，有助于提升遗嘱的严肃性和权威性，避免遗嘱人轻率设立遗嘱情形的发生。最后，法彦有云“人死不能开口”，当继承人对遗嘱的内容发生争议之时，严格的遗嘱形式有助于法官了解遗嘱人的内心真意。基于以上三点考

---

〔1〕［英］梅因：《古代法》，沈景一译，商务印书馆1959年版，第109页。

〔2〕费安玲：《罗马继承法研究》，中国政法大学出版社2000年版，第109页。

〔3〕陈棋炎：《民法继承新论》，三民书局2005年版，第262页。

〔4〕《英国遗嘱法》第9条规定，“任何遗嘱，如未以书面形式做成，并依下列方式订立，均不发生效力；遗嘱人在遗嘱底部或末尾签署，或者其他人当着遗嘱人并根据遗嘱人的指示在遗嘱底部或末尾签署；这种签署应当由遗嘱人在2名或2名以上证人同时在场的情况下进行或者承认，且那些见证人须当着遗嘱人对遗嘱进行证明和签署，但此种证明本身无须遵守等特别形式”。

量因素，遗嘱形式的强制转而成为保障遗嘱真实的重要方式，获得了许多国家的认可与适用。

（三）第三阶段

遗嘱形式强制与遗嘱自由冲突的第三阶段正在发生。在这个阶段，遗嘱形式强制带来的问题逐渐受到关注，学者们开始建议在更大的范围内实现遗嘱自由。孙毅教授将这种趋势称为遗嘱方式的缓和主义。〔1〕

遗嘱形式的强制性虽然在一定程度上保证了遗嘱的真实性，但也产生了不利的后果。一旦遗嘱形式与法律规定不符，则遗嘱将会面临无效的危险。遗嘱形式强制的目的在于确保遗嘱人的意思表示能在遗嘱中反映出来，但现在却因对遗嘱形式强制的坚持导致了遗嘱人的意思表示不能在财产分配中得到体现，未免本末倒置。对遗嘱形式强制的反思，使越来越多人认为应当从保障遗嘱自由的角度出发认定遗嘱的效力问题。

鉴于《日本民法典》关于遗嘱形式的规定在实践中造成的问题，日本学者开始呼吁“为了遗嘱自由而缓和方式的要求，则担心影响真意确保；而为了真意确保采严格方式，又担心威胁遗嘱自由，立法上必须找到这个二律背反的妥协点”。〔2〕同时，他们也指出了以遗嘱形式强制保障遗嘱真实性这一观点的问题，强调遗嘱的真实性与遗嘱的方式之间并没有必然的联系，以符合法定形式设立的遗嘱也不必然地表达了遗嘱人真实的意思表示，而非法定形式设立的遗嘱也并不一定违背遗嘱人的内心想法。

近年来，我国学者也逐渐认识到了遗嘱形式法定带来的问题。郭明瑞教授指出，非法定形式的遗嘱效力应当根据实际情况进行判断，若非法定形式的遗嘱不影响判定遗嘱是遗嘱人的真实意思表示，则应当认定非法定形式的遗嘱有效。〔3〕

---

〔1〕 孙毅：《论遗嘱方式的缓和主义进路——以〈继承法〉修改的相关理念变革为中心》，载《求是学刊》2012年第4期。

〔2〕 ［日］中川善之助、泉久雄：《继承法》，有斐阁1974年版，第435页。

〔3〕 郭明瑞：《论遗嘱形式瑕疵对遗嘱效力的影响——兼论遗嘱形式的立法完善》，载《求是学刊》2013年第2期。

（四）小结

遗嘱形式强制与遗嘱自由三个阶段的冲突，代表了社会在遗嘱领域对安全与自由两大价值的衡量。早期阶段，为保证社会权力的安全交接，立法者更倾向于设立严格的遗嘱形式。近代以来，基于遗嘱形式强制对遗嘱人真实意思的保障作用，各国基本沿袭了自罗马法以来的遗嘱观念，认为非法定形式的遗嘱无效。然而基于尊重个人意志的考量，立法上也简化和增设了遗嘱形式以满足社会的需求。但遗嘱形式强制过分强调对安全的保障，导致了许多能够反映遗嘱人真实意思的遗嘱被认定为无效。基于此，在能够保证遗嘱人真实意思表示的前提下，法律不应当过分追求遗嘱形式强制，遗嘱领域对安全的强调需要有条件的对遗嘱自由进行让步。

四、实务分析：遗嘱效力问题在特定情形下的判断

遗嘱形式强制对遗嘱自由的让步应当表现在两个方面：第一，对于新类型的遗嘱，法律不应当直接否认其效力；第二，对于虽属于法定类型但在形式上存在瑕疵的遗嘱，法律应当根据实际情况认定遗嘱的效力。由于对遗嘱形式强制和遗嘱自由的平衡较为抽象，本文将结合具体情况进行分析。

（一）新类型的遗嘱效力

在《民法典》尚未公布之前，打印遗嘱和区块链遗嘱一直是新类型遗嘱的代表。在《民法典》已经对打印遗嘱作出规定的前提下，区块链遗嘱的效力问题更应当受到关注。尤其是在《最高人民法院关于互联网法院审理案件若干问题的规定》首次允许区块链技术对证据进行存证的情况下，运用区块链技术存储遗嘱将会有更广阔的应用，因此本文将以区块链遗嘱作为新类型遗嘱效力的讨论对象。

本文讨论的区块链遗嘱与目前已有的区块链遗嘱概念并不相同。目前，中华遗嘱库已经上线区块链遗嘱业务，遗嘱人在中华遗嘱库订立遗嘱后，相关内容将同步生成一系列加密的数据并上传至司法电子证据平台当中，法官在审理过程中既可以从该平台下载遗嘱内容也可以直接从系统中调出。但这种形式的

区块链遗嘱本质上是保存在中华遗嘱库中的纸质原件的影印本，其遗嘱类型应当根据纸质原件来确定，并不属于新类型的遗嘱。本文所称区块链遗嘱是遗嘱人通过数据哈希直接上传到公链中，由区块中各节点独立验证，不可被篡改的遗嘱。

虽然区块链具有不可篡改的特性，但由于公链节点并不能验证上传人的真实身份，因此在区块链上的遗嘱并不一定是遗嘱人本人发送的。但是在以下几种情况下，应当认定区块链遗嘱的效力。

首先，有证据证明私钥仅受遗嘱人控制。区块链的用户均掌握有数对公钥和私钥。公钥用以创建发送信息的地址，相当于银行账户。私钥用以向区块链各节点表明发送信息者的身份，相当于银行密码。根据系统设置，一把公钥仅有一把私钥与之相对，因此只有私钥的控制人才能够通过公钥创建的地址发送信息。若现有证据能够证明在发送遗嘱的时间段内，私钥一直掌握在遗嘱人手中，就可以确定该份遗嘱为遗嘱人真实的意思表示。

其次，有见证人见证区块链遗嘱设立的全过程。《民法典》规定的打印遗嘱、代书遗嘱等遗嘱类型通过见证人确保遗嘱的真实性，因此该形式也可以适用于区块链遗嘱。关于见证人如何签名的问题。由于打印遗嘱、代书遗嘱均可形成纸质文件，因此见证人能在文件上签字确认。区块链遗嘱形式上属于电子数据，因此传统的签字形式显然无法适用。这种情形下，遗嘱人可以通过录音或录像形式，将见证人关于见证区块链遗嘱设立全过程的承诺保存下来并同区块链遗嘱一起上传至公链中。更便捷的方式是设置需要多重签名的区块链遗嘱。只有当遗嘱人和见证人分别用自己的私钥对遗嘱进行签名确认，区块链遗嘱才能发布到公链上。

最后，其他能证明区块链遗嘱真实性的方式。见证人可以在单独的一份纸质文件中声明其见证了区块链遗嘱设立的全过程并注明年、月、日。遗嘱人或他人也可以通过录像形式将遗嘱人设立遗嘱的全过程进行拍摄。司法实践中这样的做法比较常见，如在一起继承纠纷案件中，遗嘱人生前为了证明打印遗嘱是其自身真实的意思表示，邀请了四名见证人对遗嘱内容进行见证并以录像形式重新口述了自己的遗嘱。法院的判决绕开了遗嘱形式的问题，而是从意思表示真

实性上支持了继承人的诉讼请求。〔1〕

综上所述,对于区块链遗嘱的效力而言,只要能证明区块链遗嘱是由遗嘱人根据真实的意思表示自行发布在区块链上的,应当认定其遗嘱效力。

(二)形式瑕疵的遗嘱效力

遗嘱形式不符合有关法律规定的情形有多种,如遗嘱人或见证人未签名、遗嘱未注明年、月、日、见证人不符合法律规定的要件等。当遗嘱的形式瑕疵不影响遗嘱人真实意思表示认定时,不应当否认瑕疵遗嘱的效力。本文以打印遗嘱中存在年、月、日的标记瑕疵为例进行说明。

《民法典》第1136条规定:“打印遗嘱应当有两个以上见证人在场见证。遗嘱人和见证人应当在遗嘱每一页签名,注明年、月、日。”法律要求遗嘱上注明年、月、日的理由主要有以下两条:第一,《民法典》第1143条规定无行为能力或限制行为能力人订立的遗嘱无效。遗嘱人的行为能力需要根据遗嘱上载明的时间判断;第二,《民法典》第1142条第3款规定遗嘱人的真实意思以最后生效的遗嘱内容为准。在有多份遗嘱的情形下,需要根据遗嘱上载明的时间进行排序以确定遗嘱的效力。因此,若有证据可以证明遗嘱人从未丧失行为能力或仅有一份遗嘱,则未注明年、月、日并不会影响遗嘱人的真实意思表示,应当认定遗嘱有效。

需要讨论的是在有多份遗嘱的情况下,打印遗嘱在年、月、日的注明问题上存在瑕疵是否有效的问题。第一,打印遗嘱未注明年、月、日时,打印遗嘱的效力应当如何认定。从古罗马时代的民会遗嘱、武装遗嘱到现在的代书遗嘱、打印遗嘱,要求见证人在场见证都是保证遗嘱真实性的最有效的手段,因此在打印遗嘱未注明年、月、日时,法院首先应当要求见证人到庭接受询问。若见证人回答的时间一致并使法官产生内心确信,则应当以见证人所陈述的时间为准。第二,打印遗嘱上注明的年、月、日并非遗嘱人或见证人手写时,打印遗嘱的效力应当如何认定。在委托律师或他人代为打印遗嘱的情况下,由于代打人可能存有其他委托人的打印遗嘱模板,在文本替换时就有可能出现打印遗嘱文本上的时间

〔1〕(2018)吉07民终1685号。

和签字的实际时间无法对应的问题。在出现纠纷时，法院应当首先对见证人进行独立询问。若见证人的回答有分歧或见证人拒绝出庭，则应当考虑遗嘱人和见证人在打印遗嘱上的签名位置和时间位置的关系等因素，综合判断遗嘱人和见证人是否能够注意到打印遗嘱上注明的时间，从而判断遗嘱是否生效。通过以上途径仍无法判断打印遗嘱生效的时间，则应当认定打印遗嘱无效。

综上所述，不应当直接否认有形式瑕疵遗嘱的效力，而应当根据法律规定不同遗嘱形式的目的以及形式瑕疵是否能够通过其他证据补强来判断遗嘱的效力。

审判实务精要

非法定形式遗嘱包括两种情况：第一，遗嘱的类型不符合法律规定；第二，遗嘱虽属于法定的遗嘱类型但诸如签名等形式要件存在瑕疵。对于非法定形式遗嘱的效力问题，《民法典》并无明确的规定，学理上存在有效、无效或实质判断等各种观点，司法实践也同样没有统一的结论。本文认为，非法定形式的遗嘱是否有效问题涉及遗嘱形式强制和遗嘱自由之间的矛盾，其背后是社会在遗嘱领域对于安全和自由的价值判断。由于过于强调遗嘱形式强制会造成审判实践中遗嘱人真实的意思表示受到侵害的情况，因此需要通过扩大遗嘱自由的范围，通过有条件的承认非法定形式遗嘱的效力以保障遗嘱人的合法权益。最后，本文选取区块链遗嘱和在年、月、日的标注问题上存在瑕疵的打印遗嘱为研究对象，具体分析了在哪些情况下非法定形式的遗嘱应当认定为有效，希望能够对司法实践产生一定的帮助。

撰稿人：李迎昌，上海市第二中级人民法院民事审判庭审判员，法学硕士

44. 被继承人债务清偿纠纷司法实务难点与应对

导　言

《民法典》继承编第1159条、第1161条、第1162条、第1163条基本沿用了我国原《继承法》第33条和1985年《最高人民法院关于贯彻执行〈中华人民共和国继承法〉若干问题的意见》第62条的内容，秉持概括继承与限定继承的原则，规定继承人在继承遗产的同时负有清偿被继承人债务的义务，明确了法定继承人、遗嘱继承人和受遗赠人承担债务清偿义务的责任顺位。

与原《继承法》相比，《民法典》继承编新设立遗产管理人制度，并规定了遗产管理人的产生方式、职责义务以及获得报酬的权利，与前述规定一并成为被继承人债务清偿纠纷的审判依据。被继承人死亡后，被继承人的债务清偿由个人无限责任转变为以扣除必要费用后的遗产总额为限额的有限责任，在债权公告申报措施缺位、遗产清算制度未健全的情况下，从原《继承法》司法实践中的运行现状可以预判，仅靠以上寥寥数条法律规定，被继承人债务清偿纠纷所面临的实体法与程序法适用不统一的司法实践状况欲得到改善，效果不容乐观。

一、司法实践现状：法律适用不统一

"被继承人债务清偿纠纷"作为2020年修订的《民事案件案由规定》二级案由"继承纠纷"下设的6项三级案由之一，其案件数量在民事各类案件总数中仅占据很小比例[1]，但此类纠纷个案之间的适法差异与矛盾却较为突出，实体法与程序法适法不统一现象频现。

---

〔1〕 笔者以"被继承人债务清偿纠纷"为案由，在中国裁判文书网检索"判决书"，共得15，163条检索结果，仅占中国裁判文书网上载民事案件共计41，721，710件（截至2019年4月8日）的0.04%。

（一）实体法视角：债务范围与责任承担

1.被继承人债务的范围

被继承人债务清偿责任的司法认定，需要审查被继承人死亡、被继承人生前负有未清偿之债以及被继承人留有遗产三项要件。其中，被继承人未清偿债务的范围，实践中未达成一致意见，主要争议在于丧葬费应否属于被继承人的债务，垫付丧葬费的公民或组织能否作为被继承人的债权人从遗产中获得清偿，存在不同判例。有裁判认为，在判断遗产总额是否足以清偿债务时，法院认为应扣除已支付的丧葬费用。〔1〕不同观点认为，丧葬费不属于被继承人的债务，继承人为被继承人办理丧事支出开销的行为，是尊重伦理道德、符合社会公序良俗的主动行为，从遗产中扣除缺乏依据。〔2〕

2.涉夫妻共同债务的责任承担

被继承人债务清偿与夫妻共同债务交织的情况较为普遍。在将被继承人所欠债务认定为夫妻共同债务之后，各继承人之间责任如何分担、应遵循何种清偿顺位，特别是被继承人配偶在债务清偿时的主体地位、责任形式，各案认定有差异。多数判决依据2017年修订的《最高人民法院关于适用〈中华人民共和国婚姻法〉若干问题的解释（二）》第26条之规定，基于夫妻共同债务的性质要求被继承人的配偶承担清偿责任，同时为保证债权人的权益，要求其他继承人在继承遗产范围内承担清偿责任。〔3〕少数判决以除被继承人配偶外的其他法定继承人为第一清偿主体，在继承遗产范围内承担清偿责任，被继承人的配偶承担连带清偿

---

〔1〕（2013）沪二中民一（民）终字第1940号。

〔2〕（2016）浙02民终1910号。

〔3〕（2015）西中民一终字第00255号：借款产生于被继承人与其配偶邹某婚姻关系存续期间，且用于夫妻共同生活，故应认定为夫妻共同债务，邹某应对该笔债务承担共同清偿责任。张某作为王某的继承人，未明确表示放弃继承，应在继承遗产的范围内偿还该笔债务。故判决：一、被告邹某于本判决生效之日起十日内偿还原告借款9万元；二、被告张某于本判决生效之日起十日内在其继承的遗产范围内承担还款责任。（2016）渝0112民初249号：本案诉争债务为夫妻共同债务，应由被继承人配偶李某先用夫妻共同财产予以清偿，不足部分再由其他法定继承人个人财产清偿。因继承人林某、林某某在本案中未放弃继承，故应在其继承的遗产范围内承担清偿责任。故判决：一、由被告李某在本判决生效后十日内向原告偿还人民币92，230元；二、被告李某未能清偿部分，由被告林某、林某某在继承被继承人遗产范围内承担清偿责任。

责任。[1]另有个别判决仅令被继承人配偶承担夫妻共同债务的清偿责任，其他继承人无须担责。[2]

（二）程序法视角：诉讼主体、事实查明与判决主文

1.放弃继承时的诉讼主体与责任承担

《民法典》继承编延续了原《继承法》关于放弃继承法律后果的规定，“继承人放弃继承的，对被继承人依法应当缴纳的税款和债务可以不负清偿责任”。从放弃继承的类型来看，有部分放弃型与全部放弃型，前者是部分继承人放弃继承，此时，因有未放弃继承的继承人继续参加诉讼，并可由其在继承遗产范围内承担清偿责任，诉讼进程不受影响，故部分继承人放弃继承权的意思表示一般予以准许，且其无须就被继承人的债务承担清偿责任；后者是全部继承人放弃继承，不仅诉讼程序面临“无适格被告”的窘境，即使被继承人的债务经审查确应清偿，清偿主体却无从确认。因此，不同法院在被继承人债务清偿纠纷的处理中，对放弃继承的意思表示形式、放弃继承是否允许以及债务清偿责任的承担等方面有不同裁判：

其一，关于放弃继承的意思表示形式，有裁判认为继承人虽在庭审中表示放弃继承权，但因继承程序尚未终结，且继承人未就放弃继承权进行公证，其在庭审中所作的放弃继承权承诺不具备公示效力；[3]不同观点认为继承人在一审庭审时明确表明放弃继承权，上述行为具有法律效力，无须经过公证文书的确

---

〔1〕（2015）崇民一（民）初字第1849号：被继承人与原告之间的借贷关系依法成立。该笔债务系被继承人及其配偶陶乙夫妻关系存续期间所负的债务，应为共同债务。现被继承人已死亡，应由陶乙承担偿还义务。同时被告陶甲、朱某为被继承人的合法继承人，未表示放弃继承权利。故判决：一、被告陶甲、朱某于本判决生效之日起十日内在继承被继承人遗产的实际价值范围内共同归还原告借款人民币30，000元；二、被告陶乙于本判决生效之日起十日内对被继承人向原告的借款人民币30，000元承担连带清偿责任。

〔2〕（2015）通中民终字第0288号：被继承人生前向原告借款3万元，因曹某甲等四名继承人认为被继承人无财产可供继承，原告又未能提供证据证明被继承人的遗产范围，故原告要求被告曹某甲、季某、曹某乙偿还借款证据不足。被继承人与瞿某为夫妻关系，故该借款应为夫妻共同债务，瞿某有偿还的义务。据此判决：一、被告瞿某于判决发生法律效力后10日内偿还原告借款3万元；二、驳回原告要求被告曹某甲、季某、曹某乙还款的诉讼请求。

〔3〕（2017）沪0107民初25797号。

认；[1]另有个别裁判对于继承人在诉讼之前所做的放弃继承意思表示不予认可，在当事人未到庭参加诉讼的情况下，判决要求所有继承人共同清偿被继承人债务。[2]

其二，放弃继承的意思表示是否予以准许，有观点认为虽然被继承人的父母表示放弃继承被继承人的遗产，但因被继承人与其配偶共同共有的房屋尚未分割处理，故在本案诉讼中对于被继承人父母放弃继承的意思表示不予采纳；[3]不同观点认为，继承人在诉讼中明确表示放弃继承被继承人遗产，因此对被继承人生前债务不负偿还责任。[4]

其三，全部放弃继承时的债务清偿责任的承担，部分裁判认为放弃继承属于原《继承法》赋予当事人的权利，放弃继承遗产的权利则不需要承担清偿债务的责任，据此以无适格主体之由驳回债权人的主张，但裁判结果有判决驳回诉请与裁定驳回起诉之差异；另有裁判认为，全部继承人均放弃继承的，客观上导致被继承人的遗产及债务无法查明，债权人的权利无从保障，从而禁止所有继承人同时放弃继承，强制要求继承人在继承遗产范围内清偿债务。

2.被继承人遗产状况查明

被继承人的积极遗产总额是其消极遗产即其债务可获清偿的最大值，遗产是否分割决定债务的具体清偿主体。继承人承担被继承人债务清偿责任的前提是被继承人留有遗产且继承人实际上继承了遗产。故被继承人的遗产范围、价值、继承情况等，是被继承人债务清偿之诉中所应查明的事实要素。但在笔者检索的案例中，仅有个别案例在本案中查明或者适用在先判例对此予以说明，并依据遗产的现实状况合理确定责任主体与具体数额。多数案件仅就债权人所主张的债权是否成立、应否清偿进行审理，据此做出驳回或支持诉请的裁判，而无论遗产是否足以清偿系争债权。

此外，关于被继承人遗产状况的证明责任应当由谁承担，亦有不同的观点。

〔1〕（2018）皖13民终2950号。
〔2〕（2014）崇民一（民）初字第6803号。
〔3〕（2015）静民三（民）初字第611号。
〔4〕（2017）川民申2899号。

有裁判要求债权人承担举证责任，债权人不能举证证明遗产范围及涉诉继承人继承遗产的具体详情的，应承担举证不能的不利后果；〔1〕也有裁判将举证责任交由继承人承担，继承人主张无可供分配的遗产却又不能提供证据予以证明的，不能免除其清偿责任。〔2〕

3.判决主文表述存在差异

判决主文即判决结果，是人民法院经过审理，针对当事人的诉讼请求，根据认定的事实和引用的法律，对当事人之间争议的权利义务关系作出实体性的处理决定。判决主文是法院裁判的具体内容，是整个裁判的落脚点和文书最重要的核心内容。〔3〕最高人民法院制定的《人民法院民事裁判文书制作规范》对裁判主文的制作要求是内容必须明确、具体、便于执行，多名当事人承担责任的，应当写明各当事人承担责任的形式、范围。对照上述标准，被继承人债务清偿纠纷案件中仅少数判决表述严谨具有可执行性，将清偿责任落实到继承人个人，主体、数额均予明确。〔4〕

大多数判决主文并不符合上述标准，且可分为三类：第一类要求继承人以被继承人的遗产向债权人清偿债务，但未明确所应清偿的具体数额。〔5〕第二类仅从继承人清偿义务角度做出判决，对于继承人所承担的责任与其继承遗产的权利之间是否匹配、继承人之间的责任如何划分，均未涉及。〔6〕第三类明确继承人在继承被继承人遗产范围内承担清偿责任，但仅确定了继承人的共同责任，未

---

〔1〕（2015）浙丽民终字第30号：本案当事人虽未对被继承人遗产范围及两被上诉人（继承人）是否继承了遗产的事实提起上诉，但上述两个问题是本案两被上诉人作为继承人对被继承人所负债务承担还款责任的前提，将直接影响案件的正确处理，应当予以审查。鉴于上诉人（原告）在本案诉讼过程中，均未提供证据证明被继承人的遗产范围及两被上诉人是否继承了遗产的事实，应承担举证不能的不利后果。（2015）安中民二终字第972号：继承人刘乙虽认可其继承了被继承人的房屋宅基地北屋三间，但被继承人去世后办丧事理应有所花费，且继承人刘乙不认可其继承了被继承人的部分存款，因原告刘甲未提交充分的证据予以证明刘乙所继承的被继承人遗产的范围、价值，故原告刘甲应承担举证不利的法律责任。

〔2〕（2014）长中民未终字第03130号。

〔3〕王松：《民事判决书主文的表述方法》，载《法律适用》2009年第9期。

〔4〕参见（2013）静民一（民）初字第1351号。

〔5〕参见（2017）沪01民终9042号、（2013）虹民一（民）初字第4534号。

〔6〕参见（2013）南民初字第167号；（2014）永中法民再终字第15号。

就继承人的个人责任进一步明确。[1]因绝大多数判决在遗产状况未经查明的情况下径行作出，判决主文或有流于形式之嫌，直接或间接影响责任承担与案件执行。

二、成因分析：配套制度、继承方式与纠纷特点

（一）遗产清算相关配套制度缺失

《民法典》继承编施行前，被继承人债务清偿纠纷的裁判依据，仅有施行于1985年的《继承法》第33条、第34条以及1985年《最高人民法院关于贯彻执行〈中华人民共和国继承法〉若干问题的意见》第62条3个条文，相关制度缺位是审判实践遇到难题的主要原因。遗产管理制度缺失，导致被继承人的遗产状况难以查清，继承人隐匿遗产状况的，无司法手段予以制约，审判过程中欲查明遗产状况便非常困难。债权公告申报程序缺失，导致债权人不能及时知晓被继承人死亡的事实也就不会及时主张债权，同时继承人也不清楚遗产所应负担的债务有多少，影响其判断是否放弃继承权。《民法典》继承编基本沿用了原《继承法》及1985年《最高人民法院关于贯彻执行〈中华人民共和国继承法〉若干问题的意见》的规定，仅增设了遗产管理人制度。虽然新规定对遗产管理人的职责义务予以明确，处理被继承人的债权债务是其中之一，但是，遗产管理人履行职责的具体期限（如制作遗产清单、报告遗产情况、清偿遗产债务的期限）、遗产分割的准备条件等方面并无明确的法律依据，与《民法典》同步施行的《关于适用〈中华人民共和国民法典〉继承编的解释（一）》也未对此作出规定。此外，遗产债务的清偿顺序在《民法典继承编（草案）》中出现但未被《民法典》继承编所采纳，遗产公告申报程序仍然缺位，前述实践困境因此将在今后一段时间内继续存在。

（二）无条件限定继承方式的影响

自古罗马法正式规定了限定继承制度以后，继受古罗马法的近世大陆法系

---

〔1〕 参见（2014）大中民初字第153号；（2014）长中民未终字第03130号；（2015）浙丽民终字第30号。

的不同国家或地区的继承立法均采纳了此种继承理念。[1]我国原《继承法》第33条间接地通过苏联的立法模式而继受了该项制度。

所谓限定继承，是指“继承人限定以因继承所得之遗产，偿还被继承人债务之制度，或以此保留而为继承承认之意思表示”。[2]继承人清偿被继承人债务，应以其所继承的遗产为限，放弃继承的无须承担清偿责任。限定继承方式赋予继承人接受或放弃继承的选择权，避免了无限继承方式带给继承人的束缚，保护了继承人的权益。然而，在被继承人债务清偿的场合，债权人的利益与继承人的利益是一对动态的矛盾，过多强调对继承人利益的保护，一定程度上会损害债权人的权利。

在遗产管理制度尚未完全建立的我国，在无条件限定继承方式适用的同时，既未规定继承人声明限定继承的期限，也未要求继承人制定遗产清册，这种模式至少存在三方面弊端：一是不利于遗产状况的查明，在被继承人死亡后，距离遗产最近的当属继承人，继承人放弃继承通常不再配合债务清偿，为司法机关及债权人查明遗产状况造成客观障碍；二是不利于遗产债务清偿主体的确定，在继承人都放弃继承的场合，理论上被继承人的遗产成为无主物，债权人将面临向国家主张权利的局面；三是不利于约束继承人的行为，从现行法律规定及司法实践来看，继承人只要书面作出放弃继承的意思表示，即从被继承人债务清偿纠纷中解除束缚，若继承人将遗产与自身财产混同，甚至恶意隐匿、转移遗产，目前尚无有效的制裁措施。

（三）纠纷的错综复杂

被继承人债务清偿纠纷与企业法人破产清算有一定的相似性，均是以有限的财产按照一定的规则与程序对相关债务进行清偿。企业终止与自然人死亡本质上都是主体消灭，对终止后各类企业进行的以清查财产、清理业务、清偿债务及分配剩余财产为主要内容的企业清算制度，恰与自然人死亡后以清理遗产事

---

〔1〕 冯乐坤：《限定继承的悖理与我国〈继承法〉的修正》，载《政法论丛》2014年第5期。
〔2〕 史尚宽：《继承法论》，中国政法大学出版社2000年版，第270页。

务、清查遗产、清偿遗产债务及分割遗产为内容的遗产管理制度如出一辙。[1]

被继承人债务清偿责任的最终落实，需要查明债务详情、被继承人的遗产范围、遗产分割状况、继承人责任等事实，糅合处理因此产生的合同（或侵权）纠纷、继承纠纷、追偿权纠纷等多种纠纷，极具复杂性。原《继承法》对被继承人债务的确认及清偿规则的规定并不如企业法人破产清算规则那般完备，实践中也未确立一套切实可行的裁判规则，无法满足司法实践的现实需求。因此，能动司法的重要性即凸显出来。

然而，即使在倡导审执兼顾多年的如今，审判实践中法官往往依惯性遵循既定思维模式。审判程序中的法官思维更偏向于理论性，其在遵循法学逻辑的基础上，仅需在判决主文中完成对法律关系和权利义务的文字表达即可；执行程序中的法官思维更具有实践性，其需要通过具体的执行措施将判决主文确定的权利义务以看得见的方式实现，此特点于给付之诉中尤为明显。[2]

被继承人债务清偿纠纷中，普遍存在的问题有三类：一是遗产范围、分割的情况未予明确，就笔者查询的案例中，个别案例主动查明遗产范围、价值以及分割情况，另有个别案例因存在已生效的继承案件，仅需引用描述，其余多数案件对此问题予以回避，留待执行程序解决；二是清偿义务人的责任形式未予明确，遗产分割与否决定了各继承人的责任承担形式，遗产未分割前，继承人基于共同共有而需承担共同责任，遗产分割后，继承人的责任相应转化为与所继承遗产比例相当的按份责任，然多数判决笼统要求继承人在继承遗产范围内承担责任，导致被继承人债务清偿后，继承人之间的责任仍需通过诉讼来区分，徒增诉累；三是判决主文表述并不恰当，一方面，“在继承遗产范围内”本身具有模糊性，执行程序中可适用性差；另一方面，审判法官基于惯性为给付义务确定了期限（如自判决生效10日内），未曾考虑该期限是否足以继承人厘清遗产的价值并作出相应处理。上述问题决定了被继承人债务清偿纠纷难以做到“案结事了”，或引发执行难题，或引发后续诉讼。

---

〔1〕 汪洋：《遗产债务的类型与清偿顺序》，载《法学》2018年第12期。

〔2〕 北京市第三中级人民法院民一庭课题组：《被继承人债务清偿纠纷审判之疑难问题研究》，载《人民司法（应用）》2018年第25期。

三、应对：司法裁判规则统一的设想

（一）诉讼主体

《民法典》继承编增设遗产管理人制度。遗产管理人负有清理遗产并制作遗产清单、向继承人报告遗产情况、采取必要措施防止遗产毁损、处理被继承人的债权债务、按照遗嘱或者依照法律规定分割遗产等职责。由此，在继承开始后、遗产分割前，遗产管理人作为法律规定的处理遗产相关事宜的代表主体，是适格的诉讼主体，债权人此间提起被继承人债务清偿之诉的，应以遗产管理人作为被告。遗产管理人的产生，依据《民法典》继承编的规定，遗嘱执行人为遗产管理人；没有遗嘱执行人的，由继承人及时推选；继承人未推选的，由继承人共同担任；没有继承人或者继承人均放弃继承的，由被继承人生前住所地的民政部门或者村委会担任。在诉前或诉中对遗产管理人的确定有争议的，债权人作为利害关系人，可向人民法院申请指定遗产管理人。

《民法典》继承编就遗产分割与债务清偿的关系较原《继承法》而言规定得更为明确，规定“分割遗产，应当清偿被继承人依法应当缴纳的税款和债务”，强调债务清偿应先于遗产分割，增强了对债权人的保护。然而，过分强调债务未得清偿时遗产不得分割，将使具体遗产长期处于权利不明确状态，不利于遗产所有权的稳定与利益效益最优化管理。因债权公告申报等配套制度的缺失，遗产分割前悉数清偿被继承人的债务尚缺少可操作性，故《民法典》继承编并未苛刻规定遗产分割的前提条件。

《民法典》继承编延续原《继承法》所确立的概括继承与限定继承原则，规定继承人继承遗产同时附有清偿债务的义务，以其所得遗产实际价值为限清偿被继承人依法应当缴纳的税款和债务。此种继承形式能够达到对继承人与遗产债权人利益予以保护的目的，在继承样态中也就处于支配地位。〔1〕故债权人在遗产分割后主张权利的，因遗产所有权人发生变动，债权人得以遗产继承人为被告主张权利，包括法定继承人、遗嘱继承人、受遗赠人。

---

〔1〕 谭启平、冯乐坤：《遗产处理制度的反思与重构》，载《法学家》2013年第4期。

《民法典》继承编规定，继承人放弃继承的，对被继承人依法应当缴纳的税款和债务可以不负清偿责任，继承人放弃继承的，应当在遗产分割前以书面形式作出放弃继承的意思表示。对于放弃继承意思表示的对象与方式，《关于适用〈中华人民共和国民法典〉继承编的解释（一）》进一步作出规定，即继承人放弃继承应当以书面形式向遗产管理人或者其他继承人表示；在诉讼中，继承人向人民法院以口头方式表示放弃继承的，要制作笔录，由放弃继承的人签名。由于放弃继承可以翻悔〔1〕，为防止当事人的意思表示发生反复，当事人在被继承人债务清偿纠纷案件中表示放弃继承的，经法官释明，放弃继承的意思表示记入笔录即发生效力，不得翻悔。

在此情况下，诉讼主体根据实际情况可作出不同处理。对于全部继承人放弃继承的情形，因被继承人生前住所地的民政部门或者村委会可担任无继承人或全部放弃继承情形下的遗产管理人，故可由其作为被告，负责清理遗产、偿还债务。对于部分继承人放弃继承的情形，法官应主动向未放弃继承权的继承人释明放弃继承的后果，若未放弃继承权的继承人对其他继承人放弃继承有异议，例如，放弃继承权的继承人实际占有遗产等，法官应根据实际情况作出是否准许的决定；若未放弃继承权的继承人对其他继承人放弃继承没有异议，法官应对放弃继承的意思表示予以确认。

（二）债务查明

存在未清偿的债务是被继承人债务清偿纠纷的首要前提。被继承人债务的查明需要从其内涵出发，注意以下要点：

一是被继承人的生前债务，被继承人的民事行为能力随其死亡而终止，被继承人死后继承人欠下的债务或者因遗产管理所支出的费用不在该范畴之列，于此可知丧葬费不应属于被继承人的债务，但因被继承人生前委托、继承人在被继承人死亡之后购买墓穴所支出的费用，应属被继承人债务。

---

〔1〕《最高人民法院关于贯彻执行〈中华人民共和国继承法〉若干问题的意见》第50条规定：遗产处理前或在诉讼进行中，继承人对放弃继承反悔的，由人民法院根据其提出的具体理由，决定是否承认。遗产处理后，继承人对放弃继承反悔的，不予承认。

二是被继承人的个人债务，与遗产的“个人财产”属性相对应，被继承人的债务应当是从夫妻共同债务或被继承人与他人的共同债务中分离出来的、属于被继承人个人应负担的那部分债务。

三是被继承人的合法债务，与遗产的“合法性”相对应，被继承人的债务应当满足合法性要求，赌债等非法债务，不在以遗产清偿之列。

四是被继承人未清偿的债务，既包括履行期限届满的债务，也应包括履行期限未届满的债务，虽法谚有“未到期限之债务等于无债务”之说，履行期限届满前，债权人的债权是期待的债权而不是现实的债权，有学者将其称为“履行期限届满前的效力不齐备的债权”或者“期待权色彩浓厚的债权”，[1]但随着债务人死亡，民事权利能力与民事行为能力终止，其不能继续凭借自身的体力、智力创造财富，债务清偿的担保只能是其死亡时所遗留的遗产，债权人行使不安抗辩权要求继承人清偿债务具有合理性。

（三）遗产状况

遗产范围的查明是被继承人债务清偿纠纷裁判的基础，遗产分割情况的查明是确定相关主体责任承担方式的必要前提。遗产范围及分割情况通常在继承纠纷中予以明确。被继承人债务清偿纠纷可以引用在先的继承纠纷案件所查明的事实，以此作为裁判依据。实践中另有两种情况需要特别处理：

一是继承人本身亦为债权人，要求在继承案件中实现债权。对此，法院常以“本案系法定继承纠纷且其他继承人不同意在本案中一并处理，故不作处理”为由对该继承人的主张不予支持。笔者认为，这种处理方式并不妥当。《民法典》继承编规定了概括继承和限定继承的继承制度，其应有之义是继承人在继承积极遗产的同时也应清偿被继承人的债务。案由的区分只是为便于诉讼案件分类，不能作为不支持债权人主张的理由。从遗产分类的角度看，债务作为消极遗产，同样在遗产之列，在继承诉讼中确定被继承人债务的清偿责任，相对于单独提起清偿之诉而言，有其特定的优势：一方面，此种模式实际上是总体清偿的方式，继承诉讼裁判结果生效前，遗产处于未分割的状态，遗产所在、遗产总额、

---

〔1〕 韩世远、崔建远：《先期违约与中国合同法》，载《法学研究》1993年第3期。

继承人状况等都易于查明，继承人为维护自身权利，也会尽可能地参与继承之诉，责任主体易于确定；另一方面，当事人不必通过另行诉讼主张债权，降低诉讼成本，减少诉累。

二是未经继承纠纷审理，债权人径行提起债务清偿之诉时遗产范围与分割情况的查明。对此，笔者认为，可将法定继承人均列为被告，在被继承人债务清偿之诉中一并查明遗产范围，是否在本案中对遗产作出分割可视案件情况而定。对于遗产范围、价值的举证责任应由债权人还是继承人承担的分歧，笔者认为由与遗产更近的继承人承担为妥。在合同之债纠纷中，债权人就债权债务关系成立负有举证责任，而无须对债务人是否具有清偿能力承担举证责任。经审理债权人所主张之债权成立的，则其债权应当得以清偿，继承人主张遗产不足以清偿的，故应当由其承担举证责任，从而合理确定最终承担的债务数额。

（四）清偿顺序

遗产债务不等于被继承人的债务。遗产债务是指应由遗产清偿的债务。按照产生的时间不同，遗产债务分为三种：一是继承开始前产生的债务，即被继承人生前所欠的债务；二是继承开始时产生的债务，包括遗产酌给债务、特留份债务和遗赠债务；三是继承开始后产生的债务，主要是指遗产保管费用以及因继承事务而产生的费用。[1]被继承人债务清偿之诉的对象只是遗产债务中的一类。上述三类多种债务并存，采用何种顺序予以清偿，将对债权人的利益产生重大影响。《民法典继承编（草案）》曾规定，遗产分割前，应当支付丧葬费、遗产管理费，清偿被继承人的债务，缴纳所欠税款，但应当为缺乏劳动能力有没有生活来源的继承人保留适当的遗产。然而《民法典》继承编并未就此作出规定，实践中判断遗产是否足以清偿债务，即在被继承人债务清偿之前应当扣除哪些遗产债务，将会有所分歧。对于具体各项遗产债务清偿顺序学者多有讨论，有不同意见，较为一致的看法是借鉴企业法人破产清算制度构建遗产清算制度，从而确定遗产债务的清偿顺序。

---

〔1〕 杜江涌：《我国遗产债务清偿顺序的立法构想》，载《内蒙古社会科学》（汉文版）2008年第5期。

在无明确的法律依据出台之前，笔者认为可以依据继承费用、生存权益、附担保债务、税收及普通债务、无偿性债务的顺序依次清偿遗产债务。详言之：第一顺位为因管理、变卖和分配遗产而必须付出的成本性支出，包括遗产管理费用、遗嘱执行费用等继承费用；第二顺位为与生存利益休戚相关的债务，包括必留份、遗产酌给份、劳动报酬、社会保险费与补偿金、人身损害赔偿之债，〔1〕以及遗赠扶养协议之债；第三顺位为针对遗产中的特定物而设定的附担保债务，优于其他以遗产整体作为清偿基础的债务；第四顺位为被继承人生前所欠税款、继承开始后遗产清算中的新生税收以及被继承人生前负担的普通债务，包括除前列顺位所述债务之外的各种合同、无因管理、不当得利以及财产侵权之债；第五顺位为无偿性质的债务，包括遗嘱继承、遗赠及法定继承等无对价、纯获益之债。

（五）责任分担

继承开始以后、遗产分割之前，遗产相对独立，应用遗产承担债务清偿责任，而遗产承担清偿责任也就是在遗产分割之前的遗产共有人共同承担责任。各继承人基于对遗产的共有关系，在遗产价值总额内对被继承人债务向债权人承担连带责任。遗产分割是各共同继承人按其应继份额进行分配以消灭遗产的共同所有关系为目的的一种法律行为。遗产分割的效果是各共同继承人的共有关系的消灭，遗产上的权利义务分别归属于各个继承人，各共同继承人之间的连带债务责任，也因遗产的分割而终止。

遗产分割后，各继承人按照其应继份额通过实物分割、变价分割、作价补偿等方式分别所有遗产，被继承人的债权、债务也归各继承人分别享有、承担。就共同继承人与债权人的外部关系而言，共同继承人应当承担连带责任。共同继承人所承担的连带责任是连带的有限责任，承担责任的范围不必超过其所分得的遗产价值总额。就共同继承人内部关系而言，各继承人只承担与其所继承遗产份额相当比例的债务清偿责任，这种责任是纯粹的物上责任，当继承人以其所继承遗产清偿的债务超过其所应当清偿的债务份额时，该继承人获得向其他继承人追偿的权利。遗产分割时，共同继承人可以约定某些债务由特定继承人清

〔1〕 汪洋：《遗产债务的类型与清偿顺序》，载《法学》2018年第12期。

偿，该约定也仅在继承人内部有效，无对抗债权人的效力。

从审判实践的角度考虑，债权人可要求共同继承人连带清偿债务，亦可要求部分继承人清偿债务，对于后一种情形所导致的法律后果，不仅视为债权人放弃了要求其他继承人承担连带责任的权利，还视为债权人免除了该未被起诉的继承人所应清偿的部分债务。在涉及夫妻共同债务的案件中，随着被继承人死亡，其配偶应承担的不应当再是连带的共同的责任，而应当是属于夫妻共同债务中的个人债务，一如被继承人遗产的分割需要先从夫妻共同财产中析出一样，被继承人的债务亦应从夫妻共同债务中析出，转化为其个人债务。在夫妻共同债务清偿时，超过遗产或被继承人配偶所应负担部分的，继承人或被继承人配偶享有按比例追偿的权利。

（六）裁判主文

判决主文是裁判的结果的体现，是当事人权利义务的记载，亦是裁判执行的依据。被继承人债务清偿纠纷中的判决主文，其表述应当注意以下方面。第一，载明所查明的遗产价值、范围及分割情况，作为后续主文及执行程序的基础。第二，载明清偿义务人的责任范围与责任形式，具体到某义务人在所继承的多少遗产范围内承担多少责任；各义务人之间承担按份责任抑或连带责任；承担连带清偿责任的，内部如何追偿等。第三，合理确定债务履行期限，切勿机械套用“判决生效之日起10日内”等既定格式，而应根据案件的实际情况，确定具体时限。

审判实务精要

被继承人债务清偿纠纷在实体法与程序法的适用方面均存在不统一的现象，前者主要是债务的范围与责任承担形式各案认定有所差异，后者表现为诉讼主体的确定、基本事实的查明以及判决主文的表述。纠其原因，遗产清算相关配套制度缺失、无条件限定继承的原则以及被继承人债务清偿纠纷本身的复杂性是主要因素。

在《民法典》继承编的现行规定下，促进被继承人债务清偿纠纷的适法统一，需要形成统一适用的裁判规则。

在诉讼主体上，遗产管理人具有重要地位，以遗产是否分割为界线，分割之前以遗产管理人为适格被告，分割之后以取得遗产的法定继承人、遗嘱继承人和受遗赠人为被告；若全部放弃继承的，以兜底性的具有遗产管理人资格的民政部门或村委会作为适格被告。

在遗产债务的查明方面，把握"生前、个人、合法、未清偿"四要件，准确认定被继承人的债务。

在遗产状况的认定上，以查明遗产范围和分割情况为原则，遗产是否足以清偿债务的举证责任由继承人承担。

在遗产债务的清偿顺序上，可以依据继承费用、生存权益、附担保债务、税收及普通债务、无偿性债务的顺序依次确定遗产债务的清偿顺位。

在清偿责任的承担上，遗产分割之前为继承人基于遗产共有的共同责任，遗产分割之后继承人对外承担连带的有限责任、对内按其所得遗产比例承担债务清偿责任，当实际清偿的债务超过其所应清偿的债务份额时，继承人获得向其他继承人追偿的权利。

在裁判文书的表述方面，以增强可执行性为要求，清晰明确地载明遗产及责任相关事项。

撰稿人：徐文文，上海市高级人民法院审判管理办公室副科长，法学博士

侵权责任

45. 刑民交叉案件中人身损害的赔偿范围

导　　言

人身损害赔偿制度是侵权法的重要内容。近年来，随着我国法制体系的日渐完善，以及对人权保护的日益重视，人身损害赔偿制度得到了快速的发展和完善，对全面保护自然人的生命权、健康权和身体权起到了积极作用。与此同时，立法和司法的快速发展也带来了人身损害赔偿制度立法体系混乱、赔偿范围、赔偿标准不统一等问题，特别是在侵权行为同时构成刑法意义上的犯罪行为，即存在刑民交叉情形时，还要涉及刑事立法中有关刑事附带民事诉讼的相关规定。刑事立法和民事立法，特别是《民法典》第1179条关于人身损害赔偿的原则和范围规定存在明显冲突，引发了刑民交叉案件中有关人身损害赔偿范围的混乱问题，导致司法实践中法律适用的不统一，以及个案裁判结果的不合理，不仅有悖相关立法宗旨和导向，也大大影响了司法的公信力和权威性。笔者将在梳理现有法律规范和司法实践的基础上，通过对刑民交叉人身损害赔偿中几个关系的分析，厘清相关理论问题，并在此基础上对司法实践中如何统一法律适用提出意见建议。

一、问题缘起：刑民交叉人身损害赔偿的规范冲突

人身损害赔偿，是指自然人的生命权、健康权和身体权受到不法侵害，造成致伤、致残、致死的后果以及其他损害，要求侵权人以财产赔偿等方法进行救济和保护的侵权法律制度。[1]侵权行为与犯罪行为曾混迹一起，今则分道扬镳，完全分化。[2]由于侵害行为情节和危害程度的不同，同一行为可能同时构成民法

〔1〕 参见杨立新：《侵权法论》，人民法院出版社2011年版，第792页。

〔2〕 参见王泽鉴：《侵权行为法（第一册：基本理论、一般侵权行为）》，中国政法大学出版社2001年版，第60页。

意义上的侵权行为和刑法意义上的犯罪行为，导致对于该行为通常需要分别提起刑事和民事两种诉讼才能给予充分保护或救济，由此产生了刑民交叉案件中的人身损害赔偿问题。〔1〕我国分别在民事和刑事法律规范中对于这一问题均有涉及。

（一）民事法律规范中有关人身损害赔偿范围的规定

我国民事立法中有关人身损害赔偿问题的规定经历了一个从无到有，范围从小到大的过程。目前已经颁布实施的相关法律规范包括：原《民法通则》、原《侵权责任法》、《道路交通安全法》、《医疗事故处理条例》、《民法典》及最高人民法院的司法解释。其中，原《民法通则》的颁布实施，标志着我国人身损害赔偿法律制度的正式建立，〔2〕该法第119条规定了人身损害赔偿制度的基本内容，根据该规定，侵害公民身体造成伤害的，应当赔偿医疗费、因误工减少的收入、残废者生活补助费等费用，造成死亡的，并应当支付丧葬费、死者生前扶养的人必要的生活费等费用。《消费者权益保护法》、《产品质量法》等法律，以及相关司法解释在原《民法通则》的基础上，对人身损害赔偿制度作了补充。原《侵权责任法》又在此基础上，总结近20多年来的司法实践经验，对人身损害赔偿的范围作了较为完善的规定。〔3〕《民法典》侵权责任编中关于人身损害赔偿的范围较之原《侵权责任法》并无太大变动。〔4〕从现有的民事立法来看，对于人身损害的赔偿范围大致分为三个层次：

一是侵害他人造成人身损害的一般赔偿范围。主要是指侵犯他人生命健康权益造成人身损害一般都要赔偿的项目。无论致伤、致残，还是致死，凡是有一

---

〔1〕 所谓刑民交叉案件，是指一个案件的完整事实过程所包含的当事人合法权益，通常需要经由分别提起刑事和民事两种诉讼才能给予充分保护或救济的案件。参见黄祥青：《刑民交叉案件的范围、类型及处理原则》，载《法律适用》2020年第1期。

〔2〕 参见杨立新：《侵权法论》，人民法院出版社2011年版，第783页。

〔3〕 原《侵权责任法》第16条规定："侵害他人造成人身损害的，应当赔偿医疗费、护理费、交通费等为治疗和康复支出的合理费用，以及因误工减少的收入。造成残疾的，还应当赔偿残疾生活辅助具费和残疾赔偿金。造成死亡的，还应当赔偿丧葬费和死亡赔偿金。"

〔4〕 《民法典》第1179条规定："侵害他人造成人身损害的，应当赔偿医疗费、护理费、交通费、营养费、住院伙食补助费等为治疗和康复支出的合理费用，以及因误工减少的收入。造成残疾的，还应当赔偿辅助器具费和残疾赔偿金；造成死亡的，还应当赔偿丧葬费和死亡赔偿金。"

般赔偿范围内所列项目的费用支出，行为人均应赔偿。[1]一般赔偿范围包括：医疗费、护理费、交通费、营养费、住院伙食补助费等为治疗和康复支出的合理费用，以及因误工减少的收入。其中，营养费、住院伙食补助费是《民法典》较之原《侵权责任法》新增加的赔偿内容。尽管此前的立法中并无该两项费用的明确规定，从2003年《最高人民法院关于审理人身损害赔偿案件适用法律若干问题的解释》第17条的规定来看，营养费和住院伙食补助费已被纳入赔偿范围，只是司法实践中判决给付营养费的弹性较大。《民法典》的这一规定，首次从立法层面将上述两项费用作为固定内容明确被纳入人身损害赔偿范围。

二是造成残疾的赔偿范围。残疾必然造成受害人劳动能力减损或者丧失，较一般的侵权行为比较而言，此类侵权行为造成的后果更严重，因此，除上述一般项目外，还应当赔偿辅助器具费和残疾赔偿金。

三是造成死亡的赔偿范围。侵权人侵害他人造成死亡的，除了赔偿医疗费、护理费、交通费等为治疗和康复支出的合理费用以及因误工减少的收入之外，还应当赔偿丧葬费和死亡赔偿金。

同时，原《侵权责任法》第22条首次在立法层面对精神损害赔偿作出了明确规定。《民法典》侵权责任编中有关精神损害赔偿的规定与原《侵权责任法》相比也无实质性变化。

（二）刑事法律规范中有关人身损害赔偿范围的规定

侵权行为在侵害民法意义上当事人生命、健康及身体权的同时，其对社会安宁产生的危害，也往往使其成为犯罪行为。我国在诉讼制度设计上将追究犯罪和侵权赔偿结合起来，在追究犯罪的同时，以附带的诉讼解决民事赔偿问题，从而产生了附带民事诉讼，由此也带来刑事法律规范对于人身损害赔偿范围的规定。

《刑法》第36条规定："由于犯罪行为而使被害人遭受经济损失的，对犯罪分子除依法给予刑事处罚外，并应根据情况判处赔偿经济损失……"将附带民事

---

〔1〕 参见王胜明主编：《〈中华人民共和国侵权责任法〉条文解释与立法背景》，人民法院出版社2010年版，第71页。

诉讼中的赔偿范围限定为被害人遭受的经济损失。

《刑事诉讼法》第101条第1款规定："被害人由于被告人的犯罪行为而遭受物质损失的，在刑事诉讼过程中，有权提起附带民事诉讼。被害人死亡或者丧失行为能力的，被害人的法定代理人、近亲属有权提起附带民事诉讼。"进一步将赔偿范围限定为被害人由于被告人的犯罪行为而遭受的物质损失。

《最高人民法院关于适用〈中华人民共和国刑事诉讼法〉的解释》第138条在此基础上进一步明确将精神损失排除在赔偿范围之外。[1]该解释第155条对人身损害的赔偿范围也进行了明确，具体为"医疗费、护理费、交通费等为治疗和康复支付的合理费用，以及因误工减少的收入。造成被害人残疾的，还应当赔偿残疾生活辅助具费等费用；造成被害人死亡的，还应当赔偿丧葬费等费用"。同时规定：驾驶机动车致人伤亡或者造成公私财产重大损失，构成犯罪的，依照《道路交通安全法》第76条的规定确定赔偿责任；附带民事诉讼当事人就民事赔偿问题达成调解、和解协议的，赔偿范围、数额不受前述规定的限制。

《道路交通安全法》第76条是对赔偿责任如何承担的规定，本身并未涉及人身损害赔偿范围的规定。但2012年《最高人民法院关于审理道路交通事故损害赔偿案件适用法律若干问题的解释》中关于赔偿范围的认定部分第14条对于《道路交通安全法》第76条涉及的"人身伤亡"，定义为是指机动车发生交通事故侵害被侵权人的生命权、健康权等人身权益所造成的损害，包括原《侵权责任法》第16条和第22条规定的各项损害。

（三）刑、民法律规范中有关人身损害赔偿范围的差异

从上述列举可以看出，刑事和民事立法及司法解释中有关人身损害赔偿范围的差异主要表现在四个方面：

1.人身损害赔偿范围是否包括精神损害赔偿

尽管在民事立法领域，精神损害赔偿制度的建立经历了由司法解释探索到

---

〔1〕 该条规定："被害人因人身权利受到犯罪侵犯或者财物被犯罪分子毁坏而遭受物质损失的，有权在刑事诉讼过程中提起附带民事诉讼；被害人死亡或者丧失行为能力的，其法定代理人、近亲属有权提起附带民事诉讼。因受到犯罪侵犯，提起附带民事诉讼或者单独提起民事诉讼要求赔偿精神损失的，人民法院不予受理。"

立法明确的漫长过程，同时对精神损害赔偿的内容和范围仍然存有争议，但从目前来看，人身损害赔偿范围包括精神损害赔偿已经成为共识。但在刑事立法领域，人身损害赔偿范围仍然按照《刑法》和《刑事诉讼法》的规定，以物质损害赔偿为内容，排除了精神损害赔偿。

2.残疾赔偿金和死亡赔偿金是否纳入赔偿范围

目前，无论是理论界还是实务界，无论是刑事领域还是民事领域，对于残疾赔偿金和死亡赔偿金（以下简称“两金”）属于物质损害赔偿还是精神损害赔偿都存在争议。但可以明确的是，在民事法律规范领域，“两金”被明确纳入人身损害赔偿范围。而从刑事立法及司法解释的情况来看，尽管《刑事诉讼法》并未明确人身损害赔偿的具体范围，但从《最高人民法院关于适用〈中华人民共和国刑事诉讼法〉的解释》对第155条的规定来看，“两金”并未被明确纳入赔偿范围，是否可以将其纳入该条“等”的范畴，仍存在争议，从刑事条线的多数意见来看，似乎更倾向于将“两金”排除在赔偿范围之外。

3.侵权人情况是否影响赔偿数额

刑事责任之目的系制裁反社会性的行为，旨在防止将来犯罪行为的发生；重视主观情事，尤其犯罪之动机、目的、犯罪所受的刺激、犯罪之手段、犯人之生活状况、品行等。民事责任则以填补损害为主要目的，原则上不分故意或过失，有时甚至不以故意或过失为要件；决定损害赔偿数额时，对于加害人的主观情事，原则上不加审查。〔1〕因此，民事立法中关于赔偿比例没有作出明确规定，但依照一般的理论，以全额赔偿为原则，并不考虑侵权人在侵权时的主观状态和判决后的履行能力。而刑事立法中“应根据情况判处赔偿经济损失”的规定则确定了法官根据被告人主观状态、情节手段、履行能力等确定赔偿数额的自由裁量权。

4.道路交通纠纷案件中赔偿标准是否统一

《最高人民法院关于适用〈中华人民共和国刑事诉讼法〉的解释》第155条对于驾驶机动车致人伤亡或者造成公私财产重大损失，构成犯罪情形下的赔偿

〔1〕 参见王泽鉴：《侵权行为法（第一册：基本理论、一般侵权行为）》，中国政法大学出版社2001年版，第60页。

责任确定作了例外规定，明确规定依照《道路交通安全法》第76条的规定予以确定。这一解释的适用范围是仅限于赔偿责任的确定，还是可以继续延伸，从而包括对于2012年《最高人民法院关于审理道路交通事故损害赔偿案件适用法律若干问题的解释》中有关该条涉及的"人身伤亡"定义的适用，即在驾驶机动车致人伤亡或者造成公私财产重大损失，构成犯罪情形下，人身损害赔偿范围是否包括"两金"和精神损害赔偿，理解上还存在差异。

可见，较之民事法律规范，刑事法律规范中人身损害赔偿的范围较小，赔偿比例也可根据加害人的具体情况予以酌情减少。造成这一差异的主要原因有两个：一是从刑事司法理念来看，传统的重刑轻民、同态复仇等理念仍占相当地位，导致立法和实践中对刑民交叉案件中加害人的处理以刑事惩戒为主，民事赔偿为补充，在判处被告人承担刑事责任，特别是在判处无期徒刑、死刑刑罚的情况下，认为已经以命抵命，实现了对被害人的抚慰，基于惩罚的相当性，不应再判处过重的民事责任。[1]二是从判决的实际效果来看，实践中，人身损害的侵权人往往赔偿能力较弱，如果判处其承担高额民事赔偿，往往无法实际执行到位，可能造成"空判"，不利于矛盾化解，同时也导致推进刑事和解的难度加大。

二、实践乱象：人身损害赔偿范围的几种实践类型

正是由于前述立法和司法解释上的差异，刑民交叉案件中人身损害赔偿范围的司法实践存在较大差异，根据诉讼类型及赔偿范围等的不同，参考相关裁判文书，[2]大致可以分为以下几种类型：[3]

(一)附带民事诉讼程序下的裁判类型

查询中国裁判文书网2000年至2020年2月15日涉及人身损害赔偿的刑事附带民事诉讼判决书，共60，371份，占全部刑事判决文书总数的1.04%。其中涉及精神损害赔偿的共7596件，占比12.58%；涉及交通事故损害赔偿的10，853件，占

〔1〕 相关观点参见黄祥青：《刑民交叉案件的范围、类型及处理原则》，载《法律适用》2020年第1期。

〔2〕 本部分裁判文书，除特别注明，均源于中国裁判文书网。

〔3〕 鉴于对"两金"性质的争议，本文为了讨论的方便，将其作单独类型处理。

比17.98%；涉及“两金”的35，548件，占比58.88%。从裁判结果来看，对人身损害赔偿范围的判决主要有以下几种类型：

1.对“两金”和精神损害抚慰金均不赔偿

此类判决占人身损赔偿害附带民事判决的大部分，如陆月修、刘小山故意伤害罪一案中，被告人陆月修伙同被告人刘小山等故意伤害他人身体，致人死亡，构成故意伤害罪。安徽省高级人民法院判决对附带民事诉讼原告人有关丧葬费的诉讼请求予以支持；对死亡赔偿金、扶养费、精神抚慰金等请求，认为不属于刑事附带民事诉讼的赔偿范围，不予支持。〔1〕

2.只赔偿“两金”，不赔精神损害抚慰金

此类判决在机动车肇事刑事案件中较为常见，例如，杨建朋故意杀人罪一案中，被告人杨建朋驾驶出租车营运过程中，撞致被害人王玉莲严重受伤后将其运至某施工工地东侧大门外路面上遗弃，致其死亡，构成故意杀人罪。一审法院对附带民事诉讼原告人赔偿精神损失的诉请，认为不属于刑事附带民事赔偿范围，不予支持。陕西省高级人民法院二审认为，根据《最高人民法院研究室关于交通肇事刑事案件附带民事赔偿范围问题的答复》，在交通肇事刑事案件中，可将死亡赔偿金纳入判决赔偿的范围。〔2〕

个别情况下，非交通肇事刑事案件中也出现了类似判决，例如，黄棋坡、陈建忠、朱龙煊等故意杀人罪一案中，被告人黄棋坡等为首组织或积极参与聚众斗殴，致一人死亡，构成故意杀人罪；其他被告人的行为均构成聚众斗殴罪。法院判决被告人赔偿附带民事诉讼原告死亡赔偿金、丧葬费、抚养费。〔3〕

3.“两金”和精神抚慰金一并赔偿

虽然最高人民法院明确规定精神损失不得提起附带民事诉讼，但在实践中，

---

〔1〕 参见（2017）皖刑终57号，类似判决还有：江水河故意伤害罪一案中，被告人江水河结伙故意非法伤害他人身体，致一人死亡、二人重伤、一人轻伤，构成故意伤害罪，一审法院判决其向附带民事诉讼原告赔偿死亡赔偿金、丧葬费、抚养费、交通费、住宿费、医疗费、误工费等，广东省高级人民法院二审认为死亡赔偿金、被抚养人生活费均不在刑事附带民事诉讼的赔偿范围内，故对该部分赔偿改判不予支持，参见（2015）粤高法刑一终字第203号。

〔2〕 参见（2019）陕刑终21号。类似判决还有广东省高级人民法院黄仕斌、赖杏兰交通肇事再审刑事判决，参见（2017）粤刑再2号。

〔3〕 参见（2017）闽刑终51号。

也有部分案例明确判决附带民事诉讼可以提起精神损害赔偿。如董占魁交通肇事罪一案中，被告人董占魁驾驶客车过程中因超速行驶等原因酿成车祸，致一人死亡，多人受伤，构成交通肇事罪。一审法院判决对附带民事诉讼原告提出的死亡补偿费及被扶养人生活、医疗费的诉讼请求予以支持，对精神损失部分不予支持。二审发回重审后，重审判决在确认被告人刑事责任及其他民事赔偿的同时，判决董占魁赔偿附带民事诉讼原告人精神抚慰金。该案上诉后，二审法院驳回上诉、维持原判。[1]

4.不区分赔偿项目，根据被告人情况酌定赔偿数额

此类判决在早期的附带民事诉讼中适用较为常见。[2]例如，蔡忠添故意伤害罪一案中，法院认为，被告人蔡忠添的犯罪行为造成被害人蔡某某的死亡结果，附带民事诉讼原告人提出要求被告人赔偿的丧葬费、子女抚养费、赡养费等经济损失，应给予适当赔偿。根据被告人的犯罪事实、情节及经济赔偿能力和附带民事诉讼原告人的实际经济损失及举证情况以及当时当地群众生活水平情况，附带民事诉讼原告人请求的赔偿数额偏高，不予采纳。故判决被告人蔡忠添赔偿附带民事诉讼原告人王某某经济损失人民币3万元。[3]

在个别情况下，甚至出现了因为被告人无赔偿能力而对附带民事诉讼原告诉请不予支持的情形。例如，陈国清等抢劫罪一案中，附带民事诉讼原告分别要求被告人赔偿其犯罪行为所造成的经济损失，包括埋葬费、补偿费、医药费、子女扶养费及被抢钱物等。法院认为，被告人陈国清、何国强给被害人造成的经济损失，经查无能力赔偿。故判决根据被告人陈国清、何国强的情况，不予赔偿经济损失。[4]

---

〔1〕 国家法官学院、中国人民大学法院编：《中国审判案例要览（2002年刑事审判案例卷）》，中国人民大学出版社2003年版，第575~580页。

〔2〕 本部分案例来自法信网相关法律条文检索下的典型案例及裁判文书。

〔3〕 参见（1996）狮刑初字第021号。类似判决还有：朱某故意杀人罪一案中，对于被害人韩静父亲韩某提起的刑事附带民事诉讼，法院认为，由于被告人朱某的行为，给附带民事诉讼原告人造成了一定的经济损失，朱某及其法定代理人朱丙祥应根据赔偿能力予以赔偿。判决被告人朱某及其法定代理人朱丙祥赔偿附带民事诉讼原告人韩某人民币2000元整。参见（1996）一中刑初字第1217号。

〔4〕 参见（1996）承市刑初字第85号。

（二）民事诉讼程序下的裁判类型

查询中国裁判文书网2000年至2020年2月15日涉及刑民交叉人身损害赔偿的民事诉讼判决书共40，451份，占全部人身损害赔偿民事判决书总数的2.42%。其中涉及精神损害赔偿的共17，455件，占比43.15%；涉及交通事故损害赔偿的15，425件，占比38.13%；涉及“两金”的35，231件，占比87.90%。从裁判结果来看，涉及人身损害赔偿范围的判决主要有以下几种类型：

1.对“两金”和精神损害抚慰金暂不处理

如钱兴与张小平生命权、健康权、身体权纠纷一案中，钱兴因琐事与张小平发生争执，并推打致张小平受伤，被以故意伤害罪追究刑事责任。孙小平提起民事诉讼要求赔偿损失，一审法院对医疗费、交通费、护理费、伙食补助费、律师费、营养费、残疾赔偿金等均予支持，二审法院认为，残疾赔偿金暂不属于刑事附带民事诉讼赔偿范围，本案的审理系针对上诉人实施的犯罪行为给被上诉人（被害人）造成的人身损害赔偿，应适用与刑事附带民事诉讼相同的赔偿范围和标准，故残疾赔偿金在本案中暂不予以处理。〔1〕

2.只赔偿“两金”，不赔精神损害抚慰金

如陶长福与张大全生命权、健康权、身体权纠纷一案中，张大全犯故意伤害罪，被害人另行提起民事诉讼，要求赔偿医疗费、护理费、误工费、交通费、残疾赔偿金、精神损害抚慰金等各项损失，法院判决对残疾赔偿金及医疗费等项目予以支持，对精神损害抚慰金以被告张大全已负刑事责任为由不予支持。〔2〕

3.同时赔偿“两金”及精神损害抚慰金

如李且敬等与延边弘坤旅游运输有限公司（以下简称弘坤公司）等侵权责任纠纷一案中，金利文在参加由新世界旅行社提供服务的旅游过程中，乘坐弘坤公司旅游客车，发生重大交通事故而死亡。弘坤公司相关人员因涉嫌重大责任事故罪被追究刑事责任。一审法院对原告诉请的死亡赔偿金、精神损害赔偿金项目均予以支持。〔3〕

---

〔1〕 参见（2019）沪01民终9753号。类似判决参见（2016）沪02民终10572号。

〔2〕 参见（2019）浙0122民初4153号。类似判决参见（2018）沪01民终5133号。

〔3〕 参见（2017）吉民终719号。类似判决参见（2017）豫民再124号。

除了上述交通事故纠纷，其他类型的人身损害案件中，相关高级人民法院也作出了类似判决。如聂清明与李团生、李双云生命权、健康权、身体权纠纷一案中，李双云用砖头击打聂清明头部，致其重伤。李双云以故意伤害罪被追究刑事责任。聂清明诉请赔偿损失。再审法院判决对残疾赔偿金和精神损害抚慰金均予以支持。〔1〕

三、理论厘清：刑民交叉人身损害赔偿范围涉及的几个关系

前述刑民交叉人身损害赔偿范围有关的实践混乱不仅存在于不同地区和法院，也存在于同一地区不同层级的法院，甚至同一法院的不同判决。此种混乱一方面破坏了规则的确定性，使被侵权人的权益保护处于不确定状态，不得不面临程序选择的困境；另一方面也因法律适用的不统一而影响了司法的公信力与权威性。要解决上述问题，首先要厘清以下三个方面的关系。

（一）刑民交叉人身损害赔偿民事责任与刑事责任的关系

刑民交叉案件涉及两种法律责任，即刑事责任和民事赔偿责任，前者属于公法上的责任，重在惩罚犯罪，保障国家安全和社会公共安全，维护社会秩序；后者属于私法上的责任，重在补偿受害人所受损害。两种法律责任因保护的法益不同，担负着不同的法律功能，尽管早期不加区分，但随着公法与私法的区分，特别是我国社会主义法制体系的建立和完善，已严格区分开来。民事赔偿责任与刑事责任也由此出现了责任聚合现象，即行为人因同一行为违反不同部门法，会产生不同法律责任，学界也称其为责任重合。〔2〕

责任聚合与传统意义上的责任竞合是既有区别又有联系的两个概念，二者的共同之处在于均符合同一事实引起数个法律责任的特征，区别在于责任聚合所包括的数个责任之间并无冲突，而责任冲突则是责任竞合的最基本特征。〔3〕笔者所讨论的刑民交叉案件中因同一行为而引起的民事责任与刑事责任，属

〔1〕 参见（2017）湘民再112号。

〔2〕 参见杨立新、刘洪林：《刑事附带民事诉讼的基础理论问题》，载《国家检察官学院学报》2013年第6期。

〔3〕 参见杨立新：《侵犯知识产权中的责任聚合》，载《人民司法》2012年第21期。

聚合责任，二者之间不存在冲突，即民事责任的承担并不能抵消刑事责任，同样，刑事责任的承担也不能抵消民事责任。这一原则在19世纪后已成为经典理念，[1]并被现代民法所继承。

我国立法对这一原则也在多处予以规定。如原《民法通则》第110条规定了聚合法律责任的处理原则，即“对承担民事责任的公民、法人需要追究行政责任的，应当追究行政责任；构成犯罪的，对公民、法人的法定代表人应当依法追究刑事责任”。《民法典》第187条规定：“民事主体因同一行为应当承担民事责任、行政责任和刑事责任的，承担行政责任或者刑事责任不影响承担民事责任；民事主体的财产不足以支付的，优先用于承担民事责任。”《刑法》第36条对此也有规定，即“由于犯罪行为而使被害人遭受经济损失的，对犯罪分子除依法给予刑事处罚外，并应根据情况判处赔偿经济损失。承担民事赔偿责任的犯罪分子，同时被判处罚金，其财产不足以全部支付的，或者被判处没收财产的，应当先承担对被害人的民事赔偿责任”。

从责任聚合的特点以及我国的上述规定可以看出，刑民交叉人身损害案件涉及的民事责任和刑事责任之间的关系属于责任聚合，两者相互独立，行为人刑事责任的承担并不影响民事责任的承担。因此，以被告人承担了刑事责任就是对被害人精神损害的抚慰为由，否定此类案件中对于被害人精神损害的赔偿并无依据。同时，从上述规定也可以看出，基于对被害人民事权益的维护，我国立法在民事责任和刑事责任的关系上进一步规定了民事优先原则，包括两个方面的优先：一是在同时存在民事赔偿责任和刑事财产刑，且责任人的财产不足以全部支付时，优先承担民事赔偿责任；二是侵权行为人对民事赔偿责任的承担情况对其刑事量刑可以产生影响。[2]

（二）刑民交叉人身损害赔偿责任与一般人身损害赔偿责任的关系

刑民交叉与一般的人身损害行为既有共同点，又有不同点。共同之处在于

---

〔1〕 参见张俊浩：《民法学原理》，中国政法大学出版社1997年版，第824页。

〔2〕《最高人民法院关于适用〈中华人民共和国刑事诉讼法〉的解释》第157条规定：“审理刑事附带民事诉讼案件，人民法院应当结合被告人赔偿被害人物质损失的情况认定其悔罪表现，并在量刑时予以考虑。”

都对自然人的生命、健康和身体权造成了侵害，都是违法行为。不同之处在于：刑民交叉人身损害行为较之一般人身损害行为，侵害的客体范围更广，前者只是侵害特定自然人的人身权益，后者还包括法律保护的社会关系；行为的严重程度和造成的社会危害程度更大，前者必须具有社会危害性，而后者的危害往往只及于个体；行为后果更多，前者除了要承担民事侵权责任，还要承担相应的刑事责任，而后者仅承担一般的民事侵权责任。除此之外，仅考虑两种行为所引发的民事侵权赔偿责任的异同，则需要分别考察其责任构成要件。

一般的人身损害赔偿责任构成要件，即侵权损害赔偿责任的构成要件，主要包括四个要件：即行为人的行为具有违法性；行为人的违法行为造成了损害事实，这里主要是对人身权利和利益的损害事实；行为人主观上有过错〔1〕；违法行为与损害事实之间要有因果关系。

而考察刑民交叉的人身损害赔偿责任构成要件，可以发现其与一般的侵权损害赔偿责任构成要件并无二致，只是行为本身的违法性程度不同。这是因为，犯罪构成要件满足了侵权损害赔偿责任构成要件的全部要求，即行为的违法性、行为人有过错、有损害事实发生、损害事实系犯罪行为所引起。也就是说，刑民交叉人身损害赔偿责任和一般人身损害赔偿责任具有同质性，均属私法责任。〔2〕这一点也为相关国家的立法所确认。如《法国民法典》第1382条和第1384条关于侵权的规定广泛地包括了所有类型的损害，并要求对损害做出赔偿。赔偿的数额要与受损害的程度相一致，从杀人到轻微伤人，从烧毁大厦到拆毁一间价值甚微的板棚，对任何损害均适用统一标准。〔3〕我国《民法典》第1165条第1款规定："行为人因过错侵害他人民事权益造成损害的，应当承担侵权责任。"显然，《民法典》侵权责任编规定的"侵害他人民事权益"的行为，不仅包括一般的人身损害侵权行为，也包括刑民交叉的人身损害侵权行为。

---

〔1〕 当然，侵权归责原则已经从单一的过错归责原则，发展到了多重的归责原则，包括推定过错原则、无过错原则。就一般侵权而言，要求具备过错要件；无过错责任原则，适用特殊侵权行为。本文所探讨的是一般侵权行为。

〔2〕 杨立新、刘洪林：《刑事附带民事诉讼的基础理论问题》，载《国家检察官学院学报》2013年第6期。

〔3〕《国际比较法百科全书·侵权行为·为自己行为之责任》，第13页。转引自杨立新：《侵权法论》，人民法院出版社2005年版，第121页。

基于刑民交叉人身损害赔偿责任与一般人身损害赔偿责任的同质性，刑民交叉人身损害赔偿责任的确定也应与一般人身损害赔偿责任相同，都适用《民法典》、相关民事法律法规及司法解释的规定。具体包括：在赔偿范围的确定上，适用《民法典》等法律规定，既包括物质损害，也包括精神损失；在赔偿比例和原则上，适用侵权损害的赔偿原则，即以全部赔偿为原则，以衡平原则为例外。〔1〕

（三）刑民交叉人身损害赔偿责任与纠纷解决模式的关系

刑民交叉的人身损害赔偿责任属于私法责任，被侵权人有权通过民事诉讼程序请求损害赔偿。同时，由于刑民交叉案件的特殊性，为了实现诉讼的整合功能，有些国家和地区实行双轨制解决模式，即在解决被害人因犯罪行为而引起的损害赔偿问题时，既可以通过刑事附带民事诉讼的方式，也可以通过单独提起民事诉讼的方式，如法国、德国和我国台湾地区、澳门特别行政区。在采双轨制解决刑民交叉人身损害赔偿请求时，会涉及被害人通过刑事诉讼程序请求损害赔偿的范围与通过民事诉讼程序请求损害赔偿的范围是否统一的问题，也就是说，对于纠纷解决模式的选择是否会影响刑民交叉人身损害的损害赔偿范围。

为此，首先要明确程序的意义。传统的法律解释学一般把程序看作为了实现权利、义务或法律关系的实质内容的手段和方法。同一实质问题可以采取不同程序，反之，同一程序也可以用于不同实质的问题。〔2〕可见，程序对于实体而言，是手段、方法，不是目的。程序本身有其内在价值，但相对于实体权利而言，程序是保护实体权利的手段，程序自身价值的实现也是为了实现纠纷解决的正义性。因此，同一实体权利不应因纠纷解决模式的不同而不同，否则会造成裁判的不统一，影响法律权威。

其次考察附带民事诉讼的性质。目前学界主要有三种观点：第一种是刑事诉讼说〔3〕，认为刑事附带民事诉讼本质上是刑事诉讼，因为其具有完全依附性，

---

〔1〕 除了全部赔偿原则和平衡原则，侵权损害赔偿的原则还包括特殊侵权损害中的限定赔偿原则和产品责任下的惩罚性赔偿原则等，因其适用范围的特殊性，此处为讨论方便，不作赘述。

〔2〕 参见季卫东：《法治秩序的建构》，中国政法大学出版社1997年版，第12页。

〔3〕 参见武延平：《论刑事附带民事诉讼》，中国政法大学出版社1994年版，第2页。

附带民事诉讼成立的条件是刑事诉讼的成立，没有刑事诉讼不可能有民事诉讼。第二种是民事诉讼说〔1〕，认为附带民事诉讼本质上是民事诉讼，虽然是在刑事诉讼过程中进行，但附带民事诉讼解决的问题是民事损害的赔偿问题，诸多民事法律独有的规定和原则在诉讼过程中均可适用。第三种是综合说〔2〕，认为刑事附带民事诉讼是刑事诉讼和民事诉讼有机结合的特殊诉讼。〔3〕笔者认同第三种观点，原因在于：附带民事诉讼制度的设立主要是源于对诉讼效率和司法权威的追求，通过对同一行为所产生的民事赔偿责任和刑事责任问题的合并审判，不仅可以避免重复审判，节约司法资源，而且可以有效避免对同一行为是否有责作出不同判决，从而实现司法的统一性。〔4〕在实体上，附带民事诉讼解决的主要问题是被害人的民事损害赔偿问题，该问题是民法所规定的侵权损害赔偿之债的内容，适用民事法律规制；程序上，附带民事诉讼在刑事诉讼中进行，依附于刑事诉讼，因此审理期限等诸多程序主要遵守《刑事诉讼法》的规定，同时，民事诉讼有关调解、撤诉和权利处分等程序性制度和原则在附带民事诉讼中同样适用。附带民事诉讼的这一特殊性质决定了尽管其在程序上带有刑事诉讼的某些特性，但在实体法律适用和裁判结果上应与民事诉讼一致。刑民交叉人身损害赔偿的范围属于实体法范畴，并不受纠纷解决模式的影响。

从世界范围来看，在采取双轨制解决刑民交叉人身损害赔偿的国家或者地区，因历史、文化、法律传统的不同，制度上各具特色，但是在有关损害赔偿范围的规定上，却都保持了与民事赔偿范围的一致性。如法国将附带民事诉讼的请求与赔偿范围规定为包括物质的、身体的、精神上的全部损失。我国台湾地区则灵活地规定为“由民法规范之”。〔5〕这些规定，使附带民事诉讼的赔偿范围和民

---

〔1〕 参见孙应征、王礼仁：《刑事附带民事诉讼新论》，人民法院出版社1994年版，第1页。

〔2〕 参见邵世星、刘选：《刑事附带民事诉讼疑难问题研究》，中国检察出版社2002年版，第3页。

〔3〕 参见张忠斌：《刑事审判的价值取向》，武汉大学出版社2005年版，第349~450页。

〔4〕 参见易延友：《刑事诉讼法规则、原理、应用》（第5版），法律出版社2019年版，第272~273页。

〔5〕《法国刑事诉讼法典》第3条第2款规定：“对因受到追诉的行为所引起的物质上、身体上、精神上的各种损害提起民事诉讼，均得受理之。”我国台湾地区“刑事诉讼法”第487条规定：因犯罪而受损害之人，于刑事诉讼程序得附带提起民事诉讼，对于被告人及依民法负赔偿责任之人，请求回复其损害。前项请求之范围，依民法之规定。

事诉讼赔偿范围得到了统一，避免了因程序不同而对实体权利的保护产生影响。在德国，被害人或者他的继承人可以对被指控人提起对犯罪行为产生的、属于普通法院管辖并且尚未向其他法院提出的财产权方面的请求权，该申请具有如同在民事法律纠纷中提起诉讼的同样效力。对未被认可的请求权部分，可以另行提出。〔1〕从而有效保障了民事权益的实现。

四、统一适法：刑民交叉人身损害赔偿范围的实践协调

理论上而言，刑民交叉的人身损害赔偿责任具有私法性质，其实体处理应适用民事法律法规的规定，其赔偿范围不因纠纷解决模式的不同而不同，不因刑事责任的承担而缩减，不因侵权人履行能力不足而打折。相关立法和司法解释应保持协调一致，以确保上述目标在司法实践中得到实现。

对照这一理想状态，反观我国的立法和司法现实，可以发现，从长远来看，这一问题需要通过立法完善加以根本解决。一方面，要在刑法中明确民事责任追究的法律适用，即对于受害人损害的赔偿适用民事法律规范〔2〕；另一方面，刑事诉讼法及其司法解释要设置合理的内容边界，仅对附带民事诉讼的特殊程序作出规范，对于赔偿范围等实体内容不宜再作规定〔3〕。

在立法和司法解释完善之前，需要通过法律解释和适用对现有立法和司法解释中存在的冲突以及法律理解中存在的分歧予以协调化解，以实现法律适用

---

〔1〕《德国刑事诉讼法》第403条规定：（一）被害人或者他的继承人，在刑事诉讼程序中可以对被指控人提起对犯罪行为产生的、属于普通法院管辖并且尚未向其他法院提出的财产权方面的请求权。提起请求权时，在地方法院程序中可以不考虑诉讼标的价值……另参见《德国刑事诉讼法》第404条第2项之规定以及第406条第3项之规定。此处的另行提出是向民事法院提出或者再次依据第403条向刑事法院提出。参见《德国刑事诉讼法典》，李昌珂译，中国政法大学出版社1995年版。

〔2〕另有学者建议将刑法的赔偿范围扩大为物质损失和精神损失。笔者认为，这一做法固然与现有民事立法保持了一致，但基于民事赔偿理论和立法的发展性角度考虑，将民事责任的法律适用直接确定为民事法律规定更具科学性。

〔3〕事实上，对于刑事诉讼法及其司法解释中规定附带民事诉讼赔偿范围的合法性问题，学者提出了诸多异议，主要涉及程序法对实体法内容规范的合理性，司法解释是否违反法律规定，以及可能造成的道德风险问题等。参见单其满：《刑事附带民事诉讼赔偿范围探析》，载《学理论》2013年第35期。

统一以及维护被害人民事权益的目标。[1]为此，可以考虑从以下三个层面予以推进：

（一）明确刑民交叉人身损害赔偿的原则

有关刑民交叉人身损害赔偿范围的争议之一是赔偿的原则问题，即是按照《刑法》第36条关于“根据情况判处赔偿经济损失”的规定遵循“酌情赔偿”原则，还是按照民事实体法上通行的“全部赔偿”原则确定赔偿范围，由此造成了实践中全部赔还是部分赔的差异。涉及赔偿原则的判决差异有其历史原因，随着法律规范的完善，在当前的实践中已经较为少见，但还是有必要通过强化相关司法解释的理解与适用，在实践中进一步规范法官自由裁量权，予以实现。

从规范制定层面来看，目前“全部赔偿”原则已经成为共识，如《最高人民法院关于适用〈中华人民共和国刑事诉讼法〉的解释》第155条释义中就明确，人民法院在对附带民事诉讼作出判决时，应以“全部赔偿”为原则，以“适当赔偿”为补充，同时指出，附带民事诉讼本质上是民事诉讼，确切地讲是侵权之诉，因此在损害赔偿问题上应当遵循“全部赔偿”原则；同时要兼顾“利益衡量”原则，以实现个别正义。[2]这一赔偿原则与民事法律规范中的人身损害赔偿原则日渐趋同，为刑民交叉人身损害赔偿原则的确定与统一奠定了规范基础。

从司法实践情况来看，随着我国人权保护意识和力度的不断强化，对于被害人民事权益的维护也日益得到重视，与改革开放初期以部分赔偿甚至因缺乏履行能力判决不赔的常见做法不同，近年来判决对损害进行全额赔偿的做法成为主流，在刑事和民事法律规范的指引下，法官运用自由裁量权对赔偿数额进行调整与缩减的现象越来越少，刑民交叉人身损害赔偿的确定性日渐增强，为刑民

---

〔1〕 2020年修订的《最高人民法院关于审理道路交通事故损害赔偿案件适用法律若干问题的解释》第十一条规定：“道路交通安全法第七十六条规定的“人身伤亡”，是指机动车发生交通事故侵害被侵权人的生命权、身体权、健康权等人身权益所造成的损害，包括民法典第一千一百七十九条和第一千一百八十三条规定的各项损害。”由此将道路交通事故中人身伤亡的赔偿范围与其它类型人身损害赔偿的范围进行了统一，原有因司法解释带来的道路交通事故人身损害赔偿范围特殊性的问题已经得到解决，在此不予赘述。

〔2〕 参见江必新主编：《最高人民法院刑事诉讼法司法解释理解与适用》，人民法院出版社2015年版。

交叉人身损害赔偿原则的确定与统一奠定了实践基础。

（二）明确“两金”物质损害赔偿的性质

目前，民事和刑事立法对于物质损害属于人身损害赔偿范围并无异议，但对物质损害的范围界定是否包括“两金”，即“两金”的性质存有争议。由于涉及“两金”的人身损害赔偿案件在人身损害赔偿案件总数中往往占比过半，因此也成为刑民交叉人身损害赔偿案件中最具争议和引人注目的问题。

关于残疾赔偿金的性质，现有的主要观点包括：一是“精神损害赔偿说”，即认为残疾赔偿金是精神损害抚慰金，因此，其不应有明确的赔偿标准，应由法官根据具体案情，考虑若干因素决定赔偿数额。2001年《最高人民法院关于确定民事侵权精神损害赔偿责任若干问题的解释》采取的就是这种观点，该解释第9条将残疾赔偿金作为致人残疾情况下的精神损害抚慰金形式。二是“物质损害赔偿说”，即将残疾赔偿金视为对受害人未来财产损失的赔偿，只是根据赔偿标准的不同又可分为“收入所得丧失说”、“生活来源丧失说”和“劳动能力丧失说”等学说，1994年我国《国家赔偿法》首次从立法层面对残疾赔偿金的性质进行了明确，根据该法第27条的规定，残疾赔偿金属于物质损害赔偿而非精神损害赔偿，即受害人因残疾导致部分或者全部劳动能力丧失本身就是一种损害，无论受害人残疾后其实际收入是否减少，行为人都应对劳动能力的丧失进行赔偿。2003年《最高人民法院关于审理人身损害赔偿案件适用法律若干问题的解释》第17条的规定采取了“劳动能力丧失说”，将残疾赔偿金规定为对因丧失劳动能力导致的收入损失的赔偿。原《侵权责任法》和《民法典》虽然并未明确规定残疾赔偿金的性质，但从其条文安排上来看，其将残疾赔偿金和精神损害赔偿分别以专门条文作出规定，可以认为其将残疾赔偿金定性为是对物质损害的赔偿。从目前的主流观点和立法实践来看，将残疾赔偿金定性为物质损害赔偿争议不大。

理论和实务界的主要争议集中在死亡赔偿金的定性上。除了将死亡赔偿金定性为精神损害赔偿的观点，将其定性为物质损害赔偿的观点中，就赔偿范围的不同又分为两种观点：一是以被扶养人丧失生活来源作为依据的“扶养丧失说”。该说认为，受害人死亡后，其被扶养人因此失去了生活来源，侵害人对此应予赔偿。二是以受害人死亡导致的预期收入减少为依据的“继承丧失说”。该说认为，侵害他人生命致人死亡，不仅生命利益本身受侵害，而且造成受害人余命年岁内收入的“逸失”，赔偿义务人应对“逸失利益”予以赔偿。实务界的观点也历经了一个发展变化的过程：1965年，《最高人民法院办公厅、公安部办公厅关于交通肇事的补偿和抚恤问题的函》首次明确抚恤金兼有经济补偿和精神抚慰的双重属性。《道路交通事故处理办法》第37条按照交通事故发生地平均生活费计算死亡赔偿费，死亡赔偿费的性质仍兼有财产赔偿和精神抚慰的双重含义。2001年《最高人民法院关于确定民事侵权精神损害赔偿责任若干问题的解释》则将死亡赔偿金定位于精神损害抚慰金。《国家赔偿法》以国家上年度职工年平均工资为基准计算死亡赔偿金，明显是对受害人收入损失的赔偿。2003年《最高人民法院关于审理人身损害赔偿案件适用法律若干问题的解释》采用“继承丧失说”，将死亡赔偿金定性为对因加害行为的发生而导致赔偿权利人本应获得的财产而无法获得的所失利益的赔偿，其性质为财产损害赔偿，而不是精神损害赔偿〔1〕。原《侵权责任法》和《民法典》则通过将死亡赔偿金和精神损害赔偿条文并列的方式将死亡赔偿金定性为物质损害赔偿。

综合上述分析，“两金”的性质应定位在物质损害赔偿上，属于对受害人因侵权行为造成的收入减少的损失赔偿。理由如下：

首先，从“两金”产生的原因来看，受害人因侵权行为伤残或死亡的，确实使其家庭收入减少，将“两金”纳入赔偿范围，以弥补受害人因伤残或死亡而减少的实际收入及家庭收入等实际损失，有其合理性，将“两金”纳入物质损失赔偿范围内，有利于赔偿目的的实现并易于为社会公众所接受。

其次，从“两金”数额的确定来看，尽管就现有法律规范关于“两金”计算标准的科学性和合理性仍存在争议，但理论和实务界对于“两金”应该有统一、明确的计算标准已是共识，这与精神损失由法院依痛苦之程度或斟酌各种情形自由酌定的确定原则相左，而与物质损失可计算的性质相符。

---

〔1〕 参见最高人民法院民事审判第一庭编著：《最高人民法院人身损害赔偿司法解释的理解与适用》，人民法院出版社2004年版，第355~363页。

再次，从立法和司法实践来看，现有民事立法和司法实践已经明确将“两金”定性为物质损害赔偿，而刑事立法对“两金”性质并未作出规定，相关刑事司法解释也没有明确将“两金”排除在附带民事诉讼范围之外，而是通过“等费用”这一兜底的方式为其预留了空间，[1]因此将“两金”定性为物质损害赔偿纳入附带民事诉讼赔偿范围并无法律障碍，统一法律适用的阻力更小，也更符合立法目的。

最后，从实际效果来看，刑事领域主张在人身损害赔偿范围中排除“两金”的主要理由在于被告人履行能力低，将“两金”纳入赔偿范围后赔偿数额过高可能造成“空判”。且不论侵权人的履行能力不应对其赔偿责任产生影响，将“两金”排除出赔偿范围的直接现实后果是，行为危害更大、受损害更为严重的刑民交叉人身损害赔偿案件中被侵权人所获赔偿将大大少于一般的人身损害被侵权人，由此可能引发“伤的越重赔得越少”“撞伤不如撞死”等道德风险，不仅有违法律的公平原则，也使刑法所具有的预防和打击犯罪的效果大打折扣。因此将“两金”定性为物质损害赔偿，统一纳入刑民交叉人身损害赔偿范围有其现实必要性。

（三）明确精神损害赔偿审慎适用原则

当前民事和刑事立法中有关人身损害赔偿范围的最大分歧在于精神损害赔偿是否纳入赔偿范围，由此造成了实践中的不统一。从刑事法律规范的内容来看，《刑事诉讼法》第101条将赔偿范围限定为被害人由于被告人的犯罪行为而遭受的物质损失，《最高人民法院关于适用〈中华人民共和国刑事诉讼法〉的解释》第138条进一步明确将精神损失排除在赔偿范围之外，在法律规范层面对刑民交叉的人身损害赔偿范围作出了明确限制，但第155条同时规定了人身损害赔偿范围的例外情形，从而为实践调整留下了空间和余地。对此，有必要保持司法的谦抑与克制，审慎适用精神损害赔偿。

一方面，在附带民事诉讼中原则上要排除精神损害赔偿的适用。附带民事诉讼中人身损害赔偿的范围仅限于物质损失是刑事立法中明确规定的原则，且

---

〔1〕 参见单其满：《刑事附带民事诉讼赔偿范围探析》，载《学理论》2013年第35期。

不论该规定的合理性，在现有法律未做修订的情形下，根据特别法优于一般法的原则，附带民事诉讼应首先适用该原则确定赔偿范围，原则上排除精神损害赔偿的适用。对于《最高人民法院关于适用〈中华人民共和国刑事诉讼法〉的解释》第155条的例外规定，则要作区分对待。首先，对于机动车肇事类人身损害赔偿案件，尽管从条文理解上来看可以作例外处理，从而统一适用民事立法规范的赔偿范围。但从平衡其他类型附带民事诉讼人身损害赔偿案件的赔偿数额，确保赔偿总体平衡的角度来看，考虑该类人身损害案件造成的精神损害一般相对较小的特点，在此类案件的处理上仍宜坚持物质损失赔偿的原则。其次，对于其他造成受害人严重精神损害的情形，可以利用《最高人民法院关于适用〈中华人民共和国刑事诉讼法〉的解释》第155条关于调解、和解结案不受有关赔偿范围和数额限制的例外规定作变通处理，在附带民事诉讼中积极发挥调解的作用，利用《刑事诉讼法》关于结合被告人民事赔偿情况认定悔罪表现，并影响量刑的规定积极促使被害人获得精神损害赔偿。

另一方面，在民事诉讼中要严格限制精神损害赔偿的适用。从现有民事立法规范关于精神损害赔偿的适用条件来看，造成的精神损害必须达到“严重”的程度。一般认为，仅仅引起些微的不高兴或不舒服的行为不构成精神损害侵权的诉因。被告的行为要具备“极端性和伤害性”的性质；必须是“超出了过正常生活所能容忍的界限的”“糟透了的”“文明社会完全不能容忍的”行为。同时，精神损害赔偿的数额确定要根据侵权人的过错程度，侵害的手段、场合、行为方式等具体情节，侵权行为所造成的后果，侵权人的获利情况，侵权人承担责任的经济能力，受诉法院所在地平均生活水平等综合确定。可见，民事立法本身对于精神损害赔偿的适用设置了严格的条件。同时，从协调与附带民事诉讼赔偿范围的关系及平衡不同诉讼中赔偿数额与侵权行为情节、后果间关系的角度出发，出于法律适用的公平原则考虑，也应在民事诉讼中审慎适用精神损害赔偿。

审判实务精要

我国刑事法律规范和民事法律规范对于刑民交叉人身损害赔偿范围的

规定中,就精神损害赔偿是否纳入赔偿范围以及人身损害赔偿原则的规定存在差异,就残疾赔偿金和死亡赔偿金的性质,以及机动车肇事赔偿范围法律适用的规定并不明确,造成了司法实践中法律适用的混乱。对此,理论上需要厘清三个方面的关系:一是刑民交叉人身损害案件中民事责任和刑事责任属于责任聚合,两者相互独立,刑事责任的承担并不影响民事责任的承担;同时,基于对被害人权益的保护,民事责任的承担应得到优先保障。二是刑民交叉的人身损害赔偿责任与一般的人身损害赔偿责任具有同质性,均属于私法责任,在实体处理上应适用民事法律规范。三是刑民交叉人身损害赔偿责任与纠纷解决模式的选择无关,纠纷解决模式的选择并不影响刑民交叉人身损害赔偿责任的范围。法律适用上,在现有法律规范的框架下,需要从三个层面进行努力:在赔偿原则层面,要明确以全部赔偿为原则,以利益衡平为补充;在赔偿项目定性层面,要将"两金"统一定性为物质损害赔偿,纳入人身损害赔偿的范围;在精神损害赔偿层面,要保持司法的谦抑和克制,在附带民事诉讼中严格遵循刑事诉讼立法关于仅赔偿物质损失的规定,原则上排除精神损害赔偿的适用,仅在造成严重精神损害的情形下,方可通过调解、和解等方式作例外处理;在民事诉讼中,要通过对精神损害适用条件、确定因素的把握,严格限制精神损害赔偿的适用,以确保民刑交叉案件中法律适用的平衡度和公平性。

撰稿人:董　燕,上海市高级人民法院审判监督庭审判员,法学博士

46. 知识产权惩罚性赔偿条款的司法适用

导　言

侵害知识产权的惩罚性赔偿制度是加强知识产权保护，惩罚和遏制知识产权侵权行为的重要法律制度。在当前国内外严格保护知识产权的背景下，惩罚性赔偿的功能作用被更多的国家所认识和重视。《民法典》第1185条（以下称知识产权惩罚性赔偿条款）规定："故意侵害他人知识产权，情节严重的，被侵权人有权请求相应的惩罚性赔偿。"该条规定意味着在我国知识产权侵权领域全面引入惩罚性赔偿制度，并确立了侵犯知识产权惩罚性赔偿的一般规则。在现有的知识产权损害赔偿体系下，如何处理好知识产权惩罚性赔偿与其他知识产权损害赔偿制度的关系，具体适用条件如何把握等问题，涉及知识产权损害赔偿制度功能的发挥及有效实施，也可能带来司法实践的革新，值得我们认真加以审视和研究。

一、知识产权惩罚性赔偿的产生、发展及现状

（一）域外国家及我国台湾地区发展情况

惩罚性赔偿，也称示范性的赔偿或报复性的赔偿，是指由法院所作出的赔偿数额超过实际损害的数额的赔偿。[1]它具有补偿受害人损失、惩罚和遏制不法行为等多重功能。侵害知识产权的损害赔偿制度主要是近代以来，随着知识产权制度的发展以及惩罚性赔偿制度的产生而在普通法系国家逐步形成和发展的。

惩罚性赔偿最初源于英国，1763年的Wilkes v.Wood案和Huckle v.Money案

---

〔1〕 See Note, "Exemplary Damages in the Law of Torts", 70 Harv.L.Rev, 517, 517（1975）.

常被看作英国最早适用惩罚性赔偿的案件。〔1〕美国则在1784年Genay v.Norris一案中确认该制度。〔2〕从美国知识产权法的立法演进来看，惩罚性赔偿最初在一些案例中采用，而后被成文法所正式采纳。比较早的是1793年《美国专利法》，该法案规定可以处以相当于实际损失3倍的赔偿金。《美国统一商业秘密法》第3条规定，如果发生恶意或故意侵占，法院可责令被告支付不超过上款中任何赔偿（原告就侵占所造成的实际损失和因侵占导致被告获得的不当利益）2倍的惩罚性赔偿金。美国侵害知识产权的惩罚性赔偿制度对其他普通法系国家的立法和判例也产生了重大影响。

作为大陆法系代表性国家的德、法等国，一直坚守侵权损害赔偿的补偿性原则，普遍不认可惩罚性赔偿。《欧洲侵权法原则》明确将损害赔偿限于补偿性的目的。《德国民法典》第249条之规定为德国确立了完全补偿原则。德国联邦法院甚至认为，在物质性赔偿之外概括地采纳惩罚性赔偿的做法违反了公序良俗原则，因此，德国原则上不执行美国有关惩罚性赔偿的判决。〔3〕但近年来，德国法院对此问题的态度亦有所松动。1972年，德国联邦最高法院在一项判决中认定，音乐著作权集体管理组织就娱乐音乐和舞蹈音乐可以向侵权人要求许可费的两倍作为赔偿。〔4〕《法国智慧财产权法典》第L331-1-4条规定，民事法院可以判决没收侵权人的全部或者部分收益，并给予受害人。有学者认为这是引入了一项具有强烈惩罚性赔偿色彩的制度。〔5〕我国台湾地区“专利法”对于故意侵权，规定了“不得超过已证明损害额之三倍”的赔偿。〔6〕“营业秘密法”中亦有类

---

〔1〕 参见王萍：《惩罚性赔偿的量定：美英德法四国比较研究》，载《澳门法政杂志》2014年第1期。

〔2〕 参见李正华、朱君全：《法定赔偿与惩罚性赔偿条款关系辨析》，载《电子知识产权》2016年第1期。

〔3〕 BGHZ 118，312.转引自王利明：《论我国民法典中侵害知识产权惩罚性赔偿的规则》，载《政治与法律》2019年第8期。

〔4〕 参见李军、朱雪忠：《我国著作权侵权赔偿中的合理许可费制度研究——以〈德国著作权法〉为参照》，载《出版科学》2017年第4期。

〔5〕 See Helmut Koziol & Vanessa Wilcox (eds.), Punitive Damages: Common Law and Civil Law Perspectives, springer-Verlag/Wien (2009), pp.58-60.

〔6〕 参见我国台湾地区“司法院”：《简明小六法》，台北，台湾金融研训院2015年版，第二-四〇一。

似规定。近年来，德国、法国、西班牙等国及欧盟开始承认并执行美国法院作出的惩罚性赔偿判决，也开始考虑在一定限度内接受惩罚性赔偿。可以认为，惩罚性赔偿在英美法系得到广泛适用，在大陆法系虽未得到广泛承认，但在司法实践中已有所体现。〔1〕

（二）我国发展现状

我国民事立法在20世纪90年代引入了惩罚性赔偿制度。1994年《消费者权益保护法》第49条规定了惩罚性损害赔偿制度。1999年《合同法》第113条第2款对前述规定进行了确认。此后，2003年《最高人民法院关于审理商品房买卖合同纠纷案件适用法律若干问题的解释》、2009年及2015年《食品安全法》中均有惩罚性赔偿的相关规定。2010年《侵权责任法》中明确规定，明知产品存在缺陷仍然生产、销售，造成他人死亡或者健康严重损害的，被侵权人有权请求相应的惩罚性赔偿。可见，我国在相关民事领域已经建立了惩罚性赔偿制度。

近年来，我国高度重视知识产权保护，在2013年修订的《商标法》中引入了惩罚性赔偿制度。该法第63条第1款规定："侵犯商标专用权的赔偿数额，按照权利人因被侵权所受到的实际损失确定；实际损失难以确定的，可以按照侵权人因侵权所获得的利益确定；权利人的损失或者侵权人获得的利益难以确定的，参照该商标许可使用费的倍数合理确定。对恶意侵犯商标专用权，情节严重的，可以在按照上述方法确定数额的一倍以上三倍以下确定赔偿数额。赔偿数额应当包括权利人为制止侵权行为所支付的合理开支。"2019年修订的《商标法》将惩罚性赔偿倍数改为"一倍以上五倍以下"。2019年修订的《反不正当竞争法》第17条第3款对侵犯商业秘密的惩罚性赔偿进行了规定："因不正当竞争行为受到损害的经营者的赔偿数额，按照其因被侵权所受到的实际损失确定；实际损失难以计算的，按照侵权人因侵权所获得的利益确定。经营者恶意实施侵犯商业秘密行为，情节严重的，可以在按照上述方法确定数额的一倍以上五倍以下确定赔偿数额。赔偿数额还应当包括经营者为制止侵权行为所支付的合理开支。"2020年

---

〔1〕 参见易健雄、邓宏光：《应在知识产权领域引入惩罚性赔偿》，载《法律适用》2009年第4期。

修订的《专利法》第71条第1款规定："侵犯专利权的赔偿数额按照权利人因被侵权所受到的实际损失或者侵权人因侵权所获得的利益确定；权利人的损失或者侵权人获得的利益难以确定的，参照该专利许可使用费的倍数合理确定。对故意侵犯专利权，情节严重的，可以在按照上述方法确定数额的一倍以上五倍以下确定赔偿数额。"2020年修订的《著作权法》第54条第1款规定："侵犯著作权或者与著作权有关的权利的，侵权人应当按照权利人因此受到的实际损失或者侵权人的违法所得给予赔偿；权利人的实际损失或者侵权人的违法所得难以计算的，可以参照该权利使用费给予赔偿。对故意侵犯著作权或者与著作权有关的权利，情节严重的，可以在按照上述方法确定数额的一倍以上五倍以下给予赔偿。"

（三）我国知识产权惩罚性赔偿适用的困境

一是适用条件不尽统一。在惩罚性赔偿的适用条件上，《商标法》《反不正当竞争法》为恶意侵权，情节严重；《专利法》《著作权法》为故意侵权，情节严重。此外，前述法律亦未对故意和恶意及情节严重的认定标准予以明确。

二是赔偿数额确定标准不够清晰。对于赔偿数额，《商标法》《专利法》为权利人损失、侵权人获利、许可使用费倍数的1倍以上5倍以下。《反不正当竞争法》为权利人损失、侵权人获利的1倍以上5倍以下。《著作权法》则为权利人损失、侵权人违法所得、权利使用费的1倍以上5倍以下。上述法律亦未对如何确定赔偿倍数进行规定，赔偿数额确定标准不够清晰。

三是惩罚性赔偿和法定赔偿的适用关系存在争议。《商标法》《反不正当竞争法》《专利法》及《著作权法》惩罚性赔偿之适用均不以法定赔偿为计算基数。但有观点认为，因惩罚性赔偿基数存在确定难的现实困境，故惩罚性赔偿可以法定赔偿作为计算基数。

四是惩罚性赔偿基数难以确定导致惩罚性赔偿适用难。知识产权损害赔偿以全面赔偿权利人损失为原则。赔偿确定方法一般有权利人损失、侵权人获利（违法所得）、许可使用费倍数（权利使用费）3种方法。惩罚性赔偿一般以上述方法确定的赔偿数额为计算基数。司法实践中，权利人有时无法举证证明其受到的实际损失，侵权人的获利（违法所得）情况，也没有合理的许可使用费（权利使用费）可供参照，故即使存在故意/恶意侵权，情节严重的情形，因惩罚性赔偿的基数无法确定，惩罚性赔偿亦无从适用。这也导致在实践中，法定赔偿的适用占主导地位，惩罚性赔偿的适用比例极低。2019年9月，上海市浦东新区人民法院判决的美国平衡身体公司诉永康一恋运动器材有限公司侵犯商标权纠纷案，是上海首例知识产权侵权惩罚性赔偿案件。

二、知识产权侵权领域引入惩罚性赔偿的正当性

（一）惩罚性赔偿与民法之私法理念相协调

一直以来，大陆法系国家和英美法系国家对于是否确立惩罚性赔偿制度持不同意见，我国学者亦对知识产权领域是否应当引入惩罚性赔偿展开了激烈的争论。焦点即在于引入惩罚性赔偿是否与民法的私法理念相冲突，违反了民事责任的补偿性赔偿原则，并混淆了私法和公法的界限。

对此，本文认为，惩罚性赔偿与民法之私法理念并不存在矛盾和冲突。首先，公私法的界分并非绝对清晰。回溯立法史，侵权法和刑法即具有共同的历史渊源。随着社会经济发展和制度变革，公法私法化和私法公法化的趋势使得公私法的界限变得模糊。有学者认为："基于公共利益而在私法中谨慎地注入公共政策目的与私法自治的理念并不矛盾""公共政策目的与知识产权的私权属性和知识产权法的私法性质并非彼此对立、不可共存，而是相伴相随、不可分离"。〔1〕因此，基于公共政策的考量，在知识产权领域引入惩罚性赔偿并不会混淆私法和公法的界限。

其次，私法责任中亦具有惩罚性因素。从法律的相关规定看，补偿和预防目的并没有被清楚严格地划分在不同的部门法中。〔2〕无论是合同责任还是侵权

---

〔1〕 冯晓青、罗娇：《知识产权侵权惩罚性赔偿研究——人文精神、制度理性与规范设计》，载《中国政法大学学报》2015年第6期。

〔2〕 参见［德］格哈德·瓦格纳：《损害赔偿法的未来——商业化、惩罚性赔偿、集体性损害》，王程芳译，中国法制出版社2012年版，第126页。

责任中，惩罚性因素都并不少见。[1]日本田中英夫、竹内昭夫教授认为，把侵权责任作为专门以损害赔偿为目的的制度来把握，而无视民事责任的制裁功能的做法是错误的，惩罚性赔偿对违法行为的抑制发挥着巨大的作用。[2]因此，惩罚和补偿都是调整平等主体利益关系的手段，并不能将二者作为区分私法责任和公法责任的标准，私法责任中亦可以具有惩罚性因素。

（二）惩罚性赔偿与知识产权的特性相适应

知识产权与其他民事权利相比，具有无形性、可复制性等特点。知识产权的这些特性导致知识产权极易受到侵害，与知识产权创造及转化的成本相比，侵权人的侵权违法成本相对较低，知识产权权利人及其商品等受到的损害难以确定并得到有效弥补。因此，传统的补偿性赔偿难以有效补偿知识产权权利人的损害。知识产权侵权的易发性、侵权人的高获利性、实际损害的难确定性等因素决定了知识产权民事责任需要更注重预防功能，通过惩罚性赔偿制度有效遏制侵权行为，保护知识产权权利人的合法权利。此外，实施知识产权惩罚性赔偿，加重行为人的损害赔偿责任，可以显著提高违法成本，促使行为人通过寻求许可的方式实施知识产权，从而激励知识产权人的维权积极性，推进自主技术创新。

三、知识产权惩罚性赔偿条款解读

（一）知识产权惩罚性赔偿条款写入《民法典》的重要意义

1.进一步厘清了知识产权法与民法的关系

我国理论和实务界历来对知识产权法与民法关系存在较大争议。多数观点认为，知识产权法属于民法范畴。反对观点认为，有形财产的许多法律规则不能适用于知识产权，将知识产权法归为民法部门会受到一定限制。[3]《民法典》将知识产权侵权惩罚性赔偿纳入民事侵权责任体系，则肯定了民法相对于知识产

---

〔1〕 See Zeno-Zenocovich, Giur.it.1985, IV, 12, 18.转引自［德］克雷斯蒂安·冯·巴尔：《欧洲比较侵权行为法》（上卷），张新宝译，法律出版社2001年版，第743页。

〔2〕 参见易健雄、邓宏光：《应在知识产权领域引入惩罚性赔偿》，载《法律适用》2009年第4期。

〔3〕 参见张平：《知识产权法的地位及其渊源》，载《知识产权》1994年第6期。

权法的一般性和基础性的法律地位。“知识产权法的调整对象系平等主体，因创造或使用智力成果而产生的财产关系和人身关系，其调整手段和适用原则主要是民法的手段和原则。”〔1〕因此，《民法典》的基本原则、一般规定等皆可适用于知识产权法。

2.构建了知识产权惩罚性赔偿一般规则

我国《商标法》《反不正当竞争法》《专利法》《著作权法》均明确规定了惩罚性赔偿。对于地理标志、集成电路布图设计、植物新品种等其他类型知识产权，相关法律和行政法规中均没有惩罚性赔偿的相关规定。《民法典》作为民事领域的一般法，其关于知识产权惩罚性赔偿条款的规定，实质上在知识产权损害赔偿领域全面确立了知识产权惩罚性赔偿制度，并确立了知识产权惩罚性赔偿的一般规则。因此，无论各知识产权单行法或行政法规有无规定，知识产权权利人均可援引《民法典》该条规定主张适用惩罚性赔偿。《民法典》中对知识产权惩罚性赔偿的原则性规定还具有兜底功能，能够实现对未来新的知识产权保护的需要。〔2〕

3.有助于完善知识产权损害赔偿制度体系

目前，我国《商标法》《反不正当竞争法》《专利法》《著作权法》中确立的惩罚性赔偿规则不尽相同。《民法典》作为民事领域的一般法，其关于惩罚性赔偿的规定，应当成为知识产权各单行法的上位法依据。即对于不同的知识产权权利类型，在各单行法立法或修法时均需确立知识产权惩罚性赔偿规则，并在《民法典》知识产权惩罚性赔偿条款确定的一般规则范围内构建惩罚性赔偿适用的具体规则。因此，《民法典》确立知识产权惩罚性赔偿的一般规则，有利于消除知识产权立法领域的矛盾和冲突，建立统一的知识产权惩罚性赔偿法律规则，从而实现知识产权惩罚性赔偿制度的体系化。

---

〔1〕 吴汉东：《知识产权法》，中国政法大学出版社2004年版，第26页。

〔2〕 参见王利明：《论我国民法典中侵害知识产权惩罚性赔偿的规则》，载《政治与法律》2019年第8期。

(二)知识产权惩罚性赔偿条款的内涵

1.主观上限于故意侵权情形

侵权责任一般以过错责任为归责原则。侵权法上的过错,包括故意和过失。一般认为,给予惩罚性赔偿的侵害行为,主观上须有严重的可非难性。〔1〕在知识产权领域,侵害知识产权的惩罚性赔偿主观上应以故意为要件。

首先,从惩罚性赔偿的产生和发展来看,由于惩罚性赔偿具有加重责任的性质,因此为了防止被滥用,给行为人施加过度责任,自惩罚性赔偿产生以来就一直以故意为要件。〔2〕

美国法上的惩罚性赔偿大多限于故意或者恶意侵权的情形,如《美国统一商业秘密法》规定惩罚性赔偿的适用限于故意或恶意侵占他人商业秘密的情形。《美国专利法》规定了专利侵权的“三倍赔偿”。虽然该条并未明确规定“三倍赔偿”的适用条件,但美国法院在森索尼克斯公司诉航空索尼克公司案中提出了“三倍”赔偿的适用条件,该案中“三倍赔偿”被限定在故意侵权的情形。〔3〕《澳大利亚专利法》第112条中亦明确规定故意侵权的,可以判处惩罚性赔偿。我国台湾地区“专利法”关于惩罚性赔偿的适用,亦以故意为要件。上述国家和地区的立法经验和实践表明,侵害知识产权的惩罚性赔偿一般应以故意为要件。

其次,从惩罚性赔偿适用的正当性基础看,惩罚性赔偿有别于以填平权利人损失为目的的补偿性赔偿,其通过给不法行为人课以超过实际损害数额的赔偿,来惩罚和遏制不法行为,这在责任程度上已经超越了普通的民事责任,在主观归责上应适用更为严格的标准。因此,惩罚性赔偿只有以故意为要件,这种制裁才具有合理性。实践中,也有立法规定侵害知识产权惩罚性赔偿的主观要件亦包括重大过失。如美国得克萨斯州和密西西比州支持重大过失行为可以适

〔1〕 参见王泽鉴:《损害赔偿》,北京大学出版社2017年版,第367页。

〔2〕 参见王利明:《论我国民法典中侵害知识产权惩罚性赔偿的规则》,载《政治与法律》2019年第8期。

〔3〕 参见冯晓青、罗娇:《知识产权侵权惩罚性赔偿研究——人文精神、制度理性与规范设计》,载《中国政法大学学报》2015年第6期。

用惩罚性赔偿。〔1〕对此，本文认为，过失侵权并不具有可惩罚性，“在对行为人过失侵害他人知识产权时，对其适用惩罚性赔偿，显然会形成‘罚不当责’的后果。”〔2〕此外，惩罚性赔偿还具有遏制和预防侵权行为发生的功能，显然，过失侵权不具有主观预见性，不属于惩罚性赔偿遏制和预防的目标和对象，将过失作为惩罚性赔偿的主观要件，与惩罚性赔偿的制度功能不符。

最后，从对故意和恶意的选择来看，域外法上知识产权惩罚性赔偿适用的主观要件大多为故意，仅少数为恶意。我国《商标法》《反不正当竞争法》采用了恶意的概念。对于知识产权惩罚性赔偿应以故意还是恶意为主观要件，本文认为，侵权法上的过错，包括故意和过失，并不包含恶意，立法中也很少采用恶意的概念。两者均系明知其行为构成侵权而有意为之，但从文义解释上讲，恶意具有更强的贬义色彩，其主观过错程度应大于故意。实际上，在实践中很难对二者作出区分，对于何种故意构成恶意亦很难把握。而相对于恶意，故意的标准则更为清晰。因此，《民法典》和新修订的《专利法》《著作权法》均采用了故意的概念，在法律适用上也避免了因恶意标准模糊而产生分歧。为保证知识产权惩罚性赔偿制度体系及规则的统一，我国《商标法》《反不正当竞争法》也应在未来的法律修订中采用故意的概念，即以故意作为惩罚性赔偿适用的主观要件。

2.客观上以情节严重为要件

侵害知识产权的惩罚性赔偿是否应以情节严重作为客观要件，在理论和实务界均存在较大争议。域外发达国家和地区的相关立法鲜少对知识产权惩罚性赔偿适用的客观要件作出规定。我国台湾地区“著作权法”第88条规定，在被害人不能证明其实际损害的情况下，“损害行为属故意且情节重大者，赔偿数额增至新台币500万元”〔3〕，但该条规定并未明确使用惩罚性赔偿的概念。因此，有观点认为，知识产权惩罚性赔偿的适用条件应当侧重于主观要件，即侵权人

---

〔1〕 参见袁杏桃：《知识产权侵权惩罚性赔偿的正当性基础与制度构建》，载《甘肃社会科学》2014年第5期。

〔2〕 王利明：《论我国民法典中侵害知识产权惩罚性赔偿的规则》，载《政治与法律》2019年第8期。

〔3〕 我国台湾地区“司法院”：《简明小六法》，台北，台湾金融研训院2015年版，第二－四三一。

的主观状态决定是否适用惩罚性赔偿，而侵权行为所造成的客观损害结果决定适用何种数额的惩罚性赔偿，从而排除客观损害结果作为适用惩罚性赔偿的条件。〔1〕在恶意侵权之外附加情节严重的要件，明显画蛇添足，将会大大降低惩罚性赔偿责任在司法实践中的可操作性。〔2〕对此，本文认为，《民法典》将情节严重作为适用知识产权惩罚性赔偿的客观要件，是对我国《商标法》相关立法经验的延续和吸收，也符合我国司法实践的客观需要。原因在于：

首先，有利于防止惩罚性赔偿泛化。对于知识产权而言，因专利权、商标权等权利均具有一定的公开性。从实践来看，因过失侵害他人知识产权的情形很少见，因此如果不要求行为人的侵权情节严重而仅仅要求行为人具有侵权故意，则可能导致惩罚性赔偿在知识产权侵权中广泛适用，这显然不符合惩罚性赔偿的制度功能。〔3〕从实践来看，仅考量惩罚性赔偿的主观要件，也会引起补偿性赔偿原则与惩罚性赔偿原则在适用上的混乱，甚至导致惩罚性赔偿原则取代补偿性赔偿原则，从而成为侵害知识产权赔偿的一般性规则。

其次，能够确保“罚当其责”。惩罚性赔偿本质上属于对于侵权行为严重错误性的评价，从逻辑关系来说，惩罚性赔偿的适用应当与侵权行为的恶劣程度和损害结果相适应。因此，对于行为人虽然有侵权故意，但情节并不严重的轻微侵权也适用惩罚性赔偿，会过度加重侵权人的侵权责任，将该类行为纳入惩罚性赔偿的适用范围，并不符合惩罚性赔偿的立法本意。

3.未予限制惩罚性赔偿金数额

《民法典》并未限制侵害知识产权惩罚性赔偿的赔偿金数额，而是规定“被侵权人有权请求相应的惩罚性赔偿”。对此，有学者认为，该条应当规定侵害知识产权惩罚性赔偿的数额限制，否则会导致侵害知识产权损害赔偿标准的扩大化，使受害人获得远超出其实际损失的赔偿，也可能导致法官自由裁量权过大以

〔1〕 参见冯晓青、罗娇：《知识产权侵权惩罚性赔偿研究——人文精神、制度理性与规范设计》，载《中国政法大学学报》2015年第6期。

〔2〕 参见朱丹：《知识产权惩罚性赔偿制度研究》，法律出版社2016年版，第225页。

〔3〕 参见王利明：《论我国民法典中侵害知识产权惩罚性赔偿的规则》，载《政治与法律》2019年第8期。

及对行为人的过度惩罚。[1]

诚然，美国及我国台湾地区部分相关立法中均有对知识产权惩罚性赔偿数额限制的规定。在美国司法实践中，美国联邦法院许多案例也通过“正当程序原则”等限制过高的惩罚性赔偿。但《民法典》未对惩罚性赔偿金数额予以限制，并不意味着我国《民法典》采纳了对惩罚性赔偿不予限制的观点，而更多的是基于我社会发展的需要和立法技术的考虑。

从社会生活角度看，《民法典》作为规范社会生活的基本法，如果对惩罚性赔偿金额作出明确限制，则会缺乏变通和灵活性，难以适应社会经济发展的需要。故具体限制宜由知识产权各部门法进行规定，我国《商标法》《反不正竞争法》《专利法》《著作权法》中均有相关规定。从立法技术角度看，如果在《民法典》中明确限制惩罚性赔偿金数额，则很难依据知识产权的不同属性和特点作出不同的规定和变化，故《民法典》仅对于惩罚性赔偿金数额作原则性规定是合理和恰当的。

四、知识产权惩罚性赔偿条款的司法适用

惩罚性赔偿系知识产权损害赔偿的例外情形，其适用应当受到一定的限制，否则会影响技术创新和知识的流通与创造。要在厘清惩罚性赔偿与其他知识产权损害赔偿制度关系的基础上，予以严格把握并准确适用，以期真正发挥惩罚性赔偿制度功能。

（一）知识产权惩罚性赔偿与其他损害赔偿制度的关系

1.知识产权惩罚性赔偿与补偿性赔偿

知识产权惩罚性赔偿是对权利人超过实际损害数额的赔偿，知识产权惩罚性赔偿与补偿性赔偿具有密不可分的关系：

其一，惩罚性赔偿须以补偿性赔偿存在为前提。惩罚性赔偿与补偿性赔偿系两个请求权基础，前者附属于后者，若无补偿性损害赔偿请求权时，则不发生

---

〔1〕 参见王利明：《论我国民法典中侵害知识产权惩罚性赔偿的规则》，载《政治与法律》2019年第8期。

惩罚性赔偿。惩罚性赔偿不能单独存在。〔1〕

其二，惩罚性赔偿的数额系以补偿性损害作为基础。〔2〕美国的知识产权惩罚性赔偿一般都以实际损失或侵权获利为计算基数。原因在于无论实际损失抑或是侵权获利，均是相对确定性的数额。我国台湾地区“专利法”更是进一步规定，对于故意侵权，“不得超过已证明损害额之三倍”的赔偿，即其惩罚性赔偿必须以已证明的确定的损害额为基础。美国法院常常表示，任何惩罚性赔偿均应限制，使其与填补赔偿额具有某种合理的关联性。这就是比例性原则。〔3〕

2.知识产权惩罚性赔偿与法定赔偿

（1）制度本质——独立抑或包容

知识产权惩罚性赔偿与法定赔偿是相互独立的赔偿制度。

首先，从制度功能上看，惩罚性赔偿是法院所作出的超出补偿性赔偿之外的赔偿。其具有威慑、遏制与制裁侵权行为的功能。而“知识产权侵权损害的法定赔偿，也叫定额赔偿，是指在权利人的实际损失或侵权人的违法所得难以确定，且不能通过其他方法确定侵权人的赔偿数额时，由人民法院根据当事人的请求或依职权在法定数额幅度或基数额度内确定具体赔偿数额的一种赔偿制度”。〔4〕该制度是为了解决在权利人损失和侵权人获利以及许可使用费不能确定的情况下，如何对权利人进行赔偿的问题。

其次，从适用条件上看，根据我国《民法典》第1185条、《商标法》第63条、《专利法》第71条以及《著作权法》第54条之规定，惩罚性赔偿在主观上一般以故意或恶意为要件，客观上须构成情节严重。而对于法定赔偿，无论侵权人主观上是故意还是过失，客观上侵权情节是否严重，只要权利人受到损害，均可请求法定赔偿。在法定赔偿适用的情境下，主观要素及侵权行为情节不是损害赔偿成立的必要条件，仅是确定赔偿金额的考量因素。

最后，从适用程序上看，法定赔偿不以当事人请求为基础，在权利人损失、

〔1〕 参见王泽鉴：《损害赔偿》，北京大学出版社2017年版，第359页。
〔2〕 参见王泽鉴：《损害赔偿》，北京大学出版社2017年版，第359页。
〔3〕 参见王利明：《美国惩罚性赔偿制度研究》，载《比较法研究》2003年第5期。
〔4〕 周晖国：《知识产权法定赔偿的司法适用》，载《知识产权》2007年第1期。

侵权人获利及许可使用费均不能确定的前提下，法院可以适用法定赔偿确定损害赔偿额；而惩罚性赔偿必须依照当事人的申请才可适用。由此可见，知识产权惩罚性赔偿与法定赔偿的制度功能、适用条件，适用程序均不相同，二者是相互独立的知识产权损害赔偿制度。

（2）功能定位——补充抑或替代

传统观点认为，法定赔偿只具有填平功能，法定赔偿仅在权利人无法证明其实际损失、侵权人获利及许可使用费的情况下适用，系法院酌情适用或推定的损失，仅有补偿性而不具有惩罚性。但现实发展赋予了法定赔偿新的内涵，法定赔偿具有惩罚性已为发达国家立法所确立。1946 年《美国商标法》即《兰哈姆法》第 35 条，针对故意使用假冒商标的情形，规定了更高的法定赔偿金限额。《美国著作权法》规定，版权持有人对于善意侵权获得2万元以下的法定赔偿金；对于恶意侵权，获得10万元以下的法定赔偿金。〔1〕

从我国司法实践来看，我国《著作权法》《商标法》《专利法》及相关司法解释均将侵权行为的情节作为计算赔偿数额的考量因素，但对侵权行为的情节中是否包含行为人的主观状态未予明确。司法实践中，不少法官将主观过错归于“侵权行为的情节”。作为确定法定赔偿额的考量因素，侵权行为的情节应当包含主观因素与客观因素，因主观过错属于主观因素而将其排除不符合法律规定的精神〔2〕。“侵权人主观过错程度的大小在法官裁量法定赔偿金时已成为一大重要的考量因素，且也有裁判结果突破法定赔偿上限的判罚。”〔3〕

因此，将主观过错作为决定法定赔偿数额的要素之一，已经在一定程度上得到了司法实务界的认同。在知识产权损害赔偿司法实践中，已经体现了一定的惩罚性因素，坚持认为知识产权损害赔偿应仅具有补偿性的观点并不符合司法实践的实情。〔4〕

---

〔1〕 参见钱玉文、骆福林：《论我国知识产权法中的惩罚性赔偿》，载《法学杂志》2009年第4期。

〔2〕 参见周晖国：《知识产权法定赔偿的司法适用》，载《知识产权》2007年第1期。

〔3〕 钱玉文、李安琪：《论商标法中惩罚性赔偿制度的适用——以〈商标法〉第63条为中心》，载《知识产权》2016年第9期。

〔4〕 参见袁秀挺、凌宗亮：《我国知识产权法定赔偿适用之问题及破解》，载《同济大学学报》（社会科学版）2014年第6期。

司法实践中，法定赔偿在特定条件下实际发挥了惩罚性赔偿的功能。有观点认为，《商标法》通过修改证据规则，减轻了权利人的举证责任，补偿性赔偿将得到较为切实地实施。在此情况下，应对惩罚性赔偿与补偿性赔偿予以明确区分，包括法定赔偿在内的补偿性赔偿就不应再有惩罚性色彩，法定赔偿应随之删除。[1]还有观点认为，惩罚性赔偿的适用条件在法定赔偿时也可能成就。现行商标法规定的法定赔偿制度实为惩罚性赔偿制度的一种特殊情况。且从体系解释来看，《商标法》第63条在立法安排上将法定赔偿置于惩罚性赔偿的一般规定之后亦可予证明上述观点。[2]

对于上述两种观点，本文均难以认同。理由在于，对于观点一，法定赔偿制度的价值是在其他赔偿方式难以适用时，法官通过考虑侵权情节等相关因素酌情确定赔偿数额。如果简单的取消法定赔偿制度，不仅不利于权利人损害的弥补，也会在客观上导致惩罚性赔偿的泛化，影响知识的流通和创造。对于观点二，法定赔偿虽然具有一定的惩罚性因素，但其在制度价值和适用条件上与惩罚性赔偿均不相同，故并不能认为其系惩罚性赔偿的一种特殊情况。

法定赔偿本身具有一定的惩罚性因素，可能在某些情况下与惩罚性赔偿功能出现重合。即便如此，我们也不应当简单的摒弃法定赔偿制度，而是应当考虑在现有知识产权损害赔偿体系内，将两种制度兼容，协调发挥二者的制度功能，以进一步完善我国知识产权损害赔偿制度体系。实际上，法定赔偿之惩罚性与惩罚性赔偿并不矛盾。法定赔偿对惩罚性赔偿具有补充作用，可以弥补惩罚性赔偿在某些情形下的不足。

（3）适用关系——择一抑或兼容

惩罚性赔偿与法定赔偿应择一适用，惩罚性赔偿不能以法定赔偿为计算基数。理由在于：

首先，法定赔偿不是确定性的赔偿。惩罚性赔偿必须以具体确定的补偿性赔偿成立为基本前提。而法定赔偿是一种为实现补偿性赔偿难以计算而应运而生的计算方式，其一般依据权利类型、侵权行为的性质、情节等确定赔偿数额，

〔1〕 参见罗莉：《论惩罚性赔偿在知识产权法中的引进及实施》，载《法学》2014年第4期。

〔2〕 参见袁秀挺：《知识产权惩罚性赔偿制度的司法适用》，载《知识产权》2015年第7期。

并不能有效地量化，实际适用中表现的主观任意性强，很难论证最终确定的赔偿数额与实际损失之间的关系。因此，法定赔偿的不确定性导致不能将其简单作为惩罚性赔偿的计算基数。〔1〕

其次，对于侵权人的主观过错、侵权情节等不能重复评价。前已论及，法定赔偿在适用时已经将当事人的主观过错，侵权情节等作为考量，本身即具有一定的惩罚性因素。而惩罚性赔偿以侵权人的主观故意和情节严重为构成要件，如果惩罚性赔偿以法定赔偿作为计算基数，则势必会对侵权人的主观过错和侵权情节进行重复评价，过度加重了侵权人的损害赔偿责任，亦可能在客观上造成权利滥用。

（二）知识产权惩罚性赔偿条款的适用条件及金额量定

1.适用条件

（1）故意的判断标准

“所谓故意，是指行为人预见到自己行为的有害后果，仍然希望或放任有害结果的发生。”〔2〕美国联邦巡回上诉法院在1987年“凯利”案中指出，专利侵权中的“故意”，不是一个“是”或“不是”的问题，而是一个程度的问题。〔3〕故意是一种对客观行为认知的主观心理状态。法官无法自动感知加害人的主观心理状态，必须借助侵害行为的方式、损害后果、侵害行为所处环境等客观要素才能完成对侵害人是否具有过错的认知和判定。〔4〕《最高人民法院关于审理侵害知识产权民事案件适用惩罚性赔偿的解释》第3条第1款规定：“对于侵害知识产权的故意的认定，人民法院应当综合考虑被侵害知识产权客体类型、权利状态和相关产品知名度、被告与原告或者利害关系人之间的关系等因素。”同时该条第2款规定了可以初步认定被告具有侵害知识产权的故意情形：（一）被告经原告或者利害关系人通知、警告后，仍继续实施侵权行为的；（二）被告或其法定代表人、

---

〔1〕 参见李正华、朱君全：《法定赔偿与惩罚性赔偿条款关系辨析》，载《电子知识产权》2016年第1期。

〔2〕 马俊驹、余延满：《民法原论》，法律出版社2005年版，第1022页。

〔3〕 参见李明德：《美国知识产权法》，法律出版社2014年版，第140页。

〔4〕 参见朱丹：《知识产权惩罚性赔偿制度研究》，华东政法大学2013年博士学位论文，第150页。

管理人是原告或者利害关系人的法定代表人、管理人、实际控制人的；（三）被告与原告或者利害关系人之间存在劳动、劳务、合作、许可、经销、代理、代表等关系，且接触过被侵害的知识产权的；（四）被告与原告或者利害关系人之间有业务往来或者为达成合同等进行过磋商，且接触过被侵害的知识产权的；（五）被告实施盗版、假冒注册商标行为的；（六）其他可以认定为故意的情形。

（2）情节严重的判断标准

被控侵权行为是否构成情节严重，应当从手段和结果角度考察，结合侵权行为的具体实施情况、给权利人造成的损失等进行综合判断。《最高人民法院关于审理侵害知识产权民事案件适用惩罚性赔偿的解释》第4条第1款规定："对于侵害知识产权情节严重的认定，人民法院应当综合考虑侵权手段、次数，侵权行为的持续时间、地域范围、规模、后果，侵权人在诉讼中的行为等因素。"同时该条第2款规定规定了可以认定为情节严重的情形：（一）因侵权被行政处罚或者法院裁判承担责任后，再次实施相同或者类似侵权行为；（二）以侵害知识产权为业；（三）伪造、毁坏或者隐匿侵权证据；（四）拒不履行保全裁定；（五）侵权获利或者权利人受损巨大；（六）侵权行为可能危害国家安全、公共利益或者人身健康；（七）其他可以认定为情节严重的情形。

本文认为，情节严重主要考量以下因素：一是知识产权的价值和影响力，如知识产权的研发成本、保护期限、市场供求关系等。二是权利人损失情况，包括经济损失、商誉减损以及其他严重后果。三是侵权行为的实施情况，包括侵权行为持续时间、侵权规模和范围、侵权方式、侵权次数、侵权人获利情况等。需要注意的是，有些涉及侵权总体情况的客观要素如侵权次数等，可能既是判断故意的因素，又是判断情节严重乃至确定损害赔偿金额的因素。

2.金额量定

（1）惩罚性赔偿的倍数限制

对于惩罚性赔偿金额的确定，有数额限制和倍数限制两种观点。美国法历来对惩罚性赔偿金额进行倍数限制，如《美国专利法》规定了3倍赔偿，《美国统一商业秘密法》《2016年保护商业秘密法案》都明确规定了惩罚性赔偿不得超过补偿性赔偿的2倍。我国台湾地区"专利法"亦规定了不超过已证明损害额3倍的赔偿。我国《商标法》《反不正当竞争法》《专利法》《著作权法》均采用了倍数限制。本文认为，不同的侵权案件损害后果不尽相同，根据权利保护的客观需要，以合理的倍数确定惩罚性赔偿相较于数额限制，更具灵活性和合理性。

（2）惩罚性赔偿的计算基数

倍数限制的前提是确定惩罚性赔偿的计算基数。前文已经阐述了惩罚性赔偿和补偿性赔偿、法定赔偿的关系。惩罚性赔偿不应以法定赔偿作为计算基数，而应以补偿性赔偿作为基础，并在此基础上维持合理的比例关系。依据我国《反不正当竞争法》之规定，对于侵犯商业秘密的惩罚性赔偿，计算基数为权利人损失、侵权人获利。《商标法》《专利法》《著作权法》在权利人损失、侵权人获利（违法所得）基础上，增加了许可使用费的倍数（权利使用费）作为计算基数。

惩罚性赔偿适用的难点在于，当权利人损失、侵权人获利（违法所得）及许可使用费都无法确认，计算基数无法确定时，如何适用惩罚性赔偿？

首先，以知识产权合理价值为基础，灵活确定计算基数。无论是权利人实际损失，还是侵权人获利，不一定能够完全精确计算，因此对于无法确定赔偿基数的案件，根据当事人举证和经济分析等方法进行计算和估算，让最后确定的损害赔偿数额无限接近权利人实际损失或侵权人获利，是可以被接受的基数确定方式。在浙江高院判决的“纳西情歌”著作权侵权纠纷案中，法官在以侵权获利作为赔偿数额的计算依据时，就灵活的运用了计算和估算的确定方式，使得侵权获利更趋向于侵权作品实际给侵权人带来的获益。

其次，参照确定合理的许可使用费。在司法裁判中，对于许可费的认定一般考虑在侵权行为发生前，权利人曾经和其他人签订的许可合同，即有实际发生的许可费或交易市场的惯常许可费可供参照，还要考虑许可权利的类型、许可时间等因素。德国在通过许可费确定著作权侵权损害赔偿额时无需考虑侵权人与著作权人实际上缔约可能性，也无需考虑侵权人是否实际上能获得利益，且由于合理许可费制度属于假设性质，实际上并未存在或建立许可关系，即德国合理许可费的确定上并不限于著作权人和第三方已经签订的许可合同。[1]；日本学界也普

---

〔1〕 参见李军、朱雪忠：《我国著作权侵权赔偿中的合理许可费制度研究——以〈德国著作权法〉为参照》，载《出版科学》2017年第4期。

遍认为可假定在权利人与侵权人之间存在许可，并在此基础上进行许可费计算；据相关统计，美国专利侵权案件以许可费作为计算标准的比例很高，司法实践中还衍生出了分析法、比例法等等，这些灵活的许可费确定方式可以为我国所借鉴。

再次，运用举证妨碍等制度减轻权利人的举证责任。《商标法》《专利法》《著作权法》均规定，人民法院为确定赔偿数额，在权利人已经尽力举证，而与侵权行为相关的账簿、资料主要由侵权人掌握的情况下，可以责令侵权人提供与侵权行为相关的账簿、资料；侵权人不提供或者提供虚假的账簿、资料的，人民法院可以参考权利人的主张和提供的证据判定赔偿数额。《反不正当竞争法》亦对侵犯商业秘密的举证责任转移作了规定。上述规定减轻了权利人的举证责任，为权利人损失、侵权人获利查明提供了依据。

最后，替代适用具有惩罚性因素的法定赔偿。如前文所述，因法定赔偿亦带有惩罚性因素，在惩罚性赔偿因权利人损失、侵权人获利（违法所得）及许可使用费的倍数（权利使用费）等基数均难以查明的情况下，可予适用法定赔偿。此情况下的法定赔偿须考虑当事人的主观状态，根据当事人主观状态对法定赔偿数额进行细化，对主观恶性大的侵权人，确定比一般侵权人更高的赔偿额。我国《商标法》《反不正当竞争法》及新修订的《专利法》《著作权法》将法定赔偿的上限提高至500万元，为法定赔偿惩罚性功能的实现拓展了空间。此外，还可以根据案件实际情况，在有证据表明被告侵权获利等明显超过法定赔偿最高限额的情况下，综合考虑相关因素在法定赔偿最高限额以上酌情确定赔偿数额。

（3）惩罚性赔偿的倍数确定

从美国的立法和司法实践来看，其并未对如何确定倍比关系进行量化，仅在一些判例中提到一些考量因素。美国联邦巡回上诉法院在1987年“凯利”一案中指出，故意本身，或者与特定案件的其他要素一道，成了法院评估专利侵权后果的依据。这些后果包括法律规定的数倍损害赔偿或律师费。〔1〕美国联邦巡回上诉法院在Read Corp.v.Portec Inc.案中，从9个方面对是否以及在多大数额上作出惩罚性赔偿进行考量，包括：侵权人是否蓄意侵权、侵权人是否有理由认为

〔1〕 参见李明德：《美国知识产权法》，法律出版社2014年版，第140页。

其未侵害该专利或者该专利已经失效、侵权人的行为、侵权人的财务状况、侵权人违法行为的持续时间、侵权人是否作出补救、侵权人是否隐匿其违法行为、侵权动机。[1]王泽鉴教授认为，惩罚性赔偿金额量定要综合考虑非难因素和吓阻因素加以判断。非难因素包括不法行为的性质、行为人的动机和心理状态、当事人间的关系、受害的程度，被告不法行为后的态度；吓阻因素包括被告的财产和收入，被告从不法行为所获利益，以及被告是否已受到惩罚或将来可能受到惩罚。[2]

可见，惩罚性赔偿倍数的确定是一个非常复杂的问题，从国内外的立法与实践看，很难对其进行量化，仅能确定影响赔偿金额确定的若干考量因素，主要包括五个方面：一是行为人的主观状态；二是侵权情节；三是损害后果以及侵权人获利等；四是知识产权市场价值，包括知识产权知名度、合理的许可使用费、侵权对权利产品市场的影响等；五是侵权人的偿付能力和判处的金额对侵权人未来可能发生的影响。法官可结合以上因素进行综合判断，对于惩罚性赔偿的倍数作出自由裁量。对于惩罚性赔偿倍数的确定，还有赖于司法的进一步探索和实践。

审判实务精要

知识产权侵权领域引入惩罚性赔偿与民法的私法理念不相冲突，亦未混淆私法和公法的界限。《民法典》确立了知识产权惩罚性赔偿的一般规则，进一步厘清了知识产权法与民法的关系，对知识产权损害赔偿制度构建及规范设计具有重要意义。惩罚性赔偿系知识产权损害赔偿的例外情形，其适用应当受到一定的限制，否则会影响技术创新和知识的流通与创造。惩罚性赔偿须以补偿性赔偿存在为前提，其数额系以补偿性损害作为基础。惩罚性赔偿与法定赔偿是相互独立的知识产权损害赔偿制度；法定赔偿亦具有一定的惩罚性因素，对惩罚性赔偿具有补充作用；惩罚性赔偿不能以

〔1〕参见王萍：《惩罚性赔偿的量定：美英德法四国比较研究》，载《澳门法政杂志》2014年第1期。

〔2〕参见王泽鉴：《损害赔偿》，北京大学出版社2017年版，第368页。

法定赔偿作为计算基数。惩罚性赔偿适用上主观限于故意侵权情形，客观以情节严重为要件。计算基数难以确定时，可以通过以知识产权合理价值为基础，灵活确定计算基数；参照确定合理的许可使用费；运用举证妨碍等制度减轻权利人的举证责任；替代适用具有惩罚性因素的法定赔偿等方式予以解决。惩罚性赔偿倍数的确定是一个非常复杂的问题，从国内外的立法与实践看，很难对其进行量化，仅能确定影响赔偿金额确定的若干考量因素。

撰稿人：张　莹，上海市高级人民法院知识产权审判庭审判员，法学硕士

47. 网络侵权责任中“通知—删除”规则的适用

导　言

《民法典》第1194~1197条对原《侵权责任法》第36条规定的网络侵权责任进行了重大修改，在“通知—删除”规则中增加了反通知、网络服务提供者在合理期限内及时终止必要措施、错误通知的侵权责任等重要内容，完善了网络侵权责任的规则体系。当网络用户存在侵权行为且网络服务提供者不知道或不应当知道时，网络服务提供者可以适用“通知—删除”规则，免于承担间接侵权责任。“通知—删除”规则的设立，有助于实现权利人、网络服务提供者和社会公众三者的效率最优。《民法典》“通知—删除”规则的相关规定赋予了网络服务提供者一定的管理权利、鼓励网络服务提供者参与网络管理。法有尽而情无穷，根据《民法典》第1194~1197条的规定，“通知—删除”规则的具体适用范围、网络服务提供者的权利义务、错误通知的责任认定等问题依然存在争议，在法律适用中值得进一步研究。

一、“通知—删除”规则的基本概念

“通知—删除”规则始于美国《数字千年版权法》[1]，主要适用对象是信息存储、搜索链接服务的网络服务提供者（Internet Service Provider）。当信息存储空间中出现了用户上传的侵权内容，或者链接指向了其他网站中的侵权内容时，权利人可以向网络服务提供者发出通知，告知相关侵权事实并提供初步证据，网络服务提供者在接到通知后，如果及时移除了被指称侵权的内容或断开了链接，在符合其他免责条件的情况下，包括权利人无证据证明服务提供者事先知道侵

〔1〕 Digital Millennium Copyright Act, Pub.L.No.105−304, 112 Stat 2860（1998）.

权事实存在，服务提供者不承担责任，即可以进入“避风港”。〔1〕根据美国的版权法，“通知与移除”规则包含于“避风港”原则之中，〔2〕“通知—删除”规则的适用须符合法定要求。

（一）网络服务提供者的间接侵权责任

网络服务提供者与网络内容提供者（Internet Content Provider）概念相对，后者指的是自己创作、选择、编辑信息内容，并通过网络把信息传播给他人，〔3〕如果相关内容构成侵权，网络内容提供者构成直接侵权。网络服务提供者的内容是由网络用户提供，网络服务提供者仅仅为这些信息内容的存储、接入、搜索、链接、传播及分享提供技术支持与便利条件。如果网络用户传输的内容构成侵权，网络服务提供者就网络用户的直接侵权行为存在主观过错，则应承担间接侵权责任。〔4〕

随着互联网的迅速发展，互联网涉及的信息非常巨大，与之相对应的侵权信息也难以避免。如果一味要求网络服务提供者为网络内容提供者的行为承担间接责任而不加区分，将加剧网络服务提供者的责任，妨碍互联网产业的发展。在此背景下，“通知—删除”规则应运而生。当网络用户存在侵权行为且网络服务提供者不知道或不应当知道时，网络服务提供者可以适用“通知—删除”规则，免于承担间接侵权责任。如果网络用户的侵权行为显而易见，则认定网络服务提供者主观上属于知道或者应当知道，此时应适用《民法典》第1197条规定，要求网络用户和网络服务提供者承担连带责任。

（二）“通知—删除”规则的社会效益分析

根据《美国版权法》第512（c）款的规定，网络服务提供者应当建立和维持一套完整的程序。当他们收到权利人的通知后，他们应当及时删除指定内容、通

〔1〕 参见王迁：《论“通知与移除”规则对专利领域的适用性——兼评〈专利法修订草案（送审稿）〉》，载《知识产权》2016年第3期。

〔2〕 See 17 USC 512（c）（d）.

〔3〕 参见熊文聪：《避风港中的通知与反通知规则——中美比较研究》，载《比较法研究》2014年第4期。

〔4〕 参见（2015）石民（知）初字第8279号。

知被控侵权人，并将被控侵权人的反通知送达权利人。如果经过10~14天，网络服务提供者没有收到权利人的起诉通知，他们可以恢复争议内容。“通知—删除”规则是权利人与网络服务提供者妥协的产物。网络服务提供者希望以此免于承担间接侵权责任，作为对价，他们必须对权利人提供删除、断开链接等技术保护，〔1〕避免侵权和重复侵权行为的发生。

从法经济学的角度分析，效率是制度设计的思想基础，更是其追求的价值目标。〔2〕如果将权利人和网络服务提供者作为一个整体来看待，权利人的“通知”成本将远低于网络服务提供者尽到最大审核义务的成本，即采用“通知—删除”规则能够使双方产生合作剩余，权利人的权益能够得到保障，网络服务提供者也能节省过度的注意义务所支出的成本。从社会总体成本角度来看，“通知—删除”规则能合理节约司法资源。由于启动司法程序的高昂成本，绝大多数的争议并未进入法院，而主要通过平台解决。〔3〕通过“通知—删除”规则，网络服务提供者的监控义务减轻了，权利人也能更加经济、快速地维权，〔4〕而不会选择成本更高的诉讼。〔5〕从权利救济的效率分析来看，由掌握信息最为充分的网络服务提供者来制定精细化和动态化的规则，并通过数据分析和算法等技术手段进行落实，〔6〕“通知—删除”规则的适用能达到权利人、网络服务提供者和公众的效率最优。

（三）“通知—删除”规则在适用中存在的问题

我国立法对于“通知—删除”规则的吸收最早见于《信息网络传播权保护条例》（2006年7月1日起施行），并在原《侵权责任法》、《电子商务法》以及《民法

〔1〕 See Amaretto Ranch Breedables, LLC v.Ozimals, Inc., No.C 10-05696CRB, 2011 WL 2690437 at*3 n.2 (N.D.Cal.July 8, 2011).

〔2〕 参见周澎：《网站屏蔽制度的国际发展及本土化构建》，载《知识产权》2019年第7期。

〔3〕 See Lydia Pallas Loren, “Deterring Abuse of the copyright Takedown Regime by Taking Misrepresentation Claims Seriously”, Wake Forest Law Review, Vol.46, 2011, p.747.

〔4〕 See Alfred C.Yen, Internet Service Provider Liability for Subscriber Copyright Infringement, Enterprise Liability, and the First Amendment, 88 GEO.L.J.1833, 1887–88 (2000).

〔5〕 参见徐明：《避风港原则前沿问题研究——以“通知—删除”作为诉讼前置程序为展开》，载《东方法学》2016年第5期。

〔6〕 刘晓春：《〈电子商务法〉知识产权通知删除制度的反思与完善》，载《中国社会科学院研究生院学报》2019年第2期。

典》等法律中对这一规则不断丰富完善。通过梳理法律规定的演变历程，可以看出《民法典》的“通知—删除”规则与《电子商务法》第42条、第43条规定一脉相承，对原《侵权责任法》第36条、《信息网络传播权保护条例》第14~17条进行较大调整。《民法典》第1194~1197条的规定是对“通知—删除”规则在我国实施近14年的经验总结，完善了我国网络侵权民事责任的规则体系。《民法典》关于“通知—删除”规则的规定增加了重要内容，弥补了原《侵权责任法》在立法上的不足，对各方关注的终止必要措施的等待期等内容也予以及时回应。

结合“通知—删除”规则在我国的司法实践，《民法典》第1194~1197条关于“通知—删除”的相关规定在法律适用中仍有一系列问题有待明确。“通知—删除”规则适用对象是否包含全部民事权益，抑或有特定范围？网络服务提供者的权利义务应当如何划分，错误通知导致的侵权责任又当如何认定？

二、《民法典》“通知—删除”规则的相关条款解读

《民法典》第1194~1197条规定对“通知—删除”规则进行重大调整，具体体现在：完善我国网络侵权责任的规则体系，在原《侵权责任法》第436条规定的基础上增加了反通知规则，补充规定了错误通知导致的侵权责任；明确“通知—删除”规则的适用范围是民事权益，不限于信息网络传播权等知识产权领域；调整了网络服务提供者终止必要措施的等待期，规定网络服务提供者在合理期限内未收到权利人已经投诉或者提起诉讼通知的，应当及时终止所采取的措施。《民法典》“通知—删除”规则的相关规定，将对我国网络侵权责任的认定产生深远影响。

（一）完善我国网络侵权责任的规则体系

在“通知—删除”规则中增加了反通知内容。在“通知—删除”规则施行之初，就有美国学者对876条通知（其中包括2002年3月到2005年8月谷歌公司收到的全部734条通知）进行分析，要求删除链接的通知有57%来自商业竞争对手。[1]

〔1〕 See Jennifer M.Urban and Laura Quilter，“Efficient Process or ‘Chilling Effects’？Takedown Notices Under Section 512 of the Digital Millennium Copyright Act”，22 SANTA CLARA COMPUTER&HIGH TECH.L.J.621（2006）.

原《侵权责任法》第36条赋予网络用户通知的权利而未给予被诉侵权人反通知的渠道，会造成被控侵权人处于极为不利的地位。从“通知—删除”规则产生之初，通知和反通知规则就紧紧联系在一起。《民法典》第1196条规定了网络用户反通知的权利和网络服务提供者转通知的义务，为网络用户提供了有效的救济途径。网络用户接到通知后提交不侵权的声明，网络服务提供者在转送声明到达权利人后的合理期限内，未收到权利人已经投诉或者提起诉讼通知的，应当及时终止所采取的措施。

错误通知将导致侵权责任。滥用“通知—删除”规则，将给网络服务提供者带来了繁重的工作，使避风港原则脱离制度初衷，同时还阻碍了不同声音的出现。通知可能会成为“披着羊皮的狼”，成为恶意竞争、快速删除的利器。例如，在美国的Diebold案中〔1〕，权利人以侵权为由要求服务商删除两名大学生在网站发布的链接，试图将“通知—删除”规则作为抑制负面内容发布的武器。因此在法律适用上，应当考虑平衡机制，〔2〕既要强化权利保护、避免平台经营者陷入过重的法律争议，〔3〕又要合理认定适格通知的标准，让错误通知者承担损害赔偿责任，使网络用户的自由权利不受干扰，最终达到权利人、网络服务提供者和网络用户利益的平衡。〔4〕在国内，由于《侵权责任法》未规定错误通知的责任承担，以往多以《反不正当竞争法》追究错误通知者的法律责任。〔5〕但《反不正当竞争法》规制的是市场主体之间的竞争行为，难以追究和经营者没有竞争关系的普通网络用户的责任。错误通知侵权责任的缺失，可能会引发权利人滥用通知而不受约束。《民法典》第1195条第3款关于错误通知侵权责任的规定，明确了在错误通知造成损害后果的前提下，网络用户和网络服务提供者都有权追究错误通知人的侵权责任。

---

〔1〕 See Online Policy Grp.v.Diebold, Inc., 337 F.Supp.2d 1195, 1204-05 (N.D.Cal.2004).

〔2〕 参见刘文杰：《“通知删除”规定、必要措施与网络责任避风港——微信小程序案引发的思考》，载《电子知识产权》2019年第4期。

〔3〕 参见董笃笃：《电子商务领域知识产权权利警告的规制》，载《知识产权》2016年第4期。

〔4〕 Online Policy Group v.Diebold, Inc.337 F.Supp.2d 1195 (N.D.Cal.2004).

〔5〕 参见（2015）杭余知初字第169号，（2010）浙知终字第196号。

（二）将“通知—删除”规则拓展适用于民事权益

在美国，“通知—删除”规则仅适用于互联网版权侵权责任的认定，[1]并没有延伸至商标、专利等其他领域[2]。在国内，原《侵权责任法》的出台将“通知—删除”规则的适用范围扩张适用到所有民事权益领域，这在世界立法例上尚属首创[3]，《民法典》沿袭、肯定了这一做法。民事权益包含了人身权、财产权、知识产权以及其他权利，《民法典》第1197条网络侵权一般条款中延用“民事权益”概念，其实是大词小用[4]。在当前技术环境下，网络侵权行为尚不会造成对生命权、物权、继承权等特定民事权益的直接损害，“通知—删除”规则的适用范围主要集中于姓名权、名誉权、荣誉权、肖像权、隐私权等人格权以及著作权、专利权、商标权等知识产权。

有学者对“通知—删除”规则泛化适用的趋势提出质疑。[5]笔者认为，考虑“通知—删除”规则对于社会福利总体的促进作用，在利益平衡的基础上将其适用范围予以扩展并无不当。《民法典》第1195条第2款规定，网络服务提供者可以根据服务类型采取必要措施，给“通知—删除”规则的拓展使用留下了空间。《民法典》规定了错误通知导致的侵权责任，也有助于促进权利人提高注意义务，更加谨慎地在《著作权法》以外的其他领域适用“通知—删除”规则。如果通过规则适用能够达到社会效率的最优，适当扩展规则适用范围是可行的。

从权利类型来看，当前“通知—删除”规则主要适用于知识产权网络侵权案件。著作权、商标权以及专利权中的外观设计具有一定的直观性，网络服务提供者也较为容易判断是否构成侵权，从而决定是否采取必要措施。将“通知—删除”规则拓展适用于知识产权领域，目前争议主要集中于发明、实用新型专利

---

〔1〕 See Mark A.Lemley, “Rationalizing Internet Safe Harbors”, *6 J.on* Telecomm and High Tech. L.101(2007).

〔2〕 See MILO&GABBY v.AMAZON.COM, 2015 U.S.Dist.LEXIS 92890.

〔3〕 参见王利明主编：《中国民法典学者建议稿及立法理由（侵权行为编）》，法律出版社2005年版，第90~94页。

〔4〕 参见王利明：《侵权责任法研究》（下卷），中国人民大学出版社2018年版，第125 页。

〔5〕 相关观点参见李明德：《“通知删除”制度在专利侵权领域的适用——威海嘉易烤生活家电有限公司诉永康市金仕德工贸有限公司、浙江天猫网络有限公司侵害发明专利纠纷案》，载《中国发明与专利》2018年第7期。

权。发明专利往往技术较为复杂，超出了一般网络服务者的判断能力；实用新型专利由于未经过实质性审核，权利基础并不稳定。网络服务提供者在接到关于发明、实用新型专利相关投诉后，未必直接采取删除措施，可以视情况采取其他合适的必要措施。同时，网络服务提供者可以结合专利情况，要求权利人在通知时提交与专利内容相关的其他材料。例如，针对实用新型专利的投诉，可以要求权利人提供专利评价报告，帮助网络服务提供者进行侵权判断。

从我国的司法实践来看，也有部分人格权网络侵权案件已经适用“通知—删除”规则。对于人格权网络侵权，权利人可以通知网络服务者及时删除侵权链接，同时考虑人格权网络侵权易扩散性、会在大范围内造成侵权的特点，〔1〕要求网络服务提供者进一步提供消除影响、恢复名誉等措施，以便体现网络服务提供者作为善意的中立者的法律地位。〔2〕必要时，人民法院亦可依申请采取行为保全等措施进一步保障权利。例如，在殷某诉北京百度网讯科技有限公司名誉权纠纷案中〔3〕，“百度知道”在接到匿名投诉后未全部删除有关殷某的裸体照片、生活照和单独反映人体隐私部位的照片。法院认为，在网络侵权案件中，即使被侵权人未能作出有效通知，但根据已知信息或广为社会知晓的事实，网络服务提供者应当知道侵权行为客观存在的，亦负有及时采取必要措施以阻断侵权行为继续发生的义务。又如，在上海寻梦信息科技有限公司诉厦门空白文化有限公司名誉权案中〔4〕，网络服务提供者涉嫌在网上发布歪曲事实、损害声誉的文章，经多次通知仍拒不删除相关文章，法院依申请进行行为保全。因此，《民法典》将“通知—删除”规则拓展适用到其他民事权益是可行的，这也是“通知—删除”规则的中国经验。

（三）调整网络服务提供者终止必要措施的等待期

根据《电子商务法》第43条第2款的规定，一旦链接被通知删除，即使用户

---

〔1〕 参见王利明：《论网络环境下人格权的保护》，载《中国地质大学学报》（社会科学版）2012年第4期。

〔2〕 参见陈昶屹：《“避风港规则”扩张适用网络人格权保护之困境与消解——兼论侵权责任法第三十六条之完善》，载《人民司法》2012年第1期。

〔3〕 参见（2010）沪二中民一（民）终字第1593号。

〔4〕 参见（2018）沪0105民初6801号。

进行反通知且投诉人没有进行起诉，网络服务提供者也只能在15天后恢复链接。删除链接与法院的行为保全具有同等效果，但相比于申请行为保全，“通知—删除”规则适用的门槛较低。15天的等待期将造成电子商务平台内经营者在“双十一”等活动中错失重要商机，《电子商务法》出台后，15天等待期的规定亦引发理论界和实务界的热议。在美国，也有不少学者对版权法中“通知—删除”规则10~14天的等待期规定提出反思，认为这一规定可能导致权利失衡。

固定等待期的规定不利于网络服务提供者发挥管理职能，还可能造成网络用户的巨大损失。在反通知程序中，只有等待期届满，且权利人没有投诉或起诉，网络服务提供者才能终止所采取的措施。漫长的等待期将使网络用户处于被动不利的地位，在知识产权网络侵权案件中，可能导致商家蒙受经济损失，在人格权网络侵权案件中可能导致侵权结果的大范围扩散。出于保护权利人利益以及防止网络服务提供者任意终止所采取的措施，美国版权法在“通知—删除”规则中规定了10~14天的等待期，但随着网络经营模式的发展，规定固定期限等待期已经不合时宜。《民法典》在起草过程中，一度参考《电子商务法》关于15天等待期的规定，经过反复论证最终将等待期调整为合理期限，而不再规定具体的等待日期。网络服务提供者可根据权利基础、涉嫌侵权行为、产业情况，确定差异化的等待期。如果网络服务提供者确定的等待期明显不合理，则不能免除其在网络侵权案件中的间接侵权责任。无论是从国际还是国内的规定来看，《民法典》关于等待期的规定都属于一种创新尝试，有助于“通知—删除”规则的灵活适用。

三、网络服务提供者是“信使”、“裁判者”还是“过滤器”

（一）网络服务提供者的权利义务

在“通知—删除”规则应用之初，网络服务提供者更多扮演的是“信使”职责，[1]以中立的地位完成通知与反通知程序[2]。网络服务提供者不负有监控互

〔1〕 See Religious Technology Center v.Netcom On-Line Communication Services, Inc., 907 F.Supp.1361 (N.D.Cal.1995).

〔2〕 参见王迁:《论“通知与移除”规则对专利领域的适用性——兼评〈专利法修订草案(送审稿)〉第63条第2款》，载《知识产权》2016年第3期。

联网活动的一般义务，[1]无须对专利权人和销售者的通知或反通知的真实性作出超越其能力的实质性判断。随着互联网经济的发展，网络服务提供者是否应对通知的内容进行初步审核，从"通知—删除"规则在我国法律中的规定来看，并没有直接的答案。

从权利义务相统一的角度，要求网络服务提供者承担审查义务的前提是网络服务提供者从中获得了利益。显然，适用"通知—删除"规则的网络服务提供者必然不直接参与网络内容提供者经营分红，否则他们应当承担直接侵权责任。但网络服务提供者是否在提供网络服务中没有收益呢？实际上，网络服务提供者或者通过收取技术服务费，或者从网络内容提供者的行为中获得流量利益，他们在提供网络服务过程中是存在多种收益的，因此可以要求网络服务提供者承担与其能力相匹配的审查义务。

网络服务提供者在负有审查义务的同时，也具有一定的管理权利。从网络服务提供者本身的需求分析，拥有适度自主权，有助于提升网络服务的水平和平台的品质。从司法实践来看，这也是许多互联网服务提供者的诉求。因此，可以适当赋予网络服务提供者一定的自主权，[2]鼓励他们以"裁判者"身份积极参与网络服务的管理，这也符合《民法典》第1195条第2款、第1196条第2款的法律规定。《民法典》在"通知—删除"规则中赋予了网络服务提供者一定的管理权利，主要体现在对于侵权初步证据的审查、根据服务类型采取必要措施以及合理确定终止必要措施的等待期等方面。允许网络服务提供者在法律规定的框架内，结合权益类型、经营模式等因素，细化相应的管理职能。

在司法审判中，对网络服务提供者能够提供合理解释的创新做法，应当予以充分尊重。例如，有互联网平台采取权利人分级系统，对于有恶意投诉行为的权利人进行更为严格的审查，防止不当投诉对于互联网商户正常经营行为的冲击，这些尝试都值得鼓励。但网络服务提供者的审查措施应当符合审慎、合理标准，如果相应措施超过必要限度，妨碍了权利人正常的维权行为，则应承担间接

〔1〕 See 17 U.S.C. § 512（m）.

〔2〕 参见何琼、吕璐：《"通知—删除"规则在专利领域的适用困境——兼评〈侵权责任法〉第36条的弥补与完善》，载《电子知识产权》2016年第5期。

侵权的责任。在最高人民法院第83号指导案例嘉易烤公司诉天猫公司案中[1]，天猫公司因为权利人没有提供被控侵权产品的购买凭证而未将投诉通知材料转达被投诉人，法院认定天猫公司未及时采取必要措施、未履行基本义务，与侵权人承担连带责任。

（二）网络服务提供者可以采取的必要措施

根据《民法典》第1195条第1款的规定，网络服务提供者采取的必要措施包括删除、屏蔽、断开链接等，网络服务提供者可以根据服务类型的不同采取必要措施。随着互联网技术的发展，必要措施的内涵不断丰富，囊括了查封被通知人账号、断网、冻结账户、提供保证金[2]等其他措施。结合司法实践，必要措施可分为两类：一类是收到合格通知后，网络服务提供者应当采取的能够及时阻止侵权行为的措施，包括删除、屏蔽、断开链接等。另一类是网络服务提供者收到合格通知后，基于主张权利本身的特征，或基于网络服务提供者的特殊性质，其并不需要也不能够通过采取删除等措施进行免责，而是可以采取其他措施来达到免责条件。[3]必要措施应根据所侵害权利的性质、侵权的具体情形和技术条件等来加以综合确定，[4]视情形选择适用。

在美国，查封账户的情况包括反复或肆意侵权，[5]特别是故意和商业性质的侵权。[6]因为查封账户仅仅是网络服务提供者的临时管理行为，应当保证账户信息免于遭受难以恢复的损害，以待司法的最终裁判。在Doe案件中，一名YouTube用户因为账户被禁用超过两周，导致用户原先的全部视频都无法观看，[7]这样的手段显然侵害了用户的合法权利。在网络服务提供者采取的必要

---

〔1〕 参见（2015）浙知终字第186号民。

〔2〕 参见浙江省高级人民法院2019年12月23日发布的《涉电商平台知识产权案件审理指南》，第14条。

〔3〕 参见孔祥俊：《“互联网条款”对于新类型网络服务的适用问题——从“通知删除”到“通知加采取必要措施”》，载《政法论丛》2020年第1期。

〔4〕 参见（2015）浙知终字第186号。

〔5〕 17 U.S.C. § 512（i）.

〔6〕 See MG Rightsmanagement（US）LLC, and Round Hillmusic LP v.COX Communications, Inc., and COXCOM, LLC, civil No.1: 14–cv–1611.

〔7〕 See Doe v.Geller, 533 F.Supp.2d 996, 1002–3（N.D.Cal.2008）.

措施中，断开网络服务应当是最为严厉的措施，只有经过特定程序并听取申辩后才能适用。[1]

当前，部分网络服务提供者主张对“双十一”期间的投诉、涉及爆款链接的投诉可能造成被投诉人重大损失的情形，在审查反通知成立的前提下，对缴纳保证金担保的用户恢复链接。将提交保证金纳入必要措施，这一做法的合法性是有争议的。无论是国外还是国内立法，均未规定提交保证金可以作为必要措施，因此不宜过度扩张必要措施的类型。但鉴于删除链接的行为保全效果，如果在上述特定情形中机械适用“通知—删除”规则极有可能造成被投诉人难以弥补的损害。删除爆款链接造成的损失是无法准确计算的，因此商家也难以获得足额的赔偿。如果没有更好的选择，不妨允许网络服务提供者在特定情形下进行变通。“通知—删除”规则的本质是网络服务提供者在善尽注意义务的前提下，适当免除其间接侵权责任。网络服务提供者针对不同情形采取合理平衡措施，在确保权利人利益的前提下，这样的做法值得尝试。但在大多数网络侵权纠纷中，网络服务提供者还是应当采取法律明文规定的删除、屏蔽、断开链接等必要措施。网络服务提供者过多地创设必要措施类型，可能会导致“通知—删除”规则的适用违背制度初衷，妨碍“通知—删除”规则的有效运行。

（三）网络服务提供者管理责任的欧盟经验

2019年3月26日，欧盟议会通过《欧盟数字化单一市场版权指令》（以下简称欧盟版权指令）。[2]欧盟版权指令第17条被称为“过滤器”条款，要求网络服务提供者鉴别用户上传的信息，积极发现并删除侵犯版权违法内容，否则要承担侵权责任。欧盟版权指令第17条第4款规定，在线内容分享服务提供者应对未经授权的作品传播行为承担责任，除非能证明其有下列情形：（a）已经尽力获得授权；（b）如果权利人已提供相关必要信息，服务提供者应根据较高专业注意义务和行业标准，尽力确保特定作品不被获得；（c）收到权利人发出的充分、实质通知后，

---

〔1〕 See Annemarie Bridy，“ACTA and the Specter of Graduated Response”，26AM.U.IN’TL L.Rev.（forthcoming 2011）（manuscript at 563）.

〔2〕 Directive on Copyright in the Digital SinglesMarket.

迅速采取行动、移除指定作品，并根据（b）项的规定，尽量阻止该作品的再次上传。第17条第6款对第4款内容进行补充，对于新的在线内容分享服务提供者（提供服务不满3年、且年营业额少于1000万欧元），遵守第4款（a）项的规定，以及在收到权利人充分实质通知后迅速断开或移除被通知的作品，可以免责。对于每月访问量超过500万的服务提供者，在收到相关必要通知后，须证明他们已经尽力阻止相关作品的再次上传才能免责。

欧盟版权指令对于权利保护的力度前所未有，在“通知—删除”规则的基础上加大了网络服务提供者的审查义务。直接移植欧盟版权指令的做法不一定适合国情，但这些规定却对于我们适用“通知—删除”规则有借鉴意义。在国内，随着互联网行业的发展，部分网络平台已经成为超大型社区。对于网络服务提供者进行分级，要求大型网络服务提供者承担适当的审核义务具有可行性。一方面，大型网络服务提供者有能力对于明显不符合要求的通知、反通知进行审核，并视情况拒绝相应程序；另一方面，对于重复侵权的用户和作品，大型网络服务应当做到主动筛查，而不是被动依赖“通知—删除”规则进行免责。实际上，这样的做法与我国部分司法判例是契合的，在韩寒与北京百度网讯科技有限公司侵害著作权纠纷案中〔1〕，法院经审理认为，对于重复投诉的侵权作品，百度公司未能制止侵权文档存在过错，应当承担侵权责任。

四、错误通知的责任认定

（一）合格的通知和反通知

一方面，“通知”规则的首要目的，在于鼓励网络服务提供者积极开发新市场而不必担心因此而承受侵权责任，以此提高网络的效率、品质和范围。另一方面，“反通知”规则又为网络用户提供了有力的救济途径，避免其民事权益及言论自由遭到不当损害，因此具有重要的意义。〔2〕对于什么是合格的通知与反通知，《民法典》第1195条第1款和第1196条第1款进行了概括性的规定。通知应当

〔1〕 参见（2012）海民初字第5558号。

〔2〕 参见熊文聪：《避风港中的通知与反通知规则——中美比较研究》，载《比较法研究》2014年第4期。

包括构成侵权的初步证据及权利人的真实身份信息；不存在侵权行为的声明应当包括不存在侵权行为的初步证据及网络用户的真实身份信息。

美国版权法对通知与反通知内容进行了详细规定。根据美国版权法，合格的通知实质性包括：(1)著作权人或独占许可人的纸质或电子签名；(2)被侵权的作品，如果在一个通知中涉及多个被控侵权作品，则应提供一份清单；(3)被控侵权材料的名称及其位置，以便于网络服务提供者能找到对应材料；(4)权利人的联系信息，包括地址、电话和电子邮箱；(5)善意声明，网络用户对作品的使用未得到著作权人、代理人及法律的准许；(6)真实性声明，权利人的投诉具有授权，且内容准确，否则将承担伪证罪。[1]但如果侵权是显而易见的，则实质性符合上述要件的通知可以成为合格的通知。[2]而合格的反通知实质性包括：(1)反通知人的纸质或电子签名；(2)错误删除的信息内容及链接地址；(3)被错误删除的声明材料，反通知人是善意的，如果陈述有假将承担伪证罪；(4)权利人的姓名、地址、电话等信息。[3]从上述规定来看，美国版权法对于通知的要求相对较高，也体现了对于"通知—删除"程序启动比较谨慎的态度，避免随意发起的通知对于网络用户正常活动的干扰。

相比于美国的版权法，《民法典》第1195条、第1196条概括了通知与反通知的核心要素。参考《信息网络传播权保护条例》的相关规定，[4]通知还应包括请求删除链接的内容及地址、权利人的联系方式等内容，以便网络服务提供者准确定位侵权链接、将反通知内容转送权利人。反通知也应包括要求恢复链接的地址等信息。《民法典》网络侵权责任条款适当赋予了网络服务提供者审核通知、反通知的权限，允许他们根据权利类型和经营模式等内容对通知和反通知设置合理标准。合格的通知是启动"通知—删除"的前置条件，如果网络服务提供者

〔1〕 See 17 U.S.C. § 512(c)(3)(A).See Perfect 10, Inc., 488 F.3d at 1117–18; ALS Scan, Inc.v.RemarQ Communities, Inc., 239 F.3d 619, 625(4th Cir.2001); Hendrickson v.eBay, Inc., 165 F.Supp.2d 1082, 1090(C.D.Cal.2001).

〔2〕 See 17 U. S. C. A. § 512(c)(3)(B)(i).

〔3〕 See 17 U.S.C. § 512(g)(3).

〔4〕 参见《信息网络传播权保护条例》第14条、第16条。

没有收到合格的通知，即使他们没有采取删除措施，也无须承担侵权责任。[1]如果反通知的内容没有达到初步证明的标准，网络服务提供者也无须转通知和终止必要措施。

（二）错误通知与恶意通知的认定

“通知—删除”规则给予权利人超司法救济措施，容易导致恶意投诉，限制权利滥用的方法是对错误通知进行追责。《民法典》第1195条第3款规定，权利人因错误通知造成网络用户或者网络服务提供者损害的，应当承担侵权责任。在司法实践中，错误通知的情形有：通知人没有权利基础；通知的内容、链接地址错误；电子商务平台内经营者低于正价售价正品，导致权利人误以为是假冒产品发起错误通知；权利人未考虑合理使用进行错误投诉等。值得注意的是，《民法典》通过后，最高人民法院对错误通知的侵权责任进行补充解释：知识产权权利人发出的通知内容与客观事实不符，但其在诉讼中主张该通知系善意提交并请求免责，且能够举证证明的，人民法院依法审查属实后应当予以支持。[2]结合《民法典》关于错误通知造成侵权责任的规定，通知人主观上知道其实施的是错误通知，客观上造成损害结果的应当承担侵权责任。而当错误通知者主观上不知道其实施的是错误通知，即使客观上造成了损害结果，只要能证明他们的主观善意，是可以免责的。

这样的认定标准与美国版权法基本相同。根据美国版权法，追究权利人错误通知的侵权责任应当符合如下条件：（1）存在错误通知（misrepresents）或错误删除行为；（2）错误通知人主观上是知道的；（3）错误通知导致损害后果。[3]从Rossi v.Motion Picture Association of America[4]到Lenz诉环球音乐集团案[5]，一

---

〔1〕 参见杨立新：《民法典侵权责任编草案规定的网络侵权责任规则检视》，载《法学论坛》2019年第3期。

〔2〕 参见《最高人民法院关于涉网络知识产权侵权纠纷几个法律适用问题的批复》（法释〔2020〕9号）。

〔3〕 17 U.S.C. § 512（f）（2010）.

〔4〕 See Rossi v.Motion Picture Association of America，391 F.3d 1000（9th Cir.2004），cert. denied，544 U.S.1018（2005）.

〔5〕 See Lenz v.Universal Music Crop，et al.，NoS.13－16106，13－16107（9th Cir.Sept.14，2015）.

个显著变化是法院不断提高通知者的注意义务，错误通知的主观要素从知道扩展到了知道或者应当知道。经过漫长的诉讼，Lenz案终于在美国第九巡回法院终审。在Lenz案中，法院确立了合格的通知应当考虑著作权的合理使用情形。恰如《美国数字千年版权法》知识产权专家委员会中的美国律师协会前首席代表Joseph Gratz所言："只要其律师事先审查了该视频，环球音乐公司就会得出较肯定的判断——这种片段性的使用不构成侵权。"〔1〕法律并不要求权利人在通知前对侵权行为进行准确定性，〔2〕但应当考虑合理使用情形〔3〕。投诉人未充分考虑网络用户的合理使用情形便进行投诉，构成错误通知。要求权利人考虑合理使用情形有助于保证互联网的高效发展、网络服务的品质提升以及知识产权的创新。〔4〕

相比于《民法典》第1195条第3款关于错误通知的规定，《电子商务法》还规定了恶意通知的责任认定。《电子商务法》第42条规定，权利人因错误通知造成损害的，依法承担损害赔偿责任；恶意发出错误通知并造成平台内经营者损失的，加倍承担赔偿责任。为防止其他经营者采取恶劣手段，以通知为工具打击竞争对手、谋取不当经营利益，《电子商务法》区分恶意通知与错误通知的责任认定，要求恶意通知者加倍承担赔偿责任。恶意通知指的是通知人明知自己没有权利基础却发出通知，造成被通知人损害且情节严重的行为。通过对司法实践的梳理，恶意通知的具体情形有：通过变造的依据发起错误投诉；提供虚假鉴定报告等。〔5〕

（三）错误通知的侵权责任

在法律适用上，《民法典》出台后原《侵权责任法》不再实施，追究错误通知的侵权责任主要涉及《民法典》《电子商务法》的法律适用。相比于《电子商务法》，《民法典》是新法、上位法、一般法，《电子商务法》则是旧法、下位法、特别

---

〔1〕 Steven Seidenberg, "Copyright in the Age of YouTube", ABA J, 48 (Feb. 2009).

〔2〕 See Lenz v.Universal Music Corp, 572 F.Supp.2d 1150 (N.D.Cal.2008).

〔3〕 See Lenz v.Universal Music Corp., et al., Nos.13-16106, 13-16107 (9th Cir.Sept.14, 2015).

〔4〕 See Lenz v.Universal Music Corp., No.C 07-3783 JF, 2010 WL 702466, at*10 (N.D.Cal. Feb.25, 2010).

〔5〕 参见（2016）浙0110民初11608号，（2018）浙8601民初868号。

法。这种相互交织的关系，决定了在适用时不能简单考虑特别法优于一般法、后法优于前法以及上位法优于下位法，必须考虑具体的法律适用情形。〔1〕

因为《民法典》是民事法律关系的基本规范，且《民法典》“通知—删除”规则适用于民事权益，故在追究错误通知的侵权责任时，一般可依据《民法典》第1195条第3款的规定追究错误通知者侵权责任。《民法典》关于错误通知的侵权损害赔偿以填平损失为原则，并不涉及惩罚性赔偿。在电子商务经营过程中，如果涉及知识产权纠纷的恶意通知，平台内经营者可以依据《电子商务法》第42条第3款规定，要求恶意通知人加倍承担赔偿责任。在适用恶意通知者加倍承担赔偿责任时，应当查清平台内经营者的实际损失，并以此为基数确定具体的赔偿金额。

《民法典》第1195条第3款规定，因错误通知造成网络用户或网络服务提供者损害的，应当承担侵权责任。上述规定首次明确了网络服务提供者在遭受损失后，也可以向错误通知者主张侵权损害赔偿责任。当前，主要由网络用户提出错误通知的侵权之诉，但为网络服务提供者保留诉权仍有必要。例如，网络服务提供者因未及时采取必要措施的，对损害的扩大部分与该网络用户承担连带责任后，在先的通知被证明为错误通知，此时应当赋予网络服务提供者主张侵权责任的权利。

审判实务精要

《民法典》网络侵权责任条款主要涉及“通知—删除”规则的相关内容，在原《侵权责任法》基础上增加了反通知、错误通知的侵权责任、网络服务提供者在合理期限内及时终止必要措施等重要规定。“通知—删除”规则是网络服务提供者承担间接侵权责任的免责情形，在适用时应当考虑权利人、网络服务提供者和网络用户利益的平衡。《民法典》关于“通知—删除”的规定主要适用于人格权、知识产权网络侵权责任纠纷，在当前技术环

〔1〕 参见孔祥俊：《“互联网条款”对于新类型网络服务的适用问题——从“通知删除”到“通知加采取必要措施”》，载《政法论丛》2020年第1期。

境下，网络侵权行为尚不会对其他特定民事权益造成直接损害。《民法典》网络侵权责任条款赋予了网络服务提供者一定的管理权利，主要体现在对侵权初步证据的审查、根据服务类型采取必要措施以及合理确定终止必要措施的等待期等方面，鼓励网络服务提供者积极参与网络管理。

《民法典》第1195条、第1196条对通知和反通知采取了开放式的规定，允许网络服务提供者根据权利类型和经营模式等内容对通知和反通知设置合理标准。结合《民法典》第1195条第3款和相关司法解释的规定，权利人因错误通知造成网络用户或者网络服务提供者损害的，应当承担侵权责任。错误通知者主观上不知道其实施的是错误通知，即使客观上造成了损害结果，只要能证明他们的主观善意，是可以免责的。恶意通知指的是通知人明知自己没有权利基础却发出通知，造成被通知人损害且情节严重的行为。在法律适用上，追究错误通知的侵权责任主要涉及《民法典》《电子商务法》的法律适用。一般情形下，可依据《民法典》第1195条第3款的规定追究错误通知者侵权责任。在电子商务经营过程中，如果涉及知识产权纠纷的恶意通知，平台内经营者可以依据《电子商务法》第42条规定，要求恶意通知人加倍承担赔偿责任。《民法典》第1195条第3款规定首次明确了网络服务提供者在遭受损失后，也可以向错误通知者主张侵权损害赔偿责任。

撰稿人：陈健淋，上海市高级人民法院知识产权审判庭法官助理，公共管理硕士

48. 专利等同侵权判定中功能与效果的评价体系

导　言

侵害专利权是民事侵权在专利领域的具体体现，受《民法典》第123条第2款第2项、第1165条、第1166条等条款[1]以及《专利法》第7章有关规定的调整。等同侵权判定的法律依据则主要是2020年修订的《最高人民法院关于审理专利纠纷案件适用法律问题的若干规定》第17条[2]。虽然从立法层级上看，等同侵权判定的位次不高，但其中涉及被诉侵权一方最常见的抗辩理由以及专利技术方案本身的核心要素，却是专利审判司法实务中的重中之重，同时也是容易引起争议、裁判标准难统一的“老大难”问题。尽管前述司法解释提供了“三基本”加“显而易见性”的公式化裁判思路，但因该条款中基本概念高度抽象，主观性强，在具体案件中如何适用，常有分歧，而分歧的深层次原因之一则在于对“三基本”所涉手段、功能、效果及三者间内在逻辑关系的理解各有差异，尤其是缺乏系统、详尽的评价体系。笔者通过案例研究对如何确定专利等同侵权判定中“功能”与“效果”这两大核心因素的评价体系进行了积极探索，以期对司法实务中如何准确理解并适用等同原则提供参考与借鉴。

---

〔1〕《民法典》第123条规定：……知识产权是权利人依法就下列客体享有的专有的权利：……（二）发明、实用新型、外观设计……第1165条规定：行为人因过错侵害他人民事权益造成损害的，应当承担侵权责任。依照法律规定推定行为人有过错，行为人不能证明自己没有过错的，应当承担侵权责任。第1166条规定：行为人造成他人民事权益损害，不论行为人有无过错，法律规定应当承担侵权责任的，依照其规定。

〔2〕2020年修订的《最高人民法院关于审理专利纠纷案件适用法律问题的若干规定》第17条第2款：等同特征是指与所记载的技术特征以基本相同的手段，实现基本相同的功能，达到基本相同的效果，并且本领域普通技术人员在被诉侵权行为发生时无须经过创造性劳动就能够联想到的特征。

一、一起涉及等同侵权判定的侵害发明专利权纠纷案例

为便于展开分析，笔者先对美国3M公司诉上海源嘉塑胶有限公司等侵害发明专利权纠纷一案的基本案情、裁判结果及裁判理由介绍如下。

（一）基本案情

上诉人（原告）美国3M公司是工业领域全球知名的“喷洒液体用的喷枪”发明的专利权人。被上诉人（被告）上海源嘉塑胶有限公司（以下简称源嘉公司）是上海一家从事塑料制品生产的企业。原告发现被告生产的一种用于喷枪的塑料内衬落入涉案专利的保护范围，遂以侵害发明专利权为由将该公司及其关联人诉至法院，请求判令被告停止侵权并赔偿经济损失及合理费用共计人民币500万元。源嘉公司辩称其被控侵权产品的技术特征并不落入涉案专利的保护范围。涉案专利权利要求对系争杯型内衬的技术特征描述如下：所述“内衬形状”与“流体槽内壁”之间在外形上需要“形状一致”，且前者放入后者所实现的技术效果应为互相“紧密贴合”；而被诉侵权产品在内衬上沿下方约1厘米处采用了内缩约0.5毫米的阶梯过渡设计（技术特征比对见图48-1）。本案主要争议焦点为该阶梯过渡设计与上述“形状一致、紧密贴合”的技术特征是否相同以及等同。

涉案专利所述内衬　　　　被诉侵权内衬（叠加存放状态）

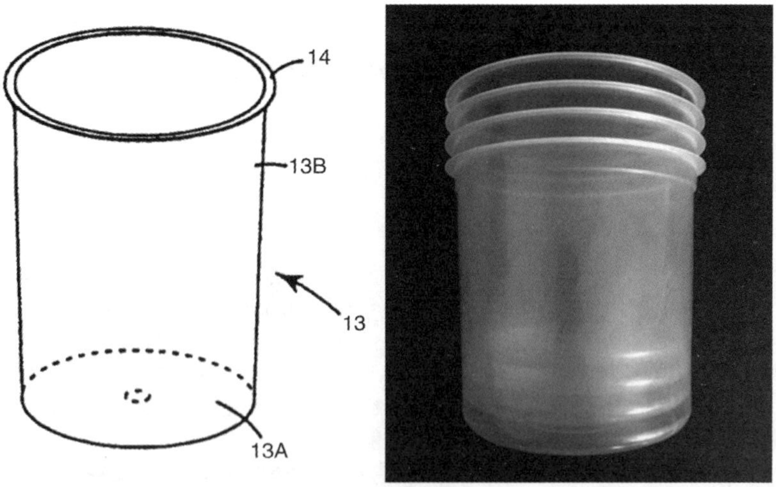

图48-1　涉案专利所述内衬与被诉侵权内衬（叠加存放状态）

（二）裁判结果

一审法院经审理认定被诉侵权产品的技术特征并不落入涉案发明专利保护范围，并据此驳回了美国3M公司的全部诉请。二审中，法院对案件争议焦点重新进行了梳理，将审理重点放在是否构成相同侵权、是否构成等同侵权、是否可适用禁止反悔原则等问题，最终认定被诉侵权产品不落入涉案发明专利保护范围，并据此驳回上诉，维持原判。

（三）裁判理由

二审法院经审理后认为：关于被诉侵权产品是否具有“形状一致、紧密贴合”的技术特征，该争议焦点可分为两个问题分别阐述，即被诉侵权产品所采用的“阶梯过渡”技术特征与涉案专利“形状一致、紧密贴合”技术特征两者是否相同，以及两者是否等同。

1.关于两者是否相同。根据涉案专利权利要求的字面意思理解，所述“内衬形状”与“流体槽内壁”之间在外形上需要“形状一致”，且前者放入后者所实现的技术效果应互相“紧密贴合”。按照通常理解，该“形状一致、紧密贴合”所对应的外部结构应在视觉效果上符合两个特点：一是两者形状上不存在明显差异以符合“一致性”要求；二是内衬放入流体槽后内衬与流体槽内壁之间不存在明显空隙以符合“紧密贴合”要求。根据涉案专利说明书及附图，可进一步印证上述对“形状一致、紧密贴合”技术特征的理解。具体而言，根据涉案专利说明书描述，“该内衬无褶、波纹”，而被诉侵权产品的“阶梯过渡”设计产生了明显可见的一道褶或波纹；再根据说明书附图，可发现内衬的外壁应为一条从上至下的直线，且内衬放入流体槽后内衬与流体槽内壁之间并无间隙，而被诉侵权产品的“阶梯过渡”设计导致前述纵向“直线”变为了“阶梯过渡”之处的非直线，以及内衬与流体槽内壁之间在“阶梯过渡”处以下部分的明显间隙。因此，结合说明书与附图，从字面意思理解，被诉侵权产品所采用的“阶梯过渡”技术特征与涉案专利“形状一致、紧密贴合”技术特征两者并不相同。

2.关于两者是否等同。根据2020年修订的《最高人民法院关于审理专利纠纷案件适用法律问题的若干规定》第17条，等同特征是指与所记载的技术特征以基本相同的手段，实现基本相同的功能，达到基本相同的效果，并且本领域普通技术人员在被诉侵权行为发生时无须经过创造性劳动就能够联想到的特征。因此，构成等同特征需同时满足该条所规定的手段基本相同、功能基本相同、效果基本相同以及"无创造性劳动即可联想到"（以下简称"显而易见性"）四个要件。结合本案对该四要件的分析具体阐述如下：

（1）"阶梯过渡"设计是否具有基本相同的手段、功能及效果。如果仅从内衬与流体槽相互配合使用角度来看，由于"阶梯过渡"处内缩半径仅为0.5毫米左右，该内缩设计对于内衬放入流体槽的便利程度、相互之间的匹配程度、放置后盛满流体状态下的稳定性与可操作性、内衬容量、模具设计、制造成本等方面并无实质性影响。换言之，该"阶梯过渡"设计与"形状一致、紧密贴合"的技术特征两者在前述手段、功能及效果上并无实质性差异。但是，如果从内衬作为喷枪部件本身叠加存放这一功能角度来看，由于"阶梯过渡"位于内衬上沿下方约1厘米水平切线上，该设计可使多个内衬叠加存放时相邻内衬之间相应存有约1厘米间隔，与涉案专利所述内衬叠加存放状态下相邻内衬之间的极小间隔相比较，该1厘米间隔进而可产生以下技术效果：一是操作者使用喷枪过程中在拿取内衬时可快速便捷地使用拇指与食指抽拉；二是操作者在确定所需内衬数量时可快速便捷地通过目测确定相应数量；三是由于前述约1厘米间隔所导致的单位体积内可存放内衬数量的大幅减少以及因此而可能产生的其他诸如运输、仓储成本增加等不利因素。上述三个技术效果中，虽然前两个技术效果为积极正面的，后一个技术效果为消极负面的，但这种技术效果有升有降的情形并不影响"阶梯过渡"与"形状一致、紧密贴合"两者在技术效果上存有实质性差异的判断。此外，上述"叠加存放"虽与涉案专利权利要求所描述的技术特征没有直接对应关系，但结合说明书与附图以及被诉侵权产品的实际情况，该"叠加存放"功能并未脱离涉案专利所述内衬的工业设计用途，应属内衬的固有功能，且该固有功能对于实践中操作者使用涉案专利所述喷枪的作业效率以及内衬在物流与存储等方面的经济性有实质性影响，故应纳入2020年修订的《最高人民法院关于审理专利纠纷案件适用法律问题的若干规定》第17条规定的"功能"的评价范围。因此，综合以上两个角度而言，被诉侵权产品所使用的"阶梯过渡"设计与涉案专利“形状一致、紧密贴合”的技术特征并不符合“效果基本相同”的要件。

（2）“阶梯过渡”设计是否符合“显而易见性”要件。被诉侵权产品“阶梯过渡”设计在工业设计中已较为常见，且出现时间较早，加之本身仅是内衬几何形状的简单变化，属于杯形塑料品制造领域“普通技术人员在被诉侵权行为发生时无须经过创造性劳动就能够联想到的特征”，故符合“显而易见性”要件。一审法院认为“被诉侵权产品这一技术方案的变换，对于本领域普通技术人员而言，在阅读原告涉案专利权利要求和说明书后也是无法直接联想到的”，该观点缺乏事实依据，二审法院对其予以纠正。

综上两点，由于“效果基本相同”要件得不到满足，被诉侵权产品所使用的“阶梯过渡”设计与涉案专利“形状一致、紧密贴合”的技术特征两者不构成等同。

二、对专利等同侵权判定中手段、功能与效果概念的理解

“三基本”所涉手段、功能与效果这三大基本要素，来自美国法院司法实践〔1〕，而非成文法律〔2〕，即通过何种路径、实现何种功能、产生何种结果。如果抱着批判精神来审视，该“三步法”并非等同侵权判定的“一把精确标尺”或“一剂灵丹妙药”，而仅仅是从不同维度或侧面去理解专利权利要求与被诉侵权技术特征之间各种细微差异的一种方法与步骤，对于分解细化问题、厘清思路虽具有一定积极意义（也可能意义极其有限），但究其本质，仅是将一个棘手的大问题拆解为三个并不容易解决甚至同样麻烦的小问题，而问题本身能否得到圆满解决则难下定论。〔3〕鉴于此，美国专利法理论界与实务界对等同侵权判定“三步法”均持有一定程度的怀疑与批判态度。〔4〕

但无论如何，“三步法”已被我国专利法司法解释吸收采纳，过多讨论其是

〔1〕 The United States Supreme Court decision in Winans v.Denmead, 56 U.S.330（1853）.

〔2〕 U.S.Code, Title 35, Part III, Chapter 28, § 271, Infringement of patent.

〔3〕 Texas Instruments, Inc.v.U.S.Int'l Trade Comm'n, 805 F.2d 1558, 1569（Fed.Cir.1986）.

〔4〕 Kurt L.Glitzenstein, “A Normative and Positive Analysis of the Scope of the Doctrine of Equivalents”, *Harvard Journal of Law&Technology*, Volume 7, Number 2, 1994; *Principles of Patent Law&third edition Chapter 8* Infringement, p.906, by *Donald S.Chisum, Craig Allen Nard, Herbert F.Schwartz, Pauline Newman, and F.Scott Kieff*, New York Foundation Press, 2004.

否科学合理无助于解决实务问题。因此，面对等同侵权判定，司法裁判者的首要任务是准确理解手段、功能及效果这三大要素的内在本质以及相互之间的逻辑关系，这是准确适用等同原则的基础和前提。笔者结合3M公司诉源嘉公司等侵害发明专利权纠纷一案[1]试对这三大要素分别予以阐述。

（一）手段

相较于功能和效果，手段似乎更为静态、稳定与客观，其本质是权利要求所描述的某项技术特征（功能性技术特征不在笔者讨论之内）所对应的外部表征，是三基本逻辑推理与等同判断的起点。根据美国专利法相关规定，手段的具体表现形式可分为结构、物质及运行过程。[2]以本案所涉机械类发明专利为例，在表现形式上，手段可包括几何结构、三维特征、连接关系、所处位置、相互比例、软硬程度、互动机制等方面；在用词上，手段在多数情况下可与方式、方法、方案、路径等概念通用；从理解角度看，手段就是抽象化的权利要求文字表述转化为具象化的（人脑所意识和感知的）具体形态或状态，该理解过程与权利要求起草者的思维及书写过程互为镜像，或者说前者是后者的反向操作。因此，准确理解手段就是准确理解权利要求表述，而准确理解权利要求字面含义则离不开说明书与附图的辅助以及阅读者本人对相关领域的整体知识结构与信息储备。

本案中，涉案权利要求所述技术特征为内衬与流体槽“形状一致、紧密贴合”。要准确理解与该特征所对应的手段，仔细阅读说明书与附图是至关重要的一环。根据说明书与附图，形状一致所产生的几何或三维状态应该是内衬纵向杯壁上无褶皱、呈直线，而紧密贴合所对应的几何或三维状态则是内衬与流体槽相互匹配、相互接触。但被诉侵权产品所采用的“阶梯过渡”所对应的几何特征则是一道向内的波褶以及因此而产生的内衬与流体槽之间的间隙。因此，从字面上理解，两者的差异是显而易见的，故两者无法构成相同技术特征。但从等同

---

〔1〕（2016）沪民终459号。

〔2〕 35 U.S.Code § 112, Specification,(f) Element in Claim for a Combination: An element in a claim for a combination may be expressed as a means or step for performing a specified function without the recital of structure, material, or acts in support thereof, and such claim shall be construed to cover the corresponding structure, material, or acts described in the specification and equivalents thereof.

判定角度看，两者在手段上是否基本相同则是区别于字面判断的另一问题，需在不受字面差异干扰情况下单独进行评价，否则会在相同与等同两个互为平行、独立的判定思路上发生交叉及混淆。该手段评价应包括两个方面，一是被诉侵权产品所采用的“字面上不同的”手段与权利要求所描述的技术手段，从技术角度而言是否基本相同或本质未变；二是如果基本相同，那么相应的非基本性（非实质性）差异是否显而易见，即本案中的阶梯过渡设计是否属于杯形塑料品制造领域“普通技术人员在被诉侵权行为发生时无须经过创造性劳动就能够联想到的特征”〔1〕。对于问题一，结论应是两种手段基本相同，理由是被诉侵权产品内缩0.5毫米的技术处理相对于内衬几何结构、三维特征及整体尺寸来说是个很微小的变化，且内衬与流体槽相互之间的套嵌结构也未发生实质性改变。对于问题二，一审法院认为阶梯过渡缺乏“显而易见性”。但二审法院在充分调研评议基础上，得出了不同意见。〔2〕关于“显而易见性”要件的判断，此处暂且不表，后文再予详述。

（二）功能

从字面意思理解，功能意指事物或方法所发挥的有利作用。对应英文单词Function的《布莱克法律词典》解释是“通过某种手段正确调节而产生的特定结果”。〔3〕如果以“作用”来定义功能的话，实属同一层面的概念替换，即循环定义，故难以真正起到细化、解释、说明的作用；而英文法律辞典中“手段—调节—结果”的三段式定义也难以细致说明功能在专利等同侵权判定过程中的准确含义。此外，我国专利法司法解释并未对功能给予详细解释。美国司法实践中，联邦巡回法院在Hill-rom Company，Inc.v.Kinetic Concepts，Inc.&Kci Therapeutic

〔1〕 2020年修订的《最高人民法院关于审理专利纠纷案件适用法律问题的若干规定》第17条。

〔2〕 二审法院认为：被诉侵权产品“阶梯过渡”设计在工业设计中已较为常见，且出现时间较早，加之本身仅是内衬几何形状的简单变化，属于杯形塑料品制造领域“普通技术人员在被诉侵权行为发生时无须经过创造性劳动就能够联想到的特征”，故符合“显而易见性”要件。一审法院认为“被诉侵权产品这一技术方案的变换，对于本领域普通技术人员而言，在阅读原告涉案专利权利要求和说明书后也是无法直接联想到的”，该观点缺乏事实依据，二审法院对其予以纠正。二审法院在评议该问题前，征询了相关行业领域的专家，因此所作结论得到了专业意见的支持。

〔3〕 Black’s Law Dictionary，2nd Ed.FUNCTION：Office；duty；fulfillment of a definite end or set of ends by the correct adjustment of means.

Services, Inc.一案中对功能概念进行过讨论，认为对功能的解释不能局限于权利要求明确提及的那些内容，还应考虑某一技术用语所暗含的固有功能[1]。而我国司法实务中，多数可能认为2020年修订的《最高人民法院关于审理专利纠纷案件适用法律问题的若干规定》第17条项下的“功能”作为一法律术语其含义是底层的、基础的、明确并易于理解的，故无须进一步解释，但事实并非如此。结合本案来看，涉案“形状一致、紧密贴合”技术特征或手段所对应的“功能”并非那么显而易见，不言自明，恰恰相反，如何界定功能是该案中的核心问题，且易产生分歧。

如果深入法院论证部分的逻辑线条，可发现前述“形状一致、紧密贴合”可对应两项相互独立的功能：一是内衬与流体槽之间因形状一致而产生的相互套嵌功能（功能一）；二是因内衬本身几何特点而产生的叠加存放功能（功能二）。由于权利要求及说明书与附图对内衬与流体槽的相互套嵌进行了直接演示及说明，且“紧密贴合”技术特征这一文字表述也暗含了相互套嵌的物理结构关系，因此功能一更为显性，且与权利要求及说明书与附图有直接的对应关系。反观功能二，涉案权利要求及说明书与附图对该项功能只字未提，也未提供任何暗示，因此该项功能与涉案权利要求缺乏前述对应性。此处产生了容易导致分歧的深层次问题，即缺乏该种对应性的功能能否纳入等同侵权判定的评价范围。该问题暂且不表，留待后文详述。

综上所述，对于机械类发明专利，笔者结合案例试对功能作如下定义：功能意指通过某种技术手段的存在、运行、调节或作用，继而形成、导致或产生的可促进涉案专利技术方案实施的各种客观功效，无论该功效与权利要求及说明书和附图有无对应关系。

---

〔1〕 Hill-rom Company, Inc., Plaintiff-appellant, v.Kinetic Concepts, Inc.and Kci Therapeutic Services, Inc., Defendants-cross Appellants, 209 F.3d 1337(Fed.Cir.2000), “...Because the term ‘cushion’, as construed by the district court, carries with it certain functional features as a matter of the definition of the term, equivalence cannot be measured by reference only to the functions expressly set forth in claim 10, while ignoring the functional elements inherent in the term ‘cushion’...”

（三）效果

在美国法院审理的涉及等同侵权判定案件中，与我国司法解释用词“效果”所对应的单词是“Result（结果）”〔1〕。效果与结果的意思虽较为接近，但效果明显含有更多价值评判性质，其内涵更大，维度更广，主观性更强。从法律解释角度看，所谓效果可理解为通过权利要求所描述的某种技术手段实现某种功能最终所达到的技术效果。因此，效果通常必须结合并锁定某种特定功能来认定，或者说必须与在先认定的功能一一对应，故效果是功能的上位概念，而功能则是效果的基础和前提，效果比功能更为抽象，功能则比效果更为具象。但是，对于机械类工业品而言，任何一种设计上的变化（手段的变化），无论是否会导致功能的变化，或多或少都会直接对生产成本和周期产生正面或负面影响，因此不同的技术手段往往会产生不同的经济效果，而这种影响从逻辑上是完全可以跨越功能这个环节的，也就是说，某些情况下对效果的判断会独立在对功能的评价之外，或者说，效果的评判对象（或载体）不再是功能，而直接是手段或技术特征本身。

结合本案来看，要分析涉案技术手段与被诉侵权产品各自的技术效果，首先应对上述内衬与流体槽的“相互套嵌功能”和内衬本身的“叠加存放功能”，分别予以考量。关于功能一，根据二审法院判决，在评价对应技术效果时应考虑内衬放入流体槽的便利程度、相互之间的匹配程度、放置后盛满流体状态下的稳定性与可操作性、内衬容量等因素；而关于功能二的技术效果，法院则需考虑内衬抽取、数量测算及存储与物流等方面的便利性。此外，从上述生产成本与周期角度，法院还专门考虑了内衬的模具设计与制造成本等因素。

综上所述，笔者结合案例分析试对效果进行更为细化的定义，即效果意指：从与涉案专利技术方案实施及专利产品生产经营有实质关联的各种角度，就系争技术特征对整体技术方案或对应功能的产出质效与内在经济性的影响，进行综合评价的结果。

---

〔1〕 Winans v.Denmead, 56 U.S.330（1853）; Graver Tank&Manufacturing Co.v.Linde Air Products Co., 339 U.S.605（1950）; Warner Jenkinson Co., Inc.v.Hilton Davis Chemical Co.（95-728）, 520 U.S.17（1997）; Honeywell International, Inc.v.Hamilton Sunstrand Corp., No.02-1005（Fed.Cir.June 2, 2004）.

（四）显而易见性

本案还值得一提的是，其等同判断中“显而易见性”的逻辑切入点应紧跟技术手段的判断，而不是在“三基本”整体判断之后，因为显而易见或者容易联想的对象应该是一种客观存在的技术方案或方法，即技术手段，而不应夹杂比手段更上位概念（含有更多主观性评价因素）的功能与效果。换言之，本案中，法院仅需考虑，对于杯型塑料制品的普通技术人员而言，阶梯过渡设计本身是否容易联想到，而不必考虑该设计对功能（如叠加存放）和效果（如抽拉与目测数量便利性及存储物流效率变化）的影响是否容易联想到。因为从事实角度看，该内衬设计者设计阶梯过度特征的目的可能并非为了实现前述功能、达到前述效果，而纯粹是为了避让涉案专利权利要求的保护范围。换言之，2020年修订的《最高人民法院关于审理专利纠纷案件适用法律问题的若干规定》第17条普通技术人员所联想的对象应该是技术特征的表现形式，即手段，而非该表现形式所承载或随之而产生的功能及效果。

因此，实务中可能会存在下述情况：即被诉侵权者为避让涉案专利对某一技术特征进行了某种修改，期望通过该修改无论从相同或等同角度均不落入涉案专利权利要求的保护范围，且自认为不构成等同的理由是该修改会对相应技术手段产生实质性变更，但事实上法院对该等修改的评价可能与被诉侵权者的期望并非完全一致，即法院会认为，前述避让性设计并不构成对技术手段的实质性变更，即只是一种“非实质性变更”，但该手段的非实质性变更却可能产生令被诉侵权者本人也料想不到的功能与效果上的实质性差异，因此法院最终会据此认定被诉侵权者对涉案专利的避让是成功的。换言之，被诉侵权者对技术特征的避让措施可能会阴差阳错地令其最终达到避让目的。

此处还可引申出另一更深层次的诉讼程序问题，即法院在等同判断问题上可否提出独立于双方当事人诉辩理由或主张的判断思路或角度，即在当事人没有就某种功能与效果提出诉辩理由情况下，法院可否依职权主动对功能与效果进行独立评价。从讨论的案例来看，答案是肯定的。批评者可能对此存有不同意见，即认为等同判断过程中，法院仅可对双方当事人提出的诉辩意见进行评价，对于双方均未提及的有关手段、功能及效果方面的理由，法院不应节外生枝，越俎代庖。但从法理上看，法院依职权对等同问题中的手段、功能及效果等因素作出独立判断并无不妥之处：首先，法律及司法解释并未对此作出任何直接或间接限制；其次，等同问题归根结底是对案件事实的判断问题，属于技术事实查明范畴，故法院依职权主动查明案件事实于法有据，也符合我国司法实践长期以来所秉持的基本理念；最后，对具体涉案技术问题作出评价不仅涉及专利权人与被诉侵权者在个案中的私利，同时也涉及公共利益，即公众可否采用被诉侵权技术方案，以有效避让涉案专利保护范围，故法院出于公共利益考量，应当视案件需要在等同问题上主动出击，追根究底，直到水落石出，给被诉侵权技术方案一个明确的"说法"。

三、关于专利等同侵权判定中功能与效果的评价体系

（一）关于功能的评价体系

还是以机械类专利为例进行分析，某一技术特征或手段所产生的功能可以是丰富多样的，故可理解为一个功能集群。在这个集群当中，哪些功能应置于等同侵权判定的评价范围之内，哪些必须予以排除，是判断功能是否基本相同的基础，而划分的前提当然是需对这些不同功能进行科学划分。

就第一层面划分而言，可视其与专利整体技术方案有无实质性关联，进而将集群分为与整体技术方案有关的功能（以下简称专利性功能）以及与此无关的其他功能（以下简称非专利性功能）两大类。从涉案专利技术领域角度分析，专利性功能通常应指向系争技术特征所对应产品或部件的工业设计用途，而非专利性功能则往往不属于该设计用途。以本案为例，系争技术特征为"形状一致、紧密贴合"的塑料内衬，所述内衬除了产生上述"相互套嵌"与"叠加存放"两大专利性功能之外，作为一杯型塑料内衬，还可当作喝饮料的杯子、盛放食物的器具、放置文具的笔筒、保护器物一端的保护套等，其功能可谓不胜枚举。但这些功能与涉案发明专利即喷枪均无实质性关联，故不能纳入"功能是否基本相同"的评价范围。对此，无论从理论还是实务角度看，将非专利性功能排除在评价体系之外，均无任何分歧，但难点在于下文所述的第二层面划分。

就第二层面的划分而言，专利性功能可进一步细分，即以与权利要求及说

明书和附图有无对应关系为甄别标准，可将专利性功能再细分为：(1)与权利要求及说明书和附图描述有直接对应关系的功能（以下简称显性专利功能）和(2)没有该对应性的功能（以下简称隐性专利功能），前者具有显著性、直接性，而后者相对隐秘、间接。本案中，二审法院对涉案专利所述内衬的功能据此进行了划分，即将其分为作为显性专利功能的“与流体槽相互套嵌功能”与作为隐性专利功能的“叠加存放功能”，并明确指出该叠加存放功能并未脱离权利要求所述内衬的工业设计用途，且与涉案专利喷枪的作业过程具有实质性关联，故一视同仁地将其纳入了功能的评价范围。结合本案来看，隐性专利功能由于缺乏与专利文献本身的直接对应关系，故实务中极易忽视遗漏。应对办法无他，只能是全方位、系统性地对专利技术方案的实施环境与操作过程逐一进行地毯式、无死角、画面式还原，从而全面、细致、深入理解到各阶段、各环节、各细节，以防疏漏。

从专利法的立法本意、利益平衡原则以及专利法司法解释的制定背景来看，似乎均无理由将隐性专利功能排除在评价体系之外。从法经济学角度看，专利作为一种经济要素，其内含的功能，无论显性、隐性，只要与涉案专利技术方案的实施有关，都毫无疑问地事关该无形资产的内在经济或商业价值，故鉴于隐性专利功能对产品市场价值的实质性影响，更是有充分理由将隐性专利功能置于功能评价体系之内。当然，此处需要澄清的是，将隐性专利功能纳入评价体系，并不意味着可将被诉侵权产品某一区别技术特征所产生的额外功能纳入评价范围，这是完全不同的两个问题。关于后者，已有相关案例可资参考，此处不再赘述。〔1〕需要指出的是，本案中内衬叠加存放功能并非被诉侵权产品所独有或额外具有的功能，涉案专利所述内衬同样具有此项功能，只是有无阶梯过渡设计导致两者在抽拉、数量测算及物流仓储等方面效果存有差异而已。

---

〔1〕 Miles Laboratories, Inc.&Triangle Biomedical Equipment, Inc.v.Shandon Inc.&Shandon Southern Products Limited, 997 F.2d 870(Fed.Cir.1993)“...The limitations and functions of the invention in the claims, not the elements or functions of the accused device, establish the reference point for the doctrine of equivalents.Insta-Foam, 906 F.2d at 702.Infringement under the doctrine does not vanish merely because the accused device performs functions in addition to those performed by the claimed device.Id.Regardless of separation into modules, Shandon's system is still a ‘completely automatic system for allowing light microscopy tissue to be processed under a completely automatic sequence in an entirely closed system and without requiring substantial movement of the specimens.’ See Miles I, slip op.at 3-4. Thus, the HYPERCENTERs achieved substantially the same result as the 073 patent...”

此处暂作一小结：对于涉案专利与被诉侵权产品某一对应技术特征所产生的诸多功能而言，首先应将非专利功能排除在评价体系之外，其次应在专利功能中仔细甄别出隐性专利功能，并将其与显性专利功能一同纳入等同侵权判定中的功能评价体系。

（二）关于效果的评价体系

综观中外专利法有关法律条文，成文法目前并未就等同侵权判定过程中如何评价技术效果提供任何具体方法、步骤或思路，而司法案例中关于此问题也鲜有提及，更是缺乏深入讨论及系统性研究。故笔者试图结合案例分析就此问题作一探索。

评价一技术方案的优劣，无论该技术方案如何精巧庞杂，也无论其最终目的如何、适用于哪一行业，归根结底，该评价所持的价值体系都应当与该技术方案的市场价值相契合。唯有如此，才能通过复杂现象直通本质。换言之，从相关行业内合理第三人角度来看，其在相同交易条件下，面对涉诉两套技术方案，在必选其一的购买决策过程中所考虑的所有合理因素都应纳入效果的评价范围。此处所言合理因素当然应排除与技术方案本身无关的因素，如关联交易、利益冲突、品牌信赖以及难以客观评价的机械美学等因素等。遵循这一思路，根据笔者所积累的司法经验与感悟，有关效果的评价体系至少应包括以下三方面：一是涉案系争技术特征对整体专利技术方案或对应具体功能产出质量的影响（质量维度）；二是对其产出效率的影响（效率维度）；三是对其经济性的影响（经济维度）。用通俗语言来说，便是两者相较，彼方案是否比此方案更好、更快、更省钱，或者更差、更慢、更费钱。

以本案为例，二审判决中所提及的内衬放入流体槽的便利程度、相互之间的匹配程度、放置后盛满流体状态下的稳定性与可操作性等因素均是涉及喷枪技术方案产出质量的因素，故可归入质量维度的范畴；而内衬容量、内衬叠加存放时抽拉与数量测算的便利性等则是与喷枪技术方案实施的效率有关，故可归入效率维度的范畴；至于模具设计、制造成本以及运输仓储成本等因素，则是独立于喷枪技术方案本身产出质量与效率的经济维度。关于上述三大维度，还可进一步细化评述如下。

1.质量维度。该维度应指系争技术特征对整体技术方案或该项特征所对应功能通过实施或运行所产出结果的评价维度，包括产出品质、稳定性、优良率、耐用性、单位能耗、环保性、操作舒适度与便捷性等一系列可影响该技术方案市场定价的因素。因此，质量维度是三大维度中因素最多、情况最复杂、判断难度最高的维度，需在个案中反复斟酌，仔细思量。

2.效率维度。该维度应指系争技术特征对于实施涉案专利技术方案所耗费时间的评价维度。换言之，效率维度评价需要考量的是，对于相关行业内某一普通操作者来说，就相同质量的产出数量而言，采用被诉技术特征是否比使用相对应的专利技术特征更快的更慢。一方面，与质量维度相比，效率维度的核心因素只有时间或快慢，锁定了技术方案或相关功能实施的前前后后、方方面面与细枝末节，效率维度评价便迎刃而解，故判断的难度系数相对较低。另一方面，也需看到这种时间或效率上的差异是否显著，不能一以概之，通过确定某个百分比来机械判断，而应结合具体行业领域、市场需求及技术发展历史予以综合考量，继而判定是否属于2020年修订的《最高人民法院关于审理专利纠纷案件适用法律问题的若干规定》第17条项下的“基本相同”。

3.经济维度。该维度具有兜底性质，因为前述质量与效率因素毫无疑问同样具有直接影响市场定价的经济属性，故此处所谓经济维度的评价对象应特指符合以下条件的所有因素：（1）独立于上述质量因素与效率因素；（2）与涉案技术方案实施并无物理上的直接关联；（3）但对技术方案本身的市场价值仍具有实质性影响。因此对于经济维度，可称为统筹质量与效率因素之外其他经济性因素的概括性范畴。对于机械类专利而言，专利产品的生产周期、生产工艺、流程、模具、原材料、加工成本、质量控制与检验及仓储物流等都是可纳入经济维度考量的具体方面。该维度所涉因素也相对庞杂，且与技术方案本身的实施无直接关联，故司法实务中极易疏忽或轻视。

（三）对技术效果有升有降的司法评价

由于采取了质量、效率及经济性三大不同维度的评价体系，评价结果出现有升有降的情形并不意外，本案就属一例。对于该情形，应作何种司法评价，值得探讨。本案中，“阶梯过渡”设计产生的三种技术效果中，其中内衬抽拉与目测数量的便利性属于积极正面的技术效果提升，而内衬仓储物流经济性下降则属消极负面的技术效果下降。但二审法院并未回避该问题，而是直接作出了“该技术效果有升有降的情形并不影响‘阶梯过渡’与‘形状一致、紧密贴合’两者在技术效果上存有实质性差异”的判断。从2020年修订的《最高人民法院关于审理专利纠纷案件适用法律问题的若干规定》第17条的字面意思以及专利等同侵权判定理论的实践来看，法院需关注的核心问题应始终聚焦于某一特定技术特征对应的手段、功能及效果是否基本相同，而非对其进行综合评分与排序。因此，只要比对的两种技术效果不同，无论是纯粹的优化，还是单一的改劣，抑或优化与改劣并存，均属“技术效果不同”的具体表现形式，故技术效果有升有降不应成为干扰法院判断的因素。

（四）隐性专利功能与多维效果评价的司法影响

相较于以往概言之的功能与效果评价而言，笔者提出的显性、隐性专利功能划分理论与三维效果评价体系，因其会促使法院引入更多、更细化的评价因素，必然会对等同侵权问题产生更严格的判断标准，即只需任一因素的比对结果存在实质性差异，权利人的等同主张便得不到法院支持，而对被诉侵权一方来说则是多多益善的问题。对此，一方面应该看到这种客观上更严格的等同判断体系有助于“适度从严”把握等同侵权的适用条件，防止司法实践中过度适用等同侵权并不合理地扩张专利权保护范围〔1〕；另一方面也有助于解决司法实践中等同侵权判定缺乏细化标准、裁判标准不够统一的问题；此外还应看到，对于各种维度中技术效果的判断，法院还可结合涉案专利本身的市场价值、对技术进步产生的影响、创新需求等因素，在某一具体效果是否基本相同的判断过程中采取宽严相济的保护原则，灵活对冲前述功能与效果评价体系所带来的等同判断标准趋严问题，以更好地处理权利人、相关行业主体、社会公众之间的利益平衡以及

---

〔1〕《最高人民法院关于当前经济形势下知识产权审判服务大局若干问题的意见》第4条：……严格等同侵权的适用条件，探索完善等同侵权的适用规则，防止不适当地扩张保护范围……

产业发展与技术创新之间的关系。

审判实务精要

笔者对专利等同侵权判定中功能与效果的评价体系研究结论可归纳如下：对“功能”的评价，应在全面细致审视专利技术方案实施领域与操作过程的基础上，结合相关产品或部件的工业设计用途，一方面剔除非专利性功能的干扰，将评价对象始终聚焦于专利性功能；另一方面要注意甄别出隐性专利功能，并将其与显性专利功能一视同仁地纳入功能评价体系；对“效果”的分析判断则可采用“质量、效率、经济性三维评测法”，即系争技术特征对涉案专利整体技术方案及专利产品或对应功能及部件的产出质量、产出效率及经济性等任一维度具有实质性影响的所有因素，都应纳入效果评价范围。此外，上述不同维度产生的技术效果的升降情形并不影响技术效果是否基本相同的总体判断。文章探索性地提出了“隐形专利功能”与“显性专利功能”的划分理论与“质量、效率、经济性三维评测法”，对于司法实践中深入理解、准确运用等同理论具有一定参考价值。此外，作为美国司法实践的成果，等同理论需根据专利司法保护实践的发展与时俱进。〔1〕不同法域也会根据自身情况各自发展出不同的判断标准与体系。〔2〕笔者所提出的“显性专利功能”与“隐性专利功能”划分理论以及对技术效果的“质量、效率、经济性三维评测法”来自实务中根据个案对等同侵权规则具体适用的总结提炼，是否科学合理以及具有普适性，都有待于今后司法实践的进一步检验、调整和优化。

撰稿人：孔立明，上海市高级人民法院知识产权审判庭审判员，法学硕士

〔1〕 Darcy August Paul, “The Judicial Doctrine of Equivalents”, *Harvard Journal of Law&Technology*, Volume 17, Number 1, 2003.

〔2〕 Nicholas Pumfrey, Martin J.Adelman, Shamnad Basheer, Raj S.Dave, Peter Meier-Beck, Yukio Nagasawa, Maximilian Rospatt, and Martin Sulsky, “The Doctrine of Equivalents in Various Patent Regimes”, *Yale Journal of Law and Technology*, Volume 11, Jan.1, 2009.

49. 确认不侵害专利权之诉若干疑难问题

导　言

《民法典》第113条规定，“民事主体的财产权利受法律平等保护”，第123条规定，“民事主体依法享有知识产权”，第120条规定，“民事权益受到侵害的，被侵权人有权请求侵权人承担侵权责任”。据此，专利权树立了其作为类型化财产型绝对权之一种，而在《民法典》中具有其独立之地位。

司法实践中，专利纠纷案件存在一种特殊的类型，即确认不侵害专利权之诉。确认不侵权之诉是最高人民法院在《民事案件案由规定》中明确予以规定的诉讼类型，虽然在理论上可以扩及所有债权债务纠纷，但司法政策的选择是目前仅限于在知识产权领域适用，其他侵权纠纷类型暂不宜提起确认之诉。〔1〕

自21世纪初最高人民法院批复可以受理苏州龙宝生物工程实业公司与苏州朗力福保健品有限公司请求确认不侵犯专利权纠纷案以来，〔2〕经过知识产权各领域的长期诉讼实践，确认不侵权之诉在当前已属屡见不鲜，虽然案件总量并不多，但已成为知识产权异化的治理方案之一。〔3〕业界对此类案件并不陌生，但关于确认不侵权之诉的性质、管辖、反诉、受理条件等困扰审判实务的问题，众说纷纭，通说难言成型。以专利审判为例，比较一致的观点是，涉及相同专利权利要求的侵权之诉与确认不侵权之诉，审理中其产品或方法与权利要求比对的方式是完全相同的，区别仅在于侵权之诉一般还均有停止侵害、赔偿损失等给付请求，而确认不侵权之诉则不应有给付请求内容。

---

〔1〕 刘哲玮：《确认之诉的限缩及其路径》，载《法学研究》2018年第1期。
〔2〕 最高人民法院（2001）民三他字第4号批复。
〔3〕 林琳：《透视专利权不侵权确认之诉》，载《电子知识产权》2009年第6期。

除此之外，对确认不侵害专利权之诉的一些认识、观点则大相径庭。如确认不侵害专利权之诉是确认之诉还是侵权之诉？后提起之侵权之诉是否构成反诉？如何确定管辖法院？如何看待确认不侵害专利权之诉的受理条件？何谓侵权警告及是否必须有警告？等等，对这些问题的不同认识，会给当事人维权和审判工作带来一定困扰。笔者就确认不侵害专利权之诉的性质、管辖、受理条件等审判实务中较为常见的疑难问题进行探讨。

一、确认之诉还是侵权之诉

尽管最高人民法院在《关于本田技研工业株式会社与石家庄双环汽车股份有限公司、北京旭阳恒兴经贸有限公司专利纠纷案件指定管辖的通知》中已明确确认不侵犯专利权诉讼属于侵权类纠纷，依据侵权纠纷确定地域管辖，[1]但并未否定其具有确认之诉性质，确认不侵权之诉究竟是确认之诉还是给付之诉仍悬而未决，因具有实务价值，仍有探讨之必要。理论上民事诉讼可分为确认之诉、给付之诉、形成之诉，确认之诉是原告请求法院确认法律关系或基础法律事实存在与否的诉讼，[2]给付之诉是原告请求法院判令对方履行一定义务、为一定给付行为的诉讼，侵权之诉一般认为属典型的给付之诉。但是，给付之诉是在确认当事人之间存在一定法律关系或存在特定法律事实的基础之上，方可判断是否应判令被告为给付行为，因此，给付之诉中一般必然包含对法律关系或特定法律事实的确认，这就与确认之诉产生联系。实际上，确认之诉是基础的民事诉讼类型，给付之诉、形成之诉是确认之诉的特殊形态，确认之诉是其他种类诉讼的基础。[3]

要准确认识确认不侵害专利权之诉，首先要准确认识侵害专利权之诉。侵

---

〔1〕 该通知由最高人民法院于2004年6月24日发布。

〔2〕 通说一般认为确认之诉仅确认法律关系存在与否，确认不侵权之诉的目的在于判断侵权关系是否存在，参见夏璇：《消极确认诉讼之反诉研究》，载《学术界》2016年第3期。但是，法律事实能够引起法律关系的演变，不同于纯粹的客观事实，在专利诉讼中，判断是否落入专利权保护范围即为法律事实问题，属于法律与事实相互交织的问题，确认其存在与否，是确认不侵害专利权诉讼的核心，因此，法律事实是否存在应当成为确认不侵权之诉的对象。关于法律事实的研究可参见杨建军：《法律事实的概念》，载《法律科学》2004年第6期。

〔3〕 夏璇：《消极确认诉讼之反诉研究》，载《学术界》2016年第3期。

害专利权之诉是常见的一种知识产权侵权诉讼。处理知识产权侵权问题，仍需遵循侵权法的一般原理，认定侵权责任的构成仍需满足“侵害行为、损害后果、因果关系、主观过错”四要件，〔1〕凡不满足的应认为不构成侵权。那种认为知识产权侵权适用无过错归责原则的观点并不准确。

目前仍比较常见的观点是：知识产权领域认定侵害行为实行无过错归责、承担责任实行过错归责。这种观点似是而非。无过错责任应由法律明确作出规定，而我国现行知识产权相关法律中并无相应规定。实际上，认定某一行为是否属于侵害行为，是从客观上依法进行判断，属于对法律事实的认定，本来就不需也不应判断行为人的主观状态，当然也就谈不上归责原则的问题。在侵权构成要件中，主观过错无疑是一项单独的要件。实践中我国侵权构成的“侵害行为”已包含类似德国侵权法理论上的“违法性”要件，因而没有将违法性作为一项单独要件，但违法性与主观过错不可混为一谈。〔2〕

值得注意的是，即使在英美法上，知识产权侵权亦非实行无过错归责原则，而也是放在侵权法理论框架中进行处理。〔3〕英美专利法上的“infringement”一词实际应译为“落入专利权保护范围”或“侵害行为”，如译为“侵权”，易使人误解知识产权之侵权构成不需要主观过错要件。而这大概就是为什么持知识产权侵权无过错责任论者不在少数的原因之一。

国际知识产权相关条约的通行做法，也是以实行过错归责为基本原则。〔4〕可以说在这一点上，大陆法系和英美法系并无实质区别。专利权保护的客体为无形之技术方案，导致是否存在侵害行为成为专利侵权诉讼中的主要争议点，即

〔1〕 也有观点认为，可采用德国侵权法“事实构成、违法性、主观过错”构成理论，笔者认为德国侵权法的三要件与我国侵权诉讼领域普遍采用的四要件理论，并无本质不同，不会影响案件审理。当然，采用三要件构成理论，可更清楚地看出侵害行为的认定属于法律事实问题。具体可参见徐卓斌：《恶意提起知识产权诉讼之侵权构成》，载《人民司法》（应用）2017年第19期。

〔2〕 关于侵权构成，可参见王泽鉴：《侵权行为》，北京大学出版社2009年版，第86~88页；［德］埃尔温·多伊奇等：《德国侵权法》，叶名怡等译，中国人民大学出版社2016年版，第8~9页。

〔3〕 Peter Cane, The Anatomy of Tort Law, Hart Publishing, 1997, p.76; W.Cornish, D.Llewlyn, T.Aplin, Intellectual Property: Patents, Copyright, Trade Marks and Allied Rights, Sweet&Maxwell, 2013, p.81.

〔4〕 Peter Tobias Stoll et al.(eds.), WTO Trade-related Aspects of Intellectual Property Rights, Martinus Nijhoff, 2009, pp.719-723.

运用全部技术特征规则判断被告产品使用的技术方案是否完全覆盖了原告专利技术方案，如全部覆盖则意味着被告实质上实施了原告专利技术方案，或者说被诉侵权产品或方法落入了原告专利权保护范围，至此被告之侵害行为方得以确认。专利权保护的关键问题在于确定权利内容和权利边界，这是由专利权客体的无形性决定的，内容和边界确定之后一旦认定被告行为落入专利权保护范围，则不论有无主观过错，权利人均可基于绝对权请求排除妨碍及不当得利之返还。如原告主张侵权赔偿，才涉及认定被告有无主观过错的问题。但观专利侵权诉讼案件的判决书，无论中外，一般均无论及被告的主观过错，这给外界的印象是专利侵权（其实可扩及各类知识产权）领域实行无过错责任。不过这其实是一种错觉。

专利权作为一种经国家机关公示的绝对权，任何人均可查询、均有尊重之义务，凡实施侵害行为者，无不具有过错，这是一个不言自明的要件，“不言”并不意味“无”。

专利制度是在发明等技术进步之上设立了所有权，[1]从经济学角度观察，专利侵权诉讼虽然发生在特定的原被告之间，其效应却并非止于诉讼当事人，更大的作用在于明确专利权的保护范围，即明确专利权人拥有垄断权的范围，方便社会公众了解其行为自由的技术空间，因此，专利侵权诉讼是一个界定技术方案产权边界的过程。在专利侵权诉讼中，最关键的即在于判断被告实施的技术方案是否落入原告专利权的保护范围，即被告之行为是否属于侵害行为，这正是判断技术方案的产权边界。

确认产权边界是专利侵权诉讼中最为核心的问题，这从本质上决定了专利侵权之诉必然有确认之诉的法律性质，即使如药品专利链接制度中的所谓“拟制侵权”，实质上也是确认之诉。从侵权构成的角度看，这属于事实构成范畴，判断被告的行为是否落入专利权保护范围即该行为是否属于侵害行为，所解决的是事实认定问题。事实认定当然属于事实问题，但涉及法律标准，所认定的是法律事实，其不是一个纯粹的法律问题，也只有该事实认定问题解决后，才有继

〔1〕 Robert Cooter and Thomas Ulen, Law and Economics, Pearson, 2014, p.101.

续认定其他侵权构成要件是否具备之必要。其他侵权构成要件中，损害结果要件与确定损失赔偿数额密切相关，但在我国专利侵权诉讼中发展不均衡，因果关系要件受此影响在诉讼中也几乎无人关注，而主观过错要件不言自明，因此侵权构成四要件中，侵害行为要件在诉讼实务中“一枝独秀”，吸引了最多的注意力，判决书也往往在经过比对认定被诉产品或方法落入涉案专利权保护范围后忽略其他构成要件，这大概也是业界不少人士将侵害行为等同于侵权构成的原因之一。

如前所述，侵害专利权诉讼关键在于判断被诉产品或方法是否落入原告专利权保护范围这一事实认定问题，而确认不侵害专利权之诉所要解决的问题，也正是这一问题，因而确认不侵权之诉与侵权之诉在此发生交汇重合，这两种诉讼所要解决的问题存在一致性，在这一问题上，它们的审理思路、比对方法是实质相同的。〔1〕

在专利权领域，侵权之诉与确认不侵权之诉的关键问题，均是判断产品或方法是否落入专利权的保护范围这一法律事实问题，侵权之诉实质上包含着确认之诉，也可以认为确认不侵权之诉实质上是侵权之诉的一部分，因而其具有侵权之诉的属性，只不过此诉中原被告地位发生反转。如认为确认不侵害专利权之诉为单纯的确认之诉，将导致对同一问题的审理分别在不同法院进行，容易导致判决结果冲突，从诉讼成本看并不符合经济原则，因此宜突破狭隘理论视野。

综上所述，确认不侵害专利权之诉是一种确认之诉，也可以认为是侵权之诉的一部分或特殊侵权之诉。确认不侵权诉讼的性质问题，直接与管辖问题相关联，这是其性质之争的意义所在，因此具有重要的实务价值。

二、管辖及反诉问题

诉的性质与案件管辖具有重要联系。如认为确认不侵权之诉系确认之诉而非侵权之诉，则管辖不应依据侵权之诉确定，而只能由被告住所地法院管辖。〔2〕确认不侵害专利权之诉，既是一种确认之诉，也可以理解为特殊的侵权之诉。说

---

〔1〕 欧宏伟:《知识产权确认不侵权纠纷若干问题研究》，载《科技与法律》2008年第4期。

〔2〕 张广良:《确认不侵权之诉及其完善》，载《人民司法》2008年第11期。

确认不侵害专利权之诉是一种特殊的侵权之诉，原因是它审理的焦点问题与典型的专利侵权之诉重合，后者完全包含前者，但前者不涉及停止侵害、赔偿损失等给付请求。既然确认不侵害专利权之诉可视为一种侵权之诉，则案件的管辖问题可依照侵权之诉处理。

依据《民事诉讼法》第21条的规定，对自然人、法人或者其他组织提起的民事诉讼，由被告住所地人民法院管辖，即所谓的“原告就被告”管辖原则，该管辖原则不区分诉的种类，因此确认之诉可据此确定管辖法院。该法第28条规定，因侵权行为提起的诉讼，由侵权行为地或者被告住所地人民法院管辖。依据上述法律规定，确认不侵害专利权诉讼，可以由被告即专利权人住所地法院管辖，也可能由原告（如产品制造者）住所地法院管辖。潜在专利侵权之诉的被告可以选择对其友好的法院发起确认不侵权之诉，〔1〕对于确认不侵权之诉的原告而言，其具有选择诉讼时机与管辖法院的便利，〔2〕依据一般地域管辖还是依据侵权之诉确定管辖，确认不侵权之诉的原告具有一定的选择权、主动权。

举例而言，专利权人甲住所地位于A地，产品制造者乙住所地位于B地，乙若提起确认不侵害专利权诉讼，可以向A地具有管辖权的中级人民法院起诉，依据是《民事诉讼法》第21条；也可以向B地具有管辖权的中级人民法院起诉，若制造行为发生在乙住所地以外的C地，还可以向C地具有管辖权的中级人民法院起诉，依据是《民事诉讼法》第28条。

另一个值得关注的问题是，后提起之侵害专利权之诉是否构成在先确认不侵害专利权之诉的反诉。若侵害专利权之诉在先，如被告就同一产品、同一专利权利要求又提起确认不侵害专利权之诉，因侵权之诉已完全包含确认不侵权之诉的审理内容，则对于后一起诉基于“一事不再理”原则，法院可不予受理，否则构成重复审理，此为在先侵权之诉吸收或阻却在后确认不侵权之诉。若确认不侵害专利权之诉在先，如被告就同一产品、同一专利权利要求又提起侵害专利

---

〔1〕 Mirchell Polinsky and Steven Shavell (eds.), Handbook of Law and Economics, Elsevier, 2007, Vol. 1, p.375.

〔2〕 Roger Schechter and John Thomas, Principles of Patent Law, West Academic Publishing, 2019, § 11.2.4.

权之诉，因确认不侵权之诉的审理范围仅涵盖侵权之诉的一部分，侵权之诉另有其他给付请求需予以审理，两者诉讼标的不同，因此在先确认不侵权之诉并不能吸收或阻却在后之侵权诉讼。但由于在后之侵权之诉与在先之确认不侵权之诉诉讼请求相对，两诉是否可以构成本反诉关系，学界观点不一。

肯定说认为，知识产权侵权之诉与不侵权确认之诉，因涉及同一事实而具有牵连关系，且诉讼请求完全相对，构成本反诉关系，为避免法院对两个有牵连的案件在认定事实方面和作出判决方面产生矛盾，同时为了简化诉讼程序、提高诉讼效率，应将知识产权不侵权确认之诉和侵权之诉合并审理。〔1〕

否定说认为，反诉仅存在于给付之诉，确认之诉与给付之诉不能构成本反诉关系。

折中说认为，如果在后侵权之诉的原告仅主张确认侵害行为成立，则可以构成在先确认不侵权之诉的反诉，但如其另行提出赔偿损失等给付请求，则诉讼已由确认之诉转变为侵权之诉，由于诉讼种类不同，因此不构成本反诉关系。〔2〕反诉是在已经开始的诉讼程序中，本诉被告向本诉原告提起的一种独立的特殊之诉，无论本诉是哪一种，被告可以提起任何形式的反诉。〔3〕在后的有给付请求的侵权之诉，其争议范围超出在先的确认不侵权之诉，此反请求与本诉请求存在牵连关系，〔4〕审理反诉有其必要；〔5〕如无给付请求，则该在后侵权之诉的审理范围与在先确认不侵权之诉完全一致，实无审理之必要，专利权人可在确认不侵权之诉中将其主张作为抗辩提出，〔6〕毕竟，反诉是一种诉讼攻击手段，〔7〕此种情形下反驳为已足，作为反诉并不具备诉的利益，〔8〕因此作为反诉审理则未免是一种司法资源的浪费，原则上不成立反诉。

---

〔1〕 邓宏光、唐文：《论知识产权不侵权确认之诉》，载《法律适用》2006年第1期。

〔2〕 何文哲、余晖：《对知识产权确认不侵权之诉的分析》，载《人民司法》2006年第1期。

〔3〕 房保国：《论反诉》，载《比较法研究》2002年第4期。

〔4〕 夏璇：《消极确认诉讼之反诉研究》，载《学术界》2016年第3期。

〔5〕 美国法上此类情形中，更要求专利权人必须提出反诉，此为“强制反诉”，如专利权人不在反诉中提出给付请求，将可能丧失获得侵权赔偿的权利。杨红朝：《确认不侵权之诉研究》，载《郑州大学学报》（哲学社会科学版）2006年第5期。

〔6〕 庞小菊：《论抗辩与反诉的界定》，载《南京师大学报》（社会科学版）2009年第1期。

〔7〕 毕玉谦：《试论反诉制度的基本议题与调整思路》，载《法律科学》2006年第2期。

〔8〕 夏璇：《消极确认诉讼之反诉研究》，载《学术界》2016年第3期。

总之，在后之侵权诉讼与在先之确认不侵权之诉依据案情可以但不必然构成本反诉关系。在后侵权之诉构成反诉的，根据《民事诉讼法》第140条规定，两诉可以合并审理。但是，可以合并审理并不意味着必须合并审理。如两案受理法院相同，则依据《最高人民法院关于适用〈中华人民共和国民事诉讼法〉的解释》第232条，两案应当合并审理。如两案受理法院不同，合并审理的条件并不具备，因确定管辖的依据不同，并不一定会出现两法院均有管辖权的情形，任何一案均不符合《民事诉讼法》第36条以及《最高人民法院关于适用〈中华人民共和国民事诉讼法〉的解释》第36条规定的移送管辖的法定条件，因此两地法院可以分别各自审理。为解决可能出现的裁判结果特别是是否落入专利权保护范围（是否属于侵害行为）的法律事实认定出现矛盾，当事人可积极提出管辖权异议，争取最终由上级法院指定同一法院管辖并合并审理。最佳方案为由实施专利技术方案的行为地法院（如产品制造地）管辖，如此处理比较符合诉讼经济原则，便于查明案件事实，但无论如何，两地法院分别审理仍是于法有据的。

三、何为侵权警告

《最高人民法院关于审理侵犯专利权纠纷案件应用法律若干问题的解释》第18条规定，权利人向他人发出侵犯专利权的警告，被警告人或者利害关系人经书面催告权利人行使诉权，自权利人收到该书面催告之日起一个月内或者自书面催告发出之日起2个月内，权利人不撤回警告也不提起诉讼，被警告人或者利害关系人向人民法院提起请求确认其行为不侵犯专利权的诉讼的，人民法院应当受理。这是目前关于确认不侵权诉讼较为完备的规定，具有很强的可操作性。但在审判实务中，仍有不少问题有待探索。比如何谓侵权警告？发出及接收侵权警告的主体范围有无限定？

关于何种警告构成法律上适格的侵权警告。警告显然不应限于书面的警告函，侵权警告宜作广义理解，不仅包括警告函、侵权声明等形式，还应包括权利人已经申请知识产权行政执法部门进行调处、行政部门已经采取扣押被控侵权产品等措施，法院已经采取相关诉前临时措施且在15日内权利人未提起侵权之诉，发布涉嫌侵权或含有影射之词的广告等形式；[1]又如专利权人起诉被告侵权后又在判决前撤诉，原因可能是被告提交了强有力的反驳证据，或提起了无效宣告请求且证据较为充分，为避免再次被诉，被告应可提起确认不侵害专利权之诉。[2]

而对于认定权利人的实际行为是否属于适格的侵权警告，在实践中情形非常复杂。以最高人民法院知识产权法庭审结的VMI荷兰公司、固铂（昆山）轮胎有限公司诉萨驰华辰机械（苏州）有限公司确认不侵害专利权纠纷一案为例，该案中萨驰公司向专利行政机关提交固铂公司侵犯其专利权的纠纷处理请求，但并未涉及设备的制造商VMI荷兰公司。萨驰公司提起的专利侵权纠纷处理请求是否构成专利法意义上的侵权警告，成为本案的主要焦点。一审法院认为，在萨驰公司依法行使其法定维权行为、未滥用知识产权的情况下，萨驰公司向知识产权局的行政投诉不构成专利法意义上的“侵权警告”。二审法院即最高人民法院则认为，专利权人仅针对被诉侵权产品的使用者向专利行政部门提起专利侵权纠纷处理请求，使被诉侵权产品生产者、销售者的经营处于不确定状态，且其不能参与行政处理程序以维护其权益。尽快确定被诉侵权产品是否落入涉案专利权保护范围，符合涉案各方利益，有利于节约行政和司法资源。应认定此类专利侵权纠纷处理请求属于专利权人发出的侵犯专利权警告，未能参与行政处理程序的相关方有权提起确认不侵害专利权之诉。[3]

判断是否属于法律上适格的侵权警告，要从确认不侵权之诉的制度目的出发。上述案例中，关于萨驰公司向知识产权行政部门的投诉是否构成专利法意义上的“侵权警告”，原审法院认为，《最高人民法院关于审理侵犯专利权纠纷案件应用法律若干问题的解释》并未对“侵权警告”进行明确界定，因此要正确认定何为“侵权警告”需结合确认不侵权诉讼的制度本意来理解。

在专利法语境中，侵权警告应是指权利人通过直接或间接的方式向相对方

---

〔1〕 汤茂仁、管祖彦：《确认不侵权案的受理条件及相关法律问题研究》，载《苏州大学学报》（哲学社会科学版）2006年第4期。

〔2〕 Peter Menell et al., *Patent Case Management Judicial Guide*, 3rd edition, 2016, § 2.2.1.2.

〔3〕 具体案情见最高人民法院（2019）最高法知民终5号民事裁定。

主张侵权，但又怠于通过法定程序解决纠纷，致使相对方对是否侵权问题长期处于不确定状态。根据《专利法》第65条的规定，司法保护和行政保护都属于解决知识产权纠纷的法定形式。只要权利人的行为足以在其与相对方之间形成争议的事实，且权利人怠于诉诸法定的纠纷解决程序，或虽启动了行政投诉程序但因权利人的过错或原因导致行政投诉程序未能或无法就双方争议的事实作出确定性的裁决，致使当事人双方陷入法律关系不确定的状态，就应该被认定为实质上构成对相对方的侵权警告。

二审法院认为，权利人主张相对方侵权，但又不通过法定程序予以解决，使相对方处于不确定状态，确认不侵权诉讼的制度目的在于赋予相对方诉权，使其有途径消除这种不确定状态。确认不侵害专利权之诉，其审理范围在于确定原告所实施的技术方案是否落入被告专利权的保护范围，其目的也在于消除原告对其所实施的技术方案是否落入他人专利权保护范围不确定的状态，以利于其经营决策。

可见，一审、二审法院对于确认不侵权之诉的制度目的，认识基本上是一致的，即目的在于使潜在的专利侵权纠纷中的被控侵权行为人有消除不确定状态的司法救济途径，此种诉讼制度安排使各方避免单纯的口舌之争，而将争议纳入国家司法权的处理范围之内，通过裁判达到定纷止争的效果。我国现行法律并未规定确认不侵权之诉，司法实践的发展，表明知识产权相关利益各方的矛盾和冲突加剧。〔1〕通过确认不侵权之诉的审理，司法机关发挥终局效应，有助于稳定法律秩序，符合司法保护知识产权主导作用的定位，亦合乎专利侵权纠纷经由司法机关处理的国际通行规则。

但是，原审法院还认为，确认不侵权诉讼的初衷和定位，是为了制止知识产权的滥用，保障和发展当事人的诉权。并进一步认为，在萨驰公司依法行使其法定维权行为，未有滥用知识产权的情况下，萨驰公司向知识产权行政部门的投诉不构成专利法意义上的“侵权警告”。

二审法院则认为，专利权人是否滥用其权利并非认定其行为是否构成侵权

〔1〕 陈钧：《对确认不侵权之诉有关问题的研究》，载《中国发明与专利》2010年第4期。

警告的前提，确认不侵权之诉本身并不处理专利权人是否滥用其权利的问题。从确认不侵权之诉的发展历史看，确有其防止权利滥用的初衷，[1]但从本质上看，是否滥用知识产权的问题，并不宜在此类纠纷的审理中进行审查。确认不侵权之诉是与侵权之诉相对的诉讼形式，侵权之诉中是专利权人主张被告的产品或方法落入其专利权的保护范围，确认不侵权之诉中则是原告主张其产品或方法不落入涉案专利权的保护范围，实质上仅是诉讼发起方的不同，两种诉讼的关键均在于判断产品或方法是否落入专利权保护范围，因此在实体法的适用上标准是完全一致的，裁判者只要对这一问题作出准确的裁判即可，是否滥用专利权的问题则无须考虑。

实际上，这一争议问题的根源在于侵权纠纷处理二元制的协调。本案中，萨驰公司认为VMI公司和固铂公司涉嫌侵害其专利权，通过直接向知识产权局投诉的方式对其权利予以救济。知识产权局对于萨驰公司的投诉予以立案受理，并组织了专门的行政执法人员进行行政调查。萨驰公司和VMI公司、固铂公司之间的专利侵权纠纷已经进入了法定的纠纷解决程序，且未有证据显示萨驰公司有不配合或阻碍行政程序正常开展的情形，故原审法院认为VMI公司和固铂公司可以通过该行政程序确定其是否构成侵权。

原审法院认为，此种方式与专利法意义上的“侵权警告”有本质区别。即便行政调查程序因固铂公司向专利复审委申请宣告涉案专利无效而中止，但是中止的原因和结果均非萨驰公司所掌控和推动。就确认不侵权诉讼的初衷和定位而言，是为了制止知识产权的滥用，保障和发展当事人的诉权。原审法院认为，在萨驰公司依法行使其法定维权行为，未有滥用知识产权的情况下，萨驰公司向知识产权局的行政投诉不构成专利法意义上的“侵权警告”。

二审法院则认为，在专利侵权纠纷中，对于纠纷由专利行政部门处理还是由人民法院审理，专利权人有一定的选择权，但无论该纠纷由专利行政部门处理还是由人民法院审理，关键均在于确定被控侵权产品或方法是否落入涉案专利权的保护范围。

---

〔1〕 邓宏光：《构建我国专利权不侵权确认之诉制度》，载国家知识产权局条法司编：《专利法研究（2005）》，知识产权出版社2006年版，第343页。

首先，本案中萨驰公司向专利行政部门提起处理专利侵权纠纷的请求，表明其认为涉案的型号为MAXX的轮胎成型机侵害其涉案专利权。虽然该行政处理程序的相对方为被控侵权设备的使用者固铂公司，但对于该型号设备生产者的VMI公司，其必然认识到其所生产、销售的设备可能受到侵权指控，一旦纠纷处理机关认定构成侵权，其设备市场必然受到影响，因此，本案中行政处理程序对VMI公司经营的影响是客观存在的。

其次，萨驰公司提起的专利侵权纠纷处理请求，被请求人仅为设备使用者固铂公司，而设备的制造者VMI公司并非被请求人，VMI公司没有参与到该行政处理程序中的机会，无法在该行政处理程序中主张相应权利。对于VMI公司而言，其所制造、销售的被控侵权设备是否会被专利行政部门认定构成侵权，已经处于一种不确定的状态，其产品销售市场可能因此受到影响，并且其权益在相应行政处理程序中无法得到保障。VMI公司提起本案确认不侵害专利权之诉的目的，在于尽快通过司法程序确认其生产、销售的MAXX型号轮胎成型机未落入萨驰公司涉案专利权的保护范围，从而自可能面临侵权指控的不确定状态中解脱出来并稳定其相应市场。无论如何，尽快确定MAXX型号轮胎成型机是否落入萨驰公司涉案专利权的保护范围，既符合本案涉案各方的利益，也有利于节约行政和司法资源。本案中权利人请求专利行政部门处理专利侵权纠纷，其处理结果可能直接影响未作为被请求人的VMI公司的利益，可认为其已受到侵权警告。

因此，本案中对于VMI公司而言，应将萨驰公司提起的专利侵权纠纷处理请求认定为属于《最高人民法院关于审理侵犯专利权纠纷案件应用法律若干问题的解释》第18条所称的侵权警告，VMI公司关于萨驰公司专利侵权纠纷处理请求属于侵权警告的上诉理由具有合理性，原审法院适用法律不当。

问题的关键在于，专利侵权纠纷已经进入行政处理程序，是否意味着必然排除寻求司法救济的可能性。显然，一审、二审法院对此问题给出了不同答案。一审法院认为，该专利侵权纠纷已经进入行政处理程序，再通过确认不侵权之诉由法院审理，并无必要。二审法院则认为，虽然相关侵权纠纷已进入行政处理程序，相关行政机关将会出具是否构成侵害专利权的处理结果，但是其他的利益相关方并不能进入该行政处理程序，其权利实际难以得到保障，因此对于该利益相关方提起的确认不侵权之诉，法院有受理的必要。

这一问题实际上由我国专利侵权纠纷处理的二元制所引发。根据《专利法》第65条规定，专利侵权纠纷当事人不愿协商或者协商不成的，专利权人或者利害关系人可以向人民法院起诉，也可以请求管理专利工作的部门处理。管理专利工作的部门处理时，认定侵权行为成立的，可以责令侵权人立即停止侵权行为，当事人不服的，可以依照《行政诉讼法》向人民法院起诉；侵权人期满不起诉又不停止侵权行为的，管理专利工作的部门可以申请人民法院强制执行。进行处理的管理专利工作的部门应当事人的请求，可以就侵犯专利权的赔偿数额进行调解；调解不成的，当事人可以依照《民事诉讼法》向人民法院起诉。

这种二元制的设计属于中国特色，导致判断被控侵权产品或方法是否落入涉案专利的保护范围，专利权人具有要求行政机关处理或提起诉讼的选择权，但侵权赔偿仍由司法专辖，其出发点是认为法院判断技术事实存在一定困难，由专利行政部门介入，一是方便查明技术事实；二是可以加快纠纷处理进度。但是这种优势是否仍然存在，目前已经值得推敲。

首先，随着人民法院专利审判事业的发展，上述理由实际上已难以成立。目前技术事实查明机制已经较为完善，法官素质明显提升，辅之以鉴定、专家辅助人、专家咨询等查明手段，技术事实查明问题已经得到了很大缓解。随着专利审判队伍的壮大，专利侵权纠纷的审理时间已经大幅缩减，中国法院的审理效率在世界上已经居于前列。

其次，即使行政处理决定已经做出，但如果当事人不服，仍可以提起行政诉讼，关于侵权与否的判断最终仍进入司法程序，并且行政诉讼程序和民事诉讼程序所解决的问题是完全一致的，即判断被控侵权产品或方法是否落入涉案专利权的保护范围。确认不侵权之诉，仍以侵权争议为其核心，〔1〕可认为兼具确认之诉和侵权之诉双重属性，〔2〕行政机关的判断并非终局，将使其解决纠纷的效率大打折扣，再加上行政处理程序并不能根本解决赔偿问题，使专利侵权纠纷的

〔1〕 何文哲、余晖：《对知识产权确认不侵权之诉的分析》，载《人民司法》2006年第1期。

〔2〕 曹伟：《知识产权确认不侵权诉讼的几个基本问题》，载《知识产权》2014年第4期。

行政处理制度效用有限。

现实是专利侵权纠纷行政处理程序已为立法所接受，虽然有观点认为行政处理程序与确认不侵权之诉可以平行进行，[1]并且该观点不无道理，但是基于专利法已经明确规定二元制，且行政处理程序从制度设计上看亦有成本低、取证快、效率高的优势，尽管其不具有终局性，司法机关当前一般予以尊重为宜，在实践中宜与行政机关进行分工。但是上述案例中情况有所不同，因VMI公司并未进入行政处理程序中，一审法院对此没有明察秋毫，未认识到其没有进入行政程序则其权利难以有效得到保障。对于此种未能参与行政处理程序的相关方，其与行政处理结果具有明显的相关利害关系，[2]因此对侵权警告应作广义理解，[3]如不赋予其提起确认不侵害专利权之诉的权利，则其在行政程序中有口难言，寻司法救济又求告无门，显然有违实质正义。二审法院在此案中明确的规则，抓住了专利侵权纠纷的本质，有利于将纠纷纳入司法渠道实质解决，有利于充分保障各利益主体的实体权利和程序权利。

质言之，所谓“侵犯专利权的警告”，其关键在于使潜在的侵权之诉被告感受到了威胁和不安，其具体警告方式并无定形，为划定技术方案的权利边界、稳定经营活动的预期，受警告方及利害关系人提起确认不侵权之诉具有正当性，其诉诸法律，恰恰表明通过正当法律途径解决问题的坦诚之心。

四、侵权警告是否必要

从解释论视角观实然，依据《最高人民法院关于审理侵犯专利权纠纷案件应用法律若干问题的解释》第18条规定，提起确认不侵害专利权之诉的基本前提是原告已经收到权利人向其发出的侵犯专利权警告，如权利人并未发出警告，确认不侵权之诉便属无本之木。

但从立法论的角度看应然，侵权警告实不应成为提起确认不侵权之诉的前

---

〔1〕 谢绍静：《知识产权确认不侵权诉讼与行政处理及行政诉讼的关系之厘定》，载《科技管理研究》2013年第5期。

〔2〕 高毅龙：《侵权警告的利害关系人提起确认不侵权之诉的条件》，载《人民司法》2009年第16期。

〔3〕 汤茂仁：《确认不侵权案的受理条件及相关法律问题研究》，载《法律适用》2006年第6期。

提条件。确认不侵害专利权之诉所要解决的根本问题是技术方案产权边界如何划定、市场主体的行动界线如何确定、技术创新的自由空间如何圈定，即使没有专利权人的警告，同一技术领域的市场主体对于其实施的技术方案是否会侵入他人专利权的保护范围，仍具有通过法律途径予以确定的实质利益和必要性，只不过在专利权人发出侵权警告的情况下，这种必要性变得紧迫而已。

美国相应法律标准的变迁可资参照。2007年之前，美国联邦巡回上诉法院对于提起确认不侵权之诉的条件是原告有被诉专利侵权的合理担忧，〔1〕具体包括：(1)专利权人有明确的威胁或其他行为，致使确认不侵权之诉的原告产生其即将面临专利侵权诉讼的合理担忧；(2)确认不侵权之诉原告的当前行为或拟采取之行动步骤，可能构成侵害专利权。其中条件(1)即类似于我国专利法上的侵权警告。

但在2007年的MedImmune案判决中，美国联邦最高法院否定了上述起诉条件，认为联邦巡回上诉法院为确认不侵权之诉设置的起诉条件与最高法院判例相冲突。此后的判决中，联邦巡回上诉法院认为被诉的合理担忧只是确定当事人之间存在可诉争议以确定管辖的方法之一，并且认可联邦最高法院确立的原告须具有利害关系、争议付诸司法审查条件成熟、诉讼在任何阶段都不会失去实际意义这3项提起确认不侵权之诉的条件。

无论如何，当事人在诉讼中必须有具体的争议，而不是基于虚构的事实到法院寻求咨询意见。〔2〕提起确认不侵权之诉的侵权警告条件从有到无，反映了美国专利法对此类诉讼的提起持宽松态度，只要原告能证明当事方之间存在实质争议且确认不侵权判决具有现实的迫切性，法院对此具有较大的裁量权。当确认不侵权之诉对于明确争议法律关系问题是有用的，以及当确认之诉判决有助于终结或将当事方从引发诉讼的不安或争议中解救出来，〔3〕法院即可运用这

---

〔1〕 确认不侵权之诉在美国法上属于declaratory judgment action(宣告判决之诉)。宣告判决之诉是法律提供给当事人确定其权利和责任的机制，以使其在作出某行为之前预判其行为是否会侵害他人权益，在美国并无适用领域的一般性限定。See Joseph Glannon et al., *Civil Procedure*, 3rd edition, Wolters Kluwer, 2017, § 4.IV.7.

〔2〕 Janice Mueller, *Patent Law*, 5th edition, Wolters Kluwer, 2016, § 10.G.

〔3〕 Toshiko Takenaka et al., *Patent Enforcement in the US, Germany and Japan*, Oxford University Press, 2015, § 10.E.1.

种自由裁量权受理确认不侵权之诉。当然，确认之诉在美国运用广泛，美国法院一般均持同样的宽松态度，其根源可能在于英美法系国家其法院及法官在社会治理体系中作用及地位均较高。

与之相比，大陆法系国家比如德国在提起确认不侵权之诉的条件上，也设置了须有专利权人发出侵权警告的前提条件，在德国后提起之侵权之诉更可以吸收在先之确认不侵权之诉，〔1〕足见其对于确认不侵权之诉持保守态度。

从以上可以看出，设置权利人发出侵权警告作为起诉条件，并不是确认不侵权之诉的内在逻辑需要，而是出于某种政策原因，担心任何不特定的义务人都可以要求专利权人作出不侵权的答复以致专利权人会被卷入无休止的诉讼之中，〔2〕通过设置严格的起诉条件，防止他人动辄提起确认不侵害专利权之诉，可以限制案件数量，〔3〕使权利人免遭确认之诉的滋扰，防范滥用诉权、避免浪费司法资源，〔4〕这当然是具有一定道理的，在特定的社会条件下亦属必然之举。但实际上专利诉讼成本是比较高的，恐怕没有人会无缘无故地提起确认不侵权之诉，只有在实际需要的驱动之下，市场主体才会耗费高昂的成本去发起确认不侵害专利权诉讼，比如在进行巨额投资建设大型生产线之前，因此，设置起诉前提的政策原因可能是并不存在的，要求存在事先的侵权警告，对投资方而言存在决策风险。专利制度的目的即在于推动创新和技术进步，〔5〕确认不侵害专利权之诉某种程度上无疑具有节约社会交易成本的效用，其存在价值也可从该角度感知。

从社会治理的角度观察，民事主体之间的诉讼具有一定的自治属性，审判机关只是被动居中裁判，能动因素有限，诉讼是民事主体明晰权责的具有较高效率的途径（仲裁、调解亦是如此），与行政权力运行的主动性、进攻性相比存在很

---

〔1〕 Toshiko Takenaka et al., *Patent Enforcement in the US, Germany and Japan*, Oxford University Press, 2015, § 11.E.1.

〔2〕 杨志祥等:《论知识产权确认不侵权之诉》，载《学术论坛》2012年第1期。

〔3〕 张广良:《确认不侵权之诉及其完善》，载《人民司法》2008年第11期。

〔4〕 汤茂仁、管祖彦:《确认不侵权案的受理条件及相关法律问题研究》，载《苏州大学学报》（哲学社会科学版）2006年第4期。

〔5〕 William Landers and Richard Posner, *The Economic Structure of Intellectual Property Law*, The Belknap Press of Harvard University Press, 2003, p.294.

大区别，限制诉讼运用的理由并不充足。即便没有侵权警告，正在实施或准备实施特定技术方案的义务人，基于消除其行为的侵权风险、稳定不确定的社会关系的考虑，也应允许其提起确认不侵权之诉。〔1〕确认不侵权之诉的起诉条件，应存在宽松化这一未来发展的选项。

实际上，在专利法相关司法解释起草初期，对于提起确认不侵权之诉是否需要设置侵权警告前提，存在不同的方案，〔2〕该方案接近英国、澳大利亚的不侵权宣告诉讼的受理条件，〔3〕现行方案其实是政策权衡的结果。与侵权警告是否必需类似的一个问题是，被警告人或利害关系人是否必须进行书面催告。书面催告与侵权警告一样，是就提起确认不侵害专利权之诉设置的障碍条件，其本意是防止任意提起确认不侵权之诉，但滥诉是否为现实威胁值得观察，在例外情形下，对书面催告权利人的要求也应允许作扩张解释。

五、发出及接收侵权警告的主体

一般而言，典型的侵害专利权警告其发出的主体为专利权人，接收主体是为生产经营目的实施技术方案的行为人如产品制造者、销售者、进口者。《最高人民法院关于审理侵犯专利权纠纷案件应用法律若干问题的解释》第18条将侵权警告发出方设定为权利人，将接收方设定为他人或利害关系人。据此，侵权警告接收方涵盖很宽，可以满足现实维权需要，但是侵权警告发出方规定为权利人，未免又给提起确认不侵害专利权之诉造成不必要的束缚。

市场实际运行的情况是千姿百态的，为市场竞争考虑，专利权人及独占许可使用权人，往往并不出面发出侵权警告而假人之手，如由其销售代理商出面，但实际的警告效果与直接由专利权人发出侵权警告，并无二致。侵权警告的意义在于证明有争议事实的存在，如果排除间接的警告形式，将使受警告者无法维护自己的权利，有悖于设立确认不侵权诉讼制度的目的。〔4〕因此，在诉讼实务中，对于侵害专利权警告之发出方不应机械判断，只要实施技术方案的市场主体

---

〔1〕 王忠诚、雷艳珍：《确认不侵犯专利权诉讼的受理条件》，载《法律适用》2014年第6期。
〔2〕 张广良：《确认不侵权之诉及其完善》，载《人民司法》2008年第11期。
〔3〕 王忠诚、雷艳珍：《确认不侵犯专利权诉讼的受理条件》，载《法律适用》2014年第6期。
〔4〕 何文哲、余晖：《对知识产权确认不侵权之诉的分析》，载《人民司法》2006年第1期。

依据市场反馈信息感受到可能面临专利侵权诉讼，即应认为符合权利人发出侵犯专利权警告的法定条件。

审判实务精要

侵害专利权之诉与确认不侵害专利权之诉的关键问题，均为判断产品或方法是否落入专利权保护范围这一法律事实问题，侵权之诉本质上包含确认之诉，确认不侵权之诉实质上可视为侵权之诉的一部分。因此，确认不侵害专利权之诉既是确认之诉，性质上也是侵权之诉之一部分，其管辖问题可依一般地域管辖或依侵权之诉处理。

在后之侵害专利权之诉主张赔偿损失等给付请求的，可以构成在先确认不侵害专利权之诉的反诉，一般应当合并审理，未提出给付请求的则不应作为反诉受理而应作为反驳在前诉中提出。侵害专利权的警告关键在于使潜在的侵权之诉被告感受到了威胁和不安，其具体警告方式并无定形。对于侵权警告及发出方，宜作宽松解释。

专利权人仅针对被诉侵权产品的使用者向行政部门提起专利侵权纠纷处理请求，使被诉侵权产品生产者、销售者的经营处于不确定状态，且其不能参与行政处理程序以维护其权益的，应认定此类处理请求属于侵权警告。

撰稿人：徐卓斌，上海市高级人民法院知识产权审判庭审判员，法学博士

50. 患者知情同意规则的司法现状与未来展望

导　　言

《民法典》第1219条基本延续了原《侵权责任法》第55条关于患者知情同意规则的规定。患者知情同意规则是现代医事法律制度的重要规则，是西方医疗伦理规则的法律化。20世纪80年代起，该规则被逐步引入我国的医事法律体系当中。原《侵权责任法》第55条首次明确确立了违反患者知情同意的赔偿责任。然而，原《侵权责任法》第55条确立的患者知情同意规则，在实施当中却存在困惑与混乱。与原《侵权责任法》第55条相比较，《民法典》第1219条的规定做了3处修订，但并不足以解决司法实践中存在的困惑，知情同意规则如何在适用中进一步完善，特别是在司法实践中如何评断医疗机构的告知义务履行情况以及如何认定相应的医疗损害责任，都亟待研究予以明确。

一、患者知情同意规则在我国的产生与发展

（一）患者知情同意规则的产生与界定

目前，中文语境中的患者知情同意，是一个舶来品，翻译于英文“Informed consent”。[1]通说认为，现代意义上的“患者知情同意规则”，最早起源于第二次世界大战后对德国纳粹医生的纽伦堡审判，系针对人体试验践踏医疗伦理所作历史反思基础上提出的法则，但《纽伦堡法典》中仅注重“自愿同意”且适用

〔1〕 从语法结构来看，informed consent本是定语中心语结构，但无论大陆学者还是我国台湾地区学者，多数仍将其翻译成名词并列结构，即“知情同意”或“充分说明与同意”。当然也有学者未改变中心语结构，将其翻译成“告知后同意”。尽管从理解准确性上，“告知后同意”更为贴切，但为了研究的普遍性，笔者选择“知情同意”，又因该表述的主语统一于“患者”，故采纳习惯表述“患者知情同意”。至于为何不是“患者知情同意权”，则在于无论是理论上，还是司法实践中，并没有明确将患者所固然享有的这种“知情同意”利益确定为一种具体的人格权。

范围仅限于人体试验。1975年，世界医师总会在《赫尔辛基宣言》中明确引入"Informed Consent"一词，至1981年的里斯本宣言，将"Informed Consent"的适用范围扩展至所有患者的治疗上。〔1〕尽管知情同意作为一条明确的法律规则进入各国法律体系的时间并不久远，但实际上，该规则所蕴含的医疗伦理要求几乎同步于西方医学史的发展。据考证，《希波克拉底文集》中已有知情同意的雏形，〔2〕而早在1914年卡多佐大法官就在Schloendorff v.Society of New York Hospitals案中论述到"每个已成年且神智健全的人有权决定如何处置自己的身体。未征得病人同意而实施手术的医生，应当对由此导致的损害负有赔偿责任"。〔3〕

根据《布莱克法律词典》的解释，"Informed Consent"的含义为"医生在对患者实施医疗行为时，应当就医疗处理方案、医疗风险以及其他可以考虑采取的措施向患者作出详细的说明，并在此基础上得到患者的同意"。〔4〕《元照英美法词典》则将Informed Consent 界定为"指某人在被充分告知作出一项明智决定所需事实的基础上为某事，它是法律的一项基本原则……即有义务告知病人在所建议的治疗过程中可能产生任何损害的风险及有无供选择的治疗方案，以使病人能运用自己的判断能力，明智合理地权衡利弊"。〔5〕上述两定义，一个是从医生义务角度界定，另一个则是从患者权利的角度解释。

（二）立法沿革

患者知情同意作为西方医学重要的人文理念，随着西方医学在我国的发展，也逐渐被引入我国的医疗规范体系。

1982年，卫生部出台的《医院工作制度》规定，实施手术前必须由病人家属或单位签字同意，紧急手术来不及征求家属或者机关同意时，可由主治医师签字

---

〔1〕 参见夏媛媛：《从知情同意的发展史看对知情同意权认识的误区》，载《卫生软科学》2007年第2期。

〔2〕 参见肖柳珍：《知情同意的前世今生——基于〈希波克拉底文集〉的重新解读》，载《医学与哲学》2017年第1期。

〔3〕 刘昂：《论医疗知情同意权的历史嬗变及法律启示——来自美国医疗诉讼案例的考察》，载《河北法学》2015年第4期。

〔4〕 *Black's law Dictionary*, 1989.West Publishing Co.p.701.转引自雷蕾：《知情同意理论研究》，烟台大学2007年硕士学位论文，第2页。

〔5〕 薛波主编：《元照英美法词典》，北京大学出版社2017年版，第693页。

并经科主任或院长、业务副院长批准。1994年的《医疗机构管理条例》亦有类似规定，医疗机构施行手术、特殊检查或者特殊治疗时，必须征得患者同意，并应当取得其家属或者关系人同意并签字，无法取得患者意见时，应当取得家属或关系人同意并签字。虽然这两部文件被称为我国法律中关于患者知情同意的最早表述，但它们都只能算作患方的“签字同意规则”，并没有“知情”的任何表述。

1999年《职业医师法》规定，医师应当如实向患者或其家属介绍病情，但应注意避免对患者产生不利后果。医师进行试验性临床医疗，应当经医院批准并征得患者本人或者其家属同意。1999年的《医疗事故处理条例》以及《医疗美容服务管理办法》均有类似规定。前者规定，在医疗活动中，医疗机构及其医务人员应当将患者的病情、医疗措施、医疗风险等如实告知患者，及时答其咨询；但是，应当避免对患者产生不利后果；后者列举更丰富，医师必须向就医者本人或亲属书面告知治疗的适应症、禁忌症、医疗风险和注意事项等。三部法律都是从医师义务角度所作的规定，即医方取得患方签字同意前必须保障该方对有关信息的知晓。当然，各自对“有关信息”的列举不尽相同。

尽管上述法律规范均没有明确规定医方违反患者知情同意规则的民事责任，但早在2006年上海市就出现了相关案例。2009年颁布的原《侵权责任法》第55条、第56条，进一步将前述立法中的患者知情同意规则予以明确，并确立了相应的侵权责任，意义重大。虽然两条规定略显粗略，却构成了司法实践处理患者知情同意相关医疗纠纷的主要依据。《民法典》第1219条、第1220条基本保留了该两条的主体内容。实践中，涉及紧急救助情况下的患者知情同意的民事案例并不普遍，故笔者主要围绕原《侵权责任法》第55条的实践展开。

二、实践困境——基于上海市涉患者知情同意相关医疗纠纷的不完全分析

自2010年原《侵权责任法》施行，该法第55条即明确了医方违反知情同意规则应承担民事责任。实践中，涉及患者知情同意的案件有逐渐增加的趋势。〔1〕

〔1〕 据统计，2017年全国医疗损害赔偿纠纷案件中，医方败诉的原因排名第二的为未尽告知义务，占比23%；而2018年，医方因未尽告知义务而败诉的案件数量占所有败诉案件的42%，排名第一。参见医法汇团队：《2018年全国医疗损害责任纠纷案件大数据报告》，载医法汇微信公众号，最后访问日期：2019年1月31日。

笔者考察了2014年以来上海市部分相关案件的裁判后认为，原《侵权责任法》第55条在实际适用中仍然存在诸多使人困惑的地方。

（一）医疗损害鉴定主宰医方告知情况的认定

上海市的司法实践中仍然坚持由医学会组织进行医疗损害鉴定的传统。〔1〕近几年的医疗纠纷审判实践表明，具体案件中，无论患方是否提出了医疗机构在告知方面存在问题，一旦这方面问题确实存在，医疗损害鉴定意见中都会予以分析说明，多表述为“告知有欠缺”“告知不充分”“告知方面存在不足”等；〔2〕若患方明确或语言上隐含了该方对是否知情的质疑，则该案的医疗损害鉴定意见一般也会对该疑问予以分析、回复。〔3〕

在上海市的司法实践中，关于医疗机构是否对患者进行了信息告知的事实判断，都交由医疗损害鉴定来完成；而一旦医疗机构确实存在这方面问题时，医疗损害鉴定意见还会对该问题与患者所受损害之间的因果关系进行评断〔4〕。目前，并没有发现一则案例是裁判者在缺乏医疗损害鉴定意见对上述问题予以判断的情况下，独自对医方是否尽到了告知义务进行分析论述。

医学知识及临床医疗实践的专业壁垒为这种现象提供了正当化解释。要求

---

〔1〕 根据2010年上海市高级人民法院出台的《上海市高级人民法院关于委托医疗损害司法鉴定若干问题的暂行规定》第3条的规定：“医疗损害的鉴定，由受托鉴定机构对医疗行为有无过错、损害后果及因果关系、医疗过错行为在医疗损害后果中的原因力大小等进行鉴定，损害后果根据伤残等级标准确定。医疗损害赔偿中涉及三期（误工期、护理期、营养期）鉴定按照相关规定确定。”在原《侵权责任法》“医疗损害责任”的大背景下，多数将上述表述理解为，包括医疗机构是否存在违反告知义务所产生的过错。

〔2〕 这也是笔者检索收集医方告知存在问题的案例的途径，即在C2J系统裁判文书模块中使用“告知不充分”“告知存在欠缺”“告知方面存在不足”等类似关键词联合“医疗损害”，检索2014年以后结案的裁判文书，由此得到150份一审、二审裁判文书，剔除重复出现、同一案件的不同审级等因素最终得到89件医疗纠纷的裁判文书。

〔3〕 根据上海市医疗损害鉴定意见的惯常用语，若专家组认为医方在告知方面不存在问题，则多表述为“手术风险告知患者”“患方签字同意（手术）”“术前对手术风险及并发症有书面告知”等。

〔4〕 对笔者收集的已由医疗损害鉴定认定医方告知存在问题的89件案例进行分析，医方欠缺告知的内容可以分为四类：（1）病情告知不全面，主要包括低估疾病的严重性、遗漏疾病反复的可能、病理结果不明确；（2）医疗措施告知不充分，包括忽视医疗措施所用器械的材质、费用等信息、忽略所建议措施的必要性、遗漏后续护理、治疗的告知；（3）风险告知不充分，包括低估手术风险导致的风险告知不全、不明确告知风险程度等；（4）未告知替代方案。

法官对完全陌生的医生临床实践活动进行评判，无疑是具有相当难度的。加之，原《侵权责任法》关于医生应当告知的信息范围其实是相对简略而抽象的，进一步增加了法官事实判断的难度。然而，信息告知情况交由医疗专家鉴定是否真的正当？在一些患者及其家属明明在手术同意书上签字、医疗鉴定意见也认定医方已告知手术风险及替代方案的案例中，仍然充斥着患者的质疑。

案例一：患者马某因三年前开始无明显诱因的左侧面部抽搐，后至瑞金医院治疗。行头颅MRTA发现左侧AICA血管压迫面神经REZ区。后行手术治疗，术后发生脑出血，经抢救无效死亡。市医学会鉴定意见中明确“依据现有病史资料，术前就手术风险已履行了告知义务……本病例暴露术前医患双方对手术效果预期均过于的乐观，沟通并不够充分”。后患方始终认为医方的治疗违反了循序渐进的医疗原则，医方对手术效果过于乐观导致没能将手术风险充分告知患者。市医学会对此书面答复称，“面肌痉挛属于缓慢进展性疾病，一般不会自然好转”“《神经外科术前知情同意书》上签名人马××是经患者马某书面授权，对术中、术后可能发生意外（包括颅内血肿和脑水肿）表示完全理解和同意手术”。〔1〕

此案中，市医学会对告知问题已经作了较为详细的分析。然而，该鉴定意见一方面认定医方履行了告知义务；另一方面又指出双方术前对手术效果沟通并不够充分。那么，就一个缓慢进展性的疾病，因医方错误低估手术风险导致患方选择同意手术，医方的告知义务是否还能称为“已经履行”？法院是否要完全依赖于医疗损害鉴定意见对该问题的分析结论，可否有不同于专家组的认定？

案例二：患者戴某2015年9月29日饮酒后出现视物不清，无眼肿、眼痛、流泪等不适症状，后自行缓解。10月4日，饮酒后再次出现视物不清伴黑影遮挡，至第十人民医院急诊，诊断为“左眼玻璃体出血”，为进一步治疗，10月9日被收治入院，既往有高血压史，自行服用拜新同治疗（具体不详），初步诊断为左眼玻璃体出血、左眼视神经病患（视盘血管炎？）高血压病。入院后予以术前检查，排除手术禁忌症，并予甘露醇静滴，如玻璃体腔积血不能吸收则考虑手术治疗。10月

〔1〕 案情见（2015）沪二中民一（民）终第703号。

15日局麻下行左眼玻璃体切割术。10月23日病情稳定，予出院，门诊随访。11月26日患者门诊复诊，查左眼视盘出血开始吸收，血管走形正常，修正诊断“左眼视神经炎（感染性？）。市医学会出具鉴定意见认为“手术风险已告知。根据送鉴病史，2015年10月10日病程录‘告知患者术后视力决定于视网膜病变的部位及严重程度，存在术后视力不提高可能’，手术知情同意书第6条‘视力可能不能恢复，下降甚至丧失’，并告知替代医疗方案（保守治疗）”。〔1〕

此案中，鉴定意见明确列举了医方已尽到风险告知义务的证据。然而，查阅患者诉讼前后所有的病史资料并结合患者陈述可知，患者在该手术后并未进一步对眼底疾病及导致眼底病变的基础性疾病进行任何治疗，始终认为是手术导致自身失明。这一局面令人不得不怀疑：患者是否真正知晓自身的疾病情况？又是否知晓手术的目的只是针对“玻璃体腔”大面积出血这一严重症状，而非对其视网膜血管病变及基础性的高血压等疾病的治疗？

上述两则案例是法官对医疗鉴定过度依赖现象的一个缩影，暴露出涉及患者知情同意的事实可能并不是专业领域。案例一中，欠缺对风险客观认知基础上的“书面同意”能否构成患者的有效同意；又如案例二中，患者的个体认知水平明显偏低，抽象的书面记载能否作为医方已尽到告知义务的充分证据。这些问题可能本应是“一般人知识”领域能够判断的，属于法官具有话语权和自由裁量权的空间，然而，实践中都交由了医疗损害鉴定。

（二）司法裁判者试图质疑因果关系的认定

因果关系从来都是一个复杂的法律概念，特别是在医疗侵权领域——患者本身就是健康有异才寻求医疗帮助，患者身体最终所呈现的后果往往离不开疾病发展的原因。医疗过错的介入对患者人身损害后果的影响有多大，看起来是个急需“专业判断”的领域。然而，司法实践却表明，因果关系的判断是法官最早突破医疗损害鉴定束缚的领域。

不同类型的告知欠缺，所涉及的因果关系判定所考察的内容并不完全一致，但大致可以分为两个层面的问题：(1）考察如果未告知的情况被充分告知，患者

---

〔1〕 案情见（2018）沪02民终7037号。

是否仍然接受或拒绝所实施的治疗；(2)如果患者存在其他替代疗法或作出了其他不同于既定事实的选择，是否会获得比所实施治疗更好的结果。医疗措施本身以及相互之间的风险与收益权衡离不开医疗专家的意见，但是，如何界定更好的结果，则不仅仅是一个医疗结果的判断还涉及对不同人身权利的价值判断。笔者认为，正因为这种价值判断的主观性，使部分医方告知瑕疵的案例中，尽管医疗损害鉴定已否定告知与患者人身损害之间的因果关系，法官仍然选择让医方就其告知瑕疵承担一定的民事责任。

例如，在部分涉及病情告知不全面的案例中，患者病情往往比其所了解的严重，但医方的怠于告知并不影响患者的后续治疗，而这些疾病也难以为现有医疗水平有效治疗。这时，医方告知病情不全面可能仅仅只影响患者对自身状态的知情权，至于患者最终身体所呈现的后果则多为病情自然发展的结果。此种情况下，医疗损害鉴定意见往往否定了“告知不足”与“损害后果”的因果关系。但是，实践中，并非所有此类案例都因此使医方免于承担相应责任，裁判者往往基于这样的困惑而作出裁判——既然患者连自身病情都没有全面了解，如何作出最有利于自身的选择？既然无法作出选择的境况是医方导致，损害后果发生在后，如何否认二者之间的因果联系？

再如，在风险告知不充分的案例中，因果关系主要涉及，如果患者充分了解了将要实施的诊疗措施的风险，其是否仍然接受或拒绝接受治疗的问题。然而，这不仅仅涉及治疗与不治疗、这样治疗与那样治疗的利弊权衡，更涉及价值判断。对不同疗法的风险与收益的界定与分离离不开医疗专家的意见，但是这并不等于一般人不可以具有一个不同于医疗专家的“风险与收益”认知，且不论每一个患者都是具体而独立的个体。

案例三：患者张某行CT发现左侧顶叶脑膜瘤，且直径较大。至华山医院脑外科治疗，行全麻下左侧顶叶矢旁脑膜瘤切除术。术后转入神经外科监护室，20余天后突发呼吸急促，查体示GCS（昏迷指数）评分下降明显，经抢救无效死亡，死亡诊断肺栓塞、左侧额顶叶恶性肿瘤。市医学会关于本案的患者知情同意情况分析如下“患者手术风险高，但医院术前未充分告知患者手术风险及并发症（如肺栓塞），D-二聚体升高，医院未告知家属，未予进一步检查，患者住院期间，

医院未向患方告知病情变化情况，但与患者死亡没有因果关系。”〔1〕

在这个案例中，肺栓塞已经不是一个抽象的手术并发症风险，患者术前已经有指标反映该风险极可能出现，然而根据病史资料及医方答辩得知，患者却存在抗凝禁忌症。也即，对于肺栓塞，患者只能采取穿弹力袜等一些效果甚微的预防措施。按照一般人的理解，此种情况下，患者选择手术就等同于选择肺栓塞以及其后即刻发生的死亡后果。患者所患疾病最终的结果，可能仍然是逃不开的死亡，但手术与否的两种死亡不能等同。在医疗损害鉴定意见明确不构成因果关系的情况下，本案一审、二审论述都注意到了医方的告知过错确实对患者及其家属造成了不利，最终以“精神损害赔偿”的形式对医方予以了“惩戒”。

（三）医方担责的正当性存疑与具体责任承担上的各种“突破”

在收集的89件案例中，鉴定认定医方告知欠缺与患者人身损害存在因果关系的，或者认定告知欠缺与其他医疗过错共同与患者人身损害存在因果关系的43件案例，裁判者相对容易作出裁判，判决说理也相对丰满。然而，对于未认定因果关系的46件案例，虽然绝大多数仍然让医方承担了或多或少的民事责任，但是，裁判说理都相对简略，甚至会出现只有事实与结论，缺乏正当性分析的情况。〔2〕至于那些进行了裁判正当性分析的，大致可以分为五类：一是基于医方自愿补偿的承诺；二是认为医方存在告知不足的过错，至少鉴定费由医方承担是合理的；三是以综合性考量案情或实际情况等概括性用语，“酌情”确定医方赔偿或补偿患方损失；四是指出医方告知方面的过错是引发纠纷的原因，故而应当承担补偿或赔偿；五是指明告知不充分影响患者的知情权或选择权，判令赔偿或补偿，至于被侵害知情权、选择权，患者遭受何种损失这一问题，往往被选择性忽略。

由此可见，在缺乏鉴定意见支撑因果关系的案例中，裁判者让医方承担责任的正当性无疑是令人困惑的，医方有过错，但患方无相对应的损失，或者即便

---

〔1〕 案情见（2018）沪02民钟5824号。

〔2〕 此种情况中，裁判文书的基本用语是“鉴于鉴定意见明确××医院存在告知不充分的医疗过错，酌情确定××医院赔偿患者×××……”

有相对应的损失也未被分析、发掘。若考量医方自愿赔偿或补偿的承诺往往也并非自发的“自愿”，那么，笔者认为，无论裁判文书对医方担责的用语为何，都可以归结为是基于公平原则对患方损失的有限救济。至于有鉴定意见支撑因果关系的案例中，医方担责的正当性分析也并非毫无疑问。若医方告知过错导致延误治疗等，从而单独被鉴定确定为与患者损害存在因果关系，那么，医方应对患者的人身损害造成的损失承担赔偿责任，符合原《侵权责任法》的一般逻辑。但是，存在相当一些案例，医方的告知过错是与其他诊疗过错共同被鉴定确定为与患者的人身损害存在因果联系，而往往这些人身损害其实并非由医方告知过错引起。那么，裁判结果最终仅仅让患者遭受的诊疗过错带来的损失得到救济，因不知情、错过选择、错误选择等带来的深切悔恨或其他精神痛苦往往被忽视。

具体到医方承担责任的方式，更是彰显自由裁量的领域。鉴定有因果关系的案例中，由于鉴定同时明确了医方的责任程度，因此，此类案件可依据该责任程度确定医方对患者人身损害造成的经济损失和精神损害承担一定程度的赔偿责任。无因果关系的案例中，一方面侵权责任构成要件存在缺失；另一方面裁判者又试图救济患方损失，最终导致医方承担责任的方式出现了承担鉴定费、补偿损失或赔偿损失三种不同的做法，而赔偿损失又细分为单纯赔偿精神损害抚慰金或按照人身损害导致经济损失及精神损失的一定比例赔偿两种不同做法。需要指出的是，原《侵权责任法》关于“补偿责任”的4条规定，都与医疗纠纷中判令医方承担补偿责任相去甚远，医方承担补偿责任的正当性受到质疑。

另外，医方承担责任的具体金额，除了前述隐晦提及的缺乏损失范围作为核算基础的问题外，具体金额的确定也缺乏可预见性。特别是无因果关系的案例中，医方承担金额的确定从裁判文书上推断，似乎多数是裁判者综合案情所做的衡量：金额从2000元到10万元，除了数字相对为整，很难找到其他规律。即便是这样仿佛充满主观性的金额，审判实践中仍然存在二审裁判对一审裁判金额的改判。

三、实践对原有规则的影射

涉及患者知情同意的相关司法实践存在各种迷茫与困惑。然而，这些问题绝非仅是医疗纠纷本身存在审理困难所造成，而是与原《侵权责任法》第55条为核心的患者知情同意规则的立法有着密切的联系。

（一）与诊疗责任的关系暧昧

原《侵权责任法》第7章“医疗损害责任”始于第54条止于第64条。第54条确定了医疗损害责任适用过错责任原则。紧接着就是第55条关于患者知情同意的相关规定。从体系上解释，第55条受第54条统辖，应无异议。然而，在随后的第57条中，规定医方未尽到与当时医疗水平相应的诊疗义务则应承担赔偿责任，即通常被称之为“医疗诊疗责任。”那么，此处的规定与第55条的规定，到底又是一种什么关系呢？这不仅关系到对医方告知义务的履行是否也应当以当时的医疗水平为标准的问题，还关系到违反两处规定各自的损害后果应否进行甄别和分离的问题。

部分观点认为，第57条可以构成第55条的例外，即如果医师未履行告知义务，但尽到了当时医疗水平相当的诊疗义务，就不必承担责任。[1]即第55条的法律规则作用可能被第57条的规则作用所吸收，有的学者又将第55条与第57条的这种关系称之为“被统治与统治”关系。对此，笔者难以认同，患者知情同意与患者身体健康是患者在接受诊疗过程中应当得到的两项独立的保障。充分履行告知义务并不能免除医方因违反诊疗注意义务而治疗失败的损害赔偿责任；同样，如果认为医师已经尽到适当的诊疗义务就不去追究其侵犯患者知情同意的法律责任，恐怕第55条也就没有了独立存在的必要，不符合原《侵权责任法》的立法本意。

然而，这种实质上忽视患者知情同意独立性的观点，并非没有实践基础。一是在医疗损害鉴定过程中，专家判断医方告知义务的履行标准，实际上就是当时医疗临床现状的反映，约等于第57条提及的“当时的医疗水平”；二是一些涉及现有医疗技术水平无法克服之病患的案例中，即便患者知情同意实际受到减损，但考虑医疗水平的限制，无论是医疗损害鉴定还是最终的判决结果都没有对

---

〔1〕 参见焦艳玲：《侵权责任法“医疗损害责任”的若干问题》，载《中国卫生事业管理》2011年第4期。

患者知情同意受侵害予以救济。

（二）信息告知义务的标准缺失

“信息告知”与“诊疗”是两个不同的领域，应当具有各自不同的判断标准。在美国，1972年的《病人权利法》将知情同意权列为病人的法定权利，随后的司法案例逐渐丰富和发展的内容就在于探讨医师向患者提供信息是否充分，主要分为“理性患者”〔1〕和“理性医师”〔2〕标准。日本自20世纪70年代初起出现了患者知情同意相关判例。日本学者新美育文总结梳理了四种医生告知义务的评判标准——“理性医师”标准、“理性患者”标准、“具体患者”标准和“二重标准”。〔3〕相较于上述通过总结司法实践逐渐得出的判断标准，德国则秉承了自身成文立法的传统。《德国民法典》第630e条规定，医方告知义务指向“所有对[患者]同意治疗有关键意义的（重要的）情况”，并特别列举了医方告知义务的范围。〔4〕然而，原《侵权责任法》第55条是否有这么一个判断患者是否被充分告知信息的标准呢？

首先，从文意上理解，目前我们仅能得到患者应当被告知的信息“范围”或“事项”，即一般情况下，病情与医疗措施这两方面事项应当被告知，而关于实施手术或特殊检查、特殊治疗情况下，医疗风险、替代医疗方案也应当被告知。显然，文字上的表述会使告知内容的范围非常宽泛，恐怕很难适用于具体案件。这可能与实践中，对医方告知情况的认定存在审判权让渡于鉴定权现象，具有莫大

〔1〕 即如果一个理性的患者认为某信息对他作出医疗同意具有实质性影响，则医师负有告知该信息的法律义务。参见贵立义、丁奕竹：《论医生告知义务的判断标准和内容——以患者知情同意权为视角》，载《法制与社会》2015年第7期。

〔2〕 即医师必须披露在相同或相似境遇下一个理性医师为了使病人对所建议的医疗措施作出理智的决定而应当披露的信息。参见贵立义、丁奕竹：《论医生告知义务的判断标准和内容——以患者知情同意权为视角》，载《法制与社会》2015年第7期。

〔3〕 前文介绍了前两种，第三种标准以每名患者的不同需求来决定具体应当说明哪些内容，对患者的知情同意进行了最大限度的保护；第四种标准是通说，指在相同或相似境遇下，一个合理医生对知道或应当知道的具体患者希望知晓的或认为重要的信息进行说明。参见贵立义、丁奕竹：《论医生告知义务的判断标准和内容——以保护患者知情同意权为视角》，载《法制与社会》2015年第7期。

〔4〕 参见杨立新、袁雪石：《论医疗机构违反告知义务的医疗侵权责任》，载《河北法学》2006年第12期。

的关联。

其次，从主体的规定来看，原《侵权责任法》第55条采纳了“医务人员”为主语的模式。医方在医患关系中掌握着信息的绝对优势地位，因此，信息告知当然应以医方的积极履行为主要体现。但这是否等同于对告知义务履行标准的判断就是以医师标准为准呢？实践中，医疗损害鉴定通常确实是以医师应当告知的信息这一标准来判断具体案件中医方是否尽到了告知义务，但也不乏医疗损害鉴定意见考虑具体患者认知能力低或信息需求程度高，而作出医方未充分告知认定的案例。〔1〕

最后，从语态上分析，原《侵权责任法》第55条的规定只有“医方告知”和“患者书面同意”两个静态事实的呈现，缺乏对过程的关注。这可能是中文表述相较于英文表述有所欠缺的方面。“Informed Consent”从词意上已经充分勾勒了一个医患双方交流、沟通的动态画面，因此，也不难理解在相关国家的实践中，因关注这个动态的不同方面而逐渐发展出来的不同“信息告知标准”。〔2〕原《侵权责任法》第55条的规定则缺乏对患者知情同意过程的关注。一方面，这与医疗实践中，医方仅注重患者同意而患者仅关注医方告知的割裂现状不谋而合，使医方的告知形式化、抽象化、功利化，而患者的同意在有效性上存疑。另一方面，也使无论是医疗损害鉴定还是法官，对医方是否尽到告知义务的判断，依仗的证据多受限于“知情同意书”、病史记录等客观载体，难以深入探讨双方对某方面信息的交流是否充分。

（三）责任构成的模糊

依据原《侵权责任法》第55条，通说认为，侵犯患者知情同意的医疗损害责任构成要件包括以下三个方面：(1)医方过错未履行充分告知义务；(2)患者有损害后果；(3)医方违反医疗告知义务与患者的损害后果存在因果关系。实践中的

---

〔1〕 如(2013)闸民一(民)初字第5352号案件中，医学会在就医疗损害鉴定意见所作的书面答复中明确指出“从本案中应吸取有益的教训，对于不同患者的性格和认知水平，相关的沟通告知尤为重要，医方应将所有的治疗方案选择、手术方式都记录在案，并获得患方认可，尤其对于卵巢切除处理更需谨慎”。

〔2〕 如前文提及的“理性医师”标准，笔者认为，就是单向关注医师信息输出的必然结果，而“二重标准”则更好地兼顾了医师信息输出与患者信息输入两个方面。

主要争议在于“损害后果”事实的界定。

对于原《侵权责任法》第55条第2款中“损害”的性质，〔1〕存在“实际损害说”和“知情同意权受损说”两种不同认识。王泽鉴教授认为，医方未尽说明义务时，手术虽属成功，其违法性亦不因此而受影响，唯因无损害，故而不成立侵权行为。〔2〕此处的损害指向“实际损害”。王利明教授也是这一观点的代表。〔3〕杨立新教授则是“知情同意权受损说”的代表，该观点认为违反告知义务的医疗伦理损害责任侵害的是患者知情权和自我决定权，损害事实主要不是人身损害事实，而是知情同意权、自我决定权等民事权利的损害。〔4〕

最高人民法院对此问题的态度亦不明确。从最高人民法院相关法官的论述〔5〕来看，观点似乎始终坚持“损害”意指生命健康权受侵害，而非指“知情同意权”本身受到侵害。然而，最高人民法院却在2011年的《民事案件案由规定》中，于第三级案由“医疗损害责任纠纷”下增设“侵害患者知情同意权责任纠纷”，似乎明确给予“知情同意权”以具体人格权的名分。那么，既然“知情同意权”成为有正当名分的具体人格权，“当一个人的权利受到阻碍时侵害本身就同时包含了损害”，因此，当医生未履行告知义务而受到侵害的患者知情同意权本身即是损害，患者似乎不必另作他寻。

笔者认为，上述观点分歧，特别是立法表述及最高司法机关对“损害”指向界定的非清晰性，使实践中裁判者缺乏论理的自信。即在那些经鉴定缺乏因果关系支撑的告知不足的医疗纠纷案件中，裁判者一方面可能基于救济患者的必要而让医方承担一定民事责任；另一方面又不得不简单化处理裁判理由。这种“损害”界定的不清晰，加之，实践中医疗损害鉴定对因果关系的评判可能一部

---

〔1〕 该款规定“未尽到前款义务，造成患者损害的，医疗机构应当承担赔偿责任”。

〔2〕 参见王泽鉴：《侵权行为法（第一册：基本理论、一般侵权行为）》，中国政法大学出版社2001年版，第247页。

〔3〕 参见王利明：《侵权责任法研究》，中国人民大学出版社2011年版，第371~381页。

〔4〕 参见杨立新：《侵权责任法》，法律出版社2010年版，第419页、第428页、第441~442页。另参见杨立新：《〈最高人民法院关于审理医疗损害责任纠纷案件适用法律若干问题的解释〉条文释评》，载《法律适用》2018年第1期。

〔5〕 参见陈现杰主编：《中华人民共和国侵权责任法条文精义与案例解析》，中国法制出版社2010年版，第197页；另参见林文学：《〈侵权责任法〉医疗损害责任规定若干问题探析》，载《法律适用》2010年第7期。

分剥夺了本属于法官的判断（也可能是法官无意地让与），也使法官因在个案中缺乏确定赔偿金考量因素的指引，从而形成一定程度上的审理乱象。

四、患者知情同意规则的理解与司法适用

（一）《民法典》第1219条评析

《民法典》关于“医疗损害责任”的数条规定几乎照搬自原《侵权责任法》第7章。相较于原《侵权责任法》第55条的规定，《民法典》第1219条只有3处变化。[1]笔者认为，有2处变化可看作立法者对原《侵权责任法》第55条实施状况的某种回应，在今后的司法实践中应当予以重视。

1.“具体”

在需要实施手术、特殊检查、特殊治疗的情况下，原《侵权责任法》第55条规定“医务人员应当及时向患者说明医疗风险、替代医疗方案等情况”。《民法典》第1219条则在医务人员的说明义务上增加了“具体”的要求，即“医务人员应当及时向患者具体说明医疗风险、替代医疗方案等情况”。这一立法上的改变，实质上是进一步强化了医务人员的告知义务，以遏制实践中医方告知的形式化和简略化。例如，在许多的手术知情同意书上对于医疗风险的描述都十分简略，即“存在……（某种风险）的可能”，至于某种风险的发生概率、有无预防措施、预防措施的有效性、风险的致残率、致死率等都没有涉及。至于替代医疗方案，可能更为简略。[2]

2.“明确”替换“书面”

《民法典》第1219条规定，就实施手术、特殊检查、特殊治疗等情况，医务人员在履行说明义务后，应取得患者或患者近亲属的“明确同意”。该处以“明确

---

〔1〕《民法典》第1219条的后半句在原《侵权责任法》第55条后半句“不宜向患者说明的，应当向患者的近亲属说明，并取得其书面同意”的基础上，增加了“不能”向患者说明的情况，而这一内容与前文考察的主要司法实践反映的普遍性问题无涉，故笔者不再进行探讨。

〔2〕依据笔者的生活及审理经验，关于替代医疗方案，医方的告知可能往往只是概括性的提及，如在书面手术知情同意书上载明“可以保守治疗”，或者在病史资料中记载“已告知可……治疗”，至于保守治疗或其他治疗方式的治疗效果以及替代方案与即将实施的手术的区别等情况往往被忽略。

同意”替换了原《侵权责任法》第55条的“书面同意”。这一变化，一方面扩大了获取患者及其近亲属同意的形式要求，即不再局限于书面形式；另一方面，同上文所述的“具体”说明义务的明确一样，也是对医疗机构的告知苛以更重的义务。医方首先应当明确告知，患者及其近亲属才有机会明确同意，而且结合诉讼法的一般规则，一旦发生纠纷，延续原《侵权责任法》第55条实施中由医疗机构证明患者是否“书面同意”的传统，应当由医疗机构举证证明患者究竟是否已经明确同意。

《民法典》关于侵害患者知情同意损害责任的相关规定，已经注意到实践中该类侵权现象的普遍存在。在原《侵权责任法》第55条明确确立了医疗机构可因此承担赔偿责任的基础上，又进一步强化了医疗机构的告知义务。然而，关于医疗告知义务“具体”到什么程度以及患者怎样的意思表示才称为“明确”，仍然缺乏可操作性的指引。

（二）“实质性”或“重要性”影响标准的确立

当前，涉及患者知情同意规则相关司法实践所存在的问题，原因既有立法上的，也有司法适用中产生的。在制度上如何完善及司法上如何应对，笔者认为，首要的是给医疗信息告知确立一个“实质性”或“重要性”影响的标准。

1.明确确立医方告知义务的一般标准即“实质性”或“重要性”影响标准

鉴于我国的法律传统多在于成文法推动司法而非相反，故明确确立一个医疗信息告知的一般标准相较于具体列举应告知的医疗信息更为适用。〔1〕目前，多数观点对该问题的讨论都在于以患者还是医生的视角判断信息是否需要告知。但笔者认为，这个问题会随着医患关系的变化、个案情况的不同而有所不同。〔2〕因此，笔者认为，成文立法上不宜明确确定以医师还是患者视角确定医疗信息告知的标准。从原《侵权责任法》关于医疗告知信息的内容来看，似乎过于

〔1〕 目前，关于医疗告知义务内容的立法建议，主要包括确立一个一般性标准以及具体列举应告知的医疗信息两种。两者均有利于进一步“明确”医疗告知信息的范围、内容。

〔2〕 例如，在父权主义医患关系模式下，为了矫正医生的强权和患者的弱势，可能确实需要一个以患者需要为导向的医疗信息告知标准；但是，当患者权利觉醒，出现积极维权甚至滥用权利的情况，则需要一个不至于使医生动辄得咎的医疗信息告知标准。

完整而全面，需要有所限缩，才能真正引导医疗机构有所为、有所不为地履行信息告知义务，也才能确保患者获得对其真正有帮助的信息。在此，笔者认为，可以借鉴《德国民法典》的规定，明确作出一个类似于“医方有义务告知患者所有对其同意治疗有关键意义的（重要的）情况”的规定。至于“患者”是指“合理患者”还是“具体患者”，“重要性”或“实质性”的判断是以医生为视角还是以患者为视角，可以在司法实践中逐步探索确立。

2.实践中细化医疗告知的内容

对于不具备医学专业知识的患者和法官而言，现有法律法规关于医生告知信息的具体内容，整体而言，是非常笼统和不明确的。即便确立一个医疗信息告知的一般标准，患者和法官也不可能在浩瀚的医疗知识海洋中确定哪类信息应当进行“重要性”判断。

笔者建议，有必要综合审判实践和医疗诊疗实际状况，在司法解释及特别法律、法规中进一步扩展和细化医生告知的内容。包括：（1）病情的告知。医师应当全面准确地告知患者其所患疾病的名称、现状、程度、趋势、不予治疗的后果以及预后状况等诊断结论。在前文分析的89件案例中，有相当多的案例中，关于病情的严重性未予告知，有些则是未告知预后状况。通过对相关医生陈述的分析，笔者认为，造成病情告知不足的原因除了医生本身对病情的掌握有误（如低估），还包括医生想当然地认为患者应当或已经知晓。因此，细化病情告知的内容，也有利于医生更好地履行告知义务。（2）医疗措施的告知。患者患有疾病，在医生处得到病情相关的告知后，更需要了解医生所能采取的医疗措施的相关情况，主要包括采取医疗措施的理由、性质、内容、治疗方式、治疗成功率、治疗效果、难易程度、该治疗会对患者造成多大范围的侵袭以及危险程度。只有在患者充分了解医疗措施及其将对身体造成的侵害，才便于以此决定是否同意接受治疗。〔1〕（3）医疗风险的告知。其实，在原《侵权责任法》之前涉及患者知情同意的多部法律规范中，都有涉及“医疗风险”应当被告知的内容，但均只是简略地提及该概念。实质上，对于实施手术、特殊检查或特殊治疗而言，较少情况

〔1〕 一些案件中，患者甚至不清楚手术的必要性和针对性就出于对医生的信任而接受手术这不仅容易引发医患矛盾，对于一些改善而非根治性的手术也不利于患者疾病的有效治疗。

下医疗风险是完全未被告知的（除却个别案例，确实存在未签署书面知情同意书又无其他证据表明医生确实进行了风险告知），更多的情况是风险未被充分告知，如遗漏某种已知的常见并发症或罕见但高危的并发症，或者虽告知风险但风险程度未充分解释。因此，医疗风险的告知亟须扩展和细化。医生的医疗风险告知应当包含采取某项医疗措施所伴随发生的治疗风险、常发的并发症、后遗症或副作用、虽不常发生但可能引发严重后果的并发症、后遗症、副作用，在此基础上，还应当包括医疗机构的医疗水平以及设施是否对身体有害、医生在防止治疗风险发生方面的能力。〔1〕（4）替代医疗方案的告知。前面三项内容的医疗信息告知，患者尚只是被动参与到医患沟通的过程中，替代医疗方案的告知则是直接促使患者参与其中。然而，与前三项内容的告知类似，实践中，替代方案的告知可能过于简单化、程序化。〔2〕因此，有必要明确替代治疗方案的告知，应当包含：是否存在替代治疗方案、可替代方案的性质和具体实施方法、预期效果、与建议医疗方案的比较以及不采取可替代医疗方案的理由。〔3〕另外，笔者注意到，原《侵权责任法》第55条要求医务人员说明替代医疗方案的情形是需要实施手术、特殊检查和特殊治疗，但是，实践中还存在患者在寻求某一医疗机构对其疾病进行治疗之初，就指定治疗方案的情况。〔4〕这种情况下，鉴于医生的职业要求就是为患者提供专业的医疗服务，该项服务内容当然应当包括医生应当基于专业考量而非一味顺应患者要求来提出医疗建议，因此，即便患者指定了治疗方案，医生仍然应当将"替代治疗方案"（或者更应当称为"建议治疗方案"）予以明确告知。（5）其他相关医疗信息的告知。上述四方面的内容并没有完全涵盖

〔1〕 参见李大平：《医事法学》，华南理工大学出版社2007年版，第28页。转引自程杰：《医疗知情同意的台湾经验与启示》，载《科技与法律》2013年第1期。

〔2〕 如前文所列举的案例二中，医疗损害鉴定认定"保守治疗"的替代治疗方案已经被告知，然而，实际上，关于保守治疗的性质、实施方式、预期效果、特别是与手术的比较，似乎都并未涉及。

〔3〕 参见夏芸：《医疗事故赔偿法——来自日本法的启示》，法律出版社2007年版，第369页。转引自程杰：《医疗知情同意的台湾经验与启示》，载《科技与法律》2013年第1期。

〔4〕 如（2017）沪02民终2185号民事案件。该案涉及一名患有幽门不完全性梗阻的患儿，患儿父母携带患儿在外地多家医院进行了多次治疗，均选择保守治疗；至上海市儿童医院治疗时，仍然是要求保守治疗。

所有医疗信息。[1]因此，可以设置一个兜底性条款，明确医生对上述四方面信息之外的相关重要医疗信息仍然负有告知义务，主要包括费用、被询问或质疑过的情况等；而医疗美容措施的预期效果与患者期待之间的差距，这类不具有普遍性的重要信息可以在特别法中予以明确。

3.司法上具体化需医疗损害鉴定专业判断的问题

虽然在成文立法上，笔者主张不宜明确确定以医生还是患者视角来确定医疗信息告知标准的问题。但是，考虑患者知情同意规则的设立，目的在于对患者权利的保护而非成为医疗机构寻求免责的庇护，加之，在医疗损害责任纠纷审理中，必然需要寻求"专业判断"的帮助，而专业判断出于行业利益的考量可能不知不觉就作出了有利于"自我利益"或"行业利益"的评判。因此，在司法实践中，应当逐步确立以患者需求为导向来评判医疗信息是否具有"重要性"或"实质性"。

那么，现有的由医疗损害鉴定来主宰判断医疗信息告知与否的审判现状，亟须改变。实际上，已经有学者注意到，对医生是否尽到告知义务的判断需要医疗专家与法官的分工与合作：[2]医疗专家负责专业问题的专业判断；法官负责一般问题的中立裁判。建议在医疗损害案件的审理实践中，法官在启动医疗损害鉴定之前及过程中，就患者知情同意方面，应当细化需要医疗专家明确的问题，而非等待医疗鉴定一个笼统的、类似于"被告是否侵犯了患者知情同意权"或者"被告是否充分履行了告知义务"等表述的结论。即将医方是否违反告知义务的判断，化解为一系列具体因素的综合考量：(1)医疗风险方面，包括医生是否知道或者应当知道某一风险的存在、风险的性质、风险发生的可能性及严重；(2)替代疗法方面，包括所实施疗法的性质、医生是否知道或应当知道存在替代疗法、替代疗法的性质、合理性、可用性、可及性、替代疗法的风险与收益、不同疗法的比较、医疗干预的必要性与合理性、不予治疗的后果；(3)告知与被

---

〔1〕 有些案例中，医疗损害鉴定指出医生对治疗所需花费的大致费用或者所使用药物的费用缺乏明确说明。还有一些情况，从患方的陈述中反馈出，患者曾对某些信息进行过询问或者提出过质疑。另外，在医疗美容这类特殊的医疗活动中，医疗措施能多大限度地满足患者的预期也是一项重要的信息。

〔2〕 参见马辉：《侵犯患者知情同意权责任纠纷的鉴定问题研究——兼评最高人民法院〈关于审理医疗损害责任纠纷案件适用法律若干问题的解释〉》，载《中国卫生法制》2018年第4期。

告知方面，包括医生是否告知以及患者是否知晓；（4）患者方面，包括是否存在特殊的个体情形以及患者是否有主动询问。上述因素不需要也不应当全部交由医疗专家作出医疗损害鉴定，属于一般人知识即可有效完成的判断事项，应当从医疗专家的判断事项中剥离。例如，医生是否告知某一风险或替代疗法应当从是否存在某一风险及其性质、可能性、严重性，以及是否存在替代疗法及其性质、风险与收益等“医学专业”信息中剥离；患者对某一风险或替代疗法是否知晓，也更应当远离医疗专家的判断。其他不需要医疗损害鉴定的相关内容还包括告知信息是否对患者的医疗决定具有重要性或实质性影响、特定患者个体情形、患者是否具有较高的信息需求程度等。〔1〕

（三）侵权责任一般规则统领下的责任构成

按照侵犯患者知情同意之医疗损害责任的责任构成“三要件说”，笔者前文论述旨在解决医方是否存在未充分履行告知义务的过错行为，而“损害后果”的界定以及因果关系的确定，是实践中应当予以探讨的另外两个重要难题。这两个方面的问题实质上是相互关联的。

在“损害后果”方面，笔者赞同侵害患者知情同意本身就构成损害事实，但是，这并不等同于当然承认存在需医方承担赔偿责任的损害后果。实际上，为了解决侵犯患者知情同意权是否即使未造成人身损害也应给予精神损害赔偿这一问题，早在2017年《最高人民法院关于审理医疗损害责任纠纷案件适用法律若干问题的解释》中已经以第17条的规定进行了表态，但是该条的理解实在过于隐晦。该条规定，医务人员违反原《侵权责任法》第55条第1款规定义务，但是未造成人身损害，患者请求医疗机构承担损害赔偿责任的，不予支持。而在该条最初的审判委员会讨论稿中“损害赔偿责任”前是有“精神”二字限制的。这两个字的变化表明，最高人民法院最终未完全否定侵犯患者知情同意权可请求精神损害赔偿的问题，而是以原《侵权责任法》总则的规定将可以赔偿的条件限制为造成“严重精神损害”。可以称为一种限缩精神损害赔偿来实现患者知情同意

---

〔1〕 参见赵西巨、李心沁：《侵害患者知情同意权责任纠纷中医疗损害鉴定之内容》，载《证据科学》2015年第1期。

权救济的司法态度。这一态度在2020年修订的《最高人民法院关于审理医疗损害责任纠纷案件适用法律若干问题的解释》得以延续。

在此精神指引下，笔者认为，实践中审理患者知情同意责任纠纷，应将损害后果事实归纳为：(1)人身损害。那些经医疗损害鉴定，患者人身损害与医方未充分履行告知义务存在因果关系的，即在此列。多为延误治疗的情形。(2)精神损害。那些患者伤残或死亡后果经医疗损害鉴定与医方未充分履行告知义务无因果关系的，多在此列。此种情况下，因评判患者的精神损害是否足够严重，若达到一定程度，则仍然应当判令医疗机构承担赔偿责任。(3)直接财产损失。那些因未告知或未充分告知，导致产生不必要费用的情形。(4)期待利益的损害。这是审判实践中可能被忽视的领域，例如，丧失治疗最佳时机、丧失存活机会、最佳治疗方案等，这些事实可能产生额外支出、精神上的痛苦，由此可以请求赔偿。笔者认为，当未充分告知之信息假若被充分告知则患者可能造成的结果相较于已成之事实，具有相当的"收益"时，这种利益的"差额"应当得到弥补。

在"因果关系"方面，笔者认为，在侵犯患者知情同意责任纠纷案件中，因果关系的确立应当摒弃专家判断，交由法官进行。侵权责任法体系中，均以"造成"损害来表征过错行为与损害后果之间的因果关系。在侵犯患者知情同意权"造成"损害这个问题上，细分析就发生"因果关系"被"过错行为"以及"损害后果"的分析所吸收：一方面，在过错责任原则下，过错行为本身就是作为原因对待，发现医疗过失的过程就是建立因果关系；另一方面，损害后果的确定实质上也内涵了因果关系的判断。一些实际案例中，医疗损害鉴定意见对因果关系的判断之所以在裁判者质疑进而出现一些撇开该认定而进行的裁判，原因在于裁判者已经注意到医疗专家对因果关系的评判并没有考量患者尚且享有选择权，对选择的剥夺本身就是一种损害。另外，根据2020年修订的《最高人民法院关于审理医疗损害责任纠纷案件适用法律若干问题的解释》第11条、第12条的规定，在侵犯患者知情同意责任纠纷案件中，因果关系也并不是可鉴定事项，需要医疗专家明确造成患者损害的原因力大小的原因也不包括医疗机构未履行告知义务。实际上，在医疗专家帮助法官明确风险发生的可能性、严重性、所实施疗法与替代疗法之间、不同替代疗法之间的风险与收益比较、医疗干预的必要性、合理性以及患者造成损害的原因后，裁判者结合未告知信息对患者医疗决定是否具有重要性影响、是否影响其接受治疗的决定，以及患者遭受何种损害或者治疗后的不良后果，是可以作出法律上的因果关系判断的。

审判实务精要

原《侵权责任法》第55条在司法实践中，存在让医疗损害鉴定主宰医方告知情况认定、司法裁判者试图挣脱鉴定对因果关系认定的现象，案件裁判在正当性分析上难以使人信服且在责任承担方式、金额确定方面存在各种混乱状况。上述实践困惑影射出原有规则存在三方面问题，即侵犯患者知情同意的医疗责任与诊疗过错责任的关系不明，缺乏评判医疗机构信息告知义务履行的标准，以及主要因对“损害后果”认识不统一而导致的责任构成要件的模糊不清。

《民法典》基本延续了原《侵权责任法》关于患者知情同意规则的规定，但通过文字加上“具体”的限定语以及将“书面同意”变更为“明确同意”，表达了进一步强化医生告知义务以及避免医生告知义务流于形式化、程序化、抽象化的立法理念。秉承这一立法精神，结合当前司法实践中关于患者知情同意相关医疗纠纷审理存在的各种困惑，该规则在后续的制度建设和司法适用中还要进一步完善。具体而言：一方面，应从立法和司法理念上，明确确立和构建一个评判医疗告知义务的“实质性”或“重要性”影响的标准，再逐步细化医疗告知的具体内容，以使法官在依赖医疗专家给予专业性辅助外能够真正掌握该类案件的实质裁判权；另一方面，在具体案件的责任构成判断中，保持与侵权责任一般规则一致的损害后果界定和因果关系判断，对于纯粹的精神损害应从严把握，但实践中应注意不要遗漏对期待利益的损害分析，在因果关系的认定方面通过逐渐细化需要鉴定的专业性问题，进而摆脱对医疗损害鉴定不必要的依赖。

撰稿人：熊　燕，上海市第二中级人民法院未成年人与家事案件综合审判庭审判员，法学硕士

附　　录

上海法院《民法典分编》研究兴趣小组成员

茆荣华	上海市高级人民法院党组副书记、副院长	法学博士
田文才	上海市高级人民法院申诉审查庭庭长	法学硕士
殷勇磊	上海市高级人民法院民事审判庭庭长	法学硕士
潘云波	上海市高级人民法院商事审判庭庭长	法律硕士
刘军华	上海市高级人民法院知识产权审判庭庭长	法学博士
竺常赟	上海市高级人民法院金融审判庭庭长 华东政法大学博士研究生	法律硕士
顾　全	上海市高级人民法院研究室主任	法学博士
余冬爱	上海市高级人民法院民事审判庭副庭长	法学博士
金绍奇	上海市高级人民法院民事审判庭副庭长 复旦大学法学院博士研究生	法学硕士
毛海波	上海市高级人民法院商事审判庭副庭长	法学博士
陈树森	上海市高级人民法院研究室副主任	法学博士
戴　曙	上海市高级人民法院立案庭审判员	法学博士
周　量	上海市高级人民法院申诉审查庭审判员	法律硕士
傅伟芬	上海市高级人民法院申诉审查庭审判员	法学硕士
徐　驰	上海市高级人民法院申诉审查庭法官助理	法学硕士
徐晨平	上海市高级人民法院刑事审判庭审判员	法律硕士
洪　波	上海市高级人民法院民事审判庭审判长	法律硕士
赵　超	上海市高级人民法院民事审判庭审判员	法律硕士
陈　克	上海市高级人民法院民事审判庭审判员	法律硕士

张心全	上海市高级人民法院民事审判庭审判员	法学博士
程小勇	上海市高级人民法院民事审判庭审判员	法学博士
范　一	上海市高级人民法院民事审判庭审判员 上海财经大学法学院博士研究生	法学硕士
夏　青	上海市高级人民法院商事审判庭审判员	法学硕士
彭　浩	上海市高级人民法院商事审判庭审判员	法学硕士
孟高飞	上海市高级人民法院商事审判庭审判员	法学博士
徐卓斌	上海市高级人民法院知识产权审判庭审判员	法学博士
朱佳平	上海市高级人民法院知识产权审判庭审判员	法学硕士
张　莹	上海市高级人民法院知识产权审判庭审判员	法学硕士
孔立明	上海市高级人民法院知识产权审判庭审判员	法学硕士
陈健淋	上海市高级人民法院知识产权审判庭法官助理	公共管理硕士
张　俊	上海市高级人民法院海事及海商审判庭审判员	法学博士
高　琼	上海市高级人民法院金融审判庭审判员	法律硕士
黄　海	上海市高级人民法院金融审判庭审判员	法学硕士
许晓骁	上海市高级人民法院金融审判庭审判员 华东政法大学博士研究生	法学硕士
董　燕	上海市高级人民法院审判监督庭审判员	法学博士
徐文文	上海市高级人民法院审判管理办公室副科长	法学博士
李瑞霞	上海市高级人民法院研究室副科长	法学博士
蔡一博	上海市高级人民法院研究室法官助理 华东政法大学博士研究生	法学硕士
王　茜	上海市第一中级人民法院民事审判庭副庭长	法律硕士
李　兴	上海市第一中级人民法院民事审判庭审判长 上海财经大学法学院博士研究生	法学硕士
何　建	上海市第一中级人民法院民事审判庭审判长	法学博士
黄　白	上海市第一中级人民法院民事审判庭法官助理	法学硕士
须海波	上海市第一中级人民法院商事审判庭法官助理	法学硕士

邱　波	上海市第二中级人民法院立案庭原法官助理 中国社会科学院大学博士研究生	法学硕士
李迎昌	上海市第二中级人民法院民事审判庭审判员	法学硕士
唐墨华	上海市第二中级人民法院民事审判庭审判员	法学硕士
于　伟	上海市第二中级人民法院民事审判庭审判员	法学硕士
王　曦	上海市第二中级人民法院商事审判庭审判员	法学硕士
熊　燕	上海市第二中级人民法院未成年人与家事案件综合审判庭审判员	法学硕士
李　彦	上海市第二中级人民法院未成年人与家事案件综合审判庭审判员	法学硕士
荣学磊	上海市第二中级人民法院研究室主任助理 上海财经大学法学院博士研究生	法学硕士
黄贤华	上海市第三中级人民法院破产审判庭副庭长	法学博士
周　欣	上海金融法院立案庭审判员	法学硕士
姚竞燕	上海金融法院申诉审查及审判监督庭审判员	法学硕士
盛宏观	上海金融法院综合审判一庭原审判员	法学硕士
张娜娜	上海金融法院综合审判二庭审判员	法学硕士
金殿军	上海金融法院执行局副局长	法学博士
包晔弘	上海市浦东新区人民法院副院长	法学硕士
孙建伟	上海市徐汇区人民法院商事审判庭审判员	法学硕士
安　泰	上海市徐汇区人民法院执行局审判长	法学硕士
邵宁宁	上海市黄浦区人民法院商事审判庭审判长	法学硕士
周　嫣	上海市黄浦区人民法院审判监督庭审判员	法学硕士
沈文宏	上海市虹口区人民法院商事审判庭副庭长	法学硕士
俞　巍	上海铁路运输法院副院长	法律硕士

后　　记

为了准确把握《民法典》的立法精神，正确适用《民法典》，2019年2月21日，上海法院成立《民法典分编》研究兴趣小组。2019年3月27日至2020年4月15日，研究小组开展研讨活动25次，累计参与800余人次，形成研究成果57项。本书在系列研讨活动的基础上，精心选取50项议题，由作者分章撰写，经过小组汇报、讨论和多次修改，最终由主编茆荣华逐章审核，统一定稿。

全书作者共53人，涵盖上海三级法院民商事审判、执行等各业务条线，既有审判一线的资深法官，也有综合部门的调研骨干；既有普通干警，也有院长、庭长。各章撰稿人分别是（按篇章顺序）：第一章顾全，第二章陈树森，第三章周量、徐驰，第四章金殿军，第五章赵超，第六章潘云波、夏青，第七章李彦，第八章洪波，第九章邱波，第十章李兴，第十一章李彦，第十二章周欣，第十三章陈克，第十四章孙建伟，第十五章茆荣华、洪波，第十六章唐墨华，第十七章朱佳平，第十八章张俊，第十九章孟高飞，第二十章荣学磊，第二十一章潘云波、傅伟芬，第二十二章邵宁宁，第二十三章黄贤华，第二十四章安泰，第二十五章李兴，第二十六章彭浩，第二十七章张娜娜，第二十八章许晓骁，第二十九章俞巍、沈文宏，第三十章毛海波，第三十一章高琼，第三十二章黄海，第三十三章王茜，第三十四章戴曙，第三十五章须海波，第三十六章盛宏观，第三十七章何建，第三十八章蔡一博，第三十九章余冬爱、范一，第四十章张心全，第四十一章金绍奇、黄白，第四十二章程小勇，第四十三章李迎昌，第四十四章徐文文，第四十五章董燕，第四十六章张莹，第四十七章陈健淋，第四十八章孔立明，第四十九章徐卓斌，第五十章熊燕。对各位作者的辛勤努力，表示衷心感谢。

研究小组活动的顺利开展离不开相关部门的支持。上海市高级人民法院研究室同志承担了会务安排、材料印发、研究专刊撰写并通过上海司法智库公众号进行宣传，以及帮助部分研究成果适时转化等工作。法宣处承担了活动摄影。对以上部门，亦表感谢。

本书能够顺利出版，得益于法律出版社张雪纯副总编辑、法律应用出版分社冯雨春社长以及朱海波编辑的大力支持。上海市高级人民法院张俊、董燕、李瑞霞、张心全、金殿军、高明生、徐晨平等同志在核校方面付出良多。对以上同志，诚挚致谢。

由于时间仓促，本书或有疏漏及不当之处，恳请读者批评指正。